KB048005

주해친족법

[제909조~제996조]·[국제친족법]

편집대표 윤진수

박영사

머리말

　종전에는 친족법과 상속법 분야에 관하여는 민법의 다른 분야에 비하여 판례도 많지 않았고, 연구의 절대량도 부족하였다. 그러나 근래에는 친족법과 상속법에 관하여 많은 판례가 나오고 있고, 연구도 늘어나고 있다. 뿐만 아니라 이에 관하여는 여러 차례 법률의 개정이 이루어져서 중요한 변화가 있었고, 헤이그 아동탈취협약에도 가입하였다. 이는 과거에는 가족문제를 둘러싼 분쟁이 많지 않았는데, 사회가 변화함에 따라 분쟁이 늘어남으로 인하여 생기는 자연스러운 현상이다. 그리하여 이처럼 크게 변화된 친족법과 상속법의 상황을 쉽게 파악할 수 있는 주석서가 필요하게 되었다. 전에도 주석서가 있기는 하였으나, 이제는 또 다른 스타일의 주석서가 나와야 할 시점이라고 판단된다. 주해친족법은 이러한 필요에 부응하기 위하여 발간되었다. 현재의 계획으로는 우선 주해친족법을 내고, 이어서 주해상속법을 내려고 한다.

　이 책은 민법의 친족편 외에도 입양에 관하여 민법의 특별법이라고 할 수 있는 입양특례법과, 근래 국제적인 교류가 늘어남에 따라 많이 문제되고 있는 국제친족법을 같이 다루고 있다. 특히 입양특례법과 국제친족법에 관하여는 아직 본격적인 주석서가 없어서, 이 책이 최초의 주석서가 된다.

　그 집필방침으로는 국내의 학설과 판례는 되도록 빠짐없이 다루려고 하였고, 외국에서의 논의도 필요한 경우에는 소개하였다. 그러나 장황한 학설상의 논의는 되도록 줄이고, 어디까지나 실무에 도움이 될 수 있는 내용을 담으려고 하였다. 집필자의 개인적인 견해도 여러 군데 개진하였으나, 객관성을 잃지 않으려고 노력하였다.

　이 책의 집필자들로서는 이 책이 연구자는 물론 법관이나 변호사뿐만 아니라 그 외에도 가족법 관계 업무에 종사하는 실무자들에게 많은 참고가 될 것을 희망한다. 그러나 아직 내용이 잘못되었거나 부족한 부분이 많을 것으로 생각된다. 이러한 부분은 앞으로 판을 거듭하면서 고쳐 나가려고 한다.

끝으로 주해친족법의 발간을 쾌히 수락하여 주신 박영사 안종만 회장님과 여러 가지 사무를 처리하여 주신 조성호 이사님, 교정을 훌륭하게 마쳐 주신 문선미 대리님께 감사의 뜻을 표한다.

2015년 4월
편집대표 윤진수

친족편 집필자

권재문(權載文) 숙명여자대학교 법과대학 부교수

석광현(石光現) 서울대학교 법학전문대학원 교수

윤진수(尹眞秀) 서울대학교 법학전문대학원 교수

이동진(李東珍) 서울대학교 법학전문대학원 부교수

최준규(崔竣圭) 한양대학교 법학전문대학원 부교수

현소혜(玄昭惠) 성균관대학교 법학전문대학원 부교수

(가나다순. 현직은 2015년 4월 1일 기준)

친족편 집필 내용

범 례

1. 조문

§779 ① i ← 민법 제779조 제1항 제1호

§842-2 ← 민법 제842조의2

民訴 §266 ② ← 민사소송법 제266조 제2항

家訴 §2 ① i 가. ← 가사소송법 제2조 제1항 제1호 가목

* '국제친족법'에서 조문을 인용하면서 법명을 따로 적지 아니하면 국제사법의 그
것을 가리킨다. '국제친족법'에서는 민법 앞에 "民"을 붙여 인용한다.

2. 판례

(1) 우리나라 판례

1) 통상의 인용방법을 따른다.

예) 서울중앙지방법원 2011. 5. 6. 선고 2007가합49582 판결.

　　 대법원 2012. 6. 7.자 2012므768 결정.

2) 법고을LX나 종합법률정보를 통하여 검색할 수 있는 판례는 따로 출전을
표기하지 아니한다. 출전을 표기하는 경우에는 다음 약호에 의한다.

예) 집29-2, 민226 ← 대법원판례집 29권 2집, 민사편 226면

　　 공1982, 66 ← 판례공보(법원공보), 1982년, 66면

　　 각공2005, 215 ← 각급법원(제1, 2심) 판례공보 제18호(2005. 2. 10), 215면

　　 고집1976민3, 85 ← 고등법원판례집 1976년 민사편 제3권 85면

　　 하집2002-1, 287 ← 하급심판결집 2002년 제1권, 287면

　　 總覽11-2, 1042-2 ← 判例總覽, 第11卷 2號, 1042-2면

　　 新聞1656, 10 ← 法律新聞 第1656號, 10면

(2) 외국 판례

외국 판례를 인용할 때에는 각 그 나라의 표기방법에 따르되, 일본 판례는
앞에 "日"을 붙이고, 서기로 셈한 연도를 표시한 다음 괄호 안에 다음 축약된

연호를 표기한다.

明治 → 明, 大正 → 大, 昭和 → 昭, 平成 → 平

예) 日最判 1974(昭 49). 4. 26. 民集28-3, 503.

3. 법령약어

(1) 다음의 법령은 다음 약호에 의하여 인용할 수 있다. 그 시행령, 시행규칙 등은 약호 뒤에 "令", "規"를 붙여 인용할 수 있다.

가사소송법	家訴	비송사건절차법	非訟
가사소송규칙	家訴規	상가건물임대차보호법	商賃
가사재판, 가사조정 및 협의이혼 절차		상속증여세법	相贈
의 상담에 관한 예규	상담예규	소득세법	所得
가족관계의 등록 등에 관한 법률		소송촉진등에관한특례법	訴促
	家登	신탁법	信託
가족관계의 등록 등에 관한 규칙		인사소송법(폐)	人訴
	家登規	주택임대차보호법	住賃
국적법	國籍	채무자회생및파산에관한법률	
국제사법	國私		債務回生
민사 및 가사소송의 사물관할에 관한		헌법	憲
규칙	사물관할규칙	협의이혼의 의사확인사무 및 가족관계	
민법(필요한 경우에 한함)	民	등록사무 처리지침	협의이혼예규
민사소송법	民訴	형법	刑
민사조정법	民調	형사소송법	刑訴
민사집행법	民執	호적법(폐)	戶籍
법원조직법	法組		

(2) 대법원 예규나 선례는, 「등기예규 제○호」 등으로 표기하되, 제목은 생략할 수 있다. 다만, 가족관계등록예규와 가족관계등록선례는 각 등록예규, 등록선례로 표기한다.

(3) 외국법령은 한글로 국가명을 붙인 뒤 한 칸을 띄고, 법명을 적는다. 법명은 통용되는 한글 번역어가 있으면 한글 번역어를 적고 괄호 안에 원어를 병기하되, 각국 민법(스위스채무법 포함)은 원어를 병기하지 아니하며, 원어를 병

기하기 곤란하거나 통용되는 한글 번역어가 없는 경우에는 한글 번역어를 생략할 수 있다.

　예) 독일 민법 §2289

　　　독일의 등록된 생활동반자법(Lebenspartnerschaftsgesetz; LPartG) §1

　　　독일의 Wohn－ und Betreuungsvertragsgesetz(WBVG) §2 ①

4. 문헌약어

(1) 교과서·체계서

1) 국내 교과서·체계서

고상용, 民法總則, 제3판, 법문사(2003) → 고상용

곽윤직·김재형, 민법총칙, 제9판, 박영사(2013) → 곽윤직·김재형

고정명, 韓國家族法: 親族相續法, 敎文社(1983) → 고정명

고정명·조은희, 친족·상속법, 제주대학교출판부(2011) → 고정명·조은희

郭潤直, 相續法[民法講義IV], 改訂版, 博英社(2004) → 곽윤직, 상속법

김민중 외, 로스쿨 가족법, 청림출판(2007) → 김민중 외

金容漢, 親族相續法論, 補訂版, 2003 → 김용한

金疇洙·金相瑢, 親族·相續法 －家族法－, 제11판, 法文社(2013) → 김주수·김상용

김연·박정기·김인유, 국제사법, 제3판, 법문사(2012) → 김연 외, 국제사법

김용한·조명래, 전정판 국제사법, 정일출판사(1998) → 김용한 외, 국제사법

김현선·정기웅, 친족·상속·가사실무, 박영사(2007) → 김현선·정기웅

박동섭, 친족상속법, 제4판, 博英社(2013) → 박동섭, 친족상속 (또는 박동섭)

박동섭, 가사소송실무: 가족법의 개정에 따른 이론실무 및 가족관계등록비송까지

　　해설 上, 下, 4정판, 법률문화원(2009) → 박동섭, 가사소송(상), (하)

박동섭, 주석 가사소송법, 3정판, 박영사(2003) → 박동섭, 주석

朴秉濠, 家族法, 韓國放送通信大學敎 出版部(1999) → 박병호

朴正基·金演, 家族法: 親族相續法, 三英社(2013) → 박정기·김연

裵慶淑·崔錦淑, 親族相續法講義: 家族財産法, 改訂增補版(2006) → 배경숙·최금숙

백성기, 가족관계법: 친족·상속·가사소송·비송·국제가사, 진원사(2009) → 백성기

법무부, 국제사법 해설, 법무부(2001) → 법무부, 해설

서희원, 국제사법강의, 일조각(1998) → 서희원

석광현, 2001년 개정 국제사법 해설, 제2판, 도서출판 지산(2003) → 석광현, 해설

석광현, 국제사법해설, 박영사(2013) → 석광현, 해설(2013)

석광현, 국제민사소송법: 국제사법(절차편), 박영사(2012) → 석광현, 국제민소

소성규, 가족법, 동방문화사(2010) → 소성규

申榮鎬, 로스쿨 가족법강의, 제2판 세창출판사(2013) → 신영호

신창선, 국제사법, 제8판, fides(2012) → 신창선

신창섭, 국제사법, 제2판, 세창출판사(2012) → 신창섭

양수산, 친족상속법: 가족법, 한국외국어대학교출판부(1998) → 양수산

吳始暎, 親族相續法, 제2판, 학현사(2011) → 오시영

윤대성, 가족법강의, 한국학술정보(2010) → 윤대성

윤종진, 개정 현대 국제사법, 한올출판사(2003) → 윤종진

尹眞秀, 民法論攷 Ⅳ 親族法, 博英社(2009) → 윤진수, 민법논고[Ⅳ]

이경희, 가족법, 8訂版, 法元社(2013) → 이경희

이영규, (새로운)가족법 강의, 大明出版社(2008) → 이영규

이호정, 국제사법, 경문사(1983) → 이호정

이희배, (判例·參考·整理)親族·相續法 要解: 家族法, 第一法規(1995) → 이희배

鄭光鉉, 新親族相續法要論, 修正增補4版, 法文社(1961) → 정광현, 요론

鄭光鉉, 韓國家族法研究, 서울大學校出版部(1967) → 정광현, 연구

曹承鉉, 친족·상속법, 新潮社(2009) → 조승현

崔錦淑, 로스쿨 親族法(1), (2), 第一法規(2010) → 최금숙, 친족(1), (2)

최문기, 民法講義 5: 親族· 相續法(家族法), 세종출판사(2007) → 최문기

한복룡, 家族法講義, 제2개정판, 충남대학교출판부(2012) → 한복룡

한봉희·백승흠, 가족법, 三英社(2013) → 한봉희·백승흠

2) 국외 교과서·체계서

內田 貴, 民法 Ⅳ, 補訂版(2004) → 內田 貴

大村敦志, 家族法, 第3版(2010) → 大村敦志

二宮周平, 家族法, 第2版(2004) → 二宮周平

山田鐐一, 國際私法, 第3版(2004) → 山田鐐一

櫻田嘉章, 國際私法, 第6版(2012) → 櫻田嘉章

溜池良夫, 國際私法講義, 第3版(2005) → 溜池良夫

泉 久雄, 親族法(1997) → 泉 久雄

橫山 潤, 國際親族法(1997) → 橫山 潤, 國際親族法

Marianne Andrae, Internationales Familienrecht, 3. Aufl.(2014) → Andrae

Homer H. Clark, Jr., Domestic Relations, 2nd ed.(1998) → Clark

Gilian Douglas, An Introduction to Family Law(2001) → Douglas

Jonathan Herring, Family Law, 6th ed.(2013) → Herring

Gernhuber, Jochaim/Dagmar Coester－Waltjen, Familienrecht, 6 Aufl.(2010) →
Gernhuber/Coester－Waltjen

Jan Kropholler, Internationales Privatrecht, 6. Aufl.(2006) → Kropholler

Karlheinz Muscheler, Familienrecht, 3. Aufl.(2013) → Muscheler

Thomas Rauscher, Familienrecht, 2. Aufl.(2008) → Rauscher

(2) 판례교재

金疇洙 編著, (註釋)判例 家族法, 三英社(1978) → 김주수, 판례

이희배, (註釋)家族法判例研究, 三知院(2007) → 이희배, 판례

김상용 · 문흥안 · 민유숙 · 신영호 · 윤진수 · 이경희 · 이은정 · 이화숙 · 전경근 · 최금숙 ·
최진섭 · 한웅길, 가족법 판례해설, 세창출판사(2009) → 가족법 판례해설

(3) 연구서

이화숙, 비교부부재산관계법, 세창출판사(2000) → 이화숙, 부부재산관계

권재문, 親生子關係의 決定基準, 景仁文化社(2011) → 권재문, 친생자관계

윤진수 · 현소혜, 2013년 개정민법 해설, 법무부 민법개정총서 (5)(2013) → 윤진
수 · 현소혜

李凞培, 民法上의 扶養法理: 私的 扶養法理의 三原論的 二元論, 三英社(1989) →
이희배, 부양

申榮鎬, 가족관계등록법, 세창출판사(2009) → 신영호, 등록

李和淑, (2005년)改正家族法 해설 및 평가, 세창출판사(2005) → 이화숙, 2005년개
정가족법

(4) 주석서

1) 국내 주석서

郭潤直 編輯代表 民法注解[I]~[XIX], 博英社 → 주해[권호], 면수(분담집필자)

金龍潭 編輯代表, 註釋民法[總則/物權/債權總則(권호)], 第4版, 韓國司法行政學會
→ 주석총칙/물권/채총(권호), 면수(분담집필자)

金疇洙 · 金相瑢, 註釋民法 親族(1), (2), (3), 제4판, 韓國司法行政學會(2010) → 주

석친족(1), (2), (3)

金疇洙, 註釋 親族·相續法, 第2全訂版, 法文社(1993) → 김주수, 주석

2) 국외 주석서

谷口知平 外 編集代表, 新版 注釋民法(권호), 有斐閣 → 新注民(권호), 면수(분담집
필자)

櫻田嘉章 外 編集代表, 注釋國際私法(권호), 有斐閣 → 注國私(권호), 면수(분담
집필자)

(5) 정기간행물

司論 ← 司法論集   諸問題 ← 民事裁判의 諸問題

實務研究 ← 서울가정법원 實務研究   國際私法 ← 國際私法研究

民判 ← 民事判例研究   人權 ← 人權과 正義

新聞 ← 法律新聞

(6) 기타

법원행정처 편, 법원실무제요 가사[1], 2010 → 제요[1]

법원행정처 편, 법원실무제요 가사[2], 2010 → 제요[2]

법원행정처 편, 가족관계등록실무[Ⅰ], 2012 → 등록실무[Ⅰ]

법원행정처 편, 가족관계등록실무[Ⅱ], 2012 → 등록실무[Ⅱ]

법원행정처 편, 성년후견해설, 2013 → 해설

법원공무원교육원 편, 2009 가족관계등록실무 → 등록실무

법원공무원교육원 편, 2009 국제가족관계등록 → 국제가족관계등록

법무부 편, 2013년 개정민법자료집(상), 2012 → 자료집

5. 참고문헌 및 논문 인용

(1) 위 문헌 약어표에 있는 문헌은 '저자명, 면수'로 표기하고, "면", "쪽",
"p." 등은 표시하지 아니한다.

(2) 본문의 <참고문헌>에 특별히 표시한 경우, 해당 부분에서 '저자명
(출간연도), 면수'로 표기하여 인용한다. 저자의 같은 해의 여러 문헌이 참고문
헌에 있는 경우 출간연도에 a, b 등의 구분기호를 붙여 인용한다.

(3) 문헌 약어표 외의 국내 저서 및 논문을 인용하는 경우에는, '저자명,
제목(출간연도), 면수'로 표기한다. 저자명과 제목은 본래 한자인 때에도 한글

로 하고, 부제도 원칙적으로 생략하되, 필요한 때에는 넣을 수 있다.

6. 기타

법령은 2014. 2. 28.자를 기준으로 한다. 민법은 2014. 10. 15. 법률 제 12777호로 개정되어 2015. 10. 16. 시행될 개정 규정을 포함한다.

차 례

[제 2 권 차례]

第4章 父母와 子

第5章 後見

第 6 章

第 7 章   扶養

第 8 章

第 9 章   國際親族法

[제1권 차례]

親族法 總說

第1章 總則

第2章 家族의 範圍와 子의 姓과 本

第 3 章　婚姻

第4章 父母와 子

입양특례법

* 『주해친족법』 1권과 2권의 본문 페이지는 연결됩니다(2권은 985면에서 시작합니다).
판례색인과 사항색인의 내용은 1, 2권 모두 동일합니다(단, 1권과 2권의 페이지 서체를
달리하여 1권에 나오는 색인과 2권에 나오는 색인을 구분하였습니다).

第 3 節　親權

[前註]

▌**참고문헌**: 구연창(1990), "친권제도의 재조명," 가족법연구 4; 권재문(2012), "친권자의 공백 상황에 대처하기 위한 법정대리인의 결정", 가족법연구 27−1; 김상용(2005), "개정 민법(친족·상속법) 해설," 법조 통권 588; 김상용(2011), "2011년 가족법의 개정 동향: 친권·후견을 중심으로," 법조 통권 663; 김유미(1998), "친권폐지론의 한국 친권법에 대한 의의," 울산대 사회과학논집 8−1; 김유미(2000), "자녀복리원칙에 관한 연구," 울산대 사회과학논집 10−1; 양수산(1993), "친권에 관한 입법론적 고찰," 가족법연구 7; 윤용섭(1996), "친권과 후견," 民判 18; 윤진수·현소혜(2013), 2013년 개정 민법 해설: 민법개정총서5, 법무부; 이화숙(2009), "자녀의 최선의 이익원칙에 비추어 본 가족법상 자녀의 복리," 사법 10; 이화숙(2011), "자의 최대의 이익과 현행친권제도," 가족법연구 25−2; 최정인(2011), "친권자 및 양육자의 지정·변경과 관련된 몇 가지 문제," 가사재판연구 Ⅱ; 홍춘의(2007), "친자법에 있어서 자의 복리개념," 민사법학 36, 한국민사법학회.

Ⅰ. 친권의 의의

　사람은 신체적·정신적으로 어느 정도 성장하기 전까지는 생존을 위한 물적 자원과 정신적·신체적 보살핌을 타인으로부터 제공받아야만 생존할 수 있다. 이러한 양육은 공적으로 제공될 수도 있지만 사적으로 즉 일정한 개인에 의하여 제공되는 것이 더 일반적이다. 이처럼 미성숙한 사람에 대한 양육이 사적 영역에 맡겨져 있는 경우에 누구에게 이러한 임무를 맡길 것인가와 그 구체적인 내용은 무엇인가를 정하는 법적 규율을 넓은 의미의 친권제도라고 정의할 수 있다.

1. 친권제도의 연혁

친권제도는 오랜 역사를 가지고 있으나 특히 20세기 이후에 사회구조와 가족관계의 급격한 변화를 반영하여 적지 않은 변화가 있었다. 우리 민법에 큰 영향을 미친 프랑스, 독일 등의 경우를 보면 원래 친권은 가부장제도하에서는 '가부장권'의 일부로서 즉 가족구성원과 가족재산에 대한 가장의 배타적 지배권으로서의 성질을 가지고 있었다.[1] 그러나 산업혁명기를 거치면서 가부장제적 가족질서가 해체되고 아동노동자 보호를 위한 국가의 간섭이 강화됨에 따라 친권의 배타적 지배권으로서의 속성은 점차 약화되었으며 이에 비례하여 의무로서의 성질이 중시되기 시작하였다.[2] 그 후 사회국가원리가 강조되면서 친권제도는 자녀의 복리를 중심으로 재구성되었으며 아예 친권이라는 용어 자체를 다른 용어로 대체함으로써 의무로서의 성질을 더욱 강조하고 있다.[3]

우리나라에서는 봉건적 사회구조를 지지하려는 지배계급의 정치적 의도를 반영한 효 윤리가 강조됨에 따라 친권의 일방적·지배권적 속성이 더욱 강하였으나[4] 1921년 조선민사령에 의하여 '친권을 행하는 부 또는 모는 미성년 자녀의 감호와 교육을 할 권리를 가지고 의무를 진다'라고 규정한 당시의 일본 민법 §879가 의용된 것을 계기로 친권의 법적 성질에 대한 관념이 변하게 되었다고 한다.[5] 이에 대해 친권이 의무인 동시에 권리라는 사고가 자리 잡게 된 계기를 1990년 개정에서 찾는 견해[6]도 있지만 1990년 개정법은 친권자 결정에 있어서의 양성차별적 요소를 철폐하는 데 그치고 친권의 구체적인 내용에 대해서는 실질적인 변경을 가하지 않았다는 점에 비추어 볼 때 1990년 개정에 이러한 의미를 부여하기는 어렵다.[7] 오히려 §912를 신설하여 자녀의 복리 원칙을 명문으로 규정한 2005년 개정에 의하여 비로소 친권이 더 이상 자녀에 대한 지배권이 아니며 자녀의 복리 실현을 위하여 부모에게 인정된 부모의 의무인 동시에 권리임이 명확하게 되었다고 할 수 있다.[8]

1) 구연창(1990), 155; 김주수, 주석, 384.
2) 김주수, 주석, 384.
3) 구연창(1990), 156; 김유미(1998), 13~14.
4) 구연창(1990), 155; 김주수, 주석, 385; 김용한, 209.
5) 구연창(1990), 155; 김주수, 주석, 385. 김용한, 209.
6) 김주수·김상용, 389.
7) 구연창(1990), 154은 1990년 개정법은 양성평등 실현이라는 면에서는 상당한 성과를 거두었지만 자녀의 복리 증진을 위한 개선은 거의 이루지 못한 결함이 있다고 지적하고 있다. 김유미(1998), 20~21도 같은 취지.
8) 김주수·김상용, 389; 최정인(2011), 138.

2. 친권·후견 통일론

친권·후견 통일론은 친권자에 대해서도 주의의무를 강화하고 공적인 감독이 가능하도록 함으로써 친권제도와 후견제도를 현행법상의 후견제도와 비슷한 내용으로 통일하여야 한다는 입법론으로서 그 논거는 다음과 같이 요약할 수 있다.9) ⓐ 친권의 의무성을 중시하고 자녀의 복리에 적합하게 친권을 행사하여야 한다는 원칙을 수립한다면 부모이건 부모 이외의 제3자이건 실질적으로 같은 내용의 의무를 지게 되는 것이기 때문에 친권제도와 후견제도를 별도로 규정할 필요가 없고, ⓑ 권위주의적·가부장제적 친권 개념을 불식시키려면 친권이라는 용어 자체를 대체할 필요가 있으며, ⓒ 부모에게도 현행법상 후견인과 비슷한 지위·권한만을 인정함으로써 부모의 친권 행사에 대해서도 공적 감독을 강화할 필요가 있다.

이 견해는 일본에서 패전 후에 유력하게 주장되었으나 점차 약화되어 지금은 명맥만 유지되고 있으며 우리나라에는 일본의 논의가 소개되기는 하였으나 이를 따르는 견해는 거의 없었다.10) 다만 단독친권자가 사망한 경우에 생존친의 친권의 자동부활을 반대하는 견해11)는 이러한 경우에 생존친이 후견인이 되어야 한다고 하였는데 이러한 주장은 부모이더라도 후견인이 될 수 있음을 전제하고 있다는 점에서 친권·후견 통일론의 영향을 받은 것으로 평가할 수 있을 것이다. 그러나 친권의 자동부활을 방지하기 위하여 2011년에 신설된 §909-2는 이러한 경우에 ─ 법원의 자녀 복리 심사를 거치기는 하지만 ─ 생존친은 후견인이 아니라 친권자가 되는 것으로 규정하였다.12) 비록 입법자료에 명시적으로 나타나 있지는 않지만 이러한 태도는 친권·후견 통일론의 배척을 전제한 것으로 볼 수 있다.

이처럼 친권·후견 통일론이 퇴조하게 된 이유로는 여러 가지가 있겠지만 혈연으로 맺어진 부모와 그렇지 않은 후견인을 동일시하는 것 자체에 대한 거부감, 부모의 지위도 후견인의 일종으로 파악하여 일본의 친권·후견 통일론에 큰 영향을 미쳤던 영국법이 개정되어 오히려 부모의 지위와 후견인의 지위를 준별

---

9) 구체적인 내용은 김유미(1998), 15~16.
10) 김유미(1998), 15.
11) 김상용(2005), 134 이하
12) 친권의 당연부활에 관한 견해대립, 제909조의2의 신설 배경 등에 관한 구체적인 내용은 이 조항에 대한 주석을 참조.

하게 된 점 등을 들 수 있다.13) 또한 친권의 의무성의 의미를 친권자의 의사와 무관하게 귀속되고 사임·포기할 수도 없다는 점에서 찾는다면, 취임할 의무도 없고14) 일정한 요건을 갖추면 사임할 수도 있는 후견인의 지위·권한을 친권자와 같게 하는 것이 오히려 문제라고 볼 여지도 있다.

　　그러나 이러한 이유로 인하여 친권제도가 후견제도와 별개의 것으로서 존속할 수밖에 없음을 인정하더라도 일본의 친권·후견 통일론이 추구하였던 친권 행사에 대한 공적 감독의 강화와 자녀의 재산관리권에 대한 제한이라는 방향성은 입법론적으로 고려할 필요가 있다.15)

3. 친권의 법적 성질

　　친권의 법적 성질에 대해 지배적 견해는 자녀에 대한 지배권이 아님은 물론 부모의 이익을 위한 일반적인 권리도 아니고 "가족의 존재의의에 비추어 보더라도 자녀를 보호·교양할 의무"라고 하여 친권의 의무성을 강조하면서, 권리로서의 성질이 인정되더라도 그것은 이러한 의무 이행에 대한 타인의 방해를 배제할 수 있는 것으로 파악하여야 한다고 주장한다.16) 즉 부모는 누구보다도 먼저 자녀를 보호·교양할 의무가 있는 것과 동시에 누구보다도 먼저 자녀를 보호·교양할 권리가 있기 때문에 자녀의 복리라는 범위를 벗어난 권리행사는 권리남용이 되고 의무인 친권의 사퇴 또는 포기는 허용되지 않는다는 것이다.17)

　　이처럼 친권의 의무성을 강조한다면 의무의 이행을 요구할 수 있는 상대방이 누구인가, 즉 친권자가 자녀를 양육할 의무는 국가·사회에 대한 공적인 의무인가 아니면 자녀에 대한 사적인 의무인가가 문제된다. 공적 의무설은 "국가사회에 대한 의무"18)이기 때문에 자녀는 친권자에게 보호·교양을 청구할 수는 없고 다만 친권자의 의무 불이행에 대한 책임추궁을 촉구하기 위하여 친권

---

13) 김유미(1998), 19~20.
14) 종래에는 피후견인인 미성년자와의 친족관계를 요건으로 하여 법률상 당연히 후견인의 지위가 귀속되는 법정후견 제도가 있었으나 2011년 개정법은 이를 폐지하였다. 유언으로 후견인이 지정되는 경우가 매우 드물다는 점을 감안한다면 장차 후견인의 지위는 법원의 후견인 선임 재판에 의하여 귀속되는 경우가 대부분일 것이라고 여겨진다. 현행법의 문리해석상 후견인 취임을 거부하는 사람을 후견인으로 선임할 수 있는지의 여부는 불명확하지만 자녀의 복리를 고려할 때 특별한 사정이 없는 한 이러한 사람을 굳이 후견인으로 선임하는 경우는 드물 것이다. 따라서 이제는 후견인의 지위는 '의무적으로' 귀속되는 것이 아니라고 보아야 한다.
15) 김유미(1998), 22~23.
16) 김주수, 주석, 385.
17) 김주수, 주석, 393.
18) 김주수, 주석, 385.

상실 선고 신청을 할 수 있을 뿐이라고 한다.19) 이에 대해 사적 의무설은 친권에 대한 공적 제한(지방자치단체장 등에 의한 친권상실, 친권제한 청구 등)이 가능하다는 이유만으로 친권을 공적 의무라고 하면 친권 행사에 대한 국가의 개입·간섭의 범위가 너무 넓어지게 될 우려가 있음을 지적한다.20)

Ⅱ. 자녀의 복리 원칙

1. 의의

'아동의 최선의 이익(The Best Interest of the Child)' 원칙은 유엔 아동권리협약의 기본적 가치를 선언한 일반원칙으로서 아동에 관한 모든 활동에 있어서 아동의 이익이 최우선적으로 고려되어야 함을 의미한다.21) 유엔 아동권리협약은 1991년부터 국내법으로서의 효력도 인정되고 있기 때문에 아동의 최선의 이익 원칙은 국내법상의 규정 유무를 불문하고 법적 구속력이 인정된다.22)

'자녀의 복리 원칙'은 아동의 최선의 이익 원칙이 친자관계에 반영된 것이라고 할 수 있으며23) 미성년자인 자녀에게 영향을 미칠 수 있는 법률관계에서는 항상 자녀의 이익을 부모(또는 보호자)의 이익보다 우선적으로 고려하여야 함을 의미한다.24) 이 원칙은 영국의 1925년 Guardianship of Infant Act에서 유래한 것으로서 원래는 이혼 후의 보호자 결정 기준으로서 도입되었으나25) 그 후 미국, 독일, 프랑스 등으로 확산되면서 적용 범위 또한 확대되어 친권법의 최고 원리로 자리잡게 되었다.26) 우리나라에서도 자녀의 복리 원칙은 §912 ①에 명문으로 규정되기 전부터 학설·판례27)에 의하여 널리 인정되어 왔는데 그 계기

---

19) 김주수, 주석, 393.

20) 윤용섭(1996), 554.

21) 김유미(2000), 36은 '아동의 최선의 이익'이라는 개념은 '아동의 권리'와 함께 자녀 복리 원칙을 파악하는 하나의 맥락에 지나지 않았으나 최근 국제사회에서는 자녀 복리 원칙을 상징하는 개념으로 빈번히 사용되고 있다고 한다.

22) 유엔 아동권리협약상의 아동의 최선의 이익 원칙에 대한 구체적인 내용은 이화숙(2009), 9 이하.

23) 이현재, "子의 최선의 이익: 미국을 중심으로," 민사법연구 11-2, 대한민사법학회(2003) 등은 이 원칙을 원어에 충실하게 '자녀의 최선의 이익'이라고 번역하기도 하지만 우리 민법은 2005년에 이 원칙을 명문으로 규정하면서 그 전부터 학설·판례가 사용하여 온 '자(子)의 복리'라는 표현을 채택하였다. 다만 비록 '子'가 '親'에 대응하는 것으로서 아들과 딸 모두를 의미하는 한자어이기는 하지만 어감 등을 고려할 때 '자녀'라고 하는 것이 더 나은 표현이라고 할 것이다.

24) 이화숙(2009), 12.

25) 영국에서 자녀의 복리 원칙이 도입된 배경 등에 관한 구체적인 내용은 김유미(2000), 32 이하.

26) 홍춘의, 646.

27) 예를 들어, 대법원 1985. 2. 26. 선고 84므86 판결은 당시의 §837 ②에는 '자의 복리'가 기준으

990   第4章 父母와 子

는 친권의 법적 성질 또는 기능을 '부모를 위한 친권'에서 '자녀를 위한 친권'으로 새롭게 인식하게 된 것이라고 한다.[28] 자녀의 복리 원칙은 이처럼 친권의 의무성을 근거지우는 기능을 수행할 뿐 아니라 친자관계에 대한 국가의 개입을 정당화시켜주면서 동시에 그 한계를 설정하는 기능도 수행한다.[29]

자녀의 복리 원칙은 친권행사의 기준으로서 먼저 규정되었지만 실제로 기능을 발휘하는 것은 오히려 친자관계에 대한 재판이라는 모습으로 국가가 친권관계에 개입하는 경우라고 할 수 있다. 즉 친권자뿐 아니라 친권행사를 제한하기 위하여 개입하는 국가(특히 법원)도 자녀의 복리 원칙의 수범자인 것이다.[30] 자녀의 복리 원칙은 재판절차에서 절차법적 이념과 실체법적 판단기준이라는 두 가지 측면에서 중요한 기능을 수행한다.[31] 2011년 개정법이 §912 ②을 신설하여 가정법원도 자녀의 복리 원칙을 준수하여야 함을 명시한 것은 이러한 견해를 반영한 것이다.

2. 판단기준

자녀의 복리 원칙에 대해서는 개별 사안에서 실제로 적용될 수 있는 구체적인 판단기준이 될 수 없어서 법적 안정성을 저해하고 법관의 개인적 가치관에 좌우될 우려가 있다는 등의 비판론이 제기된다.[32] 이러한 문제는 한편으로는 규정 방식 즉 일반조항이라는 형태로 인하여 발생하고 다른 한편으로는 복리 개념의 복합성 즉 경제적·물질적 요소뿐 아니라 정신적·도덕적 요소도 함께 고려하여야만 한다[33]는 사정으로 인하여 발생한다.

따라서 자녀 복리 기준을 적용하려면 한편으로는 법관법적 법구체화 즉 개별사건에 대한 입법목적의 창조적 전환이라는 일반조항 전반에 대한 해석·적용의 방법론을 동원할 필요가 있고(자녀 복리 원칙의 규범적 기능), 다른 한편으

로 규정되어 있지 않았는데도 "… 자의 복리를 위하여 정당한 사유가 있을 때에는 [제837조] ② 에 의하여 … "라고 판시하고 있다.

28) 이화숙(2011), 205~206.
29) 홍춘의(2007), 650~651.
30) 홍춘의(2007), 647.
31) 홍춘의(2007), 653~654.
32) 이현재(주 23), 94~95.
33) 자[녀]의 친권을 가지는 사람 및 양육자를 정함에 있어서는, 미성년인 자의 성별과 연령, 그에 대한 부모의 애정과 양육의사의 유무는 물론, 양육에 필요한 경제적 능력의 유무, 부 또는 모와 미성년인 자 사이의 친밀도, 미성년인 자의 의사 등의 모든 요소를 종합적으로 고려하여 미성년인 자의 성장과 복지에 가장 도움이 되고 적합한 방향으로 판단하여야 한다(대법원 2012. 4. 13. 선고 2011므4719 판결; 대법원 2010. 5. 13. 선고 2009므1458, 1465 판결 등).

로는 법관의 개인적 가치관에 따른 자의적인 판단을 방지하기 위하여 법적 판단뿐 아니라 학제적인 접근법도 충분히 활용할 필요가 있다(자녀 복리 원칙의 지시적 기능).[34] §912 ②은 자녀의 복리 심사를 위하여 "가정법원은 관련 분야의 전문가나 사회복지기관으로부터 자문을 받을 수 있다"라고 하고 있는데 이 조항의 취지는 위에서 살펴본 자녀 복리 원칙의 지시적 기능을 명시적으로 규정한 것이라고 할 수 있다. 이러한 명문 규정이 없어도 가정법원이 전문가 등의 자문을 받는 데는 지장이 없기 때문이다.[35] 다만 자녀의 복리 심사는 궁극적으로는 법적인 판단으로서 관련 분야 전문가의 판단과 법관의 판단이 일치하지 않을 때에는 법관은 전문가의 판단에 기속되는 것이 아니라 오히려 이를 기초로 정확한 법적 판단을 하여야 한다.[36]

　이처럼 자녀 복리 원칙이 제 기능을 발휘할 수 있게 하려면 '복리'의 의미와 '최우선적 고려'의 의미를 구체화·유형화하여 명확한 적용기준을 확립하여야 하겠지만 아직 우리나라에서는 해석론과 판례가 축적되어 있지 않기 때문에 우선 외국의 법률이나 해석론을 참조할 필요가 있을 것이다. 첫째로 복리의 의미와 관련하여, 독일에서는 신체적·정신적·정서적 복리와 재산에 대한 위험 방지(독일 민법 §1666 참조), 독립된 사회인으로서 자립할 수 있는 능력의 발달(같은 법 §1626 ②) 등으로 이해하고 있으며[37] 영국에서는 '안정과 안전, 사랑과 사려분별 있는 배려와 지도, 따뜻하고 온정적인 관계로서 자녀의 성격, 인격, 재능의 완전한 발전을 위하여 본질적인 것'이라고 설명하고 있다.[38] 둘째로 '최우선'이라는 개념에 대해, 독일의 해석론은 자녀의 이익과 다른 정당한 이익(자녀 양육에 관한 부모의 결정권이나 공공의 이익)이 충돌할 때 부모의 귀책사유 등의 사정보다 먼저 자녀의 이익을 고려하여야 함을 의미하는 것으로 이해하고 있다.[39] 그러나 영미에서는 인간의 미래예측 능력의 한계, 아동의 시간관념으로 인한 신속한 결정의 필요성 등의 현실적인 문제로 인하여 아동의 복리 원칙으로 이처럼 '최선의 이익'을 실현할 수 있다는 것은 이상론에 지나지 않으며, 실제로는 주어진 선택지들 중에서 자녀에게 덜 해로운 것을 고르는 것 또는 최소한의 위험을 선택할 수 있게 해주는 것에 그친다

---

34) 홍춘의(2007), 655~656.
35) 윤진수·현소혜, 192.
36) 홍춘의(2007), 656.
37) 홍춘의(2007), 660~661.
38) 김유미(2000), 39.
39) 홍춘의(2007), 657.

는 견해40)도 제기되고 있다. 셋째로 실무의 경향에 나타나는 자녀 복리 심사 기준을 유형화할 수 있다. 예를 들어 일본에서는 양육의 계속성(또는 현상유지) 선호, 영·유아에 대한 모의 우선적 지위 인정, 판단능력 있는 연령에 이른 자녀 자신의 의견 존중, 형제자매의 공동생활 보장 우선 등의 경향이 나타나고 있다.41) 또한 우리나라의 경우에, 부모의 양육적합성, 자녀의 의사, 양육의 계속성 등의 구체적 기준으로 세분화하는 견해42)가 유력하며, 실무에서는 부모의 양육 적합성 판단을 위하여 신체적·정신적 건강상태, 경제적인 능력, 직장, 환경변화에 대한 적응 가능성, 양육 위탁의 가능성 등을 중요한 요소로서 고려하고 있다.43)

3. 비판론과 대안

가. 자녀의 복리 원칙 자체에 대해

자녀의 복리 원칙에 대해서는 여러 가지 측면에서 비판적인 견해가 제기되고 있다. 우선 위에서 살펴본 것처럼 자녀의 복리는 불확정 개념일 뿐 아니라 사회적 상황과 가치관 변화를 반영하는 가변적 개념이기 때문에 구체적 사안에 대한 적용 결과를 예측하기 어렵고 법관의 주관적 가치관이 개입할 우려가 있다. 이러한 문제에 대처하려면 사회과학적 접근법을 적절하게 활용하여야 하지만 사회과학 자체의 한계와 사회과학적 접근법으로 법관의 판단을 완전히 기속할 수 없다는 현실적인 문제를 어떻게 극복할 것인지가 문제된다.44) 다음으로 이념적으로는 자녀의 관점에서 판단하여야 함을 표방하고 있지만 실제로 적용될 때에는 자녀의 의사를 고려하는 것이 아니라 '어른'인 법관 자신의 관점에서 판단하고 있다는 점이 지적된다.45) 또한 자녀의 복리는 부모, 형제자매, 조부모 등의 다른 가족구성원과 별개로 존재하는 것이 아니라는 가족체계적 접근방법은 자녀의 복리를 해석함에 있어서 가족의 복리라는 차원에서의 해석을 요구한다.46)

그러나 이러한 문제점들이 있음을 감안하더라도 자녀의 복리원칙은 친자

---

40) 구체적인 내용은 김유미(2000), 39~40.
41) 新注民(25), 48~49(田中通裕).
42) 김상용(2011), 54.
43) 최정인(2011), 154~155.
44) 김유미(2000), 48.
45) 김유미(2000), 46.
46) 김유미(2000), 47.

법의 현대적인 원칙으로서 널리 지지되고 있다.47) 자녀의 복리 원칙은 친자관계에 관한 법적 판단에 있어서 자녀를 중심으로 자녀의 입장에서 생각하여야 한다는 이념적인 방향성을 제시하고 있을 뿐 아니라48) 친자관계법의 임무는 자녀에 대한 해악을 보호하고 생존을 담보하는 것에 그치는 것이 아니라 자녀의 자율성·의사결정권 존중과 자녀의 건전한 성장이라는 적극적 이익을 실현하는 것임을 명확하게 보여주고 있기 때문이다.

나. §912의 규정방식에 대해

이처럼 자녀의 복리 원칙을 친자법 전반에 대해 적용되고 친권자와 국가 모두가 준수하여야 하는 최고원리 또는 일반원칙으로 인정할 수 있다고 하더라도 현행법의 규정 방식에 대해서는 개선의 여지가 있다. 우선 §912 ①은 '친권을 행사함에 있어서'라는 표현을 사용함으로써 자녀의 복리가 권리로서의 친권 행사에 대한 제한 기준으로서만 작용할 수 있는 것처럼 규정하고 있다. 그러나 자녀의 복리 원칙이 친권자의 권리행사에 대한 방법 또는 한계를 규정하는 데 그치는 것이 아니라 친권자의 보호·양육 의무의 내용도 구성하는 것임을 반영하려면, '친권자는 자녀의 복리를 우선적으로 고려하여야 한다' 등의 표현을 사용하는 것이 더 바람직할 것이다. 또한 친권 전반에 대한 총칙인 §912 뿐 아니라 친권의 효력(내용)을 구성하는 개별 조문들 중에서 '양육'에 관한 조항인 §913에도 '자녀의 복리를 위하여' 보호하고 교양할 권리의무가 있다고 규정하지 않은 것에 대해서도 문제를 제기할 수 있다. 특히 현행법상 친권자의 '의무'의 근거는 §913에서 찾을 수밖에 없고 후견인에 대해서는 §912를 제외한 §913 이하가 준용되고 있음(§945)에 비추어 볼 때, §913에 자녀의 복리원칙이 반영될 필요가 더 크다고 할 수 있다. 또한 §912 ②은 '친권자 지정'이라는 한정된 사안에 대해서만 자녀의 복리 원칙이 적용되는 것처럼 규정하고 있어서 재판절차에 있어서 자녀의 복리 원칙이 가지는 의미를 제대로 표현하지 못하고 있다는 문제를 지적할 수 있다.49)

---

47) 김유미(2000), 48.
48) 김유미(2000), 48.
49) 이러한 규정방식을 택한 이유가 무엇이었는지는 입법자료를 통해서 확인할 수 없다. 다만 §912가 속해 있는 민법 제4편 제3절 '친권'의 제1관에 속해 있는 다른 조문들이 모두 친권자의 결정에 관한 것들이라는 점만 의식하였고 정작 그 표제가 '총칙'이라는 것은 간과하였기 때문이 아니었을까 하고 추측할 수 있을 뿐이다.

第 1 款   總則

[前註]   친권자, 친권보유자, 친권행사자, 양육자

▌**참고문헌**: 권재문(2012), "친권자의 공백 상황에 대처하기 위한 법정대리인의 결정," 가족법연구 27-1; 김상용(1996), 이혼 후의 양육자 및 친권자의 결정에 있어서 민법이 가지는 몇 가지 문제점, 사법행정 37-8, 한국사법행정학회; 김상용(1997), "소위 친권행사자론에 대한 비판적 고찰," 가족법연구 11; 김상용(2002), "이혼 후의 공동친권," 가족법연구 Ⅰ; 김상용(2005), "개정 민법(친족·상속법) 해설," 법조 통권 588; 김상용(2006), 가족법연구 Ⅱ; 김상용(2008), "친권 자동부활론에 대한 비판적 고찰," 법학논문집 32-2; 김상용(2011), "2011년 가족법의 개정 동향: 친권·후견을 중심으로," 법조 통권 663; 김유미(2001), "이혼시 친권의 개정방향," 가족법연구 15-2; 민유숙(2013), "2012년 민사(친족, 상속법) 중요 판례," 人權 432; 양수산(1996), "친권자와 친권행사자," 가족법연구 10; 양혜원(2012), 자녀 양육권에 관한 비교법적 연구, 연세대 박사학위논문; 이희배(1996), "단독친권행사자가 사망한 경우, 생존친의 친권행사권능의 부활여부와 친권상실의 사유," 가족법연구 10; 최정인(2011), "친권자 및 양육자의 지정·변경과 관련된 몇 가지 문제," 가사재판연구 Ⅱ; 최진섭(2010), "이혼 후의 공동양육법제에 대한 입법론적 연구," 가족법연구 24-3; 최진섭(2002), "친권자 규정(민법 제909조)의 구조 분석," 아세아여성법학 5.

　　미성년자의 부모가 혼인 공동생활을 유지하고 있을 때는 이들이 공동친권자가 되고(§909 ①), 특별한 사정(§909 ②, ③)이 없는 한 자녀의 보호·양육을 위하여 필요한 구체적인 행위인 친권의 행사도 공동으로 하여야 한다. 이처럼 부부가 서로 도와가며 함께 자녀를 보호·양육할 권리·의무는 친자관계 이전에 혼인관계 자체로부터 도출된다고 할 수 있다.[1] 그러나 부모가 공동생활을 하지 않는 경우, 즉 혼인중의 출생자의 부모가 이혼하였거나 혼인외의 출생자의 인지에 의하여 비로소 부자관계가 성립하게 된 경우에는 누가 어떻게 자녀를 보

---

1) 中田裕康 編, 家族法改正: 婚姻·親子關係を中心に, 有斐閣(2010), 134(水野紀子)은 계부모의 자녀 양육 의무는 자녀의 친생부모인 배우자와의 협조의무로부터 도출될 수 있다고 한다.

호하여야 할 것인지가 결정되어야만 한다. 이러한 상황과 관련하여, 우선 이러한 경우에도 부모가 공동으로 자녀의 보호자가 될 수 있는지가 문제되고, 다음으로 보호자의 지위를 분할하여 친권과 양육권을 부모 각각에게 귀속시킬 수 있는가라는 문제가 제기되고, 끝으로 일방에게 보호자의 지위가 귀속되면 타방은 자녀에 대해 어떤 지위를 가지게 되는지가 문제된다.2) 그러나 이제는 이러한 해석론상의 혼란은 어느 정도 해결되었다고 할 수 있다. 앞의 두 가지 문제에 대해서는 판례3)가 세 번째 문제에 대해서는 2013년 7월 1일부터 적용될 두 개의 개정법(이하 '개정법'이라고 줄인다)4)이 각각 명확한 규율을 설정하였기 때문이다.

Ⅰ. 친권보유자와 친권행사자

1. 의의

권리능력과 행위능력이라는 개념이 보여주는 것처럼 권리를 누릴 수 있는 자격과 자신에게 귀속된 권리를 행사할 수 있는 자격은 별개의 문제이다.5) 권리의 귀속이라는 국면에서는 법적인 의미의 사람 모두에 대한 평등한 대우가 전면에 부상하지만 권리의 행사라는 국면에서는 사무처리 능력이 부족한 권리자의 보호와 권리행사의 공공복리 적합성이라는 가치를 실현하기 위하여 구체적인 사정을 고려하여야만 한다. 친권의 경우에도 이러한 사정은 마찬가지이다. 우선 자녀의 출생 당시에 법적인 부모가 모두 있을 때에는 이들이 공동친권자가 되어야 한다는 점에 대해서는 이론이 있을 수 없다. 양성평등 원칙과 자녀의 복리 원칙에 비추어 볼 때 부와 모를 다르게 취급하는 것은 정당화되기 어렵기 때문이다. 반면 공동친권자인 부모가 실제로 친권을 행사하기 위한 방법은 구체적인 사정을 고려하여 결정되어야만 한다. 특히 친권은 권리자인 부모 자신의 이익이 아니라 자녀의 복리를 실현하여야 한다는 제약을 받고 건강

---

2) 권재문(2012), 117.
3) 民 §837, §909 ④, 家訴 §2 ① ⅱ 나.의 3) 및 5) 등이 부부의 이혼 후 그 자의 친권자와 그 양육에 관한 사항을 각각 다른 조항에서 규정하고 있는 점 등에 비추어 보면, 이혼 후 부모와 자녀의 관계에 있어서 친권과 양육권이 항상 같은 사람에게 돌아가야 하는 것은 아니며, 이혼 후 자에 대한 양육권이 부모 중 어느 일방에, 친권이 다른 일방에 또는 부모에 공동으로 귀속되는 것으로 정하는 것은, 비록 신중한 판단이 필요하다고 하더라도, 일정한 기준을 충족하는 한 허용된다고 할 것이다(대법원 2012. 4. 13. 선고 2011므4719 판결).
4) 법률 제10645호(2011년 5월 19일 공포)와 법률 제10429호(2011년 3월 7일 공포).
5) 新注民(25), 13(山本正憲).

한 심신을 가진 미래세대의 육성이라는 공공복리와도 직결되어 있다는 특수성을 가지고 있기 때문에 친권의 행사에 대한 규율은 더욱 절실하게 요구된다고 할 수 있다.

2. 친권보유자·친권행사자 구별에 대한 견해대립

양자의 구별을 긍정하는 견해에 의하면 이혼 등으로 인하여 부모 중 일방에게 친권이 귀속되는 것처럼 보이더라도 실제로 그에게 귀속되는 것은 친권의 '행사자'로서의 지위뿐이기 때문에 타방에게도 친권의 '보유자'로서의 지위는 유지된다. 따라서 친권의 단독 행사자인 부모 일방이 사망하면 친권 보유자인 생존친의 친권 행사에 대한 제한이 없어지기 때문에 생존친은 당연히 다시 친권을 행사할 수 있게 된다는 것이다. 이 견해는 독일 기본법 §6 ②을 원용하여 '친권은 자연권이기 때문에 어떠한 경우에도 제한될 수 없고 다만 친권 행사자로서의 지위만이 제한 또는 소멸될 수 있음'을 전제한다.[6] 종래의 판례[7]도 이러한 입장이었다고 할 수 있다.

반면 이들의 구별을 부정하는 견해[8]는 친생부모 중 단독 친권자를 지정하는 것은 친권 '행사자'가 아닌 '친권자'라는 지위 자체를 귀속시키는 것이라고 파악한다. 또한 단독 친권자로 지정되지 못한 사람은 이미 친권자로서의 지위 자체를 상실하였기 때문에 단독 친권자가 사망하면 후견이 개시되어야 한다고 주장한다.[9] 또한 긍정설의 논거에 대해 독일에서도 친권 자체가 제한 또는 박탈될 수 있으며 위의 기본법 조항에 의하여 보호되는 것은 우리 법상의 친권이 아니라 양육권에 가까운 권리·의무라는 취지로 반박한 후[10] 당연부활을 인정하면 자녀의 복리와 저촉되는 결과를 초래할 수 있음을 강조한다.[11] 이러한 부정설은 2011년에 신설된 §909－2에 반영되었다.[12]

3. 평가

현행법의 체계적 해석상 부모가 친권행사자는 아니지만 친권보유자라고

---

6) 양수산(1996), 333~335 참조.
7) 대법원 1994. 4. 29. 선고 94다1302 판결.
8) 김주수·김상용, 394 이하; 김상용(2005), 134 이하; 김상용(2008), 45 이하 등.
9) 김상용(2008), 60~61.
10) 김상용(1997), 262~264 참조.
11) 김상용(1997), 270 이하.
12) 김상용(2011), 9.

볼 수는 있는 경우가 있다(§909 ③, §910). 따라서 2005년 개정법이 §909에서 '친
권을 행사할 자'라는 표현을 삭제하였음을 들어 더 이상 친권행사자라는 개념
이 인정될 수 없다고 하는 것은 설득력이 떨어진다. 오히려 부모가 자신의 자
녀를 자신의 뜻대로 양육하는 것이 헌법적으로 보호되는 이익[13]이라고 한다면
자녀의 보호자를 결정함에 있어서 부모와 부모 아닌 사람을 동일시하는 것은
자녀의 복리를 저해함이 명백한 경우 등과 같이 특별한 사정이 있는 경우에 한
하여 허용되어야 한다. 즉 부모에게는 자녀의 보호자가 될 수 있는 우선적인
지위가 인정되어야 하는 것이다.[14]

　　이러한 관점에 서면 종래의 친권보유자-친권행사자 구별론의 장점을 살
려서 친권자가 아닌 부모의 지위를 일관성 있게 설명하면서도 그 단점을 극복
할 수 있게 된다. 종래의 견해가 말하는 친권보유자의 의미를 단독친권자가 친
권을 행사할 수 없게 되면 당연히 완전한 친권자가 될 수 있는 지위가 아니라
그러한 경우에 '우선적으로' 완전한 친권자가 될 수 있는 지위라고 파악하면
되기 때문이다. 또한 이혼이나 인지의 경우에 부모의 협의에 의한 단독친권자
결정을 일방의 친권의 완전한 포기라고 하는 경우에 발생할 수 있는 문제점 즉
친권의 임의적 포기는 허용되지 않는다는 원리와의 충돌 문제를 해결할 수 있
게 된다. 왜냐하면 부모 중 일방에게 단독친권이 귀속되더라도 타방에게는 '우
선적으로 보호자가 될 수 있는 가능성'이 남아 있는 것이라고 파악한다면 어떤
식으로건 친권이 잔존하고 있는 것으로 볼 수 있기 때문이다.

II. 친권과 양육권, 이혼 후의 공동양육

　　현행법은 친권과 양육권을 별개의 개념으로 파악하고 있다. 그렇지만 친
권의 내용에 '자녀의 양육에 관한 권리의무'와 '자녀의 재산관리 및 법률행위의
대리·동의에 관한 권한'이 포함된다고 본다면 양육권은 친권의 내용 중 일부를
대상으로 하는 것이 되기 때문에 이들의 관계가 문제된다.[15]

　　부모가 혼인중인 때에는 친권과 양육권은 일체로서 부모에게 공동귀속 되
기 때문에 이들의 관계도 크게 문제되지 않는다. 친권에 대해서는 §909 ①이

---

13) 헌법재판소 2008. 10. 30. 선고 2005헌마1156 결정 등.
14) 비슷한 취지로, 양혜원, 225~226은 영국, 미국의 경우처럼 원칙적으로 생존친에게 보호자
　　의 지위가 귀속되도록 하고 자녀 복리 심사에서 부정적으로 평가된 경우에만 이러한 권한을
　　상실시키도록 하는 것도 개정법 적용에 대한 시사점이 될 수 있을 것이라고 한다.
15) 양혜원(2012), 8~9; 김유미(2001), 63~64.

공동귀속 원칙을 명문으로 규정하고 있으며 §837 ②의 반대해석상 부모가 이혼하지 않는 한 친권자와 별도로 양육권자를 정할 수 없기 때문이다. 그러나 부모가 이혼하는 경우에는 친권과 양육권을 부모에게 어떻게 귀속시킬 것인지가 문제되는데, 현행법은 친권에 대해서는 §909, 양육권에 대해서는 §837라는 별개의 조문을 두어 양자가 분리귀속될 수 있는 가능성을 제시하고 있을 뿐이고 어떤 경우에 대해서건 구체적인 귀속 기준은 규정하고 있지는 않다. 따라서 이혼 후에 부모 중 일방이 단독으로 친권·양육권을 행사하게 한다면 친권과 양육권을 동일인에게 귀속시키는 것과 각각 다른 사람에게 귀속시키는 것 중에서 어떤 것을 선택할까, 이혼 후에도 공동친권이나 공동양육권이 인정될 수 있는가 등에 대해서는 협의 또는 재판으로 자유롭게 정할 수 있다.16) 비록 §909 ②이 '부모가 혼인중인 때에는' 부모가 친권을 공동으로 행사하는 것으로 규정하고 있지만 그 취지는 이혼 후의 공동행사를 금지하는 것이 아니고17) 같은 조 ① 제1문의 연장선상에서 친권의 귀속뿐 아니라 친권의 행사에 있어서도 부모는 대등한 지위를 가진다는 원칙을 규정한 것이라고 해석하여야 한다. 또한 §909 ④ 내지 ⑥을 문리해석하면 부모 중 일방만이 친권자로 지정될 수 있는 것처럼 보이지만 이러한 문언의 의미를 공동친권을 금지하는 것이라고 해석할 필요는 없다.18)

　　이처럼 친권자·양육자의 지정은 구체적인 사정과 자녀의 복리를 고려하여 다양한 형태로 이루어질 수 있다고 하더라도 법적 안정성·예견가능성을 확보하려면 다종다양한 형태들 중 어떤 것이 1차적·원칙적인 모습인지를 정해 둘 필요가 있을 것이다. 이에 대해 우선 제1설은 친권은 공동으로 귀속시킬 필요가 있고 양육권은 자녀의 일상생활을 보살피는 것을 본질로 하는 것이기 때문에 단독으로 행사할 수 있도록 해야 한다고 주장하는데19) 그 논거는 다음과 같이 요약할 수 있다. 즉 자녀의 생활에 혼란을 초래하고 재혼가정에 부담을 준다는 등의 이유로 비판의 대상이 되고 있는 'joint custody'는 엄밀하게 말하면 공동친권이 아니라 공동양육을 의미하는 것이기 때문에 친권의 내용 중에서

---

16) 최진섭(2010), 255; 김유미(2001), 64~65.

17) 新注民(25), 35(岩志和一郎).

18) 김주수·김상용, 393 이하. 비교법적으로 보더라도 우리 민법은 '친권자를 지정하여야 한다'라고 규정하고 있는 반면 일본 민법 §819 ①은 "부모가 협의상 이혼을 하는 경우에 협의로 그 중 일방을 친권자로 정해야 한다"라고 규정하고 있다.

19) 양혜원(2012), 261은 부모 중 일방을 단독친권자로, 타방을 단독양육권자로 지정하면 자녀의 양육과 관련된 갈등과 분쟁의 소지가 많아져서 자녀의 안정적인 양육이 저해될 수 있음을 지적한다.

양육권을 제외한 부분인 재산관리권이나 법률행위에 대한 대리권에 대해서만 이혼 후에도 공동으로 친권을 행사하도록 하면 일방의 권한남용을 방지하고 신중한 판단의 가능성을 높일 수 있어서 자녀의 복리를 실현할 수 있다는 것이다.20) 이 견해는 이혼 후 자녀에 대한 양육권은 부모 중 어느 일방에게 친권은 다른 일방에 또는 부모에 공동으로 귀속하도록 하는 것도 자녀의 복리에 부합하는 한 허용된다고 한 판례21)의 태도는 공동친권과 공동양육은 별개의 문제임을 전제한 것으로 이해하여야 한다고 주장한다. 이러한 해석론은 §909 ④, ⑤의 문언과도 저촉되지 않는다. 부모이기만 하면 공동친권이 귀속됨을 감안할 때(§909 ① 1문), §909 ④, ⑤이 이혼이나 인지의 경우에 협의나 재판으로 '친권자를 정'하도록 하는 것은 마치 단독친권자 지정을 원칙으로 규정한 것처럼 보인다. 그러나 '친권자를 정한다'의 의미를 반드시 종래의 공동친권 상태에 변화를 주어야 한다는 것이 아니라 종래의 친권 귀속 상태를 그대로 유지할 것인가 아니면 여기에 변화를 줄 것인가를 명백하게 하기 위한 것이라고 파악하는 것도 무리한 해석은 아닐 것이다. 즉 이혼 사안에서는 부모는 종래의 공동친권을 유지할 것인가 아니면 단독친권으로 전환할 것인가를 정할 수 있고, 인지 사안에서는 법적 부자관계의 성립과 함께 인정되는 공동친권을 반영할 것인가 아니면 종래와 같이 모의 단독친권을 유지할 것인가를 정할 수 있는 것이다.

　　제2설은 부모 중 일방만이 자녀의 보호자인 단독친권자 겸 단독양육자가 되는 것이 바람직하다고 한다. 그 논거로는 친권자·양육자를 별도로 지정하는 이원적인 체제가 도입된 배경·연혁에 대한 부정적인 평가22)와 친권과 양육권의 규율 대상이 겹치고 경계가 불명확하기 때문에 양자가 충돌하는 경우가 발생할 수 있다는 문제점23) 등이 제시된다. 그러나 제2설에 대해서는 다음과 같은 반론을 제기할 수 있다. ⓐ 우선 더 이상 연혁적인 문제로 친권·양육권의 분리 귀속 자체를 부정적으로 평가할 필요는 없음을 지적할 수 있다. 친권자·양육자 지정에 관한 직권 개입의 길이 열려 있고 무엇보다도 법원도 자녀의 복리 원칙에 따라 판단하여야 하기 때문에, 부에게는 친권을 모에게는 그 중 일

---

20) 민유숙(2013), 51~52.

21) 대법원 2012. 4. 13. 선고 2011므4719 판결.

22) 김상용(1996), 13~14은 친권자·양육자를 분리하는 것의 저변에는 친권은 부에게만 인정될 수 있음을 전제로 모에게는 양육권만이 귀속될 수 있다는 가부장제적 가치관이 깔려 있으며, 부모가 이혼으로 인한 갈등을 해소하지 못하였는데도 공동으로 자녀의 양육에 관여하게 하면 자녀의 복리에 반하는 결과를 초래할 수 있다고 비판하고 있다.

23) 최정인(2011), 146~147.

부인 양육권만을 각각 귀속시키는 양성차별적 도식이 더 이상은 통용될 수 없을 것이기 때문이다. ⓑ 또한 친권과 양육권의 충돌 문제도 양육권이 우선하는 것으로 해석하면 충분히 해결할 수 있다. 위에서 본 것처럼 제1설도 양육권자가 따로 정해진 경우에 타방에게 단독귀속되거나 공동귀속될 수 있는 '친권'은 원래의 친권의 내용에서 양육에 해당하는 사항들을 제외한 부분인 재산관리권에 기초한 대리권·동의권 등을 대상으로 하는 것으로 전제하고 있다. 다만 좁은 의미의 양육 즉 제913조부터 제915조에 규정된 보호·교양을 위한 권한 외의 '비재산적' 사무에 관한 권한인 자녀의 친족·상속법상 법률행위에 대한 동의권·대리권이나 의료, 교육 등과 같이 특별법에 의하여 규율되는 사항에 대해는 논란의 여지가 있을 수 있다. 그러나 이러한 내용도 자녀의 보호·교양과 직결되는 것이기 때문에 결국 양육권자에게 1차적인 권한과 책임이 귀속되는 것으로 보아야 하고 이렇게 이해한다면 친권과 양육권의 충돌로 인한 문제는 방지할 수 있을 것이다. ⓒ 이혼이나 인지 사안에서는 반드시 단독친권자를 지정하도록 하면 이로 인하여 부모 사이의 갈등이 증폭될 수 있다.[24]

이러한 사정들을 고려한다면 제1설이 제2설보다 우수하다고 할 수 있을 것이다. 다만, 이러한 견해대립의 본질은 어떤 것이 원칙이고 어떤 것이 예외인가에 대한 관점의 차이에 지나지 않는 것이다. 제1설도 이혼 후의 단독친권·단독양육권의 가능성 자체를 부정하는 것은 아니고 제2설도 자녀의 복리에 적합한 경우에는 예외적으로 친권·양육권의 분속이나 공동친권·공동양육권이 인정될 수 있음을 인정[25]하고 있기 때문이다. 제2설에 의하면 원칙적으로 일방이 단독으로 친권·양육권을 행사하고 타방은 면접교섭만을 할 수 있을 뿐이고 공동친권·공동양육권이 인정되려면 "부모들 사이의 갈등을 부모로서의 역할 수행과 분리하여 사고할 수 있는 높은 수준의 자세를 갖추는 것이 필수적"[26]이기 때문에 부모가 이러한 준비가 되어 있음이 인정되는 경우에만 공동친권이 인정될 수 있다.[27] 반면 제1설에 의하면 이혼 후에도 양육권은 일방이 단독으로 행사하게 하더라도 최소한 '친권에서 양육권을 제외한 부분'에 대해서는 공동친권을 원칙으로 하고 이것이 자녀의 복리를 저해하는 경우에만 예외적으로 단독친권이 인정되어야 하는 것으로 된다.

---

24) 최진섭(2002) 185.
25) 김상용(1996), 14.
26) 김상용, "이혼 후의 공동친권," 가족법연구 Ⅰ (2002).
27) 최정인(2011), 161.

第 909 條 (親權者)

① 부모는 미성년자인 자의 친권자가 된다. 양자의 경우에는 양부모(養父母)가 친권자가 된다.〈개정 2005. 3. 31.〉

② 친권은 부모가 혼인중인 때에는 부모가 공동으로 이를 행사한다. 그러나 부모의 의견이 일치하지 아니하는 경우에는 당사자의 청구에 의하여 가정법원이 이를 정한다.

③ 부모의 일방이 친권을 행사할 수 없을 때에는 다른 일방이 이를 행사한다.

④ 혼인외의 자가 인지된 경우와 부모가 이혼하는 경우에는 부모의 협의로 친권자를 정하여야 하고, 협의할 수 없거나 협의가 이루어지지 아니하는 경우에는 가정법원은 직권으로 또는 당사자의 청구에 따라 친권자를 지정하여야 한다. 다만, 부모의 협의가 자(子)의 복리에 반하는 경우에는 가정법원은 보정을 명하거나 직권으로 친권자를 정한다.〈개정 2005. 3. 31., 2007. 12. 21.〉

⑤ 가정법원은 혼인의 취소, 재판상 이혼 또는 인지청구의 소의 경우에는 직권으로 친권자를 정한다.〈개정 2005. 3. 31.〉

⑥ 가정법원은 자의 복리를 위하여 필요하다고 인정되는 경우에는 자의 4촌 이내의 친족의 청구에 의하여 정하여진 친권자를 다른 일방으로 변경할 수 있다.〈신설 2005. 3. 31.〉

▮ 참고문헌: 김상용(2005), "개정 민법(친족·상속법) 해설," 법조 통권 588; 김유미(2001), "이혼시 친권의 개정방향," 가족법연구 15-2; 최정인(2011), "친권자 및 양육자의 지정·변경과 관련된 몇 가지 문제," 가사재판연구 Ⅱ; 최진섭(2002), "친권자 규정(민법 제909조)의 구조 분석," 아세아여성법학 5.

I. 친권자의 결정과 변경

친권자는 자녀의 양육에 관한 사항을 결정·실행하고 자녀가 보유한 특유재산을 관리하며 자녀를 대리하여 각종 법률행위를 하는 등의 권능을 포괄하는 권리를 가지지만 이러한 사무를 자녀의 복리를 위하여 이행하여야 하는 의무도 부담한다. 따라서 친권관계의 당사자는 일단 부모와 자녀라고 할 수 있다.

그러나 친권의 본질은 미성숙한 자녀가 독립된 인격자로 성장할 수 있도록 보호하고 양육하는 것이다. 따라서 모든 자녀가 친권관계의 당사자가 될 필요는 없고 부모이더라도 자녀를 양육하기에 적합하지 않으면 친권자가 될 수 없는 경우도 있을 수 있다. 이러한 사정을 반영하여 §909는 '미성년인 자녀'만이 친권관계의 당사자가 될 수 있음을 명시하는 한편(①), 친권자의 결정 기준 또는 방법(①, ④~⑥)과 친권자가 여러 명인 경우에 이들이 친권을 행사하기 위한 방법(②, ③)을 규정하고 있다.

양육권을 헌법상 보호되는 부모의 권리라고 한다면[1] 친권도 마찬가지라고 할 수 있다. 친권의 본질적인 기능 또는 핵심적인 내용이 바로 자녀의 양육에 대한 권리와 의무이기 때문이다. 따라서 자녀에 대한 친권자는 원칙적으로 부모이어야 하고 부모의 친권을 제한하려면 憲 §37 ②에 의한 기본권 제한의 요건을 갖추어야만 하고 무엇보다도 자녀의 복리 실현이라는 정당한 목적을 실현하기에 적합한 경우에만 그 정당성이 인정될 수 있다.

1. 친권자의 결정

가. 원칙: 부모의 공동친권(본조 ① 본문)

본조 ① 본문은 미성년자의 친권자는 부모라는 원칙을 선언하고 있다. 이처럼 부모이기만 하면 별도의 절차를 거치지 않아도 당연히 친권자가 되도록 하는 것은 한편으로는 부모의 기본권적 이익 보장이 반영된 것이라고 할 수도 있지만 다른 한편으로는 부모야말로 양육에 대한 책임과 의무를 가장 잘 이행할 수 있는 사람이라는 사회통념을 반영한 것이라고도 할 수 있다. 이렇게 본다면 부와 모가 친권의 귀속에 있어서 다르게 다루어져야 할 이유가 없기 때문에 부모에게는 대등한 지위가 인정되어야만 한다.

여기서 말하는 부모란 법적인 의미의 부모를 의미한다. 현행법의 해석론

---

1) 헌법재판소 2008. 10. 30. 선고 2005헌마1156 결정 등.

에 의하면 모는 출산이라는 사실에 의하여 당연히 법적인 부모가 될 수 있지만 부는 친생추정 또는 인지의 요건을 갖추어야만 법적인 부모가 될 수 있다. 이 처럼 혈연상의 친자관계가 아니라 법적인 친자관계를 근거로 친권자를 결정하는 것은 혈연과 무관한 법적 친자관계 자체의 가치, 특히 부모가 법적 친자관계를 설정함으로써 자녀를 양육하고자 하는 의사를 존중한 것이라고 할 수 있다. 이러한 취지는 양자의 친권자 결정에 관한 본조 ① 단서에도 반영되어 있다.

나. 양자의 친권자(본조 ① 단서)

§909 ① 단서는 양자에 대해서는 양부모만이 친권자가 되는 것으로 규정하고 있다. 즉 입양이 성립하면 친생부모는 더 이상 친권을 행사할 수 없게 되는 것이다. 양부모에 의한 자녀 양육은 입양의 본질을 이루는 실질적 요건이며[2] 양육권에는 어느 정도의 배타성이 전제되어 있는 것이기 때문이다. 친양자 입양(§908-2 이하)에 대해서는 이 조항이 적용되지 않는데 친양자 입양이 성립하면 친생부모와 자녀 사이의 친족관계 자체가 소멸하여(§909-3 ② 본문) 친생부모는 친권의 근거인 '법적인 부모'라는 지위 자체를 잃어버리기 때문이다.

입양이 성립하면 양부모가 친생부모에 우선하여 친권자가 된다는 점에 대해서는 의문이 없지만 다음과 같은 두 가지 문제에 대해서는 견해가 대립하고 있다. 첫째로 입양된 자녀의 친생부모에게 잠재적 친권자(또는 친권 보유자)로서의 지위는 남아 있는 것으로 볼 것인지가 문제된다. 이에 대한 견해대립은 양부모의 사망, 입양취소, 파양 등으로 인하여 양부모가 더 이상 친권을 행사할수 없게 된 경우에 친생부모가 어떠한 지위를 가지는지와 관련하여 문제되는데, 이에 대해서는 §909-2 부분에서 상술한다. 둘째로 양부모와 친부모가 혼인한 경우에는 §909 ① 본문과 단서 중 어떤 것이 우선 적용되는지가 문제된다. 본문이 적용되면 두 사람이 공동친권자가 되고 단서가 적용되면 양부모만이 단독친권자가 되기 때문이다. 이러한 문제는 재혼가정의 배우자 일방이 상대방의 친생자녀를 입양하는 경우 또는 친생모(부)가 입양 성립 후 양부(모)와 혼인하는 경우에 등장할 수 있다. §909 ① 단서의 취지를 양부모의 양육에 대해 친생부모가 개입하는 것이 자녀의 복리에 부합하지 않음을 전제로 이를 배제하려고 한 것이라고 본다면 양부모와 친생부모가 혼인공동생활을 하게 되어 함께 자녀를 양육할 수 있게 된 특별한 사정이 있는데도 굳이 우선순위를 따질

---

2) '입양의 실질적 요건'이 구비되어 있다고 하기 위해서는 … 입양 무효사유가 없어야 함은 물론 감호·양육 등 양친자로서의 신분적 생활사실이 반드시 수반되어야 한다(대법원 2011. 9. 8. 선고 2009므2321 판결).

필요는 없을 것이다. 따라서 어떠한 경우이건 양부모와 친생부모가 공동친권자
로 되어야 한다. 또한 일단 공동친권자가 된 후에는 대등한 지위가 인정되기
때문에 이들이 이혼을 하더라도 양부모의 친권이 당연히 우선하는 것이 아니
라 §909 ④에 따라 단독친권자를 정해야 한다.3)

다. 협의이혼 또는 임의인지의 경우(본조 ④)

(1) 의의

친권의 귀속과 행사에 관하여 부와 모에게 대등한 지위를 인정하는 §909
①, ②의 정당성은 부와 모는 자녀와의 관계에서 대등한 지위를 가진다는 양성
평등이라는 측면과 부모 두 사람이 함께 자녀에 대한 권리와 의무를 지는 것이
자녀의 성장·발달을 위하여 더 바람직함을 전제하는 자녀의 복리라는 측면에
서 찾을 수 있다. 다만 자녀의 복리 원칙은 친자관계법 전반을 관통하는 원리
임에 비추어 볼 때 이들은 대등한 가치를 가지는 것이 아니라 후자가 전자보다
우월한 가치를 가진다. 따라서 만약 양자가 모두 실현될 수 없을 때에는 후자를
우선적으로 고려하여야 한다. 이러한 사정을 반영하여 본항은 부모가 혼인 공
동생활을 하지 않는 경우에는 부모의 공동친권이라는 원칙에 대한 예외로서
두 사람 중 한 사람을 단독친권자로 지정할 수 있도록 하고 있는 것이다.

부모가 혼인 공동생활을 하지 않으면서 친권을 공동으로 행사하는 것은
자녀의 복리에 부합하기 어려운 것이 일반적이다. 친권 행사를 위하여 필요한
조치는 적시에 신속하게 이루어져야 하고 한 번 실행되었다면 자녀의 안정적
인 성장을 위하여 되도록 일관성 있게 유지되어야 하는데 부모가 부부가 아닌
경우에는 이러한 요청이 실현되기 어렵기 때문이다. 본항은 이러한 맥락에서
부모의 이혼 또는 혼인외의 출생자의 인지 사안에 대해 공동친권 원칙을 후퇴
시키고 부모의 협의나 법원의 재판을 거쳐 친권자를 정하도록 하고 있는 것이
다.4) 다만 위에서 본 것처럼 부모가 부부는 아니지만 공동친권을 행사할 수 있
는 경우도 있을 수 있기 때문에 본항과 본조 ⑤이 부부가 아닌 부모의 공동친
권을 배제·금지하는 것으로 해석할 필요는 없다.

(2) 요건

본항에 의한 친권자 지정은 부모의 협의이혼과 혼인외의 출생자에 대한
임의인지라는 두 가지 경우에 대해 적용된다. 우선 법원이 관여하기 전에 부모

---

3) 김주수, 주석, 389. 일본의 지배적 견해와 판례도 같은 취지이다. 新注民(25), 27(岩志和一郎)
이하.
4) 제요[4-2], 548~549.

의 협의만을 근거로 친권자를 정할 수 있게 하는 것은 이혼이나 인지라는 사정 자체가 부모의 의사에 의하여 발생한 이상 이에 수반하는 다른 법률관계에 대해서도 협의가 성립할 수 있음을 전제한 것이다. 반면 만약 부모가 이혼이나 인지에 대해 의견을 달리하여 재판을 거쳐야만 하는 경우에는 친권에 대해서도 협의가 성립하는 것을 기대하기 어렵기 때문에 이러한 사정을 감안하여 ⑤은 법원이 곧바로 개입하여 직권으로 친권자를 정하도록 하고 있다.

㈎ 협의이혼, 인지

§836-2가 친권자 지정 협의 또는 심판 자체를 협의이혼의 요건으로 하고 있기 때문에 본항에 의한 친권자 지정은 부모가 아직 이혼하지 않은 경우에만 적용될 수 있다. 또한 본항의 협의이혼이란 법률상의 이혼을 의미하기 때문에 사실혼이 해소되는 경우는 여기에 해당하지 않는다. 이러한 경우에는 본조 ⑥에 따라 친권자를 정해야 할 것이다. 왜냐하면 사실혼 관계에 있는 부모 사이에서 출생한 자녀는 인지에 의해 법적 부자관계가 성립하기 때문에 이미 본항에 의해 친권자가 지정된 것으로 보아야 하기 때문이다.

본항의 인지는 부의 의사에 의한 인지(§855 ①)를 의미한다. 태아인지를 한 경우에 본항에 의한 협의 또는 심판을 자녀가 출생하기 전에도 할 수 있는지가 문제된다. 국내에서는 특별한 논의가 없고 일본에서는 견해가 대립하지만[5] 가능하다고 보아야 한다. 부정설은 태아에 대한 친권자 지정이 있어도 그 효력은 자녀가 출생하여야만 발생한다는 점을 문제 삼지만, 법정조건으로 인한 불확실성만을 이유로 친권자 지정 자체가 불가능하다고 볼 필요는 없다. 협의이혼 사안에서의 친권자 지정도 협의이혼의 성립을 법정조건으로 하고 있기 때문이다.

㈏ 친권자 지정 협의의 방식

친권자 지정 협의의 방식 자체에 대해서는 특별한 규정이 없지만 협의이혼을 하려면 이에 대한 협의서를 제출하여야 하기 때문에(§836-2 ④) 적법한 방식에 의한 서면[6]으로 이루어져야만 한다. 이러한 서면은 사적으로 작성된 것으로서 집행력이 없음은 물론 그 내용을 위반하더라도 가사소송법에 규정된 과태료 등의 제재가 가해지는 것도 아니다. 따라서 협의의 내용을 관철시키려면 그 이행을 구하는 재판을 거쳐야만 한다. 이러한 문제에 대처하기 위하여 본항의 협의서에도 집행력을 인정하거나[7] 본항의 협의를 하려면 반드시 공증

---

5) 新注民(25), 46(田中通裕).
6) 협의이혼의 의사확인사무 및 가족관계등록사무 처리 지침(가족관계등록예규 제341호, 시행 2011. 11. 10.) 별표 3에 규정된 '자의 양육과 친권자결정에 관한 협의서'.

을 받도록 하는 방안을 생각해 볼 수 있다.

한편 친권자 지정 협의에 조건이나 기한을 붙이는 것은 친권자의 변경은 반드시 법원의 재판을 거치도록 하고 있는 본조 ⑥의 취지에 반하기 때문에 허용될 수 없다.[8] 이러한 경우에 조건·기한 부분만 일부무효[9]가 되는가 아니면 친권자 지정 협의 전부가 무효가 되는가가 문제되는데 전부무효라고 보아야 할 것이다. 일방을 단독친권자로 하는 협의에 조건·기한을 붙이는 것은 부모간의 타협 즉 타방의 양보를 위한 전제의 경우가 많은데 조건·기한만 무효라고 하면 원래의 협의와 다른 내용이 되어 버리기 때문이다. 또한 이러한 협의를 전부무효로 처리하더라도 법원이 보정명령을 통해 조건·기한이 없는 새로운 협의를 하도록 유도하고 이에 불응하면 직권으로 개입하여 친권자를 지정할 수 있기 때문에 보호의 공백이 발생할 우려도 없다.

⒟ 직권에 의한 친권자 지정

협의이혼이나 인지의 경우에도 직권으로 친권자를 지정할 수 있게 한 것은 입법상의 오류라는 비판론이 있는데, 그 논거로는 ⓐ 협의가 성립하지 않은 당사자들이 법원에 친권자 지정을 청구하도록 하면 충분한데도 법원이 직권으로 친권자를 지정하도록 할 필요는 없다는 점과 ⓑ 법원이 협의이혼 의사 확인 단계에서 직권으로 친권자 지정 심판을 하는 것이 절차법적으로 가능한 것인지가 불명확하다는 점 등이 제시된다.[10] 그러나 이러한 견해에 의하면 부모의 협의이혼 의사가 합치되어 있고 이미 별거 중이더라도 친권자 지정 협의나 청구가 없으면 협의이혼 의사확인 청구는 배척될 수밖에 없는데 이러한 결론이 자녀의 복리에 부합하는지는 의문이다. 부모가 사실상 이혼상태에 있으면 공동친권도 형해화되어 있을 것이기 때문에 직권으로 친권자를 지정하는 것이 자녀의 복리에 부합할 것이기 때문이다. 따라서 ④에서 직권에 의한 친권자 지정이 가능하도록 규정한 취지를 살리려면 절차법적인 개선이 필요하다. 협의이혼 의사확인은 공증의 일종이고 친권자 지정은 비송사건에 대한 재판인데 이러한 이질적인 절차가 동시에 진행되는 것은 매우 어색하기 때문이다. 입법론적으로는 협의이혼 의사확인 담당판사가 비송재판부에 통지하여 심판절차를 개시하도록 하는 절차규정을 두거나[11] 협의이혼 의사확인 절차도 비송사건의 일종으

---

7) 최정인(2011), 153.
8) 新注民(25), 39(田中通裕).
9) 제요[4−2], 554.
10) 김주수·김상용, 392~393.
11) 최정인(2011), 151~152.

로 규정하는 것을 생각해 볼 수 있을 것이다.

(3) 효과

§909 ④과 ⑤에 의한 친권자 지정의 의미에 대해 종래에는 견해가 대립하였으나 2011년 개정법에 의한 §909-2의 신설을 계기로 이제는 이혼하는 부모 중 일방에게 ─ 친권 행사자의 지위가 아니라 ─ 친권자라는 지위 자체를 단독으로 귀속시키는 것이라고 해석할 수밖에 없게 되었다. 그러나 전주에서 본 것처럼 이러한 개정법의 태도가 바람직하다고 단정하기는 어렵다. 부모가 공동생활을 하지 못한다는 사정만을 이유로 부모 중 한 명의 친권을 소멸시키는 것은 친권상실을 엄격한 요건과 절차하에서만 인정하고 친권자의 사임은 아예 불가능하게 하고 있는 현행법의 전체적인 체계와 조화를 이루지 못하는 면이 있기 때문이다.

본항에 의한 친권자 지정 협의나 심판은 임의인지 사안에서는 즉시 효력을 발생하지만 협의이혼 사안에서는 부모의 협의이혼이 성립하여야만 효력을 발생한다. 즉 후자의 경우에는 법정조건이 붙어 있는 것으로 파악하여야 한다. 협의이혼 사안에서는 친권자 지정 협의나 심판의 실효성이 없어지게 될 수도 있다. §836-2 ④이 이러한 협의 또는 심판을 협의이혼보다 선행하도록 규정하고 있어서 친권자 지정 심판의 내용에 불복하는 당사자가 협의이혼 자체를 거부해 버리면 문리해석상 본항에 의한 친권자 지정은 무의미한 것으로 되어 버리기 때문이다.[12] 물론 그 후의 재판이혼 절차에서도 법원은 직권으로 친권자를 지정할 수 있지만(§909 ⑤) 가사비송 심판에는 기판력이 없기 때문에[13] 결국 동일한 내용의 심판을 두 번 진행하게 되는 절차낭비가 발생하게 된다.

한편 부모 사이에 의한 친권자 지정 협의가 성립하였더라도 그 내용이 자녀의 복리에 반하면 가정법원이 개입하여 보정을 명하고 부모가 이에 불응하면 직권으로 친권자를 정하여야 한다(§909 ④ 단서). 특히 협의이혼의 경우에 부모가 이혼이라는 자신들의 목적을 달성하기 위하여 친권에 대해서는 경솔한 결정을 하는 경우가 있을 수 있기 때문에 법원이 후견적으로 개입할 수 있도록 한 것이다. 그러나 여기에 대해서도 다음과 같은 문제점들을 지적할 수 있다. 첫째로 본항 본문을 근거로 법원이 직권으로 개입하는 것이 체계상 불가능하다는 해석론[14]에 의하면 본항 단서의 경우에도 같은 문제에 직면하게 된다. 이

---

12) 최정인(2011), 152; 일본의 경우에도 마찬가지라고 한다. 新注民(25), 40(田中通裕) 참조.
13) 명문 규정은 없으나 실무의 확립된 태도라고 할 수 있다. 제요[4-1], 196.
14) 김주수·김상용, 392~393.

러한 문제에 대처하려면 협의이혼 의사 확인 전에 자녀의 복리 심사를 위하여 필요한 자료(예를 들어, 자녀의 주민등록등본, 재학증명서, 부모의 직업·소득에 관한 증명서 등)를 미리 제출하도록 할 필요가 있을 것이다.[15] 둘째로 절차법적으로 볼 때 본항 본문과 단서 모두를 마류 비송사건으로 규정하고 있는 것에 대해서는 재고의 여지가 있다. 본문에 의한 친권자 지정은 대심적인 구조를 가진 반면 본항 단서에 의한 보정명령과 직권지정은 자녀의 복리라는 기준에 따라 법원이 행하는 비대심적 절차이다. 따라서 본항 단서를 별항으로 분리하고 '라류' 비송사건으로 재분류하는 것도 고려할 필요가 있을 것이다.

(4) 입법론

첫째로 임의인지 사안에서는 친권자를 지정하지 않아도 임의인지의 요건을 갖추는 데는 아무런 장애가 없기 때문에 법원이 개입하는 것이 사실상 불가능하다. 친권자 지정을 법정조건으로 하고 있는 협의이혼과는 달리 임의인지는 친권자 지정이 없어도 성립할 수 있기 때문이다. 물론 인지신고의 경우에는 §909 ④ 또는 ⑤에 의하여 지정된 친권자를 기재하여야 하지만, 임의인지는 출생신고에 의해서도 할 수 있으며(家登 §57) 출생신고의 경우에는 이러한 기재를 할 필요가 없기 때문이다(같은 법 §44, §55). 이 경우 법원이 친권자 지정에 대한 협의가 없음을 이유로 직권으로 개입하여 보정을 명하여야 하겠지만 출생신고 방식의 임의인지가 성립하는 경우를 법원이 일일이 파악하는 것은 사실상 불가능할 것이다. 따라서 §909 ④의 취지를 관철시키려면 명문 규정으로 임의인지가 유효하게 성립하려면 반드시 친권자 지정 협의나 재판을 거쳐야 함을 명시할 필요가 있다.

둘째로 임의인지 사안과 협의이혼 사안을 동일한 조문으로 규율하는 것이 바람직한 것인지는 의문이다. 협의이혼의 경우에는 공동친권자였던 부와 모가 더 이상 공동친권을 행사할 수 없게 되었기 때문에 반드시 친권자를 새로 정해야 하고 그 과정에서 원칙적으로 대등한 기회가 보장되어야 한다. 반면 임의인지의 경우에는 이미 모가 단독친권자로서 자녀를 양육하고 있는 경우가 일반적이기 때문에 부모에게 공동친권자로서의 대등한 지위를 보장해 줄 필요는 없고 부는 본조 ⑥에 의하여 얼마든지 친권자로 지정될 수 있으므로 굳이 인지와 동시에 친권자를 지정할 필요가 없다. 또한 우리 민법상의 임의인지는 ― 자녀나 모의 동의 등을 요건으로 하고 있는 일본 등의 외국과는 달리 ― 부의 일

---

15) 최정인(2011), 151.

방적인 의사만으로 성립할 수 있게 되어 있어서 인지 자체에 대해서도 부모 사이의 의견이 대립하는 경우도 얼마든지 있을 수 있다. 따라서 임의인지 사안을 별도의 조항으로 규정하면서 원칙적으로 모의 단독친권이 유지되는 것으로 하고 자녀의 복리 심사를 거쳐 부에게 공동친권 또는 단독친권이 귀속될 수 있도록 하는 것이 자녀의 복리에 더 부합한다고 할 것이다.16)

라. 재판에 의한 혼인해소 또는 강제인지의 경우(본조 ⑤)

부모가 이혼하거나 혼인외의 출생자가 인지되는 경우처럼 친권자가 될 수 있는 부모가 혼인공동생활을 영위하지 않는 때에는 공동친권이 바람직하지 않을 수 있기 때문에 부모 중 일방을 친권자로 지정하기 위한 길을 열어두어야 한다. 친권자의 지정은 부모의 협의에 맡기는 것이 가장 바람직하겠지만 이혼이나 인지와 관련하여 다툼이 있는 경우에 친권자 지정에 대한 협의가 원만하게 성립하는 것을 기대하기는 어려운 것이 일반적이다. 본항은 이러한 사정을 감안하여 재판에 의하여 인지가 성립하거나 혼인이 해소되는 경우에는 법원이 직권으로 친권자를 정하도록 하고 있다. 따라서 친권자 지정에 관한 청구가 청구취지에 포함되어 있지 않다면 법원은 이러한 청구를 추가하도록 보정을 명하는 것이 바람직할 것이다.17)

다만 본항의 입법취지는 부모 사이에 협의가 성립하지 못하는 경우에 대비하기 위한 것이지 협의에 의한 친권자 지정의 가능성을 배제하는 것은 아니다.18) 법원은 혼인 취소 사건, 재판상 이혼 사건, 인지청구 사건에서 미성년자인 자녀가 있을 때에는 부모에게 청구가 인용되는 경우에 대비하여 친권자 지정 등에 관한 협의를 권고하여야 하고(家訴 §25 ①, 같은 법 §28) 이러한 권고에 따라 협의가 성립된 때에는 그 내용을 조서로 작성하여야 하기 때문이다.19) 다만 재판이혼 절차에서의 친권자 지정은 법원의 직권으로 하는 것이기 때문에 당사자의 신청이나 협의 내용에 구속되는 것은 아니다.20)

본항에 의한 친권자 지정은 마류 가사비송사건으로서 부모 중 일방이 타방을 상대방으로 청구하여야 한다(家訴規 §99 ①). 또한 자녀가 15세 이상인 때에는 그의 의견을 청취하여야 하지만 필수적인 것은 아니다. 특히 의견 청취가 자녀의 복리를 해칠 우려가 있다고 인정되는 경우에는 의견 청취를 하지 않아

---

16) 같은 취지의 입법론으로 최진섭(2002), 183.
17) 최정인(2011), 154.
18) 김주수·김상용, 393.
19) 제요[4-2], 21.
20) 新注民(25), 43(田中通裕).

도 된다(家訴規 §100). 또한 본항에 의한 친권자 지정 재판의 기준은 비록 명시적으로 규정되어 있지는 않지만 자녀의 복리라고 보아야 한다. §909 ④, ⑥에서는 법원의 직권 판단의 기준이 자녀의 복리임을 명언하면서도 유독 본항에서만 이를 생략한 것은 입법상의 불비라고 볼 수밖에 없다. 자녀 복리 심사를 위한 구체적인 판단 기준에 대해서는 친권자 변경 재판에 관한 §909 ⑥ 부분에서 상술한다.

혼인 무효 사안에서도 본항이 적용되는지의 여부가 문제될 수 있으나 부정적으로 보아야 한다. 우선 혼인중의 출생자인 경우에 혼인 무효 판결이 확정되면 친생추정의 효력 자체가 소멸한다. 따라서 모자관계만 인정되고 부자관계는 인정되지 않기 때문에 친권자 지정 문제 자체가 생기지 않는다. 다음으로 부가 출생신고를 한 경우에는 인지신고로서의 효력이 인정되고 부모의 협의로 공동친권자가 되어 있었던 것으로 볼 수 있다. 무효인 혼인중에 출생한 자녀도 법적으로는 '혼인외의 자녀'라고 볼 수밖에 없고, 인지신고로서의 효력을 인정하는 家登 §57의 전제인 '자신의 자녀로 출생신고를 하였다는 사실로부터 인지의사가 인정될 수 있다'라는 사정은 혼인 무효 사안에서도 마찬가지라고 볼 수 있을 것이기 때문이다. 따라서 이 경우에는 본조 ⑥에 의하여 친권자를 지정할 수 있을 것이다.

2. 친권자 지정 후의 변경 (본조 ⑥)

가. 의의

친권자 지정은 협의에 의한 것이건 재판에 의한 것이건 확정적·절대적인 것이라고 할 수는 없다. 친자관계의 대원칙인 자녀의 복리 심사는 구체적인 사실관계를 고려하여야만 하는데 친자관계와 관련된 여러 가지 사정들 자체가 가변적일 뿐 아니라 자녀가 성장함에 따라 자녀의 복리 판단의 기준도 달라질 수 있기 때문이다. 자녀의 복리를 위하여 필요하다고 인정되는 경우에는 이미 정해져 있는 친권자를 다른 일방으로 변경할 수 있게 하는 §909 ⑥은 바로 이러한 사정을 반영한 것이다. 다만 본항은 자녀의 복리에 영향을 미치는 사정변경이 있어도 부모의 협의만으로는 친권자를 변경할 수 없고 반드시 법원의 재판을 거치도록 하고 있다.

나. 적용범위

본항은 §909 ①의 경우 즉 부모가 공동친권을 행사하고 있는 경우에는 적용될 수 없고 본조 ④·⑤에 의하여 친권자가 지정된 경우에만 적용된다.[21] 그 이유로는 다음의 세 가지를 들 수 있다. 첫째로 문리해석상 본항은 '정하여진' 친권자에 대해서만 적용될 수 있고 둘째로 친권자의 변경에 관한 규정은 1990년 개정에서 §909 ④의 일부로서 도입되었다가 2005년 개정에서 별항으로 독립된 것이며 셋째로 부모가 혼인 공동생활을 하고 있는 동안에는 부모의 공동친권을 인정하는 것이 혼인의 본질과 자녀의 복리 원칙에 부합할 것이기 때문이다. 따라서 만약 자녀의 복리를 고려하여 일방의 친권 행사를 제한할 필요가 있다 하더라도 친권자인 부모가 혼인중인 경우에는 친권자를 '다른 일방으로 변경'할 수는 없고 §909 ② 단서를 근거로 친권 행사 방법을 새로 정함으로써 자녀의 복리에 반하는 친권 행사를 저지할 수밖에 없을 것이다.

　　반면 본항이 적용되는 경우 즉 §909 ④·⑤이 적용되는 경우에는 부모 중 일방이 단독친권자로 정해진 경우는 물론 부모가 공동친권자로 정해져 있는 경우에도 친권자 변경을 할 수 있다. 이혼 후의 공동친권도 자녀의 복리에 반하지 않는 한 허용되는 것이기는 하지만 부모 쌍방과 자녀가 가족 공동생활을 하고 있지 않기 때문에 공동친권이 자녀의 복리에 부합한다고 단정할 수 없기 때문이다.

다. 절차

　　본항에 의한 친권자 변경 절차는 '자의 4촌 이내 친족'의 청구가 있어야만 개시될 수 있다. 이러한 현행법의 태도에 대해서는 다음과 같은 비판을 가할 수 있다. 첫째로 친권관계의 당사자인 자녀와 부모 외의 사람에게도 친권자 변경 청구를 할 수 있도록 한 것은 무의미하거나 불필요하다.[22] 둘째로 법원이 적극적으로 친자관계의 문제점을 파악하고 이에 대처하는 것을 기대하기 어렵다 하더라도 다른 재판(예를 들어 이해상반행위에 대한 특별대리인 선임심판) 절차에서 이러한 문제를 알게 되었다면 직권으로 개입할 수 있는 길을 열어 둘 필요가 있을 것이다.[23] 본항의 문제점은 무엇보다도 §837 ⑤이 "부·모·자(子) 및 검사의 청구 또는 직권으로 자(子)의 양육에 관한 사항을 변경하거나 다른 적당한 처분을 할 수 있다."라고 규정한 것과 비교해 보면 명백하게 드러난다.

　　친권자 변경 사건은 마류 가사비송사건으로서 양당사자가 대립하는 대심

21) 최진섭(2002), 192.
22) 최진섭(2002), 191은 4촌 이내 친족이 친자관계에 개입할 수 있도록 하는 것은 더 이상 보편적 가족형태라고 할 수 없는 대가족제도나 가부장제적인 사고방식에 기초한 것이라고 비판하고 있다.
23) 김유미(2001), 66도 법원이 직권으로 친권자를 변경할 수 없는 것은 문제임을 지적하고 있다.

적 비송사건이다. 청구의 상대방은 현재의 친권자라는 점에 대해서는 의문이 없으나 청구인 적격에 대해서는 본항은 4촌 이내 친족으로 규정하고 있는 반면 家訴規 §99 ①은 부모 중 친권자가 아닌 일방이라고 규정하고 있다. 家訴規이 본항에 의하여 인정되는 청구인 적격을 제한하는 것은 체계상 어색하고 부모 도 '4촌 이내 친족'에 해당하기 때문에 家訴規 §99 ①은 본항이 아니라 §909 ④ 에 대해서만 적용되는 것으로 보아야 한다. 한편 본항에 의한 친권자 변경 절 차에 대해서도 자녀의 의견청취에 관한 家訴規 §100가 적용된다.

라. 친권자 변경의 기준: 자녀의 복리

구체적인 내용은 전주를 참조.

마. 평가

2005년 개정 전에는 부모의 협의로도 친권자를 변경할 수 있었으나 개정 후에는 친권자의 변경은 반드시 법원의 재판을 거치도록 하였다. 이러한 개정 에 대해서는 친권자의 변경은 자녀에게 많은 영향을 미치기 때문에 자녀 복리 심사를 위하여 법원이 반드시 개입하도록 할 필요가 있음을 반영한 것이라고 보는 옹호론24)도 있다. 반면 비판론은 친권에 대해서는 부모의 자율적 결정을 존중하는 것이 자녀의 복리 실현을 위하여 더 적합하다는 점,25) 이혼이나 인지 후의 친권자 지정 자체에 대해서는 부모의 협의를 원칙으로 하고 법원의 개입 을 예외적인 것으로 규정하면서26) 친권자 변경에 대해서는 협의의 가능성 자 체를 인정하지 않는 것은 균형이 맞지 않는다는 점을 지적한다.

다만, 만약 비판론처럼 부모의 협의로 친권자를 변경할 수 있게 하려면 이 에 대한 법원의 직권 개입도 가능하도록 할 필요가 있을 것이다. 법원이 자녀 의 복리 심사를 거쳐 친권자를 지정 또는 변경하였는데 그 후 특별한 사정변경 이 없는데도 부모의 협의만 성립하면 법원이 정한 친권자를 변경할 수 있게 하 는 것은 자녀의 복리 원칙상 바람직하다고 보기 어렵기 때문이다.

Ⅱ. 친권의 행사

1. 원칙: 부모의 공동행사

부와 모는 공동친권자이기 때문에 친권의 행사에 해당하는 사항에 관한

---

24) 김주수·김상용, 403 이하; 최정인(2011), 162.

25) 최진섭(2002), 194~195.

26) 김상용(2005), 132.

내용을 정하고 이를 구체적으로 실현하려면 상대방의 동의를 얻어야 하는 것이 원칙이다.[27] 다만 공동으로 의사결정을 하였다면 일방이 그 내용을 단독으로 실행하는 것은 무방하다.[28] 공동친권을 인정하는 취지에 반하지 않기 때문이다. 한편 양육과 관련된 친권 행사는 다양한 사실행위의 집합이라는 모습으로 나타나는데 이러한 행위는 단독으로도 할 수 있다고 보아야 한다. 모든 사실행위에 대해 일일이 협의를 하는 것은 비현실적이고[29] 타방의 추정적 승낙 또는 묵시적 추인이 인정될 수 있기 때문이다.

부모의 일방이 친권의 공동행사 원칙을 위반한 경우 즉 상대방의 동의 없이 독단적으로 친권을 행사한 경우에 어떤 효과가 인정되는지에 대해서는 경우를 나누어 살펴볼 필요가 있다. 먼저 자의적인 친권 행사의 내용이 대리행위이거나 자녀의 법률행위에 대해 동의와 같은 법률행위 또는 준법률행위인 경우에는, 공동명의로 하였다면 §920-2가 적용되고 단독명의로 하였다면 일반적인 무권대리로서 다루어질 것이다.[30] 다음으로 그 내용이 사실행위라면 위에서 본 것처럼 대부분의 경우에는 정당한 친권 행사로 인정될 수 있지만 문제된 행위의 중요성이나 심각성에 비추어 추정적 승낙이 인정될 수 없는 경우라면 위법한 친권 행사가 되고 경우에 따라서는 친권남용이 될 수도 있다. 이러한 경우에 상대방은 '위법한 사실행위'의 중지를 요구할 수 있는데[31] 그 근거는 자신의 친권으로부터 도출되는 방해배제청구권이라고 볼 수 있다.

2. 예외적인 단독행사

이처럼 친권의 공동행사가 원칙이기는 하지만 이에 대한 예외를 인정하지 않으면 부모의 의견이 일치하지 않는 한 누구도 친권을 행사할 수 없게 되는데 이러한 상황이 자녀의 복리에 반한다는 것은 말할 필요도 없다.[32] 이러한 사정을 반영하여 우선 §909 ② 본문은 부모의 친권 공동행사라는 원칙은 '부모가 혼인중인 때'에만 적용되는 것으로 규정하고 있다. 또한 §909 ② 단서와 같은 조 ③은 부모가 혼인중인 경우에도 일정한 상황하에서는 자녀의 복리 실현을

---

27) 최진섭(2002), 179 이하는 친권의 공동귀속과 공동행사는 별개의 문제라고 하면서, 부모가 혼인중인 경우에도 각자 단독으로 친권을 행사하는 것을 원칙으로 하는 것이 친권 행사의 실제 모습을 반영하는 것이고 친권 행사의 신속성·효율성도 제고할 수 있다고 한다.

28) 김주수·김상용, 390~391.

29) 新注民(25), 31(岩志和一郎).

30) 新注民(25) 32(岩志和一郎).

31) 新注民(25), 32(岩志和一郎).

32) 新注民(25), 33(岩志和一郎).

위하여 필요하다고 인정되는 한 '공동행사'의 원칙은 후퇴하고 부모 중 일방이 단독으로 친권을 행사할 수도 있음을 명시적으로 규정하고 있다.

가. 친권행사에 관한 부모의 의견이 일치하지 않는 경우(본조 ② 단서)

대등한 지위를 가지는 공동권리자의 의견이 대립하면 권리를 행사할 수 없게 되는 것이 원칙이겠지만 친권의 행사는 자녀의 복리와 직결되어 있기 때문에 권리행사의 불가능 상태를 방치하는 것은 허용될 수 없다. 본항은 이러한 맥락에서 부모의 의견이 대립할 때는 가정법원이 후견적으로 개입하여 직접 친권의 행사에 관한 결정을 하도록 하고 있으며 家訴 §2는 '친권행사 방법의 결정'을 라류 가사비송사건으로 규정하고 있다.

본항은 친권 행사에 속하는 개별적·구체적인 사항을 대상으로 적용되어야 한다. 부모의 한쪽이 포괄적으로 친권을 행사하게 하는 것은 다른 쪽의 친권 행사를 배제하는 것과 다를 바 없기 때문이다.[33] 다만 구체적이기만 하면 양육에 관한 사항이건 재산관리에 관한 사항이건 모두 본항의 적용대상이 된다. 실무[34]에서는 친권에 속하는 사항 중 자녀의 보호교양에 관한 사항은 마류 가사비송사건인 양육에 관한 처분이기 때문에 본항의 적용대상은 결국 재산관리에 관한 것으로 한정된다고 보는 듯 하지만 수긍하기 어렵다. '자녀의 보호교양에 속하는 사항'에 관한 마류 가사비송은 부모의 이혼을 전제하는 §837와 §837-2에 근거한 것이기 때문이다.

친권 행사 방법의 구체적인 내용은 가정법원이 재량으로 결정할 수 있지만[35] 재판을 청구한 일방뿐 아니라 타방을 절차에 참가시켜야 하고(家訴規 §64) 자녀의 복리를 최우선적으로 고려하여 결정하여야 한다(§912 ②).

나. 부모 중 일방의 친권 행사가 불가능한 경우(본조 ③)

(1) 일반적인 경우

부모의 일방이 친권을 행사할 수 없을 때에는 다른 일방이 단독으로 친권을 행사한다. '친권을 행사할 수 없는 경우'에는 심각한 질병, 행방불명 등의 사실적인 장애사유뿐 아니라 대리권·재산관리권의 사퇴 또는 상실(§925, §927 ①), 특별법(아동복지법 §18 등)에 의한 친권행사의 제한·정지 등의 법적 장애사유도 포함된다.[36]

---

33) 제요[4-2], 309.
34) 제요[4-2], 309.
35) 제요[4-2], 309
36) 김주수·김상용, 391.

(2) 친권자에 대한 성년후견이 개시된 경우

부모 중 일방에 대해 성년후견이 개시된 경우에는 타방이 단독으로 친권을 행사하는 것으로 보아야 한다. 피성년후견인 자신이 친권을 행사할 수 없을 뿐 아니라 그의 성년후견인도 친권을 대행할 수 없기 때문이다.

우선 피성년후견인 자신은 친권을 행사할 수 없는데 그 이유로는 ⓐ 친권은 재산관리권을 포함하는 포괄적인 권리로서 재산적 행위능력에 준하는 사무처리 능력을 전제하고 있는 것으로 보아야 한다는 점과 ⓑ 모든 형태의 피성년후견인은 후견인 결격자인데도[37] 후견인보다 더 적은 감독과 제한하에 더 많은 권한과 책임이 주어지는 친권자가 될 수 있다고 하는 것은 모순이라는 점 등을 들 수 있다. 다만 이처럼 모든 형태의 피후견인에 대해 친권 행사를 전면적으로 제한하는 것은 성년후견제도 도입의 취지와 어울리지 않는 면이 있다. 새 성년후견제도가 추구하는 '피후견인의 잔존능력의 최대한 활용'을 실현하려면 최소한 피한정후견인에 대해서는 양육에 관한 친권행사는 인정할 여지가 있기 때문이다. 한편 이러한 경우에 자녀의 복리를 고려한다면 친권자에게 행위능력이 인정되는 사항에 대해서도 대리권·재산관리권, 동의권 등을 행사할 수 없다고 볼 수도 있다. 그렇지만 행위능력이 유지된 범위 내에서는 대리권·재산관리권, 동의권 등을 행사할 수 있다는 해석이 후견법의 이념에 부합할 것이다.[38]

다음으로 부모 중 일방의 후견인이 친권을 대행할 수 없는 이유로는 ⓐ 모든 후견인은 피후견인의 친권을 대행할 수 있다고 하였던 §948가 성년후견 제도 도입과 함께 개정되어 이제는 미성년 후견인만이 피후견인인 미성년자의 친권을 대행할 수 있는 것으로 규정하고 있으며 ⓑ 성년후견인은 여러 명이 선임되거나 법인이 선임될 수도 있는데 이러한 경우에도 성년후견인이 피후견인의 친권을 대행하도록 하면 자녀의 복리에 반할 우려가 있다는 점을 들 수 있다.

(3) 효과

본항의 효과는 친권 자체를 제한 또는 상실시키는 것이 아니라 그 공동행사에 대한 예외로서 타방에게 단독행사를 할 권한을 부여하는 것이다. 따라서 부모 중 일방에게 친권을 행사할 수 없게 하였던 사유가 해소되면 공동친권자인 부모는 특별한 절차를 거치지 않아도 다시 친권을 공동으로 행사할 수 있

---

37) §937는 피한정후견인, 피특정후견인, 심지어 피임의후견인에 대해서도 일률적으로 후견인 결격자로 규정하고 있다.
38) 김주수·김상용, 391 이하.

다. §927-2 ②은 문리해석상 본조 ④·⑤에 의하여 단독친권자로 지정되었던
사람이 법률상, 사실상의 사유로 인하여 친권을 행사할 수 없게 되어 후견인이
선임된 사안에 대해서만 적용되는 것이어서 본항에 대해서는 적용되지 않는
것으로 보아야 하기 때문이다.

第 909 條의 2 (친권자의 지정 등)

① 제909조제4항부터 제6항까지의 규정에 따라 단독 친권자로 정하여진 부모의 일방이 사망한 경우 생존하는 부 또는 모, 미성년자, 미성년자의 친족은 그 사실을 안 날부터 1개월, 사망한 날부터 6개월 내에 가정법원에 생존하는 부 또는 모를 친권자로 지정할 것을 청구할 수 있다.

② 입양이 취소되거나 파양된 경우 또는 양부모가 모두 사망한 경우 친생부모 일방 또는 쌍방, 미성년자, 미성년자의 친족은 그 사실을 안 날부터 1개월, 입양이 취소되거나 파양된 날 또는 양부모가 모두 사망한 날부터 6개월 내에 가정법원에 친생부모 일방 또는 쌍방을 친권자로 지정할 것을 청구할 수 있다. 다만, 친양자의 양부모가 사망한 경우에는 그러하지 아니하다.

③ 제1항 또는 제2항의 기간 내에 친권자 지정의 청구가 없을 때에는 가정법원은 직권으로 또는 미성년자, 미성년자의 친족, 이해관계인, 검사, 지방자치단체의 장의 청구에 의하여 미성년후견인을 선임할 수 있다. 이 경우 생존하는 부 또는 모, 친생부모 일방 또는 쌍방의 소재를 모르거나 그가 정당한 사유 없이 소환에 응하지 아니하는 경우를 제외하고 그에게 의견을 진술할 기회를 주어야 한다.

④ 가정법원은 제1항 또는 제2항에 따른 친권자 지정 청구나 제3항에 따른 후견인 선임 청구가 생존하는 부 또는 모, 친생부모 일방 또는 쌍방의 양육의사 및 양육능력, 청구 동기, 미성년자의 의사, 그 밖의 사정을 고려하여 미성년자의 복리를 위하여 적절하지 아니하다고 인정하면 청구를 기각할 수 있다. 이 경우 가정법원은 직권으로 미성년후견인을 선임하거나 생존하는 부 또는 모, 친생부모 일방 또는 쌍방을 친권자로 지정하여야 한다.

⑤ 가정법원은 다음 각 호의 어느 하나에 해당하는 경우에 직권으로 또는 미성년자, 미성년자의 친족, 이해관계인, 검사, 지방자치단체의 장의 청구에 의하여 제1항부터 제4항까지의 규정에 따라 친권자가 지정되거나 미성년후견인이 선임될 때까지 그 임무를 대행할 사람을 선임할 수 있다. 이 경우 그 임무를 대행할 사람에 대하여는 제25조 및 제954조를 준용한다.

　　1. 단독 친권자가 사망한 경우

　　2. 입양이 취소되거나 파양된 경우

　　3. 양부모가 모두 사망한 경우

⑥ 가정법원은 제3항 또는 제4항에 따라 미성년후견인이 선임된 경우라도 미성년후견인 선임 후 양육상황이나 양육능력의 변동, 미성년자의 의사, 그 밖의 사정을 고려하여 미성년자의 복리를 위하여 필요하면 생존하는 부 또는 모, 친생부모 일방 또는 쌍방, 미성년자의 청구에 의하여 후견을 종료하고 생존하는 부 또는 모, 친생부모 일방 또는 쌍방을 친권자로 지정할 수 있다.

[본조신설 2011. 5. 19.]

[시행일: 2013. 7. 1.]

▌**참고문헌:** 권재문(2013), "친권자의 공백 상황에 대처하기 위한 법정대리인의 결정," 가족법연구 27-1; 김상용(2011), "2011년 가족법의 개정 동향: 친권·후견을 중심으로," 법조 통권 663; 법무부(2011), 친권제도 개선 관련 민법 조문별 해설 자료; 윤진수·현소혜(2013), 2013년 개정 민법해설, 법무부.

Ⅰ. 개관

1. 개정의 배경

　　본조의 입법취지는 부모 중 친권자인 사람과 그렇지 않은 사람이 있음을 전제로 친권자인 부모가 사실적·법률적인 장애로 인하여 친권을 행사할 수 없게 되어 자녀 보호의 공백이 발생한 경우에 새로운 보호자를 지정하기 위한 기준과 절차를 명확하게 하는 것이라고 요약할 수 있다.

이러한 규율은 이른바 '친권의 자동부활'을 인정하는 종래의 학설·판례에 반대하는 새로운 견해가 반영된 것이다. 왜냐하면 종래의 학설·판례에 의하면 위와 같은 문제 상황하에서는 부모 중 친권자로 지정되어 있지 않은 사람인 이른바 '생존친'의 친권이 당연부활 하는 것으로 인정되었기 때문이다.

2. 규율의 체계

널리 알려진 것처럼 본조를 중심으로 하는 2011년 개정법1)은 2008년에 있었던 이혼 후 단독친권자로서 자녀를 양육하고 있었던 유명 연예인의 자살 사건을 계기로2) 마련된 것이다.3) 따라서 '이혼 후 단독친권자'의 '사망'으로 인한 보호의 공백 사안을 중심으로 하고 있으나 입법 과정에서 친권자 아닌 부모가 생존한 상태에서 단독친권자가 친권을 행사할 수 없게 된 모든 경우에 대해 본조와 같은 규율을 적용함으로써 일관성 있는 해결을 도모하고 있다. 즉 개정법은 ⓐ 부모의 이혼이나 혼인외의 출생자의 인지를 계기로 단독친권자가 되었던 사람이 사망한 경우(본조 ①), ⓑ 입양으로 인하여 양부모에게만 친권이 귀속된 후 양부모의 사망 또는 입양의 효력 소멸로 인하여 양부모가 모두 친권을 행사할 수 없게 된 경우(본조 ②), ⓒ 단독친권자인 부모(또는 양부모)가 사망 이외의 법률적·사실적 장애로 인하여 친권을 행사할 수 없게 된 경우(§927-2) 등을 망라하여, 어떠한 경우이건 법원이 자녀 복리 심사를 통해 친권자 아닌 부모를 친권자로 지정하거나 후견인을 선임하는 것 중에서 결정할 수 있도록 하고 있는 것이다.

본항에서는 위 ⓐ, ⓑ의 경우, 즉 단독친권자의 사망으로 인하여 보호의 공백이 발생한 경우만을 다루고, 위 ⓒ의 경우에 대해서는 §927-2 부분에서 다룬다.

---

1) 법률 제10645호(2011. 5. 19. 공포).
2) 법무부(2011), 발간사, 3 등 참조.
3) 개정 경과에 관한 구체적인 내용은 윤진수·현소혜(2013), 180~182.

II. 요건: 친권의 공백과 친권자 아닌 부모의 존재

1. 본조 ①

가. 단독친권자의 지정, 변경

본항은 친생부모 중 일방이 §909 ④부터 ⑥까지에 따라 단독친권자로 정해져 있을 것을 전제한다.

입법의 경과에서 알 수 있는 것처럼 본항은 부모가 이혼하면서 그 중 일방이 단독친권자로 지정된 경우를 염두에 두고 도입된 것이다. 한편 혼인외의 출생자가 인지되어 친생모와 친생부를 모두 알게 되었으나 이들 중 한 명만이 단독친권자가 된 사안은 친생부모들 사이에 혼인공동체가 존재하지 않는다는 점에서 친생부모의 이혼을 계기로 그 일방만이 단독친권자로 지정된 경우와 기본적으로 같은 상황이라고 할 수 있다. 이러한 사정을 반영하여 단독친권자 결정의 근거조항인 §909 ④은 두 경우를 같은 조문에서 다루고 있으며 개정법도 인지된 혼인외의 출생자의 단독친권자가 사망한 경우에 대해서도 이혼 후의 단독친권자가 사망한 경우와 마찬가지의 규율을 적용하고 있다(§909-2 ①).

본항은 §909 ⑥ 즉 '법원이 정한 단독친권자가 다른 일방으로 변경'된 경우에 대해서도 적용된다. 사망한 단독친권자가 처음에 지정된 사람이건 변경절차에 의하여 지정된 사람이건 그가 사망하여 보호의 공백이 발생하였다는 점에서는 마찬가지이기 때문이다.

나. 단독친권자의 사망과 타방 부모의 생존

단독친권자가 사망하였을 때 다른 부모도 이미 사망한 상태라면 미성년후견이 개시되어야 하기 때문에 본조는 적용될 여지가 없다. 다만 본조가 적용되려면 생존친이 생존해 있는 것만으로는 부족하고 친권을 행사할 수 있는 상태이어야만 한다. 단독친권자에게 친권 행사에 대한 사실상·법률상 장애가 있으면 더 이상 친권자로서의 지위를 유지할 수 없게 하는 §927-2의 규율은 단독친권자로 지정되지 않은 부모에게도 당연히 적용되는 것으로 해석되기 때문이다.

다. 단독친권자인 모가 사망한 후에 인지가 성립한 경우

본항은 §909 ④·⑤이 적용되는 사안에 대해 적용된다. 그런데 이러한 경우는 인지 과정에서 단독친권자로 정해진 일방이 사망하는 경우를 전제하기 때문에 단독친권자인 모가 사망한 후 비로소 인지에 의하여 법적 부자관계가 성립하는 경우에 대해서는 적용될 수 없다. 따라서 이러한 경우에 생존친인 부가 어떠한 절차를 거쳐 친권자가 될 수 있는지는 불명확하다.

개정법의 취지에 따라 어떤 경우이건 법원의 자녀 복리 심사를 거쳐서 새로 친권자가 정해지게 하려면 궁극적으로는 혼인외의 출생자의 단독친권자인 모가 사망한 후에 인지된 자녀에 대해서도 §909−2가 적용됨을 명확하게 하는 입법적인 해결이 필요할 것이다. 후견인 선임 후에 생존친을 친권자로 지정하기 위한 절차임을 감안하여 본조 ⑥을 유추적용하면 된다는 견해[4])도 있으나 어차피 유추해석에 의존한다면 차라리 §909 ④을 유추해석하여 인지한 부가 후견인과 협의하여 친권자 지정 또는 후견 유지 중 한 가지를 선택하고 협의가 성립하지 않으면 재판으로 친권자 지정과 후견인 선임 중에서 정하도록 하는 방안이 더 낫다고 여겨진다. 전자에 의하면 후견인과 인지한 부의 협의에 의한 친권자 지정의 가능성이 봉쇄되어 있기 때문이다. 물론 반드시 법원의 자녀 복리 심사를 거쳐야 한다는 입장에 선다면 협의에 의한 친권자 지정에 대해 부정적으로 평가할 수 있다. 그러나 §909−2는 생존친이 단독친권자로 지정되지 못하였던 상황을 전제하는 것인 반면 모 사망 후에 인지한 부는 처음부터 친권자가 되려는 상황이기 때문에 §909−2보다는 §909에 의하여 그의 지위를 결정하는 것이 더 바람직하다고 생각된다.

2. 본조 ②

친양자 입양의 경우가 아닌 한 입양된 자녀와 친생부모 사이의 법적 친자관계 자체는 유지된다. 다만 양자가 미성년자인 경우에는 친생부모와 양부모의 병존으로 인한 혼란을 방지하고 입양의 취지를 살리기 위하여 양부모에게만 친권이 귀속되도록 할 필요가 있으며 민법은 이러한 취지를 명확하게 규정하고 있다(§909 ① 2문). 그러나 입양이 성립하여 양부모에게 친권이 귀속된 상태에서 양부모가 더 이상 친권을 행사할 수 없게 된 경우에는 누가 자녀의 보호자가 되어야 하는가에 대해서는 견해가 대립할 수 있다. 이러한 상황에 대해 본항은 양부모가 모두 사망하여 친권의 공백이 발생한 경우에도 혈연부모라는 이유만으로 당연히 친권이 부활하는 것은 아니고 법원의 자녀 복리 심사를 거쳐 보호자가 결정되도록 하고 있다.

다만 본항이 이러한 규율을 양부모가 모두 사망한 경우뿐 아니라 입양의

---

4) 윤진수·현소혜(2013), 184.

취소 또는 파양 사안에 대해서도 그대로 적용하고 있는 것에 대해서는 해석론
상 유의할 점이 있다. 배우자 있는 사람이 입양을 한 경우에는 부부공동입양의
원칙과 관련하여 파양이나 입양취소도 반드시 부부가 함께 하여야 하는지가
문제된다. 파양이나 입양취소를 양부모 중 한 명과의 관계에서만 할 수 있다고
한다면 나머지 한 명과의 양친자관계가 유지될 수도 있기 때문이다. 이와 관련
하여 비록 민법상의 명문규정은 없지만 판례5)는 "부부의 공동입양원칙의 규정
취지에 비추어 보면 양친이 부부인 경우 파양을 할 때에도 부부가 공동으로 하
여야 한다고 해석할 여지가 없지 아니하[고] 양자가 미성년자인 경우에는 양자
제도를 둔 취지에 비추어 그와 같이 해석하여야 할 필요성이 크다"라고 하였
다. 따라서 개정법이 단순히 '입양의 취소 또는 파양'이라고만 한 것은 위의 판
례와 같이 양부모가 부부인 경우에는 입양취소 또는 파양도 반드시 부부가 공
동으로 하여야 함을 전제한 것이라고 해석되어야 한다.6)

한편, 친양자 입양이 성립한 경우에는 친생부모와 자녀 사이의 법적 친자
관계는 소멸하기 때문에 양부모만이 친권자가 될 수 있다. 이러한 상태에서 양
부모가 모두 사망하면 친생부모의 친권이 당연히 부활할 수 없음은 일반입양
의 경우와 마찬가지이다. 그런데 개정법은 더 나아가 친양자의 친생부모에 대
해서는 자녀 복리 심사를 거쳐 친권자로 지정될 수 있는 기회도 부여하지 않고
있다(§909-2 ② 단서 참조). 즉 친양자의 양부모가 사망한 경우에는 곧바로 미성
년 후견이 개시되는 것이다.7) 다만 §909-2 ② 단서에 의하면, 친양자의 양부
모가 사망한 경우에만 본문의 적용이 배제되기 때문에 친양자 입양이 취소 또
는 파양에 의하여 해소된 경우에는 친생부모가 다시 친권자로 될 수 있는 것으
로 보아야 한다. 여기서 '입양 전의 친족관계의 부활'(§908-7 ①)의 의미가 문제
되는데 친생부모의 친권자로서의 지위가 그대로 부활한다고 해석할 여지도 있
지만 원래부터 친족관계가 해소되지 않았던 일반입양의 경우에 준하여 §909-2
② 본문을 적용하여야 할 것이다. 친양자의 친생부모를 일반양자의 친생부모에
비해 우대하는 것은 균형이 맞지 않기 때문이다.

5) 대법원 2009. 4. 23. 선고 2008므3600 판결.
6) 권재문(2013), 120~121.
7) 권재문(2013), 121.

Ⅲ. 효과

1. 자녀의 복리 원칙(본조 ④ 1문 전단)

미성년자가 당사자인 모든 법률관계에 있어서 미성년자의 복리를 우선적으로 고려하여야 한다는 이른바 '자녀의 복리' 원칙은 이해관계인은 물론 국가기관에 대해서도 공통적으로 적용되는 친자법의 기본원리라고 할 수 있다.

이러한 사정을 반영하여 본조에서도 자녀에 대한 보호자를 결정함에 있어서 그에게 주어지는 지위가 친권자이건 후견인이건 반드시 법원의 심사를 거치도록 하고 특히 자녀의 복리 심사의 구체적인 판단요소로서 양육의사 및 양육능력, 친권자지정 청구의 동기, 미성년자의 의사 등을 예시하고 있다(§909-2 ④). 또한 미성년자가 13세 이상인 때에는 미성년자의 의견을 들을 수 없거나 미성년자의 의견을 듣는 것이 오히려 미성년자의 복지를 해할 만한 특별한 사정이 있다고 인정되는 경우가 아닌 한 반드시 자녀의 의견을 들어야 한다(家訴規 §65-2에 의한 §65 ④의 준용). 다만 법원이 이러한 의견에 구속되는 것은 아니다.

2. 새로운 보호자를 정하는 절차

가. 친권자 지정 절차(본조 ①, ②)

생존친, 미성년자 또는 미성년자의 친족은 단독친권자 사망의 경우이건 양부모의 사망(또는 입양취소, 파양)의 경우이건 그러한 사실을 안 날로부터 1개월, 그러한 사정이 발생한 날로부터 6개월 이내에 생존친을 친권자로 지정할 것을 청구할 수 있다(§909-2 ①, ②). 여기서 말하는 '친족'이란 §777에 규정된 모든 사람을 의미한다.[8]

한편 친권자 지정 신청의 기간을 제한하는 것에 대해서는 비판적인 견해가 유력하다. 이 기간이 경과하여 미성년 후견인이 선임된 후에도 기간 제한 없이 친권자 지정 신청이 가능하도록 한 본조 ⑥의 취지에 비추어 볼 때 미성년 후견인이 선임되기 전까지는 언제든지 친권자 지정 신청을 가능하도록 할 필요가 있다는 것이다.[9]

나. 후견인 선임절차(본조 ③ 1문)

본조 ①·②에 규정된 기간 내에 친권자 지정 청구가 없거나 친권자 지정

---

8) 윤진수·현소혜(2013), 185.
9) 윤진수·현소혜(2013), 185.

청구가 배척된 경우에 비로소 후견인이 선임 절차가 진행되는데 가정법원은 직권으로 또는 미성년자, 미성년자의 친족, 이해관계인, 검사, 지방자치단체의 장의 청구에 의하여 미성년후견인을 선임할 수 있다(§909-2 ③ 1문). 이처럼 일단 생존친에 대한 자녀 복리 심사를 거치도록 하고 그가 친권자로서 부적합함이 인정되는 경우에 한하여 후견인 선임 절차로 이행되도록 한 것은 혈연에 기초한 생존친의 지위를 존중한 것이라고 할 수 있다.10)

　　본조에 규정된 청구인과 관련하여 우선 '친족'이란 §777에 규정된 모든 사람을 의미한다.11) 한편 '이해관계인'의 의미에 대해서는 아동을 보호하고 있는 위탁부모, 아동복지시설의 장 등이 여기에 해당한다는 견해12)가 있으나 미성년자와 재산적 법률행위를 할 필요가 있는 사람도 본항의 이해관계인에 해당한다고 보아야 할 것이다. 자녀의 법정대리인이 정해져야만 자신이 원하는 법률행위를 할 수 있을 것이기 때문이다. 이러한 사람을 배제하고자 하였다면 '사실상 아동을 보호하는 사람'이라고 하는 것이 더 나은 표현이었을 것이다.

다. 당사자의 의견진술 기회의 보장

　　직권이나 신청에 의한 후견인 선임 절차에서는 생존친의 소재를 모르거나 그가 정당한 사유 없이 소환에 응하지 않는 경우가 아닌 한 생존친의 의견진술 기회가 보장된다(§909-2 ③ 2문). 다만, 후견인 선임 절차가 진행되고 있다는 것은 곧 생존친이 친권자 지정 신청을 하지 않았음을 전제하는 것이기 때문에 이러한 생존친의 의견을 듣는 것에 대해 큰 의미를 부여하기는 어려울 것이다.13) 지배적 견해는 생존친이 단독친권자의 사망 사실을 알지 못한 채 본조 ①의 기간이 경과한 경우도 있을 수 있기 때문에 이러한 절차가 무의미한 것은 아니라고 한다. 그 논거로는 ⓐ 의견진술을 위한 소환을 계기로 단독친권자의 사망이라는 사실을 알게 된 생존친이 친권자 지정 신청의 취지를 주장할 수 있으며 이 경우 본조 ④을 근거로 친권자 지정을 할 수 있다는 것14)과 ⓑ 자녀의 복리를 위하여 신중한 결정이나 절차적 정의의 관점에서 필요하다는 것15)이 제시된다.

　　입법론적으로 볼 때, 지배적 견해가 제시하는 '생존친의 의견진술 절차의

---

10) 권재문(2013), 124.
11) 윤진수·현소혜(2013), 185.
12) 김상용(2011), 49.
13) 권재문(2013), 132.
14) 김상용(2011), 49~50.
15) 윤진수·현소혜(2013), 188~189.

필요성' 자체에 대해서는 긍정적으로 평가할 수 있으나 처음부터 즉 단독친권자가 사망한 시점이 아니라 친권자 지정 신청기간이 경과한 후에 비로소 생존친에게 의견진술을 위한 소환이 가능하도록 하는 것에 대해서는 개선의 여지가 있다. 이 문제는 친권자 지정 신청을 당사자의 청구에 의해서만 개시되도록한 것과도 관련된다. 입법론적으로는 단독친권자의 사망 시점에 직권 또는 공익적 신청인에 의한 친권자 지정 절차가 개시되도록 할 필요가 있다. 이렇게 하면 이 시점부터 생존친에게 단독친권자의 사망 사실이 알려질 수 있을 것이다.

3. 보호의 공백 방지를 위한 조치

가. 임시보호자의 선임(본조 ⑤)

법원에 의한 자녀 복리 심사를 거쳐 친권자나 후견인이 결정되기 전까지는 상당한 시간이 걸릴 수 있다. 단독친권자의 사망 직후에 신청권자의 신청이나 직권에 의하여 이러한 절차가 개시된다는 보장이 없을 뿐 아니라 설령 신속하게 절차가 개시된다 하더라도 재판이 확정될 때까지는 적지 않은 기간이 소요될 수도 있기 때문이다. 법관의 부족 등과 같은 현실적인 문제는 차치하더라도 자녀의 복리 심사는 본질적으로 '신속'보다는 '정확'을 추구하여야 하는 것임을 감안한다면 어느 정도 기간이 소요되는 부득이하다고 할 수 있다.[16)]

이러한 사정을 감안하여 본항은 단독친권자의 사망, 양부모 모두의 사망, 입양취소나 파양으로 인하여 보호의 공백이 발생하면 법원은 직권으로 또는 미성년자, 그의 친족, 이해관계인, 검사, 지방자치단체장의 청구에 의하여 친권자의 지정 또는 미성년 후견인의 선임이 될 때까지 그 임무를 대행할 사람(이하, '임시 보호자'라고 줄인다)을 선임할 수 있게 하였다.

나. 청구기각시 직권지정(본조 ④ 2문)

법원은 친권자 지정 청구를 기각할 때에는 반드시 후견인을 선임하여야하고 후견인 선임신청을 기각할 때는 생존친을 친권자로 지정하거나 다른 후견인을 선임하여야만 한다. 이러한 규율은 한편으로는 기왕에 진행된 친권자지정 또는 후견인 선임 절차가 무의미하게 되는 것을 방지하기 위한 것이라고볼 수 있고 다른 한편으로는 청구기각은 곧 보호의 공백이 유지되는 것을 의미한다는 점을 감안하여 직권으로 보호자를 정하도록 한 것이다.

---

16) 권재문(2013), 126.

4. 후견인 선임 후의 친권자 지정 (본조 ⑥)

자녀의 복리 원칙은 자녀 양육에 관한 구체적 사정에 기초하는 것이기 때문에 친권자 지정이나 후견인 선임의 효과는 가변적인 것일 수밖에 없다. 부모의 협의는 물론 재판에 의한 친권자 지정도 가변적인 것처럼(§909 ⑥) 본조 ③·④에 의하여 미성년후견인이 선임된 경우라도 자녀의 복리를 위하여 필요하면 미성년 후견을 종료하고 생존친을 친권자로 지정할 수 있다. 즉 생존하는 부 또는 모, 친생부모 일방 또는 쌍방, 또는 미성년자는 후견을 종료하고 생존하는 부 또는 모, 친생부모 일방 또는 쌍방을 친권자로 지정해 달라고 신청할 수 있으며 이 경우 법원은 미성년후견인 선임 후의 양육상황이나 양육능력의 변동, 미성년자의 의사, 그 밖의 사정을 고려하여 친권자 지정을 할 수 있다.

본항은 본조 ①, ②에 의하여 친권자가 지정된 경우에 대해서는 적용되지 않는다. 즉 친권자 지정의 효력은 친권상실 등의 절차를 거치지 않는 한 유지되는 것이다. 또한 본조 ③·④에 의하여 선임된 후견인을 다른 후견인으로 변경하는 경우에는 본항이 아니라 후견인 변경에 관한 §940가 적용된다.

지배적 견해17)에 의하면 본항의 입법취지는 "자녀의 양육, 보호에 대한 1차적 책임이 부모에게 있다는 전제"하에 일단 미성년 후견인이 선임된 경우에도 부모에게 친권자가 될 수 있는 기회를 부여하는 것이라고 한다. 그러나 본조 ③, ④에 의하여 선임된 후견인을 다른 후견인으로 변경하기 위한 절차를 규정한 §940와 후견을 종료시키고 생존친을 친권자로 지정하기 위한 본항의 절차를 비교해 보면, 과연 본항의 취지가 위와 같이 부모의 지위를 존중한 것이라고 볼 수 있을지는 의문이다. 후견인 변경 절차의 개시는 직권 또는 공익적 신청인에 의해서도 가능한 반면 친권자 지정 절차는 오직 당사자들에 의해서만 개시될 수 있기 때문이다. 따라서 본항의 의미는 생존친은 후견인이 될 수 없기 때문에 §940의 적용대상이 아님을 전제로 생존친이 다시 자녀의 보호자가 될 수 있는 기회를 부여하기 위한 것에 지나지 않는다고 보아야 한다.

Ⅳ. 평가

본조에 대해서는 부정적으로 평가하는 견해가 있음에 유의할 필요가 있다.

---

17) 김상용(2011), 53.

그 내용은 다음과 같이 요약할 수 있다.

1. 생존친에 대한 선입견

첫째로 본조는 입법의 계기가 되었던 특정한 사안을 지나치게 의식하여 생존친에 대한 부정적인 판단을 전제하고 있다. 그러나 자녀의 복리 심사를 하려면 어떠한 선입견도 없이 문제된 사안의 구체적 사실관계를 전제로 제반사정을 참작하여야 할 필요가 있음을 감안한다면 법률 자체가 생존친에 대한 선입견을 반영한 것은 심각한 문제라고 할 수 있다. 이러한 선입견이 드러난 부분들을 구체적으로 살펴보면 다음과 같다. ⓐ 단독친권자의 사망 등으로 인한 보호의 공백이 발생하면 '반드시' 법원의 자녀 복리 심사를 거쳐 새 보호자가 정해지도록 하겠다는 2011년 개정법의 입법취지를 생존친에 대해서만 적용하고 유언에 의하여 지정된 후견인에 대해서는 적용하지 않는다. 물론 유언으로 지정된 후견인에 대해서도 후발적인 변경은 가능하도록 하고 있지만(§931 ②) 자녀 복리 심사 없이 보호자로서의 지위가 귀속되는 것 자체가 문제인 것이다. 물론 '유언자의 최후의사의 존중'이라는 유언제도의 취지를 존중할 필요가 있다고 볼 여지도 있지만 유증과 같은 재산법적 효과를 낳는 유언이 아니라 친족법적인 효과를 발생시키는 유언에 대해서는 유언자의 의사존중만을 강조할 수는 없으며 특히 미성년 자녀에게 결정적인 영향을 미치는 상황이라면 자녀의 복리가 최우선적인 고려사항이 되어야만 한다.[18] ⓑ 친양자 입양에 동의하였던 친생부모는 어떠한 경우에도 친권자가 될 수 없도록 하는 것은 친권상실 선고를 받았다가 실권회복 선고를 받은 부모가 친권자로 지정될 수 있는 길을 열어둔 것(§927-2 ②)과 균형이 맞지 않는다. 친권상실 선고의 사유는 종래의 친권자의 친권행사가 자녀의 복리에 반한다는 주관적·절대적 사정임에 비해 친양자 입양 허가의 사유는 양부모와의 친자관계를 성립시키고 친생부모와의 친자관계를 소멸시키는 것이 자녀의 복리라는 관점에서 더 낫다는 객관적·상대적 사정일 수도 있다. 즉 자녀의 복리라는 관점에서 본다면 친권을 상실하였던 친생부모가 친양자 입양에 동의하였던 친생부모에 비해 친권자로 삼기에 더 적합하다고 단정할 수는 없는 것이다. 그런데도 전자에게는 다시 친권자로 지정될 기회를 주면서 후자에게는 그러한 기회를 주지 않는 것은 균형이 맞지 않는다.[19]

---

18) 권재문(2013), 134~135.
19) 권재문(2013), 135~136.

2. 임시 보호자의 자격

누구든지 법원의 자녀 복리 심사를 거쳐야만 자녀의 보호자가 될 수 있도록 한 개정법의 기본규율을 관철시키려면 그러한 심사절차가 진행되는 동안에 자녀를 보호하여야 할 임시 보호자가 필요하게 된다. 이러한 맥락에서 개정법은 임시 보호자의 근거조항을 두고 있다(§909-2 ⑤).

그러나 위 조항에 대해서는 세 가지 측면에서 문제를 제기할 수 있다. 첫째로 임시 보호자의 지위에 관하여 §25와 §954만을 준용하고 있는 것은 입법의 불비이다. 개정법에 의하면 법원이 선임한 임시보호자의 주의의무의 정도, 보수지급 청구권의 존부, 해임 또는 사임의 가능성과 그 요건 등과 같은 법률관계에 대해서는 근거규정이 없는 것으로 되어 버리기 때문이다. 둘째로 본안 신청의 당사자 즉 친권자 지정 청구 사안에서는 생존친, 후견인 선임 청구 사안에서는 후견인이 되기를 원하는 제3자를 임시 보호자로 선임할 수 있는지의 여부가 불명확하다. 문리해석상으로는 '임무대행자'의 자격에 대해서는 아무런 제한이 없기 때문에 긍정적으로 해석할 수밖에 없다. 그렇지만 생존친이 친권자로 지정되는 것에 대해 반대하면서 후견인으로 선임되기를 원하는 제3자 역시 '임무대행자'가 될 수 있기 때문에 두 사람이 각자 자신을 임무대행자로 선임해 달라고 신청하게 되면 법원은 딜레마에 빠지게 된다. 임시보호자 선임 절차는 성질상 신속한 결정이 필요한데 본안에 해당하는 친권자지정 또는 후견인선임 절차의 당사자들이 대립하고 있는 이상 신중한 심리가 부득이하기 때문이다. 물론 이러한 문제를 회피하기 위하여 공공기관과 같은 중립적인 제3자를 임무대행자로 선임할 수도 있겠지만 어차피 생존친과 후견인 희망자 중에서 한 명이 궁극적으로 보호자로 지정되어야 할 상황인데 굳이 이들 모두를 마다하고 제3자에게 자녀의 보호를 맡기는 것이 과연 자녀의 복리에 부합하는 것인지도 의문이다.[20]

---

20) 권재문(2013), 131~132.

第910條 (子의 親權의 代行)

親權者는 그 親權에 따르는 자에 갈음하여 그 子에 對한 親權을 行使한
다. 〈개정 2005. 3. 31.〉

Ⅰ. 의의

친권은 자녀의 양육에 대한 포괄적인 권리·의무로서 여기에는 재산상의
법률행위를 대리하는 것도 포함되어 있으며 이로 인하여 자녀의 복리를 실현
하려면 친권자에게는 행위능력에 준하는 사무처리 능력이 인정되어야만 한다.
따라서 미성년자의 친권자가 제한능력자인 때에는 자녀의 복리를 위하여 누군
가가 자녀에 대한 친권 행사를 대행하여야만 한다. 이러한 상황에 대처하기 위
하여 본조는 부모가 모두 미성년자인 때에는 부모의 친권자(즉 조부모·외조부모)
가 있으면 그가 부모의 친권을 대행하도록 하고 있다. 같은 맥락에서 미성년자
인 부모에게 친권자가 없어서 미성년 후견이 개시된 때에는 부모의 미성년후
견인이 친권을 대행하여야 한다(§948).

한편 친권자인 부모 모두에 대해 성년후견이 개시된 경우에도 성년후견인
이 피후견인의 친권을 대행할 수 있는지에 대해서는 견해가 대립할 수 있으나
§948 개정의 취지를 고려할 때 부정적으로 보아야 한다. §948는 성년후견과 미
성년후견을 구별하는 개정의 취지에 따라 종래의 '후견인'이라는 문언을 '미성
년' 후견인으로 고친 것이기 때문이다. 이처럼 성년후견인이 피성년후견인의
친권을 대행할 수 없다면 피성년후견인 자신이 친권을 행사하도록 하는 것은
자녀의 복리에 반하기 때문에 '친권을 행사할 사람이 없는 때'에 해당하여 자
녀에 대한 미성년 후견이 개시되는 것으로 볼 수밖에 없다.[1] 그러나 입법론적

---

1) 新注民(25), 173(明山和夫·國府剛).

으로 볼 때 이처럼 친권자였던 부모에 대해 성년후견이 개시되면 부모에게는 성년후견인을 자녀에게는 미성년후견인을 각각 선임하는 것이 바람직한 것인지는 의문이다.

입법론적으로는 미성년자라 하더라도 자녀를 얻을 수 있는 연령에 이르렀다면 양육은 스스로 할 수 있는 것이 일반적이기 때문에 친권 중에서 재산관리·법률행위의 대리 등에 관한 권한을 제외한 나머지 부분인 양육권은 인정하는 것도 고려할 수 있다.[2] 특히 부모가 혼인한 경우에는 성년의제를 통해 부모가 친권을 행사할 수 있도록 하면서 부모가 혼인하지 않은 경우에는 본조를 적용하여 조부모가 친권을 대행하도록 하는 것은 혼인외의 출생자에 대한 차별로 볼 여지가 있음에도 유의할 필요가 있다.[3]

Ⅱ. 요건

1. 부모에게 친권자가 있을 것

본조는 부모가 모두 행위능력이 인정되지 않는 미성년자임을 전제한다. 따라서 부모 중 한 명이라도 성년자이면 본조가 적용되지 않으며 §909 ①, ③에 의하여 성년자인 일방이 단독으로 친권을 행사한다.

한편 본조에 의한 친권 대행은 미성년자인 부모에 대한 친권자만이 행사할 수 있다. 따라서 여기에 해당하는 사람인 조부모·외조부모가 없거나 이들이 모두 친권을 행사할 수 없는 경우에는 본조가 적용될 여지가 없다. 다만 이러한 경우에는 부모에 대한 미성년 후견이 개시되었을 것이기 때문에 §948에 의하여 부모에 대한 미성년 후견인이 친권을 대행하게 된다.

미성년자인 부모에 대한 친권이 분속된 경우 즉 조부모가 이혼하면서 일방에게는 단독양육권, 타방에게는 양육을 제외한 재산관리권 등에 대한 단독친권이 각각 귀속된 경우에 이들은 자신의 권한 범위 내에서 친권을 대행할 수밖에 없다. 즉 친권의 대행도 '공동' 행사가 아니라 단독행사로 귀결된다.[4]

---

2) 민법 제정 과정에서도 미성년자라 하더라도 자녀가 있는 이상 이미 성년에 가까울 것이므로 친권은 스스로 행사하게 하고 다만 재산상의 행위에 대해서만 미성년자의 친권자 또는 후견인의 동의를 받도록 하는 것이 더 적절할 것이라는 의견이 제시되었으나 채택되지 않았다(민법안 심의록, 536 참조).

3) 新注民(25), 8(於保不二雄).

4) 新注民(25), 178(明山和夫·國府剛).

2. 혼인외의 출생자일 것

본조는 혼인외의 출생자에 대해서만 적용된다. 부모가 모두 미성년자이더라도 이들이 혼인을 하면 성년으로 의제되기 때문이다.5) 또한 자녀의 출생 후에 혼인이 해소되더라도 본조는 적용되지 않는다. 지배적 견해에 의하면 성년의제의 효과는 혼인이 해소되더라도 그대로 유지되는 것이고 자녀의 복리라는 관점에서 보더라도 부모의 친권에 따르던 자녀에 대한 친권을 부모의 혼인 해소를 이유로 조부모·외조부모에게 대행시킬 필요는 없기 때문이다.6)

본조의 적용대상인 혼인외의 출생자가 인지되기 전에는 모의 친권자만이 §910에 의하여 친권을 행사할 수 있다는 점에 대해서는 이론이 없다. 그후 인지에 의하여 부자관계가 성립하였다면 §909 ④을 유추적용하여 모의 친권자와 부의 친권자가 부와 모를 각각 대리하여 협의를 하거나 가정법원의 재판으로 친권 대행자를 정할 수밖에 없을 것이다.7) 한편 모에게는 친권자가 없어서 후견인이 §948에 기하여 친권을 대행하고 있는데 부에게는 친권자가 있어서 §910에 의한 친권 대행이 가능한 경우라면 부의 친권자가 모의 후견인에 우선하여 친권을 행사할 수 있는지가 문제된다. 이러한 경우에 대해 후견인이 있는 상태에서 친권(행사)자가 등장한 경우라는 점에 착안하여 §909-2 ⑥을 유추적용하는 방안과 후발적으로 친권자가 등장한 경우라는 점에 착안하여 §909 ④을 유추적용하는 방안을 생각해 볼 수 있다. 어떤 쪽을 택하건 궁극적으로는 법원의 자녀 복리 심사를 거쳐 보호자가 결정되어야 한다는 점은 같다. 그렇지만 후자의 경우에는 '공동'행사도 가능하다는 점에서 차이가 있다. 비록 §931는 미성년후견에 대해서는 단독후견만이 가능한 것으로 규정하고 있으나 본조에 근거한 피후견인의 친권 대행은 후견 사무 중 하나에 지나지 않는 것이기 때문에 '공동'대행을 하더라도 단독후견 원칙과 저촉되는 것은 아니기 때문이다.

Ⅲ. 친권대행의 방법

친권 대행의 방법에 대해서는 명문 규정이 없지만8) 친권의 행사 방법과

---

5) 新注民(25), 174(明山和夫·國府剛).
6) 新注民(25), 174(明山和夫·國府剛).
7) 新注民(25), 175(明山和夫·國府剛).
8) 후견인의 친권대행 방법에 대해서는 §948 ②이 후견인의 임무에 관한 규정을 준용하고 있다.

같다고 볼 수 있다.9) 자녀의 친권을 대행하는 것도 결국 자녀에 대한 친권 행사의 일부라고 할 수 있기 때문이다. 예를 들어 조부모와 외조부모가 모두 혼인중인 때에는 부의 친권은 조부모가 공동으로 대행하고 모의 친권은 외조부모가 대행하고 조부모와 외조부모는 다시 공동으로 친권을 대행하여야 하며 이들 사이에 의견이 대립하면 당사자의 청구에 의하여 가정법원이 구체적인 친권행사 방법을 정할 수밖에 없다(§909 ①, ②의 유추적용). 또한 조부모, 외조부모 중에서 친권을 대행할 수 없는 사람이 있으면 그를 제외한 나머지 사람들이 친권을 대행한다(§909 ③의 유추적용). 그러나 이처럼 조부모 · 외조부모 모두가 원칙적으로 친권을 대행할 수 있게 하는 것은 자녀의 복리라는 측면에서 볼 때 바람직하다고 보기 어렵다. 연혁적으로도 §910는 조부 1명만이 친권을 대행하는 것을 전제한 것이라고 보아야 한다. §910의 내용은 제정 이후 지금까지 그대로 유지되고 있는데 제정 민법에서는 부가 단독친권자인 것으로 규정되어 있기 때문이다.10) 나아가 친권자가 여러 명인 경우에 이들이 혼인공동생활을 하는 경우가 아니라면 협의 또는 재판으로 공동행사 대신 단독행사를 선택할 수 있도록 하는 §909 ① 내지 ⑤의 취지를 고려하더라도 조부모 · 외조부모 4명이 함께 친권을 행사하는 것이 원칙이라고 볼 필요는 없다. 따라서 입법론적으로는 친권 대행자가 여러 명인 때에는 당사자의 협의와 재판을 통해 친권 대행자가 될 수 있는 조부모 · 외조부모 4명 중에서 1명 또는 1쌍만이 실제로 친권을 대행할 수 있게 하는 조항을 둘 필요가 있다.

조부모 · 외조부모가 친권 대행의 일환으로 손자녀를 대리하여 법률행위를 하는 경우의 법률관계가 문제될 수 있는데 원래의 법정대리인인 부모에게 대리권을 행사할 수 없는 부득이한 사정이 있는 것으로 보아 친권 대행자에게는 복대리인으로서의 지위가 인정된다고 할 것이다.11)

Ⅳ. 친권대행의 종료

1. 친권자가 성년에 이른 경우

부모가 미성년자이거나 제한능력자인 경우에는 부모에게 친권 자체는 귀속되지만 스스로 친권을 행사할 수 없는 상황임을 감안하여 부모의 친권자인

---

9) 新注民(25), 176(明山和夫 · 國府剛).
10) 민법안심의록, 536~537 참조.
11) 新注民(25), 175~176(明山和夫 · 國府剛).

조부모·외조부모에게 친권행사자의 지위를 인정한 것으로 보아야 한다. 우선 §910는 조부모가 손자녀의 '친권자가 된다'라고 하지 않고 그에 대한 '친권을 행사한다'라고 규정하고 있고 본조의 표제도 '자의 친권의 대행'이라고 되어 있다. 또한 만약 미성년자인 부모에게 친권이 귀속되지 않는 것으로 해석한다면 '자녀에게 친권자가 없는 때'(§928)에 해당하여 미성년 후견이 개시되어야 하는데[12] §910는 후견이 개시되지 않는 것을 전제한다. 따라서 친권에 따르는 자녀의 부모에게는 잠재적인 친권만이 귀속되고 현실적으로 친권을 행사할 수 있는 지위는 조부모에게 귀속되는 것이라고 보아야 한다.

　이처럼 친권자이기는 하지만 친권을 행사할 수 없는 상태에 있는 사람인 '친권 보유자'와 실제로 친권을 행사할 수 있는 사람인 '친권 행사자'를 구별하면 부모가 성년에 이른 후에는 그의 친권 행사에 대한 제한사유가 해소되기 때문에 부모는 별도의 절차를 거치지 않아도 친권자로서의 권리·의무의 주체가 될 수 있다. 조부모·외조부모의 손자녀에 대한 친권 대행의 근거인 부모에 대한 친권이 소멸하기 때문이다.[13] 만약 지배적 견해와 같이 친권 보유자와 친권 행사자의 구별을 부정하는 입장을 관철시키면 부모가 성년이 되더라도 당연히 친권자가 되는 것은 아니고 법원의 자녀 복리 심사를 거쳐 그 당시의 자녀의 보호자인 친권대행자와 부모 중에서 누구를 보호자로 할 것인지가 결정되어야 한다. 따라서 이러한 내용이 규정되어 있지 않은 현행법에는 입법의 불비가 있는 셈이 된다.

2. 친권 대행자의 친권상실

　친권을 대행하는 조부모·외조부모가 친권을 상실하면 당연히 친권 대행권도 상실하게 된다. 친권 대행권은 친권의 일환이기 때문이다.

---

12) 김주수, 주석, 391은 조부모의 친권 대행 중에 부모가 사망하면 조부모의 친권 대행도 종료되고 후견이 개시된다고 한다.
13) 新注民(25), 174(明山和夫·國府剛).

第911條 (未成年者인 子의 法定代理人)

親權을 行使하는 父 또는 母는 未成年者인 子의 法定代理人이 된다.

I. 의의

본조는 민법 제정 당시의 일본 민법에 없었던 내용으로서 우리 민법의 입법자가 독자적으로 규정한 것이다. 그러나 심의과정에서는 '부'를 '부 또는 모'로 수정하고 일부 내용을 삭제하기 위한 논의가 있었을 뿐이어서 왜 본조가 신설되었는지는 불명확하다.

그렇다면 이처럼 친권을 행사하는 부 또는 모에게 법정대리권이 인정됨을 명문으로 규정할 필요가 있는 것일까. 본조가 없어도 친권자에게는 자녀의 재산을 관리할 수 있고(§916), 자녀의 재산에 관한 법률행위에 대해 자녀를 대리할 수 있으며(§920), 그 외에도 자녀에게 영업허락, 동의 등(§5 이하)도 할 수 있다. 물론 §916와 §920는 '법정대리인인 친권자'라고 규정하고 있어서 친권자에게 법정대리권을 인정하기 위한 근거조항이 필요하다고 볼 여지도 있다. 그러나 후술하는 것처럼 §916나 §920의 이러한 표현방식 자체가 문제임을 감안한다면 이러한 문언이 본조의 존재가치를 근거지울 수는 없다.

II. 문제점

본조는 단순히 독자적인 의미를 가지지 못하는 데 그치지 않고 다음과 같은 해석상의 혼란을 야기하고 하고 있다. 따라서 입법론적으로는 본조를 삭제하여야 할 것으로 생각된다.

첫째로 본조를 반대해석하면 친권을 행사하지 못하는 부 또는 모는 미성년자인 자녀의 법정대리인이 될 수 없게 된다. 부모 중 일방에게 §925, §927에 의한 법정대리권 상실·사퇴라는 사정이 있을 때에는 이러한 결론에 문제가 없지만 §909 ②, ③에 의하여 친권 행사가 제한되는 경우에는 부당한 결론에 이르게 된다. 이 조항들에 의한 친권 제한은 포괄적·전면적인 것이 아니라 구체적 사항을 대상으로 하는 것임을 감안한다면 비록 친권 행사가 제한되더라도 항상 법정대리인이 아니라고 단정할 수는 없기 때문이다.

둘째로 친권자의 법정대리권은 원칙적으로 재산상의 법률행위만을 대상으로 하고 친족법상의 법률행위에 대해서는—동의는 할 수 있어도—대리는 불가능하다는 것에 대해서는 이론이 없다.[1] 이러한 사정은 친권자의 '대리권' 상실 또는 사퇴로 인하여 개시되는 후견인의 임무는 미성년자의 재산에 관한 행위에 한정된다고 한 §946에도 반영되어 있다. 물론 친족법상의 법률행위 중에서도 특히 재산법적 효과를 수반하는 것에 대해서는 대리가 인정될 수도 있으나 이것은 어디까지나 예외적인 현상이기 때문에 반드시 명문의 근거규정이 있어야만 한다.[2] 그런데 본조는 마치 친권을 행사하는 부모가 자녀의 '모든' 법률행위에 대해 법정대리인이 되는 것처럼 규정하고 있어서 원칙적으로 즉 특별한 제한규정이 없으면 친권을 행사하는 부모가 자녀의 모든 법률행위에 대한 법정대리인이 되는 것 같은 오해를 초래할 우려가 있다.

---

1) 김주수, 주석, 405.
2) 日最判 1968(昭 43). 8. 27. 民集 22. 8. 1733은 이러한 취지로 설시하면서 예외적인 대리권의 근거규정으로 강제인지에 관한 일본 민법 §787(우리 민법 §863)를 들고 있다.

第 912 條 (친권 행사와 친권자 지정의 기준)

① 친권을 행사함에 있어서는 자의 복리를 우선적으로 고려하여야 한
다. 〈개정 2011. 5. 19.〉
② 가정법원이 친권자를 지정함에 있어서는 자(子)의 복리를 우선적으
로 고려하여야 한다. 이를 위하여 가정법원은 관련 분야의 전문가
나 사회복지기관으로부터 자문을 받을 수 있다. 〈신설 2011. 5. 19.〉

I. 의의

§912는 친권자가 친권을 행사하는 경우뿐 아니라 법원이 친권자를 지정할
때에도 아동의 복리 내지 아동의 최선의 이익을 반드시 고려하여야 함을 명시
적으로 규정한 것이다. 구체적인 내용은 전주([前註])에서 이미 검토하였다.

II. 평가

본조는 자녀의 복리 원칙을 명문으로 규정하였다는 점에서는 의의가 있다
고 하겠지만 구체적인 내용에 대해서는 개선의 여지가 적지 않다.

우선, 본조의 문언에 대해서는 입법취지를 제대로 살리지 못하고 있다는
문제점을 지적할 수 있다. 문리해석상 ①은 친권의 '행사'에 대해, ②은 친권자
'지정'에 대해서만 적용되는 것으로 보이기 때문이다. 따라서 입법취지를 살리
기 위하여 자녀의 복리 원칙은 미성년 자녀의 보호·양육에 관한 모든 법률관
계에 대해 — 예를 들어 친권의 상실 여부 판단이나 미성년 후견인 선임 등의
경우에도 — 관철되는 것임을 명확하게 보여 줄 수 있도록 개정할 필요가 있다.

다음으로 본조 ②에 대해서는 두 가지 문제점이 지적되고 있다.[1] 첫째로
가정법원이 전문가 등의 자문을 받는 것만으로는 자녀의 복리를 적극적으로
실현하는 데 한계가 있으며 오히려 자녀의 의사를 — 친권자 등의 법정대리인

---

1) 김유미, 자녀의 복리와 친권법의 과제, 법학연구 54-1, 부산대 법학연구소(2013), 111~112.

과 독립하여 ― 대변할 수 있는 특별대리인제도를 개선할 필요가 있다. 둘째로 이미 가사조사관이 전문지식을 활용하여 조사를 진행할 수 있기 때문에(家訴規 §8 이하) 본조 ②과 같은 원론적인 선언조항을 두는 것은 무의미하다.

第 2 款   親權의 效力

　　친권의 효력에 관한 §913부터 §923는 친권관계의 내용 즉 부모가 자녀를 위하여 행사할 수 있는 권리·의무의 모습을 구체적으로 규정하고 있다.

　　친권의 내용은 그 성질에 따라 양육에 관한 권리·의무와 재산관리에 관한 권리·의무로 나누어지는데 제2관은 이를 반영하여 §913부터 §915까지는 양육에 관한 사항을 규정하고 §916부터 §923는 재산관리에 관한 사항을 규정하고 있다. 그러나 친권의 내용은 여기에 한정되지 않는다. 우선 혼인, 이혼, 입양 등에 관한 부분들에서 규정하고 있는 자녀의 친족법상 법률행위에 대한 동의권, 대리권, 대락권 등도 자녀의 양육과 관련된 것이라고 할 수 있다. 또한 자녀의 재산적 법률행위에 대한 동의권, 취소권, 자녀에 대한 영업허락, 상속·유증의 승인·포기 등도 재산관리의 일환이라고 볼 수 있을 것이다.

第 913 條 (保護, 敎養의 權利義務)
　　親權者는 子를 保護하고 敎養할 權利義務가 있다.

Ⅰ. 의의

　　자녀가 성인으로 성장하기까지는 ⓐ 의식주의 해결이라는 물질적·경제적 지원뿐 아니라 ⓑ 정서적·인격적 성숙을 위해 필요한 정신적·인격적인 도움도 필요하다. 이 중 ⓑ는 친권의 본질적인 내용이라고 할 수 있는데 공적 부조에 의해 충족되기 어려운 속성을 가지고 있기 때문이다.

본조는 §914, §915와 함께 이러한 양육(위 ⓐ, ⓑ를 총칭하는 것이라고 할 수 있다)의 내용을 규정하고 있는데 특수한 경우 또는 구체적인 상황하에서의 양육권 행사를 내용으로 하는 §914, §915와는 달리 '보호, 교양'이라는 불확정 개념을 사용함으로써 친권자의 양육에 관한 권리의무 전반에 대한 근거규정이 된다. 따라서 구체적 사안에서 부모의 권리 또는 의무가 인정될 수 있는지의 여부를 판단하려면 본조의 '보호, 교양'의 의미를 명확하게 할 필요가 있다.

또한 본조는 친권자는 자녀를 보호하고 교양할 '권리의무'가 있다고 규정함으로써 친권은 자녀에 대한 의무이면서 동시에 부모의 권리임을 명시하고 있다. 이러한 친권의 법적 성질에 대한 구체적인 내용은 전주에서 이미 검토하였다.

Ⅱ. 보호·교양의 권리의무

1. 일반적인 의미

친권의 본질적 내용을 구성하는 보호·교양의 사전적 의미는 '위험이나 곤란 따위가 미치지 아니하도록 잘 보살펴 돌봄'과 '지식과 기술 따위를 가르치며 인격을 길러 줌'이다.[1] 이렇게 본다면, 보호·교양이라는 표현은 자녀의 양육을 위하여 친권자가 수행하여야 하는 역할을 망라적으로 규정한 것이라고 할 수 있다. 물론 이들은 개념상 구별될 수 있으며 사안에 따라 전자에 해당하는 행위와 후자에 해당하는 행위를 식별하는 것도 가능하다.[2] 그러나 어떤 쪽에 해당하건 본조의 적용 대상임에 비추어 볼 때 이러한 구별에 큰 의미를 둘 필요는 없을 것이다.

2. 보호·교양의 주체

자녀를 보호·교양할 권리·의무가 친권자에게 귀속됨은 본조의 문리해석상 명백하다. 다만 친권자라 하더라도 친권을 행사할 수 없는 사정이 있을 때에는 자녀의 보호·교양을 담당할 수 없을 것이다.[3]

---

1) 국립국어원 표준국어대사전 <http://stdweb2.korean.go.kr/main.jsp>.
2) 예를 들어, 新注民(25), 65(明山和夫·國府剛)이 지적하고 있는 것처럼 치과치료는 보호가 될 수는 있어도 교양이 될 수는 없고, 양서를 읽게 하는 것은 교양이 될 수는 있어도 보호가 될 수는 없다. 또한 영·유아에게는 보호가 큰 의미를 가지는 반면 청소년에게는 교양이 더 큰 의미를 가진다고 할 수 있다.
3) 친권자의 결정과 친권행사자의 결정에 대해서는 §909, §909-2에 대한 주석을 참조.

자녀의 보호·교양을 위하여 필요한 모든 사실행위가 일신전속성이 있는 것은 아니기 때문에 친권자가 보호·교양을 위하여 필요한 행위를 제3자에게 의뢰하는 것도 성질에 반하지 않는 한 가능하다.

3. 정도와 방법

가. 친권자의 자율적 결정과 이에 대한 제약

보호·교양의 정도와 방법의 결정은 일차적으로 친권자에게 맡겨져 있다. 즉 부모는 자녀의 양육에 관하여 전반적인 계획을 세우고 자신의 인생관·사회관·교육관에 따라 자녀의 양육을 자유롭게 형성할 권리를 가진다. 헌법 §36 ① 은 가족의 자율영역이 국가의 간섭에 의하여 획일화·평준화되고 이념화되는 것으로부터 보호하고 있는데 가족생활을 구성하는 핵심적 내용 중의 하나가 바로 자녀의 양육이기 때문이다.4) 그러나 친권은 자녀에 대한 의무로서의 성질도 가지고 있다. 따라서 친권을 행사할 때에는 자녀의 복리를 우선적으로 고려하여야 하고(§912) 공공복리 적합성을 담보하기 위하여 마련된 법령(예를 들어 아동복지법 §17, §18 등)도 준수하여야 한다. 즉 자녀의 보호·교양에 관한 친권자의 자율적 결정·판단에는 내재적인 제약이 있는 것이다.

나. 비용의 부담

친권자는 자녀를 보호·교양하기 위하여 필요한 행위를 스스로 수행하는 것이 일반적이지만 성질에 반하지 않는 한 제3자에게 위탁할 수도 있는데 어떠한 경우이건 비용이 지출될 수 있다. 후자의 경우에는 제3자에게 보수를 지급하여야 하는 경우가 많고5) 전자의 경우에도 친권자 자신의 행위만으로 보호·교양이 가능한 경우는 오히려 드물기 때문이다.6)

이러한 비용의 부담도 보호·교양의무에 내용에 포함되는 것인지에 대해서는 견해가 대립한다. 긍정설은 친권자가 전적으로 이러한 비용을 부담하여야 한다고 주장한다. 본조의 문리해석에 비추어 보면 보호·교양은 친권자의 '의무'인데 의무 이행을 위하여 필요한 비용은 특별한 사정이 없는 한 의무자 자신이 부담하여야 하는 것이기 때문이다. 반면 일본의 지배적 견해7)인 부정설

---

4) 헌법재판소 2008. 10. 30. 선고 2005헌마1156 결정.
5) 친권자가 제3자에게 자녀 보호를 위하여 필요한 치료나 자녀 교양을 위하여 필요한 교습을 맡긴 경우.
6) 친권자가 자녀 보호를 위하여 필요한 아동안전용품을 구입하거나 자녀 교양을 위하여 필요한 장난감을 구입하는 경우 등.
7) 일본의 지배적 견해이다. 구체적인 출처는 新注民(25), 81~82(明山和夫·國府剛).

은 본조는 사실행위에 대해서만 적용되기 때문에 비용부담은 본조의 의무에 포함되지 않는다고 하면서 자녀에게 특유재산이 있으면 그 과실로써 양육비를 충당하여야 하고 자녀에게 특유재산이 없으면 부모의 부양의무의 문제가 된다고 한다.8) 그러나 §923에 의한 상계간주에 대해서는 '지배권으로서의 친권'의 잔재인 자녀의 재산에 대한 친권자의 수익권이 반영된 것이라는 비판론9)이 제기되고 있음에 비추어 볼 때 부정설은 설득력이 떨어진다고 평가할 수 있을 것이다.

또한 판례10)도 자녀를 양육할 책임에는 비용부담도 포함된다고 하면서도 이러한 비용부담 의무는 친권이 아니라 친자관계 그 자체로부터 도출되는 것이라고 한다. 따라서 양육비용을 부담할 의무는 부모 중 친권자인 사람에 대해서는 양육의무로부터 도출되는 것이고 친권자가 아닌 사람에 대해서는 §974의 부양의무로부터 도출되는 것이라고 볼 수밖에 없을 것이다.

4. 효과

친권자의 어떤 행위가 본조의 보호·교양에 해당한다면 권리의 행사(또는 의무의 이행)의 일종이기 때문에 권리행사(또는 의무이행)에 대한 일반적인 규율이 적용된다. 다만 일반적인 권리·의무와는 달리 친권의 행사(또는 부모의 의무 이행)는 자녀의 복리 적합성에 의한 제한을 받고 친권자와 자녀 쌍방의 인격과도 직결되는 경우가 많기 때문에 이러한 특성을 반영할 필요가 있다.

한편 친권자의 행위(또는 친권자에 대한 요구)가 보호·교양에 속하지 않는 경우에는 이러한 행위(또는 요구)는 다른 법적 근거가 없는 한 본조에 의한 권리·의무의 실현이라고 인정될 수 없다. 따라서 행위의 상대방이 이에 불응하더라도 강제할 수 없으며 행위 요구 자체가 불법행위를 구성할 수도 있다.

5. 입법론

입법론적으로 보호·교양에 해당하는 행위(또는 그 요구)와 관련된 분쟁도 가사사건으로 규정하는 것을 고려할 필요가 있다. 이러한 사건은 자녀의 복리와 직결된 것임을 감안한다면 가정법원의 후견기능을 구현하기 위한 절차가

---

8) 新注民(25), 82(明山和夫·國府剛).
9) 新注民(25), 8(於保不二雄).
10) 부모는 그 소생의 자녀를 공동으로 양육할 책임이 있고, 그 양육에 소요되는 비용도 원칙적으로 부모가 공동으로 부담하여야 하는 것이며 … 친자관계의 본질로부터 발생하는 의무[이다](대법원 1994. 5. 13.자 92스21 전원합의체 결정).

적용될 필요가 있고 자녀의 양육에 관한 부모 사이의 분쟁(예를 들어, §837, §909 ②)은 가사사건으로 다루면서 양육과 관련된 그 외의 분쟁을 민사법원에 맡기는 것은 납득하기 어렵기 때문이다.

이러한 사건을 가사소송법의 규율 대상에서 제외하고 있는 현행법의 태도는 §913, §914, §915 전단 등이 문제되는 경우에는 다툼이 생길 수 없음을 전제하고 있는 듯하다. 그러나 이러한 사고방식은 친권자의 보호·교양을 위한 조치, 거소지정, 징계에 대해 자녀는 어떠한 이의도 제기할 수 없음을 전제한 것으로서 자녀의 복리를 위한 친권 개념과 상응하기 어렵다. 따라서 보호·교양의 방법이나 정도와 관련한 친권자와 자녀 사이의 분쟁도 — 자녀에 대한 특별대리인의 선임을 전제로 — 마류 가사비송사건으로 규정할 필요가 있다.

같은 맥락에서 제3자에 대한 친권자의 유아인도청구도 결국 자녀의 복리 적합성을 평가하여 판단하여야만 하는 것이기 때문에 가사사건으로 규정할 필요가 있다. 현재의 실무11)는 부모간의 유아인도청구는 '양육에 관한 처분'(§837)의 일종이기 때문에 가사사건이라고 하면서도 제3자에 대한 친권자의 유아인도청구는 민사사건으로 보고 있는 듯하다.

Ⅲ. 유아인도청구

1. 의의

친권자가 자녀를 양육할 권리행사와 의무이행을 하려면 자녀를 자신의 보호하에 두어야만 한다. 따라서 제3자가 자녀를 사실상 양육하는 등의 방법으로 친권자의 보호·교양을 방해하는 때에는 본조를 근거로 자녀를 돌려달라고 청구할 수 있다.12) 비록 이러한 내용을 구체적으로 명시하는 규정은 없지만 친권이 자녀 양육에 관한 부모의 자율적 결정의 실현을 보장하는 배타적·우선적 권리로서의 성질을 가진다는 것을 인정하는 한 친권자의 양육권을 규정한 본조로부터 방해배제청구권이 도출된다고 볼 수 있을 것이다.

다만 미성년자인 자녀라고 하더라도 민법상의 책임능력이 인정될 수 있을 정도의 나이에 이른 때에는 독립한 인격의 주체로서 그 신체의 자유가 보장되어야 할 것이지 인도청구나 강제집행의 대상으로 삼을 수 없음은 당연하다. 따

---

11) 제요[4-2], 540.
12) 김주수, 주석, 394.

라서 친권자의 이러한 권리를 '유아'인도청구권이라고 하는 것이 일반적이고
가사소송법도 — 비록 §837를 근거로 하는 부모간의 청구에 대한 것이기는 하
지만 — 이렇게 규정하고 있다.13) 만약 일정한 연령에 이른 자녀가 자발적인 의
사결정에 따라 부모의 보호·양육을 벗어난 경우에는 본조에 근거한 유아인도
청구가 아니라 자녀에 대한 거소지정권(§914)의 문제가 된다.14)

2. 당사자

유아인도청구권의 성질을 '친권으로부터 도출되는 방해배제 청구권'이라
고 파악한다면 자녀에 대한 보호·교양의 권리의무를 가진 친권자가 이러한 권
리를 행사할 수 있는 주체임은 명백하다.

다만 본조에 의한 유아인도청구의 상대방은 부모 아닌 제3자라는 점에 유
의할 필요가 있다. 부모는 친권의 귀속과 무관하게 자녀를 양육할 공동의 책임
이 있으며 현재의 양육자가 양육권자로 지정될 가능성도 있음을 감안하면, 부
모 중 일방이 타방에게 유아인도를 청구하는 사안과 제3자에 대한 유아인도청
구 사안은 구별할 필요가 있기 때문이다.

3. 요건

유아인도청구는 제3자가 자녀를 사실상 양육하는 것이 위법한 경우에만
인정된다. 이러한 위법성은 제3자에게 정당한 권한이 없다는 것만으로 충족되
며 자녀의 복리에 반하는지의 여부는 문제되지 않는다.15) 또한 유아인도청구
도 본조에 기한 친권 행사의 일환으로서 인정되는 것이기 때문에 자녀의 복리
적합성을 심사할 필요도 없다. 다만 친권자가 유아를 다시 데리고 가는 것이
자녀의 복리에 반함이 명백하여 친권의 남용이라고 볼 만한 사정이 있는 예외
적인 경우에는 유아인도청구가 허용되지 않을 수도 있다.16)

유아인도청구의 요건인 제3자의 양육 방해의 의미와 관련하여 일본에서는
비교적 이른 시기부터 다음의 두 가지 사안이 문제되었으며 이에 대한 일본의
판례는 조선고등법원 판결을 통해 우리나라에도 영향을 미쳤다.17)

---

13) 제요[4-2], 538.
14) 김주수, 주석, 394.
15) 新注民(25), 87(明山和夫·國府剛); 김주수, 주석, 394.
16) 대법원 1979. 7. 10. 선고 79므5 판결 참조.
17) 김주수, 주석, 395.

가. 제3자가 실제로 자녀를 데리고 있지 않은 경우

우선 위법하게 자녀를 친권자의 보호로부터 벗어나게 하였으나 직접 데리고 있지 않은 제3자에 대해서도 유아인도청구를 할 수 있는지가 문제된다. 일본의 판례[18]는 유아인도청구의 내용을 문자 그대로의 인도 청구라고 보았던 종래의 태도를 변경하여 부모의 양육에 대한 방해배제 청구라고 하였다. 이처럼 방해배제의 의미를 넓게 이해한다면 자녀를 스스로 데리고 있지 않은 제3자에 대해서도 얼마든지 이러한 청구를 할 수 있을 것이라는 견해가 유력하다.[19]

나. 제3자의 사실상 양육이 자녀의 자유의사에 기초한 경우

제3자가 정당한 권원 없이 자녀를 사실상 양육하고 있기는 하지만 이러한 상태가 자녀 자신의 자유의사에 의한 것인 때에도 친권자가 제3자에 대해 유아인도청구를 할 수 있는지에 대해서는 견해가 대립한다. 부정설은 자녀의 자유의사에 의한 거주를 돕고 있는 것을 '억류'라고 할 수는 없기 때문에 유아인도청구의 대상이 될 수 없다고 하는 반면, 긍정설은 친권의 본질은 자녀의 자유의사를 맹종하는 것이 아니라 자녀의 건전한 성장을 위하여 필요한 때에는 자녀의 의사를 억제하고 바로잡는 것이기 때문에 친권 남용이라고 볼 수 있는 경우가 아닌 한 친권자는 자녀의 의사와 무관하게 제3자에게 인도를 청구할 수 있는 것으로 파악한다.[20] 한편 이러한 견해대립에 대해 궁극적으로는 자녀의 복리 심사에 의하여 결정될 문제라고 본다면 결과적으로 큰 차이는 없을 것이라고 평가하는 견해[21]도 유력하다.

그러나 이러한 논의는 자녀에게 의사능력이 있는 때에는 거소지정권이 문제되기 때문에 본조에 기한 청구권은 '유아'만을 대상으로 하는 것이라는 취지의 일반적인 해석론[22]과 저촉되는 면이 있다. 굳이 양자를 조화시키자면 자녀가 자유의사에 따라 친권자의 보호·교양을 벗어난 경우에, 친권자는 자녀에 대해서는 거소지정권에 기한 청구를, 자녀를 사실상 양육하고 있는 제3자에게는 유아인도청구를 각각 할 수 있는 것으로 파악하여야 할 것이다.

---

18) 日最判 1963(昭 38). 9. 17. 民集 17-8. 968.
19) 각 견해의 출처는 新注民(25), 86~87(明山和夫·國府剛).
20) 이러한 취지의 일본의 학설·판례의 출처는 新注民(25), 96~97(明山和夫·國府剛); 조선고등 법원 판결의 출처는 김주수, 주석, 395.
21) 김주수, 주석, 395.
22) 김주수, 주석, 394; 新注民(25), 87(明山和夫·國府剛).

4. 효과

유아인도청구의 법적 성질을 친권 행사에 대한 방해배제 청구라고 본다면 구체적인 내용은 방해의 모습에 따라 다양하게 나타날 수밖에 없지만 전형적인 모습은 자녀를 친권자에게 데리고 오라고 요구하는 것이라고 할 수 있을 것이다.

방해자가 임의로 의무를 이행하지 않는 경우에는 유아인도를 명하는 판결을 집행권원으로 하여 강제집행을 할 수밖에 없다. 집행의 방법으로는 民執 §261에 의한 간접강제를 원칙으로 하여야 하지만 자녀의 연령이 매우 낮아서 의사능력이 있다고 보기 어려운 경우에는 예외적으로 직접강제도 가능하다는 견해23)가 유력하다. 비록 §837에 근거한 부모간의 인도청구에 대한 것이기는 하지만 실무에서는 의사능력 있는 유아가 인도를 거부할 때에는 직접강제 할 수 없으나 그렇지 않는 경우에는 民執 §257의 유체동산인도청구권의 집행절차에 준하여 강제집행 할 수 있으며 이 경우 집행관은 일반 동산의 경우와는 달리 수취할 때에 자녀의 인격을 존중하는 세심한 주의를 다하도록 하고 있다.24)

입법론적으로는 간접강제를 관철시키기 위하여 §837에 근거한 인도청구와 마찬가지로 가사소송법상의 제재를 가할 수 있도록 하는 것도 고려할 필요가 있다.

---

23) 김주수, 주석, 396.
24) 제요[4-2], 541.

第 914 條 (居所指定權)

子는 親權者의 指定한 場所에 居住하여야 한다.

Ⅰ. 서언

삶의 터전이 되는 장소인 거소를 결정하는 것은 자유의 본질적인 영역에 속한다. 그렇지만 미성년자가 살 곳을 결정하는 것은 보호·교양과 직결되는 문제[1]라고 할 수 있다. 즉 본조의 거소지정권은 제913조의 보호·교양을 완전하게 하기 위하여 인정되는 것 또는 보호·교양의 권리·의무에서 파생되는 구체적 내용 중 하나인 것이다.[2]

거소지정권은 자녀가 누리는 거주이전의 자유를 제한하는 것이지만 자녀의 복리를 위한 보호·교양의 권리·의무 실현이라는 공공복리를 목적으로 하기 때문에 정당성이 인정될 수 있다.[3] 그러나 이처럼 '목적의 정당성'만을 근거로 본조에 의한 기본권 제한이 정당화된다고 단정하기는 어렵다. 자녀의 연령이나 성장 정도에 비례하여 자녀의 자유의사와 친권자의 거소지정권을 조화시킬 수 있는 장치를 두어야만 수단의 상당성이나 이익형량이라는 요건이 충족될 수 있을 것이다.

Ⅱ. 요건

1. 당사자

거소지정권은 친권자 또는 친권을 행사하는 친권대행자나 미성년후견인에게 귀속된다. 부모가 공동친권자인 경우에는 거소지정권도 공동으로 행사하

---

[1] 김주수, 주석, 397.
[2] 新注民(25), 103(明山和夫·國府剛); 윤부찬, "친권 및 면접교섭의 변경사유로서 미성년자의 거소변경," 가족법연구 24-1(2010), 5.
[3] 新注民(25), 103(明山和夫·國府剛); 김주수, 주석, 394.

여야 하고 의견이 일치하지 않으면 법원의 재판으로 정할 수밖에 없다(§909 ②).

한편 이혼이나 인지로 인하여 부모의 일방에게는 친권이 타방에게는 양육권이 각각 귀속되는 경우에는 누가 거소지정권을 가지는지가 문제된다. 우선 친권자가 거소지정권을 가진다고 보는 견해[4]는 양육자가 자녀의 거소를 변경하는 것은 양육에 관한 사항의 후발적 변경의 일종이므로 §837에 따라 해결하여야 한다고 하면서 자녀의 거소는 친권자와 양육자가 협의로 정하고 협의가 되지 않거나 협의할 수 없으면 법원의 재판을 거쳐야 하는 것으로 이해한다. 이 견해는 §914의 문리해석에 충실한 것이기는 하지만 다음과 같은 문제점을 드러내고 있다. 첫째로 친권과 양육권이 분속되는 경우에는 친권자에게는 '양육에 관한 사항 외'의 권리의무만이 남는 것으로 보아야 하는데(§837 ⑥) 거소지정은 보호·교양의 일환으로서 양육권자에게 우선적인 권한이 인정되는 '양육에 관한 사항'에 해당하는 것임을 간과하고 있다.[5] 둘째로 설령 위 견해와 같이 거소지정이 양육사항에 대한 후발적 변경에 해당하는 것으로 보면 §837 ⑤이 적용되어 당사자인 친권자와 양육권자의 협의로 이를 정할 수 없고 반드시 재판을 거쳐야만 한다. 그러나 위 견해도 지적하고 있는 것처럼 양육권자가 이사를 할 때마다 재판을 거치도록 하는 것은 거주이전의 자유에 대한 과도한 제한이라고 볼 여지가 있다.[6]

거소지정권은 자녀와 친권자 사이에 자녀의 거소에 대한 의견이 대립하는 경우에 비로소 문제된다. 즉 본조는 자녀가 스스로 거소를 선택할 수 있을 정도의 의사능력을 갖추었다고 볼 만한 연령에 이르렀음을 전제한다.[7]

2. 행사방법과 내용

거소지정권을 행사하는 방법에 대해서는 특별한 규정이 없기 때문에 친권자는 적당한 방법으로 자신이 지정한 거소를 자녀에게 알리고 여기에 거주하라고 청구할 수 있다. 단순히 거주할 장소를 정하는 것에 그치지 않고 자녀의 외출 범위나 인적 교제를 제한하는 것도 본조에 포함된다고 보는 견해[8]도 있으나 이러한 내용은 오히려 §913의 보호·교양의 구체적인 내용을 구성하는 것

---

4) 윤부찬(주 2), 6~7.
5) 新注民(25), 104(明山和夫·國府剛)도 같은 취지.
6) 윤부찬(주 2), 7.
7) 김주수, 주석, 398.
8) 新注民(25), 105(明山和夫·國府剛).

으로 이해하여야 할 것이다.

　　한편 거소지정은 친권 행사의 일환이기 때문에 친권 행사의 일반적인 방법에 따라 거소를 정하여야 한다.9) 예를 들어 친권자가 혼인하지 않은 미성년자이면 친권자의 친권자가 거소지정권을 대행하여야 하고(§910), 자녀의 거소지정에 대해 공동친권자의 의견이 일치하지 않으면 가정법원이 정하여야 한다(§909 ②).

Ⅲ. 효과

　　자녀는 친권자가 정한 장소에서 거주하여야만 한다. 본조의 규정방식, 즉 '자녀는 … 거주하여야 한다'라는 문언은 친권에 속하는 사항에 대해 부모는 자녀에 대한 청구권적인 권리가 있음을 암시하는 것이라고 이해할 수 있다.10)

　　자녀가 거소지정에 따르지 않으면 어떻게 되는지가 문제되는데 지배적 견해11)에 의하면 친권자는 사회통념상 허용되는 범위 내에서 실력을 행사하여 자력구제를 하거나 징계권을 행사할 수 있다고 한다. 일본에서는 이러한 직접강제 외에도 부양료 지급 중단이라는 간접적인 제재도 허용된다고 한다.12) 나아가 친권자가 자녀를 상대로 지정된 거소에 거주할 의무의 이행을 구하는 소를 제기하거나 이러한 청구를 인용하는 확정판결을 집행하는 것이 가능한지가 문제된다. 국내의 지배적 견해는 부정적으로 평가하면서 거소지정권에 따르지 않는 자녀에 대한 제재에 관한 규정이 없음을 근거로 제시한다.13) 한편 일본에서는 소구가 허용된다는 견해가 다수이지만 집행 방법에 대해서는 직접강제도 가능하다는 견해, 간접강제만 허용된다는 견해, 아예 강제집행이 불가능하다는 견해로 나누어져 있다.14) 입법론적으로는 거소지정과 관련한 친권자와 자녀 사이의 다툼을 해결하기 위한 절차의 근거규정을 둘 필요가 있을 것이다. 한편으로는 친권자의 거소지정권의 실효성을 확보할 수 있고 다른 한편으로는— 친권 남용에까지는 이르지 않지만— 자녀와 친권자의 의견이 대립하는 상황에서 친권자의 거소지정이 자녀의 복리에 부합한다고 단정하기는 어렵기 때문에

---

　　9) 김주수, 주석, 397.
　　10) 新注民(25), 103(明山和夫·國府剛).
　　11) 김주수, 주석, 398.
　　12) 新注民(25), 106(明山和夫·國府剛) 참조.
　　13) 김주수, 주석, 398.
　　14) 新注民(25), 106(明山和夫·國府剛).

거소지정권 행사에 대한 자녀 복리 심사를 거치도록 할 필요가 있기 때문이다. 한편 현행법하에서는 가사조정 절차를 활용하는 방안도 생각해 볼 수 있다. 일본에서는 가사사건수속법 §244가 가사조정의 대상으로 '기타 가정에 관한 사건'이라는 일반조항을 사용하고 있음을 근거로 가사사건의 유형으로 규정되지 않은 친자간 분쟁의 해결도 조정의 대상이 될 수 있다는 해석론[15]이 유력하다. 우리나라의 경우에도 가사소송법 §43에 의하여 준용되는 민사조정법 §2가 조정의 대상을 일반조항으로 규정하고 있기 때문에 가사소송법 §2에 열거된 사건이 아니더라도 가사에 관한 분쟁이라면 이를 대상으로 하는 조정은 가능하다고 볼 수 있다.

친권자가 지정한 거소가 자녀의 복리에 반하는 경우에는 친권 남용에 해당하여 '권리'로서의 정당성을 상실하기 때문에 자녀는 이에 따를 의무가 없다. 또한 그 정도가 심하다고 인정되면 친권 상실의 사유가 될 수 있다.[16]

---

15) 新注民(25), 107(明山和夫·國府剛).

16) 김주수, 주석, 398은 거소지정이 친권남용에 해당하면 곧바로 친권 상실 사유가 되는 것처럼 서술하고 있으나, 권리남용의 일반적인 효과는 권리행사로서의 정당성을 소멸시키는 것이고 친권상실은 친권의 남용이 극심한 경우에만 인정되는 예외적인 제재라고 보아야 한다.

第 915 條 (懲戒權)

親權者는 그 子를 保護 또는 教養하기 爲하여 必要한 懲戒를 할 수 있고 法院의 許可를 얻어 感化 또는 矯正機關에 委託할 수 있다.

Ⅰ. 의의

징계란 친권자가 자녀의 보호·교양을 위하여 필요한 경우에 자녀의 잘못된 행동을 바로잡기 위하여 자녀의 정신 또는 신체에 대해 고통을 가하는 제재를 의미한다.[1] 이처럼 징계는 헌법상 보장된 신체의 자유 제한에 해당하기 때문에 법적 근거를 필요로 하며 본조는 바로 이러한 기능을 수행하는 것이다.[2]

다만 징계를 신체의 자유 제한의 일종이라고 본다면 본조의 내용은 공공복리 적합성이라는 '목적의 정당성' 외에도 수단의 상당성이나 이익형량 요건도 충족하여야 한다. 따라서 자녀에게 가하는 제재의 방법·정도가 사회통념상 허용되는 범위 내에 있을 때만 본조의 징계에 해당한다고 보아야 함은 당연하다. 나아가 징계도 신체의 자유를 제한한다는 면에서 '처벌'과 실질적으로 같은 것이라고 본다면, 본조와 같은 실체법적 요건뿐 아니라 憲 §12 ①이 요구하는 '적법한 절차'라는 요건도 충족하여야만 정당화될 수 있다. 친권자가 징계를 위탁하는 본조 후단의 경우에는 요구되는 '법원의 허가'는 바로 이러한 적법절차 원리를 반영한 것이라고 할 수 있다. 이에 비해 본조 전단이 친권자가 스스로 징계를 하는 경우에 대해서는 어떠한 사전·사후 심사 절차도 마련해 두지 않은 것은 쉽사리 정당화되기 어렵다. 또한 혼인과 가족생활은 인간존엄을 기초로 유지되어야 하고 국가는 이를 보장하여야 할 의무가 있음(憲 §36 ①)에 비추어 보더라도 본조 전단의 규정방식에는 문제가 많다고 할 수 있다.

---

1) 新注民(25), 108(明山和夫·國府剛).
2) 新注民(25), 108(明山和夫·國府剛).

따라서 입법론적으로는 친권자의 징계권을 규정한 본조 전단을 굳이 유지
하려면 징계권 행사에 대한 절차법적 규율을 마련할 필요가 있을 것이다. 그러
나 이러한 절차를 두는 것은 가족생활의 현실에 비추어 볼 때 무의미하거나 어
색할 수 있기 때문에 차라리 본조를 삭제하는 것도 고려할 수 있다. 본조와 같
이 친권자의 징계권을 부여하는 조항이 없어도 보호·교양을 위하여 불가피·
부득이한 경우에 사회통념상 인정되는 범위 내에서 행한 질책이나 체벌은
§913에 기한 보호·교양의 권리의무의 실현방법 또는 刑 §20의 정당행위로서
용인될 수 있을 것이다.

Ⅱ. 징계의 주체

1. 친권자 (본조 전단)

징계는 자녀를 보호·교양하기 위하여 필요한 경우에만 할 수 있는 것이기
때문에 친권자가 징계의 주체임은 명백하다. 본조의 '친권자'는 엄밀하게 말하
면 친권을 행사할 수 있는 사람을 뜻한다. 따라서 친권자뿐 아니라 친권 대행
자(§910), 미성년후견인(§945) 등도 징계권을 행사할 수 있다.

부모가 이혼하여 일방이 친권자 타방이 양육권자인 경우에는 누가 징계권
을 행사할 수 있는지가 문제되는데 징계권을 독자적인 권리가 아니라 §913의
보호·양육의 권리의무를 실현하기 위하여 인정되는 종된 권리의 일종으로 파
악한다면 양육권자가 우선적으로 행사할 수 있는 것으로 보아야 한다.

2. 수탁자 (본조 후단)

친권자는 스스로 징계를 할 수도 있으나, 감화 또는 교정기관에 징계를 위
탁할 수도 있다. 다만, 이러한 위탁은 자녀의 신체의 자유를 제한하는 조치를
수반하는 것임을 반영하여 본조 후단은 이를 위하여 반드시 법원의 허가를 받
도록 하고 있다.[3] 한편, 비록 명시적으로 규정되어 있지는 않지만 본조는 친권
자와 감화 또는 교정기관 사이에 자녀의 징계를 위한 위탁 계약이 성립하였음
을 전제한 것이라고 보아야 한다.[4]

여기서 말하는 '감화 또는 교정시설'은 자녀를 징계하는 것을 목적으로 하

---

3) 제요[4-2], 310.
4) 제요[4-2], 310.

는 시설을 의미한다. 다만 본조는 소년법 등의 다른 법령에 입소 절차 등을 규정되어 있지 않은 시설에 대해서만 적용될 수 있으며, 본조에 의한 절차에 대해서는 가사소송법이 적용된다(라류 가사비송사건). 법원은 징계를 위한 위탁의 필요성, 적절한 위탁기간의 결정, 수탁기관의 적절성 등을 심사하여야 하며, 허가를 할 때는 친권자에게 미성년자 또는 피후견인의 교육과 요양, 감호에 필요하다고 인정되는 사항을 지시할 수 있다(家訴規 §66 ①). 이와 같은 지시는 위탁의 허가와 동시에 하는 것이 보통이지만 그 위탁이 계속되는 동안에는 언제든지 할 수 있다고 해석된다(같은 조 ②).5) 이러한 판단을 함에 있어서 법원은 자녀의 복리를 최우선적으로 고려하여야만 한다(§912).

징계를 위한 위탁은 법원이 지정한 기간이 경과한 경우는 물론 징계의 필요성이 소멸한 경우에도 그 효력을 잃는다. 이러한 경우에 가정법원은 직권으로 허가를 취소할 수 있으며(家訴規 §66 ②), 비록 명문의 규정은 없지만 친권자, 수탁기관의 장은 물론 자녀 자신도 허가의 취소를 청구할 수 있다고 보아야 한다.

Ⅲ. 징계의 방법·정도

징계의 방법이나 정도는 친권자가 스스로 징계권을 행사하는 경우에 주로 문제된다.6) 감화 또는 교정기관이 할 수 있는 징계의 방법이나 정도에 대해서는 위탁계약이나 법원의 허가로 정해지기 때문이다.

친권자의 징계권 행사의 방법·정도에 대한 명문 규정은 없지만 자녀의 인격의 건전한 육성을 위하여 필요한 범위 안에서 상당한 방법으로 행하여진 때에만 정당성이 인정될 수 있다.7) 우선 어떤 행위가 상당한 징계 방법에 해당하는지의 여부는 획일적으로 말하기 어렵고 사회통념에 따라 판단할 수밖에 없지만8) 예를 들어 상해를 입히거나 성적인 수치심을 초래하는 행위를 하는 것은 상당한 징계방법이라고 볼 수는 없을 것이다. 다음으로 필요한 범위 판단에 대해서는 허용될 수 있는 한도를 의미하는 절대적 기준과 교정이라는 목적 달성을 위하여 필요한 정도를 의미하는 상대적·비례적 기준이 모두 적용되어야 한다. 즉 이들을 모두 충족시키는 경우에만 징계의 정당성이 인정될 수 있는

---

5) 제요[4-2], 312.
6) 新注民(25), 108(明山和夫·國府剛).
7) 대법원 2002. 2. 8. 선고 2001도6468 판결.
8) 新注民(25), 109(明山和夫·國府剛).

것이다.9) 예를 들어, 징계를 위하여 자녀를 방에 가두고 굶기는 경우를 생각해 보면, 아무리 큰 잘못을 범하였더라도 하루 이상 이러한 징계를 지속하는 것은 절대적 기준을 초과한 것이고 경미한 잘못에 대해 하루를 굶기는 것은 상대적 기준을 초과한 것이므로 어떤 경우이건 과도한 징계라고 평가할 수 있다.

징계를 위하여 동원된 방법이 사회통념상 용인될 수 없거나 방법 자체는 허용되는 것이지만 그 정도가 과도한 경우에는 징계권 행사로서의 정당성이 인정될 수 없다. 이러한 경우에, 우선 친권 남용에 해당하여 불법행위 책임을 지고 정도가 심한 때에는 친권 상실 사유가 될 수도 있다. 뿐만 아니라 폭행죄, 상해죄, 감금죄, 학대죄 등의 범죄를 구성할 수도 있다.10)

---

9) 新注民(25), 109~110(明山和夫·國府剛)은 상대적 기준만을 언급하고 있다.
10) 新注民(25), 110(明山和夫·國府剛); 김주수, 주석, 399.

第 916 條 (子의 特有財産과 그 管理)

子가 自己의 名義로 取得한 財産은 그 特有財産으로 하고 法定代理人인 親權者가 이를 管理한다.

Ⅰ. 의의: 친권자의 포괄적 재산관리권

친권의 내용을 자녀가 건강하게 성장하기 위하여 필요한 도움을 제공하는 것이라고 한다면 여기에는 자녀의 일상생활을 돌보는 것뿐 아니라 자녀가 가진 재산을 관리하는 것도 포함된다. 본조는 바로 이러한 취지를 규정한 것이다.[1] 한편 재산관리 사무에는 이를 위하여 필요한 법률행위를 하고 그 효과를 본인인 자녀에게 귀속되게 할 수 있는 권한인 대리권도 포함되기 때문에 친권자의 법정대리권(§920 본문)도 본조의 재산관리권에서 파생되는 것이라고 할 수 있다. 즉 본조는 자녀의 재산에 대해 친권 행사를 규정한 것으로서 법정대리권과 재산관리권에 대한 일반적 근거조항이라고 할 수 있다. 이처럼 본조의 재산관리권과 이로부터 파생되는 법정대리권이 친권행사의 일환이라고 본다면 대리권·재산관리권도 자녀의 복리에 적합하게 행사되어야 한다. 즉 본조는 자녀의 재산관리에 대한 친권자의 권리·권한뿐 아니라 의무의 근거규정으로서의 성질도 가진다고 할 것이다.[2]

Ⅱ. 요건

1. 주체: 친권자

자녀의 특유재산에 대한 관리권은 법정대리인인 친권자에게 귀속된다고

---

1) 新注民(25), 126(中川淳).
2) 新注民(25), 127(中川淳).

규정한 본조의 문언에는 문제가 있다. 친권자인 부모 중에서 자녀의 재산을 관리할 수 없는 사람이 있을 수 있음을 반영하고자 하였다면 '친권을 행사하는 부모'라고 하는 것이 더 낫다고 할 수 있기 때문이다.

친권자인 부모가 자녀의 특유재산을 관리할 수 없는 경우에는 '법정대리인이 아닌' 부모가 되어 버리는 경우뿐 아니라 법정대리인임에는 변함이 없지만 친권의 일부에 대해 일시적으로 친권을 행사할 수 없는 경우(§909 ②, ③ 참조)도 포함된다는 것에 유의할 필요가 있다.

2. 대상: 자녀의 특유재산

가. 특유재산의 의미

본조는 특유재산, 즉 '자녀가 자신의 명의로 취득한 재산'에 대해서만 적용된다. 어떤 재산이 자녀의 특유재산인지의 여부는 자녀가 이러한 재산을 취득하였는지의 여부에 따라 결정되고, 결국 권리변동의 일반요건에 따라 판단할 수밖에 없을 것이다. 예를 들어 부동산이라면 자녀에게 그 소유권을 귀속시키는 것을 내용으로 하는 원인행위와 자녀 명의의 등기가 있어야만 특유재산이 된다.

나. 재산관리권이 미치는 범위

재산관리의 대상·객체는 자녀가 보유하는 재산적 가치 있는 이익 전부이다. 여기에는 자녀가 재산관리권 행사 당시에 보유하고 있는 것은 물론 장차 자녀에게 귀속될 수 있는 것도 포함된다.[3] 다만 허락된 영업을 위한 재산(§8)이나 처분이 허락된 재산(§6)에 대해서는 미성년자에게 행위능력이 인정되어 친권이 작용할 수 없기 때문에 본조의 재산관리권도 미치지 못한다. 따라서 이러한 재산은 미성년자 본인이 스스로 관리할 수 있다. 그 외에도 제3자가 무상으로 자녀에게 수여하면서 친권자의 관리에 반대하는 의사표시를 한 경우에도 이러한 재산에 대한 친권자의 관리권은 인정될 수 없다(§918).[4] 그러나 §918가 적용되는 경우에도 이러한 재산으로 인하여 자녀에게 손해배상의무가 귀속될 우려가 있을 때에는 이러한 사태를 방지하기 위한 재산관리가 허용된다. 문제된 재산 자체를 관리하는 것이 아니라 장래의 손해배상 책임의 귀속을 방지함으로써 자녀의 장래의 일반적인 재산적 이익을 보호하는 것으로 볼 수 있기 때

---

3) 新注民(25), 127(中川淳).
4) 新注民(25), 128(中川淳).

문이다.5)

Ⅲ. 효과

1. 재산관리행위의 의미 · 범위

친권자는 자녀의 재산관리를 위하여 필요한 모든 행위를 할 권리와 의무의 주체가 된다.

첫째로 재산관리를 위하여 필요한 행위라면 사실행위는 물론 법률행위도할 수 있다. 자녀의 특유재산에 관한 법률행위는 그 효력이 자녀에게 미치기때문에 대리행위로서의 성질을 가진다. 따라서 친권자의 법정대리권(§920 본문)도 본조의 재산관리권에서 파생하는 것이다. 또한 자녀가 스스로 재산적 법률행위를 하는 것에 대한 동의 · 철회, 영업의 허락 등도 결국 자녀의 재산에 영향을 미치는 것이기 때문에 동의권 · 철회권 등도 본조의 재산관리권에서 도출되는 것이라고 할 수 있다.6) 비록 친권자의 법정대리권에 대해서는 §916, 동의권등에 대해서는 §5 이하에서 따로 규정하고 있지만 이러한 조항들은 재산관리권의 구체적인 내용을 명확하게 하는 것이라고 보아야 한다.

둘째로 재산관리 권한의 범위에 대해서는 아무런 제한이 없기 때문에 친권자는 보존행위, 이용 · 개량행위는 물론 처분행위도 할 수 있다.7) 친권자는 재산관리의 대상인 재산을 점유하고 이에 대한 제3자의 방해의 배제를 청구할 수있으며 필요한 경우에는 사실행위를 할 수 있다. 나아가 이러한 재산을 파괴하는 것도 가능하지만 재산관리 행위라는 성질상 재산보유를 통해 얻을 이익보다 보존비용이 더 많이 소요될 것으로 예상되는 등의 요건이 충족되어야만 정당성이 인정될 수 있다.8)

2. 재산관리권의 효력

재산관리권은 자녀의 재산에 대한 친권자의 관리행위를 정당화 시켜주는형성적 작용과 재산관리를 방해하는 제3자에 대한 방해배제 청구라는 모습으로 나타난다.9) 따라서 재산관리로서의 요건을 갖추지 못하면 위법성이 인정되

---

5) 新注民(25), 128~129(中川淳).
6) 新注民(25), 126(中川淳).
7) 新注民(25), 126(中川淳).
8) 新注民(25), 129(中川淳).
9) 新注民(25), 127(中川淳).

기 때문에 이로 인하여 자녀에게 손해가 발생하면 불법행위 책임이 성립할 수 있으며, 손해의 정도에 따라 재산관리권 박탈 사유가 될 수 있다.[10]

Ⅳ. 평가

　　본조는 친권자에게 자녀의 재산에 대한 대리권·재산관리권을 포괄적으로 수여하고 있을 뿐이고 친권자가 이러한 권한을 행사하기 위한 절차, 방식이나 이에 대한 감독기관에 대해서는 아무런 규정을 두고 있지 않다. 이 중 전자 즉 포괄적인 수권은 관리의 대상을 '재산'이라고 한 이상 부득이한 것이라고도 할 수 있으며 미성년 후견인에 대해서도 마찬가지임(§938 ①·②, §949 ①)에 비추어 볼 때 큰 문제는 없다고 볼 수 있다. 또한 후자 즉 포괄적인 권한의 행사에 대해 어떠한 제한장치도 두지 않은 것에 대해서는 친권의 권리로서의 성질과 현실적인 문제라는 두 가지 측면에서 근거를 찾을 수 있을 것이다. 우선 위에서 본 것처럼 친권의 권리성의 근거인 '자녀의 양육에 대한 부모의 자율적·최우선적 결정권'은 헌법적으로 보호되는 이익이기 때문에 법원 등의 국가기관이나 친족 등의 제3자가 이에 개입하도록 하는 것은 필요한 경우에 최소한도로만 인정되어야 한다. 또한 현실적인 근거로서 사회통념에 비추어 볼 때 친권자가 자녀에게 불리하게 자녀의 재산을 관리하는 경우는 드물기 때문에 친권자의 재산관리권 행사를 제한할 필요성이 높지 않으며, 법원이 친권 행사에 일일이 개입하는 것은 기대하기 어렵다는 점도 염두에 두어야 한다. 이러한 사정을 미성년 후견의 경우와 비교해 보면, 우선 후견인은 — 친권자와는 달리 — 사퇴가 가능하다는 점에 비추어 자녀와의 운명공동체라는 의식을 기대할 수 없어서 자녀에게 불리하게 재산을 관리할 가능성도 있음을 부정하기 어렵다. 또한 미성년 후견에 대한 법원의 개입이 필요한 경우는 매우 드물기 때문에 현실적으로 큰 무리가 되지는 않을 것이다. 자녀가 미성년인 동안에 친권자가 모두 사망하거나 친권을 상실하는 경우는 평균수명 등을 고려할 때 이례적이라고 할 수 있기 때문이다.[11]

---

10) 新注民(25), 126(中川淳).

11) 2011년 개정법이 시행되는 2013년 7월 1일 이후에는 미성년 후견이 개시되는 거의 모든 경우에 법원이 미성년 후견인을 선임할 것이기 때문에 통계를 통한 미성년 후견 개시의 건수 파악이 가능하게 된다. 물론 친권자의 유언에 의하여 미성년 후견인이 지정되면 법원의 후견인 선임을 거치지 않아도 되지만 현행법상으로도 유언에 의한 후견인 지정이 가능하였는데도 거의 이용되지 않았음에 비추어 볼 때 앞으로도 유언에 의한 후견인 지정은 드물 것으로 생각된다.

그러나 친권의 본질상 친권자의 포괄적 재산관리권이 무제한적인 것이라고 할 수 없음은 물론이다. 민법은 이러한 사정을 반영하여 친권자의 포괄적·무제한적 재산관리권을 원칙으로 하면서도 일정한 경우에는 명문 규정으로 이에 대한 제한을 가하고 있다. 이러한 제한은 각각의 기능을 기준으로 하여 ⓐ 미성년자 자신이 유효하게 법률행위를 할 수 있게 하는 경우(§6의 처분허락, §8의 영업허락), ⓑ 미성년자의 의사를 반영하는 경우(§920 단서), ⓒ 친권자 이외의 사람이 자녀를 대리하게 하는 경우(§918, §921) 등으로 나누어 생각해 볼 수 있다. 이들 중 ⓐ는 미성년자의 현존하는 능력을 최대한 발휘할 수 있도록 해주기 위한 적극적인 의미를 가지는 반면, ⓑ, ⓒ는 자녀 보호를 위한 소극적인 의미를 가진다. 또한 ⓑ는 자녀의 신체의 자유를 보호하기 위한 것으로서 포괄적 재산관리권의 본질적·내재적 한계를 보여주는 것임에 비해 ⓒ는 정책적인 이유[12]로 친권자의 대리권·재산관리권을 제한하는 것이라는 점에서 차이가 있다. 물론 이러한 규정들이 적용되지 않는 경우라 하더라도 친권을 목적에 반하는 방식으로 행사하면 권리남용이 되어 권리행사로서의 효과가 인정되지 않는다. 그러나 재산관리권 행사의 경우에는 양육권의 행사의 경우와는 달리 거래안전에 미치는 영향도 고려하여야만 하기 때문에 일반조항을 근거로 재산관리권을 제한하는 것보다는 부모의 재산관리권을 제한할 필요가 있는 경우를 상정하는 명문의 규정을 두는 것이 바람직하다. 즉 본조에 규정된 '원칙'은 예외를 전제한 것이기 때문에 친자관계의 구체적인 생활상이나 친자관계에 대한 사회통념의 변화를 반영하기 위하여 필요한 경우에는 친권자의 재산관리권 행사에 대해 제한을 가하는 조항을 신설할 수 있음은 당연하다고 할 것이다.

---

12) §918의 입법취지는 제3자의 의사를 존중하여 자녀가 무상으로 재산적 이익을 받을 수 있게 해주는 것이며, §921의 입법취지는 거래안전을 위하여 친권 남용의 개연성이 있는 행위에 대해 친권자의 법정대리권을 배제하는 것이다. 구체적인 내용은 각 조문에 대한 부분을 참조.

第 917 條

削除 〈1990. 1. 13.〉

第 918 條 (第三者가 無償으로 子에게 授與한 財産의 管理)

① 無償으로 子에게 財産을 授與한 第三者가 親權者의 管理에 反對하는 意思를 表示한 때에는 親權者는 그 財産을 管理하지 못한다.

② 前項의 境遇에 第三者가 그 財産管理人을 指定하지 아니한 때에는 法院은 財産의 授與를 받은 子 또는 第777條의 規定에 依한 親族의 請求에 依하여 管理人을 選任한다.

③ 第三者의 指定한 管理人의 權限이 消滅하거나 管理人을 改任할 必要 있는 境遇에 第三者가 다시 管理人을 指定하지 아니한 때에도 前項과 같다.

④ 第24條第1項, 第2項, 第4項, 第25條 前段 및 第26條第1項, 第2項의 規定은 前2項의 境遇에 準用한다.

[시행일 : 2013. 7. 1.]

Ⅰ. 의의

친권은 헌법상 보장된 부모의 권리이기 때문에 친권자의 재산관리권을 제한하는 것은 예외적으로만 인정될 수 있다. 따라서 단순히 친권자의 재산관리가 자녀에게 최대의 이익을 주지 못한다는 이유만으로 재산관리권이 박탈되거나 제한되는 것은 아니다. 친권자가 추상적 평균인의 수준만큼 재산을 관리하지 못하더라도 의무를 준수한 것으로 인정되어 재산관리권을 유지할 수 있으며(§922), 의무 불이행의 정도가 극심한 경우에만 즉 부적당한 관리로 인하여 자녀의 재산을 위태롭게 하는 지경에 이르러야만 재산관리권을 상실하도록 하는 것(§925)도 같은 맥락에서 이해할 수 있을 것이다.

따라서 제3자가 자녀에게 재산적 이익을 넘겨주기를 원하면서도 친권자의 재산관리를 바라지 않는 경우에 이러한 의사를 존중하여 친권자의 재산관리권을 배제하는 본조의 규율은 당연히 정당화될 수 있는 것은 아니다. 본조의 입법취지에 대해서는 자녀가 무상으로 재산을 취득할 수 있는 기회를 잃어버리는 것을 방지하기 위한 것이라고 보는 것[1]이 일반적이다.

그러나 이처럼 재산적 이익을 무상으로 취득하는 것(또는 권리만을 얻거나 의무만을 면하는 것)이 항상 자녀의 복리에 부합하는 것으로 전제하는 것이 타당한지는 의문이다. 현행법하에서는 제3자가 자녀에게 무상으로 재산을 수여하면서 친권자의 재산관리권을 배제하는 의사표시를 하면 친권자는 이러한 재산의 수여 자체를 방지할 수도 없고 수여된 재산이 자녀의 보호·교양에 해로운 방식으로 관리되더라도 친권자가 이를 저지할 수 없기 때문이다.

Ⅱ. 요건

1. 제3자

제3자의 일반적인 의미는 당사자가 아닌 '모든 권리주체'이기 때문에 친권자 자신과 자녀 이외의 모든 사람은 당연히 본조의 제3자에 해당하고 부모이더라도 친권자가 아닌 사람은 본조의 제3자에 포함된다고 보아야 한다.

다만 공동친권자 중 한 명이 자녀에게 재산을 무상으로 수여하면서 타방의 관리를 배제하는 의사표시를 한 경우에도 본조가 적용되는지에 대해서는 견해가 대립한다. 긍정설[2]은 무상수여자의 의사를 존중함으로써 자녀에게 재산적 이익이 무상으로 귀속될 수 있도록 하려는 본조의 입법취지에 비추어 공동친권자인 사람을 '제3자'에서 제외할 이유가 없다고 한다. 그러나 이러한 경우에는 본조를 적용하여 무상수여자의 의사를 그대로 반영할 것이 아니라 오히려 공동친권자들 사이에 친권 행사에 관한 다툼이 있는 경우(§909 ② 단서)로 파악하여 법원의 재판에 의하여 재산관리의 방법을 정해야 할 것이다. 긍정설에 따라 친권자 중 무상수여자인 일방이 타방의 재산관리권을 배제하더라도 공동친권이 유지되는 한 타방이 공동명의로 재산관리권을 행사하는 것을 저지할 수 없는 경우가 생길 수 있다. 재산관리권 없는 친권자가 재산에 대한 대리행위를 한 경우에 상대방이 악의인 경우에만 그 효과를 부정할 수 있는데

---

1) 新注民(25), 163(中川淳).
2) 新注民(25), 164(中川淳).

(§920-2), §918에 의한 재산관리권 배제는 공시할 방법이 없어서 상대방의 악의를 증명하기가 쉽지 않을 것이기 때문이다. 물론 §909 ②에 의한 친권행사 제한도 현행법상 공시할 방법이 없기는 하지만 이것은 입법적인 불비라고 보아야 한다. 친권의 일부의 행사를 정지하고 그 대행자를 선임하는 재판의 사전처분에 대해서는 가족관계등록부 기록을 촉탁하도록 하고 있기 때문이다(家訴 §9, 家訴規 §5 ① iv 참조).

2. 재산의 무상 수여

본조는 제3자가 자녀에게 재산을 무상으로 수여하는 경우에만 적용될 수 있다. 여기서 말하는 재산이란 모든 종류의 재산적 이익을 의미하고, '수여'란 자녀에게 재산이 확정적으로 귀속될 수 있게 하는 법률상 원인이 되는 증여나 특정유증 등의 법률행위가 유효하게 성립하였음을 의미한다. 예를 들어 증여의 경우에는 계약이 유효하게 성립하였을 뿐 아니라 철회되지 않아야 하고 특정유증의 경우에는 유언의 효력이 발생하고 유증이 승인되어야만 한다.

자녀에게 재산적 이익이 귀속되지만 자녀도 반대급부를 부담하여야 하는 효과를 발생시키는 법률행위인 유상계약이나 포괄유증은 무상 수여가 아니기 때문에 본조가 적용되지 않는다. 부담부 증여·유증에 대해서도 마찬가지라고 할 수 있다.

3. 무상수여자의 의사표시

친권자의 재산관리에 반대하는 의사표시는 표의자가 원하는 법률효과를 발생시킨다는 점에서 단독행위의 일종이다. 또한 특별한 형식이 정해져 있지 않기 때문에 이러한 취지가 나타나기만 하면 된다. 한편 이러한 의사표시에는 조건은 붙일 수 없지만 기한을 붙일 수는 있다고 보아야 한다. 우선 무상수여된 재산에 대한 재산관리권은 다수의 사실행위와 법률행위에 대한 권한을 근거지우는데 이러한 재산관리권의 귀속 여부를 결정하는 의사표시에 조건을 붙이면 거래안전을 저해할 수 있다. 반면 무상수여자가 일정한 기간 동안만 친권자의 재산관리권을 제한하고자 한다면 이러한 의사를 존중하여 기한을 붙일 수 있게 해줄 필요가 있다. 친권자의 재산관리권에 대한 제한은 예외적인 것임에 비추어 볼 때 무상수여자가 원하는 것보다 더 엄격한 제한을 가할 필요는 없기 때문이다.

가. 시기

친권자의 재산관리에 반대하는 제3자의 의사표시는 반드시 무상 수여행위와 동시에 행하여져야만 하는지에 대해서는 견해가 대립한다. 긍정설은 제3자가 친권자의 재산관리를 배제하는 의사표시를 하지 않은 채 무상수여의 효과가 발생하면 이로 인하여 자녀에게 귀속되는 재산은 즉시 친권자의 재산관리권의 대상이 되기 때문에 그 후에 제3자가 일방적인 의사표시로 친권자의 재산관리권을 배제할 수는 없다고 한다.3) 그러나 이처럼 제한적으로 볼 필요가 있을지는 의문이다. 우선 §918 ①은 '재산을 수여한 제3자'가 의사표시를 할 수 있는 것으로 규정하고 있기 때문에 재산을 수여하고 나서도 친권자의 관리에 반대하는 의사를 표시할 수 있는 것으로 해석하는 것이 자연스럽고, 또한 무상 수여 후에 친권자의 재산관리권이 배제되더라도 법원의 재산관리인 선임 절차를 거치기 때문에 거래안전에도 큰 문제가 생기지 않는다.

나. 상대방

본조의 의사표시가 반드시 무상 수여행위와 동시에 행하여져야 한다고 본다면 친권자의 재산관리에 반대하는 의사표시의 상대방은 바로 무상 수여행위의 상대방이 된다. 따라서 미성년자에 대해서도 본조의 의사표시를 할 수 있다.4) 증여계약의 체결은 물론 특정유증의 승인도 미성년자가 단독으로 할 수 있기 때문이다(§5 ①. 또한 특정유증의 승인·포기에 대해서는 수유자가 제한능력자인 경우에 대한 특칙이 없기 때문에 제한능력자도 스스로 승인·포기 여부를 결정할 수 있는 것으로 해석된다).

그러나 무상 수여행위 후에도 본조의 의사표시가 가능하다고 본다면 양자의 상대방이 반드시 일치할 필요는 없고 친권자가 무상 수여행위의 당사자가 아니었더라도 본조의 의사표시의 상대방이 될 수 있을 것이다. 첫째로 형성효 있는 의사표시를 그 대상인 재산관리권의 주체인 친권자에 대해서는 할 수 없다고 보는 것은 어색하다. 어떤 사람의 권리를 제한하려면 최소한 그에게 알려주는 절차는 필요하다고 보아야 하기 때문이다. 둘째로 자녀에게만 본조의 의사표시가 도달하여 효력이 발생하였는데 친권자가 이러한 사정을 알지 못하면 재산관리의 공백이 발생할 우려가 있다. 무상 수여자가 재산관리인을 지정하지 않았는데 자녀의 연령이 낮은 경우에는 자녀가 법원에 재산관리인 선임 신청

3) 제요[4-2], 313; 新注民(25), 164(中川淳).
4) 제요[4-2], 313; 新注民(25), 164(中川淳)은 일본의 지배적 견해도 같은 취지라고 한다.

을 하는 것이 사실상 불가능하고 친권자 이외의 친족이 이러한 신청을 하는 것
을 기대하기도 어렵기 때문이다.

Ⅲ. 효과

1. 친권자의 재산관리권 배제(본조 ①)

본조의 의사표시는 형성적 효력을 가진다. 즉 본조의 의사표시가 유효하
게 성립하면 그 효과로서 무상수여된 재산에 대한 친권자의 재산관리권은 포
괄적·전면적으로 배제되어 친권자가 이러한 재산의 관리를 위하여 필요한 사
실행위를 할 수 없게 되는 데 그치지 않고 이에 관한 법률행위에 대한 대리권,
동의권 등도 행사할 수 없게 된다.5)

본조의 의사표시가 있었는데도 친권자가 무상수여된 재산을 관리한 경우
에 관리를 위하여 한 행위가 대리행위인 경우에는 무권대리가 문제될 수 있
고6) 사실행위인 경우에는 사무관리나 불법행위가 문제될 수 있다.

2. 재산관리인

가. 결정(본조 ②)

본조 ①에 의하여 친권자의 재산관리권이 배제되더라도 자녀가 스스로 재
산을 관리할 수는 없기 때문에 친권자 대신 재산을 관리할 사람이 정해져야 한
다. 이러한 재산관리인은 1차적으로는 무상수여자의 지정에 의하여, 2차적으로
는 법원의 선임에 의하여 결정된다.

우선 무상수여자는 ①의 의사표시를 하면서 직접 재산관리인을 지정할 수
있다. 이러한 지정은 ①의 의사표시와 동시에 하는 것이 일반적이지만 나중에
따로 하더라도 무방하다. 재산관리인의 자격에 대해서는 특별한 제한이 없으며
무상수여자가 자신을 재산관리인으로 지정할 수도 있다.7) 그러나 친권자를 재
산관리인으로 선임할 수 없는 것은 본조의 취지나 문리해석에 비추어 볼 때 당
연하다. 부모 중 일방에게 단독친권이 귀속된 결과 타방은 친권을 행사할 수
없게 된 경우에 후자에 대해서도 본조가 적용되는지에 대해서는 논란의 여지
가 있으나 부정적으로 해석하여야 한다. 비록 본조의 문리해석상 '부모'가 아니

---

5) 新注民(25), 164(中川淳).
6) 新注民(25), 165(中川淳).
7) 新注民(25), 165(中川淳); 제요[4-2], 313.

라 '친권자'의 재산관리권만이 배제되는 것처럼 규정되어 있지만 '제3자의 의사를 존중함으로써 자녀가 무상의 재산수여로 인한 재산적 이익을 누릴 수 있도록 해 주는 것'이라는 본조의 입법취지에 비추어 볼 때 제3자의 의사를 최대한 넓게 해석할 필요가 있기 때문이다.

　만약 무상수여자가 친권자의 재산관리권을 배제하면서 재산관리인을 지정하지 않으면 수여된 재산에 대한 관리의 공백이 발생하게 된다. 이러한 사태를 방지하여 자녀의 이익을 보호하기 위하여 법원은 자녀 자신 또는 §777의 규정에 의한 친족의 청구에 의하여 재산관리인을 선임할 수 있다(본조 ②). 무상수여자는 직접 재산관리인을 지정할 수 있기 때문에 비록 자녀의 친족이라 하더라도 본항을 근거로 재산관리인 선임을 청구하게 해줄 필요는 없다.[8] 친권자가 본항의 청구권자에 포함되는지가 문제될 수 있으나 굳이 부정할 필요는 없을 것으로 생각된다.[9] 우선 친권자는 자녀에 관한 사정을 가장 잘 알고 있기 때문에 신속하게 선임 신청을 할 것으로 기대된다. 또한 재산관리인은 법원이 선임하기 때문에 친권자가 관리인 결정에 영향을 미칠 수 없다. 뿐만 아니라 본조 ①에 의하여 이미 친권자는 무상수여된 재산에 대한 관리권을 상실한 상태이기 때문에 본조 ②에 의한 재산관리인 선임 청구가 친권자와 자녀 사이의 이해상반 행위가 되는 것도 아니다.

　법원은 재산관리인을 선임할 때 재산을 수여한 제3자가 친권자 또는 후견인의 재산관리에 반대하는 이유를 고려하여 재산관리권이 배제되는 친권자 또는 후견인과 이해관계를 같이하는 자를 선임하지 않도록 유의하여야 한다.[10]

나. 변경(본조 ③)

　무상수여자의 지정 또는 법원의 선임에 의하여 정해진 재산관리인의 권한이 소멸하였거나 그 외의 사정으로 인하여 더 이상 재산관리를 할 수 없게 된 때에는 재산관리인을 변경하여야 한다. 재산관리인의 변경 방법에 대해서는 본조 ②이 준용되기 때문에 최초로 재산관리인을 결정하는 방법에 관하여 위에서 다룬 내용이 그대로 적용된다.

다. 재산관리인의 지위(본조 ④)

　본조의 재산관리인의 지위에 대해서는 무상수여자에 의하여 지정된 경우와 법원에서 선임된 경우를 나누어 살펴볼 필요가 있다.

---

8) 新注民(25), 165(中川淳).
9) 제요[4-2], 313도 같은 취지.
10) 제요[4-2], 314.

　　우선 지정된 재산관리인은 무상수여자에 대해 수임인으로서의 지위를 가진다. 재산관리인 지정은 자녀를 위하여 재산관리라는 사무의 처리를 맡기는 것이기 때문에 무상수여자와 재산관리인 사이에는 제3자를 위한 위임계약11)이 체결된 것으로 보아야 하기 때문이다.12) 따라서 권한과 책임 등의 구체적인 법률관계는 무상수여자와 재산관리인 사이의 계약에 의하여 결정되고 §681 이하의 규정들이 보충적으로 적용된다. 반면 법원이 선임한 재산관리인에 대해서는 부재자 재산관리인에 준하는 지위가 인정되는데 본조 ④이 §24 ①·②·④, §25 전단, §26 ①·②을 준용하고 있기 때문이다. 지정된 재산관리인과 선임된 재산관리인의 차이로서, ⓐ 보수청구권이 인정되는 경우에 전자는 위임인인 무상수여자에게 보수를 청구할 수 있지만 후자는 무상수여된 재산에서 보수를 받을 수 있다는 점, ⓑ 전자의 권한 범위는 무상수여자와의 계약에 의하여 정해지지만 후자의 권한에 대해서는 §25에 의하여 정해진다는 점 등을 들 수 있을 것이다.

　　다만 지정된 경우이건 선임된 경우이건 본조의 재산관리인이 무상수여된 재산에 관한 법률행위를 할 때는 법정대리인으로서의 지위가 인정된다.13)

3. 친권자의 재산관리권 회복

　　본조에 의한 친권자의 재산관리권 배제의 취지가 무상 수여자의 의사를 존중하는 것이라고 한다면, 무상 수여자는 언제든지 재산관리인 친권자의 재산관리를 배제하는 의사표시를 철회함으로써 친권자의 재산관리권을 회복시킬 수 있다.

　　무상수여자 자신이 재산관리인을 지정하였을 때에는 언제든지 위임계약을 해지할 수 있고(§689), 법원이 재산관리인을 선임하였을 때에는 거래안전을 위하여 법원의 재판을 거쳐 친권자 아닌 재산관리인의 관리를 종료시키는 것이 바람직하다. 따라서 비록 명문 규정은 없지만 §22 ②을 유추적용하여 친권자, 무상수여자, 재산관리인 등의 청구에 따라 선임을 취소하여야 할 것이다.

---

11) 무상수여 행위에 대한 자녀 측의 동의에는 이러한 제3자를 위한 위임계약에 대한 수익의 의사표시도 포함되어 있는 것으로 볼 수 있을 것이다.

12) 김주수, 주석, 403은 친권자의 단독행위로도 재산관리인을 지정할 수 있다고 하지만, 재산관리권에는 대리권뿐 아니라 여러 가지 권리의무가 수반되기 때문에 대리권의 수여와는 다르게 보아야 한다는 점을 간과한 듯하다.

13) 新注民(25), 166(中川淳).

第 919 條 (委任에 關한 規定의 準用)

第691條, 第692條의 規定은 前3條의 財産管理에 準用한다.

Ⅰ. 의의

미성년자는 재산을 관리할 수 있을 정도의 능력을 갖추지 못한 것이 일반적이기 때문에 미성년자에게 특유재산이 있으면 친권자가 이를 관리하도록 하고(§916) 예외적으로 제3자가 무상으로 수여하면서 친권자의 관리에 반대하는 의사를 표시한 때에는 친권자 이외의 재산관리인이 이를 관리하도록 하고 있다(§918).

이러한 재산관리는 자녀가 성년에 이를 때까지 유지되어야 하지만 재산관리인의 사정이나 그 밖의 법률상·사실상의 사유로 인하여 자녀가 성년에 이르기 전에 그 권한이 소멸할 수 있다. 물론 이 경우에 새로운 재산관리인이 결정되어야 하겠지만 법원의 선임재판을 거치는 경우에는 상당한 시간이 소요될 수도 있다. 이로 인하여 발생할 수 있는 자녀의 재산에 대한 관리의 공백이 발생하는 상태에 대처하기 위해 본조는 §916, §917에 의한 재산관리 권한이 소멸한 경우에 수임인의 관리계속 의무에 관한 §691, §692를 준용하고 있는데, 그 입법취지는 한편으로는 자녀의 재산관리에 만전을 기하고 다른 한편으로는 권한이 소멸한 재산관리인과 법률행위를 한 상대방을 보호하는 것이라고 할 수 있다.[1]

Ⅱ. 요건: 재산관리의 종료

본조는 ⓐ 자녀의 재산을 관리하던 친권자 또는 §918의 재산관리인(이하 '본조의 재산관리인'이라고 한다)의 재산관리권이 소멸하였고 ⓑ 종래의 재산관리인

---

[1] 新注民(25), 168(中川淳).

이 관리를 계속하여야만 하는 급박한 사정이 있는 경우에 적용된다.

우선, 재산관리권의 소멸사유가 무엇인지는 묻지 않는다. 재산관리인뿐 아니라 그의 상속인이나 법정대리인에 대해서도 관리계속 의무가 인정되는 것에 비추어 볼 때, 재산관리인의 사망, 성년후견 개시 등으로 인하여 스스로 관리를 계속할 수 없게 된 경우에도 본조가 적용된다고 할 것이다. 다만 법원의 재판을 거쳐 재산관리권이 소멸하는 경우2)에는 본조가 적용되는 경우는 매우 드물 것으로 생각된다. 법원은 가사사건에 대한 심판청구가 있으면 직권 또는 당사자의 신청에 의하여 적당하다고 인정되는 내용의 사전처분(家訴 §62)을 할 수 있기 때문이다. 한편 본조는 문리해석상으로는 §916, §918에 의한 재산관리 모두에 대해 적용되는 것처럼 보이지만, §918의 재산관리인을 무상수여자가 지정한 경우에 대해서는 적용되지 않는다. 위에서 본 것처럼 이 경우에는 위임계약이 체결된 것이어서, §691·§692는 준용되는 것이 아니라 당연히 적용되는 것이기 때문이다. 물론 어떻게 보건 실질적인 차이는 없을 것이다.

다음으로 '급박한 사정'의 의미는 본조의 입법취지에 비추어 종래의 관리인 또는 그의 상속인이나 법정대리인이 관리를 계속하지 않으면 관리대상 재산에 회복할 수 없는 손상이 발생할 우려가 있는 경우라고 해석된다. 사실 재산관리의 종료 사유는 종래의 관리인이 관리를 할 수 없거나 관리에 부적합함을 보여주는 것들이기 때문에 이러한 사람에게 관리계속 의무를 지우는 것이 자녀의 이익에 부합한다고 단정하기는 어렵다. 따라서 본조의 적용요건인 '급박한 사정'은 엄격하게 해석하여야 할 것이다.

Ⅲ. 효과

1. 관리계속의무 (§691의 준용)

본조의 재산관리인은 권한이 소멸하더라도 그 당시에 급박한 사정이 있으면 계속 재산관리 사무를 처리하여야 한다. 본조의 재산관리인이 스스로 관리를 계속할 수 없는 사정이 있어도 마찬가지이다. 즉 재산관리의 종료 사유가 사망인 때에는 그 상속인이, 성년후견 개시인 경우에는 법정대리인인 성년후견인이 본조의 재산관리인 대신 관리계속 의무를 진다. 이러한 의무는 자녀 자신

---

2) 이러한 절차로서, 우선 성년후견 개시 심판의 경우를 들 수 있고, 그 외에도 친권자의 경우에는 대리권·재산관리권 상실 선고(§925), 대리권·재산관리권 사퇴에 대한 허가(§927), §918의 경우에는 법원이 선임한 재산관리인의 개임(같은 조 ③) 등이 있다.

이 스스로 재산관리를 할 수 있게 되거나 재산관리인이 새로 정해질 때까지 유지되고, 자녀가 사망한 경우에는 상속인이 재산관리를 할 수 있을 때까지 유지된다(§691 1문). 또한 이 경우에 종래의 법률관계가 존속하는 것으로 의제되기 때문에(§691 2문), 재산관리인의 권한, 임무, 책임 등에 대해서는 종래의 재산관리인에 준하여 판단하여야 한다.

2. 관리종료를 통지할 의무 (§692의 준용)

재산관리의 종료사유가 있어도 이를 상대방에게 통지하거나 상대방이 이를 안 때가 아니면 이로써 상대방에게 대항하지 못한다(§692). 본조의 통지의무의 법적 성질은 책무(간접의무)라고 보아야 한다. 통지의무 불이행에 대한 제재로서 상대방에게 대항할 수 없게 하는 불이익을 가하고 있기 때문이다.

본조의 적용 대상에 대해서는 견해가 대립한다. 제1설은 §692에 대한 일반적인 해석론[3]을 반영하여 본조에서 준용되는 §692는 재산관리라는 법률관계의 당사자들에 대해서만 적용된다고 한다. 즉 여기서 말하는 '상대방'이란 본조의 재산관리인의 입장에서는 자녀, 자녀의 입장에서는 본조의 재산관리인을 뜻하는 것으로 파악한다.[4] 반면 제2설은 관리대상인 재산에 관한 법률관계에 대해 적용된다고 하면서 본조의 '상대방'이란 재산관리인과 자녀의 특유재산에 관한 법률행위를 한 사람을 의미하는 것으로 본다.[5] 이렇게 본다면 본조는 §129 단서의 적용을 배제하는 특칙이 된다. '상대방에게 통지하거나 상대방이 안 때'에만 재산관리권 소멸을 상대방에게 대항할 수 있게 되기 때문이다.

---

3) 주해[Ⅲ], 192(차한성); 지원림, 민법강의(제12판, 2014), [2-340] 등.
4) 김주수, 주석, 404~405.
5) 新注民(25), 168~169(中川淳).

第920條 (子의 財産에 關한 親權者의 代理權)

法定代理人인 親權者는 子의 財産에 關한 法律行爲에 對하여 그 子를 代理한다. 그러나 그 子의 行爲를 目的으로 하는 債務를 負擔할 境遇에 는 本人의 同意를 얻어야 한다.

Ⅰ. 의의

자녀의 재산적 이익을 보호하여야 할 권리·의무인 재산관리권은 친권의 내용을 이루는 것으로서 원칙적으로 친권자에게 귀속된다. 친권자가 재산을 관리하기 위하여 필요한 행위는 사실행위인 경우도 있지만 법률행위인 경우도 있다. 후자의 경우에 미성년자는 아직 경제적 판단을 하기에는 미숙한 경우가 많기 때문에 친권자가 자녀의 재산관리를 위하여 필요한 법률행위를 할 수 있게 하는 것이 자녀의 복리에 부합한다. 이러한 친권자의 행위는 대리행위인데 그 효과는 친권자 자신이 아니라 관리대상인 재산의 주체인 자녀에게 귀속되기 때문이다. 또한 본조의 대리권은 자녀의 의사와 무관하게 인정되는 것이기 때문에 법정대리의 일종임에 대해서는 이론이 없다. 본조 본문은 바로 이러한 취지를 명문으로 규정한 것이다.

다만 본조의 법정대리권은 ― §5의 동의권과 더불어 ― §916의 재산관리권과 양립하는 것이 아니라 오히려 재산관리권에서 파생되는 것이라고 보아야 한다.[1] 즉 친권에는 보호·양육에 대한 권리의무와 재산관리에 대한 권리의무가 포함되고 후자에는 다시 사실행위를 할 권한과 법정대리권, 동의권 등이 포함되는 것이다.

---

1) 新注民(25), 129, 132(中川淳).

II. 본문

1. 법정대리인인 친권자

본조의 "법정대리인인 친권자는 … 대리한다"라는 문언에 대해서는 불필요한 동어반복이라는 문제점을 지적할 수 있다.[2] 물론 이러한 친권자인 부모 중에서 법정대리권을 행사할 수 없는 사람이 있는 경우를 전제한 것으로 볼 여지도 있지만 이렇게 본다면 오히려 '친권을 행사하는 부모'라고 표현하는 것이 더 나은 방식이었을 것이다.[3] 친권자인 부모가 "그 자를 대리"할 수 없는 경우에는 '법정대리인이 아닌' 부모가 되어 버리는 경우뿐 아니라 법정대리인임에는 변함이 없지만 일시적으로 친권을 행사할 수 없는 경우(§909 ②, ③ 참조)도 포함될 수 있기 때문이다.

2. 자녀의 재산에 관한 법률행위

본조는 친권자의 법정대리권의 범위를 규정하고 있다. 우선 친권자의 법정대리권은 자녀의 재산에 관한 법률행위만을 대상으로 한다. 친족·상속법상의 법률행위는 당사자의 진의가 절대적으로 중요한 의미를 가지기 때문에 대리와 친하지 않은 행위라고 보아야 하고 본조의 법정대리권은 §916의 재산관리권에서 파생되는 것이기 때문이다. 친족법상의 효과와 함께 재산적 효과도 초래하는 법률행위에 대해서는 명문의 근거규정이 있는 경우에 한하여 친권자의 법정대리권이 미친다.[4] 다음으로 재산적 법률행위이기만 하면 모든 법률행위에 대해 포괄적으로 친권자의 법정대리권이 미친다. 다만 본조의 법정대리권은 §916의 재산관리권에서 파생된 것이기 때문에 재산관리권의 대상이 아닌 재산에 관한 법률행위에 대해서는 본조의 법정대리권도 인정되지 않는다.

친권자가 자녀의 재산에 대해서 가지는 법정대리권은 그 범위가 포괄적일 뿐 아니라 구체적인 내용 결정도 친권자의 재량에 맡겨져 있다. 따라서 친권자는 자녀의 재산에 대한 법률행위의 내용을 — 명문규정(§921 등)을 위반하거나 대리권 남용으로 인정되는 경우가 아닌 한 — 자유롭게 결정할 수 있다.[5]

---

2) 반면, '친권자는 … 대리한다'라고 한다면 친권자에게 법정대리권을 부여하는 수권규정으로서의 의미를 가질 수 있다.
3) 일본 민법 §824 참조.
4) 新注民(25), 131(中川淳).
5) 대법원 2009. 1. 30. 선고 2008다73731 판결.

Ⅲ. 단서

본조의 법정대리권은 자녀의 특유재산의 관리를 위하여 필요한 모든 법률행위에 대해 인정되지만 자녀의 행위를 목적으로 하는 채무를 부담할 경우에는 반드시 미성년자의 동의를 얻어야만 한다.

이것은 미성년자의 자유 보장을 위하여 친권자의 법정대리권을 제한하는 것으로서 근로기준법 §67와 같은 취지라고 할 수 있다. 따라서 본조 단서의 '행위'에는 신체활동을 내용으로 하는 사실행위만이 포함되고 법률행위는 포함되지 않는다. 자녀가 이행하여야 할 급부의 내용이 법률행위를 하는 것이라면 친권자가 이를 대리하는 방식으로 이행할 수 있기 때문이다. 또한 사실행위이기만 하면 작위는 물론 부작위도 본조 단서의 '행위'에 포함된다.[6]

본조 단서의 동의는 미성년자인 자녀 자신이 주체이고 법정대리인과 대리행위의 상대방 모두 동의의 상대방이 될 수 있는 것으로 해석된다.[7] 다만 자녀의 동의도 의사표시의 일종이기 때문에 이러한 동의 여부의 판단을 자녀에게만 맡겨두는 것은 본조 단서의 취지에 반한다는 문제가 생긴다. 따라서 §921를 유추적용하여 특별대리인을 선임하는 것도 고려할 필요가 있다.

친권자가 자녀를 대리하여 자녀의 행위를 목적으로 하는 채무를 발생시키는 법률행위를 하면서 자녀의 동의를 받지 않았다면 무권대리인에 해당한다. 따라서 미성년자가 추인하면 유효한 대리행위가 될 수도 있다.[8]

---

6) 新注民(25), 130(中川淳).
7) 新注民(25), 130(中川淳).
8) 新注民(25), 131(中川淳).

第 920 條의 2 (共同親權者의 一方이 共同名義로 한 행위의 效力)

父母가 共同으로 親權을 행사하는 경우 父母의 一方이 共同名義로 子를 代理하거나 子의 法律行爲에 同意한 때에는 다른 一方의 意思에 반하는 때에도 그 效力이 있다. 그러나 相對方이 惡意인 때에는 그러하지 아니한다.

[本條新設 1990. 1. 13.]

Ⅰ. 의의

본조는 1990년 개정으로 신설되었는데, 공동친권의 원칙과 상대방 보호를 통한 거래안전의 조화를 도모하기 위하여 도입되었다.[1] 공동친권자의 의견이 일치하지 않는데도 일방이 공동명의로 대리행위나 동의를 한 경우(이하 '표현적 공동대리·공동동의'라고 한다)에 이러한 행위는 무권대리에 해당하는 것이 원칙이다. 그렇지만 이러한 원칙을 관철시키면 거래안전을 해칠 우려가 있음을 감안하여 보호가치 없는 상대방에 대해서만 표현적 공동대리·공동동의가 무권대리라는 취지를 주장할 수 있게 한 것이다.

공동친권 원칙은 1977년 개정으로 도입되는데도 본조가 1990년에 비로소 신설된 것은 1977년 개정 당시 §909 ① 단서는 공동친권자인 부모의 의견이 일치하지 않으면 부가 단독으로 친권을 행사할 수 있도록 하였기 때문에 부가 '모의 의사에 반하는 공동명의'로 친권을 행사할 필요가 없었기 때문이었던 것으로 추측된다.

---

1) 김주수, 주석, 407.

II. 요건

1. 공동친권

본조는 "부모가 공동으로 친권을 행사하는 경우" 즉 공동친권자가 모두 친권을 행사할 수 있는 경우에만 적용된다. 따라서 부모 중 일방이 단독친권자로 지정된 경우(§909 ④, ⑤, ⑥)는 물론, 공동친권자 중 한 명이 친권을 행사할 수 없는 경우(§909 ② 단서, ③)도 본조의 적용 대상이 아니다. 이처럼 부모 중 일방이 단독으로 친권을 행사할 수 있는데도 굳이 공동명의로 대리권이나 동의권을 행사한 경우에 그 효과를 어떻게 볼 것인지가 문제될 수 있으나 유효한 친권 행사라고 보아야 한다. 친권을 행사할 수 있는 사람 전원의 의사에 따른 것이고 외관상의 공동명의로 인하여 상대방에게 불이익이 발생하는 것도 아니며 대리나 동의의 효과는 자녀에게 귀속되는 데 그치고 자신의 의사와 무관하게 명의가 사용된 타방 부모에게는 아무런 영향을 미치지 않기 때문이다.

2. 타방의 의사에 반하여

친권의 공동행사는 친권 행사에 해당하는 행위 자체를 함께 하여야 함을 의미하는 것이 아니라 그 내용을 협의로 결정하여야 함을 의미한다. 따라서 공동친권자들 중 일방이 타방의 의사에 반하는 내용으로 친권을 행사하는 것은 물론 타방이 알지 못하는 사이에 친권을 행사하는 것도 공동행사 원칙에 반하여 정당성이 인정될 수 없다. 본조의 "다른 일방의 의사에 반하는"이라는 문언도 같은 의미로 해석할 수 있을 것이다.[2]

그렇다면 친권자의 일방이 '당사자의 청구에 의하여 법원이 정한 내용'(§909 ② 단서)에 반하여 공동명의로 친권을 행사한 경우도 '다른 일방의 의사에 반하는' 경우라고 볼 수 있을까? 견해대립의 여지는 있지만 부정적으로 보아야 할 것이다. 첫째로 본조는 문리해석상 아직 친권 행사의 내용이 정해지지 않은 상태, 즉 의견대립이 계속되고 있는 상태를 전제한다. 둘째로 §909 ② 단서에 의한 법원의 재판은 당사자의 협의를 대신하는 것으로 본다면 이러한 경우에는 '다른 일방의 의사에 반하는' 것이 아니라 '협의의 내용을 위반'한 것으로서 본조의 적용대상인 표현대리와 유사한 상황이 아니라 표현사자와 유사한 상황에 해당한다. 셋째로 아래에서 보는 것처럼 본조는 엄격하게 제한적으로 적용할

---

2) 김주수, 주석, 407.

필요가 있다.

3. 공동명의에 의한 대리권·동의권의 행사

가. 의미

본조는 공동친권자 중 일방이 공동명의로 한 친권 행사 중에서 법률행위에 해당하는 것, 즉 대리행위와 자녀의 법률행위에 대한 동의만을 대상으로 한다. 공동친권자 중 일방이 타방의 의사에 반하여 공동명의(?)로 사실행위를 하는 경우에는 본조가 적용되지 않기 때문에 제3자의 악의 여부를 묻지 않고 항상 친권 행사로서의 정당성이 인정될 수 없으며 불법행위, 친권 남용 등이 문제될 수 있다.

본조가 적용되려면 상대방의 의사에 반한다는 것 외에는 공동대리, 공동동의의 요건이 모두 갖추어져 있어야만 한다.

나. 단독명의로 한 대리권·동의권 행사

친권의 공동행사 원칙은 친권 행사에 해당하는 모든 행위를 반드시 공동명의로 하여야 함을 의미하는 것은 아니고 친권 행사의 내용을 공동으로 협의하여 결정하여야 함을 의미한다. 따라서 공동친권자 중 일방이 단독명의로 대리행위나 동의를 하였더라도 그 내용이 타방과 협의 또는 법원의 재판으로 정해진 것이라면 이러한 동의는 유효하기 때문에 본조가 적용될 여지는 전혀 없다.

반면 공동친권자 중 일방이 타방의 의사에 반하여 단독명의로 대리행위나 동의를 한 경우에 대해서는 본조의 경우와 마찬가지로 공동친권 원칙과 거래 안전 보호가 충돌하는 상황이 발생한다. 이러한 경우에 본조를 적용할 수 있는지가 문제될 수 있으나 이를 부정하더라도 §126에 의하여 같은 목적을 달성할 수 있기 때문에 굳이 본조의 문언에 반하는 해석을 할 필요는 없다는 취지의 부정적인 견해[3]가 유력하다. 물론 상대방이 선의인 경우에는 본조를 유추적용하는 것이 상대방에게 유리하지만 부모의 공동친권은 이제 사회통념[4]이라고 할 수 있기 때문에 단독명의로 한 친권행사의 상대방을 이렇게까지 보호할 필요가 있을지는 의문이다.

---

3) 오종근, "민법 제920조의2에 대한 검토," 가족법연구 11(1997), 326.
4) 오종근(주 3), 326.

4. 상대방 있는 법률행위에 대한 대리권·동의권 행사

가. 상대방 있는 법률행위

비록 본문에는 규정되어 있지 않지만 단서의 취지에 비추어 볼 때 본조는 상대방 있는 법률행위에 대해서만 적용된다. 즉 대리행위나 동의의 대상인 법률행위가 계약 또는 상대방 있는 단독행위인 때에만 본조가 적용될 수 있다. 예를 들어 공동친권자의 일방이 타방의 의사에 반하여 한 상속의 승인·포기에 관한 신고는 이로 인하여 사실상의 이익을 받을 사람이 이러한 사정을 알지 못하였더라도 무효라고 보아야 한다.5) 여기서 말하는 '상대방'이란 대리행위의 상대방과 동의의 대상인 자녀의 법률행위의 상대방을 의미한다.

본조가 소송행위에 대해서도 적용되는지에 대해서는 견해가 대립할 수 있지만 국내의 지배적 견해6)인 부정설이 타당하다. 소송행위의 경우에는 본조의 입법취지인 거래안전 보호보다는 절차적 안정성을 확보하는 것이 더 중요하기 때문이다.

나. 대리권·동의권의 행사

본조 본문은 친권자에게 법정대리권이나 자녀의 법률행위에 대한 동의권이 인정되는 모든 경우에 대해 적용되는 것처럼 규정하고 있지만 재산적 법률행위에 대해서만 적용되는 것으로 해석하여야 한다. 친족법상 법률행위는 친족관계의 변동을 초래하기 때문에 상대방 보호를 위하여 표의자에게 진의에 반하는 효과를 강요할 수 없으며, 나아가 공익과 직결된 대세적 관계인 친족관계의 특성상 상대방의 선의·악의 여부에 따라 친족관계의 변동이라는 효과의 발생 여부가 결정되도록 할 수는 없기 때문이다.7) 또한 거래안전 보호라는 본조의 입법취지와 무관하다는 점도 지적할 수 있을 것이다.8)

한편 친권자가 친권 행사를 위하여 '자신의 이름으로' 당사자가 되어 법률행위를 하는 경우에는 본조가 적용되지 않음이 문리해석상 명백하지만, 그러한 행위가 재산법상의 법률행위인 경우에는 본조를 유추적용할 필요가 있는지가 문제된다. 부정설은 후술하는 것과 같은 본조 자체의 문제점에 비추어 볼 때 적용범위를 확장할 필요가 없다고 하고 긍정설은 본조의 입법취지인 거래안전

---

5) 김주수, 주석, 407; 오종근(주 3), 314.
6) 오종근(주 3), 314.
7) 김주수, 주석, 407.
8) 오종근(주 3), 316.

보호의 필요성은 이러한 경우에도 마찬가지임을 근거로 한다.9)

Ⅲ. 효과

1. 원칙: 유효 (본조 본문)

공동친권자 중 일방이 타방의 의사에 반하여 공동명의로 대리권·동의권을 행사한 경우에 이러한 표현 공동대리나 표현 공동동의도 유효인 것이 원칙이다. 다만 본조는 공동친권자들의 협의 흠결이라는 하자만 치유하는 것에 그친다. 따라서 예를 들어 대리행위 자체에 하자가 있는데도 본조 본문에 의하여 유효가 되는 것은 아니다.

또한 본조 본문은 거래안전 보호를 위하여 미성년자의 이익을 희생시키는 문제가 있기 때문에 상대방이 이러한 보호를 원하지 않는 경우에까지 적용을 관철시킬 필요는 없다. 따라서 선의·무과실인 상대방도 본조 본문의 적용을 배제하고 문제된 행위가 무효라고 주장할 수 있다.10)

2. 예외: 상대방이 악의인 경우 (본조 단서)

공동친권 원칙은 부모의 대등한 지위를 보장하고 신중한 결정을 통해 자녀의 복리에 반하는 친권 행사를 억제하기 위하여 인정된다. 따라서 공동친권 원칙을 위반한 일방의 친권 행사를 유효라고 하는 것은 타방 친권자의 권리 침해일 뿐 아니라 자녀의 복리에도 반할 우려가 있다. 따라서 일방이 공동명의로 한 대리권·동의권 행사는 상대방의 보호가치, 환언하면 거래안전 보호의 필요성이 높은 경우에만 그 효과가 인정될 수 있다. 본조 단서는 이러한 취지에서 상대방이 악의인 때에는 본조 본문의 효력이 인정되지 않음을 명시하고 있다.

따라서 이러한 경우에는 공동친권자 중 일방이 타방의 의사에 반하여 공동명의로 한 대리권·동의권의 행사의 효력은 일반원칙에 따라 판단하여야 한다. 무효라고 보는 견해도 있지만 무권대리라고 보는 견해11)가 타당하다. 공동친권자의 일방이 공동 명의로 한 법률행위 중에서 타방의 명의로 행위한 부분은 타방의 의사에 반하여 그를 대리한 것으로 보아야 하기 때문이다.12) 이렇게

---

9) 오종근(주 3), 319.
10) 오종근(주 3), 324.
11) 김주수, 주석, 408.
12) 오종근(주 3), 323.

본다면 추인, 철회 등과 같은 무권대리에 관한 조항들(§130~§135)이 적용될 수 있다. 즉 대리행위를 한 경우에는 그 효과가 본인에게 귀속될 수 없고, 동의권을 행사한 경우에는 §5 ① 본문의 '동의'로 인정되지 못하여 동의의 대상이었던 행위는 취소의 대상이 된다(§140).

　　한편 본문과 단서의 규정 방식에 비추어 볼 때, 상대방의 악의는 이러한 사실을 주장하는 사람(공동명의로 한 대리권·동의권의 효력을 부정하는 사람)이 주장·증명하여야만 한다.13) 증명 대상인 '악의'란 위에서 본 본조의 적용 요건 즉 '공동친권을 행사할 수 있는 상태'에서 '일방이 공동명의로 대리권·동의권을 행사'하였으나 '타방의 의사에 반'한다는 사실 전부이고, 친권자가 문제된 대리행위나 동의를 한 때를 기준으로 판단하여야 한다.14)

　　본조 단서의 적용 요건과 관련하여 무과실 요건도 필요한지의 여부 환언하면 상대방이 선의이더라도 과실이 있으면 본조 단서가 적용될 수 없는지의 여부가 문제된다. 부정설은 입법론은 별론으로 하고 해석론으로는 본조의 문언에 비추어 볼 때 무리일 뿐 아니라 만약 선의·무과실을 요건으로 한다면 §126와 사실상 동일한 요건을 규정한 것이 되기 때문에 §126의 특칙으로서의 의미가 없어지게 될 것이라고 한다.15) 그러나 본조의 문언이 악의인 경우만을 규정하고 있다는 이유만으로 무과실 요건을 요구하는 해석이 불가능하다고 단정할 수는 없다.16) 지명채권의 양도금지 특약에 관한 §449 ②의 해석과 관련하여 판례17)는 중과실을 악의에 준하여 판단하고 있는데, 미성년자가 양도금지 특약을 한 채무자에 비해 덜 보호된다고 할 수는 없을 것이기 때문이다. 또한 §126의 '정당한 이유'가 '선의·무과실'보다 더 높은 보호가치를 의미하는 것으로 이해한다면18) 무과실 요건을 본조 단서에 추가하더라도 본조는 여전히 §126에 비해 상대방에게 유리한 내용을 규정한 것이 되기 때문에 특칙으로서의 독자적인 존재의미를 유지할 수 있을 것이다.

---

13) 김주수, 주석, 408.
14) 오종근(주 3), 322.
15) 오종근(주 3), 321.
16) 김주수, 주석, 407은 거래안전을 보호하는 규정이기 때문에 상대방의 선의뿐 아니라 무과실도 필요하다고 한다.
17) 대법원 2003. 1. 24. 선고 2000다5336, 5343 판결; 대법원 2010. 5. 13. 선고 2010다8310 판결.
18) §126의 정당한 이유의 구체적인 판단기준에 대해서는 견해가 대립하지만, 지배적 견해는 무과실과 동일한 의미가 아니라는 점에 대해서는 의견이 일치하고 있는 것으로 보인다. 구체적인 상황은 지원림, 민법강의, [2-332] 이하.

IV. 평가

1. §126와의 관계

공동친권자 중 일방이 타방의 의사에 반하여 공동명의로 친권 행사를 위한 법률행위를 하였다면 — 대리행위를 하는 경우이건 자녀의 법률행위에 대해 동의를 하는 경우이건 — 자신의 명의로 한 부분은 유효라는 점에 대해서는 이론이 있을 수 없다. 그러나 타방 명의로 한 부분은 서명대리의 일종으로 볼 수 있는데 본인인 타방의 의사에 반하기 때문에 무권대리가 된다고 할 것이다.[19]

지배적 견해는 본조를 §126에 대한 특칙이라고 보고 있다. 그러나 표현 공동대리의 경우와 표현 공동동의의 경우를 나누어 생각해 볼 필요가 있을 것이다. 우선 전자는 각자대리를 할 수 없는 공동대리 사안에서 공동대리인이 단독으로 대리권을 행사한 경우로서 §126의 표현대리가 성립할 수 있다. 따라서 이 경우에는 본조는 §126에 대한 특칙이라고 할 수 있다. 그러나 후자는 대리행위를 한 것이 아니라 동의를 한 것에 지나지 않기 때문에 본조 단서가 적용되면 표현공동동의가 무효로 될 뿐이고 무권'대리'가 되는 것이 아니어서 표현대리의 문제도 생기기 어렵다. 물론 공동친권자가 부부인 경우에는 이들은 일상가사대리권이 있으므로 이것을 기본대리권으로 하여, 공동동의 중에서 타방 명의로 한 동의행위를 서명대리의 일종으로 본다면 마찬가지로 §126가 적용될 수 있을 것이다. 그러나 판례에 의하면 부부가 아닌 부모도 공동친권자가 될 수 있기 때문에 표현 공동동의 사안에서 항상 §126가 적용될 수 있는 것은 아니다. 이러한 사정을 감안한다면 본조의 적용대상과 §126의 적용대상이 완전히 일치하는 것은 아니라고 보아야 한다.

2. 비판론

지배적 견해에 의하면 본조가 적용대상으로 상정하고 있는 사안들에 대해서는 §126가 적용될 수 있다. 따라서 본조가 없어도 §126의 '정당한 이유' 판단을 통해 본인의 보호와 거래안전 보호의 조화를 도모할 수 있다. 그렇다면 본조의 실질적인 기능은 본조와 §126의 요건의 차이에서 찾을 수밖에 없을 것이다. 상대방 보호를 위한 본조의 요건인 '선의'는 §126의 '정당한 이유'에 비해 상대방에게 훨씬 더 유리하고 증명책임의 면에서 보더라도 본조의 경우에는

19) 오종근(주 3), 327~328.

본인 측에서 상대방의 악의를 증명하여야 하지만 §126의 경우에는 견해의 대립은 있지만 상대방이 정당한 이유를 증명하여야 한다. 이러한 사정을 감안할 때 본조는 상대방 보호 또는 거래안전 보호보다 미성년자의 보호를 우선적으로 고려하는 민법의 기본정신에 반한다고 할 것이다.20)

본조의 신설과정에서의 논의에 나타난 것처럼 본조는 1990년 개정으로 '자녀에게 불리한 친권 행사의 가능성이 낮아졌기 때문에 거래안전 보호의 필요성이 증대'한 것을 반영하기 위한 것21)이다. 그러나 이러한 입법취지에 대해서는 수긍하기 어렵다. 1990년 개정이 적모, 계모 등의 친권을 배제하였다고 하여 공동친권자 중 일방(특히 부)이 무단으로 자녀의 복리에 반하는 방식으로 친권을 행사할 가능성이 낮아졌다고 보기는 어렵다.22) 오히려 본조는 일방이 공동명의를 빙자하여 독단적으로 대리권이나 동의권을 행사하더라도 이러한 행위의 거의 대부분을 유효로 만들어 버리는 기능을 수행한다. 외부인인 제3자가 공동친권자인 부모 사이의 협의가 성립하였는지의 여부를 아는 경우는 극히 예외적이라고 할 수 있으므로 본조 단서가 적용될 여지는 거의 없을 것이기 때문이다. 결국 본조는 본조의 신설과 함께 개정된 §909 ② 단서의 취지인 '신중한 친권 행사를 통한 자녀의 복리 실현'과 '부모의 실질적인 평등'을 무의미하게 만들고 개정 전 조항과 마찬가지로 '부모의 의견이 일치하지 않으면 부가 친권을 행사'하는 것과 마찬가지의 결과를 초래한다는 점에서 시대정신에 역행하는 것이라고 평가되어야 한다.23)

---

20) 오종근(주 3), 328~329.
21) 김주수, 주석, 407.
22) 오종근(주 3), 330.
23) 오종근(주 3), 331~332.

第 921 條 (親權者와 그 子間 또는 數人의 子間의 利害相反行爲)

① 法定代理人인 親權者와 그 子사이에 利害相反되는 行爲를 함에는 親權者는 法院에 그 子의 特別代理人의 選任을 請求하여야 한다.

② 法定代理人인 親權者가 그 親權에 따르는 數人의 子 사이에 利害相反되는 行爲를 함에는 法院에 그 子 一方의 特別代理人의 選任을 請求하여야 한다. 〈개정 2005. 3. 31.〉

■ 참고문헌: 김선혜(1993), "친생자관계존부확인의 소송실무상 몇가지 문제점," 재판자료 62; 김성수(2003), "자의 공유재산의 담보제공과 이해상반행위," 가족법연구 17-2; 김유미(1991), "민법 제921조의 이해상반행위에 관한 몇 가지 문제," 박병호교수환갑기념 가족법학논총; 박정화(2000), "친생자관계존부확인소송의 심리에 관하여," 실무연구 Ⅷ; 배성호(2004), "이해상반행위와 대리권남용," 저스티스 77; 신동훈(2003), "가사소송에서의 특별대리인," 재판자료 102: 가정법원사건의 제문제(하); 윤장원(2003), "민법 제921조 소정의 이해상반행위 해당여부," 판례연구 14; 윤진수(2009), "친권자와 자녀 사이의 이해상반행위 및 친권자의 대리권 남용," 민법논고 [Ⅳ]; 이균용(1994), "제3자의 채무를 담보하기 위한 물상보증행위와 이해상반행위 등," 民判 16; 지원림(2012), "상속재산의 협의분할과 이해상반," 民判 34; 한봉희(1993), "친권자와 자간의 이해상반행위," 고시연구 233.

Ⅰ. 의의

1. 친권자의 법정대리권 제한

친권자의 재산관리권·대리권은 원칙적으로 자녀의 모든 재산에 대해 포괄적으로 인정되지만 자녀의 복리를 위하여 필요한 경우에는 제한될 수 있다. 본조는 이러한 제한규정들 중 하나로서 법정대리인인 친권자와 자녀 사이에 또는 친권에 따르는 여러 명의 자녀 사이에 이해관계가 대립하는 법률행위에 대해서

는 친권의 공정한 행사를 기대하기 어렵다는 것을 전제한다.[1]

　　다만 본조는 이러한 경우에 친권자가 특별대리인 선임 청구를 통해 대리행위를 할 수 있는 길을 열어 두고 있다.[2] 이처럼 본조가 이해상반성이 있는 법률행위를 전면적으로 금지하지 않고 오히려 특별대리인 선임이라는 제한하에 가능하도록 하는 것은 이해상반성의 의미와 대리권 남용의 법리와의 연계 필요성이라는 두 가지 측면에서 본조의 해석론에 영향을 미친다.

2. §124와의 관계

　　대리제도는 본인의 이익을 위하여 인정되는 것이기 때문에 이러한 목적에 반하는 대리권 행사는 권리남용에 해당하여 그 효과가 인정될 수 없다. 그러나 일반조항에 근거한 사후적 구제는 거래안전을 해칠 뿐 아니라 본인의 이익을 충실하게 보호하기도 어렵기 때문에 대리권 남용의 개연성이 높은 경우에 대해서는 아예 명문규정으로 대리권을 제한하는 것이 더 나은 방법이라고 할 수 있다. §124의 자기계약·쌍방대리 금지는 바로 이러한 목적을 달성하기 위한 것이다. 즉 자기계약 금지는 대리인에게 본인의 이익을 대리인 자신의 이익보다 옹호하라고 요구하는 것은 비현실적임을 이유로, 쌍방대리 금지는 법률행위의 내용이 대리인과 상대방 사이의 협상이 아니라 대리인의 자의에 의하여 결정되도록 하면 대리인이 일방에게만 유리하고 타방에게는 불리한 내용으로 법률행위를 하는 것을 저지할 수 없음을 이유로 각각 대리권을 제한하는 것이다.

　　본조도 본인과 대리인의 이해관계가 상충하는 경우에는 대리권을 제한함으로써 본인의 이익 보호를 도모하고 있다는 점에서 §124와 비슷한 목적을 추구하고 있지만 적용 요건에서 차이를 보인다. 우선 본조는 본인에게 유리한 경우에는 본인과 대리인이 당사자인 경우에도 대리권을 제한하지 않기 때문에 §124보다 적용범위가 좁다. 반면 본조는 경제적인 이해관계의 상반성을 기준으로 하기 때문에 대리인이 법률행위의 당사자가 아닌 경우에도 적용되고 이러

---

1) 친권자와 그 친권에 복종하는 자 사이 또는 친권에 복종하는 자들 사이에 서로 이해가 충돌하는 경우에는 친권자에게 친권의 공정한 행사를 기대하기 어려우므로, 친권자의 대리권 및 동의권을 제한하여 법원이 선임한 특별대리인으로 하여금 이들 권리를 행사하게 함으로써 친권의 남용을 방지하고 미성년인 자의 이익을 보호하려는 데 그 취지가 있다[다](대법원 1996. 4. 9. 선고 96다1139).

2) 본조와 거의 비슷한 내용을 규정하고 있는 일본 민법 §826의 전신인 메이지 민법 §888에 대해 일본의 판례는 자기계약·쌍방대리 금지 원칙만 규정하고 본조를 두지 않으면 미성년자에게 필요한 행위도 이해상반성이 있으면 못하게 되는 문제가 생기기 때문에 본조가 필요하다는 취지로 설시하고 있다[日大審院 1911(明 44). 7. 10. 民錄 17, 468 참조].

한 면에서는 §124보다 적용범위가 넓다.

이러한 차이점은 §124는 대리행위 전반에 대해 적용되는 것인 반면 본조는 친권자의 법정대리행위에 대해서만 적용되는 특칙이라는 점에서 비롯된다. §916·§918가 친권자에게 자녀의 특유재산에 대한 포괄적 재산관리권과 포괄적 법정대리권을 인정하고 이러한 권한 행사를 감독하기 위한 제도를 두지 않은 것은 친권자의 대리권·재산관리권 행사는 자녀의 복리에 부합할 것이라는 추정에 기초한 것이다. 같은 맥락에서 본조는 친권자가 하는 대리행위의 모습 즉, 자기계약이나 쌍방대리라는 외관만을 근거로 친권자의 대리권을 제한하지 않고 이해상반성이라는 요건도 충족할 것을 요구하고 있는 것이다. 이처럼 본조를 §124에 대한 특칙으로 파악한다면 — 친권자가 자녀를 대리하여 친권자 자신과 이해상반성이 인정되는 계약을 하거나 친권자가 친권에 따르는 여러 명의 자녀를 모두 대리하여 법률행위를 하는 경우처럼 — 양자의 요건이 모두 충족되는 것처럼 보이는 경우라 하더라도 본조만이 적용되고 제124조는 적용되지 않는다고 보아야 한다.3) 따라서 자기계약이나 쌍방대리 형태의 이해상반성 있는 법률행위를 하려면 본인의 허락을 받는 것만으로는 부족하고 반드시 특별대리인을 선임하여야만 한다. 같은 맥락에서 친권자가 자녀의 법정대리인이면서 동시에 상대방의 임의대리인으로서 자녀에게 불리한 계약을 체결하는 경우도 §124의 쌍방대리가 아니라 본조의 이해상반행위 사안이라고 보아야 할 것이다.4)

Ⅱ. 요건

1. 친권자의 대리행위

가. 당사자

(1) 일반적인 경우

본조가 적용되는 가장 전형적인 사안은 친권자와 미성년자가 양 당사자인 법률행위(또는 친권에 따르는 미성년자들이 양 당사자인 법률행위)라고 할 수 있다. 그러나 이해상반성은 아래에서 보는 것처럼 경제적인 이해관계를 기준으로 판단하는 것이기 때문에 자녀와 제3자 사이의 법률행위이더라도 이해상반 문제가

---

3) 이균용(1994), 264.
4) 新注民(25), 154(中川淳).

생길 수 있다. 그 전형적인 예로서 친권자가 자기 또는 제3자의 채무를 담보하기 위하여 자녀를 대리하여 채권자와 체결하는 보증계약(또는 자녀의 특유재산에 대한 담보권 설정계약)을 들 수 있다.

친권자와 자녀가 외관상으로는 같은 이해관계를 가지는 행위에 대해서도 본조가 적용되어야 하는지에 대해서는 견해가 대립한다. 이와 관련하여 친권자가 자녀를 대리하여 함께 합명회사를 설립하거나 공동명의로 약속어음을 발행하는 행위 등이 문제된다. 일본의 논의를 보면 판례는 이해상반성이 없다고 하지만5) 이에 대해서는 실질적으로 판단하면 친권자의 행위가 미성년자의 이익을 해칠 우려가 있을 수 있기 때문에 이해상반성을 심사할 필요가 있다는 비판론6)도 있다. 만약 이른바 '실질관계를 고려한 형식적 판단설'을 따른다면 이러한 경우에도 이해상반성이 인정된다고 보아야 할 것이다. 합명회사의 사원들은 연대책임을 지고7) 공동명의로 어음을 발행한 경우에도 합동책임이 아니라 연대책임을 진다고 볼 수 있기 때문이다.8)

(2) 공동친권자들 중 한 명에 대해서만 이해상반성이 있는 경우

공동친권자인 부모 모두에 대해 이해상반성이 인정되는 경우에는 본조에 따라 두 사람 모두 법정대리권이 제한된다는 점에 대해서는 의문이 없고, 두 사람 중 한 사람에 대해서만 이해상반성이 인정되는 경우에 그의 법정대리권만이 제한된다는 점도 명백하다. 그러나 후자의 경우에 공동친권자들 중에서 이해상반성이 인정되지 않는 사람의 법정대리권도 함께 배제되어야 하는지에 대해서는 견해가 대립한다. 제1설(타방친권자 단독대리설)은 이해상반성이 인정되지 않는 친권자가 단독으로 친권을 행사하면 되기 때문에 본조를 적용하여 특별대리인을 선임할 필요가 없다고 한다. 이 견해는 §909 ③에는 사실상의 사유뿐 아니라 법률상의 사유로 인하여 친권자 일방이 친권을 행사할 수 없는 경우도 해당하기 때문에 문제되는 사안에 대해서는 본조가 아니라 §909 ③이 적용되어야 하는 것으로 파악한다. 제2설(특별대리인 단독대리설)은 이 경우에도 본조가 그대로 적용되어 특별대리인이 자녀를 대리하여야 한다고 주장한다. 부모 중 일방에 대해서만 이해상반성이 인정되는 경우라 하더라도 부부간의 협조의무, 부부공동생활의 실체 등에 비추어 볼 때 실질적으로는 타방도 자녀와 이해상

---

5) 新注民(25), 139(中川淳).
6) 新注民(25), 139(中川淳).
7) 이철송, 회사법(제21판, 2013), 155.
8) 김현무, "어음의 공동발행," 사회과학연구 7-3, 대구대 사회과학연구소(2000), 45~46.

반관계에 있음을 부정하기 어렵다는 점을 논거로 제시한다. 제3설(특별대리인·타방친권자 공동대리설)은 부부관계의 본질에 비추어 공동친권자인 부모는 서로 영향을 미친다고 보아야 하기 때문에 자녀 보호를 위하여 특별대리인을 선임할 필요가 있다고 하는 점에서는 제2설과 같지만, 이해상반성이 인정되지 않는 타방 친권자의 친권을 제한할 근거가 없기 때문에 특별대리인과 타방 친권자가 공동으로 자녀를 대리하여야 한다고 주장한다. 제3설이 일본의 지배적 견해와 판례의 태도이다.[9]

　이 문제는 이해상반성의 의미에 대한 견해대립과 함께 검토할 필요가 있을 것이다. 우선 실질적 판단설을 따른다면 '외형상으로는 이해상반성이 인정되지 않는' 타방 친권자라 하더라도 부부간의 협조의무, 제1차적 부양의무 등을 고려할 때 실질적으로는 이해상반성이 인정된다고 볼 수밖에 없게 된다. 따라서 친권자들 중 일방에 대해서만 외형상의 이해상반성이 인정되면 쌍방 모두에 대해 이해상반성이 인정되게 된다. 반면 형식적 판단설에 따른다면 본조의 이해상반성은 외형상의 기준만을 고려하여야 하는 것이기 때문에 타방 친권자에 대해서는 이해상반성이 인정될 수 없다. 물론 이 경우 타방 친권자가 대리권이 제한되는 일방 친권자의 이익을 위하여 친권을 행사할 수도 있지만 이에 대해서는 친권남용의 문제로 접근하여야 한다.

　다만 입법론적으로는 본조를 개정하여 이러한 문제에 대한 해결방법을 명확하게 규정할 필요가 있을 것이다. 본조의 문언은 단독친권만을 인정하였던 제정민법에서부터 거의 그대로 유지되고 있는 것으로서 공동친권 사안에 대해서도 적용될 것을 염두에 둔 것은 아니기 때문이다.

나. 행위의 유형

(1) 신분행위

　친족법·상속법상의 법률효과를 내용으로 하는 법률행위인 이른바 신분행위에 대해서도 본조가 적용되는지의 여부가 문제된다. 지배적 견해[10]는 친족법·상속법상의 권리변동도 본조에서 말하는 이해관계라고 보아 신분행위에 대해서도 본조가 적용되어야 한다고 주장한다. 그러나 이에 대해서는 다음과 같은 비판을 가할 수 있다. 첫째로 친족법상의 효과를 목적으로 하는 행위에 대해 살펴본다. 친족관계의 창설·소멸 자체를 원하는 사람과 원하지 않는 사람

---

9) 新注民(25), 146~147(中川淳).
10) 김주수, 주석, 409; 제요[4-2], 321.

사이에 이해관계가 대립한다고 볼 여지가 있고 이러한 친족관계 변동으로부터 비롯되는 부양·상속 등의 재산적 효과로 인한 경제적 이해관계의 대립이 있을 수 있다. 그러나 본조의 적용 대상인지의 여부는 이해상반성이 인정될 수 있는지의 여부뿐 아니라 그 후의 효과 즉 특별대리인 선임에 의한 대리행위라는 측면도 함께 고려하여 판단하여야만 하는데, 이렇게 본다면 모든 신분행위에 대해 항상 본조가 적용된다고 볼 수는 없을 것이다. 신분행위에 대해서도 본조를 적용하여 친권자의 법정대리권을 배제하는 것은 민법이 미성년자가 당사자인 신분행위에 대해 친권자(또는 부모 등의 일정한 친족)의 동의 또는 대리를 받도록 한 것과 모순되기 때문이다.11) 둘째로 상속법상의 법률행위는 대체로 재산의 증감을 의미하는 것이기 때문에 이해상반성이 인정될 수 있을 것이다. 그러나 상속의 승인·포기의 경우에 판례12)와 같이 '인격적 결단'으로서의 성질을 가지는 것이라고 파악한다면 그러한 행위의 경제적 이해관계만을 문제삼아 본조를 적용하기는 어려울 것이다.

한편 일본의 논의를 보면 모든 신분행위가 이해상반행위가 될 수 있다고 하는 견해와 재산적 성격을 가진 행위만 이해상반성이 문제될 수 있다는 견해가 있으나 판례의 태도는 불명확하다고 할 수 있다. 판례는 친권자가 자신의 혼인외의 출생자를 입양하기 위하여 입양대락을 하는 것은 이해상반행위가 아니라고 하였는데 입양대락이 '자기계약'이라는 형태이기는 하지만 상속분이라는 측면에서만 본다면13) 입양대락이 혼인외의 출생자에게 더 유리할 수도 있음을 감안한 듯하다.

(2) 단독행위

위에서 본 것처럼 본조의 이해상반성은 법률행위의 대립 당사자인지의 여부가 아니라 이해관계의 대립 여부를 기준으로 판단하여야 한다. 따라서 상대방 있는 단독행위는 물론 상대방 없는 단독행위라 하더라도 그 효과로서 자녀에게는 불이익이 친권자에게는 이익이 각각 귀속된다면 본조의 적용대상이 될 수 있다.

(3) 소송행위

지배적 견해14)는 소송행위이기만 하면 본조가 적용되는 것처럼 서술하고

---

11) 원래 이 문제와 관련하여 미성년자 입양에 대한 대락·동의의 유효 여부가 주로 문제되었으나 2011년 개정으로 법원의 허가제도가 도입되었기 때문에 논의의 실익이 반감되었다.
12) 대법원 2011. 6. 9. 선고 2011다29307 판결.
13) 혼인외의 출생자의 상속분은 혼인중의 출생자의 상속분의 1/2이지만(일본 민법 §900 iv), 양자에 대해서는 이러한 차별이 적용되지 않는다.
14) 윤진수, 392; 이균용(1994), 272.

있지만 이해상반성이 인정되는 실체법상 법률관계에 기초한 소송행위를 전제
한 것으로 여겨진다. 소송행위는 그 자체를 하나의 유형으로 삼아 본조의 적용
대상이 될 수 있는지의 여부를 판단할 수는 없기 때문이다. 예를 들어 소송행
위라 하더라도 자녀와 친권자 사이에 이해상반성이 없는 실체법적 효과를 구
하는 경우에는 당연히 친권자의 법정대리권이 인정되어야 하는 반면 소송행위
의 내용상 이해상반성이 인정되면 친권자에게 본조의 법정대리권이 제한되기
때문에 민사소송법상의 법정대리권도 제한된다.

결국 실체법상 이해상반성이 인정되는 사안에 기초한 소송행위에 대해서
만 친권자의 실체법상 법정대리권과 함께 소송대리권도 제한되는 것이다. 이러
한 경우에 미성년자를 위하여 본조의 특별대리인과 民訴 §62의 특별대리인 중
어떤 쪽이 선임되어야 하는지가 문제되는데, 이에 대해서는 후술한다.

다. 미성년자의 법률행위에 대한 친권자의 동의

본조의 문리해석상으로는 이해상반성 있는 대리행위만이 금지된다. 따라
서 이해상반성이 인정되는 법률행위를 자녀가 스스로 하도록 하면서 이에 대
해 친권자가 동의권을 행사하는 것도 금지되는지는 불명확하지만 이러한 경우
에도 본조를 유추적용할 필요가 있다. 우선 친권자의 법정대리권과 동의권은
모두 자녀의 재산에 대한 친권을 구성하고 있는 것으로서 자녀의 복리에 적합
하게 행사하여야 한다는 제한을 받는다는 점에서 달리 볼 이유가 없다.[15] 또한
거래안전이라는 관점에서 보더라도 친권자가 미성년자를 대리하는 경우에 비
해 미성년자가 스스로 법률행위를 하면서 친권자가 이에 동의하는 것이 더 이
례적이기 때문에 대리 사안에 비해 동의 사안의 경우에 상대방의 보호가치가
더 낮다고 평가할 수도 있다.

2. 이해상반

가. 일반적인 의미

이해상반이란 어떤 법률관계를 통해 그 당사자 일방이 얻은 이익이 타방
의 손해로부터 기인하는 경우라고 할 수 있다. 이처럼 이해상반이란 이해관
계[16]가 대립하는 경우를 의미하는 것이기 때문에 이해상반의 당사자와 그 법

---

15) 新注民(25), 146(中川淳).
16) 본조가 친족관계의 변동이라는 효과만을 초래하는 신분행위에 대해서도 적용된다는 지배적
　　견해에 의하면 본조의 '이해관계'에는 재산적·경제적 이해관계뿐 아니라 친족법상의 법률효과
　　로부터 비롯되는 비재산적 이해관계도 포함된다.

률관계를 근거지우는 법률행위의 당사자가 항상 일치하는 것은 아니다. 법률행위의 당사자가 아닌 사람에게 궁극적으로 손익이 귀속되는 경우도 있을 수 있기 때문이다.

본조는 이해상반이라는 측면에서의 대립당사자가 친권자와 미성년 자녀인 경우는 물론 같은 친권자의 친권에 따르는 여러 명의 미성년 자녀들인 경우에도 적용될 수 있다. 다만 본조는 미성년자의 이익 보호를 목적으로 하기 때문에 전자의 경우에는 친권자에게 유리하고 자녀에게 불리한 경우에만 이해상반성이 인정되고 반대의 경우 즉 친권자에게 불리하고 자녀에게 유리한 경우에는 이해상반성이 인정되지 않는다. 또한 자녀에게 불이익이 발생하게 하더라도 친권자에게 이익을 귀속시키지 않는 행위 즉 친권자와 자녀 모두에게 불리한 행위에 대해서도 이해상반성이 인정되지 않는다.[17]

본조의 적용요건인 이해상반성의 존부를 판단하려면 이해관계가 대립하는 당사자가 누구인가를 확인하여야만 하는데 '이해관계의 귀속 주체'의 결정 기준은 — §124의 판단기준인 '법률행위의 당사자' 결정 기준과는 달리 — 이해관계 상반의 의미를 어떻게 보느냐에 따라 달라질 수 있다. 이러한 사정을 반영하여 본조의 이해상반성의 판단 기준에 대해서는 견해가 대립하고 있다. 이하에서는 첫째로 대립하는 견해들의 내용을 간단하게 살펴본 후 둘째로 이해상반성이 문제되는 사안의 유형을 검토하고 셋째로 이러한 견해대립을 극복하기 위한 대안으로서 제시되고 있는 대리권 남용이론에 대해 평가한다.

나. 판단기준에 대한 견해대립[18]

(1) 제1설: 형식적 판단설

형식적 판단설(외형적 판단설, 추상적 판단설, 객관적 판단설이라고도 한다)은 이해상반행위의 성립 여부는 전적으로 법률행위 자체 또는 법률행위의 외형만으로 결정하여야 하는 것이고 그러한 행위를 하기에 이른 친권자의 의도 또는 그 행위의 실질적 효과 등은 고려할 필요가 없다고 한다.[19]

이 견해의 근거는 다음과 같이 요약할 수 있다. 첫째로 본조의 입법취지는 미성년자 보호와 거래안전 보호의 조화인데 실질적 판단설처럼 대리행위 자체를 통해 알 수 없는 사정을 이유로 이해상반성을 인정하는 것은 미성년자 보호에만 치중하고 거래안전 보호를 지나치게 경시하는 것이다.[20] 둘째로 어떤 대

---

17) 김성수(2003), 104.

18) 일본 견해들의 출처는 김성수(2003), 93 이하에서 상세하게 소개하고 있다.

19) 윤진수(2009), 397 이하; 김성수(2003), 93; 김주수·김상용, 418 이하 등.

리행위가 이해상반성이 있는지의 여부는 대리행위가 행하여지기 전에 특별대리인 선임 단계에서 판단하여야 한다. 그런데 실질적 판단설을 따르면 대리행위의 결과 등도 고려하여야만 하기 때문에 법원이 추측만을 근거로 특별대리인 선임의 필요성을 판단해야만 하는 난처한 상황에 놓이게 된다.[21] 셋째로 형식적 판단설이 이행상반행위의 범위를 좁게 인정하는 것이라고 단정할 수는 없다. 외형상 이해상반성이 인정되면 실질적인 동기 등을 묻지 않고 본조의 이해상반행위로 인정되기 때문에 오히려 실질적 판단설보다 이해상반행위의 범위가 넓어지는 경우도 있을 수 있다.

판례[22]의 주류는 "행위의 객관적 성질상 친권자와 그 자 사이 또는 친권에 복종하는 수인의 자 사이에 이해의 대립이 생길 우려가 있는 행위를 가리키는 것으로서, 친권자의 의도나 그 행위의 결과 실제로 이해의 대립이 생겼는지의 여부는 묻지 아니하는 것"[23]이라고 하여 형식적 판단설을 반영하고 있다.[24]

(2) 제2설: 실질적 판단설

실질적 판단설은 친권자의 대리행위의 형식 여하를 불문하고 그 동기·연유, 결과 등을 고려하여 실질적으로 이해상반행위를 판단하여야 한다고 주장한다.[25] 이 견해의 논거는 실질적인 이해상반성이 있는데도 행위의 형식이나 외관상의 이해상반성이 없음을 이유로 본조의 적용을 배제한다면 친권자가 자신과 이해관계를 같이하는 사람을 거래 상대방인 것처럼 꾸며서 본조의 제한을 회피하여 법정대리권을 행사할 수 있고 그 결과 미성년자 보호라는 본조의 취지가 무의미해진다는 것이다.[26]

(3) 제3설: 실질관계를 고려한 형식적 판단설(수정된 형식적 판단설)

이 견해는 형식적 판단설의 입장을 유지하더라도 법률행위 자체의 외형뿐 아니라 '법률행위의 효과로서 객관적으로 예상될 수 있는 결과' 또는 '외형으로부터 객관적으로 예측된 범위 내에 있는 실질관계'를 고려할 수 있다고 한다.[27] 이처럼 실질관계도 어느 정도 고려한다는 점에서 종래의 형식적 판단설

---

20) 윤진수(2009), 398. 일본 견해의 출처는 이균용(1994), 268.
21) 윤진수(2009), 399. 일본 견해의 출처는 이균용(1994), 268~269.
22) 우리나라 판례는 윤진수(2009), 392~393. 일본 판례는 배성호(2004), 74 이하.
23) 대법원 1996. 11. 22. 선고 96다10270 판결; 대법원 1994. 9. 9. 선고 94다6680 판결; 대법원 1993. 4. 13. 선고 92다54524 판결.
24) 윤진수(2009), 392.
25) 김유미(1991), 518 등.
26) 김유미(1991), 515; 新注民(25), 140(中川淳).
27) 이균용(1994), 279~280. 김성수(2003), 98, 100.

과는 구별되지만28) 형식적 판단설의 적용범위를 넓힌 것이라는 점에서 어디까지나 형식적 판단설의 연장선상에 있는 것이라고 평가할 수 있다.29)

다. 문제되는 사안들의 유형별 검토

친권자의 대리행위가 본조의 이해상반행위에 해당하는지의 여부가 문제된 사안들은 일정한 유형으로 나누어질 수 있다.

(1) 재산의 처분

자녀의 재산을 친권자에게 양도하는 행위는 모두 이해상반성이 있다고 보는 견해30)도 있으나 유상계약이라는 이유만으로 항상 이해상반성이 인정되는 것은 아니라고 보아야 한다. 예를 들어 친권자가 증여세 부담을 덜기 위하여 시가보다 훨씬 싼 값에 자녀에게 재산을 매도하는 경우에는 자녀에게 유리하다고 볼 수 있다. 형식적 판단설을 따르더라도 계약의 유형뿐 아니라 계약의 내용도 '외형'으로 고려할 수 있을 것이다.

(2) 상속재산의 분할 협의, 상속의 승인·포기

(가) 상속재산의 분할 협의

친권자와 자녀가 공동상속인인 경우에는 상속재산 분할 협의는 그 행위의 객관적 성질상 상속인 상호간의 이해의 대립이 생길 우려가 있는 행위에 해당하므로 이해상반행위에 해당한다는 것에 대해서는 이견이 없고 판례31)의 입장도 같다. 따라서 공동상속인인 친권자와 미성년자가 당사자인 때에는 미성년자를 위한 특별대리인을 선임하여야 하고, 여러 명의 미성년 자녀가 상속재산 분할협의의 당사자인 때에는 각각의 자녀마다 특별대리인을 선임하여 상속재산 분할의 협의를 하여야만 한다.32) 이렇게 하지 않고 친권자가 자녀를 대리하여 상속재산 분할협의를 하였다면 이러한 분할협의는─이러한 대리행위에 대한 적법한 추인이 없는 한─전체로서 무효가 되는데 상속재산 분할협의는 공동상속인 전원의 유효한 의사표시 합치로 성립하는 것이기 때문이다.33) 다만 친권자 자신이 상속을 포기하였다면 자녀가 한 명인 경우에는 공동상속이 성립

---

28) 윤진수(2009), 394.

29) 배성호(2004), 77~78.

30) 제요[4-2], 318.

31) 구체적인 출처는 지원림(2012), 629. 상속재산에 대하여 그 소유의 범위를 정하는 내용의 공동상속재산 분할협의는 그 행위의 객관적 성질상 상속인 상호간의 이해의 대립이 생길 우려가 없다고 볼 만한 특별한 사정이 없는 한 民 §921 소정의 이해상반되는 행위에 해당한다(대법원 2001. 6. 29. 선고 2001다28299 판결).

32) 대법원 2011. 3. 10. 선고 2007다17482 판결; 대법원 2001. 6. 29. 선고 2001다28299 판결.

33) 대법원 2001. 6. 29. 선고 2001다28299 판결.

하지 않아서 분할협의의 문제가 생기지 않을 것이고 자녀가 여러 명이라면 미성년 자녀들 사이의 이해상반성만 문제되기 때문에 그 중 한 명은 대리할 수 있을 것이다.

　　한편 특수한 경우로서 피상속인(甲)의 사망으로 인하여 1차 상속이 개시되었는데 공동상속인들(甲의 딸들인 A, B, C) 중 1인(C)이 다시 사망하여 2차 상속이 개시된 후 1차 상속의 상속인들과 2차 상속의 상속인들(C의 남편인 D와 자녀인 피고들)이 1차 상속에 관한 분할협의를 하는 경우에도 본조가 적용되는지가 문제된다. 판례[34]는 본조가 적용된다고 하지만, 이에 대해서는 1차 상속에 의한 분할협의와 2차상속에 의한 분할협의가 한꺼번에 진행되었다는 특수한 사정을 간과하였다는 비판론[35]이 유력하다. 논리적으로 볼 때 1차 상속에 의한 분할협의가 먼저 이루어져 C의 몫이 결정된 후 이에 대해 다시 D와 피고들 사이에 2차 상속에 의한 분할협의가 진행되는 것이라고 보아야 하는데, 1차 상속에 대한 분할협의에서 C의 몫을 결정함에 있어서는 D와 피고들은 공동의 이해관계를 가지는 하나의 무리로서 D를 대표자로 하여 참여한 것이고 이때는 "행위의 객관적 성질상" D와 피고들 사이에는 이해상반성이 없다고 볼 수 있기 때문이다.[36]

⑷ 상속의 승인·포기

　　상속의 승인·포기는 상속재산과 상속채무의 귀속이라는 재산법적 효과를 발생시키지만 이에 그치지 않고 인격적 결단으로서의 성질도 가지기 때문에[37] 일신전속성이 강하다고 할 수 있다. 따라서 대리할 수 있는지의 여부 자체가 문제될 수 있지만 법정대리인이 상속개시 사실을 알게 된 날을 고려기간의 기산점으로 규정한 §1020의 취지[38]에 비추어 법정대리의 대상이라고 보아야 한다.

---

34) [이러한 경우에] 2차 상속인 중에 수인의 미성년자가 있다면 본조를 적용하여 미성년자에 대한 특별대리인을 선임하지 않은 채 2차 상속의 공동상속인인 친권자가 그 수인의 미성년자의 법정대리인으로서 상속재산 분할협의를 한다면 이는 民 §921에 위배되는 것으로서 이러한 대리행위에 의하여 성립된 상속재산 분할협의는 피대리자 전원에 의한 추인이 없는 한 그 전체가 무효[이다](대법원 2011. 3. 10. 선고 2007다17482 판결).

35) 지원림(2012), 630~631.

36) 다만 이 사건 2차 분할협의에 대해서는 D와 피고들 사이의 이해상반성이 인정되기 때문에 이러한 사정이 외형상 일체로서 행하여진 이 사건 분할협의 전부에 대해 어떠한 영향을 미치는지가 문제된다. 이에 대해 지원림(2012), 634~635은 당사자의 가정적 의사에 비추어 볼 때 §137 단서가 적용될 여지가 있다고 한다.

37) 상속의 포기는 비록 포기자의 재산에 영향을 미치는 바가 없지 아니하나 … 상속인으로서의 지위 자체를 소멸하게 하는 행위로서 이를 순전한 재산법적 행위와 같이 볼 것이 아니다. 오히려 상속의 포기는 1차적으로 피상속인 또는 후순위상속인을 포함하여 다른 상속인 등과의 인격적 관계를 전체적으로 판단하여 행하여지는 '인적 결단'으로서의 성질을 가진다고 할 것이다(대법원 2011. 6. 9. 선고 2011다29307 판결).

38) §1020의 문리해석상으로는 '제1019조 제1항'의 기간에 대해서만 적용되는 것처럼 보이지만

상속의 승인·포기는 당사자뿐 아니라 다른 공동상속인들에게도 상속분의 증감이라는 영향을 미치기 때문에, 친권자와 자녀가 공동상속인인 경우 또는 여러 명의 자녀가 공동상속인인 경우에는 당연히 이해상반성이 인정된다. 다만 상속재산 분할협의 경우와 마찬가지로 친권자가 상속을 포기한 경우에는 자녀의 상속포기나 상속승인의 효과와 무관하기 때문에 이때는 자녀를 대리하여 상속을 포기함으로써 다른 공동상속인(예를 들어 미성년자의 형제자매 중 성년자인 사람)에게 이익이 귀속되더라도 본조의 이해상반행위에는 해당하지 않는다.39) 만약 친권자가 상속을 포기하였더라도 미성년자인 자녀가 여러 명인 때에는 그 중 한 명만을 대리하여 상속포기를 할 수 있을 것이다. 일방이 상속을 포기하면 타방의 상속분이 증가하는 이익이 발생하기 때문에 여전히 이해상반성이 인정되기 때문이다.

한편 친권자가 상속을 포기한 후 미성년 자녀 전원을 대리하여 상속포기를 하는 경우에는 본조가 적용되지 않는다. 본조는 친권자와 자녀 사이에 또는 미성년 자녀들 사이에 이해관계가 대립할 때에만 적용될 수 있는데 상속포기가 손해를 초래하는 것은 명백하지만 미성년 자녀들 전원이 동시에 상속을 포기하는 경우에는 이로 인한 이익이 다른 미성년 자녀가 아니라 후순위 상속인 등의 제3자에게 귀속되어 미성년 자녀들 상호간에는 이해상반성이 인정될 수 없기 때문이다.

(3) 자녀의 재산을 담보로 제공하는 경우

친권자가 자녀 이외의 사람의 채무를 담보하기 위하여 자녀의 특유재산을 담보로 제공하는 경우 즉 자녀의 특유재산에 대한 담보물권 설정계약을 체결하거나40) 자녀를 대리하여 보증계약을 체결하는 경우에는 자녀에게 불리함이 외형상 명백하다. 그렇지만 본조의 취지가 자녀에게 불리한 행위의 가능성을 완전히 배제하는 것은 아님에 비추어 볼 때 담보제공으로 인한 이익이 친권자에게 귀속되는 경우가 아닌 한 이러한 행위도 이해상반행위가 아니라고 할 것이다. 따라서 담보제공 행위의 이해상반성은 구체적인 사안에 따라 판단하여야만 한다.

(가) 친권자 자신이 주채무자인 경우에는 이해상반성이 인정된다는 점에 대

대법원 2012. 3. 15. 선고 2012다440 판결은 §1019 ③에 의한 이른바 '특별한정승인'에 대해서도 §1020가 적용된다고 해석하였다.

39) 대법원 1989. 9. 12. 선고 88다카28044 판결.
40) 대법원 1971. 7. 27. 선고 71다1113 판결.

해 이견이 없다. 친권자는 주채무자로서 담보를 획득하는 이익을 얻고 자녀는 보증인 또는 물상보증인으로서 재산을 상실할 위험이라는 불이익만을 얻기 때문이다.

(나) 친권자가 제3자의 채무를 담보하기 위하여 미성년자의 특유재산만을 담보로 제공한 경우에 대해 형식적 판단설은 이해상반성을 부정하지만 실질적 판단설은 이러한 제3자가 실질적으로는 친권자 자신과 실질적으로 이해관계를 같이하는 사람인지의 여부도 따져 본 후 이해상반성을 판단한다. 판례는 적모(嫡母)가 미성년자인 서자(庶子)를 대리하여41) 그의 특유재산을 적모 소생의 성년자녀의 채무에 대한 담보를 제공한 사안,42) 친권자가 자신의 형제자매의 채무를 담보하기 위하여 자녀를 대리하여 자녀의 특유재산에 근저당권을 설정한 사안43) 등에 대하여 이해상반성을 부정하였는데 이러한 태도는 형식적 판단설을 반영한 것이라고 할 수 있다.

(다) 친권자와 자녀가 함께 제3자의 채무에 대한 보증인(또는 물상보증인)이 되는 경우에는 자녀의 담보제공으로 인한 이익이 직접적으로 친권자에게 귀속되는 것은 아니지만 대법원 2002. 1. 11. 선고 2001다65960 판결은 궁극적으로 친권자와 자녀 사이에 구상관계가 발생할 수도 있기 때문에 이해상반성이 인정된다고 한다. 비슷한 사안에 대해 그 전의 대법원 1991. 11. 26. 선고 91다32466 판결44)은 이해상반성을 부정하였음에 비추어 볼 때 위 2001다65960 판결에 나타난 태도 변화는 실질관계를 고려한 형식적 판단설에 기초하여 91다32466 판결의 결론을 비판했던 견해45)가 반영된 것이라고 할 수 있다.

---

41) 1990년 개정 전에는 적모가 서자에 대한 법정대리인이었다.

42) 대법원 1976. 3. 9. 선고 75다2340 판결.

43) 대법원 1991. 11. 26. 선고 91다32466 판결.

44) 친권자가 자신과 자녀가 공동상속한 부동산에 제3자(친권자의 형제자매)의 채무를 담보하기 위한 근저당권을 설정한 사안에 대해 이해상반성을 부정한 사안인데, 판결이유만 보면 단순히 친권자가 제3자의 채무를 담보하기 위하여 "미성년자 소유의 부동산에 근저당권을 설정하는 행위"에 대해 본조가 적용될 수 있는지의 여부에 대해서만 판단하고 있는 것처럼 보이지만, 이균용, 259~260에 나타난 사실관계와 사건의 경과를 보면 이 사건에서도 문제된 담보물은 2001다25960 판결의 사안과 마찬가지로 친권자와 자녀의 공유물이었다.

45) 이균용(1994), 278~279은 친권자와 자녀 중 누구의 재산에 대해 먼저 집행이 이루어지건 친권자와 자녀는 이해관계가 대립하는데 이러한 상황은 당사자들의 관계나 동기 등의 실질적 요소가 아니라 대리행위의 내용 자체라는 형식적 요소만을 기준으로 판단하더라도 쉽게 알 수 있기 때문에 제3자의 채무를 친권자와 자녀가 함께 담보하는 사안에 대해서는 이해상반성이 인정되어야 한다고 하였다.

라. 견해대립에 대한 평가

(1) 개관

이해상반성의 의미에 대한 견해대립은 기본적으로 미성년자의 이익을 보호할 것인가 아니면 대리행위의 상대방을 보호함으로써 거래안전을 보호할 것인가라는 가치판단의 문제에서 비롯된다. 실질적 판단설에 의하면 미성년자의 이익은 어느 정도 보호할 수 있는 반면 거래안전을 해치게 되고, 형식적 판단설을 따를 때에는 그 반대가 된다.[46] 원론적으로는 거래안전 보호보다는 제한능력자를 보호하여야 한다는 것이 민법의 기본적 가치평가라고 할 수 있다. 제한능력을 이유로 하는 취소의 경우에는 제한능력자 자신에게 책임을 돌릴 수 있는 사유가 있는 경우가 아닌 한 선의의 제3자에게도 대항할 수 있기 때문이다.[47]

(2) 실질적 판단설에 대한 비판

실질적 판단설에 대해서는 다음과 같은 문제점들을 지적할 수 있다. 첫째로 실질적 판단설이 제시하는 판단기준인 행위의 동기·연유, 결과 등의 개념이 반드시 명확한 것은 아니다.[48] 둘째로 본조의 기능은 친권자의 법정대리권의 범위를 정하는 것으로서 이러한 범위를 벗어나는 행위는 무권대리가 되고 이에 대해 표현대리 등의 법리를 적용하는 것은 본인 보호라는 관점에서 허용될 수 없다. 그런데도 상대방이 알기 어려운 행위의 동기·연유, 결과 등을 기준으로 이해상반성의 존부를 판단하면 거래안전을 심각하게 저해할 수 있다.[49] 셋째로 실질적 판단설을 관철시키면 상대방은 이해상반행위임에 대해 선의·무과실이더라도 보호를 받을 수 없게 되고 결국 이러한 사정을 의식하여 미성년자 측과의 거래를 꺼리게 될 개연성이 높다.[50]

(3) 실질관계를 고려한 형식적 판단설

이 견해는 결과만 놓고 보면 타당한 것처럼 보인다. 본인 보호의 범위가 종래의 형식적 판단설보다 넓어지는 반면 판단 기준이 되는 요소는 어느 정도 객관적이고 정형적이어서 거래 상대방이나 특별대리인을 선임하여야 하는 법원의 관점에서도 이해상반성 판단이 용이하여 거래안전을 크게 해치지는 않을 것이기 때문이다.[51] 그러나 이러한 견해에 대해서도 다음과 같은 문제점을 지

---

46) 윤장원(2003), 411~412; 이균용(1994), 267; 배성호(2004), 79
47) 배성호(2004), 79.
48) 윤진수(2009), 393.
49) 윤진수(2009), 398~399; 배성호(2004), 80.
50) 윤진수(2009), 397~398; 배성호(2004), 79.
51) 윤진수(2009), 399; 배성호(2004), 80

적할 수 있다.

첫째로 구체적인 사안을 놓고 볼 때 과연 '실질관계를 고려한 형식적 판단'으로 이해상반성이 명백하게 식별될 수 있는지는 의문이다. 이 견해를 반영한 것으로 평가되는 2001다65960 판결의 사안과 같이 자신과 자녀가 공유하는 부동산인 X에 대해 법정대리인인 친권자가 저당권 설정계약을 체결하여 함께 물상보증인이 된 경우를 생각해 본다. 만약 그 전에 주채무자가 채권자에게 담보로 제공하였던 부동산인 Y를 친권자가 양수하였다면 실질관계를 고려한 형식적 판단설은 X에 대한 물상보증계약에 대한 이해상반성의 존부에 대해 어떻게 판단할 것인가? X에 대한 자녀의 지분이 먼저 집행된 경우이건 친권자의 지분이 먼저 집행된 경우이건 자녀에게는 손해가 발생하지 않는다. 물상보증인은 주채무자의 지위를 이어받은 양수인에 대해 구상권을 행사할 수 있으므로 어떠한 경우이건 자녀는 Y부동산의 소유자인 친권자에게 구상을 할 수 있기 때문이다. 이렇게 본다면 이해상반성이 없다고 보아야 할 것인데 이 정도의 추론을 거쳐야만 도출되는 결론이 '형식적으로 판단하여 명백'한 경우인지는 의문이고, 자녀가 Y부동산에 대해 구상권을 행사하려면 시간과 비용이 소요된다고 한다면 여전히 자녀에게는 손해가 발생하는 것이 된다. 즉 위와 같은 사안에 대해 실질관계를 고려한 형식설을 적용하는 것은 형식설의 장점도 실질설의 장점도 모두 살리기 힘들고 오히려 법적 안정성, 예견가능성만 저해하게 될 위험성도 내포하고 있는 것이다.

둘째로 친권자는 자녀의 지분만을 담보로 제공할 수도 있으며 이러한 경우에는 자녀는 친권자에게 구상권을 행사할 수 없음을 감안한다면, 자녀가 공동으로 물상보증인이 되어 자녀가 친권자의 부담부분에 대해서는 구상할 수 있게 하는 것은 자녀에게 유리하다고 할 수 있다. 그런데도 후자의 경우만을 이해상반행위라고 하는 것은 균형이 맞지 않는다. 비슷한 맥락에서 친권자가 미성년자를 대리하여 물상보증 또는 연대보증을 한 후 시차를 두고 자신도 같은 주채무자에 대해 물상보증 또는 연대보증을 한 경우에도 마찬가지의 문제가 생긴다.[52] 이에 대한 반론[53]은 다음과 같이 요약할 수 있다. 우선 친권자가 자신의 지분만을 담보로 제공하는 경우와 비교해 보면 자녀의 지분도 담보로 제공하는 경우는 이해상반성이 인정된다는 것이다. 또한 이처럼 균형을 잃은

---

52) 윤진수(2009), 400.
53) 이균용(1994), 279 주 54 참조.

결과가 발생하는 것은 부득이하기 때문에 이것만을 이유로 공동보증 사안을 이해상반성이 부정하는 것은 주객이 전도된 것이고 불균형의 문제는 다른 이론구성(친권·대리권 남용)으로 바로잡을 수밖에 없다고 한다.

(4) 대안: 대리권 남용론

형식적 판단설을 따르게 되면 미성년자의 이익이 제대로 보호되지 않는 경우에 대해서도 본조를 적용할 수 없어서 친권자의 자의적인 대리권 행사를 제한할 수 없게 된다. 이러한 경우에 미성년자를 보호하기 위하여 고려될 수 있는 것이 바로 대리권 남용론이다. 즉 이해상반행위에 해당하지 않아서 친권자가 미성년자를 대리할 수 있는 경우라 하더라도 그 대리행위가 본인인 미성년자에게는 손해를 야기하고 그 외의 사람인 친권자 자신이나 제3자에게는 이익을 주는 경우에는 일정한 요건하에 그러한 대리행위의 효력을 부정할 수 있는 것으로 보아야 한다.[54] 이처럼 형식적 판단설에 따라 본조의 적용범위를 명확하게 하면서도 대리권 남용론에 의하여 미성년자 보호라는 문제를 해결하는 방법은 우리나라에서도 이제는 다수 견해가 되었다.

대리권 남용론이 법정대리에 대해서도 적용될 수 있는지에 대해서는 논의가 많지 않지만, 대리인의 권한 남용으로부터 본인을 보호하여야 할 필요성은 법정대리의 경우에도 마찬가지라고 할 수 있음을 근거로 법정대리권 행사에 대해서도 대리권 남용론을 적용할 수 있다는 견해[55]가 유력하다. 판례[56]도 친권자가 미성년자를 대리하여 한 법률행위가 본조의 이해상반행위에 해당하지 않는 사안에 대해 대리권 남용의 법리를 적용하고 있다.

마. 이해상반행위와 대리권 남용론

(1) 적용가능성

이처럼 법정대리에 대해서도 대리권 남용의 법리가 적용된다는 것 자체에 대해서는 이견이 없으나 그 요건에 대해서는 견해가 대립한다. 쟁점은 친권자의 법정대리권 행사를 대리권 남용이라고 보기 위한 요건을 임의대리 사안에 대해 논의되는 요건과 같게 볼 것인지의 여부와 만약 다르게 본다면 더 엄격하게 판단할 것인가 덜 엄격하게 판단하여야 하는가의 문제라고 할 수 있다.

법정대리 제도는 제한능력자인 본인을 보호하기 위한 것이라는 점과 임의

---

54) 윤진수(2009), 403; 이균용(1994), 273; 배성호(2004), 82.

55) 윤진수(2009), 406.

56) 대법원 2011. 12. 22. 선고 2011다64669 판결; 대법원 1997. 1. 24. 선고 96다43928 판결; 대법원 1981. 10. 13. 선고 81다649 판결 등 참조.

대리의 경우와는 달리 본인이 대리인에 대한 선임·감독을 할 수 없다는 점에 비추어 볼 때, 대리권 남용을 인정하여 본인을 보호하여야 할 필요성이 더 크다는 점은 부정할 수 없다. 다만 선의·무과실인 상대방에 대해서도 대리권 남용의 법리를 적용하여 상대방에게 뜻밖의 불이익을 가하게 되면 친권자에 의한 법정대리 행위 자체가 거의 이루어지기 어려울 것이기 때문에 오히려 자녀에게 불리한 결과를 초래할 수 있다. 따라서 법정대리 사안에서도 임의대리 사안과 같은 요건하에 대리권 남용의 법리를 적용하여야 할 것이다.[57]

(2) 판례의 태도: 제한적 적용

그러나 판례는 친권자의 법정대리 사안에서 오히려 대리권 남용의 법리를 더 엄격한 요건하에 적용하고 있다. 즉 친권자가 한 법정대리 행위가 '본인인 미성년자에게는 손해만을 야기하고 제3자에게는 이익만을 귀속시키는 결과'와 '이러한 결과에 대한 상대방의 악의 또는 과실'이라는 요건이 충족되었는데도 대리권 남용이라고 보지 않고 그러한 행위를 유효라고 한다. 종래의 판결들은 이러한 판단의 이유에 대해서는 명시적으로 설시하고 있지 않았으나, 최근의 판례[58]는 "친권자가 자를 대리하는 법률행위는 … 이해상반행위에 해당하지 않는 한, 그것을 할 것인가 아닌가는 자를 위하여 친권을 행사하는 친권자가 자를 둘러싼 여러 사정을 고려하여 행할 수 있는 재량에 맡겨진 것으로 보아야 할 것"임을 이유로 "친권자가 자를 대리하여 행한 자 소유의 재산에 대한 처분행위에 대해서는 … 처분재산의 상실이라고 하는 객관적·편면적 관점에서만 판단할 것은 아니고, 그 처분을 둘러싼 친권자와 자 사이의 이해상반 여부, 위 처분과 관련한 이해당사자들 사이의 이해관계의 조율 기타 그 처분에 이르기까지의 경위와 관련 이해당사자들의 입장과 의사 등 주관적, 객관적 사정들을 합하여 종합적인 관점에서 … 그것이 사실상 자의 이익을 무시하고 친권자 본인 혹은 제3자의 이익을 도모하는 것만을 목적으로 하여 이루어졌다고 하는 등 친권자에게 자를 대리할 권한을 수여한 법의 취지에 현저히 반한다고 인정되는 사정이 존재하지 않는 한 친권자에 의한 대리권의 남용에 해당한다고 쉽게 단정지을 수 없다"라고 하면서 "대법원 1997. 1. 24. 선고 96다43928 판결은 … 친권행사가 친권자의 재량행위에 속함을 전제로 그 남용이 입증된 경우에 한해 처분행위를 무효로 본다는 점에서는 원심의 판단과 법리상 모순되지도 아

---

57) 윤진수(2009), 407∼408; 배성호(2004), 85.
58) 대법원 2009. 1. 30. 선고 2008다73731 판결.

니한다"라고 판시하였다. 이처럼 판례는 친권자의 법정대리 사안에 대해서는
상대방의 악의 또는 과실이라는 일반적인 요건뿐 아니라 친권자의 목적이라는
요건도 충족된 경우에만 대리권 남용을 인정하고 있는 것으로 평가할 수 있다.

한편 대법원 2011. 12. 22. 선고 2011다64669 판결은 위의 판례가 말하는
'특별한 사정'의 구체적인 예를 보여주는 것이라고 할 수 있다. 이 사건에서 친
권자는 미성년자가 상속받은 부동산을 헐값으로 매도하였는데, 판례는 '이처럼
시세에 비추어 현저하게 낮은 가액으로 매도하여 미성년자에게는 불이익을 상
대방에게는 이익을 발생시켰으며 상대방이 이러한 사정을 알고 있었다'라는 사
정과 함께 이 사건 토지가 매물로 나왔다는 연락을 받고 토지등기부등본이나
계약서를 전혀 확인하지 아니한 채 당일 매매계약을 체결하고 바로 1억여 원에
이르는 거액의 매매대금까지 모두 지급하였다는 점을 지적하면서 대리권 남용
을 인정하고 있다. 비록 명시적으로 언급하고 있지는 않지만 이러한 설시내용
으로부터 대리행위의 방식이나 과정이 이례적이었다는 사정으로부터 친권자의
대리권 남용 의사를 추정한 것으로 이해할 수 있을 것이다.

(3) 평가

이러한 판례의 태도는 일본 최고재판소 1992. 12. 10. 선고 판결의 영향을
받은 것인데[59] 이 최고재판소 판결은 '자녀에게 불리, 타인에게 유리'하다는
사정만을 이유로 친권자에게 대리권 남용이 아니어서 유효한 대리행위라고 인
정할 수 있게 해주는 사정을 증명하도록 하는 것은 '포괄적 법정대리권'이라는
취지와 저촉됨을 논거로 하고 있다.[60] 비슷한 맥락에서 우리나라에서도 자녀
와 부모가 별개의 인격체라는 인식이 부족하고 유교적 전통이 강한 현실하에
서는 가족 전체의 이익을 도모하기 위하여 자녀에게 불이익을 가하는 법정대
리권 행사도 허용되어야 하기 때문에 친권자에게 대리권 남용의 법리를 적용
하기 위한 요건은 신중하게 판단할 필요가 있다는 견해[61]가 있다.

그러나 이러한 논거들에 대해서는 다음과 같은 비판을 가할 수 있다. 첫째
로 주식회사의 대표이사도 포괄적인 대리권한이 인정되지만 오히려 그 때문에
대리권 남용이 문제된다는 점을 고려할 때 친권자의 포괄적 대리권을 근거로
대리권 남용의 요건을 제한적으로 해석하여야 한다는 견해는 납득하기 어렵다.
게다가 자녀의 복리 원칙에 비추어 볼 때 친권자에게 무제한적·포괄적 재산관

---

59) 윤진수(2009), 421.
60) 윤진수(2009), 409~410.
61) 이균용(1994), 281~283.

리권을 인정한 것 자체가 문제인데도 이를 근거로 자녀 보호를 위한 대리권 남용의 요건을 제한하는 것은 더욱 정당화되기 어렵다. 둘째로 '사회통념'을 고려하더라도 현재의 친자법의 대원칙은 '자녀의 복리'임을 감안할 때 외관상 자녀에게 불리한 행위를 친권의 정당한 행사로 추정하기는 어렵다. 설령 미성년자의 특유재산이 실질적으로는 가족 공동체의 재산이라고 볼 수 있는 경우라 하더라도 법적으로는 미성년자도 독자적인 권리능력자로서 특유재산에 대한 권리를 누릴 수 있다. §916가 자녀가 특유재산의 소유자임을 전제로 친권자에게 이러한 재산의 관리에 관한 권한뿐 아니라 의무도 귀속시키고 있는 것과 본조가 이해상반행위에 대해 친권자의 법정대리권을 제한하는 것은 바로 이러한 사정을 감안한 것이다.62)

Ⅲ. 효과

1. 특별대리인 선임

가. 절차

(1) 청구권자

특별대리인은 가정법원이 선임하여야 하지만 직권으로 선임할 수는 없고 반드시 친권자의 청구가 있어야만 한다. 부모가 공동으로 친권을 행사하는 경우 한쪽 친권자라도 단독으로 선임청구를 할 수 있다. 다만 실무에서는 이러한 경우에 다른 친권자를 절차에 관여하도록 하고 있으며 최소한 진술서라도 제출하도록 하고 있다.63)

이처럼 본조는 친권자만이 특별대리인 선임 청구를 할 수 있는 것으로 규정하고 있으나 지배적 견해는 자녀의 이익을 보호하기 위하여 친권자 뿐 아니라 미성년자의 친족이나 이해관계인도 특별대리인 선임을 청구할 수 있다고 한다.64) 이 견해는 본조는 친권자와 자녀 사이의 이해관계가 대립하는 경우에 적용되는 것임에 비추어 볼 때 친권자가 스스로 특별대리인 선임청구를 하는 것을 기대하기 어려운데도 친권자에게만 선임청구권을 부여한 입법의 불비를 해석으로써 해결하고자 하는 것이다. 그러나 이렇게 본다면 지배적 견해와 같이 '친족 또는 이해관계인'에 대해서만 특별대리인 선임청구권을 인정할 필요

---

62) 윤진수(2009), 412~414.
63) 제요[4−2], 316.
64) 제요[4−2], 316.

는 없을 것이다. 일본의 해석론65)도 우리나라와 마찬가지로 '친족 또는 이해관계인'에게는 본조의 청구권이 인정되지만 법원의 직권개입이나 검사의 청구는 허용될 수 없다는 해석론이 다수이지만, 그 논거를 '친족, 그 외의 이해관계인'이 미성년 후견인 선임을 청구할 수 있는 것으로 규정한 일본 민법 §840의 유추적용에서 찾고 있다는 점에 유의할 필요가 있다. 이러한 사정을 감안한다면, 우리 민법 §932 ①에 규정된 미성년 후견인 선임 청구 요건인 "직권으로 또는 미성년자, 친족, 이해관계인, 검사, 지방자치단체의 장의 청구에 의하여"를 본조의 특별대리인 선임 청구에 유추적용할 수 있다고 볼 것이다. 한편 일본에서도 1999년에 위 조항을 전면개정하여 이제는 법원이 직권으로도 미성년 후견인을 선임할 수 있는 것으로 규정하고 있다.

특별대리인 선임신청서에는 선임되는 특별대리인이 처리할 법률행위를 특정하여 적시하여야 하고 법원도 그 선임심판시에 특별대리인이 처리할 법률행위를 특정하여 이를 심판의 주문에 표시하는 것이 원칙이다. 따라서 특별대리인에게 미성년자가 하여야 할 법률행위를 무엇이든지 처리할 수 있도록 포괄적으로 권한을 수여하는 심판을 할 수는 없다.66)

(2) 심리와 판단

본조에 의한 특별대리인 선임 절차에서의 판단 대상은 이해상반행위에 해당하는지의 여부와 특별대리인의 적합성의 두 가지이다. 우선 이해상반성의 판단 기준에 대해서는 위에서 살펴본 것처럼 견해대립이 있다. 다음으로 특별대리인의 자격에 관하여 특별한 제한은 없다. 따라서 법원은 미성년자의 특유재산의 상황, 친권자·미성년자·피신청인 사이의 관계 등의 구체적 사정을 고려하여 자녀의 복리에 적합하도록 재량으로 판단하면 된다.67) 그러나 법원이 직권으로 적임자를 찾아서 선임할 수는 없기 때문에 실무에서는 피신청인을 특별대리인으로 선임하는 경우가 대부분이라고 한다.68)

특별대리인 선임 요건을 갖추지 못한 경우(자녀가 성년자이거나, 미성년자 자신이 선임 청구를 한 경우 등)에는 선임 청구를 각하하여야 하고, 이해상반성이 없거나 특별대리인이 부적합하다고 인정되는 경우에는 이를 기각하며, 이해상반성과 특별대리인의 적합성이 모두 인정되면 청구를 인용하여 특별대리인 선임심

65) 일본의 견해대립에 관한 구체적인 내용은 新注民(25), 148(中川淳).
66) 대법원 1996. 4. 9. 선고 96다1139 판결.
67) 예를 들어, 부(모) 사망 후의 상속재산 분할 협의 사안에서는 모(부)와 자녀가 이해상반관계에 있음을 감안하여 부(모)계 친족을 특별대리인으로 선임한다고 한다.
68) 제요[4-2], 323~324.

판을 하여야 한다.[69] 다만 이해상반행위에 해당하지만 청구인이 희망하는 사람이 특별대리인으로 부적절한 경우에는 곧바로 청구를 기각할 것이 아니라 적절한 제3자를 추천하도록 할 필요가 있다.[70] 한편, 중립적인 변호사를 특별대리인으로 선임하기 위하여 특별대리인에게 지급할 보수를 미리 내도록 하는 것이 바람직하다는 견해[71]도 있으나, 법원의 직권에 의한 특별대리인 선임에 대해 부정적인 현재의 지배적 견해를 따른다면 이러한 조치를 취할 필요는 없을 것으로 여겨진다.

나. 자격·지위

자녀의 재산과 양육 전반에 대한 포괄적인 보호임무를 수행하는 미성년후견인과는 달리 특별대리인은 특정한 사안에 대해서만 미성년자 보호의 임무를 수행하기 때문에 별도의 자격 제한이 없다.[72] 제반사정을 고려할 때 이해상반행위가 자녀의 복리를 위하여 필요한지의 여부를 판단할 수 있기만 하면 된다. 그러나 친권자의 추천에 의존하고 있는 것이 현실이어서 일본에서는 특별대리인은 결국 친권자가 조종할 수 있는 꼭두각시나 친권자의 분신에 지나지 않는다는 비판론도 제기되고 있다.[73]

법원이 이해상반성이 없다고 판단하여 특별대리인 선임 청구를 기각하였는데 나중에 이해상반성이 있음이 밝혀지는 경우가 있을 수 있다. 이러한 사태에 대비하여 자녀의 이익을 보호하기 위하여 이해상반성의 존부가 불확실한 경우에도 법원이 예방 차원에서 특별대리인을 선임할 수 있는지가 문제된다. 우리나라의 실무[74]와 일본의 유력설[75]은 이에 대해 긍정적으로 평가하면서, 그 논거로서 예방적으로 선임된 특별대리인이 대리행위를 한 경우에 나중에 이해상반성이 있음이 밝혀지면 본조에 의하여 유효한 대리행위가 된다는 점에 대해서는 의문이 없고 반대로 이해상반성 없음이 밝혀지더라도 친권자의 청구에 의하여 선임된 이상 친권자의 복대리인이라고 보면 대리행위는 유효이기 때문에 거래안전에 지장이 없다는 점을 든다.

본조에 의한 특별대리인을 이미 친권자가 한 이해상반행위의 추인을 위하

---

69) 제요[4-2], 324.
70) 제요[4-2], 324.
71) 제요[4-2], 324.
72) 新注民(25), 148(中川淳).
73) 新注民(25), 149(中川淳).
74) 제요[4-2], 318.
75) 제요[4-2], 317; 新注民(25), 149(中川淳).

여 선임할 수 있는가? 본조를 대리권에 대한 제한규정으로 파악하면 친권자가 스스로 한 이해상반성 있는 대리행위는 대리권에 대한 제한을 넘은 대리행위로서 무권대리의 일종이라고 보아야 한다. 따라서 §131 이하는 특별한 사정이 없는 한 적용될 수 있다. 그런데 본조는 이해상반성 있는 대리행위를 절대적으로 금지한 것이 아니라 특별대리인을 선임하여 유효하게 할 수 있도록 하고 있으므로 친권자가 한 이해상반성 있는 대리행위를 특별대리인이 추인할 수 있도록 하더라도 미성년자에게 불리할 것이 없다. 추인을 금지하더라도 특별대리인이 같은 내용의 대리행위를 다시 하는 것은 저지할 수 없기 때문이다. 이렇게 본다면 특별대리인의 추인에 의하여 친권자가 스스로 한 이해상반성 있는 대리행위의 효력을 인정하는 것이 '미성년자 보호와 거래안전 보호의 조화'라는 본조의 입법취지에 부합하는 해석론일 것이다.

다. 권한과 의무

(1) 권한

특별대리인은 특정한 행위에 대해 개별적으로 선임되며 그 권한은 선임심판의 취지에 따라 정해진다. 특별대리인은 자신의 권한 범위 내에 속하는 행위에 대해서는 행위를 할 것인지의 여부, 내용·방법 등의 결정에 대해 스스로 결정할 수 있다. 따라서 특별대리인 선임심판을 할 때 그 권한을 명확하게 표시할 필요가 있다. 친권자와 밀접한 관계에 있는 자가 특별대리인으로 선임되는 현실을 고려하여 가정법원은 특별대리인의 대리권행사에 필요한 제한을 가할 수 있다(家訴規 §68). 특별대리인이 대리할 행위의 내용을 구체적으로 특정하는 것도 대리권 제한의 한 유형이라고 할 수 있다. 이와 관련하여, 일본의 사례이지만, '신청인(=친권자)의 채무를 담보하기 위하여 이 사건 부동산(=미성년자의 특유재산)에 저당권을 설정하는 것에 대해 특별대리인을 선임한다'라는 취지의 심판이 있었는데 특별대리인이 근저당권 설정계약을 한 사안에서 피담보채권액이 선임심판에 명시되지 않은 이상 위 특별대리인에 의한 근저당권 설정계약은 유효라고 하였다.76) 선임심판 당시에 피담보 채권과 그 가액을 특정하였다면 이러한 문제가 생기지 않았을 것이다.77) 그러나 선임심판에서 특별대리인의 권한의 범위나 내용을 상세하게 정하여 특별대리인에게 판단의 여지를 거의 남기지 않는 것도 다음과 같은 문제를 야기한다. 첫째로 이렇게 하는 것

---

76) 日最判 1962(昭 37). 2. 6.
77) 新注民(25), 150(中川淳).

은 실제로 법원의 허가제도로 운영하는 것이기 때문에 특별대리인 제도의 취지에 반한다. 둘째로 상대방 있는 법률행위 특히 계약의 경우에는 상대방과의 의사합치가 필요하기 때문에 법원이 선임심판에서 구체적인 내용을 정하면 대리행위 자체가 성립하지 못하게 될 가능성이 높다. 셋째로 특별대리인이 선임심판의 취지를 무시하고 상대방과 합의하여 새로운 내용으로 법률행위를 하는 것을 저지할 수 없다. 물론 이러한 경우를 무권대리로 처리할 수 있지만 법률관계가 복잡해진다.78)

이처럼 법원이 특별대리인이 처리할 법률행위를 적시하는 것이 바람직하지만 '미성년자를 위한 특별대리인으로 선임한다'라는 내용의 심판도 무효는 아니고 특별대리인의 권한이 그 사건 선임신청서에서 신청의 원인으로 적시한 특정의 법률행위로 제한될 뿐이다.79)

(2) 의무

특별대리인은 친권자 대신 자녀의 이익을 보호한다는 점에서 후견인과 비슷하다. 따라서 후견인과 마찬가지로 선량한 관리자의 지위로써 사무를 처리할 의무를 진다.80)

특별대리인의 보수청구권, 비용상환의무 등에 대해서는 위임에 관한 조항들이 유추적용된다.81)

(3) 이해상반행위가 소송행위인 경우

특별대리인이 대리권의 범위 내에 속하는 사항과 관련된 소송행위도 할 수 있는지의 여부, 즉 이해상반성 있는 행위가 소송행위인 경우에는 본조에 의한 특별대리인 선임과 民訴 §62에 의한 특별대리인 선임 중에서 어떤 절차가 적용되는지가 문제된다. 본조는 이해상반성 있는 행위에 대해서는 친권자가 대리권을 행사할 수 없도록 하고 있으므로 民訴 §62가 규정하는 '법정대리인이 대리권을 행사할 수 없는 경우'에 해당하기 때문이다.82) 지배적 견해83)는 소송행위에 대한 특별대리인 선임 청구는 民訴 §62의 특별대리인 선임 사건으로 처리하는 것이 바람직하다고 하면서, 소송행위 자체의 관할법원과 특별대리인 선임사건의 관할법원을 일치시켜 절차가 번잡해지는 것을 방지하고 소송의 본안

---

78) 新注民(25), 151(中川淳).
79) 대법원 1996. 4. 9. 선고 96다1139 판결.
80) 新注民(25), 151(中川淳).
81) 제요[4-2], 327.
82) 신동훈(2003), 423.
83) 김선혜(1993), 640; 박정화(2000), 212.

재판부가 특별대리인의 선임과 개임 등의 절차에 관여하여 소송절차의 진행의
원활을 도모할 필요가 있다는 점을 강조하고 있다.[84]

소송행위는 기판력, 집행력 등의 중대한 효과를 초래할 수 있음에 비추어
특별대리인의 권한 남용을 예방할 필요가 더욱 크다고 할 수 있다. 따라서 民訴
§62의 특별대리인을 선임하여 후견인에 준하는 제한하에서만 소송행위를 대리
할 수 있도록 하는 것(같은 조 ④)이 미성년자의 이익 보호라는 제도의 취지에
더 부합하는 것이라고 할 수 있다. 반면 두 제도는 서로 목적이 다르기 때문에
양자의 요건을 모두 충족되는 이상 실무상 간편하고 탄력적 대응을 할 수 있다
는 이유만으로 民訴 §62의 특별대리인만을 선임할 수 있다고 보는 것은 무리라
는 견해[85]도 있고 실무에서도 이해상반성 있는 소송행위에 대해 본조의 특별
대리인을 선임하는 경우도 있다고 한다.[86]

라. 자격 소멸

특별대리인의 지위는 친권자의 법정대리권으로부터 파생된 것이기 때문에
친권이 소멸하면 특별대리인의 권한도 소멸한다. 또한 본조에 의한 대리권도
문제된 사안에 대한 법정대리권이라고 할 수 있기 때문에 대리권의 일반적인
소멸사유가 적용된다.[87] 한편 위에서 본 것처럼 특별대리인은 특정한 사안에
대해 후견인과 비슷한 지위를 가지는 것으로 본다면, 후견인의 사임, 변경에 관
한 §939, §940가 유추적용된다고 볼 여지가 있다. 그러나 본조가 특별대리인의
선임 요건에 관하여 후견의 선임에 관한 §932와 다르게 규정하고 있기 때문에,
§939, §940를 그대로 유추적용하는 것은 무리라고 할 것이다. 따라서 사임이나
해임에 대해서는 위임에 관한 §689를 유추적용할 수밖에 없을 것이다. 즉 특별
대리인이 언제든지 사임할 수 있으며 법원도 언제든지 특별대리인을 개임할
수 있다(家訴規 §68-2).

특별대리인은 특정한 사안에 대해 친권자의 권한을 대행하기 때문에 특별
대리인 자신과 미성년자 사이에 이해상반 관계가 생기면 본조가 유추적용되어
특별대리권이 소멸한다. 일본의 사례이지만, 친권자가 자신의 채무를 담보하기
위하여 자녀의 특유재산에 저당권을 설정하는 계약을 체결하기 위하여 특별대
리인을 선임하였는데 그 후 특별대리인이 친권자의 위 채무를 연대보증한 경

---

84) 신동훈(2003), 423 참조.
85) 신동훈(2003), 424~425.
86) 신동훈(2003), 424.
87) 新注民(25), 152(中川淳).

우에는 선임심판에 의하여 부여된 특별대리인의 권한이 소멸한다고 보았다.[88]

2. 특별대리인을 선임하지 않은 경우

가. 원칙: 무권대리

본조에 규정된 이해상반행위인데도 친권자가 특별대리인을 선임하지 않고 직접 대리행위를 한 경우의 효과에 대해서는 명문 규정이 없지만 지배적 견해[89]와 판례[90]는 — 당연무효이거나 취소 대상이 아니라 — 무권대리로 파악하고 있다.[91] 따라서 최고, 추인 등에 대해서는 §130 이하가 적용된다. 한편 친권자가 이해상반성 있는 미성년 자녀의 법률행위에 대해 스스로 동의를 한 경우에도 본조가 적용된다. 따라서 미성년자가 동의 없이 한 법률행위의 취소, 추인, 최고 등에 관한 §5, §15 등이 적용된다.[92]

다만 대법원 판결 중에서는 "친권자가 미성년자와 이해상반되는 행위를 특별대리인에 의하지 않고 한 경우에는 특별한 사정이 없는 한 그 행위는 무효"라고 하는 것[93]도 있으나 이 판결에서 말하는 '무효'란 무권대리가 추인되지 않아서 대리행위의 효력이 발생하지 않는 것으로 확정되었음을 의미하는 것으로 파악할 수 있다.[94] 대법원 2002. 1. 11. 선고 2001다65960 판결은 같은 맥락에서 "피대리자 전원에 의한 추인이 없는 한 … 무효"라고 한다.

나. 표현대리의 인정 여부

지배적 견해와 판례와 같이 친권자가 본조를 위반하여 이해상반행위를 스스로 대리한 경우에는 무권대리가 성립하는 것으로 본다면 — 비록 §126의 '정당한 이유'가 인정되어야 한다는 제한이 붙기는 하지만 — 표현대리도 성립할 수 있는지가 문제되지만 부정적으로 보아야 할 것이다. 표현대리를 인정하는 것은 미성년자 보호라는 본조의 취지와 상반되며 거래안전은 대리권 남용론을 원용하여 어느 정도 보호할 수 있을 것이기 때문이다. 다만 실질적 판단설을 따른다면 거래안전을 보호하기 위하여 표현대리를 인정할 필요가 있을 것이다.[95]

---

88) 日最判 1962(昭 57). 11. 18.
89) 김성수(2003), 101.
90) 대법원 1994. 9. 9. 선고 94다6680 판결, 대법원 2001. 6. 29. 선고 2001다28299 판결 등.
91) 일본의 경우에도 마찬가지라고 한다. 新注民(25), 153(中川淳).
92) 新注民(25), 153(中川淳).
93) 대법원 2013. 1. 24. 선고 2010두27189 판결.
94) 김성수(2003), 112.
95) 大村敦志, 家族法(제3판, 2010), 114.

Ⅳ. 입법론

특별대리인이 친권자의 영향하에 있는 경우가 많기 때문에 본조에 의하여 자녀의 이익을 보호하는 것에는 한계가 있다. 이러한 사정을 감안하여 아예 중요한 법률행위에 대한 대리권 행사에 대해 가정법원의 허가를 받도록 할 필요가 있다는 입법론[96]도 있고 현행법하에서도 家訴規 §68를 활용하여 법원이 특별대리인의 대리권 행사에 대한 제한을 적절하게 부과하면 특별대리인이 친권자의 지인이라 하더라도 미성년자의 이익을 보호할 수 있다는 견해[97]도 있다. 이처럼 본조에 대해서는 비판적인 견해가 지배적이라고 할 수 있다.

본조의 입법취지를 실현하여 미성년자의 재산적 이익을 보호하려면 이해상반성의 인정 범위를 넓히는 것만으로는 부족하고 이해상반행위로 인정되어 친권자의 대리권이 제한된 후의 조치에도 만전을 기해야 한다. 다만 친권자의 권한은 후견인의 권한보다는 넓어야 한다는 요청을 감안한다면 친권자의 이해상반행위로부터 자녀의 재산적 이익을 보호하기 위한 조치를 모색함에 있어서 후견인의 이해상반행위 방지를 위한 현행법상의 제도를 염두에 둘 필요가 있다. 후견인에 대해서는 중요한 재산의 처분 등에 대해서는 이해상반성을 불문하고 일정한 제한하에서 대리권을 행사할 수 있게 하는 것(§950)과 함께 후견인과 피후견인간의 이해상반행위에 대해서도 별도의 제한을 가하여 후견감독인이 있으면 후견감독인이 피후견인을 대리하도록 하고(§940-6 ③), 후견감독인이 없으면 본조를 준용하도록 하고 있다(§949-3).[98] 이러한 후견인의 대리권 제한 범위에 비추어 볼 때, 친권자에 대해 중요재산의 처분 등에 대한 제한요건(법원의 허가이건, 특별대리인의 선임이건)을 설정하는 데는 한계가 있다. §950는 '후견감독인이 있으면' 적용되는데(① 미성년 후견의 경우에도 후견감독인은 필수기관이 아니기 때문에(§940-3 ①)[99] 후견감독인이 선임되어 있지 않으면 미성년 후견인은 누구의 동의도 받지 않고 §950 ① 각호의 행위를 할 수 있다. 따라서 이러한 상황을 그대로 둔 채 친권자에게는 중요재산의 처분 등에 대해 법원의 허

96) 한봉희(1993), 609.
97) 김성수(2003), 114.
98) 2011년 개정 전에는 후견인에 대해서는 이해상반행위에 대해 대리권을 제한하는 규정이 없었지만 가사소송법이 본조의 유추적용을 전제로 후견인과 피후견인 사이의 이해상반행위에 대한 특별대리인 선임절차를 라류 비송사건으로 규정하고 있었다(제요[4-2], 315).
99) 이러한 문제는, 2011년 개정에서 친족회 제도를 폐지하고 그 중심적인 기능인 후견인 감독 사무를 담당할 후견감독인 제도를 신설함에 따라 개정 전 §950의 '친족회'라는 문언을 '후견감독인'으로 바꾸면서 후견감독인은 임의기관임을 간과한 것에서 비롯된 것으로 보인다.

가를 받도록 하는 것은 친권자의 권한을 후견인의 권한보다 더 제한하는 셈이
되어 정당화되기 어려울 것이다.

第922條 (親權者의 注意義務)

> 親權者가 그 子에 對한 法律行爲의 代理權 또는 財産管理權을 行使함에
> 는 自己의 財産에 關한 行爲와 同一한 注意를 하여야 한다.

Ⅰ. 의의

재산관리권은 친권의 일환이기 때문에 친권 자체와 마찬가지로 권리로서
의 성질과 의무로서의 성질을 모두 가진다. 본조는 이러한 친권의 '의무성'을
반영한 것이다.[1] 권리의 본질에 비추어 볼 때 권리 행사에 대해서는 신의칙·
권리남용 금지 원칙에 의한 소극적인 제한은 있어도 권리 행사의 방식에 대한
적극적인 주의의무가 인정될 수는 없기 때문이다.

친권자가 자녀의 특유재산을 관리하는 '재산에 관한 친권'의 행사는 결국
자녀의 사무를 처리하는 것이기 때문에 다른 규정이 있거나 성질에 반하는 경
우가 아닌 한 위임에 관한 조항들이 유추적용될 수 있다.[2] 본조는 부모와 미성
년 자녀 사이라는 긴밀한 인적 관계를 근거로 친권자의 주의의무를 경감시키
는 것으로서 §681의 유추적용을 배제하는 특칙이라고 할 수 있다.

Ⅱ. 적용범위

1. 본조가 적용되는 '친권자'의 범위

본조의 '친권자'에는 §909, §909-2에 의하여 정해진 친권자뿐 아니라 친
권대행자(§910)도 포함된다. 다만 §921에 의하여 선임된 특별대리인에 대해서는
본조가 적용되지 않는다. 후견인이 미성년자의 재산을 관리하는 경우에도 본조

---

1) 新注民(25), 127(中川淳).
2) 新注民(25), 155(中川淳).

가 적용되지 않아서 선량한 관리자의 주의로써 관리할 의무를 진다(§956에 의한 §681의 준용).

2. 양육에 관한 주의의무

자녀의 재산적 법률행위에 대한 대리권과 동의권은 재산관리권으로부터 파생되는 것이기 때문에 이러한 권한 행사에 대해서도 본조가 적용된다. 반면 재산관리와 더불어 친권의 내용을 구성하는 양육에 속하는 사항에 대해서도 주의의무가 경감되는지의 여부에 대해서는 견해가 대립한다. 본조는 문리해석상 재산관리에 대해서만 적용될 수 있기 때문에 이 문제는 결국 양육에 대해서 본조를 유추적용 할 수 있는지의 여부와 관련된다.

제1설은 이를 긍정하면서 본조에 의한 주의의무 경감의 근거를 '특별한 인적 관계'에서 찾는다면 양육에 대해서도 마찬가지의 효과를 인정하여야 함을 논거로 제시한다. 제2설은 재산관리에 대해서는 §921 등에 의한 제한이 있는 것에 비해 양육에 대해서는 전적으로 친권자의 재량에 맡겨져 있음에 비추어 볼 때 양육에 관한 친권행사에 대해서는 어떠한 주의의무도 인정되지 않으며 다만 위법한 친권행사로 인정되는 경우에 그 결과에 대해 불법행위로 인한 손해배상, 친권상실 등의 책임을 지게 될 뿐이라고 한다. 제3설은 양육은 자녀의 복리를 위한 것이기 때문에 그 당부는 사회적으로 요구되는 객관적·추상적 기준에 따라 판단할 필요가 있다고 한다.[3]

이러한 견해들 중에서 제3설이 타당한 것으로 보인다. 우선 제2설에 대해서는 다음과 같은 비판을 가할 수 있다. 친권의 의무성을 인정한다면 어떤 식으로건 의무 이행의 당부 판단을 위한 기준이 필요하다. 또한 제2설이 주장하는 것처럼 '책임'을 지우려면 그 전제로서 '과실'이 인정되어야 하는데 과실의 일반적인 의미가 '주의의무 위반'임을 감안한다면 제2설은 자기모순에 빠져 있는 것이라고 할 수 있다. 다음으로 제1설에 대해서는, 재산관리의 내용은 그 재산의 주체가 미성년자라고 하여 달라질 필요가 없지만 양육에 해당하는 내용은 대상자가 미성년자인 경우에만 등장한다는 것을 간과하였다는 문제점을 지적할 수 있다. 일반적인 사람이라면 자기의 재산의 유지·증가를 위하여 최선을 다할 것이기 때문에 친권자에게 '자기의 재산에 관한 행위와 동일한 주의'를 다하도록 요구하면 자녀의 재산적 이익도 충분히 보장될 수 있고 그 이상의

---

3) 新注民(25), 156(中川淳)은 이 중 제3설이 일본의 지배적 견해라고 한다.

주의를 요구하는 것은 '불가능한 것을 요구'하는 것에 해당할 수도 있다. 반면 양육, 즉 기본적인 의식주와 정신적·신체적 성장에 관한 일련의 사무는 친권자 자신에 대한 기준과 미성년자에 대한 기준이 달라져야 하고 후자에 대해 더 엄격하고 세심한 기준이 적용되어야 함은 말할 필요도 없다.

Ⅲ. 주의의무 위반의 효과

1. 손해배상책임

친권자가 본조의 주의의무를 위반하여 자녀에게 손해를 가하면 이에 대한 배상책임을 진다. 이와 관련하여 두 가지 측면이 문제된다.

우선, 이러한 책임의 법적 성질에 대해서 불법행위책임으로 보는 견해와 친권관계로부터 발생하는 의무 불이행으로 인한 책임이라고 보는 견해가 대립한다.4) 친권의 의무성은 양육에 관한 사항뿐 아니라 재산관리에 대해서도 인정됨에 비추어 볼 때 재산관리를 제대로 하지 못한 것은 §916에 의하여 인정되는 법정채무의 불이행이라고 보아야 할 것이다. 물론 이 경우에 채무불이행 책임과 함께 불법행위 책임도 성립할 수 있다(청구권 경합).

다음으로 부모가 공동친권자인 때에는 주의의무를 위반한 사람만 위의 책임을 지는지도 문제되는데 일본에서는 이를 긍정하는 견해5)가 유력하다. 물론 과실책임의 원칙에 비추어 귀책사유 있는 사람만이 책임을 진다고 하겠지만 부모는 친권을 '공동으로' 행사하는 것임에 비추어 본다면 일방만 책임이 있다고 보는 것은 매우 어색하다. 이러한 문제는 본조가 주의의무를 경감하였기 때문에 발생하는 것이라고 할 수 있다. 선량한 관리자의 주의의무를 다하여야 한다고 본다면 공동으로 재산관리권을 행사하여 자녀에게 손해를 야기한 공동친권자들 중 일방은 주의의무를 위반하였는데 타방은 위반하지 않은 경우를 생각할 수 없기 때문이다.

2. 대리권·재산관리권 상실사유

또한 본조의 의무를 위반하여 재산을 관리하는 것은 '부적당한 관리'에 해당하기 때문에 §925에 의한 대리권·재산관리권 상실의 사유가 될 수 있다.

---

4) 新注民(25), 156(中川淳).
5) 新注民(25), 156(中川淳).

Ⅳ. 평가

§912에 규정된 자녀의 복리 원칙이 친권관계 전반에 대해 적용되는 '최고원리'라고 하려면 양육에 대해서뿐 아니라 재산관리에 대해서도 마땅히 자녀의 복리를 최우선적으로 고려하여야 한다. 따라서 본조가 자녀의 법률행위의 대리권 또는 재산관리권을 행사하는 부모의 주의의무를 경감시키는 것은 이러한 원리와 조화를 이루기 어렵다. 물론 친권자는 자신의 의사나 능력과 무관하게 법률의 규정에 의하여 자녀의 재산에 대한 재산관리권·법정대리권의 주체가 되었기 때문에 일반적인 수준의 주의의무를 그대로 요구하는 것은 무리라고 볼 여지도 있다. 그러나 친권 자체를 사퇴할 수는 없어도 대리권·재산관리권은 사퇴할 수 있기 때문에 만약 친권자가 선량한 관리자의 주의의무를 다할 수 없는 상황이라면 대리권·재산관리권을 사퇴하는 것이 정도일 것이다.

第 922 條의 2 (친권자의 동의를 갈음하는 재판)

가정법원은 친권자의 동의가 필요한 행위에 대하여 친권자가 정당한
이유 없이 동의하지 아니함으로써 자녀의 생명, 신체 또는 재산에 중
대한 손해가 발생할 위험이 있는 경우에는 자녀, 자녀의 친족, 검사
또는 지방자치단체의 장의 청구에 의하여 친권자의 동의를 갈음하는
재판을 할 수 있다.

▌**참고문헌**: 권재문(2014), "친권의 제한 · 정지 제도 도입을 위한 검토사항," 가족법연구 28−1; 윤진수 · 현소혜(2013), "부모의 자녀 치료거부 문제 해결을 위한 입법론," 법조 680.

I. 서론

　　친권 행사에 해당하는 행위의 유형은 매우 다양하지만 이를 크게 법률행
위와 사실행위로 나누어 볼 수 있으며, 전자 즉 법률행위는 다시 대리행위와
동의로 나누어 볼 수 있다. 자녀의 복리를 저해하는 부적절한 친권행사는 사실
행위(신상에 관한 친권행사)인 경우가 대부분이지만 법률행위가 문제되는 사안은
비록 횟수에서는 적을 수 있어도 그 결과는 중대한 경우가 많다. 또한 신상에
관한 친권은 적절하게 행사하고 있는 친권자라 하더라도 대리행위나 동의에
관한 친권을 행사할 때는 능력의 부족 또는 잘못된 신념 등으로 인하여 그릇된
판단을 하는 경우도 있을 수 있다.[1]

　　물론 친권 행사의 일환으로서 행해진 동의나 대리가 자녀의 복리를 해칠
때는 권리남용의 법리에 따라 그 효과를 부정할 수 있고, 경우에 따라서는 유

---

1) 권재문(2014), 35.

기등 치사상죄(刑 §275)나 아동복지법 §17 위반죄(같은 법 §71 참조)로 형사 처벌할 수도 있다. 그러나 이러한 소극적·사후적 구제방법만으로는 자녀의 복리를 충실하게 보장하기 어렵다. 본조는 이러한 상황에 대처하기 위해 2014년 민법 개정2)으로 신설되었지만 친권자의 동의권을 전면적으로 제한하는 것이 아니라 특정한 문제 사안에 대해서만 법원의 재판으로 친권자의 동의를 갈음할 수 있게 하였다.

　이러한 새로운 규율은 친권에 대한 공적 개입은 필요최소한도로 하는 것이 헌법상의 비례원칙에 부합하고 친자관계 회복 가능성을 높여 자녀의 복리 실현에 적합하다는 관점3)을 반영한 것이다.

Ⅱ. 요건

1. 친권자의 동의가 필요한 행위

　본조는 원래 자녀에 대한 의료행위를 위해 친권자의 동의가 필요한데도 친권자가 종교적인 신념으로 이를 거부하는 사안에 대처하기 마련된 것이다.4) 그러나 친권자의 동의를 얻지 못해서 자녀에게 불리한 결과가 초래되는 사안이 여기에 한정되지 않음은 물론이다. 우선 본조의 보호대상인 '자녀의 생명·신체'에는 자녀의 인격적 발달이나 정신건강도 포함되는 것으로 보아야 한다. 따라서 소년법 §49-3의 선도 조건부 기소유예에 대한 동의를 친권자가 정당한 이유 없이 거부하는 경우에도 본조가 적용될 수 있을 것이다. 그렇지만 친족행위에 대한 동의(예를 들어 §808의 혼인동의, §870의 입양동의 등)는 본조의 적용대상이라고 하기 어렵다. 이러한 법률행위에 대한 동의는 친권의 일환이라고 보기 어려울 것이기 때문이다.

　본조의 문리해석상 동의거부가 자녀의 생명·신체뿐 아니라 그의 재산에 대한 중대한 손해를 야기할 우려가 있는 경우에도 적용됨은 명백하다. 여기서 말하는 '재산'은 §916에 의한 자녀의 특유재산을 뜻하는 것이다. 또한 동의 거부의 결과 현존하는 특유재산이 감소되는 경우뿐 아니라 특유재산을 증가시킬 수 있는 기회가 사라지는 것도 본조의 '손해'에 해당한다고 할 것이다. 이처럼 자녀의 특유재산에 영향을 미치는 '동의'의 대상으로는 자녀에게 권리와 동시

---

2) 법률 제12777호, 2014. 10. 15. 일부개정, 2015. 10. 16. 시행.
3) 윤진수·현소혜(2013), 84.
4) 윤진수·현소혜(2013), 84.

에 의무도 발생시키지만 자녀가 얻을 이익이 현저하게 클 것임이 명백한 법률행위를 생각해 볼 수 있다(§5 ① 참조). 반면 친권자가 자녀에 대한 영업허락(§8 ①)을 거부하는 경우에도 본조가 적용될 수 있는지에 대해서는 논란의 여지가 있으나 부정적으로 보아야 한다. 무엇보다도 본조의 문리해석과 조화를 이루기 어렵고 영업의 특성상 자녀에 대한 영업허락 거부가 자녀에게 '손해'를 초래할 것인지의 여부를 예측하기도 쉽지 않을 것이기 때문이다.

2. 정당한 이유 없는 동의 거부

본조는 친권자의 동의 거부에 '정당한 이유'가 없는 경우에만 적용될 수 있다. 본조에서 말하는 '정당한 이유'의 존부는 결국 자녀의 복리 심사를 통해 결정될 수밖에 없을 것이다. 비록 본조가 자녀의 복리 원칙을 직접적으로 언급하고 있지는 않지만 §925-2 ②이 본조는 친권의 일시정지(§924)나 일부 제한 (§924-2)과 더불어 자녀의 복리를 보호하기 위한 것임을 명확하게 규정하고 있기 때문이다.

한편 친권자가 "정당한 이유 없이 동의하지 아니함"의 의미와 관련하여 친권자가 적극적으로 동의를 거부하는 경우뿐 아니라 친권자의 소재불명이나 연락두절로 인해 필요한 동의를 받을 수 없는 경우도 포함되는지가 문제될 수 있으나, 긍정적으로 새겨야 한다. 친권자의 소재불명이나 연락두절은 §924-2의 "특정한 사항에 관하여 친권자가 친권을 행사하는 것이 곤란"한 경우에 해당하는데 이 경우 친권의 일부를 제한할 수 있다. 따라서 이보다 가벼운 공적 개입인 본조의 '동의에 갈음하는 허가'는 당연히 허용된다고 보는 것이 §925-2 ②의 취지에 부합할 것이다.

3. 자녀의 생명·신체·재산에 대한 중대한 손해 발생의 위험

친권자에게 자녀가 당사자이거나 대상인 법률행위에 대한 동의권을 부여한 취지를 최대한 존중하려면 이러한 동의 거부에 대한 공적 개입은 필요최소한으로만 인정되어야 한다. 본조가 '중대한' 손해발생의 위험이 있을 것을 동의를 갈음하는 재판의 요건으로 한 것은 바로 이러한 취지를 반영한 것이다.

다만 위에서 본 것처럼 본조도 자녀의 복리 원칙을 구현하기 위한 것이기 때문에 '중대한 손해 발생의 위험'이 있는지의 여부를 판단할 때도 자녀의 복리를 최우선적으로 고려해야 할 것이다. 특히 생명, 신체, 재산이라는 법익 중 어떤 것이 문제되느냐에 따라 위험의 중대성이나 발생 가능성 판단을 달리해야 한다. 예컨대 친권자의 동의 거부가 자녀의 생명에 영향을 미칠 때는 당연히 '중대한' 손해 발생의 위험성이 인정되고 또한 그 가능성이 조금이라도 인정되면 동의거부의 '정당한 이유'가 인정되기 어려울 것인 반면, 동의 거부로 인해 자녀에게 재산적 손해가 발생하는 사안에서는 예상되는 손해의 정도가 상당히 커야 하고 그러한 결과가 초래될 상당한 개연성이 있어야만 '정당한 이유'가 부인되어야 할 것이다. 만약 이렇게 해석하지 않으면 자녀의 특유재산에 대해서도 친권자에게 자기재산과 동일한 주의의무 하에 포괄적인 재산관리권·대리권을 인정한 것(§916, §920, §922)과 상충하기 때문이다.

Ⅲ. 동의에 갈음하는 재판

1. 절차

가. 청구

위와 같은 요건이 갖추어지더라도 자녀, 자녀의 친족, 검사 또는 지방자치단체장이 청구해야만 동의를 갈음하는 재판이 개시될 수 있다. 특히 본조는 자녀도 재판을 청구할 수 있도록 하였음을 특기할 만하다. 자녀는 더 이상 친권의 '객체' 또는 수동적 당사자가 아니라 자신의 복리를 위해 필요한 공적 개입을 구할 수 있는 능동적인 주체임을 명확하게 하였고[5] 이러한 적극적·능동적 지위를 실효성 있게 보장하기 위해 자녀를 위한 절차상 대리인 제도의 도입이 더욱 절실하게 필요하게 되었음[6]을 보여주기 때문이다.

입법과정에서 두 가지 쟁점이 문제되었다. 첫째로 가정법원이 '직권'으로 본조의 재판을 할 수 있게 할 것인지의 여부가 논의되었다. 필요성을 주장하는 견해는 가정법원의 후견적 기능을 강조하는 최근의 입법 경향을 반영할 필요가 있고 당사자의 청구취지에 구애되지 말고 자녀의 복리를 위해 가장 적절한 조치를 취할 수 있어야 함을 강조하였다. 그러나 이에 대해서는 자녀보호를 위한 후견적 개입은 공익의 대표자인 검사와 사회복지 사무를 관장하는 지방자치단체장의 역할로 맡겨 두는 것이 바람직하고, 당사자가 구하는 청구취지가 자녀의 복리를 실현하기에 부적당하다고 여겨지는 경우에는 법원이 적절하게

---

5) 권재문(2014), 50.
6) 권재문(2014), 51.

석명을 구하여 청구취지를 변경하도록 하면 충분하다는 반론이 제시되었다. 이중 후자가 반영되어 본조의 절차는 청구가 있어야만 개시될 수 있고 법원이 직권으로 개시할 수는 없는 것으로 규정되었다.[7] 둘째로 아동을 충실하게 보호하기 위해 아동복지시설의 장 등도 아동복지법 §18 ④, ⑤에 준하는 절차를 거쳐 직접 법원에 본조의 청구를 할 수 있도록 하자는 의견이 있었으나[8] 채택되지 않았다. 비록 입법자료에 명확하게 나타나 있지 않지만 그 이유는 아동복지법이 적용되는 상황과 본조가 적용될 상황 사이에는 근본적인 차이가 있다는 점에서 찾을 수 있을 것이다. 아동복지법은 '보호대상 아동'[9]에 대해 적용되는 반면 본조는 보호대상 아동에 해당하지 않는 자녀에 대해서도 적용될 수 있다. 전자에 비해 후자는 아동 보호의 필요성이 덜 절실하다고 할 수 있기 때문에 친권의 제한을 위한 청구권자의 범위를 더 좁게 정하는 것이 반드시 부당하다고 보기 어렵다. 또한 보호대상 아동이 아닌 자녀에 대해 아봉복지시설의 장 등이 개입할 수 있는 상황을 생각하기 어렵다는 현실적인 문제도 지적할 수 있다.

나. 재판

본조가 반드시 법원의 재판에 의해서만 '동의를 갈음'할 수 있도록 한 것은 두 가지 의미를 가진다고 볼 수 있다. 첫째로 친권은 인격권적 이익이기 때문에 이를 제한하려면 행정처분(예를 들어 지방자치단체장의 처분)만으로는 부족하고 반드시 법원의 재판을 거치도록 한 것이다. 둘째로 본조가 염두에 두고 있는 사안이 '치료거부' 상황에서 의료기관이 친권자의 동의 없이 치료를 진행하려면 이러한 동의를 갈음하는 공적 개입 조치가 확정적이고 명백하게 행해지는 것이 바람직하다는 점을 반영한 것이다.

2. 효과

동의를 갈음하는 재판의 기본적인 효과는 개별 조문에 규정된 '친권자의 동의'가 있는 것으로 간주된다는 것이다. 이처럼 법원의 인용 재판이 '동의'로 간주되기 때문에 미성년 후견인을 선임하지 않고 곧바로 친권자의 동의가 필요한 조치를 취할 수 있다[10]는 것이 본조의 가장 중요한 기능이라고 할 수 있다. 그 외의 친권자의 권리·의무에는 당연히 아무런 영향을 미치지 못한다. 따

---

7) 권재문(2014), 44~45.
8) 심사보고서, 4.
9) 보호자가 없거나 보호자로부터 이탈된 아동 또는 보호자가 아동을 학대하는 경우 등 그 보호자가 아동을 양육하기에 적당하지 아니하거나 양육할 능력이 없는 경우(아동복지법 §2 iv).
10) 윤진수·현소혜(2013), 54.

라서 본조의 재판으로 특정한 사안에 대한 동의 간주의 효과가 발생하더라도 이러한 잠정적인 상태는 그 후의 친권 행사로 인해 무력해질 수도 있음에 유의해야 한다. 예를 들어 수혈 등의 특정한 치료행위는 본조의 재판에 의해 진행되더라도 그 후 친권자가 거소지정권을 행사하여 자녀를 데리고 가거나 의료계약 해지 의사표시를 법정대리 하면 더 이상 치료가 진행될 수 없게 된다. 이러한 상황에 대처하려면 §924, §924-2에 의한 친권의 일시 정지나 일부 제한 제도를 활용할 수밖에 없을 것이다.[11]

　　본조의 효과와 관련하여 반드시 한 번의 동의만을 갈음할 수 있는지가 문제될 수 있다. 예를 들어 상당한 기간에 걸쳐 여러 번의 치료행위가 예정되어 있는 경우라면 각각의 치료행위에 대해 요구되는 일련의 동의를 본조의 재판으로 갈음할 것인가 아니면 §924-2에 의해 치료행위에 대해서만 친권을 제한해야 할 것인가? §925-2 ②의 보충성을 중시한다면 전자 즉, 본조를 근거로 일련의 동의를 대체하는 재판을 받을 수 있을 것이다.

---

11) 윤진수·현소혜(2013), 85~86.

第 923 條 (財産管理의 計算)

① 法定代理人인 親權者의 權限이 消滅한 때에는 그 子의 財産에 對한 管理의 計算을 하여야 한다.

② 前項의 境遇에 그 子의 財産으로부터 收取한 果實은 그 子의 養育, 財産管理의 費用과 相計한 것으로 본다. 그러나 無償으로 子에게 財産을 授與한 第三者가 反對의 意思를 表示한 때에는 그 財産에 關하여는 그러하지 아니하다.

Ⅰ. 의의

어떤 사람이 자신의 재산에 대한 관리사무를 타인(재산관리인)에게 위임하는 경우에는 부적절한 사무 처리를 방지하기 위한 조치를 마련하는 것이 일반적이며, 위임에 관한 조항들은 이러한 조치에 해당하는 구체적인 내용을 규정한 것이라고 할 수 있다. 한편 법률의 규정에 의하여 재산관리가 개시되는 경우에는 재산의 주체가 스스로 이러한 조치를 취할 수 없기 때문에 재산관리 사무 처리의 감독에 관한 규정(예를 들어, §24, §953 등)을 두고 있는 것이 일반적이다.

친권자도 법률의 규정(제916조)에 의하여 자녀의 재산을 관리하기 때문에 이에 대한 감독이 필요하지만 '권한이 소멸한 때'에 '관리의 계산'을 하는 것으로 충분하다. 따라서 이러한 취지를 규정하고 있는 본조는 법률에 의한 재산관리에 대한 특칙을 규정하여 친권자의 책임을 경감시킨 것이라고 할 수 있다.

여기서 말하는 재산관리의 계산이란 재산관리 사무에 대한 감독의 일환으로서 재산관리의 현황 즉 관리대상 재산 자체의 증감 및 이로부터 발생하는 과실과 이에 대해 지출된 비용을 명확하게 계산하는 것을 의미한다.

Ⅱ. 요건: 친권자의 권한 소멸(본조 ①)

1. 친권자

본조에 의한 관리계산을 할 의무는 친권자가 부담한다. 공동친권자인 경우에는 쌍방이 모두 관리계산 의무를 지지만 일방이 관리계산 의무를 이행하면 타방의 의무는 목적을 달성하여 소멸한다.[1]

2. 권한 소멸

친권자는 그 권한이 소멸하면 자녀의 재산에 대한 관리의 계산을 하여야 한다. 이러한 규정을 반대해석하면 친권자가 친권을 행사하는 동안에는 관리계산을 하거나 이를 보고할 필요는 없다고 할 수 있다.

본조의 '권한 소멸'의 의미에 대해서는 자녀가 성년이 되어 친권이 소멸한 경우만이 해당한다는 견해와 자녀가 성년이 되기 전에 다른 사유(예를 들어 친권 상실, 재산관리권 상실·사퇴, 자녀의 입양 등)로 인하여 친권이 소멸한 경우도 해당된다는 견해가 대립하지만 후자가 타당하다. 자녀가 성년이 되기 전에 친권이 소멸한 경우에는 미성년 후견인이 선임되거나 다른 친권자가 지정되는데 이들이 종래의 친권자가 해온 재산관리의 전모를 파악할 수 있게 해줄 필요가 있기 때문이다.[2]

Ⅲ. 관리계산 의무

1. 시기와 내용

친권자의 권한이 소멸한 경우에 자녀의 재산관리 상황을 신속하게 파악하는 것이 자녀의 복리에 부합할 것이기 때문에 친권자는 지체없이 관리계산을 하여야 한다. 다만 후견인이 1개월 내에 관리계산을 하여야 함을 감안한다면 (§957 ①) 친권자가 1개월보다 짧은 기간 내에 관리계산을 마칠 필요는 없을 것으로 보인다.

계산의 대상은 자녀의 특유재산 자체의 증감 및 이로부터 발생하는 과실과 이에 대해 지출된 비용의 전모인 것이 원칙이다. 다만 본조 ② 본문에 의한

---

[1] 新注民(25), 158(中川淳).
[2] 新注民(25), 158~159(中川淳).

상계간주로 인하여 본항에 의한 관리계산의 대상은 특유재산 자체에 대한 것으로 한정된다. 한편 본조는 관리의 계산을 할 의무만을 규정하고 있으나 친권자의 권한 소멸을 전제하고 있기 때문에 친권자는 재산관리 사무의 종결을 위하여 필요한 다른 의무나 책임도 부담한다. 즉 친권자는 계산결과를 보고하여야 하고 잔여재산을 인도하여야 하며(§683, §684의 유추적용), 종료 후의 재산인도 지연에 대한 지체배상 책임과 부정소비에 대한 가중된 손해배상책임 등도 부담하여야 한다(§958의 유추적용).

이러한 의무 이행의 상대방은 자녀가 성년이 되어 친권이 소멸한 때에는 자녀이고 그 외의 경우에는 후임자인 미성년 후견인 또는 친권자이다.

2. 상계간주 (본조 ② 본문)

재산관리의 종료로 인한 관리계산의 대상에는 관리대상인 재산뿐 아니라 이것으로부터 발생하는 과실과 이에 대해 지출된 비용도 포함되는 것이 원칙이다. 그러나 본조 ② 본문은, '자녀의 재산으로부터 수취한 과실'은 '자녀의 양육과 재산관리의 비용'과 상계한 것으로 간주하고 있기 때문에 여기에 해당하는 가액은 관리의 계산에서 제외된다.

가. 양육·재산관리 비용상환의무의 귀속

본항은 양육과 재산관리를 위한 비용 즉 친권 행사를 위한 비용을 자녀가 부담하는 것으로 전제하고 있다.[3] 이러한 규율은 친권의 의무성에 비추어 보더라도 큰 문제는 없는 것으로 여겨진다. 왜냐하면 위임의 경우를 보더라도 타인의 사무를 처리할 의무를 진 수임인의 의무는 '사무의 처리'에 그치고 이를 위한 비용은 위임인이 전보해 주어야 하는 것(§688)이기 때문이다.

나. 상계간주의 의미

본항의 상계간주에 대해서는 다음과 같은 해석론이 유력하다.[4] 즉 본조는 친권자의 비용상환청구권과 자녀의 과실반환청구권을 소멸시키는 것을 목적으로 하기 때문에 §492의 상계의 요건과 무관하게 적용된다. 따라서 두 채권이 실제로 발생하였는지의 여부를 묻지 않고 동종인지의 여부도 따지지 않으며 대등액에서 상계되는 것도 아니라는 것이다. 또한 자녀의 특유재산이 없거나 특유재산으로부터 과실이 수취되지 않았더라도 친권자는 자녀에게 비용상환을

---

3) 新注民(25), 159(中川淳).
4) 일본의 통설로서 구체적인 출처는 新注民(25), 159(中川淳).

요구할 수 없고, 반대로 특유재산으로부터 수취된 과실의 가치가 양육·재산관리의 비용을 현저하게 초과하더라도 자녀는 그 차액의 반환을 요구할 수 없다.

　　이러한 해석론은 입법의 연혁에 충실한 것이기는 하지만 자녀의 특유재산으로부터 비롯된 과실에 대한 친권자의 수익권을 인정한 것과 마찬가지의 결과가 되어 버린다. 최근에는 이러한 상황을 '부모를 위한 친권' 개념의 잔재라고 비판하면서 '자녀를 위한 친권'을 구현하기 위하여 이제는 친권자의 수익권을 부정하고 고유한 의미의 상계 즉 '대등액에서' 상계하는 것으로 해석하여야 한다는 견해5)도 나타나고 있다. 그러나 이에 대해서는 이론상으로는 타당하지만 자녀가 성년에 이르기까지 장기간에 걸쳐 지출된 비용을 산출하는 것은 실제로 쉽지 않을 것이라는 현실적인 문제를 지적할 수 있다.

　　이 문제는 친권과 관련된 법제 전반의 문제, 즉 부모의 친권 행사에 대해서는 — 양육에 속하는 사항은 물론 재산관리에 관한 사항에 대해서도 — 전적으로 친권자 자신의 재량에 맡겨두고 있다는 사정에서 비롯되는 것이다. 따라서 입법론적으로 미성년 자녀의 특유재산(또는 그 과실)이 부동산 등과 같이 상당한 가치가 있는 것인 경우에는 그 처분이나 관리에 대해 법원의 감독을 받도록 하는 방안을 모색할 수 있을 것이다. 현행법의 해석상으로는 친권자가 실제로 지출한 양육·재산관리 비용에 비해 자녀의 특유재산으로부터의 과실의 가액이 현저하게 높은 경우에 자녀의 이익을 보호하기 위하여 비용으로 지출되지 않은 부분을 친권자가 자기계약의 방식으로 자신에게 증여하는 것으로 파악하여 §921를 적용하는 방안을 생각해 볼 수도 있을 것이다.

3. 상계간주에 대한 예외 (본조 ② 단서)

　　제3자가 무상으로 자녀에게 재산을 수여하면서 반대의 의사를 표시한 경우에 이 재산으로부터 발생하는 과실에 대해서는 본항 본문의 상계간주가 적용되지 않는다. 따라서 친권자는 관리계산을 위하여 양육과 재산관리를 위하여 지출한 비용의 가액과 미성년자가 제3자로부터 무상수여받은 재산으로부터 수취한 과실의 가액을 계산하여야만 한다. 다만 본항 단서가 적용되더라도 친권자의 과실반환의무가 금전채무인 때에는 §492 이하에 의한 상계는 가능하다고 볼 것이다. 물론 그 효과는 대등액에 대해서만 적용된다.

　　제3자의 '반대 의사표시'의 시기, 방법에 대해서는 §918 註釋 참조.

---

5) 新注民(25), 160(中川淳).

第 3 款   親權의 喪失

[前註]

▋**참고문헌**: 권재문(2014), "친권의 제한·정지 제도 도입을 위한 검토사항," 가족법연구 28-1; 김상용(2002), "친권상실선고제도의 문제점," 가족법연구[Ⅰ]; 박주영(2010), "최근 일본의 친권 제한에 관한 개정 논의의 소개 및 그 시사점," 가족법연구 24-3; 윤진수·현소혜(2013), "부모의 자녀 치료거부 문제 해결을 위한 입법론," 법조 680; 제철웅(2006), "친권과 자녀의 권리의 충돌과 그 조정방향: 자의 인권을 중심으로," 아세아여성법학 9.

Ⅰ. 친권의 소멸사유

친권은 미성년 자녀의 복리를 위하여 인정되는 권리·의무이다. 이처럼 친권은 수단으로서의 성질을 가지고 있기 때문에 ⓐ 친권이 더 이상 필요하지 않게 되거나 ⓑ 친권자가 친권을 행사하기에 적합하지 않게 된 경우에는 유지될 수 없다. ⓐ의 경우에 친권관계 자체가 절대적으로 소멸하게 되는데 그 예로는 자녀가 성년이 되었거나(혼인에 의한 성년의제의 경우를 포함한다), 자녀가 사망(실종선고의 경우를 포함한다)한 경우를 들 수 있다. ⓑ의 경우에는 특정한 친권자의 친권은 소멸하지만 자녀에 대한 보호가 계속되는 경우로서 부모 중 일방이 단독 친권자가 되는 경우(§909 ④·⑤, §909-2 ①), 친권자가 변경되는 경우(§909 ⑥), 자녀가 입양되거나(§909 ① 2문) 파양되는 경우(§909-2 ②), 친권자가 친권상실 선고를 받은 경우(§924) 등을 들 수 있다.

자녀 보호의 필요성이 없게 되는 ⓐ의 경우와는 달리 ⓑ의 경우에는 특정한 사람의 친권이 소멸하더라도 자녀 보호의 필요성은 그대로이기 때문에 친권자가 변경되거나 후견인이 선임되어야만 한다. 이처럼 친권의 상대적 소멸사유는 보호자의 변경을 초래한다. 따라서 자녀의 복리에 적합한 경우에만 인정되어야 하고 이를 적절하게 판단하기 위하여 법원의 심사 절차를 거치도록 할 필요가 있다.

Ⅱ. 친권의 일시 정지와 일부 제한

민법 제정 당시의 친권은 자녀에 대한 부모의 권리로서의 성질이 더 강했기 때문에 이러한 친권에 대한 제한이나 박탈은 자녀 보호를 위한 것이라기보다는 권리남용에 대한 제재의 일종에 가까웠다고 할 수 있다. 그러나 현행법상의 친권은 — 의무성과 함께 권리성을 인정하더라도 — 자녀의 복리에 적합하게 행사되어야 한다는 내재적·본질적 한계를 가진다.

이러한 자녀의 복리 원칙은 친권자뿐 아니라 공권력에 대해서도 적용되기 때문에 친권관계의 성립이나 친권 행사에 대한 공적 개입도 자녀의 복리 원칙에 부합하는 경우에만 정당성이 인정될 수 있다. 따라서 친권 행사에 대한 공적 개입은 '전면적으로 개입하거나 전혀 개입하지 않는' 양 극단 중 하나이어서는 안 되고 '필요한 상황하에 필요한 만큼'인 경우에만 그 정당성이 인정될 수 있다. 그러나 2014년 민법 개정 전에는 친권 상실 제도와 대리권·재산관리권 상실 제도만 규정되어 있었기 때문에 친권의 부적절한 행사로 인하여 자녀의 복리가 저해되어도 공권력의 '전면적 개입'이 정당화될 수 있을 정도에 이르기 전까지는 '전적인 불개입'에 머무를 수밖에 없어서 자녀의 복리를 제대로 실현하지 못하는 상황이 자주 발생하였다.1)

2014년 민법 개정2)으로 도입된 '친권자의 동의를 갈음하는 재판(§922-2),' '친권의 일시 정지(§924),' '친권의 일부 제한(§924-2)' 등은 바로 이러한 문제를 해결하기 위한 것이다. 즉 그 입법취지는 친자관계와 관련된 구체적인 사정과 문제된 사안의 특성을 반영하여 필요최소한만 친권을 제한하기 위한 제도를 도입함으로써 한편으로는 친권에 대한 과도한 개입을 억제하고 다른 한편으로는 문제 상황이 해결된 후의 친자관계 회복과 원가정 양육을 촉진한다는 것이다.3) 2014년 개정은 부모의 치료거부로 인해 자녀의 생명·신체에 위해가 초래

---

1) 2014년 개정 전의 법상황에 대한 비판론으로는 윤진수·현소혜(2013), 50~52; 박주영(2010), 365; 제철웅(2006), 124~125, 136 등.
2) 법률 제12777호, 2014. 10. 15. 일부개정, 2015. 10. 16. 시행.
3) 권재문(2014), 34. 법무부장관의 제안설명도 같은 취지이다. 법제사법위원회(2014), 민법 일부 개정안 심사보고서, 2 참조.

될 우려가 있는 상황에 대처하기 위한 입법론적 제안[4]을 기초로 법무부 친권
제한·정지제도 도입 개정위원회에서 검토하여 작성한 원안[5]을 국회 법제사법
위원회 심의과정에서 일부 수정하여 마련된 것이다. 다만 이 과정에서 원안이
실질적으로 변경되지는 않았다고 할 수 있는데 법제사법위원회 수정안 중 자
구수정 외의 내용은 원안의 조문의 위치를 이동한 것(§925-3은 원안 §924-3이었
음)뿐이기 때문이다.

---

4) 윤진수·현소혜(2013), 82 이하.
5) 2014. 4. 13. 제안(의안번호 1910017).

第 924 條 (친권의 상실 또는 일시 정지의 선고)

① 가정법원은 부 또는 모가 친권을 남용하여 자녀의 복리를 현저히
해치거나 해칠 우려가 있는 경우에는 자녀, 자녀의 친족, 검사 또는
지방자치단체의 장의 청구에 의하여 그 친권의 상실 또는 일시 정
지를 선고할 수 있다.

② 가정법원은 친권의 일시 정지를 선고할 때에는 자녀의 상태, 양육
상황, 그 밖의 사정을 고려하여 그 기간을 정하여야 한다. 이 경우
그 기간은 2년을 넘을 수 없다.

③ 가정법원은 자녀의 복리를 위하여 친권의 일시 정지 기간의 연장이
필요하다고 인정하는 경우에는 자녀, 자녀의 친족, 검사, 지방자치
단체의 장, 미성년후견인 또는 미성년후견감독인의 청구에 의하여
2년의 범위에서 그 기간을 한 차례만 연장할 수 있다.

[전문개정 2014.10.15.] [시행일 : 2015.10.16.]

▌**참고문헌**: 권재문(2014), "친권의 제한·정지 제도 도입을 위한 검토사항," 가족법연구 28-1; 김유미(1997), "현행 친권상실선고제도의 문제점과 대응책," 가족법연구 11; 송현경(2003), "친권상실에 관한 소고," 재판자료 101: 가정법원사건의 제문제(상); 윤진수·현소혜(2013), "부모의 자녀 치료거부 문제 해결을 위한 입법론," 법조 680; 최금숙(2003), "아동학대와 친권상실제도에 관한 고찰," 법학논집 8-1.

Ⅰ. 서론

친권은 권리로서의 성질뿐 아니라 의무로서의 성질도 함께 가지고 있으나 후자가 더 강한 것으로 이해하는 것이 지배적 견해[1]이다. 이러한 친권의 의무

---

1) 김주수·김상용, 426.

성은 부모의 양육을 받으며 건강하게 성장하는 것은 미성년자의 인격권적 이익으로서 보장된다는 것에서 비롯되며 자녀의 복리 원칙으로서 구현되어 있다. 그러나 친권의 권리성도 부모의 인격권적 이익이라는 고유한 근거를 가지는 것으로서 독자적인 보호가치를 가진다. 친권상실·정지 제도는 바로 이러한 친권의 두 가지 성질과 이들 사이의 관계를 보여주는 것이라고 할 수 있다. 우선 친권은 어디까지나 부모의 권리이기 때문에 국가도 함부로 개입할 수 없고 예외적인 경우에 한하여 엄격한 절차에 따라서만 개입할 수 있다. 이러한 맥락에서 본조는 친권자가 친권을 남용하여 자녀의 복리를 현저하게 해치거나 해칠 우려가 있는 경우에 한하여 법원의 재판에 의해서만 친권을 상실시키거나 일정한 기간 동안 정지시킬 수 있도록 하고 있는 것이다. 그런데 친권 상실·정지에 이르게 하는 사유는 결국 친권자로서의 의무 이행 여부 즉 자녀의 복리에 적합하도록 친권을 행사하였는지의 여부라고 할 것이고 여기서 친권의 의무성이 다시 전면으로 나오게 된다.

　　요컨대 친권은 미성년인 자의 양육과 감호 및 재산관리를 적절히 함으로써 그의 복리를 확보하도록 하기 위한 부모의 권리이자 의무의 성격을 갖는 것이다. 따라서 친권상실·정지 선고사유의 해당 여부를 판단함에 있어서도 친권의 목적은 자녀의 복리보호임이 기초가 되어야 할 것이다.[2] 이렇게 본다면 본조는 자녀의 이익, 부모의 이익, 국가의 이익이라는 세 가지 이익의 형량에 의해 합리적으로 운용되어야 할 것이다.[3]

II. 요건

1. 친권상실·정지 사유

가. 친권의 남용

(1) 의미

'친권의 남용'은 자녀양육이나 재산관리에 관한 권한을 친권의 본래 취지나 목적에 부합하지 않는 방법으로 부당하게 행사하거나(적극적 남용) 이러한 권한의 행사가 필요한데도 의도적으로 이를 행사하는 것(소극적 남용)을 뜻한다. 어떠한 경우이건 '남용'이 있었는지의 여부는 자녀의 복리에 반하는지의 여부

---

2) 대법원 1993. 3. 4. 자 93스3 결정 참조.
3) 김유미(1997), 340.

에 따라 결정된다.

적극적 남용의 예로는 자녀의 성장·발달에 악영향을 미치는 방법으로 양육하는 것, 사회통념상 허용되는 범위를 넘어 미성년자인 자녀에게 가혹한 징계를 가하는 것, 부적당한 거소를 지정하는 것 등을 들 수 있고 소극적 남용의 예로는 의식주를 제공하지 않거나 자녀와의 정서적 교류를 거부하고 냉대하는 것(이른바 '방임') 등을 들 수 있다.

재산관리도 친권의 일부이기 때문에 친권자가 자녀의 특유재산과 관련하여 자녀에게는 손해를 끼치고 친권자 자신 또는 제3자에게는 이익을 주는 방식으로 재산관리권·대리권을 행사하는 경우도 친권의 남용에 해당한다. 그러나 부적절한 재산관리권·대리권 행사로 인하여 자녀의 특유재산에 대해서 손해를 끼쳤다는 것만으로는 부족하고 이로 인하여 자녀의 생존이나 발달에 위험을 초래하였다고 볼 수 있을 정도이어야만 본조의 친권상실·정지의 사유가 될 수 있다.[4] 다만 재산관리권의 남용이 인정되면 §925에 의한 재산관리권·대리권 상실사유가 될 수 있으며 이보다 경미한 경우에도 권리남용의 일반적 효과로서 문제된 대리행위만을 무효로 할 수도 있다. 판례[5]도 친권자가 만 8세 남짓한 자녀의 특유재산을 자녀를 대리하여 제3자에게 증여한 사안에서 이러한 행위는 친권자의 법정대리권의 남용으로서 이로 인한 "법률행위의 효과가 미성년인 자에게 미치지 아니한다고 하여 그 친권자의 친권이 상실되어야 하는 것은 아니"라고 하였다.

(2) 2014년 개정에 대한 평가

2014년 개정 전에는 친권의 남용뿐 아니라 '현저한 비행'이나 '기타 중대한 사유'도 친권 상실 선고의 객관적·외적 요건으로 규정되어 있었다. 개정법이 이 중 '현저한 비행'을 삭제한 것은 타당하다고 할 수 있다. 이 요건은 친권자의 행위가 자녀의 인격형성에 악영향을 미칠 정도로 윤리적으로 비난의 대상이 되는 것을 의미하는 것으로 해석되었는데[6] 부모에 대한 윤리적 비난 가능성과 그러한 부모의 친권 행사가 자녀의 복리를 저해하는지의 여부는 별개의 문제이기 때문이다. 판례도 친권자가 '현저한 비행'에 해당하는 행위를 했더라도 다른 사람으로 하여금 친권을 행사하거나 후견을 하게 하는 것이 자녀의 복리를 위하여 보다 낫다고 인정되는 경우가 아니라면 섣불리 친권상실을 인

---

4) 제요[4-2], 559~560; 송현경(2003), 495.
5) 대법원 1997. 1. 24. 선고 96다43928 판결.
6) 제요[4-2], 560; 최금숙(2003), 93.

정하면 안 된다고 하였다.[7]

그러나 후자를 삭제한 것에 대해서는 논란의 여지가 있다. 본조의 '친권
남용'은 가치판단을 전제한 개념이기 때문에 친권자의 귀책사유와 무관한 기타
중대한 사유(전형적인 예로서 행방불명)로 인해 친권자에게 친권을 행사하게 하는
것이 자녀의 복리를 현저히 해칠 우려가 있어도 본조의 객관적 요건이 충족되
었다고 보기 어렵게 되었기 때문이다.[8] 물론 §925-2 ①에 반영된 비례원칙에
비추어 친권자에게 귀책사유가 없는 경우에는 친권 상실 선고까지는 할 수 없
다고 볼 여지도 있다. 그러나 같은 조 ②은 본조의 친권 일시 정지와 §924-2의
친권의 일부 제한은 경중을 가릴 수 없는 대등관계에 있음을 전제한다.[9] 따라
서 친권 '남용'이라고 보기 어려운 사정으로 인해 자녀의 복리를 해칠 우려가
있으면 친권의 일시 정지 선고라도 할 수 있도록 하는 해석론을 개발할 필요가
있을 것이다. 특히 '기타 중대한 사유'는 민법 제정과정에서 "千變萬化의 社會
實情에 適合할 수 있게" 하기 위하여 추가된 것으로서[10] 친자관계에 대한 가치
관 변화에 유연하게 대처할 수 있게 해주는 기능도 수행한다는 것을 간과하면
안 된다. 따라서 이 사유는 친권을 유지시키는 것이 자녀의 복리에 반하는 경
우에는 친권상실 사유가 된다는 취지를 규정한 것으로서 친권상실 사유에 대
한 일반조항이라고 평가할 수도 있을 것이다.

종래의 해석론에 의하면 기타 중대한 사유의 예로는 친권자의 행방불명이
나 생사불명, 중병·정신병에 의한 장기입원, 심신상실, 복역 등이 있고, 그 밖
에 친권 행사를 게을리하는 정도를 넘어서 자녀를 보호·양육하지 아니하고 재
산관리도 하지 아니한 채 장기간 방치하고 있어서 자녀의 양육과 재산관리를
맡기는 것이 심히 부적당하다고 인정되는 경우도 포함된다.[11] 또한 성적 학대
도 여기에 포함된다는 견해[12]가 있으나 '현저한 비행'에 해당하는 것으로 보아
야 할 것이다. 판례[13]는 모가 가출하여 장기간 자녀를 돌보지 않았고 부의 교
통사고에 대한 보상금을 전부 수령하여 소비하는 등 자녀의 부양에 대해 전혀
노력하지 않았으며 자녀도 조부의 양육을 희망하고 있음을 이유로 '중대한 사

7) 대법원 1993. 3. 4. 자 93스3 결정.
8) 김유미(1997), 341은 개정 전 본조의 '기타 중대한 사유'는 귀책사유와 무관하게 인정될 수 있
다고 하였다.
9) 권재문(2014), 38.
10) 민법안심의록, 544.
11) 제요[4-2], 561.
12) 최금숙(2003), 95.
13) 대법원 1991. 12. 10. 선고 91므641 판결.

유'가 있다고 하였다. 이 사례는 친권남용이나 현저한 비행에 해당하지는 않지만 친권의 부적절한 행사라고 볼 수 있는 행위들이 누적되면 '중대한 사유'가 될 수 있음을 시사하고 있다.

나. 자녀의 복리를 현저히 해치거나 해칠 우려가 있을 것

친권의 남용이라는 외적·객관적 요건이 인정되더라도 이러한 행위가 자녀의 복리를 현저히 해치거나 해칠 우려가 있음이 인정되어야만 친권의 상실 또는 일시 정지 선고를 할 수 있다.

이러한 규범적 요건의 기본적인 의미는 §924-2와 같으므로 해당 부분을 참조하면 될 것이다. 다만 본조는 §924-2와는 달리 '현저히'라는 수식어가 붙어 있음에 유의해야 한다. 즉 친권의 남용이라고 인정되더라도 이러한 행위가 자녀의 복리에 미치는 해악이 현저하지 않으면 친권 상실 선고를 할 수는 없다. 다만 이러한 경우에 친권의 일부 제한은 가능하다고 할 것이다. 친권 남용은 §924-2에서 말하는 '친권 행사가 부적당한 사유'로 인정될 수 있으며 자녀의 복리에 미치는 해악 또는 그 우려만 있으면 그 정도가 현저하지 않아도 되기 때문이다.

다만 이렇게 본다면 §925-3 ②이 본조에 의한 친권의 일시 정지와 §924-2의 친권의 일부 제한이 친권에 대한 공적 개입의 정도라는 면에서 대등한 것으로 전제하고 있는 것과 상충하는 면이 있다. 본조의 문리해석상 친권의 일시 정지 선고도 자녀의 복리를 해치거나 해칠 우려가 있다는 것만으로는 부족하고 그 정도가 '현저'해야만 가능할 것이기 때문이다.

다. 보충성

본조의 친권 상실 선고와 친권의 일시정지 선고, §924-2의 친권의 일부 제한, §922-2의 동의를 갈음하는 재판 사이에는 보충성이 인정된다. 구체적인 내용은 §925-2 註釋 참조.

2. 당사자

가. 청구권자

친권상실·정지 선고 청구는 자녀, 자녀의 친족, 검사 또는 지방자치단체의 장이 할 수 있다. 친권상실선고 청구권은 자녀의 복리를 위한 공익적인 성격을 가지기 때문에 임의로 포기할 수 없다. 따라서 친권자에 대해 친권상실선고 청구를 하지 않겠다는 의사표시를 하였던 본조의 청구권자도 청구인적격이 인정

되며 그의 친권상실 선고가 모순행위 금지의 원칙에 저촉되는 것도 아니다.14)

본조에 의한 친권 상실이나 친권의 일시 정지 선고도 — §922-2의 동의를 갈음하는 재판이나 §924-2의 친권의 일부 제한의 경우와 마찬가지로 — 자녀, 자녀의 친족, 검사 또는 지방자치단체의 장의 청구에 의한 재판을 거쳐야만 한다. 청구권자의 범위와 입법과정에서의 논의는 §922-2와 같다.

다만 본조의 청구권자의 범위에 대해서는 의문의 여지가 있다. §922-2나 §924-2가 적용될 사안들과는 달리 본조는 친권의 일부 제한 선고에 따라 특정한 사항에 대한 미성년후견이 개시된 경우에도 적용될 수 있다. 이 경우 친권자가 자신에게 유보된 특정한 사항에 대한 친권을 행사하는 것이 자녀의 복리를 현저히 해치거나 해칠 우려가 있는 경우도 얼마든지 있을 수 있다. 그렇지만 본조의 문리해석상 친권 중 일부에 한정된 후견인이나 후견감독인은 친권상실이나 친권자에게 유보된 사항에 대한 일시 정지 청구를 할 수 없다. 2011년 개정으로 법정후견제도가 폐지되고 선임후견제도가 도입되었기 때문에 자녀의 친족 아닌 미성년후견인도 얼마든지 등장할 수 있음에 비추어 볼 때 이러한 현재의 법상황에 대해서는 재고의 여지가 있다고 생각된다.

나. 상대방

친권상실·정지 선고 절차의 상대방은 본조의 사유에 해당하는 행위를 한 친권자이다(家訴規 §101 ① 참조). 부모가 공동으로 친권을 행사하는 경우에도 친권상실 여부는 개별적으로 판단해야 한다. 따라서 부모 모두에 대한 친권상실·정지 선고 청구는 두 개의 사건이 병합된 것이라고 보아야 한다.15)

Ⅲ. 절차

1. 개관

2014년 개정법을 반영하여 개정된 가사소송법은 신설된 제도를 모두 마류 가사비송사건으로 규정하고 있다. 따라서 본조에 의해 도입된 친권의 일시 정지 재판은 물론 §924-2의 친권의 일부제한이나 §922-2의 동의를 갈음하는 재판 절차에 대해서도 개정전 §924에 의한 친권상실 재판 절차에 관한 규율이 그대로 적용될 것이다.

---

14) 제요[4-2], 558.
15) 제요[4-2], 559.

가. 총론

친권상실선고 절차는 마류 비송사건이기 때문에 家訴 §50의 문리해석상 조정전치주의가 적용된다. 그러나 친권상실 선고 절차는 당사자가 임의로 처분할 수 없는 사항을 대상으로 하기 때문에 친권상실 선고 청구를 포기하거나 반대로 친권상실을 용인하기로 하는 것을 내용으로 하는 조정은 허용될 수 없다. 따라서 조정절차의 실질적인 기능은 친권 상실 사유를 치유하여 자녀의 복리를 도모하는 것이라고 보아야 한다. 특히 조정절차를 활용하여 자녀의 의견을 청취함으로써 이러한 절차가 결여되어 있는 입법의 불비를 보완할 필요가 있다. 입법론적으로는 자녀의 의견을 존중하여야 함을 명시하는 규정을 도입하여야 할 것이다(아동복지법 §18 ③ 참조).

나. 사전처분

본조의 청구가 있는 경우라면 친권자가 자녀를 양육하거나 그 재산을 관리하는 것이 자녀의 복리를 저해할 우려가 있는 것이 일반적이다. 이러한 경우에 가정법원, 조정위원회 또는 조정담당판사는 자녀의 특유재산 보존을 위한 처분이나 자녀의 감호(監護)와 양육을 위한 처분 등 적당하다고 인정되는 사전처분을 할 수 있는데(家訴 §62 ①), 본조의 절차와 관련된 사전처분은 친권의 전부 또는 일부에 대한 친권자의 권한 행사를 정지시키고 자녀의 보호의 공백을 방지하기 위하여 이를 대행할 임시 대행자를 선임하는 것이다(家訴規 §102 ①).

이 경우 상대방이 행방불명이어서 공시송달로 사건이 진행되거나 상대방이 사건본인에 대한 친권을 사실상 포기하여 실질적으로 다툼이 없는 사건의 경우에는 청구인을 대행자로 선임하여도 무방하나, 그렇지 않은 경우에는 청구인과 친권자에 대해 중립적인 위치에 있는 자를 대행자로 선임하는 것이 바람직하다.16)

사전처분에 의하여 선임된 친권대행자에게는 자녀의 재산 중에서 상당한 보수를 지급할 것을 명할 수 있다(家訴規 §102 ②). 또한 친권대행자는 법원의 허가가 없는 한 친권자의 통상적인 업무범위를 넘는 행위나 관리의 범위를 넘는 처분행위 등을 할 수 없다.17) 한편 친권대행자의 지정은 대외적으로 공시할 필요가 있으므로 가족관계등록부에 기록할 것을 촉탁하여야 한다(家訴規 §5 ① iv·②).

---

16) 제요[4-2], 566~567; 송현경(2003), 510.
17) 제요[4-2], 567; 송현경(2003), 511.

다. 재판

본조의 재판은 확정되어야만 효력이 생기는데(家訴 §40 단서, §43) 청구를 기각한 심판에 대하여는 청구인이 즉시항고를 할 수 있고(家訴規 §94 ①) 청구를 인용한 심판에 대하여는 상대방 또는 자녀의 친족이 즉시항고를 할 수 있기 때문이다(家訴規 §103). 청구를 인용한 심판이 확정되어 효력을 발생한 때에는 이러한 사실이 가족관계등록부에 기록되어야 하는데 이를 위하여 친권자가 그 내용을 신고하여야 한다(家登 §79 ②). 그러나 이러한 신고가 꼭 필요한지는 의문인데 가정법원의 법원사무관등은 자녀의 등록기준지의 가족관계등록사무를 처리하는 사람에게 그 가족관계등록부에 기록할 것을 촉탁하여야 하기 때문이다(家訴規 §5 ① i).

라. 후견인 선임

가정법원은 친권상실의 선고나 대리권 및 재산관리권 상실의 선고에 따라 미성년후견인을 선임할 필요가 있는 경우에는 직권으로 미성년후견인을 선임하여야 한다(제932조 ②). 이러한 직권 후견인 선임 제도는 미성년자에 대한 보호의 공백을 방지하기 위하여 2011년에 도입된 것으로서 타당한 입법이라고 할 수 있다.

2. 대리권·재산관리권 상실선고와의 관계

대리권·재산관리권은 친권의 일부이기 때문에 이러한 권한을 함부로 행사하더라도 친권상실 사유가 될 수 있음은 물론이다. 그런데 이러한 권한의 남용을 이유로 한 친권상실 선고청구 사건에서 구체적인 사실관계를 심리한 결과 재산관리의 부적절성이 본조의 친권상실 사유가 되기에는 부족하지만 §925의 대리권·재산관리권 상실선고의 사유가 되기에는 충분하다고 인정되는 경우가 있을 수 있다. 이러한 경우 가정법원이 본조 대신 §925의 대리권·재산관리권 상실선고를 할 수 있는지가 문제된다. 또한 반대로 §925의 청구가 있었으나 본조의 사유가 인정되는 경우에 친권상실·정지 선고를 할 수 있는지도 마찬가지로 문제될 수 있다. 이에 대해서는 견해가 대립하는데 부정설은 법원이 청구취지와 다른 재판을 할 수 없다는 원칙을 강조하며 긍정설은 가정법원의 후견적 기능을 강조한다. 한편 절충설은 전자 즉 본조의 청구가 있었으나 §925의 선고를 하는 것은 일부인용에 해당하기 때문에 허용되지만 반대의 경우는 허용될 수 없다고 한다. 이들 중 절충설이 지배적 견해이고 실무의 태도이기도 하다.[18] 입법론적으로는 법원이 직권으로 본조와 §925의 재판을 할 수 있도록 함으로써 당사자의 청구취지에 구애되지 않고 자녀의 복리를 위하여 가장 적절한 재판을 할 수 있는 길을 열어줄 필요가 있을 것이다.

Ⅳ. 효과

1. 친권상실

친권상실 청구를 인용하는 재판이 확정되면 친권자는 친권자로서의 모든 권리·의무를 상실한다. 따라서 공동친권자 중의 한쪽이 친권을 상실하면 다른 쪽이 단독친권자로 되고 다른 한 쪽이 없거나 친권을 행사할 수 없는 경우와 공동친권자 전원이 친권을 상실한 경우에는 후견이 개시된다. 다만 단독친권자가 친권을 상실하였는데 친권자 아닌 다른 쪽 부모가 친권을 행사할 수 있는 경우에는 다른 쪽이 당연히 단독친권자가 되는 것은 아니고 법원이 자녀 복리 심사를 거쳐 그를 친권자로 지정하거나 후견인을 선임할 수 있다(§927-2 ① i).

본조의 재판에 의한 친권상실의 범위와 관련하여, 친권을 상실한 부모는 친권과 별개로 부모의 지위 자체로부터 비롯되는 권리인 혼인·입양 등에 대한 동의권도 행사할 수 없게 되는지가 문제된다. 이와 관련하여 지배적 견해는 이러한 동의권도 모두 상실하게 된다고 하는데[19] 친권상실 사유가 인정되는 부모라면 자녀의 장래와 관련하여 중요한 의미를 가지는 판단을 자녀의 복리에 적합하게 할 것으로 기대하기 어렵다고 보기 때문인 듯하다. 그러나 친권을 상실하면 이러한 동의권도 당연히 행사할 수 없다고 보는 것은 의문이다. 자녀의 복리 원칙은 친권뿐 아니라 미성년 자녀의 신상과 관련된 모든 사항에 대해 적용되는 것이지만 이 원칙은 추상적·일반적인 판단보다는 구체적 사정에 따른 개별적 판단에 기초하여야 한다. 따라서 보호·양육이나 재산관리를 제대로 할 수 없음이 인정되었더라도 이러한 판단을 근거로 곧바로 동의권도 제대로 행사할 수 없을 것이라고 단정하면 안 된다. 또한 이러한 동의권을 인정하더라도 자녀의 복리 실현에 별다른 지장을 주지 않는다는 점도 고려하여야 한다. 우선 미성년 입양에 대해서는 가정법원의 허가가 필요하기 때문에 친권을 상실한 부모가 함부로 자녀를 입양시키는 것은 방지할 수 있고(§867) 반대로 입양에 필

---

18) 제요[4-2], 564.
19) 제요[4-2], 568.

요한 동의를 정당한 사유 없이 거부할 때에는 동의 없이도 입양을 시킬 수 있다(§870 ②, §908-2 ②). 또한 혼인 동의를 거부하더라도 혼인 무효사유가 아니라 혼인 취소사유에 불과하기 때문에 기간이 경과하면 하자가 치유될 수 있어서 친권을 상실한 부모가 혼인동의권을 남용하더라도 자녀의 혼인에 절대적인 장애가 될 수는 없다.

2. 친권의 일시 정지

가. 의미

친권의 일시 정지란 친권자로서의 법적 지위 자체에는 영향을 미치지 않으면서도 일정한 기간 동안은 친권을 행사할 수 없게 하는 것을 뜻한다. 친권자의 친권 행사를 전면적으로 배제할 수 있다는 점에서는 친권 상실과 같지만 처음부터 기간이 정해져 있을 뿐 아니라 기간이 경과하면 — §926의 실권회복 선고가 필요한 친권 상실의 경우와는 달리 — 별도의 절차 없이 곧바로 친권을 다시 행사할 수 있게 된다는 점이 다르다. 따라서 친권의 일시 정지 제도의 가장 중요한 기능은 친권 행사를 전면적으로 제한하면서도 친권 회복에 대한 불확실성을 제거하여 부모의 책임감을 자각하게 하고 자녀의 심리적 불안정도 완화시키는 것이라고 할 수 있다.[20]

본조는 문리해석에 의하면 친권 전부에 대한 일시 정지 선고만이 가능한 것처럼 보인다. 그러나 §925-2에 반영된 비례원칙을 감안한다면 친권의 일부에 대한 일시 정지 즉 친권의 일부 제한과 일시 정지를 결합한 형태의 선고도 당연히 허용된다고 할 것이다.[21]

나. 정지기간의 결정(본조 ②)

가정법원은 친권의 일시 정지를 선고할 때에는 자녀의 상태, 양육상황, 그 밖의 사정을 고려하여 그 기간을 정하여야 한다. 이 경우 그 기간은 2년을 넘을 수 없다(본조 ②). '그 밖의 사정'의 예로는 친권 남용 상황 자체가 한시성을 가진 경우를 생각해 볼 수 있다. 입법의 계기가 되었던 친권자에 의한 자녀의 치료 거부 사안의 경우라면 문제된 치료가 종료되거나 일단락될 때까지만 친권 행사를 정지시키면 충분하다고 할 수 있다. 또 다른 예로서 충분한 의지와 역량을 가진 자녀가 대학 진학을 원하는데도 친권자는 취업을 강요하는 경우처

20) 권재문(2014), 35.
21) 권재문(2014), 38.

럼 진로 결정과 관련한 친권 남용이 있는 사례가 있을 수 있는데, 이러한 경우에는 진학지도 기간 동안만 친권을 정지시면 충분할 것이다.

입법과정에서의 논의22)를 보면 일시 정지의 기간과 관련하여 총 정지기간 또는 일시 정지 선고의 횟수를 제한할 것인지가 문제되었다. 이를 제한하지 않아서 2년의 일시 정지 선고가 6~7회 이어진다면 실질적으로 친권 상실과 마찬가지의 결과를 초래하게 되기 때문이다. 그런데도 총 정지기간의 상한 또는 정지 횟수의 제한이 규정되지 않았다. 왜냐하면 친권 남용으로 자녀의 복리에 현저한 위해가 발생할 우려가 있으나 친권 정지로 충분히 대처할 수 있는 사안에서도 더 이상 친권 일시 정지를 할 수 없어서 부득이 친권 상실을 선고할 수밖에 없게 되는 상황이 발생할 수 있기 때문이다. 다만 한 번 정지선고를 한 후 사정변경을 반영하지 않고 함부로 그 기간을 연장하는 것을 방지하기 위하여 1회에 한하여 다시 친권을 정지시킬 수 있는 것으로 하였다.

다. 정지 기간의 연장(본조 ③)

친권이 일시 정지 되더라도 일정한 정지 기간이 경과하면 법원의 재판을 거치지 않아도 당연히 친권이 회복된다. 위에서 본 것처럼 이러한 친권 회복의 확실성은 일시 정지 제도의 장점이라고 할 수 있다. 그러나 일시 정지 기간 종료가 임박하였으나 여전히 친권자의 친권 남용으로 인해 자녀의 복리를 현저히 해칠 우려가 있는 경우에는 친권이 당연 회복된 후 다시 일시 정지 선고 청구를 해야만 하고 이러한 과정에서 자녀에게 더 큰 혼란이 초래될 우려가 있다. 본조 ③은 이러한 문제에 대처하기 위해 "가정법원은 자녀의 복리를 위하여 친권의 일시 정지 기간의 연장이 필요하다고 인정하는 경우에는 자녀, 자녀의 친족, 검사, 지방자치단체의 장, 미성년후견인 또는 미성년후견감독인의 청구에 의하여 2년의 범위에서 그 기간을 한 차례만 연장할 수 있다"라고 규정하였다.

입법과정에서는 '갱신'과 '연장' 중 어떤 것으로 할 것인지가 검토되었다. 갱신은 정지 사유에 대한 심사나 후견인 선임 등의 조치가 다시 한 번 행하여져야 하고 연장은 기간 연장에 대한 허가만 되면 충분하기 때문에 갱신은 자녀의 복리 심사 강화라는 점에서, 연장은 간이·신속한 절차라는 점에서 각각 서로 다른 장점이 인정되었기 때문이다.23) 논의한 결과, 재심사를 전제하는 갱신

---

22) 권재문(2014), 40.
23) 권재문(2014), 40.

이 필요한 경우에는 오히려 §924 ①에 의하여 정식으로 친권 일시 정지 선고를
하면 된다는 의견이 제시되었으며 이에 대해 논의한 결과 1회에 한정되는 것이
라면 연장으로 하는 것이 더 낫다는 데 의견이 모아졌다. 요컨대 친권정지 기
간에 대한 수정안의 내용은 친권정지의 기간에 대해서는 2년 내의 기간을 정하
여 친권정지를 한 후 1회 연장하여 4년까지는 재심사 없이 연장될 수 있으며,
4년까지 친권을 정지했는데도 여전히 친권을 정지시킬 사유가 있으면 재차 삼
차 친권정지 절차를 거쳐 친권을 정지시킬 수 있다는 것이다(물론 제2, 제3의 친권
정지에 대해서도 1회 연장이 가능하다).24)

---

24) 권재문(2014), 40.

第 924 條의 2 (친권의 일부 제한의 선고)

가정법원은 거소의 지정이나 징계, 그 밖의 신상에 관한 결정 등 특정한 사항에 관하여 친권자가 친권을 행사하는 것이 곤란하거나 부적당한 사유가 있어 자녀의 복리를 해치거나 해칠 우려가 있는 경우에는 자녀, 자녀의 친족, 검사 또는 지방자치단체의 장의 청구에 의하여 구체적인 범위를 정하여 친권의 일부 제한을 선고할 수 있다. [본조신설 2014.10.15.] [시행일: 2015.10.16.]

▎**참고문헌:** 권재문(2014), "친권의 제한·정지 제도 도입을 위한 검토사항," 가족법연구 28-1; 윤진수·현소혜(2013), "부모의 자녀 치료거부 문제 해결을 위한 입법론," 법조 680.

Ⅰ. 의의

친권의 일부 제한 제도를 도입한 본조는 2014년 민법 개정[1]으로 신설되었다. 종래에는 친권자의 친권 행사가 자녀의 복리에 반하더라도 친권 상실이라는 강력한 조치만이 마련되어 있었기 때문에 적절한 공적 개입이 이루어지지 못했고, 이러한 문제 상황에 대응하기 위해 아동복지법은 일찍부터 친권의 일부 제한 제도를 도입하였으나[2] 거의 활용되지 못했다.[3]

본조의 입법취지는 2014년에 함께 도입된 친권자의 동의를 갈음하는 재판(§922-2), 친권의 일시 정지(§924) 등과 같다. 첫째로 자녀의 복리 원칙과 비례원

---

1) 법률 제12777호, 2014. 10. 15. 일부개정, 2015. 10. 16. 시행.
2) 현행 아동복지법 §18의 친권 제한 제도는 2000. 1. 12. 법률 제6151호로 전부개정된 아동복지법 §12에서 최초로 도입되었다.
3) 윤진수·현소혜(2013), 53.

칙을 조화롭게 고려한 것이라고 할 수 있다. 자녀의 복리 원칙에 의하면 자녀의 이익과 부모의 친권 행사가 충돌할 때는 친권 행사가 제한되어야만 하지만 기본권적 이익에 속하는 친권 행사를 공권력으로 제한하려면 비례원칙에 따라 즉 필요최소한으로만 허용될 수 있다. 이러한 상충하는 요청을 조화시키려면 친권 행사에 대한 공적 개입은 구체적인 상황하에 이익형량을 거쳐 다양한 모습으로 행해질 수 있도록 제도적으로 뒷받침할 필요가 있다. 둘째로 친권의 일부라도 유지시키려고 하는 본조의 일부 제한 제도와 친권의 전부를 제한하지만 그 회복 가능성을 보장하는 §924의 일시 정지 제도는 친자관계를 전면적으로 제한하고 그 회복 가능성도 법원의 판단에 맡기는 친권상실 제도에 비해 친자관계의 회복 또는 부모와 자녀 사이의 유대감 유지라는 측면에서 볼 때 자녀의 복리를 더 잘 실현할 수 있을 것으로 기대된다.[4] 참고로 우리나라와 마찬가지로 친권상실 제도만을 두고 있었던 일본에서는 2011년 민법 개정으로 친권의 일시 정지 제도만을 도입하였다. 입법과정에서 마련된 이른바 중간시안에서는 대리권·재산관리권 상실 제도에 대응하여 감호·양육권만을 제한하는 방식 또는 친권의 일부를 개별적으로 특정하여 상실 또는 일시정지시키는 방식 등도 제안되었다.[5] 그러나 친권 일부 제한의 정도, 제한된 사항과 그 외의 사항 사이의 관계 등이 불명확하고, 실무상 법원에서 친권의 일부 내용을 특정하여 제한한다는 것은 극히 어려울 것이라는 등의 반대의견이 반영되어 결국 친권의 일부 제한 제도는 도입되지 않았다.[6] 그러나 이에 대해서는 다음과 같은 반론을 제기할 수 있다. 첫째로 친권의 '전부'에 대한 일시 정지만 가능하도록 하면 '필요최소한'이라는 비례원칙의 요청을 실현하기 어렵고, 둘째로 친권의 일부 제한 절차에서 법원은 개별 사안에서 청구권자가 특정한 부분을 대상으로 제한 청구의 당부를 판단하면 되기 때문에 실무상의 어려움도 크지 않을 것으로 기대할 수 있다.[7] 셋째로 일상생활과 관련한 다양한 사항들 중 일부에 대해서만 법정대리인의 권한을 인정하는 재판 절차는 이미 성년후견제도에 의해 도입되었다. 친권의 내용을 나누어 그 일부의 제한을 명하는 재판이 성년후견인의 법정대리권의 범위나 성년후견인이 피성년후견인의 신상에 관해 결정할 수 있는 권한의 범위를 결정하는 재판(§938 ②, ③)에 비해 더 복잡할 것이라고

---

4) 윤진수·현소혜(2013), 81.
5) 구체적인 내용과 출처는 윤진수·현소혜(2013), 75, 77.
6) 윤진수·현소혜(2013), 80.
7) 윤진수·현소혜(2013), 87~88.

단정할 수는 없다.

　친권자는 자녀의 복리를 위해 필요한 모든 사무를 처리할 수 있다. 비록 친권의 포괄성을 명문으로 규정하고 있지는 않지만 §913는 신상에 관한 사항 전반을, §918와 §920는 재산관리·법정대리에 관한 사항 전반을 각각 적용대상으로 하기 때문이다. 이처럼 친권의 내용을 신상에 관한 사항과 재산관리·법정대리에 관한 사항으로 크게 나누고 각각에 대해 친권자의 포괄적인 권리·의무를 인정한 것은 자녀의 성장·발달을 위해 필요한 전면적·전인격적인 보살핌이라는 친권의 본질을 반영한 것이라고 할 수 있다. 환언하면 이러한 포괄적인 규정방식은 친권의 내용을 구체적으로 나눌 수 없어서 부득이하게 채택된 것이 아니라, 자녀의 양육에 너무 많은 사람이 개입하는 것은 자녀의 복리에 반한다는 사정을 고려하여 최소한의 사람(친권자이면 1명 또는 2명, 미성년후견인이면 1명)에게 모든 사항에 대한 권리·의무가 귀속되는 것을 원칙으로 삼았음을 보여주는 것으로 이해해야 한다.

　자녀의 복리 원칙은 구체적 사정에 상응하는 개별적 판단을 전제한다. 따라서 이러한 원칙에 대해서도 당연히 예외가 인정될 수 있다. 즉 친권자가 친권의 내용에 속하는 사항 전반을 모두 잘 수행할 수 있으면 다행이지만 그렇지 못한 경우에는 자녀의 복리를 실현하기 위해 친권의 내용에 속하는 사항들을 분리하여 일부는 친권자가 나머지는 미성년후견인이 각각 담당하게 할 수도 있는 것이다.

　2014년 개정에 의한 본조의 신설 전에도 신상에 관한 보살핌과 재산관리·법정대리가 필요한 영역은 서로 다른 사람에게 귀속될 수 있음을 전제로, 후자에 대해서만 친권자 대신 미성년후견인이 보호자의 역할을 수행하게 하는 재산관리권·법정대리권의 상실, 사퇴 제도가 마련되어 있었다(§925~§926). 반면 신상에 관한 사항에 대해서는 상실선고나 사퇴의 근거규정이 없어서 그중 일부 사항에 관한 친권 행사가 자녀의 복리에 비추어 부적절한 경우에는 친권을 전부 상실시키지 않는 한 이를 저지할 수 없다는 문제가 있었다. 본조는 이러한 문제를 해결하기 위해 도입된 것으로서 신상에 관한 사항 중 특정한 내용에 대해서만 친권자가 친권을 행사할 수 없도록 하고 이에 대한 제한적 미성년후견이 개시될 수 있도록 하는 것이 그 본질적 기능이다.

II. 요건

1. 신상에 관한 특정한 사항

후술하는 것처럼 §914의 거소지정이나 §915의 징계는 §913의 보호·교양 즉 '신상에 관한 보살핌'의 구체적인 내용 중 일부에 지나지 않는다. 따라서 본조의 "거소의 지정이나 징계 그 밖의 신상에 관한 결정 등 특정한 사항"은 신상에 관한 결정 중 특정한 사항으로 해석해야 한다.[8] 한편 재산관리와 관련하여 이러한 사정이 있으면 §925가 적용되어야 하고 친권 행사 전반에 대해 친권 행사가 곤란하거나 부적당한 사정이 있으면 §924에 의해 친권 전부를 일시정지시키거나 상실시켜야 할 것이다.

본조에 의한 친권 제한 제도 운영의 실효성과 효율성을 확보하려면 제한의 대상인 특정한 사항들을 구체화할 필요가 있다고 볼 수도 있지만 본조는 신상에 관한 사항을 구체적으로 특정하여 나열하지 않고 추상적·일반적으로 규정하는 데 그쳤다. 따라서 장차 해석론과 판례에 의한 구체화 작업이 필요하다고 할 것이다. 예를 들어 '보호'에 속하는 사항으로는 의식주(일상생활), 거소지정, 의료행위 등을, '교양'에 속하는 사항으로는 교육(공교육, 사교육 포함), 진로(직업) 결정, 종교 생활, 문화콘텐츠[9] 선택 등에 관한 지도 등을 각각 생각해 볼 수 있을 것이다.

2. 친권 행사가 곤란하거나 부적당할 것

본조는 친권자가 특정한 사항에 대한 친권을 행사했거나 행사하려고 하는 사안은 물론 친권 행사가 필요한데도 친권자가 적절한 조치를 취하고 있지 않는 사안에 대해서도 적용된다.

문리해석상으로는 전자에 대해서는 친권 행사가 '부적당'한지의 여부가, 후자에 대해서는 '곤란'한지의 여부가 각각 문제되는 것처럼 보이지만 이들을 서로 다른 판단기준으로 볼 필요는 없을 것이다. 이들은 모두 '친권 행사에 대한 공적 개입의 필요성의 근거가 될 만한 사정'을 의미하는 것으로 볼 수 있다. 또한 외적·객관적인 상황만을 평가의 대상으로 하고 친권자의 귀책사유는 문

---

8) 법무부 개정위원회의 논의 과정에서 '특정한 사안에 관하여' 앞에 '거소지정이나 징계 그 밖의'라는 문구가 추가되었다고 한다[권재문(2014), 42].

9) "콘텐츠"란 부호·문자·도형·색채·음성·음향·이미지 및 영상 등(이들의 복합체를 포함한다)의 자료 또는 정보를 말한다(콘텐츠산업 진흥법 §2 ① i).

제삼지 않는 것으로 해석해야 한다. 자녀의 복리 원칙은 친권자에 대한 제재가 아니라 자녀의 최선의 이익이라는 객관적 상태를 실현하기 위한 것이기 때문이다.

이처럼 본조의 요건에는 친권자의 귀책사유와 무관한 사정도 포함된다는 것은 중요한 의미를 가진다. 2014년 개정법에 의하면 '친권의 남용'이라는 객관적 요건만 인정되기 때문에 친권자의 귀책사유로 돌릴 수 없는 사정으로 인해 자녀의 복리가 현저히 해쳐지거나 그럴 우려가 있어도 친권 상실 선고가 가능하다고 보기 어려운 상황이 되어 버렸다. 따라서 이러한 사정이 있다면 특정한 문제 사안에 대한 친권이라도 제한하여 자녀의 복리에 대한 위해를 방지하여야 할 것이다.

3. 자녀의 복리를 해치거나 해칠 우려가 있을 것

신상에 관한 특정한 사항에 대해 친권자가 친권을 행사하도록 하는 것이 곤란하거나 부적당함이 인정되더라도 곧바로 친권 제한의 요건이 충족되는 것은 아니다. 이러한 사정은 기본권적 이익을 제한하기 위한 넓은 의미의 비례원칙(憲 §37 ②)의 요건 중 '필요성'을 보여주는 것에 지나지 않기 때문이다.

본조는 이러한 사정으로 인해 '자녀의 복리를 해치거나 해칠 우려가 있음'이 인정되는 경우에 한하여 친권 제한이 가능하도록 하고 있다. 이러한 자녀의 복리 심사는 이익형량에 해당하는 것이다. 다만 이러한 자녀의 복리 심사를 기계적으로 적용하면 친권 행사에 대한 공적 개입을 지나치게 쉽게 만들어 버릴 우려가 있음에 유의해야 한다. '자녀의 이익과 그 외의 사람들의 이익이 상충할 때는 자녀의 이익을 최우선적으로 고려'하여 결정함을 의미하기 때문이다. 이러한 안이한 판단을 방지하려면 친권 제한 자체가 자녀에게 혼란을 초래하여 자녀의 복리를 저해하는 속성을 가지고 있음을 전제로 친권 제한이 이러한 해악을 상쇄하고도 남을 정도로 자녀의 복리를 증진할 것으로 예상되는지의 여부를 신중하게 검토해야 할 것이다.

자녀의 복리를 실현하려면 이미 자녀의 복리에 대한 위해가 발생한 후에 사후적인 구제가 필요한 것은 물론 그 가능성이 높아서 사전 예방이 필요한 경우에도 친권 제한이 가능하도록 해야 한다. 본조는 이러한 맥락에서 "자녀의 복리를 해치거나 해칠 우려가 있는 경우"를 대등한 요건으로 규정하고 있다. 그러나 이러한 문언은 '해칠 우려'만 있어도 친권 제한이 가능한가에 대한 논란을 미연에 방지하기 위한 것이지 아직 해악이 발생하지 않은 경우와 이미 해악이 발생하여 현존하는 경우를 대등하게 다루고자 한 것은 아니라고 보아야 한다. 따라서 자녀의 복리를 해칠 우려만 있는 경우라면 자녀복리 심사를 좀 더 엄격하게 할 필요가 있을 것이다.

4. 보충성

본조에 의한 친권의 일부 제한과 §924에 의한 친권의 일시정지, 그리고 §922-2의 '동의를 갈음하는 재판'은 모두 친권 행사에 대한 공적인 개입이라는 공통점을 가진다. 이들 사이의 관계는 대등한 선택지라고 볼 수도 있고 보충성이 있는 것으로 볼 수도 있다. 이에 관한 구체적인 내용은 §925-2 註釋 참조.

Ⅲ. 효과

1. 절차

가. 청구

본조에 의한 친권의 일부 제한도 — §922-2의 동의를 갈음하는 재판의 경우와 마찬가지로 — 자녀, 자녀의 친족, 검사 또는 지방자치단체의 장의 청구에 의한 재판을 거쳐야만 한다. 청구권자의 범위와 입법과정에서의 논의는 §922-2와 같다.

나. 재판

본조의 친권 제한 청구를 인용하려면 제한되어야 하는 특정한 사항을 명확하게 적시할 필요가 있다.

본조의 청구에 따른 절차에서 구체적 사정에 기초하여 자녀의 복리 심사 결과 청구인이 적시한 제한 대상 사항이 부적절하다고 여겨지거나 친권 전부의 일시정지나 상실 선고가 필요하다고 인정되는 경우가 있을 수 있다. 그러나 본조의 문리해석상 법원은 청구를 기각할 수는 있어도 직권으로 적절한 조치를 명할 수는 없다. 이러한 문제에 대해서는 §922-2에서 이미 다루었으므로 다시 언급하지 않는다.

2. 특정한 사항에 대한 친권 행사의 제한

가. 친권의 유지

본조는 특정한 사항에 대한 친권만을 제한하기 때문에 친권 제한 청구가 인용되더라도 친권자의 지위 자체에는 영향을 미치지 않는다. 따라서 제한된 사항에 대해 친권자가 하는 행위는 위법행위이지만 그 외의 사항에 대해서는 여전히 적법·유효하게 친권 행사를 할 수 있다.

입법론적으로는 본조와 §925를 통합적으로 규정하는 것도 검토할 필요가 있다.[10) 신상에 관한 특정한 사항에 대해 부적절하게 친권을 행사하는 친권자라면 자녀의 재산관리도 제대로 하지 않을 가능성을 배제할 수 없기 때문이다. 다만 현행법하에서도 절차법적으로는 본조의 절차와 §925의 절차를 병합하여 진행함으로써 한 번의 재판으로 신상에 관한 특정한 사항과 재산관리권을 동시에 제한할 수 있을 것이다.

나. 특정 사항에 대한 후견개시

친권 제한 청구가 인용되면 그 대상인 특정한 사항에 대해 친권자 대신 친권을 행사할 사람이 필요하다. 이를 위해 특별대리인(§921)을 선임하거나 권한 범위가 제한된 미성년후견인 후견인을 선임하는 방법을 생각해 볼 수 있다. 후자에 대해서는 친권자와 후견인의 병존을 인정하는 것은 체계상 부적합하다는 견해[11)도 있었으나 본조의 제정과정에서는 후자로 의견이 모아졌다.[12) 그 구체적인 이유와 친권의 일부에 대한 후견인 선임의 절차, 그 권한 등의 구체적인 내용은 §928, §932 註釋 등을 참조.

---

10) 입법과정에서 이러한 의견이 있었으나 반영되지 않았다. 구체적인 내용은 권재문(2014), 38, 43~44.

11) 윤진수·현소혜(2013), 88.

12) 권재문(2014), 46.

第925條 (대리권, 재산관리권 상실의 선고)

가정법원은 법정대리인인 친권자가 부적당한 관리로 인하여 자녀의 재산을 위태롭게 한 경우에는 자녀의 친족, 검사 또는 지방자치단체의 장의 청구에 의하여 그 법률행위의 대리권과 재산관리권의 상실을 선고할 수 있다. 〈개정 2014.10.15.〉 [전문개정 2012.2.10.] [시행일: 2015.10.16.]

Ⅰ. 서언

본조는 §924와 마찬가지로 친권자의 권한 행사가 자녀의 복리를 위태롭게 하는 경우에 이를 법원의 재판으로써 제한하는 것을 내용으로 한다. 이러한 맥락에서 볼 때 본조는 두 가지 의미를 가진다. 첫째로 본조는 친권이 그 내용에 따라 보호·교양에 관한 부분과 재산관리에 관한 부분으로 나누어질 수 있음을 전제한다. 또한 비록 이들이 상호 관련되어 있는 면도 있지만 불가분적 관계는 아니라는 것과 전자에 비해 후자는 더 쉽게 제한될 수 있다는 것을 보여주고 있다. 둘째로 본조는 친권자의 재산관리가 부적절하다고 인정되는 경우에도 친권자와 자녀를 완전히 단절시키지 않고 보호·교양에 관한 친권은 그대로 유지할 수 있는 길을 열어 두고 있다. 이러한 태도는 한편으로는 친자관계를 유지시키는 것이 자녀의 복리 실현과 인격권으로서의 친권의 보장이라는 이념과 부합한다는 것을 보여주는 것이고 다른 한편으로는 친권자를 대신하여 자녀를 보호·양육할 적임자인 후견인을 확보하는 것이 현실적으로 어려울 수 있다는 사정을 반영한 것이라고 평가할 수도 있다.

Ⅱ. 사유

본조의 대리권·재산관리권 상실선고의 사유는 '부적당한 관리로 자녀의 특유재산을 위태하게 한 때'이다. 본조는 자녀에게 특유재산이 있을 때만 문제되고 재산관리 행위만이 평가의 대상이 된다. 즉 자녀의 보호·양육에는 아무런 문제가 없어도 자녀의 특유재산 관리 상태의 여하에 따라 본조의 사유가 충족될 수 있다.

여기서 말하는 부적당한 관리에는 적극적인 행위뿐 아니라 필요한 조치를 하지 않고 방치하는 소극적인 행위도 포함된다. 또한 이러한 행위로 인하여 자녀의 특유재산의 가치가 감소하여야 한다. '위태'의 의미를 고려할 때 실제로 재산의 가치가 감소하기 전이더라도 그러한 우려가 있음이 인정되면 본조의 사유가 될 수 있다.[1] 본조에 해당하는 행위의 예로는 친권자가 자녀의 특유재산으로 투기적 거래를 하거나 이러한 재산을 친권자 자신의 이익을 위하여 소비하는 것을 들 수 있다.[2]

다만 본조의 사유로 인정되려면 친권자의 재산관리 행위로 인하여 자녀의 특유재산의 감소나 그 우려를 초래하였다는 결과만으로는 부족하고 그러한 행위가 '부적당'한 것으로 평가되어야만 한다. 재산관리 행위의 적당성 판단의 기준을 어디에서 찾을 것인지가 문제되는데 §922의 취지상 자기 재산에 관한 행위와 동일한 주의를 다하여 수행한 재산관리 행위를 부적당한 것이라고 평가하기는 어려울 것이다. 법적으로 요구되는 주의의무를 다하였는데도 본조에 의한 재산관리권 상실이라는 제재를 가하는 것은 우리 민법의 지배원리인 과실책임주의와 조화를 이루기 어려울 것이기 때문이다. 물론 자녀의 복리 원칙에 비추어 이처럼 본조의 사유를 엄격하게 해석하는 것이 바람직하다고 보기는 어렵지만 이 문제는 §922의 개정으로 해결하여야 할 것이다.

한편 자녀의 재산에 대한 부적당한 관리가 자녀의 복리를 현저히 해하는 정도에 이를 경우에는 본조의 대리권·재산관리권 상실선고 사유가 됨과 동시에 친권상실선고의 사유가 된다는 견해[3]도 있으나 이러한 경우에는 친권상실선고 사유가 되는 것으로 보아야 한다.

Ⅲ. 절차

본조에 의한 대리권·재산관리권 상실선고 절차는 대체로 친권상실 선고 절차와 비슷하다. 따라서 조정전치주의, 사전처분, 재판과 불복, 가족관계등록

---

1) 김주수·김상용, 433.
2) 김주수·김상용, 433.
3) 제요[4-2], 562.

촉탁 등은 §924의 주석을 참조하면 될 것이다.

다만 청구권자와 관련하여 민법 제정 당시에는 자녀의 친족으로만 규정되어 있었는데 2012년 개정에서 검사도 추가되었음에 유의할 필요가 있다. 그 이유가 입법자료에 명확하게 나타나 있지는 않지만[4] 본조와 §924는 일부청구와 전부청구의 관계를 가지기 때문에 청구권자의 범위를 일치시키는 것이 바람직하다는 점이 반영된 듯하다. 또한 이러한 개정은 입법의 불비를 바로잡은 것이라고 볼 수도 있을 것이다. 민법 제정 당시에 청구권자를 서로 다르게 규정한 것은 목적의식적인 것이 아니라 민법안의 심의과정에서 §924에 대해서만 검사를 추가하면서 본조에 대해서는 이에 대한 검토를 빠뜨린 것[5]으로도 볼 수 있기 때문이다.

2014년 개정에서는 지방자치단체의 장도 추가되었다. 다만 §922-2, §924-2 등과는 달리 자녀에게는 본조의 청구권이 인정되지 않았다. 그 이유가 입법과정에서의 논의나 입법자료에 명확하게 나타나 있는 것은 아니지만, 미성년자인 자녀 자신이 본조의 요건인 '부적당한 재산관리'에 해당하는지의 여부를 판단하는 것을 현실적으로 기대하기 어렵다는 사정을 반영한 것이라고 할 수 있다.

Ⅳ. 효과

청구인용 재판의 효과로서 친권자는 대리권·재산관리권만을 상실하고 그 외의 부분 즉 자녀의 보호·교양에 대해서는 친권을 유지하게 된다. 따라서 공동친권자들 중 한 쪽에 대해서만 본조의 대리권·재산관리권 상실 선고가 있으면 보호·교양에 대해서는 공동친권이 유지되고 대리권·재산관리권에 대해서는 다른 쪽의 단독친권이 인정된다. 공동친권자 쌍방에 대해 또는 단독친권자에 대해 본조의 선고가 내려지면 대리권·재산관리권만을 권한범위로 하는 제한적 후견(§946)이 개시된다. 이 경우 가정법원은 직권으로 미성년후견인을 선임하여야 한다(§932 ②). 한편 이혼이나 인지로 인하여 단독친권자가 된 한 쪽 부모에 대해 본조의 선고가 내려지고 다른 한 쪽에 대해서는 본조의 사유가 없

---

4) 개정법은 입양제도에 대한 전면적인 개정을 중심으로 하고 있었기 때문에 제안이유나 심사보고 등도 입양 관련 조문들만을 대상으로 하였고 본조에 대해서는 아무런 논의가 이루어지지 않았기 때문이다.

5) 민법안심의록, 544 참조.

다면 다른 한 쪽이 친권자 지정 신청을 할 수 있으며 이러한 신청이 없거나 기
각되면 후견이 개시된다(§927-2 ① 본문, 같은 항 ii). 이 경우 새로 정하여진 친권
자 또는 미성년후견인의 임무는 미성년자의 재산에 관한 행위에 한정된다(같은
조 ① 단서).

　　이처럼 본조의 청구가 인용되면 보호·교양의 영역과 재산관리 영역 각각
에 대해 독립된 권한을 가지는 단독친권자가 병존하거나 친권자와 후견인이
병존하는 경우가 있을 수 있게 된다. 이론상으로는 이들은 권한 범위가 서로
다르기 때문에 서로 합의하거나 공동으로 임무를 수행할 필요는 없다. 그러나
실제로는 재산관리로서의 성질과 보호·교양으로서의 성질이 겹치는 사안이 얼
마든지 있을 수 있기 때문에 의견이 대립할 수 있다. 입법론적으로는 이러한
상황에 대비하기 위하여 §909 ② 단서를 준용하거나 불명확한 사안에 대해서
는 보호·교양을 담당하는 친권자의 권한에 속하는 것으로 간주하는 등의 규정
을 두는 것이 필요하다고 생각된다.

第 925 條의 2 (친권 상실 선고 등의 판단 기준)

① 제924조에 따른 친권 상실의 선고는 같은 조에 따른 친권의 일시 정지, 제924조의2에 따른 친권의 일부 제한, 제925조에 따른 대리권·재산관리권의 상실 선고 또는 그 밖의 다른 조치에 의해서는 자녀의 복리를 충분히 보호할 수 없는 경우에만 할 수 있다.

② 제924조에 따른 친권의 일시 정지, 제924조의2에 따른 친권의 일부 제한 또는 제925조에 따른 대리권·재산관리권의 상실 선고는 제922조의2에 따른 동의를 갈음하는 재판 또는 그 밖의 다른 조치에 의해서는 자녀의 복리를 충분히 보호할 수 없는 경우에만 할 수 있다. [본조신설 2014.10.15.] [시행일: 2015.10.16.]

참고문헌: 권재문(2014), "친권의 제한·정지 제도 도입을 위한 검토사항," 가족법연구 28−1; 윤진수·현소혜(2013), "부모의 자녀 치료거부 문제 해결을 위한 입법론," 법조 680.

I. 의의

본조는 친권자의 동의에 갈음하는 재판(§922−2), 친권의 일시 정지(§924), 친권의 일부 제한(§924−2) 등의 제도를 도입한 2014년 민법 개정[1]으로 신설되었다. 그렇지만 이들과는 달리 친권에 대한 공적 개입의 유형을 규정한 것은 아니고, 이러한 새 유형들과 종래의 제도들(즉 §924에 의한 친권상실과 §925에 의한 대리권·재산관리권 상실) 사이의 상호관계를 규정하고 있다. 본조는 2014년 개정의 계기가 되었던 입법론적 연구에서 제안된 법안에 포함되어 있지는 않았지만[2] 그 후의 논의과정에서 추가되었다.[3] 이처럼 친권 행사에 대한 공적 개입

---

1) 법률 제12777호, 2014. 10. 15. 일부개정, 2015. 10. 16. 시행.
2) 윤진수·현소혜(2013), 90 이하 참조.
3) 권재문(2014), 38.

제도들을 친권에 대한 제한의 정도에 따라 나눈 후 이들 사이의 보충성을 명시하는 본조의 규정방식은 위의 연구에서 소개한[4] 독일 민법 §1666a를 모델로한 것이다.

본조의 입법취지는 두 가지 측면에서 찾을 수 있을 것이다. 첫째로 이러한 규정을 두는 것은 한편으로는 친권 행사에 대한 공적 개입을 억제하는 측면이 있고 다른 한편으로는 이를 활성화하는 측면도 있다. 필요 이상으로 강력한 개입이 행해지는 것을 방지하면서도 경미한 조치의 활용 가능성을 높일 수 있기 때문이다. 둘째로 자녀의 복리 원칙과 친권 제한에 대한 비례원칙은 친권 행사에 대한 공적 개입의 모든 유형에 대해 적용되는 것임을 명시함으로써 일관성 있는 제도 운영을 가능하게 해준다.

Ⅱ. 친권에 대한 공적 개입 제도들의 상호관계

1. 보충성

본조에 의하면 친권에 대한 공적 개입의 각 유형들 사이에는 보충성이 인정된다. 우선 친권상실이 최후의 수단이라는 것은 문리해석상 명백하다(본조 ①). 반면 친권의 일시정지, 특정한 사항에 대한 친권의 일부 제한, 재산관리권·대리권 상실은 경중을 가릴 수 없는 선택적인 관계[5]이지만 이들은 모두 동의에 갈음하는 허가나 그 밖의 다른 조치에 대해서는 보충적으로 적용될 수 있다(본조 ②). 이러한 보충성은 선언적·이념적인 것에 그치는가 아니면 법원을 기속하는 실질적인 것인가가 문제될 수 있는데 이에 대해서는 후술한다.

2. 자녀의 복리 원칙의 적용방식

2014년 개정법은 친권 행사에 개입하는 모든 조치에 대해 자녀의 복리 원칙을 요건으로 명시하면서 그 경중에 따라 표현을 달리하였다. 즉 가장 강력한 조치인 §924의 친권 상실에 대해서는 "친권을 남용하여 자녀의 복리를 현저히 해치거나 해칠 우려가 있는 경우"라고 하고, 이보다 가벼운 조치인 §924-2의 친권의 일부제한에 대해서는 친권 행사가 곤란하거나 부적당하여 "자녀의 복리를 해치거나 해칠 우려가 있는 경우"라고 하였으며, 가장 가벼운 조치인

4) 윤진수·현소혜(2013), 69 참조.
5) 권재문(2014), 38.

§922-2에서는 "자녀의 생명, 신체 또는 재산에 중대한 손해가 발생할 위험"이라고 하였다.

이에 비해 본조는 더 가벼운 개입에 그치면 "자녀의 복리를 충분히 보호할 수 없는 경우"에만 더 무거운 개입 조치를 취할 수 있는 것으로 규정하고 있다. 이러한 차이는 단순히 표현방식을 달리하는 데 그치는 것은 아니다. §922-2, §924, §924-2 등이 공적 개입 자체를 정당화하기 위한 요건을 규정하고 있는 것과는 달리 본조는 개입의 정당성·필요성 요건이 충족되었더라도 필요최소한의 개입만이 허용된다는 원칙을 반영한 것이기 때문이다. 예를 들어 '친권을 남용하여 자녀의 복리를 현저히' 해칠 우려가 있는 경우라 하더라도 친권상실보다 가벼운 개입으로 이러한 위해를 방지할 수 있다면 본조의 "자녀의 복리를 충분히 보호할 수 없는 경우"라는 요건이 충족되지 못하여 친권을 상실시킬 수는 없게 되는 것이다.

3. '그 밖의 조치'의 의미

친권 행사에 대한 공적 개입 조치는 민법뿐 아니라 아동복지법 등의 법령에도 규정되어 있다. 본조는 '그 밖의 조치'에 대해서도 적용됨을 명시함으로써 근거법이 무엇이건 이러한 조치들은 모두 자녀의 복리 원칙과 비례원칙에 따라 정당화될 수 있음을 명시하였다. 이와 관련하여 다음 두 가지 쟁점들을 검토할 필요가 있다.

가. '그 밖의 조치'의 유형화

우선 본조가 말하는 '그 밖의 조치'에는 매우 다양한 유형들이 포함될 수 있기 때문에 민법 이외의 법령에 근거한 모든 조치를 획일적으로 다루는 것은 바람직하지 않다. 오히려 각 조치들의 성질(친권 제한의 강도)을 고려하여 친권상실, 친권의 일시 정지, 친권의 일부 제한(대리권·재산관리권 제한 포함), 동의를 갈음하는 재판 등의 '순서' 중 어디에 배치할 것인가를 결정하는 해석론이 필요하다. 예를 들어 입법과정에서 '그 밖의 조치'의 전형적인 예로서 상정되었던 아동복지법상의 보호조치만 보더라도 친권행사를 제한하지 않고 오히려 친권자에 대한 지원을 제공하는 보호자에 대한 상담·지도 조치(§15 ① i)와 친권의 일부 제한으로 볼 수 있는 대리양육·가정위탁·시설보호 등의 조치(같은 항 ii~v)라는 이질적인 조치가 혼재되어 있으며, 법 자체가 보충성을 규정하여 이 법 §15 ① i, ii의 조치가 적합하지 않은 경우에만 다른 조치들을 취할 수 있도록 하고 있다(같은 조 ②).

나. 다른 법령에 의한 '친권 상실,' '친권 제한'

다음으로 민법 이외의 법령에서 친권 상실이나 친권 제한의 근거규정을 두면서 §924나 §924-2와 다른 내용의 요건을 설정한 경우에, 이러한 개별법상의 친권 상실이나 친권 제한을 민법상의 그것과 동일시할 것인지가 문제된다.

예를 들어 아동복지법 §18 ①은 "친권자가 그 친권을 남용하거나 현저한 비행이나 아동학대, 그 밖에 친권을 행사할 수 없는 중대한 사유"와 "아동의 복지를 위하여 필요하다고 인정"될 것이라는 요건하에 친권행사의 제한 또는 친권상실의 선고를 청구를 할 수 있도록 하고 있다. 그런데 문리해석상 친권 상실이나 친권 제한이 자녀의 복리를 위해 '필요'하기만 하면 — 이러한 조치를 하지 않는 것이 자녀의 복리를 '(현저히) 해치거나 해칠 우려'가 인정되지 않아서 §924나 §924-2가 적용될 수 없는 경우에도 — 아동복지법 §18 ①에 의한 친권 상실이나 친권 제한이 가능한 것으로 보인다.

또한 가정폭력범죄의 처벌 등에 관한 특례법 §40 ①에 의하면 법원의 재판에 의한 보호처분으로 가정폭력 피해자에게 가해자가 접근하는 행위나 전기통신을 하는 행위를 제한할 수 있으며(i, ii), 특히 가해자가 친권자인 경우에는 피해자인 자녀에 대한 친권 행사를 제한할 수도 있다(iii). 한편 아동학대범죄의 처벌 등에 관한 특례법 §36 ①의 보호처분 제도에도 접근금지, 통신금지(i, ii) 조치와 더불어 특히 가해자가 친권자 또는 후견인인 경우에는 그 권한 행사의 제한 또는 정지를 규정하고 있다(iii). 접근금지나 통신금지도 자체로서 '특정한 사항에 대한 친권 행사의 제한'에 해당함을 감안한다면, 이 법들은 독자적인 친권 제한이나 정지 제도를 규정하고 있는 것이라고 평가할 수 있다. 그런데 이들은 가정폭력 행위나 아동학대 행위 등의 특수한 사안을 전제하기 때문에 친권 제한을 위한 요건을 민법과는 다르게 규정하고 있다.

이러한 문제는 특별법 우선의 원칙을 적용하여 해결할 수도 있다. 그러나 '그 밖의 조치'는 처음부터 민법 이외의 법령 즉 특별법에 규정된 조치를 상정한 것이기 때문에 안이하게 특별법 우선의 원칙을 적용하면 '그 밖의 조치'에 대해서도 비례원칙이 적용됨을 명시한 본조의 취지가 반감되어 버리는 문제가 생긴다. 따라서 다른 법령에 규정된 친권 정지나 친권 제한을 본조와의 관계에서 어떻게 자리매김할 것인가에 대한 해석론이 필요하다고 할 수 있다.

Ⅲ. 효과

본조의 효과에 대해서는 논란의 여지가 있다. 문리해석상 법원은 더 가벼운 조치만으로는 자녀의 복리를 충분히 보호할 수 없음이 인정되어야만 더 무거운 조치를 선고할 수 있는 것으로 새길 여지도 충분하기 때문이다.

그러나 본조에 이러한 효과가 인정되는 것이라고 보기는 어렵다. 우선 입법과정에서의 논의에 비추어 볼 때 본조는 선언적·이념적 규정에 지나지 않으며 법원의 판단을 기속하는 것은 아님을 전제로 도입된 것으로 보아야 한다.6) 또한 친권 행사에 대한 공적 개입이 필요한 사안이라면 신속한 재판이 필요함을 고려할 필요가 있다. 친권 상실 요건이 인정되는데도 더 가벼운 조치, 예컨대 친권 제한이나 정지로도 충분히 자녀를 보호할 수 있음을 이유로 친권 상실 청구를 기각하는 것은 결코 바람직하지 않다.

결국 본조의 효과 내지 기능은 친권 상실 사유가 인정되더라도 '다른 조치로도 충분히 자녀의 복리를 보호할 수 있음'을 근거로 법원이 곧바로 친권 상실을 선고하지 않고 친권 제한이나 일시 정지 등의 다른 조치를 구하도록 석명하는 것의 정당성이 인정될 수 있게 해주는 것이라고 할 것이다.

---

6) 권재문(2014), 38~39.

第 925 條의 3 (부모의 권리와 의무)

제924조와 제924조의2, 제925조에 따라 친권의 상실, 일시 정지, 일부 제한 또는 대리권과 재산관리권의 상실이 선고된 경우에도 부모의 자녀에 대한 그 밖의 권리와 의무는 변경되지 아니한다. [본조신설 2014. 10.15.] [시행일: 2015.10.16.]

┃**참고문헌**: 권재문(2014), "친권의 제한·정지 제도 도입을 위한 검토사항," 가족법연구 28-1.

Ⅰ. 의의

본조는 친권자의 동의를 갈음하는 재판(§922-2), 친권의 일시정지(§924), 친권의 일부 제한(§924-2) 등과 함께 2014년 민법 개정으로 신설되었다. 본조의 입법취지는 친권자가 친권 행사에 대한 공적 개입에 반발하여 자신의 의무 이행을 거부하는 사태를 미연에 방지하는 것이다.

이미 '부모'로서의 권리와 의무는 친권자인지의 여부와 무관하게 자녀의 출생과 동시에 당연히 귀속하는 것이라는 취지의 판례[1]가 확립되어 있음을 감안한다면 본조는 주의적 규정이라고 할 수 있다. 그런데도 본조를 신설한 것은 친권 행사가 제한된 부모이더라도 의무 이행은 거부할 수 없음을 명시하여 불필요한 분쟁을 방지하는 한편 부모로서의 권리·의무 유지를 자각하도록 함으로써 장래의 친자관계의 회복을 돕기 위해서이다.[2]

본조의 위치는 원래의 §924-3에서 §925-3으로 이동하였다.[3] 국회 법제사법위원회 심의 과정에서 본조의 규율을 재산관리권·대리권 상실 사안에 대해서도 적용됨을 명시할 필요가 있다는 지적이 있었기 때문이다.

---

1) 대법원 1994. 5. 13.자 92스21 전원합의체 결정.
2) 권재문(2014), 48~49.
3) 국회 법제사법위원회, 민법 일부개정법률안 심사보고서, 2014, 6~7.

Ⅱ. 요건

본조는 친권 행사에 대한 공적 개입의 모든 유형에 대해 적용된다. 즉 친권 상실부터 친권자의 동의를 갈음하는 재판까지 어떤 유형의 개입 조치가 행해졌건 본조에 의해 부모로서의 '나머지' 권리·의무에는 영향을 미치지 않는다.

본조의 입법 과정에서 상정되었던 전형적인 사안은 친권자가 자녀의 치료를 위해 필요한 동의를 거부하는 사례이다.4) 이러한 경우에 자녀의 복리를 위해 치료를 위해 필요한 부모의 동의를 갈음하거나 자녀의 치료에 대한 친권을 제한하거나 치료 종료 시까지 친권을 정지하는 재판이 확정되면 이에 반발하는 부모가 치료비 지급 의무를 부인할 가능성이 있기 때문이다. 또한 친권이 일시 정지된 부모가 자녀의 양육비 지급이나 부양의무 이행을 거절하는 사안에 대해서도 본조가 적용될 수 있다. 다만 이 경우에도 본조는 주의적 규정에 지나지 않는데, §913나 §974를 근거로 양육비나 부양료 지급 의무가 인정될 수 있기 때문이다.

Ⅲ. 효과

친권 행사에 대한 공적 개입은 해당되는 사항에 대해서만 영향을 미친다. 즉 제한되거나 정지되지 않은 사항에 대한 친권 행사는 여전히 정당하며 친권에 속하는 의무는 물론 부모라는 지위 자체를 근거로 인정되는 의무는 변함없이 유지되는 것이다.

다만 친권의 본질과 관련하여 의무성을 강조하면 할수록 본조의 기능이 약화될 우려가 있다. 본조의 입법취지에 비추어 볼 때 본조는 친권의 권리성을 염두에 두고 이러한 권리가 제한되더라도 의무는 그대로 유지됨을 주의적으로 규정한 것이다. 그런데 친권의 본질이 '의무'라고 한다면 친권의 정지나 제한에 의해 정지되거나 제한되는 것은 바로 친권으로부터 비롯되는 의무에 다름아니게 된다. 이러한 해석상의 혼란을 방지하려면 친권의 본질은 어디까지나 친권자의 결정권을 중심으로 하는 권리임을 인정할 필요가 있을 것이다.

---

4) 권재문(2014), 47~48.

第 926 條 (실권 회복의 선고)

가정법원은 제924조, 제924조의2 또는 제925조에 따른 선고의 원인이 소멸된 경우에는 본인, 자녀, 자녀의 친족, 검사 또는 지방자치단체의 장의 청구에 의하여 실권(失權)의 회복을 선고할 수 있다. [전문개정 2014.10.15.] [시행일 : 2015.10.16.]

▮ **참고문헌**: 권재문(2014), "친권의 제한·정지 제도 도입을 위한 검토사항," 가족법연구 28−1.

Ⅰ. 서언

§924에 의한 친권상실과 §925에 의한 대리권·재산관리권 상실(본조에 대한 주석에서는 '친권 등의 상실'이라고 한다)은 종국적인 것이 아니어서[1] 상실사유가 소멸하면 친권 등은 회복될 수 있다. 친권 등의 상실 선고가 되더라도 친자관계 자체가 소멸하는 것은 아니고 법적인 부모로서의 지위는 그대로 유지된다. 따라서 부모에게는 ― 비록 친권자로서의 권리·의무는 인정될 수 없더라도 ― 제3자보다 우선적으로 자녀의 보호자가 될 수 있는 잠재적인 가능성은 여전히 남아 있는 것이다. 본조는 바로 이러한 취지를 반영한 것이다.

Ⅱ. 요건·절차

1. 요건

가. 친권 등의 상실사유의 소멸

'원인이 소멸'하였다는 것은 친권 등의 상실사유로 인정되었던 사정이 소멸하였음을 의미한다. 단순히 본조의 회복선고 절차 당시의 사정만을 가리키는

---

1) 김주수, 주석, 420.

것이 아니라 다시 친권 등을 행사하게 하더라도 향후에는 친권을 남용하거나 현저한 비행 등을 저지르지 아니하고 자녀의 재산을 위태하게 하지도 않을 것으로 인정되는 경우를 뜻한다.[2]

나. 친권 등을 회복시킬 필요성

자녀의 복리 원칙은 본조에 대해서도 적용된다. 따라서 구체적인 사정을 고려하여 종래의 친권자 등이 다시 그 권한을 행사할 수 있게 하는 것이 자녀의 복리에 부합함이 인정되어야 본조의 실권회복 선고가 가능하다고 할 것이다.

따라서 비록 친권 등의 상실사유가 소멸하였음이 인정되더라도 친권을 회복시킬 필요가 없는 경우에는 실권회복 선고를 할 수 없다고 할 것이다. 예를 들어 자녀가 이미 입양된 경우에는 양부모에게 친권이 귀속되기 때문에 친생부모가 '친권자로서의 적합성'을 회복하였더라도 실권회복 선고를 할 수 없다. 같은 맥락에서 이미 자녀가 성년(혼인에 의한 성년의제를 포함한다)이 된 경우에는 회복될 친권 등이 이미 소멸하였기 때문에 본조의 회복선고를 할 수 없다.[3]

2. 절차

가. 당사자

2014년 개정 전에는 본조의 실권회복 선고 재판은 친권 등이 상실된 본인 또는 그의 친족이 청구할 수 있으며, 청구 당시에 친권 등을 행사하거나 대행하고 있는 사람을 상대방으로 한다(家訴規 §101 ②). 따라서 부모가 공동으로 친권을 행사하다가 한쪽의 친권이나 법률행위 대리권·재산관리권이 상실되어 다른 쪽이 그 권한을 행사하고 있는 때에는 그 다른 쪽이 상대방으로 되고, 친권자의 친권상실에 따라 후견이 개시된 경우에는 그 후견인이 상대방으로 된다. 한편 단독으로 친권을 행사하던 부모 중 한 쪽이 사망하고 아직 후견인이 선임되지 않아서 상대방으로 되어야 할 자가 없는 경우에 부모 중 친권 등을 상실하였던 다른 한 쪽은 검사를 상대방으로 하여 실권회복의 심판청구를 할 수 있다고 할 것이다.[4]

2014년 개정법은 검사와 지방자치단체의 장도 실권회복 청구를 할 수 있도록 하였다. 친권 상실 등과 그 회복 절차의 청구권자의 범위를 굳이 다르게 정할 이유가 없으며, 민법 제정 당시에는 친권은 권리라고 파악되고 있었기 때

---

2) 제요[4-2], 569; 김주수, 주석, 420.
3) 김주수, 주석, 420.
4) 제요[4-2], 570.

문에 그 회복은 권리의 구제에 해당하여 권리자 자신을 제쳐두고 굳이 공익의
대표자인 검사가 개입하도록 할 필요가 없었다고 볼 수도 있지만 현재의 친권
은 의무로서의 성질이 강하기 때문에 자녀의 복리를 위하여 검사 등이 개입하
도록 할 필요가 있기 때문이다.5)

나. 심리, 재판 등

본조에 의한 절차의 기본적인 구조는 §924의 친권상실 선고 절차와 같다.

Ⅲ. 효과

실권회복 선고의 기본적인 효과는 상실하였던 친권 등을 회복하여 다시
친권 등을 행사할 수 있게 되는 것이다. 그러나 이러한 효과는 §927−2가 적용
되지 않는 경우 즉 공동친권자들 중 한 쪽만이 친권 등을 상실하였다가 회복하
거나 공동친권자 모두가 친권 등을 상실하였다가 회복되는 경우에만 별도의
절차 없이 당연히 발생하게 된다. 왜냐하면 단독친권자로 지정되었던 사람이
친권 등을 상실하였다가 회복하는 경우에는 §927−2 ②이 적용되기 때문에 실
권회복 선고를 받았더라도 다시 법원의 친권자 지정 절차를 거쳐야만 친권 등
을 행사할 수 있기 때문이다. 구체적인 내용은 §927−2 부분을 참조.

---

5) 권재문(2014), 45.

第 927 條 (代理權, 管理權의 辭退와 回復)

① 法定代理人인 親權者는 正當한 事由가 있는 때에는 法院의 許可를 얻어 그 法律行爲의 代理權과 財産管理權을 辭退할 수 있다.

② 前項의 事由가 消滅한 때에는 그 親權者는 法院의 許可를 얻어 辭退한 權利를 回復할 수 있다.

Ⅰ. 서언

친권은 권리일 뿐 아니라 의무로서의 성질도 가지기 때문에 친권자라 하더라도 그 지위를 임의로 벗어날 수는 없다.[1] 그러나 친권의 특성에 비추어 친권자가 구체적인 사정이나 개인적인 능력의 한계로 인하여 자녀의 복리에 적합하게 친권을 행사할 수 없음을 자인하고 있는데도 계속 친권을 행사하도록 하는 것은 바람직하다고 보기 어렵다. 물론 친권이나 대리권·재산관리권 상실 선고 제도가 마련되어 있기는 하지만 이러한 절차의 본질적인 기능은 부모의 의사에 반하여 친권 등을 박탈하는 소극적·방어적인 것이다. 즉 부모보다 자녀의 복리를 더 잘 실현할 수 있는 보호자가 선임될 수 있게 하기 위한 적극적인 목적을 달성하기 위하여 사용될 수는 없다는 한계를 가진다. 친권자에게 친권의 일부 또는 전부를 사퇴할 수 있게 하는 제도는 바로 이러한 필요성에 응하기 위한 것이다. 물론 자녀의 복리 원칙상 부모의 의사만을 근거로 친권을 포기하는 것은 허용될 수 없기 때문에 반드시 정당한 사유라는 실질적 요건과 법원의 자녀 복리 심사라는 절차적 요건을 갖추어야만 한다.

그러나 본조는 친권의 일부 그 중에서도 대리권·재산관리권에 대해서만 사퇴할 수 있도록 하고 있다. 또한 연혁에 비추어 볼 때 본조는 친권 중 보호·교양에 대한 권리·의무는 사퇴의 대상이 되지 않음을 규정한 것이라고 새겨야

---

1) 新注民(25), 191(辻郞).

한다. 1947년에 개정된 일본 민법은 부모가 친권 또는 재산관리권을 가정법원의 허가를 얻어 스스로 사퇴할 수 있도록 하는 제도를 신설하였는데 우리 민법의 입법자들이 이러한 내용을 참조하면서도[2] 대리권·재산관리권의 사퇴만 가능하도록 규정하였기 때문이다.

Ⅱ. 대리권·재산관리권의 사퇴

1. 실질적 요건

친권의 의무성에 비추어 친권자가 대리권·재산관리권을 사퇴하려면 정당한 사유가 있어야 한다. 사퇴 사유는 이처럼 일반조항으로 규정되어 있기 때문에 결국 구체적인 사안에 따라 자녀의 복리 원칙에 따라 그 인정 여부가 결정될 수밖에 없다.

본조의 정당한 사유의 예로는 친권자의 장기간에 걸친 해외 체류, 입원치료, 수감, 재산관리 능력의 부족 등을 들 수 있다.[3] 특히 본조는 친권자가 자신의 재산도 관리할 수 없는 경우에 중요한 기능을 수행한다. 이 정도로 재산관리 능력이 부족하다면 친권자에 대한 성년후견이 개시되는데(§9) 현행법의 해석상 성년후견인이 친권을 대행할 수는 없기 때문이다.[4] 따라서 이 경우 대리권·재산관리권 상실선고 절차를 거치게 하는 것보다는 본조의 사퇴를 통해 신속하게 후견인이 자녀의 재산을 적절하게 관리할 수 있도록 해줄 필요가 있을 것이다.

2. 절차

가. 허가 절차

본조에 의한 사퇴는 친권자의 자발적 의사결정에 대한 법원의 허가라는 점에서 친권자의 의사에 반하여 친권 등을 상실시키는 §924, §925의 상실선고와 다르다. 따라서 후자가 마류 가사비송사건인데 비해 전자는 라류 가사비송사건으로 규정되어 있다.

사퇴허가 재판을 청구할 수 있는 사람은 대리권·재산관리권을 사퇴하려고 하는 친권자로 한정된다. 친권자 이외의 사람은 대리권·재산관리권의 상실선

---

2) 민법안심의록, 545 참조.
3) 제요[4-2], 327.
4) 이러한 해석론의 논거는 §909 ③에 대한 주석을 참조.

고를 청구할 수는 있어도 본조의 사퇴허가를 청구할 수는 없다.

청구가 기각된 경우에 청구인은 즉시항고를 할 수 있으나(家訴規 §27) 청구가 인용된 경우에는 불복할 수 없다.5)

나. 가족관계 등록

또한 사퇴 허가 재판이 있으면 이러한 사실은 가족관계등록부에 기록되어야 하는데 이를 위하여 사퇴한 친권자가 그 내용을 신고하여야 한다(家登 §79②). 그러나 이러한 신고가 꼭 필요한지는 의문인데 가정법원의 법원사무관등은 그 허가의 심판이 효력을 발생한 때에는 바로 사건본인의 등록기준지의 가족관계등록사무를 처리하는 사람에게 그 뜻을 통지하여여야 하기 때문이다(家訴規 §7 ① iv).

이러한 신고의 법적 성질과 관련하여 견해가 대립할 수 있으나 보고적 신고라고 보아야 할 것이다. 비록 본조의 사퇴가 기본적으로 친권자의 의사를 존중하는 것이기는 하지만, 법원의 허가를 거치도록 하는 본조의 취지는 사퇴 여부를 순수하게 친권자의 의사에만 맡겨두는 것이 아니라 법원이 자녀의 복리라는 관점에서 사퇴 여부를 판단하도록 하려는 것이다. 따라서 법원이 사퇴 허가를 하였는데도 친권자가 신고를 하지 않음으로써 그 효과를 무력하게 하는 길을 열어두는 것은 바람직하다고 보기 어렵다. 실무도 "사퇴허가의 심판이 있으면 그 친권자의 법률행위 대리권 및 재산관리권은 상실된다"6)라고 하는 것에 비추어 볼 때 보고적 신고라고 파악하고 있는 듯하다.

한편 일본의 지배적 견해는 — §924, §925의 재판에 따른 신고는 보고적 신고인 것으로 해석하고 있는 것과는 달리 — 사퇴 신고는 창설적 신고인 것으로 해석하고 있으나7) 그 주된 논거는 '사임 신고는 수리되는 것에 의하여 그 효력이 발생'하는 것으로 규정한 실정법(일본 호적법 §80)의 문리해석8)임에 비추어 우리 법의 해석론으로서 참고할 만한 가치는 적을 것이다.

3. 효과

사퇴를 허가하는 재판은 청구인에게 고지되면 효력이 발생하여(家訴 §40 본문) 청구인인 친권자의 대리권·재산관리권이 소멸한다. 공동친권자 중 한쪽이

---

5) 제요[4−2], 329.
6) 제요[4−2], 329.
7) 新注民(25), 191(辻郎).
8) 新注民(25), 238(辻郎).

사퇴한 경우에는 다른 쪽이 단독으로 대리권·재산관리권을 행사하게 된다(§909 ③). 한편 공동친권자인 부모 전부 또는 단독친권자인 부모 중 한 쪽이 사퇴한 경우에는 재산관리에 한정된 후견이 개시되는데(§928) 이 경우 친권자는 지체 없이 가정법원에 미성년후견인의 선임을 청구하여야 한다(§932 ③). 입법론적으로는 §932 ②을 적용하여 이러한 선임 청구가 없어도 사퇴 허가를 하면서 직권으로 후견인을 선임할 수 있도록 할 필요가 있을 것이다.

　사퇴의 대상은 대리권·재산관리권으로 한정되기 때문에 사퇴가 허가되더라도 보호·교양에 관한 권리·의무는 여전히 친권자에게 귀속된다.[9]

Ⅲ. 대리권·재산관리권의 회복

　친권자가 대리권·재산관리권을 사퇴하여 제한적 후견이 개시되었더라도 사퇴 사유가 소멸한 경우에 친권자는 그 권한을 회복할 수 있다. 물론 이 경우에도 자녀의 복리 심사가 필요하기 때문에 법원의 허가를 받아야 한다.

　회복의 사유인 '사퇴 사유의 소멸'의 의미, 회복 허가 절차 등은 기본적으로 사퇴에 관한 내용과 같다. 다만 단독친권자가 친권을 사퇴하였던 경우에는 회복 허가 재판이 있어도 별도로 법원의 친권자 지정 절차를 거쳐야만 대리권·재산관리권을 온전하게 회복할 수 있다(§927-2 ② ii).

---

9) 新注民(25), 191~192(辻郎).

第927條의2 (친권의 상실, 일시 정지 또는 일부 제한과 친권자의 지정 등)

① 제909조제4항부터 제6항까지의 규정에 따라 단독 친권자가 된 부 또는 모, 양부모(친양자의 양부모를 제외한다) 쌍방에게 다음 각 호의 어느 하나에 해당하는 사유가 있는 경우에는 제909조의2제1항 및 제3항부터 제5항까지의 규정을 준용한다. 다만, 제1호의3·제2호 및 제3호의 경우 새로 정하여진 친권자 또는 미성년후견인의 임무는 제한된 친권의 범위에 속하는 행위에 한정된다. 〈개정 2014.10.15.〉

　1. 제924조에 따른 친권상실의 선고가 있는 경우

　1의2. 제924조에 따른 친권 일시 정지의 선고가 있는 경우

　1의3. 제924조의2에 따른 친권 일부 제한의 선고가 있는 경우

　2. 제925조에 따른 대리권과 재산관리권 상실의 선고가 있는 경우

　3. 제927조제1항에 따라 대리권과 재산관리권을 사퇴한 경우

　4. 소재불명 등 친권을 행사할 수 없는 중대한 사유가 있는 경우

② 가정법원은 제1항에 따라 친권자가 지정되거나 미성년후견인이 선임된 후 단독 친권자이었던 부 또는 모, 양부모 일방 또는 쌍방에게 다음 각 호의 어느 하나에 해당하는 사유가 있는 경우에는 그 부모 일방 또는 쌍방, 미성년자, 미성년자의 친족의 청구에 의하여 친권자를 새로 지정할 수 있다.

　1. 제926조에 따라 실권의 회복이 선고된 경우

　2. 제927조제2항에 따라 사퇴한 권리를 회복한 경우

　3. 소재불명이던 부 또는 모가 발견되는 등 친권을 행사할 수 있게 된 경우

[본조신설 2011.5.19.] [제목개정 2014.10.15.] [시행일: 2015.10.16.]

▌**참고문헌**: 권재문(2012), "친권자의 공백 상황에 대처하기 위한 법정대리인의 결정," 가족법연구 27-1; 김상용(2011), "2011년 가족법의 개정 동향: 친권·후견을 중심으로," 법조 통권 663; 윤진수·현소혜(2013), 2013년 개정 민법해설, 법무부.

I. 서언

　　부모가 공동친권자인 경우에는 그 중 한 명에게 친권을 행사할 수 없는 법률상, 사실상의 장애가 있더라도 다른 한명이 단독으로 친권을 행사할 수 있기 때문에(§909 ③) 보호의 공백이 발생하지는 않는다. 반면 단독친권자에 대해 이러한 사정이 생기면 자녀를 보호할 사람이 없게 되는 문제가 생긴다. 이러한 경우에 부모 중 단독친권자가 아닌 사람도 친권을 행사할 수 없는 상황이라면 '미성년자에게 친권자가 없거나 친권자가 법률행위의 대리권과 재산관리권을 행사할 수 없는 경우(§928)'에 해당하여 미성년 후견이 개시되어야 함은 명백하다.

　　그러나 단독친권의 계기가 이혼 또는 인지인 경우(§909 ④, ⑤)에는 부모 중 단독친권자가 아닌 일방도 친권을 행사할 수 없는 상태라고 단정할 수는 없기 때문에 그가 단독친권자인 타방의 친권행사 장애를 계기로 단독친권자가 될 수 있는지의 여부가 문제된다. 이와 관련하여 친권의 당연부활을 인정할 것인지에 대해 찬반양론이 대립하였고 종래의 실무[1]는 이를 긍정하였으나, 친권의 당연부활을 반대하는 견해를 반영한 2011년 개정법에 의하여 이제는 입법적으로 해결되었다. 이러한 연혁에 비추어 볼 때, 본조는 §909-2를 보충하는 의미를 가진다고 할 수 있다.

　　2011년 개정법은 우선 단독친권자가 사망한 경우에 대한 §909-2를 신설하는 것과 함께 단독친권자가 사망 이외의 법적·사실적 장애로 인하여 친권을 행사할 수 없게 된 경우를 대상으로 하는 본조 ①을 신설함으로써, '단독친권자가 친권을 행사할 수 없으나 단독친권자가 아닌 부모는 친권을 행사할 수 있는' 모든 사안에 대해 같은 규율을 적용하고 있다.[2] 다만 §909-2의 사안과는 달리 본조의 경우에는 단독친권자의 친권행사에 대한 장애사유가 해소될 수도 있으므로 이에 수반하여 '당연히' 친권 등도 회복되는지의 여부가 문제될 수 있다. 본조 ②은 이러한 경우에도 종래의 지위가 실권회복에 수반하여 당연히 복귀하는 것은 아니고 법원이 자녀의 복리 심사를 거쳐 본조 ①에 의하여 새로 정해진 친권자(또는 후견인)의 지위를 그대로 유지하거나 실권회복을 한 부모를 다시 친권자로 지정하는 것 중에서 결정할 수 있도록 하고 있다.

---

1) 등록예규 제286호 §10.
2) 윤진수·현소혜(2013), 193.

Ⅱ. 본조 ①

1. 요건

가. 단독친권자의 친권상실 등으로 인한 친권의 공백

본항은 단독친권자 아닌 부모가 친권을 행사할 수 있는 상태에서 단독친권자가 사망 이외의 사유로 인하여 친권을 행사할 수 없는 경우를 적용대상으로 한다. 즉 친권자가 §924에 의한 친권상실 선고(i), 같은 조에 의한 친권의 일시 정지 선고(i-2) 또는 §924-2에 의한 친권의 일부제한 선고(i-3)를 받은 경우나, §925에 의한 대리권과 재산관리권 상실 선고를 받거나(ii), §927 ①에 따라 대리권과 재산관리권을 사퇴하여 친권 행사에 대한 법률상의 장애가 있는 경우(iii)뿐 아니라, 소재불명 등 친권을 행사할 수 없는 중대한 사유가 있는 경우(iv) 즉 친권 행사에 대한 사실상의 장애가 있는 경우에도 적용된다.

이러한 규율은 종래의 입법의 불비를 해결한 것이라고 평가할 수 있다. 여기서 말하는 '중대한 사유'는 친권자가 사실적인 사정으로 인하여 친권을 행사할 수 없는 모든 경우를 의미하는 것이지만 그 인정범위를 지나치게 넓게 인정하는 것은 바람직하지 않다. 단독친권자가 친권의 적절한 행사를 방기하는 경우를 곧바로 '중대한 사유'로 인정하면 엄격한 요건하에서만 친권을 박탈하는 현행법상의 친권상실 제도가 무의미하게 되어 버릴 우려가 있기 때문이다.[3]

나. 양부모 쌍방이 친권을 행사할 수 없게 된 경우

본항의 '단독친권자'는 부모의 이혼 또는 인지를 계기로 부모의 협의 또는 재판에 의하여 그 중 일방이 단독친권자로 지정된 경우(§909 ④·⑤)와, 이렇게 지정되었던 단독친권자가 그 후 재판에 의하여 타방으로 변경된 경우를 뜻함은 문리해석상 명백하다. 그러나 §909 ① 단서에 의하여 친권을 행사하던 양부모 쌍방에 대해 본항 각호의 사유가 발생한 경우에도 본항이 적용되는지에 대해서는 해석상 불명확한 점이 있다. 왜냐하면 본항 본문은 요건 규정에서는 "제909조제4항부터 제6항까지의 규정에 따라 단독 친권자가 된 부 또는 모"와 "양부모(친양자의 양부모를 제외한다) 쌍방"을 대등하게 규정하면서도 정작 효과 부분에서는 양부모의 친권행사에 장애가 생긴 경우에 친생부모에 대한 친권자 지정 가능성을 열어 둔 §909-2 ②을 준용하고 있지 않기 때문이다.

---

3) 권재문(2012), 122~123.

이 문제와 관련하여 양부모가 모두 친권상실 선고를 받은 경우에는 후견 개시 사유가 되기 때문에 본항이 적용되지 않아서 §909−2 ②이 준용될 여지가 없으며 같은 조 ④도 준용되지 않기 때문에 본항에 의하여 친생부모가 친권자로 지정될 수는 없다는 해석론⁴⁾이 지배적이다. 그러나 이에 대해서는 다음과 같은 비판을 가할 수 있다. 첫째로 양부모 쌍방이 친권상실 선고를 받은 경우와 이들이 사망하거나 파양한 경우는 모두 미성년 후견의 개시사유가 될 수 있는데도 후자의 경우에는 §909−2 ②이 적용되어 생존친이 친권자로 지정될 수 있다고 하면서 유독 전자의 경우에만 미성년 후견만이 허용된다고 할 이유가 없다. 지배적 견해는 양부모의 친권상실 후 친생부모를 친권자로 지정하는 것은 양부모가 친권자로 된다는 民 §909 ① 2문과 모순되기 때문에 친생부모를 친권자로 지정하여야 할 필요가 있다면 파양을 거쳐야만 한다고 주장한다.⁵⁾ 그러나 이러한 논거는 "개정 친권법은 … 친권자가 [본항 각호의 사유가 발생하여] 사실상 친권을 행사할 수 없는 경우를 친권 소멸의 원인으로 규정한 것"⁶⁾이라는 지배적 견해의 해석론과 모순된다. 이러한 해석론에 의하면 양부모가 친권을 상실한 경우는 물론 소재불명 등의 사유로 친권을 행사할 수 없는 경우에도 양부모의 친권은 소멸하기 때문에 친생부모를 친권자로 지정하더라도 '양부모의 친권 우선'이라는 §909 ① 2문의 원칙과 저촉되지 않을 것이기 때문이다. 둘째로 지배적 견해와 같이 본항 본문의 취지가 양부모에게 본항 각호의 사유가 발생한 경우에는 §909−2 ③과 ⑤만이 준용되도록 하는 것이라면 본항 본문 괄호부분 즉 '친양자의 양부모를 제외한다'는 무의미한 규정이 되어 버린다. §909−2 ② 단서는 친양자입양의 경우에는 양부모가 사망하더라도 친생부모에 대한 친권자 지정 등의 절차가 진행될 수 없음을 명시하고 있으며, 고유한 의미의 미성년후견이 개시되기 때문에 §909−2 ③, ⑤은 준용될 여지가 없기 때문이다. 셋째로 §909−2 ②이 준용되지 않는다고 하면서도 같은 조 ③, ⑤이 준용된다고 하는 것⁷⁾은 어색한 해석론이다. 우선 §909−2 ③에서 친생부모에게 의견진술의 기회를 주도록 한 것은 친권자 지정 신청을 할 수 있었음을 즉 §909−2 ②이 적용됨을 전제한 것으로 이해하여야 한다. 또한 지배적 견해와 같이 양부모 쌍방에 대해 본항 각호의 사유가 발생한 경우에는 §909−2 ②이

4) 김상용(2011), 61; 윤진수·현소혜(2013), 194.
5) 김상용(2011), 62.
6) 김상용(2011), 60.
7) 김상용(2011), 62.

준용되지 않는다고 본다면 친권자인 친생부모 쌍방에 대해 본항 각호의 사유
가 발생한 것과 전적으로 동일하게 다루어야 한다. 그런데 §932 ②의 입법취지
를 친권상실 선고와 동시에 후견인 선임을 하도록 하는 것으로 이해한다면[8]
§909-2 ⑤을 준용할 필요는 전혀 없다.

2. 효과

본항에 규정된 사유가 발생하여 단독친권자가 친권을 행사할 수 없게 되
면 자녀복리 심사를 거쳐 부모 중 단독친권자 아닌 사람이 친권자로 지정되거
나 후견인이 선임된다. 이를 위한 구체적인 절차나 판단기준 등은 단독친권자
가 사망한 경우에 준한다(§927-2 ① 본문에 의한 §909-2 ①, ③~⑤의 준용).

본항 ii, iii는 단독친권자의 대리권·재산관리권 행사에 대해서만 장애가
생긴 경우이므로, 이러한 사유로 인하여 새로 정하여진 친권자 또는 미성년후
견인의 임무는 미성년자의 재산에 관한 행위에 한정된다(§972-2 ① 단서). 따라
서 원래의 단독친권자는 대리권·재산관리권과 무관한 내용에 대해서는 여전히
친권을 행사할 수 있다. 단독친권자에 대해 2014년 개정으로 도입된 친권의 일
시 정지(§924) 또는 일부 제한(§924-2) 선고가 된 경우에도 위의 경우와 마찬가
지이다. 즉 친권의 일시 정지 사안에서는 새로 정해진 보호자의 지위는 일시
정지 기간 동안만 인정되는 것이 원칙이고 친권의 일부 제한 사안이라면 제한
된 특정한 사항에 대해서만 그 권한이 인정될 수 있다(§927-2 ① 단서).

Ⅲ. 본조 ②

1. 요건

본항은 ①에 따라 친권자가 지정되거나 미성년후견인이 선임된 후에 ①에
의한 절차의 계기가 되었던 친권 행사에 대한 장애사유가 해소된 경우 즉 §926
에 따라 실권의 회복이 선고된 경우(i), §927 ②에 따라 사퇴한 권리를 회복한
경우(ii), 소재불명이던 부 또는 모가 발견되는 등 친권을 행사할 수 있게 된 경
우(iii)에 적용된다.

---

8) 윤진수·현소혜(2013), 80.

2. 효과

본항의 요건이 충족되면 친권행사에 대한 장애사유가 없어진 부모의 일방 또는 쌍방, 미성년자, 미성년자의 친족의 청구에 의하여 친권자를 새로 지정할 수 있다. ①에 따라 지정된 친권자나 미성년후견인도 본항의 친권자 지정 신청을 할 수 있는지는 불명확하지만 긍정적으로 보아야 할 것이다. 그렇지 않으면 미성년자의 친족이 아닌 후견인은 본항에 의한 친권자 지정 신청을 할 수 없고 친족에 해당하는 후견인은 이를 할 수 있다는 이상한 결론에 이르게 되기 때문이다. 물론 이러한 혼란을 방지하기 위하여 본항의 취지를 ①에 의하여 지정된 친권자나 후견인은 본항에 의한 청구를 할 수 없게 하는 것으로 이해할 수도 있으나 자녀의 복리에 비추어 볼 때 굳이 이렇게 해석할 이유는 없을 것이다.

본항에 의한 친권자 지정 절차에 대해서는 별도의 규정이 없으며 준용 조항도 없지만 자녀의 복리를 최우선적으로 고려하여야 할 것이다(§912). 입법론적으로는 ①에 의하여 지정된 친권자 또는 후견인과 친권행사에 대한 장애사유가 해소된 원래의 친권자 사이의 협의에 의한 친권자 지정도 가능하도록 하는 것이 바람직하다고 생각된다.

3. 평가

본항에 대해서는 서로 다른 성질을 가지는 두 가지 사안을 무리하게 하나의 조문으로 규정하였다는 비판을 가할 수 있다.

본항 각호의 사유들은 원래의 단독친권자의 친권행사에 대한 장애가 해소된 경우라는 점에서는 성질이 같지만, 본항 i와 ii는 법률상의 장애사유가 해소되는 경우로서 반드시 법원의 재판을 거쳐야 하고 이러한 재판에서도 §912에 의하여 자녀의 복리 심사가 이루어지는 반면, iii는 사실상의 장애사유가 해소되는 경우로서 법원의 재판을 거치지 않기 때문에 자녀의 복리 심사가 없음은 물론 '사실상의 장애사유의 해소' 여부도 확인되지 않은 상태라는 점에서 차이가 있다. 그런데도 본항은 이러한 차이를 간과한 채, i·ii의 경우에도 법원이 친권자를 새로 지정하여야 하는 것으로 규정하고 있는 것이다. 따라서 원래의 단독친권자에 대한 법원의 자녀 복리 심사를 거쳐서 친권 행사에 대한 장애가 해소되는 본항 i·ii의 경우에는 별도의 절차를 거치지 않고 당연히 원래의 친권이 그대로 회복되는 것으로 보아야 한다.[9] 즉 원래의 단독친권자의 친권 회복을 위한 자녀의 복리 심사나 재판이 필요한 것은 iii의 경우뿐이라고 보아야 한다.[10]

---

9) 김상용-(2011), 64은 같은 취지에서 이러한 문언을 문리해석하는 것은 '실권회복 선고의 효력과 모순되는 해석'이라고 하면서 실권회복 선고가 있으면 후견은 당연히 종료하고 원래의 친권이 회복되기 때문에 친권자를 새로 지정할 여지가 없을 것이라고 한다.

10) 김상용-(2011), 65.

第 5 章　後見

[前註]

▮**참고문헌**: 구상엽(2012), "개정 민법상 성년후견제도에 대한 연구 — 입법배경, 입법자의 의사 및 향후 과제를 중심으로 —," 서울대학교 대학원 박사학위논문; 권순한(2000), "법정후견인제도," 아세아여성법학 3, 91~124; 김도훈(2014), "성년후견제도 도입에 따른 민사소송법상 소송능력에 관한 소고," 법학연구 22-1, 117~137; 김명엽(2010), "성년후견제도 도입을 위한 법무부 입법안의 개선에 관한 연구," 법과 정책 16-2, 21~45; 김상용(2009), "성년후견법안의 문제점," 新聞 3787, 14; 김상묵·조경신(2009), "성년후견제도의 도입 방안에 관한 고찰," 지역발전연구 8-2, 101~124; 김상훈(2014), "성년후견제도의 도입과 민사소송법상의 소송능력 등, 강원법학 41, 253~278; 김성숙(1998), "민법상 후견제도의 문제점 — 한정치산·금치산제도를 중심으로 —," 아세아여성법학 1, 173~194; 김원태(2011), "성년후견 등 심판절차에 관한 가사소송법 정비 방안에 대한 관견," 재산법연구 28-2, 265~301; 김천수(2007), "성년후견과 의료행위의 결정," 가족법연구 21-1, 1~30; 김판기(2011), "2011년 민법개정과 향후 과제 — 제한능력자제도로의 전환을 중심으로 —," 법학연구 19-2, 43~66; 김현수(2014), "미성년후견제도의 개정방향에 관한 소고," 가족법연구 28-1, 233~262; 김형석(2010), "민법 개정안에 따른 성년후견법제," 가족법연구 24-2, 111~166; 김형석(2013), "피성년후견인과 피한정후견인의 소송능력," 가족법연구 27-1, 41~84; 김형석(2014a), "피후견인의 신상결정과 그 대행," 가족법연구 28-2, 245~274; 남윤봉(2008), "고령화 사회에서의 성년후견에 관한 연구," 법과 정책연구 8-2, 705~731; 남윤봉(2011), "민법 일부개정에 관한 고찰," 재산법연구 28-1, 47~49; 박인환(2010), "새로운 성년후견제 도입을 위한 민법개정안의 검토," 가족법연구 24-1, 31~74; 박인환(2011), "새로운 성년후견제도에 있어서 신상보호 — 신상결정의 대행과 그 한계 —," 가족법연구 25-2, 147~198; 배인구(2013), "성년후견제도에 관한 연구 — 시행과 관련된 이론적·실무적 쟁점을 중심으로," 고려대학교 대학원 석사학위논문; 백승흠(2003), "현행 성년자보호를 위한 제도의 문제점과 대안으로서의 성년후견제도," 민사법학 24, 407~427; 백승흠(2006), "성년후견의 감독에 관한 고찰 — 독일과 일본의 제도를 비교하여 —," 가족법연구 20-2, 65~90; 백승흠(2010a), "성년후견제도의 도입과 과제," 법학논총 27-1, 23~48; 백승흠(2011a), "성년후견제도의 시행과 과제," 민사법이론과 실무 15-1, 3~54; 송호열(2002), "임의성년후견제도," 동아법학 31, 271~293; 송호열(2003), "성년후견법제화의 기본원칙과 방향," 동아법학 33, 181~216; 송호열(2006), "고령화사회에 비추어 본 행위무능력제도의 문제점과 후견제도의 확장," 재산법연구 23-2, 37~75; 송호열(2008), "성년후견감독법제에 관한 고찰," 재산법연구 25-1, 253~302; 신은주(2009), "우리나라에서 성년후견제도의 도입," 한국의료법학지 17-6, 29~59; 오호철(2006), "일본의 성년후견제도의 개선 논의에 대한 동향," 비교사법 13-4, 427~466; 오호철(2007), "일본의 성년후견제도의 고찰," 법학연구 27, 563~593; 윤일구(2012), "성년후견제도 도입에 따른 문제점과 과제," 법학논총 32-2, 173~204; 엄덕수(2010), "성년후견 법안, 그 쟁점과 입법방향," 법무사 516, 18~25; 이승길(2009), "현행 민법상 후견제도의 문제점과 성년후견제도의 도입에 관한 고찰," 중앙법학 11-2, 7~38; 이영규(2010), "성년후견법안의 검토 및 향후과제," 경남법학 26, 209~247; 이은영(2003), "성년후견제도의 개선방향," 외법논집 15, 51~80; 이정식

(2010), "민법상 후견제도의 법적 과제에 관한 고찰," 명지법학 9, 121~152; 이재경(2012), "성년
후견제도에 있어서 정신질환자에 대한 의료행위와 후견인의 동의권에 관한 연구," 가족법연구
26-3, 419~438; 이진기(2012), "개정 민법 규정으로 본 성년후견제도의 입법적 검토와 비판,"
가족법연구 26-2, 85~120; 장현옥(2000), "우리나라 후견제도의 문제점과 개선방안," 아세아여
성법학 3, 149~171; 정남기(2003), "행위무능력제도와 고령자보호," 비교법학 3, 1~34; 정남휘
(2009), "성인후견제도의 입법적 고찰," 법무사 506, 20~29; 정선주(2014), "행위능력제도의 변
화에 따른 소송능력의 제검토," 민사소송 18-1, 41~87; 제철웅(2008), "성년후견제도의 개정방
향," 민사법학 42, 111~149; 제철웅(2011), "요보호성인의 인권존중의 관점에서 본 새로운 성년
후견제도," 민사법학 56, 277~331; 제철웅(2013), "성년후견법의 시행준비작업상의 몇 가지 이
론적, 실천적 문제," 가족법연구 27-1, 1~40; 제철웅(2014a), "유엔 장애인권리협약의 관점에서
본 한국 성년후견제도의 현재와 미래," 가족법연구 28-2, 205~244; 제철웅·박주영(2007), "성
년후견제도의 도입논의와 영국의 정신능력법의 시사점," 가족법연구 21-3, 275~310; 최현태
(2010), "자기결정능력장애자 보호를 위한 성년후견제도에 대한 입법론적 고찰," 법학연구 39,
135~155; 현소혜(2012), "의료행위 동의권자의 결정 — 성년후견제 시행에 대비하여 —," 홍익법
학 13-2, 177~213; 현소혜(2013), "제한적 행위능력 제도와 거래의 안전," 서강법률논총 2-2,
31~63; 홍춘의(2002), "후견제도 개혁의 과제," 가족법연구 16-2, 1~39

I. 성년후견제도의 의의

후견이란 미성년자 또는 요보호 성년과 같이 합리적인 의사결정능력이 부
족하여 근대 민법이 예정하고 있는 자기결정·자기책임의 원리를 그대로 적용
하는 것이 불평등한 결과를 야기할 우려가 있는 사람을 위해 타인이 그의 의사
결정을 보조 내지 대신할 수 있도록 하는 제도라고 이해되어 왔다. 후견제도는
가부장제 사회에서 가장(pater familias)이 하던 역할을 국가가 대신 담당한다는
국부(國父)사상에 기초하고 있다.

우리나라의 구 관습상으로도 후견에 유사한 호후인(護後人)제도[1]가 있었으
나, 근대적 의미의 후견제도는 1921. 12. 1. 조선민사령에 의해 비로소 등장하
였다. 조선민사령에 의해 의용된 舊 일본 민법에 따라 미성년자와 금치산자를
위한 후견제도와 준금치산자를 위한 보좌제도가 도입되었기 때문이다. 당시 후
견인과 보좌인은 일차적으로는 후견감독인, 이차적으로는 친족회와 법원의 감

---

1) 신영호, 236.

독을 받았다. 그러나 보좌제도는 사실상 후견과 큰 차이가 없었으므로, 제정민법은 준금치산제도에 갈음하여 한정치산제도를 도입하는 한편, 기존의 보좌제도를 후견으로 일원화하고, 후견감독인제도를 폐지하였다.[2]

그러나 舊 민법(2011. 3. 7. 개정 전)상 후견제도는 피후견인으로부터 행위능력을 전면적·포괄적으로 박탈하는 행위무능력제도를 전제로 한다는 점에서 한계가 있었다. 이는 정신장애인의 자기결정권을 최대한 존중할 것을 요구하고 있는 'UN 장애인권리협약'(The Convention on the Rights of Persons with Disabilities)에 반하기 때문이다. 또한 당시의 후견은 호적 내지 가족관계등록부에 공시될 뿐만 아니라, 후견의 개시와 동시에 수많은 법령에 의해 자동적으로 각종의 자격이 박탈됨으로써 피후견인에게 낙인과 배제를 경험하게 한다는 점에서 보편화(normalization)의 이념을 실현하는 데 적당하지 아니하였다.[3]

이에 2011. 3. 7.자 개정 민법은 기존의 행위무능력제도를 폐지하고, 필요한 범위 내에서 탄력적·일시적으로만 행위능력을 제한하는 이른바 '제한적 행위능력'제도로 대체하는 한편, 이를 전제로 후견제도 역시 전면적으로 개혁하였다.[4] 요보호성년의 잔존능력을 최대한 인정하는 것을 전제로 반드시 필요한 경우에만(보충성) 최소한도의 범위 내에서(필요성) 후견이 개시되는 것을 원칙으로 하는 이른바 '성년후견제'를 채택한 것이다. 또한 기존의 법정후견인제도로는 부적절한 사람이 후견인으로 될 위험이 높다거나, 친족회에 의한 후견감독제도가 제대로 기능하지 못한다는 등 당시 후견제도에 대한 학계의 비판 역시 적극적으로 수용하였다.[5]

그 결과 성년후견제도는 크게 다음의 세 가지 점에서 기존의 후견제도와 차이를 갖게 되었다. 첫째, 피후견인의 의사결정능력의 정도와 변동에 대응하여 후견을 탄력적이고 유연하게 운영한다.[6] 둘째, 후견의 개시, 후견인의 선임·변

2) 양수산, 477~478 참조.
3) 윤진수·현소혜, 18, 21~22 참조.
4) 구체적인 입법경위에 대해 자세히는 백승흠(2011a), 5~10.
5) 기존 후견제도의 문제점을 지적하면서 성년후견제도 도입을 주창한 견해로 신영호, "고령화 사회에 있어서의 후견제도," 가족법연구 11(1997), 359~379; 김성숙(1998), 173~193; 권순한(2000), 114~121; 장현옥(2000), 151~158, 166~169; 이은영, "성년후견제도에 관한 입법제안," 한일법학 20(2001), 19~42; 홍춘의(2002), 4~12; 정남기(2003), 28~34; 송호열, "행위무능력제도와 후견제도의 문제점," 동아법학 35(2004), 60; 이영규, "행위무능력자제도에 대한 검토," 중앙법학 9-3(2007), 337~348; 박태신, "정신장애인의 자기결정권과 행위능력 — 일본의 성년후견제도를 중심으로—," 안암법학 27(2008), 136~140, 177~178; 우주형, "장애성년후견제도 도입에 관한 소고," 중앙법학 10-4(2008), 202~212, 231~239; 김상묵·조경신(2009), 102~121; 이승길(2009), 9~17, 25~32; 이정식, "성년 후견제도와 인간존엄성의 보장," 세계헌법연구 16-2(2010), 335~366; 최현태(2010), 140 등.

경, 후견인의 권한 등 모든 부분에서 피후견인의 의사와 복리가 최대한 실현될 수 있도록 획일적 처리를 지양하고, 가정법원이 구체적인 사안에 가장 적절한 대응책을 마련하도록 한다.[7] 셋째, 가정법원에 의해 선임된 후견인에 대한 신뢰를 바탕으로 기존의 친족회제도를 폐지하고 후견감독기관을 임의기관으로 전환함으로써 사회적 비용을 절감한다.

따라서 현행 민법상 후견이란 사무처리 능력이 부족한 미성년자나 고령자, 정신장애인 등이 제3자에 의한 간섭이나 착취 등으로부터 자유로운 상태에서 스스로 자신의 의사를 충분히 실현시킬 수 있도록 조력 내지 지원하기 위한제도를 말한다. 다만, 현재의 성년후견제도에 대해서는 여전히 후견과 행위능력 개념을 연결시킨다는 점에서 한계가 있다는 비판[8]이 있다.

II. 후견의 체계

2011. 3. 7.자 개정 민법은 미성년자와 요보호성년을 동일하게 취급하던 종래 민법의 태도를 포기하고, 후견제도를 미성년후견과 성년자를 위한 후견[9]으로 대별하였다.[10] 성년자의 경우에는 자기결정권의 보장을 위해 필요성의 원칙에 따른 후견업무의 제한이 절실한 데 반해, 미성년 아동의 경우에는 단순한 의사결정능력의 보조 또는 대리를 넘어서 포괄적인 보호와 교양(§913)이 필요하다는 점을 고려한 것이다. 즉 미성년후견은 성년후견과 달리 '친권의 연장 또는 보충'[11]으로서의 성격을 갖는다.

성년자를 위한 후견제도는 다시 성년후견, 한정후견, 특정후견 및 임의후견으로 구별된다. 이 중 성년후견은 피성년후견인을 위한 포괄적 보호를 원칙으로 하는 반면, 한정후견과 특정후견은 보호를 필요로 하는 특정 범위 내에서만 개시된다는 점에서 차이가 있다. 이에 민법은 포괄적 보호제도인 미성년후견과 성년후견을 묶어 제1절(§928 내지 §959)에서, 개별적 보호제도인 한정후견과 특정후견을 묶어 제2절(§959-2 내지 §959-13)에서 규정한다.

---

6) 김명엽(2010), 24~25; 제철웅(2008), 114.

7) 김명엽(2010), 23~24; 제철웅(2008), 140.

8) 조승현, "성년후견제도에 대한 비판적 고찰—후견제도의 보완으로서 사회적 후견," 민주법학 52(2013), 113~141; 제철웅(2014a), 217~224, 233~236 등.

9) 이를 넓은 의미의 '성년후견'이라고 표현하는 문헌으로 김주수·김상용, 469; 박정기·김연, 293.

10) 이와 같은 편제의 단초를 찾아볼 수 있는 문헌으로 제철웅(2008), 143 참조.

11) 김현수(2014), 238.

　　한편 임의후견은 후견의 개시사유, 후견인·후견감독인의 선임과 임무 등 거의 모든 측면에서 성년후견·한정후견 또는 특정후견과 구별된다. 성년후견·한정후견 또는 특정후견이 필요한 사항을 미리 법률에서 정하거나 가정법원으로 하여금 정하도록 하고 있는 것에 비해, 임의후견은 이를 모두 당사자의 사적 자치에 맡기고, 법원에 의한 개입을 감독이 필요한 범위로 최소화하고 있기 때문이다. 이러한 측면에서 민법은 법정후견제도인 성년후견·한정후견 또는 특정후견과는 달리 임의후견제도를 제3절(§959-14 내지 §959-20)에서 별도로 규율한다.

Ⅲ. 부칙

　　2011. 3. 7.자 개정 민법은 2013. 7. 1.부터 시행되었다. 그러나 개정 민법 시행 전 행위무능력제도를 전제로 금치산 또는 한정치산의 선고를 받은 사람에 대해서는 종전의 규정이 그대로 적용된다(부칙 §2 ①). 금치산 또는 한정치산선고는, 기존의 금치산자 또는 한정치산자에 대하여 개정 민법에 따라 성년후견·한정후견·특정후견이 개시되거나 임의후견감독인이 선임된 경우 또는 개정 민법 시행일로부터 5년이 경과한 때에만 그 효력을 잃기 때문이다(부칙 §2 ②).

　　따라서 2018. 6. 30.까지는 기존의 금치산자 또는 한정치산자를 위한 후견제도가 그대로 유지된다. 가령 후견인의 순위는 배우자, 직계혈족, 3촌 이내 방계혈족의 순서에 따르며(舊 민법(2011. 3. 7. 개정 전) §933 내지 §935), 후견인은 피후견인의 법정대리인이 되고(§938), 후견인이 피후견인의 법률행위에 동의 또는 대리하는 경우 그것이 영업을 하는 일, 차재 또는 보증을 하는 일, 부동산 또는 중요한 재산에 관한 권리의 득실변경을 목적으로 하는 행위를 하는 일 및 소송행위를 하는 일인 경우에는 친족회의 동의를 얻어야 한다(§950).

第1節　未成年後見과 成年後見

第1款　後見人

■참고문헌: 김상용(2011), "2011년 가족법의 개정동향 — 친권·후견을 중심으로 —," 법조 663, 5~86; 김용한(1974), "후견," 사법행정 15-8, 62~65; 김형석(2014b), "성년후견감독인," 성년후견 2, 79~110; 박상호·예철희(2010), "미성년자후견제도의 문제점과 개선방안," 법정리뷰 27-1, 285~311; 박종택(2007), "후견인 및 친족회에 대한 법원의 감독," 가사재판연구 1, 378~411; 신기현(1991), "미성년자에 대한 후견인," 법무사 388, 24~28; 양철진(1985), "미성년자의 후견인의 순위 — 세칭 금당사건 판례를 중심으로," 司論 16, 321~341; 윤용섭(1996), "친권과 후견," 民判 18, 553~584; 윤진수(2001), "친족회의 동의를 얻지 않은 후견인의 법률행위에 대한 표현대리의 성립여부," 민사법학 19, 138~168; 지원림(2005), "친권자·후견인의 대리권과 임의대리의 비교," 가족법연구 19-1, 349~383; 최효섭(1987), "후견의 개시와 호적신고," 사법행정 28-7, 108~114.

第928條 (미성년자에 대한 후견의 개시)

미성년자에게 친권자가 없거나 친권자가 법률행위의 대리권과 재산관리권을 행사할 수 없는 경우에는 미성년후견인을 두어야 한다.

Ⅰ. 조문의 취지

본래 미성년자에 대해서는 친권자인 부모가 포괄적이고도 전면적인 보호·교양의 의무를 지고 있으며, 친권자의 지위에서 재산관리권 및 법정대리권 등을 행사한다. 제4장 제3절 前註 참조. 그러므로 미성년자를 위한 후견은 친권제도가 기능을 상실한 경우에만 보충적으로 등장한다. 본조는 이와 같은 전제 하에 미성년후견의 개시 원인 및 개시에 따른 효과를 정하는 조문이다.

Ⅱ. 미성년후견 개시 원인

1. 친권자가 없는 경우

가. 법적으로 친권자가 없는 경우

법적으로 친권자가 존재하지 않는 경우 미성년후견이 개시된다.

(1) 공동친권자가 모두 사망한 경우

(가) 친생부모인 경우

공동친권자였던 부모가 모두 사망(실종선고된 경우를 포함한다)한 경우에는 더 이상 법률상 친권자가 존재하지 않으므로 미성년후견이 개시된다. 부모 중 일방의 사망 또는 친권상실선고로 인해 단독친권자로 된 사람이 사망한 경우도 같다. 반면 부모가 공동으로 친권을 행사하고 있던 중 일방만 사망하거나 친권상실선고를 받은 것만으로는 아직 미성년후견이 개시되지 않는다. 다른 일방이 여전히 친권을 가지고 있기 때문이다.

(나) 일반입양의 양부모인 경우

양부모 쌍방이 모두 사망한 경우 법적으로 친권자가 존재하지 않는 상황이므로 미성년후견이 개시됨이 원칙[1]이다. 그러나 일반입양의 경우에는 양자와 친생부모 사이에 친자관계가 존속하고 있으므로, 미성년후견을 개시하기보다 친생부모의 친권을 부활시키는 것이 더 적절한 경우도 있다. 그렇다고 하여 양부모의 사망과 동시에 친생부모의 친권이 자동부활한다면, 소재불명 또는 아동학대 전력 등으로 인해 친권을 행사하기에 부적절한 사람이 친권자로 될 우려가 있으므로, 2011. 5. 19.자 개정 민법 §909-2 ② 내지 ④은 이러한 경우 일정한 기간 내에 친권자지정 청구가 없는 때 또는 친권자지정 청구를 기각한 때에만 미성년후견이 개시되도록 하였다.[2] §909-2 註釋 참조.

(다) 친양자의 양부모인 경우

친양자입양의 경우에는 친생부모와의 관계가 모두 단절되므로, 친양자의 양부모가 모두 사망하더라도 친생부모와의 관계가 부활하지 않는다. 따라서 친

---

1) 舊 민법(2011. 3. 7. 개정 전)의 해석상 양부모 사망시 후견이 개시된다고 보았던 견해로 최효섭(1987), 109 참조.
2) 동 조문의 입법취지에 대해 자세히는 김상용(2011), 47~48.

양자의 양부모가 사망한 때에는 바로 미성년후견이 개시된다(§909-2 ② 단서).

(2) 공동친권자가 모두 친권상실선고를 받은 경우

(가) 친생부모인 경우

공동친권자인 친생부모가 모두 친권상실선고를 받은 경우에는 더 이상 법률상 친권자가 존재하지 않으므로, 미성년후견이 개시된다. 부모 중 일방의 사망 또는 친권상실선고로 인해 단독친권자로 된 사람이 친권상실선고를 받은 경우도 같다.

가정법원이 家訴 §62 ①에 따라 사전처분으로서 친권행사 정지처분을 한 경우에는 법적으로 친권을 행사할 자가 없으나, 친권행사정지처분과 함께 친권을 대행할 사람을 지정하도록 되어 있으므로(家訴規 §102 ①), 아직 미성년후견이 개시될 여지가 없다.[3]

(나) 일반입양의 양부모인 경우

양부모가 모두 친권상실선고를 받은 경우(§927-2 ① i)에는 §909-2 ②이 준용되지 않는다(§927-2 ①). 따라서 친권자지정 청구를 기다리지 않고, 바로 미성년후견이 개시된다.[4] 이때 미성년후견인 선임 절차는 §909-2 ③에 따른다. 즉, 가정법원은 직권으로 또는 미성년자, 미성년자의 친족, 이해관계인, 검사, 지방자치단체의 장의 청구에 의해 미성년후견인을 선임한다.

다만, 가정법원이 동 조문에 따른 미성년후견인 선임청구를 기각하고, 친생부모를 친권자로 지정할 수 있는지 여부, 즉 입양에 대해서까지 §909-2 ④를 준용할 수 있는지 여부에 대해서는 부정하는 견해[5]가 있다. 양부모에게 친권을 부여한 §909 ①과 모순된다는 것이다. 자세한 내용은 §927-2 註釋 참조.

(다) 친양자입양의 양부모인 경우

친양자입양의 경우에는 친생부모와의 관계가 모두 단절되므로, 친양자의 양부모가 모두 친권상실선고를 받더라도 친생부모와의 관계가 부활하지 않는다. 따라서 친양자의 양부모가 친권상실선고를 받은 때에는 바로 미성년후견이 개시된다. 이때에는 §909-2 ③ 내지 ⑤도 준용될 여지가 없다. §927-2 ①이 그 적용범위로부터 친양자의 양부모를 제외하고 있기 때문이다. 자세한 내용은 §927-2 註釋 참조.

---

3) 같은 취지로 김주수·김상용, 449.

4) 김상용(2011), 61.

5) 김상용(2011), 62~63.

(3) 공동친권자가 모두 제한적 행위능력자인 경우

부모가 아직 미성년자인 경우 그 자녀에 대해 당연히 미성년후견이 개시되는 것은 아니다. 부모가 직접 친권을 행사하는 것은 법적으로 불가능하지만, §910 및 §948에 따라 그 친권을 대행하는 사람이 있기 때문이다.[6] 자세한 내용은 §910 및 §948 註釋 참조.

친권자가 성년후견개시심판을 받은 경우에는 미성년후견이 개시된다는 것이 다수의 견해이다.[7] 종전의 금치산선고에 준하여 해석하는 것이다.[8]

반면 친권자가 한정후견개시심판을 받은 경우에는 바로 미성년후견이 개시된다는 견해[9]와 친권자의 행위능력이 제한되는 한도 내에서만 대리권과 재산관리권이 소멸하고 미성년후견이 개시된다는 견해[10]가 대립한다. 특히 후자의 견해는 미성년자의 신분에 관한 사항에 있어서는 피한정후견인이라도 친권을 행사할 수 있으며, 미성년후견이 개시되지 않는다고 본다.

(4) 단독친권자가 사망하거나 친권상실선고를 받았고, 생존친이 있는 경우

§909 ④ 내지 ⑥에 따라 혼인의 취소, 협의상 이혼, 재판상 이혼, 인지 또는 재판상 인지로 인해 단독친권자로 정해진 자가 사망한 경우(§909-2 ①) 또는 그가 친권상실선고를 받은 경우(§927-2 ① i)에 미성년후견이 개시되는가. 舊 민법(2011. 5. 19. 개정 전)상으로는 생존친의 친권이 부활한다는 견해와 바로 후견이 개시된다는 견해가 대립하고 있었으나, 현행 민법에 따르면 일정한 기간 내에 친권자 지정 청구가 없었거나 그 청구가 기각되어 미성년후견인이 선임된 때 비로소 미성년후견이 개시됨이 명백하다[家訴 §2 ① 가. ii 13)-2]. 자세한 내용은 §909-2 및 §927-2 註釋 참조.

(5) 입양의 취소 또는 파양

(가) 일반입양의 경우

입양의 취소 또는 파양으로 인해 양부모의 친권이 종료하면, 법적으로 친권자가 존재하지 않게 된다(§909-2 ② 내지 ④). 양부모가 모두 사망한 경우와 유

---

6) 권순한, 238; 박동섭, 387; 양수산, 479; 조승현, 279; 김갑동, "후견에 관한 호적신고," 사법행정 36-11(1995), 49; 신기현(1991), 25; 최효섭(1987), 110.

7) 김주수·김상용, 425; 박정기·김연, 294; 신영호, 238; 조승현, 279.

8) 친권자가 금치산선고를 받은 경우 후견이 개시된다는 견해로 권순한, 238; 양수산, 479; 김용한(1974), 63; 박상호·예철희(2010), 288; 신기현(1991), 25; 양철진(1985), 326; 윤용섭(1996), 581; 최효섭(1987), 110.

9) 박동섭, 387. 舊 민법(2011. 3. 7. 개정 전)의 해석상 친권자가 한정치산선고를 받은 때에도 미성년후견이 개시된다고 보았던 견해로 양수산, 479; 김용한(1974), 63; 박상호·예철희(2010), 288; 신기현(1991), 25; 양철진(1985), 326; 최효섭(1987), 110.

10) 김주수·김상용, 425.

사한 상태가 되는 것이다. 따라서 2011. 5. 19.자 개정 민법 §909-2 ② 내지 ④
은 양부모가 모두 사망한 경우와 동일하게 일정한 기간 내에 친권자지정 청구
가 없는 때 또는 친권자지정청구를 기각한 때에만 미성년후견이 개시되도록
하였다[家訴 §2 ① ii 가. 13)-2]. 자세한 내용은 §909-2 註釋 참조.

(나) 친양자입양의 경우

친양자입양이 취소 또는 파양된 경우에는 입양 전의 친족관계가 부활하지
만(§908-7 ①), 일반입양의 경우와 마찬가지로 친생부모가 친권자가 되기에 적
절하지 않은 사정이 있을 수 있으므로, 일정한 기간 내에 친권자지정 청구가
없는 때 또는 친권자지정청구를 기각한 때에만 미성년후견이 개시된다(§909-2
② 내지 ④).11) §909-2 ② 단서 역시 친양자입양의 취소 또는 파양을 동조의 적
용범위로부터 배제하지 않는다.

나. 사실상 친권자가 없는 경우

사실상 친권자가 없는 경우에도 미성년후견이 개시된다.12) 장기간에 걸친
소재불명, 연락두절, 정신적 장애 등으로 인해 친권자가 사실상 친권을 행사할
수 없는 경우 등이 이에 해당한다. 공동친권자 중 일방에게만 이러한 사유가
존재하는 것만으로는 아직 미성년후견이 개시될 수 없음은 법적으로 친권자
없는 경우와 동일하다.

舊 민법(2011. 5. 19. 개정 전)상으로는 사실상 친권자가 없는 경우에 미성년
후견이 개시된다는 점이 조문상 명백하지 않았다. 다만, 대법원 1956. 8. 11. 선
고 4289민상289 판결은 "친권자인 모가 비록 그 친권을 상실치 않았다 할지라
도 어떤 사유에 의하여 일시적으로 피신한 것이 아니고 미성년자를 유기하고
다른 남자와 같이 야반도주하여 그 행방을 감추었으며 장기간 일편의 소식이
없어 그 귀래를 기하기 어려운 경우에는 민법 제928조에 소위 친권을 행사하는
자가 없는 때에 해당한다"고 판시한 바 있으며, 학설13)과 가족관계등록실무14)
의 태도도 대체로 이와 같았다.

그러나 2011. 5. 19.자 개정 민법은 §909 ④ 내지 ⑥에 따라 혼인의 취소,
협의상 이혼, 재판상 이혼, 인지 또는 재판상 인지로 인해 단독친권자로 정해진

---

11) 김상용(2011), 48.
12) 권순한, 238; 김주수·김상용, 439; 박동섭, 387; 박정기·김연, 294; 소성규(제2판, 2014), 183;
　신영호, 238; 이경희, 281; 조승현, 279; 한봉희·백승흠, 342.
13) 양수산, 479; 김갑동, "후견에 관한 호적신고," 사법행정 36-11(1995), 49; 김용한(1974), 63;
　양철진(1985), 326; 이은영(2003), 58; 최효섭(1987), 110.
14) 등록예규 제310호.

자에게 소재불명 등 친권을 행사할 수 없는 중대한 사유가 있는 경우에는 일정한 기간 내에 친권자 지정 청구가 없었거나 그 청구가 기각되어 미성년후견인이 선임된 때 미성년후견이 개시될 수 있음을 명백히 하였다(§927-2 ① iv).

또한 일반입양의 양부모 모두에게 소재불명 등 친권을 행사할 수 없는 중대한 사유가 있는 경우에도 바로 미성년후견이 개시될 수 있도록 하였다(§927-2 ① iv). 이때 미성년후견인 선임 절차는 §909-2 ③에 따른다. 다만, 미성년후견인 선임청구를 기각하고 친생부모를 친권자로 지정할 수 있는지 여부, 즉 §909-2 ④도 준용할 수 있는지 여부에 대해서는 부정하는 견해[15]가 있다. 자세한 내용은 §927-2 註釋 참조.

따라서 공동친권자인 친생부모 또는 양부모가 모두 소재불명 등의 사유로 인해 사실상 친권을 행사할 수 없을 때에는 바로, 단독친권자가 소재불명 등의 사유로 인해 사실상 친권을 행사할 수 없을 때에는 법원에 의한 미성년후견인 선임심판과 동시에 미성년후견이 개시된다 할 것이다.

그 밖에 부모가 친권을 행사하기에 적절하지 않은 사정이 있으나, 아직 친권상실선고 등이 내려지기 전의 요보호아동에 대해서도 널리 미성년후견이 개시되도록 해야 한다는 입법론적 견해[16]가 있다.

2. 친권자가 법률행위의 대리권과 재산관리권을 행사할 수 없는 경우

단독친권자가 §925에 따라 법률행위의 대리권과 재산관리권을 상실한 경우 또는 §927에 따라 가정법원의 허가를 얻어 법률행위의 대리권과 재산관리권을 사퇴한 경우, 그 부분에 한해 미성년후견이 개시된다(본조). 이때 미성년후견인의 임무는 미성년자의 재산에 관한 행위에 한정된다(§927-2 ① 단서). 공동친권자 중 일방에게 이러한 사정이 생긴 것만으로는 아직 미성년후견이 개시되지 않는다.

단독친권자라도 혼인의 취소, 협의상 이혼, 재판상 이혼, 인지 또는 재판상 인지로 인해 단독친권자로 정해진 사람에게 이러한 사정이 생긴 때에는 일정한 기간 내에 친권자 지정 청구가 없었거나 그 청구가 기각되어 미성년후견인이 선임된 때에만 미성년후견이 개시된다(§927-2 ① ii, iii에 의한 §909-2 ①, ③, ④의 준용).

---

15) 김상용(2011), 63.
16) 박상호·예철희(2010), 295~296.

반면 일반입양을 한 양부모 쌍방이 §925에 따라 법률행위의 대리권과 재산관리권을 상실한 경우 또는 §927에 따라 가정법원의 허가를 얻어 법률행위의 대리권과 재산관리권을 사퇴한 경우에는 친권자 지정청구 등을 기다리지 아니하고 바로 미성년후견이 개시된다. §927-2 ①은 §909-2 ②을 준용하지 않기 때문이다. 이때 미성년후견인 선임 절차는 §909-2 ③에 따른다. 다만, 동 조문에 따른 미성년후견인 선임청구를 기각하고, 친생부모를 친권자로 지정할 수 있는지 여부, 즉 입양에 대해서까지 §909-2 ④을 준용할 수 있는지 여부에 대해서는 부정하는 견해[17]가 있다. 친권이 양부모와 친생부모에게 분속되어 자녀의 복리를 해할 수 있다는 것이다. 자세한 내용은 §927-2 註釋 참조.

친양자를 한 양부모 쌍방이 §925에 따라 법률행위의 대리권과 재산관리권을 상실한 경우 또는 §927에 따라 가정법원의 허가를 얻어 법률행위의 대리권과 재산관리권을 사퇴한 경우에는 바로 미성년후견이 개시되며, §909-2 ③ 내지 ⑤ 이 준용될 여지가 없다. 친양자입양에 의해 친생부모와의 관계가 단절되기 때문이다. §927-2 ① 역시 친양자의 양부모를 적용범위에서 배제하고 있다.

Ⅲ. 미성년후견 개시의 효과

1. 미성년후견인의 선임

미성년후견 개시사유가 있는 때에는 미성년자를 위해 미성년후견인을 두어야 한다. 미성년후견인의 순위 및 선임방법 등에 대해서는 §931 내지 §932 註釋 참조.

2. 미성년후견의 개시 시기

§931에 따른 지정후견인이 있는 경우에는 후견인 지정의 유언이 효력을 발생한 때, 즉 단독친권자가 사망한 때 미성년후견이 개시된 것으로 본다.[18] 반면 §931에 따른 지정후견인이 없는 경우에는 가정법원이 미성년후견인을 선임한 때 미성년후견이 개시된 것으로 보는 수밖에 없을 것이다.[19]

---

17) 김상용(2011), 62~63.
18) 김주수·김상용, 449.
19) 김주수·김상용, 449.

3. 미성년후견 개시의 공시

미성년후견의 개시 및 종료 등은 가족관계등록부를 통해 공시된다. 이를 위해 미성년후견인은 미성년후견이 개시된 때, 즉 자신의 취임일로부터 1개월 내에 후견개시 신고를 하여야 한다(家登 §80). §931에 따른 지정후견인인 경우에는 지정에 관한 유언서, 그 등본 또는 유언녹음을 기재한 서면을, §932에 따른 선임후견인인 경우에는 후견인 선임의 재판서 등본을 신고서에 첨부해야 한다 (家登 §82).

이때 후견개시 신고는 보고적 신고이다. 舊 민법(2005. 3. 31. 개정 전)에 따른 것이기는 하지만, 대법원 1991. 4. 4. 자 90스3 결정 역시 호적상 후견개시신고는 보고적 신고에 불과하다고 하면서, 순위에 따라 아직 법정후견인이 될 수 없는 사람이 후견개시신고를 하여 호적에 후견인인 것처럼 등재되었다 하더라도 후견인으로 취임한 것으로 볼 수 없다고 판시한 바 있다.

Ⅳ. 미성년후견과 성년후견 간의 관계

미성년자에 대해 미성년후견 외에 성년자를 위한 후견을 개시할 수 있는지에 대해서는 견해의 대립이 있다. 가령 미성년자에게 질병, 장애 그 밖의 사유로 인한 정신적 제약으로 사무를 처리할 능력이 지속적으로 결여되었거나 부족한 경우 친권 또는 미성년후견에 갈음하여 성년후견이나 한정후견·특정후견 개시심판을 받는 것이 가능한가.

긍정하는 견해[20]는 미성년자에 대해서도 성년후견개시심판을 할 수 있다고 본다. 피성년후견인의 능력은 미성년자보다 좁으므로, 개시의 필요성이 인정된다는 것이다.

부정하는 견해[21]는 미성년자에 대해서는 성년후견개시심판을 할 수 없다고 한다. 미성년후견은 포괄적 보호를 그 내용으로 하는 반면 성년후견이나 한정후견 등은 필요에 따른 탄력적 보호를 제공할 뿐이므로, 미성년자에 대해 성년후견 등을 개시하는 것은 미성년자 보호에 공백을 가져올 우려가 있다는 점, 미성년자에 대해서는 굳이 성년후견이나 한정후견·특정후견을 개시하지 않더

---

20) 곽윤직·김재형, 123; 배인구(2013), 22; 이진기(2012), 90~91.

21) 김주수·김상용, 471~472, 482, 490; 박동섭, 가사소송(하), 104~105; 윤진수·현소혜, 28, 40; 한봉희·백승흠, 369 주14; 구상엽(2012), 57~58; 김형석(2014b), 448~449; 남윤봉(2011), 54.

라도 충분한 보호를 제공할 수 있고, "성년후견"이라는 용어 자체가 보호의 대상으로부터 미성년자를 제외하고 있다는 점, 성년후견이 개시될 경우 친권 내지 미성년후견과의 관계, 특히 신상감호권한을 누가 갖는지가 불분명하다는 점, §14-3의 반대해석상 성년후견과 미성년후견 사이의 이행은 개정 민법이 예정하는 바가 아니라는 점 등을 근거로 제시하고 있다.

절충설[22]은 미성년자에 대한 성년후견개시심판은 허용될 수 없지만, 한정후견개시심판은 가능하다고 한다. 피한정후견인은 원칙적으로 행위능력을 가진다는 점에서 포괄적 후견을 받는 미성년자와 성격이 다르며, "성년후견"이라는 용어상의 제약도 없기 때문이라고 한다. 동 견해는 미성년자에 대해 특정후견의 심판을 하는 것도 가능하다는 입장이다.

성년후견·한정후견 또는 특정후견 개시심판 청구권자에 미성년후견인 및 미성년후견감독인이 열거되고 있는 것에 비추어 볼 때 적어도 미성년자가 성년에 달함과 동시에 성년자를 위한 후견이 개시될 수 있도록 미리 성년후견 등의 개시심판을 청구하는 것은 허용될 수 있다고 보아야 할 것이다.[23] 보호의 공백을 막기 위함이다.

미성년자를 위한 임의후견 개시 가능성에 대해서는 §959-14 註釋 참조.

---

22) 신영호, 253, 259.
23) 김주수·김상용, 472; 신영호, 253.

第 929 條 (성년후견심판에 의한 후견의 개시)

가정법원의 성년후견개시심판이 있는 경우에는 그 심판을 받은 사람의
성년후견인을 두어야 한다.

Ⅰ. 조문의 취지

성년후견의 개시 원인 및 개시의 효과를 정하는 조문이다. 미성년자와는
달리 성년자는 원칙적으로 타인에 의한 보호 내지 간섭을 필요로 하지 않는다.
모든 성인은 스스로 결정한 바에 따라 행위할 능력이 있다. 그럼에도 불구하고
질병, 장애, 노령, 그 밖의 사유로 인한 정신적 제약으로 사무를 처리할 능력이
지속적으로 결여된 사람에 대해서는 그의 재산관리와 일상생활의 영위 등을
위해 일정 정도 보호와 지원이 필요하다. 이에 §9는 위와 같은 경우 가정법원
이 일정한 자의 청구에 기초하여 성년후견이 개시될 수 있도록 하는 한편, 성
년후견이 개시된 때에는 그를 위해 반드시 성년후견인을 두도록 하였다(본조).

Ⅱ. 성년후견의 개시 원인

성년후견은 오로지 가정법원에 의한 성년후견개시심판이 있는 경우에만
개시된다. 성년후견개시심판은 질병, 장애, 노령, 그 밖의 사유로 인한 정신적
제약으로 사무를 처리할 능력이 지속적으로 결여된 경우 또는 후견계약이 등
기되어 있음에도 불구하고 본인의 이익을 위해 특별히 필요한 경우에만 할 수
있다[§9, §959-20 ①, 家訴 §2 ① ⅱ 가. 1)]. 신체적 장애로 인해 사무처리능력이 결
여된 경우에 관해서는 이를 이유로 성년후견을 개시할 수 있다는 견해[1]와 개
시할 수 없다는 견해[2]가 대립한다.

---

1) 박인환(2010), 43; 백승흠(2010a), 31; 신은주(2009), 34; 윤일구(2012), 183 등.
2) 윤진수·현소혜, 26; 구상엽(2012), 40~41; 김형석(2010), 125 등.

일단 성년후견개시심판이 확정된 후에는 당연히 성년후견이 개시되며, 설령 개시심판에 어떠한 하자가 있다고 하더라도 그러하다. 성년후견개시심판의 효력은 즉시항고로만 다툴 수 있기 때문이다. 가령 한정후견 또는 특정후견으로 족했던 경우라도 일단 성년후견개시심판이 확정되었다면,[3] §11, §14-3 ② 및 §959-20 ②에 따른 성년후견종료의 심판이 있기 전에는 성년후견에 따른 각종의 효과를 부인할 수 없다. 반면 성년후견의 실체적 요건을 갖춘 경우라도 실제로 심판을 받지 않은 때에는 성년후견이 개시될 수 없다(§9 ①).

Ⅲ. 성년후견 개시의 효과

1. 실체적 효과

가. 성년후견인의 선임

가정법원은 성년후견개시심판을 하는 경우 그 심판을 받은 사람, 즉 피성년후견인을 위해 성년후견인을 두어야 한다. 성년후견인 선임방법에 대해서는 §936 註釋 참조.

나. 행위능력의 제한

성년후견이 개시되면 피성년후견인은 성년후견인의 대리에 의해 행위해야 하며, 피성년후견인이 스스로 한 법률행위는 취소할 수 있다(§10 ①). 가정법원이 취소할 수 없는 피성년후견인의 법률행위의 범위를 정한 경우(§10 ②) 및 일용품의 구입 등 일상생활에 필요하고 그 대가가 과도하지 아니한 법률행위(§10 ④)는 그러하지 아니하다.

다. 소멸시효 기간의 정지

소멸시효 기간만료 6개월 내에 피성년후견인에게 성년후견인이 없는 경우 그가 능력자가 되거나 성년후견인이 취임한 때로부터 6개월 내에 시효가 완성되지 않는다(§179). 성년후견인에 대한 피성년후견인의 권리도 같다(§180 ①).

라. 각종 결격사유

대리인에게 성년후견이 개시되면, 그의 대리권이 소멸한다(§127 ⅱ). 위임계

---

3) 성년후견개시심판 청구가 있었을 때 가정법원이 한정후견 또는 특정후견심판을 할 수 있는지 여부에 대해서는 긍정하는 견해와 부정하는 견해가 대립한다. 긍정하는 견해로는 곽윤직·김재형, 127~128; 박동섭, 가사소송(하), 104; 윤진수·현소혜, 30~31; 김형석, "성년후견·한정후견의 개시심판과 특정후견의 심판," 서울대 법학 55-1(2014), 458; 윤일구(2012), 187; 이진기(2012), 102; 현소혜, "법정후견의 유형과 활용방안," 성년후견 1(2013), 76. 부정하는 견해로는 신영호, 253; 구상엽(2012), 36; 배인구(2013), 29~30.

약의 수임인에게 성년후견이 개시되면, 위임계약이 종료한다(§690). 조합원에
대해 성년후견이 개시되면, 그는 조합으로부터 탈퇴한다(§717).

그 밖에 피성년후견인은 성년후견의 개시와 동시에 공인회계사법, 변호사
법, 의료법, 약사법, 국가공무원법, 지방공무원법 등 200여 개의 법률에 의해
각종의 공법상·직업상 자격을 박탈당한다. 이러한 결격조항에 대해 일부 견
해[4]는 보편화의 이념을 근거로 전면삭제를 주장하는 반면, 결격조항의 유형에
따라 삭제 또는 유지 여부를 달리 볼 필요가 있다는 견해[5]도 있다.

2. 성년후견의 개시 시기

성년후견은 성년후견개시심판이 확정된 때 개시된다. 성년후견개시심판에
대해서는 본인, 배우자, 4촌 이내의 친족, 미성년후견인, 미성년후견감독인, 한
정후견인, 한정후견감독인, 특정후견인, 특정후견감독인, 검사 또는 지방자치
단체의 장 등 §9 ①에서 정한 청구권자 및 §950-20 ①에서 정한 임의후견인과
임의후견감독인이 즉시항고할 수 있다(家訴 §36 ① i 가.).

따라서 성년후견개시심판은 즉시항고기간이 도과한 때, 즉 당사자(家訴規
§25), 이해관계인(家訴規 §25), 당해 심판에 의해 성년후견인이 될 자(家訴規 §35)가
심판을 고지받은 날부터 14일이 도과한 때에 비로소 확정된다(家訴 §40, 家訴規 §31).

3. 성년후견 개시의 공시

성년후견의 개시 및 성년후견인 선임 등에 관한 사항은 후견등기부를 통
해 공시된다. 따라서 가정법원은 성년후견개시심판이 확정된 때에는 지체없이
후견등기사무를 처리하는 사람에게 성년후견 개시심판, 성년후견인 및 성년후
견감독인 선임심판에 관한 사항, 취소할 수 없는 피성년후견인의 법률행위의
범위를 결정하는 심판에 관한 사항, 성년후견인이 피성년후견인의 신상에 관하
여 결정할 수 있는 권한의 범위를 결정하는 심판에 관한 사항, 여러 명의 성년
후견인 및 성년후견감독인을 정한 때에는 그 권한 행사를 결정하는 심판에 관
한 사항을 후견등기부에 등기할 것을 촉탁하여야 한다(家訴 §9, 家訴規 §5-2 ① i).
성년자를 위한 후견의 공시방법에 대해 자세히는 §959-14 註釋 참조.

---

4) 구상엽(2012), 191~193; 신권철, "성년후견제도의 쟁점과 과제," 사회보장법연구 2-2(2013),
66~72; 제철웅(2013), 14~15. 제철웅(2014a), 232~233은 결격조항을 전면 폐지하는 한편, 그로
인해 피성년후견인이 본인 또는 제3자의 이익을 중대하게 침해할 소지가 있을 때에는 가정법원
의 처분으로서 직무수행 등의 정지를 명할 필요가 있다고 주장한다.
5) 현소혜, "성년후견제 도입에 따른 관계법령의 개선방안," 가족법연구 25-3(2011), 166~180.

第 930 條 (후견인의 수와 자격)

① 미성년후견인의 수(數)는 한 명으로 한다.

② 성년후견인은 피성년후견인의 신상과 재산에 관한 모든 사정을 고려하여 여러 명을 둘 수 있다.

③ 법인도 성년후견인이 될 수 있다.

Ⅰ. 조문의 취지

후견인의 수와 자격을 정하기 위한 조문이다. 舊 민법(2011. 3. 7. 개정 전) §930는 후견인의 수를 1인으로 한정하였으며, 친족관계를 기초로 한 법정후견인의 순위로 인해 자연인만이 후견인이 될 수 있었다. 그러나 성년후견제의 도입에 따라 성년후견인에게 기대되는 임무와 역할 등에 변화가 있었으므로, 이를 반영하여 미성년후견인과 성년후견인의 수와 자격을 달리 규정하였다.

Ⅱ. 미성년후견인의 수와 자격

미성년후견인의 수는 한 명으로 한다(본조 ①). 미성년후견인은 단순히 재산관리 또는 법률행위의 대리를 통해 피후견인의 재산을 보존하거나 의사결정을 지원하기 위한 기관이 아니라, 친권자에 갈음하여 미성년자를 위해 충분한 보호와 교양을 제공하고 그의 원만한 성장을 돕기 위한 기관이므로, 미성년후견인과 미성년자 본인 간의 개인적인 접촉 및 인적 유대관계 형성이 중요한 의미를 갖는다는 점,[1] 미성년후견인을 복수로 할 경우 책임이 분산되어 사무가 지체된다는 점[2] 등이 근거로 제시되고 있다.

이에 대해서는 복수의 미성년후견인을 허용해야 한다는 입법론적 비판이

[1] 백승흠(2010a), 33.
[2] 김주수·김상용, 450; 박동섭, 388; 한봉희·백승흠, 343; 최효섭(1987), 111.

있다.3) 친권도 공동으로 행사하는데 미성년후견만 단일후견인제도를 유지할
이유가 없다는 점, 미성년후견의 경우에도 신상감호와 재산관리를 서로 다른
사람이 담당하게 할 필요가 있다는 점, 외국의 입법례도 주로 복수의 미성년후
견인을 허용한다는 점 등을 근거로 제시한다.

　　한 명의 미성년후견인이 여러 명의 미성년자를 후견하는 것은 가능하다.4)

　　또한 미성년후견인의 자격은 자연인으로 한정된다(본조 ③의 반대해석). 법인
은 미성년자와 인적인 접촉이 불가능하기 때문이다.5) 이에 대해서는 성년에
가까운 미성년자나 보호시설에 거주하는 미성년자의 경우에 인적 접촉의 필요
성이 크지 않고, 그 밖의 미성년자의 경우라도 미성년후견인의 신상감호 의무
기간과 범위가 폭넓어 오히려 법인을 후견인으로 하는 것이 적합할 수 있다는
이유로 반대하는 견해6)가 있다.

Ⅲ. 성년후견인의 수와 자격

1. 성년후견인의 수

　　성년후견인은 피성년후견인의 신상과 재산에 관한 모든 사정을 고려하여
여러 명을 둘 수 있다(본조 ②). 성년후견인은 피성년후견인을 위해 재산관리뿐
만 아니라 신상에 관하여도 두루 대리권을 행사해야 하고, 지속적인 면접·관
찰을 통해 피성년후견인의 사무처리능력에 변동이 생긴 경우 그에 따라 보호
의 범위를 재조정하며, 피성년후견인 본인의 의사를 최대한 존중하여 업무를
처리하여야 하는 등 舊 민법(2011. 3. 7. 개정 전)상 금치산자의 후견인에 비해
임무의 범위가 매우 넓다. 이에 2011. 3. 7.자 개정 민법은 후견업무의 효율성
을 도모하고, 권한남용의 위험을 방지하기 위해 복수의 후견인제도를 허용하
였다.7)

　3) 김주수·김상용, 450; 이경희, 283; 권순한(2000), 102; 김용한(1974), 68; 김현수·김원태, "미
국에서의 미성년후견인의 권한과 책임," 가족법연구 26-2(2012), 186; 김현수(2014), 249~250;
박상호·예철희(2010), 290, 304.
　4) 같은 취지로 김주수·김상용, 450.
　5) 한봉희·백승흠, 369; 김형석(2010), 130~131.
　6) 이경희, 283; 김현수(2014), 253~254.
　7) 자료집, 270. 복수의 성년후견인제도 도입을 주장 내지 찬성한 견해로 양수산, 481~482; 권순
한(2000), 119; 김명엽(2010), 31; 김성숙(1998), 189; 백승흠(2003), 412; 송호열(2006), 63; 신은
주(2009), 25, 35; 이승길(2009), 15~16; 이영규(2010), 236; 이정식(2010), 140; 이은영(2003), 74;
임혜경, "권리옹호 정책으로서 일본의 성년후견제도: 문제점과 시사점," 사회보장연구 25-1
(2009), 140; 장현옥(2000), 169; 정남기(2003), 33; 최문기(2007), 4; 홍춘의(2002), 26.

이때 복수로 선임된 성년후견인이 담당하는 임무의 범위가 법정되어 있는 것은 아니다.8) 즉, 현행 민법은 일부 입법례와 같이 재산관리후견인과 신상감호후견인을 엄격하게 구별하지 않는다. 따라서 가정법원은 구체적인 사정에 따라 재산관리를 담당하는 성년후견인과 신상감호를 담당하는 성년후견인으로 나누어 선임하거나, 1명의 성년후견인이 재산관리와 신상각호를 모두 담당하되, 특정한 재산의 관리 또는 특정한 의료행위와 관련된 의사결정대행 권한만을 다른 성년후견인에게 맡기는 방식으로 복수의 성년후견인을 선임할 수도 있다.9)

복수의 성년후견인을 선임할 것인지는 가정법원의 재량에 맡겨져 있으므로, 가정법원은 피성년후견인의 신상과 재산에 관한 모든 사정을 고려하여 복수 선임 여부를 판단할 수 있다. 가령 정신장애인에 대한 친권이 종료하여 종래의 친권자인 부모를 공동의 성년후견인으로 선임할 필요가 있는 경우, 피성년후견인을 직접 부양하며 돌보고 있는 근친에게 재산관리의 전문성이 없는 경우, 피성년후견인의 재산의 종류가 다양하여 재산의 유형별로 전문적인 관리가 필요한 경우, 피성년후견인의 건강상태에 비추어 특정한 의료행위와 관련하여 보건복지 전문가에 의한 지속적이고도 전문적인 의사결정대행이 필요한 경우, 근친 간에 피성년후견인의 재산관리나 거소지정 등을 둘러싼 대립이 치열하여 상호 간의 견제를 통해 피성년후견인의 의사와 복리를 최대한 실현할 필요가 있는 경우 등에는 성년후견인을 복수로 선임하는 것이 유용할 것이다.10)

성년후견인이 복수로 선임된 경우 권한행사방법에 대해서는 §949-2 註釋 참조. 성년후견개시심판 후 성년후견인의 추가선임에 대해서는 §936 註釋 참조.

2. 성년후견인의 자격

가. 자연인

자연인이라면, §937에서 정한 후견인 결격사유에 해당하지 않는 한, 성년후견인이 될 수 있다. 피성년후견인과 일정한 친족관계에 있어야 하는 것은 아니다.11) 변호사, 법무사, 사회복지사와 같은 영리 목적의 직업적 후견인(전문적 후견인)12) 또는 자원봉사자와 같은 시민후견인(명예직 후견인) 등 누구라도 후견

8) 개정 당시 직무범위를 법정할 필요가 없다는 견해를 피력한 문헌으로 엄덕수(2010), 21.
9) 같은 취지로 윤진수·현소혜, 77; 김명엽(2010), 31~32.
10) 보다 다양한 유형에 대해서는 박인환(2010), 48 참조.
11) 제철웅(2008), 114, 140.
12) 김명엽(2010), 42~43; 정남휘(2009), 27~28.

인이 될 수 있다.

나. 법인

법인도 성년후견인이 될 수 있다. 舊 민법(2011. 3. 7. 개정 전)상의 해석으로
도 법인을 후견인으로 선임하는 것이 가능하다는 견해[13]가 있었으나, 2011. 3.
7.자 개정 민법은 이를 명문으로 규정하였다.[14] 성년후견 업무의 특성상 법인
이 이를 담당하는 것이 더 유용한 사안이 적지 않기 때문이다. 가령 피성년후
견인의 연령이 낮고 장래 그의 사무처리능력이 회복될 가능성이 높지 않아 장
기간에 걸친 균질한 돌봄(care)이 필요한 경우가 그러하다. 개인 후견인은 그의
건강, 성정, 의지 그 밖의 우연한 사정에 의해 제공하는 후견업무의 질이 크게
달라질 수 있기 때문이다.[15]

피성년후견인의 재산이 각처에 흩어져 있어 전국적 규모의 법인이 이를
관리하는 것이 보다 효율적인 경우, 피성년후견인의 장애 유형과 심리상태에
대한 충분한 이해가 있어야만 본인과의 의사소통이 가능한 상황이어서 피성년
후견인 본인과 친족들이 보다 전문적이고 신뢰할 만한 후견인의 선임을 원하
는 경우, 근친에 의한 간섭과 분쟁이 심한 경우, 후견업무를 무상으로 담당할
만한 근친자를 찾기 어려운 경우 등에도 법인후견인을 선임할 필요가 있다.[16]

다. 법인후견인의 보충성 여부

성년후견 역시 미성년후견과 마찬가지로 피성년후견인과의 인격적 접촉이
중요한 의미를 가진다는 점에서 법인후견인은 적절한 자연인후견인을 찾을 수
없는 경우 최후의 수단으로써만 선임될 수 있다는 견해가 있다.[17] 그러나 법인
이 성년후견인으로 선임된 경우라도 구체적인 후견업무를 수행하는 것은 당해
법인의 구성원(사단법인의 경우) 내지 피용자(재단법인의 경우)이므로, 피성년후견
인과의 인격적 접촉이 배제되는 것은 아니다. 따라서 법인후견인을 보충적으로
만 이용할 필요는 없을 것이다.

---

13) 김은효, "법인후견의 운용 등에 관한 소고," 新聞 3970(2011), 14.
14) 법인에게 성년후견인 자격을 인정할 것을 주장 내지 찬성한 견해로 백승흠(2003), 411~412;
   송호열(2006), 62~63; 신은주(2009), 25, 35; 이승길(2009), 13; 이영규(2010), 235; 이은영(2003),
   74; 이정식(2010), 141; 장현옥(2000), 168; 최문기(2007), 3; 홍춘의(2002), 27.
15) 김명엽(2010), 26~27 참조.
16) 해설, 41; 박인환(2010), 48; 정남휘(2009), 28~29.
17) 구상엽(2012), 77~78; 송호열(2003), 210; 제철웅(2011), 314. 독일도 이와 같은 태도이다. 독
   일법상 법인이 성년후견인으로 선임될 수 있는 요건에 대해 자세히 소개하고 있는 문헌으로 김
   현수(2014), 255 참조.

라. 법인의 자격

본조는 "법인도 성년후견인이 될 수 있다"고 규정하고 있을 뿐이므로, 사법인·공법인, 사단법인·재단법인, 영리법인·비영리법인을 묻지 않고 법인이라면 누구나 성년후견인이 될 수 있다.[18] 이에 대해서는 파산 등의 가능성이 있는 영리법인보다 공익법인 또는 사회복지법인 등이 후견인에 더 적합하다는 견해[19]와 민법상 사단법인으로 구성해야 한다는 견해,[20] 전문국가기관을 설립하여 후견인이 되도록 해야 한다는 견해[21] 등이 있다.

성년후견인이 될 수 있는 법인의 자격 등에 관한 특별법이 제정되지 않는 이상 법원이 각 사건마다 당해 법인의 사업 종류 및 내용, 본인과의 이해관계 유무 등을 심사하여 자격 유무를 개별적으로 판단하는 수밖에 없을 것이다.[22]

마. 법인의 업무수행

법인이 성년후견인으로 선임된 경우에는 그 구성원 또는 직원 중에서 업무수행자를 지정하여 그로 하여금 실제로 후견사무를 담당하도록 하여야 할 것이다.[23] 이때 업무수행자가 주어진 권한의 범위 내에서 법인의 이름으로 피성년후견인을 위한 대리행위를 하면 당해 행위의 효과는 피성년후견인에게 귀속된다. 법인은 필요한 경우 업무수행자를 교체할 수 있으며, 그때마다 별도의 선임절차를 밟아야 하는 것은 아니다. 다만, 가정법원은 §954에 따른 감독처분의 일환으로 업무수행자 교체시 보고를 요구할 수 있을 것이다.

법원은 법인에 소속된 특정의 직원을 성년후견인으로 선임할 수도 있으나, 이때 그는 법인후견인이 아니라 자연인 후견인으로서의 지위를 가진다. 법인은 그를 지시·감독하고, 그의 행위에 대해 사용자책임 등을 부담할 뿐이다. 이에 대해서는 법인 자신은 성년후견인이 될 수 없고, 법인에서 선임하는 자가 성년후견인이 되어 직무를 수행할 뿐이라는 반대설[24]이 있다.

---

18) 김은효(주 13), 14; 박인환(2010), 48;
19) 해설, 41; 김판기(2011), 49~50.
20) 엄덕수(2010), 21.
21) 김주수·김상용, 447~448.
22) 김은효(주 13), 14.
23) 해설, 41. 엄덕수(2010), 21 주 9는 이를 "후견수행자"라고 지칭하고 있다.
24) 백승흠(2003), 421; 최문기(2007), 7.

第 931 條 (유언에 의한 미성년후견인의 지정 등)

① 미성년자에게 친권을 행사하는 부모는 유언으로 미성년후견인을 지정할 수 있다. 다만, 법률행위의 대리권과 재산관리권이 없는 친권자는 그러하지 아니하다.

② 가정법원은 제1항에 따라 미성년후견인이 지정된 경우라도 미성년자의 복리를 위하여 필요하면 생존하는 부 또는 모, 미성년자의 청구에 의하여 후견을 종료하고 생존하는 부 또는 모를 친권자로 지정할 수 있다.

I. 조문의 취지

미성년후견은 친권을 연장 내지 보충하는 성격을 갖는다. 따라서 친권자가 친권을 행사할 수 없어 부득이 미성년후견이 개시되는 때라도 친권자의 자녀에 대한 의사가 최대한 관철될 수 있도록 할 필요가 있다. 통상의 경우라면, 그것이 미성년자의 복리에 부합하는 결과이기도 하다. 본조는 이와 같은 사정을 반영하여 미성년후견이 개시될 경우 미성년후견인 선임에 있어서 친권자의 의사를 최우선적으로 고려하되, 그로 말미암아 부당한 결과가 발생할 우려가 있는 때에는 이를 교정하기 위한 방책도 함께 마련하고 있다. 친권자에게 유언으로 미성년후견인을 선임할 권한을 부여하면서도 미성년자의 복리를 위해 필요한 경우 가정법원이 그 후견을 종료할 수 있도록 하고 있기 때문이다.

II. 유언에 의한 미성년후견인의 지정

1. 지정권자

가. 친권을 행사하는 부모일 것

유언으로 미성년후견인을 지정할 수 있는 사람은 미성년자에게 친권을 행사하는 부모이다. 따라서 부모라도 친권상실선고를 받은 사람은 미성년후견인을 지정할 수 없다. §925에 따라 법률행위의 대리권과 재산관리권 상실 선고를 받은 사람 또는 §927에 따라 이를 사퇴한 사람은, 아직 친권자이기는 하지만, 본조 ① 단서에 따라 미성년후견인을 지정할 수 없다. 법률행위 대리권 및 재산관리권 부분에 관하여 이미 미성년후견이 개시된 상황이기 때문이다(§928).

성년후견개시심판을 받은 부모 역시 친권을 행사할 수 없으므로, 미성년후견인을 지정할 수 없다는 견해1)가 있으나, 의문이다.

한편 유언에 의한 미성년후견인의 지정은 친권을 행사하는 "부모"만이 할 수 있으므로, 현재 친권을 행사하고 있더라도 부모가 아니라면 유언에 의한 미성년자 지정행위를 할 수 없다. 가령 친권대행자 등이 그러하다.

나. 단독친권자

단독친권자인 부모는 유언에 의해 미성년후견인을 지정할 수 있다.2) 특히 부모 중 일방의 사망 또는 친권상실선고로 인해 단독친권자가 된 사람뿐만 아니라, 혼인의 취소, 협의상 이혼, 재판상 이혼, 인지 또는 재판상 인지로 인해 단독친권자가 된 사람 역시 유언에 의해 미성년후견인을 지정할 수 있다.3) 단독친권자가 사망하더라도 생존친의 친권이 자동부활하지 않는 이상 미성년후견인을 미리 지정해 놓을 필요가 있기 때문이다. 다만, 후자의 경우에는 본조 ②에 따라 그 유언의 효력이 상실될 수 있다. 아래 III. 이하 참조.

다. 공동친권자

공동친권을 행사하는 부모는 유언에 의해 미성년후견인을 지정할 수 있는가. 부정하는 견해가 통설이다. 이러한 견해에 따르면 공동친권을 행사하는 부모 중 일방이 한 미성년후견인을 지정하는 내용의 유언은 아무런 효력이 없다.4)

---

1) 김주수·김상용, 450; 조승현, 280.
2) 김주수·김상용, 450~451; 양수산, 482~483. 김용한(1974), 64; 신기현(1991), 25은 이를 "최후로 친권을 행사하는 자"라고 표현하고 있다.
3) 김상용(2011), 16.
4) 김상용(2011), 16.

이에 대해서는 반대하는 견해5)가 있다. 이러한 내용의 유언이라도 후견의 개시를 정지조건으로 하는 유언으로 유효하다는 것이다. 따라서 공동친권을 행사하는 부모 중 일방이 미성년후견인을 지정하는 내용의 유언을 하고 사망한 경우 생존친이 있는 동안에는 그 유언이 효력을 발생하지 않다가 생존친 사망에 의해 미성년후견이 개시됨과 동시에 발효된다고 본다. 미성년후견인 지정행위는 친권의 연장으로서의 성격을 갖는다는 점에서 공동친권자에 의한 일방적인 미성년후견인 지정 유언이라도, 그것이 다른 일방의 의사에 반하지 않는다면, §920 ③에 준하여 당해 유언의 효력을 인정할 수 있을 것이다.

문제는 공동친권을 행사하는 부모가 각자 미성년후견인 지정의 유언을 한 경우이다. 동일인을 미성년후견인으로 지정했다면 두 개의 유언이 모두 유효하다고 볼 것이나, 서로 다른 사람을 미성년후견인으로 지정했다면 공동친권자 사이에 의견이 일치하지 않은 것으로 보아 §909 ②에 준하여 법원이 미성년후견인을 선임하는 수밖에 없다. 사안에 따라서는 일방의 유언이 철회된 것으로 해석할 수도 있을 것이다.

舊 민법(2011. 3. 7. 개정 전)상 이 경우에 법정후견인 순위에 관한 조문을 유추적용하여 지정후견인 간에 순위를 정하되, 공동친권자 중 일방이 먼저 사망하였다면 생존친의 지정행위가 우선적으로 효력을 갖는다는 견해6)가 있었다. 법정후견인제도는 폐지되었으나 家訴規 §2 ① i에 미성년후견인 순위확인에 관한 심판규정이 잔존하고 있으므로, 여전히 유용하게 활용될 수 있는 견해이다. 이때 미성년후견인 순위확인의 소는 가류 가사소송사건의 절차에 따른다(家訴規 §2 ②).

라. 판단시기

유언으로 미성년후견인을 지정한 사람이 단독으로 친권을 행사하는 부모인지 여부는 유언 성립시가 아니라 유언의 효력발생시를 기준으로 결정하여야 한다.7) 미성년후견인 지정행위는 유언의 효력발생시, 즉 친권자 사망시에 효력이 생기기 때문이다. 유언 성립 당시에는 공동친권자였거나, 친권이 없는 부모였더라도 유언이 효력을 발생할 당시 단독친권자로서의 지위를 가지고 있었다면, 당해 지정행위는 유효하다. 물론 유언 성립 시부터 효력발생 시까지 사이에 사정변경이 있었다면 당해 유언이 철회된 것으로 볼 수도 있을 것이다.

---

5) 권순한(2000), 95~97.

6) 권순한(2000), 97.

7) 권순한(2000), 94.

2. 지정의 방식

미성년후견인의 지정은 유언의 방식을 따라야 한다. 따라서 §1065 내지 §1070 에 따른 유언의 방식을 갖추지 못한 미성년후견인의 지정행위는 무효이다.

3. 효력발생시기

유언에 의한 미성년후견인 지정은 유언이 효력을 발생한 때, 즉 유언자가 사망한 때로부터 효력이 생긴다(§1073 참조).[8] 유언자의 사망으로 친권자가 없 게 됨과 동시에 미성년후견이 개시되며, 지정된 사람이 미성년후견인에 취임 한다.

§909 ④ 내지 ⑥에 따라 혼인의 취소, 협의상 이혼, 재판상 이혼, 인지 또 는 재판상 인지로 인해 단독친권자로 정해진 사람이 사망한 경우 등에는 일정 한 기간 내에 친권자 지정 청구가 없었거나 그 청구가 기각되어 미성년후견인 이 선임된 때에만 미성년후견이 개시됨이 원칙이나, 유언에 의한 미성년후견인 지정이 있었던 때에는 유언의 효력발생과 동시에 미성년후견이 개시되며, 미성 년자의 복리를 위하여 필요한 경우 본조 ②에 따라 친권자지정심판을 할 수 있 을 뿐이다. 즉 유언에 의한 미성년후견인 지정이 있었던 때에는 §909-2 ③ 및 ④이 적용되지 않는다.

유언에 의해 미성년후견인이 된 사람은 미성년후견이 개시된 날로부터 1 개월 내에 지정에 관한 유언서, 그 등본 또는 유언녹음을 기재한 서면을 첨부 하여 후견개시의 신고를 하여야 하나(家登 §80, §82), 이는 보고적 신고에 불과하 며 신고를 해야만 미성년후견인으로서의 임무를 수행할 수 있는 것은 아니다.

4. 지정의 내용

두 명 이상의 사람을 미성년후견인으로 지정한 경우,[9] 법인을 미성년후견 인으로 지정한 경우, 후견인 결격사유 있는 사람을 미성년후견인으로 지정한 경우 당해 지정행위는 무효이다. 강행규정인 §930 및 §937에 반하기 때문이다.

다만, 두 명 이상의 사람을 미성년후견인으로 지정하면서도 피지정자 사 이에 순위를 정한 경우까지 이를 무효로 볼 것인지는 의문이다. 미국은 지정된

---

8) 김주수·김상용, 451; 신영호, 239.
9) 권순한, 241; 최효섭(1987), 111.

후견인이 임무를 수행하지 못할 경우에 대비하여 대체후견인(alternative guardian) 또는 승계후견인(successor guardian)을 지정하는 것을 허용하고 있다.10)

Ⅲ. 유언에 의한 미성년후견인 지정의 효력 상실

미성년자에게 친권을 행사하는 부모가 유언에 의해 미성년후견인을 지정해 놓았더라도, 지정 미성년후견인이 미성년자를 보호하기에 적절한 능력이나 자질을 갖추고 있지 못한 경우 또는 생존친이 미성년자를 보호하는 것이 더 적합한 경우 등에는 자녀의 복리를 위해 미성년후견을 종료하고 생존하는 부 또는 모를 친권자로 지정할 수 있다[본조 ②, 家訴 §2 ① ii 가. 17)−3]. 미성년자녀의 보호와 양육의 책임은 1차적으로 부모에게 있기 때문이다.11)

동 항은 혼인의 취소, 협의상 이혼, 재판상 이혼, 인지 또는 재판상 인지로 인해 단독친권자로 정해진 사람이 유언에 의해 미성년후견인을 지정해 놓은 경우 및 그 밖에 이에 준하는 사정으로 인해 단독친권자 외에 생존친이 있는 경우에만 적용될 수 있다. 생존친이 없는 경우 유언에 의해 선임된 미성년후견인이 미성년자의 보호에 적절치 않은 사정이 있는 때에는 §940에 따라 지정 미성년후견인을 변경할 수 있을 뿐이다.

---

10) 김현수·김원태, "미국에서의 미성년후견인의 권한과 책임," 가족법연구 26−2(2012), 167.
11) 김상용(2011), 16.

第 932 條 (미성년후견인의 선임)

① 가정법원은 제931조에 따라 지정된 미성년후견인이 없는 경우에는 직권으로 또는 미성년자, 친족, 이해관계인, 검사, 지방자치단체의 장의 청구에 의하여 미성년후견인을 선임한다. 미성년후견인이 없게 된 경우에도 또한 같다.

② 가정법원은 친권상실의 선고나 대리권 및 재산관리권 상실의 선고에 따라 미성년후견인을 선임할 필요가 있는 경우에는 직권으로 미성년후견인을 선임한다.

③ 친권자가 대리권 및 재산관리권을 사퇴한 경우에는 지체 없이 가정법원에 미성년후견인의 선임을 청구하여야 한다.

I. 조문의 취지

舊 민법(2011. 3. 7. 개정 전)에 의하면, 친권자가 유언에 의해 후견인을 지정하지 않은 경우에는 미성년자의 직계혈족,[1] 3촌 이내 방계혈족의 순위로 후견인이 되었고, 직계혈족 또는 방계혈족이 수인인 때에는 최근친을, 동순위자가 수인인 때에는 연장자를 선순위로 하였다(舊 민법 §932 및 §935 ①).[2]

---

[1] 이때 직계혈족은 부계이거나 모계이거나 관계없다. 대법원 1982. 1. 19.자 81스25 등 결정; 대법원 2000. 11. 28. 선고 2000므612 판결 참조. 미성년자의 외조부모의 법정후견인 자격을 박탈하였던 호적예규 제700항은 위 판결에 의해 폐지되었다. 동 판결의 자세한 경위와 이에 대한 비판론을 개진하고 있는 문헌으로 양철진(1985), 328~337 참조.

[2] 법정후견인의 취임은 후견개시사유의 발생과 동시에 당연히 이루어지고, 그 후견개시신고는 보고적 신고에 불과하므로, 설령 舊 민법 §932 및 §935 ①에서 정한 순위에 어긋나는 자가 후견

그러나 이와 같은 획일적인 법정후견인제도로는 피후견인 보호에 적절한 능력이나 의사를 갖춘 후견인이 임무를 수행할 것을 담보하기 어렵다. 그 결과 피후견인과 원거리에 거주하거나 소원한 관계에 있는 사람 또는 피후견인을 보살피기에 충분한 신체적·정신적 자질을 갖추지 못한 사람이 연장자라는 이유만으로 후견인이 되는 등 법정후견인이 자신의 임무를 제대로 수행할 수 없는 경우가 적지 않게 발생하였다. 사안에 따라서는 법정후견인이 그 임무수행을 게을리하거나 오히려 그 권한을 남용함으로서 피후견인의 복리를 해하는 경우도 있었다. 이에 법정후견인제도를 폐지해야 한다는 견해3)가 강력하게 대두되었다.

이러한 흐름에 발맞추어 2011. 3. 7.자 개정 민법은 법정후견인제도를 폐지하고, 선임후견인제도를 채택하였다. 친권자가 유언에 의해 지정한 미성년후견인이 없을 경우 가정법원이 직접 미성년후견인을 선임하도록 한 것이다. 본조는 이와 같은 선임후견인제도를 선언하는 한편, 구체적인 선임사유 및 선임절차 등을 규율하고 있다.

다만, 선임후견인제도에 대해서는 실제로 적당한 후견인을 찾기 힘들다는 점, 직업적 후견인 또는 영리 목적의 후견법인이 활성화됨에 따라 자력이 부족한 피후견인을 위한 후견인을 구하는 것이 어려워질 것이라는 점 등을 지적하는 비판이 있다.4) 일부 견해는 미성년후견인이 선임될 때까지 미성년자 보호가 공백상태에 놓이게 될 것을 우려하여 선임후견인제도 대신 기존의 법정후견인 순위 및 운영방법을 일부 개선할 것을 제안하기도 한다.5)

Ⅱ. 미성년후견인 선임 사유

1. 유언에 의해 지정된 미성년후견인이 없는 경우

친권자는 유언으로 미성년후견인을 지정할 수 있다(§931). 그럼에도 불구하

개시신고를 하여 스스로 후견인으로 기재되었다고 할지라도, 그가 후견인으로 취임된 것으로 볼 수 없었다. 대법원 1991. 4. 4. 자 90스3 결정 참조.

3) 권순한(2000), 100~104; 김상용(2011), 41; 김성숙(1998), 189~191; 김용한(1974), 68; 박상호·예철희(2010), 296~298, 302~303; 백승흠(2003), 412; 신은주(2009), 25; 양철진(1985), 337~340; 윤용섭(1996), 583; 윤진수(2001), 167~168; 이은영(2003), 57; 최문기(2007), 3~4; 최병욱, "법정후견인의 순위에 관한 재검토론," 법학논집 1-1(1996), 57~64; 최준철, "후견제도에 관한 실무적 고찰," 실무연구 1(1996), 302; 홍춘의(2002), 9 등.

4) 김상용, "성년후견법안의 문제점," 新聞 3787(2009), 15.

5) 권순한(2000), 108~109; 최병욱(주 3), 64.

고 친권자가 유언으로 미성년후견인을 지정하지 않은 상태에서 미성년후견 개시사유가 발생하였다면, 가정법원은 미성년후견인을 선임하여야 한다(본조 ① 전문). 친권자의 사망 등으로 인해 미성년후견이 개시되었으나 미성년후견인을 지정하는 취지의 유언이 전혀 존재하지 않거나 방식흠결 등으로 인해 유언의 효력이 없는 경우와 유언이 있기는 하였으나 유언의 효력발생 당시 이미 지정된 미성년후견인이 사망하거나 결격사유 등으로 말미암아 후견인으로서의 직무를 수행할 수 없는 경우를 모두 포함한다.

가정법원이 본조에 의해 미성년후견인을 선임하였는데 뒤늦게 유언에 의한 지정후견인이 있었던 사실이 밝혀진다면, 선임후견인은 소급하여 후견인 자격을 상실한다.[6] 이때 거래의 상대방은 §125에 따른 표현대리의 성립을 주장할 수 있을 것이다.

혼인의 취소, 협의상 이혼, 재판상 이혼, 인지 또는 재판상 인지로 인해 단독친권자로 정해진 사람이 사망하였는데, 지정 미성년후견인이 없는 경우에는 §909−2가 우선적으로 적용되므로, 본조에 따른 미성년후견인 선임절차가 진행되지 않는다.

2. 미성년후견인이 없게 된 경우

미성년후견인이 없게 된 경우 가정법원은 미성년후견인을 선임하여야 한다(§932 ① 후문). 이때 "미성년후견인"에는 §931에 의해 친권자가 유언으로 지정한 미성년후견인과 §932 ① 전문에 의해 법원이 선임한 미성년후견인이 모두 포함된다.

"미성년후견인이 없게 된 경우"란 기존에 미성년후견인의 직무를 수행하던 사람이 사망, 결격, 사임 그 밖의 사정으로 인해 더 이상 후견인으로서의 직무를 수행할 수 없게 된 경우를 말한다. 이때 "사망"에는 실종선고 또는 인정사망이 포함된다. 미성년후견인의 "결격"에 대해서는 §937 註釋 참조. "사임"에 대해서는 §939 註釋 참조. "그 밖의 사정"은 사망·결격 또는 사임에 준하는 정도에 이르는 것으로서 법적으로 그 직무를 수행하는 것이 불가능한 것을 말한다. 따라서 장기외유나 질병과 같이 사실상 직무 수행이 불가능한 경우에 불과한 때에는 §940에 따라 후견인변경을 하여야 한다.

---

6) 舊 민법(2011. 3. 7. 개정 전)상 해석론 중 유사한 취지로 박상호·예철희(2010), 292 참조.

3. 친권상실선고가 있었던 경우

친권상실선고에 따라 미성년후견인을 선임할 필요가 있는 경우, 가령 단독친권자가 친권상실선고를 받아 미성년후견이 개시된 경우에 가정법원은 직권으로 미성년후견인을 선임하여야 한다(본조 ②).

반면, 친권자 중 일방에게 친권상실선고 등이 있더라도 다른 일방이 여전히 친권을 행사할 수 있고, 미성년자의 보호에 공백이 발생할 우려가 없다면 미성년후견이 개시될 필요가 없다.[7] 단독친권자가 친권상실선고 등을 받았더라도 §927−2 ①에 따라 다른 일방을 친권자로 지정하는 것이 가능한 경우에도 마찬가지이다. 따라서 본조 ②은 친권상실선고나 대리권 및 재산관리권 상실의 선고에 따라 "미성년후견인을 선임할 필요가 있는 경우"에만 미성년후견인을 선임하도록 하였다.

친권자 사망의 경우와 달리, 이때 친권자는 유언으로 미성년후견인을 지정할 권한이 없다(§931 단서). 따라서 가정법원이 미성년후견인을 선임함에 있어 이에 대한 친권자의 유언이 있었는지 여부를 묻지 않는다.

혼인의 취소, 협의상 이혼, 재판상 이혼, 인지 또는 재판상 인지로 인해 단독친권자로 정해진 사람이 친권상실선고를 받은 경우에는 §927−2 ①이 우선적으로 적용되므로, 본조에 따른 미성년후견인 선임절차가 진행되지 않는다.

4. 대리권 및 재산관리권 상실선고 또는 사퇴가 있었던 경우

대리권 및 재산관리권 상실선고에 따라 미성년후견인을 선임할 필요가 있는 경우에는 미성년후견인을 선임하여야 한다(본조 ②). 친권자가 대리권 및 재산관리권을 사퇴한 경우도 같다(본조 ③). 미성년자를 위해 대리권 및 재산관리권을 행사할 사람이 없어 미성년자의 복리를 해칠 우려가 있기 때문이다. 다른 친권자가 있는 경우에는 대리권 및 재산관리권 상실선고에도 불구하고 미성년후견인을 선임할 필요가 없다. 사퇴의 경우에는 본조 ③이 "미성년후견인을 선임할 필요"를 요구하고 있지 않으나, 상실선고의 경우와 같이 보아야 할 것이다.

친권상실선고의 경우와 마찬가지로 친권자에 의한 미성년후견인 지정의 유언이 있었는지 여부는 묻지 않는다. 혼인의 취소, 협의상 이혼, 재판상 이혼, 인지 또는 재판상 인지로 인해 단독친권자로 정해진 사람이 대리권 및 재산관

---

7) 윤진수·현소혜, 81.

리권 상실선고를 받거나 사퇴한 경우에는 §927-2 ①이 우선적으로 적용되므로, 본조에 따른 미성년후견인 선임절차가 진행되지 않는다.

　2014. 10. 15.자 개정 민법에 따르면, 가정법원은 같은 개정법 §924 ①에 따른 친권의 일시 정지 또는 §924-2에 따른 친권의 일부 제한 선고에 따라 미성년후견인을 선임할 필요가 있는 경우에도 미성년후견인을 선임하여야 한다. 미성년자를 위해 친권의 전부 또는 일부를 행사할 사람이 없는 경우 미성년자의 복리를 해할 우려가 있기 때문에, 친권의 일시 정지 또는 일부 제한이 있는 경우 바로 미성년후견이 개시될 수 있도록 한 것이다. 동법은 2015. 10. 16.부터 시행된다. 친권의 일시 정지 또는 친권의 일부 제한에 대해 자세히는 §924 註釋 참조. 이때 미성년후견인의 권한에 대해서는 §946 註釋 참조.

5. 보호시설 아동에 대한 특칙

　친권자가 모두 사망하여 미성년후견이 개시되었고, 유언에 의한 미성년후견인 지정이 없었던 경우라도, 미성년후견이 개시된 고아가 국가 또는 지방자치단체가 설치·운영하는 보호시설에 있는 경우에는 별도로 미성년후견인을 선임하지 않는다. 그 보호시설의 장이 당연히 후견인으로 되기 때문이다(「보호시설에 있는 미성년자의 후견직무에 관한 법률」 §3 ①).

　미성년후견이 개시된 고아가 국가 또는 지방자치단체 외의 자가 설치·운영하는 보호시설에 있는 경우 미성년후견인이 되려는 자는 그 보호시설의 소재지를 관할하는 특별자치시장·시장·군수·구청장에게 후견인지정을 신청하여야 하며(「보호시설에 있는 미성년자의 후견직무에 관한 법률」 §3 ② 및 동 시행령 §3 ①), 본조는 적용되지 않는다.

　친권자의 친권상실선고 등으로 인해 고아 아닌 미성년자가 보호시설에 있는 경우에도 본조는 적용되지 않는다. 당해 보호시설이 국가 또는 지방자치단체에 의해 설치·운영되는 경우에는 그 보호시설의 장이, 그 밖의 자에 의해 설치·운영되는 경우에는 특별자치시장·시장·군수·구청장이 후견인으로 지정한 사람이 후견인으로 되기 때문이다("보호시설에 있는 미성년자의 후견직무에 관한 법률" §3 ③). 다만, 이때에는 관할법원의 허가를 받아야 한다.

　한편 입양기관의 장은 입양을 알선하기 위하여 보장시설의 장, 부모 등으로부터 양자될 아동을 인도받은 날부터 입양이 완료될 때까지 그 아동의 후견인이 된다(입양특례법 §22 ① 본문). 당해 아동에 대해 법원이 이미 후견인을 둔 경

우에는 동 조문이 적용되지 않으나(입양특례법 §22 ① 단서), 이러한 입양특례법의
태도에 대해서는 비판적인 견해[8]가 있다. 아동이 입양기관에 인도된 이상 입
양기관에서 아동의 보호와 양육을 책임지므로, 입양기관의 장이 후견인이 되는
것이 바람직하다는 것이다.

Ⅲ. 미성년후견인 선임 절차

1. 유언에 의해 지정된 미성년후견인이 없거나, 미성년후견인이 없게 된 경우

가. 직권 또는 일정한 자에 의한 청구

유언에 의해 지정된 미성년후견인이 없거나 미성년후견인이 없게 된 경우,
가정법원은 직권 또는 미성년자, 친족, 이해관계인, 검사, 지방자치단체의 장의
청구에 의하여 미성년후견인을 선임한다(§932 ① 전문). 미성년후견인이 없게 된 경
우에는 미성년후견감독인도 미성년후견인의 선임을 청구할 수 있다(§940-6 ①).

미성년후견인의 선임을 청구할 수 있는 "이해관계인"이란, 미성년자의 재
산관리에 관해 법률상 이해관계가 있는 사람, 가령 채권자, 채무자 등을 의미한
다.[9] 견해에 따라서는 아동복지전담기관장[10]이나 가정위탁지원센터의 장, 위
탁부모[11] 등을 포함시키기도 한다. 아동복지법과의 관계를 고려할 때 아동복
지전담기관장은 이에 포함된다고 보기 어려울 것이나, 미성년자의 신상보호와
관련하여 법률상 이해관계가 있는 위탁부모 등은 포함될 수 있을 것이다.

아동복지법 §19 ①에 따르면 시·도지사 또는 시장·군수·구청장, 아동복
지전담기관의 장, 아동복지시설의 장 및 학교의 장도 친권자 또는 후견인 없는
아동의 복지를 위해 필요하다면 가정법원에 미성년후견인 선임을 청구할 수
있다. 이는 미성년후견인 선임청구권자를 확대하기 위한 조문일 뿐, 미성년후
견인 선임 사유와 같은 실체적인 요건의 해석에 어떠한 영향을 미치는 것은 아
니다. 학설 중에도 동 조문이 요구하고 있는 "그 복지를 위하여 필요하다고 인
정할 때"라는 요건은 불필요하다고 보는 견해가 있다.[12]

2014. 10. 15.자 개정 민법에 의해 도입된 친권의 일시 정지 또는 일부 제
한의 선고가 있는 때에도 가정법원은 직권으로 미성년후견인을 선임하여야 한

---

8) 김상용(2011), 82~83.
9) 박동섭, 390; 신기현(1991), 26.
10) 김주수·김상용, 452; 박정기·김연, 296; 신영호, 240; 양수산, 484.
11) 김상용(2011), 49.
12) 김주수·김상용, 452 주 3.

다. 동법은 2015. 10. 16.부터 시행된다.

나. 심리

가정법원은 미성년후견인 선임심판을 하고자 할 때 미성년후견인이 될 사람의 의견을 들어야 한다(家訴規 §65 ①). 후견의 대상이 되는 미성년자가 13세 이상인 때에는 그 미성년자의 의견도 들어야 함이 원칙이나, 미성년자의 의견을 들을 수 없거나 미성년자의 의견을 듣는 것이 오히려 미성년자의 복리를 해할 만한 특별한 사정이 있다고 인정되는 때에는 듣지 않아도 된다(家訴規 §65 ④).13) 아동복지법에 따른 미성년후견인 선임청구가 있는 경우에는 해당 아동의 의견을 존중해야 한다(아동복지법 §19 ③).

미성년자의 의견 존중 외에 미성년후견인의 선임기준에 관해 별다른 명문의 규정이 있는 것은 아니지만, 미성년자의 연령, 심신의 상태, 종교, 문화적 배경, 민족적 출신 등 미성년자의 '정체성', 미성년자의 재산상태, 미성년후견인의 직업 및 경력, 미성년자와 미성년후견인과의 이해관계 등을 고려하여 친권자를 대신해 미성년자를 보호·교양하기에 가장 적절한 자를 선임하여야 할 것이다.14) 단, 후견인 결격사유에 해당하는 자는 선임할 수 없다. 후견인 결격사유에 대해서는 §937 註釋 참조.

다. 미성년후견인 선임심판

가정법원은 심판에 의해 미성년후견인을 선임한다. 라류 가사비송사건이다[家訴 §2 ① ii 가. 18)]. 미성년후견인 선임심판은 피미성년후견인 주소지 가정법원의 전속관할이다(家訴 §44 i-ii). 가정법원은 미성년후견인 선임심판과 함께 미성년후견인에 대하여 후견사무에 관하여 필요하다고 인정되는 사항을 지시할 수도 있다(家訴規 §65 ③).

미성년후견인 선임심판은 당사자, 절차에 참가한 이해관계인 외에 당해 심판에 의해 미성년후견인이 될 자 및 미성년후견감독인이 될 자에게 고지하고, 사건본인에게 그 뜻을 통지하여야 한다(家訴規 §35).

라. 즉시항고

미성년후견인 선임심판에 대해서는 미성년자, 미성년자의 부모와 친족, 이해관계인, 검사, 지방자치단체의 장이 즉시항고할 수 있다(家訴規 §67 ① i).

---

13) 이때 의사능력 있는 미성년자의 의견을 청취해야 한다는 견해로 권순한(2000), 109.
14) 김현수(2014), 247~248.

마. 가족관계등록 촉탁

미성년후견인 선임심판이 확정된 경우 가정법원은 지체없이 가족관계등록 사무를 처리하는 사람에게 가족관계등록부에 등록할 것을 촉탁하여야 한다(家訴 §9 및 家訴規 §5 ① iii).

2. 친권상실선고, 대리권 및 재산관리권 상실선고가 있었던 경우

친권상실선고 또는 대리권 및 재산관리권 상실선고를 하는 경우 가정법원은 직권으로 미성년후견인을 선임하여야 한다. 미성년자나 친족 등에 의한 미성년후견인의 청구가 있어야 하는 것은 아니다. 미성년후견인 선임을 위해 친권상실선고 등과 별도의 절차를 거치도록 할 경우 미성년자의 보호에 공백이 발생할 우려가 있기 때문이다. 그 밖의 심판절차는 본조 Ⅲ. 1. 나.의 서술과 같다.

3. 대리권 및 재산관리권을 사퇴한 경우

친권자가 대리권 및 재산관리권을 사퇴한 경우 가정법원은 친권자의 청구에 의해 미성년후견인을 선임하여야 한다. 이때 "사퇴"의 개념을 널리 친권자가 대리권 및 재산관리권을 행사할 수 없는 경우에까지 확대해야 한다고 보는 견해[15]가 있으나, 본조 ②과의 관계에 대한 오해에서 비롯된 것으로 보인다.

대리권 및 재산관리권의 사퇴는 가정법원의 허가를 받아야만 가능하나 (§927), 별도의 청구가 없는 이상 가정법원이 대리권 및 재산관리권 사퇴 허가 시 직권으로 미성년후견인을 선임할 수 있는 것은 아니다. 심판의 성격이 전혀 다를 뿐만 아니라, 관계자들의 존재 및 소재파악의 어려움으로 인한 절차지연 등의 문제가 있기 때문이다.[16]

그러나 가정법원이 직권으로 개입할 수 없는 상황에서 미성년후견인의 선임을 청구하는 사람이 아무도 없다면 자녀의 보호에 공백이 발생할 우려가 있다. 따라서 친권자가 대리권 및 재산관리권을 사퇴한 경우에는 지체없이 가정법원에 미성년후견인의 선임을 청구하도록 하였다(§932 ③). 친족 기타 이해관계인에 의한 청구를 요건으로 하였던 舊 민법(2011. 3. 7. 개정 전) §936에 대한 비판[17]을 수용한 것이다. 친권자가 미성년후견인의 선임청구를 하지 않는다고 하여 어떠한 제재가 있는 것은 아니다.

---

15) 남윤봉(2011), 59.
16) 자료집, 287~289, 291~292.
17) 홍춘의(2002), 9.

결국 친권자가 선임청구를 하지 않는 경우에는 가정법원이 직권으로 또는 미성년자, 친족, 이해관계인, 검사, 지방자치단체의 장의 청구에 의하여 미성년 후견인을 선임할 수 있다고 해석해야 할 것이다(§932 ①의 유추적용).[18]

그 밖의 선임절차는 본조 Ⅲ. 1. 나.와 같다.

4. 기타

§909−2 ③ 또는 ④, §927−2 ①에 따른 미성년후견인 선임 절차에 대해서는 §909−2 및 §927−2 註釋 참조.

Ⅳ. 사전처분

가사소송규칙에 별도의 규정은 없으나, 가정법원은 아직 미성년후견인을 선임하기 전이라도 필요한 경우라면 직권 또는 당사자의 신청에 의해 家訴 §62 ①에 따른 사전처분으로서 임시후견인을 선임할 수 있다(家訴規 §32 ④ 참조). 이 때 선임된 임시후견인에 대해서는 미성년후견인에 관한 규정이 준용된다고 보아야 할 것이다.

한편 아동복지법 §19 ①에 따라 후견인을 선임하는 경우 가정법원은 시·도지사, 시장·군수·구청장 및 아동복지전담기관의 장으로 하여금 임시로 그 아동의 후견인 역할을 하게 할 수 있다(아동복지법 §20 ①). 이 역시 家訴 §62 ①에 따른 일종의 사전처분으로서의 성격을 갖는다.[19]

---

18) 윤진수·현소혜, 82.
19) 김상용(2011), 22.

第 933 條 ~ 第 935 條

削除〈2011. 3. 7.〉

第 936 條 (성년후견인의 선임)

① 제929조에 따른 성년후견인은 가정법원이 직권으로 선임한다.

② 가정법원은 성년후견인이 사망, 결격, 그 밖의 사유로 없게 된 경우에도 직권으로 또는 피성년후견인, 친족, 이해관계인, 검사, 지방자치단체의 장의 청구에 의하여 성년후견인을 선임한다.

③ 가정법원은 성년후견인이 선임된 경우에도 필요하다고 인정하면 직권으로 또는 제2항의 청구권자나 성년후견인의 청구에 의하여 추가로 성년후견인을 선임할 수 있다.

④ 가정법원이 성년후견인을 선임할 때에는 피성년후견인의 의사를 존중하여야 하며, 그 밖에 피성년후견인의 건강, 생활관계, 재산상황, 성년후견인이 될 사람의 직업과 경험, 피성년후견인과의 이해관계의 유무(법인이 성년후견인이 될 때에는 사업의 종류와 내용, 법인이나 그 대표자와 피성년후견인 사이의 이해관계의 유무를 말한다) 등의 사정도 고려하여야 한다.

I. 조문의 취지

舊 민법(2011. 3. 7. 개정 전)에 따르면, 한정치산 또는 금치산 선고를 받은 경우 한정치산자 또는 금치산자에게 배우자가 있는 때에는 배우자가, 배우자가 없거나 배우자도 금치산 또는 한정치산 선고를 받은 때에는 직계혈족, 3촌 이내 방계혈족의 순위로 후견인이 되었고, 직계혈족 또는 방계혈족이 수인인 때에는 최근친을, 동순위자가 수인인 때에는 연장자를 선순위로 하였다(舊 민법 §933 내지 §935).

위와 같은 획일적인 법정후견인제도에 의해 후견인의 부적절·부도덕과 같은 여러 가지 문제점이 노정되었음은 미성년후견의 경우와 같다.[1] §932 註釋 참조. 특히 배우자를 1순위 법정후견인으로 한 결과 사실상 이혼 상태인 배우자가 후견인으로 되거나, 배우자 역시 질병·노령·정신적 장애 등으로 인해 후견업무를 제대로 수행할 수 없는 경우가 빈발하였다. 이에 2011. 3. 7.자 개정 민법은 성년후견에 있어서도 법정후견인제도를 폐지하고, 가정법원이 직접 성년후견인을 선임하도록 하는 선임후견인제도로 전환하였다.[2] 본조는 이와 같은 선임후견인제도를 선언하는 한편, 구체적인 선임사유 및 선임절차 등을 규율하고 있다.

한편 미성년자는 피성년후견인이 될 수 없으므로(§928 註釋 참조), 피성년후견인은 친권에 따르지 않는다. 따라서 친권자가 유언에 의해 성년후견인을 지정하는 것은 허용될 수 없다. 그 결과 성년후견인은 오로지 가정법원의 심판에 의해서만 선임될 수 있다. 이에 대해서는 피성년후견인 본인, 부모 기타 가족에 의한 성년후견인 지정을 허용해야 한다는 입법론적 비판이 있다.[3]

II. 성년후견인의 선임사유 및 절차

1. 성년후견개시심판이 있는 경우

가. 선임사유

§9에 따른 성년후견개시심판이 있는 경우 가정법원은 성년후견인을 선임하여야 한다(본조 ①). 성년후견개시심판이 선고되었음에도 불구하고 성년후견인이 선임되지 않을 경우 피성년후견인의 제한된 행위능력을 보충할 기관에 흠결이 생기기 때문이다.

나. 선임절차

(1) 직권에 의한 개시

성년후견개시심판이 있는 경우 가정법원은 직권으로 성년후견인을 선임한다. 성년후견의 개시 자체에 일정한 자에 의한 청구가 필요한 것과 달리, 성년후견인의 선임은 청구를 요하지 않는다.[4] 청구의 흠결로 인해 피후견인 보호에 공백이 생길 우려가 있다는 舊 민법(2011. 3. 7. 개정 전)상의 비판[5]을 수용한

1) 자료집, 272.
2) 이에 찬성하는 견해로 양수산, 482; 권순한(2000), 118~119; 송호열(2006), 59~62; 엄덕수(2010), 22; 장현옥(2000), 168; 정남기(2003), 31~33; 홍춘의(2002), 25 외 다수.
3) 제철웅·박주영(2007), 278; 제철웅(2008), 113~114, 139.
4) 해설, 37.

것이다.

(2) 심리

이때 가정법원은 피성년후견인과 성년후견인이 될 사람의 진술을 들어야 한다(家訴 §45-3 ① ⅲ). 절차참여권 보장을 위한 특칙이다. 피성년후견인은 절차의 당사자라고는 할 수 없으나, 성년후견사건의 경우 피성년후견인이 될 사람의 의사를 존중할 것이 요구될 뿐만 아니라(본조 ④), 재판부가 피성년후견인에 관한 구체적인 인상을 획득하는 것이 중요한 의미를 가지므로, 법관이 피성년후견인이 될 사람을 대면하여 가급적 직접 심문하는 것이 바람직하다.[6] 주변인이 진술이나 서면 내용을 조작하여 사건본인의 의사를 왜곡할 우려가 있기 때문이다.[7]

(3) 성년후견인 선임심판

가정법원은 성년후견개시심판과 동시에 성년후견인 선임심판을 한다[家訴 §2 ① ⅱ 가. 18)]. 따라서 성년후견인 선임심판은 성년후견개시심판을 하는 법원, 즉 피성년후견인될 자의 주소지 관할법원의 전속관할에 속한다. 이때 가정법원은 성년후견인에게 그 후견사무에 관하여 필요하다고 인정되는 사항을 지시할 수 있다(家訴規 §38-2).

성년후견인선임심판은 당사자(家訴規 §25)와 절차에 참가한 이해관계인(家訴規 §25) 및 성년후견인과 성년후견감독인이 될 자(家訴規 §35 ①)에게 고지하고, 사건본인인 피성년후견인될 자에게는 그 뜻을 통지하여야 한다(家訴規 §35 ②). 절차참여권의 보장이라는 측면에서는 피성년후견인이 될 자에게도 이를 고지해야 함이 원칙이나, 피성년후견인에게 의사능력이 없는 등 고지 자체가 불가능한 경우에는 심판의 확정이 불가능해질 우려가 있으므로 후견 업무의 지연을 막기 위해 고지 대신 통지하도록 한 것이다.[8]

(4) 즉시항고

성년후견개시심판과 동시에 성년후견인 선임심판이 내려진 경우 그 선임심판에 대해서는 독립하여 불복할 수 없다. 성년후견인 선임심판에 대해 이의

---

5) 김성숙(1998), 191; 백승흠(2003), 413; 송호열(2006), 62; 이승길(2009), 14~15; 이정식(2010), 141; 최문기(2007), 5; 홍춘의(2002), 9, 25 등.

6) 이러한 규정의 도입을 주장한 문헌으로 김원태, "미국 뉴욕 주의 성년후견 심판절차," 가족법연구 25-3(2011a), 208; 김원태(2011), 283~289; 배인구(2013), 26 참조.

7) 해설, 15.

8) 해설, 20. 이에 반해 피성년후견인이 될 자에게도 고지하는 조문을 마련해야 한다고 보았던 견해로 김원태(2011), 292.

가 있는 사람은 성년후견개시심판 자체에 대해 즉시항고를 할 수 있을 뿐이다. 성년후견개시심판에 대해 즉시항고가 있었다면 이와 함께 이루어진 성년후견인선임심판 역시 확정되지 않고, 항고심 판단범위에 들어간다. 성년후견이 개시되었으나 성년후견인이 없어 업무의 공백이 발생하는 것을 막기 위함이다.9)

이때 성년후견개시심판에 대해 즉시항고를 할 수 있는 사람은 §9 ①에 따른 성년후견개시심판 청구권자와 §959−20 ①에 따른 임의후견인 및 임의후견감독인뿐이다(家訴規 §36 ① i). 성년후견인으로 선임된 자에게는 즉시항고권이 없다. 피성년후견인이 된 자는 즉시항고를 청구할 수 있으나, 그는 심판을 고지받지 않으므로 다른 청구인이 최후로 심판을 고지받은 날부터 즉시항고 기간이 진행한다(家訴規 §31). 이에 대해서는 피성년후견인의 즉시항고기간은 성년후견인이 이를 고지받은 때부터 진행하도록 해야 한다는 이견이 있다.10)

(5) 후견등기의 촉탁

성년후견개시심판 및 성년후견인 선임심판이 확정된 경우 가정법원은 지체 없이 후견등기 사무를 처리하는 사람에게 성년후견의 개시 및 성년후견인 선임심판에 관한 사항을 후견등기부에 등기할 것을 촉탁하여야 한다(家訴 §9, 家訴規 §5−2 ① i 가., 나.).

2. 성년후견인이 없게 된 경우

가. 선임사유

본조 ①에 의해 선임된 성년후견인이 사망, 결격, 그 밖의 사유로 없게 된 경우 가정법원은 성년후견인을 선임한다(본조 ②). 이를 성년후견인의 '재선임'이라고 한다. 피성년후견인의 제한된 행위능력을 보충할 기관을 적시에 마련함으로써 요보호성년의 보호에 만전을 기하기 위함이다.

이때 "사망, 결격, 그 밖의 사유로 없게 된 때"란 성년후견인이 법적으로 그 직무를 더 이상 수행할 수 없게 된 경우를 말하며, 사실상 직무를 수행할 수 없는 경우를 의미하는 것은 아니다. 가령 장기외유 또는 질병 등의 사유가 있을 때에는 사안에 따라 §940에 의한 후견인의 변경을 청구할 수 있을 뿐이다.11) 자세한 내용은 §932 註釋 참조.

---

9) 해설, 20; 배인구(2013), 92.
10) 김원태(2011), 295.
11) 윤진수·현소혜, 85.

나. 선임절차

(1) 직권 또는 일정한 자에 의한 청구

성년후견인이 없게 된 때 가정법원은 직권으로 또는 피성년후견인, 친족, 이해관계인, 검사, 지방자치단체의 장의 청구에 의해 성년후견인을 선임한다(본조 ②). 성년후견감독인 역시 새로운 성년후견인의 선임을 청구할 수 있다(§940-6 ① 후문). 성년후견개시심판과 동시에 성년후견인을 선임하는 경우와 달리 성년후견인이 후발적으로 없게 된 때에는 가정법원이 그러한 사정을 알 수 없는 경우도 있으므로, 일정한 자의 청구에 의한 선임을 허용하였다.

(2) 심리

이때 가정법원은 피성년후견인과 성년후견인이 될 사람의 진술을 들어야 한다(家訴 §45-3 ① iii). 특히 피성년후견인의 경우 가급적 직접 심문의 방법을 택해야 함은 본조 ①의 경우와 같다.

(3) 선임심판

성년후견인이 없게 된 때 가정법원은 새로운 성년후견인을 선임한다(본조 ②, 家訴 §2 ① ii 가. 18)). 성년후견인을 재선임하는 심판은 피성년후견인 주소지 가정법원의 전속관할이다(家訴 §44 i-ii).

이에 대해서는 성년후견개시심판을 한 가정법원의 관할로 하는 것이 타당하다는 입법론적 주장12)이 있다. 성년후견에 관한 심판은 서로 관련이 있고 판단자료도 공통되므로, 되도록 같은 법원이 지속적으로 관할하는 것이 바람직하다는 것이다. 부재자재산관리사건 역시 최초로 심판한 가정법원에 관할이 항정되어 있다(家訴規 §39). 그러나 입법자는 피성년후견인의 방어권 보장을 위해 관할권을 피성년후견인 주소지 관할법원으로 일원화하였다. 이하 성년후견과 관련된 심판에 대해서는 모두 동일한 논란이 있다.

재선임 사유가 있는 때에는 반드시 성년후견인을 선임해야 한다. 다만, 성년후견인에게 결격사유가 있어 재선임을 할 때에는 종전의 성년후견인에게 여전히 그 자격이 있는 것과 같은 외관이 창출될 우려가 있으므로, 후견인변경 절차를 거쳐야 한다는 견해13)가 있다.

재선임심판시 당사자와 절차에 참가한 이해관계인, 성년후견인이 될 자에게 고지하고, 피성년후견인에게 통지해야 함은 본조 ①의 경우와 같다(家訴規

---

12) 김원태(2011a)(주 6), 206; 김원태(2011), 272~273; 배인구(2013), 23.
13) 해설, 46.

§35 ②).

(4) 즉시항고 및 등기촉탁

성년후견인 재선임심판에 대해서는 즉시항고가 허용되지 않는다. 따라서 가정법원은 그 심판이 효력을 발생함과 동시에 지체없이 후견등기 사무를 처리하는 사람에게 성년후견인 재선임심판에 관한 사항을 후견등기부에 등기할 것을 촉탁하여야 할 것이다(家訴 §9, 家訴規 §5-2 ① ⅰ 나.).

3. 성년후견인의 추가선임

가. 선임사유

가정법원은 성년후견인이 선임된 경우에도 필요하다고 인정하면 성년후견인을 추가로 선임할 수 있다(본조 ③). 추가선임의 필요성이 인정되는 경우에 대해서는 §930 註釋 참조. 성년후견인이 추가로 선임된 경우 권한행사방법에 대해서는 §949-2 註釋 참조.

나. 선임절차

가정법원은 직권으로 또는 일정한 자의 청구에 의해 성년후견인을 추가로 선임할 수 있다. 추가선임을 청구할 수 있는 자는 피성년후견인, 친족, 이해관계인, 검사, 지방자치단체의 장 및 성년후견인이다(본조 ③). 성년후견감독인 역시 이해관계인으로서 추가선임을 청구할 수 있다는 견해[14]가 있다. 그 밖의 선임절차는 재선임의 경우와 같다.

다. 선임심판

가정법원은 필요하다고 인정할 경우 성년후견인을 추가선임할 수 있다[본조 ③, 家訴 §2 ① ⅱ 가. 18)]. 재선임의 경우와 달리 추가선임을 할 것인지 여부는 가정법원의 재량이다.[15] 그 밖에 관할법원, 고지 및 통지의 범위, 즉시항고, 등기촉탁 등에 관한 규율은 재선임의 경우와 같다.

Ⅲ. 성년후견인 선임 기준

1. 피성년후견인의 의사

가정법원은 성년후견인을 선임할 때 피성년후견인의 의사를 존중하여야

---

14) 윤진수·현소혜, 85.
15) 해설, 45.

한다(본조 ④). 성년후견제도는 요보호성년의 자기결정권을 최대한 보장하는 것을 기본이념으로 삼고 있기 때문이다. 존중되어야 하는 피성년후견인의 "의사"에는 특정인에 대한 선호와 불호가 모두 포함된다.16)

이때 피성년후견인의 의사를 "존중"한다는 것은, 가정법원이 피성년후견인의 의사에 반드시 구속되는 것은 아니지만, 피성년후견인의 의사를 존중하는 것이 그의 복리를 해할 것이라는 명백하고도 현존하는 위험이 존재하지 않는 한, 그의 의사에 반하는 사람을 함부로 성년후견인으로 선임하여서는 안 된다는 것을 의미한다. §9 ②에서 피성년후견인의 의사를 "고려"하는 정도만 요구하고 있는 것과는 규범의 층위가 다르다.17)

가정법원이 피성년후견인의 의사를 정확하게 파악하기 위해 그의 진술을 직접 들어야 함은 위에서 서술한 바와 같다(家訴 §45-3 ① iii).18) 심리 당시 피성년후견인이 정신질환 등으로 인해 그 의사를 스스로 밝힐 수 없는 때라도 발병 전에 미리 성년후견인의 선임에 관해 의견을 피력한 바가 있다면, 그러한 의사가 추후에 변경되었을 개연성이 없는 한, 이를 최대한 존중해야 할 것이다.19) 이러한 사정을 파악하기 위해 피성년후견인 본인뿐만 아니라, 주변인의 의견도 널리 청취할 필요가 있다.

2. 그 밖의 사정

가정법원은 성년후견인을 선임할 때 피성년후견인의 의사 외에 그의 건강, 생활관계, 재산상황, 성년후견인이 될 사람의 직업과 경험, 피성년후견인과의 이해관계 유무 등의 사정도 고려하여야 한다(본조 ④).

이 중 "건강"과 관련해서는 향후 기대되는 여명, 장애의 정도와 일상 활동의 가능성, 의료적 치료의 필요성과 가능성을, "생활관계"와 관련해서는 실질적 부양관계, 기존 생활관계의 존중, 생활상태의 개선을, "재산상황"과 관련해서는 기존 재산의 관리처분, 향후 재산의 변동 가능성, 후견인 보수 등의 지급 가능성을, "성년후견인이 될 사람의 직업과 경험"과 관련해서는 자격증뿐만 아니라, 성년후견인 양성교육의 이수 여부, 양성교육의 내용, 후견업무의 경험 등

---

16) 윤진수·현소혜, 85; 해설, 43.
17) 같은 취지로 해설, 42; 구상엽(2012), 81; 이재경(2012), 425.
18) 청문규정 마련을 주장했던 견해로 백승흠, "독일의 후견·성년후견제도의 개혁에 관한 소고," 한·독사회과학논총 21-4(2011), 178~179; 윤부찬, "노인후견과 요양시설에 거주하는 노인의 사적자치," 아세아여성법학 3(2000), 190 참조.
19) 이재경(2012), 424~425 참조.

을 고려해야 한다는 견해가 있다.[20]

가령 피성년후견인의 건강상태가 좋지 않아 간병·치료 그 밖의 신상감호가 절실하거나 자력이 부족하여 후견인에 대한 보수를 지급할 여력이 없는 때에는 그와 친밀한 인적 관계를 유지하고 있는 친족이나 시민후견인을, 피성년후견인의 노동능력이나 자산상태, 부양관계 등을 고려할 때 국가에 의한 사회보장급여가 절실한 경우에는 이와 관련된 지원이 가능한 사회복지사나 직업적 후견인을, 재산의 종류와 가액이 상당하여 전문적인 자산관리가 필요한 경우에는 변호사나 회계사, 후견법인 등 전문가 후견인을 성년후견인으로 선임할 수 있을 것이다.

성년후견인과 피성년후견인 간의 관계도 중요하다. 가정법원은 양자 간의 개인적인 친밀도, 평상시의 연락빈도, 부양관계, 채권채무관계, 생활상태의 개선 가능성, 성년후견인의 전문성과 공정성, 후견업무를 수행할 만한 시간적 여유와 자발적 의사 유무 등을 고려하여 성년후견인을 선임하여야 할 것이다.

성년후견인이 될 사람 사이에 어떠한 우선순위가 있는 것은 아니다. 이와 관련하여서는 성년후견인이 자연인인 경우 피성년후견인의 친족을 우선적으로 성년후견인으로 선임해야 한다는 견해,[21] 가족의 비효율성·비전문성·정신적 피로로 인한 학대의 위험 등을 이유로 사회복지전문가 또는 전문기관을 우선적으로 선임해야 한다는 견해,[22] 독일 민법 §1791a와 같이 자연인을 원칙으로 하되, 부득이한 경우에만 법인을 후견인으로 선임해야 한다는 견해[23] 등이 주장된 바 있으나, 개별사안에 따라 달리 보는 수밖에 없을 것이다.[24]

성년후견인이 법인인 경우에는 사업의 종류와 내용, 법인이나 그 대표자와 피성년후견인 사이의 이해관계 유무를 고려하여야 한다(본조 ④). 피성년후견인이 입소중인 사회복지법인의 대표 또는 시설장을 성년후견인으로 선임하는 경우 특히 중요한 의미를 갖는다.[25] 법인이나 그 대표자와는 이해관계의 충돌이 존재하지 않더라도 법인 소속 직원과 이해관계가 충돌하는 경우에는 어떠한가. 법인 소속의 모든 직원과의 관계를 고려할 필요는 없을 것[26]이나, 적

---

20) 해설, 43.
21) 남윤봉(2008), 23. 신상감호를 담당하는 성년후견인에 대해 유사한 입장으로 송호열(2003), 210.
22) 제철웅(2008), 140.
23) 백승흠, "성년후견제도와 그 입법에 관한 몇 가지 고찰," 법학논집 30-1(2008), 83; 배인구(2013), 37; 송호열(2006), 69.
24) 윤진수·현소혜, 86; 윤일구(2012), 194; 이재경(2012), 426.
25) 같은 취지로 송호열(2003), 210; 신은주(2009), 35~36.
26) 해설, 44.

어도 실제 당해 피성년후견인을 담당하는 직원과 이해관계가 충돌할 우려가 있을 때에는 성년후견감독인의 선임 등을 통해 담당자가 적절하게 배정될 수 있도록 사정을 고려하여야 할 것이다.

Ⅳ. 사전처분

가정법원은 아직 성년후견인을 선임하기 전이라도 직권 또는 당사자의 신청에 의해 家訴 §62 ①에 따른 사전처분으로서 임시후견인을 선임할 수 있다(家訴規 §32 ④). 가정법원은 상당하다고 인정할 때에는 임시후견인에게 사건본인의 신상보호 또는 재산관리에 필요한 명령을 할 수 있고, 그 선임한 임시후견인을 해임하거나 개임할 수도 있다(家訴規 §32 ③). 임시후견인 선임처분은 그 선임된 자에게 고지하여야 하고, 사건 본인에게 그 뜻을 통지하여야 한다(家訴規 §32 ③).

이때 선임된 임시후견인에 대해서는 한정후견인에 관한 규정이 준용된다(家訴規 §32 ④). 아직 사건본인에 대한 의사의 감정 등이 없는 상태에서 임시후견인에게 성년후견인에 준하는 포괄적 권한을 부여할 경우 사건본인의 행위능력을 지나치게 제한할 염려가 있기 때문이라고 한다.27) 그럼에도 불구하고 임시후견인제도는 여전히 피후견인의 자기결정권을 침해할 우려가 있으므로, 임시후견인 선임의 필요성이 있을 때에는 특정후견제도를 이용하는 것이 바람직하다는 비판28)이 있다.

임시후견인 선임의 사전처분이 확정되면 그 결정내용과 같은 법률관계가 임시로 형성되고, 이와 같은 형성력은 대세적 효력을 가지며, 그 효력이 형성력을 갖기 위해 별도의 집행행위나 공시를 필요로 하는 것은 아니라는 것이 판례의 태도이다.29) 그러나 "후견등기에 관한 법률" §27 및 "후견등기에 관한 규칙" §51 ②에 따르면 임시후견인 선임에 관한 사항은 등기되어야 하며, 이때 등기는 가정법원의 촉탁에 의해 이루어진다(家訴 §9, 家訴規 §5-2 ① ⅴ 나.).

---

27) 해설, 157; 배인구(2013), 88~89.
28) 구상엽, "성년후견제도 입법과정에서의 주요쟁점 및 향후과제," 민사법학 65(2013), 702~703.
29) 舊 민법(2011. 3. 7. 개정 전)상 한정치산자의 후견인에 관해 같은 취지인 것으로 대법원 2009. 7. 23. 선고 2008다78996 판결 참조.

第 937 條 (후견인의 결격사유)

다음 각 호의 어느 하나에 해당하는 자는 후견인이 되지 못한다.

1. 미성년자
2. 피성년후견인, 피한정후견인, 피특정후견인, 피임의후견인
3. 회생절차개시결정 또는 파산선고를 받은 자
4. 자격정지 이상의 형의 선고를 받고 그 형기(刑期) 중에 있는 사람
5. 법원에서 해임된 법정대리인
6. 법원에서 해임된 성년후견인, 한정후견인, 특정후견인, 임의후견인과 그 감독인
7. 행방이 불분명한 사람
8. 피후견인을 상대로 소송을 하였거나 하고 있는 자 또는 그 배우자와 직계혈족

I. 조문의 취지

후견인 결격사유를 정하는 조문이다. 이때 후견인이라 함은 미성년후견인과 성년후견인을 모두 의미한다.

Ⅱ. 결격사유

1. 미성년자

미성년자, 즉 만 19세에 달하지 않은 사람은 후견인이 될 수 없다(본조 i). 미성년자 스스로 친권 또는 후견에 복속하고 있는 상태에서 타인을 위해 후견인이 되는 것은 적절하지 않기 때문이다. 그러나 §826-2에 의해 성년으로 의제되는 미성년자는 후견인이 될 수 있다.[1]

2. 피성년후견인, 피한정후견인, 피특정후견인, 피임의후견인

피성년후견인, 피한정후견인, 피특정후견인, 피임의후견인은 후견인이 될 수 없다(본조 ii). 위 각 사람은 질병, 노령, 장애 그 밖의 사유로 인해 사무처리능력이 지속적으로 결여되거나 부족한 상태이므로, 타인을 위해 사무를 처리하는 후견업무를 보도록 하는 것이 적절하지 않기 때문이다. 이 중 피특정후견인이나 피임의후견인에 대해서는 그들의 행위능력에 아무런 제한이 없음에도 불구하고 이를 일률적으로 후견인결격사유로 정하는 것은 성년후견제의 근본취지에 반한다는 비판이 있다.[2]

성년후견, 한정후견, 특정후견 및 임의후견이 이미 종료된 경우에는 더 이상 결격사유에 해당하지 않는다.[3]

3. 회생절차개시결정 또는 파산선고를 받은 자

「채무자회생 및 파산에 관한 법률」§49에 따른 회생절차개시결정 또는 같은 법 §305에 따른 파산선고를 받은 사람은 후견인이 될 수 없다(본조 iii). 같은 법 §596에 따른 개인회생절차개시결정을 받은 사람도 마찬가지이다. 파산으로 인해 자기 재산에 대한 재산관리권을 상실한 사람 또는 회생절차개시결정에 의한 변제계획에 따른 변제를 수행하기에 급급한 사람이 후견업무를 보도록 하는 것은 후견제도의 취지에 어긋나기 때문이다.[4]

동 조문은 자연인뿐만 아니라, 법인에 대해서도 적용된다.[5] "회생절차개시결정 또는 파산선고를 받은 사람"이 아니라, "회생절차개시결정 또는 파산선

---

[1] 권순한, 242; 김주수·김상용, 453; 박동섭, 393; 양수산, 485; 이경희, 284; 김형석(2014b), 87.
[2] 구상엽(2012), 78~79.
[3] 김형석(2014b), 87.
[4] 자료집, 309.
[5] 해설, 49; 김형석(2014b), 88.

고를 받은 자"라고 규정하고 있기 때문이다.

파산자가 복권된 경우, 회생절차가 종결된 경우 또는 개인회생 중인 자가 면책결정을 받은 경우에는 더 이상 결격사유에 해당하지 않는다.[6]

4. 자격정지 이상의 형의 선고를 받고 그 형기 중에 있는 사람

자격정지 이상의 형을 선고받고 그 형기 중에 있는 사람은 후견인이 될 수 없다(본조 iv). 사형, 징역, 금고, 자격상실 및 자격정지 형을 선고받은 사람이 이에 해당한다(刑 §41, §50).

동 호는 자연인에게만 적용되므로, 법인의 대표자가 자격정지 이상의 형의 선고를 받고 그 형기 중에 있는 것만으로는 당해 법인이 후견인 결격사유에 해당한다고 볼 수 없다.[7]

형집행이 종료된 후에는 더 이상 후견인 결격사유에 해당하지 않는다.

5. 법원에서 해임된 법정대리인

법원에서 해임된 법정대리인은 후견인이 될 수 없다(본조 v).

가. 법정대리인의 범위

이때 "법정대리인"이란 법률에 의해 대리인으로 인정되는 미성년자의 친권자와 미성년후견인, 유언집행자 등을 말한다. 법원이 선임한 부재자재산관리인, 상속재산관리인도 이에 포함된다.[8] 성년후견인, 가정법원으로부터 대리권을 수여받은 한정후견인 및 특정후견인 역시 피후견인의 법정대리인으로서의 지위를 가지므로 이에 포섭된다고 볼 여지가 있으나, 본조 vi에 특칙이 있으므로 제외된다.

이때 해임된 법정대리인은 자연인·법인을 불문한다. 또한 법정대리인이었던 것으로 족하고, 특정인의 법정대리인일 것을 요하지 않는다.[9] 따라서 현재 문제되고 있는 피후견인이 아닌 제3자의 법정대리인이었던 사람이라도 법원에서 해임된 경력이 있다면, 당해 피후견인을 위한 후견인이 될 수 없다.

---

6) 김형석(2014b), 88.
7) 이에 대한 판단을 유보하고 있는 문헌으로 해설, 49.
8) 김형석(2014b), 88.
9) 김주수·김상용, 453; 양수산, 486; 해설, 49~50; 김용한(1974), 65.

나. 법원에서 해임되었을 것

후견인 결격사유에 해당하기 위해서는 당해 법정대리인이 법원으로부터 해임되었어야 한다. 가령 §1106에 따라 해임된 유언집행자가 이에 해당한다.

그런데 친권자에 대해서는 별도의 해임절차가 마련되어 있지 않다. 다만, 친권을 남용하거나 현저한 비행 기타 친권을 행사시킬 수 없는 중대한 사유가 있어서 법원으로부터 친권상실선고를 받은 경우 또는 부적당한 관리로 인해 자녀의 재산을 위태롭게 하여 법률행위 대리권과 재산관리권 상실 선고를 받은 때에는 법원의 심판에 의해 더 이상 법정대리인으로서의 지위를 유지하지 못하게 되는 것이므로, 법원에서 해임된 것으로 보아 후견인 결격사유에 해당한다고 할 것이다.[10]

미성년후견인에 대해서도 별도로 해임절차가 마련되어 있지 않다. 2005. 3. 31.자 개정 민법은 舊 민법(2005. 3. 31. 개정 전) §940에 따른 후견인 해임규정을 삭제하고, 후견인 변경제도를 새롭게 도입하였기 때문이다. 후견인의 변경은 기존 후견인의 해임과 새로운 후견인의 선임 행위가 합쳐진 것이므로, §940에 따라 변경되기 전의 미성년후견인은 본조 v에서 정한 해임된 법정대리인에 해당한다고 볼 수 있을 것이다.

다만, 舊 민법(2005. 3. 31. 개정 전)상 해임제도와 달리 현행 후견인 변경제도는 기존의 후견인에게 아무런 귀책사유가 없었던 경우라도 피후견인의 복리를 위해 필요한 경우에는 변경이 가능하도록 규정하고 있다. 따라서 미성년후견인이 변경되었다고 하여 언제나 변경된 미성년후견인이 결격사유에 해당한다고 볼 것은 아니다. 舊 민법(2005. 3. 31. 개정 전) §940에 준하여 미성년후견인에게 현저한 비행이 있거나 그 임무에 관하여 부정행위 기타 후견인의 임무를 담당할 수 없는 사유가 있어서 변경된 때에만 결격사유로 해석함이 타당하다.

부재자재산관리인 또는 상속재산관리인 역시 家訴規 §42 ①에 개임절차가 있을 뿐이다. 이때에도 미성년후견인의 경우에 준하여 현저한 비행이나 부정행위 등으로 인해 개임되었을 때에만 결격사유에 해당한다고 보아야 할 것이다. 이에 대해서는 개임 사유를 묻지 않고 언제나 결격사유로 보아야 한다는 반대설[11]이 있다.

---

10) 김주수·김상용, 453; 양수산, 486; 김형석(2014b), 88.
11) 김형석(2014b), 88.

6. 법원에서 해임된 성년후견인, 한정후견인, 특정후견인, 임의후견인과 그 감독인

법원에서 해임된 성년후견인, 한정후견인, 특정후견인·임의후견인은 후견인이 될 수 없다(본조 vi). 이 중 성년후견인과 가정법원으로부터 대리권을 수여받은 한정후견인·특정후견인은 본조 v에도 포섭될 수 있으나, 동 호가 특칙으로 우선적용된다.

한편 동 호는 법원에서 해임된 후견인이 법정대리인일 것을 요구하고 있지 않으므로, 가정법원으로부터 별도의 대리권을 수여받지 않은 한정후견인 및 특정후견인 역시 법원에서 해임되었다면 결격사유에 해당한다.[12] 임의후견인도 본인의 법정대리인이라고는 할 수 없지만, §959-17 ②에 따라 법원에 의해 해임된 때에는 결격사유에 해당한다.

법원에서 해임된 성년후견감독인, 한정후견감독인, 특정후견감독인 및 임의후견감독인 역시 후견인이 될 수 없다(본조 vi). 미성년후견감독인이 해임된 경우에 대해서는 별도의 규정이 없으나, 결격사유에 해당하는 것으로 보아야 할 것이다(본조 vi의 유추적용).

이때 해임된 후견인 또는 후견감독인은 자연인·법인을 불문한다. 반드시 후견사건이 문제되고 있는 특정인의 후견인 또는 후견감독인이었어야 하는 것은 아니다.

성년후견인, 한정후견인, 특정후견인과 그 감독인 및 임의후견감독인에 대해서는 별도의 해임 규정이 마련되어 있지 않지만, §940에 의해 변경되었다면 법원에서 해임된 경우에 해당한다고 볼 것이다. 다만, 후견인변경이라도 현저한 비행이 있거나 그 임무에 관하여 부정행위 기타 후견인의 임무를 담당할 수 없는 사유가 있어서 변경된 경우에만 후견인 결격사유에 해당한다고 보아야 한다. 그 이유에 대해서는 위 5. 나. 註釋 참조. 이에 대해서는 개임 사유를 묻지 않고 언제나 결격사유로 보아야 한다는 반대설[13]이 있다.

7. 행방이 불분명한 사람

행방이 불분명한 사람은 후견인이 될 수 없다(본조 vii). 주소지나 거소지에

---

12) 자료집, 317.
13) 김형석(2014b), 89.

살고 있지 않아 소재를 파악할 수 없는 경우가 이에 해당한다. 이런 사람은 피후견인을 위해 사무를 적절하게 처리할 것으로 기대하기 어렵기 때문이다. 행방불명과 동시에 후견인 결격사유를 충족하며, 사후에 행방이 밝혀졌더라도 당연히 후견인의 지위가 회복되는 것은 아니다.[14)]

본 호는 자연인에게만 적용되므로, 법인의 대표자가 행방불명인 사실은 당해 법인의 후견인 결격사유에 해당하지 않는다.

8. 피후견인을 상대로 소송을 하였거나 하고 있는 자 또는 그 배우자와 직계 혈족

피후견인을 상대로 소송을 하였거나 하고 있는 자 또는 그 배우자와 직계혈족은 후견인이 될 수 없다(본조 viii). 피후견인과 이해관계가 대립하고 있음이 객관적으로 명백한 이상 공정하게 사무를 처리할 것으로 기대하기 어렵기 때문이다. 반면 피후견인의 배우자나 직계혈족을 상대로 소송을 하였거나 하고 있는 것만으로는 아직 결격사유에 해당하지 않는다.

이때 "소송을 하였거나 하고 있는 자"에 법인이 포함되는지 여부에 대해서는 논란이 있을 수 있으나, 포함된다고 볼 것이다.[15)] 한편 본 호에서 말하는 배우자란 법률상 배우자만을 의미한다.[16)]

피후견인을 상대로 소송을 한다는 것에는, 스스로 원고가 되어 피후견인을 상대로 소송을 하는 경우뿐만 아니라, 피고로서 응소하는 경우도 포함된다.[17)] 당해 소송이 재산관계 소송인지 신분관계 소송인지도 묻지 않는다.[18)] 강제집행절차나 증거보전절차, 집행보전절차, 마류 가사비송사건과 같이 대심적 구조를 갖는 쟁송은 널리 이에 포함된다고 보아야 할 것이다.[19)] 반면 라류 가사비송사건처럼 대심적 구조가 아닌 때에는 이에 해당하지 않는다.[20)]

후견인 결격사유에 해당하기 위해서는 피후견인과 실질적으로 이해관계가 대립하고 있어야 하며, 형식적으로 원·피고 관계에 있다는 이유만으로 당연히 후견인 결격사유에 해당하는 것은 아니다.[21)]

---

14) 김용한(1974), 65.
15) 해설, 50 참조.
16) 김형석(2014b), 90.
17) 김주수·김상용, 454; 박동섭, 394; 양수산, 486; 한봉희·백승흠, 346; 해설, 50; 김용한(1974), 65; 김형석(2014b), 90.
18) 김주수·김상용, 454; 김형석(2014b), 90.
19) 김형석(2014b), 90.
20) 김주수·김상용, 454; 박동섭, 394.

9. 기타

위에 열거한 1. 내지 8.의 사유에 해당하지 않는 한 후견인 결격사유가 있다고 볼 수 없다. 외국인은 후견인이 될 수 없다는 견해[22]가 있으나, 외국인을 후견인 결격사유로 규정하고 있었던 등록예규 제184호는 등록예규 제321호에 의해 2010. 6. 8. 폐지되었다.[23]

또한 제정 민법 초안 당시에는 "병질 기타 사유로 인하여 후견의 임무를 담당할 수 없는 자"가 후견인 결격사유로 열거되어 있었으나 국회 제출시 삭제되었다.[24] 따라서 본조 vi에서 정하고 있는 행방불명을 제외하면, 사실상 후견인의 직무를 담당할 수 없다는 사유만으로는 아직 후견인 결격사유에 해당하지 않는다.

Ⅲ. 결격의 효과

후견인 결격사유에 해당하는 사람은 미성년후견인 또는 성년후견인이 될 수 없다. 따라서 친권자가 유언에 의해 후견인 결격자를 미성년후견인으로 지정한 경우 그 유언은 효력이 없고, 가정법원이 후견인 결격자를 미성년후견인 또는 성년후견인으로 선임한 경우 그 선임심판은 무효이다.[25]

후견인 결격사유는 후견 개시시부터 종료시까지 계속 소극적 요건으로 기능한다. 따라서 후견 개시 당시에는 결격사유가 없었더라도, 그 종료 전에 결격사유가 발생한 경우에는 더 이상 후견인이 될 수 없으므로, "후견인이 없게 된 때"에 해당하는 것으로 보아 새롭게 미성년후견인 또는 성년후견인을 선임하여야 한다(§932 ① 후문, §936 ②).

---

21) 김주수·김상용, 454; 양수산, 486; 한봉희·백승흠, 346; 김용한(1974), 65; 김형석(2014b), 90~91.
22) 양수산, 486; 조승현, 281.
23) 위 예규를 폐지할 것을 주장했던 견해로 윤용섭(1996), 583~584.
24) 양창수, "민법 친족편 중 제5장 후견 등에 대한 법전편찬위원회 심의자료의 소개," 서울대 법학 46-2(2005), 430.
25) 권순한, 242; 김주수·김상용, 453; 박동섭, 394; 신영호, 242; 이경희, 285.

第 938 條 (후견인의 대리권 등)

① 후견인은 피후견인의 법정대리인이 된다.

② 가정법원은 성년후견인이 제1항에 따라 가지는 법정대리권의 범위를 정할 수 있다.

③ 가정법원은 성년후견인이 피성년후견인의 신상에 관하여 결정할 수 있는 권한의 범위를 정할 수 있다.

④ 제2항 및 제3항에 따른 법정대리인의 권한의 범위가 적절하지 아니하게 된 경우에 가정법원은 본인, 배우자, 4촌 이내의 친족, 성년후견인, 성년후견감독인, 검사 또는 지방자치단체의 장의 청구에 의하여 그 범위를 변경할 수 있다.

Ⅰ. 조문의 취지

미성년후견인과 성년후견인이 피후견인을 위해 행사할 수 있는 권한, 특히 대리권과 그 범위를 정하기 위한 조문이다. 舊 민법(2011. 3. 7. 개정 전) §938는 "후견인은 피후견인의 법정대리인이 된다."고 규정하고 있었을 뿐이나, 성년후견제도의 도입과 함께 피성년후견인의 자기결정권을 최대한 존중하기 위해 성년후견인의 권한을 필요한 범위 내에서 탄력적으로 조정할 필요가 있으므로, 성년후견인의 권한범위에 관한 특칙이 신설되었다. 본조에서 서술하는 것 외에 대리권에 관해서는 §949 註釋도 참조하라.

Ⅱ. 미성년후견인의 권한

1. 대리권

미성년후견인은 미성년자의 법정대리인이 된다. 본조 ①에서 정한 "후견인"에는 성년후견인과 미성년후견인이 모두 포함되기 때문이다. 이때 미성년후견인이 행사하는 대리권은 포괄적·획일적 성격을 갖는다. 미성년후견인은 친권자에 갈음하는 기관인 만큼, 친권자와 동일한 정도의 권한을 인정한 것이다. 따라서 친권자 또는 가정법원이 미성년후견인의 대리권을 박탈 또는 일부 제한하는 것은 허용되지 않는다. 단, 2014. 9. 29.부터 시행된 "아동학대범죄의 처벌 등에 관한 특례법" §19, §36 및 §47는 후견인의 권한 제한 조치를 예정하고 있다.

미성년후견인은 법정대리인으로서 미성년자를 위해 모든 재산법적 법률행위를 대리할 수 있다. 단, 미성년후견인에 의한 권한남용을 방지하기 위해 대리권을 제한하는 조문이 일부 마련되어 있다. §949, §949-3 및 §950 註釋 참조.

미성년후견인은 미성년자의 소송행위도 대리할 수 있음이 원칙(民訴 §55 본문)이나, 미성년자가 독립하여 법률행위를 할 수 있는 경우에는 그렇지 않다(民訴 §55 단서). 이때에는 미성년자에게 소송능력이 인정되기 때문이다(民訴 §51). 권리만을 얻거나 의무만을 면하는 행위 등이 이에 해당한다(§5 ①).

가족법상 법률행위는 미성년후견인이 대리할 수 없음이 원칙[1]이나, 양자될 사람이 13세 미만인 경우에는 입양 및 친양자입양 승낙의 의사표시를 대리할 수 있다(§869 ②, §908-2 ① v).

법정대리에 대해서도 현명에 관한 §114가 적용됨이 원칙이지만, 미성년후견인이 미성년자 재산에 관한 처분행위를 한 경우 그 행위는 미성년자를 위하여 한 행위로 추정되므로, 따로 현명을 하지 않더라도 미성년자에게 효과가 귀속된다.[2]

2. 신상보호권한

미성년후견인의 미성년자에 대한 신상보호 권한에 관해서는 §945 註釋 참조.

3. 동의권

미성년후견인은 법정대리인으로서 미성년자의 법률행위에 대한 동의권을 행사할 수 있다(§5 ①). 약혼(§801), 혼인(§808 ①), 입양(§869 ①), 친양자입양(§908-2 ① iv) 등 가족법상 법률행위에 대해서는 명문의 규정이 있는 경우에 동의권을

---

1) 지원림(2005), 358.
2) 대법원 1994. 4. 29. 선고 94다1302 판결.

행사할 수 있다.

Ⅲ. 성년후견인의 권한

1. 대리권

성년후견인은 언제나 피성년후견인의 법정대리인이 된다(본조 ①). 가정법원으로부터 별도의 대리권 수여심판을 받지 않더라도 성년후견인으로 선임됨과 동시에 법정대리인의 지위를 취득한다는 점에서 한정후견인 또는 특정후견인과 차이가 있다.

가. 대리권의 범위

성년후견인은 미성년후견인과 마찬가지로 법정대리인으로서 피성년후견인을 위해 포괄적인 대리권을 갖는다.[3] 피성년후견인은 사무처리능력이 지속적으로 결여되어 있으므로, 그의 사무 전반에 걸쳐 후견인이 사무처리를 대신할 수 있도록 한 것이다.

(1) 재산법적 법률행위

성년후견인은 피성년후견인의 모든 재산법적 법률행위를 대리할 수 있다.

일용품의 구입 등 일상생활에 필요하고 그 대가가 과도하지 않은 법률행위에 대해서는 피성년후견인의 행위능력이 제한되지 않지만(§10 ④), 그렇다고 하여 일상적 법률행위에 대해 당연히 성년후견인의 대리권이 배제되는 것은 아니다.[4] 성년후견인의 대리에 의하지 않으면, 일상적 법률행위를 하는 것이 불가능한 상태의 피성년후견인도 있을 수 있기 때문이다. 따라서 일상적 법률행위의 경우라도 본조 ②에 따른 대리권 범위 결정의 심판이 없는 한 성년후견인에게 대리권이 인정된다고 할 것이다. 이에 대해서는 자기결정권 보장을 이유로 반대하는 견해[5]가 있다.

(2) 소송행위

(개) 소송행위 일반

성년후견인은 소송행위도 대리할 수 있다.[6] 그 이유는 다음과 같다. 첫째, 현행 民訴 §55에 따르면 금치산자는 법정대리인에 의해서만 소송행위를 할 수

3) 김형석(2010), 144.
4) 윤진수·현소혜, 90; 배인구(2013), 34.
5) 구상엽(2012), 73.
6) 이시윤, 신민사소송법(제7판, 2013), 152; 윤진수·현소혜, 90; 김도훈(2014), 122; 김원태(2011), 276; 김형석(2013), 62; 정선주(2014), 63.

있는데, 이때 금치산자는 2013. 7. 1.부터 5년간 피성년후견인을 의미한다(2011.
3. 7.자 부칙 §3). 둘째, 현행 民訴 §51에 따라 피성년후견인은 소송능력이 제한된
다. 그 결과 성년후견인에게 소송행위 대리권을 인정하지 않는다면, 현행법상
피성년후견인의 소송가능성이 봉쇄될 우려가 있다. 셋째, 피성년후견인에게 직
접 소송행위를 하도록 요구하는 것은 소송절차의 연쇄성과 복잡성에 비추어
그의 복리에 반하는 결과를 가져올 우려가 매우 크다. 따라서 피성년후견인의
소송능력이 제한되는 한도 내에서 성년후견인은 피성년후견인을 갈음하여 소
송행위를 대리할 수 있다.

다만, 성년후견인이 피성년후견인을 대리하여 소송행위를 할 때에는 §950
① v에 따라 후견감독인의 동의를 받아야 한다. §950 註釋 참조.

(나) 피성년후견인에게 완전한 행위능력이 인정되는 행위의 경우

피성년후견인에게 완전한 행위능력이 인정되는 경우, 가령 §10 ②에 따라
가정법원이 취소할 수 없는 피성년후견인의 법률행위의 범위를 정한 경우나
§10 ④에서 정한 일용품의 구입 등 일상생활에 필요하고 그 대가가 과도하지
않은 법률행위와 관련된 소송행위는 피성년후견인에게도 소송능력이 인정된다
는 긍정설7)과 소송능력을 인정해서는 안 된다는 부정설8)이 대립한다.

부정설은 피성년후견인 보호의 필요성이 민법에서보다 소송법에서 더 크
다는 점, 소송절차의 안정성을 확보할 필요가 있다는 점, 미성년자의 경우에도
행위능력은 인정되지만 소송능력은 부정되는 사안이 있다는 점, 2013. 7. 1.부
터 5년간 금치산자의 후견인과 성년후견인이 병존하므로 양자의 권한범위를
일치시킬 필요가 있다는 점 등을 근거로 제시한다.

이에 반해 긍정설은, 잘못된 소송수행으로 인해 피성년후견인의 실체법적
권리관철이 좌절될 우려가 있으나 이는 피성년후견인의 자유를 대가로 입법자
가 감수한 위험일 뿐만 아니라, 이러한 사안 자체가 드물고, 그로 인한 피해가
경미할 것으로 예상되며, 그렇지 않은 경우라도 의사무능력제도를 활용하여 피
성년후견인을 보호할 수 있다고 반박한다.

어느 견해에 따르더라도 이러한 사안에서 성년후견인의 소송행위 대리권
이 배제되는 것은 아니다.9) 긍정설 역시 피성년후견인이 스스로 일상거래 등
을 할 수 없는 경우 성년후견인이 소송행위를 대리해야 할 필요성을 인정하기

---

7) 이시윤(주 6), 152; 김형석(2013), 63~65; 김상훈(2014), 265~268.
8) 호문혁, 민사소송법(제11판, 2013), 253; 김도훈(2014), 122~123; 정선주(2014), 64~65.
9) 김형석(2013), 66.

때문이다.

입법론으로서는 피성년후견인에게 행위능력이 인정되는 한도에서 그의 소
송능력도 인정될 수 있도록 民訴 §55 단서에 피성년후견인 부분을 추가해야 한
다는 견해10)와 피성년후견인이 §10 ②에 따라 단독으로 유효하게 소송행위를
할 수 있을 때에는 성년후견인의 소송대리권이 배제되도록 民訴 §55 단서에 피
성년후견인 부분을 추가하되, §10 ④에 대해서는 피성년후견인의 소송능력을
부정해야 한다는 견해,11) 성년후견인이 언제든지 피성년후견인의 소송행위를
대리할 수 있도록 그에게 법정대리권을 부여하는 조문을 民訴에 신설해야 한
다는 견해12) 등이 제시되고 있다.

(3) 가족법상 법률행위

가족법상 법률행위는 일신전속적 성격을 가지므로, 피성년후견인에게 의
사능력이 있는 한 스스로 하는 것이 원칙이다. 따라서 성년후견인이 이를 대리
할 수 없다.13) 다만, 혼인 취소의 소(§817), 인지청구의 소(§863), §873 ① 위반을
이유로 하는 입양취소의 소(§887)에 대해서는 성년후견인이 법률의 규정에 따라
법정대리인 자격에서 소송행위를 수행할 수 있다. 친생부인의 소 역시 성년후
견인이 대신 제기할 수 있으나, 이때에는 성년후견감독인의 동의를 받아야 하
며, 성년후견감독인이 없거나 동의할 수 없을 때에는 가정법원에 그 동의를 갈
음하는 허가를 청구할 수 있다(§848 ①).

舊 민법(2011. 3. 7. 개정 전)상 판례는 법률의 규정이 없는 경우라도 금치산
자의 후견인이 금치산자를 대리하여 재판상 이혼을 청구할 수 있다고 보면서,
금치산자의 후견인이 갖고 있었던 포괄적 요양감호권을 근거로 제시하였다.14)
다만, 이를 위해서는 §840 각호가 정한 이혼사유가 있어야 하며, 금치산자의 이
혼의사를 객관적으로 추정할 수 있어야 한다. 금치산자를 대신하여 이혼소송을
제기해야 할 후견인이 배우자인 때에는 民訴 §62에 따라 특별대리인의 선임을
청구할 수 있다.15) 자세한 내용은 §840 註釋 참조.

다만, 이와 같은 가족법상 법률행위에 대한 소송대리는 성년후견인이 가
정법원으로부터 그에 관한 권한을 부여받은 때에만 가능하다고 보아야 할 것

---

10) 김형석(2013),
11) 김도훈(2014), 124~125.
12) 정선주(2014), 78~79.
13) 지원림(2005), 358.
14) 대법원 2010. 4. 29. 선고 2009므639 판결.
15) 대법원 1987. 11. 23. 자 87스18 결정; 대법원 2010. 4. 8. 선고 2009므3652 판결.

이다(§938 ② 및 ④의 준용). 입법론적으로도 이러한 소송대리에 앞서 가정법원의
허가를 받을 것을 요구할 필요가 있다는 견해16)가 있다. 혼인 또는 이혼과 같
은 행위는 피성년후견인의 진정한 의사가 가장 중요하기 때문이라고 한다.

나. 대리권의 제한

(1) 법률의 규정에 의한 제한

성년후견인은 대리권을 남용할 위험이 있으므로, 이를 방지하기 위해 그
의 대리권을 일부 제한하는 규정이 있다. §949, §949-3 및 §950 註釋 참조.

(2) 가정법원의 심판에 의한 제한

가정법원은 성년후견인이 가지는 법정대리권의 범위를 정할 수 있다[본조
②, 家訴 §2 ① ii 가. 18)-2]. 舊 민법(2011. 3. 7. 개정 전)상 금치산자와 달리 피성년
후견인은 행위무능력자가 아니라 제한적 행위능력자이다. 피성년후견인은 그
의 잔존능력이 남아 있는 한도 내에서 스스로 법률행위를 할 수 있어야 하며,
그것이 바로 성년후견제도의 근본이념이다. 따라서 2011. 3. 7.자 개정 민법은
성년후견인에게 포괄적인 법정대리권을 부여하면서도 피성년후견인의 자기결
정권 존중을 위해 필요한 한도에서 성년후견인이 가지는 법정대리권의 범위를 제
한할 수 있도록 하였다. 이러한 의미에서 성년후견인의 법정대리권은 포괄적·탄
력적이다.

§10 ②에 따라 가정법원이 취소할 수 없는 피성년후견인의 법률행위의 범
위를 정하는 경우 그와 연동하여 성년후견인의 법정대리권이 미치는 범위도
축소되는 것이 통상일 것17)이나, 양자가 반드시 일치해야 하는 것은 아니다.
家訴 역시 이를 서로 별개의 심판으로 규율하고 있다[家訴 §2 ① ii 가. 1)-2 및
18)-2]. 가령 특정한 피성년후견인의 법률행위를 성년후견인이 취소할 수 없다
는 취지의 심판을 하면서도, 피성년후견인의 사무처리의 편의를 위해 당해 법
률행위에 관한 성년후견인의 법정대리권을 인정할 수도 있는 것이다.

이에 반해 가정법원이 피성년후견인의 법률행위를 취소할 수 없다고 결정
한 범위 내에서 당연히 성년후견인의 대리권도 소멸한다고 보는 견해도 있다.
피성년후견인의 자기결정권을 그 근거로 제시한다.18)

가정법원이 성년후견인의 법정대리권을 제한하는 심판을 한 경우 그 범위
내에서 성년후견인의 소송대리권도 제한된다. 이때에는 법정대리인이 없는 경

---

16) 신권철, "혼인 및 이혼절차에서의 능력과 후견," 민사소송 18-1(2014), 351~352.
17) 배인구(2012), 34.
18) 구상엽(2012), 73.

우에 유추하여 民訴 §62에 따라 특별대리인을 선임하여야 할 것이다.19)

성년후견인의 대리권의 범위를 결정하는 심판은 가정법원의 직권에 의해 성년후견개시심판과 동시에 이루어진다. 성년후견개시심판 당시 이러한 내용의 심판이 함께 선고되지 않았으나, 뒤늦게 성년후견인의 대리권을 제한할 필요가 있을 때에는 본조 ④에 따른 변경심판을 청구하여야 할 것이다.

가정법원이 이러한 심판을 할 때에는 피성년후견인(피성년후견인이 될 자를 포함한다)의 진술을 들어야 하며(家訴 §45-3 ① vii), 위 심판이 내려진 때 당사자와 절차에 참가한 이해관계인(家訴規 §25) 외에 성년후견인 및 성년후견감독인에게 고지하는 한편, 사건본인에게 그 뜻을 통지해야 한다(家訴規 §35).

성년후견인의 대리권의 범위를 결정하는 심판을 다투고자 하는 사람은 성년후견개시심판에 대해 즉시항고를 할 수 있을 뿐이며, 성년후견인의 대리권의 범위를 결정하는 심판 자체에 대해서는 별도로 즉시항고를 할 수 없다. 자세한 내용은 §936 註釋 참조.

성년후견인의 법정대리권의 범위를 결정하는 심판이 확정된 때 가정법원은 지체없이 후견등기 사무를 처리하는 사람에게 후견등기부에 등기할 것을 촉탁하여야 한다(家訴 §9, 家訴規 §5-2 ① i 마.).

(3) 대리권 행사방법의 제한

학설 중에는 가정법원이 법정대리권의 범위뿐만 아니라, 그 행사방법을 정하는 내용의 심판도 할 수 있다는 견해20)가 있다. 가령 피성년후견인의 의사를 존중하는 방식으로 법정대리권을 행사할 것을 명하는 심판을 할 수 있다는 것이다.

다. 효과

성년후견인이 대리권한을 넘는 대리행위를 한 경우 이는 무권대리로 무효이다.

2. 신상결정대행권한

가. 신상결정대행권한의 범위

법정대리인이라도 본인이 스스로 결정해야 하는 일신전속적 행위는 함부로 대리할 수 없다. 신상에 관한 사항이 그러하다. '신상'의 의미에 대해서는

---

  19) 김형석(2013), 67.
  20) 제철웅(2011), 313.

§947-2 註釋 참조. 신상에 관한 사항의 결정은 사실행위에 불과한 경우가 많으므로, 더더구나 대리에 친하지 않다. 가령 피성년후견인이 거주할 주택에 대해 임대차계약을 체결하는 것은 법정대리인이 이를 대신할 수 있을 것이나, 임차목적물의 특정, 즉 주거지를 선택하는 것은 피성년후견인이 스스로 해야 함이 원칙이다.21)

그러나 사안에 따라서는 신상에 관한 결정이 절실함에도 불구하고 피성년후견인이 의식불명·정신질환 등으로 인해 당장 필요한 결정을 할 수 없는 경우가 있다. 2011. 3. 7.자 개정 민법은 이러한 경우에 대비하여 성년후견인에게 피성년후견인의 신상에 관한 의사결정을 대행할 권한을 부여하고 있다. 본조 ③은 "가정법원은 성년후견인이 피성년후견인의 신상에 관하여 결정할 수 있는 권한의 범위를 정할 수 있다"고 규정하고 있는 것이다. 다만, 본 조문의 성격에 대해서는 논란이 있다.

일부 견해는 성년후견인이 舊 민법(2011. 3. 7. 개정 전)상 금치산자의 후견인과 마찬가지로 피성년후견인에 대해 포괄적인 요양감호, 즉 신상보호 권한을 갖는다고 주장하거나, 이를 전제로 논의를 전개한다. §947를 근거로 제시할 수 있을 것이다. 자세한 내용은 §947 註釋 참조. 이러한 견해에 따를 때 본조 ③은, 성년후견인이 법률상 당연히 가지고 있는 신상결정대행권한을 가정법원의 심판에 의해 일부 제한할 수 있도록 하는 제한규정으로서의 성격을 갖는다.

반면 다수의 견해는 본조 ③을 가정법원의 심판에 의해 성년후견인에게 신상결정대행권한을 창설적으로 부여하기 위한 수권규정으로 이해한다.22) 그러므로 성년후견인은 본조 ③에 의해 가정법원으로부터 피성년후견인의 신상에 관하여 결정할 수 있는 권한을 부여받은 경우 그 부여받은 권한의 범위 내에 한하여 보충적으로 의사결정을 대행할 수 있을 뿐이다. 입법자의 의사가 그 근거가 될 수 있을 것이다.23)

어떠한 견해를 취하든 본조 ③ 및 家訴 §2 ① ii 가. 18)-2에 따라 가정법원으로부터 피성년후견인의 신상에 관하여 결정할 수 있는 권한을 부여받은 성년후견인이 그 범위 내에서 이를 대행할 수 있음은 명백하다.

이와 같이 신상에 관한 의사결정대행권한을 부여받은 성년후견인은 당해 신상과 관련된 재산관리 또는 계약체결 등에 대한 대리권도 함께 행사할 수 있

21) 김형석(2010), 136; 박인환(2011), 164~165.
22) 김형석(2010), 137; 박인환(2011), 178; 배인구(2013), 46; 제철웅(2011), 286.
23) 자료집, 273, 310.

음이 원칙이다.[24] 성년후견인의 포괄적 법정대리권을 제한하기 위해서는 본조 ②에 따른 가정법원의 심판이 필요하기 때문이다. 이에 대해서는 신상에 관한 의사결정대행권한에 대리권이 포함됨을 입법에 의해 명확히 할 필요가 있다는 지적[25]이 있다. 견해에 따라서는 신상, 특히 의료와 관련된 계약체결권한은 일 신전속적이므로, 성년후견인의 법정대리권으로부터 이를 도출해낼 수 없고, §947상의 복리배려 및 의사존중의무 또는 §10 ④에 따른 일상생활에 필요한 법률행위로부터 그 근거를 찾아야 한다고 주장하기도 한다.[26]

나. 신상결정대행권한에 관한 심판의 절차

가정법원은 성년후견인이 피성년후견인의 신상에 관하여 결정할 수 있는 권한의 범위를 결정하는 심판을 할 때 피성년후견인(피성년후견인이 될 자를 포함한다)의 진술을 들어야 한다(家訴 §45-3 ① viii). 그 밖에 성년후견인이 피성년후견인을 대신하여 그의 신상에 관하여 결정할 수 있는 권한의 범위를 정하는 심판의 관할, 고지, 후견등기 촉탁 등의 절차는 성년후견인의 대리권을 제한하는 심판의 경우와 같다.

신상결정 대행권의 범위를 정하는 심판에 대해서는 별도의 불복절차가 마련되어 있지 않은 점도 대리권을 제한하는 심판의 경우와 동일하다. 따라서 이를 다투고자 하는 사람은 신상결정 대행권의 범위를 정하는 심판과 동시에 내려진 성년후견개시심판 자체에 대해 즉시항고를 하거나, 신상결정 대행권의 범위를 변경하는 심판을 청구할 수 있을 뿐이다. 이에 대해서는 당사자들의 불복의 이익, 사건본인의 의사나 이익, 성년후견개시심판과 신상결정 대행권 범위를 정하는 심판은 별개의 심판이라는 점 등을 근거로 비판하는 견해가 있다.[27]

3. 동의권

미성년후견인의 경우와 달리 성년후견인이 피성년후견인의 법률행위에 대해 포괄적으로 동의권을 행사할 수 있다는 명문의 규정은 없다. 따라서 성년후견인은 동의권을 갖지 않는다.[28] 오로지 대리에 의해 피성년후견인의 법률행위를 보충할 뿐이다. 이에 대해서는 반대하는 견해가 있다.[29]

24) 김형석(2014a), 250.
25) 제철웅(2013), 21~23.
26) 장석천, "개정 민법에 있어서 성년후견과 의료행위 동의권." 재산법연구 28-3(2011), 5~7.
27) 김형석(2014a), 251~252.
28) 김주수·김상용, 475.
29) 舊 민법(2011. 3. 7. 개정 전)상 금치산자의 후견인에게 동의권을 인정해야 한다는 견해로 김

가정법원이 성년후견인에게 동의권을 수여하는 내용의 심판을 하는 것은 허용되는가. 부정하는 견해30)가 강력하다. 동의유보만으로는 피성년후견인의 보호에 미흡한 경우가 많고, 한정후견과의 경계가 불투명해질 수 있다는 것이다.

다만, 성년후견인이 법률의 규정에 의해 동의권을 행사해야 하는 경우가 있다. 약혼(§802), 혼인(§808 ③), 협의상 이혼(§835), 인지(§856), 입양(§873), 협의상 파양(§902) 등 가족법상 법률행위의 경우가 그러하다. 이에 관해서는 성년후견인이 법규정에 따라 당연히 가족법상 법률행위에 관한 동의권을 행사할 수 있다고 보는 견해31)와 본조 ③에 따라 가정법원으로부터 위 각 법률행위에 대해 동의권을 행사할 수 있다는 취지의 수권심판을 받은 때에야 비로소 동의권을 행사할 수 있다고 보는 견해,32) §947-2를 유추적용하여 가정법원의 허가를 받아 동의권을 행사하도록 해야 한다는 견해33)가 대립한다. 뒤의 두 견해는 가족법상의 법률행위 역시 피성년후견인의 신상에 관한 결정이라는 점을 강조한다. 자기결정권의 존중이라는 측면에서 가족법상 법률행위에 대한 성년후견인의 동의 조항 자체를 삭제할 필요가 있었다는 입법론적 비판도 있다.34)

4. 권한의 변경

가정법원이 정한 성년후견인의 법정대리권의 범위 또는 피성년후견인의 신상에 관하여 결정할 수 있는 권한의 범위가 적절하지 않게 된 경우 가정법원은 그 범위를 변경할 수 있다[본조 ④, 家訴 §2 ① ii 가. 18)-2]. 변경의 내용은 기존에 수여된 권한의 범위를 확대하는 것일 수도 있고, 축소하는 것일 수도 있다.35)

다만, 변경을 위해서는 본인, 배우자, 4촌 이내의 친족, 성년후견인, 성년후견감독인, 검사 또는 지방자치단체의 장의 청구가 있어야 하며, 가정법원이 직권으로 변경심판을 할 수는 없다.

그 권한 범위의 변경심판은 피성년후견인 주소지 가정법원의 전속관할에 속하며(家訴 §44 i-ii), 위 심판을 할 때에는 피성년후견인의 진술을 들어야 한다

성숙(1998), 184~185.

30) 구상엽(2012), 74.
31) 김주수·김상용, 473~474, 477; 박동섭, 409.
32) 윤진수·현소혜, 74.
33) 제철웅(2011), 323.
34) 제철웅(2008), 144.
35) 김형석(2014a), 253.

(家訴 §45-3 ① vii 및 viii). 당사자와 절차에 참여한 이해관계인, 성년후견인 및 성년후견감독인에게 이를 고지하고, 피성년후견인 본인에게 통지해야 함은 여타의 성년후견 관련 심판과 동일하다.

　　변경심판에 대해서는 별도로 즉시항고를 할 수 없으므로, 변경심판이 효력을 발생함과 동시에 가정법원은 지체없이 후견등기 사무를 처리하는 사람에게 후견등기부에 등기할 것을 촉탁하여야 한다(家訴 §9, 家訴規 §5-2 ① i 마., 바.).

第 939 條 (후견인의 사임)

후견인은 정당한 사유가 있는 경우에는 가정법원의 허가를 받아 사임할 수 있다. 이 경우 그 후견인은 사임청구와 동시에 가정법원에 새로운 후견인의 선임을 청구하여야 한다.

Ⅰ. 후견인의 사임

후견인은 정당한 사유가 있는 경우 가정법원의 허가를 받아 사임할 수 있다(본조 전문). 이때 후견인에는 미성년후견인과 성년후견인, 지정후견인과 선임후견인이 모두 포함된다.

1. 사임사유

"정당한 사유"란 객관적으로 후견인의 임무를 수행할 수 없는 사정이 있는 경우를 말한다.[1] 가령 후견인이 질병, 노령, 정신적 장애, 장기간의 해외 거주 등으로 인해 그 임무를 충실히 수행하기 어려운 경우 등이 이에 해당할 수 있을 것이다. 피후견인과의 불화, 과중한 업무부담, 후견기간의 장기화 등과 같은 주관적 사정을 고려하는 견해도 있다.[2]

2. 사임의 범위

후견인은 그 지위 자체를 사임할 수 있을 뿐이며, 후견인의 권한 중 일부(가령 대리권과 재산관리권 등)만을 사퇴하는 것은 불가능하다.[3]

3. 절차

후견인의 사임은 가정법원의 허가를 받아야 한다[家訴 §2 ① ⅱ 가. 19)]. 허가

---

1) 권순한, 242; 김주수·김상용, 454; 이경희, 285.

2) 신영호, 242; 해설, 46.

3) 권순한, 242.

를 받지 않은 경우에는 사임이 허용되지 않지만, 사임허가청구를 기각하더라도 사실상 후견인이 임무를 태만히 하는 것을 방지할 방책은 없다. §940에 따라 후견인을 변경할 수 있을 뿐이다.

이때 허가심판은 피후견인 주소지 가정법원의 전속관할에 속한다(家訴 §44 i-ii). 사임허가심판에 대해서는 별도의 진술청취규정이나 즉시항고 규정 등이 마련되어 있지 않다. 따라서 미성년후견인의 사임 허가 심판이 효력을 발생함과 동시에 가정법원은 지체없이 가족관계등록사무를 처리하는 사람에게 그 사임허가에 관한 사항을 가족관계등록부에 등록할 것을 촉탁하여야 한다(家訴 §9, 家訴規 §5 ① iii). 성년후견인의 사임 허가 심판이 효력을 발생한 때에는 가정법원은 지체없이 후견등기 사무를 처리하는 사람에게 그 사임허가심판에 관한 사항을 후견등기부에 등기할 것을 촉탁하여야 한다(家訴 §9, 家訴規 §5-2 ① i 다.).

Ⅱ. 새로운 후견인의 선임 청구

미성년후견인 또는 성년후견인이 사임하였으나, 새로운 후견인이 선임되지 않는다면 피후견인의 보호에 공백이 발생할 우려가 있다. 따라서 기존의 후견인은 사임청구와 동시에 가정법원에 새로운 후견인의 선임을 청구하여야 한다(본조 후문).

기존의 후견인이 사임을 청구하면서도 새로운 후견인의 선임을 청구하지 않은 경우에는 사임청구를 기각하여야 할 것[4]이나, 사임이 부득이한 경우라면 일단 사임청구를 인용하고, §932 ① 후문 또는 §936 ②에 따라 직권으로 새로운 후견인을 선임할 수 있을 것이다.[5]

후견인의 사임청구가 기각된 경우에는 새로운 후견인의 선임청구 역시 기각되어야 할 것이나, 사안에 따라서는 §936 ③에 의해 가정법원이 직권으로 성년후견인을 추가선임하는 것도 가능하다.

---

4) 구상엽(2012), 98 주 210 역시 후임 후견인이 선임되어야만 후견인의 사임청구를 인용할 수 있다는 입장이다.
5) 성년후견감독인의 사임에 관해 유사한 입장으로 김형석(2014b), 95~96.

第 940 條 (후견인의 변경)

가정법원은 피후견인의 복리를 위하여 후견인을 변경할 필요가 있다고 인정하면 직권으로 또는 피후견인, 친족, 후견감독인, 검사, 지방자치단체의 장의 청구에 의하여 후견인을 변경할 수 있다.

Ⅰ. 조문의 취지

가정법원은 피후견인의 복리를 위해 후견인을 변경할 필요가 있다고 인정하면 후견인을 변경할 수 있다. 이때 후견인에는 미성년후견인과 성년후견인, 지정후견인[1]과 선임후견인이 모두 포함된다.

舊 민법(2005. 3. 31. 개정 전)상으로는 후견인에게 현저한 비행이 있거나 그 임무에 관하여 부정행위 기타 후견인의 임무를 감당할 수 없는 사유가 있는 때 법원이 그를 해임할 수 있었을 뿐이다. 그리고 이때 "현저한 비행" 또는 "부정행위"는 매우 엄격하게 해석되어 왔다.

판례[2]는 "취소사유가 있는 친족회의 결의라도 취소되지 않고 존속하는 한 그 결의에 따라 가대(家垈)를 매각한 후견인의 행위가 본조의 어느 후견인 해임사유에도 해당한다고 할 수 없다"고 하면서 "타인에게 대부한 그 대금의 일부가 회수하기 어렵게 되었다"는 것만으로는 부정행위라고 보지 않았던 것이다.[3]

---

1) 후견개시신고 전의 지정후견인에 대해서도 후견인변경청구가 가능하다는 견해로 김주수·김상용, 456.
2) 대법원 1971. 2. 20. 선고 71스2 결정.
3) 舊 민법(2005. 3. 31. 개정 전)상 후견인 해임사유를, 후견인에 보다 적합한 사람이 존재할 때

게다가 현저한 비행 등이 있어 후견인을 해임하더라도, 舊 민법상 법정대리인 순위에 구속되어 여전히 후견인으로서의 자질과 능력이 부족한 사람이 새로운 후견인으로 될 가능성이 농후하였다.

이에 2005. 3. 31.자 개정 민법은 후견인변경 사유를 피후견인의 복리를 위해 필요한 경우로 유연하게 수정하는 한편, 기존의 후견인을 해임할 때에는 법정후견인 순위에 얽매이지 아니하고 가장 적절한 자질과 능력을 갖춘 사람을 후견인으로 삼을 수 있도록 하였다.[4] 2011. 3. 7.자 개정에 의해 법정후견인제도는 폐지되었으나, 친권자에 의해 지정된 미성년후견인 또는 법원에 의해 선임된 후견인이 피후견인의 복리실현에 적절하지 않을 때에는 여전히 그를 변경할 필요가 있으므로, 후견인 변경제도는 그대로 유지되었다.

Ⅱ. 요건

후견인을 변경하기 위해서는 "피후견인의 복리를 위하여 후견인을 변경할 필요가 있다고 인정"되어야 한다. 이러한 사안은 크게 두 가지로 나누어 볼 수 있는데, 하나는 후견인에게 귀책사유가 있는 경우이고, 다른 하나는 그러한 사유가 없는 경우이다.

1. 후견인에게 귀책사유가 있는 경우

전자의 경우에 해당하는 것으로는 舊 민법(2005. 3. 31. 개정 전) §940에서 해임사유로 열거되어 왔던 사유, 즉 후견인에게 현저한 비행이 있거나 그 임무에 관하여 부정행위가 있었던 경우를 들 수 있다.[5] 이때 "현저한 비행"이란 피후견인의 보호·교양상 악영향을 끼칠 우려가 있는 행위를, "부정행위"란 선량한 관리자로서의 주의의무에 위반하여 피후견인의 재산상태를 악화시키거나 그 이익을 침해하는 행위를 말한다.[6]

비행이나 부정행위라고까지는 할 수 없지만, 후견인이 피후견인의 재산관리 및 신상보호에 있어 그의 복리에 부합하는 방법으로 사무를 처리하지 않거나 피후견인의 의사를 존중하지 않는 일이 반복되는 경우, 전문적 지식의 결여

까지로 확대할 것을 주장하였던 견해로 양철진(1985), 339~340.

4) 위와 같은 개정경위에 대해 자세히는 한봉희, "친권·후견제도의 개선," 고시계 43-9(1998), 117~118 참조.

5) 김주수·김상용, 456; 박동섭, 394.

6) 김선화, "민법 제940조 규정에 의한 후견인의 해임," 실무연구 3(1997), 51 참조.

나 업무태만으로 인해 피후견인의 이익을 위태롭게 할 우려가 있는 경우 등도 전자의 사유에 해당할 수 있을 것이다.[7]

그러나 현재의 후견인에게 일부 부적절한 처사가 있었더라도 그 자가 피후견인을 위해 후견사무를 수행하기에 가장 적절한 사람으로 인정될 때에는 후견인변경청구를 기각할 수 있다. 舊 민법(2011. 3. 7. 개정 전)상 법정후견인제도를 전제로 한 것이기는 하지만, 서울가정법원 2002. 1. 8.자 2001느단4264 심판(확정) 역시 미성년자의 최근친 방계혈족 중 자신보다 연장자가 있음에도 불구하고 자신이 미성년자의 법정후견인인 것처럼 행동하고 있었다는 것만으로는 해임사유에 해당하지 않는다고 판시한 바 있다.

2. 후견인에게 귀책사유가 없는 경우

후자에 해당하는 것으로는 후견인이 질병, 노령, 정신적 장애, 장기간의 해외거주 등으로 인해 그 임무를 충실히 수행하기 어려워진 경우, 피후견인과의 신뢰관계 파탄 등으로 인해 피후견인 본인이 후견인의 변경을 강하게 요구하고 있는 경우, 피후견인의 복리를 위해 후견인의 직무를 담당하기에 더 적합한 자가 나타난 경우(배우자, 직계혈족 등) 등이 있다.[8]

3. 기타

후견인변경심판은 유언에 의해 유효하게 지정되거나 법원에 의해 적법하게 선임된 후견인을 해임하는 심판과 새로운 후견인을 선임하는 심판이 병합된 것이다. 따라서 실제 후견인이 아닌데도 후견인인 것처럼 가족관계등록부에 등록되어 있는 것만으로는 후견인변경심판의 대상이 될 수 없다.[9] 가족관계등록 정정 절차를 거치는 것으로 족하다. 이에 반해 기존의 후견인에게 결격사유가 발생하여 후견인을 재선임할 필요가 있는 경우에는, 바로 재선임심판을 하기보다 후견인변경심판을 거쳐야 한다는 견해가 있다.[10] 종전의 성년후견인에게 여전히 그 자격이 있는 것 같은 외관을 제거할 필요가 있다는 것이다. §936 註釋 참조.

---

7) 박동섭, 394; 해설, 47; 김형석(2010), 133 등 참조.
8) 해설, 47; 백승흠(2006), 71 참조.
9) 舊 민법(2005. 3. 31. 개정 전)상 같은 취지의 판결로 대법원 1991. 4. 4. 자 90스3 결정.
10) 해설, 46.

Ⅲ. 절차

1. 직권 또는 일정한 자에 의한 청구

후견인의 변경은 가정법원이 직권으로 또는 피후견인, 친족, 후견감독인, 검사, 지방자치단체의 장의 청구에 의해 할 수 있다. 舊 민법(2005. 3. 31. 개정 전) 상으로는 피후견인 또는 §777의 규정에 의한 친족에게만 청구권한을 부여하였던 것을 검사에게까지 확대하고, 가정법원이 직권으로도 할 수 있도록 하였다.[11] 2005. 3. 31.자 개정민법은 친권상실선고의 경우에 준하여 피후견인 본인에게 후견인변경 청구권을 인정하지 않았으나, 2011. 3. 7.자 개정에 의해 청구권자가 피후견인, 후견감독인 및 지방자치단체의 장까지 확대되었다.

2. 심리

가. 미성년후견인 변경의 경우

미성년후견인을 변경할 때에는 그 변경이 청구된 미성년후견인을 절차에 참가하게 해야 하고(家訴規 §65 ②), 새롭게 미성년후견인이 될 사람의 의견도 들어야 한다(家訴規 §65 ①). 미성년후견인 변경심판에 있어서 미성년자가 13세 이상인 때에는 그 미성년자의 의견을 들어야 하지만, 미성년자의 의견을 들을 수 없거나 그의 의견을 듣는 것이 오히려 미성년자의 복리를 해할 만한 특별한 사정이 있다고 인정되는 때에는 듣지 않을 수 있다(家訴規 §65 ④). 미성년자 후견인 해임시 관계 당사자와 사건본인, 장래 후견인이 될 사람 등의 의견을 들어 볼 것을 요구하였던 판례[12]의 태도를 반영한 것이다.

나. 성년후견인 변경의 경우

성년후견인을 변경할 때에는 피성년후견인과 변경이 청구된 성년후견인, 새롭게 성년후견인이 될 사람의 진술을 들어야 한다(家訴 §45-3 ① v).

다. 판단기준

가정법원이 후견인을 변경함에 있어 새로운 후견인이 피후견인의 4촌 이내 친족인지 여부 등을 고려할 필요는 없다. 舊 민법(2011. 3. 7. 개정 전)상 법정후견인은 일정 범위 내의 근친 중에서 순위가 결정되었으므로, 변경될 후견인 역시 법정후견인 자격을 갖춘 자여야 하는지 여부에 대해 논란이 있었다. 이에

---

11) 청구권자의 확대를 주장하였던 견해로 홍춘의(2002), 25.
12) 대법원 1992. 3. 25.자 91스11 결정.

舊 민법 §940 ②은 법정후견인 순위에도 불구하고 4촌 이내의 친족 그 밖에 적합한 자를 후견인으로 선임할 수 있다고 규정하였다. 그러나 2011. 3. 7.자 개정 민법에 의해 선임후견인제도가 도입되었으므로, 가정법원은 §936 ④과 동일한 기준하에 새로운 후견인을 선임하는 것으로 족하다.[13] 후견인 선임 기준에 대해 자세히는 §936 註釋 참조.

　　다만, 후견인의 변경은 미성년자의 이익에 직결하는 것이므로, 이를 심리하는 법원은 무엇이 피후견인의 이익에 가장 도움이 되는가를 신중히 판단하여야 하고, 그와 같은 판단을 하기 위해 사전에 직권으로 충분한 증거조사를 함으로써 재산 기타 이해관계를 둘러싼 분쟁에서 피후견인이 불측의 피해를 입는 일이 없도록 법원의 후견적 임무를 다하여야 한다.[14]

3. 후견인변경심판

　　가정법원은 피후견인의 복리를 위해 후견인을 변경할 필요가 있을 때 후견인변경심판을 할 수 있다[家訴 §2 ① ii 가. 18)]. 후견인변경심판은 피후견인 주소지 가정법원의 전속관할로 한다. 이때 관할법원을 성년후견개시심판을 한 가정법원 또는 변경의 대상이 된 후견인 주소지의 가정법원의 전속관할로 하지 않은 이유에 대해서는 §936 註釋 참조.

　　후견인변경심판은 청구인과 이해관계인 외에 당해 심판에 의해 변경의 대상이 되는 후견인과 새롭게 선임될 후견인, 후견감독인에게 고지하고, 사건본인에게 통지하여야 한다(家訴規 §35).

　　미성년후견인 변경심판에 대해서는 변경의 대상이 되는 미성년후견인만이, 성년후견인 변경심판에 대해서는 변경의 대상이 되는 성년후견인만이 즉시항고를 할 수 있다(家訴規 §36 ① i 나., §67 ① ii). 변경의 대상이 되는 성년후견인 스스로가 심판의 효력을 다투지 않고 있는 이상, 다른 사람이 이를 다투더라도 별다른 실익이 없기 때문이다.[15]

　　반면 미성년후견인 및 성년후견인 변경청구 기각 심판에 대해서는 청구인 외에 본조에서 정하고 있는 청구권자가 널리 즉시항고할 수 있다(家訴規 §36 ② ii, §67 ②).

　　미성년후견인 변경심판이 확정된 경우 가정법원은 지체없이 가족관계등록

---

13) 박동섭, 395; 자료집, 284.
14) 대법원 1992. 3. 25.자 91스11 결정.
15) 김원태(2011), 294.

사무를 처리하는 사람에게 그 변경에 관한 사항을 가족관계등록부에 등록할
것을 촉탁하여야 한다(家訴 §9 및 家訴規 §5 ① ⅲ). 성년후견인 변경심판이 확정된
경우 가정법원은 지체없이 후견등기 사무를 처리하는 사람에게 그 변경에 관
한 사항을 후견등기부에 등기할 것을 촉탁하여야 한다(家訴 §9 및 家訴規 §5-2 ①
ⅰ 나.).

Ⅳ. 효력

후견인변경심판의 확정과 동시에 기존의 후견인은 일단 후견인의 지위를
상실하고, 새로운 후견인은 후견인의 지위를 취득한다. 즉 후견인변경심판은
후견인해임심판으로서의 성격과 후견인선임심판으로서의 성격을 겸유한다.

따라서 기존의 후견인이 후견인의 지위확인을 구하는 소를 제기한 경우라
도 확인을 구하는 법률관계, 즉 후견인의 지위가 인정되지 않음을 이유로 위
확인청구를 기각하여야 할 것이지, 확인의 이익 없음을 이유로 각하할 것은 아
니다.16)

Ⅴ. 사전처분

성년후견인 변경심판에 앞서 필요한 경우 가정법원은 직권 또는 당사자의
신청에 의해 家訴 §62 ①에 따른 사전처분으로서 직무대행자를 선임할 수 있다
(家訴規 §32 ①). 이때 직무대행자에 대해서는 성년후견인에 관한 규정을 준용함
이 원칙이나(家訴規 §32 ①), 가정법원은 상당하다고 인정할 때 언제든지 직무대
행자에게 사건본인의 신상보호 또는 재산관리에 필요한 명령을 할 수 있고, 그
선임한 직무대행자를 해임하거나 개임할 수 있다(家訴規 §32 ③). 위와 같은 직무
대행자 선임처분은 그 선임된 자 및 해당 성년후견인에게 고지하여야 하고, 사
건본인에게 그 뜻을 통지하여야 한다(家訴規 §32 ②).

미성년후견인 변경심판시 직무대행자 선임에 대해서는 명문의 규정이 없
으나, 家訴 §62 ①에 의거하여 당연히 가능하다 할 것이다. 이때 미성년후견인
의 직무대행자의 권한, 해임, 개임 등에 대해서는 家訴規 §32 ① 및 ③이 유추
적용된다.

---

16) 후견인해임심판에 관하여 같은 취지의 판결로 대법원 1982. 1. 26. 선고 81므45 판결.

가정법원은, 미성년후견인의 임무수행을 정지하는 재판과 그 대행자를 선임하는 재판이 확정된 때에는 가족관계등록 사무를 처리하는 사람에게 가족관계등록부에 그 등록을, 성년후견인의 직무집행을 정지하는 재판과 그 직무대행자를 선임하는 재판이 확정된 때에는 후견등기 사무를 처리하는 사람에게 후견등기부에 그 등기를 할 것을 촉탁하여야 한다(家訴 §9, 家訴規 §5 ① iv, §5-2 ① v 가.).

Ⅵ. 특별법에 따른 후견인의 변경

1. 아동복지법상 후견인 변경제도

시·도지사 또는 시장·군수·구청장, 아동복지전담기관의 장, 아동복지시설의 장, 학교의 장 또는 검사는 후견인이 아동을 학대하는 등 현저한 비행을 저지른 경우 후견인 변경을 법원에 청구할 수 있다(아동복지법 §19 ②). 舊 아동복지법(2011. 8. 4. 개정 전) §13가 후견인의 선임과 해임에 관한 규정만을 두고 있어 후견인 변경시 절차가 번잡하다는 비판을 수용하여 민법에 준하는 후견인 변경제도를 도입한 것이다.[17] 이때 후견인 변경 사유를 아동학대 등 현저한 비행이 있는 때로 한정한 것에 대해서는 입법론적으로 비판하는 견해[18]가 있다.

2. 아동·청소년의 성보호에 관한 법률상 후견인 변경제도

후견인이 피후견인을 상대로 "아동·청소년의 성보호에 관한 법률" ② ii에서 정한 아동·청소년 대상 성범죄를 한 경우 검사는 후견인 변경을 청구할 수 있다(아동·청소년의 성보호에 관한 법률 §23 ①).

3. 아동학대범죄의 처벌 등에 관한 특례법상 후견인 변경제도

아동학대자가 "아동학대범죄의 처벌 등에 관한 특례법" §5 또는 §6의 범죄를 저지르고, 그 아동학대자가 피해아동의 후견인인 때에는 검사는 본조에 따른 후견인의 변경심판을 청구하여야 하며, 검사가 이에 따른 청구를 하지 아니한 때에는 아동보호전문기관의 장은 검사에게 그 청구를 하도록 요청할 수 있고, 청구를 요청받은 검사는 요청받은 날부터 30일 내에 그 처리결과를 아동보

---

17) 김상용(2011), 20~21 참조.
18) 김상용(2011), 41 주 39, 73~74.

호전문기관의 장에게 통보하여야 한다(아동학대범죄의 처벌 등에 관한 특례법 §9 ①·
②). 그 처리 결과를 통보받은 아동보호전문기관의 장은 그 처리 결과에 대하
여 이의가 있을 경우 통보받은 날부터 30일 내에 직접 법원에 후견인의 변경을
청구할 수 있다(같은 조 ③).

第 2 款　後見監督人

第 940 條의 2 (미성년후견감독인의 지정)

미성년후견인을 지정할 수 있는 사람은 유언으로 미성년후견감독인을 지정할 수 있다.

Ⅰ. 조문의 취지

미성년후견감독인 결정방법을 정하기 위한 조문이다.

舊 민법(2011. 3. 7. 개정 전)상 후견업무에 대한 감독은 친족회가 담당하였다. 그러나 2011. 3. 7.자 개정 민법은 기존의 친족회제도를 폐지하고, 후견감독기관을 후견감독인 중심의 개인감독 체계로 전환하였다.

이에 대해서는 개인감독 체계에 대한 불신을 이유로 반대하는 견해[1]가 없지 않았다. 집단감독체제인 친족회제도를 활용하는 것이 바람직하다는 것이다. 후견감독인도 결국 친족이 담당하게 될 가능성이 높다는 점, 친족회는 우리 사회의 미풍양속에 해당한다는 점 등을 근거로 드는 견해[2]도 있다.

그러나 친족회는 피후견인의 친족들로 구성되므로 법정후견인과 친밀한 관계에 있을 가능성이 높다는 점, §950에 따른 동의기능 외에 정작 피후견인의 보호에는 무관심하여 후견인에 대한 실질적인 감독기능을 수행하지 못하는 경우가 비일비재하다는 점, 가정법원은 친족회 소집허가를 할 뿐 제대로 친족회가 소집되어 결의하였는지에 대해 감독하지 않는다는 점, 우리나라 고유의 친족적 협의체와는 거리가 있다는 점 등에서 많은 비판을 받아왔으므로[3] 친족회

---

1) 제철웅(2008), 141.
2) 김은효, "민법(성년후견)일부 개정안에 대한 소론," 新聞 3793(2009), 7.
3) 친족회제도의 문제점을 지적하고 있는 문헌으로 권순한(2000), 104; 김명엽(2010), 33, 35; 박상호·예철희(2010), 300; 백승흠(2006), 66; 송호열(2008), 260; 신은주(2009), 26; 이상욱, "친족편 제1장 총칙·제6장 친족회의 개정필요성과 개정방향," 가족법연구 16-2(2002), 63; 이승길(2009), 16~17 등.

제도의 폐지는 부득이한 결과로 수인되었다.[4]

이에 따라 유언에 의해 친족회원을 지정할 수 있도록 하였던 본 조문은 유언에 의해 미성년후견감독인을 지정할 수 있도록 하는 내용으로 개정되었다.

Ⅱ. 미성년후견감독인의 지정방법

미성년후견인을 지정할 수 있는 사람은 유언으로 미성년후견감독인을 지정할 수 있다(§940-2). 이때 "미성년후견인을 지정할 수 있는 사람"이란 미성년자에게 친권을 행사할 수 있는 부모를 말한다. 자세한 내용은 §931 註釋 참조. 친권자에 갈음하여 자녀에 대한 보호와 교양을 담당하는 미성년후견제도의 특성에 비추어 친권자의 의사를 최대한 존중하기 위함이다.

친권을 행사할 수 있는 부모가 미성년후견인을 지정하지 않으면서 오로지 미성년후견감독인만 지정할 수 있는가. 부정하는 견해[5]가 있으나, 의문이다.

미성년후견감독인은 임의기관임이 원칙이나, 유언에 의해 미성년후견감독인이 지정된 경우에는 사실상 필수기관으로서의 성격을 갖는다. 따라서 유언에 의해 지정된 미성년후견감독인이 §940-5 및 §940-7에 의해 준용되는 §937에 따라 미성년후견감독인 결격사유에 해당하는 때에는 가정법원이 §940-3 ①에 따라 미성년후견감독인을 선임하여야 할 것이다.

---

4) 후견감독인제도 도입에 찬성하는 견해로 백승흠(2006), 88; 송호열(2008), 296~297 등 참조. 법정성년후견의 경우에는 후견감독인제도를 둘 필요가 없다는 견해로 엄덕수(2010), 21~22 참조.

5) 신영호, 247~248.

第 940 條의 3 (미성년후견감독인의 선임)

① 가정법원은 제940조의2에 따라 지정된 미성년후견감독인이 없는
경우에 필요하다고 인정하면 직권으로 또는 미성년자, 친족, 미성년
후견인, 검사, 지방자치단체의 장의 청구에 의하여 미성년후견감독
인을 선임할 수 있다.

② 가정법원은 미성년후견감독인이 사망, 결격, 그 밖의 사유로 없게
된 경우에는 직권으로 또는 미성년자, 친족, 미성년후견인, 검사,
지방자치단체의 장의 청구에 의하여 미성년후견감독인을 선임한다.

Ⅰ. 조문의 취지

유언에 의해 지정된 미성년후견감독인이 없는 경우 미성년후견감독인 결
정방법을 정하기 위한 조문이다.

舊 민법(2011. 3. 7. 개정 전)상 친족회가 필수기관이었던 것에 비해 미성년후
견감독인은 임의기관이다. 일부 견해[1]는 후견인의 권한남용에 대한 억제장치
의 부족을 이유로 미성년후견감독인을 임의기관으로 하는 것에 반대한다. 또한
후견감독 임무의 성격 등에 비추어 볼 때 후견감독인은 무상 또는 근소한 보수
의 지급으로 충분할 가능성이 높다고 한다. 하지만 2011. 3. 7.자 개정 민법은
가정법원에 의해 선임된 미성년후견인에 대한 신뢰 제고 및 후견감독인 비용
절감의 필요에 근거하여 이를 임의기관으로 설계하였다.[2]

본 조문은 이와 같은 전제하에 미성년후견감독인이 임의기관임을 선언함
과 동시에 가정법원이 미성년후견감독인을 선임할 수 있는 사유와 그 절차를
규정하고 있다. 미성년후견감독인의 자격과 선임기준 등에 대해서는 §940−7

---

1) 김명엽(2010), 35~36; 김상용(2009), 15; 김은효, "민법(성년후견)일부 개정안에 대한 소론,"
新聞 3793(2009), 15; 김형석(2014b), 81; 박인환(2010), 50~51; 이진기(2012), 108~110.
2) 한봉희·백승흠, 370; 김형석(2010), 132.

註釋 참조.

Ⅱ. 선임사유

1. 지정 미성년후견감독인이 없고, 미성년후견감독인이 필요한 경우

가정법원은 §940-2에 따라 지정된 미성년후견감독인이 없는 경우, 즉 친권자가 유언으로 미성년후견감독인을 지정하지 않은 경우에 필요하다고 인정하면 미성년후견감독인을 선임할 수 있다(본조 ①). 이때 선임 여부에 대한 판단은 가정법원의 재량에 속한다. 미성년후견감독인이 "필요하다고 인정"할 수 있는 경우에 대해 자세히는 §940-4 註釋 참조.

가정법원은 미성년후견인 선임 후에라도 필요하다고 인정하면 미성년후견감독인을 선임할 수 있다. 다시 말해서 미성년후견감독인의 선임은 반드시 미성년후견인 선임과 동시에 이루어져야 하는 것은 아니다.[3]

2. 미성년후견감독인이 없게 된 경우

가정법원은 미성년후견감독인이 사망, 결격, 그 밖의 사유로 없게 된 경우 미성년후견감독인을 선임한다(본조 ②). 본래 미성년후견감독인은 임의기관이지만, 일단 미성년후견감독인을 선임한 후에는 간이하게 보충될 수 있도록 한 것이다. 이때 "미성년후견감독인"에는 친권자가 유언으로 지정한 미성년후견감독인과 가정법원이 선임한 미성년후견감독인이 모두 포함된다.

미성년후견감독인이 "사망, 결격, 그 밖의 사유로 없게 된 경우"란 일단 유효하게 지정 또는 선임되었으나, 후발적 사정으로 말미암아 미성년후견감독인이 없게 된 경우만을 의미한다. 따라서 유언의 효력발생 당시 또는 가정법원 심판 당시 이미 미성년후견감독인이 사망 또는 결격 등으로 인해 존재하지 않는 경우에는 §940-3 ①에 따라 미성년후견감독인을 새롭게 선임할 수 있을 뿐이다. "사망, 결격, 그 밖의 사유로 없게 된 경우"의 구체적인 의미에 대해서는 §932 註釋 참조. 특히 "결격"에 대해서는 §937 및 §940-5 註釋도 참조하라.

본조 ②은 미성년후견감독인이 없게 된 경우 새로운 미성년후견감독인을 "선임한다"고 규정하고 있다. 이때 가정법원이 미성년후견감독인을 반드시 선임해야 하는지, 필요에 따라 선임하지 않을 수도 있는지에 대해서는 논란이 있

---

3) 윤진수·현소혜, 96.

을 수 있으나, 현재로서는 재량규정이라는 견해4)가 보일 뿐이다. 성년후견감독인과 관련된 동일한 논점에 대해서는 §940-4 註釋 참조.

Ⅲ. 절차

가정법원은 직권으로 또는 미성년자, 친족, 미성년후견인, 검사, 지방자치단체의 장의 청구에 의하여 미성년후견감독인을 선임한다[본조 ① 및 ②, 家訴 §2 ① ⅱ 가. 18)-3]. 이해관계인에 불과한 자는 선임청구권이 없다. 가정법원은 미성년후견감독인 선임심판과 함께 미성년후견감독인에 대하여 후견감독사무에 관하여 필요하다고 인정되는 사항을 지시할 수도 있다(家訴規 §65 ③).

이때 가정법원은 미성년후견감독인이 될 사람의 의견을 들어야 한다(家訴規 §65 ①). 후견의 대상이 되는 미성년자가 13세 이상인 때에는 그 미성년자의 의견도 들어야 함이 원칙이나, 미성년자의 의견을 들을 수 없거나 미성년자의 의견을 듣는 것이 오히려 미성년자의 복리를 해할 만한 특별한 사정이 있다고 인정되는 때에는 듣지 않아도 된다(家訴規 §65 ④).

미성년후견감독인 선임심판은 당사자 및 절차에 참가한 이해관계인에게 고지해야 하지만, 사건본인에게까지 통지할 필요는 없다. 미성년후견감독인 선임심판에 대한 즉시항고 역시 허용되지 않는다. 미성년후견감독인 선임심판의 효력이 발생함과 동시에 가정법원은 지체없이 가족관계등록사무를 처리하는 사람에게 가족관계등록부에 등록할 것을 촉탁하여야 한다(家訴 §9, 家訴規 §5 ① ⅲ).

---

4) 윤진수·현소혜, 96.

第 940 條의 4 (성년후견감독인의 선임)

① 가정법원은 필요하다고 인정하면 직권으로 또는 피성년후견인, 친족, 성년후견인, 검사, 지방자치단체의 장의 청구에 의하여 성년후견감독인을 선임할 수 있다.

② 가정법원은 성년후견감독인이 사망, 결격, 그 밖의 사유로 없게 된 경우에는 직권으로 또는 피성년후견인, 친족, 성년후견인, 검사, 지방자치단체의 장의 청구에 의하여 성년후견감독인을 선임한다.

Ⅰ. 조문의 취지

성년후견감독인의 결정방법을 정하기 위한 조문이다. 본 조문은 성년후견감독인이 임의기관임을 선언함과 동시에 가정법원이 성년후견감독인을 선임할 수 있는 사유와 그 절차를 규정하고 있다. 종전의 친족회를 폐지하고, 후견감독인제도로 대체하게 된 배경에 대해서는 §940-2 註釋 참조. 특히 성년후견에 대해서는 후견감독인제도를 도입하기보다 가정법원[1] 또는 사회복지행정당국[2]에 감독업무를 집중시킬 필요가 있다는 견해가 적지 않았으나, 법원의 업무부담, 감독비용 등 현실적인 한계로 인해 법원감독의 실효성을 확보하기 어렵다는 점[3]을 감안하여 감독기관을 후견감독인과 가정법원으로 이원화하였다.

---

1) 권순한(2000), 104, 112; 박종택(2007), 410; 송호열(2008), 291; 오호철(2006), 459~460; 이상욱, "친족편 제1장 총칙·제6장 친족회의 개정필요성과 개정방향," 가족법연구 16-2(2002), 63; 제철웅(2008), 141; 최문기(2007), 30~31; 홍춘의(2002), 34 등. 미성년후견과 관련하여 동일한 취지의 주장으로 박상호·예철희(2010), 305~306.

2) 김명엽(2010), 36.

3) 김주수·김상용, 464.

Ⅱ. 선임사유

1. 성년후견감독인이 필요한 경우

가정법원은 필요하다고 인정하면 성년후견감독인을 선임할 수 있다(본조 ①). 미성년후견감독인의 경우와는 달리 유언에 의한 지정이 허용되지 아니하 므로, 가정법원에 의한 선임은 성년후견감독인 선임의 유일한 방법이다.

성년후견감독인이 "필요하다고 인정"되는 사안으로는 피성년후견인에게 재산이 많거나 재산상황의 변동이 잦아 성년후견인의 재산관리에 대한 전문적 인 조언이나 지도가 필요한 경우, 피성년후견인의 근친 사이에 성년후견인의 재산 관리를 둘러싸고 분쟁이 있는 경우, 성년후견인과 피성년후견인 사이에 이해가 상반되는 경우 등을 상정할 수 있을 것이다.[4]

성년후견감독인을 선임할 것인지 여부는 법원의 재량에 속한다. 성년후견 감독인을 임의기관으로 설계한 이유에 대해서는 §940-3 註釋 참조. 다만, 적 어도 "필요하다고 인정"되는 경우, 즉 성년후견 개시 당시 또는 개시 이후 피성 년후견인의 복리에 대한 위험이 확인된 경우에는 반드시 성년후견감독인을 선 임해야 한다는 견해가 있다.[5]

성년후견감독인의 선임은 성년후견인 선임과 동시에 이루어져야 하는 것은 아니며, 성년후견인 선임 후에라도 필요한 경우라면 언제든지 선임할 수 있다.[6]

2. 성년후견감독인이 없게 된 경우

가정법원에 의해 선임된 성년후견감독인이 사망, 결격, 그 밖의 사유로 없 게 된 경우 가정법원은 성년후견감독인을 선임한다(본조 ②). "사망, 결격, 그 밖 의 사유로 없게 된 경우"의 구체적인 의미에 대해서는 §932 註釋 참조. 특히 "결격"에 대해서는 §940-5 註釋도 참조하라.

이때 본조 ②은 성년후견감독인이 없게 된 경우 성년후견감독인을 "선임 한다"고 규정하고 있다. 그 의미에 대해서는 이를 재량규정으로 보아 더 이상 성년후견감독인이 필요하지 않다고 인정될 때에는 성년후견감독인 선임 청구 를 기각할 수 있다는 견해[7]와 기속규정으로 보아 필요성 여부를 심사하지 않

---

4) 해설, 65.
5) 김형석(2014b), 82~83.
6) 윤진수·현소혜, 97~98.

고 반드시 선임해야 한다는 견해[8]가 대립한다.

Ⅲ. 절차

1. 직권 또는 일정한 자에 의한 청구

가정법원은 직권으로 또는 피성년후견인, 친족, 성년후견인, 검사 또는 지방자치단체의 장의 청구에 의하여 성년후견감독인을 선임할 수 있다[§940-4 ①·②, 家訴 §2 ① 가. ⅱ 18)-3]. 이때 친족이란 성년후견개시 또는 종료심판을 청구할 수 있는 4촌 이내 친족이 아니라, §777에서 정한 범위 내의 친족을 말한다.[9] 이해관계인에 불과한 자는 선임청구권이 없다.

청구권자 중에 성년후견인이 포함되어 있기는 하지만, 직무의 성격상 스스로 자신을 감독할 자의 선임을 청구할 것으로 기대하기 어려우므로, 본조는 가정법원이 직권으로도 성년후견감독인을 선임할 수 있도록 하였다.[10]

2. 심리

성년후견감독인의 선임심판을 하는 경우에는 피성년후견인(피성년후견인이 될 사람을 포함한다)과 성년후견감독인이 될 사람의 진술을 들어야 한다(家訴 §45-3 ① ⅳ). 성년후견감독인의 선임에 앞서 성년후견인의 의견을 들어야 하는 것은 아니다.

성년후견감독인을 선임함에 있어 특별한 기준이 있는 것은 아니지만, 가급적 성년후견인과 성년후견감독인은 다른 영역에서 선임하는 것이 적절하다는 견해가 있다.[11] 가령 친족을 성년후견인으로 선임하였다면 성년후견감독인은 전문후견인으로, 후견법인을 성년후견인으로 선임하였다면 성년후견감독인은 친족 중에 선임하는 것이 바람직하다는 것이다.

3. 심판

요건이 갖추어진 경우 가정법원은 성년후견감독인 선임심판을 한다. 성년후견감독인 선임심판 사건은 피후견인 주소지 가정법원의 전속관할에 속한다

---

7) 윤진수·현소혜, 96.
8) 김형석(2014b), 84.
9) 윤진수·현소혜, 97.
10) 백승흠(2006), 75~76.
11) 해설, 44.

(家訴 §44 i-ii). 이때 가정법원은 성년후견감독인에게 그 후견사무에 관하여 필요하다고 인정되는 사항을 지시할 수 있다(家訴規 §38-2).

성년후견감독인 선임심판은 당사자와 절차에 참가한 이해관계인(家訴規 §25), 성년후견인 및 성년후견감독인이 될 자에게 고지하여야 하고, 사건 본인에게도 그 뜻을 통지하여야 한다(家訴規 §35).

4. 즉시항고

성년후견감독인 선임심판에 대해서만 불복할 수 있는 길은 마련되어 있지 않다. 이에 대해 불복을 원하는 사람은 성년후견감독인 선임심판과 동시에 이루어진 성년후견개시심판에 대해 즉시항고를 할 수 있을 뿐이다. 이에 대해서는 현실적으로 특정인을 성년후견감독인으로 선임한 결과에 대해 다툴 정당한 이익이 있다는 점을 근거로 입법적 개선을 요구하는 비판[12]이 있다.

5. 등기촉탁

성년후견감독인 선임심판이 효력을 발생한 경우 가정법원은 지체없이 후견등기사무를 처리하는 사람에게 그 선임에 관한 사항을 후견등기부에 등기할 것을 촉탁하여야 한다[家訴 §9, 家訴規 §5-2 ① i 나.].

Ⅳ. 사전처분

家訴規 §32에 규정되어 있지는 않지만, 가정법원은 사건해결에 특히 필요하다고 인정될 경우 家訴 §62에 따른 사전처분의 일환으로서 임시성년후견감독인을 선임할 수 있다.[13] 이때 임시성년후견감독인은 성년후견감독인에 관한 규정 및 家訴規 §32 ②, ③, ⑥을 유추적용할 수 있다. 임시성년후견감독인 선임에 관한 사항을 후견등기부에 등기해야 한다는 견해[14]도 있으나, 관련 절차 규정이 마련되어 있지 않다는 점에서 의문이다.

---

12) 김형석(2014b), 93.
13) 김형석(2014b), 92.
14) 김형석(2014b), 92.

第 940 條의 5 (후견감독인의 결격사유)
제779조에 따른 후견인의 가족은 후견감독인이 될 수 없다.

Ⅰ. 본조의 취지

후견감독인의 결격사유를 정하는 조문이다. 이때 "후견감독인"이란 미성년후견감독인과 성년후견감독인을 모두 포함한다. 그러나 본조가 후견감독인에 관한 유일한 결격 조문인 것은 아니다. 후견감독인에 대해서는 후견인 결격사유에 관한 §937가 준용되기 때문이다. §940-7 註釋 참조.

Ⅱ. 후견인의 가족

§779에 따른 후견인의 가족은 후견감독인이 될 수 없다. 후견인과 가족관계에 있는 사람은 그 친밀성으로 인해 감독업무를 공정하게 수행하기 어렵다는 고려에 기초한 것이다.[1]

"§779에 따른 후견인의 가족"이란 후견인의 배우자, 직계혈족, 형제자매 및 후견인과 생계를 같이하는 직계혈족의 배우자, 배우자의 직계혈족 및 배우자의 형제자매를 말한다. 사실혼 배우자는 이에 해당하지 않는다.[2] 자세한 내용은 §779 註釋 참조. §779에 따른 후견인의 가족에 해당하지 않는 경우에는 4촌 이내 친족과 같은 근친이라도 가족관계의 실정에 따라 후견감독인이 될 수 있다.[3]

후견감독인으로 선임될 당시에는 후견인의 가족이 아니었으나, 선임 후 혼인, 인지, 입양 등에 의해 이에 해당하게 된 때에는 그 사유 발생시부터 즉시 후견감독인으로서의 지위를 상실하므로, §940-3 ② 및 §940-4 ②에 따라 새

---

1) 김형석(2010), 132; 해설, 65.
2) 김형석(2014b), 91.
3) 자료집, 337~341 참조.

로운 후견감독인을 선임해야 할 것이다.[4]

Ⅲ. 후견인 본인

후견인 본인은 후견감독인이 될 수 있는가. 즉, 한 명이 후견인의 지위와 후견감독인의 지위를 겸할 수 있는가의 문제이다. 이해상반의 우려가 있으나, 후견감독의 대상이 되는 임무와 후견인으로서 스스로 담당하는 임무가 동일하지 않다면 가능하다고 본다. 가령 재산관리를 하는 성년후견인과 신상보호를 하는 성년후견인이 별도로 선임되어 있는 경우 신상보호를 하는 성년후견인이 재산관리를 감독하는 성년후견감독인이 되고, 재산관리를 하는 성년후견인이 신상보호를 감독하는 성년후견감독인이 되는 것은 허용될 수 있을 것이다.[5]

---

4) 신영호, 269 참조.
5) 김형석(2014b), 85.

第 940 條의 6 (후견감독인의 직무)

① 후견감독인은 후견인의 사무를 감독하며, 후견인이 없는 경우 지체 없이 가정법원에 후견인의 선임을 청구하여야 한다.

② 후견감독인은 피후견인의 신상이나 재산에 대하여 급박한 사정이 있는 경우 그의 보호를 위하여 필요한 행위 또는 처분을 할 수 있다.

③ 후견인과 피후견인 사이에 이해가 상반되는 행위에 관하여는 후견감독인이 피후견인을 대리한다.

Ⅰ. 조문의 취지

후견감독인의 일반적 직무범위를 정하기 위한 조문이다. 이때 후견감독인에는 미성년후견감독인과 성년후견감독인이 모두 포함된다. 그러나 후견감독인의 직무가 본조에서 정하는 사항에 한정되는 것은 아니다. 후견감독인의 권한에 대해 정하는 개별규정이 다수 존재하기 때문이다.

Ⅱ. 사무감독권한

후견감독인은 후견인의 사무를 감독한다(본조 ① 전단). 후견감독인의 가장 기본적인 직무이다. 후견감독인은 임의기관이기는 하지만, 일단 선임된 후에는 상설기관으로서 미성년후견인 또는 성년후견인의 사무 전반에 대한 포괄적인 감독권을 갖는다.[1] 후견감독인은, 가정법원에 의한 별도의 심판이 없는 한, 재산관리 및 신상보호 전반에 걸쳐 후견사무의 적법성뿐만 아니라, 적절성도 감독할 수 있다.[2]

[1] 윤진수·현소혜, 112.
[2] 해설, 67; 김형석(2014b), 99.

이때 후견감독인의 감독권은 권한인 동시에 의무이므로, 감독의무를 소홀히 한 때에는 후견감독인 변경사유가 될 수 있다(§940-7에 의한 §940의 준용). 이와 같은 사무감독을 위해 후견감독인은 후견인에게 보고 및 재산목록의 제출 등을 요구할 수 있고(§953 註釋 참조), 후견인에게 일반적인 지시권한도 행사할 수 있다.3)

후견감독인은 위와 같이 일반적인 감독권 외에 재산조사 및 재산목록작성에 참여(§941 ②, §944)하거나, 후견인과 피후견인 사이의 채권·채무관계를 제시(§942 ①)받거나, 친권자가 정한 미성년자의 신분에 관한 사항 또는 영업에 관한 행위 등에 대해 동의권을 행사(§945 단서, §950 ①)하거나, 후견인이 피후견인에 대한 제3자의 권리를 양수하는 데 동의권을 행사하거나(§951 ②), 후견사무종료 시 관리계산에 참여(§957 ②)하는 등 개별사무별로 감독권한을 행사하기도 한다.

Ⅲ. 후견인선임청구의무

후견감독인은 후견인이 없는 경우 지체 없이 가정법원에 후견인의 선임을 청구하여야 한다(본조 ① 후단).

"후견인이 없는 경우"에는 미성년후견의 개시 또는 성년후견개시심판에도 불구하고 §932 또는 §936에 의한 후견인의 선임이 이루어지지 않은 경우나 친권자가 유언에 의해 미성년후견인과 미성년후견감독인을 지정하였으나 지정된 미성년후견인이 이미 사망하였거나 결격사유 등이 있어 미성년후견인이 없게 된 경우와 같이 원시적으로 후견인이 없는 경우와, 기존의 후견인에게 사망, 결격 그 밖에 이에 준하는 사유가 발생하여 후발적으로 후견인이 없게 된 경우가 모두 포함된다.

물론 가정법원은 직권으로 또는 일정한 자의 청구에 의해 후견인을 선임할 수도 있으나(§932 및 §936), 후견감독인은 가장 근거리에서 후견인의 유무를 확인할 수 있는 지위에 있는 사람이므로, 감독의무의 일환으로 청구권한을 넘어 청구의무를 부여함으로써 피후견인의 보호에 공백이 발생하지 않도록 한 것이다. 후견감독인이 후견인선임청구 의무에 위반한 경우 손해배상책임을 질 수 있다.

반면 후견인이 사임한 경우에는 후견인 본인이 새로운 후견인 선임을 청

---

3) 해설, 67.

구하도록 되어 있으므로(§939), 후견감독인에게는 이러한 의무가 없다.[4]

Ⅳ. 급박한 사무처리권한

후견감독인은 피후견인의 신상이나 재산에 대하여 급박한 사정이 있는 경우 그의 보호를 위하여 필요한 행위 또는 처분을 할 수 있다(본조 ②).

1. 요건

본래 피후견인의 보호를 위해 필요한 행위 또는 처분을 할 권한은 후견인에게 전속함이 원칙이다. 그러나 후견인이 장거리 여행, 연락두절 또는 질병 등으로 인해 그러한 권한을 직접 행사하기 힘든 상황에서 후견인이 직접 필요한 권한을 행사하거나 가정법원이 §954에 따른 처분을 내리기를 기다릴 경우 피후견인의 신상이나 재산에 회복하기 어려운 손해가 발생할 우려가 있다면 후견감독인이 이를 대행할 수 있도록 한 것이다.

따라서 "피후견인의 신상이나 재산에 대하여 급박한 사정이 있는 경우"에 해당하기 위해서는 첫째, 당장 필요한 행위 또는 처분을 하지 않으면 그의 신상이나 재산에 회복하기 어려운 손해가 발생할 개연성이 높아야 하고,[5] 둘째, 후견인이 위와 같은 행위 또는 처분을 할 수 없는 상황이어야 한다. 가령 후견인이 단기로 해외여행을 하는 중 피후견인에게 응급의료상황이 발생하여 후견감독인이 급히 병원에 동행한 경우, 후견감독인은 "응급의료에 관한 법률" §9 ②에 따라 "동행한 법정대리인" 자격에서 응급의료에 관한 설명을 듣고 동의여부를 결정할 수 있다.[6]

2. 권한의 범위

후견감독인이 동 조문에 의해 할 수 있는 행위 또는 처분의 범위는 후견인이 가지고 있는 권한의 범위 내로 제한된다.[7] 후견감독인은 후견인이 스스로 권한을 행사할 수 없는 경우 이를 대행할 뿐이기 때문이다.

또한 후견감독인은 피후견인의 신상이나 재산에 회복하기 어려운 손해가

---

4) 김형석(2014b), 100~101.
5) 김형석(2014b), 101.
6) 현소혜, "의료행위 동의권자의 결정," 홍익법학 13-2(2012), 194~195.
7) 구상엽(2012), 104; 김형석(2014b), 102; 윤진수·현소혜, 112; 해설, 67.

발생하지 않도록 그 보호에 필요한 행위 또는 처분을 할 수 있을 뿐이다. 따라서 후견감독인의 행위 또는 처분은 응급한 수선, 보전처분, 시효중단, 계약의 해제 등 현상을 보존하거나 피해를 막기 위한 소극적인 것에 그쳐야 하며, 적극적으로 현상을 변경하거나 개량하는 행위는 극히 예외적으로만 허용될 수 있다.8) 적극적인 조치가 필요한 경우라면 §940에 따른 후견인변경 등을 통해 후견인이 직접 그 권한을 행사하도록 할 수 있을 것이다. 권한행사의 한계에 대해서는 §940-7 註釋 참조.

　　일단 권한 범위 내에 속한다면 후견감독인이 할 수 있는 행위 또는 처분은 법률행위인지 사실행위인지를 가리지 않는다. 사안에 따라 대리권 또는 동의권을 행사할 수 있을 것이다. 후견감독인이 법률행위 내지 준법률행위를 하는 경우, 그는 본조 ②의 한도 내에서 피후견인을 대리할 법정대리권을 갖는다.9)

3. 위반의 효과

　　후견감독인이 1.에서 서술한 요건을 갖추지 못하였음에도 불구하고 본조 ②에 따른 처분 기타 법률행위를 한 경우 또는 2.에서 서술한 권한의 범위를 벗어난 처분 기타 법률행위를 한 경우 당해 법률행위는 무권대리로 무효이다.10) 사안에 따라서는 피후견인에 대해 손해배상책임을 질 수도 있을 것이다.

V. 특별대리인으로서의 지위

1. 대리권

　　후견인과 피후견인 사이에 이해가 상반되는 행위에 관하여는 후견감독인이 피후견인을 대리한다(본조 ③). 본래 이해상반행위를 하는 경우에는 후견인을 대신하여 행위를 할 수 있는 특별대리인을 선임해야 함이 원칙이다(§921). 그러나 후견감독인이 선임되어 있는 경우에는 후견감독인이 특별대리인의 역할을 담당한다(§949-3 단서).11) 이를 위해 본조 ③은 후견감독인에게 이해상반행위에 관한 법정대리권을 수여하였다.

　　이때 "후견인과 피후견인 사이에 이해가 상반되는 행위"의 의미에 대해서

---

8) 같은 취지로 구상엽(2012), 104; 해설, 67.
9) 김형석(2010), 133.
10) 김형석(2014b), 102.
11) 송호열(2008), 297.

는 §921 및 §949-3 註釋 참조. 후견인과 피후견인 사이에 직접 이해가 상반되
는 것은 아니지만 후견인의 후견을 받는 피후견인이 수인인 경우, 그 피후견인
사이에 이해가 상반되는 행위를 할 때에도 피후견인을 위한 후견감독인이 선
임되어 있다면 §940-6 ③이 유추적용 된다고 보아야할 것이다.12)

2. 동의권

후견인과 피후견인 사이에 이해가 상반되는 행위 또는 후견인의 후견을
받는 피후견인이 수인인 경우 그 피후견인 사이에 이해가 상반되는 행위를 함
에 있어서 미성년후견인이 동의권을 행사하고자 하는 경우에도 미성년후견감
독인이 특별대리인에 갈음하여 동의권을 대신 행사할 수 있는가. 명문의 규정
은 없으나, 한정후견감독인에게 동의권 대행을 허용하고 있는 §959-5 ② 2문
을 유추적용하여 긍정함이 타당하다.13) 성년후견인은 동의권이 없으므로(§938
註釋 참조), 위와 같은 문제가 발생하지 않는다.

---

12) 윤진수·현소혜, 101.
13) 윤진수·현소혜, 101.

第 940 條의 7 (위임 및 후견인 규정의 준용)

후견감독인에 대하여는 제681조, 제691조, 제692조, 제930조제2항·
제3항, 제936조제3항·제4항, 제937조, 제939조, 제940조, 제947조
의2제3항부터 제5항까지, 제949조의2, 제955조 및 제955조의2를 준
용한다.

Ⅰ. 후견감독인의 수임인으로서의 지위

후견감독인에 대해서는 위임에 관한 몇몇 규정이 준용된다.

첫째, 후견감독인은 그 감독업무의 본지에 따라 선량한 관리자의 주의로
써 후견감독업무를 처리하여야 한다(§681 준용).

둘째, 후견감독이 종료된 경우라도 급박한 사정이 있는 때에는 피후견인,
그 상속인이나 법정대리인이 위임사무를 처리할 수 있을 때까지 그 사무의 처
리를 계속하여야 한다(§691 준용). 이에 대해서는 후견감독 직무의 특성과 후
견감독인의 전문성을 고려할 때 사망한 성년후견감독인의 상속인에게까지 사무
처리의 계속을 요구하는 것은 부적절하다는 비판[1]이 있다. 동 견해는 새로운
성년후견감독인이 선임될 때까지 사전처분 등을 활용해 급박한 사정에 대처해
야 한다고 주장한다.

셋째, 후견감독이 종료되었다는 사유는 이를 상대방에게 통지하거나 상대
방이 이를 안 때가 아니면 이로써 상대방에게 대항하지 못한다(§692 준용).

---

1) 김형석(2014b), 108.

Ⅱ. 후견감독인의 자격

후견감독인에 대해서는 성년후견인의 자격에 관한 규정이 준용된다.

첫째, 후견감독인은 여러 명을 둘 수 있다(§930 ② 준용). 이때 후견감독인은 미성년후견감독인과 성년후견감독인을 모두 포함한다.[2] 미성년후견감독인은 미성년후견인과 달리 피후견인과의 대면접촉 등이 중요한 의미를 갖지 않으므로, 1인의 자연인에 한정할 필요가 없고, 감독사무의 범위가 넓어 한 사람의 후견감독인으로는 충실한 감독이 어려운 경우가 있을 수 있기 때문이다. 그러나 家訴은 여러 명의 미성년후견감독인이 선임되는 경우를 예정하고 있지 않다[家訴 §2 ① ii 가. 21)-3 참조].

둘째, 법인도 후견감독인이 될 수 있다(§930 ③ 준용). 성년후견감독인과 미성년후견감독인에 모두 적용된다. 오히려 후견감독인은 법인을 적극적으로 활용하는 것이 더 바람직하다는 견해도 있다.[3] 신뢰성이 높은 법인이 조직적으로 감독사무를 하는 것이 더 효과적이기 때문이다. 특히 성년후견인이 사회복지전문가 또는 전문기관인 경우에는 사회복지행정책임자(가령 보건복지부, 지방자치단체의 장)이 감독기능을 수행하는 것이 효율적일 것이다.[4]

셋째, 후견감독인에 대해서는 후견인 결격사유에 관한 규정이 준용된다(§937 준용). 따라서 §940-5 외에 §937에서 정한 사유에 해당하는 사람 역시 후견감독인이 될 수 없다. 자세한 내용은 §937 註釋 참조.

Ⅲ. 후견감독인의 선임

후견감독인에 대해서는 성년후견인 선임에 관한 규정이 준용된다.

첫째, 가정법원은 후견감독인을 선임한 후라도 필요하다고 인정하면 추가로 후견감독인을 선임할 수 있다[§936 ③ 준용, 家訴 §2 ① ii 가. 18)-3]. 미성년후견감독인을 복수로 선임할 수 있다는 견해에 따르면, 본 조문은 성년후견감독인뿐만 아니라, 미성년후견감독인에게도 적용될 수 있다.

이때 후견감독인의 추가선임은 가정법원이 직권으로 또는 피후견인, 후견인, 친족, 이해관계인, 검사, 지방자치단체의 장의 청구에 의해 할 수 있다(§936

---

2) 김주수·김상용, 497; 윤진수·현소혜, 102.
3) 김명엽(2010), 36~37; 송호열(2008), 292; 제철웅(2011), 315~317; 김형석(2014b), 86.
4) 같은 취지로 제철웅(2008), 140.

③ 준용). 기존의 후견감독인은 "이해관계인"으로서 후견감독인의 추가선임을 청구할 수 있다.[5] 이에 대해서는 후견감독인은 본조에 의해 준용되는 §936 ③ 에 따라 당연히 추가선임 청구권자에 해당하며, 해석론상 오히려 후견인의 청구권한을 인정할 수 없다는 견해가 있다.[6]

　　둘째, 후견감독인을 선임할 때에는 피후견인의 의사를 존중해야 하며, 그 밖에 피후견인의 건강, 생활관계, 재산상황, 후견감독인이 될 사람의 직업과 경험, 피후견인과의 이해관계 유무 등의 사정도 고려해야 한다(§936 ④ 준용). 미성년후견감독인과 성년후견감독인 모두에 적용되는 규정이나, 미성년후견감독인의 선임에 있어서 피후견인의 의사는 성년후견감독인 선임의 경우에 비해 경하게 고려될 수밖에 없을 것이다.

　　그 밖에 자세한 내용은 §936 註釋 참조.

Ⅳ. 후견감독인의 사임 또는 변경

　　후견감독인에 대해서는 후견인 사임 또는 변경에 관한 규정이 준용된다. 미성년후견감독인과 성년후견감독인에 두루 적용되는 규정이다.

1. 후견감독인의 사임

　　후견감독인은 정당한 사유가 있는 경우 가정법원의 허가를 받아 사임할 수 있으나, 사임청구와 동시에 가정법원에 새로운 후견감독인의 선임을 청구하여야 한다[본조에 의한 §939 준용, 家訴 §2 ① ⅱ 가. 19)]. 이때 정당한 사유의 의미에 대해서는 §939 註釋 참조. 특히 성년후견감독인이 스스로 사임의 의사를 밝힌 경우 정당한 사유는 너그럽게 해석할 필요가 있다.[7]

　　사임허가 심판에 대해 자세히는 §939 註釋 참조. 특히 사임허가 심판에 대해서는 진술청취 규정이 누락되어 있으나, 성년후견감독인의 사임이 피성년후견인에게 미치는 영향을 고려할 때 피성년후견인의 진술을 청취하는 것이 바람직하다는 견해[8]가 있다.

---

5) 윤진수·현소혜, 102~103; 김형석(2014b), 85.
6) 구상엽(2012), 103 주 223. 동 견해도 입법론상으로는 '후견인'에게 청구권한이 인정되어야 한다는 입장이다.
7) 김형석(2014b), 94.
8) 김형석(2014b), 95.

2. 후견감독인의 변경

가정법원은 피후견인의 복리를 위하여 후견감독인을 변경할 필요가 있다고 인정하면 직권으로 또는 일정한 자의 청구에 의해 후견감독인을 변경할 수 있다[§940 준용, 家訴 §2 ① ii 가. 18)-3]. 자세한 내용은 §940 註釋 참조.

가. 청구권자

후견감독인의 변경을 청구할 수 있는 자는 피후견인, 친족, 후견감독인, 검사 및 지방자치단체의 장이다. 후견감독인은 복수의 후견감독인이 선임되어 있는 경우에 한해 다른 후견감독인의 변경을 청구할 수 있다.[9] 미성년후견인 또는 성년후견인은 명문의 규정상 청구권한이 인정되지 않지만, 해석상 청구권한을 인정해야 한다는 견해[10]와 감독기관의 우위를 담보하기 위해 청구권을 인정해서는 안 된다는 견해[11]가 대립한다.

나. 심리 및 심판

성년후견감독인 변경심판을 하는 경우 가정법원은 피성년후견인과 그 변경이 청구된 성년후견감독인 및 성년후견감독인이 될 사람의 진술을 들어야 하며(家訴 §45-3 ① vi), 당사자와 절차에 참가한 이해관계인(家訴規 §25) 및 변경심판에 의해 임무가 개시될 성년후견감독인과 종료될 성년후견감독인에게 성년후견감독인 변경심판을 고지하고, 사건본인에게 그 뜻을 통지하여야 한다(家訴規 §35).

다. 즉시항고

후견감독인의 변경심판에 대해서는 변경의 대상이 되는 후견감독인이 이에 대해 즉시항고를 할 수 있다(家訴規 §36 ① i 나., §67 ① ii). 성년후견감독인의 변경청구를 기각하는 심판에 대해서는 §940에서 정하는 자, 즉 피성년후견인, 친족, 성년후견감독인, 검사, 지방자치단체의 장이 즉시항고를 할 수 있다(家訴規 §36 ② ii, §67 ②).

라. 가족관계등록 또는 후견등기의 촉탁

가정법원은 미성년후견감독인의 변경 또는 사임허가 심판이 있는 경우에는 가족관계등록 사무를 처리하는 사람에게 그 사항에 관한 등록을, 성년후견감독인의 변경 또는 사임허가 심판이 확정된 경우에는 후견등기 사무를 처리

---

9) 김형석(2014b), 97.
10) 김주수·김상용, 498; 윤진수·현소혜, 103.
11) 김형석(2014b), 97.

하는 사람에게 그 사항에 관한 등기를 촉탁하여야 한다(家訴 §9, 家訴規 §5 ① iii, §5-2 ① i 나., 다.).

마. 사전처분

성년후견감독인 변경심판에 앞서 필요한 경우 가정법원은 직권 또는 당사자의 신청에 의해 家訴 §62 ①에 따른 사전처분으로서 직무대행자를 선임할 수 있다(家訴規 §32 ①). 이때 직무대행자에 대해서는 성년후견감독인에 관한 규정을 준용함이 원칙이나(家訴規 §32 ①), 가정법원은 상당하다고 인정할 때 언제든지 직무대행자에게 사건본인의 신상보호 또는 재산관리에 필요한 명령을 할 수 있고, 그 선임한 직무대행자를 해임하거나 개임할 수 있다(家訴規 §32 ③). 위와 같은 직무대행자 선임처분은 그 선임된 자 및 해당 성년후견감독인에게 고지하여야 하고, 사건본인에게 그 뜻을 통지하여야 한다(家訴規 §32 ②).

성년후견감독인의 권한범위를 변경하거나 그 직무집행의 전부 또는 일부를 정지하는 재판 및 그 직무대행자를 선임하는 재판이 확정된 때 가정법원은 지체없이 후견등기사무를 처리하는 사람에게 후견등기부에 등기할 것을 촉탁하여야 한다(家訴 §9, 家訴規 §5-2 ① v 가.).

V. 후견감독인의 권한 제한

후견감독인에 대해서는 신상에 관한 결정 대행 권한의 한계 관련 규정이 준용된다. 신상에 관한 결정 대행 권한은 성년후견인에게만 부여되어 있고, 그 제한에 관한 규정 역시 성년후견인에 대해서만 적용된다. 미성년후견인의 신상에 관한 결정에 대한 제한은 §945가 별도로 규정하고 있기 때문이다. 따라서 이때 준용의 대상이 되는 후견감독인은 성년후견감독인에 한정된다고 보아야 할 것이다(§940-6 註釋 참조).[12] 준용되는 내용은 다음과 같다.

1. 의료행위 동의권의 대행

성년후견감독인은 성년후견인에 갈음하여 피성년후견인의 신체를 침해하는 의료행위에 대해 동의권을 대행할 수 있으나(§947-2 ③ 준용), 그 직접적인 결과로 사망하거나 상당한 장애를 입을 위험이 있을 때에는 가정법원의 허가를 받아야 한다[§947-2 ④ 준용, 家訴 §2 ① ii 가. 21)]. 구체적인 내용은 §947-2 註

---

12) 윤진수·현소혜, 103.

釋 참조.

다만, §947−2 ③은 §940−6 ②과의 관계에 비추어 볼 때 준용의 실익이 없다고 보아야 할 것이다. 성년후견감독인은 §940−6 ②에 따른 급박한 사정이 있는 때에만 성년후견인의 의료행위 동의권을 대행할 수 있는데, §947−2 ③의 준용에 의해 성년후견감독인에게 일반적인 의료행위 동의권 대행권한을 부여하는 것은 §940−6 ②을 무력화시키기 때문이다.[13] 2011년 민법 개정 당시 원안은 현행 §947−2 ③ 및 ④을 합쳐 ③ 한 개의 조문으로 구성하고 있었으므로, 후견감독인에 대해서도 ③의 규정을 준용하는 것으로 축조되어 있었다. 그러나 국회 심의 과정에서 원안 ③의 내용이 현행과 같이 ③과 ④으로 분리되었음에도 불구하고, §940−7에서는 §947−2 ③을 준용하는 내용이 별다른 심의 없이 통과되었다. 이와 같은 입법연혁에 비추어 볼 때 입법자의 의사는 §947−2 ③ 보다는 ④의 준용에 중점을 두고 있었음이 분명하다.

2. 거주 부동산의 처분

성년후견감독인이 피성년후견인을 대리하여 피후견인이 거주하고 있는 건물 또는 그 대지에 대하여 매도, 임대, 전세권의 소멸, 그 밖에 이에 준하는 행위를 하는 경우 가정법원의 허가를 받아야 한다[§947−2 ⑤ 준용, 家訴 §2 ① ⅱ 가. 21)−2]. 성년후견감독인이 §940−6 ② 또는 ③에 의해 위 각 행위에 대해 법정대리권을 갖는 경우에 한한다. 구체적인 내용은 §947−2 註釋 참조.

3. 치료 목적의 격리

성년후견인이 피성년후견인을 치료 등의 목적으로 정신병원이나 그 밖의 다른 장소에 격리하려는 경우 가정법원의 허가를 받도록 한 §947−2 ②은 성년후견감독인에게 준용되지 않는다. 성년후견감독인은 위와 같은 격리 권한 자체를 대행할 수 없기 때문이다.[14]

Ⅵ. 후견감독인의 보수와 비용

후견감독인에 대해서는 후견인의 보수와 비용지출에 관한 규정이 준용된

---

13) 윤진수·현소혜, 103~104.
14) 김형석(2014b), 103; 윤진수·현소혜, 104.

다. 미성년후견감독인과 성년후견감독인에게 모두 적용되는 규정이다.

첫째, 가정법원은 후견감독인의 청구에 의해 피후견인의 재산상태 기타 사정을 참작하여 피후견인의 재산 중에서 상당한 보수를 후견감독인에게 수여할 수 있다[§955 준용, 家訴 §2 ① ii 가. 23)].

둘째, 후견감독인이 그 감독사무를 수행하는 데 필요한 비용 역시 피후견인의 재산 중에서 지출한다(§955−2 준용).

Ⅶ. 후견감독인의 직무 수행

후견인의 직무수행에 관한 §947가 후견감독인에게도 유추적용된다는 견해15)가 있다. 이에 따르면 후견감독인은 그 감독사무를 처리함에 있어 피후견인의 복리에 부합하는 방법으로 하여야 하며, 그의 복리에 반하지 않는 한 피후견인의 의사를 존중할 의무가 있다.

후견감독인에게 임의후견감독인에 대한 §959−16 ①을 유추적용해야 한다는 견해16)도 있다. 후견감독인의 적절한 업무수행을 담보하기 위해 감독사무에 관해 가정법원에 정기적으로 보고하도록 할 필요가 있다는 것이다.

---

15) 구상엽(2012), 105; 윤진수·현소혜, 104.
16) 오호철, "일본의 성년후견제도와 우리나라의 성년후견법안의 비교," 비교사법 15−2(2008), 327; 신은주(2009), 38.

第 3 款　後見人의 任務

第 941 條 (재산조사와 목록작성)

① 후견인은 지체 없이 피후견인의 재산을 조사하여 2개월 내에 그 목록을 작성하여야 한다. 다만, 정당한 사유가 있는 경우에는 법원의 허가를 받아 그 기간을 연장할 수 있다.

② 후견감독인이 있는 경우 제1항에 따른 재산조사와 목록작성은 후견감독인의 참여가 없으면 효력이 없다.

I. 후견인의 재산조사와 목록작성 의무

후견인은 그 임무가 개시됨과 동시에 지체없이 피후견인의 재산을 조사하여 2개월 내에 그 목록을 작성하여야 한다(본조 ① 본문).

1. 후견인

이때 후견인에는 미성년후견인과 성년후견인이 모두 포함된다. 미성년후견인과 성년후견인은 모두 후견 개시와 동시에 피후견인을 위한 포괄적 재산관리권 및 대리권을 갖기 때문이다. 재선임 또는 변경된 후견인도 같다. 추가선임된 후견인의 경우에는 의문의 여지가 있으나, 후견사무 종료시 정확한 관리계산을 위해서는 부득이 포함하는 수밖에 없을 것이다.

2. 재산

후견인이 조사하여 목록을 작성해야 하는 재산에는 부동산, 예·적금, 보험, 주식, 유가증권 등 적극재산과 부채와 같은 소극재산이 모두 포함된다. 각

재산의 목록은 등기부등본, 통장이나 증서, 잔고조회통지서, 고객대장, 차용증서, 잔고증명서 등에 따라 작성되어야 할 것이다.[1]

3. 기간

재산조사 및 목록작성은 후견인선임심판을 고지받은 날로부터 2개월 내에 완료되어야 한다. 다만, 정당한 사유가 있는 경우에는 법원의 허가를 받아 그 기간을 연장할 수 있다[본조 ① 단서, 家訴 §2 ① ii 가. 20)]. 피후견인의 재산이 너무 많거나 복잡한 경우 또는 재산이 여러 곳에 산재해 있어서 2개월 내에 재산목록을 작성하는 것이 불가능한 경우가 이에 해당한다.[2]

Ⅱ. 후견감독인의 참여

1. 취지와 법적 성질

후견감독인이 선임되어 있는 경우라면 후견인이 재산조사와 목록작성을 함에 있어 후견감독인이 참여하여야 한다(본조 ②). 후견인의 재산에 대한 정확한 파악은 후견사무의 적정성을 담보하기 위한 최소한의 안전장치이기 때문이다. 후견감독인은 반드시 사전적 참여 형태로 이루어져야 하며, 후견인이 완료한 재산조사와 목록작성을 후견감독인이 사후에 추인 내지 승인하는 방식으로 이루어질 수 없다.[3] 이는 강행규정이므로, 피후견인, 후견인과 후견감독인 간의 합의에 의해서도 이를 배제할 수 없다.

2. 효력

후견감독인이 선임되어 있지 않은 경우에는 후견감독인 참여 없이 후견인이 단독으로 해도 무방하다. 재산조사 등을 위해 후견감독인의 선임을 청구할 필요는 없다. 그러나 후견감독인이 선임되어 있음에도 불구하고 그의 참여 없이 재산조사 및 목록작성을 한 경우 그 행위는 효력이 없다(본조 ②). 따라서 후견감독인 참여하에 새롭게 재산조사 및 목록작성을 하기 전까지 후견인은 아직 그 재산에 관한 권한을 행사하지 못한다. 자세한 내용은 §943 註釋 참조.

---

1) 박동섭, 408.
2) 해설, 53.
3) 백승흠(2006), 79.

第 942 條 (후견인의 채권·채무의 제시)

① 후견인과 피후견인 사이에 채권·채무의 관계가 있고 후견감독인이 있는 경우에는 후견인은 재산목록의 작성을 완료하기 전에 그 내용을 후견감독인에게 제시하여야 한다.

② 후견인이 피후견인에 대한 채권이 있음을 알고도 제1항에 따른 제시를 게을리한 경우에는 그 채권을 포기한 것으로 본다.

후견인과 피후견인 사이에 채권·채무관계가 있고 후견감독인이 있는 경우 후견인은 재산목록의 작성을 완료하기 전에 그 내용을 후견감독인에게 제시하여야 한다(본조 ①). 이해상반의 가능성을 미리 예측하여 후견감독인이 §949-3 및 §940-6 ③에 따른 특별대리인 역할을 수행할 수 있도록 하는 등 후견사무의 적정성을 담보하기 위함이다.

이때 후견인이란 미성년후견인과 성년후견인을 모두 포함한다. 후견감독인이 선임되어 있지 않을 때에는 제시의무가 면제되나, 자신의 권리를 행사하고자 할 때에는 §949-3에 따른 특별대리인을 선임해야 할 것이다.

후견인이 피후견인에 대한 채권이 있음을 알고도 이를 후견감독인에게 제시하지 않은 경우에는 그 채권을 포기한 것으로 본다(본조 ②). 포기한 채권은 후견사무가 종료하더라도 부활하지 않는다.

第 943 條 (目錄作成前의 權限)

後見人은 財産調査와 目錄作成을 完了하기까지는 緊急 必要한 境遇가
아니면 그 財産에 關한 權限을 行使하지 못한다. 그러나 이로써 善意의
第三者에게 對抗하지 못한다.

후견인은 재산조사와 목록작성을 완료하기까지는 그 재산에 관한 권한을
행사하지 못한다(본조 본문). 이때 후견인이란 미성년후견인과 성년후견인을 모
두 포함한다. 후견인은 §941에 따라 2개월 내에 재산조사와 목록작성을 완료해
야 하지만, 2개월이 경과된 후라도 그것이 완료되지 않았다면, 아직 재산에 관
한 권한을 행사할 수 없다. 후견인의 재산에 대한 정확한 파악이 이루어지기
전에 재산에 대한 처분이 가능하다면, 후견사무의 적정성을 확보하기 어렵기
때문이다.

다만, 재산조사와 목록작성을 완료하기 전이라도 긴급 필요한 경우라면
그 권한을 행사할 수 있다. 이때 "긴급 필요한 경우"란 재산목록의 작성 전에
이를 하지 않으면 피후견인의 신상 또는 재산에 관하여 후일 이를 회복하기 어
려운 불이익을 가져올 가능성이 있는 경우를 의미한다.[1] 가령 소멸시효의 중
단, 채권의 보전을 위한 채무자 재산의 압류나 채권자대위, 긴급을 요하는 가옥
의 수선 등이 이에 해당한다.[2]

아직 재산조사와 목록작성이 완료되지 아니하였고, 긴급 필요한 경우가
아님에도 불구하고 후견인이 그 재산에 관한 권한을 행사한 경우, 당해 법률행
위는 무권대리에 해당하여 무효이다.[3] 판례의 태도도 같다.[4]

그러나 그것이 무효임을 선의의 제3자에게 대항하지 못한다는 점에서 일
반적인 무권대리의 효과와는 차이가 있다(본조 단서). 거래의 상대방을 보호하기
위함이다.

---

1) 대법원 1997. 11. 28. 선고 97도1368 판결. 박동섭, 396도 같은 취지이다.
2) 김주수·김상용, 458; 박동섭, 396.
3) 박동섭, 396; 소성규(제2판, 2014), 186; 신영호, 243; 한봉희·백승흠, 350.
4) 대법원 1997. 11. 28. 선고 97도1368 판결.

第 944 條 (被後見人이 取得한 包括的 財産의 調査 等)

前3條의 規定은 後見人의 就任後에 被後見人이 包括的 財産을 取得한 境遇에 準用한다.

후견인이 취임한 후 피후견인이 포괄적 재산을 취득한 경우에 §941 내지 §943가 준용된다(본조).

"피후견인이 포괄적 재산을 취득한 경우"란 상속 또는 포괄적 유증과 같이 타인의 권리의무를 포괄적으로 승계받은 경우를 말한다.

이때 §941 내지 §943가 준용되므로, 후견인은 새롭게 피후견인의 재산을 조사하여 2월 내에 그 목록을 작성하여야 하며(§941), 피후견인이 취득한 포괄적 재산 중에 후견인과의 사이에 채권, 채무의 관계가 성립하는 때에는 이를 후견감독인에게 제시하여야 한다(§942). 또한 재산조사와 목록작성을 완료하기까지는 긴급 필요한 경우가 아니면 후견인이 새로 취득한 포괄적 재산에 관한 권한을 행사하지 못한다(§943).

第945條 (미성년자의 신분에 관한 후견인의 권리·의무)

미성년후견인은 제913조부터 제915조까지에 규정한 사항에 관하여는 친권자와 동일한 권리와 의무가 있다. 다만, 다음 각 호의 어느 하나에 해당하는 경우에는 미성년후견감독인이 있으면 그의 동의를 받아야 한다.

1. 친권자가 정한 교육방법, 양육방법 또는 거소를 변경하는 경우
2. 미성년자를 감화기관이나 교정기관에 위탁하는 경우
3. 친권자가 허락한 영업을 취소하거나 제한하는 경우

Ⅰ. 조문의 취지

미성년후견인은 미성년자의 신분(신상)에 관하여 친권자와 동일한 권리의무를 갖는다(본조 본문). 미성년후견의 특성상 미성년자를 위해 친권에 준하는 포괄적인 보호를 제공할 필요가 있기 때문이다. 이러한 측면을 강조하여 미성년후견과 친권제도를 일원화하자는 견해[1]도 없지 않으나, 현행 민법은 여전히 미성년후견을 친권이 기능할 수 없을 때 이를 보충하기 위한 제도로 이해하고 있다. 따라서 미성년후견인이 친권자의 의사에 반하는 행위를 하거나 미성년자의 자유를 직접적으로 침해하는 행위를 할 때에는 일정한 제한이 가능하다(본조 단서). 미성년후견인에 대한 감독 장치 중 하나이다.

---

[1] 이러한 견해의 단초를 보여주는 문헌으로 김용한, "영법상의 미성년자후견 ― 친권·후견통일 방책에의 시사로서 ―", 법조 12-7(1963), 43~54.

Ⅱ. 신분에 관한 미성년후견인의 권리의무

1. 친권자와 동일한 권리

미성년후견인은 친권자와 마찬가지로 미성년자를 보호하고 교양할 권리 (§913), 거소를 지정할 권한(§914)을 가질 뿐만 아니라, 미성년자를 보호하고 교양하기 위하여 필요한 징계를 하거나 법원의 허가를 얻어 감화 또는 교정기관에 위탁할 수도 있다(§915). 구체적인 내용에 대해서는 §913~§915 註釋 참조.

2. 신분행위에 대한 대리권과 동의권

미성년후견인은 미성년자의 법정대리인이 되므로(§938), 미성년자의 신분행위와 관련된 각종의 대리권과 동의권을 행사한다.

가. 대리권

미성년후견인은 미성년자의 법정대리인 자격에서 혼인적령을 위반한 혼인 (§817, §807), 부모 또는 미성년후견인의 동의를 받지 않은 미성년자의 혼인(§817, §808), 미성년자가 양부모가 된 입양(§885, §866), 법정대리인의 동의를 받지 않은 13세 이상의 미성년자 입양(§886, §869 ①) 및 법정대리인이 소재불명이 아님에도 불구하고 그의 동의 또는 승낙 없이 한 미성년자의 입양(§886, §869 ③ ii)의 취소를 청구할 수 있고, 인지청구의 소(§863)를 제기하거나, 재판상 파양(§906)을 청구할 수 있다. 그 밖에 혼인 무효 및 이혼무효의 소(家訴 §23), 인지무효의 소 (家訴 §28), 입양무효 및 파양무효의 소(家訴 §31) 역시 제기할 수 있다.

나. 동의권

미성년후견인은 법률의 규정에 따라 미성년자의 약혼(§810), 혼인(§808 ①)에 대해 동의권을, 법정대리인 자격에서 미성년자의 입양(§869 ①, ②) 또는 친양자입양(§908-2 ① iv,v)에 대한 승낙 또는 동의권을 행사한다. 반면 미성년후견인은 미성년자의 임의인지 또는 협의이혼에 대해서는 동의권이 없다. 의사능력이 있는 한, 미성년자가 단독으로 할 수 있기 때문이다.

3. 미성년후견인의 의무

미성년후견인은 친권자와 마찬가지로 미성년자를 보호하고 교양할 의무를 진다(§913). 그러나 이는 미성년자의 보호·교양에 필요한 사무를 처리할 의무에 불과하며, 그 비용을 부담할 의무까지 포함하는 것은 아니다. 따라서 미성년자의 보호·교양을 위해 소비한 비용에 대해서는 미성년자의 부모 그 밖의 친족에 대해 지급을 청구할 수 있다.[2] 미성년자에 대한 부양의무자 및 부양의 범위에 대해서는 §974 註釋 참조.

Ⅲ. 미성년후견인에 대한 감독

미성년후견인이 미성년자의 신분(신상)에 관하여 친권자와 동일한 권리를 갖는다고 하더라도, 다음과 같은 점에서 일정한 제한을 받는다.

1. 친권자가 정한 교육방법, 양육방법 또는 거소의 변경

미성년후견인이 친권자가 정한 교육방법, 양육방법 또는 거소를 변경하는 경우에는 미성년후견감독인의 동의를 받아야 한다(본조 단서i). 미성년후견감독인이 선임되어 있지 않은 때에는 동의를 요하지 않는다.

2. 감화기관 또는 교정기관에의 위탁

미성년후견인이 미성년자를 감화기관이나 교정기관에 위탁하는 경우 미성년후견감독인의 동의를 받아야 한다(본조 단서 ii). 미성년후견감독인이 선임되어 있지 않은 때에는 동의를 요하지 않는다.

다만, 친권자의 징계권 행사에 관한 감독규정과의 관계를 고려할 때, 미성년후견감독인의 존재 여부를 불문하고, 미성년후견인은 가정법원으로부터 허가를 받은 때에만 미성년자를 감화 또는 교정기관에 위탁할 수 있다고 보아야할 것이다(§915의 유추적용). 가사소송법의 태도도 이와 같다[家訴 §2 ① ii 가. 14)]. 가정법원이 본조에 의한 허가를 하는 때에는 미성년후견인·미성년후견감독인에 대하여 미성년자의 교육과 신상보호 및 재산관리에 관하여 필요하다고 인정되는 사항을 지시할 수 있다(家訴規 §66 ① i).

이때 감화 또는 교정기관에 위탁하는 것에 관한 허가심판에 대해서는 미성년자, 미성년자의 부모와 친족, 미성년후견인, 미성년후견감독인, 검사, 지방자치단체의 장이 즉시항고를 할 수 있다(家訴規 §67 ① iii).

---

2) 김주수·김상용, 459; 박동섭, 397; 신영호, 244; 이은영(2003), 15~16.

3. 친권자가 허락한 영업의 취소 또는 제한

친권자가 허락한 영업을 취소하거나 제한하는 경우에는 미성년후견감독인의 동의를 받아야 한다(본조 단서 iii). 미성년후견감독인이 선임되어 있지 않은 때에는 동의를 요하지 않는다.

4. 기타

일부 견해는 미성년후견인이 §913에 따른 보호교양권에 근거하여 미성년자에 대한 의료행위 동의권을 행사할 수 있다고 주장한다.[3]

家訴 역시 동일한 입장에서 미성년후견인이 미성년자를 위해 의료행위에 동의할 때에는 §947-2 ④에 따른 가정법원의 허가를 받아야 하는 것을 전제로 이때 피미성년후견인의 진술을 들어야 한다거나(家訴 §45-3 ① ix), 미성년후견인·미성년후견감독인에 대하여 미성년자의 교육과 신상보호 및 재산관리에 관하여 필요하다고 인정되는 사항을 지시할 수 있다(家訴規 §66 ① ii)는 등의 절차규정을 마련하고 있다. 미성년자가 거주하는 건물이나 그 대지에 대한 매도 등의 경우에도 동일하다(家訴 §45-3 ① xii 및 家訴規 §66 ① iii).

또한 家訴은 피미성년후견인에 대한 의료행위 동의에 대한 허가 및 피미성년후견인이 거주하는 건물 또는 그 대지에 대한 매도 등에 대한 허가심판에 대해 미성년자, 미성년자의 부모와 친족, 미성년후견인, 미성년후견감독인, 검사, 지방자치단체의 장이 즉시항고를 할 수 있다고 규정한다(家訴規 §67 ① iii).

결국 현행 家訴의 태도에 따르면 미성년후견인이 의료행위 동의권 또는 거주용 부동산의 처분 등의 행위를 할 때 성년후견인과 동일하게 가정법원의 감독을 받는 결과가 될 것이다.

---

3) 김천수, "환자의 친권자·후견인의 동의권," 민법학논총: 곽윤직 화갑기념(1995), 457~458.

第 946 條 (재산관리에 한정된 후견)

미성년자의 친권자가 법률행위의 대리권과 재산관리권에 한정하여 친
권을 행사할 수 없는 경우에 미성년후견인의 임무는 미성년자의 재산
에 관한 행위에 한정된다.

　　　미성년자의 친권자가 법률행위의 대리권과 재산관리권에 한정하여 친권을
행사할 수 없는 경우 미성년후견인의 임무는 미성년자의 재산에 관한 행위에
한정된다(본조).

　　　이때 "미성년자의 친권자가 법률행위의 대리권과 재산관리권에 한정하여
친권을 행사할 수 없는 경우"란 §925에 따라 대리권과 재산관리권 상실선고를
받았거나, §927에 따라 대리권 및 재산관리권을 사퇴한 경우를 말한다. 자세한
내용은 §925 및 §927 註釋 참조.

　　　"미성년자의 재산에 관한 행위"에 해당하는 미성년후견인의 임무란 §941
내지 §944에서 정한 임무 및 §949에 따른 재산관리권과 대리권을 말한다. 따라
서 미성년자의 신분(신상)에 관한 §945에 따른 임무, 즉 §913 내지 §915상의 권
리의무는 여전히 친권자에게 귀속되며, 미성년후견인은 이에 대한 아무런 권한
을 갖지 못한다.

　　　법률행위 대리권과 재산관리권 상실 또는 사퇴에 따라 선임된 미성년후견
인이라도, 친권자가 사망하는 등 미성년자의 신분에 관한 임무를 수행할 사람
이 없어진 때에는 그 임무의 범위가 신분에 관한 사항까지 확대된다고 보는 견
해[1]가 있다. 법정후견인제도를 전제로 한 舊 민법(2011. 3. 7. 개정 전)상으로는
타당한 견해이나, 개정 민법하에서도 이러한 태도가 관철될 수 있을지는 의문
이다.

　　　현재로서는 기존의 미성년후견인이 이러한 임무를 수행하기에 적절하지
않다고 판단될 때에는 §940에 따라 후견인변경을 청구하는 것이 바람직할 것
이다. 반면 §936 ③에 따른 후견인의 추가선임은 청구할 수 없다. 복수의 미성
년후견인은 허용되지 않기 때문이다. §930 註釋 참조.

　　　2014. 10. 15.자 개정 민법에 따르면 §925에 따라 대리권과 재산관리권 상

---

1) 김주수·김상용, 464; 최효섭(1987), 110.

실선고를 받았거나, §927에 따라 대리권 및 재산관리권을 사퇴한 경우 외에도 개정 민법 §924-2에 따라 친권의 일부 제한이 선고된 경우 역시 §932에 따라 미성년후견인이 선임된다. 자세한 내용은 §924-2 및 §932 註釋 참조. 이때 미성년후견인의 임무는 제한된 친권의 범위에 속하는 행위에 한정된다. 가령 법률행위 대리권과 재산관리권 상실에 따라 선임된 미성년후견인은 법률행위 대리권 및 재산관리권에 한하여, 신상에 관한 친권 제한 선고에 따라 선임된 미성년후견인은 제한된 신상 관련 권한 범위 내에서 친권자의 권한을 대행할 권한을 가질 뿐이다. 동법은 2015. 10. 16.부터 시행된다.

第 947 條 (피성년후견인의 복리와 의사존중)

성년후견인은 피성년후견인의 재산관리와 신상보호를 할 때 여러 사정을 고려하여 그의 복리에 부합하는 방법으로 사무를 처리하여야 한다. 이 경우 성년후견인은 피성년후견인의 복리에 반하지 아니하면 피성년후견인의 의사를 존중하여야 한다.

Ⅰ. 조문의 취지

성년후견인의 사무처리에 관한 일반조항이다. 본조에서 정하고 있는 성년후견인의 의무는 두 가지 측면에서 舊 민법(2011. 3. 7. 개정 전)상 금치산자의 후견인과 차이가 있다. 그중 하나는 성년후견인이 재산관리 사무뿐만 아니라, 신상보호 사무도 담당함을 명백히 하였다는 점[1]이며, 다른 하나는 성년후견인에게 수임인으로써의 선관주의의무 외에 복리배려의무와 의사존중의무라는 고유한 사무처리기준을 제시하고 있다는 점이다.

Ⅱ. 사무의 범위

성년후견인은 피성년후견인의 재산관리와 신상보호 사무를 담당한다.

1. 재산관리사무

성년후견인은 피성년후견인의 재산을 관리한다(§949). 자세한 내용은 §949 註釋 참조.

---

1) 법개정 당시 성년후견에서의 신상보호 확대를 주장하였던 견해로 김상묵·조경신(2009), 117~118; 백승흠(2003), 412; 송호열(2006), 52~56; 제철웅(2008), 138; 최문기(2007), 4 등.

2. 신상보호사무

가. 신상보호의 개념

"신상보호"란 피성년후견인이 의식주 등 일상생활의 영위, 치료나 요양 등과 같이 일신상의 사무(신상)와 관련된 행위를 함에 있어 그것을 지원하기 위해 각종의 법률적 조언이나 의사결정의 대행, 경우에 따라서는 법률행위의 대리를 해주는 것을 내용으로 하는 사무이다.2) "신상"의 구체적인 의미에 대해서는 §947－2 註釋 참조.

나. 신상보호의 범위

舊 민법(2011. 3. 7. 개정 전) §947 ①은 "禁治産者의 後見人은 禁治産者의 療養, 監護에 日常의 注意를 懈怠하지 아니하여야 한다"고 규정하고 있었을 뿐이므로, 후견인이 금치산자의 일상생활 전반에 대해 주의의무를 부담하는 것인지 또는 舊 민법 §947 ②과의 관계상 감금치료와 관련된 부분에 한하여 주의의무를 부담할 뿐인지, 더 나아가 법률효과를 수반하지 않는 개호노동과 같은 사실행위까지 포함하는 것인지 여부 등을 둘러싸고 논란이 있었다.3)

일부 견해는 사실상의 감호행위까지 포함하는 넓은 의미로 해석4)한 반면, 재산관리를 중심으로 하는 선관주의의무의 내용을 구체화하는 조문에 불과하다는 견해5)도 있었기 때문이다. 후자의 견해에 따르면, 동 조문은 후견인이 재산관리를 통해 얻은 수익이 금치산자 요양·감호에 우선적으로 사용되도록 선관주의의무를 다해야 한다는 취지의 주의규정일 뿐, 후견인에게 요양감호의무라는 독립한 의무를 과하는 조문은 아니라고 한다.

그러나 실제로 후견제도를 이용하는 수범자들 사이에는 재산관리보다 신상보호에 관한 수요가 팽배해 있었으므로, 성년후견제를 도입함에 있어서도 신상에 관한 규정을 정비해야 한다는 주장이 있었다. 이러한 주장은 다시 두 가지 견해로 나누어진다. 하나는 개호를 비롯한 사실행위까지 성년후견인의 직무범위로 삼는 것은 그에게 지나치게 큰 권한과 부담을 주고, 개호노동의무를 강

---

2) 윤진수·현소혜, 109.

3) 舊 민법(2011. 3. 7. 개정 전)상 신상보호사무의 법적 성격에 대한 자세한 논의를 찾아볼 수 있는 문헌으로 송호열(2003), 192~193 참조.

4) 홍춘의(2002), 28~29. 다만, 동 견해도 입법론으로서는 이러한 해석에 반대하면서 의사결정대행의 측면을 강조한다.

5) 박인환(2011), 162~163; 백승흠, "후견인의 요양·감호의무에 관한 고찰 — 개정전 일본 민법의 해석론과 성년후견을 중심으로 —," 가족법연구 18－2(2004), 156~159. 다만, 동 견해도 입법론으로서는 이러한 해석에 반대하면서 사실상의 감호 측면을 강조한다.

제할 염려가 있으므로, 신상보호와 관련된 의사결정대행으로 그 직무를 한정해야 한다는 입장6)이고, 다른 하나는 성년후견인의 직무범위를 의사결정대행으로 한정하더라도 상시적으로 피성년후견인의 건강·환경·희망 등을 파악해야 하는 업무의 성격상 그를 위해 무상 또는 유상으로 개호서비스를 제공해줄 자를 찾을 수 없을 때에는 성년후견인이 일시적으로라도 사실행위를 하지 않을 수 없기 때문에 요양감호행위 자체를 후견인의 임무에 포함시켜야 한다는 입장7)이 그것이다.

이러한 배경하에 2011. 3. 7.자 개정 민법은 성년후견인이 신상보호 사무를 담당할 수 있음을 명시하였다. 이로써 후견인의 선관주의의무가 오로지 재산관리에만 미친다거나, 재산관리시 그로부터 나온 수익이 피후견인의 요양·감호를 위해 사용될 수 있도록 주의의무를 다해야 할 뿐이라는 등의 견해는 근거를 상실하게 되었다.8) 신상에 관한 후견이 강화되었다고 볼 수 있을 것이다.

다만, 개정 민법하에서 성년후견인이 신상보호사무를 담당한다고 하여, 그가 피성년후견인의 요양감호를 위해 식사보조 등 수발을 제공하는 개호인과 같은 역할을 담당하는 것은 아니라는 것이 통설이다.9) 성년후견인의 역할은 사실행위를 통해 피성년후견인에게 직접적인 신상에 관한 서비스를 제공하는 데 있는 것이 아니라, 그와 같은 서비스를 제공받을 수 있도록 각종의 개호계약, 의료계약 또는 시설입소계약 등을 대신 체결하고, 서비스를 제공받음에 있어서 피성년후견인에게 부당한 처우가 발생하지 않도록 이를 감독 내지 감시하며, 경우에 따라 이의를 신청하고, 계약의 내용이나 당사자를 변경하거나, 피성년후견인에게 필요한 각종의 사회복지급여를 대신 신청하는 등 포괄적인 지원을 제공하는 데 있다고 본다. 성년후견제도는 근본적으로 의사결정대행제도로서의 성격을 가지고 있을 뿐만 아니라, 이와 같이 해석하지 않을 경우 후견비용이 과다해질 우려가 있다는 점, 후견인에게 부양의무자에 준하는 지위를 인정할 수는 없다는 점 등을 근거로 제시한다. 독일10)이나 일본11)의 태도도 이와 같다.

---

6) 홍춘의(2002), 31.

7) 백승흠(주5), 162~166, 171~172.

8) 윤진수·현소혜, 109.

9) 해설, 58; 구상엽(2012), 93~95; 김형석(2014b), 447; 박인환(2011), 174~176; 배인구(2013), 45; 제철웅(2011), 286~289; 제철웅(2012), 38.

10) 독일 민법 §1901 ① 참조.

11) 일본 민법의 태도와 견해 대립에 대해 자세히는 岡部喜代子, "일본의 성년후견제도의 문제점," 한림법학 FORUM 20, 200; 백승흠(2004), 162~171 참조.

더 나아가 신상보호의무를 수행하는 성년후견인이라도 피성년후견인이 제
3자에게 손해를 가하지 않도록 감독할 의무가 있는 것은 아니며, 따라서 성년
후견인은 §755에 따른 감독자책임을 지지 않는다는 견해[12]가 있다. 舊 민법
(2011. 3. 7. 개정 전)상 금치산자의 후견인과 달리 요양감호의무를 부담하지 않을
뿐만 아니라, 설령 성년후견인이 정신보건법 §21 ②에 따른 보호의무자로서의
지위를 갖는다고 하더라도, 이는 같은 법에 따라 정신장애인에게 치료를 받게
할 의무일 뿐, 그를 감독할 의무는 아니라는 것이다. 하지만 아직까지는 후견인
은 §755에 따른 법정감독인에 해당한다는 것이 통설이다.

다. 성년후견인의 직무 범위

신상에 관하여는 피성년후견인이 단독으로 결정하는 것이 원칙이다
(§947-2). 따라서 본조에도 불구하고 성년후견인이 피성년후견인을 위해 포괄
적인 신상보호의무를 지는 것은 아니다.[13] 성년후견인은 피성년후견인이 스스
로 결정할 수 없는 경우에 한하여, 그리고 §938 ③에 따라 가정법원으로부터
피성년후견인의 신상에 관하여 결정할 수 있는 권한을 수여받은 범위 내에서
만 신상보호권한을 갖는다. 이를 둘러싼 논란은 §938 註釋 참조.

Ⅲ. 복리배려의무와 의사존중의무

1. 복리배려의무

성년후견인은 피성년후견인의 재산관리와 신상보호를 할 때 여러 사정을
고려하여 피성년후견인의 복리에 부합하는 방법으로 사무를 처리하여야 한다
(본조 전문).

이때 복리배려의무는 선량한 관리자로서의 주의의무와는 차이가 있다. 舊
민법(2011. 3. 7. 개정 전)상 금치산자의 후견인은 재산관리사무에 중점을 두고
있었으므로, 선량한 관리자의 주의의무를 다함으로써 재산상의 손해를 피하는
것만으로 그 의무를 다한다고 볼 수 있었으나, 성년후견인은 피성년후견인의
재산관리와 신상보호 사무를 포괄적으로 담당할 뿐만 아니라, 피성년후견인
의 자기결정권 존중을 통한 보편화의 이념 실현에 이바지하여야 하므로, 2011.
3. 7.자 개정 민법은 선관주의의무보다 고양된 복리배려의무를 부과하였다

---

12) 제철웅, "성년후견인의 민법 제755조의 책임 — 그 정당성에 대한 비판적 검토," 법조
670(2012), 36~46.
13) 김형석(2010), 137; 제철웅(2011), 286.

(異見14) 있음).

　　따라서 피성년후견인의 복리는 경제적·합리적 관점에서만 결정되는 것은 아니며, 그의 재산관계, 가족관계, 평소의 가치관과 희망·감정,15) 인간다운 생활을 할 수 있기 위한 최소한의 조건 등을 종합적으로 판단하여야 한다. 가령 피성년후견인에게 다소간 경제적 손실을 가져올 수 있는 결정이라도, 그것이 본인의 행복과 안위에 더 이바지할 수 있다면 피성년후견인의 복리에 부합한다고 판단할 수도 있을 것이다.16)

　　결국 피성년후견인의 복리는 '최선의 이익'(best interest)의 관점이 아니라, '대리판단'(substituted judgement)의 관점에서 결정될 필요가 있다.17)

2. 의사존중의무

　　성년후견인은 피성년후견인의 복리에 반하지 아니하면 피성년후견인의 의사를 존중하여야 한다(본조 후문). 피성년후견인의 자기결정권을 충분히 보장하기 위함이다.18) 문언상으로는 복리배려의무가 의사존중의무보다 우선적 지위를 갖는 것으로 보인다. 피성년후견인의 복리에 반하는 의사는 존중하지 않아도 되는 것으로 읽히기 때문이다. 그러나 피성년후견인의 복리 자체가 합리성 기준에 의해 결정되는 것이 아니라, 피성년후견인의 평소의 생활관계, 가치관, 그의 희망 등을 종합적으로 고려하여 결정되는 것인 이상, 원칙적으로는 피성년후견인의 의사에 부합하는 사무처리가 그의 복리에 부합하는 사무처리라고 추정할 수 있을 것이다.

　　따라서 피성년후견인의 생명 또는 신체에 중대한 위해를 가져오거나, 회복불가능하여 피성년후견인의 생활을 위협할 정도의 재산상 손실을 야기할 수 있다는 등의 특별한 사정이 없는 한, 피성년후견인의 복리에 반한다는 이유로 그의 의사를 존중하지 않는 것은 허용될 수 없다.19)

　　성년후견인은 의사존중의무를 이행하기 위해 가급적 사무처리에 관한 피

---

14) 문성제, "성년후견인의 의료행위에 대한 동의권과 법률상의 제문제," 한국의료법학회지 17−2 (2009), 6; 송호열(2012), "성년후견법제의 도입에 따른 의료행위와 동의권," 의생명과학과 법 7, 134은 동 조문이 피성년후견인의 신상결정을 위한 재산처분과 관련한 선관주의의무를 규정한 것이라고 본다.
15) 제철웅(2008), 137.
16) 구상엽(2012), 95~97; 박인환(2010), 51~52.
17) 김주현, "성년후견제도의 자기결정존중 원리를 중심으로 본 고령자 권리," 법학논총 36−1 (2012), 560~563 참조. 해설, 7도 같은 입장이다.
18) 성년후견에 있어서 자기결정권 보호를 강조하는 문헌으로 제철웅(2008), 113.
19) 윤진수·현소혜, 110.

성년후견인의 의사를 직접 확인하여야 하며, 확인이 불가능한 경우라면 그의 가정적 의사를 탐구하여서라도 이를 충분히 실현할 필요가 있다. 이와 같은 의사확인을 위해 성년후견인은 피성년후견인을 수시로 방문하여 의견을 청취할 의무가 있다고 보는 견해[20]도 있다.

Ⅳ. 위반의 효과

성년후견인이 본조에서 정한 복리배려의무 및 의사존중의무에 위반하여 임의로 피성년후견인의 재산관리 또는 신상보호에 관한 사무를 처리한 경우 가정법원은 직권 또는 일정한 자의 청구에 의해 후견인을 변경할 수 있다(§940). §940 註釋 참조. 또한 가정법원은 성년후견인의 재산관리 등 후견임무 수행이 피성년후견인의 복리배려의무 및 의사존중의무에 부합하지 않을 때에는 직권으로 또는 일정한 자의 청구에 의해 직접 후견임무 수행에 관하여 필요한 처분을 명할 수도 있다(§954). §954 註釋 참조.

---

20) 백승흠(2011a), 43~44.

第 947 條의 2 (피성년후견인의 신상결정 등)

① 피성년후견인은 자신의 신상에 관하여 그의 상태가 허락하는 범위에서 단독으로 결정한다.

② 성년후견인이 피성년후견인을 치료 등의 목적으로 정신병원이나 그 밖의 다른 장소에 격리하려는 경우에는 가정법원의 허가를 받아야 한다.

③ 피성년후견인의 신체를 침해하는 의료행위에 대하여 피성년후견인이 동의할 수 없는 경우에는 성년후견인이 그를 대신하여 동의할 수 있다.

④ 제3항의 경우 피성년후견인이 의료행위의 직접적인 결과로 사망하거나 상당한 장애를 입을 위험이 있을 때에는 가정법원의 허가를 받아야 한다. 다만, 허가절차로 의료행위가 지체되어 피성년후견인의 생명에 위험을 초래하거나 심신상의 중대한 장애를 초래할 때에는 사후에 허가를 청구할 수 있다.

⑤ 성년후견인이 피성년후견인을 대리하여 피성년후견인이 거주하고 있는 건물 또는 그 대지에 대하여 매도, 임대, 전세권 설정, 저당권 설정, 임대차의 해지, 전세권의 소멸, 그 밖에 이에 준하는 행위를 하는 경우에는 가정법원의 허가를 받아야 한다.

┃참고문헌: 강요한·이경철·유승민(2011), "의료현장에서의 성년후견," 생명윤리정책연구 5−1, 27~49; 김민중(2009), "성년후견제도의 도입에 관한 논의에서 의료행위와 관련한 과제," 저스티스 112, 208~239; 김천수(1995), "환자의 친권자·후견인의 동의권," 민법학논총: 곽윤직 화갑기념, 455~477; 문성제(2009), "성년후견인의 의료행위에 대한 동의권과 법률상의 제 문제," 한국의료법학회지 17−2, 1~27; 박호균(2012), "성년후견과 의료 — 개정 민법 제947조의2를 중심으로 —," 의료법학 13−1, 125~153; 백승흠(2011b), "민법개정안의 성년후견제도와 피후견인의 신상보호," 법학논고 35, 53~80; 송호열(2012), "성년후견법제의 도입에 따른 의료행위와 동의권," 의생명과학과 법 7, 123~150; 신권철(2010), "성년후견제도의 도입과 법원의 역할," 사법 14, 4~38; 오호철(2010), "일본의 성년후견제도상 의료행위의 동의," 법학연구 39, 85~108; 이재경(2009), "의료분야에서 성년후견제도의 활용에 관한 연구," 성균관법학 21−3, 255~279; 이지은(2012), "신상 결정 대행에 대한 법원의 감독 — 개정 민법 제947조의2의 해석을 중심으로 —," 비교사법 19−1, 173~212; 장석천(2011), "개정 민법에 있어서 성년후견과 의료행위 동의권," 재산법연구 28−3, 1~21; 정정일(2011), "민법의 동향과 전망," 경기법학논총 13, 45~72; 하명호(2011), "정신보건법상 보호의무자에 의한 입원," 안암법학 36, 53~89.

Ⅰ. 조문의 취지

성년후견인은 §938 ③에 의해 가정법원으로부터 피성년후견인의 신상에 관하여 결정할 수 있는 권한을 수여받은 때에만 신상에 관한 결정을 대행할 수 있다. 신상에 관한 사항은 일신전속적 성격을 가지므로, 피성년후견인의 의사 결정능력이 잔존 또는 회복되어 스스로 신상에 관해 결정할 수 있을 때에는 성년후견인이 이에 개입할 수 없도록 하는 것이 성년후견제의 보충성 원리에 부합하기 때문이다. 이와 같은 전제하에 본조는 신상에 관해 피성년후견인 단독 결정의 원칙을 선언하였다.[1]

또한 舊 민법(2011. 3. 7. 개정 전)상 금치산자의 후견인이 피후견인의 삶을 전방위적으로 지배하고, 그에 따라 피후견인의 신체·주거이전의 자유 등 사생활의 영역을 지나치게 침해하였던 것에 대한 반성적 고려로써 본조는 성년후견인이 신상에 관한 결정을 대행하는 경우라도 그것이 피성년후견인의 복리에 심각한 영향을 미칠 우려가 있는 때에는 가정법원이 개입하도록 하였다.

Ⅱ. 피성년후견인 단독 결정의 원칙

피성년후견인은 자신의 신상에 관하여 그의 상태가 허락하는 범위에서 단독으로 결정한다(본조 ①).

이때 "신상"이란 재산에 대비되는 개념으로서 피후견인의 프라이버시와 자기결정권이 중요시되는 신체적·정신적 복리에 관한 사항[2]을 말한다. 학자에 따라서는 "어떤 사람의 개인적이고 사적인 신변에 관한 사항으로 법적으로는 널리 인격적 이익에 밀접하게 관련된 생활관계"라고 정의내리기도 한다.[3]

---

1) 입법취지에 대해서는 자료집, 394~402 참조.
2) 윤진수·현소혜, 112; 구상엽(2012), 87~88; 배인구(2013), 44.
3) 박인환(2011), 153.

이에 해당하는 것으로는 의식주를 비롯한 생활유지활동, 주거 및 그 이전, 면접교섭이나 전화·서신 그 밖의 통신과 같은 타인과의 교류활동, 교육, 여가, 치료나 불임시술과 같은 의료행위, 개호·요양, 시설의 입·퇴소 및 처우감시, 재활, 그 밖에 사회보험 또는 사회복지서비스의 신청·변경·해제 등을 들 수 있을 것이다.[4]

피성년후견인은 신상에 관하여 "단독으로 결정"할 수 있다. 신상에 관한 사항은 일신전속적 성격을 가지므로, 피성년후견인 외에 어느 누구도 함부로 개입할 수 없음이 원칙이다. 누구나 憲 §10에 기초하여 자신의 인생관과 가치관, 정서와 감정, 취향과 기호, 오랜 생활습관에 따라 스스로 자신의 삶을 형성해 나갈 자유가 있으므로, 타인이 이를 강제할 수 없다는 것이다.[5] 따라서 피성년후견인이 이에 관한 결정을 내릴 때 성년후견인을 비롯하여 어떠한 제3자의 동의 또는 대리도 필요하지 않다.

물론 피성년후견인이 의식불명 등으로 인해 스스로 신상에 관한 결정을 내릴 수 없는 경우 가정법원은 §938 ③에 따라 성년후견인에게 신상에 관한 의사결정대행권한을 부여할 수 있으나, 그 심판이 확정된 후에도 피성년후견인이 스스로 결정할 수 있는 상태로 회복된 때에는 피성년후견인이 단독으로 결정할 수 있다.[6] 따라서 피성년후견인의 결정과 배치되는 성년후견인의 의사결정대행행위는 아무런 효력을 갖지 못한다.

다만, 피성년후견인은 "그의 상태가 허락하는 범위" 내에서 단독으로 결정할 수 있을 뿐이다. 이때 "그의 상태가 허락하는 범위" 내란 의사능력 또는 행위능력 유무를 기준으로 결정되어야 하는 것은 아니다.[7] 합리적 인간을 전제로 하는 의사능력 개념과 달리, 신상에 관한 사항은 스스로 자신이 희망하는 바(주관적 선호도)를 결정할 수 있는 정도의 능력, 즉 의사결정능력만 있으면 스스로 판단할 수 있기 때문이다. 가령 자신이 거주할 임대차계약을 체결하는 등 재산법적 법률행위를 위해서는 적어도 의사능력이 요구되지만, 임차목적물의 특정, 즉 주거지의 선택과 같은 신상에 관한 결정은 의사결정능력이 있는 것으로 족하다.

이때 의사결정능력 유무의 판단기준으로는 당해 의사결정에 관련된 정보

---

4) 구상엽(2012), 88; 김형석(2010), 136; 송호열, "임의성년후견제도," 동아법학 31(2002), 284~287; 신은주(2009), 36; 제철웅(2013), 30 등 참조.
5) 박인환(2011), 168.
6) 해설, 25; 김형석(2014a), 253; 박인환(2011), 178.
7) 김형석(2014a), 248; 박인환(2011), 178~179; 신은주(2009), 37; 제철웅(2013), 30~31.

를 이해할 수 있는지 여부, 제공된 정보를 의사결정 시점까지 기억할 수 있는지 여부, 특정의 의사결정을 하기 위해 제공된 정보를 이용하거나 비교할 수 있는 능력이 있는지 여부, 특정의 의사결정을 타인에게 전달할 수 있는 능력이 있는지 여부 등이 제시되고 있다.[8]

피성년후견인이라도 의사결정능력이 있는 것으로 추정되므로, 성년후견인에 의한 의사결정 대행이 유효라고 주장하는 자가 피성년후견인에게 의사결정능력 없었음을 입증해야 할 것이다. 이에 대해서는 성년후견인의 결정을 다투는 자가 피성년후견인에게 결정능력 있음을 입증해야 한다는 반대설[9]이 있다.

Ⅲ. 의사결정대행에 가정법원의 허가를 요하는 경우

본조 ② 내지 ⑤은 성년후견인이 피성년후견인의 신상에 관한 의사결정을 대행함에 있어 가정법원의 허가를 받아야 하는 경우를 열거하고 있다. 피성년후견인의 인간으로서의 존엄과 밀접한 관련이 있는 등 사안이 중대한 경우 성년후견인의 권한 남용에 의해 피성년후견인에게 회복할 수 없는 피해가 발생하는 일을 예방하기 위해 가정법원에 의한 직접적인 감독이 가능하도록 한 것이다. 따라서 이때 가정법원의 허가는 성년후견감독인의 동의로 갈음할 수 없다.

1. 치료목적의 격리

가. 취지

성년후견인이 피성년후견인을 치료 등의 목적으로 정신병원이나 그 밖의 다른 장소에 격리하려는 경우에는 가정법원의 허가를 받아야 한다(본조 ②). 성년후견인이 §938 ③에 의해 이에 관한 의사결정대행권한, 거소지정권을 부여받은 경우라도 마찬가지이다. 치료 등의 목적을 가지고 있다고 하더라도 정신병원 그 밖의 장소에 격리하는 것은 사실상 사인에 의한 감금으로서의 성격을 가지므로, 성년후견인의 자의적 판단에 의한 인권침해를 방지하기 위해 가정법원의 개입을 요구한 것이다.[10]

8) 제철웅(2013), 28~29.
9) 해설, 60; 박인환(2011), 179.
10) 정신의료기관 등에의 강제입원이 수반하는 여러 문제점에 대해 자세히는 신권철(2010), 17~18 참조.

나. 요건

(1) 치료 등의 목적

본조 ②은 성년후견인이 "치료 등의 목적"으로 피성년후견인을 격리하고자 할 때에만 적용된다.

이때 "치료 등의 목적"이란 피성년후견인의 건강상태에 비추어 이를 검사·치료하지 않으면 피성년후견인의 생명 또는 건강에 대한 구체적인 위험이 발생할 우려가 있는 경우 또는 피성년후견인의 정신장애 등으로 인해 자살이나 자신의 신체에 현저한 위험을 초래할 수 있는 자상의 위험이 있는 경우와 같이 당해 격리행위가 피성년후견인의 신체상태의 유지 또는 개선에 필요한 경우로 한정된다.[11]

단순히 격리가 치료에 도움이 된다거나, 피성년후견인이 제3자 또는 사회질서를 해칠 우려가 있다는 것만으로는 이에 해당하지 않는다. 특히 후자는 성년후견제가 아닌 공법에 의해 규율될 영역이다.[12] 공법상 격리의 필요성이 인정되는 경우에는 정신보건법 §25에 따른 시장·군수·구청장에 의한 입원 또는 같은 법 §26에 따른 응급입원제도를 이용할 수 있다.[13] 성년후견인이 사실상 개호부담을 경감하거나 감독자책임을 면하기 위한 경우 역시 이에 해당하지 않는다.[14]

(2) 정신병원 그 밖의 장소

본조 ②이 적용되기 위해서는 성년후견인이 피성년후견인을 "정신병원 그 밖의 장소"에 격리하고자 해야 한다.

이때 "정신병원이나 그 밖의 장소에 격리"한다 함은 정신의료기관(정신보건법 §3 iii)에 입원하도록 하거나, 정신질환자사회복귀시설(정신보건법 §3 iv), 정신요양시설(정신보건법 §3 v), 노인주거복지시설(노인복지법 §32), 노인요양시설(노인복지법 §34) 등에 입소시키는 것을 의미한다. 2011. 3. 7.자 개정에 의해 舊 민법(2011. 3. 7. 개정 전) §947 ① 중 사택감금 부분이 삭제되었으나, "그 밖의 장소"에 여전히 사택이 포함된다 할 것이다.

11) 김형석(2014a), 254~255; 박인환(2011), 184.
12) 김형석(2014a), 255; 박인환(2011), 185~186. 독일 민법의 태도도 이와 같다. 이에 대해 자세히 소개하고 있는 문헌으로 백승흠, "독일법상 피성년후견인의 수용에 관한 고찰," 가족법연구 21-2(2007), 126~140; 최지현, "독일성년자후견법의 새로운 전개," 민사법연구 3, 236~237 참조.
13) 하명호(2011), 57.
14) 박인환(2011), 185.

그러나 "감염병의 예방 및 관리에 관한 법률" §42 ①에 따른 감염병환자의 격리는 이에 해당하지 않는다.15) 이는 공법상 수용에 해당하기 때문이다.

(3) 격리

"격리"라 함은 잠금장치 등으로 인해 공간이 폐쇄되어 있어 자유로운 이동이 불가능한 경우뿐만 아니라, 공간 자체는 개방되어 있더라도 관리인의 존재, 교통수단의 부재 등으로 인해 사실상 피성년후견인의 자유로운 출입이 불가능한 경우도 포함한다.16)

장소적으로 격리하는 것은 아니지만, 사실상 격리와 유사한 효과를 가져오는 행위, 가령 피성년후견인을 침대나 의자에 결박하거나, 잠금장치·수면제 기타 약물을 이용하여 그의 신체적 자유를 제한하는 경우에도 동 규정을 유추적용해야 할 것이다.17)

다. 가정법원의 허가

(1) 허가의 시기

성년후견인은 피성년후견인을 격리하려는 경우 가정법원으로부터 사전에 허가를 받아야 한다. 이는 강행규정이므로, 가정법원으로부터 사전에 허가를 받지 않은 채 피성년후견인을 정신병원이나 그 밖의 다른 장소에 격리하는 행위는 형법상 감금죄에 해당할 수 있다.

사후허가는 허용되지 않는다. 긴급을 요하는 경우에도 마찬가지이다. 긴급을 요하는 경우 사후허가를 허용하였던 舊 민법(2011. 3. 7. 개정 전) §947 ② 단서가 삭제되었기 때문이다. 민법 제정 당시와는 달리 현재의 의학수준과 의료설비 수준에 비추어 볼 때 법원의 사전허가 없이 긴급하게 격리시킬 만한 정당한 이유도 없다.18) 다만, 이에 대해서는 여전히 사후허가제도가 필요하다는 입법론적 비판19)이 있다.

이미 정신병원이나 그 밖의 장소에 격리되어 있는 상태에서 성년후견개시 심판이 내려진 경우, 성년후견인이 그 격리상태를 유지하기 위해서는 가정법원의 허가를 받아야 한다.20) 이는 사후허가에 해당하지 않는다. 허가를 받지 않

15) 강요한·이경철·유승민(2011), 44~45; 송호열(2012), 142.
16) 김형석(2014a), 255.
17) 독일 민법 §1906 ④은 이러한 경우 후견법원의 허가를 받도록 하는 조문을 명시적으로 준용하고 있다.
18) 김형석(2010), 138.
19) 김주수·김상용, 478~479.
20) 김형석(2014a), 254.

은 경우 당해 격리행위는 위법한 감금에 해당하므로, 즉시 피성년후견인을 퇴소 내지 퇴원시켜야 할 것이다.

(2) 청구권자

가정법원에 본조 ②에 따른 허가를 청구해야 하는 사람은 §938에 따라 가정법원으로부터 치료 목적의 격리 내지 피성년후견인의 거소지정에 관한 권한을 부여받은 성년후견인이다.[21] 권한을 부여받은 성년후견인이 소재불명 또는 연락두절 등으로 인해 권한을 행사할 수 없는 경우 이로 인해 피후견인의 신상에 급박한 사정이 있다면 성년후견감독인이 그 권한을 대행할 수 있다. §940-6 註釋 참조.

반면 치료목적의 격리에 관한 권한을 수여받은 성년후견인 자체가 존재하지 않는 경우에는 새롭게 성년후견인을 선임하여 §938에 따른 권한수여심판과 §947-2 ②에 따른 가정법원의 허가를 받도록 함이 원칙이다. 기존의 성년후견인에게 수여된 권한의 범위를 변경함으로써 동일한 목적을 달성할 수도 있을 것이다.

(3) 허가심판

성년후견인은 피성년후견인을 치료 등의 목적으로 정신병원이나 그 밖의 다른 장소에 격리하려는 경우에 가정법원의 허가를 받아야 한다[家訴 §2 ① ii 가. 21)]. 가정법원은 피성년후견인의 격리에 대한 허가심판을 할 때 성년후견인 또는 성년후견감독인에게 피성년후견인의 신상보호 또는 재산관리에 관하여 필요하다고 인정되는 사항을 지시할 수 있으며(家訴規 §38-3 ① i), 필요하다고 인정한 때에는 언제든지 그 허가 기타 지시를 취소하거나 변경할 수 있다(家訴規 §38-3 ②).

피성년후견인의 격리에 대한 허가심판을 하는 경우에는 피성년후견인(피성년후견인이 될 사람을 포함한다)의 진술을 들어야 한다(家訴 §45-3 ① viii).

허가심판은 당사자, 절차에 참가한 이해관계인(家訴規 §25) 외에 성년후견인 및 성년후견감독인에게 고지하여야 하며, 사건본인에게도 그 뜻을 통지하여야 한다(家訴規 §35).

이때 허가심판에 대해서는 피성년후견인, 친족, 성년후견인, 성년후견감독인, 검사 및 지방자치단체의 장이 즉시항고를 할 수 있다(家訴規 §36 ① i 다.). 기각심판에 대해서는 허가를 청구한 성년후견인이 즉시항고할 수 있다.

---

21) 김형석(2014a), 255; 박인환(2011), 184.

라. 적용범위 : "정신보건법"과의 관계

정신보건법 §24 ①에 따르면, 정신의료기관등의 장은 정신질환자의 보호의무자 2인의 동의(보호의무자가 1인인 경우에는 1인의 동의로 한다)가 있고 정신건강의학과전문의가 입원등이 필요하다고 판단한 경우에 당해 정신질환자를 입원시킬 수 있다. 이때 보호의무자는 민법상 부양의무자, 후견인, 당해 정신질환자의 주소지를 관할하는 시장·군수·구청장의 순으로 결정된다(정신보건법 §21 ①). 그 결과 정신보건법상 보호의무자의 동의에 의해 입원을 할 때에도 본조 ②에 따른 가정법원의 허가를 받아야 하는지 여부를 둘러싸고 논란이 있다.

(1) 성년후견인이 동의하는 경우

성년후견인이 정신보건법상 보호의무자의 자격에서 입원에 동의하는 경우에도 본조 ②에 따른 가정법원의 허가를 받아야 하는가. 일부 견해는 본조 ②이 강행규정인 이상 정신보건법상 보호의무자에 의한 입원 역시 반드시 가정법원으로부터 허가를 받아야 하며, 본조 ②에 따른 허가 없이 정신보건법 §24 ①에 따라 행해진 입원행위 등은 위법하다고 본다.[22] 달리 해석할 경우 본조의 입법취지가 몰각될 우려가 있다는 점, 정신보건법보다 본조가 더 신법이라는 점, 강제입원 과정에서의 인권침해를 방지할 필요가 있다는 점 등을 근거로 제시한다.

반면 피성년후견인에게 부양의무자가 없는 경우에는 정신보건법 §24 ①이 본조 ②에 대한 특칙을 이루므로, 가정법원으로부터 허가를 받지 않더라도 성년후견인의 동의만으로 의해 입원이 가능하다고 보는 견해[23]도 있다. 이 견해는 부양의무자가 있음에도 불구하고 성년후견인이 민법 및 정신보건법 §24 ①에 따라 피성년후견인을 입원시킨 경우에는 부양의무자가 정신보건법 §24 ⑥에 따라 정신질환자의 퇴원을 신청할 수 있다고 주장하는데, 이때 가정법원의 허가를 받아야 한다는 취지인지는 명확하지 않다.[24]

(2) 부양의무자가 동의하는 경우

민법상 부양의무자가 정신보건법상 보호의무자의 자격에서 입원에 동의하는 경우는 다시 두 가지 사안으로 나누어 볼 수 있다. 성년후견인이 존재함에

---

22) 같은 취지로 구상엽(2012), 194~195; 김문근, "성년후견법률에 나타난 의사결정능력의 개념에 관한 연구 — 영국 정신능력법을 중심으로 —," 사회복지연구 41-3(2010), 264~265; 박호균(2012), 149; 이지은(2012), 196.

23) 강요한·이경철·유승민(2011), 46; 송호열(2012), 143; 이재경(2012), 430. 다만, 이재경(2012), 430은 입법론으로서는 이러한 결론에 반대한다.

24) 이재경(2012), 429~430.

도 불구하고 부양의무자가 선순위 보호의무자 자격으로 동의하는 경우와 성년
후견인이 존재하지 않아 부양의무자가 유일한 보호의무자 자격으로 동의하는
경우가 그것이다.

㈎ 성년후견인이 존재하는 경우

성년후견인이 있음에도 불구하고 부양의무자가 정신보건법 §24 ①에 따른
입원에 동의하는 경우 당해 행위는 성년후견인의 동의 또는 가정법원의 허가
가 없더라도 적법하다는 견해25)가 있다. 정신보건법이 民 §947-2보다 먼저 적
용된다는 것이다. 이때 성년후견인은 정신보건법 §24 ⑥에 따라 정신질환자의
퇴원을 신청할 수 있다.

㈏ 성년후견인이 존재하지 않는 경우

성년후견인이 존재하지 않는 경우에는 가정법원의 허가가 없더라도 정신
보건법 §24 ①에 따라 부양의무자의 동의만으로 정신질환자의 입원 내지 격리
가 가능하다는 견해26)가 있다. 성년후견인이 존재하는 경우와 대비해 볼 때 현
저하게 불균형한 결론이나, 정신보건법이 개정되지 않는 한 부득이하다는 것이
다. 이러한 견해에 따르면 정신보건법 §24 ③에 따른 입원기관 연장 절차 등에
서 이러한 사실을 인지한 지방자치단체의 장이 성년후견개시심판 청구권한을
적절히 행사할 것을 기대하는 수밖에 없다.

이에 반해 일부 견해27)는 성년후견인이 없는 경우라도 본조 ②을 유추적
용하여 가정법원의 허가를 받도록 해야 한다고 주장한다. 헌법 §12 ③에서 정
하고 있는 영장주의의 원칙에 비추어 볼 때 모든 종류의 인신구속에는 법원의
결정이 필요하다는 것이다. 따라서 부양의무자의 동의만으로는 입원이 불가능
하다. 이러한 견해에 따르면 부양의무자가 정신보건법상 보호의무자의 자격으
로 가정법원에 허가를 청구하여야 할 것이다.

(3) 입법론

이와 같은 본조 ②과 정신보건법 §24 ① 간의 충돌문제를 해결하기 위해
입법론으로서 정신보건법에 따른 강제입원시 동의권자를 성년후견인으로 제한
하자는 유력한 견해가 있다.28) 이는 특히 가정법원에 의해 신상보호의 적임자
로 선임된 성년후견인 또는 정신질환자가 스스로 신뢰하여 선임한 임의후견인

---

25) 이재경(2012), 429.
26) 신권철(2010), 12; 이재경(2012), 428.
27) 하명호(2011), 74~75.
28) 구상엽(2012), 194~195; 백승흠(2011a), 9~50; 신권철(2010), 16, 22; 하명호(2011), 73~74.

보다 근친에 불과한 부양의무자가 선순위 보호의무자가 되는 것은 부당하다는 점, 후견인이 선임되어 있지 않더라도 정신보건법 §25 및 §26에 따른 입원이 가능하므로 현실적으로 곤란을 야기하지 않는다는 점 등을 근거로 제시한다.29)

　　한때 정신보건법 §24 ①상의 보호의무자에 의한 입원제도 자체를 폐지하고, 정신보건법은 타인이나 사회안전을 해할 위험이 있는 경우에만 적용되도록 하자는 견해30)도 주장된 바 있다. 그러나 이에 대해서는 성년후견제도의 수범자와 정신보건법의 수범자는 개념이 상이하다는 점, 정신보건법 §25상의 시장·군수·구청장에 의한 입원 및 §26상의 응급입원제도만으로는 가정폭력 등 응급한 상황에 유효적절하게 대비할 수 없다는 점 등을 들어 정신보건법 §24 ①을 현행과 같이 유지하되, 성년후견인이 있는 경우에는 그의 동의 외에 가정법원의 허가를 추가적으로 요구하자는 반론31)이 있다.

2. 의료행위

가. 의료행위 동의권의 대행

(1) 취지

　　피성년후견인의 신체를 침해하는 의료행위에 대하여 피성년후견인이 동의할 수 없는 경우에는 성년후견인이 그를 대신해 동의할 수 있다(본조 ③).

　　일본은 성년후견제도 도입 당시 의료행위에 대한 동의권 행사는 법률행위가 아니라는 이유로 후견인에게 이를 대리할 수 있는 권한을 부여하지 않았다. 그 결과 의료현장에서 본인이 스스로 의료행위에 동의할 수 없을 때 누구로부터 동의를 받아야 하는지를 둘러싸고 혼선이 발생하였고, 법적으로도 후견인에게 의료행위 동의권을 부여해야 한다는 견해가 우세해졌다.32)

　　우리나라에서도 舊 민법(2011. 3. 7. 개정 전) §947의 해석상 후견인의 요양감호권으로부터 의료행위 동의권을 도출해낼 수 있다는 견해33)와 이에 반대하는 견해34)가 대립35)하고 있었으므로, 일본의 경험을 반추하여 의료행위 동의권

29) 하명호(2011), 73~74.
30) 이재경(2009), 271. 이재경, "정신질환자의 비자발적 입원에 관한 비교법적 검토 — 독일법을 중심으로 —," 의료법학 10-2(2009), 199의 주장도 같다. 그러나 이재경(2012), 428 주 13은 동 견해를 유보하였다.
31) 박호균(2012), 134~135.
32) 자세한 내용은 김민중(2009), 213~218; 오호철(2006), 447~450 참조.
33) 김천수(1995), 459; 이재경(2009), 260.
34) 백승흠(2004), 158.
35) 자세한 내용은 이재경(2012), 421 참조.

대행제도를 명문으로 규정하였다.[36] 의료행위 동의권이 없는 성년후견인이 의료계약 체결의 대리권을 갖는 것은 이론적으로 문제가 있으므로, 성년후견인에게 의료행위 동의권에 관한 권한을 별도로 부여할 필요가 있다는 견해[37]도 있다.

물론 성년후견인이라고 하여 언제나 포괄적으로 의료행위 동의권을 대행할 수 있는 것은 아니며, §938 ③에 따라 가정법원으로부터 별도의 권한을 부여받아야 할 것이다.[38] 舊 민법(2011. 3. 7. 개정 전)상 금치산자의 후견인에 대해서는 금치산자 본인에게 의사능력이 있는 경우라도 언제나 후견인에게 고유한 의료행위 동의권이 인정된다는 견해[39]가 있었으나, 성년후견제 도입에 의해 이러한 주장은 근거를 상실하게 되었다.

(2) 요건

㈎ 신체를 침해하는 의료행위일 것

의료행위란 "의학적 전문지식을 기초로 하는 경험과 기능으로 진료, 검안, 처방, 투약 또는 외과적 시술을 시행하여 하는 질병의 예방 또는 치료행위 및 그 밖에 의료인이 행하지 아니하면 보건위생상 위해가 생길 우려가 있는 행위"[40]를 의미한다.

본조는 이러한 의료행위 중 특히 "신체를 침해하는 의료행위," 즉 침습적 의료행위만을 적용대상으로 삼고 있다. 따라서 삽입 등을 통해 신체 내부기관에 영향을 미치는 의료도구를 사용하지 않고 실시되는 촉진·시진·문진·혈압 또는 체온측정 등 진단행위는 이에 해당하지 않는다.[41] 반면 의약품의 투여는 그 독성으로 인해 환자의 신체에 침해를 가할 수도 있으므로, 사안에 따라 본조 소정의 의료행위에 해당할 수 있다.[42]

침습적 의료행위 중에서도 전기충격요법·인슐린혼수요법·마취하최면요법·정신외과요법 등 특수치료행위에 관해서는 본인 또는 보호의무자의 동의를 받을 것을 요구하는 특칙이 있으나(정신보건법 §44), 이 역시 의료행위의 일종이므로 성년후견인의 동의가 필요하다는 견해[43]가 있다.

---

36) 성년후견인에게 의료행위의 동의를 대행할 수 있는 권한을 부여해야 한다는 주장으로 김민중(2009), 234; 오호철(2007), 589. 이에 반해 성년후견인에게 의료행위 동의권을 부여해서는 안된다는 견해로 문성제(2009), 9.

37) 송호열(2012), 137; 오호철(2006), 457; 최문기(2007), 29.

38) 해설, 62.

39) 김천수(1995), 470~471.

40) 대법원 2004. 10. 28. 선고 2004도3405 판결.

41) 이재경(2009), 264~265.

42) 김형석(2014a), 260; 이재경(2009), 265.

43) 이재경(2012), 433~434.

㈏ 환자 상태의 개선을 목적으로 하는 의료행위

다수의 견해는 이를 더욱 좁혀 침습적 의료행위 중에서도 환자 상태의 개선을 목적으로 하는 의료행위만 본조의 적용대상이 된다고 본다.[44] 피후견인의 생명이나 건강에 발생할 수 있는 더 큰 위험을 피하기 위하여 생명이나 건강에 어느 정도의 위험성이 있는 의료행위가 불가피한 경우에만 성년후견인이 의료행위 동의권을 대행할 수 있다는 것이다.

이러한 견지에서 다수설은 연명치료나 장기적출 또는 불임시술 같이 환자 상태의 개선을 목적으로 하지 않는 경우는 동 조문의 적용범위로부터 배제된다고 주장한다.[45] 따라서 성년후견인은 이와 관련된 의사결정을 대행할 수 없으며, 가정법원 역시 성년후견인에게 이와 관련된 의사결정대행권한을 부여할 수 없다. 그러나 이에 대해서는 반대하는 견해도 없지 않다. 사안별로 살펴본다.

1) 연명치료

연명치료 또는 연명치료의 거부에 대해서는 본조 ③을 적용 내지 유추적용할 필요가 있다는 견해가 유력하다.[46] 의료인에 의한 조치라면 널리 본조상의 '의료행위'에 포함된다고 해석할 수 있다는 점, 고령자의 자기결정권 내지 죽을 권리의 존중이라는 측면에서 보았을 때 연명치료 중단을 허용할 필요가 있다는 점, 후견인이 가정법원의 허가를 받아 연명치료의 중단을 요구할 수 있도록 舊 민법(2011. 3. 7. 개정 전) §947 ②을 유추적용해야 한다고 보았던 대법원 2009. 5. 21. 선고 2009다17417 판결의 별개의견 등을 근거로 제시한다.

일부 견해는 이에서 더 나아가 피성년후견인이 아닌 사람의 경우에도 본조 ③을 유추적용하여 가정법원의 허가를 받아 연명치료를 중단할 수 있다고 주장한다.[47] 이때 가정법원은 장기등 이식에 관한 법률에서 정하고 있는 뇌사자와 같이 더 이상 회복가능성이나 소생가능성이 없어 죽음을 피할 수 없고, 그것이 환자의 추정적 의사와 일치한다면 연명치료의 중단을 허가할 수 있다고 본다.[48]

---

44) 윤진수·현소혜, 115; 한봉희·백승흠, 374; 김형석(2010), 140 등.

45) 윤진수·현소혜, 115; 김형석(2010), 140; 이재경(2009), 276; 정정일(2011), 57; 황영두, "민법상 성년후견제도에 관한 고찰." 경성법학 20−2(2011), 9. 특히 성년후견인에 의한 연명치료 중단이 허용되어서는 안 된다는 견해로 장석천, "연명치료 중단에 관한 의료행위에 있어서 성년후견인의 동의권." 법학연구 23−1(2012), 218~221.

46) 구상엽(2012), 207~209; 박인환(2010), 55; 박인환(2011), 191~192; 박호균(2012), 144~145. 입법론으로서 유사한 주장으로 김민중(2009), 235; 제철웅·박주영(2007), 306; 제철웅(2008), 114, 140 참조.

47) 박호균(2012), 145.

48) 박호균(2012), 146~148.

2) 장기적출

장기적출은 환자상태의 개선을 목적으로 하는 행위가 아니므로, 성년후견인의 동의에 의해 장기를 적출하는 것이 허용되지 않는다는 데 견해가 일치한다.[49]

"장기등 이식에 관한 법률" §22 ① 역시 살아 있는 사람의 장기 등은 본인이 동의한 경우에만 적출할 수 있다고 규정하고 있으며, 특히 정신질환자나 지적장애인의 경우에는 정신건강의학과전문의에 의해 본인이 동의 능력을 갖춘 것으로 인정받은 때에만 장기적출이 가능하다(동법 §11 ③ ⅲ). 따라서 후견인이 이를 대신할 수 없다. 다만, 입법론으로서는 성년후견인에게 장기기증 동의권한을 부여해야 한다는 견해[50]가 있다.

뇌사자와 사망한 자는 본인이 뇌사 또는 사망하기 전에 장기 등의 적출에 동의하거나 반대한 사실이 확인되지 않는 경우라도 그 가족이나 유족의 동의에 의해 장기적출이 가능하나, 이때에도 후견인에게는 장기적출에 대한 동의권 대행 권한이 부여되어 있지 않다(장기등 이식에 관한 법률 §22 ③ ⅱ).

3) 불임시술

불임시술도 환자상태의 개선을 목적으로 하는 행위에 해당하지 않으므로, 성년후견인의 동의에 기초하여 피성년후견인에게 불임시술을 하는 것은 허용될 수 없다. 독일 민법 §1905 ①은 불임시술을 하지 않으면 임신할 개연성이 있고, 그 임신의 결과로 당해 임부의 생명이 위험하게 되거나 신체적·정신적 건강상태에 중대한 침해를 초래할 우려가 있는 등 엄격한 요건을 갖춘 경우에는 후견법원의 허가를 받아 불임시술을 할 수 있도록 규정하고 있으나, 우리 민법의 해석으로는 이러한 가능성조차 봉쇄된다고 할 것이다.

4) 인공임신중절 수술

인공임신중절 수술은 본인이 직접 동의해야 함이 원칙이나, 본인이 심신장애로 의사표시를 할 수 없을 때에는 그 친권자나 후견인의 동의로, 친권자나 후견인이 없을 때에는 부양의무자의 동의로 갈음할 수 있다(모자보건법 §14 ③). 따라서 성년후견인도 인공임신중절 수술에 대한 동의가 가능할 것이나, 적어도 §938 ③에 따라 가정법원으로부터 신상결정대행권한을 부여받아야 한다.

---

49) 김천수(2007), 19; 배인구(2013), 50; 현소혜(2012), 191 주 15.
50) 김민중(2009), 235.

5) 임상실험

"생명윤리 및 안전에 관한 법률" §16 역시 인간대상연구는 연구 대상자 본인의 동의를 받아야 함을 원칙으로 하면서도, 연구대상자에게 동의능력이 없거나 불완전한 경우에는 법정대리인, 법정대리인이 없는 경우에는 배우자, 직계존속, 직계비속의 순으로 동의할 수 있다고 규정한다. 따라서 성년후견인도 피성년후견인을 인간대상연구의 대상으로 삼는데 동의할 수 있으나, 적어도 §938③에 따라 가정법원으로부터 신상결정대행권한을 부여받아야 한다.

(다) 피성년후견인이 동의할 수 없는 경우일 것

1) 판단의 주체와 기준

신체를 침해하는 의료행위에 대하여 "피성년후견인이 동의할 수 없는 경우"라 함은 피성년후견인이 자신의 신상에 관하여 단독으로 결정할 만한 상태가 아닌 경우, 즉 의식불명 등으로 인해 의료행위 동의 여부를 결정할 만한 의사결정능력을 갖추지 못하고 있는 경우를 의미하며, 그에게 행위능력 또는 의사능력이 있는지 여부를 불문한다.51) 의료행위에 대한 동의능력은 당해 의료적 처치의 종류, 의미, 결과를 인식하고 그에 따라 자신의 의사를 결정할 수 있는 능력을 갖추는 것으로 족하기 때문이다.52)

동의 여부를 결정할만한 의사결정능력이 있는지 여부는 당해 피성년후견인이 구체적인 의료적 처치의 종류, 의미 및 결과를 인식하고 그에 따라 자신의 의사를 결정할 능력이 있는지 여부에 따라 판단한다.53) 동의능력 유무에 대한 일차적인 판단권한은 의사가 갖는다고 해야 할 것이다.54)

2) 사전의료지시의 효력

의료행위 동의권 대행이 문제되는 시점에는 피성년후견인에게 동의능력이 없으나, 사전에 당해 의료행위의 동의 여부에 관한 의사를 표시해 놓은 경우라면 성년후견인보다 피성년후견인의 의사가 우선적으로 존중되어야 한다. 피성년후견인 등의 사전적 동의가 유효할 수 있도록 사전의료지시제도를 명문화하자는 견해55)도 있다.

---

51) 강요한·이경철·유승민(2011), 32; 김민중(2009), 212; 박인환(2011), 187~188; 송호열(2012), 136; 장석천(2011), 8~9.
52) 박인환(2011), 188; 송호열(2012), 130.
53) 해설, 62~63; 김민중(2009), 212; 송호열(2012), 136.
54) 배인구(2013), 51; 장석천(2011), 10~11; 현소혜(2012), 195.
55) 송호열(2012), 145; 이은영, "연명치료 중단의 입법화 방안에 관한 연구 — 성년후견제도의 도입과 관련하여 —," 의료법학 10-2(2009), 234~241; 이인영, "말기환자의 자기결정권 존중을 위한 입법제안," 한국의료법학회지 16-2(2008), 197~204; 현소혜(2012), 183~190. 입법자료로서

　　이에 대해서는 아직 피성년후견인에 의한 사전의료지시의 진정성에 관한 신뢰를 확보하기 어렵다는 점을 들어 사전의료지시가 있더라도 성년후견인이 의료행위 동의권을 대행하되, 피성년후견인이 작성한 사전의료지시의 취지를 존중해야 한다는 이견이 있다.56)

(3) 의료행위 동의권의 대행

(가) 동의권의 대행

1) 성년후견인이 있는 경우

　　위와 같은 요건이 갖추어진 경우 성년후견인은 피성년후견인을 대신하여 신체를 침해하는 의료행위에 대해 동의할 수 있다. 다만, 성년후견인이 피성년후견인의 의료행위 동의권을 대행하기 위해서는 가정법원으로부터 §938 ③에 따라 권한을 부여받아야 한다.57)

2) 성년후견인이 없는 경우

　　피성년후견인을 대신하여 의료행위 동의권을 대행할 성년후견인이 없는 경우에는 누가 의사결정을 대행하는가. 성년후견인이 소재불명 또는 연락두절 등으로 인해 동의권을 행사할 수 없는 경우 이로 인해 피후견인의 신상에 급박한 사정이 있다면 성년후견감독인이 의료행위 동의권을 대행할 수 있다.58) §940-6 註釋 참조.

　　반면 권한을 수여받은 성년후견인 자체가 존재하지 않는 경우 민법이 예정하고 있는 바에 따르면 새롭게 성년후견인을 선임하여 §938 ③에 따른 권한 수여심판을 받아 동의권을 대행하도록 하여야 할 것이다.

3) 긴급한 경우

　　치료가 긴급히 요구되고 있음에도 불구하고, 성년후견인이 없다는 이유로 매번 위 2)와 같은 절차를 거치도록 하는 것은 지나치게 번잡하여 피성년후견인의 복리를 해할 위험이 있다.

　　따라서 일부 견해는 이러한 경우에 특정후견을 이용하도록 해야 한다고 주장한다.59) 그러나 이에 대해서는 특정후견에는 신상보호에 관한 규정이 준

　　독일의 사전의료지시서 제도를 상세히 소개하고 있는 문헌으로 김기영, "사전의료지시서에 대한 독일의 입법적 규율과 의사결정방법 — 2009년 7월 29일 후견법의 제3차 개정을 중심으로 —," 人權 408(2010), 7~23; 이재경, "환자의 사전의료지시서에 관한 비교법적 연구," 비교사법 18-3(2011), 855~870 참조.

56) 김형석(2014a), 258~259.

57) 김주수·김상용, 479; 김형석(2010), 138 주 35; 정정일(2011), 55, 56; 현소혜(2012), 193.

58) 윤진수·현소혜, 114; 제철웅(2011), 317; 현소혜(2012), 194~195.

59) 구상엽(2012), 131.

용되고 있지 않으므로 특정후견인은 의료행위 동의권을 대행할 수 없다거나, 후견의 보충성 원칙에 비추어 볼 때 가급적 후견을 개시하지 않고 사태를 해결하는 것이 바람직하다는 비판이 있다.[60]

또 다른 견해는 가사소송법상 사전처분을 활용할 것을 주장한다.[61] 그러나 사전처분의 전제가 되는 본안심판이 무엇인지가 불명확하고, 실제로 사전처분이 내려질 때까지 상당한 시간이 소요되어 급박한 사정에 대처하기에는 적절치 않은 측면이 있다.

이러한 이유 때문에 입법론으로서 성년후견인 대신 일정한 범위 내의 친족에게 일차적으로 의료행위 동의권한을 부여해야 한다는 견해,[62] 무연고자를 위해 2인 이상의 의료인의 동의에 의해 의료행위가 가능하도록 하는 성년후견 대체제도를 도입해야 한다는 견해[63] 또는 지방자치단체장에 의한 동의가 가능하도록 하자는 견해[64] 등도 주장된 바 있으나, 이 역시 동의권을 행사할 근친의 범위, 소집절차, 의사결정방법 등을 결정하는 데 난점이 있다.[65]

결국 치료가 긴급한 경우에는 "응급의료에 관한 법률" §9에 따라 의료행위에 대한 동의가 면제되는 경우가 많을 것이다.[66] 특히 본인 또는 성년후견인으로부터 동의를 얻지 못하였으나 반드시 응급의료가 필요하다고 판단되어 "응급의료에 관한 법률 시행규칙" §3 ③에 따라 의료인 1명의 동의를 얻어 응급의료를 한 경우에는 가정법원에 본조 ④ 단서에 따른 사후허가를 청구할 필요도 없다.[67]

긴급피난이나 추정적 승낙의 법리를 활용하여 동의 없이 치료행위를 하는 것이 가능하다는 견해[68]도 있다.

⑷ 동의의 거부 또는 철회의 대행

성년후견인은 치료거부 또는 치료중단의 의사결정을 대행할 수 있는가. 견해가 대립한다.

일부 견해는 어떠한 경우에라도 소극적 안락사는 허용될 수 없다거나, 성

---

60) 현소혜(2012), 197 주 30.
61) 김형석(2010), 138 주 35; 정정일(2011), 56.
62) 박인환(2010), 54; 오호철(2010), 103~104; 현소혜(2012), 199~200. 이에 반해 친족에게 의료행위 동의권한을 부여하는 데 반대하는 견해로 김천수(1995), 460.
63) 현소혜(2012), 200~202.
64) 오호철(2010), 103~104.
65) 김형석(2010), 139.
66) 윤진수·현소혜, 115.
67) 강요한·이경철·유승민(2011), 41~42; 김형석(2014a), 261; 송호열(2012), 141~142.
68) 정정일(2011), 56.

년후견인의 대행권한은 환자의 질병 완화 내지 생명보호라는 범위 내에서만 유효하게 인정된다는 것을 전제로 성년후견인이 이미 행한 의료행위 동의의 의사표시를 철회하여 피성년후견인의 치료중단을 요구할 수는 없다고 주장한다.69) 반면 일부 견해는 병상이 지속적이고, 본인에게 아직 의사결정능력이 남아 있을 때 스스로 의견을 표명한 바 있으며, 일정한 방식을 갖춘 때에는 치료중단 내지 치료거부가 가능하다고 본다.70)

피성년후견인의 병증 진행 상황에 따라 치료를 거부하거나 중단하는 것이 오히려 피성년후견인의 복리에 도움이 되는 경우도 있으므로, 일률적으로 부정할 것은 아니다. 가령 피성년후견인의 건강상태가 악화되거나 체력이 약화된 결과 수술이나 항암치료 등을 강행하는 것이 더 큰 위험을 수반하는 경우 등이 그러하다.

나. 의료행위 동의권 대행에 대한 제한

(1) 취지

성년후견인이 본조 ③에 따라 피성년후견인을 대신하여 의료행위에 동의함에 있어, 피성년후견인이 의료행위의 직접적인 결과로 사망하거나 상당한 장애를 입을 위험이 있을 때에는 가정법원의 허가를 받아야 한다(본조 ④). 이른바 모험적 수술을 방지하기 위함이다.71)

(2) 요건

(가) 판단기준

가정법원의 허가를 받아야 하는 사안은 "의료행위의 직접적인 결과로 사망하거나 상당한 장애를 입을 위험이 있을 때"로 한정된다. 이러한 경우에 해당하는지 여부는 의료행위에 수반되는 위험, 당해 의료행위가 행해지는 단계, 그 의료행위와 함께 행해지게 될 처치의 종류, 당해 시술을 받게 될 환자 본인의 건강상태와 체질 등을 고려하여 종합적으로 판단하는 수밖에 없다.72)

이는 결국 불명확성을 수반하게 되므로, 입법론으로서 가정법원의 동의가 필요한 의료행위의 유형을 법정화할 필요가 있다는 비판73)이 있다. 견해에 따라서는 가정법원의 허가를 요하는 중대한 의료행위인지 성년후견인이 바로 동의할 수 있는 경미한 의료행위인지 여부를 심사할 수 있는 제3의 기관을 설립

69) 김천수(2007), 21; 문성제(2009), 7~8; 송호열(2012), 138.
70) 제철웅(2008), 140.
71) 김형석(2010), 139.
72) 이재경(2009), 264; 현소혜(2012), 205.
73) 박인환(2010), 53~54; 오호철(2010), 103; 정정일(2011), 57.

해야 한다고 주장하기도 한다.74)

(나) 의료행위의 직접적인 결과일 것

법문은 사망 또는 상당한 장애가 의료행위의 "직접적인 결과"일 것을 요구하고 있으므로, 적어도 단순한 합병증으로 인한 사망의 위험만으로는 이에 해당하지 않는다는 것이 다수의 견해이다.75) 반면 일부 견해는 합병증이라는 이유만으로 당연히 제외되는 것은 아니며, 의료행위에 필연적으로 중대한 장애나 사망을 초래하는 합병증이 수반되거나, 그러한 합병증이 수반될 가능성이 높은 경우에는 본조의 적용범위에 포섭된다고 주장한다.76) 합병증을 제외할 경우 많은 경우 법원의 허가를 면제해주는 결과를 초래한다는 것이다.

(다) 의료행위의 직접적인 결과로 사망하거나 상당한 장애를 입을 위험이 존재할 것

본 조문이 적용되기 위해서는 의료행위의 직접적인 결과로 "사망하거나 상당한 장애를 입을 위험"이 존재해야 한다. 이때 위험은 막연한 두려움의 정도를 넘어 객관적으로 발생 가능한 구체적인 위험의 정도에 이르러야 할 것이다.77)

(라) 동의의 거부 또는 철회

의료행위에 대한 동의의 거부 또는 철회로 인해 동일한 위험이 발생할 가능성이 있는 경우까지 동 조문을 확대 내지 유추적용해야 한다는 견해78)도 있으나, 이때에는 사실상 가정법원의 허가를 강제할 수 있는 길이 없다.

(마) 동의의 면제 가능성

일부 견해79)는 동 조문으로 인해 법원의 업무가 과중하게 되는 것을 막기 위해 독일 민법 §1904 ④과 같이 성년후견인과 본인, 가족, 의료진 간에 의사가 일치하는 경우에는 가정법원의 허가 절차를 면제하는 제도를 도입하자고 주장하나, 이에 대해서는 신상에 관한 의사결정권한 대행 제도의 도입취지를 몰각시킬 수 있는 편의주의적 발상이라는 비판80)이 있다.

---

74) 김민중(2009), 234~235; 송호열(2012), 137~138, 144~145.
75) 윤진수·현소혜, 116; 자료집, 384, 433; 김형석(2010), 140 등.
76) 이재경(2009), 266.
77) 이재경(2009), 266~267.
78) 김형석(2014a), 262; 현소혜(2012), 205.
79) 박인환(2010), 54; 이재경(2012), 433.
80) 현소혜(2012), 206~207.

(3) 가정법원의 허가

(개) 청구권자

의료행위의 직접적인 결과로 피성년후견인이 사망하거나 상당한 장애를 입을 위험이 있는 유형의 의료행위에 동의하고자 하는 성년후견인은 가정법원에 허가를 청구하여야 한다.

이에 대해서는 청구권자의 범위를 피성년후견인 본인, 후견인이 아닌 가족 및 의사, 지방자치단체의 장에까지 확대해야 한다는 입법론적 견해가 있다.[81] 성년후견인이 스스로 허가청구를 하지 않을 경우 가정법원에 의한 감독이 불가능해질 우려가 있기 때문이다.

청구권자가 확대되기 전까지는 성년후견감독인이 §940-6 ②에 따라 허가를 청구하거나, 성년후견인 변경심판을 청구한 후 사전처분으로 임시후견인을 선임하여 대처하도록 하는 수밖에 없을 것이다.[82]

(나) 청구의 시기

성년후견인은 의료행위 동의권을 대행하기에 앞서 사전에 가정법원의 허가를 받아야 한다. 다만, 허가 절차로 의료행위가 지체되어 피성년후견인의 생명에 위험을 초래하거나 심신상의 중대한 장애를 초래할 때에는 사후에 허가를 청구할 수 있다(본조 ④ 단서). 치료행위의 경우 사전허가를 엄격하게 요구하는 것은 의료조치의 신속성을 저해할 우려가 있기 때문이다.[83]

사후허가는 이미 행해진 의료행위를 추인하는 정도의 의미를 가질 뿐이므로, 과연 이러한 사후허가를 요구할 필요가 있는지에 대해 의문이 제기된 바 있으나,[84] 적어도 계속적 의료행위에서 사후허가 청구의 기각은 위법한 의료행위의 제거를 가능하게 한다는 점, 사후에라도 허가를 받도록 함으로써 동의권 대행시 심리적 압박을 가할 수 있다는 점 등에서 실익을 갖는다.[85]

(다) 판단기준

가정법원 허가의 대상이 되는 것은 의료행위 자체가 아니라 성년후견인에 의한 의료행위 동의권의 대행행위이다.[86] 따라서 가정법원은 당해 의료행위 자체의 적절성 여부를 판단하는 것이 아니라, 성년후견인이 당해 의료행위 동

---

81) 이재경(2012), 433; 현소혜(2012), 205~206.
82) 김형석(2014a), 262.
83) 김형석(2010), 140.
84) 이재경(2009), 270.
85) 김형석(2010), 140; 현소혜(2012), 208.
86) 이재경(2012), 432~433.

의권을 대행하는 것이 피성년후견인의 추정적 의사에 부합하는지 여부를 심리하여 허가 여부를 결정하여야 한다.[87]

㈜ 허가심판

피성년후견인이 의료행위의 직접적인 결과로 사망하거나 상당한 장애를 입을 위험이 있을 때 성년후견인은 당해 의료행위 동의권 대행에 앞서 가정법원의 허가를 받아야 한다[家訴 §2 ① ii 가. 21)].[88] 이때 가정법원은 성년후견인 또는 성년후견감독인에게 피성년후견인의 신상보호 또는 재산관리에 관하여 필요하다고 인정되는 사항을 지시할 수 있으며(家訴規 §38-3 ① i), 필요하다고 인정한 때에는 언제든지 그 허가 기타 지시를 취소하거나 변경할 수 있다(家訴規 §38-3 ②).

가정법원은 허가심판에 앞서 피성년후견인(피성년후견인이 될 사람을 포함한다)의 진술을 들어야 하며(家訴 §45-3 ① ix), 허가심판을 한 후에는 당사자, 절차에 참가한 이해관계인(家訴規 §25) 외에 성년후견인 및 성년후견감독인에게 고지하고, 사건본인에게도 그 뜻을 통지하여야 한다(家訴規 §35).

허가심판에 대해서는 피성년후견인, 친족, 성년후견인, 성년후견감독인, 검사 및 지방자치단체의 장이 즉시항고를 할 수 있다(家訴規 §36 ① i 다.).

3. 거주 부동산의 처분

가. 취지

성년후견인이 피성년후견인을 대리하여 피성년후견인이 거주하고 있는 건물 또는 그 대지에 대하여 매도, 임대, 전세권 설정, 저당권 설정, 임대차의 해지, 전세권의 소멸, 그 밖에 이에 준하는 행위를 하는 경우에는 가정법원의 허가를 받아야 한다(본조 ⑤). 신상에 관한 결정 대행에 해당하는 행위는 아니지만, 피성년후견의 주거환경에 미치는 영향이 심대하므로 성년후견인의 권한 행사에 일정한 제한을 가한 것이다.[89] 이에 대해서는 과도한 개입이라고 비판하는 견해가 있다.[90]

---

87) 윤진수·현소혜, 116; 해설, 63; 김형석(2010), 139; 배인구(2013), 51; 이재경(2012), 431~433; 현소혜(2012), 207.
88) 이에 찬성하는 견해로 이재경(2009), 268~269.
89) 김형석(2010), 141.
90) 박인환(2010), 55.

나. 요건

(1) 피성년후견인이 거주하고 있는 건물 또는 그 대지일 것

"피성년후견인이 거주하고 있는 건물 또는 그 대지"라 함은 처분 당시 피성년후견인이 실제로 거주하고 있는 건물 또는 대지만을 의미한다. 피성년후견인이 간헐적으로 거주하더라도, 생활의 본거지라고 볼 수 없는 경우(가령 별장)에는 이에 해당하지 않는다.[91] 현재 거주하고 있는 것은 아니지만, 장기입원 또는 시설거주 등의 사정으로 말미암아 일시적으로 거주지가 이전되었을 뿐 피성년후견인이 멀지 않은 장래에 그 건물이나 대지로 돌아와 거주할 가능성이 있다면, 이에 해당한다고 보아야 할 것이다.[92]

(2) 매도, 임대, 전세권 설정, 저당권 설정, 임대차의 해지, 전세권의 소멸, 그 밖에 이에 준하는 행위일 것

"매도, 임대, 전세권 설정, 저당권 설정, 임대차의 해지, 전세권의 소멸, 그 밖에 이에 준하는 행위"에는 열거된 각 행위 외에 현재 당해 건물 또는 대지를 점유하고 있는 피성년후견인에게 인도의무 또는 퇴거의무를 발생시키거나 발생시킬 가능성이 있는 모든 종류의 처분이 포함된다. 증여, 교환, 사용대차, 사용대차의 해지, 가등기담보의 설정 등이 이에 해당한다.[93]

입법론으로서는 거주용 부동산의 구입, 주택의 신축, 차지 및 차가계약의 체결 등 새로운 거주용 부동산의 취득이나 주택의 증개축·수선에 관한 도급계약의 체결과 같은 관리행위에 대해서도 가정법원의 허가를 받아야 한다는 견해가 있다.[94]

다. 가정법원의 허가

(1) 시기

성년후견인이 위와 같은 행위를 하는 경우에는 가정법원으로부터 사전에 허가를 받아야 한다[家訴 §2 ① ii 가. 21)-2]. 성년후견인이 가정법원으로부터 허가를 받지 않고 피성년후견인 거주부동산을 처분한 경우 당해 처분은 무효이다.[95] 이는 강행규정이기 때문이다. 따라서 가정법원의 허가가 없다면 피성년후견인이 추인하더라도 당해 처분이 유효로 되지 않는다.[96] 사후허가는 허용되지

91) 해설, 61; 배인구(2013), 48; 이지은(2012), 198.
92) 해설, 61; 김형석(2014a), 265; 배인구(2013), 48; 이지은(2012), 199.
93) 해설, 61; 김형석(2014a), 265; 배인구(2013), 48.
94) 송호열(2002), 284.
95) 박정기·김연, 307; 신영호, 256~257; 윤진수·현소혜, 118; 해설, 61; 엄덕수(2010), 22.
96) 김형석(2014a), 267.

않는다.

　거주용 부동산을 처분할 때 가정법원의 허가를 받도록 한 것은 피성년후견인의 정서적 측면을 존중하기 위한 것이므로, 가정법원은 당해 부동산을 처분하지 않고서는 피성년후견인에게 필요한 비용을 조달할 수 없는 등 구체적인 필요성이 있는 경우에만 허가심판을 하여야 할 것이며, 특히 당해 처분이 피성년후견인의 건강에 미칠 수 있는 잠재적 영향을 심각하게 고려할 필요가 있다.97)

　가정법원은 피성년후견인이 거주하는 건물 또는 그 대지의 매도 등에 대한 허가심판을 하는 때에 성년후견인 또는 성년후견감독인에게 피성년후견인의 신상보호 또는 재산관리에 관하여 필요하다고 인정되는 사항을 지시할 수 있으며(家訴規 §38-3 ① i), 필요하다고 인정한 때에는 언제든지 그 허가 기타 지시를 취소하거나 변경할 수 있다(家訴規 §38-3 ②).

　(2) 청구권자

　허가를 청구할 수 있는 자는 가정법원으로부터 피성년후견인의 거주에 관한 신상결정 대행권한을 부여받은 성년후견인뿐이다.98)

　(3) 심리

　가정법원이 피성년후견인이 거주하는 건물이나 그 대지의 매도 등에 대한 허가심판을 하는 경우에는 피성년후견인의 진술을 들어야 한다(家訴 §45-3 ① xii). 허가심판은 당사자, 절차에 참가한 이해관계인(家訴規 §25) 외에 성년후견인 및 성년후견감독인에게 고지하여야 하며, 사건본인에게도 그 뜻을 통지하여야 한다(家訴規 §35).

　(4) 즉시항고

　허가심판에 대해서는 피성년후견인, 친족, 성년후견인, 성년후견감독인, 검사 및 지방자치단체의 장이 즉시항고를 할 수 있다(家訴規 §36 ① i 다.).

　라. 후견감독인의 동의

　위 각 행위는 §950 ① iv 소정의 "부동산 또는 중요한 재산에 관한 권리의 득실변경을 목적으로 하는 행위"에 해당하므로, 가정법원의 허가를 받는 외에 후견감독인의 동의도 받아야 한다.99) §950 註釋 참조. 이에 대해서는 중복규제

---

97) 해설, 61; 이지은(2012), 200~206; 배인구(2013), 49.
98) 김형석(2014a), 265~266.
99) 김인숙, "성년후견 관련기관과 그 역할," 법무사 2012-10(2012), 13은 가정법원의 허가만 받으면 후견감독인의 동의는 필요하지 않다는 취지로 서술하고 있으나, 진지한 숙고의 결과인지는 의심스럽다.

라는 비판이 있다.[100]

4. 유추적용의 가능성

그 밖에 성년후견인의 결정이 피성년후견인의 신체의 완전성, 거주·이전의 자유, 통신의 자유, 주거의 자유 및 사생활에 대한 중대한 침해를 수반하는 때에도 본조 ② 내지 ⑤을 유추적용하여 가정법원의 허가를 받도록 할 필요가 있는가. 긍정설[101]과 부정설,[102] 원칙적으로는 유추적용이 허용될 수 없지만 피성년후견인의 신체의 완전성을 침해하는 행위 및 거주이전 및 주거의 자유와 관련된 중대한 사안에 대해서는 유추적용이 가능하다는 절충설[103]이 대립한다.

2011. 3. 7.자 개정 당시 국회에 제출된 정부안 §947-2 ⑤에는 "피성년후견인이 신상에 대하여 결정할 수 없는 경우에 성년후견인의 결정이 피성년후견인의 신체의 완전성, 거주·이전, 통신, 주거의 자유, 사생활에 대한 중대한 침해를 수반하는 때"에도 가정법원의 허가를 받도록 하는 일반규정[104]이 있었으나, 국회 심의를 거쳐 삭제되었다. 적용범위가 불분명하여 해석상 논란의 여지가 많다는 것이다.[105] 이러한 입법경과에 비추어 보면 가정법원의 허가를 요하는 사안은 본조에 열거된 사안으로 한정될 수밖에 없을 것이나, 입법론상으로는 비판을 면할 수 없다.[106]

---

100) 김은효(2009), 15.
101) 김형석(2014a), 268; 박인환(2011), 192~193.
102) 조승현, 291; 구상엽(2012), 92~93.
103) 이지은(2012), 182, 188, 190~192, 207~208.
104) 김형석(2010), 141 참조.
105) 윤진수·현소혜, 117; 박인환(2011), 180; 이지은(2012), 180 참조.
106) 구상엽(2012), 92~93; 백승흠(2011b), 76~77; 이지은(2012), 181~182.

第 948 條 (미성년자의 친권의 대행)

① 미성년후견인은 미성년자를 갈음하여 미성년자의 자녀에 대한 친권을 행사한다.

② 제1항의 친권행사에는 미성년후견인의 임무에 관한 규정을 준용한다.

미성년자는 아직 스스로 친권을 행사할 수 없다. 따라서 미성년자에게 자녀가 있을 때 그 자녀에 대한 친권은 미성년자의 친권자가 대신 행사하게 된다(§910). 이를 친권의 대행이라 한다. §910 註釋 참조. 그런데 미성년자를 갈음하여 친권을 대행할 친권자가 없거나, 있더라도 법률행위 대리권과 재산관리권을 행사할 수 없어 미성년후견이 개시된 경우에는, 미성년후견인이 당해 미성년자의 친권을 대행하여야 한다(본조 ①). 미성년후견인은 미성년자의 신분에 관하여 친권자와 동일한 권리와 의무가 있기 때문이다(§945).

미성년후견인이 미성년자의 친권을 대행할 때에는 사실상 미성년자의 자녀에 대해서도 미성년후견을 하는 것과 마찬가지이기 때문에, 친권행사시 미성년후견인의 임무에 관한 규정이 준용된다(본조 ②). 따라서 미성년후견인은 피후견인 자녀의 재산에 관한 재산조사 및 목록작성의무(§941), 피후견인의 자녀와의 사이에 존재하는 채권·채무 제시의무(§942), 피후견인 자녀의 포괄적 재산취득시 재산조사 및 목록작성, 채권·채무 제시의무(§944)를 부담한다. 또한 미성년후견인은 피후견인 자녀에 대한 보호·교양의 권리의무, 그에 대한 거소지정권 및 징계권(§945 본문), 재산관리권과 대리권(§949)을 갖는다.

다만, 미성년후견인이 미성년자의 자녀에 대해 친권을 대행함에 있어서도 미성년후견인으로서 의무를 수행할 때와 동일한 제한이 가해진다. 따라서 미성년자 자녀의 신분에 관한 각종의 권한을 행사함에 있어 이미 미성년자의 친권자가 정해 놓은 교육방법, 양육방법 또는 거소를 변경하는 경우, 미성년자의 자녀를 감화기관이나 교정기관에 위탁하는 경우 및 미성년자의 친권자가 허락한 영업을 취소하거나 제한하는 경우에는 미성년후견감독인의 동의를 받아야 한다(§945 단서). 재산관리권이나 대리권을 행사함에 있어서도 이해상반행위시 특별대리인 선임(§949-3), 일정한 행위시 후견감독인의 동의 및 동의에 갈음하는 심판(§950), 미성년자의 자녀에 대한 제3자의 권리 양수시 취소가능성(§951) 등 다양한 제한을 받게 된다.

후견사무의 감독이나 보수지급, 비용지출 등에 관한 규정(§953 내지 §956)이 미성년후견인에 의한 친권대행시에도 동일하게 적용됨은 물론이다.

第 949 條 (財産管理權과 代理權)

① 後見人은 被後見人의 財産을 管理하고 그 財産에 關한 法律行爲에 對하여 被後見人을 代理한다.

② 第920條 但書의 規定은 前項의 法律行爲에 準用한다.

Ⅰ. 조문의 취지

재산관리와 관련된 후견인의 권한을 정하기 위한 조문이다. 이때 후견인에는 미성년후견인과 성년후견인이 모두 포함된다.

Ⅱ. 재산관리권

후견인은 피후견인의 재산을 관리할 권한을 갖는다(§949 ①).

이때 "재산을 관리"한다는 것은 "목적물의 보존 개량 또는 이용을 목적으로 하는 사실상 또는 법률상 행위"를 하는 것을 말한다는 것이 판례[1]의 태도이다. 그러나 미성년후견인의 재산관리권한에 대해서는 이를 보다 확대하여 처분행위까지 포함된다고 보아야 할 것이다.[2] 미성년후견인은 친권자에 준하는 포괄적 권한을 갖기 때문이다.

재산관리에 통상적으로 수반되는 사실행위도 당연히 이에 해당할 것이다.[3] 다만, 성년후견인의 재산관리권한에 대해서는 사실행위적 재산관리행위를 제외해야 한다는 견해가 있다.[4] 가령 피성년후견인 소유의 부동산에 관한 임대차계약의 체결은 성년후견인이 대리할 수 있으나, 당해 임대차 계약을 둘러싸고 행해지는 각종의 사실행위적 관리행위(임차인으로부터의 보고청취, 임차인에

---

1) 대법원 1965. 7. 6. 선고 65다919 판결.
2) 김주수·김상용, 460; 해설, 54.
3) 해설, 54.
4) 제철웅(2011), 287~288.

대한 지시 등)는 피성년후견인이 직접 해야 한다는 것이다. 자기결정권의 존중이라는 성년후견제의 이념을 그 근거로 제시한다. 결국 이러한 견해에 따르면 성년후견인이 사실행위적 재산관리행위를 대신하기 위해서는 가정법원으로부터 §938 ③에 따라 관련 권한을 부여받아야 할 것이다.

어느 견해에 따르건 재산관리의 일환으로 소송행위를 할 때에는 반드시 피후견인의 명의로 대리하여야 할 것이며, 후견인 고유의 명의로 할 것은 아니다.[5]

Ⅲ. 대리권

후견인은 재산에 관한 법률행위에 대하여 피후견인을 대리한다(본조 ①). 미성년후견인, 성년후견인 모두 §938 ①에 따라 법정대리인의 지위를 가지고 있으므로, 동 조문에 따라 특별히 대리권이 수여된 것은 아니다.

1. 대리권의 범위

미성년후견인의 경우에는 미성년후견인 소유의 재산에 포괄적으로 대리권이 미친다는 점에 의문이 없다. 다만, 제한적 행위능력제도의 취지에 비추어 볼 때 설령 법정대리인이더라도 §10 ②, ④에 따라 피후견인에게 행위능력이 인정되는 범위 내에서는 그 재산에 관한 법률행위에 대해 대리권이 인정되지 않는다고 보아야 할 것이다.

후견인의 대리권에 대해 보다 자세히는 §938 註釋 참조.

2. 대리권의 제한

가. 피후견인의 행위를 목적으로 하는 채무부담행위

미성년후견인이든 성년후견인이든, 피후견인의 행위를 목적으로 하는 채무를 부담하는 행위를 대리할 때에는 반드시 본인의 동의를 얻어야 한다(본조 ②에 따른 §920 단서의 준용). 특히 근로계약은 본인의 동의가 있더라도 후견인이 대리하여 체결할 수 없다(근로기준법 §67 ①). 단, 근로계약이 미성년자에게 불리하다고 인정하는 경우 미성년후견인은 이를 해지할 수 있다(근로기준법 §67 ②).

---

5) 대법원 1965. 7. 6. 선고 65다919 판결.

나. 이해상반행위

후견인과 피후견인 또는 동일한 후견인으로부터 후견을 받고 있는 수인의 피후견인 사이에 이해상반행위를 할 때에는 후견인의 대리권이 제한되므로, 법원에 특별대리인의 선임을 청구하여야 한다(§949-3 본문에 따른 §921 준용). 후견감독인이 선임되어 있을 때에는 후견감독인이 대신 대리권을 행사한다(§949-3 단서). 자세한 내용은 §949-3 註釋 참조.

다. 후견감독인의 동의를 필요로 하는 행위

후견인이 영업에 관한 행위 등 §950에서 열거된 행위를 대리하고자 할 때에는 후견감독인의 동의를 받아야 한다(§950). 자세한 내용은 §950 註釋 참조.

라. 제3자가 후견인의 관리에 반대하는 의사를 표시한 경우

무상으로 미성년자에게 재산을 수여한 제3자가 후견인의 관리에 반대하는 의사를 표시한 경우 후견인은 그 재산을 관리하지 못한다(§956에 의한 §918의 준용).

Ⅳ. 동의권

미성년후견인은 미성년자의 법률행위에 대해 동의권을 갖는다(§5 ① 본문). 그러나 권리만을 얻거나 의무만을 면하는 행위에 대해서는 그러하지 아니하다(§5 ① 단서).

성년후견인 역시 피성년후견인에게 의사능력이 있을 때에는 동의권을 행사할 수 있다는 취지의 견해6)가 있으나, 의문이다. 성년후견인의 동의권 유무에 대해 자세히는 §938 註釋 참조.

---

6) 김주수·김상용, 460.

第 949 條의 2 (성년후견인이 여러 명인 경우 권한의 행사 등)

① 가정법원은 직권으로 여러 명의 성년후견인이 공동으로 또는 사무를 분장하여 그 권한을 행사하도록 정할 수 있다.

② 가정법원은 직권으로 제1항에 따른 결정을 변경하거나 취소할 수 있다.

③ 여러 명의 성년후견인이 공동으로 권한을 행사하여야 하는 경우에 어느 성년후견인이 피성년후견인의 이익이 침해될 우려가 있음에도 법률행위의 대리 등 필요한 권한행사에 협력하지 아니할 때에는 가정법원은 피성년후견인, 성년후견인, 후견감독인 또는 이해관계인의 청구에 의하여 그 성년후견인의 의사표시를 갈음하는 재판을 할 수 있다.

Ⅰ. 조문의 취지

성년후견인은 여러 명을 둘 수 있다(§930 ②). 성년후견인을 한 명만 선임한 경우라도 필요하다고 인정하면 후에 추가로 선임할 수도 있다(§936 ③). 본 조는 이와 같이 여러 명의 성년후견인이 있는 경우 각 성년후견인 간의 권한행사 방법을 정하는 한편, 여러 명의 성년후견인 중 일부의 권한 남용 내지 해태로 인한 피성년후견인의 불이익을 방지하기 위한 조문이다.

Ⅱ. 권한행사 방법의 결정

여러 명의 성년후견인이 있는 경우 가정법원은 직권으로 권한행사 방법을 정할 수 있다[본조 ① 家訴 §2 ① ii 가. 21)-3].

1. 가정법원이 권한행사 방법을 정한 경우

가정법원이 이를 정할 때 특별히 정해진 기준이나 원칙이 있는 것은 아니다. 가정법원은 여러 명의 성년후견인이 공동으로 권한을 행사하도록 정할 수도 있고, 사무를 분장하여 각 성년후견인이 각자 자신이 담당한 사무의 권한만을 행사하도록 정할 수도 있다. §930 註釋 참조. 다만, 성년후견인 중 1인에 대해서는 재산관리를, 다른 1인에 대해서는 신상보호를 담당하게 하는 것은 후견인 사이의 의견 충돌로 인해 피후견인에게 피해를 입힐 우려가 있으므로, 신중해야 한다는 견해가 있다.[1] 사안에 따라서는 성년후견인 전원이 단독으로 그 권한을 행사하도록 할 수도 있을 것이다.

가정법원은 직권으로 권한행사의 방법을 정하며, 일정한 자에 의한 청구는 필요하지 않다. 성년후견개시심판과 권한행사의 방법을 정하는 심판이 동시에 선고된 경우에는 앞의 심판에 대해 즉시항고함으로써 뒤의 심판에 대해서도 불복하는 것이 가능하나, 성년후견개시심판 후 별도로 권한행사의 방법을 정하는 심판이 내려진 경우에는 즉시항고가 허용되지 않는다.

2. 가정법원이 권한행사 방법을 정하지 않은 경우

복수의 성년후견인을 선임할 때 가정법원은 반드시 그 사무분장 또는 권한행사방법을 정해야 하는가. 견해가 대립한다.

다수의 견해는 반드시 정할 필요는 없다고 한다.[2] 만약 가정법원이 여러 명의 성년후견인을 선임하면서도 그들 사이의 권한행사방법을 정하지 않았다면, 민법상 일반원칙으로 돌아가 각자 피성년후견인을 대리할 수 있다는 것이다(§119).[3]

이에 반해 공동후견인 사이의 업무분장 및 책임을 명확히 할 필요가 있으므로, 가정법원이 이를 정하지 않는 것은 허용될 수 없다는 반대설[4]이 있다.

3. 권한행사 방법의 변경 또는 취소

가정법원은 권한행사방법을 정한 후라도 언제든지 직권으로 그 결정을 변

---

1) 구상엽(2012), 85 주 183.
2) 해설, 39.
3) 김주수·김상용, 474; 한봉희·백승흠, 368; 해설, 56; 김형석(2010), 130; 배인구(2013), 38.
4) 자료집, 393.

경하거나 취소할 수 있다[§949-2 ②, 家訴 §2 ① ii 가. 21)-3]. 그러나 피성년후견
인, 성년후견인, 후견감독인 등은 그 결정의 변경 또는 취소를 청구할 권한이
없다. 제도 악용의 소지가 있기 때문이다.[5] 이에 대해 즉시항고 등도 허용되지
않는다.

Ⅲ. 공동성년후견인의 권한해태

가정법원이 여러 명의 성년후견인으로 하여금 공동으로 권한을 행사하게
한 경우 어느 성년후견인이 피성년후견인의 이익이 침해될 우려가 있음에도
불구하고 법률행위의 대리 등 필요한 권한행사에 협력하지 아니할 때에는 가
정법원은 그 성년후견인의 의사표시를 갈음하는 재판을 할 수 있다[본조 ③, 家
訴 §2 ① ii 가. 21)-3].

성년후견인의 의사표시를 갈음하는 재판은 피성년후견인, 성년후견인, 후
견감독인 또는 이해관계인의 청구에 의하여 할 수 있을 뿐이며, 직권으로 할
수 있는 것은 아니다. 이때 명문의 규정은 없으나, 한정후견인의 동의를 갈음하
는 허가심판의 경우에 준하여 피성년후견인 및 성년후견인의 진술을 듣는 것
이 바람직할 것이다.

Ⅳ. 공동성년후견인의 권한 유월

공동성년후견인이 가정법원에 의해 정해진 권한의 범위를 초과하여 대리
행위를 하였다면, 이는 권한 없이 한 무권대리로서 무효이다. 다만, 거래 상대
방의 보호를 위해 §126 소정의 표현대리 규정이 적용될 수 있다.

---

5) 자료집, 442.

第 949 條의 3 (이해상반행위)

후견인에 대하여는 제921조를 준용한다. 다만, 후견감독인이 있는 경우에는 그러하지 아니하다.

Ⅰ. 입법취지

후견인에 대해서는 이해상반행위에 관한 §921가 준용된다(본조). 舊 민법(2011. 3. 7. 개정 전)은 이러한 준용규정을 두고 있지 않았으나, 舊 家訴(2013. 4. 5. 개정 전) §2 ① ⅱ 가. 16)은 §921에 따른 특별대리인 선임 절차가 후견인과 피후견인, 여러 피후견인들 사이에 이해가 상반되는 경우까지 확대적용되는 것으로 규정하였다. 2011. 3. 7. 개정 민법은 이와 같은 舊 家訴(2013. 4. 5. 개정 전)의 태도를 수용하여 후견에 있어서도 §921를 준용하는 명문의 규정을 마련하였다.

Ⅱ. 적용범위

후견인과 피후견인 사이에 이해상반되는 행위를 하는 경우(§921 ①) 또는 그 후견인의 후견을 받는 수인의 피후견인 사이에 이해상반되는 행위를 하는 경우(§921 ②)에 후견인은 그 피후견인 또는 피후견인 중 일방을 위해 특별대리인의 선임을 청구하여야 한다[家訴 §2 ① ⅱ. 16)]. 이때 후견인에는 성년후견인과 미성년후견인이 모두 포함된다.

"이해상반되는 행위"의 의미에 대해서는 §921 註釋 참조.

Ⅲ. 효과

특별대리인의 선임 청구를 해야 함에도 불구하고, 후견인이 이를 하지 않

고 직접 이해상반행위를 한 경우 그 행위는 무권대리로서 무효이다.[1] 다만, 후
견감독인이 있는 경우에는 특별대리인의 선임을 청구할 필요가 없다(본조 단서).
특별대리인 대신 후견감독인이 피후견인을 대리하기 때문이다(§940-6 ③).

Ⅳ. §950와의 관계

본조에 따른 이해상반행위가 §950 ① 각 호에도 해당하는 경우에 대해서
는 본조가 우선적용된다는 견해[2]와 두 개의 조문이 중첩적으로 적용된다는 견
해[3]가 대립한다.

§949-3 우선적용설에 따르면 특별대리인을 선임한 경우에는 후견감독인
의 동의를 받을 필요가 없다. 반면 후견감독인의 동의를 받았더라도 특별대리
인을 선임하지 않았다면, 당해 법률행위는 무효로 된다.

중첩적용설에 따르면 특별대리인 선임과 후견감독인의 동의가 모두 필요
하므로, 앞의 요건을 흠결한 때에는 무효가 되고, 뒤의 요건을 흠결한 때에는
취소할 수 있는 법률행위가 된다. 이 견해는 특히 중첩적용을 통해 피후견인을
보다 잘 보호할 수 있다고 주장한다.

2011. 3. 7.자 개정 민법에 따르면, 후견감독인이 있을 때에는 그가 특별대
리인을 대신하여 피후견인을 대리하도록 하므로, 어느 설에 따르더라도 후견감
독인의 동의는 그의 특별대리인으로서의 지위에 흡수될 것으로 보인다. 이에
대해서는 "중요한 대리행위를 감독하기 위해 가정법원이 성년후견감독인을 선
임하였는데, 마침 이해상반을 이유로 그 자신이 대리행위를 한다는 사정" 때문
에 §950 ①에 따른 규제를 받지 않는다는 것은 납득하기 어렵다는 이유로 §950
②을 유추적용하여 가정법원으로부터 성년후견감독인의 동의에 갈음하는 허가
를 받아야 한다고 해석하는 견해[4]가 있다.

---

1) 舊法하에서 후견인과 피후견인의 이익이 상반하는 행위에 관하여 후견감독인이 이를 대리하
  지 아니하고, 후견인이 스스로 행위한 경우 이는 무권대리 행위로서 본인의 추인이 없는 한 아
  무런 효력이 없다고 보았던 판결로 대법원 1981. 3. 24. 선고 81다18 판결 참조.
2) 권순한, 249; 박동섭, 400. 동 견해는 대법원 1994. 9. 9. 선고 94다6680 판결도 같은 취지라고
  주장하나, 동 판결에서 적용된 舊 민법(1990. 1. 13. 개정 전) §950 ①의 적용범위에 비추어 볼
  때 의문이다.
3) 김형석(2014b), 104. 舊 민법(2011. 3. 7. 개정 전)의 해석상 이러한 입장을 취한 견해로 윤용
  섭(1996), 584; 이은영(2003), 13; 지원림(2005), 365. 다만 과거의 견해들은 이론적으로는 중첩
  적용설을 지지하면서도, 친족회의 구성이나 운영상 실익은 크지 않다고 지적한다.
4) 김형석(2014b), 104~105.

　　복수의 성년후견감독인이 선임되어 있는 경우라면, 그중 1인이 특별대리인 자격으로 이해상반행위를 대리하고, 다른 1인이 §950 ①에 따른 동의권을 행사하면 될 것이다.5)

---

　5)　김형석(2014b), 104.

第 950 條 (후견감독인의 동의를 필요로 하는 행위)

① 후견인이 피후견인을 대리하여 다음 각 호의 어느 하나에 해당하는 행위를 하거나 미성년자의 다음 각 호의 어느 하나에 해당하는 행위에 동의를 할 때는 후견감독인이 있으면 그의 동의를 받아야 한다.

1. 영업에 관한 행위
2. 금전을 빌리는 행위
3. 의무만을 부담하는 행위
4. 부동산 또는 중요한 재산에 관한 권리의 득실변경을 목적으로 하는 행위
5. 소송행위
6. 상속의 승인, 한정승인 또는 포기 및 상속재산의 분할에 관한 협의

② 후견감독인의 동의가 필요한 행위에 대하여 후견감독인이 피후견인의 이익이 침해될 우려가 있음에도 동의를 하지 아니하는 경우에는 가정법원은 후견인의 청구에 의하여 후견감독인의 동의를 갈음하는 허가를 할 수 있다.

③ 후견감독인의 동의가 필요한 법률행위를 후견인이 후견감독인의 동의 없이 하였을 때에는 피후견인 또는 후견감독인이 그 행위를 취소할 수 있다.

Ⅰ. 조문의 취지

성년후견인 또는 미성년후견인은 피후견인을 위해 포괄적인 대리권과 동

의권·재산관리권을 행사한다. 후견인에 의한 의사결정은 피후견인의 삶, 특히 재산관계에 지대한 영향을 미칠 수 있으며, 후견인의 부적절한 의사결정으로 인해 일단 손해가 발생한 후에는 이를 회복하기가 쉽지 않다. 따라서 후견인이 피후견인을 위해 하는 행위 중 피후견인에게 심각한 손해를 끼칠 위험이 있는 행위를 할 때에는 후견감독인으로부터 사전에 동의를 받도록 함으로써 후견인의 권한남용을 방지하고자 하는 데 본조의 취지가 있다.

Ⅱ. 후견감독인의 동의를 받아야 하는 행위

1. 후견감독인의 동의를 받아야 하는 행위의 유형

가. 대리 또는 동의

성년후견인 및 미성년후견인이 피후견인을 대리하여 본조 ① i 내지 vi에 열거된 각 행위를 하는 경우 또는 미성년자가 본조 ① i 내지 vi에 열거된 각 행위를 하는데 미성년후견인이 동의를 하고자 할 때에는 미성년후견감독인 또는 성년후견감독인의 동의를 받아야 한다(본조 ①).

나. 형식적 판단

후견감독인의 동의를 받아야 하는 행위인지 여부는 당해 행위가 본조 ① i 내지 vi에 열거된 각 행위인지를 형식적으로 판단하는 것으로 그치며, 당해 행위에 의해 실제로 피후견인에게 어떠한 불이익이 발생하거나, 후견인과 피후견인 사이에 이해가 상반되어야 하는 것은 아니다.

본조 ① i 내지 vi에 열거된 각 행위가 §949-3상의 이해상반행위에도 해당하는 경우에 관해서는 §949-3 註釋 참조.

2. 후견감독인의 동의를 받아야 하는 행위의 범위

가. 영업에 관한 행위(본조 ① i)

후견인이 피후견인의 영업에 관한 행위를 대리하거나 이에 동의하고자 하는 경우에는 후견감독인의 동의를 받아야 한다. 이때 "영업"이란 널리 영리를 목적으로 하는 계속적이며 독립적인 업무를 말하는 것으로서 "영업에 관한 행위"란 이러한 영업과 직접적으로 관련 있는 또는 영업에 수반되는 법률행위를 말한다. §8상의 "영업에 관하여"와 동일하게 해석하여야 할 것이다.[1] 舊 민법

---

1) 양수산, 493; 신기현(1991), 27.

(2011. 2. 18. 개정 전)은 "영업을 하는 일"이라고 규정하고 있었으나, 영업 자체는 법률행위가 아니라는 이유로 위와 같이 개정되었다.[2]

나. 금전을 빌리는 행위(본조 ① ii)

후견인이 피후견인을 위해 금전을 빌리는 행위를 대리하거나 이에 동의하고자 하는 경우에는 후견감독인의 동의를 받아야 한다.

舊 민법(2011. 3. 7. 개정 전)은 "차재"라고 표현하고 있었으므로, 금전소비대차 외에 준소비대차, 어음채무의 부담 등도 널리 포함된다고 해석하는 견해가 있었다.[3] 그러나 2011. 3. 7.자 개정 민법은 후견감독인의 동의를 얻어야 하는 행위를 금전차용행위로 한정하였다. 그것이 현실적으로 가장 중요하고 빈번하기 때문이다.[4] 그러나 개정 후에도 여전히 준소비대차, 약속어음의 발행·배서 등을 포함시켜야 한다는 견해[5]가 없는 것은 아니다.

다. 의무만을 부담하는 행위(본조 ① iii)

후견인이 피후견인을 위해 의무를 부담하는 행위를 대리하거나 이에 동의하고자 하는 경우에는 후견감독인의 동의를 받아야 한다. 이때 "의무만을 부담하는 행위"란 채무를 부담하면서 그 대가로 어떠한 권리도 취득하지 못하는 경우를 의미한다.[6] 보증, 증여, 담보제공계약, 채무인수, 연대채무의 부담, 어음발행 등이 이에 해당할 수 있다.

라. 부동산 또는 중요한 재산에 관한 권리의 득실변경을 목적으로 하는 행위(본조 ① iv)

후견인이 피후견인을 위해 부동산 또는 중요한 재산에 관한 권리의 득실변경을 목적으로 하는 행위를 대리하거나 이에 동의하고자 하는 경우에는 후견감독인의 동의를 받아야 한다. 이때 "부동산 또는 중요한 재산"에는 부동산, 고액의 동산뿐만 아니라, 저작권·특허권·상표권 등 무체재산권도 포함된다.[7]

부동산 또는 중요한 재산에 관한 "권리의 득실변경을 목적으로 하는 행위"에는 증여, 매매, 교환과 같이 직접적으로 당해 재산의 취득 또는 상실을 목적으로 하는 행위뿐만 아니라, 소비대차, 담보제공 등과 같이 간접적으로 권리를 상실할 가능성이 있는 경우도 모두 포함된다.[8] 또한 당해 행위에 의해 직접적

---

2) 자료집, 390.
3) 주석 친족(3), 568; 신기현(1991), 27.
4) 김형석(2010), 134~135; 백승흠(2010a), 36 주 17.
5) 김주수·김상용, 461.
6) 김형석(2010), 135; 백승흠(2010a), 36 주 17.
7) 김주수·김상용, 461; 박동섭, 399; 신기현(1991), 27.
8) 김주수·김상용, 461; 박동섭, 399; 양수산, 493; 신기현(1991), 27.

으로 권리의 득실변경이 발생하는 처분행위여야 하는 것은 아니며, 장래 득실변경이 발생할 것을 목적으로 하는 의무부담행위 내지 채권행위인 것으로 족하다. 특정의 부동산에 관하여 장래 일체의 민·형사상 이의를 제기하지 않기로 하는 부제소합의를 하는 경우도 이에 포함된다.9)

이때 문제되는 부동산이 §947-2 ⑤의 적용범위에도 포섭되는 경우 후견감독인의 동의 외에 가정법원의 허가도 받아야 한다.

마. 소송행위(본조 ① v)

후견인이 피후견인을 대리하여 소송행위를 하고자 하는 경우에는 후견감독인의 동의를 받아야 한다. 본래 소송행위란 소송주체가 소송절차 내에서 하는 행위를 널리 일컫는 말이나,10) 본조에서 말하는 "소송행위"는 민사소송 또는 가사소송의 원고가 되어 소를 제기하는 경우로 한정된다는 것이 다수의 견해이다.11) 형사소송행위나 비송사건의 신청은 이에 포함되지 않는다.12)

이러한 정의에 따르면, 피후견인이 민사소송이나 가사소송의 피고가 된 때 후견인은 후견감독인의 동의 없이 바로 응소할 수 있다. 民訴 §56 ① 역시 "법정대리인이 상대방의 소제기 또는 상소에 관하여 소송행위를 하는 경우에는 친족회로부터 특별한 권한을 받을 필요가 없다"고 규정하고 있는데, 2011. 3. 7. 부칙 §3에 명문의 규정은 없으나, 이때 "친족회"는 '후견감독인'을 인용한 것으로 보아야 할 것이다.13)

이미 개시된 소송절차 내에서 증인 또는 감정인 등의 자격으로 법원에 출석하여 진술하는 것 역시 본조에서 말하는 소송행위에 포함되지 않는다.14) 소의 제기에 해당하지 않기 때문이다. 다만, 후견인이 피후견인을 대리하여 소송행위 중 소의 취하, 화해, 청구의 포기·인낙 또는 소송탈퇴를 하고자 할 때에는 후견감독인의 동의를 받아야 한다(民訴 §56 ②). 소송의 종료로 인해 피후견인의 이해관계에 큰 영향을 미치기 때문이다.15)

민사소송 또는 가사소송 중 상소는 어떠한가. 일부 견해16)는 심급별로 후견감독인의 동의를 받아야 한다고 서술한다. 단, 이때 동의는 심급별로 포괄적

---

9) 대법원 1989. 10. 10. 선고 89다카1602 등 판결.
10) 이시윤, 신민사소송법(제7판, 2013), 373.
11) 김주수·김상용, 461; 박동섭, 400; 양수산, 493; 한봉희·백승흠, 352; 신기현(1991), 27.
12) 김주수·김상용, 461; 박동섭, 400; 한봉희·백승흠, 352.
13) 김형석(2013), 66.
14) 김주수·김상용, 461; 박동섭, 400; 한봉희·백승흠, 352.
15) 김형석(2013), 66~67.
16) 김형석(2013), 66.

으로 이루어져야 한다. 절차의 안정을 도모하기 위함이다. 그러나 民訴 §56 ①
의 문언에 비추어 보았을 때 심급마다 별도로 후견감독인의 동의를 받을 필요
는 없을 것이다.17)

바. 상속의 승인, 한정승인 또는 포기 및 상속재산의 분할에 관한 협의(본조 ① vi)

후견인이 피후견인을 위해 상속의 승인, 한정승인 또는 포기 및 상속재산
의 분할에 관한 협의를 대리하거나 이에 동의하고자 하는 경우에는 후견감독
인의 동의를 받아야 한다. 후견인이 다른 공동상속인과 통모할 경우 피후견인
과 이해상반의 가능성이 높기 때문이다.18) 민법 제정 당시 입법자는 상속의 승
인 또는 포기를 의도적으로 본조의 규율대상으로부터 제외19)하였으나, 舊 민
법(2011. 3. 7. 개정 전)상으로도 후견인은 친족회의 동의를 받아 상속포기를 대리
하도록 하는 것이 실무의 태도였다고 한다.20)

§1019 ③에 따른 특별한정승인은 열거되어 있지 않으나, 역시 피후견인의
재산상황에 중대한 영향을 미치는 행위이므로, 본조 ① vi상의 한정승인에 포
함된다고 보아야 할 것이다.

Ⅲ. 후견감독인의 동의

1. 후견감독인의 동의

후견인이 본조 ① i 내지 vi에서 정한 행위를 대리하거나 이에 동의하고자
할 때에는 후견감독인의 동의를 받아야 한다.

후견감독인이 선임되어 있지 않을 때에는 그의 동의를 받을 필요가 없
다.21) 舊 민법(2011. 3. 7. 개정 전)상 후견감독기관인 친족회와 달리 후견감독인
은 임의기관에 불과하기 때문이다. 다만, 동의를 받는 것이 적절한 경우라면 가
정법원이 직권으로 후견감독인을 선임하여야 할 것이다. 民訴 §56의 입법취지
에 비추어 볼 때 적어도 소송행위에 관해서는 후견감독인을 선임을 강제하여
반드시 그의 동의를 받도록 해야 한다는 견해22)도 있다.

---

17) 김주수·김상용, 461; 신기현(1991), 27.
18) 자료집, 388, 437.
19) 양창수, "민법 친족편 중 제5장 후견 등에 대한 법전편찬위원회 심의자료의 소개," 서울대 법
　　학 46-2(2005), 422 참조.
20) 박종택(2007), 392.
21) 백승흠(2010a), 36.
22) 김도훈(2014), 131~132; 정선주(2014), 83~84.

2. 후견감독인의 동의를 갈음하는 허가

후견감독인이 선임되어 있으나, 피후견인의 이익이 침해될 우려가 있음에
도 불구하고 그가 동의를 하지 아니하는 경우 가정법원은 후견인의 청구에 의
하여 후견감독인의 동의를 갈음하는 허가를 할 수 있다[본조 ②, 家訴 §2 ① ⅱ 가.
21)-4]. 후견감독인의 동의권한 남용으로부터 피후견인을 보호하기 위한 조문
이다. 이때 허가청구권자를 후견인으로 한정한 것에 대해 비판적인 입장을 취
하면서 피후견인에게도 청구권한을 부여해야 한다는 견해가 있다.23)

이때 피후견인 또는 후견감독인의 진술을 듣도록 강제하는 규정은 없으나,
한정후견인의 동의를 갈음하는 심판을 할 때 피한정후견인과 한정후견인의 진
술을 듣도록 한 규정을 유추적용하는 것이 바람직할 것이다.

IV. 위반의 효과

1. 효과

후견인이 후견감독인의 동의가 필요한 행위를 대리하거나 이에 동의하면
서도 후견감독인의 동의를 받지 않은 경우 그 행위는 취소할 수 있다(본조 ③).
일부 견해24)는 후견인이 후견감독인의 동의를 받지 않고 동의행위를 한 경우
에는 이를 취소할 수 있지만, 후견감독인의 동의 없이 대리행위를 한 경우에는
무효라고 보아야 한다고 주장하나, 양자 모두 취소할 수 있는 행위에 불과하다
는 것이 통설이다.

이때 취소는 형성권의 성격을 가지며, 재판 외의 의사표시에 의해서도 가
능하다.25) 가정법원에 별도의 소를 제기해야 하는 것은 아니다.

그것이 §146에서 정한 제척기간 내에 행사되어야 함은 물론이다. 즉, 취소
권은 추인할 수 있는 날로부터 3년 내에, 법률행위를 한 날로부터 10년 내에 행
사하여야 한다. 이때 "추인할 수 있는 날"이란 취소의 원인이 종료한 후를 의미
하므로, 피후견인이 스스로 취소하고자 할 때에는 미성년자가 성년자로 되거
나,26) 성년후견종료의 심판이 있는 등27) 피후견인이 능력자가 된 날부터 계산

23) 윤진수·현소혜, 123.
24) 이경희, 291.
25) 대법원 1993. 7. 27. 선고 92다52795 판결; 대법원 1993. 9. 14. 선고 93다13162 판결.
26) 대법원 1989. 10. 10. 선고 89다카1602, 1619 판결.
27) 한정치산자의 후견인에 의한 친족회 동의 없는 부동산 처분행위에 관한 판결이기는 하지만,

하여야 한다.[28]

2. 적용범위

가. 소송행위

본조 ③은 "후견감독인의 동의가 필요한 법률행위"에 모두 적용된다고 규정하고 있으나, 실제 적용범위는 이 중 §950 ① i 내지 iv 및 vi에 한정된다.

본조 ① v에 해당하는 소송행위는 절차적 안정이 요구되므로, 후견감독인의 동의를 받지 않은 경우에 바로 무효가 되며, 취소할 수 있는 것에 불과하다고 할 수 없다. 즉, 소송행위에 대해서는 본조 ③이 적용되지 않는다. 후견인의 소송행위에 친족회의 동의를 요구하였던 舊 민법(2011. 3. 7. 개정 전) §950에 대한 판례의 태도[29]도 이와 같다. 친족회의 동의를 얻지 않은 상태에서 후견인은 아직 소송대리권이 없다는 것이다. 다만, 소송 중 후견감독인에 의한 추인이 있었다면 소송행위 당시로 소급하여 효력이 발생한다.[30]

나. 이해상반행위

본조 ①에 해당하는 행위가 §949-3상의 이해상반행위에도 해당하는 경우 양 조문간의 관계에 대해서는 §949-3 註釋 참조.

3. 취소권자

본조 ③에 따른 취소권은 피후견인 또는 후견감독인이 행사할 수 있다(본조 ③). 이에 대해서는 후견인이 복수로 선임된 경우에 대비하여 공동후견인에게도 취소권한을 부여할 필요가 있다는 비판이 있다.[31]

동 조항에 따른 피후견인 또는 후견감독인의 취소권은 행사상의 일신전속권이므로 채권자대위권의 목적이 될 수 없다는 것이 판례[32]의 태도이나, 재산상의 법률행위라는 이유로 반대하는 견해[33]가 있다.

같은 취지로 대법원 1997. 6. 27. 선고 97다3828 판결 참조.

28) 대법원 1979. 11. 27. 선고 79다396 판결도 참조하라: "친족회가 추인할 수 있는 날이란 친족회원이 매매사실을 안 날이 아니고 동인이 매매사실을 들은 후 지체없이 친족회 소집절차를 밟았더라면 친족회 소집이 가능한 날이라고 보아야 하며 또한 친족회가 실제로 소집된 날로 볼 것도 아니다."

29) 대법원 1962. 6. 21. 선고 4294민상1570 판결; 대법원 2001. 7. 27. 선고 2001다5937 판결.

30) 대법원 2001. 7. 27. 선고 2001다5937 판결.

31) 윤진수·현소혜, 124.

32) 2011. 3. 7. 개정 전의 사안에 관해 같은 취지의 판결로 대법원 1996. 5. 31. 선고 94다35985 판결.

33) 배경숙·최금숙, 384.

4. 제3자 보호

가. 확답을 촉구할 권리

§952 註釋 참조.

나. 표현대리

후견인이 후견감독인의 동의 없이 본조 ① i 내지 vi에서 정한 행위를 하였
는데, 상대방은 후견감독인의 동의가 있다고 믿은 데에 정당한 사유가 있었다
면 §126 소정의 권한을 넘는 표현대리 규정이 적용되어 본인인 피후견인에게
그 효력이 미친다는 것이 판례이다.[34] §126는 거래의 안전을 도모하여 거래 상
대방의 이익을 보호하려는 데 그 취지가 있어 법정대리에도 적용되기 때문이다.

이러한 판례의 태도에 대해서는 별다른 이의를 제기하지 않는 것이 다수
의 견해이나, §950 ① 위반행위에 §126를 적용해서는 안 된다는 견해[35]도 유력
하다. 후자의 견해는, 친족회의 동의를 받지 않은 후견인의 행위의 효과를 §126
에 따라 피후견인에게 귀속시키는 것은 피후견인 측에 취소권을 부여한 §950
③의 입법취지에 반하며, 법정대리인 이상 후견인의 권한유월행위에 대해 피후
견인 측에 어떠한 귀책사유도 존재하지 않는다는 점, 이때 후견인은 법정대리
권을 가지고 있으므로 도대체 무권대리라고 볼 수도 없다는 점 등을 근거로 제
시한다.

---

34) 한정치산자의 후견인에 의한 친족회 동의 없는 부동산 처분행위에 관한 판결이기는 하지만,
같은 취지로 대법원 1997. 6. 27. 선고 97다3828 판결 참조.

35) 윤진수(2001), 158~167; 지원림(2005), 373~374.

第 951 條 (피후견인의 재산 등의 양수에 대한 취소)

① 후견인이 피후견인에 대한 제3자의 권리를 양수(讓受)하는 경우에는 피후견인은 이를 취소할 수 있다.

② 제1항에 따른 권리의 양수의 경우 후견감독인이 있으면 후견인은 후견감독인의 동의를 받아야 하고, 후견감독인의 동의가 없는 경우에는 피후견인 또는 후견감독인이 이를 취소할 수 있다.

I. 조문의 취지

후견인이 피후견인에 대한 제3자의 권리를 양수할 경우 후견인과 피후견인 사이에 이해상반의 위험이 있다. 본조는 위와 같은 위험을 고려하여 후견인이 피후견인에 대한 제3자의 권리를 양수하는 것을 금지하는 것을 목적으로 한다. 후견인의 피후견인에 대한 채권·채무를 후견감독인에게 제시하도록 한 §942의 규범목적을 후견 개시후에도 관철시키고자 하는 것이다. 이때 후견인에는 미성년후견인과 성년후견인이 포함된다.

II. 피후견인에게 후견감독인이 없는 경우

후견감독인이 없는 경우에는 후견인이 피후견인에 대한 제3자의 권리를 양수하더라도 이를 사전적으로 견제할 아무런 장치가 없다. 따라서 이러한 경우 피후견인은 후견인과 제3자 사이의 양도계약을 취소할 수 있다(본조 ①). 취소의 의사표시에 법정대리인에 의한 대리 또는 동의가 필요한 것은 아니다. 다만, 취소 당시 피후견인에게 의사능력은 있어야 한다.

취소시 제3자 보호에 관해서는 §952 註釋 참조.

Ⅲ. 피후견인에게 후견감독인이 있는 경우

피후견인에게 후견감독인이 있는 경우에는 후견인은 피후견인에 대한 제3 자의 권리를 양수함에 있어 후견감독인의 동의를 받아야 한다(본조 ②). 사전적 견제장치이다. 만약 후견감독인의 동의 없이 이를 양수한 경우에는 피후견인 또는 후견감독인이 이를 취소할 수 있다(§951 ②).

취소시 제3자 보호에 관해서는 §952 註釋 참조.

第 952 條 (상대방의 추인 여부 최고)
제950조 및 제951조의 경우에는 제15조를 준용한다.

§950 및 §951에 대해서는 §15가 준용된다(본조). 후견감독인의 동의 없이 §950 ① 각호에서 정한 행위를 한 경우 또는 후견감독인의 동의 없이 후견인이 피후견인에 대한 제3자의 권리를 양수한 경우에 이를 취소한다면 후견인과 거래한 상대방에게 불측의 손해를 미칠 수 있기 때문이다. 따라서 후견인과 거래한 상대방은 1월 이상의 기간을 정하여 취소할 수 있는 행위의 추인 여부의 확답을 촉구할 수 있다(§15 ①).

이때 확답촉구의 상대방은 이를 수령할 능력과 그 촉구에 따라 추인 또는 거절의 의사표시를 할 수 있는 능력을 가지고 있어야 한다. 따라서 만약 피후견인이 능력자가 되었다면 본인을 상대로, 아직 능력자가 되지 않았다면 그의 법정대리인을 상대로 확답을 촉구하여야 할 것이다. 이때 법정대리인은 후견인을 말한다. 舊 민법(2011. 3. 7. 개정 전)의 해석상으로는 친족회가 추인권을 갖는다는 견해[1]도 있었다.

피후견인이 능력자가 된 후 확답을 촉구받았으나, 그 기간 내에 확답을 발송하지 않은 때에는 그 행위를 추인한 것으로 본다(§15 ① 2문). 반면 후견인이 추인의 의사표시를 하고자 할 때에는 §950 및 §951에 따른 후견감독인의 동의를 받아야 하며,[2] 정해진 기간 내에 후견감독인의 동의를 받은 확답을 발송하지 않은 때에는 당해 법률행위를 취소한 것으로 본다(§15 ③).

---

1) 지원림(2005), 378.
2) 대표적으로 곽윤직·김재형, 136.

第 953 條 (후견감독인의 후견사무의 감독)

후견감독인은 언제든지 후견인에게 그의 임무 수행에 관한 보고와 재산목록의 제출을 요구할 수 있고 피후견인의 재산상황을 조사할 수 있다.

후견감독인에 의한 후견사무 감독 방법을 정하는 조문이다. 후견감독인은 언제든지 후견인에게 그의 임무수행에 관한 보고와 재산목록의 제출을 요구할 수 있고, 피후견인의 재산상황을 조사할 수 있다(본조). 미성년후견감독인과 성년후견감독인에게 모두 적용된다.

감독의 횟수나 간격이 정해져 있는 것은 아니므로, 필요한 때에는 언제든지 할 수 있다. 보고나 제출요구, 조사의 범위가 정해져 있는 것도 아니다. 후견감독인은 피후견인의 재산에 관한 사무, 신상에 관한 사무 또는 이 중 특정한 사무를 지정하여 보고 등을 요구할 수도 있고, 사무 전반에 걸쳐 감독할 수도 있다.[1]

그 밖에 후견감독인의 감독사무에 관해 자세히는 §940-6 註釋 참조.

---

1) 친족회에 의한 감독에 대해 같은 취지로 송호열(2008), 255.

第 954 條 (가정법원의 후견사무에 관한 처분)

가정법원은 직권으로 또는 피후견인, 후견감독인, 제777조에 따른 친족, 그 밖의 이해관계인, 검사, 지방자치단체의 장의 청구에 의하여 피후견인의 재산상황을 조사하고, 후견인에게 재산관리 등 후견임무 수행에 관하여 필요한 처분을 명할 수 있다.

Ⅰ. 조문의 취지

가정법원에 의한 일반적인 후견사무 감독에 관한 조문이다. 미성년후견과 성년후견에 모두 적용된다. 후견감독인에 의한 감독제도 대신 가정법원의 감독권한을 강화·집중해야 한다는 견해도 유력하다. 이에 대해서는 §940-4 註釋 참조.

가정법원은 본조에 따른 감독 외에도 후견인의 선임(§936)과 변경(§940), 사임허가(§939), 후견감독인의 선임 등(§940-3, §940-4), 후견인과 후견감독인의 보수수여(§955), 재산목록작성기간의 연장허가(§941 ①), 후견사무종료시 관리계산기간의 연장허가(§957 ①), 성년후견인의 신상결정대행에 관한 각종의 허가(§947-2), 성년후견인이 여러 명인 경우 특정 성년후견인의 의사표시를 갈음하는 재판(§949-2 ③) 등 개별 사무별로 후견인을 감독할 수도 있다.

Ⅱ. 가정법원의 처분 권한

가정법원은 피후견인의 재산상황을 조사하고, 후견인에게 재산관리 등 후견임무 수행에 관하여 필요한 처분을 명할 수 있다[본조, 家訴 §2 ① ⅱ 가. 22)].

1. 재산상황의 조사

가정법원은 후견사무의 감독을 위해 피후견인의 재산상황을 조사할 수 있다. 이를 위해 가정법원은 전문성과 공정성을 갖추었다고 인정할 수 있는 사람 또는 법원의 사무관 등이나 가사조사관에게 성년후견사무의 실태 또는 피성년후견인의 재산상황을 조사하게 할 수 있다(家訴 §45-4 ①).

이러한 권한을 부여받은 사람은 그 업무처리를 위하여 가정법원의 허가를 얻어 성년후견인 또는 성년후견감독인에게 그 후견사무 또는 후견감독사무에 관한 자료의 제출을 요구하거나 제출한 자료에 대한 설명을 요구할 수 있고, 업무수행의 결과 성년후견인 또는 성년후견감독인을 변경할 필요가 있거나 본조에 따른 조사 또는 처분의 필요가 있다고 판단한 때에는 즉시 이를 가정법원에 보고하여야 한다(家訴規 §38-6).

2. 재산관리에 필요한 처분

가정법원이 후견사무의 감독을 위해 후견인에게 명할 수 있는 "재산관리 등 후견임무 수행에 관하여 필요한 처분"에는 등기·소멸시효의 중단·채권의 집행 등 보전행위뿐만 아니라, 매각·임대·저당권의 설정 등 피후견인의 적절한 재산관리를 위해 필요한 처분행위, 더 나아가 건물의 수선 등과 같은 사실행위도 포함된다.[1] 후견임무가 종료한 후 후견 종료에 따른 관리계산을 할 것을 명하는 처분을 내릴 수도 있다.[2]

그 밖에 후견인의 권한을 일부 제한하는 내용의 처분을 할 수 있다는 견해[3]도 있다. 가령 일정한 법률행위에 대해 대리권을 행사하고자 할 때에는 가정법원의 허가를 받을 것을 요구하는 내용의 처분이 가능하다는 것이다.

동조에 의한 처분의 일환으로 가정법원은 전문성과 공정성을 갖추었다고 인정할 수 있는 사람 또는 법원의 사무관 등이나 가사조사관에게 임시로 재산관리를 하게 할 수 있다(家訴 §45-4 ①). 이러한 권한을 부여받은 사람은 그 업무처리를 위하여 가정법원의 허가를 얻어 성년후견인 또는 성년후견감독인에게 그 후견사무 또는 후견감독사무에 관한 자료의 제출을 요구하거나 제출한 자료에 대한 설명을 요구할 수 있고, 업무수행의 결과 성년후견인 또는 성년후

---

1) 해설, 69.
2) 신영호, 251.
3) 권순한(2000), 109; 배인구(2013), 41.

견감독인을 변경할 필요가 있거나 본조에 따른 조사 또는 처분의 필요가 있다
고 판단한 때에는 즉시 이를 가정법원에 보고하여야 한다(家訴規 §38-6).

이때 임시로 재산관리를 하는 사람에 대해서는 수임인의 선관의무(§681),
수임인의 취득물 등의 인도·이전의무(§684), 수임인의 금전소비 책임(§685) 및
수임인의 비용상환청구권(§688)에 관한 규정이 준용된다(家訴 §45-4 ③).

그러나 임시후견인과 달리 家訴規상 임시의 재산관리인은 그 선임 및 권
한범위 등이 후견등기부에 공시되지 않고, 기존 후견인과의 권한이 충돌될 우
려가 있으므로, 신중을 기할 필요가 있다.

3. 신상에 관한 처분

가정법원이 후견인에게 명할 수 있는 "후견임무 수행에 관하여 필요한 처
분"에는 신상에 관한 사항도 포함된다.[4] 따라서 피후견인의 교육·요양·간호
등에 관한 지시·감독도 가능하다.

가정법원은 후견감독사무의 일환으로 필요에 따라 신상에 관한 결정시 가
정법원의 허가를 받을 것을 요구할 수도 있고,[5] 독일 민법 §1793 ①a와 같이
정기적으로 피후견인과 개인적으로 접촉하거나 그의 거주지에 방문하고, 이를
보고할 것을 명하는 내용의 처분을 할 수도 있을 것이다.[6]

4. 기타

그 밖에 가정법원은 성년후견인의 업무로 인한 피성년후견인의 손해에 대
해 담보를 제공하게 하거나 보험가입을 강제하는 처분, 성년후견인의 임기를
제한하여 일정기간이 도과하면 성년후견인을 변경하거나 재교육을 받도록 하
는 처분 등을 할 수도 있다는 견해가 있다.

학자에 따라서는 가정법원에 피후견인의 의사결정능력 유무를 판단할 수
있는 권한을 부여해야 한다는 견해[7]도 있다.

---

4) 박종택(2007), 407~408; 송호열(2008), 261.
5) 해설, 70.
6) 이러한 의무 자체를 입법화할 것을 주장한 견해로 백승흠, "독일의 후견·성년후견제도의 개
   혁에 관한 소고," 한·독사회과학논총 21-4(2011), 179 참조.
7) 제철웅(2011), 321~322.

Ⅲ. 절차의 개시

가정법원은 피후견인, 후견감독인, §777에 따른 친족, 그 밖의 이해관계인, 검사, 지방자치단체의 장의 청구에 의해 위와 같은 감독사무를 개시할 수 있다 (본조). 또한 가정법원은, 舊 민법(2011. 2. 18. 개정 전) §954와 달리, "직권으로" 후견사무 감독을 개시할 수도 있다. 후견감독인이 임의기관으로 설계된 것에 대응하여 가정법원의 감독권한을 강화한 것이다.

第955條 (後見人에 對한 報酬)

法院은 後見人의 請求에 依하여 被後見人의 財産狀態 其他 事情을 參酌하여 被後見人의 財産 中에서 相當한 報酬를 後見人에게 授與할 수 있다.

I. 조문의 취지

후견인에 대한 보수지급방법 및 재원을 정하는 조문이다. 이때 후견인에는 미성년후견인과 성년후견인이 모두 포함된다.

II. 보수지급의 방법

보수를 지급받고자 하는 후견인은 법원에 보수지급을 청구하여야 한다(본조).

1. 보수의 액수

법원은 "피후견인의 재산상태 기타 사정을 참작"하여 상당한 보수를 후견인에게 수여할 수 있다[본조, 家訴 §2 ① ii 가. 23)].

법원이 참작해야 하는 "피후견인의 재산상태 기타의 사정"에는 후견인의 자력, 후견인이 수행한 사무의 내용, 후견인의 직업 및 전문성, 후견인과 피후견인 사이의 관계, 후견인이 법인인 경우에는 법인의 규모와 성격·활동 등이 포함될 수 있을 것이다.[1] 특히 후견인이 수행한 사무에 상응하는 보수액을 산정함에 있어서는 후견인이 피후견인의 사실상 개호행위 등을 위해 투입한 노

---

1) 김명엽(2010), 40; 송호열(2008), 274.

동력이 아니라, 피후견인을 위한 의사결정대행사무를 중심으로 계산할 필요가 있다.[2]

2. 시기

보수청구의 시기에는 아무런 제한이 없다. 후견이 종료한 때 청구하는 것이 통상이겠으나, 후견이 장기화되는 경우에는 아직 임무수행 중에도 정기급으로 보수의 지급을 청구할 수 있다.[3] 후견인이 아직 보수청구를 하지 않은 상태에서 사망하였다면, 상속인이 보수지급을 청구할 수 있다.[4]

3. 보수의 재원

법원이 결정한 후견인의 보수는 피후견인의 재산 중에서 지급한다.

다만, 피후견인이 무자력이거나 전문적 후견인의 보수를 지급하기에 충분치 않을 때에는 정작 도움이 절실한 요보호성년에 대한 후견제도의 이용이 기피될 우려가 있다. 일부 견해는 이러한 상황에 대비하여 국가 또는 지방자치단체에 의한 성년후견인 보수 지급 제도의 도입을 주장한다.[5] 이러한 제도에 의해 지방자치단체로부터 보수를 지급받은 성년후견인에 대해서는 §955의 적용이 배제되어야 할 것이다. 이중 지급을 막기 위함이다.

Ⅲ. 보수수여심판

가정법원은 후견인의 청구에 의해 Ⅱ.1.에 따라 결정된 보수액을 후견인에게 수여하기로 하는 심판을 할 수 있다. 이때 본조는 "수여할 수 있다"고 규정하고 있을 뿐이므로, 보수 지급 여부는 가정법원의 재량에 속한다. 보수수여심판에 대한 즉시항고도 허용되지 않는다.

일부 견해는 본조의 문언을 근거로 후견사무는 무보수가 원칙이며, 보수는

2) 제철웅(2011), 287~288.
3) 박동섭, 399.
4) 박동섭, 399.
5) 가령 김대경, "성년후견제의 입법을 위한 비교법적 고찰," 경희법학 45−1(2010), 136; 박상호·예철희(2010), 299~300; 신권철, "성년후견제도의 쟁점과 과제," 사회보장법연구 2−2(2013), 65~66; 신은주(2009), 30, 39~40; 엄덕수(2010), 22~23; 이영규(2010), 245; 이영규, "성년후견제의 올바른 시행과 정착을 위한 과제," 법무사 2011−4(2011), 13; 이정식(2010), 145; 최윤영, "사회복지적 관점의 성년후견제 도입 의미와 과제," 한국사회복지교육 17(2012), 114~115 등.

예외적으로 지급받을 수 있을 뿐이라고 주장한다.6) 이에 반해 무보수의 원칙
은 전문가 후견인 양성에 방해가 되므로, 유상후견을 원칙으로 삼아야 한다는
견해도 있다.7)

IV. 특별규정

1. 후견감독인

후견감독인에 대해서는 본조가 준용되므로, 후견감독인은 본조에 따라 가
정법원에 보수의 수여를 청구할 수 있다(§940-7).

2. 가정법원의 명령에 의해 후견사무의 실태·재산상황의 조사 또는 임시로 재산관리를 하는 사람의 보수

家訴 §45-4 ①에 따라 가정법원으로부터 명령을 받아 성년후견사무의 실
태 또는 피성년후견인의 재산상황을 조사하거나 임시로 재산관리를 하는 사람
중 법원사무관 등이나 가사조사관 같은 법원 소속 공무원이 아닌 사람에 대해
서는 피성년후견인의 재산 중에서 상당한 보수를 지급할 수 있다(家訴 §45-4
②).

3. 직무대행자의 보수

家訴規 §32 ①에 따라 후견인변경심판 등에 앞서 사전처분의 일환으로 선
임된 직무대행자에 대해서는 사건본인의 재산 중에서 상당한 보수를 지급할
것을 명할 수 있다(家訴規 §32 ⑥).

4. 임시후견인의 보수

家訴規 §32 ④에 따라 후견인선임심판 등에 앞서 사전처분의 일환으로 선
임된 임시후견인에 대해서는 청구인 또는 사건본인의 재산 중에서 상당한 보
수를 지급할 것을 명할 수 있다(家訴規 §32 ⑥).

---

6) 오호철(2006), 456; 최문기(2007), 28 등.
7) 이은영(2003), 75.

第 955 條의 2 (지출금액의 예정과 사무비용)

후견인이 후견사무를 수행하는 데 필요한 비용은 피후견인의 재산 중에서 지출한다.

Ⅰ. 후견사무비용의 지출

후견인의 사무비용 지출에 관해 정하는 조문이다. 후견인이 후견사무를 수행하는 데 필요한 비용은 피후견인의 재산 중에서 지출한다(본조). 舊 민법 §957의 해석상으로도 후견비용은 피후견인의 재산으로부터 지출한다고 인정되어 왔으나, 후견비용의 처리를 둘러싼 불명확성과 분쟁의 소지를 제거하기 위해 2011. 2. 18.자 개정에 의해 이를 명문화하였다.[1]

이때 "후견사무를 수행하는 데 필요한 비용"에는 후견인의 보수는 포함되지 않는다. 이에 대해서는 §955가 별도로 규정하고 있기 때문이다.

후견사무비용이 피후견인의 재산으로부터 지출되는 것에 대응하여, 후견인에게는 재산관리에 따른 과실수취권 내지 수익권이 인정되지 않는다.[2]

Ⅱ. 지출금액의 예정

후견인은 매년 후견사무를 위해 지출할 비용을 미리 계획할 의무가 있다는 견해[3]가 있다. 부당한 지출의 방지를 통해 피후견인의 재산을 보호할 필요가 있다는 점, 본조의 표제가 이미 "지출금액의 예정"이라고 정하고 있다는 점 등을 근거로 들 수 있을 것이다.[4]

---

1) 동 조문의 신설을 주장한 견해로 홍춘의(2002), 32~33; 오호철(2006), 455.
2) 권순한, 451; 김주수·김상용, 460; 박동섭, 398; 신기현(1991), 27.
3) 입법론으로 이러한 주장을 한 견해로 홍춘의(2002), 33 참조.
4) 해설, 53 참조.

Ⅲ. 후견절차비용

　　후견의 개시·종료, 후견인·후견감독인·특별대리인의 선임·재선임·추가
선임 및 종료, 피후견인 및 후견인의 권한 범위 결정과 변경, 후견인 또는 후견
감독인의 동의에 갈음하는 심판, 후견인 또는 후견감독인의 각종 행위에 대한
허가, 후견임무와 관련된 각종의 처분명령 등 후견 관련 사건의 절차에 소요되
는 비용은 청구인이 부담하는 것이 원칙이나, 그 비용을 지출할 자금능력이 없
거나 그 비용을 지출하면 생활에 현저한 지장이 있는 사람에 대하여는 그 사람
의 신청에 따라 또는 직권으로 절차구조를 할 수 있다(家訴 §37-2 ①).

第 956 條 (委任과 親權의 規定의 準用)
第681條 및 第918條의 規定은 後見人에게 이를 準用한다.

　　후견인의 사무처리와 관련된 준용규정이다. 본조에 따르면 §681 및 §918
는 후견인에게 준용된다. 이때 후견인에는 미성년후견인과 성년후견인이 모두
포함된다.

　　따라서 후견인은 후견의 본지에 따라 선량한 관리자의 주의로써 후견사무
를 처리하여야 한다(§681). 친권자의 주의의무가 자기 재산에 관한 행위와 동일
한 정도로 경감되는 것과 차이가 있다(§922 참조). 본조에 의해 후견인은 수임인
에 준하는 지위를 갖게 된다. 따라서 일본 최고재판소[1]의 태도와 같이 그가 후
견사무를 처리함에 있어 배임·횡령 등을 한 때에는 친족상도례 규정이 적용되
지 않는다고 보아야 한다는 견해[2]가 있다.

　　또한 무상으로 미성년자 또는 피성년후견인에게 재산을 수여한 제3자가
후견인의 관리에 반대하는 의사를 표시한 때에는 후견인이 그 재산을 관리하
지 못한다(§918 ①). 따라서 당해 재산은 제3자가 지정한 재산관리인 또는 제3자
가 지정한 사람이 없을 때에는 법원이 선임한 재산관리인에 의해 관리된다[§918
②, 家訴 §2 ① ⅱ 가. 15)]. 법원은 이미 지정 또는 선임된 관리인을 개임할 수도 있
다[§918 ③, 家訴 §2 ① ⅱ 가. 15)]. 후견인의 재산관리권한이 제한된 재산에 관한 미
성년자의 재산관리방법에 대해 자세히는 §918 註釋 참조.

---
1) 日最判 2012(平 24). 10. 9. 第878号.
2) 배인구(2013), 44.

第 4 款　後見의　終了

第 957 條 (후견사무의 종료와 관리의 계산)
　① 후견인의 임무가 종료된 때에는 후견인 또는 그 상속인은 1개월 내
　　에 피후견인의 재산에 관한 계산을 하여야 한다. 다만, 정당한 사유
　　가 있는 경우에는 법원의 허가를 받아 그 기간을 연장할 수 있다.
　② 제1항의 계산은 후견감독인이 있는 경우에는 그가 참여하지 아니하
　　면 효력이 없다.

Ⅰ. 조문의 취지

후견사무 종료에 따른 후견인의 임무를 정하기 위한 조문이다. 미성년후
견인과 성년후견인 모두에게 적용된다.

Ⅱ. 후견인의 임무 종료

본조는 "후견인의 임무가 종료된 때" 적용된다. 이는 후견 자체가 종료된
때(절대적 종료) 및 당해 후견인의 임무만 종료된 때(상대적 종료)로 나누어 볼 수
있다. 절대적 종료는 다시 미성년후견의 종료와 성년후견의 종료로 나누어진다.

1. 절대적 종료

가. 미성년후견의 종료

미성년후견은 미성년자 보호의 필요성이 없어진 경우 또는 미성년자에게
친권자가 생긴 경우에 종료한다.

전자에 해당하는 것으로는 미성년자의 성년도달, 혼인에 따른 성년의제, 사망 등이 있다.

후자에 해당하는 사안은 상당히 다양하다. 친권상실선고 또는 법률행위 대리권과 재산관리권 상실선고에 대한 실권회복선고가 있었던 경우(§926), 법률행위 대리권과 재산관리권을 사퇴하였던 친권자가 이를 회복한 경우(§927), 미성년후견인의 지정·단독친권자 사망 또는 친권상실선고·입양의 취소 또는 파양·양부모의 사망·친생부모 소재불명 등으로 인해 미성년후견이 개시되었으나, 그 후 사정변경으로 인해 다시 친권자지정심판이 있었던 경우(§909-2 ⑥, §927-2 ②, §931 ②), 입양 또는 인지 등으로 인해 새로이 친권자가 생긴 경우 등이 이에 포함된다.

나. 성년후견의 종료

성년후견은 피성년후견인이 사망하거나, §11, §14-3 ②, §959-20 ②에 따른 성년후견종료의 심판이 있는 때 종료한다[家訴 §2 ① ii 가. 1)]. 일정한 기간이 도과하면 바로 성년후견이 종료되도록 하는 기간제한 규정을 두자는 입법론적 제안[1]이 있었으나, 관철되지 아니하였다. 따라서 가정법원이 성년후견개시심판 당시 그 기간을 정한 경우에도 기간의 도과만으로는 성년후견이 종료될 수 없다.[2] 성년후견의 종료를 위해 반드시 의사의 감정 등을 거쳐야 하는 것은 아니다(家訴規 §38).

2. 상대적 종료

후견인이 사망하거나 사임(§939)·변경(§940)된 경우 당해 후견인의 임무가 종료되고, 새로운 후견인이 선임된다. 사임 또는 변경에 따른 상대적 종료에 대해서는 §939 및 §940 註釋 참조. 후견인에게 §937에 따른 결격사유가 발생한 경우도 같다.

"배우자로서 후견인이 된 자가 혼인의 종료로 인하여 그 신분을 잃었을 때나 피후견인이 혼인한 때"를 상대적 종료사유로 열거하는 견해[3]가 있으나, 법정후견인제도가 폐지된 이상 혼인 또는 혼인의 종료만으로는 후견이 당연히 종료한다고 볼 수 없을 것이다.

---

1) 이영규(2010), 236.
2) 같은 취지로 김형석(2014b), 459.
3) 박정기·김연, 307; 양수산, 498; 한봉희·백승흠, 354.

Ⅲ. 후견사무 종료에 따른 계산

후견인의 임무가 종료된 때 후견인 또는 그 상속인은 1개월 내에 피후견인의 재산에 관한 계산을 하여야 한다(본조 ① 본문).

"피후견인의 재산에 관한 계산"이란 "후견사무의 집행과 관련된 모든 재산상의 수입과 지출을 명확히 하고 재산의 현재액을 계산하는 것"을 말한다.[4]

관리의 계산은 후견인 임무 종료일부터 1개월 내에 이루어져야 하지만, 정당한 사유가 있는 경우에는 법원의 허가를 받아 그 기간을 연장할 수 있다[본조 ① 단서, 家訴 §2 ① ⅱ 가. 24)].

후견인 임무 종료시 후견감독인이 있는 경우에는 후견감독인의 참여하에 계산을 하여야 하며, 후견감독인이 참여하지 않은 때에는 효력이 없다(본조 ②).

계산이 완료된 후에는 지체없이 그 결과를 보고하여야 한다(§683의 유추적용).[5] 보고의 상대방은 본인인 피후견인이 되어야 함이 원칙이나, 피후견인이 아직 제한적 능력자인 경우에는 새로운 후견인에게, 미성년자가 친권을 따르게 된 때에는 친권자에게, 피후견인이 사망한 때에는 상속인에게 보고할 수 있다.[6]

Ⅳ. 후견종료의 신고 또는 등기

미성년후견인은 후견 종료의 사유가 발생한 때로부터 1개월 내에 미성년후견 종료의 신고를 하여야 한다(家登 §83 ① 본문). 보고적 신고이다. 단, 미성년자가 성년에 달하여 후견이 종료된 경우에는 신고하지 않아도 된다(家登 §83 ① 단서). 가족관계등록 공무원이 직권으로 후견종료사유를 기록하기 때문이다.

§11, §14-3 ②, §959-20 ②에 따른 성년후견종료의 심판, §939에 따른 성년후견인 사임허가 심판 또는 §940에 따른 성년후견인 변경심판이 있는 때에는 심판의 확정과 동시에 가정법원이 후견등기부기록을 촉탁하여야 한다(家訴 §9, 家訴規 §5-2 ① ⅰ).

반면 피성년후견인의 사망 등 가정법원의 심판을 거치지 않고 성년후견이 종료한 때에는 성년후견인이 성년후견의 종료를 안 날로부터 3개월 내에 종료등기를 신청하여야 한다(후견 등기에 관한 법률 §29 ①).

---

4) 신영호, 251.
5) 박동섭, 417.
6) 같은 취지로 김주수·김상용, 466.

第 958 條 (利子의 附加와 金錢消費에 對한 責任)

① 後見人이 被後見人에게 支給할 金額이나 被後見人이 後見人에게 支給할 金額에는 計算終了의 날로부터 利子를 附加하여야 한다.

② 後見人이 自己를 爲하여 被後見人의 金錢을 消費한 때에는 그 消費한 날로부터 利子를 附加하고 被後見人에게 損害가 있으면 이를 賠償하여야 한다.

후견사무 종료에 따른 후견인 또는 피후견인의 책임을 정하는 조문이다. 미성년후견인과 성년후견인에게 모두 적용된다.

후견사무 종료에 따른 계산 결과 후견인이 피후견인에게 지급할 금액 또는 피후견인이 후견인에게 지급할 금액이 있는 때에는 계산종료의 날로부터 이자를 부가하여야 한다(본조 ①).

이때 계산종료의 날이란 실제로 계산이 종료된 날을 의미하는 것이며, §957에 따른 후견인 임무 종료일부터 1개월이 경과한 날을 의미하는 것은 아니다.

후견사무 종료에 따른 계산 결과 후견인이 자기를 위하여 피후견인의 금전을 소비한 것이 밝혀진 때에는 그 소비한 날로부터 이자를 부가하고, 피후견인에게 손해가 있으면 이를 배상하여야 한다(본조 ②). 민법의 일반원칙에 따르면 당연한 규정이다. 다만, 후견인이 자기를 위하여 피후견인의 금전을 소비한 결과 피후견인에게 이를 반환할 의무가 있을 때 그 지급의무가 본조 ①에 따른 "후견인이 피후견인에게 지급할 금액"에 포함된 것으로 해석되어 계산종료일로부터 이자를 부가하는 일이 발생하지 않도록 이를 명백히 한 것에 불과하다.

第 959 條 (委任規定의 準用)

第691條, 第692條의 規定은 後見의 終了에 이를 準用한다.

후견사무 종료에 관한 준용규정이다. 이때 후견에는 미성년후견과 성년후견이 모두 포함된다.

본조에 따르면 위임사무 종료에 관한 §691와 §692는 후견 종료시 준용된다. 따라서 후견이 종료된 경우 급박한 사정이 있는 때에는 후견인, 그 상속인이나 법정대리인은 피후견인, 그 상속인이나 새로운 후견인이 위임사무를 처리할 수 있을 때까지 그 사무의 처리를 계속하여야 한다. 이때에는 후견이 존속하는 것과 동일한 효력이 있다(§691).

"급박한 사정"이란, 위임사무에 속하고 있던 수임인의 권리가 곧 시효로 소멸할 우려가 있는 경우, 위임인이 중병 때문에 스스로 위임사무를 볼 수 없거나 새로운 수임인을 선임하기도 어려운 경우 등 종래 위임의 취지에 따라서 선처하지 않으면 위임인에게 불이익이 되는 경우를 말한다.[1]

입법론으로서 급박하지 않은 사무라도 병원비의 지급, 장례의 처리 등 피후견인 사망에 따른 사후처리 사무를 후견인이 담당할 수 있도록 해야 한다는 견해[2]가 있다. 다만, 이때 보수지급과 관련된 문제가 발생할 수 있을 것이다.[3]

후견종료의 사무는 이를 상대방에게 통지하거나 상대방이 이를 안 때가 아니면 이로써 상대방에게 대항하지 못한다(§692). 이때 "상대방"은 후견인을 의미한다.[4] 가령 피성년후견인에 대해 성년후견종료심판이 내려졌음에도 불구하고 피성년후견인이 성년후견인에게 이를 통지하지 않아 성년후견인이 이를 모르고 후견사무를 계속 수행하였다면 보수를 지급받을 수 있고, 그의 대리행위도 유효하다. 그러나 현행 家訴상 성년후견종료심판은 성년후견인에게도 고지하도록 되어 있으므로, 그다지 실익은 없다.

후견종료 후 후견인과 거래한 상대방은 §129상 표현대리의 성립을 주장할 수 있을 것이다. 성년후견종료심판이 후견등기부에 기록되었다는 사실은 표현

1) 주해[XV], 607.
2) 오호철(2006), 458~459.
3) 이 점을 지적하면서 대안을 제시하고 있는 문헌으로 오호철, "일본의 성년후견제도와 우리나라의 성년후견법안의 비교," 비교사법 15-2(2008), 324~325.
4) 권순한, 252; 박동섭, 417.

대리 성립 여부에 큰 영향을 줄 수 없는데, 그 증명서의 발급 청구권자가 극히 제한되어 있고, 등기부 기록 여부에 따라 상대방의 귀책사유 판단이 달라진다면 누구나 피성년후견인에게 관련 증명서를 발급받아 올 것을 요구함으로써 사실상 낙인과 배제의 결과를 가져올 우려가 있기 때문이다.

第 2 節　限定後見과 特定後見

■ **참고문헌:** 김형석(2014), "성년후견·한정후견의 개시심판과 특정후견의 심판," 서울대 법학 55-1; 박인환(2013), "새로운 성년후견제도에 있어서 특정후견 도입의 의의와 과제," 민사법의 이론과 실무 17-1, 1~31; 백승흠(2014), "포괄적 후견권의 제한과 성년후견제도 — 한정후견유 형을 중심으로 —," 민사법의 이론과 실무 17-1.

第 959 條의 2 (한정후견의 개시)

가정법원의 한정후견개시의 심판이 있는 경우에는 그 심판을 받은 사 람의 한정후견인을 두어야 한다.

Ⅰ. 조문의 취지

한정후견의 개시 원인 및 개시의 효과를 정하는 조문이다. 성년자가 질병, 장애, 노령, 그 밖의 사유로 인한 정신적 제약으로 사무를 처리할 능력이 부족 한 경우, 그의 재산관리와 신상 등에 대한 보호와 지원이 필요하다. §12는 이러 한 경우에 대비하여 일정한 자의 청구에 의해 한정후견이 개시되도록 하는 한 편, 한정후견이 개시된 때에는 그를 위해 반드시 한정후견인을 두도록 하였다 (본조).[1]

한정후견개시심판이 선고되었음에도 불구하고 한정후견인이 선임되지 않 을 경우 피한정후견인의 제한된 행위능력을 보충할 기관에 흠결이 생기기 때 문이다. 그러나 성년후견의 경우와 달리 피한정후견인은 한정후견의 개시에도 불구하고 포괄적으로 그 행위능력이 제한되지 않는다는 점에서 한정후견개시 심판시 한정후견인 선임을 강제할 필요가 있는지는 의문이다.

---

[1] 한정후견제도의 의의에 대해 자세히는 백승흠(2014), 50~54 참조.

Ⅱ. 한정후견의 개시 원인

한정후견은 오로지 가정법원에 의한 한정후견개시심판이 있는 경우에만 개시된다. 한정후견개시심판은 질병, 장애, 노령, 그 밖의 사유로 인한 정신적 제약으로 사무를 처리할 능력이 부족한 경우 또는 후견계약이 등기되어 있음에도 불구하고 본인의 이익을 위해 특별히 필요한 경우에만 할 수 있다[§12 ①, §959-20 ①, 家訴 §2 ① ⅱ 가. 1)-3]. 신체적 장애로 인해 사무처리능력이 부족한 경우 이를 이유로 한정후견을 개시할 수 있는지 여부에 대해서는 §929 註釋 참조.

일단 한정후견개시심판이 확정된 후에는 당연히 한정후견이 개시되며, 설령 개시심판에 어떠한 하자가 있다고 하더라도 그러하다. 한정후견개시심판의 효력은 즉시항고로만 다툴 수 있기 때문이다. 가령 사무처리능력이 지속적으로 결여되어 있어 성년후견이 필요했던 경우라도 일단 한정후견개시심판이 확정되었다면,2) §14, §14-3 ① 및 §959-20 ②에 따른 한정후견종료의 심판이 있기 전에는 한정후견에 따른 각종의 효과를 부인할 수 없다. 반면 한정후견의 실체적 요건을 갖춘 경우라도 실제로 심판을 받지 않은 때에는 한정후견이 개시될 수 없다(§12 ①).

Ⅲ. 한정후견 개시의 효과

1. 실체적 효과

가. 한정후견인의 선임

가정법원은 한정후견개시심판을 하는 경우 그 심판을 받은 사람, 즉 피한정후견인을 위해 한정후견인을 두어야 한다. 구체적인 한정후견인 선임방법에 대해서는 §959-3 註釋 참조.

나. 행위능력의 제한

한정후견이 개시되더라도 당연히 피한정후견인의 행위능력이 제한되는 것은 아니다. 따라서 한정후견인은 피한정후견인을 함부로 대리할 수도 없고, 피

---

2) 한정후견개시심판 청구가 있었을 때 가정법원이 성년후견 또는 특정후견심판을 할 수 있는지 여부에 대해서는 긍정하는 견해와 부정하는 견해가 대립한다. 긍정하는 견해로는 곽윤직·김재형, 127~128; 박동섭, 가사소송(하), 104; 윤진수·현소혜, 30~31; 김형석(2014), 458; 윤일구(2012), 187; 이진기(2012), 102; 현소혜, "법정후견의 유형과 활용방안," 성년후견 1(2013), 76. 부정하는 견해로는 신영호, 253; 구상엽(2012), 36; 배인구(2013), 29~30.

한정후견인이 스스로 한 법률행위를 취소할 수도 없다.

　　다만, 가정법원이 §13 ①에 따라 피한정후견인이 한정후견인의 동의를 받아야 하는 행위의 범위를 정하는 심판(이른바 '동의유보심판')을 한 경우, 그의 동의 없이 한 피한정후견인의 법률행위는 한정후견인이 이를 취소할 수 있다(§13 ④). 그 결과 당해 심판에서 정한 범위 내에서 피한정후견인의 행위능력이 일부 제한된다. 이러한 심판에 대해서는 즉시항고를 할 수 없으므로, 한정후견개시 심판 자체를 다투거나, §13 ②에 따라 그 범위의 변경을 구하는 심판을 청구하는 수밖에 없다.

　　그러나 이때에도 피한정후견인의 자기결정권을 최대한 보장하고 한정후견인의 권한남용 또는 권한해태로부터 피한정후견인을 보호하기 위해, 피한정후견인의 이익이 침해될 염려가 있음에도 한정후견인이 동의를 하지 아니하는 때에는 피한정후견인이 가정법원에 한정후견인의 동의를 갈음하는 허가를 청구할 수 있도록 하였다[§13 ③, 家訴 §2 ① ⅱ 가. 1)-4]. 피한정후견인이 일용품의 구입 등 일상생활에 필요하고 그 대가가 과도하지 아니한 법률행위를 단독으로 유효하게 할 수 있음은 물론이다(§13 ④ 단서).

　　또한 가정법원은 필요한 경우 한정후견인에게 대리권을 수여하는 심판을 할 수 있다(§959-4 ①). 이때 대리권 수여심판은 한정후견인의 사무처리의 편의를 도모하기 위한 것일 뿐, 피한정후견인의 행위능력을 제한하기 위한 것은 아니므로, 대리권 수여 범위 내에서도 피한정후견인은 여전히 완전한 행위능력을 보유한다. 자세한 내용은 §959-4 註釋 참조.

다. 소멸시효 기간의 정지

　　피한정후견인의 행위능력이 제한되는 범위 내의 권리에 관하여 소멸시효 기간만료 6개월 내에 피한정후견인에게 한정후견인이 없다면, 그가 능력자가 되거나 한정후견인이 취임한 때로부터 6개월 내에 시효가 완성되지 않는다(§179). 한정후견인에 대한 피한정후견인의 권리도 같다(§180 ①).

라. 각종 결격사유

　　피한정후견인에 대해서는, 피성년후견인의 경우와 달리, 그 개시에도 불구하고 대리권의 소멸, 위임계약의 종료, 조합의 탈퇴 등의 효과가 결부되지 않는다(§§127, 690, 717). 그러나 여전히 피한정후견인은 한정후견의 개시와 동시에 공인회계사법, 변호사법, 의료법, 약사법, 국가공무원법, 지방공무원법 등 200여 개의 법률에 의해 각종의 공법상·직업상 자격을 박탈당한다. 이러한 결격조항을 둘러싼 논란에 대해 자세히는 §929 註釋 참조.

2. 한정후견의 개시 시기

한정후견은 한정후견개시심판이 확정된 때 개시된다. 한정후견개시심판에 대해서는 본인, 배우자, 4촌 이내의 친족, 미성년후견인, 미성년후견감독인, 성년후견인, 성년후견감독인, 특정후견인, 특정후견감독인, 검사 또는 지방자치단체의 장 등 §12 ①에서 정한 청구권자 및 §950-20 ①에서 정한 임의후견인과 임의후견감독인이 즉시항고할 수 있다(家訴 §36 ① ⅱ 가.).

따라서 한정후견개시심판은 즉시항고기간이 모두 도과한 때, 즉 당사자(家訴規 §25), 이해관계인(家訴規 §25) 및 당해 심판에 의해 한정후견인이 될 자(家訴規 §35)가 심판을 고지받은 날부터 14일이 도과함으로써 비로소 확정된다(家訴 §40, 家訴規 §31).

3. 한정후견 개시의 공시

한정후견의 개시 및 한정후견인 선임 등에 관한 사항은 후견등기부를 통해 공시된다. 따라서 가정법원은 한정후견개시심판이 확정된 때에는 지체없이 후견등기사무를 처리하는 사람에게 한정후견 개시심판, 한정후견인·한정후견감독인 선임심판에 관한 사항, 피한정후견인이 한정후견인의 동의를 받아야 하는 행위의 범위를 결정하는 심판에 관한 사항, 한정후견인에게 대리권을 수여하는 심판에 관한 사항, 한정후견인이 피한정후견인의 신상에 관하여 결정할 수 있는 권한의 범위를 결정하는 심판에 관한 사항, 여러 명의 한정후견인 및 한정후견감독인을 정한 때에는 그 권한 행사를 결정하는 심판에 관한 사항을 후견등기부에 등기할 것을 촉탁하여야 한다(家訴 §9, 家訴規 §5-2 ① ⅱ). 성년자를 위한 후견의 공시방법에 대해 자세히는 §959-14 註釋 참조.

第 959 條의 3 (한정후견인의 선임 등)

① 제959조의2에 따른 한정후견인은 가정법원이 직권으로 선임한다.
② 한정후견인에 대하여는 제930조제2항·제3항, 제936조제2항부터 제4항까지, 제937조, 제939조, 제940조 및 제949조의3을 준용한다.

Ⅰ. 조문의 취지

한정후견개시 심판이 있는 경우 가정법원은 직권으로 한정후견인을 선임하여야 한다[본조 ①, 家訴 §2 ① ⅱ 가. 18)]. 한정후견인에 관해서는 친권자 등에 의한 지정후견인, 舊 민법(2011. 3. 7. 개정 전)에서와 같은 법정후견인 제도가 적용될 여지가 없음을 선언하는 한편, 선임방법, 사임, 변경 등 한정후견인의 법적 지위 일반을 정하기 위한 조문이다. 선임후견인 제도의 취지에 대해서는 §932 註釋 참조.

Ⅱ. 선임사유

1. 한정후견개시심판

§12에 따른 한정후견개시심판이 있는 경우 가정법원은 한정후견인을 선임하여야 한다(§959−2).

2. 재선임

§959-2에 따라 선임된 한정후견인이 사망, 결격, 그 밖의 사유로 없게 된 경우 가정법원은 일정한 자의 청구 또는 직권으로 한정후견인을 선임한다(본조 ②에 의한 §936 ②의 준용). 자세한 내용은 §936 註釋 참조.

3. 추가선임

§959-2 또는 본조 ②에 따라 한정후견인이 선임된 후에도 가정법원은 필요하다고 인정하면 직권으로 또는 일정한 자의 청구에 의해 추가로 한정후견인을 선임할 수 있다(본조 ②에 의한 §936 ③의 준용). 자세한 내용은 §936 註釋 참조.

Ⅲ. 한정후견인의 자격 및 선임기준

1. 자격

한정후견인에 대해서는 성년후견인의 자격과 수에 관한 규정이 준용된다 (본조 ②에 의한 §930 ② 및 ③의 준용). 따라서 자연인뿐만 아니라 법인도 한정후견인이 될 수 있고, 한정후견인을 여러 명 둘 수도 있다. 자세한 내용은 §930 註釋 참조.

2. 결격사유

한정후견인에 대해서는 미성년후견인 및 성년후견인의 결격사유에 관한 규정이 준용된다(본조 ②에 의한 §937의 준용). 따라서 §937 i 내지 viii에 해당하는 사람은 한정후견인이 될 수 없다. 자세한 내용은 §937 註釋 참조.

3. 선임기준

가정법원은 한정후견인을 선임할 때 피한정후견인의 의사를 존중하여야 하며, 그 밖에 피한정후견인의 건강, 생활관계, 재산상황, 한정후견인이 될 사람의 직업과 경험, 피한정후견인과의 이해관계 유무(법인이 한정후견인이 될 때에는 사업의 종류와 내용, 법인이나 그 대표자와 피한정후견인 사이의 이해관계의 유무를 말한다) 등의 사정도 고려하여야 한다(본조 ②에 의한 §936 ④의 준용). 자세한 내용은 §936 註釋 참조.

Ⅳ. 선임절차

1. 개시의 요건

가. 한정후견개시심판이 있는 경우

한정후견개시심판이 있는 경우 가정법원은 언제나 직권으로 한정후견인을 선임하도록 하고 있으므로, 별도의 청구는 필요하지 않다. 한정후견의 개시 자체에 일정한 자에 의한 청구가 필요한 것과 차이가 있다. 청구의 흠결로 인해 피후견인 보호에 공백이 생길 우려가 있다는 舊 민법(2011. 3. 7. 개정 전)상의 비판1)을 수용한 것이다.

나. 재선임의 경우

한정후견인의 재선임은 가정법원의 직권 또는 피한정후견인, 친족, 이해관계인, 검사, 지방자치단체의 장의 청구에 의한다(본조 ②에 의한 §936 ②의 준용). 한정후견감독인 역시 새로운 한정후견인의 선임을 청구할 수 있다(§959-5 ②에 의한 §940-6 ① 후문의 준용). 한정후견개시심판 당시 한정후견인을 선임하는 경우와 달리 한정후견인이 없게 된 때에는 가정법원이 그러한 사정을 알 수 없는 경우도 있으므로, 일정한 자의 청구에 의한 선임을 허용하였다.

다. 추가선임의 경우

한정후견인의 추가선임은 가정법원의 직권 또는 피한정후견인, 한정후견인, 친족, 이해관계인, 검사, 지방자치단체의 장의 청구에 의한다(본조 ②에 의한 §936 ③의 준용). 한정후견감독인 역시 이해관계인으로써 추가선임을 청구할 수 있을 것이다.

2. 심리

한정후견인 선임심판을 하는 경우에는 피한정후견인(피한정후견인이 될 사람을 포함한다)과 한정후견인이 될 사람의 진술을 들어야 한다(家訴 §45-3 ① ⅲ). 재선임이나 추가선임의 경우도 같다. 한정후견인 선임시 피한정후견인의 의사를 존중하여야 하기 때문이다(본조 ②에 의한 §936 ④의 준용).

---

1) 김성숙(1998), 191; 백승흠(2003), 413; 송호열(2006), 62; 이승길(2009), 14~15; 이정식(2010), 141; 최문기(2007), 5; 홍춘의(2002), 9, 25 등.

3. 한정후견인 선임심판

가정법원은 한정후견개시심판과 동시에 한정후견인 선임심판을 한다[家訴 §2 ① ⅱ 가. 18)]. 따라서 한정후견인 선임심판은 한정후견개시심판을 하는 법원, 즉 피한정후견인될 자의 주소지 관할법원의 전속관할에 속한다. 재선임이나 추가선임의 경우에도 피한정후견인이 될 자의 주소지 가정법원이 관할한다.

한정후견인 선임심판시 가정법원은 한정후견인에게 그 후견사무에 관하여 필요하다고 인정되는 사항을 지시할 수 있다(家訴規 §38-2).

한정후견인선임심판은 당사자(家訴規 §25), 절차에 참가한 이해관계인(家訴規 §25), 한정후견인 및 한정후견감독인이 될 자(家訴規 §35 ①)에게 고지하고, 사건본인인 피한정후견인될 자에게는 그 뜻을 통지하여야 한다(家訴規 §35 ②).

4. 즉시항고

한정후견인 선임심판에 대한 즉시항고는 허용되지 않는다. 단, 한정후견개시심판 자체를 다툼으로써 한정후견인 선임심판의 효력을 다툴 수는 있다. 한정후견개시심판에 대해 즉시항고를 할 수 있는 자는 §12 ①에서 정한 청구권자 및 §959-20 ①상의 임의후견인, 임의후견감독인이다(家訴規 §36 ① ⅱ 가.).

5. 후견등기의 촉탁

한정후견인 선임심판이 확정된 때 가정법원은 지체없이 후견등기 사무를 처리하는 사람에게 후견등기부에 등기할 것을 촉탁하여야 한다(家訴 §9, 家訴規 §5-2 ① ⅱ 나.).

그 밖에 한정후견인 선임절차와 관련하여 자세한 내용은 §936 註釋 참조.

V. 한정후견인의 사임 및 변경

1. 한정후견인의 사임

한정후견인의 사임에 관해서는 성년후견인의 사임에 관한 규정을 준용한다(본조 ②에 의한 §939의 준용). 따라서 한정후견인은 정당한 사유가 있는 경우 가정법원의 허가를 받아 사임할 수 있으며, 이때 한정후견인은 사임청구와 동시에 가정법원에 새로운 한정후견인의 선임을 청구하여야 한다.

가정법원의 한정후견인 사임허가 심판[家訴 §2 ① ii. 가 19)]에 대해 자세히는 §939 註釋 참조.

2. 한정후견인의 변경

한정후견인의 변경에 관해서는 성년후견인 변경에 관한 규정을 준용한다 (본조 ②에 의한 §940의 준용). 따라서 가정법원은 피후견인의 복리를 위하여 한정후견인을 변경할 필요가 있다고 인정하면 직권으로 또는 피후견인, 친족, 후견감독인, 검사, 지방자치단체의 장의 청구에 의하여 후견인을 변경할 수 있다.

구체적인 변경사유와 변경심판[家訴 §2 ① ii 가. 18)]에 대해 자세히는 §940 註釋 참조. 특히 한정후견인 변경심판을 하는 경우에는 피한정후견인과 그 변경이 청구된 한정후견인 및 한정후견인이 될 사람의 진술을 들어야 하며(家訴 §45-3 ① v), 한정후견인 변경심판에 대해서는 변경의 대상이 되는 한정후견인이, 한정후견인 변경청구 기각 심판에 대해서는 §959-3 ②에 의해 준용되는 §940에서 정한 자가 즉시항고할 수 있다(家訴規 §36 ① ii 나. 및 §36 ② iv).

VI. 한정후견인의 직위에 준하는 자

1. 특별대리인

한정후견인이 피한정후견인과의 사이에 이해상반행위를 하는 경우 및 한정후견인이 한정후견에 따르는 수인의 피한정후견인 사이에 이해상반행위를 하는 경우에는 특별대리인의 선임을 청구하여야 한다(본조 ② 및 §959-6에 의한 §949-3 준용). 이때 특별대리인은 한정후견인을 대신하여 피한정후견인의 법률행위를 대리한다. 다만, 후견감독인이 있는 경우에는 그렇지 않다. 자세한 내용은 §949-3 註釋 참조.

2. 임시후견인

가정법원은 아직 한정후견인을 선임하기 전이라도 직권 또는 당사자의 신청에 의해 家訴 §62 ①에 따른 사전처분으로서 임시후견인을 선임할 수 있다 (家訴規 §32 ④). 이때 선임된 임시후견인에 대해서는 한정후견인에 관한 규정이 준용된다(家訴規 §32 ④). 그 밖에 임시후견인 선임심판에 대해 자세히는 §936 註釋 참조.

3. 직무대행자

한정후견인 변경심판에 앞서 필요한 경우 가정법원은 직권 또는 당사자의 신청에 의해 家訴 §62 ①에 따른 사전처분으로서 직무대행자를 선임할 수 있다 (家訴規 §32 ①). 이때 직무대행자에 대해서는 한정후견인에 관한 규정을 준용함이 원칙이다(家訴規 §32 ①). 그 밖에 직무대행자 선임심판에 대해 자세히는 §940 註釋 참조.

第 959 條의 4 (한정후견인의 대리권 등)

① 가정법원은 한정후견인에게 대리권을 수여하는 심판을 할 수 있다.

② 한정후견인의 대리권 등에 관하여는 제938조제3항 및 제4항을 준용한다.

Ⅰ. 조문의 취지

§959−6에 의해 준용되는 §949 ①에도 불구하고 한정후견인에게는 미성년후견인이나 성년후견인 또는 舊 민법(2011. 3. 7. 개정 전)상 한정치산자의 후견인과 달리 포괄적인 법률행위 대리권이 수여되지 않는다. 피한정후견인은 가정법원으로부터 동의유보심판을 받지 않는 한 행위능력이 제한되지 아니하므로, 한정후견인에게 언제나 포괄적인 권한을 인정할 필요가 없기 때문이다. 따라서 본조는 한정후견인이 필요한 범위 내에서만 탄력적으로 대리권을 행사할 수 있도록 가정법원에 일정한 범위 내에서 한정후견인에게 대리권을 수여하는 내용의 심판을 할 수 있는 권한을 부여하였다.[1]

이에 대해서는 한정후견인 역시 당연히 대리권을 갖지만 일정한 경우 이를 제한할 수 있을 뿐[2]이라거나, 포괄적 대리권을 가지되 그 개시를 위해 대리권수여심판이 필요할 뿐[3]이라는 비판이 있다. 대리권 없는 한정후견인이란 있을 수 없다는 것이다.

---

1) 김형석(2010), 120.
2) 남윤봉(2011), 59.
3) 신영호, 260.

II. 대리권을 수여하는 심판

1. 대리권의 범위

가정법원은 피한정후견인의 의사와 사무처리능력 그 밖의 사정을 종합적으로 고려하여 한정후견인에게 수여할 대리권의 범위를 정할 수 있다.

가. 한정후견개시심판과의 관계

한정후견인에 대한 대리권수여심판은 언제나 한정후견개시심판과 동시에 행해져야 하는가. 부정[4]하는 견해가 유력하다. 이를 동시에 해야 한다는 명문의 근거가 없다는 것이다. 이때 가정법원이 직권으로 대리권수여심판을 해야하는 것인지, 일정한 자가 이를 청구할 수 있는지 여부에 대해서는 논란이 있을 수 있는데,[5] 현재로서는 §12 ①에 따른 한정후견개시심판의 청구권자 및 한정후견감독인이 이를 청구할 수 있다는 견해만이 보일 뿐이다.[6]

나. 재산관리권과의 관계

한정후견인은 대리권을 수여받은 범위 내에서 재산관리권도 행사할 수 있다는 견해[7]가 있다. §959-6에 의해 한정후견인에게 준용되는 §949 ①의 취지도 그러하다. 대리권수여심판과 동의유보심판이 중첩적으로 내려진 범위 내에서는 수긍할 만하나, 동의유보심판의 범위를 초과하는 경우에는 한정후견인에 의한 대리권보다 피한정후견인의 재산관리권이 우선한다고 보아야 할 것이므로, 이때에는 한정후견인의 재산관리권을 인정할 수 없다.

다. 동의유보심판과의 관계

한정후견인에게 수여하는 대리권의 범위는 §13 ①에 따른 동의유보심판의 범위와 일치하여야 하는가. 즉 가정법원은 한정후견인에게 동의권이 인정되는 범위 내에서만 그에게 대리권을 수여할 수 있는가.

다수설[8]의 태도는 부정적이다. 동의유보심판과 대리권수여심판은 원칙적으로 서로 별개의 심판이라는 것이다. 동의유보심판은 피한정후견인의 행위능력을 제한하기 위한 것인 반면, 대리권수여심판은 피한정후견인의 사무를 대리하여 처리할 수 있도록 편의를 제공하기 위한 것임을 이유로 제시한다. 다만,

---

4) 신영호, 261; 박인환(2010), 58~59.
5) 박인환(2010), 58~59.
6) 신영호, 261.
7) 신영호, 261; 배인구(2013), 60.
8) 김주수·김상용, 487; 이경희, 310; 한봉희·백승흠, 376 주 22; 해설, 84; 구상엽(2012), 119~120; 김형석(2010), 144~145; 배인구(2013), 60.

사안에 따라서는 동의유보의 범위와 대리권 범위 간의 불일치로 인해 피한정후견인의 복리에 반하는 결과가 발생할 수도 있으므로, 이러한 경우에는 동의유보심판의 범위 내에 관련 대리권 수여의 의사표시가 함께 포함된 것으로 보아야 한다는 견해9)가 있다(異說10) 있음).

반면 양자의 범위를 일치시켜야 한다는 견해11)도 있다. 동의유보심판의 범위와 대리권수여심판의 범위가 상이할 경우 §950에 따른 후견감독인의 개입이 불가능해질 우려가 있다거나, 한정후견인의 대리권을 폭넓게 인정할 경우 인권침해의 가능성이 있다는 점 등을 근거로 제시한다.

동의유보결정의 범위를 초과하여 대리권을 수여하는 것은 허용될 수 없으나, 동의유보결정보다 협소한 범위 내에서 대리권을 수여하는 것은 가능하다는 절충설12)도 있다. 동의유보결정의 범위를 초과하는 대리권의 수여는 임의대리의 영역에 맡겨야 한다는 것이다.

라. 소송대리권과의 관계

한정후견인은 피한정후견인을 대리하여 소송행위를 할 수 있는가. 현행 民訴 §55에 따르면 한정치산자는 법정대리인에 의해서만 소송행위를 할 수 있는데, 이때 한정치산자는 2013. 7. 1.부터 5년간 피한정후견인을 의미한다(2011. 3. 7.자 부칙 §3). 따라서 현행법의 문리해석상으로는 한정후견인에게 소송행위 대리권이 인정되는 것처럼 보인다. 그러나 피한정후견인은 한정치산자와 달리 그 행위능력이 예외적으로만 제한되고, 한정후견인의 대리권 역시 본조 ①에 따라 가정법원으로부터 대리권 수여심판을 받은 범위 내로 제한되므로, 성년후견인이나 舊 민법(2011. 3. 7. 개정 전)상 한정치산자의 후견인과 같이 포괄적인 소송대리권을 인정하는 것이 과연 법리적으로 타당한지를 둘러싸고 의문이 제기될 수 있다.

(1) 동의유보심판이 내려지지 않은 경우

피한정후견인이라도 가정법원이 정한 한정후견인의 동의를 받아야 할 수 있는 법률행위의 범위 외의 행위는 얼마든지 독립하여 할 수 있다. 이러한 한도 내에서 피한정후견인은 완전한 행위능력자인 것이다. 게다가 民訴 §55 단서는 한정치산자(즉, 2011. 3. 7.자 부칙 §3에 따르면 피한정후견인)가 독립하여 법률행위

---

9) 김형석(2010), 145 주 39.
10) 박인환(2010), 59. 동 견해는 사후적 대리권 수여에 의해 이 문제를 해결해야 한다고 주장한다.
11) 윤일구(2012), 189~190; 제철웅(2011), 291.
12) 윤진수·현소혜, 132.

를 할 수 있는 경우에는 동 조문의 적용을 배제하고 있다.

일부 견해13)는 이러한 점에 착안하여 피한정후견인이 가정법원으로부터 동의유보심판을 받지 않은 범위 내에서 그는 완전한 소송능력을 가지며, 한정후견인은 소송행위 대리권을 행사할 수 없다고 주장한다. 물론 가정법원이 한정후견인에게 소송행위 대리권을 수여하는 심판을 한 경우에는 그렇지 않다. 가정법원이 이러한 내용의 심판을 할 수 있는지 여부에 대해서는 아래의 (4) 이하 참조.

반면 일부 견해14)는 설령 피한정후견인에게 원칙적으로 행위능력이 인정되더라도 소송에서는 제한능력자의 보호 필요성이 민법에서보다 더 크며, 소송절차의 안정성을 확보할 필요가 있다는 점, 성년후견과 한정후견의 경계가 불분명한 이상 양자의 소송능력을 달리 보아서는 안 된다는 점 등을 근거로 동의유보심판 여부를 불문하고 언제나 피한정후견인의 소송능력이 제한된다고 주장한다. 이 경우에도 한정후견인이 소송행위를 대리해야 한다는 것이다. 다만, 이때 한정후견인에게는 본조 ①에 따라 법정대리권이 수여되어 있어야 하며, 만약 법정대리권이 없다면 대리권수여심판을 거치거나 民訴 §62에 따른 특별대리인을 선임하여야 한다고 본다.15)

(2) 동의유보심판이 내려진 경우

피한정후견인에 대해 동의유보심판이 있었던 경우에는 그 범위 내에서 피한정후견인의 행위능력 및 소송능력이 제한된다. 그 결과 民訴 §55에 따르더라도 한정후견인이 그 범위에 속하는 소송행위를 대리하지 않을 수 없다.16) 물론 이를 위해 한정후견인은 본조 ①에 따른 대리권수여심판을 받아야 할 것이다.17)

이에 대해서는 피한정후견인에게 제한적 소송능력을 인정해야 한다는 유력한 견해18)가 있다. 한정후견제도의 성격에 비추어 볼 때, 피한정후견인이 동의유보심판을 받은 범위 내에 해당하는 법률행위와 관련된 소송행위를 할 때에도 한정후견인의 동의를 받아 스스로 할 수 있도록 함이 타당하다는 것이다. §959-6에 의해 준용되는 §950 ①의 문언의 태도도 이와 같다. 다만, 이때 한정

---

13) 이시윤, 신민사소송법(제7판, 2013), 152; 김형석(2013), 68~69.
14) 호문혁, 민사소송법(제11판, 2013), 253~254; 정선주(2014), 66~70.
15) 호문혁(주 14), 255.
16) 이시윤(주 13), 152; 호문혁(주 14), 253~254; 김도훈(2014), 127~128; 정선주(2014), 69~73.
17) 정선주(2014), 80~81.
18) 김형석(2013), 69~70. 김원태(2011), 276; 김홍엽, 166도 이와 같은 취지인 듯하다.

후견인의 동의는 심급별로 포괄적으로 행해져야 할 것이다.19) 한정후견인이
부당하게 동의를 거절하는 경우에는 가정법원에 그의 동의를 갈음하는 허가를
청구할 수 있다(§13 ③).

물론 이 견해 역시 피한정후견인이 한정후견인 동의하에 스스로 소송행위
를 할 수 있다고 하여 대리권수여심판을 받은 한정후견인의 소송행위 대리권
이 당연히 소멸하는 것은 아니라는 입장이다.20) 또한 한정후견인이 피한정후
견인의 소송행위에 동의하지 않았는데 피한정후견인을 위해 소송행위를 대리
할 사람이 없는 경우, 한정후견인은 대리권 범위 변경심판을 청구하여 그의 소
송행위를 대리하여야 할 것이다.21)

소송능력 부정설은 위와 같은 제한적 소송능력 인정설에 대해 '제한적 소
송능력'이라는 개념은 우리 민사소송법이 알지 못하는 제도라는 점, 제한적 소
송능력에 따르면 소송능력이 인정되는 범위가 모호하다는 점, 제한적 소송능력
이 인정되는 사건과 그렇지 않은 사건이 병합된 경우 사건처리에 어려움이 있
다는 점 등을 근거로 반박한다.22)

(3) 일상생활에 필요하고 그 대가가 과도하지 아니한 법률행위

피한정후견인에게 완전한 행위능력이 인정되는 경우, 즉 일용품의 구입
등 일상생활에 필요하고 그 대가가 과도하지 아니한 법률행위와 관련된 소송
행위에 있어서는 피한정후견인에게 완전한 소송능력이 인정된다는 견해와 소
송능력이 부정된다는 견해가 대립한다. 자세한 내용은 §938 註釋 참조.

(4) 소송행위에 관한 동의유보심판

가정법원은 피한정후견인이 소송행위를 할 때 한정후견인의 동의를 얻을
것을 명하는 내용의 동의유보심판을 할 수 있는가. 견해가 대립한다.

먼저 부정설23)은 실체법상 법률행위에 대해서만 동의유보심판이 가능하
다고 본다. 소송능력은 행위능력과 연동되는 개념이므로, 소송능력만을 별도로
제한할 수는 없다는 점, 한정후견인의 동의 여부에 따라 피한정후견인의 소송
능력이 달려져서는 안 된다는 점, 동의의 범위를 확정하기 어렵다는 점 등을
근거로 들고 있다.

19) 김형석(2013), 72.
20) 김형석(2013), 73.
21) 김형석(2013), 73~74.
22) 정선주(2014), 71~73.
23) 김도훈(2014), 128~129.

반면 긍정설24)은 소송행위에 관한 개별적 또는 포괄적 동의유보심판이 가
능하다고 주장한다. 외국의 입법례에 비추어 볼 때 이는 입법정책의 문제에 불
과하다는 점, 우리 민법이나 민사소송법의 제반규정은 소송행위 자체에 제3자
의 동의를 요구하는 데 적대적이지 않다는 점, 실체법상 법률행위를 하기에 충
분한 능력이 있는 사람이라도 소송행위까지 성공적으로 해낼 수 있으리라는
보장이 없다는 점 등을 근거로 제시한다.

(5) 소결

이상의 논의를 요약하면 다음과 같다. 한정후견인이 가정법원으로부터 소
송행위에 관한 법정대리권을 부여받은 때에는 그 한도 내에서 한정후견인이
피한정후견인의 소송행위를 대리할 수 있다. 피한정후견인이 동의유보심판을
받지 않은 경우 그가 독립하여 소송행위를 할 수 있는지 여부, 동의유보심판을
받은 경우 피성년후견인이 한정후견인의 동의를 받아 독립하여 소송행위를 할
수 있는지 여부 또는 동의 여부와 무관하게 언제나 소송행위를 할 수 없는지
여부에 대해서는 견해의 대립이 있다. 어떠한 경우이건 한정후견인이 피한정후
견인의 소송행위를 대리하거나 이에 동의할 때에는 §950 ① v에 따라 한정후견
감독인의 동의를 받아야 한다. 자세한 내용은 §950 註釋 참조.

입법론으로서는 피한정후견인의 소송능력을 원칙적으로 인정하되, 그의
행위능력이 제한되는 범위 내에서만 소송능력을 부정할 필요가 있다는 견해25)
와 어떠한 경우라도 피한정후견인의 소송능력을 인정할 수 없으며, 한정후견인
에게 소송행위에 관한 법정대리권을 포괄적으로 부여할 필요가 있다는 견해26)
가 대립한다.

2. 심판절차

가정법원은 한정후견개시심판과 동시에 직권으로 한정후견인에게 대리권
을 수여하는 심판을 할 수 있다[본조 ①, 家訴 §2 ① ii 가. 24)-2]. 한정후견개시심
판 후 별개의 심판으로 대리권을 수여할 때 일정한 자에 의한 청구가 필요 내
지 가능한지 여부에 대해서는 위 1. 가. 참조. 어느 경우이건 대리권수여심판사
건은 피한정후견인 주소지 가정법원의 전속관할에 속한다(家訴 §44 i-ii).

이때 가정법원은 피한정후견인(피한정후견인이 될 자를 포함한다)의 진술을 들

---

24) 해설, 84; 김형석(2013), 70~73.
25) 구상엽(2012), 185; 김도훈(2014), 130~131.
26) 정선주(2014), 65~78, 80~81.

어야 하며(家訴 §45-3 ① vii), 그 심판을 당사자와 절차에 참가한 이해관계인(家訴規 §25), 한정후견인 및 한정후견감독인에게 고지하는 한편, 사건본인에게 그 뜻을 통지하여야 한다(家訴規 §35).

그러나 대리권수여심판에 대해 독립적으로 불복할 수 있는 길은 마련되어 있지 않다. 이를 다투고자 하는 사람은 그것과 함께 선고된 한정후견개시심판에 대해 즉시항고를 하거나, 그 변경에 관한 심판을 청구하는 수밖에 없다(본조 ②에 따른 §938 ④의 준용). 따라서 그 심판이 효력을 발생함과 동시에 가정법원은 지체없이 후견등기 사무를 처리하는 사람에게 후견등기부에 등기할 것을 촉탁하여야 한다(家訴 §9, 家訴規 §5-2 ① ii 마.).

Ⅲ. 신상에 관하여 결정할 수 있는 권한의 범위를 정하는 심판

1. 신상에 관하여 결정할 수 있는 권한의 범위

가정법원은 한정후견인이 피한정후견인의 신상에 관하여 결정할 수 있는 권한의 범위를 정할 수 있다(본조 ②에 의한 §938 ③의 준용). 한정후견 사무에 신상보호업무를 포함시킴에 따라 그 사무처리에 필요한 절차규정을 완비한 것이다. 한정후견인의 신상보호의무에 대해 자세히는 §959-6 註釋 참조. 신상결정대행권한의 범위 등에 대해 자세히는 §938 註釋 참조.

2. 심판절차

가정법원은 한정후견개시심판과 동시에 또는 사후적으로 한정후견인이 피한정후견인의 신상에 관하여 결정할 수 있는 권한의 범위를 결정하는 심판을 할 수 있다[본조 ①, 家訴 §2 ① ii 가. 24)-2].

그 심판의 관할, 진술청취, 고지 및 즉시항고, 후견등기의 촉탁 등에 관한 사항은 모두 대리권수여심판과 동일하다(家訴 §45-3 ① viii 등 참조).

Ⅳ. 변경심판

한정후견인에게 대리권을 수여하는 심판을 한 후에라도 그 권한의 범위가 적절하지 않게 된 경우 가정법원은 본인, 배우자, 4촌 이내의 친족, 성년후견인, 성년후견감독인, 검사 또는 지방자치단체의 장의 청구에 의해 그 범위를 변경할 수 있다[본조 ②에 따른 §938 ④의 준용, 家訴 §2 ① ii 가. 24)-2]. 가령 §13 ②에
따라 동의유보심판의 범위가 변경된 경우, 한정후견인이 추가선임된 경우 등이
이에 해당할 수 있을 것이다.

그 심판의 관할, 진술청취, 고지 및 즉시항고, 후견등기의 촉탁 등에 관한
사항은 모두 대리권수여심판과 동일하다(家訴 §45-3 ① vii 및 viii 등 참조).

第 959 條의 5 (한정후견감독인)

① 가정법원은 필요하다고 인정하면 직권으로 또는 피한정후견인, 친족, 한정후견인, 검사, 지방자치단체의 장의 청구에 의하여 한정후견감독인을 선임할 수 있다.

② 한정후견감독인에 대하여는 제681조, 제691조, 제692조, 제930조제2항·제3항, 제936조제3항·제4항, 제937조, 제939조, 제940조, 제940조의3제2항, 제940조의5, 제940조의6, 제947조의2제3항부터 제5항까지, 제949조의2, 제955조 및 제955조의2를 준용한다. 이 경우 제940조의6제3항 중 "피후견인을 대리한다"는 "피한정후견인을 대리하거나 피한정후견인이 그 행위를 하는 데 동의한다"로 본다.

Ⅰ. 조문의 취지

한정후견감독인에 관한 사항을 규율하기 위한 조문이다. 본 조문은 한정후견감독인이 임의기관임을 선언함과 동시에 가정법원이 한정후견감독인을 선임할 수 있는 사유, 한정후견감독인의 자격, 사임과 변경, 권한의 범위 및 감독, 보수 등에 관해 규정하고 있다. 후견감독인 제도 일반에 대해서는 §940−2 및 §940−4 註釋 참조.

II. 한정후견감독인의 선임

1. 선임사유

가. 필요하다고 인정하는 경우

가정법원은 필요하다고 인정하는 경우 한정후견감독인을 선임할 수 있다 (본조 ①). 한정후견감독인이 필요하다고 인정할 수 있는 경우에 관해서는 §940-4 註釋 참조.

나. 재선임

가정법원이 선임한 한정후견감독인이 사망, 결격, 그 밖의 사유로 없게 된 때에도 직권으로 또는 피한정후견인, 친족, 한정후견인, 검사, 지방자치단체의 장의 청구에 의해 한정후견감독인을 선임한다(본조 ② 1문에 의한 §940-3 ②의 준용). 이에 대해서는 성년후견감독인의 재선임에 관한 §940-4 ②을 준용했어야 했다는 지적[1]이 있으나, 어느 조문을 준용하더라도 실질적인 내용이 달라지는 것은 아니다. 재선임 사유에 대해 자세히는 §940-3 註釋 참조.

다. 추가선임

가정법원은 한정후견감독인을 선임한 후에도 필요하다고 인정하면 직권으로 또는 피한정후견인, 한정후견인, 친족, 이해관계인, 검사, 지방자치단체의 장의 청구에 의해 추가로 한정후견감독인을 선임할 수 있다(본조 ② 1문에 의한 §936 ③의 준용). 추가선임 사유에 대해 자세히는 §936 註釋 참조. 추가선임 청구권자의 범위를 둘러싼 논란에 대해서는 §940-7 註釋 참조.

2. 자격 및 선임기준

가. 한정후견감독인의 수와 자격

한정후견감독인에 대해서는 §930 ② 및 ③이 준용된다(본조 ② 1문). 따라서 한정후견감독인은 피한정후견인의 신상과 재산에 관한 모든 사정을 고려하여 여러 명을 둘 수 있고, 법인도 한정후견감독인이 될 수 있다. 자세한 내용은 §930 및 §940-7 註釋 참조.

여러 명의 한정후견감독인을 둔 경우 가정법원은 직권으로 여러 명의 한정후견감독인이 공동으로 또는 사무를 분장하여 그 권한을 행사하도록 정할 수 있고, 그 결정을 변경 또는 취소할 수도 있다[본조 ② 1문에 따른 §949-2 ① 및

---

[1] 구상엽(2012), 122.

②의 준용, 家訴 §2 ① ii 가. 21)-3]. 자세한 내용은 §949-2 註釋 참조.

여러 명의 한정후견감독인이 공동으로 권한을 행사하여야 하는 경우에 어느 한정후견감독인이 피한정후견인의 이익이 침해될 우려가 있음에도 필요한 권한행사에 협력하지 않으면 가정법원은 피한정후견인, 한정후견인, 한정후견감독인 또는 이해관계인의 청구에 의하여 그 한정후견감독인의 의사표시를 갈음하는 재판을 할 수 있다[본조 ② 1문에 따른 §949-2 ③의 준용, 家訴 §2 ① ii 가. 21)-3]. 자세한 내용은 §949-2 註釋 참조.

나. 한정후견감독인의 결격사유

§937 i 내지 viii에 해당하는 사람 및 한정후견인의 가족은 한정후견감독인이 될 수 없다(본조 ② 1문에 의한 §937 및 §940-5의 준용). 자세한 내용은 §937 및 §940-5 註釋 참조.

다. 한정후견감독인의 선임기준

가정법원은 한정후견감독인을 선임할 때에는 피한정후견인의 의사를 존중하여야 하며, 그 밖에 피한정후견인의 건강, 생활관계, 재산상황, 한정후견감독인이 될 사람의 직업과 경험, 피한정후견인과의 이해관계 유무(법인이 한정후견감독인이 될 때에는 사업의 종류와 내용, 법인이나 그 대표자와 피한정후견인 사이의 이해관계의 유무를 말한다) 등의 사정도 고려하여야 한다(본조 ② 1문에 의한 §936 ④의 준용). 자세한 내용은 §936 註釋 참조.

3. 선임절차

가. 직권 또는 일정한 자에 의한 청구

가정법원은 직권으로 또는 피한정후견인, 친족, 한정후견인, 검사, 지방자치단체의 장의 청구에 의하여 한정후견감독인을 선임할 수 있다(본조 ①).

한정후견감독인의 재선임 또는 추가선임에 대해서는 1. 참조.

나. 심리

한정후견감독인의 선임심판을 하는 경우에는 피한정후견인(피한정후견인이 될 사람을 포함한다)과 한정후견감독인이 될 사람의 진술을 들어야 한다(家訴 §45-3 ① iv). 한정후견감독인의 선임에 앞서 한정후견인의 의견을 들어야 하는 것은 아니다.

다. 선임심판

가정법원은 한정후견개시심판과 동시에 한정후견감독인 선임심판을 할 수 있다[家訴 §2 ① ii 가. 19]. 한정후견이 개시된 후 사후적으로 선임심판을 할 수도 있다. 이때 가정법원은 한정후견감독인에게 그 후견감독사무에 관하여 필요하다고 인정되는 사항을 지시할 수 있다(家訴規 §38-2). 한정후견감독인 선임심판은 언제나 피한정후견인이 될 자의 주소지 관할법원의 전속관할에 속한다(家訴 §44 i-ii).

한정후견감독인선임심판은 당사자(家訴規 §25), 절차에 참가한 이해관계인(家訴規 §25), 한정후견인 및 한정후견감독인이 될 자(家訴規 §35 ①)에게 고지하고, 사건본인인 피한정후견인될 자에게는 그 뜻을 통지하여야 한다(家訴規 §35 ②).

라. 즉시항고

한정후견감독인 선임청구에 대한 즉시항고는 허용되지 않는다. 단, 한정후견 개시심판 자체를 다툼으로써 한정후견감독인 선임청구의 효력을 다툴 수는 있다. 한정후견개시심판에 대해 즉시항고를 할 수 있는 자는 §12 ①에서 정한 청구권자 및 §959-20 ①상의 임의후견인, 임의후견감독인이다(家訴規 §36 ① ii 가.).

마. 후견등기의 촉탁

한정후견감독인 선임심판이 확정된 때 가정법원은 지체없이 후견등기 사무를 처리하는 사람에게 후견등기부에 등기할 것을 촉탁하여야 한다(家訴 §9, 家訴規 §5-2 ① ii 나.).

바. 임시한정후견감독인의 선임

家訴規 §32에 규정되어 있지는 않지만, 가정법원은 사건해결에 특히 필요하다고 인정될 경우 家訴 §62에 따른 사전처분의 일환으로서 임시한정후견감독인을 선임할 수 있을 것이다.

그 밖에 한정후견감독인 선임절차와 관련하여 자세한 내용은 §940-4 註釋 참조.

Ⅲ. 한정후견감독인의 직무

1. 사무감독권한

한정후견감독인은 한정후견인의 사무를 감독한다(본조 ②에 의한 §940-6 ① 전단의 준용). 이를 위해 한정후견감독인은 한정후견인에게 그 임무수행에 관한 보고와 재산목록의 제출을 요구하거나 피한정후견인의 재산상황을 조사할 수 있다(§959-6에 의한 §953의 준용). 자세한 내용은 §940-6 註釋 참조.

한정후견감독인은 한정후견인이 피한정후견인을 대리하여 §950 ①에서 정한 행위를 하거나, 피한정후견인이 §950 ①에서 정한 행위를 하는 데 동의를 할 때 이에 관해 동의할 권한을 갖는다(§959-6에 의한 §950의 준용). 자세한 내용은 §959-6 및 §950 註釋 참조.

그러나 한정후견감독인은 그 감독사무의 수행을 위해 한정후견인의 재산목록작성에 참여하거나, 한정후견인의 피한정후견인에 대한 채권채무관계를 제시받는 등의 권한을 행사할 수는 없다. 준용규정이 존재하지 않을 뿐만 아니라, 한정후견인 자신이 포괄적인 재산관리권을 가지고 있지 않아 재산목록작성 의무 등을 부담하지 않기 때문이다. §959-6 註釋 참조.

2. 한정후견인선임청구의무

한정후견감독인은 한정후견인이 없는 경우 지체 없이 가정법원에 한정후견인의 선임을 청구하여야 한다(본조 ② 1문에 의한 §940-6 ① 후단의 준용). 자세한 내용은 §940-6 註釋 참조.

3. 급박한 사무처리권한

한정후견감독인은 피한정후견인의 신상이나 재산에 대하여 급박한 사정이 있는 경우 그의 보호를 위하여 필요한 행위 또는 처분을 할 수 있다(본조 ② 1문에 의한 §940-6 ②의 준용). 자세한 내용은 §940-6 註釋 참조.

4. 특별대리인으로서의 지위

한정후견인과 피한정후견인 사이에 이해가 상반되는 행위에 관하여는 한정후견감독인이 한정후견인을 대리하거나 피한정후견인이 그 행위를 하는 데 동의한다(본조 ② 1문에 의한 §940-6 ③의 준용 및 본조 ② 2문).

5. 수임인으로서의 지위

한정후견감독인은 위임계약의 수임인과 유사한 지위를 갖는다. 따라서 본조 ② 1문은 위임에 관한 몇몇 조문을 한정후견감독인에게 준용하고 있다.

첫째, 한정후견감독인은 그 감독업무의 본지에 따라 선량한 관리자의 주의로써 후견감독업무를 처리하여야 한다(§681 준용).

둘째, 후견감독이 종료된 경우라도 급박한 사정이 있는 때에는 피한정후견인, 그 상속인이나 법정대리인이 위임사무를 처리할 수 있을 때까지 그 사무의 처리를 계속하여야 한다(§691 준용). 그 의미에 대해 자세히는 §940-7 註釋 참조.

셋째, 후견감독이 종료되었다는 사유는 이를 상대방에게 통지하거나 상대방이 이를 안 때가 아니면 이로써 상대방에게 대항하지 못한다(§692 준용).

6. 한정후견감독인의 권한 제한

한정후견감독인에 대해서는 신상에 관한 결정 대행 권한의 한계 관련 규정이 준용된다(본조 ② 1문에 따른 §947-2 ③ 내지 ⑤의 준용). 한정후견감독인은 급박한 사정이 있는 경우 한정후견인에 갈음하여 피한정후견인의 신상에 관하여 필요한 행위 또는 처분을 할 수 있는데(본조 ② 1문에 따른 §940-6 ②의 준용), 이로 말미암아 피한정후견인에게 회복할 수 없는 중대한 침해가 발생할 우려가 있기 때문이다.

가. 의료행위 동의권의 대행

한정후견감독인은 한정후견인에 갈음하여 피한정후견인의 신체를 침해하는 의료행위에 대해 동의권을 대행할 수 있으며(§947-2 ③ 준용), 그 직접적인 결과로 사망하거나 상당한 장애를 입을 위험이 있을 때에는 가정법원의 허가를 받아야 한다[§947-2 ④ 준용, 家訴 §2 ① ii 가. 21)]. 구체적인 내용은 §940-7 및 §947-2 註釋 참조.

나. 거주 부동산의 처분

한정후견감독인이 피한정후견인을 대리하여 피한정후견인이 거주하고 있는 건물 또는 그 대지에 대하여 매도, 임대, 전세권의 소멸, 그 밖에 이에 준하는 행위를 하는 경우 가정법원의 허가를 받아야 한다[§947-2 ⑤ 준용, 家訴 §2 ① ii 가. 21)-2]. 구체적인 내용은 §947-2 註釋 참조.

다. 치료 목적의 격리

한정후견감독인은 치료 등의 목적으로 피한정후견인을 정신병원이나 그 밖의 다른 장소에 격리할 수 없다. 가정법원의 허가를 받더라도 그러하다. §947-2 ②은 한정후견감독인에게 준용되지 않기 때문이다.

IV. 한정후견감독인의 사임 및 변경

1. 한정후견감독인의 사임

한정후견감독인은 정당한 사유가 있는 경우 가정법원의 허가를 받아 사임할 수 있다[본조 ② 1문에 의한 §939의 준용, 家訴 §2 ① ii 가. 19)].

그 밖에 한정후견감독인 사임에 관해 자세히는 §939 및 §940-7 註釋 참조.

2. 한정후견감독인의 변경

가정법원은 피한정후견인의 복리를 위하여 한정후견감독인을 변경할 필요가 있다고 인정하면 직권으로 또는 피한정후견인, 친족, 한정후견인, 검사, 지방자치단체의 장의 청구에 의하여 한정후견감독인을 변경할 수 있다[본조 ② 1문에 의한 §940의 준용, 家訴 §2 ① ii 가. 19)].

이때 가정법원은 피한정후견인과 그 변경이 청구된 한정후견감독인 및 한정후견감독인이 될 사람의 진술을 들어야 한다(家訴 §45-3 ① vi). 한정후견감독인 변경심판에 대해서는 변경의 대상이 되는 한정후견감독인이, 기각심판에 대해서는 §959-5 ②에 의해 준용되는 §940에서 정한 자, 즉 한정후견감독인 변경청구권자가 즉시항고할 수 있다(家訴規 §36 ① ii 나., ② iv).

그 밖에 한정후견감독인 변경사유 및 절차, 직무대행자 선임 등에 관해 자세히는 §940 및 §940-7 註釋 참조.

V. 한정후견감독인의 보수와 비용

1. 한정후견감독인의 보수

가정법원은 한정후견감독인의 청구에 따라 피한정후견인의 재산상태 기타 사정을 참작하여 피한정후견인의 재산 중에서 상당한 보수를 한정후견감독인에게 수여할 수 있다[본조 ② 1문에 의한 §955의 준용, 家訴 §2 ① ii 가. 23)]. 자세한 내용은 §955 註釋 참조.

2. 사무비용의 지출

한정후견감독인이 한정후견사무를 수행하는 데 필요한 비용은 피한정후견인의 재산 중에서 지출한다(본조 ② 1문에 의한 §955－2의 준용). 자세한 내용은 §955－2 註釋 참조.

第 959 條의 6 (한정후견사무)

> 한정후견의 사무에 관하여는 제681조, 제920조 단서, 제947조, 제947조의2, 제949조, 제949조의2, 제949조의3, 제950조부터 제955조까지 및 제955조의2를 준용한다.

Ⅰ. 조문의 취지

한정후견인의 임무와 권한 범위, 그 제한 및 보수와 비용처리 등에 관해 일반적으로 정하기 위한 조문이다.

Ⅱ. 한정후견인의 의무

1. 선관주의의무

한정후견인은 후견의 본지에 따라 선량한 관리자의 주의로써 그 사무를 처리하여야 한다(본조에 의한 §681의 준용). 그 구체적인 의미는 성년후견인의 경우와 같다. §956 註釋 참조.

2. 복리배려와 의사존중의무

한정후견인은 피한정후견인의 재산관리와 신상보호를 할 때 여러 사정을 고려하여 그의 복리에 부합하는 방법으로 사무를 처리하여야 한다(본조에 의한 §947의 준용). 특히 한정후견인은 피한정후견인의 복리에 반하지 않는 한 피한정후견인의 의사를 최대한 존중하여야 한다. 자기결정권의 보장을 위함이다. 복리배려의무와 의사존중의무의 구체적인 의미 및 그 적용범위에 관해 자세히는 §947 註釋 참조.

Ⅲ. 한정후견인의 권한

1. 재산관리권과 대리권

한정후견인은 피한정후견인의 재산을 관리하고 그 재산에 관한 법률행위에 대하여 피후견인을 대리한다는 것이 본조에 의해 준용되는 §949 ①의 입장이다. 그러나 성년후견인이나 미성년후견인의 경우와 달리 한정후견인에게는 포괄적인 재산관리권 및 법률행위 대리권을 인정할 수 없다.[1] 한정후견인에 대해 일반적인 재산조사 및 재산목록 작성의무 등이 인정되지 않는 것을 보아도 이는 명백하다. 동 조문의 준용은 대리권수여심판을 받은 한정후견인이 그 한도 내에서 재산관리권도 함께 행사할 수 있음을 밝힌다는 점에서 의의가 있을 뿐이다.[2]

한정후견인은 §959-4 ①에 따라 가정법원으로부터 대리권을 수여받은 한도 내에서 대리권과 재산관리권을, §13 ①에 따라 동의유보심판을 받은 한도 내에서 재산관리권을 행사할 수 있을 뿐이다. §959-4 註釋 참조.

2. 동의권

가. 재산법상 법률행위에 관한 동의권 및 취소권

한정후견인은 §13 ①에 따라 동의유보심판을 받은 한도 내에서, 피한정후견인의 재산법상 법률행위에 관해 동의권을 행사할 수 있다. 한정후견인의 동의가 필요한 법률행위를 그의 동의 없이 하였을 때에는 그 법률행위를 취소할

---

1) §949를 한정후견에 준용한 것은 입법상 오류라는 견해로 구상엽(2012), 120; 현소혜(2013), 35.
2) 제철웅(2011), 290.

수 있다(§13 ④).

나. 가족법상 법률행위에 관한 동의권

피한정후견인은 가족법상 법률행위에 관해 완전한 행위능력을 갖는다.3) 즉, 피한정후견인은 의사능력이 있는 한 약혼, 혼인, 협의상 이혼 등 가족법상 법률행위를 단독으로 유효하게 할 수 있다. 그러므로 한정후견인은 피한정후견인의 가족법상 법률행위에 대해 동의권을 행사할 수 없다.

3. 신상결정대행권한

舊 민법(2011. 3. 7. 개정 전)은 한정치산자의 후견인에게 신상결정대행 권한을 부여하지 않았다. 이로 인해 한정치산자에게 정작 필요한 신상보호 서비스를 제공할 수 없었다는 이유로 많은 학자들이 한정후견인에게 신상보호와 관련된 권한과 의무를 부여해야 한다고 주장한 바 있다.4) 이 때문에 2011. 3. 7.자 개정 민법은 한정후견에 관하여 §938 ③, §947 및 §947-2를 준용함으로써 한정후견인에게도 피한정후견인의 신상에 관하여 대신 결정할 수 있는 권한을 부여하였다.

다만, 피한정후견인이라도 그의 상태가 허락하는 범위 내에서는 자신의 신상에 관하여 단독으로 결정하는 것이 원칙이므로(본조에 의한 §947-2 ①의 준용), 한정후견인은 피한정후견인이 스스로 신상에 관하여 결정할 수 없는 경우 가정법원으로부터 그 권한을 수여받은 범위 내에서만 신상결정을 대행할 수 있을 뿐이다(§959-4에 의한 §938 ③의 준용). 자세한 내용은 §938 및 §947-2 註釋 참조.

신상결정대행권한을 행사함에 있어 일정한 법률행위 대리권이 필요한 경우 한정후견인은 §959-4 ①에 따라 가정법원으로부터 그에 관한 대리권을 수여받아야 한다.5) 본조에 의한 §949 ①의 준용에도 불구하고, 한정후견인은 한정후견사무에 관한 포괄적인 대리권을 갖지 못하기 때문이다.

4. 한정후견인이 여러 명인 경우

여러 명의 한정후견인을 둔 경우 가정법원은 직권으로 여러 명의 한정후견인이 공동으로 또는 사무를 분장하여 그 권한을 행사하도록 정할 수 있고,

---

3) 대표적으로 김주수·김상용, 485; 해설, 83.
4) 백승흠, "가족법 개정의 과제와 전망 ― 후견법의 개정을 중심으로 ―," 법학논집 30-2(2008), 247; 이영규(2010), 236; 이은영(2003), 14~15; 이정식(2010), 137; 정남기(2003), 33 등.
5) 김형석(2014a), 250.

그 결정을 변경 또는 취소할 수도 있다[본조에 의한 §949-2 ① 및 ②의 준용, 家訴 §2 ① ⅱ 가. 21)-3]. 자세한 내용은 §949-2 註釋 참조.

여러 명의 한정후견인이 공동으로 권한을 행사하여야 하는 경우 어느 한정후견인이 피한정후견인의 이익이 침해될 우려가 있음에도 필요한 권한행사에 협력하지 않는 경우 가정법원은 피한정후견인, 한정후견인, 한정후견감독인 또는 이해관계인의 청구에 의하여 그 한정후견인의 의사표시를 갈음하는 재판을 할 수 있다[본조에 의한 §949-2 ③의 준용, 家訴 §2 ① ⅱ 가. 21)-3]. 자세한 내용은 §949-2 註釋 참조.

Ⅳ. 한정후견인의 권한에 대한 제한

1. 피한정후견인의 행위를 목적으로 하는 채무부담행위

한정후견인이 피한정후견인을 대리하여 그의 행위를 목적으로 하는 채무를 부담하는 계약을 체결하는 경우에는 피한정후견인 본인의 동의를 얻어야 한다(본조에 의한 §920 단서 및 §949 ②의 준용). 자세한 내용은 §920 註釋 참조.

2. 신상결정대행시 가정법원의 허가

가. 치료 목적의 격리

한정후견인은 피한정후견인을 치료 등의 목적으로 정신병원이나 그 밖의 장소에 격리하려는 경우 가정법원의 허가를 받아야 한다[본조에 의한 §947-2 ②의 준용, 家訴 §2 ① ⅱ 가. 21)]. 자세한 내용은 §947-2 註釋 참조.

나. 의료행위 동의권의 대행

한정후견인은 피한정후견인의 신체를 침해하는 의료행위에 대해 피한정후견인이 동의할 수 없는 경우 그를 대신하여 동의할 수 있다(본조에 의한 §947-2 ③의 준용). 다만, 피한정후견인이 의료행위의 직접적인 결과로 사망하거나 상당한 장애를 입을 위험이 있을 때에는 가정법원의 허가를 받아야 한다[본조에 의한 §947-2 ④ 본문의 준용, 家訴 §2 ① ⅱ 가. 21)]. 허가절차로 의료행위가 지체되어 피한정후견인의 생명에 위험을 초래하거나 심신상의 중대한 장애를 초래할 때에는 사후에 허가를 청구할 수 있다(본조에 의한 §947-2 ④ 단서의 준용). 자세한 내용은 §947-2 註釋 참조.

다. 거주용 건물 등의 처분

한정후견인이 피한정후견인을 대리하여 피한정후견인이 거주하고 있는 건물 또는 그 대지에 대하여 매도, 임대, 전세권 설정, 저당권 설정, 임대차의 해지, 전세권의 소멸, 그 밖에 이에 준하는 행위를 하는 경우에는 가정법원의 허가를 받아야 한다[본조에 의한 §947−2 ⑤의 준용, 家訴 §2 ① ii 가. 21)−2]. 자세한 내용은 §947−2 註釋 참조.

라. 가정법원의 허가심판

피한정후견인의 격리에 대한 허가심판(家訴 §45−3 ① viii), 의료행위 동의에 대한 허가심판(家訴 §45−3 ① ix) 또는 피한정후견인이 거주하는 건물이나 그 대지의 매도 등에 대한 허가심판을 하는 경우(家訴 §45−3 ① xii)에는 피한정후견인(피한정후견인이 될 사람을 포함한다)의 진술을 들어야 한다.

허가시 심판의 고지 및 통지, 즉시항고, 가정법원에 의한 후견사무 등에 관한 지시 그 밖에 자세한 사항에 대해서는 §947−2 註釋 참조.

3. 이해상반행위

한정후견인에 대해서는 §921가 준용된다(본조 및 §959−3에 의한 §949−3의 준용). 따라서 법정대리인인 한정후견인과 피한정후견인 사이에 이해상반행위를 하는 경우 또는 한정후견인의 후견에 따르는 수인의 피한정후견인 사이에 이해상반행위를 하는 경우 한정후견인은 법원에 특별대리인의 선임을 청구하여야 한다. 다만, 한정후견감독인이 있는 경우에는 그러하지 아니하다. 한정후견감독인이 특별대리인의 지위를 대신하기 때문이다(§959−5 ② 1문에 의한 §940−6 ③의 준용). 자세한 내용은 §921 및 §949−3 註釋 참조.

4. 한정후견감독인의 동의

한정후견인이 피한정후견인을 대리하여 §950 ① i 내지 vi에 해당하는 법률행위를 하는 경우 또는 피한정후견인이 위 법률행위를 하는 데 동의하고자 하는 경우에는 한정후견감독인의 동의를 받아야 한다(본조에 의한 §950 ①의 준용). 한정후견감독인의 동의가 필요한 행위에 대하여 한정후견감독인이 피한정후견인의 이익이 침해될 우려가 있음에도 동의를 하지 아니하는 경우 한정후견인은 가정법원에 한정후견감독인의 동의를 갈음하는 허가를 청구할 수 있다[본조에 의한 §950 ②의 준용, 家訴 §2 ① ii 가. 21)−4]. 이때 거래상대방의 보호를 위해

§15에 따른 확답을 촉구할 권리가 인정된다(본조에 의한 §952의 준용). 자세한 내용은 §950 註釋 참조.

5. 피한정후견인의 재산 등 양수에 대한 취소권

한정후견인이 피한정후견인에 대한 제3자의 권리를 양수하는 경우 피한정후견인은 이를 취소할 수 있다(본조에 의한 §951 ①의 준용). 한정후견감독인이 있는 경우 그의 동의 없이 한정후견인이 피한정후견인에 대한 제3자의 권리를 양수하였다면 피한정후견인 본인뿐만 아니라 한정후견감독인도 이를 취소할 수 있다(본조에 의한 §951 ②의 준용). 이때 거래상대방의 보호를 위해 §15에 따른 확답을 촉구할 권리가 인정된다(본조에 의한 §952의 준용). 자세한 내용은 §951 註釋 참조. 한정후견인에게 포괄적인 재산관리권이나 대리권, 재산목록작성의무 및 피한정후견인과의 사이에 채권·채무관계의 제시의무가 인정되지 않는 것에 비추어 볼 때 다소 의문이다.6)

V. 한정후견인에 대한 감독

1. 한정후견감독인

한정후견감독인은 그 일반적인 후견감독사무의 이행을 위해 언제든지 한정후견인에게 그의 임무수행에 관한 보고와 재산목록의 제출을 요구할 수 있고, 피한정후견인의 재산상황을 조사할 수 있다(본조에 의한 §953의 준용). 자세한 내용은 §953 註釋 참조.

2. 가정법원에 의한 감독

가정법원은 직권으로 또는 피한정후견인, 한정후견감독인, §777에 따른 친족, 그 밖의 이해관계인, 검사, 지방자치단체의 장의 청구에 의하여 피한정후견인의 재산상황을 조사하고, 한정후견인에게 재산관리 등 후견임무 수행에 관하여 필요한 처분을 명할 수 있다[본조에 의한 §954의 준용, 家訴 §2 ① ii 가. 22)]. 자세한 내용에 대해서는 §954 註釋 참조.

---

6) 해설, 103.

Ⅵ. 한정후견인의 보수와 비용처리

1. 한정후견인의 보수

가정법원은 한정후견인의 청구에 따라 피한정후견인의 재산상태 기타 사정을 참작하여 피한정후견인의 재산 중에서 상당한 보수를 한정후견인에게 수여할 수 있다[본조에 의한 §955의 준용, 家訴 §2 ① ⅱ 가. 23)]. 자세한 내용은 §955 註釋 참조.

2. 사무비용의 지출

한정후견인이 한정후견사무를 수행하는 데 필요한 비용은 피한정후견인의 재산 중에서 지출한다(본조에 의한 §955-2의 준용). 자세한 내용은 §955-2 註釋 참조.

第 959 條의 7 (한정후견인의 임무의 종료 등)

한정후견인의 임무가 종료한 경우에 관하여는 제691조, 제692조, 제
957조 및 제958조를 준용한다.

Ⅰ. 조문의 취지

한정후견사무 종료에 따른 한정후견인의 사무처리방법 및 그 임무에 관한
규정이다.

Ⅱ. 한정후견인의 임무 종료

본조는 "한정후견인의 임무가 종료한 경우"에 적용된다. 한정후견인의 임
무가 종료하는 경우는 크게 두 가지로 나누어 볼 수 있다.

1. 절대적 종료

피한정후견인이 사망하거나, §14, §14-3 ①, §959-20 ②에 따른 한정후
견종료의 심판이 있는 때에는 한정후견이 절대적으로 종료한다[家訴 §2 ① ⅱ 가.
1)-3].

2. 상대적 종료

한정후견인이 사망하거나 사임(§939)·변경(§940)된 경우에는 당해 한정후견
인의 임무가 종료되고, 새로운 한정후견인이 선임된다. 상대적 종료에 대해 자
세히는 §957 註釋 참조.

Ⅲ. 후견사무 종료에 따른 임무

1. 재산에 관한 계산

한정후견인의 임무가 종료된 때 한정후견인 또는 그 상속인은 1개월 내에 피한정후견인의 재산에 관한 계산을 하여야 한다(본조에 의한 §957 ① 본문의 준용). 다만, 정당한 사유가 있는 경우에는 법원의 허가를 받아 그 기간을 연장할 수 있다[본조에 의한 §957 ① 단서의 준용, 家訴 §2 ① ⅱ 가. 24)]. 후견감독인이 있는 때에는 그가 계산에 참여하지 않으면 효력이 없다(본조에 의한 §957 ②의 준용).

그 구체적인 내용에 대해서는 §957 註釋 참조.

2. 이자의 부가와 금전소비에 대한 책임

계산의 결과 한정후견인이 피한정후견인에게 지급할 금액이나 피한정후견인이 한정후견인에게 지급할 금액에는 계산종료의 날로부터 이자를 부가하여야 하며, 한정후견인이 자기를 위하여 피한정후견인의 금전을 소비한 때에는 그 소비한 날로부터 이자를 부가하고 피한정후견인에게 손해가 있으면 이를 배상하여야 한다(본조에 의한 §958의 준용). 자세한 내용은 §958 註釋 참조.

3. 위임규정의 준용

한정후견사무 종료의 경우에 급박한 사정이 있는 때에는 한정후견인, 그 상속인이나 법정대리인은 위임인, 그 상속인이나 법정대리인이 위임사무를 처리할 수 있을 때까지 그 사무의 처리를 계속하여야 한다(본조에 의한 §691의 준용). 자세한 내용은 §959 註釋 참조.

또한 한정후견 종료의 사유는 이를 상대방에게 통지하거나 상대방이 이를 안 때가 아니면 이로써 상대방에게 대항하지 못한다(본조에 의한 §692의 준용). 자세한 내용은 §959 註釋 참조.

Ⅳ. 후견종료의 신고 또는 등기

§14, §14-3 ①, §959-20 ②에 따른 한정후견종료의 심판, §939에 따른 한정후견인 사임허가 심판 또는 §940에 따른 한정후견인 변경심판이 있는 때에는 심판의 확정과 동시에 가정법원이 후견등기부기록을 촉탁하여야 한다(家訴

§9, 家訴規 §5−2 ① ii).

　　반면 피한정후견인의 사망 등 가정법원의 심판을 거치지 않고 한정후견이 종료한 때에는 한정후견인이 한정후견의 종료를 안 날로부터 3개월 내에 종료등기를 신청하여야 한다(후견등기에 관한 법률 §29 ①).

第 959 條의 8 (특정후견에 따른 보호조치)
가정법원은 피특정후견인의 후원을 위하여 필요한 처분을 명할 수 있다.

Ⅰ. 조문의 취지

가정법원은 질병, 장애, 노령, 그 밖의 사유로 인한 정신적 제약으로 일시적 후원 또는 특정한 사무에 관한 후원이 필요한 사람에 대하여 본인, 배우자, 4촌 이내 친족, 미성년후견인, 미성년후견감독인, 검사 또는 지방자치단체의 장의 청구에 의하여 특정후견의 심판을 한다[§14-2 ①, 家訴 §2 ① ii 가. 1)-5]. 후견계약이 등기되어 있지만 본인의 이익을 위하여 특별히 필요한 경우에도 임의후견인 또는 임의후견감독인의 청구에 의하여 특정후견의 심판을 할 수 있다[§959-20 ①, 家訴 §2 ① ii 가. 1)-5].

특정후견은 성년후견이나 한정후견과는 달리 피특정후견인의 행위능력을 지속적으로 제한하고, 그의 의사결정을 대리 내지 보조해줄 후견인을 선임하는 대신, 중요한 부동산의 처분이나 상속재산분할협의 등 본인과 이해관계인의 삶에 중차대한 영향을 미칠 수 있는 사안이 발생한 경우 그러한 개별적 법률행위에 한정하여 일회적·임시적으로 가정법원의 도움을 받을 수 있도록 함으로써 자기결정권의 존중 및 보충성의 원칙을 실현하기 위한 제도이다.[1] 영국 정신능력법 §16상의 특정명령 및 법정후견(deputy) 제도, 프랑스 민법 §437, §438상의 사법적 보호 및 특별수임인 제도를 우리 법체계에 맞게 변형하여 도입한 것이다.[2]

따라서 특정후견의 심판을 할 때 특정후견인을 선임하는 대신 가정법원이 직접 피특정후견인의 후원 사무를 처리하여 그를 위해 즉각적인 보호가 제공될 수 있도록 하였다. 본조는 이와 같이 가정법원이 특정사무의 후원 내지 피

[1] 윤진수·현소혜, 47~48; 박인환(2013), 18~21 참조.
[2] 김형석(2010), 120; 백승흠(2011a), 30; 제철웅(2013), 17. 입법 당시 특정후견 제도의 도입을 강하게 주장하였던 견해로 제철웅(2008), 113, 138.

특정후견인의 보호를 위해 직접 개입할 수 있는 근거를 마련하기 위한 조문이
다. 특정후견에 대해서는 그 제도를 통해 달성하고자 하는 목표가 불분명하다
는 이유로 비판적인 견해가 있다.[3]

Ⅱ. 특정후견에 따른 보호조치

가정법원은 피특정후견인의 후원을 위하여 필요한 처분을 명할 수 있다[본
조, 家訴 §2 ① ii 가. 24)-3].

1. 보호조치의 내용

가정법원이 할 수 있는 "피특정후견인의 후원을 위하여 필요한 처분"이란
무엇인가. 가장 대표적인 것은 피특정후견인의 후원을 위해 특정후견인을 선임
하는 것이겠으나, 이에 대해서는 §959-9에 특칙이 있다. 따라서 본조에서 규정
하고 있는 처분은 특정후견인을 선임하지 않고도 가정법원의 명령만으로 피특정
후견인의 사무처리를 후원하거나 대신할 수 있는 종류의 처분을 의미한다.[4]

특정의 법률행위에 앞서 제3자로부터 법적 조언을 받도록 하는 것과 같이
관계인에게 필요한 특정의 행위를 명하거나 처분금지명령과 같이 부작위를 명
하는 등[5] 피특정후견인의 후원을 위해 필요한 처분이라면 무엇이든 가정법원
이 적절하게 정할 수 있으나,[6] 다음과 같은 사안에 대해서는 논란의 여지가
있다.

가. 재산관리와 신상보호

"피특정후견인의 후원을 위하여 필요한 처분"은 피특정후견인의 재산관리
에 관한 것일 수도 있고, 신상보호에 관한 것일 수도 있다.[7] 그러나 신상결정
이 긴급하게 필요한 경우에는 관련법 규정을 이용해 적절한 대응이 가능하고,
피특정후견인은 어느 정도 정신적 능력이 있음을 전제로 한다는 점, 신상보호
는 사안의 중대성과 지속성을 특징으로 한다는 점 등을 근거로 가정법원이 신
상보호에 관한 심판을 할 수 있는지에 대해 의문을 제기하는 견해[8]도 있다.

---

3) 조승현, 297; 남윤봉(2011), 58.
4) 제철웅(2013), 18 참조.
5) 김형석(2010), 148.
6) 해설, 117.
7) 김주수·김상용, 493; 신영호, 263; 박인환(2013), 21~22.
8) 해설, 126; 배인구(2013), 67; 이진기(2012), 106.

가정법원이 피특정후견인의 신상보호를 위한 특정의 처분을 명하는 것 외에 신상보호를 위한 특정후견인도 선임할 수 있는지에 대해서는 논란이 있다. 이에 대해 자세히는 §959-9 註釋 참조.

나. 현상유지적 처분과 현상변경적 처분

가정법원은 피특정후견인의 후원을 위해 그의 재산에 관한 소극적인 보존·관리행위는 물론, 적극적으로 현상을 변경하는 처분행위 등도 할 수 있다.[9] 이 점에서 §22에 따른 부재자 재산관리를 위해 필요한 처분과는 차이가 있다.

다. 특정후견인의 동의를 얻을 것을 명하는 처분

가정법원은 피특정후견인의 후원을 위하여 필요한 처분의 일환으로 피특정후견인에게 일정한 범위의 법률행위를 할 때 특정후견인의 동의를 얻을 것을 명할 수 있는가. 긍정하는 듯한 견해[10]가 있다. 그러나 이러한 유형의 처분은 허용되지 않는다고 보아야 할 것이다. 특정후견은 피특정후견인의 행위능력을 제한하기 위한 제도가 아니기 때문이다. 입법경과에 비추어 보더라도 부정설이 타당하다.[11]

특정후견인에게 피특정후견인의 법률행위 취소권을 부여할 수 없음도 마찬가지이다.

라. 피특정후견인의 의사표시를 갈음하는 심판

가정법원은 피특정후견인의 후원을 위하여 필요한 처분의 일환으로 피특정후견인의 의사표시를 갈음하는 심판을 할 수 있는가. 긍정설과 부정설이 대립한다.

부정설[12]에 따르면, 의사표시를 갈음하는 재판은 의사표시의 의무 있는 채무자에 대한 이행판결로서 인정되는 것이므로, 비송절차에서는 허용하기 어렵다고 한다. 이러한 내용의 심판이 필요할 때에는 특정후견인을 선임하면 된다는 것이다.

반면 긍정설[13]을 주장하는 학자들은 신상보호가 필요할 때(가령 의료행위 동의)마다 특정후견인을 선임할 것을 강제하는 것은 과도한 자기결정권의 침해라고 반박한다. 견해[14]에 따라서는 적어도 신상보호에 있어서는 피특정후견인의

9) 윤진수·현소혜, 137; 김형석(2010), 148 주 40.
10) 이진기(2012), 96.
11) 윤일구(2012), 190; 현소혜(2013), 39 주 14.
12) 윤진수·현소혜, 137; 김형석(2010), 149; 백승흠(2010a), 221.
13) 김주수·김상용, 492.
14) 박인환(2013), 21~22.

의사표시를 갈음하는 심판을 인정할 수 있다고 주장하기도 한다.

2. 절차

가. 직권에 의한 개시

가정법원은 특정후견의 심판과 동시에 직권에 의해 필요한 처분을 명한다 [본조, 家訴 §2 ① ii 가. 24)−3]. 문언상으로는 처분을 명할 것인지 여부가 가정법원의 재량에 속하는 것으로 보이지만, 적어도 특정후견의 심판을 할 때에는 반드시 본조에 따른 심판을 하여야 한다.[15] §959−9에 따른 특정후견인을 선임할 때에는 그러하지 아니하다.

나. 그 밖의 사항

특정후견에 따른 보호조치 처분 사건은 피특정후견인 주소지 가정법원의 전속관할에 속한다(家訴 §44 i−ii). 이러한 처분심판을 하기에 앞서 반드시 피특정후견인 등의 의견을 들어야 하는 것은 아니다. 다만, 특정후견의 심판과 동시에 위 심판이 내려질 경우에는 피특정후견인이 될 사람의 의견을 듣지 않을 수 없다(家訴 45−3 ① i).

피특정후견인의 후원을 위하여 필요한 처분을 명하는 심판을 할 때에는 이를 당사자 및 절차에 참가한 이해관계인(家訴規 §25)에게 고지하여야 하나, 그들에게 즉시항고 권한이 인정되는 것은 아니다. 따라서 가정법원은 심판이 효력을 발생함과 동시에 지체없이 후견등기 사무를 처리하는 사람에게 후견등기부에 등기할 것을 촉탁하여야 한다(家訴 §9, 家訴規 §5−2 ① iii 라.).

필요한 경우에는 직권 또는 일정한 자의 청구에 의한 사전처분도 가능하다고 할 것이다(家訴 §62).[16]

3. 이행명령

특정후견에 실효성을 부여하기 위해 본조에 의한 처분심판에 따르지 않는 사람에게 家訴 §64상의 이행명령 제도가 적용될 수 있도록 관련 규정을 신설해야 한다는 견해[17]가 있다. 그러나 심판서상 당사자의 지위에 있지 않은 사람에게까지 이행명령을 부과할 수는 없다는 반대견해가 유력하다.[18]

---

15) 김형석(2014), 471.
16) 윤진수·현소혜, 138; 자료집, 199.
17) 한봉희·백승흠, 378; 김형석(2010), 149; 이영규(2011), 11.
18) 배인구(2013), 66~67.

第 959 條의 9 (특정후견인의 선임 등)

① 가정법원은 제959조의8에 따른 처분으로 피특정후견인을 후원하거
　 나 대리하기 위한 특정후견인을 선임할 수 있다.

② 특정후견인에 대하여는 제930조제2항·제3항, 제936조제2항부터
　 제4항까지, 제937조, 제939조 및 제940조를 준용한다.

I. 조문의 취지

가정법원은 특정후견의 심판을 한 때 피특정후견인의 후원을 위해 필요한 처분을 명하여야 한다(§959-8). 이때 가정법원은 스스로 후원에 필요한 각종의 조치를 명할 수도 있지만, 특정후견인을 선임하여 그로 하여금 피특정후견인의 후원에 필요한 행위를 하도록 할 수도 있다. §959-8 註釋 참조. 부재자 재산관리 제도에서와 마찬가지로 특정후견인의 선임은 피특정후견인 보호를 위한 가장 효율적이고 간이한 방법으로 널리 이용될 가능성이 높다. 이에 본조는 §959-8과 별도로 특정후견인 선임 및 특정후견인의 자격·선임기준·직무수행·사임·변경 등 그의 법적 지위 일반에 관해 상세히 규율하고 있다.

II. 특정후견인의 선임

1. 특정후견인의 자격 및 선임기준

가정법원은 §959-8에 따른 처분으로 피특정후견인을 후원하거나 대리하기 위한 특정후견인을 선임할 수 있다(본조 ①, 家訴 §2 ① ii 가. 18)). 특정후견인을 선임할 것인지, 가정법원이 직접 필요한 처분을 할 것인지는 가정법원의 재량에 속한다. 이에 대해서는 법정대리인 없는 피특정후견인 개념을 인정하기 힘

들다는 이유로 비판적인 견해가 있다.[1]

일단 특정후견인을 선임하는 이상 그 자격 및 선임기준, 결격사유 등은 성년후견인에 준한다. 따라서 여러 명의 특정후견인을 둘 수도 있고, 법인을 특정후견인으로 선임할 수도 있다(본조 ②에 의한 §930 ②, ③의 준용). 가정법원이 특정후견인을 선임할 때에는 피특정후견인의 의사를 존중하여야 하며, 그 밖에 피특정후견인이 건강, 생활관계, 재산상황, 특정후견인이 될 사람의 직업과 경험, 피특정후견인과의 이해관계의 유무 등의 사정도 고려하여야 한다(본조 ②에 의한 §936 ④의 준용). §950에서 정한 후견인 결격사유에 해당해서는 안 됨은 물론이다(본조 ②에 의한 §937의 준용). 자세한 내용은 §§930, 936, 937 註釋 참조.

가정법원이 선임한 특정후견인이 사망, 결격, 그 밖의 사유로 없게 된 경우 재선임, 필요한 경우 추가선임이 가능함도 성년후견인의 경우와 같다(본조 ②에 의한 §936 ② 및 ③의 준용). §936 註釋 참조.

2. 절차

특정후견인 선임심판을 하고자 하는 가정법원은 피특정후견인(피특정후견인이 될 사람을 포함한다)과 특정후견인이 될 사람의 진술을 들어야 하며(家訴 §45-3 ① iii), 특정후견인에게 그 후견사무에 관하여 필요하다고 인정되는 사항을 지시할 수 있다(家訴規 §38-2).

특정후견인 선임심판은 당사자, 절차에 참가한 이해관계인(家訴規 §25) 외에 당해 심판에 의해 특정후견인이 될 자에게 고지하고, 사건본인에게 그 뜻을 통지하여야 한다(家訴規 §35). 특정후견인 선임심판 자체에 대한 불복은 불가능하나, 특정후견의 심판을 다툼으로써 사실상 특정후견인 선임심판의 효력을 다툴 수 있다. 특정후견의 심판에 대해 즉시항고를 제기할 수 있는 사람은 §14-2 ①에 따른 청구권자, §959-20 ①상의 임의후견인 및 임의후견감독인이다(家訴規 §36 ① iii 가.).

특정후견인 선임심판이 확정된 때 가정법원은 지체없이 후견등기 사무를 처리하는 사람에게 후견등기부에 등기할 것을 촉탁하여야 한다(家訴 §9, 家訴規 §5-2 ① iii 나.).

---

1) 남윤봉(2011), 58~59.

3. 임시후견인

가정법원은 아직 특정후견인을 선임하기 전이라도 직권 또는 당사자의 신청에 의해 家訴 §62 ①에 따른 사전처분으로서 임시후견인을 선임할 수 있다 (家訴規 §32 ④). 이때 선임된 임시후견인에 대해서는 특정후견인에 관한 규정이 준용되며(家訴規 §32 ④), 임시후견인을 선임하는 재판이 확정된 때 가정법원은 지체없이 후견등기사무를 처리하는 사람에게 후견등기부에 등기할 것을 촉탁하여야 한다(家訴 §9, 家訴規 §5-2 ① v 나.). 그 밖에 임시후견인 선임심판에 대해 자세히는 §936 註釋 참조.

Ⅲ. 특정후견인의 권한

1. 대리권

가. 대리권 수여심판에 따른 법정대리권

특정후견인은 §959-11에 따라 가정법원으로부터 대리권을 수여받은 한도 내에서 피특정후견인을 대리할 수 있다. 특정후견인에 대해서는 §949가 준용되지 않으므로, 포괄적 대리권을 행사할 수 없다. 특정후견인의 대리권 및 그 행사방법 등에 대해서는 §959-11, §959-12 註釋 참조.

나. 소송대리권

특정후견의 심판에도 불구하고 피특정후견인의 행위능력은 제한되지 않으므로, 피특정후견인은 스스로 소송행위를 할 수 있다. 물론 피특정후견인의 정신적 제약으로 말미암아 스스로 소송행위를 할 수 없을 때에는 가정법원이 §959-11 ①에 따라 특정후견인에게 소송대리권을 수여하는 심판을 할 수 있을 것이다.

그러나 소송대리권을 수여하는 내용의 가정법원의 심판이 없는 이상 특정후견인은 아직 소송대리권을 행사할 수 없다.[2] 이에 대해서는 특정후견의 심판 및 그에 따른 대리권 수여의 심판이 있는 이상 피특정후견인의 행위능력은 제한될 수 밖에 없다는 전제하에 특정후견인에게 법정대리인 자격에서 소송대리권을 인정하는 반대설[3]이 있다.

---

[2] 이시윤, 신민사소송법(제7판, 2013), 152.

[3] 호문혁, 민사소송법(제7판, 2013), 255; 김도훈(2014), 133.

2. 재산관리권

특정후견인에 대해서는 §949가 준용되지 않으므로, 피특정후견인의 재산에 관한 일반적인 재산관리권은 인정되지 않는다. 다만, 특정후견인은 가정법원이 §14-2 ③에 따라 특정후견의 심판시 정한 특정후견의 기간 또는 사무의 범위 내에서 피특정후견인을 위해 재산관리를 위한 각종의 처분, 특히 사실행위를 할 권한을 갖는다. 이때 구체적인 사무처리방법에 대해서는 §959-12 註釋 참조.

3. 신상에 관한 결정할 수 있는 권한

특정후견인은 피특정후견인의 신상에 관한 결정을 대행할 권한이 있는가. 견해가 대립한다.

일부 견해[4]는 특정후견인에게 신상결정대행권한을 부여할 수 없다고 본다. 특정후견에 관한 민법의 조문들은 신상보호에 관한 §938 ③이나 §947-2를 준용하고 있지 않으며, 家訴나 후견등기법 역시 특정후견인이 신상에 관한 의사결정을 대행하는 경우를 예정하고 있지 않기 때문이다. 일회적으로 특정 신상문제에 관한 결정이 필요한 경우에는 가정법원이 그에 갈음하는 처분을 명함으로써 특정후견인의 신상결정 권한의 부여를 대체할 수 있으므로, 굳이 신상보호에 관한 규정을 준용할 필요가 없다는 견해도 있다. 가정법원이 이러한 내용의 처분을 할 수 있는지 여부에 대해서는 §959-8 註釋 참조.

하지만 다수의 견해[5]는 가정법원이 특정후견인에게 신상결정대행권한을 부여하는 심판을 할 수 있으며, 그 한도 내에서 특정후견인에게 신상보호에 관한 권한이 부여된다고 주장한다. 특정의 사안과 관련하여서만 신상보호가 필요한데 굳이 특정후견 대신 성년후견이나 한정후견을 개시하도록 하는 것은 보충성 및 필요성의 원칙에 반한다는 점, 특정후견인에 대해서는 §947가, 특정후견감독인에 대해서는 §940-6 ②이 준용되고 있으므로 명문의 근거가 없지 않다는 점, 신상보호를 위해 특정후견의 심판을 할 필요가 적지 않을 뿐만 아니라 특정후견은 본래 신상보호를 위해 도입된 제도라는 점, 법률행위 대리권과

---

4) 김주수·김상용, 493; 자료집, 367, 489; 박인환(2011), 181; 배인구(2013), 69; 이진기(2012), 106.

5) 신영호, 263; 한봉희·백승흠, 379; 구상엽, "성년후견제도 입법과정에서의 주요쟁점 및 향후과제," 민사법학 65(2013), 704; 김형석(2010), 150; 김형석(2014a), 270; 박인환(2013), 22~24; 제철웅(2013), 18~23; 현소혜(2012), 193.

신상결정권한이 엄격하게 분리되는 개념은 아니라는 점 등을 근거로 제시한다.

입법론적으로 특정후견인에게 신상결정대행권한을 부여하는 내용의 조문을 신설해야 한다는 견해[6]도 있다.

특정후견인이 신상결정대행권한을 행사할 수 있다고 보는 견해는 다시 특정후견인에 관해 §947-2 ③ 내지 ⑤이 준용되는지 여부를 둘러싸고 두 가지로 나누어진다. 부정설은 특정후견인 또는 특정후견감독인이 피특정후견인의 신상에 관하여 필요한 행위 또는 처분을 하는 경우라도 그 사안이 중대하다고 하여 가정법원의 허가를 받아야 하는 것은 아니라고 한다.[7] 특정후견업무의 일회성, 준용규정의 부재 등을 그 근거로 들 수 있을 것이다. 이에 반해 일부 견해[8]는 §947-2 ③ 내지 ⑤이 유추적용될 수 있다고 한다. 시설입소 등을 대행할 때에는 가정법원의 허가를 받아야 한다는 것이다. 피특정후견인의 보호를 위함이다.

4. 동의권과 취소권

특정후견의 심판에도 불구하고 피특정후견인의 행위능력은 제한되지 않는다.[9] 따라서 특정후견인은 피특정후견인의 법률행위에 대해 동의하거나 이를 취소하는 방식으로 피특정후견인의 자기결정에 간섭할 수 없다.

이에 대해서는 피특정후견인의 행위능력을 제한해야 한다는 반대설이 있다.[10] 피특정후견인의 보호를 위해 필요하다는 것이다. 이러한 견해에 따르면 특정후견인에게도 가정법원의 심판에 따른 동의권이나 취소권을 인정할 수 있을 것이다. 입법론으로서 피특정후견인의 행위를 무효로 돌릴 수 없다면 사실상 성년후견 또는 한정후견의 이용을 강제할 위험이 있으므로, 특정후견인에게 취소권을 부여할 필요가 있다는 견해[11]도 있다.

---

6) 제철웅(2014a), 234 및 주 69.
7) 신영호, 264; 박호균, "성년후견과 의료 — 개정 민법 제947조의2를 중심으로 —," 의료법학 13-1(2012), 130.
8) 윤진수·현소혜, 141~142.
9) 윤진수·현소혜, 51; 해설, 116; 김형석(2010), 122; 배인구(2013), 65 등.
10) 이진기(2012), 96~97.
11) 제철웅(2008), 139.

Ⅳ. 특정후견인의 사임 또는 변경

특정후견인은 정당한 사유가 있는 경우 가정법원의 허가를 받아 사임할 수 있다[본조 ②에 의한 §939의 준용, 家訴 §2 ① ⅱ 가. 19)]. 또한 가정법원은 피특정후견인의 복리를 위하여 특정후견인을 변경할 필요가 있다고 인정하면 직권으로 또는 일정한 자의 청구에 의해 특정후견인을 변경할 수 있다[본조 ②에 의한 §940의 준용, 家訴 §2 ① ⅱ 가. 18)]. 사임 또는 변경의 요건에 대해 자세히는 §939, §940 註釋 참조.

특정후견인 변경심판을 하는 경우에는 피특정후견인과 그 변경이 청구된 특정후견인 및 특정후견인이 될 사람의 진술을 들어야 하며(家訴 §45-3 ① ⅴ), 그 심판에 대해서는 변경의 대상이 되는 특정후견인만이 즉시항고를 할 수 있다(家訴規 §36 ① ⅲ 나.). 반면 특정후견인 변경청구 기각 심판에 대해서는 §959-10 ②에 의해 준용되는 §940에서 정한 자가 즉시항고를 할 수 있다(家訴規 §36 ② ⅴ).

특정후견인 변경심판에 앞서 필요한 경우 가정법원은 직권 또는 당사자의 신청에 의해 家訴 §62 ①에 따른 사전처분으로서 직무대행자를 선임할 수 있다(家訴規 §32 ①). 이때 직무대행자에 대해서는 특정후견인에 관한 규정을 준용함이 원칙이나(家訴規 §32 ①), 가정법원은 상당하다고 인정할 때 언제든지 직무대행자에게 사건본인의 신상보호 또는 재산관리에 필요한 명령을 할 수 있고, 그 선임한 직무대행자를 해임하거나 개임할 수 있다(家訴規 §32 ③). 위와 같은 직무대행자 선임처분은 그 선임된 자 및 해당 특정후견인에게 고지하여야 하고, 사건본인에게 그 뜻을 통지하여야 한다(家訴規 §32 ②).

그 밖에 특정후견인의 사임 또는 변경심판의 절차에 관해 자세히는 §939, §940 註釋 참조.

第 959 條의 10 (특정후견감독인)

① 가정법원은 필요하다고 인정하면 직권으로 또는 피특정후견인, 친
　 족, 특정후견인, 검사, 지방자치단체의 장의 청구에 의하여 특정후
　 견감독인을 선임할 수 있다.

② 특정후견감독인에 대하여는 제681조, 제691조, 제692조, 제930조
　 제2항·제3항, 제936조제3항·제4항, 제937조, 제939조, 제940조,
　 제940조의5, 제940조의6, 제949조의2, 제955조 및 제955조의2를
　 준용한다.

Ⅰ. 조문의 취지

특정후견감독인에 관한 사항을 규율하기 위한 조문이다. 본 조문은 특정
후견감독인이 임의기관임을 선언함과 동시에 가정법원이 특정후견감독인을 선
임할 수 있는 사유, 특정후견감독인의 자격, 사임과 변경, 권한의 범위 및 감독,
보수 등에 관해 규정하고 있다. 후견감독인 제도 일반에 대해서는 §940-2 및
§940-4 註釋 참조.

Ⅱ. 특정후견감독인의 선임

1. 선임사유

가. 필요하다고 인정하는 경우

가정법원은 필요하다고 인정하는 경우 특정후견감독인을 선임할 수 있다

(본조 ①). 특정후견감독인이 필요하다고 인정할 수 있는 경우에 관해서는
§940-4 註釋 참조.

나. 재선임

특정후견감독인이 사망, 결격, 그 밖의 사유로 없게 된 때 가정법원은 직
권으로 또는 일정한 자의 청구에 의해 새로운 특정후견감독인을 선임할 수 있
는가. 본조 ②은 후견감독인의 재선임에 관한 §940-3 ② 또는 §940-4 ②을
준용하고 있지 않지만, 이를 유추적용하여 재선임을 허용해야 한다는 견해[1]가
있다. 준용규정을 신설하는 것이 가장 바람직할 것이다.[2]

다. 추가선임

가정법원은 특정후견감독인을 선임한 후에도 필요하다고 인정하면 직권으
로 또는 피특정후견인, 특정후견인, 친족, 이해관계인, 검사, 지방자치단체의
장의 청구에 의해 추가로 특정후견감독인을 선임할 수 있다(본조 ②에 의한 §936
③의 준용). 추가선임 사유에 대해 자세히는 §936 註釋 참조. 추가선임 청구권자
의 범위를 둘러싼 논란에 대해서는 §940-7 註釋 참조.

2. 자격 및 선임기준

가. 특정후견감독인의 수와 자격

특정후견감독인에 대해서는 §930 ② 및 ③이 준용된다(본조 ②). 따라서 특
정후견감독인은 피특정후견인의 신상과 재산에 관한 모든 사정을 고려하여 여
러 명을 둘 수 있고, 법인도 특정후견감독인이 될 수 있다. 자세한 내용은 §930
및 §940-7 註釋 참조.

여러 명의 특정후견감독인을 둔 경우 가정법원은 직권으로 여러 명의 특
정후견감독인이 공동으로 또는 사무를 분장하여 그 권한을 행사하도록 정할
수 있고, 그 결정을 변경 또는 취소할 수도 있다[본조 ②에 따른 §949-2 ① 및 ②의
준용, 家訴 §2 ① ii 가. 21)-3]. 자세한 내용은 §949-2 註釋 참조.

여러 명의 특정후견감독인이 공동으로 권한을 행사하여야 하는 경우 어느
특정후견감독인이 피특정후견인의 이익이 침해될 우려가 있음에도 필요한 권
한행사에 협력하지 않는 때에는 가정법원은 피특정후견인, 특정후견인, 특정후
견감독인 또는 이해관계인의 청구에 의하여 그 특정후견감독인의 의사표시를

---

1) 김주수·김상용, 497; 윤진수·현소혜, 141.
2) 윤진수·현소혜, 141; 구상엽(2012), 136~137.

갈음하는 재판을 할 수 있다[본조 ② 1문에 따른 §949-2 ③의 준용, 家訴 §2 ① ii 가. 21)-3]. 자세한 내용은 §949-2 註釋 참조.

나. 특정후견감독인의 결격사유

§937 i 내지 viii에 해당하는 사람 및 특정후견인의 가족은 특정후견감독인이 될 수 없다(본조 ②에 의한 §937 및 §940-5의 준용). 자세한 내용은 §937 및 §940-5 註釋 참조.

다. 특정후견감독인의 선임기준

가정법원은 특정후견감독인을 선임할 때에는 피특정후견인의 의사를 존중하여야 하며, 그 밖에 피특정후견인의 건강, 생활관계, 재산상황, 특정후견감독인이 될 사람의 직업과 경험, 피특정후견인과의 이해관계 유무(법인이 특정후견감독인이 될 때에는 사업의 종류와 내용, 법인이나 그 대표자와 피특정후견인 사이의 이해관계의 유무를 말한다) 등의 사정도 고려하여야 한다(본조 ②에 의한 §936 ④의 준용). 자세한 내용은 §936 註釋 참조.

3. 선임절차

가. 직권 또는 일정한 자에 의한 청구

가정법원은 직권으로 또는 피특정후견인, 친족, 특정후견인, 검사, 지방자치단체의 장의 청구에 의하여 특정후견감독인을 선임할 수 있다(본조 ①).

특정후견감독인의 재선임 또는 추가선임에 대해서는 1. 참조.

나. 심리

특정후견감독인의 선임심판을 하는 경우에는 피특정후견인(피특정후견인이 될 사람을 포함한다)과 특정후견감독인이 될 사람의 진술을 들어야 한다(家訴 §45-3 ① iv). 특정후견감독인의 선임에 앞서 특정후견인의 의견을 들어야 하는 것은 아니다.

다. 선임심판

가정법원은 특정후견의 심판과 동시에 또는 심판 후에 특정후견감독인 선임심판을 할 수 있다[家訴 §2 ① ii 가. 18)-3]. 이때 가정법원은 특정후견감독인에게 그 후견감독사무에 관하여 필요하다고 인정되는 사항을 지시할 수 있다(家訴規 §38-2). 특정후견감독인 선임심판은 언제나 피특정후견인이 될 자의 주소지 관할법원의 전속관할에 속한다(家訴 §44 i-ii).

특정후견감독인선임심판은 당사자(家訴規 §25), 절차에 참가한 이해관계인

(家訴規 §25), 특정후견인 및 특정후견감독인이 될 자(家訴規 §35 ①)에게 고지하고, 사건본인인 피특정후견인될 자에게는 그 뜻을 통지하여야 한다(家訴規 §35 ②).

라. 즉시항고

특정후견감독인 선임청구에 대한 즉시항고는 허용되지 않는다. 단, 특정후견의 심판 자체를 다툼으로써 특정후견감독인 선임청구의 효력을 다툴 수는 있다. 특정후견개시심판에 대해 즉시항고를 할 수 있는 자는 §14-2 ①에서 정한 청구권자 및 §959-20 ①상의 임의후견인, 임의후견감독인이다(家訴規 §36 ① ⅲ 가.).

마. 후견등기의 촉탁

특정후견감독인 선임심판이 확정된 때 가정법원은 지체없이 후견등기 사무를 처리하는 사람에게 후견등기부에 등기할 것을 촉탁하여야 한다(家訴 §9, 家訴規 §5-2 ① ⅲ 나.).

바. 임시특정후견감독인의 선임

家訴規 §32에 규정되어 있지는 않지만, 가정법원은 사건해결에 특히 필요하다고 인정될 경우 家訴 §62에 따른 사전처분의 일환으로서 임시특정후견감독인을 선임할 수 있을 것이다.

그 밖에 특정후견감독인 선임절차와 관련하여 자세한 내용은 §940-4 註釋 참조.

Ⅲ. 특정후견감독인의 직무

1. 사무감독권한

특정후견감독인은 특정후견인의 사무를 감독한다(본조 ②에 의한 §940-6 ① 전단의 준용). 이를 위해 특정후견감독인은 특정후견인에게 그 임무수행에 관한 보고와 재산목록의 제출을 요구하거나 피특정후견인의 재산상황을 조사할 수 있다(§959-12에 의한 §953의 준용). 자세한 내용은 §940-6 註釋 참조.

그러나 특정후견인은 본질적으로 일시적 또는 특정한 사무에 대해서만 후견업무를 수행하므로, 감독의 필요성이 크지 않다.[3] 특정 사무에 대해 특정후견의 심판을 하고 특정후견인을 선임하는 과정에서 이미 당해 사무에 관해 법원의 감독이 충실히 이루어졌다고 볼 수 있기 때문이다(異說[4] 있음).

---

3) 윤진수·현소혜, 145; 김형석(2010), 151.
4) 구상엽(2012), 136 주 293.

따라서 특정후견감독인의 감독권한은 성년후견감독인 또는 한정후견감독인에 비해 현저히 좁다. 가령 특정후견인감독인은 특정후견인에 갈음하여 이해상반행위를 대리할 수도 없고, 특정후견인이 §950 ①에서 정한 행위를 대리할 때 동의권을 행사할 수도 없다. 특정후견인이 피특정후견인에 대한 제3자의 권리를 양수하는 경우 특정후견감독인의 동의를 받아야 하는 것도 아니다. 특정후견사무에 대해서는 §949-3, §950 및 §951이 준용되지 않기 때문이다. 이러한 의미에서 본조 ②이 §940-6 ③을 준용하고 있는 것은 아무런 의미가 없다.[5]

또한 특정후견감독인은 그 감독사무의 수행을 위해 특정후견인의 재산목록작성에 참여하거나, 특정후견인의 피특정후견인에 대한 채권채무관계를 제시받는 등의 권한을 행사할 수 없다. §941 내지 §944를 특정후견감독인에게 준용하는 규정이 존재하지 않을 뿐만 아니라, 특정후견인 자신이 이러한 의무를 부담하지 않기 때문이다(§959-10 및 §959-12).

2. 특정후견인선임청구의무

특정후견감독인은 특정후견인이 없는 경우 지체 없이 가정법원에 특정후견인의 선임을 청구하여야 한다(본조 ②에 의한 §940-6 ① 후단의 준용). 그러나 특정후견인은 필수기관이 아니므로, 특정후견감독인이 언제나 이를 청구할 수 있는 것은 아니고, 법원에 의해 선임된 특정후견인이 사망, 결격 그 밖의 사유로 없게 된 경우에만 그러하다.

3. 급박한 사무처리권한

특정후견감독인은 피특정후견인의 신상이나 재산에 대하여 급박한 사정이 있는 경우 그의 보호를 위하여 필요한 행위 또는 처분을 할 수 있다(본조 ②에 의한 §940-6 ②의 준용). 자세한 내용은 §940-6 註釋 참조. 특정후견감독인이 신상에 관한 급박한 처분을 하는 경우 §947-2 ③ 내지 ⑤이 적용되는지 여부에 대해서는 §959-9 註釋 참조.

4. 수임인으로서의 지위

특정후견감독인은 위임계약의 수임인과 유사한 지위를 갖는다. 따라서 본

---

5) 윤진수·현소혜, 141.

조 ②은 위임에 관한 몇몇 조문을 특정후견감독인에게 준용하고 있다.

첫째, 특정후견감독인은 그 감독업무의 본지에 따라 선량한 관리자의 주의로써 후견감독업무를 처리하여야 한다(§681 준용).

둘째, 후견감독이 종료된 경우라도 급박한 사정이 있는 때에는 피특정후견인, 그 상속인이나 법정대리인이 위임사무를 처리할 수 있을 때까지 그 사무의 처리를 계속하여야 한다(§691 준용). 그 의미에 대해 자세히는 §940－7 註釋 참조.

셋째, 후견감독이 종료되었다는 사유는 이를 상대방에게 통지하거나 상대방이 이를 안 때가 아니면 이로써 상대방에게 대항하지 못한다(§692 준용).

Ⅳ. 특정후견감독인의 사임 및 변경

1. 특정후견감독인의 사임

특정후견감독인은 정당한 사유가 있는 경우 가정법원의 허가를 받아 사임할 수 있다[본조 ②에 의한 §939의 준용, 家訴 §2 ① ⅱ 가. 19].

그 밖에 특정후견감독인 사임에 관해 자세히는 §939 및 §940－7 註釋 참조.

2. 특정후견감독인의 변경

가정법원은 피특정후견인의 복리를 위하여 특정후견감독인을 변경할 필요가 있다고 인정하면 직권으로 또는 피특정후견인, 친족, 특정후견감독인, 검사, 지방자치단체의 장의 청구에 의하여 특정후견감독인을 변경할 수 있다[본조 ② 1문에 의한 §940의 준용, 家訴 §2 ① ⅱ 가. 18)－3].

이때 가정법원은 피특정후견인과 그 변경이 청구된 특정후견감독인 및 특정후견감독인이 될 사람의 진술을 들어야 한다(家訴 §45－3 ① ⅵ). 특정후견감독인 변경심판에 대해서는 변경의 대상이 되는 특정후견감독인이, 기각심판에 대해서는 §959－10 ②에 의해 준용되는 §940에서 정한 자, 즉 특정후견감독인 변경청구권자가 즉시항고할 수 있다(家訴規 §36 ① ⅲ 나., ② ⅴ).

그 밖에 특정후견감독인 변경사유 및 절차, 직무대행자 선임 등에 관해 자세히는 §940 및 §940－7 註釋 참조.

Ⅴ. 특정후견감독인의 보수와 비용

1. 특정후견감독인의 보수

가정법원은 특정후견감독인의 청구에 의하여 피특정후견인의 재산상태 기타 사정을 참작하여 피특정후견인의 재산 중에서 상당한 보수를 특정후견감독인에게 수여할 수 있다[본조 ②에 의한 §955의 준용, 家訴 §2 ① ⅱ 가. 23)]. 자세한 내용은 §955 註釋 참조.

2. 사무비용의 지출

특정후견감독인이 특정후견사무를 수행하는 데 필요한 비용은 피특정후견인의 재산 중에서 지출한다(본조 ②에 의한 §955-2의 준용). 자세한 내용은 §955-2 註釋 참조.

第 959 條의 11 (특정후견인의 대리권)

① 피특정후견인의 후원을 위하여 필요하다고 인정하면 가정법원은 기간이나 범위를 정하여 특정후견인에게 대리권을 수여하는 심판을 할 수 있다.

② 제1항의 경우 가정법원은 특정후견인의 대리권 행사에 가정법원이나 특정후견감독인의 동의를 받도록 명할 수 있다.

Ⅰ. 조문의 취지

특정후견의 심판에도 불구하고 피특정후견인의 행위능력은 제한되지 않는다. 이에 대해 자세히는 §959-9 註釋 참조. 따라서 특정후견인은 피특정후견인의 법률행위를 마음대로 대리, 동의하거나 취소할 수 없다. 그럼에도 불구하고 특정후견인이 그 후견사무를 처리하기 위해 대리권을 필요로 하는 경우가 있다. 가령 피특정후견인이 질병, 장애, 노령, 그 밖의 사유로 인한 정신적 제약으로 스스로 자신의 의사를 표시할 수 없는 상태에 있는 경우 등이 그러하다. 피특정후견인이 스스로 특정후견인에게 대리권을 수여한다면 가장 자기결정권 존중의 정신에 부합하는 결과가 도출되겠으나, 위와 같은 사안에서는 피특정후견인이 임의대리권을 수여할 수 없으므로 부득이 법원이 개입하는 수밖에 없다. 본조는 이러한 개입을 위해 가정법원에 특정후견인에 대한 대리권 수여 심판 권한을 부여하는 한편, 특정후견인의 권한남용 방지를 위한 감독장치를 마련하였다.

Ⅱ. 대리권을 수여하는 심판

1. 대리권의 수여

가정법원은 피특정후견인의 후원을 위하여 필요하다고 인정하면 특정후견인에게 대리권을 수여하는 심판을 할 수 있다[본조 ①, 家訴 §2 ① ii 가. 24)-4].

수여되는 대리권의 내용은 재산법상 법률행위와 관련된 것이라면 무엇이든 가능하다. 반면 가정법원이 특정후견인에게 신상결정을 대행하는 권한을 수여할 수 있는지 여부에 대해서는 §959-9 註釋 참조.

다만, 특정후견은 당해 피특정후견인의 후원을 위해 필요한 일시적 또는 특정한 사무가 완료됨과 동시에 당연히 종료되는 것이며, 별도로 종료의 심판을 거치지 않음이 원칙이다. §959-13 註釋 참조. 그 결과 사실상 특정후견이 종료되었음에도 특정후견심판 및 대리권수여심판이 있음을 기화로 특정후견인이 그 권한을 남용할 위험이 있다. 이에 본조는 대리권 수여의 심판시 가정법원은 그 기간이나 범위를 정할 것을 요구하고 있다(본조 ①).

2. 대리권 행사의 제한

가정법원은 대리권 수여심판시 특정후견인의 대리권 행사에 가정법원이나 특정후견감독인의 동의를 받도록 명할 수도 있다(본조 ②). 미성년후견인·성년후견인이나 한정후견인의 경우와 달리 후견인의 권한행사를 제한하는 내용의 §§949-3, 950, 951 등은 특정후견인에게 직접 준용되지 않는다. 대리권의 기간과 범위가 제한되어 있기 때문이다.[1] 본조는 이러한 사정에 대응하여 개별 사안에 따라 특정후견인의 권한행사에 관한 가정법원의 감독 기능을 강화할 수 있도록 하였다.

가정법원이나 특정후견감독인의 동의를 받을 것을 명하는 심판이 있었음에도 불구하고 특정후견인이 동의 없이 피특정후견인을 대리하여 행위한 경우 그 행위의 효과는 어떠한가. 유효하다는 견해[2]가 있으나, §950 ③을 유추적용하여 피후견인, 후견감독인 또는 가정법원이 이를 취소할 수 있다고 봄이 타당하다.

3. 대리권 수여의 효과

가정법원이 특정후견인에게 기간 또는 범위를 정하여 대리권을 수여한 경우, 특정후견인은 피특정후견인의 법정대리인으로서의 지위를 갖는다. 그렇다고 하여 피특정후견인의 행위능력이 제한되는 것은 아니다. §959-9 註釋 참

---

1) 김형석(2010), 151.
2) 김주수·김상용, 494.

조. 특정후견인은 피특정후견인의 법률행위를 취소할 권한을 갖지 않으므로, 피특정후견인은 여전히 자신의 의사에 따라 각종의 법률행위를 할 수 있다. 그 결과 피특정후견인 자신의 의사표시와 특정후견인의 의사표시가 서로 충돌한다면, 일반 민법의 원리에 따라 법률관계가 결정될 수밖에 없다.3)

Ⅲ. 절차

피특정후견인의 주소지를 관할하는 가정법원은 특정후견의 심판과 동시에 특정후견인될 자에게 대리권을 수여하는 심판을 할 수 있다[본조 ①, 家訴 §2 ① ii 가. 24)-4].

가정법원이 특정후견인에게 대리권을 수여하는 심판을 하는 경우에는 피특정후견인(피특정후견인이 될 사람을 포함한다)의 진술을 들어야 한다(家訴 §45-3 ① xiii).

대리권 수여의 심판은 당사자, 절차에 참가한 이해관계인(家訴規 §25), 특정후견인 및 특정후견인이 될 자(家訴規 §35)에게 고지하는 한편, 사건본인에게 그 뜻을 통지하여야 한다.

그러나 대리권 수여의 심판에 대해서는 즉시항고가 허용되지 않으며, 특정후견의 심판 자체를 다툼으로써 이에 불복할 수 있을 뿐이다. 특정후견인에 대한 대리권 수여의 심판(대리권 행사에 가정법원이나 특정후견감독인의 동의를 받도록 명한 부분 포함)이 확정된 때 가정법원은 지체없이 후견등기 사무를 처리하는 사람에게 후견등기부에 등기할 것을 촉탁하여야 한다(家訴 §9, 家訴規 §5-2 ① iii 마.).

---

3) 김주수·김상용, 491; 박동섭, 413; 윤진수·현소혜, 51; 김형석(2010), 122.

第 959 條의 12 (특정후견사무)

특정후견의 사무에 관하여는 제681조, 제920조 단서, 제947조, 제949조의2, 제953조부터 제955조까지 및 제955조의2를 준용한다.

Ⅰ. 조문의 취지

특정후견 사무를 처리함에 있어 준수해야 할 각종의 의무와 제한, 감독 및 보수 등에 관해 미성년후견인 및 성년후견인의 관련 조문을 준용하는 일반조항이다.

Ⅱ. 특정후견 사무처리의 기준

1. 선량한 관리자로서의 지위

특정후견인 그 밖에 특정후견의 사무를 처리하는 자는 후견의 본지에 따라 선량한 관리자의 주의로써 위임사무를 처리하여야 한다(본조에 의한 §681의 준용).

2. 복리배려 및 의사존중의무

특정후견인은 피특정후견인의 재산관리와 신상보호를 할 때 여러 사정을 고려하여 그의 복리에 부합하는 방법으로 사무를 처리하여야 한다. 이 경우 특정후견인은 피특정후견인의 복리에 반하지 아니하면 피특정후견인의 의사를 존중하여야 한다(본조에 의한 §947의 준용). 자세한 내용은 §947 註釋 참조.

Ⅲ. 권한의 제한

1. 피특정후견인의 행위를 목적으로 하는 채무의 부담

특정후견인이 피특정후견인을 대리하여 그의 행위를 목적으로 하는 채무를 부담할 경우에는 본인의 동의를 얻어야 한다(본조에 의한 §920 단서의 준용).

2. 특정후견인이 여러 명인 경우

여러 명의 특정후견인이 있는 경우 가정법원은 직권으로 여러 명의 특정후견인이 공동으로 또는 사무를 분장하여 그 권한을 행사하도록 정할 수 있다[본조에 의한 §949-2 ①의 준용, 家訴 §2 ① ⅱ 가. 21)-3]. 이때 공동으로 권한을 행사해야 하는 여러 명의 특정후견인 중 어느 특정후견인이 피특정후견인의 이익이 침해될 우려가 있음에도 법률행위의 대리 등 필요한 권한행사에 협력하지 아니할 때에는 가정법원이 그 특정후견인의 의사표시를 갈음하는 재판을 할 수 있다[본조에 의한 §949-2 ③의 준용, 家訴 §2 ① ⅱ 가. 21)-3]. 구체적인 심판 절차 등에 대해서는 §949-2 註釋 참조.

3. 그 밖의 제한

일시적 후원 또는 특정한 후원을 목적으로 하는 특정후견의 특성상 그 밖의 일반적인 제한 규정은 특정후견 사무에 준용되지 않는다. 따라서 이해상반행위(§949-3), 후견감독인의 동의를 필요로 하는 행위(§950 및 §951), 가정법원의 허가를 요하는 행위(§947-2) 등은 모두 개별 사안에 따라 가정법원이 직접 처분을 명하는 심판을 하거나, 후견감독인의 동의 또는 가정법원의 허가를 받을 것을 명하는 심판을 하는 것으로 갈음한다. 자세한 내용은 §959-11 註釋 참조.

Ⅳ. 특정후견인에 대한 감독

1. 특정후견감독인

특정후견감독인은 그 일반적인 후견감독사무의 이행을 위해 언제든지 특정후견인에게 그의 임무수행에 관한 보고와 재산목록의 제출을 요구할 수 있고, 피특정후견인의 재산상황을 조사할 수 있다(본조에 의한 §953의 준용). 자세한 내용은 §953 註釋 참조.

2. 가정법원에 의한 감독

가정법원은 직권으로 또는 피특정후견인, 특정후견감독인, §777에 따른 친족, 그 밖의 이해관계인, 검사, 지방자치단체의 장의 청구에 의하여 피특정후견인의 재산상황을 조사하고, 특정후견인에게 재산관리 등 후견임무 수행에 관하여 필요한 처분을 명할 수 있다[본조에 의한 §954의 준용, 家訴 §2 ① ii 가. 22)]. 자세한 내용에 대해서는 §954 註釋 참조.

V. 특정후견인의 보수와 비용처리

1. 특정후견인의 보수

가정법원은 특정후견인의 청구에 의하여 피특정후견인의 재산상태 기타 사정을 참작하여 피특정후견인의 재산 중에서 상당한 보수를 특정후견인에게 수여할 수 있다[본조에 의한 §955의 준용, 家訴 §2 ① ii 가. 23)]. 자세한 내용은 §955 註釋 참조.

2. 사무비용의 지출

특정후견인이 특정후견사무를 수행하는 데 필요한 비용은 피특정후견인의 재산 중에서 지출한다(본조에 의한 §955-2의 준용). 자세한 내용은 §955-2 註釋 참조.

第 959 條의 13 (특정후견인의 임무의 종료 등)

특정후견인의 임무가 종료한 경우에 관하여는 제691조, 제692조, 제
957조 및 제958조를 준용한다.

Ⅰ. 조문의 취지

특정후견사무 종료에 따른 특정후견인의 사무처리방법 및 그 임무에 관한
규정이다.

Ⅱ. 특정후견인의 임무 종료

본조는 "특정후견인의 임무가 종료한 경우"에 적용된다. 특정후견인의 임
무가 종료하는 경우는 크게 두 가지로 나누어 볼 수 있다.

1. 절대적 종료

특정후견은 특정후견의 심판을 통해 후원하고자 했던 피특정후견인의 사
무처리 종결 또는 특정후견의 심판에서 미리 정한 기간의 도과에 의해 종료함
이 원칙이며, 별도로 특정후견의 종료심판을 요하지 않는다.[1]

단, 아직 특정후견의 기간이 도과하지 않았거나 사무처리 중이더라도, 가
정법원이 피특정후견인에 대하여 성년후견이나 한정후견개시심판을 한 때에는
특정후견을 인위적으로 종료시킬 수 있다. 이때 가정법원은 특정후견의 종료심
판을 하여야 하며, 특정후견종료심판에 의해 특정후견이 종료된다[§14-3 ①, 家
訴 §2 ① ii 가. 1)-5].

---

[1] 김주수·김상용, 491; 신영호, 264; 이경희, 312; 김형석(2010), 148; 김형석(2014), 472; 배인구
(2013), 70.

후견계약에 따른 임의후견이 발효된 경우, 즉 임의후견감독인이 선임된 때에도 특정후견을 종료시킬 수 있다. 이 경우에도 가정법원은 임의후견감독인 선임심판과 동시에 종래의 특정후견 종료심판을 하여야 한다[§959-20 ②, 家訴 §2 ① ii 가. 1)-5]. 그러나 이에 대해서는 임의후견과 특정후견이 병존할 수 있음을 주장하면서 임의후견의 개시에도 불구하고 특정후견을 종료할 필요가 없다는 반대설[2]이 있다.

다른 종류의 법정후견 또는 임의후견의 개시 외에 다른 사유로 특정후견 종료심판을 하는 것은 허용되지 않는다.[3] 그러나 견해에 따라서는 사정변경이 있어 애초에 정한 기간 만료 전에 특정후견을 종료시킬 필요도 있으므로, 이때에는 §954에 따른 후견사무에 관한 처분 또는 §959-8에 따른 피특정후견인의 후원을 위하여 필요한 처분의 일환으로서 특정후견을 종료한다는 취지의 처분을 명할 수 있다고 한다.[4]

2. 상대적 종료

특정후견인이 사망하거나 사임(§939)·변경(§940)된 경우 당해 특정후견인의 임무가 종료되고, 새로운 특정후견인이 선임된다. 상대적 종료에 대해 자세히는 §957 註釋 참조.

Ⅲ. 후견사무 종료에 따른 임무

1. 재산에 관한 계산

특정후견인의 임무가 종료된 때 특정후견인 또는 그 상속인은 1개월 내에 특정후견인의 재산에 관한 계산을 하여야 한다(본조에 의한 §957 ① 본문의 준용). 다만, 정당한 사유가 있는 경우에는 법원의 허가를 받아 그 기간을 연장할 수 있다[본조에 의한 §957 ① 단서의 준용, 家訴 §2 ① ii 가. 24)]. 특정후견감독인이 있는 때에는 그가 계산에 참여하지 않으면 효력이 없다(본조에 의한 §957 ②의 준용).

그 구체적인 내용에 대해서는 §957 註釋 참조.

---

2) 구상엽(2012), 162; 박인환(2013), 24~25.

3) 김형석(2014), 472 주 46.

4) 해설, 129; 배인구(2013), 71.

2. 이자의 부가와 금전소비에 대한 책임

계산의 결과 특정후견인이 피특정후견인에게 지급할 금액이나 피특정후견인이 특정후견인에게 지급할 금액에는 계산종료의 날로부터 이자를 부가하여야 하며, 특정후견인이 자기를 위하여 피특정후견인의 금전을 소비한 때에는 그 소비한 날로부터 이자를 부가하고 피특정후견인에게 손해가 있으면 이를 배상하여야 한다(본조에 의한 §958의 준용). 자세한 내용은 §958 註釋 참조.

3. 위임규정의 준용

특정후견사무 종료의 경우에 급박한 사정이 있는 때에는 특정후견인, 그 상속인이나 법정대리인은 위임인, 그 상속인이나 법정대리인이 위임사무를 처리할 수 있을 때까지 그 사무의 처리를 계속하여야 한다(본조에 의한 §691의 준용). 자세한 내용은 §959 註釋 참조.

또한 특정후견 종료의 사유는 이를 상대방에게 통지하거나 상대방이 이를 안 때가 아니면 이로써 상대방에게 대항하지 못한다(본조에 의한 §692의 준용). 자세한 내용은 §959 註釋 참조.

Ⅳ. 후견종료의 신고 또는 등기

§14-3 ①, §959-20 ②에 따른 특정후견종료의 심판, §939에 따른 특정후견인 사임허가 심판 또는 §940에 따른 특정후견인 변경심판이 있는 때에는 심판의 확정과 동시에 가정법원이 후견등기부기록을 촉탁하여야 한다(家訴 §9, 家訴規 §5-2 ① ⅲ).

반면 피특정후견인의 사망 등 가정법원의 심판을 거치지 않고 특정후견이 종료한 때에는 특정후견인이 특정후견의 종료를 안 날로부터 3개월 내에 종료등기를 신청하여야 한다(후견등기에 관한 법률 §29 ①).

第 3 節　後見契約

▌**참고문헌:** 김민중(2008), "임의후견제도의 개혁," 법학연구 27, 147~173; 김현진(2012), "프랑스의 성년후견제도 — 장래보호위임계약을 중심으로 —," 가족법연구 26−1, 71~126; 박인환(2012), "개정 민법상 임의후견제도의 쟁점과 과제," 가족법연구 26−2, 191~228; 백승흠(2010b), "민법 개정안의 후견계약제도," 대한공증협회지 3, 101~120; 송호열(2002), "임의성년후견제도," 동아법학 31, 271~293; 송호열(2004), "일본의 성년후견법제," 민사법이론과 실무 8−1, 139~178; 오호철(2008), "일본의 성년후견제도와 우리나라의 성년후견법안의 비교," 비교사법 15−2, 295~335; 이지은(2013), "임의후견제도와 타인을 위한 후견계약," 가족법연구 27−2, 71~112; 제철웅(2014b), "개정 민법상의 후견계약의 특징, 문제점 그리고 개선방향," 민사법학 66, 99~134.

第 959 條의 14 (후견계약의 의의와 체결방법 등)

① 후견계약은 질병, 장애, 노령, 그 밖의 사유로 인한 정신적 제약으로 사무를 처리할 능력이 부족한 상황에 있거나 부족하게 될 상황에 대비하여 자신의 재산관리 및 신상보호에 관한 사무의 전부 또는 일부를 다른 자에게 위탁하고 그 위탁사무에 관하여 대리권을 수여하는 것을 내용으로 한다.

② 후견계약은 공정증서로 체결하여야 한다.

③ 후견계약은 가정법원이 임의후견감독인을 선임한 때부터 효력이 발생한다.

④ 가정법원, 임의후견인, 임의후견감독인 등은 후견계약을 이행·운영할 때 본인의 의사를 최대한 존중하여야 한다.

I. 조문의 취지

2011. 3. 7.자 개정에 의해 새롭게 도입된 성년후견제도는 자기결정권의 존중을 주된 이념으로 삼고 있다. 성년후견, 한정후견, 특정후견과 같은 법정후견을 개시하고, 각 후견인을 선임할 때 본인의 의사를 존중 내지 고려할 것을 명문화하였을 뿐만 아니라, 법정후견을 개시한 후에라도 필요한 최소한도 내에서만 후견인이 간섭하고, 나머지 부분에 대해서는 피후견인이 스스로 결정할 수 있도록 한 것이다. 그럼에도 불구하고 법정후견 제도는 후견에 관한 사항을 법률이나 가정법원의 심판에 의해 정한다는 근본적인 한계를 가지고 있다.

이에 본조는 임의후견제도를 도입하여 후견에 관한 사항을 각 개인이 스스로 결정할 수 있도록 함으로써 피후견인의 자기결정권을 최대화하고, 법정후견의 한계를 극복하였다. 질병, 장애, 노령, 그 밖의 사유로 인한 정신적 제약으로 사무를 처리할 능력이 부족한 상황에 있는 사람 또는 부족하게 될 사람이 그 상황에 대비하여 자신의 재산관리 및 신상보호에 관한 사무의 전부 또는 일부를 다른 자에게 위탁하고 그 위탁사무에 관하여 대리권을 수여하는 것을 내용으로 하는 후견계약을 체결할 수 있도록 한 것이다.[1]

위와 같은 목적은 본래 임의대리 또는 위임계약에 의해서도 다소간 달성할 수 있다.[2] 그럼에도 불구하고 2011. 3. 7.자 개정 민법이 후견계약 제도를 새롭게 창설한 것은 기존의 임의대리 제도 등에 의할 경우 대리인에 의한 권한 남용 등을 사전에 방지할 방법이 없다는 데 기인한다.[3] 사무처리능력이 부족해진 본인에 의해서는 더 이상 대리인 또는 수임인에 대한 감독이 불가능하기 때문이다. 일부 견해는 본인의 의사능력상실과 동시에 기존의 수권행위 자체가 효력을 잃는다고 해석하는 전제 하에 후견계약 제도의 도입을 주장하기도 한다.[4]

어떠한 입장을 취하건 후견계약을 체결한 경우에는 법정후견을 개시하는 대신 본인의 의사에 따른 임의후견을 우선적으로 개시하도록 하되, 임의후견의

---

1) 임의후견제도의 도입에 찬성하는 견해로 장현옥(2000), 167; 이은영(2003), 77~78; 송호열 (2002), 273~275; 오호철(2007), 588; 신은주, "우리나라에서 성년후견제도의 도입," 한국의료법학지 17-6(2009), 28; 김상묵·조경신(2009), 115~120; 엄덕수(2010), 23; 이영규(2010), 224; 제철웅(2008), 138 등.
2) 현행 민법에 따른 후견위임계약의 내용과 효력에 대해 김민중(2008), 150~154 참조.
3) 김민중(2008), 150~155; 박인환(2012), 194~195; 송호열(2002), 273 등.
4) 송호열(2002), 276~277. 이러한 해석론에 반대하는 견해로 김민중(2008), 152~153.

개시와 임의후견감독인의 선임을 연동시킴으로써 임의후견인에 의한 권한남용을 최소화한다는 데 임의후견 제도의 의의가 있다. 임의후견이란 "공적 감독을 수반하는 임의대리"5)에 다름 아닌 것이다. 본조는 이러한 임의후견 제도의 기본정신, 즉 본인의 의사 존중 및 권한남용의 방지라는 목적을 달성하기 위해 필요한 기본적인 내용을 담고 있다.

II. 후견계약의 종류

법률상 분류는 아니지만, 학자들은 후견계약을 크게 세 가지 유형으로 분류한다. '즉효형' 후견계약, '장래형' 후견계약 및 '이행형' 후견계약이 그것이다.6)

가. 즉효형 후견계약

즉효형 후견계약은 후견계약의 체결과 동시에 그 효력이 발생하는 유형의 후견계약이다. 이미 질병, 장애, 노령, 그 밖의 사유로 인한 정신적 제약으로 사무처리능력이 부족한 사람이 체결하는 경우가 이에 해당한다. "임의후견계약 단독이용 즉효형"이라고도 부른다.7)

나. 장래형 후견계약

온전한 의사능력을 갖추고 있는 사람이 질병, 장애, 노령, 그 밖의 사유로 인한 정신적 제약으로 장래 사무처리능력이 부족하게 될 가능성에 대비하여 미리 후견계약을 체결해 놓는 경우가 있다. 이와 같이 장래 효력을 발생시킬 계획으로 체결하는 후견계약을 장래형 후견계약이라고 한다. "임의후견계약 단독이용 장래형"이라고 지칭하는 경우도 있다.8)

다. 이행형 후견계약

이행형 후견계약이란 아직 사무처리능력이 부족하지 않지만, 일단 사무처리의 편의를 위해 임의대리 또는 위임계약의 형태로써 특정인에게 사무를 위탁하는 한편, 본인이 질병, 장애, 노령, 그 밖의 사유로 인한 정신적 제약으로 장래 사무처리능력이 부족하게 될 때 기존의 수임인이 임의후견인으로서 그 역할을 계속할 수 있도록 하는 유형의 후견계약을 말한다. "위임계약·임의후

---

5) 신영호, 265.
6) 해설, 137~138; 박인환(2010), 63~65; 박인환(2012), 220~222 등.
7) 송호열(2002), 281.
8) 송호열(2002), 281.

견계약병존이행형"이라고 부르기도 한다.9)

Ⅲ. 후견계약의 당사자

1. 위임인과 수임인

후견계약은 위임계약으로서의 성격을 갖는다.10) 따라서 위임인과 수임인 쌍방 간에 사무처리를 위탁하는 것에 대한 의사의 합치가 있어야 한다.

이때 위임인은 질병, 장애, 노령, 그 밖의 사유로 인한 정신적 제약으로 사무를 처리할 능력이 부족한 상황에 있거나 부족하게 될 가능성이 있는 사람으로서 장래 피후견인의 지위에 놓이게 될 사람이다. 2011. 3. 7.자 개정 민법 및 후견등기에 관한 법률은 후견계약의 위임인에 해당하는 사람을 특히 "본인" 또는 "후견계약의 본인"이라고 지칭하고 있다. 반면 家訴는 그를 "피임의후견인" 또는 "피임의후견인이 될 자"라고 지칭한다.

한편 수임인은 후견계약의 발효 전후를 불문하고 "임의후견인"이라고 부른다. 학자에 따라서는 후견계약 발효 전에는 "임의후견수임인," 발효 후에는 "임의후견인"이라고 불러야 한다고 주장하기도 한다.11)

결국 위임계약의 당사자는 임의후견을 받게 될 본인(위임인)과 임의후견인이 될 상대방(수임인)이라고 할 것이다.12)

2. 후견계약의 본인

후견계약을 체결하는 본인은 질병, 장애, 노령, 그 밖의 사유로 인한 정신적 제약으로 사무를 처리할 능력이 부족한 상황에 있는 사람 또는 부족하게 될 가능성이 있는 사람이다. 따라서 완전한 행위능력과 의사능력을 모두 갖추고 있는 사람이라면 누구든지 후견계약을 체결할 수 있다. 완전한 행위능력자라도 의사능력이 없는 경우에는 그 계약이 무효라고 보아야 할 것이다. 문제는 의사능력이 다소간 부족한 사람이나 피성년후견인·피한정후견인과 같이 행위능력이 제한된 사람이 체결한 후견계약의 효력이다.

---

9) 송호열(2002), 281.
10) 한봉희·백승흠, 380; 김형석(2010), 151; 황영두, "민법상 성년후견제도에 관한 고찰," 경성법학 20-2(2011), 13.
11) 구상엽(2012), 141.
12) 신영호, 265; 한봉희·백승흠, 380; 김형석(2010), 152.

가. 의사능력이 부족한 사람

의사능력과 관련하여서는 의사능력을 갖추고 있어야 한다는 견해13)와 당
해 후견계약의 의미와 내용을 이해할 수 있는 정도의 의사결정능력을 갖춘 것
으로 충분하다는 견해14)가 대립한다. 후자의 견해는 특히 후견계약 역시 신상
에 관한 사항이므로, 의사능력은 다소 부족하더라도 의사결정능력 정도를 가지
고 있다면 단독으로 결정할 수 있도록 해야 한다고 주장한다. 입법론으로서 본
인이 후견계약 체결에 필요한 의사능력을 갖추었는지 여부를 확인하기 위한
절차규정을 마련해야 한다는 견해도 있다.15)

나. 제한적 행위능력자

의사능력 내지 의사결정능력을 갖추고 있는 피성년후견인 또는 피한정후
견인이 스스로 후견계약을 체결할 수 있는지에 대해서도 논란이 있다. 만약 이
를 허용한다면, 이미 법정후견이 개시된 후에도 후견계약의 체결에 의해 법정
후견을 종료하고, 임의후견으로 이행하는 것이 가능하기 때문이다.

이에 관해 일부 견해16)는 피성년후견인의 경우에는 후견계약을 체결할 수
없으나, 피한정후견인은 의사능력이 있는 한 후견계약을 체결할 수 있다고 본
다. 피성년후견인의 경우 후견계약을 체결하더라도 성년후견인이 이를 취소할
수 있다는 것이다. 한편 피한정후견인에 대해서는 가정법원이 후견계약의 체결
에 대해 동의유보심판을 내린 경우 한정후견인의 동의가 없는 한 후견계약을
체결할 수 없다고 본다. 후견계약을 재산법상 법률행위와 유사하게 취급하는
견해이다.

반면 일부 견해17)는 피성년후견인, 피한정후견인을 불문하고 의사결정능
력이 있다면 언제든지 후견계약을 체결할 수 있다고 본다. 후견에 관한 자기결
정권을 최대한 존중할 필요가 있을 뿐만 아니라, 후견과 같은 신상에 관한 사
항은 피후견인이더라도 스스로 결정함이 원칙이기 때문이다. 이 견해에 따르면
가정법원은 피한정후견인의 후견계약 체결에 관해 동의유보심판을 내릴 수도
없다.

---

13) 김형석(2010), 152; 배인구(2013), 74.
14) 김주수·김상용, 504; 신영호, 265; 윤진수·현소혜, 149; 해설, 134; 구상엽(2013), 139; 박인환
　　(2012), 199; 송호열(2002), 287~289.
15) 박인환(2012), 200~201; 이지은(2013), 77.
16) 신영호, 265; 김형석(2010), 153; 박인환(2012), 204; 배인구(2013), 74; 백승흠(2010b), 114; 백
　　승흠(2011a), 35.
17) 윤진수·현소혜, 149.

미성년자에 대해서는 본격적인 논의를 찾아보기 어려우나, 법정대리인의 동의를 얻어 스스로 후견계약을 체결할 수 있다는 견해[18]가 있다.

3. 임의후견인

가. 임의후견인의 자격

임의후견인은 후견계약의 내용에 따라 본인을 위해 재산관리 및 신상보호에 관한 사무의 전부 또는 일부를 위탁받아 처리하고, 그에 관해 대리권을 행사하는 자이다. 따라서 임의후견인이 후견계약의 상대방으로써 의사능력과 행위능력을 갖추고 있어야 함은 물론이다.

그 밖에 임의후견인의 자격에 대해서는 전혀 명문의 규정이 없다. 후견인의 수와 자격에 관한 §930는 임의후견인에 대해서는 준용되지 않는다. 특별한 제약이 없으므로, 임의후견인은 여러 명일 수도 있고, 법인일 수도 있다.[19] 여러 명의 임의후견인을 선임한 경우 각자대리가 원칙이나, 공동으로 대리할 것을 미리 정할 수도 있다. 즉 여러 명의 임의후견인 간의 권한행사방법에 대해서는 후견계약에서 정한다.[20]

여러 명의 임의후견인 간에 순위를 정하는 이른바 '예비임의후견인'을 선임하는 것이 일정한 조건하에 가능하다고 보는 견해[21]도 있다.

나. 결격사유

후견인 결격사유에 관한 §937 역시 임의후견인에 대해 준용되지 않는다. 따라서 피성년후견인·피한정후견인과 같이 후견인 결격사유에 해당하는 사람이라도 일응 후견계약의 상대방이 될 수 있다. 다만, §959−15에 따른 임의후견감독인 선임 당시 임의후견인이 §937 각호에서 정한 후견인 결격사유 중 하나에 해당하는 경우에는 가정법원이 임의후견감독인을 선임하지 않는다(§959−17). 후견계약 체결시에는 아무런 제약이 없으나, 발효시에는 사실상 §937가 후견계약에 준용되는 셈이다.

---

18) 신영호, 265.
19) 김주수·김상용, 504; 백정기·김연, 313; 윤진수·현소혜, 150; 해설, 135; 구상엽(2012), 141~142; 배인구(2013), 82; 송호열(2004), 160.
20) 김주수·김상용, 504; 김형석(2010), 151; 박인환(2012), 208~210.
21) 박인환(2012), 210~212.

4. 후견계약의 대리

가. 임의대리

본인으로부터 후견계약 체결에 관한 대리권을 수여받은 임의대리인은 본인을 대리하여 후견계약을 체결할 수 있는가. 부정하는 견해[22]가 있다. 후견계약의 체결은 일신전속적 성격을 가지고 있으므로, 대리에 친하지 않다는 것이다.

나. 법정대리

본인의 법정대리인은 본인을 대리하여 후견계약을 체결할 수 있는가.

(1) 미성년자

미성년자의 법정대리인인 친권자 또는 후견인은 미성년자의 재산관리와 신상보호에 관해 포괄적인 권한을 가지고 있으므로, 미성년자를 대리하여 후견계약을 체결할 수 있다는 견해가 통설[23]이다. 후견계약은 일신전속적 성격을 갖지 않는다는 점, 특히 발달장애를 가지고 있는 미성년자의 부모는 자신의 사후를 대비하여 자녀를 위해 후견계약을 체결해 놓을 필요성이 있으므로 대리를 인정하지 않을 수 없다는 점, 친권자는 재산관리와 신상보호 전반에 대해 포괄적인 권한을 가지고 있을 뿐만 아니라, 미성년후견인 및 미성년후견감독인을 지정할 권한도 가지고 있다는 점 등을 근거로 제시한다.

다만, 미성년자에 대한 즉효형 후견계약의 체결은 허용될 수 없다. 즉효형 후견계약의 발효에 의해 기존의 친권 또는 미성년후견이 종료되는 결과가 발생하기 때문이다.[24] 이는 결국 친권자 또는 미성년후견인의 자유로운 사퇴를 가능하게 하고, 미성년자의 보호에 흠결을 가져온다. 따라서 미성년자에 대해서는 장래 미성년자가 성년자가 되는 경우 또는 미성년자의 친권자가 사망하는 경우에 대비하여 체결하는 장래형 후견계약만이 허용될 수 있다.[25] 이에 대해서는 미성년자가 성년이 된 후에는 친권의 효력이 미칠 수 없으므로, 결국 친권자에 의한 후견계약의 대리는 허용될 수 없다는 반대설[26]이 있다.

(2) 피성년후견인·피한정후견인

성년후견인이나 한정후견인은 피성년후견인·피한정후견인의 후견계약 체

---

22) 윤진수·현소혜, 150.
23) 윤진수·현소혜, 150~151; 한봉희·백승흠, 380; 구상엽(2012), 143~145; 김형석(2010), 152~
153; 백승흠(2010b), 114.
24) 신영호, 269~270; 윤진수·현소혜, 151.
25) 장래형 후견계약의 체결이 가능한 근거에 대해 자세히는 윤진수·현소혜, 151~152 참조.
26) 김현진(2012), 123.

결을 대리할 수 있다는 견해가 다수설[27]이다. 후견계약은 일신전속적 성격을 갖지 않는다는 점, 대리에 의해 후견계약을 체결해야 할 필요성이 있다는 점 등을 근거로 제시한다. 동 견해[28]는 특정후견인 역시 가정법원으로부터 대리권을 부여받은 이상 후견계약 체결을 대리할 수 있다고 본다.

이에 대해서는 후견계약이 신상에 관한 결정이라는 것을 전제로 후견인이 이를 대리할 수 없다는 반대설[29]이 있다. 후견인은 §938 ③ 또는 이를 준용하고 있는 §959-4 ②에 따라 가정법원으로부터 피성년후견인을 위해 후견계약을 체결할 수 있는 권한을 부여받은 경우에만 이를 대행할 수 있을 뿐이라고 한다.

본인의 진정한 의사를 확인하기 어렵다는 이유로 어떠한 경우에도 성년후견인이 후견계약을 대신 체결할 수 없다는 견해[30]도 있다.

다. 성년자의 부모

미성년자가 성년에 달함과 동시에 친권은 종료된다. 따라서 미성년자의 친권자였던 부모는 더 이상 법정대리권을 행사할 수 없다. 성년인 자녀를 대리하여 후견계약을 체결할 수 없음은 물론이다.

이와 관련하여 성년자를 직접 돌보는 부모에게 후견계약의 체결을 대리할 권한을 부여해야 한다는 입법론적 견해[31]가 있다. 가령 프랑스 민법 §477 소정의 장래보호위임계약은 물질적·정서적 부양을 맡고 있었던 부모에게 자녀를 위해 장래보호위임계약을 체결할 수 있는 권한을 부여하고 있는데, 이러한 제도를 우리나라에도 도입하여야 한다는 것이다.[32]

Ⅳ. 후견계약의 내용

1. 사무의 위탁

후견계약은 자신의 재산관리 및 신상보호에 관한 사무의 전부 또는 일부를 다른 자에게 위탁하는 것을 내용으로 한다(본조 ①). 이때 후견계약에 반드시

---

27) 한봉희·백승흠, 380; 구상엽(2012), 144~145; 김형석(2010), 152~153.
28) 백승흠(2010b), 114.
29) 윤진수·현소혜, 152.
30) 배인구(2013), 74~75; 박인환(2012), 203.
31) 김현진(2012), 123; 박인환(2012), 203~204; 이지은(2013), 94~95; 제철웅·박주영(2007), 280; 제철웅(2008), 114.
32) 프랑스 민법상 장래보호위임계약 제도를 상세히 소개하고 있는 문헌으로 김현진(2012), 96~119; 이지은(2013), 82~90, 98~104.

재산관리 및 신상보호에 관한 사항이 모두 포함되어야 하는 것은 아니며, 필요에 따라 재산관리사무 또는 신상보호사무만을 위탁하는 것도 가능하다. 재산관리나 신상보호사무 중 일부만 위탁할 수 있음은 물론이다.

개호행위 등 사실행위를 위탁하는 것은 후견계약의 본지에 포함되지 않지만,[33] 이를 포함시켰다고 하여 후견계약이 무효로 되는 것은 아니다. 일반적인 위임계약으로서 여전히 효력을 가질 수 있기 때문이다.[34]

가. 재산관리

부동산·동산·유가증권·각종의 회원권·지적재산권 등 소유재산의 관리·운용·처분에 관한 사항, 임대부동산의 임료 수령·지급, 입금, 출금, 계좌의 변경·해약, 채권매매, 증권거래 등 금융기관과의 거래에 관한 사항, 연금 또는 사회보장급부의 수령, 보험료 납입, 대출금 변제 등 정기적인 수입·지출의 수령 및 지급에 관한 사항, 일용품의 구입·공공요금의 지불 등 일상생활거래에 관한 사항, 상속재산분할, 상속의 승인 또는 포기 등 상속에 관한 사항과 같은 각종의 재산법상 법률행위에 관한 사무처리가 이에 포함된다.

등기의 신청대행, 주민등록 등·초본 등 발급신청 대행, 공탁신청 등 각종 공법상 행위에 관한 사항[35]뿐만 아니라, 소의 제기, 보전처분의 신청, 재판상 화해 등 위 각 사무와 관련된 각종 분쟁의 처리에 관한 사항 등도 이에 포함된다.[36]

나. 신상보호

후견계약에 의해 신상보호에 관한 사무를 위탁하는 것도 가능하다.[37] 가령 본인은 후견계약의 상대방에게 의료행위 동의에 관한 권한,[38] 시설입소에 관한 권한[39] 등에 대한 의사결정 대행권한을 수여할 수 있다. "신상보호"에 대해 자세히는 §947−2 註釋을 참조하라.

다만, 임의후견인이 후견계약의 본인을 치료 등의 목적으로 정신병원이나

---

33) 백승흠, "일본의 성년후견제도의 개관," 가족법연구 16−1(2002), 351; 송호열(2004), 163. 단, 송호열(2004), 159~160은 부모가 자신을 본인으로 하는 임의후견계약을 체결하면서 부모 사후에 자의 개호 등 사실행위를 제3자에게 위탁하는 내용을 포함시키는 것은 가능하다고 하여 모순된다.
34) 신영호, 266.
35) 박동섭, 414; 박정기·김연, 313; 송호열(2002), 283~284.
36) 송호열(2002), 283~284, 287.
37) 김형석(2014a), 271; 박인환(2011), 181~182.
38) 김주수·김상용, 505; 신영호, 266, 271; 김천수, "성년후견과 의료행위의 결정," 가족법연구 21−1(2007), 14; 현소혜(2012), 192, 203~209.
39) 신영호, 266.

그 밖의 다른 장소에 격리하고자 하는 경우, 후견계약의 본인이 의료행위의 직접적인 결과로 사망하거나 상당한 장애를 입을 위험이 있는 경우 및 임의후견인이 본인을 대리하여 본인이 거주하고 있는 건물 또는 그 대지에 대하여 매도, 임대, 전세권 설정, 저당권 설정, 임대차의 해지, 전세권의 소멸, 그 밖에 이에 준하는 행위를 하는 경우에는 가정법원의 허가를 받아야 한다는 견해40)가 있다. §947−2 ② 내지 ⑤을 임의후견인에 대해서도 준용 내지 유추적용해야 한다는 것이다. 입법론으로서 준용규정을 마련해야 한다는 견해41)도 있다.

　　반면 신상보호에 관한 임의후견인의 권한남용은 본인이 후견계약 내에 임의후견감독인의 동의를 얻도록 하는 내용의 특약을 마련함으로써 방지할 수 있다는 견해42)도 있다. 가정법원의 허가는 일차적으로 본인의 추정적 의사를 실현하기 위함인데, 임의후견인은 본인에 의해 직접 신상에 관한 권한을 부여받은 사람이므로 굳이 가정법원이 개입할 필요가 없다는 점, 공적 개입에 따른 절차적 번잡성과 비용 문제를 해결할 수 있다는 점 등을 근거로 제시한다.

다. 수임인으로서의 지위

　　재산관리 또는 신상보호에 관한 사무를 위탁받은 임의후견인은 위임계약상 수임인으로서의 지위를 갖는다. 따라서 임의후견인은 후견의 본지에 따라 선량한 관리자의 주의로써 그 사무를 처리하여야 하며(§681), 본인의 승낙이나 부득이한 사유없이 제3자로 하여금 자신의 사무를 처리하게 할 수 없다(§682). 또한 임의후견인은 본인의 복리에 부합하는 방법으로 사무를 처리하여야 하며 (§947의 유추적용), 본인의 의사를 최대한 존중하여야 할 것이다(본조 ④).43)

2. 대리권의 수여

가. 대리권 수여의 범위

　　후견계약의 본인은 임의후견인될 자에게 재산관리 또는 신상보호 등 위탁사무에 관하여 대리권을 수여할 수 있다(본조 ①). 사무위탁의 범위와 대리권 수여의 범위가 반드시 일치해야 하는 것은 아니다.

　　임의후견인 될 자가 변호사인 경우에는 소송대리권의 수여도 가능하다.44)

---

40) 신영호, 271; 김형석(2010), 157~158; 김형석(2014a), 271; 배인구(2013), 82; 이지은(2013), 78; 현소혜(2012), 203.
41) 김현진(2012), 121; 박호균(2012), 130, 주 9; 송호열(2002), 283~286.
42) 박인환(2012), 212~215.
43) 김형석(2010), 158.
44) 백승흠, "일본의 성년후견제도의 개관," 가족법연구 16−1(2002), 351.

이에 대하여는 임의후견인에게 수여된 대리권의 범위 내에서 그에게 당연히
소송대리권이 인정되어야 한다는 입법론적 견해[45]도 있다.

나. 대리권 수여의 효과

학자에 따라서는 임의후견인에게 대리권을 수여하는 이상 본인의 행위능
력이 제한된다고 보는 견해[46]가 있다. 그러나 통설은 대리권 수여로 인해 본인
의 행위능력이 제한되는 것은 아니라는 입장[47]이다. 후견계약의 발효에도 불
구하고, 본인은 여전히 스스로 법률행위를 할 수 있다는 것이다. 그 결과 본인
의 행위와 임의후견인의 대리행위가 충돌할 가능성이 발생한다. 이때 처리방법
에 대해서는 §959−9 註釋 참조.

다. 임의대리인으로서의 지위

대리권을 수여받은 임의후견인은 본인의 임의대리인으로서의 지위를 갖는
다. 따라서 임의대리에 관한 규정이 널리 준용된다. 특히 임의후견인은 본인의
승낙이 있거나 부득이한 사유 있는 때가 아니면 복대리인을 선임하지 못한다
(§120, §682).[48]

이에 대해서는 가정법원에 의한 후견감독인의 선임이 없는 한 후견계약도
효력을 발생할 수 없음을 근거로 임의후견인의 대리권을 법정대리권으로 보는
반대설[49]이 있다.

라. 동의권 또는 취소권의 부여

후견계약의 내용으로 임의후견인에게 본인의 법률행위에 관한 동의권 또
는 취소권을 부여하는 것은 허용될 수 없다.[50] 후견계약은 개인의 행위능력을
제한하기 위한 제도가 아니기 때문이다. 이러한 내용의 계약을 체결하더라도
거래 상대방을 구속할 수는 없다. 다만, 입법론적으로는 임의후견을 유지하면
서 가정법원이 심판에 의해 임의후견인에게 일정한 범위 내의 동의권 또는 취
소권을 수여하는 방안을 고려해 볼 필요가 있다는 견해[51]가 있다.

---

45) 제철웅(2014b), 119 주 55.
46) 이진기(2012), 101.
47) 구상엽(2012), 152; 김원태(2011), 276~277; 김형석(2010), 123.
48) 해설, 139; 김형석(2010), 157; 배인구(2013), 83.
49) 이진기(2012), 101.
50) 해설, 135; 박인환(2010), 66; 배인구(2013), 76.
51) 박인환(2012), 223~224.

3. 보수

후견계약의 당사자는 후견계약 체결시 임의후견인의 보수에 관한 사항을 정할 수 있다.[52] 본래 후견계약은 위임계약으로서의 성격을 가지므로, 당사자 사이에 별다른 합의가 없으면 무상·편무계약으로 간주된다(§686 ①). 성년후견인의 보수청구권에 관한 §955 역시 임의후견에는 준용되지 않는다. 따라서 임의후견인에게 보수를 지급하고자 하는 사람은 미리 후견계약에 그 약정을 포함시키는 수밖에 없다.

4. 시기

후견계약의 당사자는 후견계약의 발효시기를 미리 정할 수 있는가. 가령 특정한 연령에 이르렀을 때 또는 질병, 장애, 노령 그 밖의 사유로 인해 정신적 제약이 발생하였음을 보여 주는 일정한 표징이 나타났을 때 후견계약이 자동적으로 효력을 발생하도록 하는 약정 등이 그러하다.

이러한 약정은 무효라는 견해가 다수설[53]이다. 후견계약은 본인의 의사와 무관하게 언제나 가정법원이 임의후견감독인을 선임한 때 비로소 효력이 발생한다고 보아야 한다는 것이다(본조 ③).

이에 대해서는 이를 굳이 무효로 볼 필요가 없다는 반대설[54]이 있다. 사무처리능력이 부족한 상태에 이르러 §959−15 ①에 따라 임의후견감독인을 선임해야 하는 경우라도 아직 본인이 정한 조건이 성취 또는 기한이 도래하지 않았다면, 그 발효가 본인의 의사에 반하는 것이 되어 §959−15 ②에 따라 임의후견감독인을 선임할 수 없고, 본인이 정한 조건이 성취 또는 기한이 도래하였으나 아직 사무처리능력이 부족하지 않은 상태라면, 약정을 유효라고 보더라도 어짜피 §959−15 ①에 따라 임의후견감독인을 선임할 수 없기 때문이다. 자기결정권 존중의 측면에서 보더라도 이러한 약정의 효력을 인정할 필요가 있다.

설령 이와 같은 약정이 무효라고 하더라도 계약에서 정한 기한이 도래 또는 조건이 성취되었을 때 임의후견인에게 §959−15 ①에 따른 임의후견감독인의 선임을 청구할 의무를 부여한다는 내용의 약정으로 전환하여 그 효력을 인

---

52) 한봉희·백승흠, 380; 김형석(2010), 151; 신은주(2009), 30.
53) 신영호, 266; 한봉희·백승흠, 381; 김민중(2008), 162; 김형석(2010), 154~155; 배인구(2013), 77; 이지은(2013), 80.
54) 윤진수·현소혜, 158~159; 구상엽(2012), 153~155; 박인환(2012), 205~208. 제철웅(2014b), 121~122의 주된 취지도 이와 같다.

정할 수는 있을 것이다.

V. 후견계약의 방식

후견계약은 공정증서로 체결하여야 한다(본조 ②). 계약체결의 신중한 결정과 진실성을 담보하는 한편, 계약의 변조 또는 파손을 방지하기 위함이다. 후견계약은 요식행위이므로, 공정증서 방식에 의하지 않은 후견계약은 무효이다.

공증인은 촉탁인으로부터 촉탁받은 사항에 관하여 증서번호, 촉탁인의 주소·직업·성명·나이, 공증인이 촉탁인의 성명과 얼굴을 안다는 사실 또는 알지 못하는 경우 촉탁인이 맞음을 증명할 수 있는 방법, 작성 연월일과 장소 등을 기재하여 공정증서를 작성하고(공증인법 §35), 이를 촉탁인에게 읽어주거나 열람하게 하여 그의 이의 없음을 확인한 후 촉탁인과 함께 증서에 서명날인하여야 한다(공증인법 §38). 작성된 공정증서의 원본은 공증인 사무소 내에 보관하여야 한다(공증인법 §24).

단, 공증인은 법령을 위반한 사항, 무효인 법률행위 및 무능력으로 인하여 취소할 수 있는 법률행위에 관하여는 증서를 작성할 수 없다(공증인법 §25). 따라서 공증인은 후견계약에 관한 공정증서 작성시 촉탁인에게 의사능력 내지 의사결정능력이 있는지 여부 또는 촉탁인의 대리인에게 이를 대리 내지 대행할 권한이 있는지 여부를 신중하게 검토하여야 한다.

공정증서방식은 이와 같이 절차가 복잡하고 비용이 많이 소요되므로, 이를 더욱 간이화할 필요가 있다는 입법론적 비판이 있다.[55] 대통령령으로 정하는 양식에 의해 계약을 체결하고, 등기소 등에서 확정일자를 받도록 하는 것으로 족하다는 것이다.

후견계약에 포함될 수 있는 내용은 매우 범위가 넓으므로, 이용자의 편의, 공정증서 작성에 소요되는 비용과 시간의 절감, 후견계약의 명확성 확보, 후견등기의 효율성 확보 등을 위해 통일된 후견계약 공정증서 양식을 마련할 필요가 있다는 견해도 있다.[56]

공정증서 방식을 갖추지 않은 후견계약을 일반적인 위임계약 또는 대리권

---

55) 엄덕수(2010), 23~24; 제철웅(2014b), 120~121.
56) 표준화된 후견계약 공정증서 양식이 필요하다는 견해로 박동섭, 414; 오호철(2008), 321. 김민중, 156~157; 김형석(2010), 152; 박인환(2012), 198~199 등.

수여행위로 전환하여 그 효력을 인정할 수 있는가. 긍정하는 견해57)와 부정하는 견해58)가 대립한다. 부정설은 후견사무의 감독으로부터 도피하는 수단으로 악용될 우려가 있다고 주장하나, 긍정설은 이를 부정할만한 명문의 근거가 없다는 점, 감독의 문제가 제기될 때에는 법정후견을 개시하면 된다는 점 등을 근거로 이에 반박한다. 다만, 의료행위 동의와 관련하여서는 환자 본인으로부터 수권받은 임의대리인도 얼마든지 동의권을 행사할 수 있다는 견해59)가 있다.

VI. 효력발생시기

후견계약은 가정법원이 임의후견감독인을 선임한 때로부터 효력이 발생한다(본조 ③). 후견계약의 발효시 본인에게 임의후견인을 감독할 만한 능력이 없음을 고려하여, 임의후견사무의 적법성과 적절성을 담보하기 위해 임의후견감독인의 선임을 필수로 한 것이다. 결국 후견계약은 임의후견감독인의 선임을 법정 정지조건으로 하는 위임계약의 성격을 갖는다.60) 임의후견감독인에 관해 자세히는 §959-15, §959-16 註釋 참조.

임의후견감독인 선임심판이 확정될 때까지 후견계약은 아직 효력이 없으므로, 임의후견인은 그의 직무를 수행할 수 없다. 이로 인해 본인의 보호에 흠결이 발생할 우려가 있을 때에는 家訴 §62에 따른 사전처분의 일환으로써 임시 임의후견감독인을 선임할 수 있을 것이다.

임의후견감독인 선임심판이 확정된 후라도 후견계약이 당연히 효력을 갖는 것은 아니다. 후견계약 자체에 의사무능력, 양속위반, 통정허위표시 등의 사유가 있는 경우 당해 계약은 아무런 효력이 없다.61)

후견계약에 착오·사기·강박 등과 같은 취소사유가 있는 경우에는 어떠한가. 취소사유로 보는 것은 부당하다는 견해62)가 있다. 가족법상 법률행위와 같이 당사자의 진의가 중요한 법률행위일 뿐만 아니라, 본인이나 임의후견인이 취소권을 행사할 것으로 기대하기 어렵다는 것이다.

57) 박인환(2012), 197~198. 일본의 태도도 같다. 床谷文雄, "고령자법제의 일소묘 — 일본의 성년후견법의 현상과 과제," 한림법학 FORUM 18(2007), 14 참조.
58) 윤진수·현소혜, 153.
59) 김천수(2007), 14. 이에 정면으로 반대하는 견해로 현소혜(2012), 192.
60) 박동섭, 414; 박정기·김연, 313; 신영호, 265; 한봉희·백승흠, 381.
61) 배인구(2013), 76; 백승흠, "한국 법무부의 성년후견제도에 관한 민법개정안," 재산법연구 26-3(2010), 224~225.
62) 윤진수·현소혜, 155~156; 김형석(2010), 156 및 주 42; 백승흠(주 61), 224~225.

Ⅶ. 본인의 의사존중

가정법원, 임의후견인, 임의후견감독인은 후견계약을 이행·운영할 때 본인의 의사를 최대한 존중하여야 한다(본조 ④). 2011. 3. 7.자 개정에 의해 도입된 성년후견 제도의 이념, 즉 자기결정권 존중의 정신을 임의후견에서도 실현하고자 한 것이다. 이때 본인의 의사를 존중한다는 것의 의미에 대해서는 §947 註釋 참조.

第 959 條의 15 (임의후견감독인의 선임)

① 가정법원은 후견계약이 등기되어 있고, 본인이 사무를 처리할 능력
   이 부족한 상황에 있다고 인정할 때에는 본인, 배우자, 4촌 이내의
   친족, 임의후견인, 검사 또는 지방자치단체의 장의 청구에 의하여
   임의후견감독인을 선임한다.
② 제1항의 경우 본인이 아닌 자의 청구에 의하여 가정법원이 임의후
   견감독인을 선임할 때에는 미리 본인의 동의를 받아야 한다. 다만,
   본인이 의사를 표시할 수 없는 때에는 그러하지 아니하다.
③ 가정법원은 임의후견감독인이 없게 된 경우에는 직권으로 또는 본
   인, 친족, 임의후견인, 검사 또는 지방자치단체의 장의 청구에 의하
   여 임의후견감독인을 선임한다.
④ 가정법원은 임의후견임감독인이 선임된 경우에도 필요하다고 인정
   하면 직권으로 또는 제3항의 청구권자의 청구에 의하여 임의후견감
   독인을 추가로 선임할 수 있다.
⑤ 임의후견감독인에 대하여는 제940조의5를 준용한다.

I. 조문의 취지

후견계약은 가정법원이 임의후견감독인을 선임한 때부터 효력이 발생한다
(§959-14 ③). 임의후견감독인은 임의후견의 필수기관인 것이다. 본조는 이와
같은 임의후견감독인을 선임하기 위한 요건과 절차, 재선임과 추가선임 등을
규정하고 있다.

Ⅱ. 임의후견감독인 선임 요건

1. 후견계약의 등기

가. 공시의 필요성

임의후견감독인을 선임하기 위해서는 후견계약이 등기되어 있어야 한다 (본조 ①). 후견계약을 통해 구현되고 있는 본인의 의사를 충실하게 실현하기 위해서는 공시가 필연적으로 요구되기 때문이다. 법정후견과 달리 후견계약은 양당사자 사이의 합의에 의해 이루어지며, 가정법원 기타 국가기관이 그 성립에 관여하지 않는다. 물론 후견계약은 공정증서에 의해 작성되므로, 공증인 사무소에 그 원본이 보관되어 있다. 그러나 법원이나 제3자의 입장에서는 그 존재 자체를 인식하기 어렵기 때문에, 후견계약에도 불구하고 법정후견이 개시될 가능성이 매우 높다. 이와 같은 사태를 방지하기 위해 본조 ①은 등기를 통해 후견계약이 공시된 경우에만 임의후견감독인을 선임할 수 있도록 하였다. 등기하지 않은 후견계약은 발효될 수 없으므로, 사실상 등기는 후견계약의 효력발생 요건으로 기능한다.[1]

나. 공시의 방법

후견계약을 어떠한 방법에 의해 공시할 것인지에 대해서는 입법 당시부터 논란이 있었다. 일부 견해[2]는 후견계약 역시 그 본질은 후견에 관한 사항이라는 점, 舊 민법(2011. 3. 7. 개정 전)상으로도 가족관계등록부에 기재되어 왔으므로 이를 유지하는 것이 효율적이라는 점, 미성년후견 역시 여전히 가족관계등록부에 기재된다는 점, 가족관계등록부는 과거 호적과는 달리 개인별로 편제될 뿐만 아니라, 증명서의 종류를 구분하고 발급권자를 제한하는 등 사생활 침해의 우려가 적다는 점 등을 근거로 기존과 동일하게 가족관계등록부에 이를 공시해야 한다고 주장하였다. 개정 당시 국회에 제출된 정부안의 태도도 이와 같았다.

새로운 성년후견제도는 기존의 후견제도와 달리 공시해야 할 사항이 많고 그 내용이 복잡하므로, 가족관계등록과는 별개의 '후견등록'이라는 새로운 공시제도를 신설해야 한다는 견해[3]나, 가족관계등록부에 후견에 관한 사항 전부

---

1) 해설, 136.
2) 김형석(2010), 163; 황영두, "민법상 성년후견제도에 관한 고찰," 경성법학 20－2(2011), 18
3) 공형진·김원숙, "성년후견공시제도," 동의법정 20(2004), 234~237; 김상묵·조경신(2009), 119~120; 송호열(2006), 71; 신은주(2009), 29; 이정래, "성년후견등록제도에 관한 소고," 법학연구 30(2010), 397~400; 정조근, "새로운 후견인등록제도에 관한 고찰," 동아법학 38(2006),

를 기록하되, 심리적 저항을 최소화하기 위해 유효사항에 한하여 신분등록증명서에 기재될 수 있도록 해야 한다는 견해⁴⁾도 있었다.

그러나 2011. 3. 7.자 개정 민법⁵⁾은 후견계약 사항과 대리권 범위 등 복잡한 내용을 기재해야 하므로 사법부의 누적된 공시전문능력을 활용할 필요가 있다는 점, 신분관계가 아닌 법률행위의 능력을 공시하는 것이므로 사법부가 관리하는 것이 바람직하다는 점 등을 이유로 새로운 후견등기제도를 도입하였다.⁶⁾

다. 법정후견의 공시

임의후견이 후견등기부를 통해 공시되어야 한다는 점은 법문상 의문의 여지가 없으나, 성년후견·한정후견·특정후견 역시 후견등기부 또는 가족관계등록부를 통해 공시할 것인지에 대해서는 명문의 규정이 없다.

일부 견해는 이를 군이 공시할 필요가 없다고 주장한다.⁷⁾ 성년후견은 피후견인의 보호와 지원을 위한 제도이지 거래의 안전을 위한 제도가 아닐 뿐만 아니라, 이를 공시하더라도 선의의 제3자 보호 규정이 없다는 점, 공시는 결국 피후견인의 낙인과 배제로 귀결된다는 점 등을 근거로 제시한다.

이에 반해 거래의 안전을 중시하여 거래의 상대방이 후견 개시 여부 등을 명확히 알 수 있도록 공시제도를 완비해야 한다는 견해⁸⁾도 적지 않다. 이러한 견해는 임의후견과 법정후견을 불문하고 통일된 공시제도를 둘 것을 제안하였다. 공시제도의 필요성을 인정하면서도 임의후견은 후견등록부에, 법정후견은 가족관계등록부에 기재하되, 가족관계등록부 내에 별도로 성년후견인에 대한 란을 신설하고, 성년후견인증명서의 발급대상으로 삼자는 견해⁹⁾도 있다.

2013. 4. 5. 제정된 후견등기에 관한 법률은 법정후견·임의후견을 모두 후견등기부를 통해 공시하면서도, 그 증명서의 종류 및 발급권자를 엄격하게 제

123~141; 정조근·송호열, "후견인등록제도에 관한 고찰," 가족법연구 20−3(2006), 131~150; 최문기(2007), 13.

4) 김민중(2008), 169~170.

5) 공시의 방법으로 가족관계등록을 택하였던 정부안의 태도가 등기로 전환된 경위에 대해 자세히는 현소혜(2013), 47~48 참조.

6) 후견등기 제도의 도입을 주장하였던 견해로 김명엽(2010), 37~38; 엄덕수(2010), 24; 장현옥(2000), 169. 후견등기 제도를 도입한 개정 민법의 태도에 찬성하는 견해로 신영호·권은경, "일본의 성년후견등기제도에 관한 연구," 안암법학 37(2012), 401~402.

7) 이에 반해 공시의 필요성을 부정하는 견해로 백승흠, "성년후견제도와 그 입법에 관한 몇 가지 고찰," 법학논집 30−1(2008), 82~83; 제철웅(2013), 23~24; 최현태(2010), 150.

8) 김대경, "성년후견제의 입법을 위한 비교법적 고찰," 경희법학 45−1(2010), 136; 김상묵·조경신(2009), 120; 최문기(2007), 13.

9) 이정래(주 3), 400.

한하여 최대한 피후견인이 거래로부터 배제되지 않을 수 있도록 하였다.

라. 공시사항

(1) 법정후견

성년후견·한정후견·특정후견과 관련하여 후견등기관은 가정법원의 촉탁에 따라 다음과 같은 사항을 기록하여야 한다.

ⓐ 후견의 종류, 심판을 한 가정법원, 사건의 표시 및 재판확정일(후견등기에 관한 법률. 이하 후견등기법 §25 ① i)

ⓑ 피성년후견인·피한정후견인·피특정후견인의 성명, 성별, 출생연월일, 주민등록번호 및 등록기준지 등 인적 사항(후견등기법 §25 ① ii)

ⓒ 성년후견인·한정후견인·특정후견인의 성명, 주민등록번호 또는 법인등록번호, 주소 또는 사무소 등 인적사항(후견등기법 §25 ① iii)

ⓓ 성년후견감독인·한정후견감독인·특정후견감독인의 성명, 주민등록번호 또는 법인등록번호, 주소 또는 사무소(후견등기법 §25 ① iv)

ⓔ 취소할 수 없는 피성년후견인의 법률행위의 범위, 성년후견인의 법정대리권의 범위, 성년후견인이 피성년후견인의 신상에 관하여 결정할 수 있는 권한의 범위 및 각 그 변경된 범위(후견등기법 §25 ① v)

ⓕ 한정후견인의 동의를 받아야 하는 행위의 범위, 한정후견인의 대리권의 범위, 한정후견인이 피한정후견인의 신상에 관하여 결정할 수 있는 권한의 범위 및 각 그 변경된 범위(후견등기법 §25 ① vi)

ⓖ 특정후견인의 기간 또는 사무, 피특정후견인의 후원을 위하여 필요한 처분의 내용, 특정후견인 대리권의 기간이나 범위, 특정후견인의 대리권 행사에 가정법원이나 특정후견감독인의 동의를 받도록 명한 사실(후견등기법 §25 ① vii)

ⓗ 가정법원이 여러 명의 후견인 또는 후견감독인에게 공동으로 또는 사무를 분장하여 그 권한을 행사하도록 한 경우 그 내용(후견등기법 §25 ① viii)

ⓘ 성년후견·한정후견·특정후견이 종료한 경우 그 사유 및 연월일(후견등기법 §25 ① ix)

ⓙ 家訴 §62에 따른 사전처분(후견등기법 §27)

촉탁에 의해 등기가 이루어지는 경우가 아닌 한 피후견인, 그의 배우자 또는 4촌 이내 친족, 후견인 및 후견감독인은 각종의 변경등기 및 종료등기를 신청할 수 있다(후견등기법 §28, §29).

(2) 후견계약

후견계약에 관하여 후견등기관은 임의후견인의 신청에 의해 다음과 같은 사항을 기록하여야 한다.

ⓐ 후견계약과 관련된 공정증서를 작성한 공증인의 성명, 소속, 그 증서의 번호 및 작성연월일(후견등기법 §26 ① i)

ⓑ 후견계약의 본인의 성명, 성별, 생년월일, 주민등록번호 및 등록기준지 (후견등기법 §26 ① ii)

ⓒ 임의후견인의 성명, 주민등록번호 또는 법인등록번호, 주소 또는 사무소(후견등기법 §26 ① iii)

ⓓ 후견계약의 본인의 재산관리 및 신상보호에 관한 임의후견인의 권한의 범위(후견등기법 §26 ① iv)

ⓔ 수인의 임의후견인이 공동으로 또는 사무를 분장하여 권한을 행사하도록 정한 경우 그 취지(후견등기법 §26 ① vi)

ⓕ 후견계약이 종료한 경우 그 사유 및 연월일(후견등기법 §26 ① vii)

ⓖ 家訴 §62에 따른 사전처분(후견등기법 §27)

또한 후견계약에 관하여 후견등기관은 가정법원의 촉탁에 의해 다음과 같은 사항을 기록하여야 한다.

ⓐ 임의후견감독인이 선임된 경우 그 성명, 주민등록번호 또는 법인등록번호, 주소 또는 사무소 및 심판을 한 가정법원, 사건의 표시, 재판확정일(후견등기법 §26 ① v)

ⓑ 수인의 임의후견감독인이 공동으로 또는 사무를 분장하여 권한을 행사하도록 정한 경우 그 취지(후견등기법 §26 ① vi)

촉탁에 의해 등기가 이루어지는 경우가 아닌 한 후견계약의 본인, 그의 배우자 또는 4촌 이내 친족, 임의후견인 및 임의후견감독인은 각종의 변경등기 및 종료등기를 신청할 수 있다(후견등기법 §28, §29).

마. 등기사항증명서의 발급

ⓐ 피성년후견인·피한정후견인·피특정후견인 또는 후견계약의 본인, ⓑ 피후견인 및 후견계약의 본인의 배우자 또는 4촌 이내의 친족, ⓒ 성년후견인, 한정후견인 또는 특정후견인, ⓓ 성년후견감독인, 한정후견감독인 또는 특정후견감독인, ⓔ 임의후견인, 임의후견감독인, 미성년후견인 또는 미성년후견감독

인, ⓕ 각 후견인 또는 후견감독인의 직에서 퇴임한 자, ⓖ 유언집행자, 상속재
산관리인 등 피후견인 또는 후견계약의 본인의 민법상 법정대리인, ⓗ 국가 또
는 지방자치단체, ⓘ 소송·비송·민사집행의 각 절차에서 등기사항증명서를 제
출할 필요가 있는 자 등은 후견등기관에게 사용목적을 지정하여 후견등기부에
기록되어 있는 사항의 전부 또는 일부를 증명하는 서면의 발급을 청구할 수 있
다(후견등기법 §15 ①).

　　이때 발급을 청구할 수 있는 등기사항증명서의 종류에는 ⓐ 등기사항증명
서(말소 및 폐쇄사항 포함), ⓑ 등기사항증명서(말소사항 포함), ⓒ 등기사항증명서
(현재 유효사항), ⓓ 등기사항증명서(후견별), ⓔ 등기사항증명서(사전처분), ⓕ 등
기사항증명서(퇴임전 사항), ⓖ 등기사항부존재증명서가 있다(후견등기규칙 §33).

　　피후견인과 법률행위를 하고자 하는 거래상대방에 불과한 자는 등기사항
증명서의 발급을 청구할 수 없다.10) 피후견인 또는 후견인에게 등기사항부존
재증명서를 발급받아올 것을 사실상 요구할 수 있는 것에 그친다.

2. 사무처리능력의 부족

　　가정법원은 본인이 사무를 처리할 능력이 부족한 상황에 있다고 인정할
때 임의후견감독인을 선임한다(본조 ①). 이때 사무처리능력이 부족한지 여부는
정신능력이나 의사능력과 같은 의학적 관점이 아닌 기능적 관점에서 판단하여
야 한다.11) 따라서 임의후견감독인 선임 여부를 결정함에 있어 반드시 의사의
감정을 받아야 하는 것은 아니다. 아래 Ⅲ. 이하 참조.

　　사무처리능력이 부족하게 된 원인에 대해서는 아무런 제약이 없다. 즉 성
년후견·한정후견·특정후견에서와 달리 반드시 "질병, 장애, 노령, 그 밖의 사
유로 인한 정신적 제약"으로 사무처리능력이 부족해야 하는 것은 아니다. 신체
적 장애로 인한 사무처리능력의 부족을 이유로 임의후견계약을 체결하는 것도
가능하다. 그가 스스로 수임인을 감독할 수 있는 상황이라면 굳이 임의후견계
약을 이용하지 않고, 일반적인 위임계약으로서 사태에 대처할 수 있을 것이나,
신체장애의 정도에 따라서는 스스로 수임인을 감독하기 힘든 경우도 있어 임
의후견감독인의 도움이 필요할 수 있기 때문이다.

　　정신적 제약의 상태가 지속적이어야 하는 것도 아니다. 일시적 제약에 불

---

10) 이에 찬성하는 견해로 구상엽(2012), 189~190.
11) 윤진수·현소혜, 25~26.

과한 경우에도 필요하다면 후견계약을 이용할 수 있다.[12]

그러나 본인이 미성년자여서 사무처리능력이 부족한 때에는 임의후견감독인을 선임할 수 없다. 미성년자에 대해서는 아직 임의후견이 개시되어서는 안 되기 때문이다. §959-14 註釋 참조.

본인이 피성년후견인·피한정후견인 또는 피특정후견인인 경우이더라도 사무처리능력이 부족하다면, 임의후견감독인을 선임할 수 있다. 다만, 이때에는 종전의 성년후견, 한정후견 또는 특정후견의 종료심판을 하여야 한다 (§959-20 ②).

3. 본인의 동의

가정법원은 후견계약을 이행·운영할 때 본인의 의사를 최대한 존중하여야 한다(§959-14 ④). 특히 후견계약은 본인의 설계에 따라 후견이 개시 및 작동되도록 한 것이기 때문에, 본인이 원하지 않을 경우에는 그것이 함부로 개시되어서는 안 된다. 본인에게 철회의 자유를 인정할 필요가 있는 것이다. 이에 2011. 3. 7.자 개정 민법은 후견계약 의사표시의 철회에 관한 규정(§959-18 ①)을 마련하는 외에, 미처 이를 철회하지 못한 경우라도 본인이 반대하는 경우에는 가정법원이 임의후견감독인을 선임하지 못하도록 하였다. 즉, 가정법원이 임의후견감독인을 선임할 때에는 미리 본인의 동의를 받아야 한다(본조 ② 본문).

본인의 동의를 받아야 하는 경우는 배우자, 4촌 이내의 친족, 임의후견인, 검사 또는 지방자치단체의 장이 임의후견감독인 선임청구를 한 경우로 한정된다. 본인이 스스로 임의후견감독인의 선임을 청구한 때에는 본인의 동의가 있는 것으로 간주할 수 있기 때문이다.

이때 본인의 동의가 반드시 명시적이어야 하는 것은 아니지만, 단순히 본인의 의사에 반하지 않는다는 정도로는 아직 본인의 동의가 있다고 할 수 없다. §14-2가 특정후견에 관하여 본인의 의사에 반하여는 그 심판을 할 수 없다고 규정하고 있는 것과 달리, 본조는 적극적인 동의를 요구하기 때문이다. 다만, 식물인간 상태와 같이 본인에게 의사능력이 결여되어 스스로 그 의사를 표시할 수 없는 때에는 그의 동의 없이도 임의후견감독인을 선임할 수 있다(본조 ② 단서).

동의 여부를 표시하는 본인이 완전한 의사능력 내지 행위능력을 가지고

---

12) 윤진수·현소혜, 158; 해설, 134; 구상엽(2012), 139; 배인구(2013), 73.

있어야 하는 것도 아니다.[13] 신상에 관하여 스스로 결정할 수 있는 능력, 즉 의사결정능력 정도를 갖춘 것으로 충분한다. 본인이 동의하지 않아 그의 보호에 흠결이 생길 우려가 있는 때에는 법정후견을 개시하는 수밖에 없을 것이다.

4. 임의후견감독인이 결격사유에 해당하지 않을 것

가정법원은 본인의 의사, 건강, 생활관계, 재산상황, 임의후견감독인이 될 사람과의 이해관계, 임의후견감독인이 될 사람의 직업과 경험 등을 종합적으로 고려하여 재량에 따라 임의후견감독인을 선임할 수 있다(§959−16 ③에 의해 준용되는 §940−7이 준용하는 §936 ④). 그러나 §779에 따른 임의후견인의 가족은 임의후견감독인이 될 수 없다(본조 ⑤에 의한 §940−5의 준용).[14] 자세한 내용은 §940−5 註釋 참조. 일부 견해는 비용 문제를 들어 임의후견인의 가족도 임의후견감독인이 될 수 있도록 해야 한다고 비판한다.[15]

그 밖에 임의후견감독인의 자격 및 결격사유에 대해 자세히는 §959−16 註釋 참조.

III. 재선임 및 추가선임

1. 재선임

가정법원은 임의후견감독인이 없게 된 경우 직권으로 또는 본인, 친족, 임의후견인, 검사, 지방자치단체의 장의 청구에 의하여 임의후견감독인을 선임한다(본조 ③). 임의후견감독인이 사망, 결격 등의 사유로 없게 된 경우 가정법원은 반드시 임의후견감독인을 재선임하여야 한다. 후견계약에 따른 임의후견인의 임무수행에 대한 공적 감독 체계를 확보하기 위해 2011. 3. 7.자 개정 민법은 임의후견감독인을 필수기관으로 규정하였기 때문이다. 이때 임의후견감독인이 없게 된 경우의 의미에 대해서는 §932 註釋 참조.

2. 추가선임

가정법원은 임의후견감독인이 선임된 경우에도 필요하다고 인정하면 직권

---

13) 송호열(2002), 289.
14) 임의후견인의 배우자, 직계혈족 및 형제자매를 후견감독인 결격사유로 구성해야 한다고 주장했던 견해로 오호철(2008), 329.
15) 제철웅(2014b), 122~123.

으로 또는 본인, 친족, 임의후견인, 검사 또는 지방자치단체의 장의 청구에 의하여 임의후견감독인을 추가로 선임할 수 있다(본조 ④). 추가선임을 할 것인지는 가정법원의 재량이다. 추가선임이 필요한 경우에 대해서는 §936 註釋 참조.

본조에 대해서는 §959-16 ③에 의해 준용되는 §940-7이 준용하고 있는 §936 ③과 내용이 중복되므로 삭제할 필요가 있다는 입법론적 비판16)이 있다. 자세한 내용은 §959-16 註釋 참조.

Ⅳ. 임의후견감독인의 선임절차

1. 직권 또는 일정한 자의 청구

가정법원은 본인, 배우자, 4촌 이내의 친족, 임의후견인, 검사 또는 지방자치단체의 장의 청구에 의하여 임의후견감독인 선임심판을 할 수 있다(본조 ①). 가정법원이 직권으로 임의후견감독인 선임심판을 하는 것은 허용되지 않는다. 특히 임의후견인에 대해서는 고의로 임의후견감독인 선임 청구를 지연시키는 일을 막기 위해 정기적으로 본인의 상태를 확인하고, 적기에 임의후견감독인 선임청구를 할 의무를 부과해야 한다는 견해가 있다.17)

반면 본조 ③에 따른 재선임 또는 ④에 따른 추가선임은 본인, 친족, 임의후견인, 검사 또는 지방자치단체의 장의 청구에 의해 할 수 있을 뿐만 아니라, 가정법원이 직권으로도 할 수 있어 그 범위가 매우 넓다(본조 ③, ④).

2. 심리

가정법원은 임의후견감독인을 선임할 때 피임의후견인이 될 사람의 정신상태에 관하여 의사나 그 밖에 전문지식이 있는 사람의 의견을 들어야 한다. 이 경우 의견을 말로 진술하게 하거나 진단서 또는 이에 준하는 서면으로 제출하게 할 수 있다(家訴 §45-5). 의사의 감정은 필수적이지 않다.

또한 가정법원은 임의후견감독인의 선임심판을 하는 경우 피임의후견인이 될 사람, 임의후견감독인이 될 사람 및 임의후견인이 될 사람의 진술을 들어야 한다. 다만, 피임의후견인(피임의후견인이 될 사람을 포함한다)이 의식불명, 그 밖의 사유로 그 의사를 표명할 수 없는 경우에는 그러하지 아니하다(家訴 §45-6 ① i).

---

16) 윤진수·현소혜, 163; 구상엽(2012), 150~151.

17) 구상엽(2012), 147~148.

이때 피임의후견인의 진술청취절차는 심문의 방식을 취해야 함이 원칙이나, 그 사람이 자신의 의사를 밝힐 수 없거나 출석을 거부하는 등 심문할 수 없는 특별한 사정이 있는 때에는 그러하지 아니하다((家訴 §45-6 ②).

3. 심판

가정법원은 본조의 요건이 갖추어진 경우 임의후견감독인 선임심판을 할 수 있다[家訴 §2 ① ii 가. 24)-5]. 이때 가정법원은 임의후견감독인에게 그 후견감독사무에 관하여 필요하다고 인정되는 사항을 지시할 수 있다(家訴規 §38-2). 임의후견감독인 선임심판은 언제나 피임의후견인이 될 자의 주소지 관할법원의 전속관할에 속한다(家訴 §44 i-ii).

임의후견감독인선임심판은 당사자(家訴規 §25), 절차에 참가한 이해관계인(家訴規 §25), 임의후견인 및 임의후견감독인이 될 자(家訴規 §35 ①)에게 고지하고, 사건본인인 피임의후견인이 될 자에게는 그 뜻을 통지하여야 한다(家訴規 §35 ②).

4. 즉시항고

임의후견감독인의 선임심판에 대해서는 즉시항고가 허용되지 않는다. 따라서 가정법원은 지체없이 후견등기 사무를 처리하는 사람에게 후견등기부에 등기할 것을 촉탁하여야 한다(家訴 §9, 家訴規 §5-2 ① iv 가목).

5. 사전처분

家訴規 §32에 규정되어 있지는 않지만, 가정법원은 사건해결에 특히 필요하다고 인정될 경우 家訴 §62에 따른 사전처분의 일환으로서 임시임의후견감독인을 선임할 수 있을 것이다.

그 밖에 임의후견감독인 선임절차와 관련하여 자세한 내용은 §940-4 註釋 참조. 현행민법은 임의후견감독인은 오로지 가정법원의 심판에 의해서만 선임될 수 있도록 규정하고 있으나, 이에 대해서는 본인이 직접 임의후견감독인을 선임할 수 있도록 해야 한다는 입법론적 비판이 있다.[18]

---

18) 제철웅(2014a), 234; 제철웅(2014b), 122.

第 959 條의 16 (임의후견감독인의 직무 등)

① 임의후견감독인은 임의후견인의 사무를 감독하며 그 사무에 관하여 가정법원에 정기적으로 보고하여야 한다.

② 가정법원은 필요하다고 인정하면 임의후견감독인에게 감독사무에 관한 보고를 요구할 수 있고 임의후견인의 사무 또는 본인의 재산 상황에 대한 조사를 명하거나 그 밖에 임의후견감독인의 직무에 관하여 필요한 처분을 명할 수 있다.

③ 임의후견감독인에 대하여는 제940조의6제2항·제3항, 제940조의7 및 제953조를 준용한다.

Ⅰ. 조문의 취지

임의후견감독인의 감독사무 및 권한과 그 제한, 자격, 결격사유, 사임 및 변경, 보수 및 비용처리 등 임의후견감독인의 법적 지위와 관련된 제반사항을 정하기 위한 조문이다.

다만, 본조 ③은 성년후견인의 추가선임에 관한 §936 ③도 준용하고 있으나, 임의후견감독인의 추가선임에 관하여는 §959－15 ④이 이미 규정하고 있으므로, 중복규정에 해당한다. §959－15 ④에서 정한 자 외에 §936 ③에 따라 "이해관계인"도 임의후견감독인의 추가선임을 청구할 수 있다는 정도의 의미를 가질 뿐이다. 이때 이해관계인에는 기존의 임의후견감독인도 포함될 수 있다. 이에 대해서는 임의후견감독인에 의한 임의후견감독인의 추가선임청구는 인정되지 않는다는 반대설이 있다.[1]

---

1) 해설, 144.

Ⅱ. 임의후견감독인의 자격

1. 자격

본조 ③에 의해 준용되는 §940-7는 §930 ② 및 ③을 준용한다. 따라서 임의후견감독인은 후견계약의 본인의 신상과 재산에 관한 모든 사정을 고려하여 여러 명을 둘 수 있으며,[2] 법인도 임의후견감독인이 될 수 있다. §930 註釋 참조.

2. 결격사유

본조 ③에 의해 준용되는 §940-7은 후견인의 결격사유에 관한 §937를 준용한다. 따라서 ⓐ 미성년자, ⓑ 피성년후견인, 피한정후견인, 피특정후견인, 피임의후견인, ⓒ 회생절차개시결정 또는 파산선고를 받은 자, ⓓ 자격정지 이상의 형의 선고를 받고 그 형기 중에 있는 사람, ⓔ 법원에서 해임된 법정대리인, ⓕ 법원에서 해임된 성년후견인, 한정후견인, 특정후견인, 임의후견인과 그 감독인, ⓖ 행방이 불분명한 사람 및 ⓗ 후견계약의 본인을 상대로 소송을 하였거나 하고 있는 자 또는 그 배우자와 직계혈족은 임의후견감독인이 될 수 없다. 자세한 의미는 §937 註釋 참조.

그 밖에 임의후견인의 가족 역시 임의후견감독인이 될 수 없다(§959-15 ⑤에 의한 §940-5의 준용). §959-15 및 §940-5 註釋 참조.

Ⅲ. 임의후견감독인의 선임기준

가정법원은 임의후견감독인을 선임할 때 후견계약의 본인의 의사를 존중하여야 하며, 그 밖에 본인의 건강, 생활관계, 재산상황, 임의후견감독인이 될 사람의 직업과 경험, 본인과의 이해관계의 유무(법인이 임의후견감독인이 될 때에는 사업의 종류와 내용, 법인이나 그 대표자와 본인 사이의 이해관계의 유무를 말한다) 등의 사정도 고려하여야 한다(본조 ③에 의해 준용되는 §940-7이 준용하는 §936 ④). 자세한 내용은 §936 註釋 참조. 선임절차에 대해서는 §959-15 註釋 참조.

---

2) 복수의 임의후견감독인을 두는 데 찬성하는 견해로 신은주(2009), 37.

Ⅳ. 임의후견감독인의 권한과 직무

1. 임의후견감독인의 권한

가. 사무감독권한

임의후견감독인은 임의후견인의 사무를 감독한다(본조 ①). 사무감독의 방법에 대해 자세히는 §940-6 註釋 참조.

이러한 사무감독권한의 행사를 위해 임의후견감독인은 임의후견인에게 언제든지 그의 임무수행에 관한 보고와 재산목록의 제출을 요구할 수 있고 본인의 재산상황을 조사할 수 있다(본조 ③에 의한 §953의 준용). 자세한 내용은 §953 註釋 참조.

이와 관련하여 임의후견인에게는 재산목록작성의무가 없으므로, 임의후견감독인 역시 임의후견인에게 재산목록의 제출을 요구할 수 없다는 견해[3]가 있으나, 임의후견인이라도 후견계약에 따라 재산목록 작성의무를 부담하고 있을 수 있으며,[4] 후견계약에 아무런 규정이 없는 경우라도 임의후견감독인이 이를 요구한 때에는 새롭게 재산목록을 작성하여 제출할 의무가 창설된다고 볼 것이다.

사무감독의 결과 임의후견인이 현저한 비행을 하거나 후견계약에서 정한 임무에 적합하지 않은 사유가 있게 되었음을 발견한 때에는 가정법원에 임의후견인의 해임을 청구하여야 한다(§959-17 ②). 임의후견인의 해임에 관해서는 §959-17 註釋 참조.

나. 급박한 사무처리권한

임의후견감독인은 본인의 신상이나 재산에 대하여 급박한 사정이 있는 경우 그의 보호를 위해 필요한 행위 또는 처분을 할 수 있다(본조 ③에 의한 §940-6 ②의 준용). 급박한 사무처리권한의 내용에 대해 자세히는 §940-6 註釋 참조.

임의후견감독인이 본인의 신상에 관하여 급박한 사무를 처리하는 경우에는 일정한 제한이 가해진다(본조 ③에 의해 준용되는 §940-7이 준용하는 §947-2 ③ 내지 ⑤). 즉 임의후견감독인은 본인의 신체를 침해하는 의료행위에 대해 그를 대신하여 동의할 수 있으나, 본인이 의료행위의 직접적인 결과로 사망하거나 상당한 장애를 입을 위험이 있을 때에는 가정법원의 허가를 받아야 한다. 또한

---

3) 김주수·김상용, 506.
4) 백승흠(2006), 83~84.

임의후견감독인이 본인을 대리하여 그가 거주하고 있는 건물 또는 그 대지에 대하여 매도, 임대, 전세권 설정, 저당권 설정, 임대차의 해지, 전세권의 소멸 그 밖에 이에 준하는 행위를 하는 경우에는 가정법원의 허가를 받아야 한다. 그러나 임의후견감독인은 본인의 치료 등의 목적으로 정신병원이나 그 밖의 다른 장소에 격리할 수는 없다. 자세한 내용은 §940-7 및 §947-2 註釋 참조.

다. 이해상반행위

임의후견인과 본인 사이에 이해가 상반되는 행위에 관하여는 임의후견감독인이 본인을 대리한다(본조 ③에 의한 §940-6 ③의 준용). 임의후견감독인은 필수기관이므로, 임의후견인이 이해상반행위를 할 때에는 특별대리인을 선임하지 않고 바로 임의후견감독인이 이를 대리할 수 있도록 한 것이다. 이해상반행위를 금지하고 있는 §921 또는 §949-3이 임의후견인에 대해 준용되지는 않지만,[5] 임의후견감독인에게 이해상반행위에 관한 대리권이 부여되어 있는 한, 임의후견인이 스스로 한 이해상반행위는 무권대리로 무효라고 할 것이다.

라. 임의후견감독인이 여러 명인 경우

여러 명의 임의후견감독인을 선임한 경우 가정법원은 직권으로 여러 명의 임의후견감독인이 공동으로 또는 사무를 분장하여 그 권한을 행사하도록 정할 수 있으며, 여러 명의 임의후견감독인이 공동으로 권한을 행사하여야 하는 경우 어느 임의후견감독인이 본인의 이익이 침해될 우려가 있음에도 법률행위의 대리 등 필요한 권한행사에 협력하지 아니할 때에는 가정법원은 본인, 임의후견인, 임의후견감독인 또는 이해관계인의 청구에 의하여 그 임의후견감독인의 의사표시를 갈음하는 재판을 할 수 있다[본조 ③에 의해 준용되는 §940-7이 준용하는 §949-2, 家訴 §2 ① ii 가. 21)-3]. 자세한 내용은 §949-2 註釋 참조.

2. 임의후견감독인의 직무

가. 정기적 보고의무

임의후견감독인은 그 사무에 관하여 가정법원에 정기적으로 보고하여야 한다(본조 ①). 임의후견감독인은 성년후견감독인 등 법정후견의 감독인과 달리 그 사무에 관하여 가정법원에 정기적으로 보고할 의무가 있다. 본인에게 임의후견사무를 감독할 능력이 없는 경우가 많기 때문에 임의후견인의 적절한 임

---

5) §921 또는 §949-3을 임의후견에 준용하지 않은 것에 대해 비판적인 견해로 윤진수·현소혜, 162~163.

무수행을 담보하기 위해 임의후견감독인을 필수기관으로 규정하는 한편, 가정법원의 감독기능을 강화한 것이다. 후견감독인의 보고의 시기나 횟수, 간격 등이 정해져 있는 것은 아니다. 따라서 이때 보고기간은 가정법원이 §959-16 ②에 따라 재량으로 정하는 수밖에 없다.

나. 선관주의의무

임의후견감독인은 후견의 본지에 따라 선량한 관리자의 주의로써 후견감독사무를 처리하여야 한다(본조 ③에 의해 준용되는 §940-7이 준용하는 §681).

다. 긴급처리의무

임의후견감독사무가 종료되더라도 급박한 사정이 있는 경우 임의후견감독인, 그 상속인이나 법정대리인은 본인, 그 상속인이나 법정대리인이 후견감독사무를 처리할 수 있을 때까지 그 사무의 처리를 계속하여야 한다(본조 ③에 의해 준용되는 §940-7이 준용하는 §691).

후견감독사무가 종료하였다는 사정은 이를 상대방에게 통지하거나 상대방이 이를 안 때가 아니면 이로써 상대방에게 대항하지 못한다(본조 ③에 의해 준용되는 §940-7이 준용하는 §692).

자세한 내용은 §940-7 註釋 참조.

3. 보수와 비용처리

가. 보수

가정법원은 임의후견감독인의 청구에 따라 본인의 재산상태 기타 사정을 참작하여 본인의 재산 중에서 상당한 보수를 임의후견감독인에게 수여할 수 있다[본조 ③에 의해 준용되는 §940-7이 준용하는 §955, 家訴 §2 ① ii 가. 23)].[6] 자세한 내용은 §955 註釋 참조.

나. 비용처리

임의후견감독인이 후견감독사무를 수행하는 데 필요한 비용은 본인의 재산 중에서 지출한다(본조 ③에 의해 준용되는 §940-7이 준용하는 §955-2). 자세한 내용은 §955-2 註釋 참조.

---

6) 임의후견감독인에게 보수를 지급할 필요가 있다는 견해로 오호철(2008), 328~329.

V. 임의후견감독인의 사임과 변경

1. 사임

임의후견감독인은 정당한 사유가 있는 경우 가정법원의 허가를 받아 사임할 수 있다[본조 ③에 의해 준용되는 §940-7이 준용하는 §939, 家訴 §2 ① ii 가. 19)]. 사임사유와 허가절차 등에 대해 자세히는 §939 註釋 참조.

2. 변경

가정법원은 본인의 복리를 위하여 임의후견감독인을 변경할 필요가 있다고 인정하면 직권으로 또는 본인, 친족, 검사, 지방자치단체의 장의 청구에 의하여 임의후견감독인을 변경할 수 있다[본조 ③에 의해 준용되는 §940-7이 준용하는 §940, 家訴 §2 ① ii 가. 24)-5]. 그 밖에 임의후견인 또는 임의후견감독인도 임의후견감독인의 변경을 청구할 수 있는지 여부에 대해서는 §940-7 註釋 참조. 변경사유에 대해 자세히는 §940 註釋 참조.

특히 가정법원이 임의후견감독인의 변경심판을 하는 경우에는 피임의후견인이 될 사람, 임의후견인, 그 변경이 청구된 임의후견감독인 및 임의후견감독인이 될 사람의 진술을 들어야 한다.[7] 다만, 피임의후견인(피임의후견인이 될 사람을 포함한다)이 의식불명, 그 밖의 사유로 그 의사를 표명할 수 없는 경우에는 그러하지 아니하다(家訴 §45-6 ① ii). 이때 피임의후견인의 진술청취절차는 심문의 방식을 취해야 함이 원칙이나, 그 사람이 자신의 의사를 밝힐 수 없거나 출석을 거부하는 등 심문할 수 없는 특별한 사정이 있는 때에는 그러하지 아니하다(家訴 §45-6 ②).

임의후견감독인 변경심판에 대해서는 변경의 대상이 되는 임의후견감독인이(家訴規 §36 ① iv 가.), 임의후견감독인 변경청구 기각 심판에 대해서는 임의후견감독인 변경청구권자가 즉시항고를 할 수 있다(家訴規 §36 ② vi).

임의후견감독인 변경심판에 앞서 필요한 경우 가정법원은 직권 또는 당사자의 신청에 의해 가소 §62 ①에 따른 사전처분으로서 직무대행자를 선임할 수도 있다(家訴規 §32 ①).

그 밖에 가정법원의 임의후견감독인 변경심판 및 직무대행자 선임심판에 대해 자세히는 §940 및 §940-7 註釋 참조.

---

7) 이와 같은 의견청취 조항을 마련할 것을 주장했던 견해로 김원태(2011), 288.

Ⅵ. 가정법원의 감독

가정법원은 필요하다고 인정하면 임의후견감독인에게 감독사무에 관한 보고를 요구할 수 있고 임의후견인의 사무 또는 본인의 재산상황에 대한 조사를 명하거나 그 밖에 임의후견감독인의 직무에 관하여 필요한 처분을 명할 수 있다[본조 ②, 家訴 §2 ① ⅱ 가. 24)-6]. 가정법원이 후견인에 대해 직접 피후견인의 재산상황을 조사하거나 후견임무 수행에 관하여 필요한 처분을 명할 수 있는 법정후견의 경우와 달리(§954 참조), 임의후견인은 본인의 임의대리인으로서의 법적 지위를 가지므로 가정법원이 임의후견인의 사무에 직접 개입할 수 없다. 따라서 부득이 가정법원에 의해 선임된 임의후견감독인에게 그 감독사무를 명할 수 있도록 한 것이다.[8]

이에 대해서는 가정법원이 직접 본인을 위해 필요한 처분을 할 수 있도록 후견계약에 대해서도 §954를 준용해야 한다는 입법론적 비판[9]이 있다. 家訴 §45-7은 "가정법원은 법원사무관 등이나 가사조사관에게 임의후견감독사무의 실태를 조사하게 할 수 있다"고 규정하여 사실상 이러한 비판을 절차법적으로 수용하였다.

---

8) 윤진수·현소혜, 162.
9) 제철웅(2011), 320~321.

第 959 條의 17 (임의후견개시의 제한 등)

① 임의후견인이 제937조 각 호에 해당하는 자 또는 그 밖에 현저한 비행을 하거나 후견계약에서 정한 임무에 적합하지 아니한 사유가 있는 자인 경우에는 가정법원은 임의후견감독인을 선임하지 아니한다.

② 임의후견감독인을 선임한 이후 임의후견인이 현저한 비행을 하거나 그 밖에 그 임무에 적합하지 아니한 사유가 있게 된 경우에는 가정법원은 임의후견감독인, 본인, 친족, 검사 또는 지방자치단체의 장의 청구에 의하여 임의후견인을 해임할 수 있다.

Ⅰ. 조문의 취지

임의후견은 본인의 자기결정권을 최대한 존중하기 위한 것이므로, 그 내용에 다소간 불합리하거나 부적절한 사항이 있더라도 그 구속력을 함부로 부정하여서는 안 된다. 그러나 본인이 스스로 후견계약을 체결하여 둔 경우라도 후견계약 체결 후 사정 변경으로 인해 그 계약의 내용에 따른 임의후견을 개시하는 것이 오히려 본인의 복리나 가정적 의사에 반하는 결과를 가져올 우려가 있다. 본인이 후견계약 체결 당시 일정한 사정이 있었음을 알지 못한 경우도 같다. 본조는 이러한 경우에 대비하여 가정법원이 후견계약의 구속력으로부터 벗어나 임의후견을 개시하지 않거나, 이미 개시된 임의후견이라도 이를 종료시킬 수 있도록 하였다.

II. 임의후견개시의 제한

1. 사유

가. 후견인 결격사유가 있는 경우

후견계약의 본인이 미리 선임해 놓은 임의후견인이 §937 각호에 해당하는 자인 경우 가정법원은 임의후견감독인을 선임하지 아니한다(본조 ①). 그 결과 §937 각 호에 해당하는 자, 즉 후견인 결격사유 있는 자는 어떠한 경우라도 임의후견인으로서의 직무를 수행하지 못한다. 사실상 임의후견인에 관하여 §937를 준용하는 결과를 수반한다.

§937 각호에 해당하는 자란 ⓐ 미성년자, ⓑ 피성년후견인, 피한정후견인, 피특정후견인, 피임의후견인, ⓒ 회생절차개시결정 또는 파산선고를 받은 자, ⓓ 자격정지 이상의 형의 선고를 받고 그 형기 중에 있는 사람, ⓔ 법원에서 해임된 법정대리인, ⓕ 법원에서 해임된 성년후견인, 한정후견인, 특정후견인, 임의후견인과 그 감독인, ⓖ 행방이 불분명한 사람 및 ⓗ 후견계약의 본인을 상대로 소송을 하였거나 하고 있는 자 또는 그 배우자와 직계혈족을 말한다. 자세한 의미는 §937 註釋 참조.

§937 각호에 해당하는지 여부는 임의후견감독인 선임심판 당시를 기준으로 판단한다. 따라서 후견계약 체결 당시 §937 각호에 해당하였던 자라도 선임심판 당시 이에 해당하지 않는다면 임의후견이 개시될 수 있으며, 계약 체결 당시에는 §937 각호에 해당하지 않았으나, 임의후견감독인 선임심판 당시 이에 해당한다면 임의후견이 개시될 수 없다.

나. 현저한 비행 그 밖에 후견계약에서 정한 임무에 적합하지 아니한 사유가 있는 자

임의후견인이 현저한 비행을 하거나 후견계약에서 정한 임무에 적합하지 않은 사유가 있는 경우 가정법원은 임의후견감독인을 선임하지 않는다(본조 ①).

이때 "현저한 비행"이란 임의후견인이 본인의 재산을 횡령하거나 본인을 학대한 경우와 같이 본인의 재산관리와 신상보호에 악영향을 미치는 행위를 한 경우를 의미한다.[1] 방탕, 상습도박, 범법행위의 반복과 같이 임의후견인의 행위가 후견제도의 취지에 정면으로 반할 정도로 윤리적 비난의 대상이 되는 경우를 의미한다고 보는 견해[2]도 있다.

---

1) 신영호, 271; 김형석(2010), 160.
2) 배인구(2013), 83.

"후견계약에서 정한 임무에 적합하지 아니한 사유"가 있는 때라 함은 비행이라고까지는 할 수 없더라도 본인의 재산상태를 악화시키거나 그 이익을 침해하는 행위를 한 경우 또는 본인의 의사를 존중하지 않는 일이 반복되는 경우 등을 의미한다.

단순히 전문적 지식의 결여나 업무태만으로 인해 본인의 이익을 위태롭게 할 우려가 있다거나, 임의후견인이 질병, 노령, 정신적 장애, 장기간의 해외거주 등으로 인해 그 임무를 충실히 수행하기 어렵다는 것 정도로는 이에 해당한다고 볼 수 없을 것이다.[3] 특히 본인이 이러한 사실을 알면서 의도적으로 그를 임의후견인으로 선임한 경우에는 더욱 그러하다. 본인의 결정을 존중할 필요가 있기 때문이다. 그러나 본인이 후견계약 체결 당시 이러한 사정을 알지 못했다면 본조를 적용할 여지가 있다.

다. 후견계약의 하자

임의후견인의 자격이나 자질에는 아무런 문제가 없으나 후견계약에 어떠한 하자가 있는 경우 가정법원은 이를 이유로 임의후견감독인을 선임하지 않을 수 있는가. 긍정하는 견해[4]가 있다(본조 ①의 유추적용). 가령 후견계약이 의사무능력, 양속위반 등으로 인해 무효인 경우 가정법원은 명시적으로 효력발생의 외관을 부여하지 않음으로써 그것이 무효임을 명확하게 할 필요가 있다는 것이다.

후견계약에 착오·사기·강박과 같은 취소사유가 있는 것에 불과한 경우에도 임의후견감독인을 선임하지 않을 수 있는가. 의문의 여지가 있기는 하지만, 역시 긍정하는 견해[5]가 있다.

2. 효과

임의후견인이 §937 각 호에 해당하는 자 또는 그 밖에 현저한 비행을 하거나 후견계약에서 정한 임무에 적합하지 아니한 사유가 있는 자인 경우 가정법원은 임의후견감독인을 선임하지 않는다. §959−15 ①에 따른 임의후견감독인의 선임청구가 있는 경우라도 이를 기각하여야 하는 것이다. 이로써 당해 후견계약은 더 이상 효력을 발생할 수 없다.

이때 본인은 새로운 후견계약을 체결할 수 있으며, 성년후견의 개시·한정

---

3) 윤진수·현소혜, 165.
4) 해설, 136~137; 김형석(2010), 156; 배인구(2013), 81; 백승흠(2010b), 115.
5) 백승흠(2010b), 115. 유보적인 입장으로 해설, 137.

후견의 개시 또는 특정후견의 심판을 청구하여 보호를 받을 수도 있다.[6]

Ⅲ. 임의후견인의 해임

1. 요건

가. 현저한 비행 그 밖에 후견계약에서 정한 임무에 적합하지 아니한 사유가 있을 것

임의후견감독인을 선임한 후 임의후견인이 현저한 비행을 하거나 그 밖에 그 임무에 적합하지 아니한 사유가 있게 된 경우 가정법원은 임의후견인을 해임할 수 있다(본조 ②). 후견계약 체결 당시 존재하였던 본인과 임의후견인 사이의 신뢰관계가 파괴되었으므로, 그 계약의 구속력으로부터 벗어날 수 있도록 한 것이다. "현저한 비행을 하거나 그 밖에 후견계약에서 정한 임무에 적합하지 아니한 사유"의 의미는 위의 Ⅱ. 1.과 동일하다.

나. 사유의 발생시기

현저한 비행 그 밖에 그 임무에 적합하지 않은 사유는 임의후견감독인을 선임한 후에 비로소 발생한 것이어야 한다. 임의후견감독인 선임 전에 이러한 사유가 있었던 것만으로는 임의후견인을 해임할 수 없다.

다. 임의후견인에게 결격사유가 발생한 경우

임의후견감독인 선임 후 §937 각호에 해당하는 사유가 발생한 경우에 관해서는 본조 ②에 규정이 없지만, "그 밖에 그 임무에 적합하지 아니한 사유"에 해당하는 것으로 해석하여야 할 것이다. 임의후견에 관해 §937가 준용되고 있지 않으므로, 임의후견감독인 선임 후 임의후견인에게 결격사유가 발생하였다는 것만으로는 임의후견이 당연히 종료된다고 볼 수 없다. 그렇다고 하여 임의후견이 계속 효력을 발생하도록 하는 것은 본인의 복리와 의사에 반할 우려가 있다. 본인은 임의후견감독인 선임 후 이러한 결격사유가 발생할 것을 예측하지 못한 채 그를 임의후견인으로 선임하였을 가능성이 높기 때문이다. 게다가 임의후견감독인 선임 당시에 결격사유가 있을 때에는 본조 ①에 따라 임의후견인이 될 수 없었던 자가 임의후견감독인 선임 후에는 임의후견인의 지위를 유지할 수 있다는 것도 균형에 맞지 않는다.

---

6) 김형석(2010), 155.

2. 효과

가. 임의후견인의 해임

임의후견감독인을 선임한 후 임의후견인이 현저한 비행을 하거나 그 밖에
그 임무에 적합하지 아니한 사유가 있게 된 경우 가정법원은 임의후견인을 해
임할 수 있다(본조 ②). 성년후견과 같은 법정후견에서는 이와 같은 사유가 있는
경우 후견인을 변경한다. 그러나 임의후견의 경우에는 본인이 선임한 임의후견
인을 법원이 자의로 변경하는 것이 허용되지 않으므로, 해임하는 것으로 규정
하였다.[7] 따라서 해임된 임의후견인에 갈음하여 새로운 임의후견인을 선임하
는 것은 허용되지 않는다.

나. 해임절차

(1) 일정한 자의 청구

가정법원은 본조 ②에서 정한 사유가 있는 경우 임의후견감독인, 본인, 친
족, 검사 또는 지방자치단체의 장의 청구에 의하여 임의후견인을 해임할 수 있
다. 견해에 따라서는 §940에 따른 후견인변경의 경우에 준하여 가정법원이 직
권으로 임의후견인을 해임할 수 있도록 해야 한다고 주장하기도 한다.[8]

(2) 심리

가정법원은 임의후견인의 해임심판을 하는 경우 피임의후견인 및 그 해임
이 청구된 임의후견인의 진술을 들어야 한다.[9] 다만, 피임의후견인이 의식불
명, 그 밖의 사유로 그 의사를 표명할 수 없는 경우에는 그러하지 아니하다(家
訴 §45-6 ① ⅲ). 이때 피임의후견인의 진술청취절차는 심문의 방식을 취해야 함
이 원칙이나, 그 사람이 자신의 의사를 밝힐 수 없거나 출석을 거부하는 등 심
문할 수 없는 특별한 사정이 있는 때에는 그러하지 아니하다(家訴 §45-6 ②).

다만, 家訴 개정 당시 피임의후견인 본인에 관해서는 그 진술청취절차를
임의규정으로 구성해야 한다는 견해[10]가 있었다. 본인이 원하는 경우라도 임
의후견인을 해임해야 할 필요가 있는 경우도 있는데, 이러한 경우에까지 본인
의 의견을 듣도록 하는 것은 신속한 대응을 해친다는 것이다.

7) 윤진수·현소혜, 165; 한봉희·백승흠, 383; 김형석(2010), 160; 백승흠(2010b), 117.
8) 구상엽(2012), 152.
9) 해임이 청구된 임의후견인의 진술청취 규정을 마련할 것을 주장했던 견해로 김원태(2011), 288.
10) 김원태(2011), 288.

(3) 해임심판

가정법원은 임의후견인의 해임심판을 할 수 있다[본조 ②, 家訴 §2 ① ii 가. 24)-7]. 해임사건은 피임의후견인 주소지 가정법원의 전속관할에 속한다(家訴 §44 i-ii). 이때 해임심판은 당사자와 절차에 참가한 이해관계인(家訴規 §25), 임 의후견인 및 임의후견감독인에게 고지하고, 사건 본인에게 통지하여야 한다(家 訴規 §35).

(4) 즉시항고

임의후견인 해임심판에 대해서는 본인 또는 임의후견인이(家訴規 §36 ① iv 나.), 임의후견인 해임청구 기각 심판에 대해서는 본조 ②에서 정한 자, 즉 임의 후견감독인, 본인, 친족, 검사 또는 지방자치단체의 장이 즉시항고를 할 수 있 다(家訴規 §36 ② vii).

임의후견인의 해임심판이 확정된 때 가정법원은 지체없이 후견등기 사무 를 처리하는 사람에게 후견등기부에 등기할 것을 촉탁하여야 한다(家訴 §9, 家訴 規 §5-2 ① iv 라.).

(5) 직무대행자

임의후견인 해임심판에 앞서 필요한 경우 가정법원은 직권 또는 당사자의 신청에 의해 家訴 §62 ①에 따른 사전처분으로서 직무대행자를 선임할 수 있다 (家訴規 §32 ①). 이때 직무대행자에 대해서는 임의후견인에 관한 규정을 준용함 이 원칙이나(家訴規 §32 ①), 가정법원은 상당하다고 인정할 때 언제든지 직무대 행자에게 사건본인의 신상보호 또는 재산관리에 필요한 명령을 할 수 있고, 그 선임한 직무대행자를 해임하거나 개임할 수 있다(家訴規 §32 ③). 위와 같은 직무 대행자 선임처분은 그 선임된 자 및 해당 임의후견인에게 고지하여야 하고, 사 건본인에게 그 뜻을 통지하여야 한다(家訴規 §32 ②).

다. 해임의 효과

해임심판의 확정에 의해 후견계약은 종료한다.[11] 따라서 본인은 새로운 후견계약을 체결할 수 있으며, 성년후견의 개시·한정후견의 개시 또는 특정후 견의 심판을 청구하여 보호를 받을 수도 있다.[12] 그 밖에 후견계약 종료에 따 른 효과에 대해서는 §959-18 註釋 참조.

---

11) 박동섭, 415; 조승현, 300; 김형석(2010), 160; 백승흠, "한국 법무부의 성년후견제도에 관한 민법개정안," 재산법연구 26-3(2010), 227.
12) 김형석(2010), 155.

第 959 條의 18 (후견계약의 종료)

① 임의후견감독인의 선임 전에는 본인 또는 임의후견인은 언제든지 공증인의 인증을 받은 서면으로 후견계약의 의사표시를 철회할 수 있다.

② 임의후견감독인의 선임 이후에는 본인 또는 임의후견인은 정당한 사유가 있는 때에만 가정법원의 허가를 받아 후견계약을 종료할 수 있다.

Ⅰ. 조문의 취지

후견계약은 위임계약으로서의 성격을 갖는다. 그리고 위임계약은 각 당사자가 언제든지 해지할 수 있다(§689 ①). 후견계약은 본인과 임의후견인 모두의 신상에 계속적으로 지대한 영향을 미치는 유형의 계약이므로, 그 철회 내지 해지의 자유를 더욱 강력하게 보장할 필요가 있다.[1] 당사자의 의사가 가장 중요한 의미를 갖기 때문이다.

따라서 본조는 본인 또는 임의후견인이 후견계약의 구속력으로부터 벗어날 수 있는 가능성을 보장함과 동시에 이를 요식행위로 구성하여 당사자의 진의를 확보하도록 하였다. 다만, 후견계약이 발효된 후 후견계약을 임의로 종료시킬 경우 본인의 보호에 공백이 발생할 우려가 있을 뿐만 아니라 이해관계인들의 신뢰를 해칠 우려도 있으므로, 이때에는 가정법원으로부터 허가를 받은 때에만 후견계약을 종료할 수 있도록 하였다.[2]

---

1) 김형석(2010), 156.
2) 김형석(2010), 159; 윤진수·현소혜, 167.

Ⅱ. 임의후견감독인 선임 전 후견계약의 철회

1. 철회사유

본인 또는 임의후견인은 임의후견감독인 선임 전이라면 언제든지 자유롭게 후견계약의 의사표시를 철회할 수 있다(본조 ①). 이를 철회하기 위해 어떠한 정당한 이유가 필요한 것은 아니다.

이에 대해 본인에게 사무처리능력이 부족한 상태라면 임의후견인은 정당한 사유가 있을 때에만 이를 철회할 수 있도록 해야 한다는 입법론적 비판을 하는 견해[3]가 있다. 그러나 이러한 경우라도 §691에 따라 수임인이 일시적으로 본인을 위한 사무처리계속 의무를 부담하므로, 본인의 보호에 특별한 해악이 발생하는 것은 아니라는 견해[4]도 있다.

2. 철회의 방식

본인 또는 임의후견인이 후견계약의 의사표시를 일방적으로 철회할 경우 후견관계의 존부가 외관상 불명확하여 법률관계의 불안정이 발생할 수 있고, 철회의 의사표시가 있었는지 여부를 둘러싸고 분쟁이 발생할 가능성도 적지 않으므로, 본조는 이를 요식행위로 규정하였다.[5]

따라서 후견계약 의사표시의 철회는 반드시 공증인의 인증을 받은 서면에 의해 이루어져야 한다(본조 ①). 사서증서의 인증은 공증인법 §57에서 정한 방법에 따른다. 즉, 후견계약의 의사표시를 철회하고자 하는 자는 공증인 앞에서 사서증서에 서명 또는 날인하거나, 본인 또는 그 대리인이 사서증서의 서명 또는 날인을 확인한 후 공증인이 그 사실을 증서에 적는 방법에 의하여야 한다.

3. 철회의 효과

후견계약의 의사표시를 철회한 서면이 상대방에게 도달한 경우 당해 후견계약은 효력을 잃는다. 따라서 당해 후견계약에 따른 임의후견감독인 선임청구가 있는 경우 가정법원은 이를 기각하여야 한다.

견해에 따라서는 임의후견감독인 선임 전에 후견계약의 구속력으로부터

---

3) 구상엽(2012), 158.
4) 윤진수·현소혜, 232.
5) 윤진수·현소혜, 166~167; 김형석(2010), 157.

벗어나고자 하는 당사자의 의사를 '철회'가 아니라 '해지'로 보아야 한다고 주장하기도 한다.[6] 임의후견감독인 선임 전이라도 본인과 임의후견인 사이에 일정한 권리의무관계가 형성되어 있을 수 있으므로, 그것이 발효되기 전이라도 해지할 필요가 있다는 것이다.

Ⅲ. 후견계약의 종료

1. 종료사유

임의후견감독인이 선임된 후 본인 또는 임의후견인은 정당한 사유가 있는 때 후견계약을 종료할 수 있다(본조 ②).

이때 "정당한 사유"란 후견계약의 존속과 그에 따른 후견사무의 계속을 더 이상 곤란하게 하는 중대한 사정의 변경이 있는 경우를 말한다.[7] 임의후견인의 연령, 건강상태, 해외이주, 직업 활동 등으로 인해 그가 임의후견인으로서의 직무를 적절하게 수행할 것으로 기대할 수 없는 경우 또는 본인과 임의후견인 사이의 신뢰관계가 파괴된 경우 등이 이에 포함될 수 있을 것이다. 정당한 사유는 주관적 사정만으로 충분하며, 엄격하게 해석할 것은 아니다.[8]

§959-17 ②에서 정한 임의후견인의 현저한 비행 그 밖에 그 임무에 적합하지 아니한 사유가 있게 된 경우에도 임의후견인을 해임하는 대신 본조 ②에 따라 후견계약을 종료할 수 있다.[9] 임의후견감독인 선임 후 임의후견인에게 §937 각호에서 정한 결격사유가 발생한 경우에도 같다.

2. 가정법원의 허가

임의후견감독인이 선임된 후 본인 또는 임의후견인이 후견계약을 종료하기 위해서는 가정법원의 허가를 받아야 한다[본조 ②, 家訴 §2 ① ⅱ 가. 24)-8]. 후견계약의 양 당사자가 후견계약의 종료에 합의한 때에도 가정법원의 허가가 필요한가. 긍정하는 견해[10]가 있다.

후견계약의 종료에 관한 허가심판을 하고자 하는 경우 가정법원은 피임의

---

6) 박인환(2010), 67.
7) 박동섭, 415; 한봉희·백승흠, 383; 해설, 146; 김형석(2010), 159~160; 배인구(2013), 78 주 189, 84; 백승흠(2010b), 116~117.
8) 김형석(2010), 159 주 44; 박인환(2010), 67.
9) 신영호, 271; 김형석(2010), 160.
10) 신영호, 268.

후견인 및 임의후견인의 진술을 들어야 한다.11) 다만, 피임의후견인(피임의후견인이 될 사람을 포함한다)이 의식불명, 그 밖의 사유로 그 의사를 표명할 수 없는 경우에는 그러하지 아니하다(家訴 §45-6 ① iv). 이때 피임의후견인의 진술청취 절차는 심문의 방식을 취해야 함이 원칙이나, 그 사람이 자신의 의사를 밝힐 수 없거나 출석을 거부하는 등 심문할 수 없는 특별한 사정이 있는 때에는 그러하지 아니하다(家訴 §45-6 ②).

후견계약 종료의 허가심판에 대해서는 본인 또는 임의후견인이 즉시항고를 할 수 있다(家訴規 §36 ① iv 다.).

일부 견해12)는 가정법원의 허가심판이 있더라도 후견계약이 당연히 종료하는 것은 아니며, 상대방에게 종료의 의사표시를 하여야 한다고 주장하나, 가정법원은 후견계약 종료의 허가 심판이 확정된 때 지체없이 후견등기 사무를 처리하는 사람에게 후견등기부에 등기할 것을 촉탁하고 있다(家訴 §9, 家訴規 §5-2 ① iv 마.).

3. 종료의 효과

후견계약이 종료된 경우 후견계약은 장래를 향하여 효력을 잃는다.13) 해지와 동일한 효력이 인정되는 것이다. 따라서 임의후견인은 더 이상 후견계약에 기초한 권리의무를 부담하지 않으나, 기왕에 임의후견인이 했던 법률행위는 유효하다. 이때 임의후견인은 후견사무 종료에 따른 관리의 계산을 하여야 한다(§957 유추적용).14) 후견계약을 종료하더라도 가정법원이 새로운 임의후견인을 선임할 수 있는 것은 아니다. §959-17 註釋 참조.

4. 그 밖의 사유로 인한 종료

후견계약은 위임계약으로서의 성격을 가지므로, 특칙이 없는 한 §690가 적용된다. 따라서 본인이 사망하거나 파산한 경우, 임의후견인이 사망하거나 파산하거나 성년후견개시심판을 받은 경우 후견계약은 종료한다.15) 이때에는

---

11) 후견계약 종료허가 심판시 임의후견인의 진술청취 규정을 마련할 것을 주장했던 견해로 김원태(2011), 288.

12) 신영호, 268.

13) 윤진수·현소혜, 167; 한봉희·백승흠, 383; 김형석(2010), 160; 백승흠(2011a), 38.

14) 윤진수·현소혜, 167; 한봉희·백승흠, 383; 김형석(2010), 160; 백승흠(2010b), 117; 백승흠(2011a), 38.

15) 신영호, 271~272; 해설, 148; 배인구(2013), 84~85.

가정법원의 허가를 받을 필요가 없다. 이에 대해서는 본인이 파산한 경우에까지 후견계약이 종료되도록 보는 것은 본인의 보호에 공백을 가져올 우려가 있다는 지적16)이 있다.

후견계약은 §959-20 ①에 따른 성년후견 또는 한정후견 개시심판이 있는 때에도 종료한다(§959-20 ①). 별도로 후견계약 종료의 허가심판을 받아야 하는 것은 아니다.

종료의 효과는 본조의 경우와 동일하다.

Ⅳ. 후견계약의 변경

본인과 임의후견인은 후견계약을 변경할 수 있는가.

후견계약이 효력을 발생하기 전에는 공증인의 인증을 받은 서면에 의해 대리권의 범위를 축소 또는 확대할 수 있다는 견해17)와 공정증서에 의해 후견계약을 변경할 수 있다는 견해18)가 대립한다.

반면 임의후견감독인이 선임된 후에는 후견계약의 변경이 허용되지 않는다는 견해19)와 가정법원이 허가를 받아 간이하게 후견계약을 변경할 수 있다는 견해20)가 대립한다. 앞의 견해에 따를 경우 본조 ②에 따라 가정법원의 허가를받아 후견계약을 종료한 후 새롭게 후견계약에 관한 공정증서를 작성하고 임의후견감독인을 선임하여야 하는데, 이는 지나치게 번잡하다는 것이 후설의 근거이다.

입법론으로서 후견계약 변경에 관한 규정을 마련할 것을 주장하는 견해21)도 있다.

---

16) 구상엽(2012), 158 주 340.
17) 신영호, 267.
18) 해설, 139; 배인구(2013), 78; 박인환(2010), 68; 박인환(2012), 217.
19) 김형석(2014), 468; 배인구(2013), 78~79.
20) 박인환(2010), 68~69; 박인환(2012), 217.
21) 김판기(2011), 61.

第 959 條의 19 (임의후견인의 대리권 소멸과 제3자와의 관계)

임의후견인의 대리권 소멸은 등기하지 아니하면 선의의 제3자에게 대항할 수 없다.

Ⅰ. 조문의 취지

임의후견인의 대리권이 소멸한 경우 임의후견인은 더 이상 본인을 대리하여 행위할 수 없다. 따라서 대리권 소멸 후 대리행위는 무권대리로 무효이다. 그러나 거래의 상대방으로서는 임의후견인의 대리권이 소멸하였는지 여부를 쉽게 확인할 수 없으므로, 임의후견인을 신뢰하였던 거래 상대방을 보호할 필요가 있다. 본인의 입장에서도 임의후견인이었던 자와 거래한 상대방이 §129에 따른 표현대리의 성립을 주장할 경우 불측의 손해를 입을 수 있다.

따라서 본조는 대리권의 소멸을 등기한 경우 표현대리의 성립을 저지할 수 있도록 함으로써 본인을 보호하는 한편,[1] 본인이 대리권의 소멸을 등기하지 않은 경우에는 이를 알지 못했던 거래의 상대방에게 대항할 수 없도록 함으로써 거래의 안전도 도모하고 있다.[2] 대리권 소멸 후 무권대리의 문제에 대해 법정후견과 임의후견의 경우를 달리 취급하는 본조의 태도에 대해서는 비판적인 견해[3]도 없지 않다.

Ⅱ. 요건

1. 대리권의 소멸

본조는 임의후견인의 대리권이 소멸한 경우에 관한 규정이다.

임의후견인의 대리권은 원인된 법률관계, 즉 후견계약이 종료하는 경우에

---

1) 김형석(2010), 161.
2) 현소혜(2013), 53.
3) 구상엽(2012), 158~159.

절대적으로 소멸한다(§128). §959-18 ② 또는 §959-20 ①에 의해 후견계약이 종료된 경우가 이에 해당한다. 후견계약의 본인이 사망하거나 파산한 경우에도 후견계약은 종료된다(§690). 자세한 내용은 §959-18, §959-20 註釋 참조.

임의후견인의 대리권이 상대적으로 소멸하는 경우도 있다. 임의후견인이 사망하거나, §959-17 ②에 따라 가정법원에 의해 해임된 경우가 그러하다. §127에 따르면 임의후견인에게 성년후견개시심판이 있었던 경우 또는 임의후견인이 파산한 경우도 같다.

2. 등기

임의후견인의 대리권이 소멸하였음이 후견등기부에 등기되어야 한다(본조). §959-17 ② 및 §959-18 ②에 따른 대리권 소멸의 경우에는 가정법원의 확정심판에 기해 그 등기가 촉탁되는 반면(家訴 §9, 家訴規 §5-2 ① iv 마.), 본인의 사망 또는 파산 등의 경우에는 임의후견인이 종료등기를 신청하여야 한다(후견등기에 관한 법률 §29 ①).

Ⅲ. 효과

임의후견인의 대리권 소멸을 등기한 경우에는 선의의 제3자에게도 대항할 수 있다(본조의 반대해석). 따라서 본인은 언제나 임의후견인의 대리권 소멸 후 무권대리 행위에 대한 책임을 면한다. 선의의 제3자는 §129에 따른 표현대리의 성립도 주장할 수 없다. 본조가 §129에 대한 특칙을 이루기 때문이다.[4]

반면 임의후견인이 대리권 소멸을 등기하지 않은 경우 본인은 선의의 제3자에게 대항할 수 없다(본조). 선의의 제3자에게 알지 못한 데 과실이 있더라도 본인은 당해 무권대리행위에 대해 책임을 면할 수 없다.[5] 이때 제3자가 선의인지 여부에 대해서는 제3자가 스스로 선의임을 입증해야 한다는 견해[6]와 본인이 제3자의 악의를 입증해야 한다는 견해[7]가 대립한다. 뒤의 견해는 특히 제3자에게 후견등기사항증명서의 발급청구권이 인정되지 않으므로, 증거와의 거리상 본인이 이를 입증하는 것이 타당하다고 주장한다.

---

4) 김주수·김상용, 510; 윤진수·현소혜, 168; 김형석(2010), 161; 백승흠(2010b), 117.
5) 윤진수·현소혜, 168; 백승흠(2010b), 117.
6) 김형석(2010), 161.
7) 현소혜(2013), 53.

第 959 條의 20 (후견계약과 성년후견 · 한정후견 · 특정후견의 관계)

① 후견계약이 등기되어 있는 경우에는 가정법원은 본인의 이익을 위하여 특별히 필요할 때에만 임의후견인 또는 임의후견감독인의 청구에 의하여 성년후견, 한정후견 또는 특정후견의 심판을 할 수 있다. 이 경우 후견계약은 본인이 성년후견 또는 한정후견 개시의 심판을 받은 때 종료된다.

② 본인이 피성년후견인, 피한정후견인 또는 피특정후견인인 경우에 가정법원은 임의후견감독인을 선임함에 있어서 종전의 성년후견, 한정후견 또는 특정후견의 종료 심판을 하여야 한다. 다만, 성년후견 또는 한정후견 조치의 계속이 본인의 이익을 위하여 특별히 필요하다고 인정하면 가정법원은 임의후견감독인을 선임하지 아니한다.

I. 조문의 취지

본조는 성년후견·한정후견·특정후견과 같은 법정후견과 임의후견 간의 관계를 정하기 위한 조문이다. 원칙적으로는 후견계약이 있는 경우에는 법정후견이 개시되지 않는다. 이를 '보충성의 원칙'이라고 한다. 자기결정권을 최대한 존중하기 위함이다. 본조는 이와 같은 보충성의 원칙을 선언하는 것을 주된 목적으로 하고 있다.[1]

그러나 사안에 따라서는 법정후견을 개시하는 것이 피후견인의 복리를 위해 더욱 바람직한 경우도 없지 않다. 본조는 이러한 경우에 대비하여 보충성의 원칙을 일부 포기하고, 임의후견과 법정후견 간의 우선순위가 조정될 수 있도록 하였다.[2]

---

1) 김주수·김상용, 510; 신영호, 272. 이러한 원칙의 명문화를 주장했던 견해로 송호열(2002), 275~276; 오호철(2008), 329~330.
2) 김주수·김상용, 511; 김형석(2010), 162.

따라서 본조는 법정후견이 개시된 경우 임의후견의 효력과 임의후견이 개시된 경우 법정후견의 효력을 나누어 규정한다.

Ⅱ. 법정후견이 아직 개시되지 않은 경우

1. 요건

후견계약이 등기되어 있는 경우 가정법원은 본인의 이익을 위하여 특별히 필요한 때에만 성년후견, 한정후견 또는 특정후견의 심판을 할 수 있다(본조 ①).

이때 "본인의 이익을 위하여 특별히 필요한 때"란 후견계약의 존재에도 불구하고 본인에게 필요한 보호를 제공할 수 없는 경우를 말한다.[3] 본인이 선임해 놓은 임의후견인에게 결격사유가 발생하여 임의후견감독인의 선임이 불가능해진 경우, 임의후견인이 현저한 비행이나 후견계약에서 정한 임무에 적합하지 아니한 사유가 있는 경우, 후견계약이 있기는 하지만 당해 계약에서 위탁하고 있는 사무의 범위가 지나치게 한정되어 있어 본인을 위해 필요한 포괄적인 보호의 제공이 불가능한 경우, 본인의 보호를 위해 그의 행위능력을 제한할 필요가 있는 경우 등이 이에 해당할 수 있을 것이다.[4]

후견계약이 등기되지 않은 경우에는 법정후견과 임의후견 간에 우열이 없다. 따라서 가정법원은 재량껏 §9, §12, §14−2에 정한 바에 따라 법정후견의 심판을 할 수 있다.

2. 절차

위와 같은 요건이 갖추어진 경우 가정법원은 임의후견인 또는 임의후견감독인의 청구에 의해 성년후견, 한정후견 또는 특정후견의 심판을 할 수 있다. 임의후견인이나 임의후견감독인 이외에 본인, 배우자, 4촌 이내의 친족, 검사 또는 지방자치단체의 장 등도 법정후견의 심판을 청구할 수 있는가. §9, §12, §14−2 등의 규정을 들어 긍정하는 견해[5]와, 본조가 위 각 조문에 대한 특칙임을 이유로 부정하는 견해[6]가 대립한다.

---

3) 구상엽(2012), 159~160.
4) 신영호, 272; 윤진수·현소혜, 170; 해설, 150; 배인구(2013), 85.
5) 신영호, 272~273; 윤진수·현소혜, 170; 구상엽(2012), 160; 배인구(2013), 85.
6) 박인환(2010), 64.

3. 효과

가. 성년후견 또는 한정후견 개시심판

후견계약이 등기되어 있음에도 불구하고 가정법원이 본조 ①에 따라 성년후견 또는 한정후견의 개시심판을 한 경우 후견계약은 그때로부터 종료한다(본조 ① 2문). 즉 임의후견과 성년후견·한정후견은 병존할 수 없다.

이에 대해서는 임의후견과 법정후견간의 병존을 널리 인정해야 한다는 입법론적 비판7)이 있다. 자기결정권을 최대한 존중하기 위해 임의후견에 의해 보호받을 수 있는 부분에 대해서는 임의후견의 효력을 인정하고, 보호에 공백이 생기는 부분에 한해 성년후견이나 한정후견을 개시할 필요가 있다는 것이다.

나. 특정후견의 심판

가정법원이 본조 ①에 따라 특정후견의 심판을 한 경우라도 후견계약은 종료하지 않는다(본조 ① 2문). 즉 임의후견과 특정후견은 병존할 수 있다.

이에 대해서는 특정후견은 일시적·특정적 보호제도이므로, 임의후견과 충돌하지 않는다는 점,8) 임의후견인의 권한은 후견계약에 의해 확정되어 변경이 불가능하므로 임의후견인의 권한이 미치지 아니하는 영역에 대해 특정후견을 사용할 실익이 있다는 점(후견계약의 변경가능성에 대해서는 §959-18 註釋 참조)9) 등을 근거로 찬성하는 견해와 임의후견과 특정후견의 충돌가능성을 이유로 특정후견의 심판이 있을 때 일시적으로 후견계약의 효력을 정지시킬 필요가 있다는 견해10)가 대립한다.

다. 종료의 의미

본인이 성년후견 또는 한정후견 개시의 심판을 받은 때 후견계약이 종료된다는 것은 이미 임의후견감독인이 선임되어 효력이 발생한 후견계약이 종료된다는 것만을 의미한다. 아직 후견계약이 발효되기 전에 성년후견이나 한정후견개시심판을 받은 경우에는 임의후견감독인을 선임함과 동시에 본조 ②에 따라 기존의 성년후견 또는 한정후견의 종료심판을 하는 것이 가능하기 때문이다.11) 이와 같은 점을 명확히 하기 위해 본조 ① 중 "후견계약이 등기되어 있

---

7) 구상엽(2012), 160~161; 김현진(2012), 122; 박인환(2010), 69~70; 박인환(2012), 222~223; 제철웅(2008), 114~115; 제철웅(2011), 319; 제철웅(2014b), 123; 제철웅·박주영(2007), 280 등.
8) 김주수·김상용, 511 주 25.
9) 김형석(2014), 468.
10) 김현진(2012), 121~122.
11) 윤진수·현소혜, 171~172도 참조.

는 경우"를 "임의후견감독인이 선임된 경우"로 개정해야 한다는 제안[12]도 있다.

Ⅲ. 법정후견이 개시된 경우

1. 보충성의 원칙

가. 임의후견의 개시

이미 성년후견 또는 한정후견이 개시되거나 특정후견의 심판이 있는 경우라도 후견계약에 따른 임의후견감독인의 선임 청구가 있는 경우 가정법원은 임의후견을 개시할 수 있다. 임의후견이 법정후견에 앞서기 때문이다. 후견계약이 법정후견보다 먼저 등기되어 있었어야 하는 것도 아니다.

나. 법정후견의 종료

이때 가정법원은 임의후견감독인 선임과 동시에 종전의 성년후견, 한정후견 또는 특정후견의 종료심판을 하여야 한다(본조 ② 본문). 이에 대해서는 임의후견과 특정후견의 병존을 긍정하는 전제하에 특정후견의 종료심판을 강제할 필요가 없다는 지적이 있다.[13]

2. 예외: 법정후견의 유지

피성년후견인, 피한정후견인 또는 피특정후견인에 대하여 §959-15에 따른 임의후견감독인 선임청구가 있는 경우라도 성년후견 또는 한정후견 조치의 계속이 본인의 이익을 위하여 특별히 필요하다고 인정하면 가정법원은 임의후견감독인을 선임하지 않을 수 있다(본조 ② 단서).

이때 "본인의 이익을 위하여 특별히 필요하다고 인정"되는 경우의 의미에 대해서는 위 Ⅱ. 1. 참조.

특정후견의 심판이 계속될 필요가 있다는 이유만으로 임의후견감독인 선임청구를 기각할 수는 없다. 이때에는 일단 임의후견을 개시한 후 동일한 내용의 새로운 특정후견의 심판을 하는 것이 가능하기 때문이다(본조 ①).

---

12) 윤진수·현소혜, 172.
13) 김주수·김상용, 511 주 26; 구상엽(2012), 162; 배인구(2013), 86.

第 6 章

第 960 條 ~ 第 973 條
削除〈2011. 3. 7.〉

第 7 章　扶養

▌참고문헌: 강현중(1981), "미성숙 자녀의 양육과 부양," 司集 12, 31 이하; 권덕진(2011), "양육비와 소멸시효," 가사재판연구 2, 169 이하; 권재문(2001), 민법상 부모부양의무의 한계, 서울대학교 석사논문; 김형석(2007), "양육비청구권을 자동채권으로 하는 상계," 가족법연구 21-3, 237 이하; 박병호·김유미(1994), "과거의 양육비 구상," 서울대 法學 35-3·4, 205 이하; 박삼봉(1998), "부모의 자녀 양육의무와 과거의 양육비 상환청구," 김용준화갑기념, 456 이하; 유진식(1986), "부양청구의 심판상 제문제," 司論 17, 367 이하; 이동진(2012), "부모 일방의 타방에 대한 과거의 양육비 상환청구와 소멸시효," 가족법연구 26-2, 121 이하; 이순동(2004), "가족법상 부양의무와 세법," 조세법연구 10-2, 417 이하; 임종효(2011), "양육비청구권에 관한 기초 이론 및 실무상 쟁점," 司論 51, 213 이하; 정귀호(1987), 부양에 관한 연구, 서울대학교 박사논문; 제철웅(2014), "부양청구권 및 부양비용 상환청구권에 관한 몇 가지 해석론적 제안," 法學論叢 31-1, 471 이하; 최준규(2012), "다수당사자 사이의 부양관계에 관한 고찰," 가족법연구 26-3, 1 이하; 기초생활보장 부양의무자 기준의 문제점과 개선방안, 국회입법조사처 현안보고서 113호(2010) → "개선방안"; "2012년도 국민기초생활보장사업 안내, 보건복지부(2012) → "2012년도 안내"; 中川善之助(1969), "扶養義務の二つの原型について," 家族法研究の諸問題, 227 이하; 中山直子(2012), 判例先例 親族法 ― 扶養; 鈴木忠一(1971), 非訟·家事事件の研究; Dieter Martiny, [Unterhaltsrang und ―rückgriff Ⅰ, Ⅱ], (2000) → "Martiny Ⅰ" 또는 "Martiny Ⅱ".

[前註]

I. 서론

부양은 자신의 자산 또는 근로만으로는 생활을 유지할 수 없는 사람의 생활을 돌보는 것을 뜻한다. 친족관계의 중요한 효과의 하나로서, 친족 사이의 부양의무를 들 수 있다. §974 내지 §979는 서로 부양의무가 있는 친족의 범위, 부양의무의 발생 요건, 부양의 정도와 방법 등에 관하여 규정하고 있다. 민법상 부양에 관한 규정들은 1958. 2. 22. 민법이 제정된 이래, 호주와 가족 사이의 부양의무 규정(§974 ii)이 1990. 1. 13. 민법개정으로 삭제된 것을 제외하고는, 그대로 유지되고 있다.[1]

II. 친족부양의무의 성질

1. 학설

민법상 부양의무의 성질에 관하여 다음과 같은 학설이 대립한다.

가. 민법상 부양을 "生活維持(保持)의무"와 "生活扶助의무"로 나누는 견해이다. 이와 같은 분류는 일본의 中川善之助 교수가 제창한 것인데,[2] 다수의 학설이 이러한 입장을 취하고 있다.[3] 전자는 부양자의 생활정도와 같은 정도로 부양하는 것으로서, 한 조각의 빵이라도 갈라 먹어야 한다는 취지이고, 후자는 부양자의 생활을 희생함이 없이 요부양자의 생활의 필요를 충족시킬 정도로 부양하는 것이다. 부부 사이의 부양(§826 ① 본문), 부모와 미성숙(미성년) 자녀[4][5]

---

1) 제정민법 부칙 §24는, "구법에 의하여 부양의무가 개시된 경우에도 그 순위, 선임 및 방법에 관한 사항에는 본법 시행일로부터 본법의 규정을 적용한다"고 규정하였다. 또한 1990. 1. 13. 법률 4199호로 §777 등 친족의 범위 관련규정을 개정하고, 호주와 가족 사이의 부양의무를 규정한 §974 ii를 삭제하면서, 부칙 §11로 "구법에 의하여 부양의무가 개시된 경우에도 이 법 시행일부터 이 법의 규정을 적용한다"고 정하였다.

2) 1928년 "親族的扶養義務の本質(法学新報 38-6, 7)"이라는 논문에서 처음 주창하였다. 생활유지의무와 생활부조의무의 구체적 내용에 관해서는 中川善之助(1969), 228 이하 참조.

3) 김주수·김상용, 459(전자를 '1차적 부양', 후자를 '2차적 부양'이라 한다); 김용한, 246~248; 한복룡, 245; 강현중(1981), 39; 유진식(1986), 369.

4) 김용한, 247~248은 "부모와 미성년자" 사이의 부양이 생활유지의 부양이라고 하며, 김주수·김상용, 459은 "父母와 子—특히 어버이와 미성년자— 사이"의 부양은 1차적 부양이라 한다. 한편 박동섭, 친족상속, 429은 부모와 성년의 자녀(미혼·기혼 불문), 조부모와 손자·손녀 등 직계혈족 간의 부양의무는 제1차적 부양의무(생활유지의무)라 한다.

사이의 부양이 전자에 해당하고, 그 이외의 친족 사이의 부양이 후자에 해당한다. 그리고 생활유지의무에 의한 부양청구권에는 §974 이하의 부양에 관한 규정이 적용되지 않는다고 한다. 이 견해에 따르면, 우리 민법은 부모의 미성년 자녀에 대한 부양의무에 대하여 구체적인 규정을 하지 않고 있으며, 이는 입법의 미비이다.6) 미성년 자녀가 부모에 대하여 부양청구를 하는 경우, §974를 근거로 한 家訴 마류 8호 사건으로 처리할 수밖에 없지만, 이는 입법이 미비한 상태에서의 부득이한 결과이다. 이 견해에 따르면, 성년자녀의 부모부양의무는 생활부조의무에 속한다.

나. 부양의 유형을 "동일체적 부양"(부부간 부양, 부모와 자녀 간 부양), "생계공동적 부양"(생계를 같이하는 동거가족 간 부양), "보충적 부양"(경제적 대가, 고도의 도덕적 은혜와 같은 특별사정에 기인한 기타 친족 간 부양)으로 나누고, 부양의 효과를 "1차적 부양"과 "2차적 부양"으로 나누는 견해이다.7) 여기서 1차적 부양은, 부양의무자가 자신의 사회적 지위에 상응하는 생활수준을 떨어뜨리는 한이 있더라도 부양권리자가 자신과 동일한 수준에 이르기까지 부양하는 것을 상한으로 하고, 문화적 최저생활수준을 유지하는 범위 내에서 부양권리자가 자신과 동일한 수준에 이르기까지 부양하는 것을 하한으로 한다. 또한 2차적 부양은, 부양의무자가 문화적 최저생활수준을 유지하고 자신의 사회적 지위에 상응하는 생활을 유지하며 아직 여력이 있는 경우, 여력의 범위 내에서 부양권리자가 문화적 최저생활수준에 이르기까지 부양하는 것을 뜻한다.8) 이 견해는, 동일체적 부양은 원칙적으로 1차적 부양이지만, 자기의 자력과 근로에 의하여 생활을 유지할 수 있는 노부모에 대한 성숙 자녀의 부양, 성숙 자녀에 대한 부모의 부양

---

5) '미성숙 자녀'라는 용어는 中川善之助가 부양의무의 두 유형을 설명하면서 고안한 것인데, 그는 부모의 보호없이 생존할 수 없는 乳兒, 幼兒, 少年을 포함하는 의미라고 설명한다. 中川善之助(1969), 238~239. 그런데 미성숙 자녀가 미성년 자녀보다 좁은 개념인지, 성년 자녀도 포함할 수 있는지에 대하여 반드시 견해가 일치하지 않는다. 가령, 강현중(1981), 36은 "미성년자 중 행위능력뿐만 아니라 의사능력이 극히 결여되어 있어 일체의 보호와 교양을 부모에게 의존하지 아니하면 안되는 나이 어린 자녀"라고 설명한다. 반면, 일본 판례 중에는 독립해서 생계를 유지하는 미성년자는 포함되지 않고, 성년자라도 학생이거나 병약해서 부모로부터 독립해서 생계를 유지하는 것이 불가능한 자는 포함된다고 본 것이 있다[日大阪高決 1990(平 2). 8. 7. 家月 43·1·119]. 일본의 학설 중에는, 미성숙자는 일응 미성년자를 말하나 미성년자 중 경제활동을 하여 경제적으로 자립해 있거나 자립이 기대되는 자를 제외한 개념이라는 견해가 있다. 中山直子, 23. 필자의 견해로는, 의미가 불명확하고 법률상 개념도 아닌 '미성숙 자녀'란 용어를 굳이 사용할 이유는 없다고 사료된다. 同旨 박병호·김유미(1994), 208; 임종효(2011), 249.
6) 그러나 박동섭, 친족상속, 429은 생활유지의무와 생활부조의무의 구분을 인정하면서도, §974 i가 부모와 미성숙 자녀 사이의 부양의 근거규정이 될 수 있다고 한다.
7) 이희배, 부양, 215~313.
8) 1차적 부양과 2차적 부양의 차이는 질적 차이가 아닌 양적 정도의 차이라고 한다. 이희배, 부양, 278.

은, 이들이 생계를 공동으로 하지 않고 따로 사는 경우, 2차적 부양관계로 전환 된다고 한다. 또한, 생계공동적 부양은 생계공동의 동거사실관계가 존속하는 한 1차적 부양이고 동거사실관계가 해소되면 2차적 부양으로 전환될 수 있으 며, 보충적 부양은 2차적 부양이라고 한다. 이 견해는 노부모 부양을 1차적 부 양으로 파악하는 점, 친족 간 부양의 근거를 모두 §974에서 찾는 점에서, 첫 번 째 견해와 다르다.

다. 생활유지의무와 생활부조의무 사이에 질적인 차이가 있는 것이 아니라 양적 차이나 정도의 차이가 있는 것에 불과함을 강조하면서, 부양당사자에 따 라 개별적·구체적으로 그 내용을 확정하는 것이 바람직하다는 견해이다.[9] 이 견해는 우리 민법이 부모의 미성숙 자녀에 대한 부양에 관하여 명문으로 규정 하지 않았지만, 명문상의 근거를 §974에서 구하지 못할 바도 아니라고 한다. 또 한 성숙 자녀의 노부모 부양은 §974에서 근거를 찾을 수 있으며, 노부모에 대 한 부양내용은 생활유지적인 것까지 포함한다고 한다.[10] 자녀의 노부모 부양 방법으로서 동거부양은 정서적인 것을 포함하고,[11] 다만 동거부양과 정서적 부양은 간접강제의 방법에 의해서도 강제할 수 없다고 한다.[12] 이 견해는 §974 이하의 규정이 생활부조의무에 국한된다고 보지 않는 점, 자녀의 노부모 부양 의무는 일반 친족보다는 그 정도가 훨씬 높아야 한다[13]고 보는 점에서, 첫 번 째 견해와 다르다.

라. 생활부조의무만이 고유한 민법상 부양의무에 해당되고, 종래 학설들이 부부 사이나 부모와 자녀 사이의 생활유지적 부양관계라고 불러 온 것은, 가중 된 경제적 급여를 내용으로 하는 생활유지관계와 비경제적 부양인 보살핌을 내용으로 하는 협조관계 또는 보호·교양관계라는 가족법상 법률관계들이 결합 된 것이라는 견해이다.[14] 이 견해는, §974 이하의 부양의무는 시장에서 거래될

---

9) 정귀호(1987), 21~22.
10) 정귀호(1987), 22~27, 189.
11) 정귀호(1987), 60.
12) 정귀호(1987), 70.
13) 정귀호(1987), 54.
14) 권재문(2001), 29~30; 유사한 취지의 일본 학설로는 鍛冶良堅, "扶養の理論と婚姻費用の論 理," 續 民法論集(1997), 3 이하 참조. 이 글은 ⓐ 부부는 동거하고 서로 협력, 부조해야 한다는 일본 민법 §752(동거, 협력 및 부조의 의무)에서 협력과 부조는 경제적 원조의 관념에서 분리된 부부공동생활에 있어 협력을 뜻하고, 동거의무와 마찬가지로 강제집행에 친하지 않은 의무이 며, ⓑ 부부는 그 자산, 수입 그 밖의 일체의 사정을 고려하여 혼인으로부터 발생하는 비용을 분담한다는 일본 민법 §760(혼인비용의 분담)에서 말하는 혼인비용은 공동체의 유지비로서 이 를 통해 남편이나 아내가 곤궁에서 구제되더라도 이는 혼인비용의 본래적 목적이 아니고 혼인 공동체가 유지된 결과에 지나지 않는다고 설명한다.

수 있는 재화나 용역을 제공하는 "경제적 부양"에 한정되고, 자녀의 부모부양 의무는 §974에서 근거를 찾을 수 있으며, 그 내용은 생활부조의무에 그친다고 한다.15) 이 견해는 부부간 부양의무나 부모와 자녀간 부양의무를 민법상 부양 의무에 포섭시키지 않는다는 점에서, 첫 번째 견해와 다르다.

마. 생활유지의무와 생활부조의무를 준별하지 않고, 친족간 부양의 경우 §974가 전면적으로 적용된다고 보면서, 부양당사자의 신분관계, 부양의 필요정도, 부양권리자와 부양의무자의 자력에 따른 탄력적 해석을 통해 구체적 타당성을 도모하자는 견해이다.16) 이 견해는 사안별 구체적 해결을 강조하는 점에서 세 번째 견해와 유사한 측면이 있다.

2. 검토

가. 생활유지의무와 생활부조의무의 구별

생활유지의무와 생활부조의무라는 개념이 우리법상 명문으로 채택된 것은 아니다. 다만, 부부간 부양이 §974에 규정되어 있지 않고,17) §826 ①에 별도로 규정되어 있는 것은 위 두 의무를 구별하겠다는 취지로 볼 여지가 있다.18) 평상시 부부관계에서는, 부부 일방이 자기의 資力 또는 근로에 의하여 생활을 유지할 수 있는 경우에도 부부간 부양이 이루어지므로, §975가 적용되기 어려운 측면이 있다. 판례도, 부부간 상호부양의무는 부양받을 자의 생활을 부양의무자의 생활과 같은 정도로 보장하여 부부공동생활의 유지를 가능하게 하는 것을 내용으로 하는 1차 부양의무라고 보고, 부모의 성년 자녀에 대한 부양의무는 부양의무자의 생활에 여유가 있음을 전제로 부양받을 자가 자력 또는 근로에 의하여 생활을 유지할 수 없는 경우에 한하여 그의 생활을 지원하는 2차 부양의무라고 본다.19) 또한 §974가 "서로 부양의무가 있다"고 규정하고 있음을

15) 권재문(2001), 28, 36.
16) 임종효(2011), 230~234.
17) 대법원 1976. 6. 22. 선고 75므17 판결은 "일반적으로 부부는 서로 부양의무가 있음은 민법 제974조에 명시되어 있고"라고 판시하고 있으나, 잘못된 설시이다. 김주수·김상용, 127.
18) 김주수·김상용, 459; 이승우, "노친부양소고," 가족법연구 14(2000), 188 참조. 권재문(2001), 29은 민법제정당시 법제사법위원회 민법개정소위원회의 심의요강 제33항(§974의 원형이다)이 부양권리의무자에 관해 규정하면서 "[본항에서는] 부양권리의무자에 관한 범위와 윤곽을 정하기로 하고 부부간의 부양의무에 관하여서는 본 요강 제17항[826조의 원형]과 초안 제819조에 규정"하기로 한 것에서도, 생활유지의무와 생활부조의무를 준별하려는 입법자의 의사가 드러난다고 한다. 그러나 제철웅(2014), 473은 부양의무를 1차적 부양의무와 2차적 부양의무로 구분짓는 것은 실체법상 근거가 없다고 한다.
19) 대법원 2012. 12. 27. 선고 2011다96932 판결.

고려할 때, 부모의 미성년 자녀에 대한 부양의무가 이 조항에 포함된다고 보기 주저되는 점이 없지 않다.

그러나 부부간 부양이 언제나 생활유지의무이고, §975의 기준이 적용될 수 없는 것은 아니다. 가령, 부부관계가 파탄되어 별거 상태에 있는 경우로서 ⓐ 부양료 지급을 청구하는 자에게 충분한 자력이 있는 경우, ⓑ 별거의 원인을 제공한 자가 부양료 지급을 청구하는 경우에는, 부부간 부양의무가 생활유지의무라고 단정하기 어렵다.[20] 이 경우 부양료 산정에 있어 요부양자와 부양의무자의 자력, 별거의 원인 등을 종합적으로 고려할 필요가 있다.[21] 부모의 미성년 자녀에 대한 부양도 마찬가지이다. 자녀에게 상당한 자력이 있지만, 부모에게 별다른 자력이 없고 부모가 근로도 할 수 없는 경우 부모의 부양료 지급의무를 인정할 것인지 의문이다.[22] 반대로, 성년 자녀라도 신체적·정신적 장애가 심한 경우, 성년에 도달한지 얼마 되지 않았고 아직 학업을 마치지 못한 경우에는, 부모에게 생활부조의무만 부담시키는 것이 부당할 수 있다.

부부간 부양이나 부모의 미성년 자녀에 대한 부양을 특별히 취급할 필요가 있는 경우가 많은 것은 사실이다. 그러나 그것이 §975 내지 §979의 적용을 배제하는 방법으로 이루어져야 할 논리필연적 이유는 없다. §975의 요건을 유연하게 해석하는 방법으로도 위와 같은 부양을 일반 친족간 부양과 달리 취급할 수 있기 때문이다.[23] 생활유지의무와 생활부조의무 사이에는 다양한 강도의 부양의무가 존재할 수 있다.[24] 부양의 요부 및 정도는 당사자들의 친족관계뿐만 아니라, 요부양자와 피부양자의 자력 및 생활상태, 부양의 필요성 등 구체

---

20) 二原型論을 주창한 中川善之助는, 생활유지의무는 일체적 생활공동에서 유래하므로 동거관계가 없으면 생활부조의무가 되고, 별거에 일방의 과실이 있거나 생활유지의무의 합의가 있는 경우에는 생활유지의무가 존속하며, 이 경우 부부간 부양의무가 문제되는 경우라면 타방 배우자는 생활부조의무만 부담한다고 설명한다. 中川善之助(1969), 242.

21) 판례는, 부부의 일방이 정당한 이유 없이 동거를 거부함으로써 자신의 협력의무를 스스로 저버리고 있다면, 상대방의 동거청구가 권리의 남용에 해당하는 등의 특별한 사정이 없는 한, 상대방에게 부양료의 지급을 청구할 수 없다고 본다. 대법원 1991. 12. 10. 선고 91므245 판결.

22) 참고로 독일 민법 §1603 ①·②은, 부모가 자신을 적절히 부양하는 데 위험을 초래하지 않고 자녀를 부양할 수 없는 경우, 부양의무가 있는 다른 친족(부모 일방도 포함)이 있거나 자녀가 자기 재산의 원본으로 스스로 부양할 수 있다면, 부모는 부양의무를 부담하지 않는다는 취지로 규정하고 있다. 中川善之助는 부모가 자산도 없고 근로도 할 수 없는 경우, 미성숙 자녀의 재산의 원본을 갖고 자녀의 생활비에 충당할 수 있을 뿐만 아니라, 부모의 생활비에도 충당할 수 있다고 설명한다. 中川善之助(1969), 250~251.

23) 임종효(2011), 232~233.

24) 생활유지의무는 하나의 극단의 부양의무이고 생활부조의무는 또 다른 극단의 부양의무로서 양자 사이에 무한의 뉘앙스를 갖는 다양한 부양의무가 존재한다는 견해로는 鈴木祿彌, 親族法·相續法の硏究(1989), 169~170.

적 사정을 종합적으로 고려하여 결정함이 타당하다. 생활유지의무와 생활부조의무는 부양의무의 내용, 정도, 순위를 결정하는 중요한 기준이 될 수 있지만, 절대적 기준은 아니다.

나. 부모의 미성년 자녀 부양에 관한 근거조문

학설은 대체로, 부모는 친권이나 양육권의 유무, 자녀와의 공동생활 유무에 상관없이, 혈연을 기초로 하는 친자관계의 본질에 따라 미성년 자녀의 양육비를 부담한다고 본다.[25] 판례도 "부모는 그 소생의 자녀를 공동으로 양육할 책임이 있고, 그 양육에 소요되는 비용도 원칙적으로 부모가 공동으로 부담하여야 하는 것이며, 이는 부모 중 누가 친권을 행사하는 자인지 또 누가 양육권자이고 현실로 양육하고 있는 자인지를 물을 것 없이 친자관계의 본질로부터 발생하는 의무"라고 판시하고 있다.[26] §974 이하의 부양의무가 반드시 생활부조의무에 국한된다고 보지 않는다면, §974 i를 부모의 미성년 자녀 부양의 근거조문으로 삼을 수도 있다. 또한, 친권자의 부양의무는 §913를 근거로 삼을 수 있다.[27]

다. 부양의무라는 개념에 생활유지의무도 포함되는지 여부

부양의무가 생활부조의무에 국한된다는 견해는, 사적부조와 공적부조는 비록 이행주체가 서로 다르더라도, 모두 국민의 인간다운 생활을 보장할 국가의 의무를 이행하는 방법이기 때문에, 부양의 방법과 정도는 본질적으로 동일하다는 점을 이유로 든다.[28] 이 견해에 따르면, 부모의 미성년 자녀에 대한 부양의무나 부부간 부양의무는, §974 이하의 부양의무가 아닐 뿐만 아니라 그 '본질상' 부양의무와 법적 성질이 다른 별개의 가족법상 의무가 된다. 그러나 법률(§826 ①)에 '부양'해야 한다고 규정되어 있음에도 불구하고, 그것이 '본질상' 부양의무가 아니라고 보는 것이 타당한지, 그렇게 볼 실익이 있는지 의문이다.

---

25) 김주수·김상용, 391; 박병호·김유미(1994), 209; 강현중, 40; 변진장, "이혼 후의 미성년인 자에 관련된 법률문제," 司論 16(1985), 314.
26) 대법원 1994. 5. 13.자 92스21 전원합의체 결정.
27) §837는 공동 양육비지급의무자인 부모 사이에 양육비 분담을 정하는 절차에 관한 규정일 뿐이지, 양육비청구권의 청구권근거규범이라 할 수 없고, 따라서 §837는 가사소송법 적용의 준거점으로서만 의미가 있는 규정이라는 주장으로는 임종효(2011), 244; 박삼봉(1998), 466~467도 §837 ①·②은 부양의무를 전제로 하여 부모간 부양의무의 분담 등을 결정하기 위한 방법 내지 절차에 관한 규정일 뿐이라고 한다.
28) 권재문(2001), 21~22.

라. 부양의무에 비경제적 · 정서적 부양도 포함되는지 여부

이 부분은 학설대립이 명백하지는 않다. 학설 중에는, 자녀의 노부모 부양의무에 비경제적 · 정서적 부양도 포함된다는 견해,[29] 부양은 반드시 경제적 부조만이 아니며 필요에 따라 동거, 양육, 간호, 장례에 이르기까지 포괄적인 부조행위를 의미한다는 견해[30]가 있다. 반면, §975가 부양의무는 부양을 받을 자가 자기의 資力 또는 근로에 의하여 생활을 유지할 수 없는 경우에 발생한다고 함으로써 부양을 경제적 급부로 한정시켜 놓은 점, 부양의 내용에 비경제적 부양도 포함된다고 보면 §826 ①이 동거, 협조와 부양을 나란히 열거하고 있는 것을 설명하기 어려운 점을 이유로, 민법상 부양의무는 경제적 부양만을 내용으로 한다는 견해가 있다.[31]

어느 견해에 의하든 정서적 보살핌을 법으로 강제이행할 수는 없다는 점에서는 이론이 없다. 다만, 정서적 보살핌도 법률상 의무에 해당한다고 보면, 의무위반을 이유로 비재산적 손해배상을 청구하는 것이 가능할 수 있다.[32] 또한 전자와 같이 보면, 자력이 충분하지만 개호(介護)가 필요한 노부모에 대하여 자녀는 민법상 부양의무를 부담한다고 봄이 수미일관할 수 있다. 그러나 이러한 결론은 §975의 문언에 반하므로 허용될 수 없고, 따라서 민법상 부양의무는 경제적 부양에 한정된다고 봄이 타당하다. 다만, 경제적 부양이 금전이나 현물급여만을 뜻하는 것은 아니고, 동거부양도 그것을 경제적 가치로 환산할 수 있다면 경제적 부양의 성격을 가질 수 있다. 부양의무가 경제적 부양에 한정된다고 보면, §974를 근거로 한 미성년 자녀에 대한 부모의 부양의무와 §913[33] 내지 §915 또는 §837를 근거로 한 미성년 자녀에 대한 양육의무의 내용이 반드시 동일하다고 할 수 없다. 전자는 경제적 부양에 한정되지만, 후자는 경제적 가치로 환산할 수 없는 정서적 보살핌도 포함하기 때문이다.[34]

29) 정귀호(1987), 57.
30) 이은영, "부양청구권," 고시계 37-11(1992), 95; 신영호 "고령사회의 도래와 친족법상의 과제," 안암법학 20(2005), 148~149은 부양의무발생의 요건인 요부양자의 요부양상태란 최저한의 건강하고 문화적인 생활을 유지할 수 없는 경우를 포함하는 것으로 해석한다면 비경제적 급부도 부양의무의 내용에 포함되어야 한다고 해석할 필요가 있다고 한다.
31) 이승우(주 18), 192; 권재문(2001), 28.
32) 대법원 2009. 7. 23. 선고 2009다32454 판결(부부간 동거의무 불이행으로 이유로 비재산적 손해배상을 인정한 사례) 참조.
33) §913는 "친권자는 자를 보호하고 교양할 권리의무가 있다"고 규정하고 있다. 양육권은 이러한 친권에 포함되는 구성요소이다. 다만, 양육에 관한 가정법원의 처분에 의하여 친권자와 양육권자가 분리될 수 있다. 양육에는, 자녀에 대한 사실상의 양육(음식을 제공하거나 목욕을 시키는 것 등), 교육, 양육과 교육을 위한 거소지정, 징계, 자녀를 억류하는 자에 대한 인도청구 또는 방해배제청구 등이 포함될 수 있다. 김주수 · 김상용, 208.

마. 성년자녀의 부모부양의무의 법적 성격

§977 註釋 Ⅲ. 4. 참조.

Ⅲ. 부양청구권과 양육비청구권의 관계

'양육비청구권'은 양육친이 비양육친을 상대로 미성년 자녀의 양육에 필요한 비용을 청구할 수 있는 권리[35]로서, 그 실질은 양육친이 자신의 이름으로 자녀의 부양청구권을 대신 행사하는 것이라 할 수 있다.[36] 따라서 양육비청구권과 부양청구권은 대체로 그 법적 성질이 동일하다. 그러므로 양육비청구권에도 §979의 처분금지가 적용되고, §163 ①에 따라 1년 이내의 정기에 지급되는 양육비에 대해서는 3년의 단기소멸시효가 적용됨[37]이 타당하다. 또한, 民執 §246 ① i에 따라 압류가 금지되는 채권에는 양육비도 포함된다고 볼 것이다.

학설 및 실무는 대체로, 양육비청구권은 양육친이 비양육친을 상대로 청구할 수 있는 권리로 한정하여 사용하고, 부양청구권은 성년 또는 미성년 자녀가 부모에게 청구할 수 있는 권리로 한정하여 사용한다.[38] 이에 대하여, ⓐ §923 ② 본문은 친권자와 자녀 사이에도 양육비 지급의무라는 개념이 사용될 수 있음을 분명히 하고 있는 점, ⓑ §837는 공동 양육비지급의무자인 부모 사이에 양육비의 부담에 대한 협의와 심판을 할 수 있다는 정도의 의미로 이해하면 충분한 점 등을 이유로, 부양청구권을 양육비청구권까지 포함하는 개념으로 보아야 한다는 견해가 있다.[39]

두 견해대립의 실익은, 미성년 자녀가 부모를 상대로 부양료 지급을 구하는 경우 양육비 직접지급명령(家訴 §63-2)이나 담보제공명령 및 일시금 지급명령(家訴 §63-3)을 이용할 수 있는지 여부에 있다. 가사소송법이 자녀의 '양육'에

---

34) 부모의 자녀 부양의무는 순경제적 급여의무로서 신분상의 보호, 교양과 성질이 다르다는 견해로는 박삼봉(1998), 466. 부모가 자녀를 부양할 자력이 없을 때 부모는 부양의무를 부담하지 않지만, 자녀를 보호·교양할 의무를 면할 수 없다는 견해로는 유진식(1986), 371 참조. 그러나 양육과 미성년 자녀의 인수부양이 동일하다고 보는 견해로는 임종효(2011), 223~229.

35) 따라서 법원에 의해 양육자로 지정되었어도 실제로 양육을 하지 않는 한 양육비청구를 할 수는 없다(대법원 2012. 1. 27. 선고 2011므1482 판결).

36) 김형석(2007), 262~263; 다만, 과거의 양육비 청구는 구상청구의 실질을 가질 수도 있다. 그러나 구상청구의 실질을 갖는다고 해서 양육비청구권에 인정되는 특유한 법리(예: 처분금지, 압류금지)를 적용하지 않을 수는 없다고 사료된다.

37) 권덕진(2011), 196. 부양청구권과 소멸시효에 관해서는 §977 註釋 Ⅴ. 4. 참조.

38) 박병호·김유미(1994), 208~210; 이동철, "친권행사자 및 양육자 지정, 양육비 청구에 관한 몇 가지 문제," 實務研究 Ⅹ(2005), 207~208; 권덕진(2011), 179.

39) 임종효(2011), 222~223.

관한 처분과 '부양'에 관한 처분을 분리하여 규정하고 있고(家訴 §2 ① ii 나.), 家訴 §48-2, §48-3은 '부양료 청구사건'과 '미성년자인 자녀의 양육비 청구사건'을 구분하고 있는 점을 고려할 때, 마류 8호 사건인 부양료 청구사건에는 양육비 직접지급명령 등을 허용할 수 없는 것 아닌지 의문이 있을 수 있다.[40] 그러나 ⓐ 양육비와 부양료는 본질적으로 동일한 성격을 갖는 점, ⓑ 입법자는 양육자가 권리를 행사하는 경우를 주로 예정한 것으로 보이지만 양육자 이외의 자의 권리행사를 완전히 부정하려는 취지였는지도 의문인 점[41] 등을 고려할 때, (유추)해석을 통해 미성년자가 부양료 지급을 구하여 심판을 받는 경우에도 양육비 직접지급명령 등을 이용할 수 있다고 봄이 타당하지 않을까 사료된다.

Ⅳ. 부양청구사건의 가사소송법상 분류

자녀에 관한 양육비를 청구하는 경우 어떤 심판사건으로 처리할 것인지에 관하여 실무는 청구인을 기준으로, ⓐ 양육친이 비양육친을 상대로 청구하는 경우에는 마류 1호의 부부의 부양·협조 또는 생활비용의 부담에 관한 처분(부부관계가 유지되고 있는 경우) 또는 마류 3호의 자녀의 양육에 관한 처분(이혼 당사자 사이의 경우) 사건으로 취급하고, ⓑ 자녀가 비양육친을 상대로 청구하는 경우에는 마류 8호의 친족 간 부양사건으로 취급한다.[42]

미성년 자녀가 마류 8호 사건으로 부양료를 청구하려면, 법정대리인이 미성년 자녀를 대리할 필요가 있다. 이 경우, 부모가 공동친권자라면 원칙적으로, 친권자인 비양육친을 대신하여 특별대리인을 선임하여 다른 친권자와 공동으로 미성년자를 대리함이 타당하다.[43]

아래에서는 마류 1호나 3호 사건으로 취급하는 실무의 입장과 관련된 문제들을 살펴본다.

---

40) 제요[2], 492은 양육비 직접지급명령, 담보제공명령, 일시금 지급명령은 "마류 3호의 이혼 시 양육에 관한 처분으로서 양육비 지급을 명한 경우에 한하여 적용된다고 해석된다"고 한다.

41) 참고로 2009. 4. 16. 국회법제사법위원장이 제출한 "가사소송법 일부개정법률안(대안)"은 대안의 주요내용으로, "양육비직접지급명령을 신설하여 양육자 등의 신청에 의하여 양육비채무자의 사용자인 소득세원천징수의무자로 하여금 일정기간 계속하여 급여에서 양육비를 공제하여 양육비채권자에게 직접 지급하도록 함(안 제63조의2 신설)"이라고 설명하고 있다(위 대안은 2009. 4. 17. 본회의에서 가결되었다).

42) 제요[2], 487.

43) 신동훈, "가사소송에서의 특별대리인," 재판자료 102(2003), 421~422; 我妻栄 編, 判例コメンタールⅦ 親族法, 542; 日福岡高決 1964(昭 39). 8. 4. 家月 17·4·49.

1. 부부관계가 유지되고 있는 경우

이 경우 마류 1호 사건으로 취급하는 실무의 입장과 달리, 마류 8호 사건으로 보자는 견해가 있다.[44] 이 견해는 자녀의 부모에 대한 부양청구권을 부부 사이의 부양청구권의 일부로 보면, ⓐ 부부의 한쪽이 정당한 이유 없이 동거를 거부하면서 자녀를 양육할 경우, 부부 사이의 부양의무는 인정되지 않으므로[45] 그에 따라 자녀의 부양료지급도 구할 수 없다는 결과에 이르게 되어 부당하고,[46] ⓑ 부부 사이의 과거 부양료 청구는 청구 이후의 것으로 제한하는 대법원 판례와, 부모 사이의 과거 양육비 청구에 관하여는 아무런 제한을 두지 않는 대법원 판례가 서로 충돌하게 된다고 한다. 그러나 §974가 양육친이 대리방식이 아닌 자기 이름으로 자녀의 권리를 행사하는 근거규정이 될 수는 없는 점, §833를 청구의 근거로 삼으면서 부부간 부양료와 자녀 양육비를 다른 기준에 따라 판단하는 것이 모순이라 할 수 없는 점,[47] §826에 따른 부부간 부양·협조의무에 자녀의 양육에 관한 사항도 포함됨은 부정할 수 없는 점[48]을 고려할 때, 위 주장은 받아들이기 어렵다.

성년자녀의 교육비용도 마류 1호 사건으로 청구할 수 있는가? 부모가 성년자녀에 대하여 부양의무를 부담하는 상황이라면, 부정할 이유는 없다고 사료된다.[49] 부(夫)와 전처 사이에서 태어난 자가 후처와 동거하고 있고 후처가 생활비용분담심판을 청구한 경우, 그 자를 부양하는 데 드는 비용도 생활비용에 포함된다.[50] 다만, 처가 전부(前夫)와 사이에서 낳은 자를 데리고 와 현재의 부(夫)와 혼인한 경우 그 자에 대한 양육비를 생활비용에 포함시켜 청구할 수 있는지에 대해서는 의문이 있다. 현재의 부(夫)는 계자녀에 대하여 §974에 따른

---

44) 임종효(2011), 242~243.
45) 대법원 1991. 12. 10. 선고 91므245 판결; 대법원 1976. 6. 22. 선고 75므17 판결.
46) 배우자를 악의로 유기하고 가출한 양육친이 양육비를 혼인생활비용으로 청구할 수는 없고, 자녀를 대리하여 부양청구를 하는 것은 가능하다는 견해로는 최행식, "자의 양육 및 부양과 과거의 부양료," 가족법연구 8(1994), 401~402; 강현중(1981), 48, 53.
47) 배우자에게 자신의 부양료를 청구하지 못하는 양육친이라 하더라도 양육비는 마류 1호 사건으로 청구할 수 있다고 봄이 타당하다.
48) 김주수·김상용, 127~128.
49) 성년자녀의 생활비나 학비를 혼인비용에 포함시킨 일본 판례로는 日大阪家審 1966(昭 41). 12. 13. 家月 19·7·73; 日広島高決 1975(昭 50). 7. 17. 家月 28·4·92 참조. 그러나 자녀가 성년이 된 이후에는 직접 부양료를 청구할 수 있다는 이유로, 자녀가 성년이 된 이후 기간의 혼인비용을 감액한 판례로는 서울가정법원 2008. 7. 25.자 2008브23 결정.
50) 윤여헌·김용찬, "부부의 생활비용분담," 재판자료 62(1993), 296; 日東京家審 1960(昭 35). 1. 18. 家月 12·5·153.

부양의무를 부담하지만 친권자로서 양육의무를 부담하지는 않기 때문이다.

2. 이혼, 인지, 혼인 취소, 혼인 무효의 경우

이혼시 양육친이 자녀의 양육비를 청구하는 경우 §837에 따른 마류 3호 사건이 된다. 인지(§864-2)나 혼인 취소(§824-2)시 자의 양육책임이 문제되는 경우도 마찬가지이다. 혼인 무효의 경우 민법이나 가사소송법상 별다른 규정이 없지만, 무효인 혼인관계에서 태어난 자녀는 혼인외 출생자로 보므로(§855 ① 후문), 인지관련 규정을 통해 양육비용 문제가 처리될 수 있다.51)

판례52)는 §837 ② ii의 "양육비용"에 이혼 전 양육비도 포함될 수 있다고 본다. 실무상 일정 시점 이후의 과거의 양육비를 장래의 양육비와 함께 청구하는 경우가 대부분이고, 이 경우 심판청구일 또는 심판일 등을 기준으로 과거 양육비와 장래 양육비를 구분하여 그 지급을 명하고 있다.53) §837는 이혼으로 자녀의 공동양육이 어려워지는 상황에서 자녀의 양육문제를 해결하기 위한 규정인 점에 비추어, 이혼 후 양육비용만 포함된다고 봄이 자연스러운 측면이 있는 것은 사실이다.54) 이러한 논리를 일관하면 이혼 전 양육비 청구는 마류 1호 사건으로, 이혼 후 양육비 청구는 마류 3호 사건으로 처리함이 타당할 수 있다. 그러나 현재 실무는 일괄하여 마류 3호 사건으로 취급하고 있고, 이에 따라 이혼 청구에 양육비가 병합된 사건에서 이혼 청구를 기각할 경우 (과거 및 장래의) 양육비 청구도 이혼을 전제로 한 것이라는 이유에서 기각하고 있다.55) 별거 후 이혼 전까지의 과거 양육비는 §833에 따른 생활비용의 일부이고 미지급된 생활비용은 재산분할시 고려될 수도 있다.56) 재산분할시 위와 같은 사정이 고려

---

51) 임종효(2011), 247; 제요[2], 515은 家訴 §25 ②("가정법원이 혼인 무효의 청구를 심리하여 청구가 인용되는 경우에는 부모에게 친권자 및 양육사항과 면접교섭권에 관하여 협의하도록 권고하여야 한다")을 근거로, 혼인이 무효로 되었거나 혼인 무효 청구가 인용되는 경우에 남편과 부자관계가 존속되는 미성년자 자녀가 있는 경우에도 자녀의 양육에 관한 처분을 할 수 있다고 한다.

52) 대법원 1994. 5. 13.자 92스21 전원합의체 결정("민법이 이혼한 부부의 일방만이 자를 양육하여 온 경우에 다른 일방과 사이에 과거의 양육비를 분담하는 비율을 정하는 데 관하여 달리 규정하고 있지도 아니하므로, 이혼한 부부 각자가 분담하여야 할 과거의 양육비의 비율이나 금액을 장래에 대한 것과 함께 정하는 것도 민법 제837조 제2항에 규정된 자의 양육에 관한 처분에 해당한다").

53) 제요[2], 531~532.

54) 등록예규 341호 §9 ③은 "담당 판사가 미성년인 자녀에 관한 양육비부담의 협의를 확인한 후 이혼의사확인서를 작성하면 법원사무관 등은 그에 따라 협의이혼신고 다음 날부터 미성년인 자녀가 각 성년에 이르기 전날까지의 기간에 해당하는 양육비에 한하여 양육비부담조서(별지 제19호 서식)를 작성하여야 한다"라고 규정하고 있다.

55) 임종효(2011), 245~246.

56) 日最判 1978(昭 53). 11. 14. 民集 32·8·1529.

되었다면, 양육비는 이혼 후 분에 한하여 지급을 명함이 타당할 것이다.[57]

V. 부양과 기여분

§1008-2는 공동상속인 중에 상당한 기간 동거·간호 그 밖의 방법으로 피상속인을 특별히 부양하거나 피상속인의 재산의 유지 또는 증가에 특별히 기여한 경우, 그 상속인에게 법정상속분 이외에 기여분을 인정한다. 판례는 "성년인 자(子)가 부양의무의 존부나 그 순위에 구애됨이 없이 스스로 장기간 그 부모와 동거하면서 생계유지의 수준을 넘는 부양자 자신과 같은 생활수준을 유지하는 부양을 한 경우" §1008-2에서 말하는 특별한 부양에 해당된다고 한다.[58] 하급심 판례 중에는, 피상속인의 장녀인 청구인이 출가 후 부모가 이혼을 하자 남편과 함께 친정에 들어와 살면서 망인으로부터 생활비를 받아 이혼한 모를 대신하여 13년 동안 살림을 전담하면서 망인을 봉양하고 동생들인 상대방을 뒷바라지 하였고, 망인이 1990.부터 1996. 7. 30.까지 지병으로 여섯차례나 병원에 입원하여 투병생활을 하는 동안에도 별도의 간병인을 두지 않고 남편과 함께 망인의 사망시까지 병원수속과 간병을 도맡아 한 사안에서, 통상 기대되는 수준 이상의 특별한 부양, 간호를 하였다고 판단한 것이 있다.[59]

법률상 부양의무의 내용은 부양 당사자의 신분관계에 따라 달라질 수 있다. 따라서 동일한 내용과 정도의 부양이 이루어졌더라도, 그것이 특별한 부양에 해당하여 기여분이 인정될지 여부는 부양 당사자의 신분관계에 따라 달라질 수 있다. 가령, 같은 정도의 간호, 가사노동, 가업에 대한 조력이 이루어졌더라도 배우자의 경우에는 기여분의 대상이 될 수 없지만, 성년 자녀에 대하여는 기여분이 인정될 수 있는 것이다.[60]

§974 이하의 요건을 갖추지 않은 부양, 가령 성년인 자녀가 요부양상태에 있지 않은 노부모를 보살핀 경우에도 §1008-2에서 말하는 '특별한 부양'에 해

---

57) 東京家庭裁判所における人事訴訟の審理の実情(2012), 29.

58) 대법원 1998. 12. 8. 선고 97므513, 97므520, 97스12 판결.

59) 서울가정법원 1998. 9. 24.자 97느8349, 8350 심판(상속재산은 12억 5천만 원 정도였고, 인정된 기여분은 1억 5천만 원임).

60) 이승우, "특별한 부양과 기여분," 성균관법학 13-2(2001), 184; 조해섭, "특별한 부양과 기여분, 특별수익," 판례해설 31(1999), 188~189은 성년 자녀가 노부모와 동거하면서 부양하는 경우 다른 사정이 없다면 특별한 부양으로 보아야 한다고 하고, 최상열, "특별한 부양과 기여분," 實務硏究 Ⅵ(2000), 288은 성년 자녀가 노부모를 상당기간 동거부양한 경우 특별한 부양으로 볼 수 있다고 한다.

당되는지에 대하여 긍정하는 견해[61]와 이는 '특별한 기여'로 취급할 수 있을 뿐이라는 견해[62]가 대립한다. 어느 견해에 따르더라도 결론에 큰 차이를 가져오지 않을 것으로 보이나, 후자의 견해가 좀 더 논리적이라고 판단된다.

성년 자녀 중 1인만 부모를 부양한 경우 다른 자녀들에게 구상청구를 하지 않고, 그 대신 기여분을 주장할 수 있는지 문제되는데, '특별한 부양' 또는 '특별한 기여'라는 요건에 해당하는 이상 부정할 이유는 없다.[63] 기여분 주장이 받아들여지지 않았더라도, 구상청구가 인용될 수 있음은 물론이고,[64] 상속재산가액이 소액이라면 기여분 주장이 인정되더라도 추가로 부양구상청구가 가능할 수 있다.[65] 노부모에게 부동산 등의 자산이 있어도 그것을 처분하는 것이 적절하지 않고 곤란한 경우 노부모가 요부양상태에 있다고 볼 여지가 있고,[66] 따라서 자녀의 보살핌을 부양의무의 이행으로 평가할 수 있다. 이 경우 보살핌의 정도에 따라 자녀는 기여분을 주장해 볼 수 있고, 다른 자녀에게 구상청구를 할 수도 있다. 반면, 노부모에게 부동산 등의 자산이 있고 그것을 처분하는 것이 적절하고 곤란하지 않은 경우에는, 자녀로부터 생활비 등을 받았더라도 이를 부양의무의 이행으로 보기 어렵다. 따라서 자녀가 부양료의 구상을 청구하긴 어렵고, 기여분을 주장할 여지가 있을 뿐이다.

VI. 민법상 부양제도와 공적부조제도의 관계

1. 국민기초생활 보장법의 개요

가. 사적부양 우선의 원칙

국민기초생활 보장법(이하 '보장법'이라 한다) §3 ②은 "부양의무자의 부양과 다른 법령에 따른 보호는 이 법에 따른 급여에 우선하여 행하여지는 것으로 한다. 다만, 다른 법령에 따른 보호의 수준이 이 법에서 정하는 수준에 이르지 아

61) 최상열(주 60), 288~289; 조해섭(주 60), 188.
62) 신영호, "피상속인에 대한 상속인의 부양과 상속과의 관계," 재판자료 102(2003), 201; 이승우(주 60), 181~182.
63) 同旨 최상열(주 60), 289~291; 최행식, "기여분의 주체와 요건에 관한 제문제," 가족법연구 7(1993), 171~172; 이승우(주 60), 182; 反對 곽동헌, "기여분제도에 관련된 몇 가지 문제," 가족법연구 4(1990), 206~209.
64) 日大阪高決 2003(平 15). 5. 22. 家月 56·1·112(기여분 심리절차에서 동순위 부양의무자의 자력이 심리되지 않으므로, 기여분 심판이 과거의 부양료 구상에 관한 적절한 분쟁해결을 반드시 보장하는 것이 아님을 지적한다) 참조.
65) 新注民(改訂版)(25), 753(松谷文雄).
66) 이승우(주 18), 191.

니하는 경우"에는 나머지 부분에 관하여 이 법에 따른 급여를 받을 권리를 잃지
아니한다"고, §5 ①은 "수급권자는 부양의무자가 없거나, 부양의무자가 있어도
부양능력이 없거나 부양을 받을 수 없는 사람으로서 소득인정액이 최저생계비
이하인 사람으로 한다"고 각 규정한다. 이는 원칙적으로 사적부양이 공적부양
보다 우선하여 이루어져야 한다는 취지이다.[67][68] 사적부양 우선원칙을 관철한
다면, 부양권리자가 공적부조를 받고 있는 상태에서 부양청구권을 행사한 경
우, 부양권리자의 소득을 계산함에 있어 원칙적으로 공적부조액은 고려하지 않
는 것이 타당하다.[69]

　　보장법 §5 ①의 부양의무자는 수급권자의 1촌의 직계혈족 및 그 배우자[70]
로서 민법상 부양의무자보다 범위가 축소되어 있다(보장법 §2 v).[71][72] 보장법 §5
①의 '부양을 받을 수 없는 경우'는 부양의무자가 병역법에 의하여 징집 또는
소집된 경우, 해외이주법의 규정에 의한 해외이주자에 해당하는 경우, 교도소·
구치소·치료감호시설 등에 수용 중인 경우, 보장시설에서 급여를 받고 있는 경
우, 부양의무자에 대하여 실종선고의 절차가 진행 중이거나 가출 또는 행방불
명의 사유로 경찰서 등에 신고되어 1월이 경과되었거나 가출 또는 행방불명의
사실을 시장·군수·구청장이 확인한 경우, 부양의무자가 부양을 기피 또는 거

---

67) 한편, 배경숙·최금숙, 410, 주석친족(3), 650~651은 국가 또는 지방자치단체가 먼저 부양료를
　　지급하고 나중에 친족 등에게 구상하는 등 사적부양과 공적부양의 동등한 역할이 필요하다고
　　한다. 생활유지의무에 한해서 사적부양 우선원칙을 관철해야 한다는 일본 학설로는 新注民(改
　　訂版)(25), 759(松谷文雄) 참조. 민법상 부양 규정을 사회보장제도가 완비되기까지의 잠정적 규
　　정으로 이해하는 견해로는 이경희, 334~335 참조.
68) 참고로 일본의 구 生活保護法[1946년(昭 21) 제정]은 부양의무자가 부양능력이 있는 경우 급
　　박한 사정이 있는 경우를 제외하고 보호를 하지 않는다고 규정하고 있었으나(수급요건설), 현행
　　生活保護法[1950년(昭 25) 제정]은 "민법에서 정하고 있는 부양의무자의 부양 및 타 법률에서
　　정하는 부조는 이 법률에 의한 보호에 우선해야 한다"는 규정(§4 ②)을 두고 있을 뿐, 부양의무
　　자 요건을 수급자 선정요건으로 내세우지 않고 있다. 입법자의 의사도 부양의무자로부터 실제
　　부양을 받고 있는 한도에서 수급필요성이 줄어들 뿐이고, 부양의무자가 있다고 하여 공적부조
　　를 불허하는 취지는 아니라고 한다(사실상 순위설). 中山直子(2012), 2; 그러나 현재 일본 실무
　　는 수급요건설을 취하고 있다는 지적으로는 内田貴, 民法 IV(2004), 291~292; 中川 淳 "私的扶
　　養の地位," 家族法の現代的課題(1991), 337~340.
69) 中山直子(2012), 3. 그러나 과거의 부양료를 청구하는 경우 해당 기간동안 공적부조를 받았다
　　면, 기지급한 금액과 관련하여 보장기관이 구상권을 행사할 수 있는 점에 비추어, 실제 받은 부
　　분을 참작할 여지가 있다고 사료된다.
70) 사실혼 배우자는 포함되지 않는다. 2012년도 안내, 27.
71) ⓐ 남편이 사망한 경우 아내는 수급권자인 종전 시부모에 대한 부양의무자에 포함되는지, ⓑ
　　부가 사망한 경우 계모는 수급권자인 계자에 대한 부양의무자에 포함되는지에 대해서는 논란의
　　여지가 있다. 수급권자가 계부모인 경우 계자녀가 부양의무자가 아님은 법문언상 명백하다.
72) 수급권자의 배우자는 부양의무자에 포함되지 않는다. 따라서 별거 중인 경우 배우자에게 자
　　력이 있더라도 수급권자가 될 수 있다. 수급권자의 배우자의 직계혈족도 부양의무자에 포함되
　　지 않는다.

부하는 경우,73) 기타 수급권자가 부양을 받을 수 없다고 시장·군수·구청장이
확인한 경우(보장법 시행령 §5)를 뜻한다. 판례는, 부양의무자가 어떠한 이유이든
실제로 명백히 부양을 기피하거나 거부하고 있는 사실이 인정되면, '부양을 받
을 수 없는 경우'라는 요건을 충족한다고 본다.74) 부양의무자의 부양 기피 또
는 거부 요건을 넓게 해석할수록(특히 문제되는 것은 부양권리자가 적극적으로 부양청
구를 하지 않으려고 하는 경우이다), 사적부양 우선 원칙이 갖는 의미는 감소할 것이
다.75)

나. 부양능력 미약자가 있는 경우

부양의무자의 차감된 소득(보장법 시행령 §3에 따른 실제소득에서 질병, 교육 및
가구특성을 고려하여 보건복지가족부장관이 정하여 고시하는 금액을 차감한 금액)이 부양
의무자 가구 최저생계비의 130% 미만이고, 재산의 소득환산액이 보건복지부장
관이 정하여 고시하는 금액(2012년 현재 수급권자 및 부양의무자 가구 각각 최저생계비
합의 42%) 미만일 경우, 기본적으로 부양의무자는 부양능력이 없다고 판단된다
(보장법 시행령 §4 ① iii 가.). 또한, ⓐ 차감된 소득이 부양의무자 가구 최저생계비
의 130% 이상이고 수급권자 및 부양의무자 가구 각각의 최저생계비를 합한 금
액의 130% 미만이며, ⓑ 재산의 소득환산액이 보건복지부장관이 정하여 고시
하는 금액 미만인 자(이하 '부양능력 미약자'라고 한다)로서, ⓒ 부양의무자의 차감
된 소득에서 부양의무자 가구 최저생계비의 100분의 130에 해당하는 금액을

73) 2012년도 안내(보건복지부 지침), 35은 부양을 거부하거나 기피하는 경우로, ⓐ 생활실태로 보
아 부양의무자로부터 부양을 받지 못하여 최저생계비 이하의 생활을 하고 있는 것으로 시장·군
수·구청장이 인정하는 경우(학대피해아동이 가정위탁보호 등의 보호조치를 받고 있는 경우),
ⓑ 실질적인 가족관계의 단절상태에 있거나 기타 이에 준하는 사유로 수급권자가 부양을 받을
수 없다고 인정되는 경우[부모가 재혼하여 자녀를 부양하지 않고 있는 경우, 과거 가족간의 부
양기피 사유(가출, 외도, 학대 등)를 이유로 부양의무자가 부양을 거부하거나 기피하는 경우], ⓒ
양자, 양부모 등 혈연관계가 아님을 이유로 부양을 거부하거나 기피하는 경우를 들고 있다.
74) 대구고등법원 2011. 4. 29. 선고 2010누2549 판결(대법원의 상고기각 판결로 확정): 부양의무
자인 두 아들 중 장남은 부양능력이 있지만, 위 장남이 조사자에게 경제적 문제로 요부양자와의
관계가 악화되어 연락 및 왕래가 끊겼고 경제적인 지원도 하지 않고 있다고 진술한 사안에서,
위 요건이 충족된다고 보았다. 반면, 부양의무자가 단순히 부양비를 지급하지 아니하는 것을 넘
어서 부양의무의 임의이행을 기대할 수 없을 정도가 되어야 "부양의무자가 부양을 기피 또는
거절하는 경우"에 해당한다는 하급심 판례로는 서울고등법원 2011. 1. 11. 선고 2010누21435 판
결 참조(법령에서 정한 어느 정도의 부양능력을 갖춘 부양의무자들이 단지 생활형편이 어려워 부
양료를 지급하지 못하고 있다는 사정만으로는 '부양기피나 거절' 요건에 해당하지 않는다고 봄).
75) 구청장이 보장법 §23에 따른 부양의무자 확인조사를 통해 부양의무자인 딸과 사위가 부양능
력이 있는 것으로 보고 수급자에게 지급하던 생계·주거급여를 감액하는 처분을 한 사안에서,
딸이 혼인하여 남편 소득으로 월 소득이 있고 재산이 있다 하더라도 시어머니와 함께 거주하여
부양능력이 없는 경우에 해당하거나 부양을 기피하여, 갑이 부양의무자가 있어도 부양을 받을
수 없는 경우에 해당될 여지가 있는 점 등을 이유로, 위 처분은 위법하다고 한 사례로는 부산지
방법원 2012. 4. 5. 선고 2011구합4436 판결(확정) 참조.

차감한 금액의 범위 안에서 보건복지부장관이 정하는 금액을 수급권자에게 정기적으로 지원한다는 요건이 충족된 경우에도 부양의무자는 부양능력이 없다고 간주된다(보장법 시행령 §4 ① iv).

즉, 부양능력 미약자가 있는 경우, 그가 일정 금액의 부양비를 수급권자에게 정기적으로 지급하는 것을 전제로 부양능력이 없다고 인정되며,[76) 이 부양비는 수급권자의 소득으로 보아 수급자 선정 및 급여액 결정에 반영한다(보장법 시행령 §3 ① iv 나.). 그런데 실무에서는 실제 부양료 지급이 이루어지는지 조사하지 않고, 수급권자에게 법령이 정한 부양비만큼의 소득이 있다고 '간주'하여 수급자를 선정하고 급여액을 결정한다.[77) 이 때문에 법령이 정한 부양비를 '간주부양료'라 부르기도 한다. 간주부양료는 2012년 현재, 부양의무자의 소득에서 부양의무자 가구 최저생계비의 130%를 감액한 금액에 대하여 30% 또는 15%를 부과하고 있다. 30%를 부양비로 부과하는 경우로는 수급권자와 1촌의 직계존비속 관계에 있는 자, 노인·장애인·한부모 가구에 해당하는 수급자의 부양의무자가 있고, 15%를 부양비로 부과하는 경우로는 부양의무자가 출가한 딸(배우자와 이혼·사별한 딸, 미혼모 포함)이거나 출가한 딸(배우자와 이혼·사별한 딸, 미혼모 포함)에 대한 친정부모 가구인 경우, 취업자녀의 경우가 있다. 출가한 딸과 취업자녀의 경우 부양능력 인정기준을 완화하고 있는 것이다(보장법 시행령 §4 ②).

부양능력 미약자가 수급권자에 대한 부양을 거부·기피하는 경우에는 '부양비'를 수급권자의 소득으로 산정하지 않고 우선 수급자로 선정·보장할 수 있으며, 이 경우 해당 부양의무자로부터 보장비용을 징수할 수 있다.[78)

다. 가구단위 급여의 원칙과 그 예외

보장법상 급여는 가구단위로 행하여지는 것이 원칙이다(보장법 §4 ③).[79) 소득인정액(소득평가액 및 재산의 소득환산액)은 가구를 단위로 산정하고(보장법 §2 vii

76) 이상광, "행정관청에 의한 부양의무 강제이행의 문제점," 新聞 3218(2003. 11. 13.)는 행정관청이 부양의무의 이행을 간접적으로 강제하는 것은 타당하지 않다고 비판한다.
77) 이는 법상 부양의무자 요건이 충족되었는지 여부를 검토하지 않고, 수급권자에 해당한다고 보는 것이다. 서울고등법원 2011. 1. 11. 선고 2010누21435 판결; 손윤석, "국민기초생활보장법상 부양능력미약제도에 관한 법적 고찰," 사회보장연구 28-2(2012), 5~6 참조. 한편, 일단 수급권자에 해당한다고 보더라도 부양비를 수급권자의 소득에 반영함으로써 결과적으로 수급권자의 소득인정액이 최저생계비를 초과하면, 수급권자에서 탈락할 수 있다.
78) 2012년도 안내, 31.
79) 따라서 소득인정액이 최저생계비 이하인 경우에도, 부양의무자인 시부모 또는 친정부모 중 어느 한쪽이 부양능력이 있다면, ― 비록 배우자의 직계혈족이 국민기초생활법상 부양의무자가 아니지만 ― 부부 모두가 수급자로 선정되지 못할 수 있다(2012년도 안내, 21).

내지 ix), 최저생계비는 국민의 소득·지출수준과 수급권자의 가구유형 등 생활
실태, 가구규모 등을 반영하여 계측 공포되고 있다(보장법 §6). 세대별 주민등록
표에 기재된 자(동거인 제외)로서 생계나 주거를 같이하는 자는 보장가구에 포함
된다(보장법 시행령 §2 ① i). 다만 가구단위로 급여를 할 경우, 가구분리시 비로소
수급권자의 요건을 갖추게 되는 경우가 생길 수 있으므로 가정해체를 촉진할
위험이 있다. 따라서 ⓐ 가구의 소득인정액은 최저생계비 이하이지만 부양능력
있는 부양의무자가 있어 수급자 선정이 어려운 가구 중, 그 부양의무자와 법률
상 부양의무 관계가 성립하지 않는 가구원의 경우(가령, 어머니와 딸로 구성된 가구
로서 어머니에 대하여 부양능력 있는 부양의무자인 아들이 있는 경우 딸 개인80)), ⓑ 가구
전체로는 수급자 선정기준을 초과하나 가구를 분리신청하면 기준을 충족하여
수급자로 선정될 수 있는 가구원의 경우(가령, 직장생활을 하는 성년누나와 중학교에
다니는 15세 남동생으로 구성된 가구로서 성년누나에게 자력이 있어 가구전체로는 수급자 선
정기준을 초과하는 경우 남동생 개인81))에는, 별도가구로 보아 수급권을 인정할 수
있다.82) 또한 가구 전체가 수급자로 선정될 수 없는 저소득 가구에 대하여 의
료급여, 교육급여 등 특정급여를 필요로 하는 특정 가구원에 대해 급여를 제공
할 수 있다(개인단위 보장, 보장법 §4 ③ 단서).

라. 부양의무자로부터의 보장비용 징수

보장법 §46 ①은 "수급자에게 부양능력을 가진 부양의무자가 있음이 확인
된 경우에는 보장비용을 지급한 보장기관은 제20조에 따른 생활보장위원회의
심의·의결을 거쳐 그 비용의 전부 또는 일부를 그 부양의무자로부터 부양의무
의 범위에서 징수할 수 있다," ③은 "제1항 또는 제2항에 따라 징수할 금액은
각각 부양의무자 또는 부정수급자에게 통지하여 징수하고, 부양의무자 또는 부
정수급자가 이에 응하지 아니하는 경우 국세 또는 지방세 체납처분의 예에 따
라 징수한다"고 규정한다. 이는 보장기관의 권리에 대하여 조세채권에 준하는
우선권과 편의를 부여하겠다는 취지이다. 보장기관의 권리는 실질적으로 구상
채권과 유사하다. 다만, 구상채권의 내용을 확정하기 위해 법원이 부양의무의

---

80) 어머니와 딸을 동일가구로 보아 공적부조를 행하고 부양의무자(아들)에게 구상을 한다면, 부
양의무자는 자신이 법적으로 부양의무를 부담하지 않는 자(생계를 같이하지 않는 형제자매)까
지 사실상 부양할 위험이 있다.
81) 누나는 생계를 같이하는 친족으로서 민법상 부양의무자이지만, 국민기초생활보장법상 부양
의무자로 고려되지 않는다. 다만, 무상으로 누나의 집에 거주하고 있는 경우 무료임차소득이 부
과될 수 있다. 2012년도 안내, 22.
82) 2012년도 안내, 21~23.

구체적 내용 및 범위를 정하는 단계를 거치지 않고 행정기관에 의해 징수범위가 결정된다83)는 점에서 일반적 부양구상 상황과 차이가 있다. 행정기관이 징수범위를 결정하더라도, 민법상 부양의무의 범위를 결정함에 있어 고려되는 사정을 참작할 필요가 있다.84) 또한, 공적부조가 이루어질 당시 부양의무자에게 부양능력이 없었다면 이후 자력이 회복되었더라도 징수를 할 수 없고, 그 반대의 경우라면 단순히 의무자가 무자력에 빠진 것에 불과하다고 평가함이 타당하다.

보건복지부 지침은, 부양능력자의 경우 부양능력이 있다고 확인되는 다음 달부터 지급한 급여의 전부를, 부양능력 미약자의 경우 부양능력 미약자로 확인되는 다음달부터 지급한 급여 중 부양비에 해당하는 금액을 각 징수하도록 규정하고 있다.85) 적극적으로 구상청구를 하는 것은, 사적부양의무를 실질화한다는 점에서 의미가 있다. 그러나 구상청구가 적극적으로 이루어진다면, 자녀가 구상청구를 당하는 것을 원치 않는 노부모들이 공적부조를 신청하는 것을 주저할 가능성도 있다.

보장법상 부양의무자의 범위가 민법보다 축소됨으로써 민법상 친족부양은 그 의미가 감소할 수 있다. 부양권리자 입장에서 공적부조를 통해 만족을 얻을 수 있다면 굳이 사적부양을 청구하지 않을 가능성이 높고, 국민기초생활보장법상 부양의무자에 포함되지 않은 민법상 부양의무자에 대해서는 보장기관이 구상청구도 할 수 없기 때문이다. 다만, 공적부양을 통해서도 충분히 해소되지 않는 부분이 있다면 사적부양 제도를 활용할 수 있다. 즉, 부양권리자에게 보장법상 부양의무자는 없지만 민법상 친족부양의무를 부담하는 친족이 있는 경우, 부양권리자는 해당 친족에게 추가적으로 부양청구를 할 여지가 있다.

---

83) 부양의무자는 보장기관의 징수처분에 대하여 행정소송을 제기할 수 있지 않을까 사료된다. 참고로 일본의 생활보호법 §77는 보호를 실시한 기관과 부양의무자 사이에 협의가 이루어지지 않거나 협의할 수 없는 경우, 보호실시기관의 신청에 의해 가정법원이 징수액을 정한다고 규정하고 있다.

84) 가령, 과거 자녀를 학대하였거나 전혀 돌보지 않았던 부에 대하여 국가가 급부를 제공한 경우, 그 자녀들에게 비용을 징수하는 것은 가급적 자제함이 타당할 것이다. 2012년 안내, 188~189은 보장비용 징수제외 대상의 예로, ⓐ 부양의무자가 양자·양부모 등 비혈연관계를 이유로 부양을 거부·기피하는 경우, ⓑ 과거 가족간의 부양기피 사유(가출, 외도, 학대 등)를 이유로 부양의무자가 부양을 기피하는 경우, ⓒ 부양의무자에게 천재지변, 화재, 부도 등이 발생하여 사실상 보장비용 징수가 불가능한 경우 등을 들고 있다.

85) 2012년도 안내, 190.

2. 보장법에 대한 비판 — 민법상 부양의무와 관계된 부분을 중심으로

가. 부양의무자의 범위 관련

ⓐ 부모가 미성년 자녀에 대하여 부담하는 부양의무, 부모가 성년 자녀에 대하여 부담하는 부양의무, 성년 자녀가 노부모에 대하여 부담하는 부양의무의 정도가 모두 같을 수는 없으므로, 각 부양의무의 특성을 고려하여 부양의무자를 세분화하자는 주장, ⓑ 부양의무자 범위를 삭제하여 사적부양 우선원칙을 폐기하고 공적부조를 우선 실시하되 보장비용 구상시 부양의무자의 범위를 고려하자는 주장, ⓒ 부양의무자의 범위에서 배우자를 제외하자는 주장, ⓓ 미성년 자녀에 대한 부양의무를 부담하고 있는 부모에 대하여 자신들의 노부모에 대하여 부양의무를 지우는 것은 지나친 부담이므로 미혼(30세 이하) 자녀에 대하여만 부모를 부양할 의무를 부과하자는 주장 등이 제기되고 있다.[86]

나. 부양능력 미약자 관련

부양능력 미약자가 과연 민법상 부양의무를 부담하는 자라고 볼 수 있는지에 대하여 비판이 있다. 이들은 소득과 재산의 정도가 최저생계비의 130% 정도에 불과한, 빈곤선을 갓 벗어난 차상위계층이기 때문이다.[87] 자녀의 노부모 부양의무가 자신의 생활을 희생하면서까지 노부모를 부양해야 할 의무라고 볼 수 없다면, 이들에게 부양의무를 부과하는 것은 민법상 부양법리와 조화를 이루기 어려울 수 있다.[88]

Ⅶ. 부양의무와 세법

1. 민법상 부양의무는 소득세법상 소득공제제도와 밀접한 관련이 있다. 소득공제는 크게 인적공제와 물적공제로 나눌 수 있다. 인적공제는 납세의무자의 최저생계비에 해당하는 금액을 공제하여 줌으로써 소득자와 그 가족의 최저생활을 보장하여 주는 데 취지가 있다. 인적공제의 종류로는 기본공제(본인공제, 배우자공제, 부양가족공제), 추가공제, 다자녀 추가공제가 있다. 2013년 현행 소득세법 §50상 기본공제는 원칙적으로 본인, 배우자(연간 소득금액이 없거나 연간 소득

---

86) 개선방안, 45~63.
87) 개선방안, 25.
88) 이찬진, "법원의 판례로 살펴본 부양의무자 기준," 기초생활보장제도 부양의무자기준 개선방향 모색을 위한 토론회(2002), 참여연대 사회복지위원회, 18.

금액 합계액이 100만 원 이하인 사람), 생계를 같이하는 부양가족(연간 소득금액 합계액
이 100만 원 이하인 사람) 모두 1인당 150만 원이다. 물적공제는 납세의무자가 지
출한 보험료, 의료비, 교육비 등을 공제하여 주는 제도로서, 종류로는 특별공제
와 조세특례제한법상의 소득공제가 있다.

　　인적공제 대상에 관해서는 소득세법 및 동법 시행령에서 상세히 규정하고
있다. 여기서 배우자는 혼인신고를 마친 법률상 배우자만을 뜻하고 사실혼 관
계에 있는 자를 포함하지 않는다.89) 거주자 또는 배우자의 직계존비속은 생계
를 같이하는 경우 모두, 부양가족공제대상에 포함될 수 있지만 배우자가 종전
배우자와의 사실혼 중 출산한 직계비속은 제외된다(소득세법 §50 ① iii, 동법 시행
령 §106 ⑥). 계부나 계모도 부양가족공제대상이 될 수 있다(소득세법 §50 ① iii). 거
주자의 직계비속에는 민법 등에 의하여 입양한 양자 이외에 '사실상의 입양상
태에 있는 자'로서 거주자와 생계를 같이 하는 자도 포함된다(소득세법 시행령
§106 ⑦). 혼인외 출생자의 경우 부가 인지하지 않는 한 민법상 부양의무도 생기
지 않으므로, 원칙적으로 소득세법상 부양가족공제의 대상이 될 수 없다고 봄
이 타당할 것으로 사료된다.90) 직계비속의 배우자는 민법상 친족부양 관계에
있지만, 소득세법상 부양가족공제대상은 아니다.91) 조카와 생계를 같이하는 경
우 민법상 친족부양의무를 부담하지만, 소득세법상으로는 사실상 입양상태에
있지 않는 한 부양가족공제대상이 되지 않는다. 이에 대해서는 이혼율의 증가
와 함께 자녀를 형제자매에게 맡겨두는 경우가 종종 발생하므로, 실제 부양을
한 형제자매가 입은 경제적 손실을 세법적인 측면에서 배려하여 주는 것이 바
람직하다는 주장이 있다.92)

　　2. 민법상 부양의무는 증여세와도 관련이 있다. 사회통념상 인정되는 피부
양자의 생활비 또는 교육비는 증여세의 과세대상에서 제외된다(상속세 및 증여세
법 §46 v, 동법 시행령 §35 ④ i).

---

89) 이순동(2004), 430.

90) 이순동(2004), 431.

91) 이순동(2004), 431~432은 소득세법상 며느리가 납세자인 경우 시부모는 배우자의 직계존속으
　　로서 부양가족공제대상이 되는데, 시부모는 며느리를 부양하더라도 부양가족공제의 대상이 되
　　지 않는 것은 문제라고 비판한다.

92) 이순동(2004), 432.

Ⅷ. 부양청구권의 침해와 손해배상

1. 생명침해와 손해배상

불법행위로 피해자가 사망한 경우, 피해자가 사망하지 않았더라면 얻을 수 있었던 기대이익에 대한 손해배상청구권을 피해자 본인이 취득하고, 그것이 상속인에게 이전된다고 보는 것(이른바 '상속구성')이 판례의 확고한 입장이다.[93] 이에 대하여 '망인'은 권리주체가 될 수 없으므로 사망 이후의 기대이익에 대한 손해배상청구권을 망인이 취득한다는 논리는 타당하지 않고, 배우자 등이 망인에 의한 부양을 더 이상 받지 못함을 이유로 자기 고유의 손해배상청구권을 취득하는 것으로 구성(이른바 '부양구성')함이 바람직하다는 견해가 있다.[94]

판례처럼 상속구성을 취하는 경우, '상속인'의 부양청구권 침해를 이유로 한 손해배상청구를 허용할 수 있는가? 판례가 망인의 일실이익 산정시 부양가족의 생계비를 공제하지 않고 있는 점을 고려할 때,[95] 상속인이 굳이 부양청구권 침해를 주장하며 손해배상청구를 할 실익은 크지 않다.[96] 그러나 망인이 채무초과 상태라면 상속인은 상속을 포기하고 자신의 독자적 권리로서 손해배상청구권을 주장할 실익이 있다. 우리 판례와 마찬가지로 상속구성을 취하고 있는 일본 판례의 경우, 망인의 상속인들이 상속을 포기하고 부양청구권의 침해를 이유로 손해배상청구를 할 수 있다고 본 사례[97]가 존재한다.

또한, 부양구성을 인정하는 경우, '사실혼 배우자'나 '2순위 상속인인 망인의 노부모'(1순위 상속인인 망인의 아내 또는 자녀가 존재하는 경우)가 부양청구권 침해를 이유로 손해배상청구를 하는 것이 허용될 수 있다. 일본 판례의 경우 사실혼 배우자의 손해배상청구를 인정한 사례들이 존재하는데,[98] 사실혼 배우자의

---

93) 양창수, "혼인외 자의 인지와 부의 사망으로 인한 손해배상," 민법산책(2006), 222은 이러한 판례의 입장은 하나의 관습법이 되었다고 보아도 무방하고, 이에 반대하는 학설은 일종의 입법론으로 평가해야 한다고 서술한다.

94) 정귀호(1987), 138~185; 박우동, "인신사고에 의한 손해배상청구권의 상속성," 人身事故訴訟(1981), 198~201; 조일환, "손해배상청구권의 상속," 가족법연구 13(1999), 386~395.

95) 대법원 1969. 7. 22. 선고 69다504 판결; 박우동, "생명 신체의 침해로 인한 손해배상액의 산정 (속)," 司論 5(1974), 199; 진성규, "일실이익의 배상액산정에 있어서의 손익상계," 사법연구자료 7(1980), 134.

96) 이 경우 상속인에게 손해가 없다는 주장도 제기될 수 있다. 그러나 반드시 타당한 주장인지는 의문이다.

97) 日最判 2000(平 12). 9. 7. 判時 1728·29 참조.

98) 日最判 1993(平 5). 4. 6. 判時 1477·46(망인의 사실혼 배우자는 불법행위로 인해 장래의 부양이익 상실이라는 손해를 입었으므로 손해배상청구를 할 수 있고, 위 금액이 이미 사실혼 배우자에게 지급된 경우 망인의 상속인에게 지급될 일실이익 상당액으로부터 공제되어야 한다는 판례); 日札幌高判 1981(昭 56). 2. 25. 判夕452·156(사실혼 배우자의 손해배상청구와 상속인들의

보호필요성을 고려할 때 이러한 판례들은 그 결론에 있어 수긍이 가는 점이 없지 않다.

이처럼 상속구성과 부양구성의 병존을 인정하는 일본 판례의 경향은 우리 법에서도 참고할 가치가 있다.99) 부양은 인간으로서의 기본적 생존을 위한 최소한의 요구를 충족시키는 문제임을 고려할 때, 예외적으로 부양구성을 인정함으로써 요부양자를 다른 이해관계자보다 보호하려는 시도는 나름의 타당성을 갖고 있다.100) 그러나 양자의 병존을 인정할 경우, 법이론의 정합성이라는 측면에서 문제가 생길 여지는 있다.101) 가령, ⓐ 상속인이 먼저 손해배상청구를 하는 경우, 피고가 사실혼 배우자 등에게 지급할 배상액을 공제하고 지급하겠다는 주장을 할 수 있는지 검토의 여지가 있다. 공제주장을 허용하는 것이 일견 타당해 보이나,102) 상속인이 상속받는 권리는 피상속인의 손해배상청구권 자체이므로, 공제를 허용할 법적 근거가 마땅치 않다. 사실혼 배우자에게 먼저 배상금을 지급하였거나 사실혼 배우자가 상속인과 함께 손해배상청구를 한 경우에는 불법행위자의 이중변제를 막기 위해 공제를 인정하는 것이 타당할 수 있다. 그러나 상속인이 먼저 권리를 주장한 경우에는 일단 상속인에게 전액 배상하고, 부양과 관련된 부분은 사실혼 배우자와 상속인 사이에서 해결하도록 하자는 주장도 제기될 여지가 있다. 상속인의 손해배상청구권(사실혼 배우자의 부양료가 포함된)과 사실혼 배우자의 손해배상청구권이 부진정연대채권 관계에 있

손해배상청구가 병합된 사안에서, 망인의 일실이익에서 사실혼 배우자의 부양에 필요한 금액을 공제한 후 상속인들에게 지급될 배상액을 산정하였다). 日東京地判 1968(昭 43). 12. 10 判タ229·102(중혼적 사실혼의 배우자도 부양청구권의 침해에 따른 손해배상청구를 할 수 있다고 보면서, 다만 이 경우 법률상 배우자 및 법률상 배우자와의 사이에서 태어난 자녀에 대한 망인의 부양의무를 참작하여, 배상액을 산정해야 한다고 판시하였다).

99) 고영아, "생명침해로 인한 손해배상청구권의 구성에 관한 재고찰," 민사법학 49-1(2010), 89 이하는 양자의 병존을 긍정한다.

100) 윤진수, "사실혼배우자 일방이 사망한 경우의 재산문제," 저스티스100(2007), 36은 사실혼 배우자 일방이 사망한 경우, 생존 배우자가 상속인들에 대하여 부양을 위한 청구권을 행사할 수 있도록 하는 입법이 필요하다고 주장하면서, 이러한 부양청구권을 인정한다면 상속인이나 수유자 등 상속재산에 관하여 이해관계를 가진 다른 사람들의 이익을 침해하는 면이 있으나, 이러한 정도의 사실혼 배우자에 대한 배려는 위와 같은 이해관계인도 용인하여야 할 최소한의 것으로서 사회 통념상 받아들일 수 있는 것이고 결코 무리한 요구라고는 할 수 없을 것이라고 한다.

101) 또한, 사실혼 배우자의 부양청구권 침해를 원인으로 한 손해배상청구를 인정할 경우 결과적으로 상속인에게 귀속될 배상액이 현저히 작아져 형평에 맞지 않는 결과가 나올 수 있다. 특히 상속인도 부양권리자가 될 수 있는 경우에는, 부양구성에 따른 손해배상액과 상속인에게 결과적으로 귀속되는 배상액을 조정할 필요성이 크다.

102) 공제주장을 인정하는 견해로는 野田愛子, "逸失利益と扶養請求権," 家族法実務研究(1988), 360 참조. 이 견해는, 가해자가 상속인에게 일실이익 전액을 변제한 경우 채권의 준점유자에 대한 변제법리에 따라 변제가 유효할 수 있고, 전액변제가 유효한 경우 사실혼 배우자는 상속인에게 사무관리 내지 부당이득을 원인으로 구상을 청구할 수 있다고 주장한다.

다고 보는 것이 이러한 문제들에 대한 일응의 해결책이 될 수 있지만, 그와 같이 볼 법적 근거가 마땅치 않고, 상속인이 전액 변제받은 경우 상속인과 사실혼 배우자 사이의 법률관계를 어떻게 해결할 것인가라는 문제가 여전히 남는다. 또한, ⓑ 공동상속인 중 일부만 상속을 포기하고 상속분보다 많은 액수의 부양청구권 침해를 이유로 한 손해배상청구를 하는 경우, 이를 허용한다면 결과적으로 불법행위자는 상속구성을 취할 때보다 무거운 책임을 질 수 있다. 이처럼 상속구성과 부양구성의 병존을 인정함으로써 상속구성을 인정할 때보다 불법행위자의 손해배상채무액이 증가하는 경우, 이러한 결과를 허용할 것인지도 검토를 요한다.

2. 부양청구권의 침해와 손해배상청구권의 발생 여부

부양청구권의 침해를 원인으로 한 손해배상청구권은 비단 부양의무자의 생명침해시에만 문제되는 것은 아니고, 불법행위로 인해 부양의무자의 신체 혹은 재산에 손해를 가하여 부양의무자가 부양능력을 상실한 경우에 일반적으로 문제될 수 있다. 다만, 이 경우 직접피해자 이외에 부양권리자에 대해서도 언제나 불법행위가 성립한다고 보기는 어렵고, 부양권리자에 대하여 별도로 불법행위 요건이 갖추어졌을 경우에만 예외적으로 불법행위로 인한 손해배상책임을 긍정할 수 있을 것이다.[103]

부양청구권이 사실상 침해된 경우, 후순위 부양의무자에게 부양능력이 있다면 부양권리자에게 손해가 없다고 볼 수 있는가? 불법행위자 입장에서 후순위 부양의무자에게 부양능력이 있다는 우연한 사정을 이유로 불법행위로 인한 손해배상책임을 면하게 되는 것은 부당한 점을 고려할 때, 원칙적으로 손해발생은 긍정함이 타당하다고 사료된다. 그렇다고 부양권리자로 하여금 항상 비용과 시간을 들여 불법행위자에게 먼저 손해배상을 청구하고 이를 통해 부양의 수요를 충족시키지 못할 때 비로소 후순위 부양의무자에게 부양료를 청구하도록 요구하는 것은 부양제도의 취지와 맞지 않는 측면이 있다. 따라서 부양권리자는 손해배상청구와 부양료지급청구를 함께 할 수 있다고 봄이 타당할 것이다.[104]

---

103) 이는 제3자에 의한 채권침해 또는 이른바 '간접손해'와 관련된 문제이다. 반면, 생명침해의 경우 불법행위의 성립자체는 별 의문이 없고, 손해배상청구권이 누구에게 '귀속'될 것인지가 문제된다.

104) 新注民(改訂版)(25), 747(松谷文雄); 이 경우 부양권리자가 이중이득을 얻을 수 있는데, 이를 막기 위해 부양의무를 이행한 후순위 부양의무자가 불법행위자에게 구상청구를 할 수 있는지,

망인의 손해배상청구권을 상속받은 1순위 상속인(망인의 아내)이 2순위 상속인(망인의 노부모)에 대한 부양의무를 부담하는 경우, 2순위 상속인에게 부양청구권의 침해로 인한 '손해'가 발생하였다고 볼 수 있을까? 상속받은 손해배상청구권이 부양의무자의 자력으로 고려될 수 있으므로 불법행위자에게 변제자력이 있는 경우, 손해가 없다고 주장할 여지도 있다. 그러나 이에 대해서는 피해자의 사망으로 당장 생활에 어려움이 생긴 이상, 이미 손해가 발생하였다고 보는 것도 충분히 가능하다고 사료된다.

3. 부양의무위반과 위자료

부양권리자가 부양의무자에 대하여 부양의무위반을 원인으로 위자료 청구를 할 수 있는지에 관하여, 판례는 "부양받을 권리는 채권에 유사한 일종의 신분적 재산권이라 할 것이므로 그 권리가 충족되지 않음에 관련되는 일반적인 정신상의 고통은 그 재산권의 실현에 의하여 회복되는 것이라고 봄이 상당하고, 부양의무불이행으로 인한 회복할 수 없는 정신적 손해는 특별사정으로 인한 손해"라고 보고 있다.105) 이에 대해서는, ⓐ 부모의 미성년 자녀에 대한 부양의무 불이행은 자녀의 인격권 침해로 볼 수 있으므로 그로 인한 정신적 손해는 통상손해로 보아야 하고, ⓑ 설사 특별손해로 보더라도 예견가능성을 쉽게 인정함이 타당하다는 견해가 있다.106)

4. 부양권리자가 고의로 요부양상태를 야기한 경우

부양권리자가 고의로 요부양상태를 야기한 경우 신의칙을 이유로 부양청구를 기각할 수도 있지만, 부양의무가 성립할 여지도 있다. 그렇다면, 이후 요부양상태에서 벗어났을 때 부양의무자가 부양권리자를 상대로 불법행위를 원인으로 한 손해배상청구를 할 수 있을까? 일본의 학설 중에는 이를 긍정하는 것이 있다.107) 그러나 부양의무자가 법률상 의무를 이행한 것을 두고 손해라 평가할 수 있는지는 검토의 여지가 있다.

부양권리자의 손해배상청구권을 대위행사할 수 있는지 문제될 수 있다.
105) 대법원 1983. 9. 13. 선고 81므78 판결.
106) 서종희, "부양의무불이행으로 발생한 정신적 손해," 가족법연구 25-2(2011), 199 이하.
107) 新注民(改訂版)(25), 747(松谷文雄).

第974條 (扶養義務)

다음 各號의 親族은 서로 扶養의 義務가 있다.

1. 直系血族 및 그 配偶者間
2. 削除 〈1990. 1. 13〉
3. 其他 親族間(生計를 같이 하는 境遇에 限한다.)

I. 직계혈족 및 그 배우자 간

1. 현행법상 계부자, 계모자, 서모자 관계는 직계존속으로 인정되지 않지만, 직계혈족의 배우자, 배우자의 직계혈족 관계가 되므로(§769의 인척이 된다) 원칙적으로 상호 부양의무가 발생한다. 다만 배우자가 사망한 경우, 타방 배우자와 사망한 배우자의 직계혈족 사이에 §974 i에 따라 부양의무가 발생하는지, iii에 따라 생계를 같이하는 경우에만 부양의무가 발생하는지에 관하여 견해대립이 있다. 하급심 판례의 대체적 경향은, 배우자 사망으로 배우자관계가 종료된 경우 타방 배우자는 '배우자였던 자'에 불과하므로 i의 "직계혈족 및 그 배우자 간"에 포함되지 않고, 다만 타방 배우자가 재혼하지 않는 한 인척관계는 유지되므로 iii에 따라 생계를 같이 하는 경우에만 서로 부양의무를 부담한다고 본다.[1] 대법원 판례도 마찬가지이다.[2] 그러나 학설 중에는 계자녀의 부양필요성, 계부모가 계자녀를 유기할 위험 등을 들어 1호에 따른 부양의무가 발생한다는 견해가 있다.[3]

---

1) 서울가정법원 2007. 6. 29.자 2007브28 결정(계모가 남편이 죽은 뒤 계자녀에게 부양청구를 한 경우); 대구지방법원 가정지원 2008. 7. 29.자 2008느단801 심판(사망한 남편의 아버지가 종전 며느리를 상대로 부양청구를 한 경우). 한편, i의 부양의무를 부담한다는 취지로는 수원지방법원 2011. 6. 17.자 2010느단1548 심판(사망한 남편의 어머니가 종전 며느리를 상대로 부양청구를 한 경우이다. 다만, 며느리가 남편으로부터 상속받은 토지를 임대하여 임차인으로부터 받은 소출을 시어머니에게 종전에 제공해왔던 사안이다). 이러한 논리에 동의하는 견해로는 김은아, "재혼가족의 친족법적 과제," 가족법연구 24−3(2010), 92~93.

2) 대법원 2013. 8. 30.자 2013스96 결정.

3) 차성안, 국민연금법의 유족연금 수급권자, 서울대학교박사논문(2011), 29; 김성숙, "혈족과 인척규정의 문제점," 사회변동과 한국 가족법(2008), 433은 부의 사망 후 재혼하지 않은 처가 친가에 복적하거나 일가창립한 경우 망부의 부모에 대하여 §974 i에 따른 부양의무를 부담하나, 이는 현실성이 결여된 것이라고 비판한다. 서정우, "개정 민법의 몇가지 문제점," 사법행정 31−6(1990),

2. 혼인외 자녀와 부 사이의 친자관계는 인지에 의해 자의 출생시로 소급하여 발생하므로, 인지전의 부와 자는 원칙적으로 서로 부양의무를 부담하지 않는다.[4] 인지 후에는 출생시 부터의 과거 부양료도 원칙적으로 청구할 수 있다고 봄이 상당하다. 부에 대하여 인지 청구를 하면서 자녀에 대한 과거 부양료를 함께 청구한 경우 법원은 양자를 동시에 인용할 수 있다고 사료된다.[5]

3. 당사자 사이에 입양의사의 합치가 있고 실제로 양친자관계가 형성되어 있으나 입양신고가 되지 않아 법률상으로 입양이 성립하지 않은 '사실상 양친자관계'의 경우, 당사자 사이에서는 물론이고 경우에 따라서는 양친의 혈족과의 사이에도 부양의무가 생긴다는 견해가 있다.[6]

4. 부부간 부양의무는 §826에 규정되어 있다. 사실혼 부부 사이에도 §826를 유추하여 서로 부양의무를 부담한다고 봄이 타당하다.[7]

5. 우리법상 이혼 후 배우자의 타방 배우자에 대한 부양청구권은 인정되지 않는다. 다만, 재산분할시 부양의 측면이 고려될 수 있다.[8]

Ⅱ. 생계를 같이하는 기타 친족 간

'생계를 같이한다'는 것은 생활자료의 취득과 소비를 공동으로 함을 뜻한다.[9] 반드시 동거하지 않더라도 공동의 가계에 속한 때에는 이 범주에 포함될 수 있다.[10] 형제자매(부모가 모두 같은 경우, 부모 중 어느 일방이 같은 경우, 양자와 양부모의 친자, 양자들 사이)의 경우 그들이 생계를 같이한다면 서로 부양의무를 부담한다.

21은 친부 사망시 §974 i에 따라 계모와 계자녀는 상호 부양의무를 부담하는데 이는 2차적 부양의무에 지나지 않아 문제라고 한다.

4) 대법원 1981. 5. 26. 선고 80다2515 판결; 다만, 예외적으로 사정에 따라(인지청구소송 1심에서 승소하여 소송계속중인 경우, 부일 개연성이 극히 높은 경우) 부양의무를 인정할 수 있다는 일본의 학설과 판례가 있다. 中山直子(2012), 126~127; 松嶋道夫, "親権者と親子間の扶養," 現代家族法大系Ⅲ(1979), 432.

5) 서울고등법원 2012. 10. 10. 선고 2012르1641 판결.

6) 김주수·김상용, 342; 오시영, 271; 최문기, 235; 최금숙, 101.

7) 김주수·김상용, 260.

8) 대법원 2001. 2. 9. 선고 2000다63516 판결 등; 다만, 이혼 배우자에게 지급할 재산분할의 액수를 정함에 있어 성년에 달한 자녀들에 대한 부양의무를 참작할 수는 없다(대법원 2003. 8. 19. 선고 2003므941 판결).

9) 정귀호(1987), 75.

10) 주석친족(3), 655.

第 975 條 (扶養義務와 生活能力)

扶養의 義務는 扶養을 받을 者가 自己의 資力 또는 勤勞에 依하여 生活
을 維持할 수 없는 境遇에 限하여 이를 履行할 責任이 있다.

Ⅰ. 의의 및 취지

부양의무가 발생하기 위해서는 §974가 규정한 친족관계의 존재 이외에,
요부양상태 및 부양능력이라는 요건을 갖추어야 한다. §975가 부양능력에 관하
여 언급을 하고 있지는 않지만 부양의무자에게 부양능력이 있는 경우에만 부
양의무가 발생한다는 점에 대해서는 이론이 없다. 종래의 통설은 원칙적으로
생활부조의무로서의 부양의무의 경우에만 이러한 법리가 적용된다고 하나,[1]
이에 대해서는 부부간 부양의무나 부모의 미성년 자녀에 대한 부양의무의 경
우에도 §975가 적용된다는 견해[2]가 있다.

Ⅱ. 부양청구권의 법적 성격 ─ 추상적 부양청구권과 구체적
    부양청구권[3]

친족관계의 존재, 요부양상태, 부양능력이라는 요건이 갖추어지면 구체적
내용을 갖는 권리의무가 발생하는 것인지, 협의나 심판에 의해 권리의 내용이
정해져야 비로소 구체적 권리의무가 발생하는지에 관하여 논란이 있다. 전자의
입장(이하 '실체법설'이라 한다)에 따르면 부양심판은 이미 객관적으로 확정된 권리
의무의 내용을 확인하는 성격을 갖고 있다고 봄이 수미일관하고, 후자(부양심판에
의해 권리의 구체적 내용이 형성된다는 점에서 이하 '내용형성설'이라 한다)의 입장에 따르
면 부양심판에 의해 구체적 부양의무가 비로소 형성된다고 봄이 수미일관하다.

1) 주석친족(3), 693.
2) 임종효(2011), 232~233.
3) 최준규(2012), 2~6.

우리 판례는 양육비청구권에 관하여 후자의 입장에서 판시한 것이 있다.[4)]
양육비는 부모가 미성년 자녀를 부양하는 데 필요한 비용으로서 부양료의 일
종인 이상,[5)] 이러한 논리는 부양청구권 일반에 그대로 적용될 수 있을 것으로
사료된다. 이에 대하여, 미성년 자녀에게 부양의 필요, 부모에게 부양의 능력이
있으면 기본적 양육비청구권이 발생하고, 이에 터잡아 매일매일 지분적 양육비
청구권이 발생한다는 반론이 있다.[6)]

　모가 부를 상대로 양육비를 청구하는 경우에는 부양필요성과 부양능력을
고려하여 구체적 양육비를 정하는 것, 청구할 수 있는 과거 양육비를 결정하는
것 이외에 달리 법원이 재량을 행사할 여지가 없고, 이러한 법원의 판단은 불
법행위로 인한 위자료 청구시 위자료 액수를 심리하는 것과 실질적으로 별 차
이가 없어 보인다.[7)] 그러나 실체법설로 부양과 관련된 모든 상황을 아울러 설
명하기에는 무리가 있다. 부양필요성과 부양능력이 갖추어진다고 늘 부양의무
가 발생하는 것은 아니기 때문이다. 부양의무자가 다수일 경우 그들 사이의 순
위, 부양의무 간 관계(연대채무인지 분할채무인지), 부양방법 등은 부양심판을 통해
비로소 결정되고, 그 판단기준에 관하여 민법은 구체적 언급을 하고 있지 않다.
이 경우 법원은 부양필요성과 부양능력 이외에 다른 여러 사정을 종합적으로
고려하여 부양의무자 및 부양의무의 내용을 결정하게 된다.

　부양에 관한 조문의 체계에도 주목할 필요가 있다. 民 §976는 "부양의 의
무있는 자가 수인인 경우에 부양을 할 자의 순위에 관하여 당사자 간에 협정이

<hr/>

4) 대법원 2006. 7. 4. 선고 2006므751 판결("이혼한 부부 사이에서 자에 대한 양육비의 지급을
　구할 권리는 당사자의 협의 또는 가정법원의 심판에 의하여 구체적인 청구권의 내용과 범위가
　확정되기 전에는 '상대방에 대하여 양육비의 분담액을 구할 권리를 가진다'라는 추상적인 청구
　권에 불과하고 당사자의 협의나 가정법원이 당해 양육비의 범위 등을 재량적·형성적으로 정하
　는 심판에 의하여 비로소 구체적인 액수만큼의 지급청구권이 발생하게 된다"); 대법원 2011. 7.
　29.자 2008스67 결정 등("양육자가 상대방에 대하여 자녀 양육비의 지급을 구할 권리는 당초에
　는 기본적으로 친족관계를 바탕으로 하여 인정되는 하나의 추상적인 법적 지위이었던 것이 당
　사자 사이의 협의 또는 당해 양육비의 내용 등을 재량적·형성적으로 정하는 가정법원의 심판에
　의하여 구체적인 청구권으로 전환됨으로써 비로소 보다 뚜렷하게 독립한 재산적 권리로서의 성
　질을 가지게 된다").
5) 임종효(2011), 220~223; 권덕진(2011), 179; 다만, 과거의 양육비를 청구하는 경우 그 실질을
　자녀의 부양청구권을 대신 행사하는 것으로 볼 것인지, 구상청구를 하는 것으로 볼 것인지 논란
　이 있을 수 있다.
6) 임종효(2011), 269~272.
7) 2012. 5. 31. 서울가정법원은 양육비 산정기준표를 제정, 공표하였고, 2014. 5. 30. 개정된 양
　육비 산정기준표를 공표하였다. 위 개정된 산정기준표는 자녀의 나이와 부모소득을 기준으로
　평균양육비(양육자녀가 2명인 4인가족을 기준으로 한 자녀 1인당 월별 평균양육비)를 정하고
　있고, 법원은 이 평균양육비를 기준으로 각 사건의 구체적 사정을 반영하여 자녀(들)에 대한 양
　육비 총액을 확정하게 된다. 따라서 양육비 산정시 법원의 재량의 폭은 위자료 액수를 산정할
　때보다 오히려 좁다고 볼 여지도 있다.

없는 때에는 법원은 당사자의 청구에 의하여 이를 정한다"고 규정하는데, 이는 民 §974, §975의 요건이 충족되었다는 전제하에, 누가 어떤 내용의 부양의무를 부담할 것인지를 1차적으로 당사자들의 합의에 따라 정하고, 합의가 이루어지지 않으면 법원이 정하겠다는 취지로 이해된다. 반면, 실체법상 권리(民 §741, §750 등)는 대체로, 법이 정한 일정 요건이 갖추어지면 법적 의무가 발생한다고 규정되어 있을 뿐이고, 권리자로 하여금 1차적으로 의무자의 동의를 얻어 권리를 행사하도록 규정하고 있지 않다. 이와 같은 사정과 부양의무의 발생요건이 법상 충분히 규정되어 있지 않은 점, 가사소송법상 부양심판을 비송사건으로 규정한 점을 보태어 보면,8) 부양심판은 당사자의 '합의에 갈음하는 형성적 성격'을 갖는다고 새기는 것이 조문체계에 더 부합하는 해석이라 생각한다.9)

　　따라서, 부양청구권은 부양필요성 및 부양가능상태가 갖추어졌을 때 일응 발생하지만, 그 구체적 내용은 협의나 심판에 의해 비로소 형성된다고 봄이 일응 타당할 것으로 사료된다.10)11) 부양청구권의 법적 성질에 대한 관점의 차이는, 부양과 관련된 개별 문제들을 바라보는 각도의 차이로 연결된다. 실체법설에 따르면, 심판이나 협의가 없더라도 부양관련 구상청구를 민사소송으로 다루는데 별 무리가 없다. 제3자가 부양의무자를 사실상 부양할 당시 부양의무자는 부양권리자에 대하여 구체적 권리로서의 부양청구권을 갖고 있었기 때문이다. 반면 내용확정설에 따르면, 구상청구가 가능하기 위해서는 부양청구권의 구체적 내용이 확정될 필요가 있다. 나아가, 구체적 내용이 확정된 부양청구권이 제

---

8) 부양료나 양육비 청구를 비송사건으로 보는 것에 의문을 제기하는 견해로는 이시윤, 신민사소송법(2014), 16.

9) 이러한 논리구성은 鈴木忠一(1971), 166~167을 참고한 것이다(그러나 鈴木忠一는 미성숙자에 대한 부모의 부양의무에 한해서는 실체법설을 따르는 것으로 보인다).

10) 추상적 양육비 청구권과 구체적 양육비 청구권(채권)을 구별하는 것에 동의하는 견해로는 권덕진(2011), 182~185; 부부간 생활비용분담 청구권에 관하여 추상적 청구권과 구체적 청구권의 구별에 동의하는 견해로는 윤여헌·김용찬, "부부의 생활비용분담," 재판자료 62(1993), 313~314.

11) 우리와 유사한 조문 구조를 갖고 있는 일본의 경우 학설상 실체법설, 내용형성설, 권리형성설(협의나 심판이 있기 전에는 부양청구권이 존재하지 않는다)이 대립하고 있고, 판례의 입장은 내용형성설에 가깝다[日最決 1965(昭 40). 6. 30. 民集 19·4·1114, 부부간 혼인비용분담에 관한 사건이다]. 中山直子(2012), 158~159; 野本三千雄, "事情変更による扶養料増減の時点," 家事事件の研究(2)(1973), 155~168. 일본 민법 §877 ①은 "직계혈족 및 형제자매는 서로 부양할 의무가 있다." ②은 "가정재판소는 특별한 사정이 있는 경우, 전항이 규정한 경우 이외의 3촌 이내의 친족사이에 부양의무를 부담시킬 수 있다"고 규정하고 있는데, 위와 같은 견해대립이 있는 지점은 ① 및 부부간 부양의무에 관한 부분이다. ②에 따른 부양청구권은 법원의 심판이 있기 전에는 존재하지 않는다는 점에 관해서 학설상 별다른 논란이 없는 것으로 보인다. 中山直子(2012), 157 참조. 한편, 독일[현 독일가사소송법(FamFG) §112는 부양사건을 '가사소송사건'(Familienstreitsachen)으로 규정하고 있다]이나 프랑스에서는 추상적 부양청구권과 구체적 부양청구권을 구별하지 않는다. 다만, 독일 보통법(Gemeines Recht)에서는 부양청구권은 기판력이 있는 판결이 있어야 비로소 발생하는 것으로 보았다고 한다. Martiny I (2000), 65.

3자가 부양의무자를 사실상 부양할 당시에도 이미 존재하고 있던 것으로 의제할 필요가 있다.[12)

다만, 추상적 부양청구권과 구체적 부양청구권을 구별하는 입장을 취한다고 해서 개별 쟁점과 관련하여 특정 결론이 '논리필연적으로' 도출된다고 보기는 어렵다. 가령, 추상적 부양청구권이라고 해서 당연히 양도할 수 없고,[13) 상속이 되지 않으며,[14) 채권자대위권의 피보전채권이 될 수 없고,[15) 소멸시효에 걸리지 않고,[16) 지연손해금을 부가할 수 없다는 결론에 이르는지 의문이다. 법이 부양심판을 비송사건으로 규정한 이유는 부양과 관련한 분쟁을 공평타당하고 유연하게 해결하기 위함이지, 부양심판이 있기 전 부양청구권의 '권리'로서의 성격을 일체 부정하려는 데 있는 것은 아니기 때문이다.

Ⅲ. 부양청구권과 지연손해금

과거 부양료나 양육비에 관하여 일시금 지급을 명하는 경우, 지연손해금을 어느 시점부터 부가할 것인지, 소송촉진 등에 관한 특례법상 지연손해금을 부가할 수 있는지 여부가 문제된다. 하급심 판례중에는 심판 확정 다음 날부터 연 5%의 지연손해금을 명한 것이 많다.[17) 이에 대해서는, 심판 확정 이전에도 양육비에 지연손해금을 부가할 수 있고, 소송촉진 등에 관한 특례법상 연 20%

---

12) 부양심판의 형성적 성격을 긍정하면서 형성의 효과가 소급한다고 보는 견해로는 강현중 (1981), 61~64 참조. 일본의 학설로는 野田愛子, "審判による扶養料支払の始期," 家族法實務研究(1988), 344~351; 鈴木忠一(1971), 170 참조.

13) 필자는 §979 때문에 양도할 수 없는 것이지, '추상적 부양청구권'이기 때문에 양도할 수 없는 것은 아니라고 생각한다.

14) 부양의무자나 부양권리자 중 일방이 사망하였다는 우연한 사정으로 인해 부양권리자가 과거의 부양료를 지급받지 못하거나 부양의무자가 의무를 면하는 것이 부당한 상황이라면, 추상적 부양청구권도 상속이 가능하다고 볼 여지가 있다.

15) 대법원 1999. 4. 9. 선고 98다58016 판결은, "이혼으로 인한 재산분할청구권은 협의 또는 심판에 의하여 그 구체적 내용이 형성되기까지는 그 범위 및 내용이 불명확·불확정하기 때문에 구체적으로 권리가 발생하였다고 할 수 없으므로 이를 보전하기 위하여 채권자대위권을 행사할 수 없다"고 한다. 아마도 이 논리는 추상적 부양청구권에도 적용될 수 있을 것으로 보인다. 그러나 이러한 논리에 대해서는 비판하는 견해도 존재한다. 전경근, "재산분할청구권의 피보전채권성," 가족법연구 17-1(2003), 101 이하; 민유숙, "가사비송사건으로서의 재산분할," 재판자료 101(2003), 165 이하 참조.

16) 대법원 2011. 7. 29.자 2008스67 결정은 추상적 양육비청구권은 양육자가 그 권리를 행사할 수 있는 재산권에 해당한다고 할 수 없다고 한다. 이에 대한 의문으로는 §977 註釋 Ⅴ. 4. 참조.

17) 서울가정법원 2010. 7. 16.자 2009느단7722 심판(청구인은 심판청구서 송달 다음날부터 다 갚는 날까지 연 20%의 지연손해금 청구); 서울가정법원 2008. 2. 19.자 2007느단2912 심판(심판청구서 송달 다음날부터 심판고지일까지 연 5%, 그 다음날부터 다 갚는 날까지 연 20%의 지연손해금 청구); 서울가정법원 2011. 8. 12.자 2011느단156 심판(청구인은 심판청구서 송달 다음 날부터 다 갚는 날까지 연 20%의 지연손해금 청구) 등.

의 지연손해금을 부가할 수 있다는 견해가 있다.[18]

부양심판을 통해 부양청구권의 내용과 범위가 '소급적'으로 형성된다고 보면, 부양권리자가 부양료를 청구한 시점 다음날부터 해당 부양료에 대한 지연손해금을 부가하는 것이 불가능하다고 볼 이유는 없다(굳이 지연손해금을 부가할 필요가 있는지, 부가하는 것이 적절한지 여부는 또 다른 문제이다).[19] 따라서 사해행위 취소소송에서 가액배상 판결시 지연손해금을 판결확정 다음 날부터 부가하는 것처럼 과거의 부양료에 대해서도 '논리필연적으로' 심판확정 다음 날부터 지연손해금을 부가해야 하는 것인지 의문이다. 같은 이유에서 소송촉진 등에 관한 특례법상 지연손해금도 부가할 수 있다고 사료된다.

Ⅳ. 부양료 청구와 가집행

부양료나 양육비 지급을 명하는 심판을 할 경우, 과거분인지 장래분인지 여부와 무관하게 담보를 제공하게 하지 않고 가집행할 수 있음을 명하여야 한다(家訴 §42 ①).[20] 가집행선고에 의하여 부양료를 지급한 경우 부양료 채권이 그 범위에서 소멸되는 것은 아니므로 항소심이 이를 참작해서는 안 됨은 물론이다.[21] 실무상 부양심판이 형성적 효력을 갖는다는 점 등을 이유로 가집행을 명하지 않는 경우도 있으나, 타당한지 의문이다.

한편 판례 중에는, "청구인과 상대방이 이혼하면서 사건본인의 친권자 및 양육자를 상대방으로 지정하는 내용의 조정이 성립된 경우, 그 조정조항상의 양육방법이 그 후 다른 협정이나 재판에 의하여 변경되지 않는 한 청구인에게 자녀를 양육할 권리가 없고…(중략)… 청구인의 임의적 양육에 관하여 상대방이 청구인에게 양육비를 지급할 의무가 있다고 할 수는 없다"고 본 것이 있는데,[22] 이 경우 양육자 변경심판이 확정되기 전까지는 실체법상 양육비청구권이 존재한다고 보기 어려우므로 이러한 양육비청구에 대해서는 가집행을 붙일 수 없다는 견해가 있다.[23]

---

18) 임종효(2011), 296~299.
19) 가령, 혼인외의 자가 인지된 경우, 인지심판이 확정되기 전의 부양료(양육비)에 대하여 지연손해금을 가산하는 것은 부적절할 수 있다.
20) 대법원 1994. 5. 13.자 92스21 전원합의체 결정; 대법원 2014. 9. 4. 선고 2012므1656 판결; 제요[2], 493; 임종효(2011), 300~313.
21) 대법원 1990. 5. 22. 선고 90므26(본심), 33(반심) 판결.
22) 대법원 2006. 4. 17.자 2005스18, 19 결정; 대법원 1992. 1. 21. 선고 91므689 판결; 물론 家訴 §62 등의 사전처분을 통해 상대방에게 양육비 지급을 요구할 수는 있다.
23) 임종효(2011), 311.

第 976 條 (扶養의 順位)

① 扶養의 義務있는 者가 數人인 境遇에 扶養을 할 者의 順位에 關하여 當事者間에 協定이 없는 때에는 法院은 當事者의 請求에 依하여 이를 定한다. 扶養을 받을 權利者가 數人인 境遇에 扶養義務者의 資力이 그 全員을 扶養할 수 없는 때에도 같다.

② 前項의 境遇에 法院은 數人의 扶養義務者 또는 權利者를 選定할 수 있다.

Ⅰ. 의의 및 취지

부양의무자가 2명 이상인 경우 또는 부양권리자가 2명 이상으로서 부양의무자의 자력이 부족한 경우, 그들 사이의 순위는 1차적으로 당사자 간 협정에 의해 정하고, 협정이 없는 때에는 법원이 당사자의 청구에 의하여 이를 정한다. 법원이 순위를 정할 때 어떠한 기준에 따라 판단할 것인지에 관해, 민법은 명시적 규정을 두고 있지 않다.[1] §976는 부양순위를, §977는 부양정도와 방법을

---

1) 우리법과 달리 독일, 오스트리아, 스위스의 경우 대체로 부양의무자 사이의 순위에 관하여 민법에 규정을 두고 있다. 독일 민법 §1608 ①은 배우자가 부양권리자의 다른 친족보다 우선하여 부양의무를 부담하고, 다만 그의 다른 의무를 고려할 때 자신의 적절한 부양이 위험에 빠지지 않고서는 부양의무를 이행할 수 없는 경우에는, 친족들이 배우자보다 우선하여 부양의무를 부담한다고 규정하고 있다. 또한 직계비속은 직계존속보다 우선하여 부양의무를 부담하고(§1606 ①), 직계비속들 사이 또는 직계존속들 사이에서는 근친자가 우선하여 부양의무를 부담한다(§1606 ②). 배우자의 부양의무를 우선시하는 규정은 오스트리아 민법(§143 ② 1문)에도 존재한다. 다만, 오스트리아 민법은 독일 민법과 달리 직계존속이 직계비속보다 우선하여 부양의무를 부담한다고 규정하고 있다. 스위스 민법의 경우, 배우자의 부양의무가 부모의 자녀에 대한 부양의무보다 우선한다는 규정은 존재하지 않는다. 다만, 스위스 민법상 부모의 성년 자녀에 대한 부양의무는 §328 ①(경제적 여력이 있는 사람은 그의 도움이 없으면 생활이 곤란해질 직계존비속을 도울 의무가 있다)에 따른 생활부조의무로서의 부양의무(Unterstützungspflicht)에 포함될 것으로 보이고, 이러한 부양의무는 §328 ②[부모, 배우자, 생활동반자의 부양의무(Unterhaltspflicht)는 존속한다]에 따라 배우자의 부양의무나 부모의 미성년 자녀에 대한 부양의무보다 후순위이다. 생활부조의무로서의 부양의무의 순위는 상속순위에 따라 결정되는데(§329 ①), 이에 따르면 직

별도로 규정하고 있지만, 양자의 판단기준은 일정부분 겹치고[2] 그 판단도 사실상 동시에 이루어지는 경우가 많다.

II. 순위결정의 기준

1. 생활유지의무 vs. 생활부조의무

부부간 부양의무나 부모의 미성년 자녀에 대한 부양의무는 대체로 다른 친족간 부양의무보다 우선하여 이행될 필요가 있다. 우리나라가 비준한 '아동의 권리에 관한 협약' §18 ①은 부모 또는 경우에 따라 후견인은 아동(18세 미만의 자를 뜻한다)의 양육과 발달에 일차적 책임을 진다고 규정한다.[3] 따라서 부모의 미성년 자녀에 대한 부양의무는 조부모나 기타 친족의 부양의무보다 우선한다고 봄이 타당하다.[4] 판례는 §826 ①에 규정된 부부간의 상호부양의무는 제1차 부양의무이고, §974 i, §975에 따라 부모가 성년의 자녀에 대하여 직계혈족으로서 부담하는 부양의무는 제2차 부양의무로서, 제1차 부양의무자는 특별한 사정이 없는 한 제2차 부양의무자에 우선하여 부양의무를 부담한다고 판시하고 있다.[5] 이는 부부간 부양의무의 경우 §976의 규정이 적용되지 않으므로 부부간 부양의무와 §974 이하의 부양의무 사이의 순위결정 문제는 §976에 따라 결정되는 것이 아니라는 취지로 이해된다. 법문언에 충실한 해석이기는 하나, 선험적으로 양 의무간 우선순위를 구별하는 것이 타당한지는 의문이고, 배우자의 부양의무의 우선성[6]에는 예외를 인정할 여지가 없지 않다고 생각한다.

계비속이 근친인 순서대로 부양의무를 부담하고, 그 다음에 직계존속이 근친인 순서대로 부양의무를 부담하게 된다.

2) 가령, 당해 부양의무의 법적 성질, 부양권리자와 의무자 사이의 종래 관계, 부양권리자가 요부양상태에 빠지게 된 경위, 부양의무자가 유산을 상속받았는지 여부 등.

3) 미성년 자녀에 대한 친권의 유무에 따라 부모간 부양의무의 순위나 정도가 달라지는 것은 아니다. 제요[2], 585; 新注民(改訂版)(25), 776~777(松尾知子) 참조. 참고로 일본의 경우, ⓐ 친권자가 비친권자보다 우선적으로, 더 무거운 부양의무를 부담한다는 견해, ⓑ 비친권자가 친권자보다 우선적으로, 더 무거운 부양의무를 부담한다는 견해도 있다. 개략적인 소개로는 大村敦志/河上正二/窪田充見/水野紀子, 比較家族法研究(2012), 294~298(ⓐ의 견해에 찬성하고 있다).

4) 다만, 미성년자가 결혼을 한 경우 배우자의 부양의무와 부모의 부양의무 사이의 관계는 문제될 수 있다.

5) 대법원 2012. 12. 27. 선고 2011다96932 판결.

6) 부인이 다른 여자와 사실혼 관계를 형성한 남편에 대하여 부양료를 청구한 사안에서 남편이 부양능력이 없는 경우에 비로소 자녀의 모에 대한 부양의무가 문제된다는 판례로는 日東京高決 1967(昭 42). 6. 22. 家月 20·1·81; 부모는 생활유지의무를 부담하는 부양의무자가 아니므로, 자녀를 사실상 부양한 경우 며느리나 사위에 대하여 전액구상을 할 수 있다는 견해로는 日野原昌, "過去の扶養料の請求," 講座現代家族法Ⅳ(1992), 268 참조.

가령, 남편의 귀책사유가 일부 개입되어 별거상태가 지속되던 중 남편에게 부양필요성이 발생한 경우, 부인의 부양의무가 남편의 부모 또는 남편의 자녀가 부담하는 부양의무보다 항상 우선한다고 단정할 수 있는지 의문이다. 부인과 자녀(또는 부모)의 각 부양의무를 동순위로 보는 대신, 분담비율을 조절하여 각각 부양료 지급을 명하는 방법 등도 가능하다고 사료된다.[7]

부모에 대하여 미성년 자녀와 노부모의 각 부양청구권이 경합하는 경우 대체로 전자를 더 보호해주는 것이 타당하나,[8] 구체적 사정에 따라서는 달리 볼 여지도 없지 않다.[9] 배우자 일방에 대하여 타방 배우자와 노부모의 각 부양청구권이 경합하는 경우에도 전자를 우선적으로 보호해줄 필요가 있으나, 부부간 공동체 관계가 파탄된 경우에는 달리 볼 여지가 있다. 가령, 별거 중인 배우자에 대하여 부양의무를 부담하는 타방 배우자가 노부모와 동거하는 경우, 노부모의 생활비도 참작하여 부양의무자의 자력을 판단하는 것을 고려해 볼 수 있다.

2. 양친자관계(일반입양의 경우만을 뜻한다) vs. 친자관계

미성년 양자의 경우, 양자제도의 목적과 기능에 비추어 양부모가 친부모보다 우선하여 부양의무를 부담한다고 봄이 타당하다.[10] 친부모의 생활수준이 양부모보다 높더라도 양자가 친부모에 대하여 차액분의 부양료를 청구할 수는 없다고 볼 것이다.[11] 양친자관계가 사실상 파탄된 경우에도 원칙적으로 양친의 부양의무의 우선성은 인정된다고 봄이 타당하다.[12] 양육친이 이혼 후 재혼하면서 재혼상대방이 자녀의 양친이 된 경우, 비양육친의 부양의무는 양친의 그것에 비해 후순위가 되고,[13] 양육친과 양친은 동순위의 부양의무를 부담하

---

7) 최준규(2012), 11.
8) 참고로 독일 민법 §1609 ①은 부양권리자의 순위와 관련하여, 미성년의 미혼 자녀를 1순위, 장기간 혼인관계에서의 배우자 및 부양의무자의 자녀를 돌보아 줌으로써 부양청구권을 갖게 된 부모 등을 2순위로 규정한다.
9) 가령, 19세인 자녀의 부양청구권과 90세인 부모의 부양청구권이 경합하는 경우를 생각해 볼 수 있다. 新注民(改訂版)(25), 777(松尾知子).
10) 深谷松男, "普通養子に対する実親と養親との扶養義務の先後," 家事審判事件の研究 (1)(1988), 269~270; 中山直子(2012), 192; 양부모에 대하여 친부모가 2차적 부양의무를 진다는 판례로는 대전고등법원 2005. 7. 1.자 2004브6 결정.
11) 深谷松男(주 10), 274.
12) 다만, 파탄 정도가 중대하여 양친자관계 해소의 원인이 되는 경우, 또는 사실상 파양 상태인 경우에는 양친의 부양의무가 소멸하고, 파탄이 위와 같은 정도에 이르지 않은 상태에서 제3자가 부양한 경우에 제3자는 친부모와 양부모 누구에 대하여도 청구가 가능하고(미성년자 부양의 긴급성 및 제3자의 부담 경감 고려) 친부모가 구상의무를 이행한 경우 양부모에게 다시 구상을 청구할 수 있다는 견해로는 深谷松男(주 10), 272~273.
13) 日神戸家姫路地審 2000(平 12). 9. 4. 家月 53·2·151.

게 될 것이다.

　　그러나 양자의 양부모에 대한 부양의무와 친부모에 대한 부양의무 사이에
는 전자가 항상 후자보다 우선한다고 보기 어렵고, 구체적인 사정을 고려하여
개별적으로 판단함이 타당하다.[14] 양자의 친부모에 대한 부양의무와 친부모의
다른 친자들이 친부모에 대하여 부담하는 부양의무 사이에도 후자가 항상 전
자보다 우선한다고 보기는 어렵다.

3. 그 밖의 생활유지의무 상호 간

　　ⓐ 미성년자녀에 대한 비양육친이 재혼한 경우 자녀의 부양청구권과 배우
자의 부양청구권이나, ⓑ 전혼 관계에서 태어난 미성년 자녀의 부양청구권과
재혼 관계에서 태어난 미성년 자녀의 부양청구권은, 원칙적으로 동순위로 보아
야 할 것이다.

4. 생활부조의무를 부담하는 친족 간 부양의 경우

　　정형화된 기준을 미리 정해놓긴 어렵지만, 근친자의 부양의무나 부양권리
가 우선할 여지가 많을 것이다. 가령, ⓐ 노부모에 대한 자녀의 부양의무와 다
른 일반 친족의 부양의무(가령, 노부모와 동거하는 노부모의 형제자매의 부양의무)가
경합하거나, ⓑ 부모의 부양청구권과 조부모의 부양청구권이 경합하는 경우에
는, 전자를 우선하거나 좀 더 보호하는 것이 대체로 타당할 것이다. 노부모의
부양청구권과 성년 자녀의 부양청구권이 경합하는 경우, 전자를 우선하는 것이
타당하다는 견해가 있으나,[15] 그와 같이 단정하긴 어렵고 사안에 따라 판단해
야 할 것으로 사료된다.

Ⅲ. 부양심판의 당사자

　　부양권리자뿐만 아니라 부양의무자도 심판청구를 할 수 있다.[16] 부양의무
자가 부양권리자 및 다른 부양의무자를 상대로 자신의 분담비율을 정하는 청
구를 하는 것도 가능하다.[17] 부양의무자가 다른 부양의무자를 상대로 심판청

---

14) 中山直子(2012), 138.

15) 深谷松男, "生活保持義務と生活扶助義務," 講座現代家族法Ⅳ(1992), 200~201.

16) 부양의무자 자신이 부양의무를 부담하지 않음을 선언하는 심판, 자기가 부양할 순서가 아님을
　　정하는 심판 등 소극적 내용의 심판은 독립한 신청의 대상이 될 수 없다는 견해로는 鈴木忠一
　　(1971), 177; 유진식(1986), 378.

구를 하는 것도 가능하다. 이 경우 이해관계인인 부양권리자를 家訴規 §106에 따라 절차에 참가하게 하여야 하지만,18) 그 청구가 오로지 과거의 부양료의 구상을 구하는 것일 때에는 굳이 부양권리자를 참가시킬 필요는 없다.19) 부양권리자와 수인의 부양의무자 사이의 협의 또는 심판에 의해 부양료가 정해졌는데 그중 한 사람의 부양의무자가 사정변경을 원인으로 취소·변경심판을 청구하는 경우, 부양권리자만을 상대로 해도 무방하다.20) 다만, 부양권리자가 받을 수 있는 총 부양료를 조정하기 위해 다른 부양의무자들을 절차에 참가시키는 것이 바람직한 경우도 있을 것이다.

---

17) 鈴木忠一(1971), 180.

18) 다만, 이미 부양권리자와 사이에 부양료 지급에 관한 협의가 이루어졌으나 부양의무자들 사이의 분담비율에 관하여 협의가 이루어지지 못한 경우에는 예외적으로 부양의무자들끼리의 부양심판을 허용할 수 있다는 견해로는 加藤令造/佐久間重吉, "扶養審判の構造上の特性," 家事事件の硏究(1)(1970), 152~155; 中山直子(2012), 185.

19) 제요[2], 581.

20) 鈴木忠一(1971), 179; 유진식(1986), 380.

第 977 條 (扶養의 程度, 方法)

扶養의 程度 또는 方法에 關하여 當事者間에 協定이 없는 때에는 法院
은 當事者의 請求에 依하여 扶養을 받을 者의 生活程度와 扶養義務者의
資力 其他 諸般事情을 參酌하여 이를 定한다.

Ⅰ. 의의 및 취지

민법은 부양의 정도와 방법에 관하여 우선 당사자가 협의로 정하고, 협의
가 되지 않는 때에는 가정법원이 당사자의 청구에 의하여 부양받을 자의 생활
정도와 부양의무자의 자력 기타 제반사정을 참작하여 정하도록 규정하고 있다.
법에 부양의 정도와 방법을 정하는 구체적 기준은 없기 때문에, 각 사안별로
어떠한 요소들을 참작하여 부양의 정도와 방법을 정할 것인지가 문제된다.

Ⅱ. 부양의 정도에 관한 해석기준

1. 부양받을 자의 생활정도

부양의 정도를 정함에 있어 요부양자가 적어도 자신의 지위·건강 등에 비
추어 최저한도의 생활을 유지할 수 있는지 고려할 필요가 있다. 부부간 부양이

나, 부모의 미성년 자녀에 대한 부양의 경우 부양권리자의 생활수준도 참작할 필요가 있다. 성년 자녀의 노부모에 대한 부양의 경우에도, 상황에 따라서는 통상의 친족부양보다 더 높은 수준의 의무이행이 바람직할 수 있다.

　　부양료에는 부양을 받을 자의 연령, 재능, 신분, 지위 등에 따른 교육을 받는 데 필요한 비용도 포함된다.[1] 한편, 부양받을 자 자신이 제3자에 대하여 부담하는 부양의무와 관련된 비용은 원칙적으로 부양받을 자의 생활에 필요한 비용에 포함되지 않는다.[2]

2. 부양의무자의 자력

　　부양료 산정시 부양의무자의 자력 즉, 부양의무자의 수입 중에서 자신의 사회적 지위에 따른 생활비 등을 공제하고 남은 금액이 얼마인지 고려할 필요가 있다. 다만, 경제적 여력이 있는 경우에 한하여 부양의무를 인정하는 법리는, 부부간 부양의무나 부모의 미성년 자녀에 대한 부양의무의 경우에는 제한·수정될 필요가 있다. 이 경우 부양의무자는 통상의 친족부양보다 강화된 형태의 부양의무를 부담한다고 봄이 타당하기 때문이다. 가령, 부모가 제3자로부터 부양료를 받아 수입이 증가하였다면, 부모의 미성년 자녀에 대한 부양료를 산정함에 있어 위와 같은 사정을 고려할 필요가 있을 것이다.

3. 기타 제반사정

　　부양권리자의 직업과 사회적 지위, 부양의무자들의 상속관계, 부양권리자와 부양의무자 사이의 종래 유대관계,[3] 과거에 부양권리자(부)가 부양의무자(자녀)를 부양하였는지 여부,[4] 부양권리자가 요부양상태에 빠지게 된 원인 등이

---

1) 대법원 1986. 6. 10. 선고 86므46 판결(미성년 자녀가 성년에 이를 때까지의 교육비가 부양료에 포함된다고 보았다); 미성년 자녀들에 대한 가정교사월급이나 학원비가 부양의무자인 부의 신분, 자력 등에 상응하는 양육비용으로 볼 수 없다는 판례로는 서울고등법원 1976. 10. 29. 선고 76나1878 판결.
2) 주석친족(3), 697.
3) 다만, 미성년 자녀와 부 사이에 불화나 감정적 대립이 있거나 미성년 자녀가 부와의 면접교섭을 거부하고 있다고 해서 부양료나 양육비를 감액하는 것은 타당하지 않은 측면이 있다. 中山直子(2012), 287.
4) 청주지방법원 제천지원 2006. 3. 31.자 2005느단140 심판(노부모가 과거 미성숙 자녀에 대한 양육의무를 다하였는지 여부에 따라 자녀의 노부모 부양의무의 존부가 달라지는 것은 아니고, 부양의 정도나 방법을 정하면서 참작하면 족하다). 주석친족(3), 698은 자를 고의로 유기하고 학대, 방임한 부모에 대해서는 자의 부양의무가 경감되거나 면제되어야 하지만, 자력이 없기 때문에 부득이 자를 부양할 수 없었던 부모의 경우에는 그 사실만으로 자에 대한 부양청구권을 상실한다고 볼 수 없다고 한다.

고려될 수 있다.

한편, 자녀의 부양을 해태한 부가 자녀에게 부양청구를 하는 경우, 부모를 학대하거나 살해하려고 한 자녀가 부모를 상대로 부양청구를 하는 경우, 형이 동생에게 5년분 부양료를 미리 주었는데 동생이 이를 도박으로 탕진해버린 경우, 부양료를 상당부분 감액하는 차원을 넘어 신의칙 등을 근거로 부양청구를 허용하지 않는 것이 타당할 수도 있다.5) 이 경우 요부양자의 보호는 궁극적으로 공적부조를 통해 해결할 필요가 있다. 참고로 독일 민법 §1611 ①은 부양권리자가 자신의 윤리적 과책(sittliches Verschulden)으로 인해 요부양상태에 빠지거나, 부양의무자에 대한 자신의 부양의무를 중대하게 해태하거나, 부양의무자나 그의 근친자에게 고의로 중대한 비행을 저지른 경우 부양의무자는 형평에 부합하는 금액의 부양료만 지급하면 되고, 부양의무자에 대한 청구가 현저히 형평에 반하는 경우 부양의무는 소멸한다고 규정하고, §1611 ③은 부양권리자는 이 조항에 따라 감액된 금액을 다른 부양의무자에게 청구할 수 없다고 규정한다.6) 다만, 위 ①은 부모의 미성년 미혼 자녀에 대한 부양의무에 관해서는 적용되지 않는다(§1611 ②).

Ⅲ. 부양유형별 검토

1. 부부간 부양의무

가. 부부간 부양의무는 생활유지의무의 성격을 갖고 있다는 것이 학설의 대체적 견해이다. 그러나 부부별거시에는 별거와 관련한 유책성, 별거경위, 별거기간, 부부관계의 회복가능성, 회복을 위해 기울인 노력의 정도 등을 고려하여 부양의무를 감면할 여지가 있다. 가령, 부부 일방이 정당한 이유없이 동거를 거부하는 경우 상대방의 동거청구가 권리남용에 해당하는 등의 특별한 사정이 없는 한, 상대방에게 부양료 지급을 청구할 수 없다.7) 다만, 별거에 관하여 부양청구인에게 유책성이 있다고 하여 언제나 부양청구를 부정하는 것은 타당하

---

5) 서울가정법원 2012. 6. 11.자 2012브26 결정은 이혼 후 남편이 전 아내를 상대로 재산분할금 채권을 기초로 아내 명의 부동산에 강제경매를 신청하자, 아내가 장래 양육비 채권과 재산분할 금채권을 상계하기로 제안하였고 이에 따라 남편이 강제경매를 취하하였는데, 아내가 문제된 부동산을 처분하고 다시 남편을 상대로 양육비를 청구한 사안에서, 신의칙 등을 근거로 청구를 받아들이지 않았다.

6) 해석론으로 부양청구권의 당연상실을 인정하자는 일본 학설로는 米倉明, "老親扶養と民法," 家族法の研究(1999), 246.

7) 대법원 1991. 12. 10. 선고 91므245 판결.

지 않고 경우에 따라서는 부양료를 감액하는 것이 타당할 수 있다.8) 어느 일방의 유책성이 명백하지 않은 경우에는 쌍방의 유책정도가 동등하다고 추정하여 부양료를 산정할 필요가 있다. 부양심판은 간이하고 신속하게 진행될 필요가 있으므로 부양심판 절차에서 유책성에 관하여 상세히 심리하는 것은 바람직하지 않다. 또한, 회복가능성이 있는 별거라면 유책배우자의 부양청구라도 이를 허용할 수 있다.9)

별거와 관련하여 부양청구인의 상대방에게 유책성이 있는 경우에는 원칙적으로 부부동거시와 동일한 정도의 부양의무를 인정하는 것이 타당하다. 이러한 별거기간이 장기화되어 부부관계의 회복이 불가능해진 경우 부양료를 감액할 수 있는지에 대해서는 논란의 여지가 있지만, 적어도 별거기간이 장기화되는 과정에 부양청구인에게도 일정부분 책임이 있다고 판단된다면, 감액이 가능하다고 사료된다.10) 별거와 관련하여 어느 일방에게 책임이 있다고 보기 어렵거나 쌍방에게 책임이 있는 경우에도, 이미 회복이 불가능할 정도로 부부관계가 파탄된 경우에는 부양료를 감액할 여지가 있다.

부부간 부양의무가 감면되는 경우에도 자녀에 관한 양육비를 청구할 수 있음은 물론이다.

나. 중혼적 사실혼 관계를 맺고 있는 부양의무자의 자력을 산정하는 경우 부양의무자의 귀책사유없이 법률혼이 사실상 이혼상태에 빠졌다는 등의 특별한 사정11)이 없는 한, 사실혼 상대방의 생활비를 참작해서는 안 될 것이다.12) 다만, 중혼적 사실혼 관계에서 태어난 자녀와 법률혼 관계에서 태어난 자녀에 대한 부양의무의 순위 사이에는 원칙적으로 차이가 없다고 봄이 타당하다.

다. 부양의무자가 종전에 과도하게 부양의무를 이행하여 결국 현재의 부양

---

8) 윤여헌·김용찬, "부부의 생활비용분담," 재판자료 62(1993), 302 참조. 그러나 부정행위를 한 아내의 혼인비용분담청구를 신의칙을 이유로 부정한 일본판례로는 日最決 2005(平 17). 6. 9. 家月 58·3·104.

9) 당사자들이 별거 중이더라도 아직 부부관계의 회복가능성이 있는 경우에는, 별거의 책임이 누구에게 있는지를 묻지 않고 혼인비용분담의무자가 생활유지의무로서 부양의무를 부담한다고 봄이 일본의 통설이다. 中山直子(2012), 41.

10) 新注民(改訂版)(25), 737(松谷文雄)은 파탄책임이 부양의무자측에 있는 경우에도 파탄이 진행된 경우에는 保持義務性이 약해진다고 서술한다.

11) 高松靖, "重婚的内縁関係における婚姻費用分担·未成年扶養の問題点," 家族法論集(1995), 409 이하는 그 밖에, ⓐ 중혼적 사실혼관계가 상당기간 지속되어 공연성을 갖게 된 경우, ⓑ 사실혼 배우자가 사실혼 관계를 형성하는 시점에서 선의였거나 악의였다 하더라도 비난가능성이 낮은 경우에는 예외적으로 중혼관계를 고려하여 배우자에 대한 부양료를 산정할 여지가 있다고 주장한다.

12) 中山直子(2012), 100~101.

의무 부분에 대하여 이행지체에 빠진 경우 의무자가 과거분에 대한 청산을 요구할 수 있는지 문제되나, 의무자가 임의로 이행한 부분에 대하여 법원이 개입하여 청산을 하는 것이 바람직한지 의문이다. 따라서 과거의 사실을 이유로 현재의 부양료를 감면받는 것은 원칙적으로 허용되기 어려울 것이다.13)

2. 부모의 미성년 자녀에 대한 부양의무

서울가정법원은 2012. 5. 31. 양육비 산정기준표를 제정, 공표하였고, 2014. 5. 30. 개정된 양육비 산정기준표를 공표하였다. 위 개정된 기준표는 자녀의 나이 및 부모 합산소득에 따라 자녀 1인당 월별 평균양육비(양육자녀가 2명인 4인가족을 기준으로 한 자녀 1인당 월별 평균양육비)를 규정하고 있다. 위 기준표에 따라 정해진 표준양육비를 기초로 ⓐ 거주지역, ⓑ 자녀수, ⓒ 고액의 치료비가 드는 경우, ⓓ 부모가 합의한 고액의 교육비가 드는 경우, ⓔ 부모의 재산 상황 등 여러 가지 가산·감산요소를 고려하여 법관은 재량에 따라 구체적 양육비를 산정한다. 구체적 양육비 총액이 확정되면 양육친과 비양육친의 소득비율 등에 따라 양육비 분담비율을 결정하여 비양육친이 지급해야 할 양육비를 산출하게 된다. 비양육친에게 소득이 없는 경우에도 일정한도 내에서 양육비 지급의무를 부담함이 원칙이다('최저양육비'). 다만, 위 양육비 산정기준표가 법적인 구속력이 있는 것은 아니다.

3. 부모의 성년 자녀에 대한 부양의무

가. 성년 자녀에 대한 교육비용 부담의무 인정 여부

부모가 신체적·정신적 장애 등을 이유로 스스로 생활할 수 없는 성년 자녀에 대하여 부양의무를 부담할 수 있음은 물론이다. 문제는 대학교육을 받고 있는 미혼의 성년 자녀에 대하여 부양의무자로서 교육비나 생활비 등을 지원할 의무를 부담하는지, 부담한다면 그 법적 근거와 성격은 무엇인지, 부양료 산정시 고려해야 할 요소는 무엇인지 등이다.

이에 대해서는, 민법상 부양의무가 인정되기 어렵고 성년자녀에 대한 부모의 원조는 증여로 보아 상속시 특별수익으로 취급해야 한다는 견해가 가능하다.14) 그러나 이 견해를 일관하면, 부모에게 자력이 있고 자녀도 대학교육을

---

13) 菱山泰男/太田寅彦, "婚姻費用の算定を巡る実務上の諸問題," 判例タイムズ 1208(2006), 29.
14) 大村敦志, 家族法(2010), 253; 新注民(改訂版)(25), 741(松谷文雄); 곽윤직, 상속법, 106은 상속인 중 어떤 자에게만 대학교육이나 외국유학을 시켰다고 할 때에는 특별수익이 되는 증여로 보

받기 원하며 교육받을 능력이 있음에도 불구하고, 자녀는 일단 대학교육을 단념해야 하는 상황이 발생할 수 있다. 또한 ⓐ 우리나라의 경우 대학진학률이 매우 높은 점, ⓑ 미성년 자녀가 대학교육을 받고 있는 경우 이러한 사정이 '양육비' 산정시 고려될 수 있는데 자녀가 성년이 되었다고 해서 돌연 교육비용 부담의무가 사라지는 것이 타당한지 의문인 점 등을 고려할 필요가 있다. 따라서 성년자녀의 의사와 능력, 부모의 학력과 자력 등을 종합적으로 참작하여 부양의무를 인정할 여지를 열어 둠이 타당하다고 사료된다.[15]

나. 교육비용 부담의무의 법적 근거

양육권은 친권의 한 내용으로 볼 수 있고 자녀가 성년이 되는 경우 친권은 소멸하므로, 양육비는 '미성년' 자녀를 양육하는 데 드는 비용으로 봄이 타당하다.[16] 따라서 §837에 따른 가사소송법 마류 3호 사건으로 성년자녀의 교육비용을 청구하는 것은 원칙적으로 허용되기 어렵다.[17] 성년 자녀는 자신의 교육비용을 §974를 근거로 청구할 수 있을 것이다.[18] 다만, 이러한 구분이 작위적이고 양육친이나 자녀 입장에서 불편을 초래할 뿐이므로, §837를 유추하여 성년자녀의 교육비용도 양육비에 포함하여 청구할 수 있게 하자는 주장도 제기될 여지가 없지 않다.[19]

아야 한다고 서술한다.

15) 이희배, "미성숙자에게 대학교육을 받게 할 부모의 부양의무," 慶熙法學, 23-1(1988), 295 이하; 차선자, "적정양육비 산정 기준을 위한 제안," 가족법연구 20-3(2006), 124; 양수산, "교육비청구권에 관한 비교법적 고찰," 배경숙화갑기념(1991), 253; 조민영, "양육비청구권," 고려대학교 석사논문(2008), 43 참조. 제요[2], 578은 성년이지만 학업을 마치지 못한 자녀에 대한 부모의 부양의무는 생활유지의무로 보는 것이 통설이라고 설명한다. 독일 민법 §1610 ②은 직업을 위해 적정한 교육에 드는 비용이 부양의무에 포함된다고 규정하고 있고, 특별히 자녀의 나이에 제한을 두고 있지는 않다. 또한 §1603 ②은 부모 또는 부모 일방과 생계를 같이하고 통상의 교육을 받고 있는 21세 미만의 성년자녀의 부양을 미혼의 미성년 자녀부양과 동일하게 취급한다. 스위스 민법 §277는 부모는 자녀가 성년이 될 때까지 부양의무(Unterhaltspflicht)를 부담하고(①), 자녀가 적절한 교육을 받지 못한 경우에는 성년이 된 이후에도 교육이 마무리되는 통상적인 기간까지 수인가능한 범위에서 부양의무를 부담한다는 취지로 규정한다(②).

16) 임종효(2011), 249; 마옥현, "미성숙자녀와 노부모에 대한 부양 등에 관한 고찰," 재판실무연구 3(2006), 541; 차선자(주 15), 115 참조.

17) 대법원 1994. 6. 2.자 93스11 결정; 서울가정법원 1988. 9. 13.자 87드7320(본심), 88드975(반심) 심판은 부모 사이의 합의가 없는 한, 양육친인 모가 부에게 자녀들이 성년이 된 이후 대학졸업시까지의 양육비를 청구할 수는 없다고 한다.

18) 자녀가 성년에 도달한 이상 친권이 종료되므로 자녀에 대한 부양료를 양육비로 볼 수는 없고, 성년자녀에 대한 부양의무는 생활부조의무로 관념하는 것이 타당하다는 견해로는 基本法コンメンタール, 親族(第5版)/山脇貞司, 291.

19) 일본의 실무에서는 양육비 지급의 종기를 대학졸업예정시로 정하는 경우가 있다고 한다. 이 경우 자녀를 절차에 참가시켜 자녀의 의향을 청취할 필요가 있을 것이다. 中山直子(2012), 28. 우리의 경우, 부모 일방이 타방을 상대로 자의 양육에 관한 심판을 청구한 경우 자가 15세 이상인 때에는 심판에 앞서 자의 의견을 들어야 한다(家訴規 §100).

다. 부양의무의 법적 성격 및 부양정도

성년 자녀에 대한 부모의 교육비용 부담의무는, 자녀의 현재 생활을 가능케 한다는 데에 초점이 있지 않고, 자녀의 재능이나 의향에 부합하는 교육을 가능케 하여 장래 경제적 자립의 기반을 마련해 주는 데에 초점이 있다. 따라서 이러한 부모의 부양의무는 일반 친족부양과는 다소 성격이 다르고 미성년 자녀에 대한 양육의무와 비슷한 측면이 있다. 다만, 자녀 자신도 경제적 활동을 할 능력이 있는 점을 고려할 때 부모가 과중한 경제적 부담을 지는 것은 바람직하지 않다. 따라서 학비나 생활비가 부족하게 된 경위, 받을 수 있는 장학금, 아르바이트에 의한 수입의 유무 및 가능성, 학비대여 가능성 등을 고려하여 부양료를 산정할 필요가 있다. 성년자녀에 대한 부양의무가 인정되더라도 미성년 자녀에 대한 부양의무보다 후순위에 놓일 수 있음은 물론이다.

라. 부양료 산정시 고려해야 할 사정

부와 자녀 사이에 왕래가 없었다거나, 자녀의 교육에 관하여 부에게 발언권이 전혀 없었던 점을 이유로 부양료를 감액할 수 있는가? 부모가 이혼하고 모가 미성년 자녀를 양육하게 된 경우 비양육친인 부와 자녀 사이의 관계가 소원해지는 것은 어찌보면 자연스러운 현상일 수 있고, 부부간의 문제로 자녀에 불이익을 주는 것은 타당하지 않은 점을 고려할 때, 원칙적으로 미성년 자녀의 경우 위와 같은 사정을 이유로 비양육친의 부양의무를 감면해서는 안 될 것이다.[20] 그러나 성년 자녀라면 달리 볼 여지가 있다. 성년 자녀에게는 자신의 행동에 대하여 책임을 지는 것이 기대되고, 요구되기 때문이다. 외국의 학설과 판례 중에는, 성년 자녀가 일방적으로 관계를 단절시키고 더 이상 친자관계를 계속할 의사가 없음을 표시한 경우나 대학교육과 관련하여 부모의 충고나 조언을 무시한 경우처럼, 부모와의 관계가 소원해진 것에 성년 자녀의 일방적 유책사유가 있음이 명백하고 그 유책성이 장래 친자관계를 파괴할 정도로 고도의 것인 경우에는 이러한 사정을 들어 부양의무를 감면할 수 있다는 견해가 있다.[21][22]

---

20) 그러나 교육비용 관련 부양료 산정시 부양의무자의 의사나 교육방침을 전혀 고려하지 않아도 무방하다는 것은 아니다. 가령, 비양육친인 부의 의견을 무시하고 양육친이 일방적으로 미성년 자녀를 사립학교에 보내거나 유학을 보낸 경우─그러한 교육수준이 부의 사회적 지위나 학력, 자력에 상응한다고 판단되지 않는 한─, 위와 같은 사정은 부양료 산정시 참작될 수 있다.

21) 早野俊明, "親の監護敎育と学費負担," 現代家族法の諸相(1993), 297이하 참조. 미국 펜실베니아 주법원 판례인 Milne v. Milne 383 Pa.Super. 177, 556 A.2d 854은 대학재학 중인 성년의 자가 과거 동거하였지만 현재는 별거하고 있는 모에 대하여 교육비 등을 부양료로 청구한 사건(동거당시 자는 모의 얼굴에 침을 뱉고 모를 구타하기도 하였으며, 이후 모는 자와의 관계회복을 위해 노력했지만 자에게는 그런 의지가 없었다)에서, 모와 자 사이의 소원한 관계(estrangement)는 부양료 산정시 고려해야 할 사유라고 판단하였는데, 그 이유는 다음과 같다. ⓐ 법원이 이혼한

물론 이에 대해서는 젊은 성인은 자유롭게 인생계획을 세우거나 진로를 모색할 수 있으므로 부양청구권자가 가족간 연대를 위하여 노력을 기울였는지 여부는 부양청구권 발생요건이 될 수 없다는 반론도 가능하다.[23] 일도양단식으로 판단하기 어려운 문제이나, 기본적으로 성년 자녀에 대한 교육부양의무 성립을 감면할 여지는 남겨두는 것이 타당하다고 사료된다.

성년 자녀가 부모와의 동거를 선택하지 않아 결과적으로 더 많은 생활비가 필요하게 되었다면, 이러한 사정을 이유로 부양료를 증액할 수 있는지 문제된다. 동거하지 않는데 객관적으로 합당한 이유가 없다면 증액을 허용하지 않는 것이 타당하다.[24] 그러나 부모에게 부담이 되지 않는 한도에서는 합당한 이유를 폭넓게 인정하는 것이, 자녀의 인격과 권리를 존중하는 것일 뿐만 아니라 궁극적으로 독립성을 키우는 데 도움이 된다는 주장도 가능하다.[25]

4. 자녀의 노부모에 대한 부양의무

자녀의 노부모 부양의무의 법적 성격과 관련하여, ⓐ 생활유지의무 또는 그와 비슷한 수준의 부양의무로 보는 견해[26]와 ⓑ 생활부조의무로 보는 견해[27]

부모의 성년자녀에 대해서도 보호를 확대하려는 이유는, 부모가 이혼하지 않았을 경우 자녀가 누렸을 기회를 부당하게 박탈당하지 않게 하려는 데 있다. 그런데 대부분의 가정에서는, 자녀가 부모를 학대하거나 거부하고 집을 떠났다는 사정은 부모가 자녀의 대학교육비용을 지원할지 여부를 결정함에 있어 고려된다. ⓑ 성년의 자녀는 현실의 가족상황을 이해할 수 있는 위치에 있고, 자신의 태도나 행동에 대하여 스스로 책임을 져야한다는 사실을 인식해야 한다. ⓒ 대학교육을 통해 부모에 대한 자녀의 태도를 교정시키는 것을 기대하기도 어렵다. ⓓ 가족의 존엄성(sanctity)을 고려해야 한다. 다만, 현재 펜실베니아 주법원 판례는 원칙적으로 부모의 성년 자녀에 대한 대학교육비용 부담의무를 인정하지 않는다. Blue v. Blue 532 Pa. 521, 616 A.2d 628 참조.
22) 성년 자녀가 정당한 이유없이 비양육친을 거부하는 경우, 부양의무가 발생하지 않는다는 취지의 스위스 판례로는 BGE 113 II, 374.
23) Rainer Frank/홍윤선 역, "독일법상 혈족부양," 가족법연구 27-3(2013), 292(아들이 아버지를 무시하였다거나 딸이 아버지에게 손자녀와의 만남을 허용하지 않았다고 해서 아버지에 대한 부양청구권의 성립을 부정할 수 없고, 현재까지 알고 있는 바로는 가족관계가 파탄이 난 경우 독일 민법 §1611 ①을 근거로 부모와 절연을 한 자녀의 부양청구권이 상실되었다고 본 독일판례는 없다고 한다).
24) 참고로 독일 민법 §1612 ② 1문은, 부모가 미혼의 자녀(성년 자녀도 포함)에 대하여 부양의무를 부담하는 경우 자녀의 이익에 대한 고려가 이루어진 한에서는 부모가 '부양방법'을 지정할 수 있다고 규정한다.
25) Basler Kommentar zum ZGB/Breitschmid Art. 277 N16; Berner Kommentar zum ZGB/Hegnauer Art. 277 N132 참조.
26) 한웅길, "한국에서의 노부모 부양과 부양료 구상," 저스티스 30-4(1997), 56~57; 정귀호(1987), 25~26; 어인의, "노부모부양을 위한 법적장치의 확보책," 法學論集 5(1990), 16; 마옥현(주 16) 551~552; 김연화, "노부모 부양에 관한 고찰," 가사재판연구 2(2011), 735; 이희배, "노친부양의 법리," 가족법연구 9(1995), 314~316; 김봉수, "노부모부양에 대한 소고," 안암법학 33(2010), 193~195.
27) 주석친족(3) 651~653; 이승우, "노친부양소고," 가족법연구 14(2000), 189~190; 신영호, "피상속인에 대한 상속인의 부양과 상속과의 관계," 재판자료 102(2003), 204; 권재문(2001), 36; 이정

가 대립한다. 대법원 판례 중에는, 자녀는 부모가 자기의 자력 또는 근로에 의하여 생활을 유지할 수 없는 경우에 한하여 부양의무를 부담함을 지적하면서, 성년인 자가 스스로 장기간 부모와 동거하면서 생계유지의 수준을 넘는 부양자 자신과 같은 생활수준을 유지하는 부양을 한 경우 특별한 부양이 된다고 보아 그 부모의 상속재산에 대하여 기여분을 인정한 것이 있다.[28] 하급심 판례 중에는 자녀의 부모부양의무를 2차적 부양의무라고 본 것[29]이 많지만, 생활유지의 부양에 가깝게 해석하는 것이 바람직하다고 판시한 경우[30]도 있다.

노부모와 성년 자녀는 법률상 동거를 요구할 수 없는 관계인 점, 부모는 자녀의 의사에 따라 성립된 혈족이 아닌 점 등을 고려할 때, 노부모에 대한 부양의무를 생활유지의무로 보긴 어려운 측면이 있다. 다만, 사안의 구체적 특성을 고려하여 자녀에게 강화된 부양의무를 부담시키거나 자녀의 노부모 부양의무가 다른 친족간 부양의무(노부모와 동거하는 형제자매의 노부모에 대한 부양의무)보다 앞선다고 보는 것, 부양의무 성립요건을 완화하는 것은 가능하다. 가령, 요부양자인 부모가 토지나 건물 등 상당한 자산을 가지고 있어도 그것을 처분하기 부적절·곤란하고 생활비에 필요한 정기적 수입이 없는 경우에는 요부양상태에 있다고 판단할 여지가 있다.[31]

딸이 전업주부인 경우에도 남편에게 수입이 있다면 그중 아내에게 권한이 있는 부분만큼은 자력이 있다고 판단할 수 있다.[32] 자녀에게 부양의무를 명한다면 자녀의 배우자에 대하여 별도로 부양의무를 명할 필요는 없는 경우가 많을 것이다. 조부모가 손자녀를 자신의 자녀처럼 양육하였다면, 조부모에 대한 부양의무를 부모에 대한 부양의무와 같은 정도로 취급하는 것이 타당할 수 있다.

Ⅳ. 부양의 방법

부양방법으로는 금전부양, 현물부양, 동거부양, 보살핌부양[33] 등을 생각할

식, "고령화사회에서 자녀의 노부모부양의무법리에 관한 고찰," 中央法學 6-3(2004), 230~231.
28) 대법원 1998. 12. 8. 선고 97므513, 520, 97스12 판결.
29) 서울가정법원 2001. 11. 15.자 2000느단6731 심판; 수원지방법원 성남지원 2011. 7. 28.자 2010느단1215 심판; 대구지방법원 가정지원 2011. 6. 27.자 2010느단2256 심판; 청주지방법원 2012. 9. 27.자 2012느단299 심판 등.
30) 서울가정법원 2010. 7. 12.자 2009느단11376 심판.
31) 이승우(주 27), 191.
32) 제요[2], 586.
33) 부양의무자와 동거하면서 부양의무자를 부양하는 것이 아니라, 따로 살면서 부양의무자의 거소를 방문하여 부양의무자를 보살피는 것을 뜻한다.

수 있다. 동거부양이나 보살핌부양은 부양권리자와 부양의무자 사이의 합의가 없는 한,34) 심판으로 명하지 않는 것이 바람직하다. 이러한 형태의 부양은 부양의무자의 인격적 자유와 관련이 있으므로 부양의무자가 심판내용을 위반하였더라도 법으로 강제이행을 명하기 어렵고,35) 부양의무자의 자발적 의사가 없는 상태에서의 동거부양이나 보살핌부양이 부양권리자에게 도움이 된다고 보기도 어렵기 때문이다. 현물부양 중에서도 부양의무자가 살고 있는 주거를 제공하는 형태의 부양은 동거부양이나 보살핌부양과 같은 맥락에서 생각할 필요가 있다. 아래에서는 금전부양에 관하여 살펴본다.

1. 일시금 vs. 정기금

부양의 성질 및 목적에 비추어, 부양료는 정기금의 형태로 지급이 이루어지는 것이 바람직하다.36) 부양료를 정기금으로 지급하는 내용의 협의 또는 심판이 이루어진 이후 부양의무자가 일방적으로 기한의 이익을 포기하여 일시금으로 지급하였다면, 이러한 변제는 원칙적으로 그 효력을 인정하기 어렵다.37)

그러나 부양료를 일시금의 형태로 지급하는 내용의 협의나 심판이 불가능한 것은 아니다. 당사자의 의사나 사안의 특성을 고려하여 부양심판에서 일시불을 명하는 것은 가능하다. 부양의무자가 일시금으로 지급받은 부양료를 용도 외 목적으로 사용하거나 낭비하여 다시 요부양상태에 빠진다면, 부양의무자가 §978에 따라 종전 협정이나 심판의 취소·변경을 통해 다시 부양료를 청구할 수 있는지 문제된다. 이 경우 '사정변경' 요건에 해당하지 않는다고 보아 당연히 그 청구를 불허할 것은 아니고,38) 부양료가 일시금으로 지급된 이유, 부양의무자의 현재 부양능력, 다른 부양의무자의 유무, 부양료를 용도 외 목적으로 사용하거나 낭비하게 된 이유 등을 종합적으로 고려하여 사안별로 판단할 필요가 있다.39) 다만, 부양청구를 허용하더라도 위와 같은 사정을 참작하여 부양

---

34) 동거부양의 경우, 부양권리자와 부양의무자 사이의 합의뿐만 아니라 부양의무자의 주택사정, 다른 동거가족들과의 관계 등을 신중히 고려해야 한다. 제요[2], 585.
35) 부부간 동거를 명하는 심판에 대해서는 직접강제나 간접강제 모두 허용되지 않는다. 다만, 배우자 일방의 거부로 동거에 이르지 못한 경우 상대방은 동거의무 또는 그를 위한 협력의무의 불이행으로 말미암아 발생한 정신적 손해에 대한 배상을 청구할 수 있다(대법원 2009. 7. 23. 선고 2009다32454 판결).
36) 주석친족(3), 698은 반년급이나 1년급의 형식도 가능하나 부양제도의 목적에 비추어 바람직하지 않다고 한다.
37) 新注民(改訂版)(25), 794(松尾知子).
38) 이에 반대하는 견해로는 中山直子(2012), 234.
39) 新注民(改訂版)(25), 794(松尾知子).

료를 상당부분 감액할 여지는 있다.

2. 부양료 지급의 시기 및 종기

부양료 지급의 시기는 과거의 부양료 청구 문제와 관련된다. 판례는 부부간 부양료의 경우 이행청구시부터,[40] 자녀 양육비의 경우 출생시부터[41] 원칙적으로 부양료 청구가 가능하다고 한다. 그 밖의 민법상 친족부양에 관해서는, 가정법원이 일체의 사정을 고려하여 '청구 시점 이후의 적절한 시점'을 선택할 수 있다는 견해가 있다.[42] 그러나 이에 대해서는 반론이 있을 수 있다.[43]

부양료 지급의 종기는 반드시 특정할 필요가 있는 것은 아니나, 일반적으로 부양권리자의 사망시까지 등으로 특정하고 있다.[44] 가사소송법 마류 1호 사건의 경우 혼인관계 해소시 또는 별거상태 해소시를 종기로 삼을 수 있고,[45] 가사소송법 마류 3호 사건의 경우 자녀가 성년이 되는 시점을 종기로 삼을 수 있다.[46]

3. 부양료·양육비 채권의 이행확보 방법

가. 민사집행법에 따른 강제집행 및 가사소송법상 이행명령

부양의무자가 의무를 이행하지 않는 경우, 부양료 지급을 명하는 심판은 집행권원이 되므로(家訴 §41) 부양권리자는 이를 기초로 민사집행법상의 강제집행절차에 따라 집행할 수 있다. 또한 부양의무자가 정당한 이유없이 부양료를 지급하지 않는 경우, 부양권리자는 가정법원에 家訴 §64에 의한 이행명령을 신청할 수 있다. 가정법원이 이행명령을 하였음에도[47] 부양의무자가 이를 위반한 경우, 가정법원은 직권 또는 권리자의 신청으로 1,000만 원 이하의 과태료를 부과할 수 있다(家訴 §67 ①). 또한, 이행명령에서 부양료의 정기적인 지급을 명

대법원 2008. 6. 12.자 2005스50 결정 등.

41) 대법원 1994. 5. 13.자 92스21 전원합의체 결정.

42) 제요[2], 586.

43) 아래의 Ⅳ. 참조.

44) 제요[2], 586.

45) 제요[2], 492; 서울가정법원 2000. 12. 5. 선고 99드단38784, 76311 판결.

46) 최근 일본의 실무에서는 미성년 자녀에 대한 부양료 지급의 종기를 "20세가 되는 날이 속한 달까지"로 정하는 경우가 많은데, ⓐ 향후 민법상 성년 연령이 낮아지는 상황에 대비하고 ⓑ 부양료를 일할계산하는 수고를 덜기 위함이라고 한다. 中山直子(2012), 240.

47) 이행명령은 당시 남아있는 잔존의무의 범위 내에서 하여야 하나, 반드시 그 의무 전부에 대하여 이행을 명해야 하는 것은 아니고 일부에 대해서만 이행을 명할 수도 있다(家訴規 §123). 일부에 대해서만 이행을 명하였더라도 잔여 부분에 대한 면제를 의미하는 것은 아니다. 또한, 이행명령에는 의무이행의 기간을 정해야 하는데 그 기한은 실체법적으로 의무이행기간을 유예하는 것은 아니다. 제요[1], 338~339.

하는 것인데 부양의무자가 정당한 이유없이 3기 이상 그 의무를 이행하지 않는 경우, 가정법원은 권리자의 신청에 의하여 의무자에 대하여 30일의 범위에서 감치를 명할 수 있다(家訴 §68 ①). 양육비나 부양료 채권의 확보를 위해 임금채권에 강제집행을 할 경우, 채무자가 직장에서 근무하기 어려운 상황에 놓일 수도 있고 퇴직할 위험도 있으므로, 경우에 따라서는 간접강제가 더 효과적일 수 있다.

나. 양육비직접지급명령

양육비를 정기적으로 지급할 의무가 있는 사람이 정당한 사유없이 2회 이상 양육비를 지급하지 아니한 경우에는, 정기금 양육비 채권에 관한 집행권원을 가진 채권자의 신청에 따라 양육비채무자에 대하여 정기적 급여채무48)를 부담하는 소득세원천징수의무자에게 양육비채무자의 급여에서 정기적으로 양육비를 공제하여 양육비채권자에게 직접 지급하도록 명할 수 있다(家訴 §63-2 ①). 이러한 지급명령은 민사집행법상 압류명령과 전부명령을 동시에 명한 것과 같은 효력이 있다. 민사집행법상 강제집행이 개시되기 위해서는 집행채권의 이행기가 도래해야 하는데(民執 §40 ①), 양육비직접지급명령은 아직 이행기가 도래하지 않은 장래의 정기금 양육비 채권을 집행권원으로 하여 발령될 수 있다는 데에 특색이 있다. 이는 비교적 소액의 정기금채권인 양육비 채권을 실효적으로 확보할 수 있게 한 것이다.49)

양육비 직접지급명령 신청 당시 이미 기한이 도래한 2회 이상의 정기금 양육비 채권도 양육비 직접지급명령의 집행채권이 되는지 문제된다. 실무의 다수적 견해는 위 부분은 일반 강제집행 방법을 이용할 수 있으므로 포함되지 않는다고 보나, 家訴 §63-2 ② 단서의 반대해석상 포함된다고 봄이 타당하다는 견해도 있다.50)

양육비 직접지급명령은 소득세원천징수의무자와 양육비채무자에게 송달하여야 한다(家訴 §63-2 ④). 양육비 직접지급명령을 인용하는 결정에 대하여 양육비채무자나 소득세원천징수자 등은 양육비 직접지급명령을 고지받은 날부터

---

48) 따라서 급여채권이 아닌 연금채권은 양육비직접지급명령의 대상이 아니다. 제요[1], 298. 퇴직위로금, 명예퇴직수당을 포함한 퇴직금은 '정기적 급여'가 아니므로 대상이 아니라고 보는 것이 실무상 다수의 견해이나, 반대하는 견해도 있다. 제요[1], 294.

49) 제요[1], 291; 김상수, "양육비채권의 이행확보를 위한 직접지급명령제도," 법조 58-9(2009), 11~12.

50) 제요[1], 295; 과거의 양육비채권도 집행채권에 포함된다는 견해로는 김윤정, "양육비 이행의 확보 방안과 관련한 논의," 가사재판연구 2(2011), 464.

1주일 이내에 즉시항고를 할 수 있다(家訴規 §120-6). 즉시항고 사유는 양육비
직접지급명령을 발령함에 있어 가정법원이 스스로 조사하여 준수할 사항의 흠
에 관한 것이다(압류의 경합, 급여채권이 압류금지채권이라는 점 등). 양육비채권이나
급여채권의 부존재나 소멸과 같은 실체상 사유는 즉시항고 사유가 될 수 없다.
이는 양육비채무자가 청구이의의 소를 통해 주장하거나, 소득세원천징수의무
자가 전부금청구소송에서 주장해야 한다.51)

　즉시항고가 제기되지 않은 경우에는 1주일의 즉시항고기간이 경과한 때,
즉시항고가 제기된 경우에는 그 기각 또는 각하결정이 확정된 때에 양육비 직
접지급명령은 확정되고 그 효력은 양육비 직접지급명령이 소득세원천징수의무
자에게 송달된 때로 소급하여 발생한다(家訴 §63-2 ②, 民執 §229 ⑦). 정기적 급여
채권은 위 송달시에 소급하여 정기금 양육비채권의 범위 안에서 그 동일성을
유지하면서 양육비채권자에게 이전되고, 그로 인해 양육비채권은 소멸한다. 소
득세원천징수의무자는 '집행채권인 양육비채권의 이행기가 도래한 이후에 지급
기(급여지급일)가 도래하는' 급여채권에서 양육비 상당액을 지급하여야 한다.52)

　가정법원은 양육비 직접지급명령의 목적을 달성하지 못할 우려가 있다고
인정할 만한 사정이 있는 경우, 양육비채권자의 신청에 의해 양육비 직접지급
명령을 취소할 수 있다. 이러한 취소의 효력은 장래를 향하여만 미친다(家訴
§63-2 ③). 소득세원천징수의무자의 자력이 나빠졌다는 점을 이유로 취소를 구
하는 경우, 그때까지 미지급된 급여채권에 관한 위험은 양육비채권자가 부담한
다. 부양의무자에 대한 해당 부양료채권은 이미 소멸하였기 때문이다. 한편, 집
행권원의 효력이 상실되거나 양육대상이 미성년 자녀가 사망하였음을 이유로
양육비 직접지급명령이 취소된 경우에는, 그 사유발생시부터 취소시점까지 양
육비채권자가 지급받은 금원에 대해서는 양육비채무자에게 부당이득반환의무
를 부담한다.53) 양육비 직접지급명령의 토대가 된 집행권원의 효력이 상실되
거나 변경된 경우, 실무상 양육비채무자도 양육비채권자의 취소신청권을 대위
행사할 수 있다고 본다.54)

　미성년 자녀의 부양청구권을 대리행사하는 경우에도 양육비지급명령이 가
능한지에 관해서는 [前註] Ⅲ. 참조.

51) 제요[1], 304~305.
52) 제요[1], 307~308; 김윤정(주 50), 462.
53) 제요[1], 312; 김윤정(주 50), 466.
54) 제요[1], 311.

다. 담보제공명령, 일시금지급명령

가정법원은 양육비를 정기금으로 지급하게 하는 경우, 그 이행을 확보하기 위하여 양육비채무자에게 상당한 담보의 제공을 명할 수 있고(家訴 §63-3 ①), 양육비채무자가 정당한 사유 없이 그 이행을 하지 아니하는 경우, 양육비채권자의 신청에 의하여 양육비채무자에게 상당한 담보의 제공을 명할 수 있다(家訴 §63-3 ②). 이 제도는 특히 양육비채무자가 근로자가 아닌 자영업자 등이어서 양육비 직접지급명령제도를 이용할 수 없는 경우에 대한 대안으로 마련된 것이다.55) 양육비채무자가 위 각 명령에 따라 담보를 제공하여야 할 기간 이내에 담보를 제공하지 아니하는 경우, 가정법원은 양육비채권자의 신청에 의하여 양육비의 전부 또는 일부를 일시금으로 지급하도록 명할 수 있다(家訴 §63-3 ④). 일시금 지급명령은 집행권원이 될 수 없다. 다만, 양육비 일시금 지급명령을 받은 사람이 30일 이내에 정당한 사유없이 그 의무를 이행하지 않는 경우 가정법원은 권리자의 신청에 의하여 30일의 범위에서 그 의무를 이행할 때까지 의무자에 대한 감치를 명할 수 있다(家訴 §68 ① iii).

미성년 자녀의 부양청구권을 대리행사하는 경우에도 담보제공명령, 일시금지급명령이 가능한지에 관해서는 [前註] Ⅲ. 참조.

라. 양육비 또는 부양료 청구권을 본안으로 하는 보전처분 및 사전처분

家訴 §63 ①에 따라 양육비나 부양료 청구권을 피보전권리로 하여 가압류를 신청할 수 있다. 장래의 양육비를 피보전권리로 한 가압류의 경우, 주로 분할급부로 이루어지는 점, 장래의 처분변경가능성, 피신청인이 임의로 이행할 가능성 등을 고려하여 3년치 또는 1년치에 한하여 가압류를 신청하도록 보정을 명하는 것이 서울가정법원의 실무라고 한다.56) 또한 家訴 §63 ①에 따라 양육비나 부양료 지급의 단행가처분을 신청할 수도 있다.57)

---

55) 제요[1], 316.

56) 정상규, "가사보전처분의 실무상 쟁점," 재판자료 102(2003), 324; 전보성, "가사소송과 이행확보제도," 보전소송(2008), 472.

57) 그러나 서울가정법원은 실무상 임시의 지위를 정하는 가처분을 신청하는 사건에 관하여, 다음과 같은 이유로 채권자에게 본안제기와 동시에 본안법원에 같은 내용으로 사전처분을 신청하도록 권고하고 있다고 한다. ⓐ 임시의 지위를 정하는 가처분의 경우 원칙적으로 심문기일을 열어야 하는데, 사전처분 재판에서는 반드시 심문기일을 열 필요는 없다. ⓑ 본안재판과 사전처분 재판에서는 가사소송법이 적용됨에 반하여 임시의 지위를 정하는 가처분에서는 민사집행법과 민사소송법이 적용되고 가사사건의 특유한 심리절차의 적용을 받지 않는 것은 부당하다. ⓒ 사전처분과 달리 임시의 지위를 정하는 가처분 사건의 심리내용은 본안재판과 연결되지 않으므로 당사자들은 동일한 사항에 관하여 중복하여 재판을 받을 수 있다. ⓓ 사전처분에는 집행력이 인정되지 않지만, 당사자로서는 본안에 대한 판단에서 불이익을 받지 않기 위하여 본안재판부가 발한 사전처분의 명령내용을 준수하는 경향이 있고, 본안재판부가 사전처분의 사후 준수 여부

家訴 §62상 사전처분의 일종으로서 상대방으로 하여금 일정기간 동안 정기적으로 양육비나 부양료를 지급하도록 하는 것도 가능하다. 다만, 이러한 사전처분에는 집행력이 없고(家訴 §62 ⑤) 이를 위반할 경우 과태료를 부과할 수 있다(家訴 §67 ①).

부양의무자가 보전처분에 따라 부양료를 임시로 지급한 경우, 본안심판에서 이를 고려해야 하는지 문제된다. ⓐ '보전처분의 잠정성'을 고려할 때 본안심판에서 이를 고려해서는 안 되고 중복집행 문제는 청구이의의 소를 통해 해결해야 한다는 견해, ⓑ '부양심판의 형성적 성격'을 고려할 때 심판시까지 부양료로 지급된 금원을 참작하여 부양료를 정해야 한다는 견해가 일응 가능하다. 일본의 하급심 판례 중에는 전자의 입장을 취한 것이 있다.58)

마. 배상명령

법원은 제1심의 가정보호사건(가정폭력범죄로 인하여 보호처분의 대상이 되는 사건) 심리절차에서 보호처분을 선고할 경우 직권으로 또는 피해자의 신청에 의하여 피해자 또는 가정구성원의 부양에 필요한 금전의 지급을 명할 수 있다(가정폭력범죄의 처벌 등에 관한 특례법 §57 ① i).

V. 부양의무자가 다수인 경우의 법률관계59)

1. 분할채무 vs. 연대채무

가. 여러 명의 부양의무자에게 분담하여 부양료 지급을 명할 것인가, 연대하여60) 부양료 지급을 명할 것인가는 부양방법의 결정 문제로서 가정법원의 재량에 속한다.61) 분할채무로 본다면 부양의무자들 사이의 구상문제가 추가로 발생하지 않아 분쟁의 일회적 해결이 가능한 반면, 강제집행의 어려움 등으로 인해 부양권리자의 보호가 충분히 이루어지지 못하거나 부양의무자가 자신의 분담액이 결정될 때까지 부양의무 이행을 미룰 위험이 있다. 또한, 동순위 부양

에 대하여 지속적으로 감독할 수 있는데, 신청재판부로서는 당사자가 명령을 불이행하는지 여부에 대하여 감독이 곤란하다. 정상규(주 56), 339~340.

58) 日福岡高決 1984(昭 59). 1. 6. 家月 36·12·67; 이에 관한 일본의 학설 소개로는 中山直子 (2012), 354~355.

59) 최준규(2012), 10~26.

60) 법원의 재량에 따라 부진정연대채무로 구성하는 것도 가능하다고 사료된다.

61) · 제요[2], 585; 다만, 家訴規 §93 ②은 "금전의 지급이나 물건의 인도, 기타 재산상의 의무이행을 구하는 청구에 대하여는 그 청구의 취지를 초과하여 의무의 이행을 명할 수 없다. 다만, 가정법원이 자의 복리를 위하여 양육에 관한 사항을 정하는 경우에는 그러하지 아니하다"고 규정하고 있으므로, 이에 따른 제한은 있다.

의무자가 많을수록 심리부담이 가중될 수 있다. 이에 반해 연대채무로 구성하면 부양권리자를 두텁게 보호할 수 있고 법원의 심리부담은 줄어들지만, 부양의무자들 사이의 구상이 문제될 수 있고 그들 사이의 내부적 부담부분을 정하는 문제가 남는다. 법원이 어떤 책임구성을 선택하든, 부양권리자가 동순위 부양의무자 중 일부에 대해서만 부양료 지급청구를 한 경우, 가정법원은 家訴規 §106에 따라 다른 동순위 부양의무자를 절차에 참가시킬 필요가 있는지 검토할 수 있다. 분할책임으로 구성한다면 다른 부양의무자에 관한 정보가 필요할 수 있고, 연대책임으로 구성한다면 다른 부양의무자에 대한 구상문제도 함께 해결하는 것이 타당할 수 있기 때문이다. 다른 부양의무자는 이미 자신의 부양능력에 따른 부양의무를 이행하였기 때문에 부양권리자가 그를 청구의 상대방으로 삼지 않은 경우에는, 굳이 다른 부양의무자를 절차에 참여시킬 필요는 없다.62)

　　나. 부양의무 없는 제3자가 부양권리자를 부양하고 복수의 부양의무자들을 상대로 부당이득 또는 사무관리를 원인으로 민사소송절차에서63) 구상청구를 하는 경우에도, 법원은 연대책임과 분할책임 중 적절하다고 판단되는 구성을 선택할 수 있다고 사료된다.64) 연대채무로 구성할 경우, 구상의무를 전부 이행한 부양의무자 중 1인이 다른 부양의무자에게 다시 구상을 청구하는 것은 심판사항으로 봄이 타당할 것이다.65)

　　다. 선순위 부양의무자에게 자력은 있지만 그에게 부양청구권을 행사하여 부양을 받는 것이 현실적으로 어려운 상황인 경우(가령 부양의무자가 외국에 거주하는 경우), 선순위 의무자와 후순위 의무자로 하여금 연대하여 부양료를 지급하도록 명하는 것도 일응 가능하다고 사료된다.66) 이 경우 부양의무자들은 연대채무자로서 대외적으로는 동순위이지만 대내적으로는 어느 한 채무자의 부담부분이 0이 될 것이다. 참고로 독일 민법은, 선순위 의무자에 대한 국내에서의

---

62) 鈴木忠一(1971), 178은 이 경우에도 다른 부양의무자를 절차에 참가시켜 전체 의무자들의 분담비율을 정해주는 것이 타당하고, 다른 부양의무자가 이미 이행한 액수와 법원이 생각하기에 적정한 액수 사이에 차이가 있는 경우 그에게도 변경심판의 형식으로 부양료 지급을 명해야 한다고 주장한다. 그러나 우리의 경우 家訴規 §93 ②에 비추어 부양권리자가 청구하지 않은 상대방에 대하여 부양료 지급을 명할 수는 없다.
63) 심판사항으로 보는 견해도 있으나, 제3자가 부양심판의 당사자가 될 법적 근거가 없으므로 소송사항으로 볼 수밖에 없다.
64) 최준규(2012), 16; 이 경우 연대채무로 보는 일본판례로는 日神戶地判 1981(昭 56). 4. 28. 家月 34·9·93 참조. 그러나 연대채무 구성이 언제나 관철되어야 할 법원칙인지에 대해 의문을 표하는 견해로는 中山直子(2012), 208~209.
65) 中山直子(2012), 208.
66) 鈴木禄弥, 唄孝一, "多数当事者の扶養関係," 現代家族法大系Ⅲ(1979), 470~471.

권리행사가 불가능하거나 현저히 어려운 경우[67] 후순위 부양의무자가 부양의무를 부담하고 대신 후순위 부양의무자가 의무를 이행하는 한도에서 선순위 부양의무자에 대한 부양권리자의 권리가 후순위 부양의무자에게 이전된다고 규정하고 있다(독일 민법 §1607 ②, §1608 ①). 독일 민법상 요부양자의 부양필요성과 부양의무자의 부양능력이라는 요건이 갖춰지면, 실체법상 부양청구권이 발생한다고 해석되므로,[68] 선순위 부양의무자에게 자력은 있지만 그에게 부양청구권을 행사하여 부양을 받는 것이 현실적으로 어려운 경우, 이미 선순위 부양의무자에 대한 부양청구권이 존재한다. 따라서 이 경우 후순위 부양의무자에게 부양의무를 부과할 법적 근거가 마땅치 않다.[69] 만약 이 경우도 선순위 부양의무자에게 부양능력이 없는 경우에 포함된다고 해석한다면, 부양권리자는 후순위 부양의무자에게 부양청구를 할 수 있다. 그러나 후순위 부양의무자는 선순위 부양의무자에 대하여 구상을 할 수 없게 되는데,[70] 이러한 결론은 후순위 의무자에게 가혹하고 선순위 의무자를 합리적 이유없이 우대하는 것으로서 타당하지 않다. 이러한 상황을 고려할 때 §1607 ②의 정당성은 충분히 인정된다. 이 경우 선순위 의무자의 부양의무와 후순위 의무자의 부양의무는 대외적으로는 연대채무와 유사한 관계에 놓이게 된다.[71]

2. 부양의무자들 사이의 구상

가. 구상권의 법적 성격

자신이 부담하는 부양의무의 범위를 넘어 부양을 한 친족, 부양의무가 없거나 후순위임에도 불구하고 부양을 한 친족은, 다른(선순위) 부양의무자를 상대로 사무관리나 부당이득을 원인으로 구상청구를 할 수 있다.[72] 구상권자가

---

67) 권리행사가 불가능하다고 인정된 사례로는 의무자가 외국에 거주하는 경우, 소재지가 알려지지 않은 경우가 있고, 현저히 어렵다고 인정된 사례로는 의무자가 주거를 자주 이전하는 경우, 경제활동을 하지 않는 의무자에 대하여 가상의 수입을 기초로 집행권원을 획득하였는데 이 집행권원을 통해 부양청구권의 만족을 얻을 수 없는 경우 등이 있다. Münchener 6Aufl./Born §1607 Rn. 8~9 참조.

68) Martiny I (2000), 63~65.

69) 독일 민법 §1607 ①은 부양의무자가 급부능력이 없는 경우, 후순위 의무자가 부양의무를 부담한다고 규정하고 있을 뿐이다.

70) 선순위 부양의무자에게 부양능력이 없다고 보았으므로, 그에 대한 실체법상 부양청구권이 발생하지 않았다.

71) Martiny I (2000), 381 참조.

72) 박동섭, 친족상속, 440. 동순위 부양의무자 사이의 구상문제는 연대채무자 사이의 구상에 관한 민법 규정을 유추할 여지도 있다. 그러나 제철웅(2014), 488~491은 이 경우 민법상 구상권은 인정될 수 없고, 가족법상 특수한 구상권이 판례법을 통해 형성된 것으로 이해해야 한다고 주장한다. 위와 같이 별도의 법리구성을 할 실익이 있는지는 의문이다.

타인의 채무를 변제할 의도로 출연한 것인지 의문이 있을 수 있지만, 증여의 의사로 출연하였다고 볼 특별한 사정이 없는 한 구상청구를 허용함이 타당하다. 타인의 채무를 변제할 의사가 있었는지 여부를 엄격히 심사한다면, 자신의 의무를 이행하지 않은 부양의무자를 합리적 이유없이 우대하는 결과에 이를 수 있기 때문이다.[73] 구상청구로 인용되는 액수는 원칙적으로, 타인의 의무를 대신 이행하기 위하여 출재하였다고 인정되는 액수와 법원에 의해 사후적으로 확정되는 부양의무자의 채무액 중 더 작은 부분이 될 것이다.

　구상권자가 변제자 법정대위 규정에 따라 부양청구권을 대신 행사할 수 있는지 문제되나,[74] 부양청구권의 처분을 금지하는 §979의 취지 및 위 조항의 적용범위에 관한 판례의 태도[75]를 고려할 때, 협의 또는 심판에 의해 내용이 확정된 부양청구권 중 이행기가 도래한 부분에 한하여 변제자 법정대위 규정이 적용될 수 있지 않을까 사료된다.[76]

나. 소송사항인가 심판사항인가

　판례는 협의이혼을 한 부모의 일방이 자녀를 혼자 양육하다가 상대방에게 자녀의 양육에 소요된 비용의 상환을 청구한 경우,[77] 모가 성년 자녀[78]의 병원비를 지출한 후 이혼한 전 남편을 상대로 구상을 청구한 경우,[79] 모두 가사비송사건(전자는 마류 3호, 후자는 마류 8호)에 해당한다고 본다. 학설도 대체로 이러한 판례의 입장에 찬성하고 있다.[80] 후순위 부양의무자로 판단될 가능성이 높은 친족(가령, 조부모)이 다른 친족(가령, 부모)에게 구상청구를 하는 경우에도 심판사항으로 봄이 타당하다.

---

73) 일본 판례[日最判 1951(昭 26). 2. 13. 民集 5·3·47] 중에는 오빠의 의사에 반해서 스스로 어머니를 부양한 여동생이 오빠에 대하여 구상청구를 한 경우, 그와 같은 사정만으로 오빠가 부양의무를 전면적으로 면할 수는 없다고 하면서, 원칙적으로 구상청구를 긍정한 것이 있다.
74) 일본 학설 중 긍정하는 견해로는 鈴木忠一(1971), 185~189.
75) 대법원 2006. 7. 4. 선고 2006므751 판결.
76) 최준규(2012), 22; 다만, 이 경우 압류금지와 같은 제한은 없어지고 상계의 수동채권이 될 수도 있다고 사료된다. §979 註釋 Ⅲ. 참조. 부양청구권을 대신 행사할 수 있는 지위에 놓인 자는 확정된 심판에 대하여 승계집행문을 받아 집행할 수 있다는 견해로는 鈴木忠一(1971), 189.
77) 대법원 1994. 5. 13.자 92스21 전원합의체 결정(이 결정의 보충의견은, 법원이 民 §837에 따라 장래의 양육비의 분담비율이나 분담액을 정함에 있어서는 과거의 양육에 관하여 부모 쌍방이 기여한 정도 등의 제반사정도 참작해야 되는데, 과거의 양육비의 분담비율이나 분담액에 관하여는 별도의 민사소송절차를 취하도록 한다면, 장래의 양육비와 과거의 양육비가 서로 조화롭게 결정될 수 없게 되는 불합리한 점이 발생한다고 지적한다).
78) 1970. 4. 30.생으로서 1991년 초경 뇌종양으로 입원하여 치료를 받다가 1991. 10. 1. 사망한 사안이다.
79) 대법원 1994. 6. 2.자 93스11 결정.
80) 주석친족(3), 685~686; 박동섭, 친족상속, 440; 박병호·김유미(1994), 219~224; 박삼봉(1998), 473~477 참조.

그러나 남편에 대하여 부양의무자로 판단될 가능성이 높은 아내와 시부모 (또는 남편의 자녀) 사이의 구상청구를 가사비송사건으로 볼 수 있는지는, 가사소송법상 근거조문과 관련하여 추가검토가 필요하다. 부부간 부양청구와 부모와 자녀 사이의 부양청구는 각각 마류 1호 사건과 마류 8호 사건으로 따로 규정되어 있고, 마류 8호 사건에서 말하는 §976부터 §978까지의 규정에 따른 부양에 관한 처분에 부부간 부양은 포함되지 않는다고 실무상 이해되고 있기 때문이다.[81] 따라서, §974에 따라 부양의무를 부담하는 친족 간의 구상청구는 마류 8호 사건으로 볼 수 있지만, §974가 규정하고 있지 않은 부부간 부양의무가 함께 문제된 구상사건은 마류 8호 사건으로 보기 어려운 것이다. 판례도 "부부간의 부양의무를 이행하지 않은 부부의 일방에 대하여 상대방의 친족이 구하는 부양료의 상환청구는 같은 법 제2조 제1항 제2호 나. 마류사건의 어디에도 해당하지 아니하여 이를 가사비송사건으로 가정법원의 전속관할에 속하는 것이라고 할 수는 없고, 이는 민사소송사건에 해당한다"고 보고 있다.[82] 다만, 남편이 아내와 부모에 대하여 연대하여 부양료 지급청구를 할 수 있고(마류 1호 및 8호 병합사건이 된다),[83] 이 경우 법원이 §976, §977를 (유추)적용하여 부모와 아내 사이의 부양의무 순위 및 부양방법을 정할 수 있는 점을 고려할 때, 아내와 시부모 사이의 구상청구도 유추를 통해 마류 8호 사건으로 볼 수 없는지 의문은 있다.

3. 제3자로부터의 구상이 문제되는 경우

§974에 규정된 친족 이외의 제3자가 부양권리자를 부양한 경우, 부양의무자에 대하여 사무관리나 부당이득을 원인으로 구상을 청구할 수 있다. 이 경우에도, 협의 또는 심판에 의해 내용이 확정된 부양청구권 중 이행기가 도래한 부분에 한하여 변제자 법정대위 규정이 적용될 수 있을 것으로 사료된다. 제3자의 구상청구를 민사법원에서 처리해야 할지 가정법원의 심판사항으로 보아야 할지 문제되나, 제3자가 부양심판을 청구할 수 있는 법적 근거가 없으므로 민사법원에서 처리할 수밖에 없다.[84]

---

81) 제요[2], 578.
82) 대법원 2012. 12. 27. 선고 2011다96932 판결.
83) 家訴規 §20-2는 "수개의 가사비송사건의 청구가 법 제14조제1항의 요건을 갖춘 때에는 이를 1개의 심판청구로 제기할 수 있다"고 규정한다.
84) 제요[2], 580. 가정법원의 심판사항으로 보자는 견해로는 김주수·김상용, 470; 박동섭, 친족상속, 440.

Ⅵ. 과거의 부양료 청구

1. 부양청구와 관련하여

판례는 부부간 부양 또는 부모와 성년의 자녀·그 배우자 사이의 부양의 경우, 특별한 사정이 없는 한 부양받을 자가 부양의무자에게 부양의무의 이행을 청구하였음에도 불구하고 부양의무자가 이를 이행하지 아니함으로써 이행지체에 빠진 이후의 것에 대하여만 청구할 수 있다는 입장을 취한다.[85] 여기서 특별한 사정이란 요부양 상태에 있을 당시 부양청구를 할 수 없었던 합리적 사정으로서, ⓐ 중병에 걸리거나 교통사고 피해를 입는 등으로 인해 이례적이고 특별한 고액의 수요가 발생하여 부양권리자가 적시에 필요한 부양청구를 하기 어려운 경우, ⓑ 부양의무자가 부양료를 계속 지불해 오다가 이를 중단하였고 부양권리자 입장에서 부양료가 지급되리라고 신뢰하여 적시에 부양료 청구를 하지 않은 경우 등을 생각해볼 수 있다.

한편, 판례는 과거의 양육비 청구에 관해서는, "어떠한 사정으로 인하여 부모 중 어느 한 쪽만이 자녀를 양육하게 된 경우에, 그와 같은 일방에 의한 양육이 그 양육자의 일방적이고 이기적인 목적이나 동기에서 비롯한 것이라거나 자녀의 이익을 위하여 도움이 되지 아니하거나 그 양육비를 상대방에게 부담시키는 것이 오히려 형평에 어긋나게 되는 등 특별한 사정이 있는 경우를 제외하고는 … (중략) … 과거의 양육비에 대하여도 상대방이 분담함이 상당하다고 인정되는 경우에는 그 비용의 상환을 청구할 수 있다"고 한다.[86] 하급심 판례 중에는 노부모에 대한 자녀의 부양의무와 관련하여, 이행청구 이전 시점의 과거 부양료 청구를 허용하는 듯한 취지의 것이 있으나,[87] 이행청구 이전 시점의 청구를 허용하지 않은 것이 많다.[88]

과거 양육비에 관한 판례의 결론에 대하여 학설은 거의 일치하여 찬성한다.[89] 문제는 그 밖의 과거 부양료에 관한 부분이다.[90] 과거의 부양료에 관하

---

85) 대법원 2008. 6. 12.자 2005스50 결정; 대법원 1991. 11. 26. 선고 91므375(본소), 91므382(반소) 판결; 대법원 1991. 10. 8. 선고 90므781, 798(반심) 판결; 대법원 2013. 8. 30.자 2013스96 결정.

86) 대법원 1994. 5. 13.자 92스21 전원합의체 결정; 서울가정법원 2008. 5. 16. 선고 2008르543 판결(혼인외 자녀에 대한 양육비 지급의무).

87) 서울가정법원 2001. 11. 15.자 2000느단6731 심판.

88) 수원지방법원 성남지원 2009. 11. 30.자 2008느단1590 심판; 수원지방법원 성남지원 2009. 11. 2.자 2009느단612 심판; 인천지방법원 2009. 10. 26.자 2009느단1361 심판; 서울가정법원 2011. 10. 31.자 2011느단3468 심판; 수원지방법원 2009. 9. 11.자 2009느단339 심판 등.

89) 박병호·김유미(1994), 205 이하; 손지열, "과거의 양육비 상환청구," 윤관퇴임기념, 585~587 등.

90) 미성년 자녀의 과거 부양료를 마류 8호 사건으로 청구하는 경우, 과거의 양육비에 관한 판례

여 별도의 법률규정을 두고 있지 않은 우리나라의 경우, 과거의 부양료 청구가 가능한지, 가능하다면 어느 범위까지 소급하여 이를 인정할 것인지는 법이론의 문제라기보다 정책적 판단의 문제이다. 부양의무는 절대적 정기채무이므로 시간의 경과에 따라 소멸하고 따라서 과거의 부양료는 청구할 수 없다는 논리는, 반드시 타당하다고 보기 어렵다. 민법상 부양을 '현재 또는 장래의 생활수요만'을 충족시키기 위한 제도로 보는 것은 지나치게 협소한 이해이고,91) 부양료를 지급받지 못한 부양의무자가 생계유지를 위해 금원을 차용하였거나 생활수준을 낮추었다면 그로 인해 부양의무자의 현재생활도 영향을 받고 있는 것이다. 판례는 부부간 부양의 경우 원칙적으로 이행지체분에 한하여 과거의 부양료를 인정하고 있으나, 어느 채무에 관하여 이행기가 도래하였고 이행지체가 인정된다는 명제로부터 이행기 전의 채무는 소멸·부존재한다는 결론이 자동적으로 도출될 수는 없다. 구체적 부양의무가 협의 또는 심판에 의해 비로소 형성된다고 보더라도 협의 또는 심판 전의 부양료 지급의무를 부정해야 할 논리필연적 이유는 없다.

과거의 부양료 청구를 제한없이 인정한다면 부양의무자에게 예측하지 못한 과도한 부담을 지울 수 있고, 부양권리자에게 필요 이상의 이득을 줄 수 있으므로, 과거의 부양료 산정시 이러한 사정을 참작할 필요가 있다. 하지만 그렇다고 해서 판례처럼 과거의 부양료를 허용하는 기준시점을 '이행청구시'로 고정할 논리필연적 이유는 없다.92) 과거의 부양료도 원칙적으로 청구할 수 있다고 보되, 위와 같은 사정 일체를 참작하여 부양료를 정하면 족하다.93) 부부간 부양뿐만 아니라 일반 친족간 부양의 경우에도 달리 볼 이유는 없다고 사료된다. 학설상으로는 과거의 부양료 청구에 대하여 제한을 설정하는 데 의문을 제기하는 견해도 유력하다.94)

법리가 적용될 수 있는지 논란이 있으나, 양자의 실질이 동일한 이상 원칙적으로 제한없이 과거 부양료 청구를 허용하는 것이 타당할 것으로 사료된다.

91) 同旨 我妻栄, 親族法(1961), 413.

92) 부양의무자가 요부양자에 대하여 구체적인 부양의무를 부담한다는 점을 알았거나 알 수 있었을 때를 기준으로 삼자는 주장으로는 문형식, "친자관계를 중심으로 한 부양료청구와 구상(상)," 대한변호사협회지 130(1987), 52~53(부모의 미성숙 자녀에 대한 생활유지의무에 관하여는, 부모가 자녀의 요부양상태를 당연히 알거나 알 수 있었을 것이라고 추정하여 거의 전면적으로 과거의 부양료 청구나 구상을 인정해야 한다고 지적한다).

93) 다만 판례도 특별한 사정이 있는 경우 이행청구 이전의 부양료를 청구할 수 있다고 보므로, 어느 견해에 따르더라도 실제 사안의 결론에 큰 차이가 생길 여지는 많지 않다.

94) 김주수·김상용, 470; 이경희, 343; 임종효(2011), 284~286; 유진식(1986), 389~390; 이연주, "부부간의 과거 부양료 및 양육비 청구에 관하여," 人權 401(2010), 39 이하; 이동진(2012), 155~157(과거의 부양료 청구를 금지하는 법규정을 두고 있지 않은 오스트리아의 경우 종전 판

이혼 후, 부부일방이 타방에 대하여 과거부터 이혼시까지의 부양료 또는 혼인비용을 청구하는 것이 가능한가? 家訴規 §96가 혼인비용부담심판의 당사자를 '부부 중 일방'으로 제한하고 있는 취지에 비추어 '前부부 중 일방'이 혼인비용부담심판을 신청하는 것은 허용하기 어렵다고 사료된다.[95] 다만, 재산분할시 이러한 사정이 참작되거나 불법행위를 원인으로 한 손해배상청구를 통해 비용을 전보받을 여지는 남아있다.

2. 구상청구와 관련하여[96]

양육비를 제외한 그 밖의 과거 부양료 청구에 관하여 청구시 이후의 부분만 가능하다고 본다면, 부양의무자 아닌 친족이나 제3자가 요부양자를 사실상 부양하고 부양의무자에 대하여 구상청구를 한 경우에도 위와 같은 제한을 인정해야 하는지 문제될 수 있다.

구상권자의 입장에서 보면, 부양의무자가 이행청구를 하지 않았다는 이유만으로 구상청구를 할 수 없게 되는 것은 형평에 부합하지 않는다. 타인의 부양을 위해 애써 자신의 재산을 출연한 사람은 보호하지 않고, 자신의 의무이행을 소홀히 한 자를 보호하는 논리는 문제가 있다. 이러한 점에 주목한다면, ― 소멸시효가 완성되지 않는 한 ― 구상청구시에는 부양권리자의 이행청구가 없더라도 법원이 제반사정을 종합적으로 고려해 합리적이라고 판단되는 범위에서 과거의 부양료 청구권을 인정하고, 그에 따라 구상청구를 인용하는 방식이 타당하다.[97]

례는 청구시부터의 과거 부양료만 인정하였는데, 과거의 부양료 청구는 금지되지 않고 오직 소멸시효의 제한을 받을 뿐이라는 취지로 판례가 변경되었다는 점을 소개한다); 제철웅(2014), 484(다만 성년자에 대한 부양필요성을 인정함에 있어서는 특별한 주의가 요구된다고 한다). 반면 판례에 찬성하는 견해로는 김시철, "부부간의 과거의 부양료 지급의무에 관하여," 사법 5(2008), 268 이하; 박동섭, 친족상속, 440(미성년 자녀의 부양을 제외한 기타 친족 간 부양의 경우에도 이행청구 이후의 부분만 가능하다고 주장한다); 박삼봉(1998), 472; 최세모, "가사심판상의 부양청구권," 재판자료 18(1983), 572.

95) 위와 같이 본다면, 사실혼 배우자 일방이 부양의무를 이행하지 않은 경우 타방이 가사소송법 마류 1호 사건으로 부양료를 청구하는 것이 허용된다고 하더라도, 이를 인정할 실익이 거의 없다. 왜냐하면, 이 단계에서는 사실혼관계가 해소되어 버린 경우가 대부분일 것이기 때문이다. 제요[2], 489 참조. 다만, 사실혼 관계의 부당파기를 원인으로 손해배상청구를 할 경우, 이러한 비용을 배상받을 가능성이 있다[日最判 1958(昭 33). 4. 11. 家月10·4·21].

96) 최준규(2012), 27~28.

97) 일본의 판례도 부양권리자가 부양의무자에 대하여 청구한 경우에는 청구시 이후로 과거 부양료를 제한하는 경우가 많은 반면[日大阪高決 1962(昭 37). 1. 31. 家月 14·5·150, 자녀의 부모에 대한 부양료 청구); 日東京高決 1985(昭 60). 12. 26. 判時 1180·60, 부부간 혼인비용분담 청구)], 부양의무자 사이에 과거의 부양료 구상이 문제된 경우에는 청구를 요건으로 하지 않고 구상청구를 인용하고 있다[日東京高決 1986(昭 61). 9. 10. 判時 1219·56, 형제자매간 구상청구가

그렇다면 부양의무자의 입장에서, 부양권리자가 권리를 행사하였더라면 부담하지 않았을 채무를 제3자가 구상청구를 하는 경우에는 부담하는 것이 타당한가? 부양청구권과 구상권은 서로 다른 권리이지만, 구상권은 부양청구권이 존재해야 비로소 인정된다. 부양권리자가 청구하는 경우에는 인정되지 않는 부양료 채권이, 구상청구의 국면에서 돌연 존재하는 것으로 의제되어야 할 이유는 무엇인지, 부양권리자보다 구상권자를 더 보호하고 부양청구시보다 구상청구시 부양의무자에게 더 부담을 지워야 할 합리적 이유가 있는지 의문이다.98) 이러한 딜레마는 궁극적으로 청구시점 이후 이행지체분의 과거 부양료만을 인정하는 획일적인 법리에서 벗어나 법원이 사안에 따라 유연하게 과거의 부양료 청구를 인정할 수 있다고 보면, 해결될 수 있다.

비교법적으로 보면, 법률로 과거의 부양료 청구를 일정부분 제한하고 있는 독일에서는, 사무관리나 부당이득을 근거로 구상청구를 하는 경우에도 부양의무자 보호를 위해 동일한 제한이 적용되어야 한다는 것이 판례이자 대체적인 학설의 태도이다.99) 소 제기시부터 1년 전까지의 부양료 청구를 법률[스위스 민법 §173 ③(부부간 부양청구), §279 ①(자녀의 부모에 대한 부양청구)]로 허용하는 스위스에서는, 표현부의 부당이득을 원인으로 한 구상청구시 위와 같은 제한은 적용되지 않는다는 것이 학설의 태도이다.100) 한편, 이혼 후 부양의 경우를 제외하고는 과거의 부양료 청구를 금지하는 법률규정을 두고 있지 않은 오스트리아에서는 과거의 부양료 청구는 허용되고 부양의무자의 보호는 소멸시효 제도를 통해 도모된다는 것이 판례의 입장이므로,101) 위와 같은 쟁점이 등장할 여지는 없다.102)

문제된 사안으로서 조정신청시부터 5년전까지 소급하여 인정함]. 일본의 경우 부양권리자가 청구할 수 있는 과거 부양료의 범위와 관련하여 판례상 단일한 기준이 확립된 것은 아니라는 점에서, 우리와는 사정이 조금 다르다.

98) 新注民(改訂版)(25), 802(松尾知子)은 과거의 부양료를 관념할 필요성은 요부양자의 청구시보다 부양의무자간의 구상시 더 강하게 인정된다고 하고, 中山直子(2012), 219는 부양의무자 간 구상시에는 부양권리자의 생존유지의 요청이 후퇴하고 재산권의 요소가 강하므로 과거의 부양료 청구와 과거의 부양료 구상청구를 달리 취급하는 것이 정당화된다고 하나, 의문이다.

99) Münchener/Born §1613 Rn. 6; Palandt/Diederichsen §1613 Rn. 1; BGH FamRZ 1984, 775 참조.

100) Berner Kommentar Ⅱ/Hegnauer Art 277. Rn. 17~18, Art 279. Rn. 52 참조. 스위스법상 과거의 부양료 청구를 제한하는 규정에 대한 예외조항이 마련되어 있지 않다. 따라서 형평에 부합하는 결론에 이르기 위해서는 본문과 같은 논리구성이 필요하다. 그러나 독일의 경우 법률상·사실상 이유로 부양료 청구를 할 수 없었던 사정이 있는 경우에는 과거 부양료 청구의 제한규정이 적용되지 않으므로(§1613 ② ii), 표현부의 구상청구시를 대비하여 별도의 예외법리를 마련할 필요가 없다.

101) OGH 9. 6. 1988, SZ 61 Nr. 143 = JBl. 1988, 586: 이는 청구시부터의 과거 부양료만 인정하던 종전 판례의 입장을 변경한 것이다.

102) 그러나 판례가 변경되기 전에도, 부당이득을 원인으로 한 구상청구시에는 과거의 부양료를

3. 소송사항인가 심판사항인가

판례는 이혼한 부부 각자가 분담하여야 할 과거의 양육비의 비율이나 금
액을 장래에 대한 것과 함께 정하는 것도 §837 ②에 규정된 자의 양육에 관
한 처분에 해당한다고 본다.[103) 과거의 양육비나 부양료의 경우 장래의 것과
함께 청구하는지 여부를 불문하고 모두 심판사항으로 봄이 타당하다고 사
료된다.

4. 소멸시효 문제

가. 판례의 입장에 따를 경우

(1) 우리 판례는 협의나 심판이 있기 전의 양육비청구권은 친족관계를 바
탕으로 하여 인정되는 추상적인 법적 지위로서 소멸시효에 걸리지 않는다는
입장을 취하고 있고,[104) 이러한 법리는 추상적 부양청구권에 대해서도 그대로
적용될 가능성이 높다.[105) 즉, 협의나 심판에 의해 구체적 내용이 확정된 부양
료(양육비) 채권만 소멸시효가 문제되고, 그중 1년 이내의 정기에 지급되는 채권
의 경우 3년의 소멸시효에,[106) 그렇지 않은 채권(일시금, 1년을 초과하는 정기에 지
급되는 채권)의 경우 10년의 소멸시효에 걸린다.[107) 비송사건이라 할지라도 법원
이 직권으로 소멸시효 완성을 인정하는 것은 삼갈 필요가 있다.[108)

(2) 부양료 지급을 명하는 심판이 확정된 경우 심판확정 전 변제기가 도래
한 부분에 대하여 §165가 적용되어 소멸시효 기간이 '10년이 되는지' 문제된다.
이에 대해서는 부양심판에는 기판력이 인정되지 않는 점, 위 조항은 이미 시효
진행이 개시된 채권을 대상으로 하는 점 등을 들어 부정하는 견해[109)가 있고

제한하는 법리가 적용되지 않는다는 것이 판례의 입장이었다고 한다. Martiny II (2000), 832.

103) 대법원 1994. 5. 13.자 92스21 전원합의체 결정.

104) 대법원 2011. 7. 29.자 2008스67 결정; 대법원 2011. 8. 16.자 2010스85 결정. 제철웅(2014),
487은 위 판례들을 부양비용 상환청구에 국한된 판시이고 부양청구에 관해서는 적용될 수 없는
것처럼 이해하고 있으나, 의문이다.

105) 일본의 실무도 대체로, 협의나 심판에 의해 구체적 내용이 형성되기 전의 추상적 부양청구권
은 친족관계에서 파생한 기대권으로서 시효에 걸리지 않는다는 입장이다. 다만, 부양청구권의
소멸시효에 관한 일본 판례는 아직 보이지 않는다. 中山直子(2012), 351; 渡辺愛一/若林昌俊,
"扶養請求權の消滅時效期間," 家事事件の研究(2)(1973), 138.

106) 권덕진(2011), 195~196; 조민영(주 15), 34은 양육비 채권에 3년의 단기 시효를 적용하는 것
은 양육친에게 불리하므로 입법적 개선이 필요하다고 주장한다.

107) 이행기가 도래한 이후의 양육비채권이 손해배상청구권의 성격을 갖고 있다고 하여 民 §766에
따라 3년의 소멸시효에 걸리는 것은 아니다. 권덕진(2011), 197~198.

108) 권덕진(2011), 201; 임종효(2011), 295.

109) 권덕진(2011), 195~196; 渡辺愛一/若林昌俊(주 105), 147~148.

지급명령에 의해 확정된 채권도 소멸시효가 10년으로 연장되는 점[110]에 비추어 부양심판의 경우에도 위 민법조항이 적용되어야 한다는 견해(단, 이 견해는 추상적 부양청구권도 소멸시효 대상이 된다고 본다)[111]가 대립한다. 추상적 부양청구권의 소멸시효 대상성을 부정한다면 전자의 견해가 논리적인 측면이 있으나, 부양심판의 '실질'을 고려할 때 후자의 견해가 타당하지 않을까 사료된다. 이미 협의나 심판에 의해 구체적 내용이 확정된 부양료 채권에 대하여 시효중단 등의 목적으로 다시 심판청구를 한 경우, 심판청구로 소멸시효가 중단되고 §165, §178 ②에 따라 심판확정시부터 10년의 소멸시효가 다시 진행한다고 봄이 타당하다.[112]

(3) 소멸시효 기산점은 원칙적으로 협의나 심판에서 정해진 변제기가 될 것이다. 다만, 부양심판에서 과거부양료에 관하여 일시금 지급을 명하면서 별도로 이행기를 특정하지 않은 경우, 기산점을 언제로 볼 것인지에 대해서는 논란의 여지가 있다.[113] 부부간 구체적 부양청구권의 경우, 민법 §180 ②에 따라 혼인관계가 종료한 때로부터 6월 내에는 소멸시효가 완성하지 않는다고 볼 수 있다.[114]

(4) 시효로 소멸하는 양육비청구권의 범위와 관련하여, 심판에서 정한 지급단위와는 무관하게 언제나 일별(日別)로 소멸시효가 진행한다는 견해가 있다.[115] 즉, 양육비 1,000만 원을 2000년부터 매년 10. 15.에 지급하기로 하는 심판이 2000. 6. 15. 확정되었고 2010. 3. 15. 시효중단을 위해 다시 양육비심판이 제기되었다면, 2006. 10. 15.이 변제기인 채권(2006. 10. 15.부터 2007. 10. 14.까지의 양육비)이 모두 시효로 소멸하는 것이 아니라 2006. 10. 15.부터 2007. 3. 15.까지의 부분만 시효로 소멸한다는 것이다. 이 견해는 양육비청구권은 미성년 자녀가 생활을 영위하는 한 매일매일 지분적 청구권이 발생해서 소멸시효가 진행하고(실체법설), 협의 또는 심판으로 지급단위와 변제기를 정하더라도 그 성질이 변하지 않음을 근거로 든다. 그러나 이러한 주장의 타당성에 대해서는 검토의 여지가 있다.[116]

---

110) 대법원 2009. 9. 24. 선고 2009다39530 판결.

111) 임종효(2011), 290~291; 서울가정법원 2009. 11. 6.자 2009브15 결정.

112) 渡辺愛一/若林昌俊(주 105), 148.

113) 이행청구시, 심판청구서 송달시, 심판확정시 등의 주장이 가능할 것으로 보인다. 民 §165가 적용됨을 전제로 심판확정시부터 10년의 소멸시효기간이 진행한다고 봄이 타당하지 않을까 사료된다.

114) 渡辺愛一/若林昌俊(주 105), 149.

115) 임종효(2011), 292~293.

116) 부양청구권의 상속시 상속되는 범위에 관해서는 §979 註釋 Ⅳ. 3. 참조. 추상적 부양청구권과 구체적 부양청구권을 준별할 것인지에 대한 학설대립에 관해서는 §975 註釋 Ⅱ. 참조.

(5) 양육친이 양육비청구권에 관한 소멸시효를 중단시킨 경우, 양육친은 관리권한에 터잡아 미성년 자녀의 부양청구권을 자신의 이름으로 행사하는 것이므로, 미성년 자녀의 부양청구권도 시효가 중단된다는 견해가 있다.117)

나. 판례의 결론에 대한 의문118)

학설 중에는 판례의 결론에 찬성하는 견해119)가 있고, 그 근거로는 ⓐ 통상 이혼청구를 하기 전에는 혼인관계의 파탄을 막기 위해 양육비청구를 따로 하기 쉽지 않으므로 과거 양육비가 소멸시효에 걸린다고 보면 부당한 결과에 이를 수 있는 점, ⓑ 소멸시효 대상성을 긍정할 경우 직권탐지주의를 채택하고 있는 가사비송 사건에서 소멸시효 주장이 없는 경우 이를 어떻게 심리할지 문제가 발생할 수 있는 점 등을 들고 있다.120) 그러나 이러한 판례의 결론에 대해서는 의문을 표하는 견해도 많다.121)

과거 부양료의 구상채권에 대해서는 소멸시효가 문제되는가? 구상권은 구상권자의 출재를 전제로 하는 것이고 부양청구권과는 별도의 권리이다. 부양청구권의 구체적 액수가 확정되어야 구상액이 확정될 수 있다는 사정만으로, 부양청구권의 구체적 내용이 확정되기 전에는 구상권도 추상적 권리에 불과하고 따라서 소멸시효에 걸리지 않는다122)고 보기는 어렵다. 따라서 구상권은 원칙적으로 출재시부터 10년의 소멸시효에 걸린다고 봄이 타당하다.123)

위와 같이 본다면, 두 가지 의문이 제기된다. 첫째, 부양청구권의 소멸시효와 구상권의 소멸시효 사이에 위와 같이 중대한 차이를 두어야 할 합리적 이유가 있는가? 둘째, 부모일방이 자녀의 과거 부양료를 구상청구하는 경우에는

---

117) 임종효(2011), 293.
118) 최준규(2012), 29~32.
119) 김주수·김상용, 469(협의나 심판에 의하여 구체적 내용이나 범위가 확정될 때까지 권리를 행사할 수 있는 상태에 있다고 볼 수 없음을 이유로 든다); 권덕진(2011), 194~200; 이수영, "과거 양육비 청구권의 소멸시효," 諸問題 21(2012), 529~542.
120) 이수영(주 119), 540~541.
121) 박동섭, 친족상속, 441; 이동진(2012), 143~151; 강해룡, "양육비청구권과 소멸시효," 新聞 3999(2012. 1. 12); 임종효(2011), 283~295.
122) 추상적 권리이기 때문에 소멸시효에 걸리지 않는다는 결론이 바로 도출될 수 있는지 의문이지만, 일단 판례법리를 인정하는 전제하에 논의를 전개한다. 판례논리에 비판적인 견해로는 이동진(2012), 143~151; 임종효, 283~286 참조.
123) 박동섭, 친족상속, 441; 오시영, 454; 강해룡(주 121)은 "구상권은 당사자 간의 협의 또는 법원의 결정이 있어야 비로소 행사할 수 있는 권리인 것은 아니기 때문에 그 전에는 소멸시효가 진행되지 않는다는 논리가 성립될 수는 없다"고 한다. 그러나 제철웅(2014), 490~491은 이 경우 민법상 구상권이 인정될 수 없고 가족법상 특별한 구상권이 인정될 수 있을 뿐이며, 이러한 특별한 구상권의 구체적 범위를 정하는 것은 부양청구권의 내용을 정하는 것보다 추상성의 정도가 훨씬 높을 수밖에 없다는 이유에서, 소멸시효 대상성을 부정한다. 하지만 부양비용 상환청구권이 부양청구권보다 추상성이 높은 권리라고 일률적으로 말할 수 있는지는 의문이다.

소멸시효에 걸리지 않는다[124])고 하면서, 그 밖의 사람이 과거 부양료를 구상청구하는 경우에는 소멸시효에 걸린다고 보는 것이 타당한가? 이러한 의문이 발생하는 근본적 이유는, 판례가 추상적 양육비청구권이 소멸시효에 걸리지 않는다고 보기 때문이다. 소멸시효 대상성을 부정함으로써, 법원은 제반 사정을 고려하여 유연하게 양육비를 결정할 수 있게 되고, 양육비청구권이 보다 두텁게 보호될 가능성도 있다. 양육비 청구가 문제된 상황에만 주목한다면, 판례법리의 이러한 '기능적 장점'은 수긍할 수 있다. 그러나 부양료가 문제되는 다른 상황까지 아울러 고려한다면 위 판례법리로 인해 오히려 문제만 더 복잡해지는 측면이 있다. 추상적 권리의 소멸시효 대상성을 부정할 논리필연적 이유가 있는 것은 아닌 점,[125]) 소멸시효 대상성을 인정하더라도 법원이 부양료를 산정하면서 재량을 행사할 여지가 있는 점, 미성년 자녀의 부양료나 양육비가 문제된 경우에는 民 §180 ①,[126]) ②을 적용하여 미성년자를 보호할 여지가 있는 점 등을 고려할 때, 위 판례법리는 재고(再考)할 필요가 있다.[127])

  비교법적으로 보면, 추상적 부양청구권과 구체적 부양청구권을 구별하고 있지 않은 독일, 오스트리아, 프랑스의 경우, 협의 또는 심판 전의 지분적 부양청구권도 소멸시효에 걸린다는 점에 관하여 이론이 없고, 시효기간도 짧게 보고 있다[독일(독일 민법 §195), 오스트리아(오스트리아 민법 §1480): 각 3년, 프랑스(프랑스 민법 §2277): 5년].[128]) 추상적 부양청구권의 소멸시효를 인정한다면, 부양청구권과 구상권이 별개의 권리라는 이유로 양자의 소멸시효를 별도로 취급하는 것이 합리적인가라는 문제를 추가로 검토할 필요가 있다. 구상권에 대하여 출재

---

124) 양육비청구권의 실질은 자녀의 부양청구권을 대신 행사하는 것일 수도 있고 구상청구를 하는 것일 수도 있다. 판례는 그 실질이 무엇인지와 무관하게 추상적 양육비청구권은 소멸시효에 걸리지 않는다고 본다.

125) 부양권리자는 언제라도 심판청구를 할 수 있으므로, 아직 구체적인 청구권의 내용과 범위가 확정되지 않았다는 이유만으로 소멸시효에 걸리지 않는다고 단정할 수는 없다. 부양권리자 입장에서는 그 날의 생활을 위해 필요한 금원은 '늦어도' 그 날부터는 청구할 수 있는 것이다. 특정 지출항목(가령, 1학기 등록금)을 기준으로 과거의 부양료를 산정한다면, 부양청구권을 행사할 수 있는 시점은 더 앞당겨질 수 있다.

126) 모가 전적으로 미성년 자녀를 부양한 경우, §180 ①을 근거로 미성년 자녀의 부에 대한 추상적 부양청구권은 자녀가 성년이 되고 6월 내에는 소멸시효가 완성하지 않는다고 볼 여지는 없을까? §180 ①의 주된 규정취지는, 무능력자의 법정대리인에 대한 권리를 법정대리인이 스스로 행사하는 것을 기대하기 어렵다는 점에서 찾을 수 있으므로[주해 Ⅲ, 546(윤진수)], 다른 법정대리인인 모가 권리를 행사할 수 있었던 이상, §180 ①이 적용되기는 어렵다고 생각한다[임종효(2011), 284 참조].

127) 추상적 부양청구권이나 추상적 양육비청구권의 소멸시효 대상성을 긍정하더라도, 혼인외 자녀가 인지되기 전에는 부에 대한 부양(양육비)청구권의 소멸시효기간은 진행될 수 없다. 이동진(2012), 150; 권덕진(2011), 175~176.

128) Martiny Ⅱ (2000), 900 참조.

시부터 10년의 시효기간이 적용된다고 보면, 부양의무자는 제3자가 자기 채무를 변제하였다는 이유만으로 원래 부담하고 있던 의무보다 더 무거운 의무를 부담할 수 있기 때문이다. 이는 구상청구시 과거의 부양료 청구를 제한하는 법리가 적용될 수 있는가라는 문제와 유사한 문제이다. 참고로 오스트리아의 경우 부양청구권의 시효기간은 3년인 반면, 일반채권의 시효기간은 30년(오스트리아 민법 §1478)이기 때문에 부양청구권과 구상권의 시효기간을 별도로 취급할 경우 그 불합리성이 단적으로 나타날 수 있는데, 판례와 학설은 일치하여 구상권에도 단기 소멸시효가 적용된다고 본다.129) 우리 학설 중에는 제3자의 변제가 문제되는 일반적인 상황을 전제로, 구상청구권은 변제된 채권과 동일한 소멸시효 기간에 한하며, 이미 도과한 시효기간은 구상청구권의 시효기간에 대하여도 그대로 산입된다는 견해가 있다.130) 검토의 여지가 없는 것은 아니나, 이러한 주장은 경청할 필요가 있다.131) 다만, 추상적 부양청구권의 시효기간을 10년으로 본다면,132) 구상권이 출재시부터 10년의 소멸시효에 걸린다고 보더라도 부양의무자 입장에서 불합리한 상황이 발생할 가능성은 많지 않다. 추상적 부양청구권의 소멸시효 기산점보다 훨씬 뒤에 제3자의 변제가 이루어지는 상황은 드물 것으로 보이기 때문이다.

VII. 약정 부양료나 양육비의 지급을 구하는 경우 관할문제

판례 중에는 자녀에 대한 양육비나 부양료 협정의 이행청구를 가정법원에

---

129) Kurzkommentar zum ABGB(2010)/Koziol §1042 Rn. 6; 오스트리아 민법 §1042에 따른 부양료의 구상청구시에도 변제된 부양청구권의 소멸시효 기간(3년)이 적용된다는 판례로는 OGH 05. 04. 2005 8Ob68/06t = EF−Z 2006/50; OGH 19. 1. 2010 Ob198/09k 참조.

130) 김형석, "제삼자의 변제·구상·부당이득," 서울대법학 46−1(2005), 350~351, 358~360.

131) 이동진(2012), 153은 "적어도 부양구상에 관하여는 부양료채권의 시효기간을 적용할 필요가 있다"고 한다.

132) 임종효(2011), 286~289는 부양권리자가 생활을 영위하는 한 매일매일 지분적 부양청구권이 발생하기 때문에 民 §163 ①에 정한 '1년 이내의 정기에 지급되는 것'에 해당하고, 따라서 3년의 소멸시효 기간이 적용된다고 한다. 위 민법 조항과 유사한 내용의 조항을 민법(§1480)에 두고 있는 오스트리아에서도, 법률에 의해 발생한 과거의 부양청구권은 1년 이내의 기간에 정한 채권에 해당한다고 보아 3년의 소멸시효 기간에 걸린다고 판례상 인정되고 있다(Kurzkommentar zum ABGB(2010)/Dehn §1480 Rn. 5 참조). 부양제도의 목적에 비추어 부양료는 정기적으로 선급되는 것이 바람직하고, 이는 굳이 법에 명시하지 않더라도(독일 민법 §1612 ③은 부양료는 매달 선급되어야 한다고 규정한다) 누구나 수긍할 수 있는 부분이다. 그러나 부양청구권의 구체적 내용은 심판을 통해 비로소 확정된다고 보면, 부양료가 '어느 정도의 간격을 두고' 정기적으로 선급되어야 하는지는 협의나 심판이 없는 한 미리 정할 수 없다고 보는 것이 수미일관하다. 따라서 추상적 부양청구권은 '1년 이내의 기간으로 정한 채권'에 해당하지 않고, 10년의 소멸시효에 걸린다고 봄이 타당하지 않을까 사료된다.

서 심리한 것이 있고,133) 민사법원에서 심리한 것이 있다.134)135)

이에 대하여, ⓐ 법조문상 협의가 되지 아니하거나 협의할 수 없는 때에 가정법원의 심판이 가능하도록 규정하고 있는 점, 민사법원에서 처리하는 것이 소송기간을 단축할 수 있어 신속한 권리구제에 도움이 되는 점 등을 이유로, 협의된 과거 양육비의 이행만을 구하는 경우에는 민사법원에, 협의된 과거 양육비의 이행을 구하면서 장래 양육비의 변경을 구하는 경우는 가정법원에 심판을 청구하는 것이 타당하다는 견해,136) ⓑ 양육에 관한 사항에 대하여 협의가 이루어진 이후에도 법원은 후견적 입장에서 다시 양육에 관한 사항에 대하여 변경할 수 있으므로, 협의된 과거 양육비의 이행청구도 마류 가사비송사건에 해당한다는 견해137)가 있다.

청구원인이 약정에 따른 의무이행을 구하는 것인 이상 민사소송으로 보지 않을 이유는 없다.138) 그러나 청구의 상대방이 협정의 부당성을 다투는 경우 궁극적으로 §977에 따른 변경·취소 심판절차에서 부양료를 심리하는 것이 타당해 보이는 점, 양육비의 경우 가정법원이 직권으로 협의 내용을 변경할 수 있는 점을 고려할 때, 심판사항으로 보는 것이 좀 더 바람직하지 않을까 사료된다.139) 다만, 당사자가 양육협의에 관한 주장이나 자료제출 없이 약정금청구 형식으로 소송을 제기하여 민사사건으로 다루어지게 된 경우, ⓐ 액수 산정과 관련하여 별도 심리가 필요 없고 약정의 존부만이 쟁점으로 다루어지거나, ⓑ 약정금 내용이 불분명하거나, ⓒ 양육비 이외에 다른 성질의 금원에 관한 약정도 포함된 상황이라면, 그대로 민사사건으로 처리하는 것이 바람직하다.140)

---

133) 대법원 1992. 3. 31. 선고 90므651, 668(병합) 판결.

134) 서울지방법원 1993. 2. 4. 선고 92가합44812 판결.

135) 일본 하급심 판례 중에는 ⓐ 자의 법정대리인인 모와 부양의무자인 부 사이에 양육비 지급에 관한 합의가 이루어진 경우, 민사소송절차에서 이행기도래분에 관해서는 급부판결, 미도래분에 관해서는 부양의무확인판결을 한 사례[日東京地判 1989(平 1). 3. 7. 判例タイムズ 762·166], ⓑ 당사자 간에 합의의 성립 여부에 관하여 다툼이 있는 경우에도 민사소송으로 약정 양육비의 지급을 청구하는 것이 가능하다고 본 사례[日名古屋高判 1998(平 10). 7. 17. 判例タイムズ 1030·259]가 있다.

136) 조민영(주 15), 13~15.

137) 박진웅, "가사사건과 관련된 민사사건의 처리 방법," 實務研究 X(2005), 494~496[실무상 서울(중앙)지방법원은 양육비지급약정이행청구 사건을 가정법원에 이송하여 처리한다고 서술한다].

138) 同旨 中山直子(2012), 179.

139) 한편, 협정의 존부나 효력이 다투어지는 경우 '협정이 없는 경우'에 준하여 가사비송 사건으로 처리함이 바람직하다는 견해로는 鈴木忠一(1971), 207 참조(나아가, 부양의무자가 협정이 존재하지 않는다고 주장하며 민사소송으로 채무부존재확인의 소를 제기한 경우, 확인의 이익이 있는지 의문이라고 한다).

140) 제요[2], 534.

第 978 條 (扶養關係의 變更 또는 取消)

扶養을 할 者 또는 扶養을 받을 者의 順位, 扶養의 程度 또는 方法에
關한 當事者의 協定이나 法院의 判決이 있은 後 이에 關한 事情變更이
있는 때에는 法院은 當事者의 請求에 依하여 그 協定이나 判決을 取消
또는 變更할 수 있다.

I. 의의 및 취지

1. 당사자의 협정이나 법원의 조정·심판에 의해 부양의 권리의무관계가
정해진 이후, 부양순위·정도·방법과 관련한 사정이 변경된 경우 종전에 정해
진 권리의무 내용은 더 이상 타당하지 않을 수 있다. §978는 이 경우 부양권리
자 또는 부양의무자의 청구에 의하여 법원이 기존 협정이나 조정·심판을 취소
또는 변경할 수 있다고 규정한다. 부양관계에 관한 당사자의 협정이 있음에도
부양의 순위, 정도, 방법에 관한 심판을 청구한 경우 그 협정의 변경 또는 취소
를 구하는 취지로 보아 처리하는 것이 타당하고, 기존 협정을 이유로 바로 그
청구를 요건불비로 볼 것은 아니다.[1]

2. §826 및 §833(마류 1호 사건)를 근거로 부양료에 관한 심판이 이루어진 경
우, 위 심판에 대하여는 즉시항고를 할 수 있으므로(家訴 §43 ①, 家訴規 §94 ①),
非訟 §19 ①에 따른 취소·변경 재판은 할 수 없다. 그러나 심판이 있은 후 이
를 그대로 유지할 수 없는 중대한 사정변경이 있는 때에는 §978를 유추적용하
여 당사자의 청구에 따라 심판을 취소 또는 변경할 수 있다고 봄이 타당하다.[2]
부부간 부양료 협정(자녀의 부양료에 관한 협의가 이루어진 경우도 포함한다)이 있고
나서 사정변경이 발생한 경우 §978를 유추적용할 수 있는지 문제되는데, 가능

---

1) 제요[2], 588.
2) 제요[2], 494.

하다고 봄이 타당할 것으로 사료된다.

§837 등을 근거로 양육비에 관한 협정3)4) 또는 심판이 이루어진 경우(마류 3호 사건), 가정법원은 자녀의 복리를 위하여 필요하다고 인정하는 경우 부·모· 자 및 검사의 청구 또는 직권으로 이를 변경할 수 있다(§837 ⑤). 심판의 변경은 특별한 사정변경이 있는 경우뿐만 아니라 §837 ③에서 정한 여러 사정에 비추 어 당초의 심판이 부당하게 되었다고 인정되는 경우에도 할 수 있다.5) 부모 사 이에 자녀의 양육에 관한 협의나 양육비부담조서가 있었음에도 가정법원에 양 육에 관한 처분을 청구한 때에는 그 협의의 변경을 구하는 취지로 해석하여 처 리해야 한다.6)

3. 심리결과 청구인의 주장과 달리 오히려 상대방에게 유리한 내용으로 협의나 심판이 변경되어야 하는 경우, 상대방의 청구가 없는 경우에도 청구인 에게 불이익하게 변경심판이 이루어질 수 있는가? 논란의 여지가 있을 수 있지 만 일응 부정해야하지 않을까 사료된다.7) 다만 §837 ③은 법원이 직권으로 변 경심판을 할 수 있다고 규정한 점에 비추어, 양육비의 내용을 변경하는 경우에 는 청구인에게 불이익한 변경심판도 가능하다고 사료된다.

4. 법원의 조정이나 심판에 의해 부양의 권리의무관계가 정해진 이후, 당 사자의 '합의'에 의해 위 조정이나 심판을 변경·취소할 수 있는가? 아니면 이 러한 변경·취소는 §978에 의해 오로지 법원의 새로운 조정이나 심판에 의해서 만 가능한가? 이 또한 논란이 있을 수 있지만 당사자 간 '합의'에 의한 변경·취 소를 굳이 부정할 이유는 없다고 사료된다.8) 새로운 합의가 있었음에도 종전

---

3) '별거하고 있는' 부부 사이에 자녀의 양육과 관련된 협의가 이루어진 경우 구 민법(2005. 3. 31. 법률 제7427호로 개정되기 전의 것) §837 ②(자의 양육에 관한 사항의 협의가 되지 아니하 거나 협의할 수 없는 때에는 가정법원은 당사자의 청구에 의하여 그 자의 연령, 부모의 재산상 황 기타 사정을 참작하여 양육에 필요한 사항을 정하며 언제든지 그 사항을 변경 또는 다른 적 당한 처분을 할 수 있다)을 준용하여 당사자가 그 변경을 법원에 구할 수 있다는 판례로는 서울 가정법원 1997. 11. 12.자 97느307 심판 참조.

4) 이혼 당사자가 자의 양육에 관한 사항을 협의에 의하여 정한 경우(재판상 화해에 의한 경우 도 포함) 가정법원이 이를 변경할 수 있다는 판례로 대법원 1992. 12. 30.자 92스17, 18 결정.

5) 제요[2], 525; 대법원 1991. 6. 25. 선고 90므699 판결(부가 친권을 포기하는 대신 양육비를 지 급하지 않고 모가 전적으로 양육비를 부담하기로 하는 합의가 이루어진 경우, 부의 재력이 모보 다 우월할 뿐만 아니라 부가 공무원으로서 자녀 양육의 명목으로 국가로부터 재정적 지원을 받 고 세제상의 혜택을 받고 있는 점 등을 근거로 위와 같은 합의가 부당할 수 있다고 지적한다); 대법원 2006. 4. 17.자 2005스18, 19 결정; 위 두 판례는 개정 전 민법 §837 ②의 해석에 관한 판 시이나, 현행 민법 §837 ⑤의 해석에 있어서도 참고가 될 수 있다고 사료된다.

6) 대법원 1991. 6. 25. 선고 90므699 판결; 대법원 1998. 7. 10.자 98스17, 18 결정.

7) 鈴木忠一(1971), 204; 유진식(1986), 399.

8) 新注民(改訂版)(25), 805(松尾知子); 中山直子(2012), 296.

심판에 기초하여 강제집행이 이루어진 경우 부양의무자는 청구이의의 소를 제기할 수 있을 것이다.[9]

Ⅱ. 사정변경의 의미

1. §978에서 말하는 '사정'은 종전 협정이나 심판에서 부양의 권리의무관계를 정할 당시 판단의 기초가 되었던 요소들로서, 당사자의 신분, 직업, 사회적 지위, 자력, 건강 등의 사정과, 물가, 화폐가치 등을 들 수 있다. 부양당사자들의 현저한 수입 증감, 신분관계의 변동으로 부양을 해야 할 친족이나 부양을 받을 수 있는 친족이 나타난 경우,[10] 부양의무자의 실직이나 장기간 입원, 부양권리자의 취직이나 상속에 의한 재산취득, 급격한 물가상승 등의 상황이 발생한 경우, 당사자 간의 인간관계에 심각한 변동이 있는 경우[11] 사정변경이 있다고 평가할 여지가 있다.

종전 협정이나 심판 당시 예상할 수 있었던 상황이 발생한 경우, 부양의무가 구체적으로 확정된 이후 짧은 기간 내에 생긴 가벼운 사정변경의 경우에는 가급적 변경·취소의 대상이 되지 않는다고 봄이 타당할 것이다.[12]

2. '사정변경'이라는 단어는 통상 '객관적 사실'이 사후적으로 변경된 경우를 지칭하는 의미로 사용된다. 그러나 종전 협정이나 심판 당시 이미 존재하였지만 당사자들이 알 수 없었던 사실이 사후적으로 밝혀진 경우를, '사정변경'에 포섭시키는 것이 문언상 불가능하다고 보이지는 않는다. 위와 같이 해석하여 법원이 부양료를 형평에 맞게 조정할 가능성을 열어두는 것이 타당하지 않을까 사료된다.[13] 한편, 부양심판 당시 존재하였지만 부양료 산정당시 고려되지 않은 사정으로서 현재까지 그러한 사정이 계속되고 있는 경우, 변경·취소심판이 가능하다는 견해도 있다.[14]

협정 당시부터 이미 협정이 불공정하여 무효라고 평가할 수 있는 경우를 '사정변경'에 포섭시키기는 어렵다. 이 경우 협정이 무효임을 전제로 가정법원

---

9) 제요[2], 526.
10) 가령 부양의무자가 재혼하여 더 많은 생활비가 필요한 경우, 모가 재혼하여 재혼상대방이 모의 자녀(부양권리자)와 양친자관계를 맺은 경우 등.
11) 주석친족(3), 708.
12) 주석친족(3), 708은 부양료가 결정된 이후 2, 3년 간에 있어서의 5% 이내의 물가변동이나 수입증감의 경우를 그 예로 든다.
13) 新注民(改訂版)(25), 806(松尾知子).
14) 鈴木忠一(1971), 198; 유진식(1986), 394~395.

에 부양의 순위, 정도, 방법에 관한 심판을 청구할 수 있을 것이다.[15]

3. 사정변경과 관련하여 당사자의 귀책사유가 없는 경우에만 §978가 적용된다고 볼 이유는 없다. 그러한 귀책사유는 변경·취소의 여부 내지 정도를 결정함에 있어 참작사유로 삼으면 족하다고 본다.[16] 또한, 변경심판 당시를 기준으로 아직 사정변경이 발생하지는 않았지만, 장차 발생할 것이 예상되는 경우 그러한 점만을 이유로 부양료를 변경하는 것은 원칙적으로 허용되지 않는다고 봄이 타당하다.[17]

4. 부양권리자나 부양의무자가 사망한 경우, 친족관계가 종료한 경우 등 부양관계 발생의 전제가 되는 사실이 사라진 경우, 종전 심판[18]을 변경·취소하는 내용의 협의나 심판이 없더라도 부양관계는 위 시점부터 당연히 소멸하는가? 아니면 종전 심판은 여전히 유효하고 §978에 따라 변경·취소의 대상이 될 뿐인가? 필자의 견해로는, 부양 권리의무관계 발생의 기초가 되는 친족관계에 변동이 생긴 경우에는— 요부양자의 부양필요성이나 부양의무자의 부양능력과 관련하여 변동이 있는 경우와 달리[19] — 부양관계는 변동시점부터 당연히 소멸한다고 봄이 타당하다고 사료된다.[20] 이 경우 부양의무자는 청구이의의 소를 제기할 수 있을 것이다.[21]

---

15) 그런데 일본 판례 중에는, 협의이혼 당시 공정증서에 의해 양육비 지급을 합의하였는데 그 액수가 표준적 산정표에 의한 양육비의 2배 이상인 사안에서, ⓐ 부의 수입에 비추어 위 금액을 계속 지급하기 곤란한 점, ⓑ 부의 부모로부터 도움을 얻는 것이 불가능해졌고 양육비 지급을 위해 차용금 채무를 부담하게 된 점, ⓒ 부는 공정증서 작성 당시 이혼 후에도 당분간 동거생활을 계속할 수 있을 것으로 생각한 점 등을 이유로, 양육비를 감액한 것이 있다. 日東京家審 2006(平 18). 6. 29. 家月 59·1·103.

16) 中山直子(2012), 297.

17) 中山直子(2012), 326.

18) 협의의 경우 협의의 해석을 통해, 위와 같은 경우 부양 권리의무 관계는 자동적으로 소멸한다는 결론을 도출할 여지가 있으므로 심판에 한정하여 살펴본다.

19) 아래 Ⅳ.의 논의 참조.

20) 中山直子(2012), 296; 內田貴, 民法 Ⅳ(2004), 293; 新注民(改訂版)(25), 808(松尾知子); 若林昌俊, "金錢扶養をめぐる實務上の問題点," 講座·實務家事審判法(1988), 288 참조. 그러나 부양료 지급을 명하는 심판이 확정된 이후 친자관계부존재확인 판결이 확정된 경우(이는 친족관계에 변동이 생긴 경우가 아니라 처음부터 친족관계가 없었던 경우이다), 종전 심판이 당연 무효가 되는 것은 아니고 심판이 취소되어야 비로소 소급적으로 그 효력을 상실한다는 주장(여기서 취소는 재심절차의 실질을 갖는다고 한다)으로는 鈴木忠一(1971), 172~175; 유진식(1986), 374 참조. 한편, 제요[2], 583은 가사소송 등에서 신분관계가 부정되면 심판은 그에 배치되는 범위에서는 효력을 상실한다고 하여, 당연상실설을 따르는 것으로 보인다.

21) 다만, 이와 같이 보더라도 굳이 §978에 따른 취소·변경의 대상이 아니라고 볼 것인지에 대해서는 검토의 여지가 있다.

Ⅲ. 사정변경의 효과

우리 학설은 취소 또는 변경의 심판은 장래에 향하여 효력이 있고 다만, 사정변경이 현저한 경우에는 조정·심판이 있기 전에도 부양의무자는 이행을 거부할 수 있다고 한다.[22] 그러나 필자의 견해로는 부양심판을 통해 과거의 부양관계를 규율하는 것이 가능한 점을 고려할 때, 변경·취소의 기준시점을 사정변경 발생시점, 변경·취소 청구시점, 상대방이 사정변경 사실을 알았거나 알 수 있었던 시점 등으로 잡는 것도 가능하다고 사료된다.[23] 아래에서는 경우를 나누어 살펴본다.

1. 증액변경의 경우

어느 시점부터 증액을 인정할 것인지는 과거의 부양료 청구 인정 여부 문제와 동일한 실질을 갖는다. 판례상 과거의 부양료·양육비 청구가 일정 부분 허용되는 점[24]을 고려할 때, 증액청구시 또는 사정변경 원인발생시를 기준으로 증액변경 심판을 하는 것도 가능할 것이다. 또한, 종전 심판에서 부양의무자의 부양능력이 요부양자의 부양필요를 충족시키기에 충분하지 않다고 판단되어 필요한 부양료 중 일부의 지급만을 명하였는데 이후 부양의무자의 부양능력이 상승한 경우, 청구시점이 아니라 회복시점부터 소급해서 증액을 인정하는 것이 타당할 여지가 있다.[25]

2. 감액변경의 경우

부양권리자의 자력이 회복된 경우라면, 감액청구시 또는 사정변경 원인발생시로 소급하여 감액을 명하는 것이 크게 부당하지 않을 수 있다. 그러나 부

---

22) 김주수·김상용, 467; 同旨 我妻榮, 親族法(1961), 411(나아가 종전대로의 지급은 비채변제가 된다고 한다).

23) 同旨 유진식(1986), 398(만약 심판의 주문이나 이유에서 시점을 특정하지 않은 경우, 변경·취소의 효과는 심판의 확정시에 생긴다고 본다).

24) 부부간 부양료의 경우 특별한 사정이 없는 한, 청구하였음에도 이행하지 않아 이행지체에 빠진 이후의 것에 대하여 과거분 청구가 허용된다[대법원 1991. 10. 8. 선고 90므781, 798(반심) 판결]. 부모 중 일방이 자녀를 양육하게 된 경우 과거의 양육비에 대해서는, 위와 같은 기간제한 없이 상당하다고 인정되는 범위에서 과거분의 청구가 허용된다[대법원 1994. 5. 13.자 92스21 전원합의체 결정].

25) 부양의무자는 자신의 부양능력이 증가하였다는 것을 잘 알고 있으므로 이러한 증액이 특별히 가혹하지 않은 반면, 부양의무자의 부양능력을 알 수 없었던 부양권리자 입장에서는 청구시점부터의 증액만을 인정하는 것이 부당할 수 있기 때문이다. 野本三千雄, "事情変更による扶養料増減の時点," 家事事件の研究(2)(1973), 179.

양의무자의 자력이 감소한 경우에는, 요부양자의 보호필요성이라는 관점에서 소급하여 감액변경을 인정할 것인지, 인정한다면 과거 어느 시점을 기준으로 할 것인지를 결정함에 있어 좀 더 신중할 필요가 있다. 소급하여 감액변경을 인정할 경우, 이미 지급한 부양료 중 초과분의 반환청구를 인정할 것인지 인정한다면 이를 가사심판에서 다룰 것인지 민사소송으로 다룰 것인지가 문제된다. 일견 초과분의 반환은 가능하고[26] 절차의 편의상 가사심판에서 함께 다루는 것이 타당하다고 생각되나,[27] 검토의 여지가 있다. 부양의무자가 자력이 부족해졌음에도 불구하고 스스로 종전 부양료를 지급한 경우 소급해서 감액을 명할 여지도 있을 것이나, 이 경우 이미 지급한 부양료 중 초과분의 반환은 악의의 비채변제 또는 도의관념에 적합한 비채변제로서 허용되기 어렵다고 사료된다.[28]

감액변경 청구시 기존 심판에 의한 강제집행의 정지를 청구할 수 있는지 문제되는데 이에 관해서는 다음 항에서 살펴본다.

Ⅳ. 집행정지의 가부 및 청구이의의 소와의 관계

종전 심판의 감액변경 또는 취소를 청구하면서 기존 심판에 의한 강제집행의 정지를 청구할 수 있는가? 이에 관한 명문의 규정은 없으나, 家訴 §62[29]의 사전처분[30] 또는 §63의 가처분의 일종으로서 집행정지를 명하는 것이 가능한지 적극적으로 검토해 볼 필요가 있다.

요부양자의 부양필요성이나 부양의무자의 부양능력에 변동이 생긴 경우, 부양의무자가 청구이의의 소를 제기할 수 있을까? 실체법상 구체적 부양권리의무 관계가 부양필요성과 부양능력이라는 요건이 갖추어짐으로 인해 바로 발

---

26) 그러나 이러한 반환청구를 인정함에는 신중을 기해야 할 것으로 사료된다. 또한 초과분이 현재 부양권리자에게 그대로 남아있다면, 향후 지급해야 할 부양료를 미리 지급한 것으로 취급할 여지도 있을 것이다.

27) 유진식(1986), 398~399은 변경·취소 심판시 초과분의 반환도 함께 명해야 하고, 이를 하지 않은 경우 재판의 탈루가 되어 법원은 당사자의 청구 또는 직권에 의해 추가로 심판을 해야 한다고 한다.

28) 野本三千雄(주 25), 183.

29) 가사소송법 제62조(사전처분) ① 가사사건의 소의 제기, 심판청구 또는 조정의 신청이 있는 경우에 가정법원, 조정위원회 또는 조정담당판사는 사건을 해결하기 위하여 특히 필요하다고 인정하면 직권으로 또는 당사자의 신청에 의하여 상대방이나 그 밖의 관계인에게 현상을 변경하거나 물건을 처분하는 행위의 금지를 명할 수 있고, 사건에 관련된 재산의 보존을 위한 처분, 관계인의 감호와 양육을 위한 처분 등 적당하다고 인정되는 처분을 할 수 있다.

30) 다만, 사전처분은 집행력이 없다는 점(家訴 §62 ⑤)이 문제될 수 있다.

생·소멸한다고 보는 입장(이른바 '실체법설')에서는, 청구이의의 소 제기가 가능하다고 봄이 수미일관하다. 그러나 구체적 부양청구권의 내용은 협의나 심판에 의해 비로소 형성된다는 견해(이른바 '내용형성설')를 따른다면,31) 원칙적으로 변경·취소 심판을 통해 문제를 해결하는 것이 타당하지 않을까 사료된다.32) 내용형성설을 일관한다면, 양육비 심판이 있은 이후 사정이 변경되어 금전 지급 의무를 부담하는 비양육친이 양육까지 부담하게 되더라도, 종전 심판에 따른 양육비 지급의무가 당연히 소멸한다고 보긴 어려울 것이다.33)

V. 즉시항고기간 내의 사정변경

　　§826 및 §833(마류 1호 사건), §837(마류 3호 사건), §967부터 §978(마류 8호 사건)를 근거로 부양료에 관한 심판이 이루어진 경우, 위 심판에 대하여는 즉시항고를 할 수 있고, 즉시항고 기간은 즉시항고를 할 수 있는 자가 심판을 고지받는 경우에는 그 고지를 받은 날부터, 심판을 고지받지 아니하는 경우에는 당사자에게 심판이 최후로 고지된 날부터 14일이다(家訴 §43 ①·⑤, 家訴規 §94 ①·③). 마류 1호·3호 사건의 경우 청구인과 상대방이 즉시항고를 할 수 있고(家訴規 §94 ①), 마류 8호 사건의 경우 당사자 이외에 이해관계인도 즉시항고를 할 수 있다(家訴規 §94 ②, §109). 즉시항고 기간 내에 사정변경이 생긴 경우 즉시항고 사유가 될 수 있는지, §978에 따른 변경·취소 심판 청구를 할 수 있는지 문제된다. §978가 종전 심판이 확정되었을 것을 전제로 하지는 않으므로 즉시항고 기간 내에도 변경·취소 심판을 청구할 수 있고,34) 즉시항고에 따른 항고심은 속심적 성격을 갖고 있으므로 즉시항고도 할 수 있다고 사료된다.35)

---

31) 양육비청구권과 관련하여 판례는 내용형성설의 입장을 따르는 것으로 보인다. 대법원 2006. 7. 4. 선고 2006므751 판결; 대법원 2011. 7. 29.자 2008스67 결정 등 참조.

32) 한편 일본의 학설 중에는, 봉급이 유일한 수입원인 부양의무자가 실직한 경우와 같이 사정변경이 '현저한' 경우에는 청구이의의 소를 제기할 수 있다는 견해가 있다. 基本法コンメンタール 親族(第5版)/山脇貞司, 293. 주석친족(3), 708~709은 사정변경이 현저한 경우에는 협정·조정 또는 심판이 있기 전에도 정해진 내용에 따른 이행을 거부할 수 있다고 하는데, 이는 실체법상 부양권리의무관계가 소멸한다는 취지로 이해된다.

33) 자녀를 실제로 양육한 부가 종전 심판상 양육비 지급청구권을 갖고 있던 모를 상대로 구상청구를 할 수 있는가? 판례는, 자녀를 양육할 권리가 없는 자가 家訴 §62 소정의 사전처분 등을 받지 아니한 채 임의로 자녀를 양육한 경우, 이는 양육자로 지정된 상대방에 대한 관계에서는 상대적으로 위법한 양육이므로 상대방은 양육비 지급의무를 부담하지 않는다고 한다(대법원 2006. 4. 17.자 2005스18, 19 결정).

34) 유진식(1986), 395(그러나 전부결이 확정되기 전에는 사정변경으로 인한 청구를 할 수 없다는 반대설도 있다고 한다).

35) 新注民(改訂版)(25), 808(松尾知子); 中山直子(2012), 326; 我妻栄 編, 判例コンメンタールVII 親

Ⅵ. 부양료를 청구하지 않겠다는 취지의 합의와 사정변경

부양권리자와 부양의무자 사이에 향후 부양료를 청구하지 않겠다는 합의가 이루어졌다 하더라도, §979가 부양청구권의 처분을 금지하고 있는 이상, 이러한 합의는 원칙적으로 효력이 없다. 한편, 자녀에 대하여 부양의무를 부담하고 있는 부모 사이에 일방이 타방에 대하여 양육비를 청구하지 않겠다고 합의한 경우, 이러한 합의가 현재 존재하거나 장차 발생할 구상권을 포기하는 취지라면, ─§103, §104에 따라 무효가 되지 않는 한─ 합의의 당사자인 부양의무자들 사이에서 채권적 효력을 갖는다. 양육비를 청구하지 않겠다는 부모간 합의가 유효라 하더라도 §837 ⑤에 따라 변경·취소의 대상이 될 수 있음은 물론이다.

부모 사이의 합의가 유효하더라도, 그 효력이 자녀에게 미칠 근거는 없다. 따라서 이러한 합의가 있다고 하여 자녀가 스스로, 또는 부모 중 일방이 친권자로서 미성년 자녀를 대리하여 부양청구권을 행사하는 것이 당연히 금지되는 것은 아니다. 다만, 이 경우 종전 합의내용과 경위 등을 참작하여 부양청구권의 성립 여부 및 그 액수를 결정할 필요가 있을 것이다.[36]

族法, 569.
36) §979 註釋 Ⅵ. 참조.

第 979 條 (扶養請求權處分의 禁止)
扶養을 받을 權利는 이를 處分하지 못한다.

Ⅰ. 의의 및 취지

부양받을 권리는 신분관계를 기초로 하여 발생하는 재산권으로서 행사상·귀속상 일신전속성[1]을 갖기 때문에, 처분이 금지된다고 통상 설명된다.[2] 한편, 부양청구권의 처분금지조항은 부양권리자가 궁박한 상태를 회피하기 위하여 경솔하게 부양청구권을 처분함으로써 오히려 자신의 생존의 기초를 상실하는 상황을 막고, 부양청구권의 양도·포기 등으로 인하여 발생할 수 있는 사회보장제도의 부담을 줄이는 목적을 갖고 있다는 견해가 있다.[3] 전자는 부양청구권이 통상의 재산권과 대비되는 친족법상 권리임을 강조하는 반면, 후자는 처분금지조항이 현실적으로 도모하는 기능에 초점을 두고 있다. 두 견해가 서로 대립되거나 모순되는 것은 아니고 각기 나름의 타당성을 갖고 있으므로, 양자를 종합적으로 고려하여 §979를 이해하는 것이 바람직하다고 사료된다. 다만, 친족법상 권리와 통상의 재산권 사이의 경계가 반드시 명확한 것은 아닌 점, 권리의 개별적 특성을 고려한 구체적 근거를 모색하지 않은 채 '신분'과 관련된

1) 행사상 일신전속성은 권리행사 여부가 권리자의 의사에 전적으로 맡겨진 것을 뜻하고, 귀속상 일신전속성은 권리가 권리자 이외의 다른 사람에게 귀속될 수 없음을 뜻한다. 행사상 일신전속성이 있는 권리는 채권자대위권의 목적이 될 수 없고, 귀속상 일신전속성이 있는 권리는 대체로 양도나 상속의 대상이 될 수 없다. 양 개념 간에 논리적 연관관계가 있는 것은 아니다. 즉, 행사상 일신전속성과 귀속상 일신전속성을 모두 갖춘 권리가 있을 수 있고, 둘 중 어느 하나만 갖춘 권리도 있을 수 있다.
2) 주석친족(3), 710; 박동섭, 친족상속, 428.
3) 김형석(2007), 254~255; 임종효(2011), 273~274.

권리라는 점만 강조한다면 결국 입법취지가 법률조항과 동어반복적인 내용이
될 수 있는 점, 일신전속성을 갖는 권리라고 하여 포기할 수 없는 권리라는 결
론이 논리필연적으로 도출되는 것은 아니므로 일신전속성만으로 부양청구권의
포기금지를 정당화하기는 부족한 점4) 등에 비추어, 후자의 견해와 같이 실질
적 정당화 근거를 모색하는 작업이 방법론적으로 바람직한 측면이 있다.

Ⅱ. 본조의 적용범위

1. 처분할 수 없다는 문언으로부터, 양도할 수 없고(§449 ① 단서), 질권을
설정할 수 없으며(§355, §331), 상계의 자동채권으로 삼을 수 없고(§492 ① 단서),5)
포기할 수 없다는 결론을 도출할 수 있다.6) 부양당사자 이외의 제3자나 부양의
무자에 대한 양도뿐만 아니라, 다른 부양권리자에 대한 양도도 허용되지 않는
다.7) 다만, 부양권리자들 사이의 부양받을 순위는 당사자 간 협의나 법원의 심
판에 의해 정할 수 있다(§976 ①).

2. §979의 문언에도 불구하고 부양청구권의 처분이 허용되는 경우는 없는
지, 있다면 그 범위는 어디까지인지에 관하여 견해가 대립한다.

가. 학설 및 판례

학설 중에는, ⓐ 협의 또는 심판에 의하여 구체적으로 내용이 확정된 부양
청구권 중 이행기가 도래한 지분적 부양청구권은 유효하게 포기·양도할 수 있
고 자동채권으로서 상계할 수 있다는 견해,8) ⓑ 위 ⓐ의 경우뿐만 아니라 기본
적 부양청구권이나 이행기가 도래하지 않은 지분적 부양청구권(협의 또는 심판에
의하여 구체적으로 내용이 확정되었음을 전제로 하는 것으로 보인다)도 이에 상응하거나
이를 상회하는 대가를 현실적으로 수령하였다면 양도할 수 있다는 견해,9)

---

4) 新注民(改訂版)(25), 812~813(松谷文雄); 상속회복청구권의 상속성을 부정하는 견해가 있지
   만(김주수·김상용, 509; 박동섭, 친족상속, 502, 곽윤직, 상속법, 165), 상속개시 후 상속회복청
   구권을 포기할 수 있다는 점에 관해서는 학설상 별다른 이견이 없다(곽윤직, 상속법, 167). 유류
   분반환청구권은 그 행사 여부가 유류분권리자의 인격적 이익을 위하여 그의 자유로운 의사결정
   에 전적으로 맡겨진 권리로서 행사상의 일신전속성을 가진다고 보아야 하므로, 유류분권리자에
   게 그 권리행사의 확정적 의사가 있다고 인정되는 경우가 아니라면 채권자대위권의 목적이 될
   수 없지만(대법원 2010. 5. 27. 선고 2009다93992 판결), 상속개시 후 유류분반환청구권의 포기
   가 가능하다는 점에 관해서는 학설상 별다른 이견이 보이지 않는다(곽윤직, 상속법, 282).
5) 채권자가 자동채권을 자유로이 처분할 수 없다면, 상계를 할 수 없다. 注解 Ⅺ, 377(윤송섭).
6) 처분행위란 현존하는 권리의 변동을 직접 일으키는 법률행위를 말한다. 처분행위의 개념에
   관해서는 제4판 註釋民總(2)(4판), 365~369(지원림).
7) 新注民(改訂版)(25), 815(松谷文雄).
8) 박동섭, 친족상속, 428.

ⓒ 협의 또는 심판이 있거나 이행기가 도래하였는지 여부와 무관하게 상당한 대가의 반대급부를 현실적으로 취득하였다면 양도나 질권설정이 가능하고, 협의나 심판이 없어도 상계의 자동채권으로 삼을 수 있으나, 포기나 무상양도는 어느 경우든 허용되지 않는다는 견해,[10] ⓓ §806 ③[11]을 유추하여 부양당사자 간에 부양료 지급에 관한 계약이 성립하거나 심판 청구 등이 이루어진 후에는 부양료 채권의 양도 또는 승계가 가능하다는 견해[12]가 있다.

판례는 이혼한 부부 사이에 자의 양육자인 일방이 상대방에 대하여 가지는 양육비채권과 관련하여, "가정법원의 심판에 의하여 구체적인 청구권의 내용과 범위가 확정된 후의 양육비채권 중 이미 이행기에 도달한 후의 양육비채권은 완전한 재산권(손해배상청구권)으로서 친족법상의 신분으로부터 독립하여 처분이 가능하고, 권리자의 의사에 따라 포기, 양도 또는 상계의 자동채권으로 하는 것도 가능하다"고 판시하였다.[13] 한편, 하급심 판례 중에는 재산분할금 채권자가 양육권자의 부동산에 대하여 강제집행을 개시하자, 양육권자가 판결로 내용이 확정된 장래의 양육비 채권을 자동채권으로 한 상계의 의사표시를 하였고 위 채권자가 이에 따라 강제경매를 취하하였는데 이후 양육권자가 위 부동산을 처분하고 다시 양육비 채권을 주장한 사안에서, 내용이 확정된 장래의 양육비 채권을 자동채권으로 한 재산분할금 채권과의 상계[14]를 인정한 것

---

9) 김형석(2007), 256~257.

10) 임종효(2011), 276~279.

11) 정구태, "유류분반환청구권이 채권자대위권의 목적이 되는지 여부," 가족법연구 22~1(2008), 222은 이러한 위자료청구권의 '귀속상 일신전속성'이 필연적으로 인정될 이유는 없다면서 입법론의 관점에서 §806 ③의 타당성에 의문을 표시하고 있다. 한편, 판례(대법원 1966. 10. 18. 선고 66다1335 판결 등)는 생명이나 신체의 침해로 인하여 생긴 위자료청구권에 관하여, 피해자가 이를 포기하거나 면제했다고 볼 수 있는 특별한 사정이 없는 한 생전에 청구의 의사를 표시할 필요없이 원칙적으로 상속된다고 보고 있다. 참고로 위자료청구권의 '행사상 일신전속성'에 관해서는, ⓐ 인격권침해에 의한 위자료 청구권은 행사상 일신전속권에 해당하지만, 합의 또는 판결 등에 의하여 그 내용이 구체적으로 확정된 때 또는 그 행사 이전에 피해자가 사망한 때에는, 행사상 일신전속성을 상실한다는 견해[注解 Ⅸ, 766(김능환)], ⓑ 이혼으로 인한 위자료청구권의 경우 권리자가 위자료 청구권을 행사할 의사를 확정적으로 표시하였다면 행사상 일신전속성이 상실된다는 견해[정구태(주 11), 222~223]가 있다. 일본 판례 중에는, 명예훼손을 이유로 한 위자료 청구권에 관하여, 위자료를 지급하는 내용의 합의 또는 지급을 명하는 집행권원이 성립하여 구체적 금액이 당사자 사이에 객관적으로 확정되거나 피해자가 사망한 경우, 채권자대위나 압류의 대상이 된다는 판례[日最判 1983(昭 58). 10. 6. 昭54(オ)719]와 생명침해로 인한 근친자의 위자료 청구권의 경우에도 동일한 법리를 적용한 하급심 판례[日名古屋高判 1989(平 1). 2. 21. 昭63(ネ)286]가 존재한다. 독일의 경우 비재산적 손해는 법률로 정하여진 경우에만 금전에 의한 배상을 청구할 수 있는데(독일 민법 §253 ①), 비재산적 손해배상청구권에 대한 압류 및 질권설정은 별다른 제한없이 가능하다(Münchener 6.Aufl./Oetker §253 Rn. 66).

12) 배경숙·최금숙, 411.

13) 대법원 2006. 7. 4. 선고 2006므751 판결.

14) 자동채권의 변제기가 도래하지 않았으므로 엄밀히 말하여 상계합의로 봄이 타당하지 않을까

이 있다.15)

나. 검토

(1) 협의 또는 심판에 의해 내용과 범위가 확정되지 않은 부양청구권

이 경우에는 과거의 부양청구권인지 장래의 부양청구권인지, 기본적 부양청구권인지 지분적 부양청구권인지 여부와 관계없이 §979의 문언에 충실하게 어떠한 형태의 처분도 금지된다고 해석함이 타당하다. 구체적 범위가 정해지지 않은 권리이므로, 부양권리자가 궁핍한 상태에서 경솔하게 처분을 할 위험이 크기 때문이다.16)

이에 대해서는 부양권리자가 충분한 반대급부를 현실적으로 수령하였다면, 굳이 처분을 금지할 이유가 없다는 반론이 가능하다.17) 그러나, ⓐ 어느 정도의 반대급부가 제공되어야 처분이 유효한지는 사후적으로 판단할 수밖에 없는데, 불명확한 법률관계가 계속되는 것 자체가 부양권리자에게 바람직하지 않은 상황인 점, ⓑ 협의나 심판에 의해 부양청구권의 구체적 내용이 확정된다고 보면, 제3자에게 양도된 부양청구권도 그 구체적 내용이 확정되기 위해 동일한 절차를 거칠 필요가 있는데 현행법상 제3자가 '부양청구권자로서' 부양심판을 청구할 수 있는 절차가 마련되어 있지 않은 점, ⓒ §979의 입법취지는 부양권리자의 보호뿐만 아니라, 부양 관련 문제는 가급적 권리자와 의무자 사이에서 해결하려는 데에서도 찾을 수 있는 점18) 등을 고려할 때, 위 반론에는 선뜻 동의하기 어렵다.

(2) 부양료 지급을 구하는 심판이 청구된 경우

신분관계를 기초로 하여 발생한 재산적 권리라는 점에서 부양청구권과 약혼해제로 인한 위자료청구권은 공통점을 갖는다. 그러나 부양청구권은 미래 생활수요의 만족을 중요한 목적으로 삼는다는 점에서, 과거의 행위로 인해 발생한 손해의 전보만이 문제되는 위자료청구권과 성격이 다르다. 부양심판을 청구

생각한다.

15) 서울가정법원 2012. 6. 11.자 2012브26 결정. 위 결정은 신의성실의 원칙에 비추어 채권자의 양육비청구권 행사가 허용될 수 없다는 점도 지적하고 있다.

16) 김형석(2007), 255.

17) 임종효(2011), 277; 독일법상 부양청구권은 원칙적으로 압류할 수 없고 따라서 양도할 수 없지만(독일 민법 §400), 독일 판례는 현실적으로 수령한 반대급부만큼의 부양청구권(이행기가 도래한 경우나 아직 도래하지 않은 경우 모두 가능하다)을 양도하는 것을 허용한다. BGHZ 4, 153; BGHZ 127, 354.

18) 별거중인 부부사이의 부양청구권의 액수를 확정하기 위해서는 별거의 원인이 심리되어야 하는데, 이러한 문제를 제3자에게 공개하는 것은 바람직하지 않으므로, 위 부양청구권의 양도는 허용될 수 없다는 독일 판례로는 LG München Ⅱ Urt. vom 1. 10. 1975, NJW 1976, 1796 참조.

하였더라도, 부양권리자가 장래의 권리를 경솔하게 처분하여 스스로의 생계를 곤란에 빠트릴 위험은 여전히 존속한다. 또한, 양수인이 양수받은 권리를 구체적으로 어떻게 행사할 것인지, 그러한 절차를 허용할 경우 친족 간의 내밀한 문제가 제3자에게 공개될 위험은 없는지 등에 관하여, (1)에서 언급하였던 것과 동일한 비판을 할 수 있다. 따라서 §806 ③을 유추하여 심판이 청구된 부양청구권의 처분을 허용하는 것은 타당하지 않다고 사료된다.

(3) 협의 또는 심판에 의해 내용과 범위가 확정되었으나 이행기가 도래하지 않은 부양청구권

이 경우, 양도대상의 구체적 가액이 특정된 상황이므로 부양권리자의 경솔한 처분의 위험이 줄어든다. 따라서 양도대상 권리의 구체적 액수 이상의 대가를 현실적으로 수령하였다면, 처분을 허용하는 것이 타당하다는 견해가 제기될 수 있다. 그러나 ⓐ 장래에 필요한 돈을 미리 사용하려는 행위를 법이 장려할 이유는 없는 점, ⓑ 부양권리자는 미래의 생존에 필요한 돈을 잃어버릴 위험을 무릅쓰고 현재의 이익추구에 몰두할 수 있는 점,[19] ⓒ 부양권리자가 장래의 부양청구권을 양도하는 대가로 그에 상응하는 돈을 제3자로부터 미리 받았지만 이를 이미 소비하여 향후 생활유지가 문제된 경우에도, 부양권리자를 보호할 필요가 있을 수 있는 점,[20] ⓓ 뒤에서 보는 것처럼 변제기가 경과한 부양청구권의 양도를 허용하는 이상 부양권리자의 재산권에 대한 제약의 정도는 크지 않은 점 등을 고려할 때, 굳이 이러한 처분을 허용할 이유가 있을지 의문이다. 참고로 일본의 학설 중에는, 부양청구권은 그 권리행사를 의무로 볼 정도로 공공성을 강하게 갖고 있지는 않기 때문에 특별히 공적부조제도와 관련된 경우가 아니라면, 장래의 지분적 부양청구권의 포기도 허용함이 타당하다는 견해가 있다.[21] 그러나, 부양권리자의 경솔한 처분의 위험은 상존하는 점, 상당한 대가를 받고 양도하는 것은 허용하지 않으면서 포기만 허용할 합리적 이유가 없는 점을 고려할 때, 위와 같은 제한해석도 타당하지 않다고 사료된다.

---

19) 김형석(2007), 256은 이는 부양권리자에 대한 후견 내지 성년부조의 문제이고 §979의 처분금지로 해결할 문제가 아니라고 하나, §979의 규범목적을 그와 같이 제한하는 것이 타당한지 의문이다.
20) 법원이 제반 사정을 고려하여 종전 협정 또는 심판상 부양료 액수를 감액하는 것도 가능할 것이다.
21) 新注民(改訂版)(25), 815(松谷文雄).

(4) 협의 또는 심판에 의해 내용과 범위가 확정되고 이행기가 도래한 부양 청구권

이 경우 부양청구권은 손해배상청구권의 성격'도' 갖고 있어[22] '재산권'으로서의 성격이 강하고, 부양권리자의 보호필요성도 더욱 줄어든다. 따라서 판례와 같이 구체적 부양청구권으로서 이행기가 도래하였는지 여부를 기준으로 권리자의 처분의 자유와 국가의 후견적 개입필요성 사이의 조화를 꾀하는 것이 타당하지 않을까 생각한다.[23] 구체적 내용과 범위가 특정된 부양의무가 불이행된 경우 요부양자의 보호는, 부양청구권의 압류금지 등을 통해 달성하면 충분하고, 굳이 §979까지 적용할 필요는 없다.[24]

이러한 결론에 따르면, 포기나 무상양도 또는 저가양도도 원칙적으로 허용되어 부양권리자의 보호라는 §979의 입법취지에 반하는 것이 아닌지 의문이 있을 수 있다.[25] 그러나 이러한 상황에서 부양권리자의 처분은 합리적 선택일 가능성이 높으므로 부양권리자의 의사를 존중할 필요성이 증가한다.[26] 또한 판례와 같이 보더라도 처분의 원인이 된 법률행위에 불공정성이 있다면 이에 대한 내용통제가 가능하므로, 부양권리자의 보호가 무시된다고 볼 수는 없다. §979를 적용하지 않더라도, 부양권리자의 현재 또는 장래의 생계유지에 불리한 영향을 미치는 처분이라면 그 효력을 쉽사리 인정해서는 안 될 것이다.

3. 판례는 이행기가 도래한 구체적 양육비 채권을 자동채권, 위자료 및 재

---

22) 이행기가 도래한 구체적 부양청구권도 여전히 부양청구권의 성격을 갖기 때문에, 압류가 금지된다는 점에 관해서는 별다른 의문이 없다.

23) 임종효(2011), 276은 부양청구권이 완전한 재산권이 되어 §979가 적용될 수 없다면, 민사집행법상 부양청구권에 대한 압류금지 규정도 더 이상 적용될 수 없다고 보는 것이 논리적으로 수미일관하므로, 위 대법원 판결의 이론구성에는 심각한 난점이 있다고 주장한다. 그러나 부양청구권이 손해배상청구권의 성격을 갖게 되었더라도, 어떤 법률을 적용함에 있어서는 부양청구권으로서의 성격을 계속 갖고 있다고 보고, 다른 법률을 적용함에 있어서는 그렇지 않다고 보는 것이, 반드시 논리적 모순은 아니라고 사료된다.

24) 권리자가 권리를 자유롭게 처분할 수 있도록 하는 것이 자유민주주의 법제의 기본원칙이고, 구체적 부양청구권 중 이행기가 도래한 부분의 처분을 허용하는 것이 요부양자에게 편리하며, 그의 생활을 어렵게 만드는 것도 아니라고 지적하는 문헌으로는 加藤令造, "扶養料債権·債務の一身全属性," 家事事件の研究(2)(1973), 133 참조.

25) 임종효(2011), 278~279는 부양청구권은 장래를 향하여 포기할 수 없다는 명문의 규정을 둔 독일(독일 민법 §1614 ①)과 달리 명문의 규정이 없는 우리 민법에서는 위와 같은 해석론적 예외는 허용될 수 없고, 따라서 이행기가 도래한 구체적 부양청구권도 포기할 수 없다고 주장한다.

26) 김형석(2007), 256~257은 이행기가 도래한 지분적 부양청구권을 유효하게 포기하고 양도할 수 있는 근거로, "부양권리자는 현재의 필요를 충족할 수 있게 하는 현재 관철가능한 부양청구권을 가지고 있다. 그러므로 그가 이를 처분한다면 이는 궁핍한 상황에서 경솔하게 처분하는 것이 아니라, 자신의 부양을 위해 현실적으로 사용할 수 있는 권리를 다른 고려에 기하여 처분하는 것"이라는 점을 들고 있다.

산분할청구권을 수동채권으로 한 상계를 허용한다.[27] 이에 관하여 양육비 채권은 양육친 자신의 고유한 권리가 아니고 미성년 자녀의 부양청구권을 대신 행사하는 것에 불과하므로, 비양육친의 양육친에 대한 권리와 사이에 상계적상이 인정되지 않는다고 하면서, 판례를 비판하는 견해가 있다.[28] 과거의 양육비 채권이 구상의 실질을 갖는 경우 상계를 허용하고, 미성년 자녀의 부양청구권을 대신 행사하는 실질을 갖는 경우 상계를 허용하지 않는 것이 이론적으로는 타당한 측면이 있다. 다만, 양자를 구분하는 것이 현실적으로 쉽지 않은 점[29]을 고려할 때, 양육비 채권의 성질을 어느 한 쪽 방향으로 '의제'하여 판례법리를 형성하는 것이 실용적일 수 있다. 위 판례의 결론은 이러한 측면에서 일응 수긍할 수 있다고 보인다.[30] 다만, 양육비 채권이 구상의 실질을 갖지 않는 것이 명백한 경우(가령, 양육친이 양육의무를 전혀 이행하지 않은 경우)에도, 양육친의 상계를 허용할 것인지는 의문이다. 설령 이 경우 상계적상을 인정하더라도, 친권남용이나 이해상반행위로서 상계의 효력을 부정함이 타당하다고 사료된다.[31]

Ⅲ. 부양청구권의 압류금지

1. 부양청구권은 압류할 수 없고(民執 §246 ① i), 따라서 상계의 수동채권이 될 수 없으며(民 §497), 파산자가 가지고 있는 부양청구권은 파산재단에 속하지 않는다(債務回生 §383 ①). 이러한 조항들은 모두 부양청구권자의 채권자들이 부양청구권자의 '의사와 무관하게' 부양청구권을 통해 자신의 채권의 만족을 얻는 것을 제한하는 취지이다. 이러한 취지에 비추어 부양청구권은 채권자대위권의 피대위권리가 될 수 없다는 결론이 도출될 수 있다(§404 ① 단서). 채권자대위

---

27) 대법원 2006. 7. 4. 선고 2006므751 판결.
28) 김주수·김상용, 209~210; 임종효(2011), 261; 제철웅(2014), 478.
29) 자녀를 일방적으로 양육한 부모는 통상 자신의 생활수준에 맞게 양육하였다고 봄이 상당하고, 자녀를 돌보는 것 자체만으로는 다른 특별한 사정이 없는 한 비양육친의 양육의무를 대신 이행한 것이 아니라는 입론이 있을 수 있다. 그러나 특별히 비양육친의 양육의무를 대신 이행하였다고 인정되는 경우에만 구상청구를 허용하는 것은 양육친의 입장에서 형평에 반할 수 있으므로, 양육친이 일정수준의 금전급부를 대신 지출하였다고 의제하여 구상청구를 인정해야 한다는 반론도 가능하다. 임종효(2011), 260은 양육비심판에서 양육친의 실제 양육비 지출액에 대해 심리되는 경우가 극히 적은 점 등을 이유로, 과거의 양육비 청구도 양육친이 미성년 자녀의 양육비청구권을 자신의 이름으로 대신행사하는 것이라고 본다.
30) 김형석(2007), 266~267은 이행기가 도래한 구체적 양육비 채권의 양도·포기가 원칙적으로 허용되는 점, 이러한 상계를 금지한다고 해서 특별히 미성년 자녀의 복리가 도모되는 것도 아닌 점 등을 이유로 판례의 결론에 찬성한다.
31) 김형석(2007), 267.

권은 채무자의 책임재산을 보전하기 위한 제도인데, 부양청구권은 원칙적으로 채무자의 책임재산이 될 수 없기 때문이다.[32] 이러한 제한은 양육비청구권에 대해서도 그대로 적용될 수 있을 것으로 사료된다.

2. 부양청구권이 유효하게 양도된 경우, 압류금지와 같은 제한이 여전히 존속하는가? 이 경우 부양청구권은 양도인의 생계유지를 위해 기능한다고 보기 어려우므로, 압류가 가능하고 상계의 수동채권이 될 수 있다고 사료된다.[33]

Ⅳ. 부양청구권의 상속성

1. 상속성이 인정되는 경우

양도가 가능한 권리라면 대체로 상속성도 인정될 여지가 많지만, 양도가 불가능한 권리라고 하여 반드시 상속도 불가능하다고 단정하긴 어렵다.[34] 어떠한 권리나 의무가 상속대상인지 여부는, 법이론적 측면뿐만 아니라 정책적 측면도 고려하여 결정할 문제이다. 부양청구권은 요부양자에게 부양의 필요성이 있는 경우에 발생하는 권리이므로, 요부양자가 사망하면 부양청구권은 더 이상 존속할 여지가 없다. 부양의무자가 사망한 경우, 사망 이후 부양의 문제는 부양권리자와 다른 부양의무자 사이에 새롭게 결정되어야 할 문제이다.[35] 문

---

32) 김형석(2007), 258~259; 임종효(2011), 274은 채권자대위권 행사는 채무자에게 처분금지효를 발생시키며(§405 ②) 피대위채권이 압류된 것과 유사한 상태를 발생시킨다는 점을 근거로 든다.
33) 독일의 경우, 법정양도된 부양청구권은 종전 부양청구권과 동일성을 유지하지만, 양도금지나 압류금지와 같은 제한은 없어지고 상계의 수동채권이 될 수도 있다. Palandt/Diederichsen §1607 Rn. 14 참조. 물론, 부양의무자가 부양권리자에 대하여 갖고 있던 채권을 자동채권, 부양청구권을 수동채권으로 한 상계로 양수인에게 대항하는 것은 허용될 수 없을 것이다. 애초부터 이러한 상계는 금지되었던 것이므로, 상계의 담보적 기능에 대한 부양의무자의 합리적 기대가 있었다고 볼 수 없기 때문이다. 대법원 2009. 12. 10. 선고 2007다30171 판결 참조.
34) 가령, 당사자 사이의 특별한 신뢰관계를 바탕으로 하는 채권[임차권(§629), 양도금지 특약이 있는 채권(§449 ②)]은 상대적으로 양도성이 제한되지만, 상속성은 원칙적으로 인정된다. 김주수·김상용, 561 참조.
35) 그러나 부양의무자 사망시 달리 규정하고 있는 입법례도 발견된다. 가령, 오스트리아 민법 §142는 자녀를 부양할 부모의 채무는 상속재산의 한도에서 상속된다고 규정하고 있다. 상속재산의 가치평가시 상속채무(Nachlassverbindlichkeit)는 공제되는데, 이러한 상속인의 의무는 상속채무가 아니라 '상속으로 인해 상속인에게 새로이 발생한 채무'(Erbgangsschuld)라고 한다. Schwimann/Schwimann, ABGB2 Ⅰ §142 Rz. 3~4; 유사한 취지에서, 오스트리아 민법 §796은 일방 배우자 사망시 타방 배우자가 재혼하지 않는 한 상속재산의 한도에서 부양의무가 상속된다고 규정한다. 한편, 오스트리아 이혼법 §78 ①은 이혼배우자를 부양할 의무는 의무자가 사망한 경우, '상속채무'로서 상속된다고 규정하고 있다. 그러나 부양권리자는 상속인의 사정(Verhältnisse)과 상속재산의 수익가능성을 고려할 때 형평에 맞는 금액으로 부양료가 줄어드는 것을 감수해야 한다(§78 ②). 한편, 프랑스 민법 §207-1 ①은 "부부 중 먼저 사망한 자의 상속인은 잔존배우자가 부양을 요하는 상태에 있는 경우 그를 부양할 의무를 진다. 부양청구기간은 사망한 날로부터 1년으로 하며, 상속재산의 분할을 요하는 때에는 분할이 끝나는 때까지 연장

제는 일방 당사자가 사망하기 전 기간과 관련하여 요부양자가 갖고 있던 부양청구권의 상속 여부이다.[36]

가. 학설과 판례

학설은 구체적 내용이 확정된 부양의무 중에서 이미 이행기가 도래한 부분은 상속된다는 견해,[37] 권리자가 부양청구의 의사표시를 한 후 사망한 경우의 연체된 부양료청구권이나 부양의무는 상속된다는 견해[38]가 있다. 하급심 판례 중에는 아버지가 아들을 상대로 부양료 지급심판을 청구한 이후 아들이 사망한 경우, 아들이 부양의무를 이행하지 않은 시점부터 아들의 사망시까지의 부양료 지급채무가 상속된다고 본 것이 있다.[39] 위 판례에서 아들이 부양의무를 이행하지 않기 시작한 시점은 심판청구 이전이고, 재판서상 심판청구 전에 부양권리자의 이행청구의 의사표시가 있었다는 점도 드러나지 않는다. 따라서 위 판례는 이행청구 이전의 과거 부양료 채무를 인정하고 그 채무의 상속성을 긍정한 것으로 보인다.

된다"고 규정한다.

36) 독일 민법은 권리자 또는 의무자의 사망으로 부양청구권은 소멸하고, 다만 과거의 부양청구권[독일 민법은 원칙적으로, 부양청구권을 행사할 목적으로 부양의무자가 자신의 수입 및 재산에 관한 정보를 제공할 것을 요구받은 시점, 부양의무자가 이행지체에 빠졌거나 소송계속중인 시점부터의 과거의 부양료 청구만을 허용한다(§1613 ①)] 및 사망 당시 이미 이행기가 도래한 미리 이루어져야 할 급부[부양료는 월단위로 선급하는 것이 원칙이고 부양권리자가 도중에 사망하더라도 부양의무자는 1달분 부양료 전체를 지급할 의무가 있다(§1612 ③)]는 소멸하지 않는다고 규정하고 있다(§1615 ①). 따라서 소멸하지 않는 부양청구권은 적극재산 또는 소극재산으로서 상속의 대상이 된다. 오스트리아 이혼법 §77 ①도 이혼 후 부양과 관련하여, 부양권리자 사망의 경우 과거의 부양료(§72 ①은 부양의무자가 이행지체에 빠졌거나 소송계속중인 시점부터의 과거의 부양료 청구만 허용하고 소송계속 시점으로부터 1년보다 긴 시점의 부양료 채무는 의무자가 의도적으로 이행을 하지 않은 경우에만 부양료 청구를 허용한다)나 이미 이행기가 도래한 부양료는 상속된다고 규정한다. 오스트리아 판례 중에는 부양의무자 생존 중 개별의무가 발생하고 청구되어 부양의무자의 재산에 경제적 부담이 발생한 경우 상속성이 인정된다고 본 판례(OGH 1. 10. 1954 10b617/54, SZ 27/247)가 있고, 학설은 대체로 이행기가 도래한 부양청구권의 상속성을 인정한다(Kurzkommentar zum ABGB3 Koziol/Apathy §531 Rz. 1).

37) 김주수·김상용, 560; 박순성, "채무의 상속," 民判 25(2003), 674; 김형석(2011), 260.

38) 박동섭, 친족상속, 566.

39) 서울가정법원 2001. 11. 15.자 2000느단6731(확정) 심판; 제요[2], 586은 심판계속중 당사자 일방이 사망하면, 사망 이전에 이미 발생된 부분은 상속되므로, 그 상속인이 절차를 수계한다고 설명한다. 일본 판례 중에는, ⓐ 부양권리자가 부양료지급심판을 청구하고 이에 대한 심판이 있은 후(심판청구시를 시기로 하고 종기를 정하지 않은 채 매월 말일까지 5만엔을 지급하는 내용) 부양의무자가 즉시항고하여 항고사건 계속중 부양권리자가 사망한 사안에서, 청구에 의해 범위가 구체화되고 심판 등에 의해 금액이 형성된 경우에는 심판에 의해 인정된 부양청구권의 시기부터 사망일까지의 부분에 관해서는 상속의 대상이 된다고 보아, 상속인에 의한 승계참가를 인정한 사례[日東京高決 1977(昭 52). 10. 25. 昭49(ラ), 331], ⓑ 불법행위로 인한 피해자의 유족이 부양청구권의 침해를 이유로 손해배상을 청구한 사안에서, 부양청구권의 일신전속성을 강조하여 유족 일부가 사망하면 그 한도에서 채무자는 손해배상책임을 면한다고 판시한 사례[日大審院判 1916(大 5). 9. 16. 大5(オ), 302]가 존재한다.

나. 검토

(1) 협의 또는 심판에 의해 내용과 범위가 확정되고 이행기가 도래한 부양 청구권

부양청구권이 친족이라는 신분관계에서 발생하는 권리라는 점을 강조한다면, 당사자의 사망으로 종전의 부양청구권이 일률적으로 소멸한다고 주장할 여지가 전혀 없는 것은 아니다.[40] 그러나 일방 당사자의 사망이라는 우연한 사정으로 상대방이 의무이행을 면하거나 부양청구권 행사를 할 수 없게 되는 것은 부당한 점을 고려할 때, 이 경우 상속성은 긍정함이 타당하다.

(2) 심판청구 이후 일방 당사자가 사망한 경우

(1)에서 언급한 이유와 더불어 심판절차가 장기간 계속되는 도중 일방 당사자가 사망할 수도 있는데 그로 인해 권리의 존속 여부가 달라지는 것은 부당한 점을 고려할 때,[41] 부양청구권의 상속성을 인정함이 타당하다.[42] 이 경우 상속되는 부양청구권의 범위는 과거의 부양료가 어느 범위까지 인정될 수 있는지에 따라 결정될 것이다.

(3) 협의가 성립되지 않았고 심판청구도 하지 않았지만 부양권리자가 부양의무 자에게 이행청구를 한 경우

§806 ③을 유추하여 상속성을 부정하는 견해, 일방당사자의 사망을 이유로 의무자가 의무를 면하거나 권리자가 보호를 받지 못하는 것은 부당하므로 상속성을 긍정하는 견해가 모두 가능할 것으로 보인다. 후자의 입장에서는, ⓐ 부양권리자는 법원에 심판을 청구하기보다 당사자들 간의 협의를 통해 문제를 해결하려고 생각했을 수 있는데, 그러한 자를 자신의 권리구제를 위해 우선적으로 법원을 이용해야겠다고 생각한 사람보다 불리하게 대우하는 것은 부당한

---

40) 일본 학설 중에는 권리자의 사망으로 인해 상속인에게 이득을 주는 것이 부당하다는 견해 등이 있다. 新注民(25), 560(明山和夫); 民法講座 7, 上野雅和, 328 참조. 일본 판례 중에는 생활보호법상 생활보호수급권의 경우 피보호자의 생존 중 부조에 지체가 있었어도 당해 피보호자의 사망에 의해 당연소멸하고 상속의 대상이 되지 않는다고 본 것이 있다[日最判 1967(昭 42). 5. 24. 民集 21·5·1043; 日最判 1988(昭 63). 4. 19. 判夕669·119].

41) 加藤令造(주 24), 132 참조.

42) 我妻栄, 親族法(1961), 413은 부양의무 내용의 확정은 당사자 사이의 인적 사정에 강하게 영향을 받는 것이므로, 부양의무발생 요건은 충족되었으나 아직 그 내용이 확정되기 전의 상태는 상속되지 않는다고 한다. 그러나 '금전'형태로 부양을 청구하는 경우 부양의무의 '내용'이 인적 사정에 강하게 영향을 받는다고 보기 어렵다. 부양의무의 '범위'또한 일방의 사망당시까지 부양 당사자들의 재산상태 등을 고려하여 결정하므로, 상속성을 인정하는 것이 부양청구권이 갖는 친족권적 특성과 배치된다고 보기 어렵다. 石川恒夫, "養育費支払義務をめぐる諸問題," 北大法学論集 12−1(1961), 105~106은 협의 또는 심판 전 부양청구권의 상속을 인정하면 사실상 민법상 부양의무를 부담하는 친족의 범위를 확장하게 되므로 부당하다고 비판한다. 그러나 상속인은 피상속인의 채무를 상속하는 것에 불과하므로 이 또한 타당한 비판은 아니라고 사료된다.

점(부양의무자 사망의 경우), ⓑ '심판청구'가 '이행청구'보다 제3자의 입장에서 그 시점 및 내용을 확정하기 쉽고 의무자 입장에서 의무를 이행할 것을 보다 강력히 요구받는 상황이긴 하나, 그러한 차이가 이행청구에 응하지 않은 부양의무자의 채무를 '면해주는 것'까지 정당화하기 어려운 점(부양권리자 사망의 경우), ⓒ 사망한 부양권리자를 상속인이 부양해 오고 있었다면 자신의 권리로서 구상권을 행사하면 족하고 굳이 부양청구권의 상속을 인정할 필요가 없을 수 있지만, 피상속인인 부양권리자는 다른 이로부터 도움을 받지 않고 자신의 생계유지를 위해 자기명의로 채무를 부담하였을 수 있고, 이 경우 부양권리자의 채무를 상속한 상속인 입장에서는 부양청구권을 상속받아 부양의무자로부터 금원을 지급받을 현실적 필요가 있는 점[43] 등을 근거로 제시할 수 있다. 그러나 상속인이 가사소송법 마류 8호 사건의 당사자가 될 수 있는가라는 문제가 제기될 여지도 있다.[44]

(4) 부양권리자가 이행청구의 의사표시를 하지 않았지만, 부양권리자의 요부양 상태와 부양의무자의 부양가능상태라는 요건이 충족된 경우

부양청구권의 상속을 부정하는 견해에서는 ⓐ 부양권리자가 자신의 권리를 행사할 것인지 여부를 결정하지 않은 상태에서 부양권리자의 상속인이 비로소 그 권리를 행사하는 것은, 부양청구권이 갖는 친족권적 성격에 비추어 허용하기 어려운 점, ⓑ 부양의무자는 자신이 부양의무를 부담한다는 사실을 알지 못할 수 있으므로 상속을 허용할 경우 부양의무자에게 예측하지 못한 부담을 지울 수 있는 점, ⓒ 부양의무자가 부양의무를 인식한 시점을 기준으로 상속을 인정하면 이러한 문제는 발생하지 않을 것이나, 인식시점은 객관적으로 입증하기 어려울 수 있으므로 이를 기초로 한 판례법리는 분쟁을 조장할 위험이 있다는 점 등을 근거로 들 수 있을 것이다.

이에 대해서는 부양의무자가 부양의무를 인식한 시점부터는 상속성을 긍정함이 타당하고, 부양권리자의 권리행사 여부에 따라 상속성을 달리 볼 논리필연적 이유가 없다는 반론도 생각해 볼 수 있다.

굳이 이러한 경우까지 상속성을 인정할 필요성이 크지 않고 오히려 친족

---

43) 이러한 주장에 대해서는, 상속인은 상속을 포기하거나 한정승인을 할 수 있으므로, 굳이 부양청구권의 상속을 인정할 필요가 없다는 반론이 있을 수 있다. 그러나 부양청구권의 상속을 부정함으로써 상속과 관련한 상속인의 의사결정의 자유를 사실상 제한하는 것은 바람직하지 않다는 재반론도 가능하다.

44) 그러나 부양심판 절차 내에서 소송수계를 할 수 있는 자들인 이상(제요[2], 586), 심판청구의 당사자가 되지 못할 논리필연적 이유는 없다.

간의 분쟁만 조장할 수 있다는 점에서, 후자의 견해는 난점이 있다고 사료된다.

2. 상속가능한 부양청구권의 종류

가사소송법 마류 8호 사건뿐만 아니라, 마류 1호 사건(부부의 생활비용의 부담에 관한 처분)이나 마류 3호 사건(자녀의 양육에 관한 처분)으로 자녀의 양육비를 청구하는 경우에도, 원칙적으로 부양청구권의 상속성에 관한 논의가 그대로 적용될 수 있다.

다만, 家訴規 §96는 民 §826, §833의 규정에 의한 부부의 동거·부양·협조 또는 생활비용의 부담에 관한 심판은 부부 중 일방이 다른 일방을 상대방으로 하여 청구하여야 한다고 규정하고 있고, 家訴規 §99 ①은, 자의 양육에 관한 처분과 변경에 관한 심판은 부모 중 일방이 다른 일방을 상대방으로 하여 청구하여야 한다고 규정하고 있어,45) 과연 상속인이 해당 비송사건의 당사자가 될 수 있는지 문제된다. 이 경우 위 조항들을 근거로, 심판청구 후 상속인에 의한 절차수계나 상속인에 의한 심판청구는 허용될 수 없다는 주장도 제기될 수 있다.46) 그런데 실무상 가사소송법 마류 1호 사건 중 과거의 부양료나 생활비용 분담을 청구하는 경우, 당사자의 한쪽이 사망하더라도 절차는 종료되지 않고 상속인이 수계하여야 한다는 견해가 우세하다고 한다.47)

3. 상속되는 부양청구권의 범위

부양료를 정기에 지급하기로 합의 또는 심판에 의해 정해진 경우 부양권리자가 그 기간 도중에 사망하였다면(가령 매월 1일 100만 원 지급하기로 하였는데 1월 15일 사망한 경우), 상속되는 부양료는 사망시점까지 일할로 계산할 것인지, 이미 전체의 이행기가 도래한 것이므로 해당기간 부양료 전부가 상속되는 것으로 볼 것인지 문제된다. 일본의 학설 중에는 기간 내 당사자의 사망은 당해기간분의 채권채무관계에 영향을 미치지 않는다고 보아 해당 기간 부양료 전체가

---

45) 다만, 양육자가 제3자로 지정된 때에는 부모 양쪽에 대하여 양육비 청구를 할 수 있다. 제요 [2], 530.

46) 민유숙, "재산분할의 구체적 인정범위," 재판자료 62(1993), 450은 家訴規 §96가 재산분할청구의 경우 부부 일방이 다른 일방을 상대방으로 청구하여야 한다고 규정하고 있는 점 등을 들어, 절차상으로 상속인은 재산분할사건의 당사자에서 배제하는 취지라고 설명한다. 그런데 학설상으로는 적어도 청산적 성격을 갖는 재산분할청구권에 관하여는 상속성을 인정하는 견해가 많다. 상속성을 긍정하는 견해 중에는 피상속인의 청구의 의사표시가 없더라도 상속이 가능하다는 견해도 있다[황경웅, "재산분할청구권의 상속," 中央法學 9-2(2007), 507; 박순성(주 37) 675; 정구태, "유류분반환청구권의 일신전속성," 홍익법학 14-2(2013), 693~694].

47) 제요[2], 491.

상속되는 것으로 보는 견해가 있다.[48] 독일 민법은 명문 규정을 두어 한달 분 부양료 전체가 상속되는 것으로 규정하고 있다(독일 민법 §1612 ③, §1615 ①).[49] 이 행기가 도래한 부분은 부양료 전체이므로 원칙적으로 전체가 상속대상이 되고, 부양의무자(또는 부양의무자의 상속인)는 民 §978를 근거로 이미 이행기가 도래한 부양의무의 변경청구를 할 수 있다고 봄이 타당하다고 사료된다.

V. 부양청구권의 보호

파산자로부터 부양을 받는 자의 부양청구권은 재단채권으로서(債務回生 §473 ix) 파산절차에 의하지 않고 수시로(債務回生 §475), 파산채권보다 먼저 변제 된다(債務回生 §476).[50] 이는 부양의무자 파산시 부양권리자를 다른 일반채권자 보다 두텁게 보호하겠다는 취지이다. 부양청구권이 유효하게 양도된 경우, 이 러한 성격이 계속 유지되는가? 이에 대해서는 논란의 여지가 있을 수 있다. 법 문언상 '부양을 받는 자'가 갖고 있는 채권만 지칭하고 있는 점, '부양을 받는 자'의 '직접적 보호'가 위 법률 조항의 주된 목적인 점에 주목한다면 양수인이 취득한 부양청구권에 대해서는 해당 법률이 적용될 수 없다는 결론에 이를 것 이다. 한편, 양수인이 취득한 권리에 대해서 동일한 보호를 해줌으로써 '궁극적 으로' 요부양자를 보호할 수 있는 점에 주목한다면 그와 반대되는 결론에 이를 수 있다. 참고로, 판례는 주택임대차보호법상 우선변제권을 가진 임차인으로부 터 임차권과 분리하여 임차보증금반환채권만을 양수한 채권양수인은, 주택임 대차보호법상의 우선변제권을 행사할 수 있는 임차인이 아니라고 한다.[51] 이 러한 판례의 입장을 고려할 때, 부양청구권의 양수인에게 부양청구권자와 동일 한 보호가 적용되기는 어려울 것으로 사료된다.[52][53] 그러나 위 판례에 대해서

---

48) 加藤슈造(주 24), 134~135(장기간으로 정한 정기급부의 경우에는 사정변경을 이유로 그 내용을 변경하는 것이 가능할 수 있다고 한다).
49) 독일의 경우, 부양료는 한달 단위로 선급함이 원칙이다(§1612 ③).
50) 또한 파산절차나 개인회생절차에서, 채무자가 양육자 또는 부양의무자로서 부담하여야 하는 비용은 면책이 되지 않는다(債務回生 §566 viii, §625 ② viii).
51) 대법원 2010. 5. 27. 선고 2010다10276 판결.
52) 참고로 독일 민사집행법 §850d는 부양청구권의 만족을 위해 채무자의 근로소득에 대하여 보다 넓은 범위에서 강제집행이 가능하다는 취지로 규정하고 있는데, 부양청구권이 법정양도된 경우에도 이러한 우선권(Vorrecht)이 존속하는지에 관하여 견해가 대립하나, 친족간 법정양도의 경우(독일 민법 §1607 ② 등)에는 긍정하는 견해가 다수인 것으로 보인다. Martiny Ⅱ, 767; Münchener Kommentar zur ZPO/Smid §850d Rn. 6 참조[보증인의 변제로 인한 법정양도시(독일 민법 §774)에는 우선권이 존속하지 않는다고 한다].
53) 미국 연방도산법 §101 14A는 정부기구가 청구권자인 경우뿐만 아니라, 비정부기구에 양도된

는 비판도 유력하다.[54] 참고로 2013. 8. 13. 법률 제12043호로 개정된 주택임대
차보호법 §3-2 ⑦은 특정 금융기관이 임차인의 보증금반환채권을 양수한 경
우 양수금액 범위에서 우선변제권을 승계한다고 규정하고 있다. 또한 일본 판
례 중에는 도산절차상 재단채권이나 공익채권으로 취급되는 채무를 대위변제
한 경우, 대위변제자의 구상권이 파산채권(재생채권)이더라도 대위변제자는 변
제자 대위에 의해 취득한 원채권을 행사할 수 있다고 본 것이 있는데,[55] 이 또
한 주목할 필요가 있다.

Ⅵ. 부양청구권을 행사하지 않기로 하는 합의와 관련된 문제

1. §979와의 충돌 여부

가. 부양권리자와 부양의무자 사이의 합의의 경우

부양권리자와 부양의무자 사이에 향후 부양료를 청구하지 않겠다는 합의
가 이루어진 경우, 이러한 합의는 §979에 정면으로 반하는 것으로서 효력이 없
다. 일정한 대가를 받고 향후 부양청구권을 행사하지 않기로 합의한 경우, 향후
상당한 부양료를 정기적으로 지급받을 예정이거나 가까운 미래의 부양료에 상
응하는 금액을 일시금으로 받았더라도, 적어도 부양청구권을 행사하지 않기로
한 부분은 §979에 반하여 효력이 없다고 볼 것이다. 이 경우 부양권리자가
§978에 따라 약정 후 사정변경을 이유로 법원에 약정의 취소 또는 변경을 청구
하는 것에 아무런 지장이 없음은 물론이다. 부양료를 한꺼번에 지급하는 부양
의무자로서는 부양권리자가 해당 금원을 낭비하여 다시 청구하는 일이 발생하
는 것을 막기 위해, 신탁제도 등을 활용할 필요가 있을 수 있다.[56]

나. 부양의무자인 부모 사이의 양육비 관련 합의의 경우

자녀에 대하여 부양의무를 부담하고 있는 부모 사이에 일방이 타방에 대
하여 양육비를 청구하지 않겠다고 합의한 경우, 문제된 양육비채권이 자녀의
부양청구권을 대신 행사하는 실질을 갖고 있다면, ─ 합의의 대상이 된 양육비

경우에도 부양료 채권 회수를 위해 자발적으로 양도된 경우에는 도산법상 보호범위에 포함시키
고 있다.

54) 김형석, "주택임대차보호법상 보증금반환채권의 분리양도와 양수인의 우선변제," 법조 656(2011),
214 이하.

55) 日最判 2011(平 23). 11. 22. 判タ1361・131(임금채권의 경우); 日最判 2011(平 23). 11. 24. 判
タ1361・136(미이행쌍무계약의 해제로 인해 발생한 원상회복청구권의 경우).

56) 이 경우 수익자인 요부양자가 갖는 수익권은 부양청구권의 일종이므로 처분을 할 수 없고, 수
익자의 채권자는 위 신탁재산을 압류하는 것이 불가능하다고 봄이 타당할 것이다.

채권이 협의나 심판에 의해 구체적 범위와 내용이 확정된 것으로서 이행기가 도래한 것이 아니라면 — 이러한 합의도 §979에 정면으로 반하는 것이므로 그 효력을 인정할 수 없다. 그러나 부모 사이에 일방이 타방에 대하여 양육비를 청구하지 않겠다는 취지의 합의는 현재 존재하거나 장차 발생할 구상권을 포기하는 취지로 해석될 수도 있는데, 이 경우에는 §979를 들어 합의의 효력을 부정하기 어렵다. 물론 §979가 적용되지 않는 경우에도 합의 내용이 불공정하다면 §103, §104 등을 이유로 합의가 무효가 될 여지는 남아 있고 합의가 유효하더라도 §837, §978에 따라 변경·취소심판의 대상이 될 수 있음은 물론이다.

　　부모 사이에 이행기가 도래한 구체적 양육비 채권을 포기하기로 하는 합의가 이루어진 경우, 이러한 양육비청구권의 처분에 대해서는 §979가 적용되지 않으므로 §103, §104에 반하거나 친권남용 등의 문제가 없는 한, 위 합의는 유효하다. 이 경우 미성년 자녀의 부양청구권은 어떻게 되는가? 부의 양육의무에 상응하는 부분까지 모가 대신 이행하였다면, 미성년 자녀의 부에 대한 부양청구권은 소멸하고[57] 모의 양육비 채권은 구상권의 실질을 갖는다. 따라서 이미 부양청구권이 소멸한 이상, — 적어도 이론적으로는 — 위와 같은 문제가 제기될 여지는 없다. 그러나 양육비 채권이 자녀의 부양청구권을 대신 행사하는 실질을 갖는 경우에는, 양육비 채권과 부양청구권의 관계가 문제된다. 비록 모의 양육비 채권과 자녀의 부양청구권의 실질이 동일하더라도 일응 권리주체가 다르므로, 양육비 채권이 유효하게 포기되었다고 해서 당연히 부양청구권도 포기되었다고 보기는 어렵다고 사료된다. 가령, 모가 이행기가 도래한 구체적 양육비 채권을 유효하게 포기하였더라도, 자녀 스스로 또는 모가 사망한 이후 미성년 자녀의 특별대리인이 자녀를 대리하여 부에게 부양청구를 하는 것이 당연히 금지된다고 보기는 어렵다.[58]

2. 부모 사이에 양육비 관련 합의가 이루어진 이후 자녀의 부양청구권 행사 문제

　　부모 일방이 타방에 대하여 양육비를 청구하지 않기로 하는 합의가 유효하더라도, 그 합의의 효력이 자녀에게 미칠 근거는 없다. 따라서 이러한 합의가 있다고 하여 자녀 스스로 또는 부모 중 일방이 친권자로서 미성년 자녀를 대리하여 부양청구권을 행사하는 것이 당연히 금지되는 것은 아니다. 다만, 이 경우

---

57) 논의의 편의상 변제자 대위 문제는 고려하지 않는다.
58) 다만, 제반 사정을 참작하여 부양료를 감액할 여지는 있을 것이다.

부양청구권 인정 여부 및 부양료 액수를 판단함에 있어 종전 합의내용과 경위, 합의당시부터 부양청구까지의 기간, 위 기간 동안 사정변경이 발생하였는지 여부 등을 고려할 필요가 있다. 이하 문제될 수 있는 상황을 유형화하여 살펴본다.59)

모가 부에 대하여 양육비를 청구하지 않기로 합의하였는데 이후 자녀 자신이 또는 모 등이 자녀를 대리하여 부양청구권을 행사하는 경우로는, ⓐ 모가 이혼을 강력히 원하여 자의 양육비에 관해 깊이 생각하지 않고 또는 부가 혼인 외 자녀를 인지해주는 대가로 위와 같이 합의한 경우, ⓑ 이혼 당시 모의 경제적 상황이 좋아 위와 같이 합의하였는데 이후 경제상황이 나빠지거나 자녀의 성장에 따라 양육비가 필요해진 경우, ⓒ 이혼 당시 부가 이혼과 관련된 급부 명목으로 향후 양육비에 상응하는 금원을 주었기 때문에 위와 같이 합의한 경우 등을 생각해 볼 수 있다.60)

이 중 ⓐ의 경우 부모 간 합의 자체가 부당하다고 볼 여지가 많고, 자녀의 부양청구권 (대리)행사를 허용할 필요성이 크다. ⓑ의 경우는 합의 자체가 부당하다고 볼 여지는 많지 않지만 사정변경이 인정되어 양육친인 모의 자력이 부족해진 이상, 자녀의 부양청구권 (대리)행사를 허용함이 타당할 것이다. ⓒ의 경우에도 합의자체는 부당하지 않지만, 현재 자녀의 부양필요성이 인정되는 이상 부양청구권 (대리)행사를 부정할 이유는 없다. 다만, ⓒ의 경우 합의 이후 얼마 지나지 않아 모가 대리청구를 하는 상황이라면 자녀의 요부양상태를 판단함에 있어 신중을 기할 필요가 있다. 또한, 모의 자력만으로도 자녀를 부양하기 충분한 상황이라면 모의 대리청구는 신의칙이나 권리남용금지 원칙에 반한다고 판단될 여지가 있다.61)

양육비를 청구하지 않기로 합의하였음에도 불구하고, 자녀를 대리한 모의 부양청구가 인정되는 경우 부는 해당 부양료를 지급하고 모에게 구상청구를 할 수 있을까? 일본 학설 중에는 부가 자신의 부양의무를 이행한 것에 불과하다면 구상청구는 인정되기 어렵다는 견해가 있으나,62) 부부간 합의내용의 취

---

59) 이하의 유형화는 石村太郎, "父母による子の養育料の合意," 講座現代家族法 Ⅳ(1992), 275 이하를 참고한 것이다.
60) 부가 모에게 일정 금액의 양육비를 지급하기로 합의하였는데, 이후 자녀가 추가로 부양료를 청구하는 경우에도, 본문과 동일한 유형화가 가능할 것이다.
61) 石村太郎(주 59), 287; 新注民(改訂版)(25), 824(松谷文雄) 참조.
62) 日野原 昌, "父母間に養育費不請求の合意がある場合又は養育費分担についての確定審判がある場合の子からの扶養請求の可否," 家事審判事件の研究(1)(1988), 327.

지에 따라 구상청구가 인정될 여지도 있다고 사료된다. 다만, 이를 허용함으로써 궁극적으로 모와 생활을 같이 하는 자녀에게 실질적으로 불이익이 될 수 있으므로, 법원은 §837 ⑤에 따라 직권으로 부모간 합의를 취소·변경할 수 있다.

Ⅶ. 국민기초생활보장법상 수급권의 경우

국민기초생활보장법 §36는 수급자는 급여를 받을 권리를 타인에게 양도할 수 없다고 규정하고 있다. 위 양도금지 조항은 수급권자의 보호를 도모하기 위한 취지로서, 요부양자의 보호뿐만 아니라 부양청구권의 친족권으로서의 성격, 요부양자의 경솔한 처분으로 인해 발생할 수 있는 공적부담의 완화도 함께 고려된 §979와는 다소 차이가 있다. 위 수급권의 경우에도, 구체적 내용이 확정된 수급권을 충분한 대가를 받고 양도하는 것이 가능한지 의문이 있을 수 있다. 논란의 여지가 있을 수 있지만, ⓐ 생활이 어려운 사람의 최저생활을 보장할 최후수단으로 마련된 공적부조 제도의 경우, 당사자 사이에 내용 형성의 자유가 일정부분 보장된 친족부양의 경우보다 관련된 권리의 처분을 엄격히 제한할 필요가 있는 점, ⓑ 수급권의 양도가 허용됨으로 인해 행정비용이 증가할 수 있는 점, ⓒ 수급의무자의 자력에 문제가 생길 가능성은 현저히 낮으므로 굳이 수급권자에게 채권양도를 통해 자신의 권리를 보장받을 기회를 부여할 필요는 없는 점 등을 고려할 때, 법문언에 충실하게 위와 같은 양도는 허용하지 않는 것이 타당할 것으로 사료된다.

第 8 章

第 980 條 ～ 第 996 條
削除

第9章 國際親族法*

[前註]

▌**참고문헌**: 김문숙(2013), "부양사건과 성년후견사건의 국제재판관할권에 관한 입법론," 국제사법연구 19-2; 김형석(2014), "성년후견·한정후견의 개시심판과 특정후견의 심판," 법학 170; 석동현(2011), 국적법; 이인재(1986), "외국법의 적용과 조사," 재판자료 34, 섭외사건의 제문제(하); 장문철(1996), 국제사법총론; Erik Jayme(1988), Methoden der Konkretisierung des ordre public im Internationalen Privatrecht; Hans van Loon(1993), International Co-operation and Protection of Children with regard to Intrrercountry Adoption, 214 Recueil des cours 195; 松岡 博 (編)(2012), 國際關係私法入門, 제3판.

Ⅰ. 국제친족법의 구성

　국제사법의 일부인 국제친족법은 친족에 관한 제6장(國私 §§36~48)에 규정되어 있다. 국제친족법은 국제혼인법(§§36~39), 국제친자법(§§40~45), 국제부양법(§46)과 국제후견법(§48)으로 구성된다. 국제친족법을 광의로 이해하면 국제상속법도 그에 포함시킬 수 있으나 여기에서는 별도로 다룬다. 여기에서 다루는 국제친족법은 준거법결정원칙을 내용으로 하는 좁은 의미의 국제친족법을 말한다. 국제친족법을, 좁은 의미의 국제친족법에 추가하여 국제재판관할 나아가 외국판결의 승인 및 집행을 포함하는 넓은 의미로 사용할 수도 있으나 여기에서는 우리 실정법인 국제사법 조문의 해설을 위주로 하므로 국제친족법을 좁게 이해하고, 국제재판관할과 외국판결의 승인 및 집행은 제한적으로만 논의한

＊ 이 장에서는 앞에서 민법을 생략하여 표기한 방식으로 국제사법 조문을 법명을 생략하고 표기하였음.

다. 과거 우리나라에서 국제친족법은 실무상 별로 문제되지 않았으나 근자에
국제혼인이 증가함에 따라[1] 국제친족법, 그중에서도 우선적으로 국제혼인법의
실무적 중요성이 커지게 되었다. 또한 국제혼인을 한 부부가 아이를 출산함에
따라 실무상 그 중요성이 국제친족법의 다른 부분, 즉 국제친자법, 국제부양법
과 국제후견법으로 점차 확산되어 가고 있다.

　　이하에서 국제친족법의 기본이념과 특징(Ⅱ.), 국제친족법의 총론상의 논점
(Ⅲ.)과 국제가사소송법의 논점(Ⅳ.)을 살펴본 뒤 國私 §36 이하의 조문을 차례
대로 해설한다.[2]

Ⅱ. 국제친족법의 기본이념과 특징

　　국제친족법의 기본이념과 특징에 관하여 정립된 견해는 없는 것으로 보이
나, 준거법 결정원칙인 국제친족법의 기본이념과 특징으로 아래 4가지를 들 수
있다. 보다 정확히는 넷째와 다섯째는 특징이라고 할 수 있다.[3]

　　첫째, 저촉법상의 양성평등. 섭외사법은 국제친족법의 분야, 즉 혼인의 효
력(§16), 부부재산제(§17), 이혼(§18) 및 친생자(§19)에 관하여 부(夫)의 본국법을
준거법으로 하고, 친자간의 법률관계(§22)에 관하여 부(父)의 본국법을 준거법으
로 함으로써 헌법이 보장하는 양성평등의 원칙에 반한다는 비판을 받았다. 국
제사법은 양성평등의 원칙에 부합하도록 1차적으로 부부의 동일한 본국법, 2차
적으로 부부의 동일한 상거소지법을 준거법으로 지정하거나, 남녀차별적인 요
소를 배제함으로써 위헌의 소지를 불식하였다(§§37~39).

---

1) 통계청 자료에 따르면 2012년 외국인과의 혼인은 총 28,325건으로 2011년보다 1,437건 감소하
였는데 이는 총 혼인(327,073건) 중 8.7% 수준이고, 그중 한국 남성과 외국 여성의 혼인은
20,637건으로 전년보다 7.3% 감소하였으며, 한국 여성과 외국 남성의 혼인은 7,688건으로 전년보
다 2.5% 증가하였고 2012년 외국인과의 혼인중 72.9%가 외국 여성과의 혼인으로 대부분을 차지
한다. 통계청 'e-나라지표' 홈페이지<http://www.index.go.kr/potal/main/achDtlPage Detail.do?
idx_cd=2430> 참조.
2) 여기의 논의는 석광현, 해설(2013), 441 이하를 기초로 증보한 것이다. 위 책(441)에서는 '국제
가족법'과 '국제친족법'을 호환적으로 사용함을 밝히면서도 국제가족법이라는 용어를 주로 사
용하였으나, 여기에서는 민법에 대한 주석과의 용어 통일을 위해 '국제친족법'이라는 용어를 사
용한다.
3) 松岡 博(編), 169은 ⓐ 저촉법상의 양성평등, ⓑ 자의 복지·보호, ⓒ 연결방법의 다양화, ⓓ
본국법주의원칙의 완화를 들고 있다. 그러나 ⓒ는 국제친족법의 기본이념, 보다 구체적으로 저
촉법적 가치와 실질법적 가치를 실현하기 위한 수단일 뿐이므로 이를 국제친족법의 기본이념이
라고 하기에는 부적절하고, 국제친족법의 특징이라고 할 수 있다. 필자가 이를 특징의 하나로
열거하지 않는 이유는 다른 분야와 비교할 때 정도의 차이라고 보기 때문이다. 그 밖에 친족관
계는 강한 공익성을 가지므로 국제사법상 공서와 밀접하게 관련된다고 볼 수도 있다.

둘째, 당사자이익의 중요성과 속인법의 우위. 국제사법에서 고려되는 이익에는 당사자이익, 거래이익과 국가이익과 질서이익을 들 수 있으나,[4] 국제친족법에서는 당사자이익이 결정적인 의미를 가진다.[5] 그 결과 국제친족법의 영역에서는 본국법, 주소지법 또는 상거소지법 등 속인법이 우위를 가지는데, 그중 어느 것이 연결점으로 채택되는지는 국가에 따라 상이하다. 우리나라의 예를 보자면 섭외사법은 속인법의 연결점으로 국적을 선호하였으나 국제사법은 국적에 이어서 상거소를 연결점으로 채택하고 있다.[6]

셋째, 사회 · 경제적 약자인 자와 부양권리자의 보호라는 실질법적 가치의 고려. 과거 국제사법은 실질법적 가치를 별로 고려하지 않았다. 그러나 현대의 국제사법은 실질법적 가치를 제한적으로 고려하고 있는데, 가족법의 영역에서는 특히 자의 복지의 보호와 부양권리자의 보호라는 모습으로 나타나고 있고[7] 특히 자의 보호는 인권법과의 접점에 있게 된다.[8] 다만 이는 국제친자법과 국제부양법의 특징이지 국제친족법 전체의 특징은 아니라는 반론도 가능하다.

넷째, 국제가사소송의 중요성. 국제친족법의 영역에서는 준거법의 결정이 중요함은 물론이지만, 그에 추가하여 가족관계를 형성하는 형성판결이 중요한 역할을 한다. 즉 준거법의 결정은 우리 법원이 재판할 것을 전제로 재판의 기준이 되는 준거법을 결정하는 역할을 한다. 그런데 재판에 의한 이혼, 인지 또는 입양 등에서 보는 바와 같이 외국법원이 가족관계에 관한 재판을 하고 그에 의하여 형성된 가족관계가 우리나라에서 승인되는 경우도 흔한데, 그 경우 우리는 준거법에 대한 통제를 하지 않는다는 점이다. 더욱이 예컨대 신분관계에 관한 사건에서 준거법과 관계없이 국제재판관할을 정한다거나, 외국판결의 승인에서 준거법 통제를 포기함으로써 외국법원이 적용한 준거법에 관계없이 외국판결을 승인하는 현상을 보면 국제민사소송법에 의해 협의의 국제사법이 배제

4) 이호정, 19 이하 참조.
5) MünchKomm/Sonnenberger, Band 10, 3. Aufl., 1998, EGBGB §4, Rn. 53, Ein IPR, Rn. 83, 635.
6) 이는 일본의 법적용에 관한 통칙법도 마찬가지이다. 이와 달리 2011년 4월 1일 발효된 중국의 섭외민사관계법률적용법은 사람의 신분, 가족법과 상속법의 연결점으로서 상거소를 채택한다 (§11~§12, §23, §31 등). 이는 우리 국제사법(예컨대 §11, §13, §37 등)이 위 사항에 관하여 국적만을 연결점으로 하거나, 상거소를 연결점으로 채택하는 경우에도 국적보다 후순위의 연결점으로 삼는 것과 대비된다. 위에서 소개한 일본 학설이 본국법주의원칙의 완화를 일본 국제친족법의 특색으로 들고 있는 것은 틀린 것은 아니나 필자가 다소 달리 설명하는 것은 국가에 따라 차이가 있음을 명확히 하려는 것이다.
7) 재산법영역에서는 국제사법(§§27~28)에서 보는 바와 같이 소비자와 근로자의 보호로 나타나고 있다.
8) van Loon, para. 185.

되는 결과가 된다. 이를 가리켜 "국제사법에 대한 국제민사소송법의 우위"(Vorrang IZPRs vor IPR) 또는 "국제사법에 갈음하는 승인"(Anerkennung statt IPR)이라고 부르기도 한다.9) 그 결과 국제민사소송법의 독자성이 강화되고 협의의 국제사법의 중요성이 약화되는 측면이 있다. 외국판결을 승인함으로써 외국의 협의의 국제사법규칙을 승인하는 결과가 되기 때문이다.10) 이처럼 가족법의 영역에서는 국제재판관할과 외국판결의 승인 및 집행이라는 국제사법 내지 국제가사소송의 쟁점이 매우 중요하다. 더 나아가 근자에 유럽연합에서는 이런 현상이 외국에서 외국법에 따라 성립한 혼인과 입양과 같은 사적 행위와 성명의 선택에까지 확산되고 있으나, 이는 그 대상과 요건이 엄격히 규제되는 조약에 따른 경우에만 타당한 것이지 일반적으로 통용되는 것이라고 하기는 어렵다.

다섯째, 국제공조의 중요성. 전통적으로 국제사법은 그 주제로서 국제재판관할, 준거법과 외국판결의 승인 및 집행을 다루어 왔으나 국제친족법 분야에서는 국가 간의 공조가 점차 중요해지고 있다.11) 예컨대 헤이그국제사법회의의 1980년 "국제적 아동탈취의 민사적 측면에 관한 협약"에서 보는 바와 같이, 전통적으로 민사비송적인 성질을 가지는 분야에서 체약국의 후견적 감독기능을 국제적으로 충실하게 하기 위하여 국가 간 협력을 강화하고 있다. 이는 1993년 "국제입양에 관한 아동의 보호 및 협력에 관한 협약"과 1996년 "부모의 책임 및 아동의 보호조치에 관한 관할권, 준거법, 승인, 집행 및 협력에 관한 협약" 등에서도 채택되었다. 이런 공조체제가 점차 확산되어 가고 있다.12) 이러한 공조는 법원만이 아니라 행정당국이 하는 보호조치를 포함하므로 우리 법상 민사사건의 범위를 넘는다.13) 과거와 달리 외국인 근로자들이 한국에 들어와 한국인 배우자와 혼인하거나 처음부터 혼인을 목적으로 한국으로 이주하는 결혼이주여성이 꾸준히 증가하고 있다. 또한 한국인들의 생활공간이 전 세

9) 이는 석광현, 국제민소, 4 참조.
10) 근자에 유럽연합에서는 이런 현상이 외국에서 외국법에 따라 성립한 혼인과 입양과 같은 사적 행위와 성명의 선택에까지 확산되고 있으나, 이는 그 대상과 요건이 엄격히 규제되는 조약에 따른 행위에만 타당하지 일반적으로 통용되는 것은 아니다. Dieter Henrich, "Anerkennugn statt IPR; Eine Grundsatzfrage," IPRax, 2005, 422f.
11) van Loon, para. 185도 자신의 과거 논문(The Increasing Significance of International Co-operation for the Clarification of Private International Law, in Forty Years On: The Evolution of Postwar Private International Law in Europe, 1990, 101ff. 이하)을 인용하면서 이 점을 분명히 지적한다.
12) 이 점은 헤이그국제사법회의의 2000년 "성년자의 국제적 보호에 관한 협약"도 같다.
13) 유럽연합의 브뤼셀 II bis 제1항 제1호는 브뤼셀 II bis가 민사사건에 적용됨을 규정하면서 행정당국이 하는 공법상의 보호조치도 민사사건에 포함됨을 명시한다. 브뤼셀 II bis 전문 제7항도 참조.

계적으로 확대됨에 따라 외국에 거주하는 한국인들도 늘어나고 있다. 이러한 외국인의 국내이주와 한국인의 국외이주의 결과 자연스럽게 국제혼인 또는 다문화혼인(bi-cultural marriages)과 국제이혼이 늘고 있고, 아동과 성년자의 국제적 보호의 필요성도 점차 커지고 있으며 국제적 아동탈취의 문제도 그에 포함된다. 이러한 상황의 변화에 따라 국제친족법의 역할도 더욱 커지고 있다. 다문화가족 구성원의 안정적 가족생활을 가능하게 함으로써 이들의 삶의 질 향상과 사회통합에 이바지하고자 국회는 2008년 3월 다문화가족지원법을 제정하였으나 이는 국제친족법의 문제를 다루지는 않는다. 그러나 우리나라에서는 개인과 가족의 삶이 전과 비교할 수 없을 정도로 국제화된 현실에서 발생하는 다양한 국제친족법적 논점에 대한 관심은 아직 별로 크지 않다. 그 이유는 다양하지만 국제사법에 대한 이해의 부족에 기인하는 것이기도 하다. 앞으로 우리 법률가들도 국제친족법은 물론 인접한 국제사회보장법과 국제가사소송법 분야에 대하여 더 많은 관심을 가져야 한다.

Ⅲ. 국제친족법의 총론상의 논점

국제친족법에서 제기되는 국제사법의 총론적 논점으로는 성질결정, 선결문제, 반정(§9)과 공서(§10)를 들 수 있다. 만일 이 책자가 주석 국제사법이라면 이러한 쟁점의 해설을 총론에 맡길 수 있으나 이 책자에서는 총칙 조문들을 별도로 다루지 않으므로 여기에서 간단히 개관하고 구체적 문제는 각 조문의 주석에서 다룬다.

1. 성질결정

가. 성질결정의 개념

대부분의 국제사법 조문은 연결대상과 연결점이라고 하는 두 개의 요소로 구성된다. 예컨대 國私 §49 ①은 "상속은 사망 당시 피상속인의 본국법에 의한다"고 규정하는데, 이 경우 "상속"은 연결대상이고 "사망 당시 피상속인의 본국"은 연결점이다. 국제사법학에서 '성질결정'(characterization, classification, Qualifikation)이라 함은 어떤 사안을 적절한 저촉규정에 포섭할 목적으로 독립한 저촉규정의 체계개념을 해석하는 것 또는 그의 사항적 적용범위를 획정하는 것을 말한다.[14] 또

---

14) 이호정, 102~103.

는 판단의 대상이 되는 어떤 생활사실(사안), 법률관계, 법적 문제 또는 쟁점을 국제사법의 구성요건에 포함된 어떤 연결대상에 포섭하는 것이라고 설명하기도 한다. 국제사법은 다양한 법률관계 또는 연결대상에 대하여 적절한 연결점을 규정함으로써 준거법을 결정하는 구성을 취하고 있다. 따라서 법률관계 또는 연결대상의 성질결정의 문제는 실무적으로는 국제사법의 어느 조문을 적용해야 하는가라는 형태로 제기된다.

나. 성질결정에 논란이 있는 사례

(1) 실체와 절차(substance and procedure)의 구별

절차와 실체는 성질결정에 속하는 한 가지 사례이다. 우리의 잣대에 따라 절차로 성질결정되면 그것으로서 족하고 구체적으로 그것이 어떤 성질을 가지는지는 문제되지 않는다. 왜냐하면 절차의 문제는 국제적으로 널리 인정되는 '절차는 법정지법에 따른다'는 법정지법원칙(lex fori principle)에 따라 법정지법에 의하기 때문이다. 절차(procedure)와 실체(substance)를 구별하는 실익은 바로 여기에 있다. 즉 어떤 쟁점이 절차로 성질결정되면 법정지법을 적용하면 되는 데 반하여 실체로 성질결정되면 더 나아가 그것이 계약인지, 불법행위인지라는 식으로 구체적으로 성질을 결정할 필요가 있게 된다. 과거에는 법정지법원칙의 이론적인 근거를 절차법의 속지주의, 공법적 성격 또는 추상성, 장소는 행위를 지배한다는 국제사법원칙 등에서 구하였으나, 근자에는 외국절차법 적용의 실제상의 어려움을 피하기 위한 현실적 필요성과 법적 안정성의 요청 등을 고려한 합목적성을 든다.[15] 대법원 1988. 12. 13. 선고 87다카1112 판결도 재판의 소송절차에 관하여는 국내의 재판절차법규가 적용된다고 판시하였다. 다만 독일에서는 법정지법원칙은 영광스런 보편타당성을 이미 상실하였다는 견해가 유력하다.

(2) 가족법영역에서의 성질결정의 사례

가족법의 영역에서 성질결정이 문제되는 사례는 많이 있고 이는 차차 각 조의 주석에서 논의하게 될 것이나 간단히 언급하면 예컨대 ⓐ 배우자, 특히 부(婦)의 성[姓氏]과 자의 성[姓氏]의 문제와 ⓑ 이혼의 부수적 결과의 준거법의 문제가 있다. 즉, 전자의 경우 부(婦)의 성[姓氏]이 혼인의 일반적 효력에 해당하는 문제인지 아니면 국제사법이 준거법을 두고 있지 않은 개인의 인격권에 관한 문제인지이다. 후자의 경우 첫째, 이혼배우자의 성씨는 이혼의 문제인지 아

---

15) 장준혁, "法律行爲의 方式과 節次 문제의 구별," 국제사법연구 12, 249 이하 참조.

니면 인격권의 문제인지, 둘째, 이혼시 이혼 배우자간의 급부가 이혼의 문제인
지 아니면 부부재산제의 문제인지 아니면 부부재산의 청산과 위자료를 나누어
보아야 하는지, 셋째, 이혼에 따른 자녀의 친권자, 양육권자의 지정과 면접교섭
권은 이혼의 문제인지 아니면 친자관계의 문제인지가 논란이 있다. 예컨대 셋
째의 점에 관하여 이를 이혼의 문제로 성질결정하면 國私 §39에 따를 사항이
나, 이를 친자 간의 법률관계의 문제로 성질결정하면 國私 §45에 따를 사항이
된다.16)

다. 성질결정의 기준이 되는 준거법

(1) 법정지법설(*lex fori*)

이는 법정지 실질법설로서 법정지 실질법이 성질결정의 기준이 된다는 견
해이다. 어느 법의 적용범위는 그 제정국의 법체계에 의해 결정된다는 점에서
이는 논리적이다. 국제사법이 사용하는 체계개념은 대부분 우리 실질법의 그것
과 일치하므로 법정지의 실질법에 따른 성질결정은 대체로 만족스러운 결과를
가져온다. 이는 또한 내적 판단의 일치를 실현할 수 있다는 장점이 있다. 다만
이는 예외를 인정하는데, 우리 법이 모르는 외국법제도(이슬람권의 지참금제도
(Morgengabe),17) 조약과 외국 저촉규범의 경우가 그러한 예이다.

(2) 준거법설(*lex causae*)

이는 준거법 실질법설로서, 법정지 국제사법에 의하여 준거법으로 지정된
국가의 실질법상의 체계개념이 성질결정의 기준이 된다고 본다. 이에 따르면
법정지인 한국 국제사법 규범의 적용범위가 준거법인 외국법에 의해 결정된다.
이는 외적(국제적) 판단의 일치를 실현할 수 있다는 장점이 있다. 그러나 이는
'선결문제 요구의 오류'를 범하고 있다는 비판을 받고 있다. 즉 성질결정을 해
야 비로소 국제사법의 어느 조문을 적용하여 준거법을 결정할 수 있는데 준거
법에 따라 성질결정을 하라는 것은 논리적으로 모순이라는 것이다. 또한 이를
따르면 외국법이 어떤 사안을 규율하고자 하는 때에만 준거법으로서 지정되므

---

16) 흥미로운 것은 쟁점에 따라서는 이중으로 성질결정되기도 한다(Doppelqualifikation)는 점이
다. 이는 특히 배우자 일방의 사망시 잉여의 조정을 정한 독일 민법 §1371 ①을 둘러싸고 논의
된다. 이를 이중으로 성질결정하는 견해는, ①은 부부재산제의 준거법과 상속의 준거법의 모두
독일 법인 경우에만 적용된다고 본다. 반면에 통설은 이를 부부재산제의 문제로 성질결정하여
그의 준거법에 따를 사항이라고 본다. 논의는 우선 Günther Schotten/Cornelia Schmellenkamp,
Das Internationale Privatrecht in der notariellen Praxis, 2. Auflage 2007, Rn. 288ff. 참조.

17) Mahr(Morgengabe)라 함은 이슬람법상 혼인 전에 남편이 될 자가 부인이 될 자에게 지급할 것
을 약속하는 금원으로, 실제로는 혼인시에 일부만 지급하고 나머지는 이혼 또는 사망으로 인한
혼인 해소시에 지급한다.

로 일방적 저촉규범을 전제로 한다는 비판이 있다.

(3) 비교법설

이는 독일의 Rabel이 주장한 견해로, 성질결정은 어느 나라의 실질법(법정지법 또는 준거법)의 체계개념에서 벗어나 국제사법 자체의 입장에서 이루어져야 하며, 국제사법, 즉 저촉규범상의 체계개념(또는 지정개념)의 내용은 비교법적 방법을 통하여 결정되어야 한다는 견해이다. 이에 따르면 어떤 법제도가 국가에 따라 상이하게 형성되더라도 비교법적으로 유사한 법정책적인 목적에 봉사하는 때에는 동일한 체계개념에 포함된다고 본다. 이 설은 국제사법의 체계개념의 독자성을 강조한 점에서 의의가 있다.

(4) 국제사법 자체설: 이익분석

이는 독일의 Kegel이 주장한 것으로, 성질결정은 어느 한 나라의 실질법 개념에 구애됨이 없이 법정지 국제사법 자체의 입장에서 행해져야 한다는 Rabel의 견해를 유지하면서 이를 발전시켜 저촉규범의 체계개념은 국제사법이 봉사하는 이익분석을 통해 밝혀지는 저촉규범의 목적에 따라 해석해야 한다는 견해이다.[18] Kegel은 이를 '국제사법적 목적론적 성질결정'이라 한다.

(5) 기능적(또는 목적론적) 성질결정론

이는 법정지법설과 비교법설을 결합한 것이라고 평가된다. 법률관계의 성질결정은 우선 법정지법, 즉 법정지의 실질법으로부터 출발하되, 연결대상인 법률관계를 법정지법상의 체계개념이 아니라 비교법적으로 획득된 기능개념으로 이해하면서 실질규범의 목적과 함께 당해 저촉규범의 기능과 법정책적 목적을 고려해야[19] 한다고 본다. 이것이 독일의 다수설인 기능적 또는 목적론적 성질결정이론 또는 '넓은 의미의 법정지법설'이다.[20] 따라서, 국제사법의 체계개념은 실질법상의 개념을 기초로 형성되지만 그보다 넓은 개념이다. 성질결정 문제의 일반적 해결방안은 존재하지 않으며 개개의 저촉규정의 목적을 고려하여 결정해야 한다는 것이다. 이 견해가 설득력이 있으나 실제로는 비교법설이나 국제사법 자체설과 큰 차이를 가져오지 않는 것으로 생각된다.

(6) 단계적 성질결정(Stufenqualifikation)론

이를 취하는 논자는 법정지법에 따라 1차적 성질결정을 하고 그에 의하여 지정된 외국법에 따라 독립한 2차적 성질결정이 필요하다고 본다. 그러나 이에

---

18) 그런 의미에서 이를 '이익분석설'이라고도 한다.
19) 이는 법정지법설과 비교법설을 결합한 것이라고 평가되기도 한다.
20) Kropholler, 126ff.

따르면 양자의 성질결정이 상이한 경우 준거법의 흠결이 발생하게 된다. 기능적 성질결정이론에 따르면 2차적 성질결정은 새로운 성질결정의 문제가 아니라, 비교법적으로 획득된 기능개념으로서 이해된 법정지의 국제사법에 따라 결정될 문제로서 기능적 성질결정의 실현과정에서 해결할 문제이다.[21] 그렇더라도 우리 국제사법에 의하여 준거법으로 지정된 외국의 국제사법이 우리 국제사법과 달리 성질결정을 하고 그에 대해 우리 법을 준거법으로 지정하는 경우 우리 법으로의 반정이 행해진다.[22]

2. 연결점

가. 연결점의 개념

연결점(Anknüpfungspunkt, connecting factor, point of contact)이라 함은 실질법적인 법률관계를 일정한 국가 또는 법질서와 연결시켜 주는 독립적 저촉규정의 일부분이다. '연결소' 또는 '연결개념'이라고도 한다.[23] 예컨대 國私 §49 ①은 상속은 사망 당시 피상속인의 본국법에 의한다고 규정하는데, 이는 상속이라는 연결대상을 "사망 당시 피상속인의 국적"이라는 연결소를 이용하여 피상속인의 본국법에 연결함으로써 상속의 준거법을 지정한다. 여기에서 '피상속인의 국적'이 연결점이다. 이처럼 연결점은 연결대상과 준거법을 연결하는 기능을 한다. 어느 국가의 국제사법이 연결대상을 어떻게 분류할지, 그에 대해 무엇을 연결점으로 사용할지 나아가 어떤 연결방법을 선택할지는 모두 입법자가 결정하는 연결정책에 따를 사항이다.

연결점은 시간의 경과에 따라 변경될 수 있으므로 국제사법은 연결점을 지정함에 있어 기준시점을 고정함으로써 고정주의(또는 불변경주의)를 취하거나 변경주의를 취한다. "사망 당시 피상속인의 국적"이라고 기준시점을 명시하는 國私 §49 ①은 고정주의를 취하는 대표적 사례이다.

나. 국제사법상의 연결점

국제사법상의 다양한 연결점이 사용되고 있는데 이는 아래와 같다.

- 국적(§11, §13, §36, §37 i, §38 ①, §39, §40, §43, §§47~51)

---

21) 신창선, 84; 윤종진, 90; 신창섭, 88; 溜池良夫, 143; 山田鐐一, 56. 원고의 편집과정에서 신창선·윤남순, 신국제사법(2014)이 간행되었으나 이는 신창선, 국제사법(제8판, 2012)과 큰 차이가 없는 것으로 보이므로 여기에서는 전자를 인용한다.

22) 김용한 외, 116; 윤종진, 91. 우리나라에서는 이 점이 분명히 논의되고 있지 않으나 독일에서는 이는 당연한 것으로 받아들여지고 있다.

23) 이호정, 173.

- 상거소(§27 ②, §29 ②, §32 ②, §37ii, §38 ② ii, §39 단서, §41 ① 단서, §42 ①, §45, §49 ②)
- 소재지(§19, §21)
- 행위지(§17 ②, §50조 ③ iii, §53 ①)
- 지적재산권의 침해지(§24)
- 혼인거행지(§36 ②)
- 불법행위지(§32 ①)
- 부당이득지(§31 본문)
- 당사자의 의사(§25 ①)
- 선적(§60)
- 가장 밀접한 관련이 있는 국가의 법(§26 ①, §37 iii, §8 ①)

다. 속인법(*lex personalis*, personal law, Personalstatut)

국제사법이 어떤 당사자에게 인적으로 밀접하게 관계되는 사항을 국적, 주소, 상거소 또는 단순거소에 연결시키는 경우 이 법을 '속인법'이라 한다. 우리 국제사법으로는 권리능력, 행위능력, 혼인, 상속 등이 이에 속한다. 법인의 경우에도 속인법이라는 용어를 사용한다. 자연인의 속인법을 결정함에 있어서는 전통적으로 대륙법계의 국적주의와 영미법계의 주소지주의가 대립하였다. 이를 해결하기 위하여 헤이그국제사법회의는 1955년 6월 15일 "본국법과 주소지법의 저촉을 규율하기 위한 협약"을 성안하였으나 발효되지 않았다. 국제사법은 섭외사법24)과 달리 주소를 연결점으로 사용하지 않으므로 주소에 관한 섭외사법 §3도 삭제되었다.

라. 연결점의 해석 및 확정

국적, 주소와 상거소 및 영업소의 개념을 정의하는 스위스 국제사법과 달리 우리 국제사법은 이러한 개념을 정의하지 않고, 단지 본국법25)과 상거소에 관하여 발생할 수 있는 일부 문제를 해결하기 위한 규정을 두고 있다(§3~§4). 국제사법이 사용하는 연결점, 즉 국적이나 상거소의 의미는 국제사법 해석의 문제이므로 이는 우리 법에 의하여 결정할 사항이다. 문제는 우리 실질법과 국제사법 중 어느 것에 따를지이나 동일한 개념도 사용되는 곳에 따라 다른 의미를 가질 수 있으므로 국제사법 자체의 입장에 따른다. 즉, 연결점은 그것을 이

---

24) 섭외사법(§14)은 채권양도의 연결점으로 주소를 사용하였다.
25) 어떤 사람의 국적 소속국 법을 그의 본국법(Heimatrecht, *lex patriae*)이라고 한다.

용하고 있는 국제사법의 개개의 저촉규정의 목적 또는 국제사법적 정의(正義)에 따라, 즉 개개의 저촉규정들이 봉사하고 있는 국제사법적 이익에 따라 그 의미를 합리적으로 결정해야 한다. 예컨대 유력설은 상거소를 '생활의 중심지'로 이해하고 우리 민법의 주소개념과 원칙적으로 동일하다고 한다.26) 그러나, 국적의 경우 그 국적이 문제되는 국가의 법이 어떤 사람이 그 국가의 국적을 가지고 있는지 여부를 결정한다. 어떤 사람이 독일 사람인지는 독일법이 정할 사항이지 한국법이 정할 사항이 아니라는 것인데, 이는 국제적으로 널리 인정되고 있다.27)

법원이 외국적 요소가 있는 사안에서 준거법을 결정하기 위하여 국제사법이 사용하는 국적, 상거소, 소재지, 불법행위지 또는 당사자의 의사와 같은 연결점의 의미를 해석한 뒤에는 그러한 해석에 따른 연결점을 확정하여야 한다. 이는 연결점의 해석에 이은 연결점의 확정의 문제이다. 연결점은 물건 소재지와 같은 사실일 수도 있고 국적과 같은 법률효과일 수도 있다. 국제사법이 명시하는 바와 같이 법원은 준거법인 외국법을 직권으로 탐지해야 하는데,28) 문제는 법원이 연결점(정확히는 연결점을 구성하는 사실)을 확정함에 있어서 직권탐지주의가 타당한지 아니면 변론주의가 타당한지라는 점이다.

이에 관한 논의는 많지 않지만 우리나라에서는 ⓐ 연결점을 구성하는 사실은 법률효과 판단에 직접 필요한 일반적인 요건사실과는 구별되지만, 일반적으로 재산관계소송에서는 원칙으로 당사자가 주장 입증하는 사실범위에 의할 것이나 법원은 석명권을 충분히 행사하여 연결점을 구성하는 사실인 국적, 주소, 물건소재지, 당사자의사 등을 명백히 하여 국제사법이 지정하는 준거법을 결정할 것이라는 견해29)와 ⓑ 연결점을 이루는 사실은 직권탐지주의의 대상은 아니지만 직권조사의 대상으로 취급하여야 한다는 견해30)가 유력하다. 후자는 연결점을 이루는 사실은 당사자의 자백의 대상이 되지 않으나 국제계약의 연결인 '당사자의 의사'에 관하여는 예외적으로 자백을 허용한다.

독일의 유력설은 그 절차에 직권주의가 타당한지 아니면 변론주의가 타당

---

26) 상거소의 개념은 아래 §37의 해설 참조.
27) 이러한 국적개념의 특수성은 선결문제의 해결에서도 드러나는데 이는 아래 선결문제에서 논의한다.
28) 國私 §5는 법원이 외국법을 직권으로 조사하여야 한다고 하나 이는 직권탐지의 의미로 해석된다. 석광현, 해설, 124 이하.
29) 최공웅, 국제소송(1984), 228~229.
30) 이인재(1986), 531.

한지에 따라 구분한다. 즉 혼인사건과 같이 직권주의가 타당한 절차에서는[31] 법원은 연결점을 구성하는 사실을 직권으로 탐지해야 하나 변론주의가 타당한 절차에서는 연결점의 확정도 변론주의의 대상이라고 한다[32](다만 이도 국적에 대해서는 달리 설명한다).[33] 그 밖에도 외국에는 직권탐지주의가 타당하다는 견해, 변론주의가 타당하다는 견해와 절충설로서 연결점의 성질에 따라 구별하는 견해가 있다.[34] 나아가 연결점이 증명되지 않는 경우에는 국제사법이 규정한 지정이 행해지지 않는다. 이 경우, 국제사법이 별도의 규정을 두지 않는 한[35] 최대개연성의 원칙에 따라 처리해야 할 것이다.

마. 다양한 연결방법

(1) 통상의 경우

통상의 경우 하나의 연결대상에 대하여 하나의 연결점이 존재한다. 위에서 본 상속의 준거법에 관한 國私 §49 ①이 상속은 사망 당시 피상속인의 본국법에 의한다고 규정할 때에서 보는 바와 같다.

(2) 연결점의 결합

그러나 다음의 경우 다양한 연결점의 결합이 이용된다. 이에는 선택적 연결, 단계적 연결(보충적 연결), 종속적 연결, 누적적 연결, 배분적 연결과 보정적 연결 등이 있다. 각각의 사례는 아래와 같다.

- 선택적 연결: 법률행위의 방식에 관한 §17, 유언의 방식에 관한 §50 ③
- 단계적 연결(보충적 연결): 혼인의 일반적 효력에 관한 §37, 부부재산제에 관한 §38 ①, 이혼에 관한 §39
- 종속적 연결: 불법행위에 관하여 계약 등 당사자 간의 기존 법률관계의 준거법에 따르도록 종속적 연결을 규정한 §32 ③, 부당이득의 종속적 연

---

31) 독일 가사 및 비송사건절차법 §26(직권조사), §113 ③, §127(직권조사의 제한) 참조. 우리 家訴(§17)은 "직권조사"라는 제목하에 가정법원이 가류 또는 나류 가사소송사건을 심리함에 있어서는 직권으로 사실조사 및 필요한 증거조사를 하여야 하며, 언제든지 당사자 또는 법정대리인을 신문할 수 있다고 규정한다. 반면에 非訴(§11)은 "직권에 의한 탐지와 증거조사"라는 제목하에 "법원은 직권으로 사실의 탐지와 필요하다고 인정하는 증거의 조사를 하여야 한다"고 직권탐지주의를 명시한다.

32) Schack, IZPR, Rn. 701; MünchKomBGB/Sonenberger, Einl., Rn. 621. 일본에도 변론주의설과 직권탐지설이 있다. 注國私(2), 368과 369 주 7(山本和彦) 참조.

33) 즉 국적이 사실에 달려 있는 때에는 당사자의 지배가 제한되거나 직권조사주의에 의하여 대체된 절차가 문제되는 경우가 아니라면, 법원은 당사자의 주장(Parteivortrag)에 구속되나, 문제된 국가의 국적법의 적용에 달려 있는 때에는 법원은 그 법을 직권으로 확정하여야 한다고 한다. MünchKomBGB/Sonenberger, Einl., Rn. 702.

34) 이인재(1986), 526 이하 참조. 절충설에 따르면 고도의 공익적 성질을 가지는 국적은 직권탐지주의의 대상이나 당사자의 의사와 행위지 등은 변론주의의 대상이라고 본다.

35) 國私 §3와 §4는 국적과 상거소를 알 수 없는 경우에 대비한 규정을 두고 있다.

결을 규정한 §31 단서

- 누적적 연결: 섭외사법(§13)은 '원인사실 발생지법 원칙', 즉 행위지원칙을 취하는 한편(§13 ①), 법정지법을 누적적으로 적용함으로써(§13 ②, ③) 절충주의를 취하였다. 그러나 국제사법(§32 ①)은 절충주의를 폐지하고 행위지원칙으로 일원화하였다.
- 배분적 연결: 혼인의 성립에 관한 §36 ①
- 보정적 연결: 부양의무에 관한 §46 ①. 국제사법은 부양의 준거법을 원칙적으로 부양권리자의 상거소지법으로 하고, 다만 그에 의하면 부양청구권이 부정되는 경우 예비적으로 부양권리자와 부양의무자의 '공통의 본국법'에 의하도록 한다. 이는 가급적 부양권리자가 부양을 받을 수 있도록 함으로써 부양권리자를 보호하기 위한 것인데, 이처럼 원칙적인 준거법에 의한 실질법적 결과가 그와 다른 연결점에 의해 변경되는 것을 '보정적 연결'이라 한다.

바. 본국법에 관한 國私 §3

국적은 국가와 그의 구성원 간의 법적 유대이고 보호와 복종관계를 뜻한다.[36] 국제사법은 '국적의 적극적 저촉'(§3 ①), '국적의 소극적 저촉'(§3 ②)과, 불통일법국가의 법이 지정되는 경우의 처리에 관한 규정을 두고 있다(§3 ③).

(1) 국적의 적극적 저촉

국제사법은 속인법에 관하여 본국법주의를 취하므로 국제사법상 국적은 신분,[37] 가족 및 상속에 관한 법률관계에서 연결점으로서 여전히 중요하다. 그런데 출생, 혼인, 이민 등으로 복수국적이 성립하는 경우 본국법의 결정이 문제되는데 이것이 '국적의 적극적 저촉'의 문제이다. 과거 섭외사법은 신 국적을 우선시켰으나, 국제사법은 무조건 최후의 국적을 우선하지 않고 당사자와 연결점 간의 관계를 고려하여 '당사자와 가장 밀접한 관련'이 있는 국가의 법을 우선시키도록 함으로써(① 본문) 구체적 사건에 타당한 연결을 가능하게 한다. 이는 독일, 스위스, 일본 등의 입법례가 취하고 있는 입장이다. 다만 복수국적 중 하나가 한국인 때에는 섭외사법과 마찬가지로 한국법에 의하도록 하여 내국국적 우선의 원칙을 고수한다(① 후문). 이는 실무상 법적용상의 확실성을 위한 것이다.

---

36) 헌법재판소 2000. 8. 31. 97헌가12 결정.

37) '신분'이라 함은 권리능력, 행위능력과 가족법상의 지위와 같이 자연인의 신분 또는 지위(personal status)에 관계되는 사항을 가리키나 구체적 범위는 논자에 따라 다르다. 우리나라에서는 잘 사용되지 않는다. 이에 관한 국제사법을 '國際人法'(이호정, 423) 또는 國際人事法[木棚照一, 國際相續法の研究(1995), 63]이라고 부른다.

그런데 2011년 1월 1일부터 시행된 개정 국적법에 따르면 복수국적의 취득이 용이하게 되었으므로 §3 ① 단서가 적용될 사안이 증가하게 되었다. 그렇다면 이 원칙의 합리성을 재검토할 필요가 있었다.

흥미로운 것은 개정 국적법 §11-2(복수국적자의 법적 지위 등)이다. 즉 동조 ①은 "출생이나 그 밖에 이 법에 따라 대한민국 국적과 외국 국적을 함께 가지게 된 자[이하 "복수국적자"]는 대한민국의 법령 적용에서 대한민국 국민으로만 처우한다"고 규정하는데 이 조항과 國私 §3 ① 단서의 관계가 문제된다. 동 항은 예컨대 병역의무가 있는지를 판단함에 있어서 복수국적자는 한국인으로 취급된다는 점을 포함하여 광범위하게 적용되는 조항이고, 國私 §3 ① 단서는 국제사법상 국적이 연결점이 되는 사건에만 적용되는 조항이다. 국적법에서 말하는 "대한민국의 법령"에 국제사법도 포함될 것이므로 國籍 §11-2의 결과 복수국적자는 한국민으로 취급될 것이고, 이는 國私 §3 ① 단서보다도 더 강력한 형태의 규정이다. 그러나 위 國籍 §11-2의 기초자들이 그 국제사법적 함의를 고려한 것 같지는 않다.

(2) 국적의 소극적 저촉

당사자가 국적을 가지지 아니하거나 국적을 알 수 없는 경우에는—'국적의 소극적 저촉'의 경우—국적을 대신하는 다른 연결점을 찾아야 한다. 이 경우 섭외사법은 당사자의 주소지법과 거소지법의 순서로 적용하도록 규정하였으나, 국제사법은 상거소를 주소에 갈음한 연결점으로 도입하여 상거소지국법, 그것이 없는 경우에는 거소지국법에 의하도록 규정한다(②).

(3) 불통일법국법의 지정

한 국가 내에서 지역에 따라 법률이 다른 불통일법국가(미국, 영국, 스위스, 캐나다 등 연방국가)의 법이 준거법으로 지정된 경우에는 본국법을 정하는 것만으로는 부족하고, 그 국가의 여러 법역 중 어느 지역의 법이 준거법이 되는가를 결정할 필요가 있다. 이 점은 주소 또는 상거소와 비교할 때 국적이 연결점으로서 가지는 단점으로 지적된다. 신분, 가족 및 상속관계에서 미국법이 준거법으로 지정되는 경우가 빈번하므로 이는 실무상 중요하다. 이에 대하여 섭외사법은 단순히 "그 자가 속하는 지방의 법"에 의한다고 규정하였으나, 그 해석을 놓고 학설의 대립이 있었다.

국제사법은 통설인 간접지정설[38]을 따라 우선 그 국가의 법역간 충돌문제

---

38) 이는 '간접지정주의'라고도 하는데, 우리 국제사법이 준거법을 지정한 법이 소속한 국가의 판

를 해결하는 법선택규정[準國際私法]에 따라 지정되는 법에 의하도록 하고, 다만 그 국가에 준국제사법이 없는 때에는 당사자와 가장 밀접한 관련이 있는 지역의 법에 의하도록 한다(§3 ③). 왜냐하면 그 경우 어느 법역의 법을 적용할지는 일차적으로 당해 국가가 결정할 사항이기 때문이다.

주의할 것은, 여기에서 "그 국가의 법 선택규정"이라 함은 그 국가의 통일적인 준국제사법을 말하는 것이라는 점이다.39) 예컨대 스페인의 경우 민법 (Código civil. §§13~16)은 이러한 규정을 두고 있다. 그러나 미국의 경우에는 통일적인 준국제사법이 없고 각 주별로 준국제사법을 가지고 있으므로, 예컨대 우리 국제사법에 의해 미국인의 본국법인 미국법이 준거법으로 지정된 경우에는 그 국가의 법 선택규정이 없는 때에 해당하므로 위 ③에 따라 "당사자와 가장 밀접한 관련이 있는 지역의 법"이 준거법이 되므로 예컨대 당사자가 주소를 가지고 있거나 있었던 주의 법이 적용된다. 따라서 예컨대 미국인 부부의 혼인의 일반적 효력의 준거법이 문제되는 경우 일방이 뉴욕주에 주소를 가지고 다른 일방이 캘리포니아주에 주소를 가지고 있어서 각 당사자와 가장 밀접한 관련이 있는 지역이 상이한 주라면 國私 §37 i가 말하는 부부의 동일한 본국법은 없게 된다. 이 경우 본국법은 國私 §3 ③에 의하여 걸러진 본국법을 의미하기 때문이다.

사. 국적과 국제사법

종래 우리나라에서 국적은 국제법과 공법 특히 헌법학의 일부 또는 인접 분야로 취급되고 그 국제사법적 함의(含意)는 경시되고 있다.40) 그러나 국제사법이 연결점으로서 국적을 이용하므로 국제사법의 맥락에서 국적을 연구할 필요가 있다. 기본적으로 국적을 연결점으로 취급하는 근거,41) 주소지주의 및 상

단에 맡기는 방법이다.

39) Kropholler, 201~202.

40) 다만 근자에는 국적에 대한 관심이 확산되고 있다. 예컨대 명순구·이철우·김기창, 국적과 법 (2009) 참조. 프랑스의 국제사법 교과서는 국적법에 대한 설명에 상당한 비중을 할애하고 있음은 주목할 만하다.

41) von Hoffmann/Thorn, IPR, 9. Aufl., 2007, §5, Rn. 10ff.는 국적을 연결점으로 삼는 근거로 아래를 든다. ⓐ 국적은 어떤 자연인과 국가와의 결합의 전형적 표현이다. ⓑ 당사자의 입장에서 볼 때도 동일한 법질서에 따른다고 하는 연속성의 이익을 가진다. ⓒ 국적의 취득과 상실은 엄격한 요건을 요구하므로 조작가능성이 작다. ⓓ 여권 또는 신분증명서에 의하여 쉽게 확인할 수 있다. ⓔ 많은 국가들이 본국법주의를 따르므로 국제적 판단일치를 촉진한다. ⓕ 본국법주의를 따르는 것은 상대적으로 거래이익을 보호하는 데 취약하나, 재산법적 쟁점이 아닌 인적 쟁점에 관하여 거래이익은 별로 문제되지 않으므로 본국법주의는 본질적 거래이익을 침해하지 않는다. 다만 무국적자, 이중국적자 또는 불통일법국을 지정하는 경우에는 국적의 단점이 드러난다. 한편 주소지주의를 선호하는 영국의 법률가는 본국법주의에 대해 아래와 같이 비판한다(J.H.C. Morris/David McClean, The Conflict of Law(1993), 32~33 참조).

거소지주의와의 우열에 대한 검토는 물론, 국적이 신분관계에 미치는 영향뿐만 아니라 신분관계가 국적의 득실에 미치는 영향을 검토할 필요가 있으며, 세계화 및 우리 사회의 다문화가정의 확대를 고려할 때 첫째, 혈통주의(*ius sanguinis* principle)에 근거한 국적 개념을 유지해도 좋은지 아니면 출생지주의(*ius soli* principle)를 부분적으로 도입할지와,[42] 둘째, 지금처럼 국적을 연결점으로 유지하는 것이 국제사법상 정당화될 수 있는지 등에 대한 연구가 필요하다. 특히 후자는 국적 자체에 대한 연구만으로 달성될 수는 없고 개별적 법률관계의 연결정책과 함께 연구해야 한다. 그 밖에도 북한주민의 국적의 문제도 논의할 필요가 있는데, 종래 국제법학자와 공법학자들의 연구성과가 있으나[43] 국제사법의 맥락에서도 검토할 필요가 있다. 즉 북한주민을 둘러싼 법률관계의 준거법을 결정함에 있어서 북한주민이 한국 국적을 가지는지,[44] 만일 그렇다면 국적이 연결점인 경우 국적을 대신하는 연결점으로서 북한적의 개념을 인정할 수 있는지 등을 판단할 필요가 있다.

나아가 국적은 성(姓)의 준거법과 관련하여 의미가 있고 사회보장법의 국제적 적용범위, 즉 국제사회보장법과 관련해서도 의미를 가진다. 다만 국제사회보장법의 경우, 국적보다는 점차 고용지, 주소, 상거소 또는 거소와 사업장의 소재지 또는 다른 연결점이 더 중요한 기능을 하고 있다.[45]

첫째, 본국법주의는 법적 안정성을 보호하는 데 유리하다고 하나 이는 그가 선택하는 법체계를 적용할 수 있는 개인의 자유의 희생이라는 댓가를 요구한다. 본국법주의에 대한 근본적인 반대는, 그가 목숨을 걸고 그로부터 도피한 국가의 법을 그의 소망에 반하여 적용하도록 요구하는 데 있다. 또한 용이하게 확인할 수 있다는 장점이 있는 것은 사실이지만, 복수국적자 또는 무국적자의 경우 그렇지 않으며, 나아가 가장 쉽게 확인할 수 있다고 해서 그것이 가장 적절한 법이라는 보장도 없다. 셋째, 미국이나 영국과 같은 불통일법국가의 경우 본국법주의만으로는 문제를 해결할 수 없다.

42) 우리 국적법(§2)은 부모 양계혈통주의를 원칙으로 하고, 부모가 모두 분명하지 않거나 국적이 없는데 子가 한국에서 출생한 경우와, 한국에서 발견된 기아(棄兒)에 대해 예외적으로 출생지주의에 따라 한국 국적을 부여한다. 그러나 전통적으로 혈통주의를 취하였던 독일은 2000년 1월 1일자로 출생지주의를 도입하였다. 즉 독일 국적법(§5 ③)에 따르면, 외국인 부모 중 일방이 정주허가를 받아 독일에서 8년간 상거소를 가지고 있는데 子가 독일에서 출생한 때에는 그 子는 독일 국적을 취득한다. 상세는 Hailbronner/Renner, Staatsangehörigkeitsrecht, 2005, §4 참조. 우리도 장차 그와 유사한 형태의 출생지주의를 자연스럽게 받아들이게 될 것이다.

43) 예컨대 이효원, 남북교류협력의 규범체계(2006), 165 이하 및 인용된 문헌 참조.

44) 이에 관하여는 석동현(2011), 293 이하 참조. 보다 근본적으로는 최초의 대한민국 국민은 누구인가라는 문제가 제기된다. 이는 석동현(2011), 308 이하 참조.

45) 상세는 전광석, "국제사회보장법의 기본문제," 국제사법연구 12(2006), 535 이하; 전광석, 국제사회보장법론(2002) 참조. 실정법으로는 국민건강보험법(§93), 의료급여법(§3), 한부모가족지원법(§5-2), 국민기초생활보장법(§5-2) 등은 외국인에 대한 특례를 규정한다. 상세는 소라미, "젠더와 인권의 관점에서 바라본 다문화가족지원법제 검토," 젠더법학 2-1(2010), 69 이하 참조.

3. 선결문제

가. 선결문제의 개념

우리나라에서는 대체로 구분하지 않지만 선결문제(Vorfrage, preliminary ques-tion, incidental question)에는 두 가지 유형이 있다. 첫째는 실질규정의 법률요건 안에 포함된 법률효과가 문제되는 경우이다. 이는 국제사법에 의하여 지정된 실질법을 적용한 결과 비로소 발생하는 문제이다. 예컨대 "상속은 피상속인의 본국법에 의한다"(§49)라고 할 경우 그에 따라 준거법인 본국법을 적용한 결과 그 과정에서 혼인관계 또는 친자관계의 존부가 문제되는 경우이다.

둘째는 저촉규정의 법률요건 안의 법률효과가 문제되는 경우이다. 이는 "계쟁 법률관계의 관념상 필연적 구성부분"인 경우를 말한다. 예컨대 國私 §39에 의하면 이혼에 관하여는 §37의 규정이 준용되는데 그에 의하면 일차적으로 부부의 공통의 본국법이 준거법이 되므로 이혼의 전제로서 혼인관계의 존부가 문제된다. 따라서 이혼의 준거법을 정하기 위하여는 혼인의 존부의 준거법을 정할 필요가 있다. 선결문제인 혼인관계의 존부는 국제사법상 별도의 연결대상이 될 수 있는 문제이다.[46]

나. 선결문제에 관한 논의가 실익을 가지기 위한 요건

선결문제의 논의는 다음 3가지 요건이 구비되어야 실익이 있다. ⓐ 본문제의 준거법이 외국법일 것, ⓑ 본문제의 준거법 소속국의 국제사법 규정이 선결문제에 관하여 법정지 국제사법 규정과 다른 준거법을 지정할 것, ⓒ 선결문제의 준거법으로 지정된 두 개의 실질법의 내용이 다를 것이 그것이다.

다. 선결문제의 해결방안

선결문제의 준거법을 결정함에 있어서, 종래 우리나라에는 법정지법설(독립적 연결설), 본문제 준거법설(종속적 연결설. 또는 단순히 준거법설), 절충설과 실질법설 등이 주장되고 있다.

(1) 법정지법설(독립적 연결설)

이는 원칙적으로 본문제의 준거법 소속국에 관계없이 법정지의 국제사법에 따라 선결문제를 해결하는 견해이다.[47] 이 견해는 본문제가 무엇인가에 따

---

46) 독일의 일부 견해는 양자를 구별하여 첫째 유형을 선결문제(Vorfrage), 둘째 유형을 선행문제(Erstfrage)라고 한다. 이런 견해는 선행문제는 법정지 국제사법에 의하여 연결하나, 만일 國私 §49가 "배우자 기타 친족에 의한 상속은 피상속인의 본국법에 의한다"고 규정한다면 혼인관계의 존부는 Vorfrage가 아니라 Erstfrage가 될 것이므로 문언의 차이가 의미가 있는지에 대해 의문이 있을 수 있다.

라, 즉 그 맥락에 관계없이 선결문제의 준거법이 달라지지 않는다는 장점이 있다. 만일 준거법설을 취하면, 예컨대 동일한 부부간의 혼인관계의 존부라는 선결문제가 본문제가 무엇인가에 따라 상이하게 판단될 수 있다. 이는 국제사법의 이상의 하나인 '내적 판결의 일치'에 반하고 국제사법상 이익의 하나인 질서이익에 배치된다.[48) 이것이 전통적 견해이고 종래 독일의 다수설이고 주류적 판례로 보인다.[49)

(2) 준거법설(종속적 연결설)

이는 원칙적으로 본문제의 준거법 소속국의 국제사법에 따라 선결문제의 준거법을 결정하는 견해이다. 선결문제는 본문제의 준거법 적용의 결과로서 발생하는 문제인데 본문제의 해결은 본문제의 준거법 소속국의 법질서가 행하는 선결문제의 판단을 전제로 해서만 이루어질 수 있으므로, 선결문제가 외국적 요소를 포함하는 경우 본문제의 준거법 소속국의 국제사법에 따를 것이라고 본다. 그럼으로써 법정지법원과 외국법원의 판결의 국제적 일치를 달성할 수 있다고 본다.[50) 또한 본문제는 법정지의 국제사법보다 준거법 소속국의 국제사법과 더 밀접한 관련이 있다는 것이다. 그러나 이에 따르면, 동일한 선결문제의 준거법이 본문제가 무엇인가에 따라 달라지는 폐단이 있다.

(3) 절충설

이는 일률적으로 법정지법설 또는 준거법설에 따르는 대신 구체적 상황에 따라 국제사법적 이익을 고려하여 결정하는 견해[51)인데 독일과 일본에서 유력하다. 법정지법설은 내적 판결의 일치(실질적인 조화)에 적절하고 준거법설은 외적(또는 국제적) 판결의 일치에 적합하다. 따라서 원칙적으로 전자(특히 사안이 내국관련이 큰 경우)에 따르되 예외적으로 사안의 외국관련이 큰 경우에는 국제적 판결의 일치를 존중하여 후자에 따를 것이라고 한다. 우리나라에도 원칙적으로 법정지법설을 취하면서 선결문제와 법정지의 관련이 별로 없는 경우 예외적으로 본문제의 준거법 소속국의 국제사법을 적용하는 절충설이 있다.[52) 선결문제는 어떤 국제사법적 이익을 존중할 것인가라는 가치판단을 요구하는 어려운 문제이나, 구체적 사안에 따라 법정지법설을 원칙으로 하면서 사안에 따라 준

---

47) 이호정, 135; 신창선, 128.
48) 이호정, 134.
49) Gerhard Kegel/Klaus Schurig, Internationales Privatrecht 9. Aufl., 2004, 381.
50) 김용한 외, 159.
51) 서희원, 117.
52) 서희원, 117; 윤종진, 168.

거법설을 가미하는 절충설이 설득력이 있다.

(4) 실질법설

이는 선결문제는 본문제와 관련하여 발생하는 문제이므로 본문제의 준거법 소속국의 실질법에 의해 해결해야 한다는 견해이다.[53) 법정지법설이나 준거법설을 따를 경우 복수의 준거법을 조사하여 정확한 내용을 파악하는 것은 법원에게 지나치게 부담이 되고, 또한 법정지 법원이 국제사법을 적용하여 본문제의 준거법인 외국법을 확정하였다면, 이제 더 이상 선결문제를 준거법 소속국의 내국사안과 구별할 이유는 없으므로 그와 동일하게 준거법 소속국의 실질법을 적용할 것이라고 한다.[54) 그러나 이는 선결문제가 본문제 준거법 소속국의 입장에서 순수한 국내적 문제일 때는 타당하지만 그것이 섭외적 법률관계인 때에는 부당하다. 그 경우 본문제 준거법 소속국도 자신의 국제사법을 적용하여 선결문제의 준거법을 결정할 것이기 때문이다.[55)

실질법설은 종래 영미의 일부 판례의 태도이나,[56) 영미에서는 각 사안마다 가장 좋은 결론에 도달하는 해결방법을 개별적으로 탐구하는 견해(이를 이익형량설이라고 부르기도 한다)도 유력하다.

위에서 본 것처럼 필자는 법정지법설을 원칙으로 하면서 사안에 따라 준거법설을 가미하는 절충설을 지지한다. 그러나 이도 예외를 인정하는데, 널리 인정되는 예외는 국적에 관련된 선결문제의 경우이다. 즉 국적의 득실이 어떤 사법적(私法的) 법률관계(예컨대 유효한 혼인, 친자관계 등)에 좌우되는 경우에는 이러한 선결문제는 문제된 그 국가의 국제사법에 따른다. 즉 이 경우 선결문제는 본문제에 종속적으로 연결된다는 것이다.

4. 반정

國私 §9는 "준거법 지정시의 반정(反定)"이라는 제목하에 ①에서 원칙적으로 직접반정을 허용하면서, ②에서는 예외적으로 직접반정이 허용되지 않는 경우를 명시한다.[57)

---

53) 신창섭, 106.
54) 신창섭, 106.
55) 신창선, 126.
56) 서희원, 114.
57) 조문은 아래와 같다.
　"① 이 법에 의하여 외국법이 준거법으로 지정된 경우에 그 국가의 법에 의하여 대한민국 법이 적용되어야 하는 때에는 대한민국의 법(준거법의 지정에 관한 법규를 제외한다)에 의한다.
　② 다음 각호 중 어느 하나에 해당하는 경우에는 제1항의 규정을 적용하지 아니한다.

가. 반정에 대한 입법례

반정을 전면 불허하는 국가(중국, 브라질, 페루, 퀘벡주 등)와 제한적으로 허용하는 국가가 있는데, 후자는 다시 직접반정만을 허용하는 국가(우리나라, 일본 법적용통칙법 §41, 헝가리 국제사법 §4, 스페인 민법 §12 ②)와 직접반정 외에 전정(轉定)도 허용하는 국가(프랑스와 영국 판례, 독일 민법시행법 §4 ①, 스위스 국제사법 §14 ①)등으로 나뉜다.58) 또한 반정을 허용하는 사항의 범위도 국가에 따라 다르다.

나. 반정의 의의와 발생원인

넓은 의미의 반정59)이라 함은 외국적 요소가 있는 법률관계에 대하여 법정지의 국제사법이 어느 외국법을 적용할 것을 지정하는데 그 외국의 국제사법이 법정지법 또는 제3국법을 적용할 것을 규정하고 있는 경우에 그에 따라 법정지법 또는 제3국법을 적용하는 것을 말한다. 반정이 발생하는 이유는, 국가에 따라 연결점이 상이하거나60) 법률관계의 성질결정을 달리 하기 때문이다.

반정의 허용 여부는 결국 우리 국제사법이 준거법으로 지정하는 외국법이 어떤 의미를 가지는가, 즉 '준거법 지정의 의미 내지는 범위의 문제'이다. 그 경우 "외국법"의 의미는 ⓐ 외국법에서 저촉법을 제외한 것(즉 실질법), ⓑ 실질법 + 저촉법(단 반정을 허용하는 저촉법 제외)[single or partial renvoi. 1875년 프랑스 파기원의 Forgo 사건(무유언상속의 문제가 다투어진 사건)61)]과 ⓒ 실질법 + 저촉법(반정을 허용하는 저촉법 포함)[double, total, English renvoi (foreign court doctrine)]로 구분할 수 있다.62)

다. 반정의 유형

일반적으로 반정의 유형은 아래와 같이 4가지로 분류한다.63)

---

1. 당사자가 합의에 의하여 준거법을 선택하는 경우
2. 이 법에 의하여 계약의 준거법이 지정되는 경우
3. 제46조의 규정에 의하여 부양의 준거법이 지정되는 경우
4. 제50조 제3항의 규정에 의하여 유언의 방식의 준거법이 지정되는 경우
5. 제60조의 규정에 의하여 선적국법이 지정되는 경우
6. 그 밖에 제1항의 규정을 적용하는 것이 이 법의 지정 취지에 반하는 경우"

58) 입법례의 소개는 注國私(2), 313 이하(北澤安紀); Staudinger/Hausmann, EGBGB/ IPR, EGBGB/IPR, 13. Aufl., 1996, Art. 4, Anh. 참조. 반정을 인정한 유명한 영국 판결은 1841년 Collier v Rivaz, 2 Curt 855 사건 판결이다.
59) 일본에서는 '반치'(反致)라는 용어를 사용한다.
60) 대표적 사례가 자연인의 신분, 가족법과 상속법의 영역에서 속인법을 결정함에 있어서 연결점으로 국적을 채택한 대륙법계와 주소를 채택한 영미법계의 대립이다. 이를 해결하고자 헤이그국제사법회의는 1955년 6월 15일 "본국법과 주소지법의 저촉을 규율하기 위한 협약"을 채택하였으나 이는 발효되지 않았다.
61) 소개는 석광현, 해설, 160; 이호정, 138; 장문철(1996), 129 참조.
62) 독일에서는 준거법 지정이 사항규정지정인지 국제사법지정인지를 구분하는데 후자를 '총괄지정'(Gesamtverweisung)이라고도 한다.
63) 신창선, 149~150 참조.

(1) 직접반정(협의의 반정; 단순반정)(remission, Rückverweisung, *renvoi au premier degré*)

A ⟶ B ⟶ A

이는 A국 국제사법은 일정한 법률관계 또는 쟁점(issue)에 관하여 B국의 법을 지정하나, 같은 법률관계 또는 쟁점에 대하여 B국의 국제사법은 A국의 법을 지정하는 경우에 A국 법원이 A국의 실질법을 적용하는 것을 말한다.

(2) 전정(transmission, Weiterverweisung, *renvoi au second degré*)

A ⟶ B ⟶ C

전정은 A국 국제사법은 B국의 법을 지정하나, B국 국제사법은 제3국인 C국의 법을 지정하는 경우에 A국 법원이 C국의 실질법을 적용하는 것을 말한다.

(3) 간접반정

A ⟶ B ⟶ C ⟶ A

예컨대 미국에 주소를 둔 아르헨티나인이 한국에 부동산을 남기고 사망하여 상속문제가 우리 법원에서 문제된 경우, 우리 국제사법(§49)에 의하면 아르헨티나법이 준거법이 되나 아르헨티나 국제사법에 의하면 피상속인의 최후의 주소지법인 미국법이 준거법이 되고 다시 미국 국제사법에 의하면 부동산소재지법인 우리법이 준거법이 된다.

(4) 이중반정(double *renvoi* 또는 English *renvoi*)

A ⟶ B ⟶ A ⟶ B

한국에 주소를 둔 영국인이 영국에 동산을 남기고 사망하여 상속문제가 영국 법원에서 다루어지는 경우, 영국 국제사법에 의하면 피상속인의 주소지법인 한국법에 의하나, 국제사법(§49)에 의하면 동산상속은 피상속인의 본국법인 영국법에 의한다. 이 경우 영국 법원은 직접반정을 인정하여 영국법을 적용하는 대신 우리 법원이 재판을 하면 한국법을 적용할 것이라는 점을 고려하여 한국법을 준거법으로 적용한다. 이를 'foreign court doctrine'이라고 하는데, 1926년 영국의 Anneseley 사건 판결(유언의 효력이 다투어진 사건) 이래 영국 법원이 취하는 태도이다.[64]

라. 반정을 인정하는 근거

반정을 인정하는 논거에 관하여는 다양한 견해, 예컨대 총괄지정설, 외국의사존중설(기권설), 내국법적용 확대설, 국제적 판결조화설 등이 있으나[65] 어

---

64) 사안은 석광현, 해설(2013), 162 주 7 참조.
65) 학설은 신창선, 145 이하 참조.

느 견해도 논리적으로는 설득력이 약하다. 국제사법은 반정을 허용함으로써 국제사법의 이상인 국제적 판결의 일치를 도모할 수 있고, 제한된 범위 내에서나마 경직된 법 선택의 원칙을 완화하여 구체적 사건에 보다 타당한 법을 적용할 수 있으며, 법정지법을 적용함으로써 외국법의 적용에 따른 어려움을 완화할 수 있는 등의 실제적 효용을 고려한 것이다.66)

마. 국제사법상 반정이 허용되는 경우: §9의 해석론

섭외사법상 반정은 본국법이 적용되는 경우에 한하여 허용되었으나, 국제사법은 이러한 제한을 없애 반정이 허용되는 범위를 확대하였다.67) 이는 반정을 허용함으로써 국제사법의 이상인 국제적 판결의 일치를 도모할 수 있고, 경직된 법 선택의 원칙을 완화하여 구체적 타당성이 있는 법을 적용할 수 있으며, 법정지법을 적용함으로써 외국법의 적용에 따른 어려움을 완화할 수 있는 등의 실제적 효용을 고려한 것이다. 다만 반정을 허용하는 것이 적절하지 아니한 경우를 예시하여 그 경우에는 반정이 불허됨을 명확히 하였다(§9 ②). 국제사법에 따르면 섭외사법에서처럼 친족법·상속법 분야뿐만 아니라 물권법 분야와 법정채권 분야에서도 반정이 허용될 것이나,68) 후 2자의 경우 국제적으로 연결원칙이 상당히 통일되어 있으므로 실무상 반정은 친족법·상속법 분야에서 중요한 역할을 할 것이다.

國私 §9 ①은 직접반정만을 허용하므로 간접반정, 전정과 이중반정은 모두 허용되지 아니한다. 왜냐하면 국제사법이 달리 허용하지 않는 한 법원은 국제사법에 따라 지정된 준거법을 적용해야 하기 때문이다. 물론 §51처럼 국제사법이 명시적 규정을 두어 전정을 허용하는 경우는 예외이다.

섭외사법 개정시안은 '실질법'이라는 용어를 사용하고 조문의 취지를 보다 명확히 표현하였으나69) 법제처의 심의과정에서 우회적 표현으로 변경되었다.70) 실질법이라 함은 법적용규범(또는 간접규범)인 저촉법(또는 국제사법)에 대비

---

66) 법무부, 해설, 46.

67) 2001년 섭외사법 개정과정에서 반정의 허용 여부에 관하여 다양한 견해가 제시되었다. 석광현, 해설(제2판, 2003), 109 이하 참조.

68) 이 점은 독일에서도 같다. 최흥섭, "비계약적 채무관계 및 물건에 대한 새로운 독일국제사법 규정의 성립과정과 그 내용," 국제사법연구 5, 178 이하 참조(이는 최흥섭, 현대적 흐름(2005), 89 이하에도 수록되었다).

69) 개정시안 §9 ① 본문은 "이 법에 의하여 외국법이 준거법으로 지정된 경우에 그 국가의 국제사법에 의하면 대한민국 법이 적용되어야 하는 때에는 대한민국의 실질법에 의한다"고 규정하였다. 법무부, 개정시안해설, 25.

70) 참고로 중재법(§29 ①)은 '실질법'이라는 용어를 사용하는 대신 "그 국가의 섭외사법이 아닌 분쟁의 실체에 적용될 법"이라고 에둘러 표현한다.

되는 개념으로, 우리 민·상법과 같이 저촉법(또는 국제사법)에 의하여 준거법으로 지정되어 특정 법률관계 또는 쟁점을 직접 규율하는 규범을 말한다. 우리나라에서 실질법이라는 용어는 강학상 이미 확립되었고[71] 대법원 1991. 12. 10. 선고 90다9728 판결도 실질법이라는 용어를 사용한 바 있다.

바. 반정이 허용되지 않는 경우

국제사법은 일정한 경우 반정이 허용되지 않음을 명시하는데(§9 ②), 아래에서는 국제친족법과 관련이 있는 것만을 언급한다.

(1) **당사자가 합의에 의하여 준거법을 선택하는 경우**(§9 ② i): 당사자가 합의에 의하여 준거법을 선택한 경우 반정을 인정하는 것은 당사자의 의사에 반한다. 조문은 당사자가 "합의에 의하여"라고 하나 이는 당사자자치가 적용되는 경우를 가리킨다. 따라서 國私 §49 ②에 따라 피상속인이 상속의 준거법을 선택한 경우에도 반정은 허용되지 않는다.

(2) **이 법에 의하여 계약의 준거법이 지정되는 경우**(§9 ② ii): 국제사법에 의해 계약의 준거법이 지정된 경우에는, 로마협약 등 조약의 취지를 고려하여 반정을 허용하지 않기로 하였다.

(3) **§46의 규정에 의하여 부양의 준거법이 지정되는 경우**(§9 ② iii): 부양에 관한 §46의 규정은 대체로 1973년 "부양의무의 준거법에 관한 헤이그협약"을 수용한 것이므로 동 협약에 따라 반정을 배제하기로 하였다.

(4) **그 밖에 ①의 규정을 적용하는 것이 국제사법의 지정 취지에 반하는 경우**(§9 ② vi): 지정 취지라 함은, 가장 밀접한 관련이 있는 법을 적용한다는 취지가 아니라 그 밖의 준거법 지정의 취지를 의미하는 것이다.[72] 그렇지 않다면 반정을 인정하는 것은 가장 밀접한 관련이 있는 법을 적용한다는 국제사법의 지정의 취지에 항상 위반되어 반정은 전혀 허용될 여지가 없게 될 것이기 때문이다.

국제사법상 반정의 허용 여부가 문제되는 사안은 다음과 같다.[73]

첫째, 선택적 연결의 경우 반정이 제한될 수 있다. 즉 유언의 방식에 관하여 국제사법은 다양한 선택적 연결을 인정함으로써 이른바 *"favor negotii"*(법률행위에 유리하게) 원칙을 따른다(§50). 이는 가능한 한 유언의 방식 또는 형식상 유

---

71) 실질법을 '사항규정' 또는 '사항규범'이라고도 한다. 이호정, 11~12. 실체법은 절차법에 대비되는 데 반하여, 실질법은 국제사법(또는 저촉법)에 대비된다. 독일 민법시행법(§4 ①)은 '사항규정'(Sachvorschrift)이라는 표현을 사용한다.
72) 이는 독일 민법시행법(§4 ①)을 따른 것이나 '지정의 의미(Sinn)'를 '지정 취지'로 변경하였다.
73) 상세는 석광현, 해설, 165 이하 참조.

효성을 쉽게 인정하려는 것인데, 반정에 의해 선택적 연결이 부정된다면 위 취지에 반하기 때문이다.

둘째, 종속적 연결의 경우, 예컨대 불법행위를 계약의 준거법에 종속적으로 연결하는 경우처럼(§32 ③) 그 취지가, 복잡한 법률관계를 하나의 법질서에 연결하려는 경우에는 반정이 제한될 수 있다. 그렇지 않으면 양자를 동일한 준거법에 연결하고자 한 취지가 몰각되기 때문이다.[74] 그러나 국제사법(§38)이 부부재산제의 준거법을 혼인의 일반적 효력의 준거법에 의하도록 준용한 것은 입법기술의 문제이므로 그 경우에는 반정이 허용된다.

셋째, 일본 법적용통칙법(§41)은 부부 공통의 속인법 ― 엄격하게는 동일한 본국법이다 ― 이 준거법이 되는 경우에는 반정을 적용하지 않는다. 그러나 국제사법에 따르면 그 경우에도 반정을 허용할 수 있다.

넷째, 문제되는 것은 예컨대 §37(혼인의 일반적 효력) iii와 같이 국제사법이 단계적 연결의 최후 단계로 가장 밀접한 관련이 있는 곳의 법(최밀접관련지법)을 준거법으로 명시한 경우에 반정이 허용되는가의 여부이다. 이에 관하여 논란의 여지가 없지 않으나 이를 허용해야 한다. 왜냐하면 그 경우만이 아니라 국제사법의 모든 연결규정은 가장 밀접한 관련이 있는 법을 지정하는 것인데, 유독 단계적 연결의 최후단계로서 가장 밀접한 관련이 있는 법을 명시한 경우에만 반정을 배제할 이유는 없다.[75]

사. 숨은 반정(hidden *renvoi*)

외국의 국제사법 이외의 법규, 예컨대 국제재판관할규정 속에 숨겨져 있는 저촉법규정에 의하여 우리나라로 반정하는 경우를 '명시적 반정'과 구별하여 '숨은 반정'(또는 숨겨진 반정)(hidden *renvoi*, versteckte Rückverweisung)이라 한다. 예컨대 영미의 국제재판관할규칙은 어떤 경우에 내국 법원이 국제재판관할을 가지는가만을 규정하고, 관할을 가지는 경우 법정지법(보다 정확히는 법정지의 실질법)을 준거법으로 적용하는데, 이러한 국제재판관할규칙에는 법원은 법정지법을 적용한다는 저촉규칙, 즉 법정지법이 준거법이라는 저촉규칙이 숨겨져 있다고 볼 수 있다. 숨은 반정에 관하여는 문제되는 법률관계, 즉 혼인과 입양에 관한 부분에서 논의한다.

---

74) Kropholler, 172.
75) Kropholler, 170 참조.

아. 외국 국제사법의 적용

반정이 허용되는 범위 내에서는 우리 국제사법은 외국의 국제사법을 지정한다. 이 경우 우리 법원은 외국의 국제사법을 적용하게 되므로 성질결정과 연결점을 외국의 국제사법의 입장에서 판단하여야 한다. 즉 법정지 법원은 자국 국제사법만을 적용하는 것이 원칙이나 반정이 허용되는 경우에는 예외적으로 우리 법원이 외국 국제사법도 적용하게 된다.

5. 공서

國私 §10는 "사회질서에 반하는 외국법의 규정"이라는 제목하에 "외국법에 의하여야 하는 경우에 그 규정의 적용이 대한민국의 선량한 풍속 그 밖의 사회질서에 명백히 위반되는 때에는 이를 적용하지 아니한다"고 규정하는데 이를 '공서조항'이라 한다.

가. 공서조항의 취지

국제사법은 외국적 요소가 있는 모든 사안에 대해 항상 우리 법을 적용하는 것이 아니라 다양한 연결정책을 고려하여 법률관계, 보다 정확히는 연결대상별로 적절한 연결점을 정하여 외국법을 준거법으로 지정한다. 이는 외국법도 문명국가의 법으로서 타당한 내용을 담고 있을 것이라는 전제하에 사안에 따라 밀접한 관련이 있는 외국법을 적용하겠다고 하는 입법자의 외국법에 대한 존중과 개방적 자세를 보여주는 것이다. 그러나 외국법을 적용한 결과가 우리나라의 본질적 법원칙, 즉 기본적인 도덕적 신념 또는 근본적인 가치관념과 정의관념에 반하여 우리가 수인(受忍)할 수 있는 범위를 넘는 때에는 외국법의 적용을 배제할 수 있도록 한다. 이것이 공서조항의 기능이다.

나. 공서조항이 적용되기 위한 요건

(1) 준거법이 외국법으로 지정될 것

§10로부터 알 수 있듯이 공서조항이 적용되는 것은 국제사법에 의하여 준거법이 외국법으로 지정된 경우여야 한다. 이 점을 고려하고 §7 내지 §9의 문언과의 균형을 고려한다면, §10와 같이 "외국법에 의하여야 하는 경우에"라는 것보다는 "이 법에 의하여 외국법이 준거법으로 지정된 경우에"라고 하는 편이 나을 것이다.

(2) 외국법을 적용한 결과가 우리의 공서에 명백히 반할 것

공서조항이 적용되기 위하여는 준거법인 외국법을 적용한 결과가 우리의 공서에 반하여야 한다. 섭외사법은 "외국법에 의하여야 할 경우에 있어서 그 규정이 선량한 풍속 기타 사회질서에 위반하는 사항을 내용으로 하는 것인 때에는 이를 적용하지 아니한다"고 규정하여 '외국법의 규정'이 선량한 풍속 및 사회질서에 반하는 내용일 때 항상 그 적용을 배제하는 것과 같은 취지로 규정하고 있었으나, 국제사법에서 공서의 원칙은 추상적인 외국법 자체를 비난하는 것이 아니라 외국법을 적용한 결과로 인해 자국의 기본적인 사회질서가 파괴될 우려가 있는 경우 이를 막기 위한 것이므로 외국법 자체의 내용이 아니라 외국법을 적용한 결과가 문제됨을 명확히 하였다.76) 예컨대 사우디아라비아인 또는 요르단인이 한국에서 중혼을 하는 것을 허용할 수는 없지만, 그가 본국법에 따라 이미 중혼을 하였다면 제2부인의 부양청구권과 같이 그에 따른 개별적 효력을 주장하는 것은 공서위반이 되지 아니 한다.77)

또한 공서조항이 적용되기 위하여는 외국법을 적용한 결과가 우리의 공서에 '명백히' 위반되어야 한다. 따라서 외국법을 적용한 결과가 우리의 공서에 위반되는지 여부가 분명하지 않은 경우에는 공서조항을 적용할 수 없다. 이는 공서조항의 남용을 막기 위한 것으로, 독일 민법시행법(§6)과 로마협약(§16) 등 조약의 흐름과도 일치한다.

(3) 국제적 공서

국제사법이 말하는 "선량한 풍속 그 밖의 사회질서"란 民 §103가 규정하는 '국내적 공서'(internal 또는 domestic public policy)와는 구별되는 '국제적 공서'(international public policy)를 의미한다.78) 이는 공서위반의 여부를 판단함에 있어 국내적인 기준에만 따를 것이 아니라 외국의 관념도 참작할 것을 요구하는 것을 지적하는 점에서는 적절하나, 국제적으로 타당한 공서의 개념이 있는 것처럼 오해를 줄 여지가 있다. 그러나 공서위반은 결국 각 국가가 판단할 사항이고, §10에서 문제가 되는 것은 한국의 관념에 따라 판단된 공서위반임을 주의해야 한다. 이를 '공서개념의 국가성'이라고 표현한다.79) 만일 이를 민법상의 공서로 보아 외국법적용의 결과가 우리 민법상의 공서에 반한다는 이유로 외

---

76) 법제처의 심의 과정을 거치면서 "적용한 결과가"라는 표현이 단순히 "적용이"로 수정되었으나 본문과 같이 해석해야 할 것이다.

77) Jayme(1988), 34. 이호정, 220. 후자는 이를 외국법은 사건의 기본문제에 관련되어야 한다는 관점에서 논의한다. 독일에서는 이를 '상대성'(Relativität)의 문제로 논의한다.

78) 다만 '국제적 공서'라는 개념은 다양한 의미로 사용되고 '국가적 공서'(national public policy)에 대응하는 개념, 즉 다수 국가의 법에 의하여 공통적으로 인정되는 공서를 의미하는 것으로 사용되기도 한다. 이를 'transnational public policy'라고 부르기도 한다.

79) 이호정, 219.

국법의 적용을 배제한다면 국제사법규정의 대부분은 무의미하게 될 것이다.[80)] 만일 국제사법의 공서를 민법상의 공서와 동일시하면 예컨대 이혼의 준거법인 외국법이 파탄주의를 따르는 경우 우리 법원으로서는 이를 적용할 수 없게 될 것이나, 파탄주의를 취한 외국 이혼법의 적용이 국제사법상의 공서에 반하는 것은 아니다.[81)]

공서위반을 근거로 준거법으로 지정된 외국법의 적용을 배제하려면, 외국법을 적용한 결과가 ⓐ 한국의 법원칙에 반할 것, ⓑ 그 법원칙이 본질적인 것, 즉 기본적인 도덕적 신념 또는 근본적인 가치관념과 정의관념에 속할 것과 ⓒ 그 상위가 중대하여 우리가 수인할 수 있는 범위를 넘을 것이라는 요건이 구비되어야 한다.[82)] 무엇이 우리의 공서 그 중에서도 국제적 공서에 해당하여 준거법이 외국법인 때에도 포기할 수 없는 가치인지의 판단은 매우 어렵다. 결국 공서위반 여부의 판단은 구체적 사안에서 개별적으로 이루어져야 한다. 예컨대 외국법을 적용한 결과 우리 헌법이 보장하는 인간의 기본권이 침해되는 때에는 여기의 공서위반이 될 수 있는데,[83)] 이는 헌법은 우리의 근본규범으로서 우리나라의 기본적인 도덕적 신념 또는 근본적인 가치관념과 정의관념을 반영하는 것이기 때문이다.[84)] 다만 기본권이 외국법의 적용을 배제하는지 여부와 그 범위는 구체적 사안별로 검토해야 한다.[85)]

따라서 國私 §10의 공서를 국제적으로 통용되는 공서로 보는 것은 옳지 않으나, 그것을 민법(§103) 등 실질법상의 공서와 동일시할 것도 아니므로 민법

---

80) 이호정, 219.

81) 외국판결 승인의 맥락에서 Dieter Martiny, Handbuch des Internationalen Zivil−verfahrens recht; Band Ⅲ/1 Kap. Ⅰ (1984), Rn. 1057ff. 참조. 동경가정재판소 2007. 9. 11. 판결은 호주인 남편이 일본인 부인을 상대로 제기한 이혼소송에서 호주법이 정한 파탄주의에 따라 청구를 인용한 호주연방법원 판결의 승인은 유책주의를 취하는 일본의 신분법질서, 나아가 일본의 공서에 반한다고 보아 승인을 거부하였다. 增田 晋(編), 環太平洋諸國(日・韓・中・米・豪)における外國判決の承認・執行の現狀(2013), 210 참조(增田 晋).

82) Jayme(1988), 33 참조.

83) 스페인인 사건에서 독일 연방헌법재판소 1971년 5월 4일 결정(BVerfGE 31, 58)은, 구체적 사건에서 독일 저촉법에 따라 지정된 외국법을 적용한 결과가 독일 기본법이 정한 당사자의 기본권을 침해할 수는 없다고 선언한 결과 저촉법규범도 기본권에 의한 통제하에 놓이게 되었다. 상세는 아래 §36의 註釋 참조.

84) 외국판결의 승인의 맥락에서 내려진 것이나 대법원 2012. 5. 24. 선고 2009다22549 판결(미쓰비시 사건 판결)은, 일본판결 이유는 일제강점기의 강제동원 자체를 불법이라고 보는 한국 헌법의 핵심적 가치와 정면으로 충돌하는 것이어서 이런 판결 이유가 담긴 일본판결을 그대로 승인하는 결과는 그 자체로 한국의 공서에 어긋나므로 한국에서 일본판결을 승인할 수 없다는 취지로 판시하였다. 위 판결은 실체적 공서위반 여부의 판단에서 헌법적 가치를 도입한 것은 커다란 의의가 있다.

85) 이호정, 222.

상의 공서와 구별하기 위하여 국제적 공서라고 부르는 것이다.

외국중재판정의 승인 및 집행에 관하여 대법원 1990. 4. 10. 선고 89다카 20252 판결은 "… 공공의 질서에 반하는지 여부의 판단에 있어서는 국내적인 사정뿐만 아니라 국제적 거래질서의 안정이라는 측면도 함께 고려하여 제한적으로 해석하여야 할 것"이라는 취지로 판시하였는데, 이는 외국중재판정의 승인거부사유인 공서가 국내적 공서와 구별되는 국제적 공서임을 판시한 것으로 §10의 공서의 취지에 관하여도 타당하다고 할 수 있다.

(4) 사안의 내국관련성

공서위반의 정도는 사안의 내국관련성과의 관계에서 상대적으로 이해해야 한다.[86] 즉 내국관련성이 크면 외국법 적용의 결과가 우리나라의 선량한 풍속 및 사회질서 위반의 정도가 약하더라도 공서위반이 될 수 있으나, 반대로 내국 관련성이 작으면 외국법 적용의 결과가 선량한 풍속 및 사회질서 위반의 정도가 큰 경우에만 공서위반이 될 수 있다.[87] 여기에서 사안이라 함은 당사자를 포함하는 넓은 개념으로 보아야 한다.

(5) 사안의 현재관련성

현재의 근본적인 가치관념과 정의관념이 관철되기 위하여는 사안이 현재와의 관련성(Gegenwartsberührung)을 가져야 한다.[88] 따라서 현재 우리나라의 근본적인 가치관념과 정의관념에 미달하는 저질의 외국법이 적용될 사안이 현재로부터 멀어질수록 공서의 개입 여지는 더 작아진다.[89]

(6) 가족법 분야에서 공서가 문제되는 경우의 사례

예컨대 과도한 혼인장애사유를 정한 외국법, 이혼을 전면 금지하거나 매우 제한하는 외국법과 파양을 전면 금지하는 외국법의 적용은 우리의 공서에 반하는 것으로서 그 적용이 배제될 수 있다. 상세는 해당되는 곳에서 논의한다.

다. 기준시점

외국법을 적용한 결과가 우리나라의 공서위반이 되는지를 판단하는 기준 시기는 판결시이다.[90] 우리 사법질서의 불가침적 핵심은 시대에 따라 가변적

---

86) Kropholler, 246.
87) 외국판결의 승인에 관한 대법원 2012. 5. 24. 선고 2009다22549 판결은 외국판결을 승인한 결과가 한국의 공서에 어긋나는지는 외국판결이 다룬 사안과 한국과의 관련성의 정도에 비추어 판단하여야 한다고 함으로써 '사안의 내국관련성'이라는 개념을 도입하였다.
88) Jayme(1988), 34.
89) 이호정, 220.
90) 이호정, 220.

이기 때문인데, 그런 의미에서 공서는 현재의 공서를 의미한다.[91]

라. 공서에 의한 외국법 배제의 효과

국제사법은 외국법의 적용이 우리나라의 공서에 명백히 반하는 경우 외국법을 적용하지 않는다는 점만을 명시한다. 그러나 공서위반의 경우 반대되는 우리 법이 적용된다고 해석한다. 예컨대 이혼을 금지하는 필리핀법은 이를 허용하는 우리 법에 의하여 대체된다. 반면에 우리 법상 그러한 공백을 보충할 규정이 없는 경우에는 규정의 흠결이 있게 되는데 이 경우 가능한 한 적게 외국법에 간섭할 것이라는 견해가 유력하다.[92] 이에 따르면 예컨대, 외국법이 소멸시효를 인정하지 않는 경우 우리 법에 의하여 소멸시효를 인정하고 나아가 그 기간, 정지와 중단 등의 문제를 해결해야 하는데, 이때 적응(adaptation. 조정이라고도 한다)의 문제가 발생한다. 적응이라 함은, 국제사법이 적용되는 사건에서 준거법의 모순 또는 저촉으로부터 발생하는 문제를 해결하기 위하여 법질서를 수정하여 적용하는 법리를 말한다.[93] 대용(代用. substitution)이라 함은, 조정의 한 유형으로, 본문제의 준거법과 선결문제의 준거법의 관계에서 발생하는 모순과 부조화를 조정하는 문제를 말한다.[94]

마. 적극적 공서

공서는 국제사법에 의해 준거법으로 지정된 외국법의 적용을 배제한다. 이를 '공서의 소극적 기능'(negative Funktion)이라 한다. 이와 대비되는 것으로서 과거 독일에서는 준거법이 외국법임에도 불구하고 사회·경제정책적인 목적을 추구하는 법정지의 강행법규가 적용되는 현상을 '공서의 적극적 기능'(positive Funktion)이라고 설명하기도 하였다. 그러나 국제사법은 법정지의 국제적 강행법규에 관하여 §7를 별도로 두므로 국제적 강행법규의 적용근거를 적극적 공서 또는 공서의 적극적 기능으로 설명하는 것은 부적절하다. 공서의 원칙은 외국법의 적용을 배제하는 것이기 때문에, 우선 국제사법에 의하여 외국법이 준거법으로 결정되고 그를 적용한 결과가 내국의 공서에 반하는 경우에 적용되므로 외국법의 내용이 문제되나, 법정지의 국제적 강행법규는 외국법이 준거법으로 되는 과정을 거치지 않고 외국법의 내용에 관계없이 적용되는 점에서 공서의 원칙과 다르다. 즉 전자는 거절의 과정임에 반하여 후자는 선택의 과정이

---

91) 이호정, 221.
92) 이호정, 223.
93) 이호정, 123, 124.
94) Kropholler, 231ff.; 신창선, 118~119.

라고 할 수 있다.

Ⅳ. 국제가사소송법의 논점

위에서 언급한 바와 같이 국제친족법의 영역에서는 국제재판관할과 외국판결의 승인 및 집행이라는 국제사법 내지 국제가사소송의 쟁점이 매우 중요한 의미를 가진다. 여기에서는 국제친족법에 중점을 두고 국제가사소송법은 비교적 간단히 다룬다. 특히 국제재판관할과 외국재판의 승인 및 집행에 관하여는 각 해당되는 곳, 특히 국제이혼과 국제입양 등 각 해당부분에서 논의하고 여기에서는 국제가사소송법의 특징만을 간단히 언급한다.

일부 논자는 재산법상의 국제민사소송법과 대비하여 국제가사소송법의 특징으로 아래 세 가지를 드는데[95] 이는 대체로 설득력이 있다.

첫째, 가사사건은 사람의 신분과 생활 전반에 중대한 영향을 미치므로 재산관계사건과 비교하여 원고의 구제에도 더 유념해야 한다. 따라서 이혼 등 쟁송성이 강한 소송에서도 그 국제재판관할의 결정에서는 피고주소지원칙만이 아니라 원고 측의 사정이 고려된다.[96] 또한 대등하지 않은 당사자 간의 다툼에서는 약자보호의 요청이 강하게 작용한다. 예컨대 친자관계사건의 국제재판관할의 결정에서 자의 복지가 중시된다. 이러한 고려는 부양료청구 사건에서도 나타난다. 즉 브뤼셀Ⅰ규정(§5 ii)에 따르면 부양권리자는 부양권리자의 주소지나 상거소 소재지 법원에 소를 제기할 수 있는데 이는 부양권리자를 보호하기 위한 것이다.[97] 가사소송법(§2 ① ii 나., §46)에 따르면 부양에 관한 사건은 가사비송사건(마류사건)이고 이는 상대방의 보통재판적 소재지의 가정법원의 관할에 속하는데, 우리 법상 부양권리자의 보호를 위한 국제재판관할규칙을 해석론상 도입할 수 있는지, 아니면 입법론적으로 도입할 것인지를 검토할 필요가 있다.[98]

---

95) 松岡 博(編)(2012), 317 참조. 이 점은 석광현, "한국의 국제재판관할규칙의 입법에 관하여," 국제거래법연구 21−2(2012. 12.), 174에 소개하였다.

96) 그러나 브뤼셀Ⅱbis에서 보는 유럽연합의 경향은 과거 원고의 국적소속국에 관할을 인정했던 회원국법보다 상대적으로 피고에 더 비중을 두고 있다. Thomas Rauscher, Europäisches Zivilprozess− und Kollisionsrecht: EuZPR/EuIPR Kommentar, 2010, Art. 3 Brüssel Ⅱa−VO, Rn. 3(Rauscher).

97) 이를 대체한 유럽연합의 부양규정은 피고의 상거소지와 원고의 상거소지등의 재판관할을 인정한다(부양규정 §3).

98) 과거 김용진, "민사소송법개정안 중 국제소송에 관한 부분에 대한 검토의견서," 국제사법연구 4(1999), 44 이하는 이를 도입하자고 하였다. 근자의 김문숙, 180(2013)은 부양권리자와 부양의

둘째, 가사사건은 재산관계사건과 비교하여 공익성이 강하므로 당사자의 임의처분이 제한되는 경향이 있다. 예컨대 이혼 등 대등한 당사자 간의 쟁송성이 강한 소송사건에서 합의관할을 인정하지 않는 견해가 유력하다. 또한 국가는 자국민의 신분관계 및 신분등록에 관하여 당연히 이해관계를 가지므로 당사자의 국적에 기한 국제재판관할을 인정할 필요성이 있다.

셋째, 가사사건에서는 재산관계사건에서보다 파행적인 또는 불균형한 법률관계의 발생을 방지할 요청이 강하다. 예컨대 외국이혼판결의 승인에 관하여 외국에서 행해진 이혼이 한국에서 인정되지 않는 파행적 신분관계의 발생을 방지하려는 관점에서 民訴 §217가 그대로 적용되는가가 논의되고 있다. 구체적으로 재산법상의 사건에서는 상호보증을 요구하지만, 신분관련 사건의 경우는 파행적 신분관계의 창설에 의하여 거래이익과 국가이익[99]도 침해되기 때문에 상호보증을 요구하는 것은 문제가 있다는 것이다.

무자의 상거소지의 관할을 인정하고 그에 더하여 양자가 모두 한국인인 경우 우리나라의 관할을 인정하자는 입법론을 제시한다.

99) 국제재판관할의 맥락에서의 당사자이익, 거래이익과 국가이익의 개념은 석광현, 국제재판관할에 관한 연구(2001), 52 이하 참조. 이는 준거법 결정의 맥락에서의 이익과 다소 다르다.

[前註] 국제혼인법의 구성

▌ **참고문헌**: 석동현(2011), 국적법; 이인재(1986), "외국법의 적용과 조사," 재판자료 34; 최흥섭 (2000), "섭외사법개정법률안의 검토 — 제2장(자연인), 제4장(친족), 제5장(상속)," 국제사법학 회 8차 연차학술대회 발표자료(2000. 11. 25.); 최흥섭(2001), "개정법률과 國際親族·相續法의 諸 問題," 법조 536(2001. 5.); MünchKomm/Coester(2010), Band 10, 5. Aufl., EGBGB; Staudinger/ Mankowski(2010), EGBGB/ IPR.

    우리 국제친족법의 일부를 구성하는 국제혼인법은 4개의 조문, 즉 혼인의
성립의 준거법을 정한 §36, 혼인의 일반적 효력을 정한 §37, 부부재산제의 준거
법을 정한 §38와 이혼의 준거법을 정한 §39로 구성된다. 보다 정확히 말하자면
§36는 혼인의 실질적 성립요건과 형식적 성립요건을 각각 ①과 ②에서 규정하
고 있다. 여기에서 다루는 국제혼인법은 준거법결정원칙을 내용으로 하는 좁은
의미의 국제혼인법을 말한다. 국제혼인법을, 좁은 의미의 국제혼인법에 추가하
여 국제재판관할 나아가 외국판결의 승인 및 집행을 포함하는 넓은 의미로 사
용할 수도 있으나 여기에서는 우리 실정법인 국제사법 조문의 해설을 위주로
하므로 국제혼인법을 좁게 이해하고, 국제재판관할과 외국판결의 승인 및 집행은
제한적으로만 논의한다. 국제혼인법은 출입국관리법(§10)이 정한 체류자격은
물론이고 국제사회보장법과 밀접한 관련을 가진다.

第 36 條 (혼인의 성립)

① 혼인의 성립요건은 각 당사자에 관하여 그 본국법에 의한다.

② 혼인의 방식은 혼인거행지법 또는 당사자 일방의 본국법에 의한다. 다만, 대한민국에서 혼인을 거행하는 경우에 당사자 일방이 대한민국 국민인 때에는 대한민국 법에 의한다.

섭외사법 제 15 조 (혼인의 성립요건)

① 혼인의 성립요건은 각 당사자에 관하여 그 本國法에 의하여 이를 정한다. 그러나 그 방식은 혼인거행지의 법에 의한다.

② 전항의 규정은 민법 제814조의 적용에 영향을 미치지 아니한다.

I. 서 론[1]

국제사법(§36)은 섭외사법(§15)과 마찬가지로 단순히 "혼인의 성립요건"이라고 하나 이는 '혼인의 실질적 성립요건'(또는 '실질')을 의미하고 실질적 유효성을 포함한다. 이와 대비되는 것은 혼인의 방식(form, Form)인데 이를 혼인의 '형식적 성립요건' 또는 '형식상의 유효성'(formal validity)이라고 한다. 실질적 성립요건과 형식적 성립요건의 구별은 '성질결정'의 문제이다.

---

1) 이하 국제친족법 각 조문의 해설은 필자가 2001년 섭외사법의 전문개정을 계기로 작성한 석광현, 2001년 개정 국제사법 해설, 제2판(2003), 310 이하를 수정·보완하여 작성한 석광현, 개정 국제사법 해설(2013), 441 이하를 다시 수정·보완한 것이다. 이 과정에서 법무부, 해설, 129~175과 최흥섭(2000), 최흥섭(2001)을 많이 참고하였다.

Ⅱ. 혼인의 실질적 성립요건

1. 의의 및 연혁

가. 의의

혼인이 유효하게 성립하기 위하여는 실질적 성립요건과 형식적 성립요건이 모두 구비되어야 한다. 우리 국제사법은 혼인의 실질적 성립요건과 혼인의 형식상의 유효성, 즉 방식에 관하여 각각 상이한 연결원칙을 규정하고 있다.

나. 연혁

혼인의 실질적 성립요건에 관하여 국제사법의 태도는 섭외사법과 마찬가지로 각 당사자의 본국법에 의하도록 하는 배분적 연결을 취한다(본조 ①). 한편 혼인의 형식상의 유효성, 즉 방식에 관하여는 국제사법은 섭외사법이 규정하던 혼인거행지법 외에 당사자 일방의 본국법에 의하여도 가능하도록 하되, 다만 혼인거행지가 한국이고 일방 당사자가 한국인인 경우에는 한국법에 의하도록 하였다(본조 ②).

2. 입법례

유럽대륙에서는 과거 종교혼만이 인정되었으나 근세에 이르러 혼인법의 세속화를 거치면서 혼인이 종교로부터 분리되어 국가법에 의한 민사혼(Zivilehe)이 도입되기에 이르렀고 오늘날에는 민사혼이 지배적이다.[2] 혼인의 성립요건의 준거법에 관하여는 속인법주의와 혼인거행지법주의가 있다.

가. 속인법주의

혼인의 성립요건은 사람의 신분과 관련되기 때문에 그에 대하여 일반적으로 적용되는 속인법(*lex personalis*, personal law, Personalstatut)에 따라야 한다는 것이다. 그런데 속인법을 판단함에 있어서 본국법주의를 취하는 대륙법계국가와 주소지법주의를 취하는 영미법계 국가 간에 대립이 있음은 널리 알려진 바와 같다. 혼인의 성립요건에 관하여 본국법주의를 취하는 국가로는 독일, 프랑스, 이탈리아 등 다수의 유럽국가가 있고, 주소지법주의를 취하는 국가로는 영국과 노르웨이 등이 있다.[3]

---

2) 김연 외, 358. 혼인의 역사에 관하여는 우선 MünchKomm/Koch, Band 7, 6. Aufl., 2013, Einleitung, Rn. 1ff. 참조. 김연 외, 국제사법 3판 보정판(2014)이 간행되었으나 성년후견에 관한 부분을 제외하고는 별로 개정되지 않은 것으로 보이므로 여기에서는 전자를 인용한다.
3) 신창선, 323; 윤종진, 431.

나. 혼인거행지법주의

혼인의 실질적 성립요건은 혼인거행지법에 의한다고 보는 것이 혼인거행지법주의이다. 이는 현재 미국과 브라질, 아르헨티나 등 중남미국가들이 취하는 원칙이다.4) 그 근거는 첫째, 혼인의 성립에 관하여 공적 기관으로 하여금 당사자의 속인법을 조사하게 하는 것은 부담스럽고, 둘째, 공적 기관이 잘 알지 못하는 속인법에 의하여 혼인의 성립 여부를 결정하도록 하는 것은 바람직하지 않으며, 셋째, 미국과 중남미국가들에서는 이민자들이 많은데 이들에게 본국법을 적용하는 것은 불합리하다는 점을 든다.5) 또한 혼인의 성립을 용이하게 할 수 있다는 점도 그 근거로 거론된다.6)

그러나 이에 대하여는 혼인거행지라는 것은 우연히 결정되는 경우가 많으므로 혼인거행지법주의는 사람의 혼인 여부에 의한 신분관계와 법적 지위를 불안정하게 만든다는 점과 혼인과 같은 중대한 신분의 변경은 전통, 풍습과 윤리관념 등의 점에서 당사자와 밀접한 관련이 있는 법을 적용하는 것이 타당하다는 비판이 있다.7)

흥미로운 것은 중국 섭외민사관계법률적용법이다. 동 법(§22)은 결혼의 방식8)은 혼인체결지 법률, 일방 당사자의 상거소지 법률 또는 국적 소속국 법률에 부합하는 경우 모두 유효하다고 규정하여 가급적 쉽게 혼인의 방식요건을 구비할 수 있도록 규정한다.9)

3. 준거법의 결정

조문에서 보듯이 혼인의 성립요건은 각 당사자에 관하여 그 본국법에 의한다. 혼인의 실질적 성립요건은 혼인 당시, 엄밀하게는 혼인 성립 직전의 본국법에 따라 결정된다.10) 즉, 성립요건의 준거법은 불변경주의를 따른다. 가사 혼

---

4) 신창선, 323; 윤종진, 431. 미국의 전통적인 태도는 혼인의 실질적 성립요건과 방식요건을 구별하지 않고 혼인거행지법을 적용하는 것이다. Peter Hay, Patrick J. Borchers and Symeon C. Symeonides, Conflict of Laws, 5th ed., 2010, §13.4.

5) 신창선, 324; 윤종진, 431.

6) 윤종진, 431.

7) 신창선, 324; 윤종진, 431.

8) 동 조는 "婚手续"라고 규정하나 이는 결혼의 방식으로 보인다.

9) 구체적인 입법례는 아래와 같다. "혼인의 거행 및 유효성의 승인에 관한 1978년 헤이그협약"(§§1~6), 독일 민법시행법 §13(혼인체결), 스위스 국제사법 §44(혼인체결의 준거법), 오스트리아 국제사법 §17(혼인체결의 요건), 이탈리아 국제사법 §27(혼인체결의 요건), 일본 법적용통칙법 §24, 중국 섭외민사관계법률적용법 §21.

10) Andrae, §1, Rn. 18, Rn. 99; Kropholler, 328.; Staudinger/Mankowski(2010), Art. 13, Rn. 79f.; 이호정, 333.

인에 의하여 처의 속인법이 변경되더라도 이러한 사실은 고려되지 않으며, 나아가 부부가 혼인 후 국적을 변경하더라도 이는 혼인의 실질적 성립요건에 영향을 미치지 않는다. 어떤 요건이 혼인의 실질적 성립요건인지 형식적 성립요건인지는 성질결정의 문제이다.

어떤 사람이 한국인인가는 우리 국적법이 결정할 사항이고, 마찬가지로 어떤 사람이 어떤 국가의 국민인가는 문제된 그 국가의 국적법이 결정할 사항이다. 국제사법은 이처럼 혼인의 실질적 성립요건에 관하여 이른바 배분적 연결원칙을 채택하고 있다. 배분적 연결에 대해서는 종래 혼인장애사유가 일면적인지, 아니면 쌍면적인지의 판단이 어려운 경우가 있고, 특히 쌍면적 장애사유(예컨대 근친혼의 금지, 중혼금지)를 인정하는 경우 당사자들의 본국법이 중첩적으로 적용되는 결과 혼인의 성립을 어렵게 하므로 결국 '혼인의 자유'라고 하는 실질법상의 입법정책에 반한다는 비판이 있었지만, 국제사법에서는 동 원칙은 국제사법차원에서 양성평등의 원칙에 부합하고, 양 당사자의 본국법을 누적적으로 적용할 경우 혼인의 성립이 어렵게 됨으로써 파행혼이 발생하는 것을 예방하며, 다수의 국가들이 본국법주의를 취하므로 국제적 판결의 일치를 도모할 수 있다는 장점을 고려하여 이를 유지하였다.[11] 다만 이런 배분적 연결주의를 따를 경우 신분관계를 등록하는 공무원은 외국법에 따른 성립요건을 확인하는 것이 어렵기 때문에[12] 독일 민법(§1309 ①)은 원칙적으로 외국법이 적용되는(즉 외국인) 배우자로 하여금 본국에서 혼인장애가 존재하지 않는다는 혼인능력증명서(Ehefähigkeitszeugnis)를 발급받아 제출하도록 규정한다. 우리 법에는 명문규정이 없으나 종래 예규로써 외국인이 본국의 권한 있는 기관이 발행한 당해 신분행위의 실질적 성립요건을 구비하고 있다는 증명서를 제출할 것을 요구한다.[13]

---

11) 최흥섭(2001), 152 이하; 비판은 南 敏文, 改正法例の解説(1992), 53 이하 참조.

12) 따라서 예컨대 베트남처럼 한국인과 빈번히 국제혼인을 하는 외국의 혼인법을 이해할 필요가 있다. 베트남 혼인법은 트란 티 흐엉, "한국남성과 베트남여성 사이의 결혼 형식과 베트남 혼인법에 관한 총괄," 가족법연구 22–1(2008), 49 이하 참조. 2013. 8. 28. 대한변호사협회는 IOM 이민정책연구원과 "아시아 내 국제결혼에 관한 법과 제도의 이해"라는 주제로 국제심포지엄을 주최하였는데 그 자료집에는 베트남, 필리핀과 캄보디아 등의 국제혼인법이 소개되어 있다.

13) 2008. 1. 1.부터 시행된 "신분관계를 형성하는 국제신분행위를 함에 있어 신분행위의 성립요건구비여부의 증명절차에 관한 사무처리지침"(등록예규 제33호), 등록실무[Ⅱ], 530, 584 이하; 법원공무원교육원, 친족법·국제호적(2005), 235; 안구환, "국제호적의 몇 가지 문제점," 국제사법연구 12(2006), 118.

4. 준거법이 규율하는 사항의 범위

가. 혼인의 실질적 성립요건

혼인의 준거법은 혼인의 실질적 성립요건을 규율한다. 실질적 성립요건에는 일방 당사자에게만 관련되는 일면적(또는 일방적) 요건과 일방 당사자의 상대방 당사자와의 관계에서 문제되는 쌍면적(또는 쌍방적) 요건이 있다. 일면적 요건의 예는 대체로 당사자의 합의(보다 정확히는 혼인의사),[14] 혼인적(연)령[15]과 보호자등 제3자의 동의를 들 수 있다. 혼인합의를 생각하면 합의의 부존재는 쌍면적 혼인장애사유처럼 보이나, 각 당사자의 혼인의사에 착안하면 혼인의사의 부존재가 일면적 혼인장애사유임을 인정할 수 있을 것이다. 조문은 명시하지 않지만 혼인의 성립요건의 준거법은 혼인의 실질적 유효성의 문제도 함께 규율한다. 한편 쌍면적 요건의 예는 대체로 동성혼의 금지,[16] 중혼금지, 근친혼금지, 우성적 또는 육체적 정신적 이유에 의한 혼인금지, 일정기간 동안의 재혼금지와 같은 사회정책적인 혼인금지, 종교상의 혼인장애와 상간자의 혼인금지를 들 수 있다.

나. 혼인장애사유

혼인의 실질적 성립요건은 혼인이 성립하기 위하여 그것이 존재해야 하는 적극적 요건과, 존재해서는 아니 되는 소극적 요건으로 분류할 수도 있다. 후자를 혼인장애사유라고 부르는데, 이에는 중혼의 금지, 근친혼의 금지, 여자의 경

---

14) 혼인의사가 없는 경우의 사례로는 아래에서 언급하는 위장혼인을 들 수 있다.

15) 혼인적령에 이르러야 혼인능력(Ehemündigkeit)이 있는데, 이를 국제사법 §13가 규율하는 일반적 행위능력과 구별하여 '개별적 권리능력'(신창선, 208) 또는 '특별행위능력'(이호정, 238)이라고 부르기도 한다.

16) 근자의 보도에 따르면 프랑스 의회가 2013. 4. 23. 동성 커플의 결혼과 자녀 입양을 허용하는 법안을 승인함으로써 프랑스는 동성결혼을 허용한 14번째 국가가 되었다고 한다. <http://news.chosun.com/site/data/html_dir/2013/05/21/2013052101031.html> 참조. 소개는 안소영, "입양법제의 개선방안 — 헤이그국제입양협약의 비준에 즈음하여 —," 이화여자대학교 대학원 박사학위논문(2015. 2.), 166 이하 참조. 미국 연방대법원은 2013. 6. 26. 혼인을 이성 간의 결합이라고 정의하고 동성혼을 차별하는 혼인보호법(The Defense of Marriage Act, DOMA)과 동성혼을 금지한 캘리포니아주법은 연방헌법에 반한다고 판결하였다[United States v. Windsor 사건 판결(570 U.S. __; 133 S.Ct. 2675(2013)과 Hollingsworth v. Perry 사건 판결(570 U.S. __; 133 S.Ct. 2652(2013). 전자에는 4인 대법관이 반대하였다]. 다만 위 판결은 동성혼 자체의 합법성 여부를 판단한 것은 아니라고 한다. 소개는 김지혜, "미 연방대법원 '결혼보호법' 위헌 판결과 평등권 심사기준," 新聞 4140(2013. 7. 4.), 11; 상세는 하정훈 외 3인, "미국의 동성결혼 판결 소개: United States v. Windsor 판결 및 Perry v. Schwarzenegger 판결을 중심으로," 공익과 인권 14(2014), 261 이하 참조. 위스컨신주 등 5개 주가 동성혼을 금지해 달라며 낸 상고를 미국 연방대법원이 2014. 10. 6. 각하함으로써 뉴욕을 포함한 30개 주와 워싱턴 DC에서 동성혼이 합법화되었다고 한다. 2014. 10. 8. 중앙일보, 18 기사.

우 재혼금지기간의 미경과 등이 있다. 따라서 일면적 요건과 쌍면적 요건의 구분에 대응하여 혼인장애사유에도 일면적 장애사유와 쌍면적 장애사유가 있는데, 부모의 동의가 없는 것은 전자의 예이고, 근친혼의 금지에 해당하는 것은 후자의 예이다.[17] 일방 당사자의 본국법상 쌍면적 장애사유가 존재하는 경우에는 상대방 당사자의 본국법상 그것이 쌍면적 장애사유가 아니더라도 혼인을 할 수 없게 된다.

다. 요건의 일면성과 쌍면성의 결정

실질적 성립요건 또는 혼인장애의 일면성과 쌍면성을 구별함에 있어서 법정지 국제사법의 해석으로부터 도출할지 아니면 준거법인 실질법으로 도출할지에 관하여는 견해가 나뉜다. 우리 학설은 혼인장애의 일면성·쌍면성의 구별은 국제사법 해석의 문제라고 보는 경향이 있으나,[18] 독일에서는 이는 실질법의 해석의 문제라고 본다.[19] 혼인의 성립을 위하여 어떤 요건이 필요한지 그리고 그것이 일면적인지 쌍면적인지는 각국의 혼인법이 결정할 사항이지 우리 국제사법이 결정할 사항은 아니기 때문이다. 더욱이 우리 국제사법으로부터는 정확한 원칙을 도출할 수도 없다. 예컨대 당사자의 혼인연령을 각자에게 요구되는 요건이라고 생각하므로 일면적 요건이라고 생각하나, 만일 어느 특정국가의 법이 남자는 18세, 여자는 16세라고 규정하면서 18세에 달한 남자도 16세에 달하지 못한 여자와는 혼인할 수 없는 것으로 규정한다면 이는 쌍면적 요건이 될 것이기 때문이다. 따라서 위에서 일면적 장애사유와 쌍면적 장애사유를 열거하면서 "대체로"라고 한 것은 준거법에 의하여 달리 결정될 수 있음을 반영하기 위한 것이다. 요컨대 최종적으로는 이는 각국 혼인법이 장애사유를 설정한 목적을 고려하여 결정할 사항이다.

라. 혼인의 효력과의 구별

여기에서 말하는 혼인의 성립요건 나아가 혼인의 유효성은 혼인의 효력과는 구별하여야 한다. 즉 혼인의 유효성의 문제는 혼인이 유효하게 성립하였는

---

17) 신창선, 326. 국제혼인이 제기하는 실질법상의 제논점은 현소혜, "국제혼인의 이론과 실무," 民判 35(2013), 1178 이하 참조. 그 밖에도 당사자의 본국이 당사자가 외국에서 한 이혼을 승인하지 않는 경우 재혼능력이 있는가도 문제되는데 이는 쌍면적 장애사유라고 본다. 신창선, 329.

18) 신창선, 326, 328; 신창섭, 273; 윤종진, 433~434.

19) 이호정, 322; 橫山 潤, 國際親族法, 52; Andrae, §1, Rn. 46; Kropholler, 331; Staudinger/Mankowski, Art. 13, Rn. 226f.; MünchKomm/Coester, Art. 13, Rn. 49f.는 혼인장애사유에 관한 상세한 검토를 담고 있다. 위 MünchKomm/Coester, Art. 13, Rn. 48은 동성혼금지, 근친혼금지 등은 성질상 필연적으로 쌍면적 장애사유이고 모든 나라에서 그렇게 취급되나 그 밖의 사유는 실질법이 결정할 사항이라고 본다.

가의 문제이므로 혼인이 성립된 경우 발생하는 부부관계, 즉 효력의 문제와는 구별해야 한다는 것이다. 그러나 과거 일부 판결은 혼인의 성립의 문제를 혼인의 효력의 문제와 혼동한 적이 있었다. 예컨대 대법원 1996. 11. 22. 선고 96도2049 판결은, 혼인의사 없이 혼인한 한국남자와 중국여자 사이의 혼인의 효력에 관하여 구 섭외사법 §15 ①(혼인의 성립)에 따라 준거법을 지정하지 않고 구 섭외사법 §16(혼인의 효력)의 규정에 따라 남자의 본국법인 한국 민법을 준거법으로 잘못 적용한 바 있다.20) 근자에도 하급심 판결들이 이를 인용하고 있음은 유감이다.21)

마. 혼인의 요건 흠결의 효과

혼인의 실질적 성립요건을 결여한 경우 그 효과는 침해된 법이 결정한다.22) 예컨대 일방 당사자의 혼인의사에 하자가 있는 경우 그 효과는 문제되는 당사자의 본국법에 따를 사항이다.23) 실무상 한국인과 중국인 간의 혼인시 중국인 여자, 특히 조선족여자가 한국에 입국하기 위한 방편으로 혼인할 의사(즉 혼인의사)가 없음에도 불구하고 위장혼인을 하고 혼인인고를 하고 나서 한국에 입국한 뒤 가출한 경우 한국인 남편이 혼인의사의 흠결을 이유로 중국인 부인을 상대로 혼인무효소송을 제기하는 사례가 많이 있다. 여기에서 중국법에 따른 위장혼인의 유효성이 문제되는데, 우리 법원은 한국법은 물론 중국법에 따르더라도 혼인의사의 흠결은 혼인무효사유라고 판시하고 있다.24) 다만 혼인의사의 부존재를 확정하기는 어려우므로 대부분 간접사실에 의하여 추정할 수밖에 없는데, 실무상으로는 외국인이 상당한 금원을 송금받은 뒤 한국에 입국하지 않은 채 행방을 감추거나 입국을 거부하는 경우, 입국하여 바로 자취를 감추거나 외국인등록증을 받자마자 별다른 사유 없이 가출한 경우와 위장혼인이 의심된다는 이유로 비자가 기각된 경우 등에 있어서는 혼인의사의 결여를 추정하여 혼인무효청구를 받아들이고 그 외의 경우에는 청구취지를 이혼으로 변경하도록 한 뒤 이혼청구를 받아들이고 있다고 한다.25)

---

20) 유승룡, "섭외 혼인사건에서의 준거법의 지정," 재판자료 101(2003), 550 주 78도 동지.
21) 예컨대 춘천지방법원 2009. 7. 9. 선고 2009르114 판결은 한국인인 원고가 중국인인 피고를 상대로 혼인 무효를 주장한 사건에서, 원·피고의 동일한 상거소지가 한국인 점 등을 고려하여 원·피고 사이의 혼인이 실질적 성립요건을 구비한 것으로서 유효한지 여부는 원고의 본국법인 한국법에 의해 정하는 것이 타당하다(대법원 1996. 11. 22. 선고 96도2049 판결 참조)고 판시하였다.
22) 이호정, 338.
23) 신창선, 327; 김연 외, 361.
24) 예컨대 서울가정법원 2010. 1. 28. 선고 2009드단66283 사건 판결과 춘천지방법원 2009. 7. 9. 선고 2009르114 판결 등 참조.
25) 전연숙, "국제가사소송사건의 실태분석 및 개선방안 — 서울가정법원 가사5단독(국제가사소

혼인이 양 당사자의 법을 모두 위반한 경우 그 위반의 효과에 대하여는 "보다 약한 법의 원칙"이 적용된다는 견해가 유력하다.26) 즉 사기 또는 강박에 의한 혼인에 대하여 일방당사자의 속인법에 따르면 혼인이 취소할 수 있고 다른 당사자의 속인법에 따르면 무효인 때에는 혼인은 무효라는 것이다.27) 마찬가지로 쌍면적 요건에 관하여 각 당사자의 본국법이 상이한 효과를 규정한 경우에는 결국 보다 엄격한 효과를 규정한 법이 적용되는 결과가 된다.28) 한편 혼인의 방식요건이 흠결된 경우의 법률효과, 예컨대 혼인이 무효인지 아니면 취소가능한지는 혼인의 방식요건의 준거법에 따른다.29)

5. 반정과 공서

가. 반정

혼인의 성립요건에 관하여 국제사법이 지정한 준거법은 당사자의 본국법이다. 그런데 여기에서 본국법이 당해 국가의 실질법을 말하는지 아니면 국제사법을 포함한 전체 법질서를 말하는지가 문제된다. 이것이 반정의 문제이다. 위에서 본 바와 같이 국제사법은 직접반정만을 허용하므로 만일 당사자 본국의 국제사법이 혼인의 실질적 성립요건에 관하여 한국법에 의할 것을 규정하는 때에는 반정이 허용된다. 문제는 여기에서 國私 §9 ① vi가 정한 사유, 즉 반정을 허용하는 것이 국제사법의 지정 취지에 반하는가인데 이를 인정할 근거가 없다. 예컨대 국제사법에 의하여 혼인의 실질적 성립요건으로 A국법이 지정된 경우 그 국가가 혼인거행지법주의를 취하고 나아가 혼인거행지가 한국이라면 직접반정이 있게 되므로 우리 법원은 우리 법을 적용해야 한다.

나. 공서

혼인의 실질적 성립요건의 준거법을 적용한 결과가 우리나라의 선량한 풍속 그 밖의 사회질서에 명백히 위반되는 때에는 그 적용이 배제될 수 있다. 예

송사건 전담재판부) 실무례를 중심으로 —," 국제사법연구 12, 79. 공정증서원본불실기재 및 동행사 등의 형사유죄판결이 확정된 경우에는 사실인정이 용이하다. 최봉경, "국제이주여성의 법적 문제에 관한 소고," 서울대 법학 51−2(2010. 6.), 147도 참조.
26) 이호정, 338; 櫻田嘉章, 274. 그러나 신창선, 327은 각 당사자는 자신의 본국법이 정한 효과만을 주장할 수 있을 뿐이라고 한다.
27) 서울가정법원 1971. 12. 3. 선고 70드637 판결은 중혼이 문제된 사건에서 우리 법에 따르면 중혼은 혼인의 취소사유이고 필리핀법에 따르면 혼인의 무효사유인데 그 경우 혼인의 유효성을 보다 부정하는 나라의 법률에 의하여 정하여야 한다면서 필리핀법을 적용하여 혼인을 무효라고 판시하였다고 한다(이호정, 338에서 재인용).
28) 櫻田嘉章, 274.
29) Andrae, §1, Rn. 119.

컨대 당사자의 본국법이 정한 혼인연령이 너무 어리거나 혼인연령을 제한하지 않는 경우 우리 공서가 개입할 수 있다.[30] 또한 당사자의 종교 또는 인종의 상이를 혼인장애사유로 삼는 것도 우리의 공서에 반한다.[31]

독일에서는 특히 독일인과 외국인 간의 혼인에 있어 외국의 혼인장애사유가 독일 헌법이 정한 혼인자유의 기본권에 반하는가라는 관점에서 논의되고 있다. 과거 스페인인 사건(Spanier–Fall)에서 독일 연방헌법재판소의 1971. 5. 4. 결정은, 구체적 사건에서 독일의 저촉법에 따라 지정된 외국법을 적용한 결과가 독일 기본법이 정한 당사자의 기본권을 침해할 수는 없다고 선언하였다.[32] 그 결과 국제사법규범도 기본권에 의한 통제하에 놓이게 되었고 저촉법규범의 적용 결과 당사자의 기본권이 침해되는 때에는 독일의 공서조항이 적용될 수 있다고 본다.[33] 국제사법(§10)은 공서의 맥락에서 기본권을 언급하지 않지만 이러한 해석론은 우리나라에서도 타당하다.

이와 관련하여 주목할 것은, 대법원 2012. 5. 24. 선고 2009다22549 판결(미쓰비시 사건 판결)과 대법원 2012. 5. 24. 선고 2009다68620 판결(신일본제철 사건 판결)이다.[34] 위 판결들은 외국판결의 승인의 맥락에서 공서위반 여부를 판단하면서, 일본의 한반도와 한국인에 대한 식민지배가 합법적이라는 규범적 인식을 전제로 국가총동원법과 징용령을 한반도와 원고등에게 적용하는 것이 유효하다는 평가를 포함하는 일본판결 이유는 일제강점기의 강제동원 자체를 불법이라고 보는 한국 헌법의 핵심적 가치와 정면으로 충돌하는 것이어서 이런 판결

---

30) 신창선, 328; 윤종진, 434; 櫻田嘉章, 274.

31) 신창선, 329; 윤종진, 434; MünchKomm/Coester, Art. 13, Rn. 86f.; 櫻田嘉章, 274.

32) 사건의 개요는 아래와 같다. 독일에서 혼인하였다가 이혼재판에 의하여 이혼한 독일 여자가 독신인 스페인 남자와 혼인하고자 하였다. 스페인 당국이 독일에서의 혼인에 필요한 스페인 남자의 혼인자격증명서를 발급하지 않자 독일 여자는 독일 법원에 증명서의 면제를 신청하였으나 거절되었다. 독일 당국(Hahm 고등법원장)이 이를 거절한 이유는, 스페인법은 민사이혼을 허용하지 않으므로 독일 여자의 이혼은 스페인의 공서에 반하는 것으로서 승인되지 않는 결과 위 혼인에는 양면적 혼인장애사유가 존재하기 때문이었다. 이에 독일 여자는 헌법소원을 제기하였다. 독일 연방헌법재판소 1971년 5월 4일 결정(BVerfGE 31, 58)은 구체적 사건에서 독일의 저촉법에 따라 지정된 외국법(스페인 남자의 혼인의 성립요건에 관한 스페인법)을 적용한 결과가 독일 기본법이 정한 당사자의 기본권(위 사건에서 혼인체결의 자유)을 침해할 수 없다고 선언하였고, 국제사법 규정도 국내법으로서 전면적으로 기본권에 의하여 평가되어야 한다는 취지로 판시하였다. 그 후 1986년 개정된 독일 민법시행법(§6 2문)은 외국 법규범의 적용이 기본권과 相容되지 않는 경우에는 특히 적용되지 아니한다고 명시하게 되었다. 소개는 Andrae, §1, Rn. 72ff. 평석은 Andrae, §1, Rn. 72, Fn. 184에 인용된 문헌 참조.

33) Andrae, §1, Rn. 77.

34) 위 판결들이 제기하는 준거법상의 논점은 석광현, "강제징용배상 및 임금 청구의 준거법," 서울대 법학 54-3(2013. 9.), 283 이하 참조. 외국판결 승인의 논점은 석광현, "강제징용배상에 관한 일본판결의 승인 가부," 국제사법연구 19-1(2013. 6.), 103 이하 참조.

이유가 담긴 일본판결을 그대로 승인하는 결과는 그 자체로 한국의 공서에 어긋난다고 판시하였는데 같은 법리가 준거법 적용상의 공서에서도 타당하다. 따라서 우리도 앞으로는 헌법적 가치에 관심을 기울여야 한다. 예컨대 외국법을 적용한 결과 우리 헌법이 보장하는 인간의 기본권이 침해되는 때에는 공서위반이 될 수 있는데, 헌법은 근본규범으로서 한국의 기본적인 도덕적 신념 또는 근본적인 가치관념과 정의관념을 반영하기 때문이다. 단, 우리 헌법의 원칙에 반하는 외국법의 적용이 당연히 국제사법상으로도 준거법공서위반이 되는 것은 아니므로 우리 법질서가 지키고자 하는 가치가 무엇인지를 성찰하여 그 경계를 획정하기 위해 노력해야 한다.35) 즉, 기본권이 외국법의 적용을 배제하는지 여부와 그 범위는 구체적 사안별로 검토해야 한다.36)

Ⅲ. 혼인의 형식적 성립요건 (혼인의 방식)

1. 의의 및 연혁

가. 의의

혼인의 방식이라 함은 일반적으로 신분공무원 또는 성직자 앞에서의 혼인의 합의의 선언과 같이 법률상 유효한 혼인을 성립시키기 위하여 당사자 또는 제3자에 대하여 요구되는 외면적 행위 또는 혼인의 외부적 형식으로서의 혼인의사의 표현방법을 말한다.37) 국가기관 기타 혼인 주재자의 협력도 방식의 문제라고 본다.38) 혼인의 유효한 성립을 위하여 아무런 방식을 요구하지 않는 입법례도 있으나 혼인의 신분관계의 기초로서 중요성에 비추어 많은 입법례는 엄격한 방식을 요구한다. 따라서 준거법을 결정할 필요가 있다.

혼인의 실질과 방식의 구별은 성질결정의 문제이므로 기능적 또는 목적론적 성질결정에 따라 결정할 사항이다. 혼인에 대한 부모의 동의를 혼인의 방식으로 보는 국가도 있으나 이는 실질적 성립요건으로 본다.39) 교회에서의 예식을 실질적 성립요건으로 보는 국가도 있으나 우리나라에서는 이는 혼인의 방

---

35) 예컨대 신창선, 180은, 외국법이 혼인에 의하여 처가 남편의 성을 따르도록 규정함으로써 우리 헌법이 정한 양성평등의 원칙에 반하더라도 그것이 국제사법상 당연히 준거법공서위반이 되는 것은 아니라고 한다. 그러나 이에 대해서는 반론이 가능하다.

36) 이호정, 222.

37) Kropholler, 335; 注國私(2), 10(橫溝 大); 신창선, 326.

38) MünchKomm/Coester, Art. 13, Rn. 122.

39) 신창선, 326.

식으로 본다.[40] 일반적으로 혼인의 형식적 성립요건이라는 표현을 많이 사용하나, 혼인의 형식적 유효성의 문제라고 부를 수도 있다. 오히려 법률행위 또는 계약에 관한 논의를 고려하면 후자의 용어가 보다 일반적이라고 할 수 있다.

나. 연혁

섭외사법 §15 ①은 혼인의 방식은 혼인거행지의 법에 의한다고 하여 '절대적 거행지법주의'를 취하였다. 그러면서 ②에서는 이는 民 §814[41]의 적용에 영향을 미치지 아니한다고 규정함으로써 영사혼 또는 외교혼(이하 "영사혼"이라 한다)을 명시적으로 규정하였다. 그러나 국제사법은 절대적 거행지법주의를 버리고 혼인거행지법과 당사자 일방의 본국법에 연결하는 선택적 거행지법주의를 채택하되(國私 §36 ② 본문), 혼인당사자 중 일방이 한국인이고 또한 당사자들이 한국에서 혼인하는 경우에는 '내국인조항'을 두어 한국의 혼인 방식에 따르도록 하였다(國私 §36 ② 단서).

2. 입법례

혼인의 형식적 성립요건에 관한 입법례에는 혼인거행지법주의와 본국법주의가 있다. 전자에는 다시 절대적 혼인거행지법주의와 선택적 혼인거행지법주의가 있다. 본국법주의의 예로는 그리스정교의 의식을 필요로 하는 그리스와 이슬람교의 의식에 의할 것을 요구하는 이란이 있다.[42]

3. 준거법의 결정 (§36 ② 본문)

가. 선택적 연결

혼인의 방식은 혼인이 법적으로 유효하게 성립하기 위하여 필요한 당사자 또는 제3자의 외부적 표현방법을 말하는데[43] 주로 종교혼, 민사혼, 영사혼 및 보통법혼인(Common-Law marriage)과의 관계에서 논의된다.[44]

---

40) 신창선, 326.

41) 民 §814 ①은 "외국에 있는 본국민사이의 혼인은 그 외국에 주재하는 대사, 공사 또는 영사에게 신고할 수 있다"고 규정한다.

42) 신창선, 326. 구체적인 입법례는 아래와 같다. 1978년 "혼인의 거행 및 유효성의 승인에 관한 헤이그협약"(§§1~6), 독일 민법시행법 §13 ③(혼인체결), §11(법률행위의 방식), 스위스 국제사법 §44 ③(혼인체결의 준거법), 오스트리아 국제사법 §16(혼인체결의 방식), 이탈리아 국제사법 §28(혼인체결의 방식), 일본 법적용통칙법 §24, 중국 섭외민사관계법률적용법 §21.

43) 櫻田嘉章, 276.

44) 보통법혼인이라 함은 미국의 일부 주에서 보는 바와 같이 당사자 간의 합의만으로 성립하는 혼인을 말한다. Hay/Borchers/Symeonides, Conflict of Laws, 5th ed., 2010, §13.1. 아래에서 보듯이 혼인의 방식은 혼인거행지법에도 선택적으로 연결되므로 한국인도 그러한 미국 주에서 보통

혼인의 방식에 대하여 예외 없이 혼인거행지법(*lex loci* celebrationis)에 의하도록 함으로써 절대적 거행지법주의를 채택한 섭외사법 대하여는 많은 비판이 있었다.[45] 절대적 거행지법주의는 혼인의 방식은 혼인거행지의 공서에 속하는 사항이라거나, 혼인거행지의 선량한 풍속 내지는 거래이익과 밀접한 관련이 있기 때문이라고 설명한다.[46] 그러나 이는 당사자에게 많은 불편을 주는데, 당사자에게 이런 불편을 강요하면서까지 혼인의 방식의 공서성(公序性)을 엄격히 고려할 필요는 없으며, 혼인의 자유가 인정되고 있는 오늘날 단순히 거행지법에 따른 혼인의 방식을 갖추지 않았다는 이유만으로 혼인의 성립을 부정하는 것은 부당하다. 따라서 국제사법에서는 혼인의 보호를 위하여 혼인의 방식의 준거법을 보다 넓게 선택적으로 인정한다. 즉 혼인거행지법 외에 당사자 일방의 본국법에 의한 혼인의 방식도 유효한 것으로 하였다(§36 ② 본문). 따라서 예컨대 한국 남자가 베트남 여자와 베트남에서 결혼식을 올리고 베트남법에 따라 혼인신고를 하였다면 한국법에 따른 혼인신고를 하기 전이라도 혼인의 방식요건이 구비된다.[47] 이는 일본 법적용통칙법(§24 ②, ③)[48]과 내용상 동일하며 규정방식이 다를 뿐이다. 혼인의 방식의 준거법에 대하여는 불변경주의가 타당하므로 혼인의 방식요건이 구비되면 그 후 준거법의 변경은 영향이 없다.[49]

여기에서 '혼인거행지'라 함은 당사자의 합의만으로 성립하는 경우는 합의 당시 당사자가 소재하는 곳이고, 혼인식이 필요한 경우 혼인주재자(신분공무원, 시장 또는 성직자)의 입회하에 공식적 혼인식이 거행되는 장소를 말한다.[50] 후자의 경우 혼인주재자의 입회가 없는 단순한 결혼식을 행한 장소가 아니다.[51] 문제는 우리 민법에서 보듯이 관공서에의 창설적 신고와 수리[52]가 필요한 경우 — 이를

법혼인을 할 수 있고 그 경우 법률의 회피나 공서위반이 되지는 않는다. Münchkomm/Coester, Art. 13, Rn. 133, 147. 신창섭, 277도 동지로 보인다.

45) 김용한 외, 315. 상세는 최흥섭(2001), 153 이하 참조.

46) 이호정, 334 참조.

47) 따라서 그 경우 출입국관리법에 따른 한국으로의 출입국과 비자문제를 다룸에 있어서도 혼인이 성립되었음을 전제로 해야 한다.

48) 이는 법례(§13 ②, ③)와 같은 취지이다.

49) Andreae, §1, Rn. 113 이하.

50) Staudinger/Mankowski, Art. 13, Rn. 478; Andrae, §1, Rn. 87, Rn. 112. 일본에서는 혼인거행지는 법적으로 혼인을 성립하게 하는 방식이 履踐된 곳이라고 한다. 神前 禎/早川吉尙/元永和彦, 國際私法(제2판, 2006), 169.

51) 이런 의미에서 이호정, 334이 혼인식이 올려지고 있는 장소를 혼인거행지라고 설명하는 것은 오해의 소지가 있다.

52) 혼인신고의 수리라 함은 혼인신고의 접수와 구별되는 것으로 혼인신고가 요건을 구비한 경우에 가족관계등록공무원이 그 수령을 인용하는 처분을 말한다. 김주수·김상용, 106.

'국가기관관여형의 혼인'이라고도 한다[53] — 혼인거행지가 어디인가인데 이 경우 그 신고를 받는 등록관청 소재지이며, 보다 엄밀하게는 기관소속국이 혼인거행지라는 견해(독일의 유력설)[54][55]와, 혼인의사를 외부적으로 표시한 혼인신고서를 작성하여 발송한 곳이라는 견해(일본의 유력설)가 있다.[56]

혼인거행지의 결정은 예컨대 한국에서 한국인이 외국인(예컨대 일본인)과 혼인식을 올리고 직접 외국의 국가기관에 우편으로 혼인신고를 제출하는 경우에도 문제된다. 독일의 유력설에 따르면 신고를 수리하는 행정기관 소재지인 외국을 혼인거행지라고 볼 것이나, 일본의 유력설은 혼인신고를 발송한 곳이라고 본다.[57] 이의 연장선상에서 내국인조항의 여부를 판단함에 있어서도 혼인거행지의 결정이 문제되는데 이는 아래(다.)에서 논의한다.

선박상에서 혼인을 거행할 경우 선박이 영해상에 있으면 영해소속국이 혼인거행지이나 공해상에 있는 경우에는 기국(선적국)이 혼인거행지이다.[58]

나. 법률행위의 방식을 정한 國私 §17와의 관계

법률행위의 방식에 관한 일반원칙(§17)에 따르면 혼인의 방식은 혼인거행지법 또는 혼인의 준거법에 의할 것인데, 이 경우 혼인의 준거법은 혼인의 성립의 준거법이 된다. 그런데 혼인의 성립에 관하여 국제사법은 배분적 연결을 취하므로 일반원칙에 따르면 양 당사자의 본국법의 방식을 누적적으로 충족해야 할 것이나,[59] §36 ②은 누적적이 아니라 선택적 충족을 요구하므로 §17보다도 방식요건을 더욱 완화한 것이다.

다. 내국인조항(§36 ② 단서)

혼인당사자 중 일방이 한국인이고 또한 그들이 한국에서 혼인하는 경우에는 '내국인조항'을 두어 한국의 혼인 방식에 따르도록 하였다(② 단서). 이는 위와 같은 경우에 한국법이 아닌 타방 당사자의 본국법에 의한 방식만으로 혼인

---

53) 橫山 潤, 國際親族法, 74.
54) Staudinger/Mankowski, Art. 13, Rn. 479; MünchKomm/Coester, Art. 13, Rn. 131, Rn. 136f. 일본에도 이런 견해가 있다. 橫山 潤, 國際親族法, 74; 注國私(2), 19(橫溝 大) 참조.
55) Staudinger/Mankowski, Art. 13, Rn. 480은 한국과 일본의 혼인신고제도는 당사자 간의 합의만으로 성립하는 혼인과 혼인주재자의 관여하에 이루어지는 혼인의 중간유형에 속하므로 특히 주의해야 한다고 하면서, 독일에서 두 한국인이 한국으로 우편에 의한 혼인신고를 했다면 혼인거행지는 한국이라고 본다. 한일의 혼인신고제도는 독일인들에게는 익숙하지 않은 혼인의 방식이다.
56) 학설은 注國私(2), 19(橫溝 大) 이하 참조.
57) 소개는 注國私(2), 18~19(橫溝 大) 참조. 그러나 행정기관 소재지라고 보는 소수설도 내국인조항의 적용에서는 적어도 일본인 당사자가 일본에 있는 경우에는 일본이 혼인거행지라고 하는 것으로 보인다.
58) 신창선, 331; 溜池良夫, 434. 이호정, 335도 동지로 보인다.
59) 독일 민법시행법상으로는 이렇게 본다. Kropholler, 313.

이 성립되는 것을 인정한다면 그 혼인관계가 우리 가족관계등록부에 전혀 명시되지 않은 채 유효하게 성립되어 신분관계에 혼란을 가져올 수 있으며, 그 혼인관계에서 출생한 자녀의 국적이나 지위가 불안정해지는 문제점을 고려한 것이다. 또한 위와 같은 경우 당사자에게 거행지법인 한국법의 방식에 따라 혼인신고를 요구하더라도, 한국인이 외국법의 방식에 의하여 혼인을 할 때 보고적 신고를 하게 되어 있는 것(家登 §35 ①, 戶籍 §40)과 비교하면, 그것이 창설적 신고라는 것일 뿐 실제 내용상의 차이는 없어 특별한 불편을 강요하는 것도 아니다.[60]

내국인조항을 두어 혼인의 방식에 관한 한국법의 적용을 강제할 경우 이른바 '파행혼'(limping marriage, hinkende Ehe)을 초래할 가능성이 커진다는 비판이 있을 수 있으나, 위원회에서는 위와 같은 호적 실무상의 문제점을 해소하고, 신분관계에서의 법적 안정성이라는 공적인 이익을 위해 이것이 필요하다고 판단하였다. 참고로 스위스, 오스트리아 등은 자국에서 거행된 혼인의 방식에 대하여 자국인이든 외국인이든 구별 없이 절대적으로 거행지법주의를 취하고 있어 국제사법보다 더욱 엄격하다. 다만 독일 민법시행법(§13 ③)은 독일에서의 혼인은 독일법이 규정하는 방식으로만 체결할 수 있다고 하면서 외국인들 간의 혼인의 경우 예외를 인정할 뿐이다. 혼인의 방식을 혼인거행지가 외국인의 경우와 내국인의 경우로 구분하여 후자의 경우 내국법에 의한 방식을 강제하는 국가에서는 내국인조항의 법정책적 정당성에 관한 논의가 활발하다.[61]

내국인조항의 적용범위와 관련하여, 한국에서 한국인이 외국인과 혼인식을 올리고 직접 외국의 국가기관에 우편으로 혼인신고를 제출하는 경우 혼인거행지의 결정이 문제된다. 이 경우 만일 혼인거행지가 외국이면 내국인조항이 적용되지 않지만 한국이라면 내국인조항이 적용된다. 위에 소개한 유력설에 따르면 신고를 수리하는 행정기관 소재지를 혼인거행지라고 보므로 내국인조항이 적용되지 않으나, 혼인신고를 발송한 곳인 한국을 혼인거행지라고 보는 견해[62]에 따르면 내국인조항이 적용된다. 전자에 따르면 내국인조항이 적용되지 않으므로 외국법에 따른 혼인신고로서 방식요건이 구비될 것이나, 혼인거행지

---

60) 최흥섭(2000), 7; 법무부, 해설, 130 주 81. 그러나 보고적 신고와 창설적 신고 간에 단순한 차이만이 있다고 보기는 어렵지 않은가 생각된다.

61) 독일의 논의는 우선 Kropholler, 336 참조.

62) 일본에서는 견해가 나뉜다. 소개는 注國私(2), 18~19(橫溝 大) 참조. 그러나 행정기관 소재지라고 보는 견해도 내국인조항의 적용에서는 적어도 일본인이 당사자가 일본에 있는 경우에는 일본이 거행지라고 본다.

를 한국이라고 보는 후자에 따르면 한국에서 혼인신고가 없으므로 혼인의 방식요건을 구비하지 못한 것이 된다(후자의 경우 외국법이 이를 유효한 혼인신고로 인정한다면 결국 파행혼이 발생한다). 위 부부가 한국 소재 일본 영사에게 혼인신고를 제출하고 한국법에 따른 혼인신고를 하지 않는다면 역시 혼인의 방식요건을 구비하지 못한 것이 된다. 실무적으로는 양국에 혼인신고를 하는 것이 가장 확실한 방법이 될 것이다.

라. 영사혼 또는 외교혼

위에서 언급한 바와 같이 섭외사법 §15 ②은, 영사혼규정을 두어 혼인거행지법의 예외로서[63] 외국에 있는 한국인 간에 혼인거행지법이 아니라 본국법인 한국법이 정한 방식에 따라 혼인할 수 있도록 명시하였다고 설명한다. 그러나 國私 §36 ② 본문이 절대적 혼인거행지법주의를 버리고 당사자 일방의 본국법에 선택적 연결을 하므로 외국에 있는 한국인은 당연히 한국법에 따라 혼인할 수 있게 되었으므로 영사혼규정은 불필요하게 되었다. 따라서 국제사법에서는 영사혼규정이 삭제되었다. 주의할 것은, 그렇다고 하여 외국에 있는 한국인 간에 영사혼이 불가능한 것이 아니라는 점이다. 섭외사법하에서와 마찬가지로 영사혼이 허용됨은 물론이고,[64] 그들은 혼인거행지법에 따라 혼인을 거행할 수도 있다. 과거 한국인이 외국에서 외국법의 방식에 의하여 혼인한 때에는 戶籍(§40)에 따라 보고적 신고를 하여야 했다.[65] 家登(§35 ①)은 "외국의 방식에 따른 증서의 등본"이라는 제목하에 외국에 있는 대한민국 국민이 그 나라의 방식에 따라 신고사건에 관한 증서를 작성한 경우에는 3개월 이내에 그 지역을 관할하는 재외공관의 장에게 그 증서의 등본을 제출하여야 한다고 명시한다.

2001년 섭외사법의 개정과정에서 영사혼과 관련하여 의문이 제기되었다.

---

63) 과거 대체로 이렇게 설명하였는데(김용한 외, 314~315), 이는 영사소재지가 혼인거행지라고 보기 때문이었다. 신창선, 330은 현재도 그렇게 설명한다. 그러나 영사혼이 혼인거행지법의 예외인가는 영사혼의 혼인거행지가 어디인가에 따라 결정된다. 예컨대 독일에 있는 한국인들이 혼인하면서 독일 주재 우리 영사에게 혼인신고를 하는 경우 혼인거행지를 독일이라고 보면 이는 혼인거행지법의 예외이나, 등록기관의 소재지인 한국을 혼인거행지라고 보면 영사혼은 혼인거행지법의 예외가 아니다. 만일 영사가 혼인주재자라면 영사 소재지가 혼인거행지가 될 것이나 영사가 단순히 혼인신고만을 수리한다면 본국이 혼인거행지가 될 것이다.

64) 물론 영사에게 신고하는 대신 국내에서 하는 것과 마찬가지로 등록기준지 시·읍·면의 장에게 신고서를 송부함으로써 직접 신고할 수도 있다.

65) 섭외사법하에서 대법원 1994. 6. 28. 선고 94므413 판결은 "섭외사법 제15조 제1항은 혼인의 방식은 혼인거행지법에 따른다는 취지이므로 그 방식에 따른 혼인절차를 마친 경우에는 혼인이 유효하게 성립하는 것이고 별도로 우리 법에 따른 혼인신고를 하지 않더라도 혼인의 성립에 영향이 없으며, 당사자가 호적법 제39조, 제40조에 의하여 혼인신고를 한다 하더라도 이는 보고적 신고에 불과하다"고 판시함으로서 이를 명확히 하였다.

즉 과거 섭외사법하에서는 한국인과 미국인이 주한 미국 대사관에서 혼인을
거행하고 미국 대사관 측에 신고를 한 경우 혼인이 성립한 것으로 보아 왔음에
도 불구하고, 국제사법에 의하면 이러한 혼인은 더 이상 방식 요건을 구비하지
못한 것이 되므로 문제가 있다는 지적이었다. 그러나 이 경우 미국 대사관 내
에서 혼인을 거행하더라도 국제사법적으로는 혼인거행지는 여전히 한국이
다.66) 따라서 일방이 한국인이라면 혼인의 방식은 國私 §36 ② 단서에 따라 한
국법에 의하고 따라서 가족관계등록법에 따른 창설적 혼인신고를 하지 않으면
아니 된다. 이런 결론은 절대적 거행지법주의를 취한 섭외사법 하에서와 같다.
따라서 국제사법에 의해 부당하게 변경된다는 지적은 적절하지 않다. 다만 이
경우 우리 법에 따른 혼인신고를 하지 않더라도 미국의 어느 주법에 따라 동법
상 유효한 혼인의 방식요건을 구비하여 유효한 혼인이 될 수는 있는데, 이처럼
파행적인 혼인관계가 발생하는 것은 바람직하지 않으므로 내국인조항을 완화
하여 영사혼의 경우 그것이 외국법상 혼인의 방식요건을 구비한다면 국내법상
으로도 유효한 것으로 취급해야 한다는 점은 입법론으로서 고려할 만하다.67)

또한 외국에서 외국인과 혼인한 한국인의 혼인관계가 가족관계등록부에
기재되지 않은 채 혼인이 성립할 수 있어 바람직하지 않으므로 民 §814 ①을
개정하여 외국에 있는 한국인 사이의 혼인만이 아니라 한국인과 외국인 사이
의 혼인도 외국주재 대사, 영사 등에게 신고할 수 있도록 하는 것이 바람직하
다는 견해도 있는데68) 이는 설득력이 있다고 본다.

마. 대리혼 또는 장갑혼인

대부분 국가들의 법은 혼인당사자들이 직접 출석하여 혼인을 할 것을 요
구한다. 그러나 "사자를 통한 혼인"(Heirat durch Boten) 또는 "대리인을 통한 혼
인"(Heirat durch Stellvertreter)이라고 하는 '장갑혼인'(Handschuhehe)을 인정하는 국
가들도 있다.69) 우리 민법상 혼인은 당사자의 실질적인 의사합치를 요구하는 점에
서 대리인에 의하여 혼인신고를 할 수는 없으나(家登 §31 ③), 혼인당사자 쌍방이
혼인신고서를 작성하여 우편으로 발송하거나 사자를 시켜 제출할 수는 있다.70)

사자를 통한 혼인의 경우 혼인의사는 본인이 결정하고 단지 그 표시만을

---

66) Staudinger/Mankowski, Art. 13, Rn. 487; Andrae, §1 Rn. 87도 동지.
67) 注國私(2), 21(橫溝 大)도 동지.
68) 최흥섭(2000), 7. 그러나 조수정, 한국국제사법학회 제8차 연차학술대회 <제6분과 토론자
    료>(2000), 2은 이에 반대한다.
69) 이호정, 334.
70) 등록실무[I], 677.

사자가 하므로 이는 혼인의 방식의 문제이다.[71] 따라서 혼인의 방식의 준거법이 그 허용 여부를 결정한다. 반면에 대리인을 통한 혼인의 경우 본인 대신 대리인이 혼인의사를 결정하므로 혼인의 방식뿐만 아니라 혼인의 실질적 요건과도 관련된다고 보므로, 혼인방식의 준거법과 혼인의 실질적 성립요건의 준거법이 모두 이를 허용하는 경우에 한하여 가능하다.[72] 문제는 준거법인 외국법에 따라 외국에서 사자 또는 대리인을 통한 장갑혼인이 유효하다면 그의 적용이 우리의 공서에 반하는가인데, 유력설은 이를 부정한다.[73]

4. 준거법이 규율하는 사항의 범위

혼인의 방식요건이 흠결된 경우의 법률효과는 침해된 그 방식요건의 준거법이 규율한다.[74]

5. 반정

혼인의 방식에 관하여는 혼인거행지법이 널리 인정되고 있으므로 반정이 별로 문제되지 않는다. 그러나 이론적으로는 내국인조항이 적용되는 경우가 아니라면 혼인의 형식적 성립요건에 관하여 국제사법은 이 지정한 준거법은 혼인거행지법 또는 당사자 일방의 본국법이다. 그런데 여기에서 혼인거행지법과 당사자 일방의 본국법이 당해 국가의 실질법이 아니라 국제사법을 포함한 전체 법질서를 가리키는 것이라면 반정의 가능성이 있게 된다. 그러나 여기에서 만일 반정을 허용하게 되면 선택적 연결을 함으로써 혼인의 방식요건이 쉽게 구비될 수 있도록 한 국제사법의 취지가 몰각될 수 있다. 따라서 이 경우에는 國私 §9 ① vi가 정한 사유, 즉 반정을 허용하는 것이 국제사법의 지정 취지에 반하므로 반정은 허용되지 않는다.[75]

Ⅳ. 파행혼

혼인이 어느 국가에서 성립 또는 해소되었으나 다른 국가에서는 성립되지 않았거나 해소되지 않은 경우 동일한 당사자가 A국에서는 부부이지만 B국에서

---

71) 이호정, 334.
72) 이호정, 335.
73) 이호정, 335.
74) 이호정, 338; 신창선, 332.
75) Staudinger/Mankowski, Art. 13, Rn. 492도 독일법의 해석에 관하여 동지.

는 부부가 아닌 경우가 발생할 수 있다. 이는 이혼판결이 다른 국가에서 승인
되지 않은 경우에도 발생할 수 있다. 예컨대 한국인 부부에 대하여 미국 법원
의 이혼판결이 있었으나 그 판결이 승인요건을 결여한 탓에 한국에서 승인될
수 없다면 그들은 미국에서는 남남이지만 한국에서는 여전히 부부이기 때문이
다. 대세적 효력이 있어야 할 신분관계가 법역에 따라 달라지는 것은 상식적으
로 수긍하기 어렵고 바람직하지 않지만 국제사법의 현재 발전단계에서는 부득
이하다. 이것이 '파행적 법률관계' 또는 '파행혼'(limping marriage, hinkende Ehe)의
문제이다.

第37條 (혼인의 일반적 효력)

혼인의 일반적 효력은 다음 각호에 정한 법의 순위에 의한다.

1. 부부의 동일한 본국법
2. 부부의 동일한 상거소지법
3. 부부와 가장 밀접한 관련이 있는 곳의 법

섭외사법 제16조 (혼인의 효력)

① 혼인의 효력은 夫의 本國法에 의한다.

② 외국인이 대한민국 국민의 서양자가 된 때의 혼인의 효력은 대한민국의 법률에 의한다.

▌참고문헌: 최흥섭(1998), "國際私法에서 日常居所의 의미와 내용," 국제사법연구 3;[1] 최흥섭 (2002), "국제사법에서 성명준거법 — 독일법을 중심으로," 국제사법연구 7;[2] Dietmar Baetge (1994), Der gewöhnliche Aufenthalt im Internationalen Privatrecht; Paul R. Beaumont/Peter E. McEleavy(1999), The Hague Convention on International Child Abduction; MünchKomm/집필자, Band 10, 5. Aufl., 2010, EGBGB.

---

[1] 이는 최흥섭, "국제사법에서 일상거소의 의미와 내용," 현대적 흐름(2005), 9 이하에도 수록되었으나 별 차이가 없는 것으로 보이므로 이하 전자를 인용한다.

[2] 이는 최흥섭, "국제사법에서 성명준거법," 현대적 흐름(2005), 141 이하에도 수록되었으나 별 차이가 없는 것으로 보이므로 이하 전자를 인용한다.

I. 서론

1. 의의 및 연혁

가. 의의

유효하게 성립한 혼인은 다양한 법률효과를 발생한다. 국제사법은 혼인의 일반적 효력(또는 신분적 효력)과 재산적 효력으로 구분하여 전자에 관하여는 §37에서, 후자에 관하여는 §38에서 각각 연결원칙을 두고 있다.3) 혼인의 일반적 효력에 적용되는 §37의 연결원칙은 혼인의 재산적 효력에 준용될 뿐만 아니라(§38 ①), 이혼에도 준용되므로(§39) 혼인관계의 기본적 연결원칙(Grundkollisions−norm)으로서 매우 중요한 의미를 가진다. 독일에서는 이런 의미에서 '가족준거법'(Famileinstatut)이라는 표현을 사용한다.4)

나. 연혁

섭외사법은 혼인의 효력을 부(夫)의 본국법에 의하도록 하여 헌법상 양성평등의 원칙에 위배된다는 비판을 받아왔다. 따라서 국제사법은 효력의 준거법을 정함에 있어 헌법상의 양성평등의 원칙이 관철되도록 하고 단계적 연결을 도입하였다. 섭외사법의 연결원칙이 양성평등의 원칙에 반한다는 학계의 비판은 있었지만 실제로 여성계 등 사회의 비판이 있기 전에 섭외사법을 개정하여 선제적으로 문제에 대처하였다.

2. 입법례

혼인의 효력의 준거법에 관하여는 법정지법주의와 속인법주의가 있으나 후자가 지배적인 입법례이다.5) 문제는 부부의 속인법이 상이한 경우의 처리인데, 이 경우 섭외사법에서 보듯이 부(夫)의 본국법에 의하는 입법례가 있었으나, 이는 양성평등의 원칙에 반한다는 비판을 면할 수 없기에 양성평등의 원칙에 반하지 않는 연결원칙으로 전환하였다. 대표적인 사례가 독일, 일본이고 우리도 이를 따랐다. 흥미롭게도 중국 섭외민사관계법률적용법 §23는 부부의 공

---

3) 민법상으로는 혼인의 효과(효력)를 '혼인의 일반적 효과(효력)'와 '재산적 효과(효력)'로 구분한다. 김주수·김상용, 124 이하 참조. 그러나 종래 섭외사법에서부터 '효력'이라는 표현을 사용하였으므로 국제사법에서도 이를 유지하였다.

4) 독일 민법시행법은 그 밖에 출생자의 지위에 관한 §19 ①과 부부의 일방 또는 쌍방에 의한 입양에 관하여 §22 ①도 입양의 일반적 효력에 관한 §14를 준용하므로 우리보다 더 강력한 지위를 부여하기 때문이다.

5) 櫻田嘉章, 279; 신창선, 332.

동의 상거소지 법률을 우선적인 연결점으로 삼고, 공동의 국적소속국법을 이차
적인 연결점으로 삼는다.[6]

Ⅱ. 준거법의 결정

1. 단계적 연결의 채택

가. 3단계 연결

국제사법은 혼인의 효력, 보다 정확하게는 일반적 효력의 준거법을 결정
함에 있어 단계적 연결방법을 채택하였다.

1단계로서 신분문제에 있어 기본원칙인 본국법주의에 따라 부부의 동일한
본국법에 의하도록 하고(§37 i), 동일한 본국법이 없는 이국적 부부의 경우에는
2단계로서 부부의 동일한 상거소지법을 준거법으로 삼았다(§37 ii). 만일 부부의
동일한 상거소지법도 없는 경우에는 최종 3단계로서 부부와 가장 밀접한 관련
이 있는 곳의 법(最密接關聯地法)을 준거법으로 하였다(§37 iii).

"다음 각호에 정한 법의 순위에 의한다"는 문언의 취지는 우선 1단계에 의
하고, 그에 해당하는 법이 없는 경우 2단계에 의하고, 그에 해당하는 법도 없는
경우 3단계에 의한다는 단계적 연결 — 폭포연결(Kaskadenanknüpfung) — 을 정한
것이다. 국제사법의 법문이 이를 명시하지 않는 점에서 다소 불친절한 면이 있
으나 그렇게 이해하는 데는 무리가 없다.

혼인의 일반적 효력을 단계적으로 연결하는 방법에는 독일 민법시행법
(§14)과 오스트리아 국제사법(§18)처럼 5단계를 두는 입법과, 독일 Max-Planck
외국사법 및 국제사법 연구소의 개정안[7]이나 일본의 법적용통칙법(§25)처럼 3
단계를 두는 방법이 있다. 5단계설은 이른바 "Kegel의 사다리"(Kegel'sche Leiter)
라고 부르기도 한다.[8] 3단계는 국제사법의 입장을 말하고,[9] 5단계는 ⓐ 부부
의 동일한 본국법, ⓑ 과거의 동일한 본국법(현재 일방이 그 본국법을 유지할 경우),
ⓒ 동일한 상거소지법, ⓓ 과거의 동일한 상거소지법(현재 일방이 그 상거소지법을

---

6) 구체적 입법례는 아래와 같다. 독일 민법시행법 §14(일반적인 혼인효력), 스위스 국제사법
   §48(혼인의 일반적 효력의 준거법), 오스트리아 국제사법 §18(혼인의 신분적 효력), 이탈리아 국
   제사법 §29(부부간의 인적 관계), 일본 법적용통칙법 §25/ 법례 §14(국제사법과 내용은 동일하
   고, 규정방식에 다소 차이 있음), 중국 섭외민사관계법률적용법 §23.

7) Rabels Zeitschrift(1983), 69ff. 참조.

8) Kegel이 이런 제안을 하였지만 Kegel은 그에 따른 독일 민법시행법에 찬성하지 않았기 때문
   에 이렇게 부르는 것은 과거처럼 적절하지는 않다는 비판도 있다. Kropholler, 347. Fn. 8.

9) 이를 '변형된 케겔의 사다리'(modifizierte Kegel'sche Leiter)라 부른다.

유지할 경우)과 ⓔ 가장 밀접한 관련이 있는 곳의 법 순으로 연결하는 방법이다. 부부가 과거의 시점에 함께 가지고 있었던 관련성, 즉 최후의 동일한 국적 또는 최후의 동일한 상거소를 연결기준으로 하는 점에서 이를 '관성의 법칙'이라고 부르기도 한다.10) 위원회의 심의과정에서 양자를 검토한 결과 5단계 연결보다 3단계 연결이 단순하고 명확하며, 과거의 동일한 속인법과 현재의 상거소지법 간에 반드시 전자가 우선한다고 볼 근거가 없다는 이유로 3단계설을 선택하였다.

단계적 연결원칙은 한국인 남성이 이주여성과 혼인하는 경우는 물론이고, 이주노동자, 특히 외국의 남성근로자들이 일자리를 찾아 우리나라에 들어온 뒤 한국 여성과 혼인하여 한국에 정착하는 사례가 빈번한 근자의 상황에서 그러한 부부간에 형성된 혼인의 일반적 효력의 준거법에 관한 합리적 기준을 제시한 점에서, 또한 그러한 부부가 한국에 정착하는 경우 결과적으로 한국법이 준거법이 되도록 함으로써 법의 적용을 용이하게 하였다는 점에서 커다란 의의를 가지는 규정이다. 특히 위 조항은 국제혼인이 비약적으로 증가하고11) 위와 같은 현상이 발생하기 전에 섭외사법을 개정하여 선제적으로 문제에 대처하였다는 점에서 중요한 의미를 가진다.

근자에 국제혼인이 증가하고 있는 이유는, 대부분 농촌총각 등 국내에서 짝을 찾기 어려운 남성들이 중국이나 동남아시아 등에서 신부를 '긴급수혈'하는 방식으로 결혼하고 있고, 그 과정에서 상업성을 노리고 시장에 진입하는 무허가 결혼중개업체들이 무분별하고 비정상적인 방법으로 혼인을 중개하고 있는데 정부가 이를 제대로 통제하지 못하기 때문이다.12) 그 과정에서 각종 비극적인 사건이 발생하고 있음은 대단히 유감스러운 일이다.

나. 동일한 본국법의 의미

주목할 것은 국제사법이 부부의 '공통 본국법'이라고 하는 대신에 부부의 '동일한 본국법'이라는 표현을 사용한 점이다. 즉 국제사법은 공통 본국법(國私

---

10) 橫山 潤, 國際親族法, 89.

11) 위에 언급한 통계청 자료에 따르면 2012년 외국인과의 혼인은 총 28,325건인데 이는 총 혼인 (327,073건) 중 8.7% 수준이다. 그 전의 통계는 2005년(42,356), 2006년(38,759), 2007년(37,560), 2008년(36,204), 2009년(33,300), 2010년(34,235), 2011년(29,762)이었다. 즉 근자에는 국제혼인의 수가 줄고 있다. 통계청 'e나라지표 홈페이지'<http://www.index.go.kr/potal/main/EachDtlPage Detail. do?idx_cd=2430> 참조.

12) 2012. 2. 1. 자로 개정된 '결혼중개업의 관리에 관한 법률' §10−2는 국제결혼중개업자로 하여금, §10 ①에 따라 계약을 체결한 이용자와 결혼중개의 상대방으로부터 일정한 신상정보를 받아 각각 해당 국가 공증인의 인증을 받은 다음 각 호의 신상정보를 상대방과 이용자에게 서면으로 제공할 의무를 부과한다.

§46 참조)과 동일한 본국법을 구분하여 사용하는데, 양자는 당사자 중 복수국적
자가 있는 경우에 실제적인 차이가 있다. 즉 복수국적자의 경우 '동일한 본국
법'이 있기 위해서는 國私 §3 ①에 따라 결정된 본국법과 상대방의 본국법이
일치해야 하나, '공통 본국법'이란 여러 국적 중 상대방과 공통되는 국적이 있
을 경우 그 본국법을 의미하기 때문이다.13) 일본 법적용통칙법(§25)14)도 국제
사법(§37)과 동일한 문언을 사용한다.

　　즉 혼인의 효력에서는 형식적으로 국적이 공통된다는 이유만으로 그 법을
준거법으로 하는 것이 아니라 당사자 간에 가장 밀접한 준거법을 정할 필요가
있으므로 당사자의 본국법 간에 완전한 동일성을 요구하는 것이다. 국제사법이
동일한 본국법을 요구하는 것은 당사자 간에 가장 밀접한 법을 정하는 경우이
고, 공통의 본국법은 준거법 결정을 더 널리 인정할 필요가 있을 때 요구된다.
부양의 경우에는 혼인의 효력과 달리 부양당사자가 국적을 가지는 법 중 어느
한 법에서 부양이 인정되면 그 법에 의하는 것이 부양권리자의 보호를 도모하
는 것이므로 공통의 본국법으로 정한 것이다(國私 §46 참조).15)

　　당초 위와 같은 취지에서 국제사법의 표현을 사용한 것이라는 점은 수긍
이 가나 그 표현은 미흡하다. '공통 본국법'과 '동일한 본국법'은 같은 의미라고
보이기 때문이다. 중요한 것은 '공통'이냐 '동일한'이냐가 아니라, '본국법'인지
아니면 '국적소속국'인지이다. 즉 '공통 본국법' 또는 '동일한 본국법'이라고 할
때에는 '동일한 국적소속국법'이 아니라 國私 §3에 의해 걸러진 본국법이 기준
이 되기 때문이다. 따라서 '공통의 본국법' 또는 '동일한 본국법'이라고 할 때에
는 §3에 의해 걸러진 본국법을 기준으로 판단해야 한다. 예컨대 법무부, 해
설16)은 부가 한국과 미국 국적을 가지고, 처가 미국 국적을 가진 경우 "이중국
적자인 부의 본국법은 §3 ①에 의하여 한국법이 되고, 부부간에 '동일한 본국
법'은 존재하지 않지만, 부부간에 미국 국적이 공통되므로 미국법이 '공통 본국
법'이 된다"는 취지로 설명한다. 그러나 이 경우 미국법은 동일한 국적소속국
법이지만 국제사법의 의미에서의 공통의 본국법은 아니다. 왜냐하면 본국법은
§3에 의해 걸러진 본국법을 의미하기 때문이다.

　　또한 주의할 것은, §3 ③에 관하여 설명한 바와 같이, 부부가 모두 미국 국

---

13) 법무부, 해설, 133.
14) 이는 일본 법례(§14)와 같은 취지이다.
15) 법무부, 해설, 133 주 83.
16) 법무부, 해설, 133 주 83.

적을 가지고 있으나 일방이 뉴욕주에 주소를 가지고 다른 일방이 캘리포니아 주에 주소를 가지고 있는 때에는 동일한 본국법은 없다는 점이다. 왜냐하면 미국과 같이 불통일법국의 경우 본국법은 國私 §3 ③에 따라 당사자와 가장 밀접한 관련이 있는 지역의 법이 되기 때문이다. 따라서 위의 경우 혼인의 일반적 효력의 준거법은 國私 §37 ii에 따라 부부의 동일한 상거소지법이 된다.

다. 실효적 본국법

외국인 근로자가 한국에 와서 한국 여자와 결혼하여 한국에 상거소를 가지게 된 경우, 섭외사법에 의하면 남편의 본국법인 외국법이 혼인의 효력의 준거법이 되었으나,[17] 국제사법하에서는 혼인의 효력의 준거법은 상거소인 한국법이 된다. 근자에 외국인 근로자들이 한국 여자들과 혼인하고 우리나라에 정착함으로써 다문화가정을 형성하는 사례가 증가하고 있으므로 §37는 실무적으로 중요한 의미를 가진다.

문제는 위의 사례에서 만일 한국 여자가 혼인에 의해 외국 국적을 곧바로 취득하고 한국 국적을 상실한다면[18] 당해 외국법이 '동일한 본국법'으로서 혼인의 효력의 준거법이 되고, 만일 외국 국적을 취득하지 않는 경우에는 한국법이 '동일한 상거소지법'으로서 준거법이 되는가의 여부이다.

생각건대 문면상으로는 이를 인정해야 할 것이고 그런 결론이 법적 안정성의 요청에 부합한다고 볼 수 있으나, 개인적으로는 이를 인정하는 데 다소 거부감이 있다. 그 경우 만일 한국 여자가 한국 국적을 유지하여 복수국적자가 되면[19] 부부의 공통의 국적소속국법이 존재하지만 그럼에도 불구하고 한국 여자의 본국법은 國私 §3에 의해 한국법이 되므로 동일한 본국법은 없는 것이 되고 따라서 한국법이 동일한 상거소지법으로서 혼인의 효력의 준거법이 되는데 반하여, 외국 국적을 취득한 한국 여자가 한국 국적을 상실하거나 포기하였다고 하여 외국법을 준거법으로 하는 것은 지나치게 기계적이고 형식적이다. 따라서 그 경우에는 동일한 상거소지법으로서 한국법이 혼인의 효력의 준거법

---

17) 물론 이는 문면상 그렇다는 말이다. 섭외사법이 헌법에 위반된다고 보는 필자의 입장에서는 섭외사법상으로도 이러한 결론을 수용할 수는 없다.

18) 국적법(§6 ②)에 따르면 외국인이 한국인과 혼인하였다고 하여 곧바로 한국 국적을 취득하는 것은 아니고(과거에는 그런 시절이 있었다) 혼인한 상태로 한국에 2년 이상 계속하여 주소가 있거나, 혼인한 후 3년이 경과하고 혼인한 상태로 한국에 1년 이상 계속하여 주소가 있어야 하는 요건을 구비해야 하고, 또한 법무부장관의 귀화허가를 받아야 한다. 이것이 '간이귀화'이다.

19) 국적법 §15에 의하면 외국인과 혼인하여 외국 국적을 취득하게 된 자는 외국 국적을 취득한 때부터 6개월 이내에 대한민국 국적을 보유할 의사가 있다는 뜻을 신고하면 한국 국적을 상실하지 않는다. 그 경우 그는 복수국적자가 되므로 일정한 기간 내에 하나의 국적을 선택하여야 한다(§12).

이 된다고 본다. 즉 §37의 해석상 본국법이 되기 위해서는 혼인 전의 본국법과 같이 '실효적 본국법'이어야 하고, 혼인에 의해 즉시 취득하는 국적에 기한 본국법은 §37 i의 본국법이 될 수 없다는 견해도 주장될 여지가 있다.[20] 반면에, 만일 이 경우 한국 여자가 혼인에 의해 취득한 외국 국적을 일정기간(예컨대 6개월 또는 1년) 동안 유지하는 때에는 그 국적에 기한 본국법이 실효적 본국법이 될 수 있을 것이다. 국제사법은 혼인의 효력의 준거법에 관하여 변경주의를 취하므로 그때에는 당해 외국법이 준거법이 된다.

라. 동일한 상거소

동일한 본국법이 없는 때에는 동일한 상거소지법이 혼인의 일반적 효력의 준거법이 된다.

(1) 새로운 연결점인 상거소의 도입

상거소(habitual residence, gewöhnlicher Aufenthalt) 개념은 헤이그국제사법회의에서 채택한 협약들[21]을 비롯한 다수의 조약 및 입법례에서 연결점으로 사용되고 있다. 이는 주소(domicile, Wohnsitz)의 개념이 국가에 따라 상이하여 조약상 주소를 연결점으로 하더라도 국제적인 통일을 기할 수 없기 때문에 주소에 대신하는 통일적인 연결점으로서 등장한 것이다.

2001년 개정된 국제사법은 사람, 친족·상속 분야의 준거법을 결정함에 있어 원칙적으로 종래의 본국법주의를 유지하였으나, 국내거주 외국인의 증가와 국제적인 조류에 부응하기 위하여 혼인의 일반적 효력(§37), 부부재산제(§38), 이혼(§39) 등의 경우 부부의 동일한 상거소지법을 국적에 이은 보충적 연결점으로 도입하고, 유언의 방식(§50 ③)의 경우 유언자의 상거소지법을 선택적인 연결점으로 도입함으로써 상거소를 국제사법상의 연결점으로 처음으로 도입하였다. 따라서 총칙인 §4에 상거소가 불명인 때에는 그에 대신하여 거소지법을 적용하라는 취지의 규정을 두었다.

독일과 일본에서도 사람의 신분, 가족법과 상속법의 연결점으로서 국적이 중요한 역할을 한다. 즉 국적만을 연결점으로 하거나 상거소를 연결점으로 채택하더라도 국적보다 후순위의 연결점으로 삼는다. 반면에 중국국제사법이 §11(자연인의 권리능력), §12(자연인의 행위능력), §23(혼인의 신분적 효력)와 §31(동산의

---

20) Kropholler, 347은 복수국적자의 사례를 들어 '실효적 국적'(effektive Staats− angehörigkeit) 개념을 논의하나 본문의 논의는 이를 단일국적의 경우에도 확대적용할지의 문제이다. 국제사법의 해석론으로는 그 경우 §8(준거법 지정의 예외)를 원용할 여지도 있다.

21) Beaumont/McEleavy, 88 이하 참조. 이를 최초로 채택한 것은 1896년 민사소송협약(§15 ①의 résidence habituelle)이다. Kropholler, 281.

상속) 등에서 상거소를 국적에 우선시키는 점은 흥미롭다.

(2) 상거소의 개념

상거소는 헤이그국제사법회의의 다양한 협약의 연결점으로서 도입된 것이므로 국제적으로 통일된 개념을 사용되는 것이 바람직하다.[22] 따라서 우리 국제사법에서는 상거소 개념의 고착화를 우려하여 정의규정을 두지 않았다.[23] 따라서 상거소의 개념은 앞으로 학설·판례에 의해 정립되어야 할 것이나, 우리나라에서는 상거소라 함은 "사람이 그의 생활의 중심(Lebensmittelpunkt)을 가지는 장소"를 말하는 것으로 이해된다.[24] 통상 일정한 장소에서 상당한 기간 동안 정주(定住)한 사실이 인정되면 그곳이 상거소로 인정될 것이고,[25] 상거소가 존재하기 위해 반드시 정주의사(*animus manendi*)는 필요하지 않으며, 법적 개념인 주소에 반하여 상거소는 상대적으로 사실상의 개념이라고 할 수 있다. 논란이 있으나 독일에서는 이런 견해를 '사회적 통합론'이라 한다.[26] 그에 따르면 상거소의 존재 여부는 구체적인 상황에 따라 당사자의 체류기간, 체류의사와 목적, 가족관계와 근무관계 등 관련요소를 종합적으로 고찰하여 그가 그 사회에 통합되었다고 볼 수 있는지 여부에 따라 판단하게 될 것이다.[27] 따라서 그러한 사실적 요소가 없으면 당사자의 의사만으로는 상거소가 인정될 수는 없다.[28]

한편 우리 민법은 "생활의 근거되는 곳을 주소로 한다"고 규정하는데(§18 ①), 이는 정주의사를 필요로 하지 않는 객관주의를 취하는 것으로 이해되므로[29] 그러한 상거소 개념과 민법의 주소 개념은 별 차이가 없는 것으로 보인다.[30] 다만 당사자가 복수의 상거소를 가질 수 있는가에 대해 논란이 있으므로[31] 상

---

22) 예컨대 §46(부양)와 같이 국제사법이 조약을 수용한 경우에는 특히 그러하다.
23) 스위스 국제사법 §20 ①은 "자연인은 그가 계속적인 체재의 의사를 가지고 거주하는 국가에 주소를 가지고, 그가 상당히 장기간 동안 살고 있는 국가에 비록 이 기간이 원래부터 한정되어 있더라도 그의 상거소를 가진다"고 규정한다.
24) 이호정, 193. 독일 연방대법원의 1975. 2. 5. 판결(NJW 1975, 1068)도 상거소를 '생활의 중심지'(Daseinsmittelpunkt)라고 보았다.
25) 다만 종래 우리 민법상 '거소'라 함은 사람이 상당한 기간 계속하여 거주하는 장소라고 이해하고 있으므로 이는 위에 언급한 상거소의 개념에 접근한다. 그러나 상거소는 거소보다 장소적 밀접도가 높다고 설명한다. 법무부, 해설, 31 주 11.
26) 최흥섭(2002), 527~528; Baetge(1994), 81~85.
27) 상거소의 구성요소와 판단기준에 관하여는 최흥섭(2002), 525~532 참조.
28) Beaumont/McEleavy(1999), 90도 동지.
29) 한상호, 民法注解[Ⅰ](1997), 332~333.
30) 이호정, 194; 최흥섭(2002), 535.
31) 논리적으로 불가능하지는 않지만 실제로는 이는 매우 이례적이다. Beaumont/McEleavy(1999), 110은 예컨대 이혼한 부모의 아이들이 국경부근에 거주하면서 주중에는 A국에 사는 모와 생

거소의 적극적 저촉에 관한 규정은 두지 않았다.32)

국제사법이 상거소를 연결점으로 도입한 것은 일본의 법적용통칙법33)과 같으나, 국제사법은 소비자와 근로자의 상거소지를, 준거법 결정을 위한 연결점은 물론 국제재판관할에 관한 연결점으로서도 사용하는 점에서34) 일본법과는 다르다. 특히 일본은 2012년 4월 1일 발효된 개정 민사소송법(§3-2 내지 §3-12)에서 국제재판관할규칙을 상세히 규정하면서도 소비자계약의 경우 여전히 소비자의 주소에 착안한다.

일반관할의 연결점인 상거소와 국제사법의 연결점인 상거소의 개념은 반드시 동일한 것은 아니고, 후자도 관련 분야 내지 맥락에 따라 다를 수 있다는 점을 지적하는 견해가 유력하나 그 차이의 구체적인 내용은 논란이 있다.35)

국제사법에 따르면 신분관계에 관하여 상거소가 연결점이 되므로 경우에 따라서는 법원은 물론이고, 가족관계등록 공무원이 당사자의 상거소를 판단할 필요가 있게 된다. 이 경우 가족관계등록 공무원의 판단을 용이하게 하기 위하여 당사자가 일정기간(예컨대 1년) 한국에 거주한 경우 한국에 상거소가 있는 것으로 추정하는 취지의 규정을 두는 방안을 고려할 수 있다. 당초 이러한 취지의 조항을 국제사법에 두자는 견해도 있었으나 채택되지 않았다.

개정 국제사법의 시행에 따라 대법원은 원활한 호적사무처리를 위하여 예규를 제정하여 상거소의 판단기준을 제시하였다. 즉 "신분관계를 형성하는 국제신분행위를 함에 있어 신분행위의 성립요건구비여부의 증명절차에 관한 사무처리지침"36)에 의하면, 한국인이 외국에서 적법하게 5년 이상 계속하여 체류

활하고, 주말에는 B국에 가서 부와 함께 시간을 보내는 생활방식을 유지한다면 양국이 모두 상거소지가 될 수 있다고 한다.

32) 민법은 동시에 복수의 주소가 존재할 수 있음을 인정하는데(民 §18 ②), 복수의 상거소가 존재할 수 있는지에 대해서는 논란이 있고 특히 주소의 개념에 관하여 우리처럼 객관주의를 취하는 일본에서 부정설이 유력한 것을 볼 때[최흥섭(2002), 537], 상거소가 주소보다 통합의 정도가 상대적으로 강한 것이 아닌가 생각된다.

33) §11 및 §12(이는 일본 법례 §14 및 §15와 같다).

34) §27 ④, ⑤과 §28 ④.

35) 최흥섭(2002), 533 이하 참조. 예컨대 관할권의 영역에서는 법원에의 접근이 용이해야 하므로 비교적 쉽게 상거소를 인정할 수 있으나, 가족법 기타 속인법의 영역에서는 비교적 높은 수준의 통합이 요구되고, 부양법이나 아동의 보호를 위한 영역에서는 보호를 실현하기 위하여 속인법보다는 상대적으로 낮은 수준의 통합을 요구한다. 나아가 Baetge(1994), 86f.는 성년자와 미성년자의 경우를 구분하여 미성년자의 경우 상대적으로 쉽게 상거소를 인정하고, 상거소가 1차적 연결점인지 2차적 연결점인지에 따라 통합의 정도를 달리할 것이라고 하나, 최흥섭(2002), 534 주 26은 의문을 표시한다.

36) 등록예규 제33호. 대법원은 과거 "신분관계를 형성하는 섭외신분행위를 함에 있어 신분행위의 성립요건구비 여부의 증명절차에 관한 사무처리지침"(호적예규 제472호)을 2001. 9. 5. 개정하여 상거소의 인정에 관한 규정을 신설하였다. 대법원 호적예규 제596호(법원공보 2001. 10.

하고 있는 경우에는 그 국가에 상거소가 있는 것으로 본다. 다만 한국인이 ⓐ 이중국적자인 경우에 한국 이외의 국적국, ⓑ 영주자격을 가지는 국가, ⓒ 배우자 또는 미성년인 양자로서 체류하고 있는 경우에는 그 외국인 배우자 또는 양친의 국적국에서 1년 이상 계속하여 체류하면 그 체류국가에 상거소가 있다고 본다. 한편 외국인의 경우 체류기간과 체류자격에 따라 판단하는데, 체류자격이 출입국관리법시행령상의 거주인 외국인이 1년 이상 계속하여 체류하는 경우 한국에 상거소를 가진 것으로 처리하지만, 불법입국자 및 불법체류자에 대하여는 한국의 상거소를 인정하지 않는다. 이러한 기준은 가족관계등록을 위한 사무처리상의 기준에 불과하므로, 법원은 그에 구속되지 않고 독자적 판단에 따라 상거소의 인정 여부를 결정할 수 있다.37) 예외적인 경우 1년으로 단축하고 있기는 하지만, 특히 한국인이 외국에서 상거소를 취득하기 위한 전제로 5년 이상의 적법한 계속적 체류를 요구하는 것은 우선 기간이 너무 길고, 외국인의 한국내 상거소 취득을 위하여 필요한 기간(적법한 체류시 1년)과도 균형이 맞지 않는다. 일응의 기준으로서는 1년이 설득력이 있다. 참고로 독일에는 '대강의 규칙(Faustregel)'으로서 6개월이 기준이 된다는 견해38)와, 사실관계에 따라 다르지만 6개월 내지 1년의 기간이면 일응 상거소를 인정할 수 있다는 견해39) 등이 있다.

위원회의 논의과정에서 '상거소' 대신 '일상거소'라는 표현을 사용하자는 견해가 있었으나40) 그간 학계에서 상거소라는 용어를 널리 사용하여 왔고, '일상'이라는 용어는 매일(daily)이라는 의미가 강할 뿐만 아니라 일상가사채무, 일상가사대리권에서의 '일상'과 같은 의미로 혼동될 우려가 있다는 이유로 채택되지 않았다.

15.(제1146호), 792 이하. 위 예규는 2007. 12. 10. 제정되고 2008. 1. 1.부터 시행된 본문의 사무처리지침(제33호)으로 대체되었다.
37) 일본의 경우에도 법적용통칙법은 상거소의 개념을 정의하고 있지 않고 호적사무처리 지침으로 제정된 법무성의 기본통달(1988. 10. 2.)이 상거소의 인정에 관한 개략적인 기준을 제시하고 있다. 이는 우리의 사무처리지침과 유사하다. 텍스트는 山田鐐一, 634 이하 참조.
38) 국제민사절차법의 맥락에서는 Richard Zöller/Reinhold Geimer, ZPO−Kommentar, 29. Aufl., 2012, §98 FamFG, Rn. 91; Heinrich Nagel/Peter Gottwald, Internationales Zivilprozeßrecht, 7. Aufl., 2013, §4, Rn. 31 등. 준거법의 맥락에서는 Christian von Bar/Peter Mankowski, Internationales Privatrecht, Band I, Allgemeine Lehren, 2. Aufl., 2003, §7, Rn. 23.
39) Horndasch/Viefhues(Hrsg.), Kommntar zum Familienvefahrensrecht, §98, Rn. 46(Hohloch). Hahne/Munzig(Hrsgs.), BeckOK FamFG, §98, Rn. 16(Sieghörtner)은 최소기간을 일반적으로 요구할 수는 없지만 거소가 상거소가 되기 위하여는 대략 6~12개월은 필요하다고 한다.
40) 연구반초안은 '일상거소'라는 표현을 사용하였다. 예컨대 연구반초안 §4 참조. 연구반초안해설, 21.

마. 부부와 가장 밀접한 관련이 있는 곳의 법

국제사법은 가장 밀접한 관련이 있는 곳을 판단하는 기준을 제시하지 않으나 제반사정을 고려해야 함은 물론이다. 독일의 입법이유서는 사회적 결합, 공통의 단순 거소, 최후의 공통의 상거소, 당사자가 설정하려는 공통의 국적, 당사자가 의도하는 공통의 상거소, 혼인체결지 등을 고려요소로 제시한다.[41]

그런데 國私 §8에 의하면 국제사법에 정한 모든 연결원칙에 대해 예외를 인정할 수 있으므로 §8와 §37 iii의 관계가 문제된다.

논리적으로는 iii는 준거법을 찾아가는 통상적인 과정에서의 밀접한 관련이 있는 곳을 찾는 것으로서 i와 ii의 적용이 없는 경우에 보충적으로 적용되는데 반하여, §8는 §37에 의해 일단 준거법을 찾은 뒤에 예외적으로 그 준거법을 배제하고 다른 준거법을 적용하는 원리로서 기능하는 것으로서 i와 ii에도 불구하고 적용되는 점에 차이가 있다. 그러나 일단 §37 i 또는 ii에 의하여 결정된 준거법에도 불구하고 §8에 따라 부부와 가장 밀접한 관련이 있는 곳의 법이 혼인의 일반적 효력의 준거법이 될 수 있다. 이는 논리적으로는 iii의 보충적 성격과는 어긋나는 면이 있는데,[42] 이는 우리 국제사법이 §37 iii에서 3단계의 연결원칙으로서 부부와 가장 밀접한 관련이 있는 곳의 법을 규정하면서 §8에서는 일반적인 예외조항을 두기 때문에 발생하는 문제이다. 다만 실제로는 그런 경우는 매우 이례적일 것이다.

국제사법은 혼인의 일반적 효력의 준거법에 관하여 기준시기를 명시하지 않는다. 혼인관계는 계속적 법률관계이므로 기준시기가 변경될 수 있다.[43]

2. 서양자(婿養子) 조항의 삭제

1989년의 민법 개정으로 서양자 제도가 폐지되었으므로 섭외사법 §16 ②의 서양자 조항을 삭제하였다.

3. 반정

§37의 i 또는 ii에 의하여 공통의 본국법 또는 공통의 상거소지법이 혼인의 일반적 효력의 준거법이 된 경우에도 반정이 허용된다. 이 경우 반정을 배제할

---

41) BT−Drucks. 10/5632, 41(Kropholler, 348, Fn. 11에서 재인용).
42) 개정연구반에서 이 점에 관한 논의가 있었으나 국제사법과 같이 두기로 하였다. 이는 國私 §28와 로마협약 §6 ②과의 관계에서도 논의되었다.
43) MünchKomm/Siehr, Art. 14, Rn. 7. 63.

이유가 없다. 참고로 일본 법적용통칙법(§41)[44]은 공통의 속인법이 준거법이 되는 경우에는 반정을 허용하지 않는다. 이는 단계적 연결을 하는 경우의 첫단계로서 지정된 공통의 속인법은 양성평등의 원칙을 관철하기 위해 법례가 준거법으로 엄선한 것인데 만일 반정을 인정한다면 본국법의 국제사법의 내용 여하에 따라 공통의 요소를 결한 법률(예컨대 부의 주소지법)로서 일본법이 적용될 수 있기 때문이라고 한다.[45] 그러나 우리 국제사법상으로는 그와 같이 볼 근거가 없다. 더욱이 우리 국제사법은 직접반정, 즉 우리 실질법으로의 반정만 허용하므로 양성평등의 원칙에 반하는 결과가 발생하지는 않는다. 나아가 §37(혼인의 일반적 효력) iii는 단계적 연결의 최후 단계로 가장 밀접한 관련이 있는 곳의 법(최밀접관련지법)을 준거법으로 명시하는데, 이 경우에도 반정을 허용해야 할 것이다. 왜냐하면 그 경우만이 아니라 국제사법의 모든 연결규정은 가장 밀접한 관련이 있는 법을 지정하는 것인데, 유독 단계적 연결의 최후 단계로서 가장 밀접한 관련이 있는 법을 명시한 경우에만 반정을 배제할 이유가 없기 때문이다.[46]

Ⅲ. 준거법이 규율하는 사항

國私 §37는 부부재산제(§38)와 부부간의 부양(§46)을 제외한 모든 혼인의 효력을 규율대상으로 하며 부부간의 인적 권리와 의무(즉 동거의무, 정조의무 등), 부부간의 계약의 효력(예컨대 民 §828처럼 일방이 취소할 수 있는지)도 그에 따른다.[47] 부부의 성(姓)이 혼인의 일반적 효력에 속하는 사항인지는 아래에서 보듯이 논란이 있다.

1. 혼인의 효력과 유효성의 구별

혼인의 효력이라 함은 혼인의 성립 그리고 혼인의 유효성과는 구별하여야 한다. 즉 혼인의 효력은 유효하게 성립한 혼인의 결과 어떤 법적 효력 내지 효

---

44) 즉 동 조는 "당사자의 본국법에 의하여야 하는 경우에 있어서, 그 국가의 법에 따르면 일본법에 의하여야 하는 때는 일본법에 의한다. 다만, 제25조(제26조 제1항과 제27조에서 준용하는 경우를 포함한다) 또는 제32조의 규정에 의해 당사자의 본국법에 의하여야 하는 경우에는 그러하지 않다"고 규정하는데 이는 법례(§32)와 같은 취지이다.
45) 木棚照一·松岡 博(編), 基本法コンメンタール國際私法, 1994, 160(多喜 寬).
46) Kropholler, 154 참조.
47) 신창선, 334. 상세는 注國私(2), 28(橫溝 大) 이하.

과가 발생하는가의 문제이다. 따라서 대법원 1996. 11. 22. 선고 96도2049 판결
이, 섭외사법 §15 ① 단서에 의하면 혼인의 방식은 혼인거행지의 법에 의하도
록 되어 있기는 하나, 같은 법 §15 ① 본문은 혼인의 성립요건은 각 당사자에
관하여 그 본국법에 의하여 정한다고 규정하고, 같은 법 §16조 ①은 "혼인의
효력은 부(夫)의 본국법에 의한다"고 규정하므로, 한국 남자와 중국 여자 사이
의 혼인이 중국에서 중국의 방식에 의하여 성립되었다 하더라도 혼인의 실질
적 성립요건을 구비한 것으로서 유효한지 여부는 부(夫)의 본국법인 우리 법에
의하여 정하여져야 한다고 판시한 것은 혼인의 효력을 혼인의 유효성과 혼동
한 것으로 잘못이다.

2. 부부의 성(姓): 국제성명법

국제사법상 성씨의 준거법이 문제되는 것은 ⓐ 배우자의 성 ─ 이에는 혼
인에 의한 배우자의 성과 이혼시의 배우자의 성의 문제 등이 있고, ⓑ 자(子)의
성의 문제가 있는데, 후자에는 입양시의 자의 성의 문제도 포함된다. 독일 민법
시행법(§10)은 성의 문제를 독립한 연결대상으로 다루어 별도의 조문을 두고 있
으나 이런 입법례는 오히려 소수에 속한다. 우리나라는 그런 규정을 두고 있지
않으므로 배우자의 성의 문제는 여기에서 논의하고, 자의 성의 문제는 친자간
의 법률관계의 준거법을 정한 §45의 해설에서 논의한다.

가. 의의

일반적으로 성명은 다음과 같은 네 가지 목적에 봉사한다.[48]

첫째, 사람의 정체성의 기초가 되고(즉 사람의 인격의 일부를 이룬다), 둘째, 성
명 중에서 성씨는 특정한 가족에의 귀속을 나타내며, 셋째, 사람을 특정하는 기
능을 하고(국가는 성의 이러한 특정기능에 관심을 가진다), 넷째, 사회에의 통합을 보
여주는 가시적인 기호이다. 둘째 기능을 강조하면 아래에서 보듯이 가족법상의
사건(혼인 또는 입양)에 의한 성명의 취득과 변경의 준거법 결정시 당해 사건의
준거법에 따르도록 하는 경향이 있다.[49] 그러나 국제사법은 성명의 준거법에
관하여 규정을 두고 있지 않다.

---

48) Bureau D, Muir Watt H., Droit international privé, vol. 2, 2007, 26 (Matthias Lehmann, What's
in a Name? Grunkin-Paul and Beyond, Yearbook of Private International Law, Vol. 10, 2008,
136에서 재인용). Kropholler, 325은 위 첫째~셋째 기능을 언급한다.
49) Kropholler, 325.

나. 2001년 섭외사법 개정과정에서의 논의

연구반초안(§17)은 성명에 관한 연결원칙으로 제1안으로서 "사람의 성명은 그의 본국법에 의한다"는 취지의 규정을 두었다. 이는 성명은 당사자의 인격권에 관한 문제라는 측면을 강조하고, 성명에 대한 사법적 측면과 공법적 측면을 일치시킬 수 있는 장점이 있기 때문이었다. 그러나 종래와 같이 부부간의 성, 자의 성에 대해서는 혼인의 효력의 준거법과 친자관계의 준거법에 의한다는 견해도 유력하였고, 성명과 관련된 문제에 대해서는 더 검토가 필요하다는 이유로 결국 규정을 두지 않기로 하였다.[50] 따라서 이 문제는 해석론에 맡겨지게 되었다.

다. 배우자의 성

우리 민법은 부부의 성에 관하여 규정하지 않으므로 혼인 후에도 부부는 각자 본래의 성을 유지한다.[51] 전통적인 유교의 관념에 따르면 성은 부계혈동의 표지로서 변할 수 없는 것으로 관념되었고, 성을 바꾼다는 것은 '천지 음양이 전도'되는 것으로 생각되었다. 이것이 '성불변의 원칙'이다.[52]

국제사법에는 성의 부부의 성에 관하여 명문의 규정이 없으므로 해석론으로는 성은 당사자의 인격권에 관한 문제라는 측면과 성에 대한 私法的 측면과 공법적 측면을 일치시킬 수 있는 장점을 고려하여 국적을 연결점으로 하는 견해[53]와, 이는 혼인의 일반적 효력의 문제로서 그의 준거법에 의한다는 견해[54]가 주장될 수 있다. 이혼의 경우에도 배우자의 성변경의 문제가 있는데, 이는 혼인의 경우와 동일한 원칙에 따라야 한다.

---

50) 연구반초안은 다음과 같다. 연구반초안해설, 42.
"제17조 (성명)
[제1안] 사람의 성명은 그의 본국법에 의한다.
[제2안] 삭제
ㅁ 개정취지: 부부간의 姓, 子의 姓에 대해서는 종래 혼인의 효력의 준거법과 친자관계의 준거법에 의한다는 것이 일반적 견해였으나, 오늘날에는 당사자의 인격권문제로 보아 그의 속인법(본국법)에 의하는 추세가 강하다. 따라서 이 규정을 통해 姓의 성질결정에 대한 논란을 종식시키고 성명의 문제가 당사자의 개인적 이익에 관계된 것임을 분명히 하고자 했다. 더구나 이러한 준거법을 통해 성명에 대한 私法的 측면을 公法的 측면과 일치시킬 수 있는 장점도 있다. 그러나 종래의 통설을 부정하고 새로운 경향에 따라 명시적 규정을 두는 것에 대한 강한 반대의견이 제시되어 이 규정을 두지 않는 것을 제2안으로 만들었다." 입법례는 생략.
51) 김주수·김상용, 125.
52) 김주수·김상용, 323. 그러나 미국, 유럽과 일본 등에서는 여성이 혼인하면 부(夫)의 성(姓)을 따르는 관습 내지 법이 많다. 이 책 제3장 제4절 혼인의 효력 [前註] 참조. 독일 민법 §1355 ①과 일본 민법 §750는 부부동성제를 명시한다.
53) 윤종진, 442.
54) 김연 외, 367. 신창선, 333은 이 견해를 취하나 342에서는 성은 독립한 인격권의 문제이므로 혼인에 의한 성의 변경과 이혼이 성에 미치는 영향은 당사자의 본국법에 따른다고 한다.

주목할 것은, 가족관계등록의 실무는 혼인의 효력의 준거법에 따르고 있다는 점이다. 즉 호적선례(200308-1)는, 한국인 남자와 일본인 여자가 일본국 방식에 의하여 혼인을 하여 그 혼인계와 일본법에 따라 일본인 여자의 성이 한국인 남자의 성으로 변경되었다는 내용의 수리증명서를 첨부하여 혼인신고를 하였을 경우 이를 수리하여 호적기재를 하여야 하는지를 판단한 사안에서, "혼인을 하면 성이 변경되는가"의 문제는 혼인의 신분적 효력에 관한 것인바, 國私 §37에 의하면 혼인의 일반적 효력은 부부의 동일한 본국법, 부부의 동일한 상거소지법, 부부와 가장 밀접한 관련이 있는 곳의 법의 순위에 의하게 되어 있고 이 사안의 경우는 부부의 동일한 상거소지법을 따라야 할 것이므로 일본법에 의하여 외국인 배우자의 성은 혼인과 더불어 변경된 성을 기재하여야 할 것이라고 하였다. 또한 혼인으로 인하여 성이 변경되는 것은 일본방식의 혼인에 따르는 '부속문제'에 불과하기 때문에 공서에 관한 國私 §10에 의하여 배척될 것도 아니라고 설명한다. 이러한 태도는 그 후 2005년 4월 22일 호적선례(200504-2)55)와 가족관계등록선례(200910-2)56) 등에서도 유지되고 있다.57) 만일 국제사법의 해석상 부부의 성의 문제를 혼인의 효력의 문제로 성질결정한다면 호적선례로써 동 원칙을 구체화할 수 있다. 반면에 국제사법의 해석상 그런 견해가 타당하지 않다면 이를 호적선례로써 변경할 수는 없다.

그러나 혼인의 일반적 효력의 준거법에 따를 경우 동일한 본국법과 상거

---

55) 이는 한국인 갑남과 일본인 을녀가 미국 방식에 의하여 혼인을 하고 그 증서등본에 의한 혼인신고를 하여 갑남의 한국 호적에 일본인 을녀와의 혼인사유가 기재된 뒤, 일본법에 따라 일본인 을녀의 성이 한국인 갑남의 성으로 변경된 취지가 기재된 을녀의 일본 호적등본을 제출한 경우, 갑남의 본적지 호적공무원이 감독법원의 허가를 얻어 직권정정의 방식에 의하여 갑남의 신분사항란에 기재된 혼인사유 중 일본인 을녀의 혼인 전의 성을 남편인 갑남의 성으로 정정할 수 있는지 여부를 판단한 것이다.

56) 이는 태국인 갑녀가 한국인 을남과 태국에서 태국방식으로 혼인을 하고 자녀를 출산한 후에 태국에서 태국법령의 절차에 따라 개명을 한 상태에서 을남이 혼인증서등본에 의한 혼인신고와 자녀에 대한 출생신고를 한 경우, 혼인신고서 및 출생신고서에 기재된 갑녀의 성명(성은 을남의 성을 따르고 이름은 개명한 이름)과 혼인증서등본에 기재된 갑녀의 성명(혼인 및 개명 전의 성과 이름)이 서로 다를 때 가족관계등록부에 기록할 갑녀의 성명에 관하여 판단한 것이다.

57) 일본에서는 혼인의 효력의 준거법에 따르는 것이 종래 다수설이나 이를 독립적 인격권인 성명권으로 보아 본국법에 연결하는 견해도 있고 판례도 나뉘고 있다. 松岡 博, 190. 그 밖에도 성명의 문제를 전적으로 공법의 문제로 보는 성명공법이론도 있다. 注國私(2), 138(河野俊行) 이하 참조. 일본에서는 성명 대신 '氏名'이라는 용어를 사용한다. 대법원 2005. 11. 16. 자 2005스26 결정은 이름(성명)은 특정한 개인을 다른 사람으로부터 식별하는 표지가 됨과 동시에 이를 기초로 사회적 관계와 신뢰가 형성되는 등 고도의 사회성을 가지는 일방, 다른 한편 인격의 주체인 개인의 입장에서는 자기 스스로를 표시하는 인격의 상징으로서의 의미를 가지는 것이고, 나아가 이름(성명)에서 연유되는 이익들을 침해받지 아니하고 자신의 관리와 처분 아래 둘 수 있는 권리인 성명권의 기초가 되는 것이며, 이러한 성명권은 헌법상의 행복추구권과 인격권의 한 내용을 이루는 것이어서 자기결정권의 대상이 되는 것이므로 본인의 주관적인 의사가 중시되어야 하는 것이라고 판시한 바 있다.

소지법이 없는 때에는 부부와 가장 밀접한 관련이 있는 법을 판단하는 것이 쉽
지 않고, 또한 이를 인격권의 문제로 보아 속인법에 따르도록 하는 것이 공법
상의 성씨와 일치시킬 수 있다는 장점이 있으며, 나아가 독일 민법시행법(§10
①)은 부부의 성의 문제를 인격권의 문제로서 본국법에 따를 사항이라고 명시
하고 있음을 고려한다면 부부의 성의 문제를 그의 속인법에 따를 사항이라고
볼 여지도 있다. 이 문제는 입법적으로 해결하는 것이 바람직하다고 본다. 다만
만일 국제사법에 조문을 두어 이를 속인법에 의할 사항으로 명시한다면 충분
한 경과규정을 두어 혼란이 야기되지 않도록 해야 할 것이다. 다만 그렇게 한
다면 어느 정도의 혼란은 불가피하므로 이를 피하기 위하여 우리도 장래 입법
론으로서 당사자의 선택권을 도입하는 방안을 고려할 필요가 있으나, 이에 대
해서는 파행적 성명관계를 초래한다는 이유로 부정적인 견해가 있다.[58]

라. 독일 민법시행법과 유럽의 협약

독일은 1986년 민법시행법 §10를 도입함으로써 국제성명법의 문제를 입법
적으로 해결하였고 이는 1993년 가족성명법의 신규율에 관한 법률(Gesetz zur
Neuordnung des Familiennamensrecht: FamNamRG)에 의하여 개정되었고, 다시 1997년
친자개혁법(Kindschasftsreformgesetz: KindRG)에 의하여 개정되었다.[59] 나아가 2007년
인사신분법개정법률(Personenstandsrechts‒reformgesetz: PStRG)에 의하여 §10 ②의
신분공무원(Standes‒beamten)이 신분등록소(Standesamt)로 대체되었고 그와 함께
독일법으로 준거법이 변경된 경우 성명의 조정을 가능케 하는 §47가 민법시행
법에 추가되었는데 이는 실질법의 성질을 가지므로 §10에 포함되지 않았다.[60]

독일 국제성명법은 배우자의 성에 관하여 원칙적으로 각자의 본국법주의
를 택하면서도(§10 ①),[61] 예외적으로 부부가 공동으로 혼인 체결시 또는 그 후
에 성의 준거법을 선택할 수 있도록 허용하는데, 준거법이 될 수 있는 법은, 부

---

58) 최흥섭(2002), 74.

59) 과거 독일 국제사법에는 국제성명법에 관한 규정이 없었고 판례와 학설은 신분관계의 변동으
로 인한 성의 변경은 신분관계의 준거법에 의한다고 보았다. 그러던 중 독일인 남자와 혼인하여
독일에 거주하던 스페인 여자가 혼인등록부에 독일법에 따라 남편의 성으로 기재된 자신의 성
을 혼인 전의 성으로 정정해달라는 사건이 발생하였다. 이에 대해 독일 연방대법원 1971. 5. 12.
판결(BGHZ 56, 193)은 성씨 결정의 문제를 신분관계의 문제와 성명법적 문제가 내포되어 있는
문제라고 이중적으로 성질결정하고 스페인 여자의 청구를 인용하였는데, 그 근거는 기존의 신
분관계 준거법에 따르는 것보다는 본국법에 따르는 것이 개인의 인격권을 존중하고 남녀평등의
원칙에 부합하며, 본국이 발행한 공적증명서에 기재된 성과 다른 성을 사용하게 되는 문제를 회
피할 수 있다는 측면에서 바람직하다고 판시하였다. 상세는 최흥섭(2002), 49 이하.

60) MünchKomm/Birk, Art. 10, Rn. 12~13.

61) 양 배우자의 본국법이 충돌되는 경우 조정의 문제가 발생할 수 있다.

부 중 일방이 속한 국가의 법 또는 부부 중 일방이 독일에 상거소를 가지고 있는 경우에는 독일법이다.[62] 이는 개인적 이해관계를 존중하면서도 복수국적자의 실효적 국적을 결정하는 데 따르는 어려움을 피할 수 있다는 장점이 있다고 평가된다.[63] 그러나 부부의 선택의 자유를 다소 넓게 인정함으로써 본국법주의를 원칙으로 정하는 취지를 몰각시킬 정도로 파행적 성명관계가 발생할 수 있다는 약점이 있다는 비판[64]이 있다.

참고로 유럽의 일부 국가들은 국제민사신분위원회(International Commission on Civil Status: ICCS)[65]를 통하여 각 국가의 성명을 규율하는 법에 조화와 통일을 기하고자 1980년 "성명의 준거법에 관한 협약"(Convention on the law applicable to surnames and given names)을 채택하였다. 각국의 성명에 대한 국제사법규칙이 통일되지 않고 모호한 점이 많아 등기공무원이 개인의 성명을 기재하는 데 어려움을 겪는 현실적 문제가 있었기에 ICCS는 협약을 체결함으로써 ⓐ 각국의 국제사법과 별개로 협약에서 독자적인 저촉법규칙을 두고, ⓑ 성과 이름은 그 개인의 본국법을 따르며, ⓒ 선결문제는 그 국가의 국제사법을 따르고, ⓓ 국적이 변경되는 경우 새로운 국적 소속국법의 규칙에 따른다는 네 개의 지침을 채택하였다.[66] 이탈리아, 네덜란드, 스페인과 포르투갈이 비준함으로써 그 국가들에서 위 협약은 1990년 1월 1일 발효하였는데 독일은 서명하였으나 비준하지는 않았다.

---

62) 독일 민법시행법(§10 ②)에 따르면, 부부는 혼인 체결시 또는 그 후에라도 신분공무원에 대하여 공동으로 선언함으로써 앞으로 사용할 성을 선택할 수 있다. 이는 부부가 특정한 성을 선택할 수 있다는 것이 아니라 ③이 규정한 법(즉 민법시행법 §5 ①에 의하여 걸러진 본국법이 아니라 부부 중 일방이 속하고 있는 국가의 법) 또는 부부 중 일방이 독일에 상거소를 가지고 있는 경우에는 독일법)을 준거법으로 선택할 수 있다는 취지이다. Kropholler, 324. 위 선언은 공적으로 증명되어야 한다. 상세는 MünchKomm/Birk, Art. 10, Rn. 1ff. 참조. 일본문헌으로는 佐藤文彦, ドイツ國際氏名法の硏究(2003) 참조.

63) 최흥섭(2002), 74.

64) 최흥섭(2002), 74.

65) 프랑스어로는 'CIEC'인데, 이는 'Commission Internationale de l'Etat Civil'의 약자이다. ICCS는 개인의 민사신분 문제에 대한 국제적 협력을 촉진하고 국제적으로 호적부서의 운영을 촉진하기 위해 설립된 정부간 기구이다. 1948년 9월 29일 네덜란드 암스테르담에서 설립되었고, 1950년 9월 25일에는 국제민사 신분위원회에 관한 의정서(Protocol on the International Commission on Civil Status)를 채택하였다. 위 협약의 현황은 네덜란드 외교부 홈페이지 <http://www.minbu-za.nl/en/key-topics/treaties/search-the-treaty-database/1980/9/000673.html> (최종 업데이트 2013. 11. 6.) 참조.

66) 협약의 보고서인 ICCS Convention No. 19 Explanatory Report, para. 3 참조. 이는 <http://www.ciec1.org/Conventions/Conv19Angl.pdf>에서 볼 수 있다. 이와는 별도로 유럽연합 규정을 제정하자는 제안도 있다. 이를 위한 작업과 초안의 소개는 독일 연방민사신분등록관협회 작업반, "One Name Throughout Europe — Draft for a European Regulation on the Law Applicable to Names," Yearbook of Private International Law, Vol. 15, 2013/2014, 31 이하 참조.

3. 성년의제

우리 民 §826-2가 규정하는 바와 같이 미성년자이더라도 혼인함으로써 성년을 의제하는 실질법을 둔 국가들이 있다. 그 취지는 혼인생활을 영위하는 남녀는 자연적 연령으로는 아직 성년에 달라지 않았더라도 정신적으로는 성인과 같이 성숙한 것으로 본다는 것이다. 그런데 이처럼 원활한 혼인생활의 실현을 목적으로 하는 성년의제가 혼인의 효력에 속하는 문제인가라는 점이 섭외사법상 논란이 되었다. 그러나 성년의제는 부부간의 이해조정의 문제가 아니라 행위능력의 문제로 보는 것이 타당하다고 할 수 있다. 이런 이유로 국제사법(§13 ① 2문)은 성년의제를 혼인에 의한 미성년자의 일반적인 민사행위능력의 취득의 문제라고 보고 이를 본국법에 의할 사항이라고 규정함으로써 입법적으로 문제를 해결하였다.

4. 부부간의 일상가사대리권과 연대채무

한편 부부간에 일상가사대리권이 있는지와 나아가 배우자 일방의 일상가사행위로부터 발생한 채무에 대하여 타방 배우자가 어떤 책임(예컨대 연대책임)을 지는지의 준거법에 관하여는 논란이 있다. 즉 이를 혼인의 재산적 효력의 문제로 보아 國私 §38에 의할 사항이라고 보는 견해도 있으나,[67] 이는 부부생활 내지 혼인공동체의 원활한 운영을 위하여 인정되는 제도이므로 혼인의 일반적 효력의 문제로 보아 §37를 적용하여야 한다는 견해가 설득력이 있다.[68] 조문의 표제가 '혼인의 신분적 효력'이 아니라 혼인의 일반적 효력'으로 된 이유는 여기에 있다.[69]

5. 부양의무

부부간의 부양의무에 대하여는 섭외사법하에서는 혼인의 효력의 문제로서

---

67) 일본 법적용통칙법 §25와 §26의 해석상 注國私(2), 39(靑木 淸) 이하(내국거래보호를 달성하기 쉽다는 점을 근거로 든다); 櫻田嘉章, 283. 또한 일정한 부부재산제를 전제로 부부의 일상가사대리권과 연대채무를 인정하는 법제도 있고 부부재산계약에 의하여 이의 배제를 허용하는 법제도 있다는 점을 고려하여 부부간의 이해관계 내지 제3자의 이익의 쌍방을 고려하는 일본 법적용통칙법 §26를 적용할 것라고 한다. 注國私(2), 29(植松眞生).

68) 신창선, 335; 신창섭, 279; 윤종진, 441.

69) 민법상으로는 혼인의 효과를 '혼인의 일반적 효과'와 '재산적 효과'로 구분한다. 김주수·김상용, 125 이하 참조. 그러나 종래 섭외사법에서부터 '효력'이라는 표현을 사용하였으므로 국제사법에서도 이를 유지하였다.

섭외사법 §16 ①에 의하여 규율되는 것으로 이해되었다. 그러나 국제사법은 부양에 관한 조항을 개정하면서 헤이그국제사법회의의 1973년 "부양의무의 준거법에 관한 협약"(Convention on the Law Applicable to Maintenance Obligations)(이하 "헤이그부양협약"이라 한다)[70]을 따라 부양을 독립한 연결대상으로 취급하여 모든 부양의무의 준거법을 §46에 의하여 통일적으로 규율한다. 그 결과 국제사법하에서는 부부간의 부양의무는 §37가 아니라 §46에 의하여 규율되는 사항이므로 원칙적으로 부양권리자의 상거소지법에 의한다. 다만 한국에서 이혼이 이루어지거나 승인된 경우에 이혼한 당사자 간의 부양의무는 그 이혼에 관하여 적용된 법에 의한다(§46 ②). 그에 따르면 부부간의 부양의무의 준거법은 혼인계속중(부양권리자의 상거소지법)인가 이혼시(이혼의 준거법)인가에 따라 다르다.[71]

Ⅳ. 혼인의 효력에 관한 당사자자치

흥미로운 것은 독일 민법시행법(§14)의 태도이다. 동조는 ①에서 단계적 연결원칙(우리와 달리 5단계이다)을 규정하고, ②과 ③에서 아래와 같이 당사자의 선택을 인정한 뒤 ④에서는 법선택합의의 방식요건을 명시한다. 첫째, 부부의 일방이 복수국적을 가지고 타방 배우자도 그 중 하나의 국적을 가지는 경우 그 법을 선택할 수 있고(②), 둘째, ① i의 요건이 존재하지 아니하고 또한 부부의 어느 일방도 부부쌍방의 상거소지국의 국적을 가지지 않거나, 부부가 동일 국가 안에 상거소를 가지고 있지 아니한 경우에는 부부는 일방의 국적 소속국법을 선택할 수 있으나, 법선택의 효력은 부부 쌍방이 공통의 국적을 취득한 때에는 종료한다(③). 법선택은 공증인에 의해 증명되어야 한다. 법선택이 내국에서 행해지지 않은 때에는 선택된 법 또는 법선택지의 부부재산계약의 방식요건에 합치하면 된다(④).

즉 독일 민법시행법은 혼인의 일반적 효력과 부부재산제에 대하여 모두 제한적인 당사자자치를 허용하는 데 반하여(당사자자치의 내용은 양자 간에 차이가 있다) 우리 국제사법은 후자의 경우에만 당사자자치를 허용한다.

70) 헤이그부양협약의 국문번역은 법무부, 국제사법에 관한 헤이그회의 제협약, 법무자료 213(1997), 191 이하 참조.
71) 입법론으로 이혼의 경우도 부양권리자의 상거소지법에 의할 것이라는 견해도 있다. Kropholler, 381.

第 38 條 (부부재산제)

① 부부재산제에 관하여는 제37조의 규정을 준용한다.

② 부부가 합의에 의하여 다음 각호의 법 중 어느 것을 선택한 경우에는 부부재산제는 제1항의 규정에 불구하고 그 법에 의한다. 다만, 그 합의는 일자와 부부의 기명날인 또는 서명이 있는 서면으로 작성된 경우에 한하여 그 효력이 있다.

  1. 부부 중 일방이 국적을 가지는 법

  2. 부부 중 일방의 상거소지법

  3. 부동산에 관한 부부재산제에 대하여는 그 부동산의 소재지법

③ 외국법에 의한 부부재산제는 대한민국에서 행한 법률행위 및 대한민국에 있는 재산에 관하여 이를 선의의 제3자에게 대항할 수 없다. 이 경우 그 부부재산제에 의할 수 없는 때에는 제3자와의 관계에 관하여 부부재산제는 대한민국 법에 의한다.

④ 외국법에 의하여 체결된 부부재산계약은 대한민국에서 등기한 경우 제3항의 규정에 불구하고 이를 제3자에게 대항할 수 있다.

섭외사법 제 17 조 (부부재산제)

① 부부재산제는 혼인 당시의 夫의 本國法에 의한다.

② 외국인이 대한민국 국민의 婿養子가 된 때의 부부재산제는 대한민국의 법률에 의한다.

▌참고문헌: 이화숙(2000), 비교부부재산관계법; 최흥섭(2000), "부부재산제의 준거법에 관한 1978년의 헤이그협약," 아세아 3;[1] Tobias Bosch(2002), Die Durchbrechungen des Gesamtstatuts im internationalen Ehegüterrecht, Unter besonderer Berücksichtigung deutsch—französischer Rechtsfälle; MünchKomm/Siehr(2010), Band 10, 5. Aufl., EGBGB.

I. 서론

1. 의의 및 연혁

가. 의의

혼인의 재산적 효력(또는 효과)의 문제를 부부재산제라 한다. 실질법적으로는 많은 국가들은 부부가 합의에 의하여 그들의 재산관계를 스스로 형성하도록 하고(부부재산계약), 그러한 합의가 없는 경우에 대비해서 부부의 재산관계를 보충적으로 규율하는 부부재산제도를 두고 있다(법정부부재산제).[2] 우리 민법도 부부재산제를 우선 당사자의 부부재산계약에 맡기고(民 §829) 부부재산계약이 없는 경우에 적용되는 법정부부재산제로 별산제의 원칙을 규정하고 있다(民 §830 이하).

나. 연혁

섭외사법은 부부재산제를 혼인 당시의 부(夫)의 본국법에 연결함으로써 불변경주의를 취하였는데 이는 부부재산제의 항구적 성질을 존중하고, 부의 자의적인 국적변경으로 준거법이 달라짐에 따라 처 및 부부와 거래한 제3자의 불이익을 피하기 위한 것이었다. 그러나 이는 무엇보다도 양성평등의 원칙에 반하는 것이라는 비판을 받았다. 따라서 국제사법은 부부재산제의 준거법을 혼인의 일반적 효력의 준거법과 일치시켰고(國私 §38 ①), 제한적으로 당사자자치의 원칙을 도입하였으며(②), 내국거래 보호조항을 마련하였다(③, ④).

2. 입법례

부부재산제는 신분관계와 재산관계가 교착하는 영역인데, 양자 중 어느 쪽을 더 중시하는가에 따라 속인법주의, 동산·부동산구별주의와 의사주의 등이 있다.[3] 속인법주의는 부부재산제의 문제를 신분관계의 문제 또는 그와 밀

---

1) 이는 최흥섭, 현대적 흐름(2005), 223 이하에도 수록되어 있으나 전자를 인용한다.
2) 김주수·김상용, 135.

접하게 관련된 문제로 보아 다른 신분관계와 마찬가지로 당사자의 속인법에
따르도록 하는 주의이다. 이를 채택하는 입법례는 대체로 부부재산제의 준거법
을 혼인의 효력의 준거법에 연동시킨다. 동산·부동산구별주의는 동산에 대하
여는 부부의 속인법(예컨대 주소지법), 부동산에 대하여는 부동산 소재지법을 적
용하는 주의인데 이는 영미의 국제사법이 취하는 태도이다.[4] 의사주의는 당사
자자치의 원칙을 도입하면서 당사자가 선택하지 않은 경우에도 당사자의 묵시
적 의사가 있는 것으로 보아 혼인거행지법, 혼인주소지법 또는 공통본국법을
적용하는 입법례이다. 이는 프랑스와 벨기에에서 비롯되어 1978년 헤이그부부
재산제협약에서 채택되었으며 그 후 오스트리아, 독일, 스위스, 일본과 우리나
라에서 채택되었는데 당사자자치의 범위는 법제에 따라 다르다.[5]

II. 준거법의 결정

1. 혼인의 일반적 효력의 준거법과의 일치 (§38 ①)

부부재산제(matrimonial property regime, Güterstand)의 원칙적 준거법에 관하여
는 헌법상의 양성평등의 원칙을 관철하고, 혼인의 재산적 효력을 혼인의 일반
적 효력과 동일한 준거법에 의하도록 하는 것이 타당하다는 이유에서 후자에
관한 규정을 준용하도록 하였다(§38 ①).

이에 따르면 부부재산제는 동산인가 부동산인가, 나아가 재산의 소재지에
관계없이 단일한 준거법에 따른다. 이를 '부부재산제준거법 단일의 원칙'
(Grundsatz der Einheit des Güterstatuts)이라고 부른다.[6] 그렇더라도 개별준거법에 의
한 제한이 있음은 아래에서 지적하는 바와 같다.

이 경우 그 연결시점을 독일 국제사법처럼 '혼인 당시'로 할지(불변경주의),
아니면 '현재'로 할지(변경주의)를 선택해야 하는데 국제사법에서는 섭외사법과
는 달리 변경주의를 채택하였다. 섭외사법이 불변경주의를 취했던 이유는 부부

---

3) 이하 입법례는 이호정, 350 이하; 신창선, 336; 신창섭, 281; 김연 외, 368~369; 윤종진,
442~443; 김용한 외, 319; 櫻田嘉章, 285 참조.

4) 영국법은 동산에 관하여는 원칙적으로 혼인 성립시의 공통의 주소지법을 적용하고, 부동산에
관하여는 소재지법을 적용한다. 반면에 미국의 개별 주는 동산의 경우 대부분 대상 재산의 취득
시의 주소지에 착안한다고 한다. Reithmann/Martiny/Hausmann, Rn. 5953.

5) 구체적 입법례는 아래와 같다. 독일 민법시행법 §15(부부재산제), §16(제3자의 보호), 스위스
국제사법 §§52~57(부부재산제의 준거법), 오스트리아 국제사법 §19(부부재산제), 이탈리아 국
제사법 §30(부부간의 재산법적 관계), 일본 법적용통칙법 §26/법례 §15(부부재산제): 국제사법
과 거의 동일, 헤이그부부재산제협약 §§3~14, 이에 관하여는 최흥섭, 273 이하 참조.

6) Kropholler, 352.

재산제의 항구적 성질을 존중하고, 부의 자의적인 국적변경으로 준거법이 달라짐에 따라 처 및 부부와 거래한 제3자의 불이익을 피하기 위한 것이었다.[7]

국제사법이 변경주의를 취한 것은 부부재산제가 현재의 혼인생활과 밀접한 관련을 갖고 있고, 국제사법에서 부부재산제의 준거법을 혼인의 일반적 효력에 일치시키므로 그 연결시점도 일치시키는 것이 타당하기 때문이다.[8] 또한 혼인의 일반적 효력을 정한 國私 §37가 부부의 동일한 속인법을 준거법으로 규정하므로 변경주의에 따르더라도 부부 중 일방이 자의적으로 국적을 변경함으로써 유리한 법률관계를 형성할 가능성은 희박하기 때문이다.

변경주의를 취하므로 혼인의 존속중에 준거법이 변경될 수 있는데 이 경우 종전부터 가지고 있는 재산에 대하여는 새로운 준거법을 적용할 수는 없을 것이다.[9]

2. 당사자자치의 원칙의 도입 (§38 ②)

부부재산제에 당사자자치의 원칙을 도입하여 부부가 준거법을 선택하는 것을 허용하고, 준거법 선택시에는 이를 우선적으로 적용하도록 하였다(② 본문). 다만 부부재산제의 신분적 측면도 고려하여 준거법으로 선택할 수 있는 법의 범위를 제한하였다(② i~iii).[10] 또한 선택의 방식에 명확성을 기하고자 일자와 기명날인 또는 서명이 있는 서면에 의하도록 하였다(② 단서). 일자가 기재되어 있으면 족하고 확정일자를 요구하는 것은 아니다.[11]

---

7) 그러나 연구반초안에서는 준거법 선택이 없는 경우에는 혼인의 재산적 효력의 문제를 신분적 효력의 문제와 일치시키는 것이 타당하다고 보아 변경주의, 즉 '현재'의 법으로 하였다(제1안). 그러나 변경주의에서 나올 수 있는 예측불가능성을 이유로 불변경주의를 택하자는 반대의견이 있어서 이를 제2안으로 제시하였다. 연구반초안해설, 52.
연구반초안 ②은 다음과 같다.
"[제1안] 전항의 규정에 의한 선택이 없는 경우 부부재산제는 혼인의 효력의 준거법에 의한다. [제2안] 전항의 규정에 의한 선택이 없는 경우 부부재산제는 혼인성립 당시 혼인의 효력의 준거법에 의한다."
8) 이는 헤이그부부재산제협약(§3) 및 일본 법적용통칙법(§26)의 태도와 같다. 흥미로운 점은 독일 민법시행법(§15 ①)은 '혼인 체결시'를 기준으로 하는 불변경주의를 취하는 점인데 이는 법정책적으로 부당하다는 비판을 받고 있다. Kropholler, 196.
9) 注國私(2), 40(靑木 淸)도 동지. 그러나 준거법의 변경은, 특히 준거법의 선택과 결합하는 경우 저촉법상 및 실질법상 어려운 문제를 제기한다.
10) 이러한 제한을 준거법의 양적 제한이라고 부르기도 한다. 복수국적자의 경우에는 그 중 어느 국적이라도 그 국적이 있는 국가의 법을 선택할 수 있다. ② i에서 '부부 중 일방의 본국법'이라고 표현하지 아니하고 '부부 중 일방이 국적을 가지는 법'이라고 표현한 것은 이러한 이유에서이다.
11) 본문 아래에서 언급하는 헤이그부부재산제협약 §13도 동일한 취지이다.

부부재산제에 당사자자치의 원칙을 도입한 근거는 다음과 같다.[12]

첫째, 헤이그국제사법회의의 1978년 "부부재산제의 준거법에 관한 협약" (Convention on the Law Applicable to Matrimonial Property Regimes)(이하 "헤이그부부재산제 협약"이라 한다)[13]과 최근 다수의 입법례가 당사자자치를 허용하므로 국제적 판결의 일치를 기할 수 있다. 둘째, 부부재산제는 재산적 측면이 강하므로 이를 부부의 의사에 맡겨 그들간에 자유로운 재산관계의 형성과 관리를 가능하게 하는 것이 타당하다. 셋째, 부부재산제의 객관적 준거법을 결정함에 있어 단계적 연결방법이 도입된 결과 '가장 밀접한 관련이 있는 국가'와 같이 준거법의 예측이 곤란한 경우가 있을 수 있으므로 예측가능성을 확보하기 위해 준거법 선택을 인정하는 것이 바람직하다. 넷째, 부부재산제의 객관적 준거법의 결정에 있어 변경주의를 취하므로 부부재산제의 명확성과 고정성을 바라는 당사자의 의사를 존중해 주는 것이 좋다.

부부가 부부재산제의 준거법을 선택하는 경우에도 부부재산제 준거법 단일의 원칙이 적용된다. 따라서 부부의 재산이 복수국가에 소재하더라도 준거법을 분할할 수 없음이 원칙이나, 부동산에 관하여는 부동산 소재지법을 선택할 수 있으므로 그 범위 내에서는 준거법의 분할(또는 분열)이 발생한다.

혼인의 존속중에 당사자가 준거법을 변경한 경우 이는 원칙적으로 장래에 향하여 효력이 있으므로 준거법의 변경 전부터 있는 재산의 청산은 구 준거법에 따라야 한다.[14] 따라서 부부재산제의 청산 또는 이혼에 따른 재산분할시에 어려움이 있을 수 있다. 당사자는 소급효를 부여할 수도 있으나 그렇더라도 제3자의 권리를 침해할 수는 없다.[15]

참고로 독일 민법시행법(§15)은 ①에서 부부재산제의 효력을 원칙적으로 혼인의 일반적 효력의 준거법에 따르도록 규정하고 ②에서 당사자의 선택가능성을 규정한 뒤 ③에서는 법선택합의의 방식요건에 관하여 혼인의 일반적 효력의 준거법선택에 관한 규정을 준용한다.[16] 즉 §15 ②에 따르면 혼인의 재산법적 효력에 대하여 부부는 부부 중 일방의 국적소속국법 또는 상거소지법을 선택할 수 있고, 나아가 부동산에 대하여는 그 소재지법을 선택할 수 있다.

---

12) 법무부, 해설, 137.
13) 국문번역은 법무부, 국제사법에 관한 헤이그회의 제협약, 법무자료 213(1997), 199 이하 참조.
14) MünchKomm/Siehr, Art. 15, Rn. 55.
15) MünchKomm/Siehr, Art. 15, Rn. 56.
16) 다만 피추방자와 난민의 부부재산제에 관한 법률의 규정은 영향을 받지 아니한다.

3. 내국거래 보호조항의 마련 (§38 ③, ④)

부부재산제의 문제는 거래상대방인 제3자의 이익에도 영향을 미치는데, 특히 준거법이 외국법인 경우 내국에서의 거래를 보호할 필요가 있다. 특히 국제사법하에서는 부부재산제에 단계적 연결을 도입하고 당사자자치도 허용하므로 거래 상대방의 입장에서는 종전에 비해 준거법이 불명확하게 되었다는 점에서 내국거래를 보호할 필요가 더욱 크다.

국제사법은 이 문제를 해결하기 위하여 일본 법적용통칙법(§26)[17]과 같이 내국거래 보호조항을 마련하였다. 즉 준거법이 외국법인 경우 그 외국법에 의해 부부재산계약(prenuptial agreement)[18]이 체결되고 그것이 한국에서 등기된 경우에는 이를 제3자에게 주장할 수 있다(國私 §38 ④).[19] 그러나 그러한 부부재산계약이 한국에서 등기되지 않았거나 또는 실제로 등기가 불가능한 법정재산제에 있어 외국법이 준거법으로 된 경우에는 한국에서 행하여진 법률행위 및 한국에 있는 재산에 관하여 선의의 제3자에게 대항할 수 없도록 하였고, 제3자가 이를 주장할 때에는 한국법에 의한다(§38 ③).

내국거래 보호조항이 적용되는 사례는 다음과 같다.[20] 한국인 남편 갑과 A국인 처 을이 혼인한 후 한국에 거주하면서 부부재산관계는 A국법에 의한다는 합의를 하였다. 갑이 혼인 후 취득하여 자신 명의로 등기한 한국 내 토지를 무단으로 한국인 병에게 매각하고 소유권이전등기를 하였다. A국법에 의하면

---

17) 이는 법례(§15)와 같은 취지이다.

18) 흔히 '혼인전계약'이라고 번역하는 'prenuptial agreement'(또는 prenub)는 부부재산계약을 포함하나 그에 한정되는 것은 아니고 이혼시의 재산분할과 자녀의 양육에 관한 사항도 포함하는 것이 일반적이다. 그러나 우리 민법상의 부부재산계약은 혼인기간 중 해당 재산을 어떻게 다룰 것인가, 두 사람 사이의 재산관계는 어떻게 처리할 것인가에 관한 계약을 말하며, 혼인이 종료되면 그 효력을 잃고, 혼인성립 전이나 혼인 종료 후의 재산관계를 다룰 수 없으므로 이혼을 전제로 한 재산분할계약은 효력이 없다. 김주수·김상용, 137. 한국인과 미국인인 부부가 혼전에 재산분할청구권을 포기하는 내용의 약정을 한 사안에서 서울가정법원 2011. 6. 1. 선고 2010드합2138(본소), 2010드합5120(반소) 판결은, 재산분할청구권을 포기하는 내용의 부부재산계약은 상속개시 전의 유류분권 및 상속권의 포기가 인정되지 않는 점, 혼인 전에는 이혼시 양쪽의 자산, 수입을 예상하기 곤란하고 혼인중에 부부의 재산관계가 수시로 변동되는 점 등에 비추어 허용될 수 없다고 판시한 바 있다. 부부재산계약(또는 부부재산약정)의 실질법적 측면에 관한 논의는 이 책 民 §829 註釋 참조.

19) 과거 우리나라에서는 부부재산계약을 등기한 예가 없었으나 이제는 그렇지 않다. 대법원도 2001. 5. 30. 대법원등기예규 제1022호로 부부재산약정등기사무처리지침을 제정한 바 있다. 법원공보 2001. 7. 1.(제1139호), 28 참조. 대법원 통계에 따르면 부부재산계약은 지난 2003년 처음 등기된 후 해마다 약 20여건씩 이뤄지고 있고, 특히 2013년에는 29건이 등기됐으며, 2014년에는 3월까지 7건이 등기되는 등 최근 들어 증가하고 있다고 한다. 新聞, 4239(2014. 7. 18.) 기사 참조.

20) 법무부, 해설, 138 주 87.

혼인 후 취득한 부동산은 부부의 공동재산이 되어 각자 2분의 1지분을 갖는다. 을이 병을 상대로 한국 법원에 소유권이전등기말소청구의 소를 제기한 경우 부부재산관계의 준거법이 문제된다. 만일 병이 선의라면 을은 부부재산계약으로 병에게 대항할 수 없으므로 부부재산관계는 한국법에 따르나, 병이 악의라면 A국법에 의한다(§38 ③). 그러나 만일 부부재산계약을 한국에서 등기했다면 병의 선의·악의를 불문하고 을은 병에 대해 A국법의 적용을 주장할 수 있다(§38 ④).

4. 서양자(婿養子) 조항의 삭제

우리 민법상 서양자제도가 폐지되었으므로 섭외사법 §17 ②의 서양자 조항을 삭제하였다.

Ⅲ. 준거법이 규율하는 사항

1. 총설

부부재산제는 혼인에 기하여 부부재산의 특별규율에 봉사하므로 이를 다루는 논점들이 부부재산제법에 속한다.[21] 부부재산제는 혼인의 계속중에는 물론이고 이혼 또는 일방의 사망에 의한 해소시에도 의미를 가진다. 부부재산제의 준거법은 부부재산계약과 법정재산제에 모두 적용되나,[22] 부부의 모든 재산에 대한 부부재산제의 특별규율은 부부재산을 구성하는 개개의 재산을 지배하는 법질서에 반하는 않는 범위 내에서만 적용될 수 있다. 즉 부부재산제의 준거법은 "개별준거법은 총괄준거법을 깨뜨린다"(Einzelstatut bricht Gesamtstatut)는 원칙[23]에 의해 제한되므로 예컨대 물건의 소재지법이 공유만을 알고 있으나

---

21) 이호정, 351.

22) 법정재산제의 분류는 논자에 따라 다양하다. 예컨대 김주수, 친족·상속법(1999), 148 이하는 부가이익(또는 잉여)공동제(Zugewinngemeinschaft, 독일), 소득공동제(또는 법정공동재산제. 프랑스), 소득참여제(스위스), 일반공동제(네덜란드)와 별산제(우리 민법, 영미법계 국가), 관리공통제(우리 구민법) 등을 소개하였다. 미국 일부 주는 공동제를 일부 주는 별산제를 택하고 있다. 한편 이화숙, 75 이하는 공동제(community property system), 별산제(separate property system)와 절충식제도로 3분한다. 독일의 부가이익공동제도 절충식제도라고 하면서 이는 혼인중에는 별산제, 혼인 해소시에는 공동제와 같이 취급한다고 한다. 외국 입법의 소개는 민유숙, "부부재산제도와 재산분할제도의 관계," 司論 26(1995), 235 이하; 민유숙, "외국의 부부재산제도와 재산분할 제도 및 부양제도 ― 미국법을 중심으로," 司論 31(2000), 526 이하도 참조. 부부재산제의 다양한 모습과 발전에 관하여는 이 책 民 §829 註釋 참조.

23) 상세는 이호정, 351; 木棚照一, 國際相續法の研究(1995), 302 이하 참조. 독일 민법시행법(§3a ②)은 위 원칙을 명시한다. 근자에 위 원칙에 대한 비판론이 우리나라에서도 제기되고 있는데, 최흥섭, "한국 국제사법에서 총괄준거법과 개별준거법의 관계," 비교사법 21−2(통권 65)(2014. 5.), 597 이하는 명문규정이 없는 우리 국제사법의 해석론으로는 위 원칙을 인정할 수 없고 이

부부재산제의 준거법이 합유로 규정하는 때에는 물건은 개별준거법에 따라 공유에 속한다. 또한 부부재산제의 준거법이 배우자의 일방에게 다른 배우자 소유의 부동산 위에 법정저당권을 인정하더라도 당해 부동산 소재지법이 그러한 물권을 허용하지 않는다면 이는 성립할 수 없다.24)

참고로 독일 민법시행법(§3 ③)은 "제3절과 제4절의 지정이 어느 자의 재산을 어느 국가의 법에 따르게 하는 경우에는, 그러한 지정은 그 국가 안에 소재하지 아니하고 또한 소재지국법상 특별한 규정에 따르게 하는 대상물에 대해서는 적용되지 아니 한다"고 규정함으로써 이 원칙을 명시한다.25)

2. 부부재산계약

부부간에 부부재산계약을 체결할 수 있는지, 체결 시기, 부부재산계약의 내용과 변경 가능성 등은 모두 부부재산제의 준거법에 따른다.26) 예컨대 위에서 언급한 바와 같이 준거법이 우리 법인 경우 부부재산계약은 혼인종료 후의 재산관계를 정할 수는 없다.27)

부부재산계약을 체결하기 위한 행위능력에 관하여는 일반적인 행위능력에 의한다는 견해28)와 미성년자도 혼인에 의하여 능력자로 될 수 있고 혼인을 할 능력이 있는 자는 비록 미성년자라고 하더라도 부부재산계약을 체결할 수 있는 능력이 있다고 보아야 하므로 이도 부부재산제의 준거법에 의할 사항이라는 견해도 있다.29)

부부재산계약의 방식에 관하여는 법률행위의 방식의 준거법을 정한 §17에 따를 사항이라는 견해30)와 부부재산제의 준거법에 의할 사항이라는 견해가 나

를 제3국의 국제적 강행규범론에 의하여 해결하자고 한다. 이는 상속의 경우 상속의 총괄준거법과 상속재산 소재지의 개별준거법과의 관계에서도 발생한다. 상세는 위 木棚照一, 328 이하 참조. 다만 일본에서 학설상 인정되는 위 원칙은 독일의 그것처럼 넓지는 않다. 예컨대 일본에서는 근자에 상속재산의 구성단계에서 상속준거법과 개별 재산의 준거법을 누적적용하는 독일식 접근방법에 반대하는 견해가 유력하다. 注國私(2), 195 이하(林 貴美) 참조.
24) 신창선, 337. 신창섭, 283; 윤종진, 446; Andrae, §3, Rn. 149. 상세는 Bosch(2002), 제3장~제4장 참조.
25) §3 ③에 관하여는 Bosch(2002), 65ff. 참조. 그러나 일본에서 학설상 인정되는 위 원칙이 독일법의 그것처럼 넓은 것은 아니라고 한다. 상세와 위 원칙의 적용이 문제되는 구체적인 사례는 위 木棚照一(주 23), 328 이하 참조.
26) 신창선, 337; 김연 외, 371; 신창섭, 283.
27) 김주수·김상용, 137.
28) 김연 외, 372; 윤종진, 446; MünchKomm/Siehr, Art. 15, Rn. 87.
29) 신창선, 337; Staudinger/Mankowski, Art 15, Rn. 311.
30) 신창섭, 284; 윤종진, 446; 서희원, 275; 김용한 외, 321; MünchKomm/Siehr, Art. 15, Rn. 88; Staudinger/Mankowski, Art 15, Rn. 315.

넌다. 후자는 부부재산계약은 일종의 재산적 신분행위로서의 성질을 가진다는 점을 논거로 한다.31)

부부재산계약의 제3자에 대한 효력을 정한 §38 ④이 부부재산계약에만 적용됨은 조문상 명백하다.

3. 부부재산의 귀속과 지배관계

부부재산의 귀속관계, 유보재산과 공유재산의 관리·사용·수익·처분 등의 허용 여부, 그 범위, 정도와 요건 등 부부재산의 지배관계, 부부 일방이 혼인 전 또는 혼인중에 부담하는 특정채무에 대한 다른 일방의 책임은 모두 부부의 재산관계에 관한 사항이므로 부부재산제의 준거법에 의한다.32)

4. 혼인의 무효, 취소와 부부재산제

부부재산제의 준거법이 적용되는 것은 유효한 혼인관계의 존재를 전제로 한다. 따라서 혼인이 무효라면 당사자 간의 재산관계에 대해 부부재산제의 준거법을 적용할 이유가 없다. 한편 혼인의 취소에 관하여는 취소되기 전에는 당연히 부부재산제의 준거법이 적용되나, 취소된 경우의 처리에 관하여는 혼인의 성립요건의 준거법에 의하는 견해,33) 부당이득 등 기타 법리에 의한다는 견해34)와 그 경우에도 여전히 부부재산제의 준거법에 의할 것이라는 견해35)가 있다. 이 경우 혼인관계의 존재는 선결문제로서 독립적으로 연결된다.

5. 혼인의 해소와 부부재산제

일방 배우자의 사망 또는 이혼에 의한 부부재산제의 해소와, 해소에 따른 부부의 재산의 귀속과 확정 등의 문제는 부부재산제의 준거법에 의할 사항이다.36) 이렇게 이해하면 부부의 이혼시 부부재산의 청산은 부부재산제의 준거법에 따를 사항인데, 우리 민법처럼 이혼시 재산분할을 이혼의 효력의 문제라고 볼 수도 있으므로 양자의 관계가 문제된다. 이는 성질결정의 문제인데 이는

---

31) 신창선, 337; 김연 외, 372.
32) 신창선, 338; 김연 외, 372. 신창섭, 284; 윤종진, 447.
33) 신창선, 338.
34) 신창섭, 284. 윤종진, 446은 혼인의 무효 또는 취소가 부부재산제에 어떤 영향을 미치는가는 혼인의 성립요건의 준거법에 의하고 이미 배우자에게 이전된 재산이 부당이득을 구성하는가는 부당이득의 준거법에 의한다고 한다.
35) MünchKomm/Siehr, Art. 15, Rn. 101.
36) 신창선, 338; 김연 외, 372; 신창섭, 284; 윤종진, 446. 독일도 같다. Andrae, §4, Rn. 83.

아래 이혼의 준거법에서 논의한다.

마찬가지로 배우자의 일방이 혼인관계 존속중 사망한 경우 재산의 귀속문제는 부부재산제와 상속의 접점에 있는 문제로서 까다로운 문제를 야기한다. 이 경우 부부재산제는 혼인중 부부의 재산관계를 정하는 것인 데 반하여 상속은 배우자가 사망한 경우에 재산의 분배를 받는 것이라는 실질법상의 차이에 착안하여 부부재산제가 상속에 선행한다고 보아 우선 부부재산제의 준거법에 따라 사망한 배우자의 재산, 즉 상속재산의 범위를 확정한 뒤에 상속의 준거법에 의하여 그 상속의 문제를 처리할 것이라는 견해가 통설이다.37) 그러나 부부재산제와 상속의 경계는 모든 법제에 있어서 그렇게 명확한 것이 아니므로 양자의 충돌에서 까다로운 문제가 발생할 수 있는데,38) 이는 결국 적응(adaptation) 또는 조정의 법리에 의하여 해결해야 한다.39) 적응이라 함은, 국제사법이 적용되는 사건에서 준거법의 모순 또는 저촉으로부터 발생하는 문제를 해결하기 위하여 법질서를 수정하여 적용하는 법리를 말하는데, 이는 사안에 따라 예방적인 국제사법적 방법, 치료적인 실질사법적 방법 또는 국제사법 안에서의 사항규정의 형성에 의하여 해결할 것이라고 한다.40)

6. 이슬람법의 Morgengabe의 처리

Morgengabe(mahr)라 함은 이슬람법상 혼인 전에 남편이 될 자가 부인이 될 자에게 지급할 것을 약속하는 금원[일종의 지참금(이하 이슬람식 지참금)]으로, 실제로는 혼인시에 일부만 지급하고 나머지는 이혼 또는 사망으로 인한 혼인 해소시에 지급한다. 국제사법상 이슬람식 지참금은 유효한 혼인의 성립에 관한 한 혼인의 성립의 준거법에 따르고, 지참금의 지급청구에 관한 한 그것이 혼인의

---

37) 신창선, 338; 김연 외, 372; 신창섭, 284; 윤종진, 447. Andrae, §3, Rn. 237은 배우자 일방의 사망에 의하여 어떤 재산이 유산이 되는가는 부부재산제의 청산의 문제이므로 부부재산제의 준거법에 의하고(생존배우자의 청산청구권도 이에 따른다), 생존배우자의 유산분할에 대한 참여를 규율하는 법은 상속법으로 성질결정한다.

38) 근자의 보도에 따르면 법무부 민법(상속편) 개정특별분과위원회는 상속재산의 50%를 배우자에게 우선 지급하고 남은 50%를 기존과 같이 배우자와 자녀가 나눠 상속하도록 하는 민법의 상속 관련조항 개정을 추진하고 있다고 한다. 개정위는 民 §1009 ②을 개정해 피상속인의 배우자에게 50%를 우선 배분하고 선취분을 제외한 나머지 50%는 기존 상속분 규정대로 나누도록 할 계획이라고 한다. 2014. 1. 30. 동아일보 기사. <http://news.donga.com/Main/3/all/20140102/59920291/1> 참조. 이는 부부재산제의 청산적 요소를 강화한 것이라고 할 수 있으나 선취분이 부부재산제의 청산의 문제인지 상속법의 문제인지는 분명하지 않다.

39) Kropholler, 353. 독일에서는 특히 배우자 일방의 사망시 잉여의 조정을 정한 독일 민법 §1371 ①과 배우자의 법정상속권을 정한 §1931을 둘러싸고 논란이 많다.

40) 이호정, 123, 124. 조정이 문제되는 전형적 사건은 이호정, 121 이하 참조.

존속중의 것인 때에는 혼인의 일반적 효력의 준거법 또는 부부재산제의 준거법에 따를 사항이나, 이혼 또는 talaq에 의한 혼인 해소시의 청구인 때에는 이혼 배우자 간의 부양의무와 마찬가지로 이혼의 준거법에 따를 사항이며[41] 남편 사망시에는 유증과 유사한 기능을 하므로 상속의 준거법에 따를 사항이라고 볼 수 있으나 더 엄밀한 검토가 필요하다.[42]

IV. 반정과 공서

1. 반정

부부재산제에서 연결점의 상위로 인하여 반정이 일어날 수 있다. 위에서 본 것처럼 영국 또는 미국 각주의 준거법은 동산에 관하여는 원칙적으로 부부의 공통의 주소지법을 적용하고, 부동산에 관하여는 소재지법을 적용하는데, 예컨대 부부재산제의 준거법이 영국법인데 예컨대 부동산 소재지가 한국이라면 상속의 경우처럼 國私 §9에 따라 우리 법으로의 반정이 일어날 수 있다.

또한 성질결정의 상위로 인하여 반정이 일어날 수도 있다. 독일 국제사법(§15 ①)은 부부재산제를 혼인체결 시의 혼인의 일반적 효력의 준거법에 따르도록 규정함으로써 불변경주의를 취하는데, 예컨대 만일 독일인 남편과 한국인 부인이 혼인체결시 한국에서 살다가 독일로 이주하여 독일에 정착한 뒤 이혼하게 되어 한국인 부인이 재산분할청구의 소를 한국에서 제기하였다면 우리 법원은 이를 이혼의 효력 문제로 성질결정하여 이혼준거법인 독일법을 적용할 것이다(다수설에 의할 경우). 그런데 독일 국제사법은 이혼시 재산분할을 부부재산제의 청산의 문제로 성질결정하므로 한국법을 부부재산제의 준거법으로 지정하게 된다. 이 경우 성질결정의 상위로 인한 반정이 일어날 수 있다.[43]

---

41) von Hoffmann/Thorn, IPR, 9. Aufl., 2007, §6, Rn. 9. 이 점은 안춘수, "國際私法에 있어서의 性質決定 문제," 비교사법 11-2(2004), 345도 동지.

42) von Hoffmann/Thorn, IPR, 9. Aufl., 2007, §6, Rn. 9 참조. 상세는 Andrae, §4, Rn. 72ff. 참조. 이슬람법의 talaq이 제기하는 문제는 Andrae, §4, Rn. 72ff. 유대법의 talaq이 제기하는 문제는 Andrae, §4, Rn. 77ff. 참조.

43) 김용한 외, 116; 윤종진, 91. 이것이 독일에서 통용되는 견해로 보인다. Andrae, §3, Rn. 131; Reithmann/Martiny/Hausmann, Rn. 5959 참조. 독일에서는 이혼시 부부재산법적인 분쟁의 성질결정이 상이할 수 있음을 분명히 지적한다.

2. 공서

부부재산제의 준거법인 외국법의 적용이 공서에 반하는 때에는 그 적용이 배제된다. 예컨대 준거법이 외국법이 이혼시의 재산분할청구를 전혀 인정하지 않거나 현저히 적은 금액만을 인정하는 경우에는 공서위반을 이유로 배제될 수 있다.[44)]

---

44) 과거 우리 민법은 이혼시 부인의 재산분할청구권을 인정하지 않고 유책배우자의 위자료지급 의무만을 인정하였는데, 과거 재일동포인 부인이 재일동포인 남편을 상대로 일본 법원에서 재산분할을 청구한 사건에서 준거법인 한국법의 적용이 일본의 공서에 반하는지가 다투어졌고 이에 관하여 일본 하급심판결이 나뉘었다. 이에 대해 일본 최고재판소 1984. 7. 20. 판결은 한국법에 따라 유책배우자가 이혼시 지급할 위자료의 금액이 일본의 사회통념에 비추어 현저히 적은 금액이 아니라면 한국 민법을 적용하는 것이 일본의 공서에 반하는 것은 아니라는 취지로 판시하였다.

第 39 條 (이혼)

이혼에 관하여는 제37조의 규정을 준용한다. 다만, 부부 중 일방이 대한민국에 상거소가 있는 대한민국 국민인 경우에는 이혼은 대한민국 법에 의한다.

섭외사법 제 18 조 (이혼)

이혼은 그 원인된 사실이 발생한 당시의 夫의 本國法에 의한다. 그러나 법원은 그 원인된 사실이 대한민국의 법률에 의하여 이혼의 원인이 되지 아니할 때에는 이혼의 선고를 하지 못한다.

▌참고문헌: 김원태(2006), "국제이혼의 법적 문제," 가족법연구 20-1; 석광현·이병화(2010), 헤이그국제아동입양협약에 관한 연구; 이병화(2013), "국제이혼에 관한 국제사법적 고찰," 저스티스 137; 이화숙(2000), 비교부부재산관계법; 최흥섭(2000), "섭외사법개정법률안의 검토 — 제2장(자연인), 제4장(친족), 제5장(상속)," 국제사법학회 8차 연차학술대회 발표자료(2000. 11. 25.); 최봉경(2010), "국제이주여성의 법적 문제에 관한 소고," 서울대 법학 51-2; 최흥섭(2001), "개정법률과 國際親族·相續法의 諸問題," 법조 536.

Ⅰ. 서론

1. 의의 및 연혁

가. 의의

혼인은 배우자의 사망에 의하여 또는 이혼에 의하여 해소되기도 하는데, 여기에서 혼인의 해소라 함은 일단 완전히 유효하게 성립한 혼인이 종료되는 것을 말한다. 이혼이라 함은 부부雙방의 생존중에 혼인을 해소하는 제도이다. 이혼사유와 이혼방법 등에 관하여는 국가에 따라 편차가 있으나 오늘날 이혼제도는 대부분의 법제에서 널리 인정되고 있다.

나. 연혁

섭외사법은 부의 본국법을 준거법으로 함으로써 헌법상의 양성평등의 원칙에 반하고, 이혼원인에 관하여 유책주의(Verschuldensprinzip, fault−based divorce)를 전제로 하고 있었기 때문에 현대이혼법의 파탄주의(Zerrüttungsprinzip, no−fault divorce)에로의 전환을 반영하고 있지 못하였으며,1) 준거법의 누적적 적용으로 이혼가능성을 제한시키고 있어 이혼의 자유라는 각국 실질법의 경향에 역행하고 있는 점 등에서 문제가 있다고 지적되어 왔다. 국제사법은 이러한 문제점을 제거하고 또한 이혼은 혼인관계의 해소이므로 혼인의 일반적 효력의 준거법에 관한 §37를 준용하도록 하여 혼인의 일반적 효력의 준거법과 일치시켰고(본문) 내국인조항을 별도로 규정하였다(단서).

2. 입법례

이혼의 준거법에 관하여는 법정지법주의와 속인법주의가 있다.2) 전자는 이혼을 이혼지(법정지)의 공서 문제로 보아 전적으로 이혼지법에 의하는 것으로 영미에서 채택하는 주의이다.3) 속인법주의는 이혼의 문제도 다른 신분에 관한 다른 문제와 같이 속인법에 의하는 것으로 독일, 일본과 우리나라 등 많은 대륙법계국가가 채택하는 주의이다.4) 물론 무엇을 속인법으로 보는가에 따라 부

---

1) 현대이혼법의 동향은 김주수·김상용, 158 이하 참조. 실질법상 파탄주의와 유책주의에 관한 상세는 이 책 제5절 이혼 [前註] 혼인의 해소 註釋 참조. 국제이혼에 관한 일본 판례는 김문숙, "국제사법상의 이혼에 관하여 ─ 일본 법례 및 재판례를 중심으로 ─," 아세아 4, 239 이하 참조.

2) 유럽연합국들의 다양한 연결원칙은 Commission Staff Working Paper, An nex to the Green Paper on applicable law and jurisdiction in divorce matters (COM (2005) 82 final, para. 3.4; N. A. Baarsma, The Europeanisation of International Family Law, 2011, 145 이하 참조.

3) 영국, 아일랜드, 스웨덴 등이 이를 취한다. 미국도 같다. 신창선, 339.

4) 독일, 오스트리아, 이탈리아, 스페인 등이 이에 속한다. 프랑스는 프랑스법이 적용되는 경우

부의 공통 본국법을 취하는 국가와 공통의 상거소지법을 취하는 국가가 있다. 일부 국가는 당사자자치를 허용한다.[5]

Ⅱ. 준거법의 결정

1. 혼인의 일반적 효력의 준거법 준용 (§39 본문)

국제사법은 위에서 지적한 바와 같은 섭외사법의 문제점을 제거하기 위하여 이혼의 근거법을 정함에 있어 혼인의 일반적 효력의 준거법에 관한 §37를 준용하도록 하였다(§39 본문).

이혼의 준거법을 혼인의 일반적 효력의 준거법에 의하도록 하는 근거에 관하여는, 혼인중의 당사자 간의 의무와 그의 침해의 결과는 밀접하게 관련되므로 양자를 동일한 준거법에 의하도록 하기 위한 것이라는 견해도 있다. 그러나 유책주의하에서는 이런 견해가 설득력이 있을지 몰라도 파탄주의하에서는 그 설득력은 의문이다.[6]

연결의 기준시기에 관하여 불변경주의를 취할 것인지, 아니면 변경주의를 취할 것인지가 문제되었는데, 국제사법에서는 섭외사법과 달리 변경주의를 채택하였다. 왜냐하면 섭외사법이 연결의 기준시기를 이혼 원인의 발생시로 고정한 것은 유책주의를 전제로 한 것이며, 또한 이혼 원인이 발생한 후에 부가 자기의 국적을 자의적으로 변경하여 이혼을 어렵게 하거나 또는 쉽게 함으로써 처가 예기하지 못한 결과가 발생하는 것을 방지하기 위한 것이었으나,[7] 최근 각국의 실질법인 이혼법은 유책주의가 아닌 파탄주의를 취하고 있거나 파탄주의로 이행하고 있으며, 파탄주의에 의할 경우 국제이혼법에서 중요한 문제는 '현재' 이혼을 인정할 것인지 여부라고 할 수 있기 때문이다. 또한 변경주의를 채택하더라도 혼인의 일반적 효력을 정한 國私 §37에서 부부의 동일한 속인법

만을 정한 일방적 저촉규칙을 두고 있다. 부부가 프랑스 국적을 가지거나 프랑스에 주소가 있거나 프랑스 법원이 관할이 있는데 외국법이 관할을 주장하지 않는 때에는 프랑스법이 적용된다고 한다. 위 Working Paper 참조. 후자는 혼인의 효력의 준거법과 동일한 준거법을 채택하는 경향이 있다.

5) 구체적 입법례는 아래와 같다. 독일 민법시행법 §17(이혼), 스위스 국제사법 §61(이혼과 별거의 준거법), 오스트리아 국제사법 §20(이혼), 이탈리아 국제사법 §31(별거와 이혼), 일본 법적용통칙법 §27/법례 §16(이혼): 국제사법과 거의 동일. 중국 섭외민사관계법률적용법 §26, §27: 전자는 협의이혼, 후자는 재판상 이혼의 준거법을 정한다. EU규정(로마Ⅲ), 이혼 및 법적 별거의 준거법 영역에서 제고된 협력을 시행하기 위한 2010. 12. 20. 이사회규정(No. 1259/2010).

6) Kropholler, 363.

7) 최흥섭(2001), 157; 김용한 외, 325.

을 준거법으로 하고 있으므로 부부 일방이 유리한 법률관계를 형성하기 위하여 자의적으로 국적 등을 변경하는 것은 의미가 없게 되었다.

　　이와 관련하여 연구반초안의 제1안은 연결의 기준시기를 절차개시 시점으로 고정시켰다. 그 이유는 현재의 시점으로 하게 되면 이혼소송 제기 후와 사실심 변론종결시 사이에 국적이나 상거소가 바뀔 수 있어 문제가 복잡하게 되므로 이를 막기 위한 것이었다. 그럼에도 불구하고 이 연결시점은 변경주의의 장점을 모두 갖는다고 할 수 있다. 또한 '소송제기 당시' 등으로 용어를 사용하지 않고 '절차개시 당시'라고 한 것은 특히 우리의 협의상 이혼, 더 나아가 외국의 재판이혼 이외의 이혼방법까지 포함시키기 위한 것이었다. 그러나 이에 대한 의미와 확정의 필요성에 대한 논란이 많아서 연결시점을 삭제하는 내용을 제2안으로 두었다.[8] 당초 독일과 같이 연결의 기준시기를 '소의 제기시'로 규정하는 방안도 고려하였으나, 우리 민법은 재판상 이혼 외에 협의상 이혼도 인정하고 있는데, 이와 같이 외국에서 협의상 이혼을 하는 경우에는 소의 제기시가 있을 수 없고 또한 그에 상응하는 시기를 언제로 볼 것인가에 관하여 논란이 있다는 이유로 채택되지 아니하였다.

　　결국 국제사법에서는 연구반초안 중 제2안이 채택된 것이다.

　　이처럼 국제사법은 변경주의를 취하므로 이혼시점을 기준으로 준거법을 결정해야 할 것이다. 실무적으로는 재판상 이혼과 협의상 이혼을 구분할 필요가 있다. 재판상 이혼의 경우 사실심 변론종결시를 기준으로 할 것이나, 사적 이혼(Privatscheidung)의 경우는 이혼을 하려는 당사자의 의사가 외부에 표출된 때라고 볼 수 있을 것이다.[9]

2. 내국인조항 (§39 단서)

부부 중 일방이 한국에 상거소가 있는 한국인인 경우 한국법에 의하도록

---

8) 연구반초안해설, 54. 연구반초안은 다음과 같다.
　　"제24조(이혼) [제1안] 이혼은 그 절차개시 당시 혼인의 효력의 준거법에 의한다. 그러나 부부 중 일방이 대한민국에 일상거소지를 가지는 대한민국 국민인 경우에는 이혼은 대한민국 법에 의한다.
　　[제2안] 이혼은 혼인의 효력의 준거법에 의한다. 그러나 부부 중 일방이 대한민국에 일상거소지를 가지는 대한민국 국민인 경우에는 이혼은 대한민국법에 의한다."
9) 재판상 이혼의 경우 필자는 과거 소 제기시라고 하였으나 고정주의를 명시하지 않은 이상 그렇게 보기는 어려워 견해를 변경하였다. 석광현, 해설, 468. 조수정, 한국국제사법학회 제8차 연차학술대회 <제6분과 토론자료>(2000), 7은 협의상 이혼의 경우 협의상 이혼 신청서 제출시라고 본다. 독일에서는 이혼선언(Scheidungserklärung)시를 기준으로 하는 견해가 유력한 것으로 보인다. Münchkomm/von Mehrenfels, Art. 17, Rn. 39. 그러나 정확한 시점은 애매한 것 같다.

하였다(§39 단서). 이는 일본 법례(§16)[10]의 예를 따른 것인데, 일본처럼 우리나라에서도 협의상 이혼제도가 인정되고 있고, 협의상 이혼 신고서를 가족관계등록 공무원이 수리하는 데서 발생하는 문제를 해결하기 위한 것이다.

부부 중 일방이 한국에 상거소를 둔 한국인인 경우 그가 협의상 이혼 신고서를 한국에서 가족관계등록 공무원에게 제출하면 가족관계등록 공무원은 이혼의 성립 여부를 검토하기 위해 준거법을 판단해야 한다. 공무원의 입장에서는 부부의 동일한 본국 또는 상거소지국이 한국이면 한국법의 요건을 검토하여 수리하면 되지만, 그러한 연결점이 없으면 가장 밀접한 관련이 있는 곳의 법(최밀접관련지법)을 적용해야 하는데 이는 확정하기가 매우 곤란하다. 혼인의 효력과 달리 이혼의 경우에는 동일한 상거소지국도 없는 경우가 빈번하므로 이러한 문제는 발생가능성이 현실적으로 매우 크다. 이러한 실무상의 난점을 피하기 위해 단서 규정을 두었다. 내국인조항에 대해 국제사법의 이념에 비추어 바람직하지 않다는 비판이 가능하나, 유력설은 내국인조항은 가족관계등록 실무상 불가피하고, 내국인조항의 결과 자유가 보장되는 측면이 있으며, 내국인조항이 적용되는 경우 실제적으로 한국법이 밀접한 관련이 있는 법인 때가 대부분이므로 정당화될 수 있다고 설명한다.[11] 2000년대에 들어 국제결혼이 증가하면서 그들의 이혼이 증가하였고 실제로 2005년 4,151건이던 다문화부부 이혼건수는 2012년 10,887건으로 증가하였다고 한다.[12] 일방이 외국국적을 유지하는 다문화부부 이혼시 내국인조항이 적용된다.

이런 설명은 설득력이 있는데, 단서가 일방 당사자가 한국인이고 한국에 상거소를 가질 것을 요구하는 것은 바로 이러한 이유 때문이다.[13] 다만 이에 대해서는 한국에서는 협의이혼시 법관의 확인이 있어서[14] 법관이 이혼의 준거법을 판단할 수 있으므로 준거법 판단을 돕기 위한 단서를 굳이 둘 필요는 없

---

10) 이는 법적용통칙법 §27와 같다.

11) 최흥섭(2000), 11; 법무부, 해설, 142 주 90.

12) 중앙일보 2014. 3. 15., 10. 다문화부부의 경우 상대방을 잘 알지 못하는 상태에서 혼인하고 문화적 차이로 인해 쉽게 이혼하는 경향이 있는데, 한국인간 이혼에 비해 양육권을 원하지 않는 경우가 많아 아이들이 보육시설로 가는 경우가 많다고 한다. 위 기사.

13) 그러나 독일 구 민법시행법(§17 ① 2문)은 "혼인이 이 준거법에 의하면 이혼될 수 없는 때에는 이혼은 그것을 청구하는 배우자가 이 시점에서 독일인이거나 또는 혼인체결 당시에 독일인이었던 경우에는 독일법에 따른다"고 규정하여 국제사법과는 다르다. 원래의 목적은 외국인과 결혼한 독일 여자들에게 독일에서 이혼을 가능하게 하기 위한 것이라고 한다. 다만 이는 로마Ⅲ이 채택됨에 따라 "이 장의 다른 조항에 의하여 규율되지 않는 이혼의 재산법적 효과는 EU규정 번호 1259/2010에 의하여 이혼에 적용되는 법에 따른다"는 취지로 개정되었다.

14) 일본에서는 법관의 확인이 불필요하다.

다는 반론이 있을 수 있다.

내국인조항이 적용되지 않는 사안에서 이혼의 준거법이 외국법이고 그 외국법에 따르면 협의이혼이 허용되는 경우에는 우리나라에서도 사적 이혼 (Privatscheidung)이 가능하다. 독일 민법시행법(§17 ②)은 법적 명확성과 자(子)의 보호를 위하여 독일 내에서는 사적 이혼을 허용하지 않고[15] 이혼에 관한 법원의 독점권(Scheidungsmonopol der Gerichte)을 규정하는데(법원에 의한 재판이혼주의)[16] 국제사법은 이러한 원칙을 채택하지 않았다.

3. 특별유보조항의 삭제

섭외사법 §18 단서는 공서의 관점에서 당사자의 본국법 외에 법정지인 한국법에 의하여도 이혼의 원인이 있어야만 이혼이 가능하도록 하였다. 그러나 한국법상 이혼의 원인이 없더라도 외국법의 원인에 의하여 이혼을 인정하는 것이 반드시 공서에 반한다고 할 수 없을 뿐만 아니라, 위 조항이 없더라도 우리 법의 근본원칙에 명백히 반하는 경우에는 공서조항(國私 §10)에 의해 외국법의 적용을 배제할 수 있으며, 오히려 섭외사법 §18 단서에 의하면 준거법이 누적적으로 적용되어 이혼가능성이 부당하게 제한된다는 이유로 결국 이를 삭제하였다.

Ⅲ. 준거법이 규율하는 사항

1. 총설

§39는 이혼의 성립 및 효력(또는 효과)을 규율한다. 이혼의 가장 중요한 효과(주된 효과)는 혼인의 해소이므로 그것이 이혼의 준거법에 따른다.

2. 이혼의 방법

우리나라에서는 이혼의 방법에는 재판상 이혼과 협의상 이혼이 있다.

한국에서 재판상 이혼을 할 경우 그 절차는 법정지법인 한국법에 따르며 이혼의 방법은 별 문제될 것이 없다. 물론 이혼의 준거법은 §39에 의하여 결정

---

15) 따라서 독일에서는 이혼의 장소결정이 중요한데 남편의 일방적 행위인 'talaq'에 의한 사적 이혼의 장소결정에 있어 수령을 요하지 않는 이슬람법상의 talaq와 수령을 요하는 유태인법의 talaq을 구분하여 전자의 경우 의사표시를 한 곳이, 후자의 경우 이혼장(Scheidebrief)을 수령한 곳이 준거가 된다는 견해가 유력하다. Kropholler, 369~370.

16) Kropholler, 371.

된다.

　우리 민법에 의하면 협의상 이혼은 혼인과 마찬가지로 신고에 의해 성립하지만(民 §836), 그와 별도로 가정법원의 이혼의사의 확인을 받아야 한다(民 §836−2).[17] 또한 "가족관계의 등록 등에 관한 규칙"(§75 ①, ②)에 따르면, 부부 양쪽이 재외국민인 경우에는 두 사람이 함께 그 거주지를 관할하는 재외공관의 장에게 이혼의사확인신청을 할 수 있고, 관할 재외공관이 없는 때에는 인접 지역을 관할하는 재외공관의 장에게 이를 할 수 있다.[18]

　문제는 이혼의 행위지가 외국인 경우(예컨대 일본에서와 같이) 만일 외국법에 따르면 법원의 확인 없이 당사자의 의사만에 의하여 협의상 이혼이 성립된다면 재외한국인들이 외국에서 외국법이 정한 방식에 따라 법원의 이혼의사의 확인 없이 이혼할 수 있는지의 여부이다. 만일 협의상 이혼의 가부를 이혼의 방식의 문제라고 본다면, 이는 법률행위의 방식에 관한 일반원칙을 정한 國私 §17에 따라 이혼의 준거법 또는 행위지법에 의하게 되므로 이것이 허용된다고 보겠지만, 법원의 이혼의사의 확인, 협의상 이혼 또는 재판상 이혼은 모두 단순한 방식의 문제가 아니라 이혼의 방법의 문제로서 이혼의 실질적 성립요건에 해당한다고 보아야 한다.[19] 그렇다면 이는 행위지법에 의할 수는 없고 이혼의 준거법에 따를 사항이므로 법원 또는 재외공관장의 이혼의사의 확인이 필요하다.[20] 이혼의 방법을 방식의 문제로 보아 선택적 연결을 허용함으로써 방식요건의 구비를 용이하게 하는 것은 정책적으로도 바람직하지 않다.

　이혼의 준거법인 외국법이 일정한 기관에 의한 이혼을 명하더라도 이혼지인 한국에서 그런 방법이 허용되지 않으면 이혼할 수 없을 것이나, 이처럼 이

---

17) 보다 정확히는, 협의이혼을 신청한 부부는 가정법원이 제공하는 이혼에 관한 안내를 받아야 하고, 이혼의사의 확인을 받아야 하며, 자녀의 양육사항 및 친권자 결정에 관한 협의서 등을 제출해야 하고, 그를 기초로 가정법원이 양육비부담조서를 작성해야 한다(§836−2). 이는 모두 협의이혼의 실질적 요건으로 다루어지고 있다. 김주수 · 김상용, 165 이하.

18) 부부 중 한쪽이 재외국민인 경우에 재외국민인 당사자는 그 거주지를 관할하는 재외공관의 장에게 협의이혼의사확인신청을 할 수 있고, 관할 재외공관이 없는 경우에는 인접 지역을 관할하는 재외공관의 장에게 이를 할 수 있다. 법원행정처는 2015. 7. 1. 법원행정처 내에 재외국민 가족관계등록사무소를 설치하여 법원공무원이 직접 재외국민 신고에 의한 가족관계등록사건을 통합하여 처리할 예정이다. 재외국민 가족관계등록 업무의 창구가 일원화되고 역량 있고 전문화된 법원공무원이 업무를 처리하여 신속성과 편의성이 향상될 것으로 기대된다. 한숙희, "가사사건 국제재판관할의 특수성," 2015. 2. 24. 법무부 개최 가사 · 비송 사건 국제재판관할 세미나 자료집, 19 주 22.

19) 가정법원이 제공하는 이혼에 관한 안내, 이혼의사의 확인 등이 모두 실질법인 민법상 협의이혼의 실질적 요건으로 다루어지고 있음은 위에서 언급하였다. 일본의 논의는 注國私(2), 54(靑木 淸) 이하 참조.

20) 신창선, 342; 김연 외, 378; 신창섭, 290; 윤종진, 453; 김원태(2006), 360.

혼의 준거법상 이혼방법을 고집하면 외국인이 한국에서 이혼할 수 없게 된다
는 이유로 이혼방법을 넓게 해석하는 견해가 있다. 통설은, 외국법상 종교기관
이나 행정기관에 의한 이혼이 허용되는 경우 그 이혼원인이 한국법상 이혼원
인에 준한다면 외국인의 이혼시 우리나라에서 재판상이혼의 방법에 의하여 그
에 갈음할 수 있다고 본다.[21] 이혼을 신청하는 당사자의 이익의 보호라는 관점
에서 수긍이 가나 종교법원 기타 종교기관에 의한 이혼을 절차의 문제로 이해
하고 우리 법원에서 재판하는 경우에는 우리 법원이 그 역할을 대신할 수 있다
고 설명하는 편이 이해하기 쉬울 것이다.[22][23] 이 경우 이혼의 준거법인 외국법
상의 이혼원인이 한국법상 이혼원인에 준할 필요가 있는지는 의문이다.

3. 이혼의 효과

이혼의 직접적 효과, 즉 혼인관계의 해소는 이혼의 준거법에 따른다. 그러
나 이혼의 결과 발생하는 다양한 신분적 및 재산적 효과, 즉 이혼의 부수적 결
과가 모두 이혼의 준거법에 따르는 것은 아니고 다른 법률관계로 성질결정되
어야 하는 쟁점들이 있으므로 아래에서는 이를 개별적으로 검토한다.

가. 이혼과 이혼배우자의 성(姓)

이혼배우자의 성씨가 이혼의 준거법에 의할 사항인지 아니면 각자의 속인
법에 의할 사항인지는 논란이 있다. 배우자 간의 성씨, 즉 혼인에 의한 성의 변
경을 혼인의 효력의 문제로 본다면 이혼의 경우에도 자연스럽게 이혼의 준거
법에 의할 사항이라고 볼 것이나, 반면에 배우자 간의 성씨의 문제를 인격권의
문제로서 파악한다면 이혼의 경우에도 여전히 인격권의 문제로서 속인법에 의
한다고 보아야 하기 때문이다. 후자를 따른다면 예컨대 혼인함으로써 남편의
성 또는 결합성으로 변경한 처가 이혼 후에도 그 성을 계속하여 사용할 수 있
는가는 이혼의 준거법이 아니라 처의 본국법에 의한다고 본다.[24]

---

21) 신창선, 342; 김연 외, 378; 신창섭, 289, 윤종진, 453. 일본도 같다. 櫻田嘉章, 295; 溜池良夫, 462.

22) Andrae, §4, Rn. 71은 이런 취지이다.

23) 그 밖에도 이슬람법에서는 남편이 부인에 대하여 일방적으로 이혼을 선언함으로써 이혼하는 이른바 talaq이 가능하다. 이혼의 준거법이 talaq을 인정하는 국가의 법인 경우 우리 법원이 당사자의 talaq을 기초로 이혼판결을 할 수 있는가라는 의문이 제기된다. 독일에서는 그 경우 첫째, 외국이혼법의 적용이 공서에 반하는지와, 둘째, 그런 식의 활동은 본질상 법원의 권한에 속하지 않기 때문에 불허되는가를 논의한다. 이에 관하여는 우선 Andrae, §4, Rn. 53ff.와 Rn. 72ff. 참조.

24) 신창선, 342. 독일 민법시행법 §10는 이런 태도를 취한다.

나. 이혼과 부부재산제

일반적으로 이혼의 결과 부부재산제는 종료되고 청산관계가 개시하게 된다. 이처럼 이혼이 부부재산제에 미치는 효과는 이혼의 부수적 결과로서 이혼의 준거법에 따르는 것이 아니라, 독립적인 연결대상인 부부재산제의 문제로서 부부재산제의 준거법(§38 ①)에 의한다는 것이 우리의 통설이다.25) 그러나 부부재산제의 청산과 이혼시 재산분할청구26)의 관계는 어려운 문제를 제기한다. 우리 민법은 부부재산제도에 관하여 별산제를 채택하고 있으므로 이혼시에도 각자 특유재산을 가지면 되고 그들이 부부였음을 고려하여 이를 조정할 필요는 없다. 하지만 우리 민법(§839-2, §843)은 일본 민법과 마찬가지로 부부재산제가 아니라 이혼의 절에서 이혼시에 혼인중 취득된 공동재산에 대한 재산분할청구권을 규정하므로 이혼시의 재산분할이 부부재산제의 준거법에 따를 사항인지 이혼의 준거법에 따를 사항인지가 문제된다. 국제사법상 양자의 준거법이 동일하지 않으므로 이 문제는 실익이 있다.

우리나라에서는 이혼시 재산분할청구권은 청산적 요소와 부양적 요소를 포함하고, 견해에 따라서는 위자료의 성질을 가지는 것으로 보는데,27) 별산제를 취하는 법제에서 재산분할청구권, 특히 청산적 재산분할을 인정하는 근거에 관하여 다양한 견해28)가 있으나 별산제의 결함을 보완하는 기능을 하는 점은 의문이 없다.29) 국제사법적으로도 이혼시의 재산분할을 부부재산제의 청산과 이혼 후의 부양으로 구분하여 각각 부부재산제의 준거법과 이혼시 부양의무의 준거법(이는 이혼의 준거법이다)에 각각 연결할 여지도 있지만,30) 이는 당사자의 기대에도 반하고 나아가 불합리한 결과를 초래할 가능성이 있으므로 이혼에

---

25) 신창선, 343; 김연 외, 372; 신창섭, 284, 윤종진, 455; 서희원, 289~290.

26) 이에 관하여는 우선 민유숙, "이혼시 부부간의 재산분할제도에 관한 연구," 서울대학교 대학원 법학박사학위논문(1992) 참조.

27) 통설과 판례는 재산분할은 위자료를 포함하지 않는 것으로 보나(박동섭, 친족상속, 197) 이를 긍정하는 학설도 있고 대법원 판결도 있다. 예컨대 대법원 2001. 5. 8. 선고 2000다58804 판결(판공 2001. 7. 1, 1344)은 이혼시 재산분할은 부부가 혼인중에 가지고 있던 공동재산을 청산하여 분배함과 동시에 이혼 후 상대방의 생활유지에 이바지하는 데 있지만, 분할자의 유책행위로 인하여 이혼하게 됨으로써 입게 되는 정신적 손해를 배상하기 위한 급부로서의 성질도 가지고 있다고 판시하였다. 우리 민법상의 재산분할청구권에 관한 논의는 이 책 民 §839-2 註釋 참조.

28) 이에는 부부재산제도와 재산분할제도를 서로 별개의 것으로 보는 견해(별산제설 또는 무관계설), 양자를 통합하여 하나의 공동제로서 파악하면서 재산분할은 그의 논리적 귀결로서 공동재산의 청산절차로 보는 견해(공동제설, 공유설)와 양자의 절충설(내부적 공유설)이 있다. 상세는 민유숙, "부부재산제도와 재산분할제도의 관계," 司論 26(1995), 240~241 참조.

29) 이화숙, 347.

30) 재산분할이 위자료를 포함하는 것으로 본다면 위자료를 별도로 분리하여 이혼의 준거법에 의하는 것으로 볼 것이다.

수반하는 재산적 급부로서 상호보완적인 관계에 있는 양자(위자료를 포함한다면
삼자)를 동일한 이혼의 준거법에 통일적으로 연결하는 것이 바람직하다는 견해
가 우리나라와 일본의 다수설이다.[31] 다수설에 따르면 국제사법(§46 ②)상 이혼
배우자 간의 부양은 이혼의 준거법에 의하므로 이혼과 재산분할(나아가 위자료)
의 준거법은 모두 동일하게 되고, 법원의 실무상으로도 3자를 모두 이혼의 준
거법에 의하여 통일적으로 규율할 수 있다[32]는 점에서 장점이 있으나, 부부재
산제의 준거법과 재산분할청구권의 준거법의 경계획정이라는 어려운 문제를
제기한다. 한편 이혼 또는 사망에 의한 부부재산제의 청산은 부부재산제의 준
거법에 따를 사항이라고 할 수 있으므로 이혼시의 재산분할을 부부재산제로
성질결정하는 견해도 가능한데[33] 실질법상 잉여공동제를 취하는 독일에서는
부부재산제의 준거법에 따라 그 청산이 이루어지므로 이런 견해가 자연스럽
다.[34][35] 이에 따르면 이혼의 준거법에 의하는 이혼 후 부양의무 및 위자료와,
부부재산제의 준거법에 의하는 재산분할의 준거법이 다르게 된다. 우리나라에
서는 이혼시 재산분할이 부부재산제의 준거법에 따를 것이라는 견해는 잘 보
이지 않으나 이는 당사자자치를 허용하는 점에서 장점이 있다. 필자는 다수설
을 따라 이혼시 재산분할청구권은 이혼의 준거법에, 부부재산제의 청산(또는 이
혼이 부부재산제에 미치는 효과)은 부부재산제의 준거법에 의한다는 견해를 피력한

---

31) 김원태(2006), 362; 山田鐐一, 451; 松岡 博, 207~208; 注國私(2), 61(靑木 淸); 일본 최고재판
　　소 1984. 7. 20. 판결도 이런 취지로 이해되고 있다.
32) 예컨대 서울가정법원 2005. 9. 28. 선고 2004드합9787 판결 참조.
33) 일본에서는 이혼준거법설과 부부재산제의 준거법설이 있는데 전자가 다수설이다. 笠原俊宏,
　　"離婚に伴う慰藉料·財産分与," 국제사법판례백선[제2판](2012), 126 이하; 注國私(2), 61(靑木
　　淸) 참조. 부부재산제의 청산과 재산분할의 준거법을 각각 결정하는 견해도 있다.
34) MünchKomm/Siehr, Art. 15, Rn. 103; Andrae, §4, Rn. 83. 실질법상 독일에서는 이혼과 배우자
　　사망시에 모두 부부재산제에 의하여 잉여청산이 이루어지나, 오스트리아에서는 이혼시에는 잉
　　여청산이 이루어지나 배우자의 사망시에는 아니라고 한다. Reithmann/Martiny/Hausmann, Rn.
　　5923. 이혼의 준거법을 정한 유럽연합의 로마Ⅲ(§1 ②, 전문 ⑩)은 이혼이 부부재산제에 미치는
　　효과를 이혼의 준거법이 규율하는 사항에서 제외하고 있다.
35) 그러나 이혼의 효력의 준거법을 정한 독일 민법시행법(§17 ③)은 연금청산(Versor – gungs –
　　ausgleich)의 준거법에 관한 특칙을 두므로 이는 부부재산제의 청산과는 별개로 이혼의 준거법
　　에 따른다. 이를 보면 이혼에 따른 재산분할이 논리필연적으로 부부재산제의 준거법에 의해야
　　하는 것은 아니라는 생각도 든다. 하지만 독일법이 그와 같이 규정하는 이유는 연금청산은 이혼
　　을 전제로 하며 이혼의 경우에만 인정되기 때문인데, 이러한 성질결정은 과거 독일 연방대법원
　　판결(1979. 11. 7. 판결, BGHZ 75, 241)의 성질결정을 따른 것이라고 한다. Kropholler, 367. 우
　　리 대법원 2014. 7. 16. 선고 2013므2250 전원합의체 판결과 대법원 2014. 7. 16. 선고 2012므
　　2888 전원합의체 판결이 퇴직급여채권과 퇴직연금도 이혼시 재산분할의 대상이라고 판시하였
　　으므로 국제이혼시 그 준거법의 결정이 문제될 것이다. 위 전원합의체 판결들에 대한 평석은 이
　　진기, "재산분할의 대상으로서 장래의 퇴직급여채권 — 대판 2014. 7. 16, 2013므2250 전원합의
　　체 판결과 대판 2014. 7. 16, 2012므2888 전원합의체 판결을 중심으로 —," 가족법연구 28–3
　　(2014), 383 이하; 현소혜, "공적 연금과 재산분할," 판례실무연구[ⅩⅠ](하)(2014), 384 이하 참조.

바 있으나[36] 그 경우 양자의 경계획정이 문제되므로 이 점은 더 고민할 필요가 있다. 이혼의 준거법이 한국법처럼 이혼시 재산분할청구권을 인정하고, 부부재산제의 준거법이 독일법처럼 이혼시 재산분할을 부부재산제의 청산의 문제로 보는 국가의 법인 경우 준거법 간의 모순이 있을 수 있는데 이는 결국 적응의 법리에 의하여 해결하여야 한다.[37]

다. 이혼시의 위자료

이혼시 일방당사자가 혼인의 파탄에 대하여 책임이 있는 상대방에 대하여 이혼으로 인하여 입게 되는 정신적 손해에 대한 위자료 청구에 관하여는 이를 불법행위로 인한 손해배상청구로 볼지, 아니면 이를 이혼시에 있어서 재산적 급부의 일환으로 보아 이혼의 효력(효과) 내지 이혼에 따른 부수적 결과에 속하는 문제로서 이혼의 준거법에 의하는 것으로 볼지가 문제된다. 우리나라에서는 후자가 유력하다.[38] 다만 위자료의 지급과 이혼 후 부양의무[39]의 존재 등이 부부재산제의 청산에 어떤 영향을 미치는가는 부부재산제의 준거법에 따를 사항이라는 견해가 유력하다.[40]

반면에 이혼으로 인한 위자료(즉, 이혼위자료)가 아니라 이혼에 이르게 된 원인행위(예컨대 일방의 폭행)에 기한 손해배상청구는 그 자체로서 별도의 불법행위를 구성하므로 그의 준거법에 따른다.[41] 이 경우 불법행위의 준거법은 §32에 의하여 결정되는데 당해 불법행위는 가해자와 피해자인 부부간에 존재하는 혼인관계를 침해하는 것으로서 종속적 연결원칙에 따라 혼인의 일반적 효력의 준거법, 즉 이혼의 준거법 소속국의 불법행위법에 연결될 가능성이 크다. 그러

---

36) 석광현, 해설, 470. 예컨대 재산분할청구권이 아닌 기타 별산제에 따르는 특유재산의 처리 등은 부부재산제의 준거법에 따를 사항이다.

37) 반대로 이혼의 준거법이 독일법처럼 부부재산의 청산 이외의 재산분할청구권을 인정하지 않는 법이고, 동시에 부부재산제의 준거법이 한국법처럼 재산분할청구권을 인정하지 않는 법인 경우도 발생할 수 있다. 이 경우에도 어느 하나의 법에 의한 재산분할을 인정해야 하나 그 구체적 내용의 결정은 어려운 문제이다.

38) 신창선, 343; 서희원, 288. 일본의 지배적인 학설, 판례라고 한다. 松岡 博, 207; Andrae, §4, Rn. 82도 동지. 이혼으로 인한 위자료 청구권에 관하여 대법원 1993. 5. 27. 선고 92므143 판결은 "이혼위자료청구권은 상대방인 배우자의 유책불법한 행위에 의하여 그 혼인관계가 파탄상태에 이르러 부득이 이혼을 하게 된 경우에 그로 인하여 입게 된 정신적 고통을 위자하기 위한 손해배상청구권으로서, 이는 이혼의 시점에서 확정, 평가되는 것이며 이혼에 의하여 비로소 창설되는 것은 아니라"고 판시한 바 있다.

39) 민법은 이혼 후 부양에 관한 명문의 규정을 두지 않는다. 그러나 유력설은 이혼한 배우자 일방의 생활이 곤궁할 때 타방이 여력의 한도 내에서 그를 부양하는 것은 인도적 책무라고 한다. 김주수·김상용, 244. 미국의 제도는 우선 민유숙, "미국법에 있어서 이혼 후의 부양(ALIMONY) 제도," 재판자료: 외국사법연수논집(19)(2000), 179 이하 참조.

40) 신창선, 343.

41) 서희원, 28 주 50. 일본의 다수설이다. 松岡 博, 207.

나 이와 달리 부부라고 하는 특별한 신분관계가 있는 자 간의 불법행위로서 별
도로 취급하여야 한다는 이유로 이혼의 준거법에 의한다는 견해도 있다.[42]

라. 이혼과 부양의무

이혼 당사자 간의 부양의무에 관하여는 국제사법은 별도의 조항(§46 ②)을
두어 이혼의 준거법에 의할 것임을 명시한다. 자녀의 양육비는 부양의무의 문
제로서 §46에 따른다.

마. 자에 대한 친권·양육권

이혼에 따른 미성년 자(子)의 양육문제, 특히 양육권자의 지정과 면접교섭
권(right of access 또는 right of visitation)이 이혼의 효력의 문제인지 아니면 친자 간
의 법률관계의 문제인지는 논란이 있으나 친자관계의 준거법(§45)에 의한다는
견해가 유력한데, 이는 다른 친자 간의 법률문제와 통일적으로 연결함과 동시
에 자에게 유리할 수 있다는 데서 그 근거를 찾고 있다.[43] 우리 판례의 태도는
분명하지 않다. 예컨대 이혼, 친권자 및 양육자지정이 문제된 사건에서 대법원
2006. 5. 26. 선고 2005므884 판결과 원심판결인 대구지방법원 2005. 5. 18. 선
고 2004르441 판결은 친권자 및 양육자지정의 준거법을 별도로 언급하지 않았
고, 특히 원심판결은 "이 사건 이혼과 그에 부수한 친권행사자 및 양육자지정
청구에 관한 준거법으로 법정지법인 대한민국 민법을 적용하기로 한다"고 판
시한 점에서 아마도 이혼의 준거법에 의한다는 견해를 따른 것으로 보이기도
하나 단정하기는 어렵다. 이와 관련하여 서울가정법원 2014. 4. 3. 선고 2012드
합3937 판결(항소심 계속 중)은 이해할 수 없는 판시를 하였다. 위 사건에서 외국
법원에서 이혼판결을 받은 한국 여성인 원고는 한국 법원에서 외국인인 전남편
을 상대로 이혼 청구, 위자료 청구, 사건본인들(아이들)에 대한 친권자와 양육자
지정 청구, 양육비 청구와 혼인중 전 남편과 동거하면서 부정행위를 저지른 외
국인 여성을 상대로 위자료 청구 등을 하였다. 위 사건에서는 외국적 요소가
있으므로 법원으로서는 국제사법을 적용하되, 친권자와 양육자 지정에 대하여
는 §45를, 양육비 청구에 대하여는 §46를 각각 적용하여 준거법을 결정하고, 남
편에 대한 위자료 청구에 관하여는 불법행위로 성질결정하여 §32를 적용하되
혼인관계를 침해하므로 혼인의 효력의 준거법에 종속적 연결을 할지를 판단하

---

42) 신창선, 343. 그러나 이 견해도 이혼의 준거법 소속국의 불법행위법에 의한다고 보는 것이 아
　　닐까 생각된다.
43) 신창선, 344; 서희원, 289. 일본 최고재판소 1977. 3. 31. 판결도 법례의 해석상 이를 지지하였
　　다고 한다. 서희원, 289 주 51. Andrae §4, Rn. 83, §6, Rn. 109.

고, 부정행위를 저지른 외국인 여성에 대하여는 §32를 적용하여 준거법을 판단해야 했다. 그러나 위 판결은 외국의 이혼판결이 우리나라에서 승인된다는 점은 판단하면서도 준거법에 관하여는 아무런 판단을 하지 않고 위 사건이 마치 국내사건인 것처럼 취급하면서 원고의 청구를 일부 인용하고 직권으로 일부 사건본인과의 면접교섭도 허용하였다. 이는 대단히 실망스러운 판결이다. 당사자가 주장을 하지 않더라도 외국적 요소가 있는 사안이라면 법원으로서는 마땅히 직권으로 국제사법을 적용해야 한다.[44) 또한 국가에 따라서는 이혼배우자 간의 부양의무를 인정하는데 위 사건에서도 그럴 가능성이 있었다.[45)

반면에 자녀의 양육비는 부양의무의 문제로서 §46에 따른다.

바. 재혼의 금지

이혼 후 일정한 재혼금지기간, 이혼자의 재혼능력이 이혼의 준거법에 따를 사항인가라는 의문이 있으나, 이는 문제된 재혼, 즉 혼인의 실질적 성립요건의 문제로서 國私 §36 ①에 따라 각 당사자의 본국법에 의할 사항이라고 본다.[46)

Ⅳ. 반정과 공서

1. 반정

이혼의 준거법이 외국법인데 그 국가의 국제사법이 우리 법에 의할 것을 지시하는 때에는 國私 §9에 따라 반정이 일어날 수 있다. 혼인의 일반적 효력의 준거법에 관한 §37를 이혼의 준거법에 관하여 준용하도록 했지만 그를 이유로 반정을 배제할 것은 아니다.

특히 영미법계처럼 이혼의 준거법에 관하여 속지법주의 또는 법정지법주의를 취하는 국가의 법이 준거법으로 지정되는 경우 국제재판관할규칙에 숨은 저촉규범에 의하여 우리 법으로의 반정, 즉 숨은 반정이 일어날 수 있다. 실제로 대법원은 국제사법의 해석론으로 國私 §9를 유추적용하여 숨은 반정을 명시적으로 허용하였다. 즉 대법원 2006. 5. 26. 선고 2005므884 판결은 미국 국적을 보유하고 한국에 거주하는 부부 쌍방이 모두 선택에 의한 주소(domicile of choice)를 한국에 형성한 상태에서 남편(원고)이 처(피고)를 상대로 한국 법원에

---

44) 석광현, 해설(2013), 128. 대법원 판결(예컨대 대법원 1982. 8. 24. 선고 81다684 판결 등)도 그런 태도를 이미 밝힌 바 있다.
45) 원고가 이를 청구하지 않았으므로 이 점에서는 법원을 나무랄 수는 없을 것이다.
46) 신창선, 344.

이혼, 친권자 및 양육자지정 청구의 소를 제기한 사안에서, 國私 §39, §37 i에
의하면 이혼에 관하여는 부부의 동일한 본국법이 제1차적으로 적용되는데, 미
국은 지역에 따라 법을 달리하므로 國私 §3 ③에 따라서 미국 국적을 보유한
원·피고 간의 이혼청구사건 등의 준거법을 결정함에 있어서는 종전 주소지를
관할하는 미주리 주의 법규정 등을 검토해야 하는데, 미주리 주의 법과 미국의
국제사법에 관한 일반원칙 등에 의하면 한국 법원에 제기된 이혼, 친권자 및
양육자지정청구에 관해서는 원·피고의 현재 주소가 소속된 법정지의 법률이
준거법이 되어야 할 것이므로, 國私 §9 ①을 유추적용한 '숨은 반정'의 법리에
따라 법정지법인 한국 민법을 적용해야 한다고 판시하였다.[47]

　　이처럼 외국의 법규(예컨대 국제재판관할규정) 속에 숨겨져 있는 저촉법규정
에 의하여 우리나라로 반정하는 경우를 '명시적 반정'과 구별하여 '숨은 반정'
이라 한다. 영미의 국제재판관할규칙은 어떤 경우에 내국 법원이 국제재판관할
을 가지는가만을 규정하고, 관할이 있으면 법정지법(정확히는 법정지의 실질법)을
준거법으로 적용하는데, 이런 국제재판관할규칙에는 법원은 법정지법(또는 관할
의 근거가 주소라면 주소지법)을 적용한다는 저촉규칙이 숨겨져 있다는 것이다. 국
제사법상 숨은 반정이 허용되려면 다음 요건이 구비되어야 한다.[48]

　　ⓐ 우리 국제사법에 의하여 연결대상의 준거법으로 외국법이 지정될 것.

　　ⓑ 당해 외국에 연결대상에 대한 독립적인 저촉법규칙이 없을 것.

　　ⓒ 당해 외국의 국제재판관할규칙에 따르면[49] 우리나라에 국제재판관할
이 있을 것. 문제는 우리나라가 전속관할을 가져야 하는가이다.[50] 필자는 비전
속관할의 경우 외국법이 선택적 연결을 하는 경우와 유사하므로 숨은 반정을
인정할 수 있다는 견해를 피력하였으나 논란의 여지가 있다.[51] 위 대법원판결
(2005므884)로부터 이에 관한 대법원의 태도를 알 수는 없다.

---

47) 일본에서는 숨은 반정을 허용한 하급심 판결들이 있으나, 학설의 태도는 나뉜다. 注國私(2),
　　330(北澤安紀) 330 이하.
48) 상세는 석광현·이병화(2010), 359 이하 참조.
49) 우리나라에서 재판하기 위한 요건으로서의 국제재판관할, 즉 직접관할이 있는가는 우리의 국
　　제재판관할규칙에 따른다. 그런데 위 대법원판결의 사안에서 원고와 피고가 모두 한국에 주소
　　를 두고 있었으므로 직접관할은 별로 문제되지 않았고 미주리주의 국제재판관할규칙에 따라 우
　　리나라에 국제재판관할이 있는가는 숨은 반정을 인정하기 위한 요건으로서 의미가 있다. 그러
　　나 대법원판결은 전자의 맥락에서 이를 검토하였다.
50) 위 판결의 평석은 석광현, "2006년 국제사법 분야 대법원판례: 정리 및 해설," 국제사법연구
　　12, 594 이하; 김시철, "주한 미국인 부부의 이혼 및 미성년자녀에 관한 양육처분 등에 관하여,"
　　저스티스 96, 237 이하 참조.
51) Staudinger/Hausmann, EGBGB/IPR, 13. Aufl., 1996, Art 4, Rn. 78.

ⓓ 당해 국가가 자국에서 재판할 경우 법정지법, 즉 법정지의 실질법을 적용할 것. 미국법상 미국의 어느 주에 관할권이 있는 경우에는 자국법인 당해 주법을 적용하므로 만일 우리나라에 관할권이 인정된다면 미국으로서는 한국법으로 반정을 한다는 것이다.

ⓔ 반정을 허용하는 것이 우리 국제사법의 지정 취지에 반하지 아니할 것. 國私 §9 ② vi에 따르면 반정을 허용하는 것이 국제사법의 지정 취지에 반하는 경우 반정은 허용되지 않는데 §9를 숨은 반정에도 유추적용한다면 이 점은 숨은 반정의 경우에도 같다. 이혼에서 숨은 반정을 허용하는 것이 우리 국제사법의 지정 취지에 반하는 것으로 보이지는 않는다.

중국과의 사이에서도 이런 반정이 발생할 수 있는지 검토할 필요가 있다. 왜냐하면 중국 섭외민사관계법률적용법(§27)은 재판상 이혼에 대해 법정지법을 적용할 것을 규정하고 있기 때문이다.

2. 공서

이혼의 준거법인 외국법을 적용한 결과가 우리의 공서에 반할 수 있다. 예컨대 종교적 이유로 이혼 자체를 전혀 허용하지 않거나 매우 제한적으로만 허용하는 외국법이 이혼의 준거법이 되는 경우 그 외국법의 적용은 공서에 반하는 것이 될 수 있다. 실제로 과거 우리 하급심판결들은 그와 같이 판시한 바 있다. 즉, 섭외사법하에서 이혼의 준거법에 관한 서울가정법원 1981. 3. 11. 선고 79드2574 심판은 구 섭외사법 §18에 따라 이혼의 준거법으로 지정된 필리핀법의 적용을 거부하고 우리 민법을 적용한 바 있다. 그 근거는 민법에 해당하는 필리핀 법률(§97)에 따르면 처의 간통이나 부의 축첩 등의 사유가 있는 경우에 법정 별거소송을 인정하고 있을 뿐, 이혼에 관하여는 전혀 규정이 없어 이혼제도 자체를 인정하지 않고 있다고 해석되고, 그에 따르면 청구인은 어떠한 경우에도 피청구인과 이혼할 수 없다는 부당한 결과가 되는데 이는 협의이혼은 물론 재판상 이혼도 비교적 넓게 인정하고 있는 우리나라 법제도에 비추어 공서양속에 반한다는 것이었다.

또한 이혼시 배우자의 재산분할청구를 인정하지 않는 외국법의 적용은 우리의 공서에 반하는 것이 될 수 있다. 우리 민법이 1990년 개정되어 재산분할청구권이 도입되기 전에 일본에서 재일동포 간의 이혼사건에서 재산분할을 전혀 인정하지 않는 한국 민법의 적용은 일본의 공서에 반한다고 판단한 사례들

이 다수 있었다.[52]

V. 이혼의 준거법에 관한 유럽연합의 새로운 경향

유럽연합은 근자에 로마Ⅲ(규정)을 채택하였는데 이는 2012년 6월 12일 발효되었다. 이는 "이혼 및 법적 별거의 준거법 영역에서 제고된 협력을 시행하기 위한 2010년 12월 20일 이사회규정"[53]을 말한다. 로마Ⅲ은 당사자의 이혼과 별거의 준거법 선택을 허용하고(§5),[54] 선택이 없는 경우 단계적 연결원칙에 따르도록 한다. 이 경우 ⓐ 소 계속시 공통의 상거소지법, ⓑ 최후의 공통의 상거소지법(다만 소 계속시로부터 1년 이내여야 하고 일방이 여전히 상거소지를 유지하여야 함), ⓒ 소 계속시 공통의 본국법과 ⓓ 법정지법의 순서로 준거법이 된다(§8). 이처럼 로마Ⅲ은 상거소보다 국적을 우선시키는 우리 국제사법(§39, §37), 구 독일 민법시행법(§17 ①)및 일본 법적용통칙법(§27, §25)과 달리 상거소를 국적시키고 있다. 이 점은 협의이혼에 관한 중국 섭외민사관계법률적용법(§26)과 같다.

로마Ⅲ은 정치적으로 민감한 문제, 즉 동성혼에도 적용되는데, 다만 동성혼을 허용하지 않는 회원국들은 동성혼의 이혼을 선언할 의무를 지지 않도록 타협을 하고 있다(§13). 나아가 §5 또는 §8에 따른 준거법이 이혼을 허용하지 않거나 그들의 성별을 이유로 이혼 또는 별거에 대한 동일한 접근을 허용하지 않는 경우에는 법정지법을 적용한다(§10). 그 결과 양성을 차별하는 이슬람법의 적용은 배제된다.[55] 이로 인해 독일도 민법시행법 §17를 개정하고[56] §17b ① 4문을 수정하였다.[57]

---

52) 大阪地判 1984. 3. 29. 판결 등(松岡 博, 209에서 재인용).

53) 영문명칭은 "Council Regulation (EU) No 1259/2010 of 20 December 2010 implementing en-hanced cooperation in the area of the law applicable to divorce and legal separation"이다.

54) 다만 당사자들이 선택할 수 있는 법은 합의시 당사자의 공통의 상거소지법, 최후의 공통의 상거소지법(일방이 상거소를 유지해야 함), 합의시 일방의 본국법 또는 법정지법 중의 하나여야 한다. 우리 국제사법과 일본 법적용통칙법은 당사자자치를 허용하지 않으나 중국의 섭외민사관계법률적용법(§26)은 협의이혼의 경우 당사자들이 일방 당사자의 본국법 또는 상거소지법을 선택하는 것을 허용한다.

55) 소개는 Urs Peter Gruber, "Scheidung auf Europäisch-die Rom Ⅲ-Verordnung," IPRax, 2012, 381.f.; Juliana Mörsdorf-Schulte, "Europäisches Internationales Scheidungsrecht (Rom Ⅲ)," Rabels Zeitschrift, Band 77, 2013, 786ff. 참조.

56) 제17조(특별한 이혼의 효과; 법원의 이혼재판)
   (1) 이 절의 다른 조항에 의하여 규율되지 않는 이혼의 재산법적 효과는 이혼의 준거법에 관한 EU규정(번호 1259/2010)에 따른다. (2) 내국에서는 혼인은 법원에 의하여만 해소될 수 있다. ③은 위에서 언급하였다.

57) IPRax, 2012, Heft 4, Ⅱ와 Ⅲ 참조.

VI. 이혼관계사건의 국제재판관할

▌**참고문헌:** 강봉수(1986), "섭외가사사건의 제문제," 재판자료 34; 김용진(1999), "민사소송법개
정안 중 국제소송에 관한 부분에 대한 검토의견서," 국제사법연구 4; 김원태(1996), "섭외가사소
송에서의 국제재판관할에 관한 연구," 경성법학 5; 김원태(2001), "외국가사재판의 승인·집행에
관한 문제의 재검토," 국제사법연구 6; 문일봉(1999), "國際的 應訴管轄," 司論 30; 석광현
(2013), "이혼 기타 혼인 관계 사건의 국제재판관할에 관한 입법론," 국제사법연구 19-2; 오승
룡(1998), "섭외적 이혼관계에 관한 법적 고찰—관할과 준거법을 중심으로—," 국제사법연구
3; 이병화(2013), "국제이혼에 관한 국제사법적 고찰," 저스티스 통권 137; 이승미(2014), "혼인
관계사건의 국제재판관할에 관한 연구," 아주대학교 대학원 법학박사학위논문; 최공웅(1994),
국제소송; 한숙희(2006), "국제가사사건의 국제재판관할과 외국판결의 승인 및 집행—이혼을
중심으로—," 국제사법연구 12.

여기에서는 이혼관계사건의 국제재판관할규칙을 논의한다.

1. 과거 대법원판결의 태도

가사사건에 관하여는 대법원판결이 위 4단계 중 ⓐ, ⓑ를 따르고 있음은
마찬가지이나 ⓒ, ⓓ단계를 따르는 것 같지는 않다. 예컨대 피고주소지주의를
확립한 것으로 평가받는 대법원 1975. 7. 22. 선고 74므22 판결[58]과 대법원
1988. 4. 12. 선고 85므71 판결[59] 등을 보면, 대법원은 가사사건(특히 이혼관련사
건)에 대하여 조리에 의하여 국제재판관할을 결정할 것이라고 하는 점에서 ⓐ,
ⓑ단계를 따르나, 피고 주소지관할을 원칙으로 하면서도, 이혼청구의 상대방

---

[58] 1950년대와 1960년대의 우리 하급심판결은 부의 보통재판적을 가진 지(地)의 전속관할을 정
한 당시 인사소송수속법(§1)을 기초로 부의 본국에 원칙적인 관할을 긍정하고 예외적으로 주소
지관할을 인정하였으나 위 1975년 대법원판결이 외국인 간의 이혼심판청구사건에서 피고주소
지주의라는 새로운 기준을 확립하였다는 평가를 받고 있다. 최공웅(1994), 674 이하. 일본에서
는 외국인 부부의 이혼사건에 관하여 최고재판소 1964. 3. 25. 대법정판결(민집 18권 3호, 486)
은 피고주소지관할을 원칙으로 하고, 원고의 구제를 위하여 필요한 경우 예외적으로 원고주소
지국의 관할을 인정하는 태도를 확립하였는데, 이는 그 후 부부의 일방이 일본인인 사건에로 확
대되었다. 상세는 松岡 博, 國際家族法の理論(2002), 159 이하 참조. 소개는 岡野祐子, "離婚事
件の國際裁判管轄(1)," 國際私法判例百選 別冊ジュリスト No. 185 (2007), 182 이하 참조.
[59] 후자의 판결은 "우리나라의 법률이나 조약 등에는 섭외 이혼사건의 국제재판관할에 관한 규
정을 찾아 볼 수 없으므로 섭외이혼사건에 있어서 위 규정에 의한 외국법원의 재판관할권의 유
무는 섭외이혼사건의 적정, 공평과 능률적인 해결을 위한 관점과 외국판결 승인제도의 취지등
에 의하여 합리적으로 결정되어야 할 것이므로 섭외이혼사건에 있어서 이혼판결을 한 외국법원
에 재판관할권이 있다고 하기 위하여는 그 이혼청구의 상대방이 행방불명 기타 이에 준하는 사
정이 있거나 상대방이 적극적으로 응소하여 그 이익이 부당하게 침해될 우려가 없다고 보여지
는 예외적인 경우를 제외하고는 상대방의 주소가 그 나라에 있을 것을 요건으로 한다고 하는
이른바 피고주소지 주의에 따름이 상당하다"고 판시하였다. 이러한 설시는 위에서 본 일본 最高
裁判所 1964. 3. 25. 판결을 따른 것이다. 최공웅, "韓國家族法과 國際私法問題," 가사조정
2(1999. 4.), 26 이하도 참조.

이 행방불명 기타 이에 준하는 사정이 있거나 상대방이 적극적으로 응소하여 그 이익이 부당하게 침해될 우려가 없다고 보여 그들에 대한 심판의 거부가 오히려 외국인에 대한 법의 보호를 거부하는 셈이 되어 정의에 반한다고 인정되는 예외적인 경우에는 원고의 주소지관할을 인정할 수 있다고 판시하였다.

이러한 판결들을 보면, 가사사건에서 민사소송법의 토지관할규정을 기초로 할 수 없음은 당연하지만, 그렇다고 하여 가사소송법(§22)의 관할규정을 기초로 한 것도 아닌 것으로 보인다. 또한 국내법의 관할규정을 기초로 하면서 특별한 사정에 의하여 이를 수정하는 방식이 아니라, 예외적인 사정이 있는 경우 곧바로 원고의 주소지관할을 인정할 수 있다고 판시한 점에 차이가 있다. 이와 관련하여 다음을 유념할 필요가 있다.

첫째, 가사사건의 경우 종래의 판례에 따른다면 국제재판관할이 과연 국내법의 관할규정을 기초로 한 것인가에 대해 의문이 있고, 위 대법원판례의 결론이 국제사법하에서도 유지될 수 있는지에 대해 의문이 있다. 사견으로는, 위에서 언급한 바와 같이 국내법의 관할규정을 참작하여 국제재판관할규칙을 도출함에 있어서는 그 관할규정의 가치에 차이를 두어야 하므로 국제사법하에서 위 판결의 결론을 유지할 수 없는 것은 아니라고 본다.

둘째, 대법원판례가 예외적인 사정이 있는 경우의 원고 주소지관할을 인정하면서 그 요건으로 "그들에 대한 심판의 거부가 오히려 외국인에 대한 법의 보호를 거부하는 셈이 되어 정의에 반한다고 인정되는"이라고 설시한 것은 긴급관할(forum necessitatis, forum of necessity, Notzuständigkeit)을 인정한 것이라고 볼 여지가 있으나 과연 그런지는 다소 의문이다.

셋째, 대법원판례는 아직 인정하지 않지만 일부 가사사건의 경우 당사자의 국적에 근거한 관할을 인정할 필요가 있다. 자국민의 이익보호, 국제사법이 혼인사건 등에 관하여 본국법주의를 취하는 점과 신분관계는 본국과 밀접한 관련을 가지고, 그 밖에도 국가가 자국민에 대하여 관할권을 가진다는 속인주의나, 본국의 재판에 대한 국민의 신뢰 또는 기대에서 구할 여지도 있고, 특히 신분관계를 공시하는 가족관계등록부를 정리하기 위해 이를 인정할 필요성이 있다. 토지관할의 맥락에서는 본국관할(또는 국적관할. 이하 양자를 호환적으로 사용한다)을 인정할 여지가 없으므로 국내관할규정으로부터 국제재판관할을 도출할 수 없지만, 국제재판관할의 맥락에서는 일부 가사사건의 경우 국제사법(§2 ①)

을 기초로 해석론으로서도 국적관할을 인정할 수 있다. 무엇보다도 국가는 자국민의 신분관계의 변동에 대하여 이해관계를 가지기 때문이다. 따라서 예컨대 이혼사건에서 양 당사자의 본국이 동일하다면 그 국가의 관할을 인정하는 데는 별로 거부감이 없을 것이다. 다만, 본국관할의 구체적인 요건과 범위를 어떻게 정할 것인지는 더 검토를 요한다.

넷째, 가사사건에서도 국제재판관할에 관한 합의 또는 변론관할이 허용되는가에 관하여는 논란의 여지가 있다. 독일에서는 민사소송법(§40 ②)을 근거로 이를 부정하는 견해가 통설로 보이나[60] 우리나라에서는 국제가사사건의 특수성 및 공익성 등을 고려하여 이를 부정하는 견해[61]와 긍정하는 견해[62]가 나뉘고 있다. 문제는 위 대법원 1988. 4. 12. 선고 85므71 판결의 태도이다. 이에 대해 필자는 다른 기회에 "대법원판례는 상대방이 적극적으로 응소한 경우에도 변론관할(응소관할)을 인정하는 대신 예외적인 사정의 테두리 내에서 이해하는데, 이는 가사사건의 경우 합의관할과 변론관할(응소관할)이 인정되지 않음을 전제로 한 것"이라고 평가한 바 있으나,[63] 이와 달리 적극적 응소라는 요건하에 변론관할을 인정한 것이라고 볼 여지도 있다고 생각한다.[64] 만일 대법원판결이 변론관할을 긍정한 것이라고 본다면 나아가 합의관할도 긍정할 가능성이 크다.

가사사건에 관한 국제재판관할규칙을 어떻게 정립할 것인가는 앞으로의 과제인데, 그 경우 이혼, 친자, 부양료사건 등 가사사건의 유형별로 적절한 국제재판관할규칙을 정립해야 할 것이다.[65] 독일의 경우 과거 민사소송법에서

---

60) Geimer, IZPR, Rn. 1634; Nagel/Gottwald, IZPR, §3, Rn. 420.

61) 한숙희(2006), 24; 강봉수(1986), 278. 전자는 民訴(§29 ①)은 "당사자는 합의로 제1심 관할법원을 정할 수 있다"고 규정하는 데 반하여 家訴(§13 ①)은 "가사소송은 이 법에 특별한 규정이 있는 경우를 제외하고는 피고의 보통재판적 소재지의 가정법원의 관할로 한다"고 규정하여 원칙적으로 관할합의를 인정하지 않는 점도 근거로 제시한다. 김문숙, "성년후견제도에 관한 국제사법상 쟁점에 관하여— 한국민법개정후의 대응—," 국제사법연구 15(2009), 394은 공익성이 강한 가사비송사건(예컨대 家訴 라류 가사비송사건)에 대해서는 합의관할이나 응소관할은 인정되지 않는다고 본다. 김원태(1996), 231도 동지. 다만 김원태(1996), 230은 원칙적으로 허용되지 않지만 자유처분성이 긍정되는 한 긍정한다.

62) 예컨대 문일봉(1999), 262.

63) 석광현, 해설, 73. 이는 위 대법원판결이 응소에 의하여 당연히 변론관할이 발생하는 것으로 보지는 않았기 때문이다.

64) 실제로 문일봉(1999), 262은 후자와 같이 본다. 일본 학설은 櫻田嘉章, "離婚事件の國際裁判管轄(2)," 國際私法判例百選 別冊ジュリスト No. 185(2007), 184 참조.

65) 김용진(1999), 39 이하도 동지. 유럽연합에서는 이혼사건과 부부의 공통의 자에 관한 절차의 국제재판관할과 외국재판의 승인 및 집행에 관한 통일규범을 성안하기 위해 노력한 결과 1998년 5월 브뤼셀Ⅱ협약이 채택되었으나 그 후 이사회규정으로 변경되었으며 이는 다시 2003년 브뤼셀Ⅱbis(또는 브뤼셀Ⅱa)에 의해서 수정·폐지되었다. 이는 혼인과 친권(부모책임) 사건의 판

혼인사건과 친자사건(Kindschaftssache)에 관하여 국제재판관할규칙을 두었으나 2009. 9. 1.부터는 "가사 및 비송사건절차법"(Gesetz über das Verfahren in Familien-sachen und in den Angelegenheiten der freiwilligen Gerichtsbarkeit: FamFG)이 규율한다.66) 우리나라도 가사사건에 관한 국제재판관할규칙을 보다 체계적으로 명문으로 규정할 필요가 있는데 그 경우 민사소송법이나 가사소송법이 아니라 스위스처럼 국제사법에 규정을 두는 것이 체계상 바람직하다고 본다.67)

2. 국제사법하의 대법원판결의 태도

주목할 것은 국제사법 개정 후의 대법원 2006. 5. 26. 선고 2005므884 판결의 태도이다. 사안은 아래와 같다.

원고는 미국 국적을 보유하고 미주리주에 법률상 주소(legal domicile)를 두고 있던 남자로서 1991년 11월 한국 국적을 가진 여자인 피고와 서울에서 혼인신고를 마쳤고, 그 후 피고와 간에 사건본인들이 출생하였다. 피고는 혼인 후

결의 승인과 집행에 관한 이사회규정, 즉 "Council Regulation (EC) No 2201/2003 of 27 November 2003 concerning jurisdiction and the recognition and enforcement of judgments in matrimonial matters and the matters of parental responsibility, repealing Regulation (EC) No 1347/2000"이다. 브뤼셀 II bis에 관한 우리 문헌으로는 곽민희, "헤이그아동탈취협약과 유럽연합의 입법적 대응," 가족법연구 25-2(2011), 394 이하; 이승미, "이혼사건의 국제재판관할권에 관한 소고: EU의 「브뤼셀 II a-규칙」을 중심으로," 아주법학 7-1(2013. 6.) 167 이하(후자의 193 이하에는 발췌번역도 있다) 참조.

66) 독일의 구 민사소송법은 §606b, 그 다음에는 §606a에서 혼인사건에 관한 국제재판관할을 규정하였던바, 후자는 '국적관할'을 인정하여 부부의 일방이 독일인이거나 혼인 체결시에 독일인이었던 경우 독일법원의 국제재판관할을 인정하였다(① i). 또한 개정 전 §640a ②은 친자사건에 관하여 국제재판관할을 규정하였던바, 동조에 따르면 당사자의 일방이 독일인이거나 또는 그의 상거소가 독일에 있는 경우 독일 법원이 국제재판관할을 가졌다. 그러나 이들은 2009. 9. 1.부터 가사 및 비송사건절차법(FamFG)에 의해 대체되었다. 가사 및 비송사건의 국제재판관할은 FamFG, §98~§106에 의해 규율된다. 우선 Schack, Rn. 426 ff.; Horndasch/Viefjues/Hohloch, FamFG §98, Rn. 1ff. 참조. 위 독일법의 소개는 김상일, "독일의 [가사사건 및 비송사건절차법(FamFG)] 개관," 민사소송 13-1(2009. 5.), 622 이하; 반흥식, "독일 가사 및 비송사건절차법의 내용과 구조: 비송사건을 중심으로," 민사소송 15-1(2011. 5.), 44 이하; 김문숙, "민사비송사건 및 상사비송사건의 국제재판관할," 2015. 2. 24. 국제사법 가사·비송세미나 발표자료, 4 이하 참조. 일본 자료로는 가사사건에 관하여는 西谷祐子 외, 人事訴訟事件等についての国際裁判管轄に関する外国法制等の調査研究報告書(商事法務, 2012) <http://www.moj.go.jp/content/00010 3358.pdf> 와 입법론인 人事訴訟事件等についての国際裁判管轄法制研究会, 人事訴訟事件等についての国際裁判管轄法制研究会報告書(商事法務研究会, 2014) <http://www .moj.go.jp/content/000122844. pdf> 참조. 비송사건에 관하여는 日本法務省委託, 非訟事件についての国際裁判管轄等に関する外国法制等の調査研究業務報告書(商事法務研究会, 2014) 참조. 독일 가사 및 비송사건절차법의 제1장의 일본어 시역도 있다(<http://www.moj.go.jp/content/000012230.pdf>에 있는 東京大学·非訟事件手続法研究会, "ドイツ家事事件及び非訟事件手続法の仮訳" 참조). 우리도 외국의 법제에 대한 깊이 있는 비교법적 연구를 참고하여 보다 정치한 규칙을 도입할 필요가 있다.

67) 과거 입법론으로서 혼인관계소송, 친자관계소송 및 상속관련사건의 경우 국적관할을 인정하자는 견해가 있었다. 김용진(1999), 39 이하. 근자의 혼인관계사건의 국제재판관할규칙의 입법론은 석광현, 해설(2013), 101 이하 참조.

미국 시민권을 취득하였고, 원·피고는 1992년 7월부터 미국 등지에서 거주한 뒤, 1994년 7월경 한국으로 돌아온 이래 판결 당시까지 거주기한을 정하지 아니 하고 사건본인들과 함께 한국에서 계속 거주하고 있다. 원고는 혼인 당시 미육군 장교였다가 군복무를 마치고 대구 소재 회사에 근무하던 중 피고의 귀책사유로 인하여 혼인관계가 파탄에 이르렀다는 이유로 대구지방법원에 이혼청구와 동시에 사건본인들에 대한 친권자 및 양육자를 원고로 지정하여 달라는 소를 제기하였는데, 피고는 한국에서 소장 부본을 송달받고 응소하였다. 원고는 미국 내에 있던 종전 주소는 이미 소멸하였고 한국에 계속 거주할 예정이므로 원고의 실질적 주소지를 관할하는 한국 법원에 재판관할권이 있고, 법정지법인 한국 민법이 준거법이라고 주장하였다.

위 대법원 판결은 "원·피고는 한국에 상거소를 가지고 있고, 혼인이 한국에서 성립되었고 혼인생활의 대부분이 한국에서 형성되었다는 점을 고려하여 이 사건 이혼청구 등은 한국과 실질적 관련이 있으므로 國私 §2 ①에 의하여 한국 법원은 재판관할권을 가진다고 판단한 뒤, 나아가 미주리주의 법률, 주법원 판결, 미국 연방대법원 및 각 주법원의 관련 판결들과 이혼에 관한 미국 국제사법의 일반원칙(Restatement of the Law, 2nd, Conflict of Laws §§11~21, §71, §285 등)을 기초로 원·피고가 한국에 정착한 시점부터 선택에 의한 주소(domicile of choice)를 한국에 형성하였고, 피고가 적극적으로 응소한 점을 고려하여, 원·피고의 본국법인 동시에 종전 주소지를 관할하는 미주리주의 법에 비추어 대물소송(in rem)인 이혼청구와 대인소송(in personam)인 친권자 및 양육자지정 청구 등에 대하여 모두 한국 법원이 재판관할권을 행사하는 것은 정당하므로 國私 §2 ②에 규정된 '국제재판관할의 특수성'을 충분히 고려하더라도 한국 법원의 재판관할권 행사에는 문제가 없다"고 판시하였다.

즉 2006년 대법원판결은 위 ⓐ, ⓑ단계에 대한 설시를 생략하고 곧바로 國私 §2에 따라 실질적 관련의 유무에 관한 판단으로 들어가 실질적 관련의 존재를 긍정하고, 나아가 원·피고의 본국법인 동시에 종전 주소지를 관할하는 미주리주의 법에 비추어 대물소송에 해당하는 이혼청구와 대인소송에 해당하는 친권자 및 양육자지정 청구 등을 구분하여 모두 우리나라에 재판관할권이 있는지를 긍정함으로써 '국제재판관할의 특수성'을 충분히 고려하더라도 우리나라에 재판관할권이 있다고 판단한 점은 주목할 만하다. 이는 논리전개상 과거의 대법원판결과는 차이가 있기 때문이다. 그러나 위 대법원판결의 설시도

도메인이름에 관한 대법원 2005. 1. 27. 선고 2002다59788 판결의 설시와는 상이하므로 위 판결이 대법원의 정립된 태도라고 볼 수는 없다. 국제사법하에서 가사사건의 국제재판관할에 관한 가장 큰 논점은 재산법상의 사건과 통일적인 법리를 적용할 것인가이다. 사견으로는 가사사건의 국제재판관할도 재산법상의 사건과 마찬가지로 國私 §2의 대원칙으로부터 도출해야 하지만 그 구체적인 내용에는 차이가 있을 수 있다. 이를 구체화하는 것은 장래의 해석론과 입법론의 과제이다. 해석론으로서는 관할을 정한 家訴 §13(통칙), §22(혼인관계소송),[68] §26(친생자관계)와 §30(입양·친양자 입양관계)를 참작하되 국제재판관할의 특수성을 충분히 고려하여 국제재판관할규칙을 도출해야 한다.

하급심의 실무를 보면 2006년 대법원판결 후에도 여전히 ⓐ 과거 대법원판결의 설시를 따른 판결도 있으나,[69] ⓑ 이와 달리 國私 §2 그리고 이를 구체화한 대법원의 추상적 법률론을 따르는 판결, 즉 개별적 사안 분석에 의하는 판결도 있다. 예컨대 서울고등법원 2013. 2. 8. 선고 2012르3746 판결은 이혼사건의 국제재판관할에 관하여 國私 §2 ①과 도메인이름에 관한 대법원 2005. 1. 27. 선고 2002다59788 판결을 설시한 뒤 그의 법리에 따라 논리를 전개하였다. 이는 한국 국적과 스페인 영주권을 가진 원고가 스페인 국적을 가진 피고를 상대로 우리나라에서 이혼 및 위자료, 재산분할 등을 구한 사건인데, 동 판결은 위 대법원판결의 추상적 법률론을 설시한 뒤 그를 바탕으로 다양한 논거를 들어 우리나라의 국제재판관할을 긍정하였다.

3. 국제재판관할규칙에 관한 입법의 방향

혼인관계사건의 국제재판관할규칙은 사람의 이동성의 증가를 고려하고, 또한 충분한 법적 안정성, 특히 피고를 위한 법적 안정성을 확보할 수 있어야

---

68) §13와 §22는 브뤼셀Ⅱbis규정 §3 ① a호와 유사하나, 후자와 달리 관할을 결정함에 있어서 국적은 고려하지 않는다.

69) 예컨대 서울가정법원 2005. 9. 28. 선고 2004드합9787 판결을 들 수 있다. 이는 프랑스 국적을 가진 원고가 프랑스 국적을 가진 피고를 상대로 우리나라에서 이혼 및 위자료, 재산분할 등을 구한 사건이다. 동 판결은 아래와 같은 취지로 설시하고 우리나라의 국제재판관할을 긍정하였다. "외국인 간의 이혼심판 청구 사건의 경우에도 상대방인 피청구인의 주소가 우리나라에 있으면 우리나라 법원에 재판관할권을 인정할 수 있는데(대법원 1975. 7. 22. 선고 74므22 판결 참조), … 원·피고가 모두 외국(프랑스) 국적자이나, 한편, … 피고가 비록 국내에 특정한 주소 또는 거소를 두고 있는 것은 아니라도 국내에 생활의 주된 근거를 두고 거주하고 있다고 봄이 상당하며, 피고가 변호사를 선임하여 소송에 대응하고 있어 그 이익이 부당하게 침해될 우려가 있다고 보이지도 않는 점 등을 종합하면, 원·피고가 모두 외국 국적자라 하더라도 우리나라 법원에 이 사건에 대한 재판관할권이 있다"는 취지로 설시하고 우리나라의 국제재판관할을 긍정하였다.

한다. 이런 관점에서 우리의 입법론을 제시하면 다음과 같다.[70]

가. 피고관할(*forum rei*)의 원칙

민사소송법은 토지관할의 맥락에서 피고관할이라는 대륙법의 원칙을 수용하고 있고, 이는 국제재판관할에도 타당하다. 문제는 혼인사건의 국제재판관할에서도 이를 수용할 것인가인데, 이를 받아들이는 것이 바람직하다. 문제는 피고의 법정지를 결정함에 있어서 주소와 상거소 중 무엇을 연결점으로 삼을지이다. 가사소송법은 민사소송법과 마찬가지로 주소를 연결점으로 사용하나 이는 정주의사(*animus manendi*)를 요구하지 않는 객관주의에 따른 주소개념이므로 이를 상거소로 대체할 수 있고, 특히 국제적 정합성을 고려하면 상거소가 연결점으로서는 설득력이 있다.

나. 원고관할(*forum actoris*)의 허용

가사사건은 사람의 신분과 생활 전반에 중대한 영향을 미치므로 재산관계 사건과 비교하여 원고의 구제에도 더 유념해야 한다. 따라서 이혼 등의 쟁송성이 강한 소송에 있어서도 그 국제재판관할의 결정에서는 피고주소지원칙만이 아니라 원고 측의 사정을 고려할 필요가 있다. 토지관할의 맥락이기는 하나 우리 가사소송법은 원고관할은 전혀 인정하지 않는다. 브뤼셀 II bis(§3 ① v, vi)는 일정한 요건하에 원고관할을 인정한다. 이 점을 고려하면 결국 우리 법상으로도 적절한 범위 내에서 원고관할을 인정하는 것이 바람직하다고 본다. 그 구체적 내용은 논란의 여지가 있다.

다. 본국관할의 허용

우리 판례는 본국관할을 인정하는 데 인색하였다. 그러나 가능한 한 당사자와 가까운 법원에서 소송을 하는 데 대하여 당사자가 가지는 이익을 고려한다면 이를 인정해야 할 것이다. 또한 국가의 입장에서도 가족관계부를 정리함으로써 신분관계를 정확히 공시할 필요가 있으므로 이는 국가이익에도 부합한다. 나아가 우리 국제사법이 혼인의 일반적 효력(§37), 부부재산제(§38)와 이혼(§39)에 관하여 부부의 동일한 본국법을 제1차적 준거법으로 지정하고 있으므로 준거법과 관할의 병행을 인정할 가능성이 커진다는 점도 고려할 필요가 있다. 본국관할을 인정한다면, 브뤼셀 II bis처럼 부부 쌍방의 본국관할을 인정하는 데는 별 의문이 없으나, 더 나아가 독일처럼 일방의 본국관할을 인정할지는

---

70) 상세는 석광현(2013), 101 이하 참조. 유사한 입법론을 제시하는 견해는 이승미(2014), 153 이하 참조. 그 밖에 장준혁, "혼인관계, 부양 및 상속 사건의 국제재판관할 — 입법론을 중심으로—," 2015. 2. 24. 법무부 개최 가사·비송 사건 국제재판관할 세미나 자료집, 33 이하 참조.

논란의 여지가 있다.71)

라. 합의관할과 변론관할의 허용 여부

입법론으로 혼인관계사건에 관하여 합의관할과 변론관할을 인정할 것은
아니다. 그 이유는 아래와 같다. 첫째, 가사사건은 공익성이 강하므로 당사자의
임의처분이 제한되어야 한다. 둘째, 혼인관계사건에 대하여 다양한 관할근거를
인정한다면, 다른 국가에 국제재판관할을 부여하는 합의관할과 변론관할을 인
정할 실제적 필요성도 별로 없다. 셋째, 브뤼셀 II bis도 합의관할과 변론관할을
인정하지 않는다.

VII. 외국 법원의 이혼재판에 의한 이혼의 승인

외국에서 재판상 이혼이 행해진 경우에는 과연 우리나라에서 그러한 외국
재판에 따른 이혼이 효력이 있는가라는 문제가 제기되는데, 승인요건 중 실무
상 간접관할요건과 상호보증의 존재가 가장 문제된다. 이 경우 법률행위의 방
식에 관한 國私 §17는 적용되지 않는다.72)

1. 民訴 §217의 적용 여부

구 민사소송법 §203(民訴 §217에 상응)가 가사사건의 외국판결에도 적용되는
지에 관하여 직접 적용된다는 견해와, 이를 부정하고 유추적용 또는 조리에 의
하여 유사한 요건을 요구하되 상호보증 요건은 제외하는 견해 등이 있었으
나,73) 판례74)와 호적실무75)는 §203가 가사사건의 외국판결에도 적용되는 것을
전제로 상호보증이 필요하다고 보았다. 대법원 2009. 6. 25. 선고 2009다22952
판결도 이를 전제로 한국과 캐나다 온타리오(Ontario)주 사이에 상호보증이 있
다고 판단하였다.76) 또한 최근 오레곤주의 이혼 및 친권자, 양육자 지정에 관
한 판결(본소)과 양육자 지정에 기한 판결(반소)의 승인 및 집행이 문제된 대법

---

71) 그러나 우리 법의 해석론으로 부부쌍방의 본국관할은 물론 원고의 국적에 기한 관할을 인정
하는 견해도 있다. 이병화(2013), 392. 과거 섭외사법하에서 김용한 외, 325은 원고 또는 피고의
국적 또는 주소에 근거한 관할을 모두 인정한다.
72) 이호정, 368 참조.
73) 학설은 강봉수(1986), 320~321 참조.
74) 예컨대 대법원 1971. 10. 22. 선고 71다1393 판결.
75) 이에 관하여는 박동섭, 주석가사소송법(1998), 863~864 참조.
76) 이는 이혼 및 가사비송사건인 양육자지정, 면접교섭권, 재산분할 및 부양료·양육비지급을 명
한 캐나다 온타리오주 법원판결에 기한 집행판결을 청구한 사건인데, 위 판결이 동종판결 간에
상호보증의 존재를 제대로 심리한 것인지는 의문이다.

원 2012. 2. 15. 선고 2012므66 판결도 상호보증이 당연히 필요함을 전제로 판단하였다. 그러나 가사사건의 외국판결에도 상호보증을 요구하면 파행적 법률관계가 발생할 가능성이 커진다는 문제가 있다. 일반적으로 상호보증을 요구함으로써 당사자이익이 침해되는데, 가사사건의 경우는 그 성격상 당사자이익뿐만 아니라 파행적인 신분관계의 창설에 의하여 거래이익과 국가이익도 침해되기 때문에 상호보증을 요구하는 것은 문제가 있으므로 이를 완화할 필요가 있으며 다만 그 범위와 요건을 더 검토할 필요가 있다.[77] 보다 구체적으로 가사사건의 외국판결의 승인에서도 상호보증을 요구할지와, 가사사건의 외국판결의 승인 및 집행에 관하여 가사소송법 또는 국제사법에 명문의 규정을 둘지를 검토할 필요가 있다. 2014. 5. 20. 民訴 §217, 民執 §26와 §27가 개정되었고 民訴 §217-2가 신설되었으나 여기에서 논의하는 외국판결의 승인요건이 크게 달라진 것은 아니다.

2. 양육권자 지정 판결의 승인과 부분적 상호보증

위에 언급한 오레곤주의 이혼 및 친권자, 양육자 지정에 관한 판결(본소)과 양육자 지정에 기한 판결(반소)의 승인 및 집행이 문제된 대법원 2012. 2. 15. 선고 2012므66 판결을 보면, 유아인도청구인 반소청구에 대하여 원심 법원은, 피고에게 양육권이 있음을 선언한 미국 오레곤주 법원의 판결을 승인하고 그를 기초로 아동인도를 명한 제1심판결의 결론을 지지하였다. 원심은 본소청구인 이혼판결에 관한 오레곤주법의 승인요건을 검토한 뒤 상호보증의 존재를 긍정하였고 대법원도 이런 결론을 지지하였다.

그러나 위 사건에서 오레곤주 법원의 이혼 및 친권자, 양육자 지정 모두에 관한 판결의 승인이 문제되었는데,[78] 특히 문제된 것은 피고가 피고를 양육자로 지정한 오레곤주 법원 판결에 기하여 반소청구로서 제기한 유아인도이므로 우리 법원으로서는 동종의 판결, 즉 양육권자 지정 판결에 관하여 오레곤주와 우리나라 사이에 상호보증이 있는지를 검토하였어야 한다. 왜냐하면 상호보증

---

77) 김원태, "국제이혼의 법적 문제," 가족법연구 20-1(2006), 381도 동지. 반면에 이병화(2013), 416은 상호보증은 불요라고 한다. 독일 民訴(§328 ②)은 비재산권상의 청구에 관한 사건에서 독일에 재판적이 없으면 상호보증을 요구하지 않고 구 非訴(§16a)도 같았다. 2009. 9. 1. 발효한 가사 및 비송사건절차법(FamFG) §109 ④은 상호보증이 필요한 사건을 망라적으로 열거하는데 이혼사건은 그에 포함되지 않으므로 이혼사건의 경우 상호보증은 요구되지 않는다. Andrae §4, Rn. 162; Hahne/Munzig(Hrsgs.), BeckOK FamFG, §109, Rn. 47(Sieghörtner).

78) 오레곤주 법원의 판결문은 ⓐ 이혼, ⓑ 배우자 부양비, ⓒ 친권 및 양육권, 면접교섭권과 ⓓ 양육비에 관한 주문을 담고 있다.

의 요건에 관한 지도적 판결인 대법원 2004. 10. 28. 선고 2002다74213 판결이 판시한 바와 같이, 상호보증의 존재를 판단함에 있어서 기준이 되는 것은 우리나라와 외국 사이에 <u>동종 판결</u>의 승인요건이 중요한 점에서 실질적으로 거의 차이가 없을 것이라는 점이기 때문이다.[79] 그러나 오레곤주 판결을 승인한 위 대법원판결은, 양육권자 지정 판결이 아니라 이혼판결의 승인에 관한 우리 법과 오레곤주법을 비교하고 결론을 내렸다.[80] 이는 대법원이 설시한 부분적 상호보증의 법리에 반하는 것으로서 잘못이다. 양육권자 지정에 관하여 오레곤주를 포함하여 미국의 대부분 주는 "통일 아동양육권의 관할 및 집행법"(Uniform Child Custody Jurisdiction and Enforcement Act)을 채택하였으므로 오레곤주가 채택한 위 통일법상의 외국판결 승인요건을 검토하고 상호보증의 유무를 판단했어야 한다. 다만 양육자지정이 이혼을 전제로 하는 것이므로 이혼판결의 승인요건이 구비되어야 한다면 이혼판결의 승인요건도 검토해야 할 것이다.

3. 외국 법원의 이혼재판에 대한 집행판결의 요부

　　과거 우리의 유력설과 판례는 법률관계를 명확히 하는 실익이 있을 때에는 이행판결이 아니더라도 집행판결을 구할 수 있다고 보고, 특히 형성판결인 이혼판결에 기한 가족관계등록부 기재를 '광의의 집행'으로 보아 집행판결을 받으라는 식의 이론 구성을 하였다.[81] 그러나 미국 법원의 이혼판결을 받은 재미교포들의 경우 상호보증의 결여를 이유로 미국 판결에 기하여 호적기재를 하지 못하고 다시 한국에서 이혼소송을 제기해야 하는 불편이 있게 되자 대법원은 이혼판결에 대하여는 대법원예규[82]에 의하여 집행판결을 요구하지 않는

---

79) 필자는 이를 부분적 상호보증이론을 채택한 것으로 이해하고 위 판결을 지지하는 평석을 쓴 바 있다. 석광현, "詐欺에 의한 外國判決承認의 公序違反與否와 相互保證," 국제사법과 국제소송 4(2007), 263 이하 참조.

80) 원심법원은, 오레곤주법이 이혼에 관한 외국판결의 승인에 관하여 특별한 규정을 두지 않으나, 오레곤주 법원은 예양(comity)에 의하여 외국판결의 경우에도 ⓐ 외국법원이 실제적 관할을 가지고, ⓑ 재판결과가 기망에 의하여 부정하게 취득되지 않았으며, ⓒ 적정한 송달과 심문 등 적법절차에 따라 공정하게 이루어졌고, ⓓ 오레곤주의 공공질서(public policy)에 어긋나지 않는 경우에는 이를 승인해 왔다는 취지로 판시하였다. 민유숙, "2013년 친족·상속법 중요 판례," 人權 440(2014. 3.), 54은 동종 판결의 개념에 관한 문제의식 없이 위 대법원 판결이 기존판결을 따른 것이라는 점만 언급한다.

81) 대법원 1971. 10. 22. 선고 71다1393 판결은 이혼판결에 대한 집행판결을 허용하였다.

82) 이는 2007. 12. 10. 가족관계등록예규 제173호(외국법원의 이혼판결에 의한 가족관계등록 사무처리지침)와 제175호(외국법원의 이혼판결에 의한 이혼신고)에 따른 것이다. 다만, 외국판결상 피고인 우리 국민이 해당 외국판결에 의한 이혼신고에 동의하거나 스스로 이혼신고를 한 경우 또는 민사집행법에 따라 집행판결을 받은 경우에는 감독법원에 질의할 필요가 없다. 과거 1981. 10. 14. 호적예규 제371호는 외국에서의 이혼판결은 집행판결을 거치지 아니하고 이혼신고를 할 수 있다는 획기적 조치를 취하였는데 그 태도가 유지되고 있다. 법원행정처, 국제가족

것으로 방침을 정하였다.[83] 물론 위 예규에 따르면 담당 공무원으로서는 승인 요건의 구비 여부가 명백하지 않은 경우 감독법원에 질의하여 승인요건의 구비 여부에 관한 회답을 얻어 처리해야 함에도 불구하고, 실무적으로는 이를 생략한 탓에 승인요건을 구비하지 못한 이혼을 가족관계등록부에 기재하는 사례도 발생하고 있다. 따라서 뜻하지 않게 이혼을 당한 당사자는 이혼무효확인의 소를 제기해서 당해 이혼판결이 한국에서 효력이 없음을 주장하고 입증해야 하는 불합리한 사례가 발생하고 있다.[84] 이러한 불합리는 외국판결에 기한 신분관계 변동의 기재를 위하여 집행판결을 요구한다면 피할 수 있지만, 가족관계등록부의 기재는 본래의 집행이 아니므로 외국판결에 따른 신분관계의 변동을 기재하기 위해 집행판결을 요구하는 것은 부적절하다.[85] 또한 이혼판결을 제외한 다른 가사사건 판결에 대하여는 집행판결을 요구하면서 이혼판결에 대해서만 예외를 인정할 근거도 없다. 더욱이 민사소송법의 해석론을 불합리한 예규로써 바꿀 수는 없다. 그렇지만 가사사건의 외국판결의 경우 승인요건의 구비 여부에 관한 판단을 가족관계등록 공무원에게 맡기는 것은 무리이므로 입법론으로는 법원이나 적절한 기관이 승인요건의 구비 여부를 유권적으로 판단할 필요가 있다. 독일처럼 법원장(또는 적절한 기관)이 승인요건의 구비 여부를 스크린하는 제도의 도입을 검토할 필요가 있다.

관계등록 사례집(2009), 104도 참조.

83) 과거 호적실무는 여러 번 변경되었다. 최공웅, "韓國家族法과 國際私法問題," 가사조정 2(1999. 4.), 28 참조. 집행판결의 면제는 이혼판결에만 적용되고 외국법원의 혼인 취소, 혼인 무효와 이혼무효판결에는 적용되지 않으므로 그 경우 집행판결이 필요하다. 이처럼 외국법원의 이혼판결에 기하여 집행판결 없이 가족관계등록부에 기재할 수 있으므로 당사자가 외국 이혼판결에 기한 집행판결청구의 소를 제기할 경우 소의 이익이 없어 각하된다. 법원행정처 국제거래재판실무편람(2006), 102.

84) 이러한 문제점이 노정된 사건으로는 예컨대 대법원 2002. 11. 26. 선고 2002므1312 판결이 있다. 만일 집행판결이 필요하다는 입장을 취하였다면 미국에서 이혼판결을 받은 남편이 한국에서 부인을 상대로 소를 제기하여 집행판결을 받았어야 했으나, 집행판결 없이 호적기재가 이루어진 결과 부인이 남편을 상대로 이혼무효확인의 소를 제기해야 했다. 신분관계의 변동이라는 매우 중대한 사항이 제대로 걸러지지 못한 채 호적에 기재되었다는 점에서 이는 매우 유감인데 법원이 이런 현상을 방치하는 것은 바람직하지 않다.

85) 일본에서는 집행판결을 요구하지 않는 것으로 보인다. 佐藤やよひ·道垣内正人, 涉外戶籍法リステイトメント(2007), 248.

[後註] 남북한 주민 간의 이혼에 관한 특례와 국제사법적 고려

■ **참고문헌**[1]: 오수근(1991), "동·서독일간의 준국제사법적 문제의 해결방법에 관한 연구," 한국민사법학의 현대적 전개; 연람배경숙교수화갑기념논문집; 오수근(1998), "남북한간의 국제사법적 문제," 국제사법연구 3; 임성권(2007), 남북한 사이의 사법적 법률관계; 임성권(2004), "탈북자의 이혼 청구에 있어서의 국제사법적 문제 — 서울가정법원 2004년 2월 6일 선고 2003드단 58877 판결을 계기로 —," 국제사법연구 10; 임성권(2001), "남북한 주민 사이의 가족법적 문제," 비교사법 8−2; 임성권(1999), "남북한 사이의 국제사법적 문제," 국제사법연구 4 최공웅선생 화갑기념논문집.

1. 남북한 주민 또는 기업 간의 법률관계를 바라보는 관점

근자에 남북한 주민 또는 기업 간의 교류가 활발해짐에 따라 어려운 준거법 결정의 문제가 발생하고 있다. 이러한 문제 특히 민사문제를 처리하는 접근방법으로는 몇 가지를 생각할 수 있다. 첫째, 헌법의 논리에 충실하게 북한이 한국의 일부라고 본다면 그 경우 한국법을 적용하여 처리하면 될 것이나, 이를 관철할 수는 없다. 만일 이를 관철하자면 예컨대 북한에서 북한 주민들 간에 이루어진 혼인은 우리 민법이 정한 혼인신고가 없었기 때문에 모두 무효일 것이나, 그러한 결론을 수긍할 수는 없다.[2] 둘째, 국제적으로 남북한이 별개의 국가처럼 취급되는 점을 중시하면 그 경우 전적으로 국제사법에 따라 처리해야겠지만, 이는 헌법의 논리에 충실하지 못하고 정서적으로도 거부감이 있다. 셋째, 준국제사법적 또는 그에 준하는 접근방법을 취하는 것인데, 이는 일단 국제사법을 유추적용하는 형태로 나타나나 그 내용은 좀더 구체화할 필요가 있다.

---

1) 남북한 주민 간의 관계를 다룬 문헌은 상당히 많이 있으나 국제사법 및 준국제사법의 관점을 주로 다룬 문헌을 소개한다.

2) 하지만 이런 법리에 따라 북한 주민에게 우리 법을 적용하여 저작권을 인정한 사례가 있다. 예컨대 대법원 1990. 9. 28. 선고 89누6396 판결.

넷째, 남북한 간의 특수한 관계로 보아 남북한특수관계론을 전개하는 견해가 있는데 이는 개별사건에 따라 국내법 또는 국제법 원칙을 적용할 수 있다고 하나,3) 아직 그 내용은 분명하지 않으며 앞으로 이를 구체화해야 한다. 물론 준국제사법적 접근방법을 취하더라도 필요한 경우 특수성을 실질법에 반영하여 올바른 방향으로 문제를 해결해야 한다.4)

2. 남북한 주민 간의 이혼에 관한 특례

근자에는 다소 줄었지만 2000년대 한동안 많은 탈북자가 발생함에 따라 그들이 북한에 남아 있는 배우자와 이혼하고자 법원에 제소하는 사안이 발생하였다. 이 경우 첫째, 홀로 탈북한 배우자가 북한에 있는 배우자를 상대로 이혼청구를 할 수 있는지, 둘째, 한국 법원에 재판관할권이 있는지, 셋째, 이혼의 전제로서 북한에서의 혼인은 유효하게 성립하였는지, 넷째, 북한주민에게 송달을 어떻게 할 것인지, 다섯째, 이혼의 준거법은 무엇인지 등의 의문이 제기되었다. 이러한 문제를 입법적으로 해결하기 위하여 국회는 2007년 1월 "북한이탈주민의 보호 및 정착지원에 관한 법률"을 개정하여 아래 §19-2를 신설하였다.

제 19 조의 2 (이혼의 특례)
① 제19조의 규정에 따라 취적한 자 중 북한에 배우자가 있는 자는 그 배우자가 남한지역에 거주하는지 여부가 불명확한 경우 이혼을 청구할 수 있다.
② 제19조의 규정에 따라 취적한 자의 배우자로 기재된 자는 재판상 이혼의 당사자가 될 수 있다.
③ 제1항의 규정에 따른 이혼을 청구하고자 하는 자는 배우자가 보호대상자에 해당하지 아니함을 증명하는 통일부장관의 서면을 첨부하여 서울가정법원에 재판상 이혼청구를 하여야 한다.
④ 제3항의 관할 법원이 제1항의 규정에 따른 이혼청구자의 배우자에 대하여 송달을 하고자 할 때에는 「민사소송법」 제195조의 규정에 따른 공시송달을 할 수 있다. 이 경우 첫 공시송달은 실시한 날부터 2개월이 지나야 효력이 생긴다. 다만, 같은 당사자에게 하는 그 뒤의 공시송달은 실시한 다음날부터 효력이 생긴다.
⑤ 제4항의 기간은 줄일 수 없다.

---

3) 이효원, 남북교류협력의 규범체계(2006), 7.
4) 예컨대 "남북 주민 사이의 가족관계와 상속 등에 관한 특례법"(남북주민법)의 중혼의 특례 (§6)가 그러한 예이다.

위 조문에 의하여, 탈북자가 배우자를 상대로 한국(남한) 법원에 제소할 수 있고, 한국 법원이 국제재판관할권을 가지는 점과 송달은 공시송달에 의할 수 있다는 점이 명확히 되었다. 그러나 여기에서 이혼의 준거법이 한국법인가, 또한 실질법의 문제로서 위 조항은 이혼원인을 추가한 것인가라는 의문이 제기된다. 즉 위 조문은 탈북자에 대하여 사실상 파탄주의를 적용할 것을 요구하는가라는 등의 의문이 남아 있다. 만일 그렇다면 탈북과 그에 이은 별거라는 이유만으로 이혼을 허용하는 것이 된다.5)

3. 남북 주민 사이의 가족관계와 상속 등에 관한 특례법

최근 북한 주민들이 6·25 때 월남한 아버지의 유가족을 상대로 낸 소송에서 조정이 성립해 유산의 일부를 물려받게 되는 등 소송이 현실화되고 있는 상황을 고려하여 정부는 2011년 초 '남북주민 사이의 가족관계와 상속 등에 관한 특례법안'을 입법예고하였다. 동 법률안은 동 법이 적용되는 법률관계에 한정하여 북한 법률과 판결에 대하여 준거법의 결정에 관한 국제사법과 외국판결의 승인에 관한 민사소송법규정을 준용하는 취지의 조문을 담고 있었으나,6)

---

5) 특례조항에 관하여는 우선 신영호, "새터민의 이혼소송," 人權 통권 368(2007. 4.), 114 이하 참조.

6) 당초 법률안 초안에서는 아래와 같이 재판관할(§4), 준거법(§5), 사법공조(§6)와 북한판결의 효력(§7)에 관한 규정을 두었으나 재판관할에 관한 조항만이 살아남았다.
제4조 (재판관할)
① 이 법이 적용되거나 그와 관련된 사건에서 법원은 당사자 또는 분쟁이 된 사안이 남한과 실질적 관련이 있는 경우에 재판관할권을 가진다. 이 경우 법원은 실질적 관련의 유무를 판단함에 있어 재판관할 배분의 이념에 부합하는 합리적인 원칙에 따라야 한다.
② 법원은 국내법의 관할 규정을 참작하여 재판관할권의 유무를 판단하되, 제1항의 규정의 취지 및 제2조의 기본원칙을 고려하여야 한다.
③ 남한 주민이 북한 주민을 상대로 제1항과 관련된 소를 제기하고자 하는 경우, 사실상의 장애로 인하여 전 2항에 따라 재판관할을 가지는 북한법원에 제소할 수 없는 때에는 대법원이 있는 곳의 관할법원에 소를 제기할 수 있다.
제5조 (준거법)
① 이 법이 적용되거나 그와 관련된 법률관계에 대하여는 제2조의 기본원칙을 고려하여 이 법과 국제사법의 목적 및 취지에 반하지 않는 범위 내에서 국제사법을 준용한다. 다만 국적이 연결점인 경우 상거소지를 국적으로 본다.
② 이 법에 따라 북한법을 적용해야 하는 경우에 당해 법률관계에 적용할 북한법의 내용을 알 수 없거나 또는 북한법에 따르면 남한법이 적용되어야 하는 때에는 남한법(준거법의 지정에 관한 법규를 제외한다)에 의한다.
③ 이 법에 따라 북한법을 적용해야 하는 경우 그 규정의 적용이 남한의 선량한 풍속 기타 사회질서에 명백히 위반되는 때에는 이를 적용하지 아니한다.
제6조 (남북한 사법공조)
남북한 사이의 사법공조의 내용과 절차에 관하여는 제2조의 기본원칙을 고려하여 이 법과「민사소송법」,「국제민사사법공조법」의 목적과 취지에 반하지 않는 범위 내에서 해당하는 법률을 준용한다.

입법예고 이후 북한의 법률과 판결효력을 인정하는 것은 북한을 국가로 인정하는 것이라는 비판을 이유로 정부는 위 조문들을 삭제한 수정안을 8월 18일 재공고하였다.[7] 결국 위 수정안에 따른 법률은 제11299호로 2012. 2. 10. 제정되었고 2012. 5. 11. 발효되었다. 이러한 태도는 국가의 승인과, 외국법의 적용 내지 외국판결의 승인과의 관계를 오해한 것으로 국제사법적 사고의 빈곤을 보여주는 사례이다.[8]

어쨌든 앞으로 남북한 주민 및 기업 간의 법률관계를 다루는 데 있어서 국제사법적 관점이 유용함을 지적해둔다. 이는 위에서 본 둘째의 방안, 즉 국제사법으로 해결하여야 한다는 것을 강조하기 위한 것이 아니다. 셋째의 방안, 즉 준국제사법적 접근방법을 취할 경우 그 출발점이 되는 점에서 물론이고, 가사 다른 접근방법을 취하더라도 국제사법적 시각은 균형잡힌 관점을 제공함으로써 문제를 올바로 해결하는 데 크게 도움을 주기 때문이다. 그 과정에서 북한 주민의 국적문제[9]도 검토할 필요가 있다.

제7조 (북한판결의 효력)
　북한주민 사이의 가족관계에 관한 북한법원의 확정판결의 남한에서의 효력에 대하여는 제2조의 기본원칙을 고려하여 그 목적과 취지에 반하지 않는 범위 내에서 민사소송법 제217조의 규정을 준용한다. 다만 민사소송법 제217조 제4호는 제외한다.
　7) 新聞 2011. 8. 22. 기사.
　8) 대법원 2013. 7. 25. 선고 2011므3105 판결에 의하여 친생자관계존재는 확정되었다. 유산분할에 관하여는 당사자들 간에 조정이 성립하였다고 한다. 동서독 사례의 소개는 홍창우, "남북한 주민의 친족관계 사례에 관한 비교법적 고찰—동·서독 사례를 중심으로—," 판례실무연구 [XI](하)(2014), 291 이하 참조.
　9) 이에 관하여는 우선 석동현, 국적법(2011), 293 이하 참조.

[後註] 등록된 생활동반자관계

우리나라에서는 동성혼(same-sex marriage)과 동성의 생활동반자관계의 등록이 허용되지 않지만 국가에 따라서는 이를 허용하기도 한다. 그 경우 외국적 요소가 있는 때에는 준거법 결정 등 국제사법적 쟁점이 제기된다. 현재로서는 외국법에 따라 동성혼과 동성의 생활동반자관계가 등록되었더라도 그의 효력을 직접 인정하는 것은 우리의 공서에 반할 것이나, 생활동반자 간의 재산관계처럼 외국법에 따라 성립한 생활동반자관계의 개별적 효력을 주장하는 것은 공서위반이 되지 아니하므로 준거법을 논의할 실익이 있다.[1] 아래에서는 참고로 독일법의 논의를 간단히 소개한다.

독일 민법시행법은 2001. 8. 1. 발효된 §17b에서 동성의 생활동반자관계 간의 가족법적 문제의 준거법을 상세히 규정하는데, 이는 2012년 5월 3일 일부 개정되었다.[2] 이성 간의 생활동반자관계 나아가 동성 간의 혼인관계의 준거법에 대하여는 §17b가 직접 적용되는 것은 아니고 그에 유추적용될 수 있는지는 논란이 있다.[3]

1. 생활동반자관계의 준거법의 결정

등록된 생활동반자관계는 등록을 행하는 국가(*lex libri*)의 실질법에 따른다 (§17b ①). 당사자는 준거법을 직접 지정할 수는 없지만 등록국을 선택함으로써 간접적으로 준거법을 선택할 수 있다. 그러나 그 국가는 일정한 제한이 있으

---

1) 물론 이 경우 생활동반자관계를 어떻게 성질결정할지가 우선 문제된다. 독일에서는 구 민법시행법 §17a가 신설되기 전 다양한 견해가 있었으나 가족법, 특히 혼인법적으로 성질결정하여 이를 유추적용하려는 견해가 통설이었다. Dominique Jakob, Die eingetrgene Lebenspartner- schaft im Internationalen Privatrecht, 2002, 172. 특히 197 이하 참조.
2) 그러나 독일법은 많은 부분에서 로마Ⅲ에 의하여 배제된다.
3) Andrae는 이성 간의 생활동반자관계에 §17b를 유추적용하고(§10, Rn. 61). 동성 간의 혼인관계에 대하여는 §17b를 적용하는 것으로 보인다(§10, Rn. 68).

며4) 또한 생활동반자관계의 등록을 허용하는 국가여야 한다. 당사자들이 다른
국가에서 등록하는 경우 준거법이 변경된다. ③은 동일한 사람들 간에 등록된
생활동반자관계가 복수의 국가에 존재하는 경우에는, ①에 기술한 효력과 효과
에 대하여는 최후에 성립한 생활동반자관계가 성립한 때로부터는 그것이 준거
가 된다고 규정함으로써 이를 밝히고 있다(§17b ③).

2. 준거법이 규율하는 사항

등록된 생활동반자관계의 준거법은 그의 성립, 일반적 및 재산적 효력과
해소를 규율한다(§17b ①). 즉 혼인에서처럼 그의 실질적 성립요건, 방식과 그
흠결시의 효력 등의 준거법이 규율하는 모든 사항이 생활동반자관계의 준거법
에 의한다. 다만 생활동반자관계의 상속법적 효과는 상속의 준거법에 의하나,
그에 따르면 법정 상속권이 인정되지 않는 때에는 그 범위 내에서는 등록국법
에 따른다(§17b ① 2문).5)

3. 제3자의 보호와 효력의 제한

성명의 선택에 관한 민법시행법 §10 ②과 독일 소재 혼인주거와 가재도구
(Haushaltsgegenstände)에 대한 사용권 등에 관하여 독일법을 적용하도록 하는
§17a6)는 혼인동반자관계에도 준용된다(§17b ① 1문). 생활동반자관계의 일반적
효력이 다른 국가의 법에 따르는 경우에는, 이러한 규정이 선의의 제3자에 대
하여 외국법보다 유리한 범위 내에서는, 독일 내에 소재하는 동산에는 등록된
생활동반자법(Lebenspartnerschaftsgesetz: LPartG) §8 ①을, 국내에서 행한 법률행위
에 대하여는 §8 ②과 독일 민법 §1357를 적용한다(§17b ②). 외국에서 등록된 생
활동반자관계의 효력은 독일 민법과 생활동반자법에 정한 것을 넘을 수는 없
다(§17b ④). 이는 마치 불법행위의 준거법에 관한 섭외사법 §13를 연상시킨다.
이에 대하여 독일의 다수설은 이는 외국의 생활동반자관계를 독일법상의 생활
동반자관계로 격하 내지 전환시키는 것으로서 부당하고, 일반공서조항으로 족
하다고 비판한다.7) 나아가 위 조항은 유럽연합 내에서의 이주와 거주의 자유
를 보장하는 유럽연합기능조약(The Treaty on the Functioning of the European Union:

---

4) 이는 부부 중 일방이 속하거나 상거소지국이어야 한다. §17b ②, §10 ②.
5) 구 법에서는 부양도 상속과 함께 언급하였으나 이 부분은 삭제되었다.
6) 독일 민법상의 가재도구의 분할에 관하여는 서종희, "이혼시 가재도구의 분할 — 신설된 독일
   민법 제1568b조를 참조하여 —," 가족법연구 27−2(2013. 7.), 37 이하 참조.
7) Andrae, §10, Rn. 25.

TFEU)8) §21에 반한다는 비판도 있다.

4. 연금청산

Versorgungsausgleich(연금청산)9)은 제1문에 의하여 준용되는 법에 따른다 (§17b ① 2문). 다만 이는 그에 따라 독일법이 적용되는 경우 또는 생활동반자관계의 해소 신청이 계속한 시점에 생활동반자가 속하는 국가들 중 어느 하나의 법이 생활동반자 간의 연금청산을 아는 때에 한하여 행해질 수 있다. 그 밖에는 생활동반자의 일인이 동반자관계가 존속하는 동안 내국의 연금에 대한 기대권을 취득하였던 경우에는 부부의 일방이 신청에 기하여 독일법에 따라 행해질 수 있으나, 연금청산의 실행은 부부 쌍방의 경제적 사정을 고려하여 또한 생활동반자관계의 전기간을 고려하여 형평에 반하지 아니하는 한도 내에서만 행하여진다(§17b ① 4문).

---

8) 유럽공동체설립조약, 즉 로마조약의 후신이다.

9) 이에 관하여는 조미경, "독일 離婚法에 있어서의 年金淸算(Versorgungsausgleich)제도," 가족법연구 6(1992. 12.), 153 이하 참조.

[前註] 국제친자법의 구성

■ **참고문헌**: 조수정(2000), 한국국제사법학회 제8차 연차학술대회<제6분과 토론자료>; 최흥섭(2000), "섭외사법개정법률안의 검토— 제2장(자연인), 제4장(친족), 제5장(상속)," 국제사법학회 8차 연차학술대회 발표자료; 최흥섭(2001a), "개정법률과 國際親族·相續法의 諸問題," 법조 536; 최흥섭(2001b), "미성년자의 보호를 위한 1996년의 헤이그협약," 인하대 법학연구 4.[1]

국제사법의 제6장, 즉 국제친족법은 국제혼인법(§§36~39), 국제친자법(§§40~45), 국제부양법(§46)과 국제후견법(§48)으로 구성된다. 여기에서 다루는 국제친자법은 준거법결정원칙을 내용으로 하는 좁은 의미의 국제친자법을 말한다. 즉, 여기에서는 우리 실정법인 국제사법 조문의 해설을 위주로 하므로 국제친자법을 좁게 이해하고, 국제재판관할[2]과 외국판결의 승인 및 집행은 제한적으로만 논한다. 국제친자법은 §40 내지 §45로 구성되는데, 국제사법은 §40 내지 §44에서 다양한 친자관계의 성립에 관한 규정을 두고, 나아가 그렇게 하여 친자 간의 법률관계가 성립한 경우 그에 따른 친자의 권리·의무관계를 §45에서 규정하는 방식을 취하고 있다.

국제친자법의 영역에서 주목할 것은 최근 우리나라가 헤이그국제사법회의에서 채택한 아동탈취협약에 가입하여 동 협약이 2013년 3월 1일 한국에서 발효되었다는 점인데 이를 위하여 국회는 이행법률을 제정하였다. 아동탈취협약은 §45에 이어 후주에서 소개한다. 또한 아직 비준하지는 않았으나 우리나라는 헤이그국제사법회의의 입양협약에 서명하였고 현재 비준을 위한 절차를 추진 중이라는 점도 주목해야 한다. 1950년대 이래 아직도 상당한 규모의 우리 아동들이 해외입양되고 있으므로 입양협약의 중요성은 아동탈취협약보다 더 크다고 할 수 있다. 이는 입양 및 파양의 준거법을 정한 §43의 후주에서 소개한다. 또한 근자에는 아동학대의 증가가 사회문제화됨에 따라 아동학대방지를 위한

---

1) 이는 최흥섭, 현대적 흐름(2005), 329 이하에도 수록되어 있다. 양자는 동일한 것으로 보이므로 이하 전자를 인용한다.
2) 탈취협약으로부터 알 수 있는 바와 같이 본안인 양육권에 관하여는 아동의 상거소지국이 국제재판관할을 가지고, 입양재판에 관하여는 아동의 주소지국(또는 상거소지국)과 양친될 자의 주소지국(또는 상거소지국)의 국제재판관할을 가진다고 할 수 있다.

새로운 제도의 도입에 관한 관심이 커지고 있는데3) 그와 병행하여 아동학대의
국제화에 대비해야 한다. 헤이그국제사법회의에서 채택한 1996년 아동보호협
약에의 가입도 그러한 맥락에서 검토할 필요가 있다.

---

3) 예컨대 김상용, "아동학대방지를 위한 새로운 제도 — 피해아동보호명령을 중심으로 —," 가정
상담 365(2014. 1.), 11 이하.

第 40 條 (혼인중의 친자관계)

① 혼인중의 친자관계의 성립은 자(子)의 출생 당시 부부 중 일방의 본국법에 의한다.

② 제1항의 경우 부(夫)가 자(子)의 출생 전에 사망한 때에는 사망 당시 본국법을 그의 본국법으로 본다.

섭외사법 제 19 조 (친생자)

친생자의 추정, 승인 또는 부인은 그 출생 당시의 母의 夫의 本國法에 의한다. 夫가 子의 출생 전에 사망한 때에는 그 사망 당시의 本國法에 의하여 이를 정한다.

I. 서론

1. 의의 및 연혁

가. 의의

실친자관계에는 혼인중의 친자관계와 혼인외의 친자관계가 있다. 섭외사법은 혼인중의 친자관계와 혼인외의 친자관계의 성립을 구별하여 상이한 연결원칙을 규정하였는데 국제사법은 이러한 체계를 유지하고 있다.[1] 이는 우리 민법이 아직 혼인중의 친자관계와 혼인외의 친자관계를 구별하여 성립과 효과(효력)를 달리 규정하고 있음을 고려한 것이다.[2] 이 점에서 친자법에 관한 한 국제사법은 우리 민법과 동일한 발전단계에 있다고 평가할 수 있다.[3]

---

1) 독일은 1997. 12. 16. "친자법의 개혁에 관한 법률"(Gesetz zur Reform des Kind−schafts−rechts)(BGBl. 1997 I, 2942)에 의해 과거 민법시행법 §§19~21를 개정하여 적출자와 비적출자 간의 국제사법상의 구별을 폐지하였다. 위 법률은 1998. 7. 1. 발효되었다.

2) 혼인중 출생자와 혼인외 출생자의 차이는 박동섭, 247 참조.

3) 친생자관계의 실질법에 관한 비교법적 고찰은 권재문, 親生子關係의 決定基準(2011), 43 이하

나. 연혁

섭외사법은 혼인중의 친자관계의 준거법에 관하여 '母의 夫의 본국법'을 준거법으로 지정하여 단일한 연결기준을 채택함으로써 혼인중의 친자관계의 성립을 상대적으로 어렵게 하였고, 특히 헌법상의 양성평등의 원칙에 반한다는 비판을 받았다.

2. 입법례

혼인중의 출생자결정의 준거법에 관하여는 실질법상 혼인중의 출생자와 혼인외의 출생자를 구별하는가에 따라 입법례가 나뉘고 있다. 실질법상 양자를 구별하지 않는 국가는 국제사법상으로도 양자를 구별하지 않고, 친자관계의 성립에 관하여 출생시 자의 본국법주의를 취하는 것이 일반적이다.4) 반면에 실질법상 혼인중의 자와 혼인외의 자의 법적 지위를 구별하는 국가에서는 국제사법상으로도 대체로 이를 구별하는데, 이런 국가는 과거 부의 본국법주의를 취하였으나, 부 또는 모의 본국법주의를 거쳐 근자에는 혼인의 효력의 준거법을 적용하는 경향이 있다고 한다.5) 구체적인 입법례로는 모의 부(夫)의 속인법주의, 자의 속인법주의와 부모 공통의 속인법주의 등이 있다.6) 여기에서 속인법은 대체로 본국법을 말하나 상거소지인 경우도 있다.

Ⅱ. 준거법의 결정

1. 선택적 연결의 인정 (§40 ①)

혼인중의 친자관계의 성립의 준거법에 관하여는 연구반초안,7) 개정시안8)

참조.
4) 신창선, 350; 신창섭, 294.
5) 신창선, 350; 신창섭, 294.
6) 김연 외, 383; 신창섭, 294; 윤종진, 458. 독일 민법시행법 §19(출생자의 지위): 혼인중·혼인외 출생자의 구분 없이 동일하게 규율, 스위스 국제사법 §68, §69(혈통에 의한 친자관계의 성립의 준거법), 오스트리아 국제사법 §21(적출), 이탈리아 국제사법 §33(혈통): 자의 본국법에 의함, 일본 법적용통칙법 §28(법례 §17와 동일): 국제사법과 거의 동일하나 표현에 차이 있음('혼인중의 자' 대신 '嫡出子'라 한다).
7) 연구반초안(§25 ①)은 다음과 같다. 연구반초안해설, 56.
"[제1안] 혼인중의 친자관계는 자(子)의 출생 당시 부부 중 일방의 本國法에 의하여 성립할 수 있다.
[제2안] 혼인중의 친자관계는 자(子)의 출생 당시 부부 중 일방의 本國法 또는 자(子)의 日常居所地法에 의하여 성립할 수 있다."
8) 개정시안 §25 ①은 다음과 같다. 개정시안해설, 50.

과 국제사법이 모두 다른 것에서 보는 바와 같이 상당한 논란이 있었다. 즉 연구반초안에는 제1안과 제2안이 있었는데, 개정시안에서는 제1안이 채택되면서 子의 현재의 상거소지에의 선택적 연결과 친생부인에 관한 단서가 추가되었으나, 공청회를 거친 뒤 국제사법에서는 다시 연구반초안의 제1안이 채택되었다.

가. 국제사법의 취지

혼인중의 친자관계에 관한 섭외사법의 연결원칙은 '母의 夫의 본국법'을 준거법으로 함으로써 헌법상의 양성평등의 원칙에 반한다는 점과,9) 단일한 연결기준을 따르는 점에 특색이 있었다. 혼인중의 친자관계의 성립이 주로 부자관계에서 문제가 되는 것은 사실이나, 친생추정제도에서 보는 바와 같이 이는 모의 이익에 불리한 영향을 줄 수 있다. 또한 섭외사법이 취한 단일한 연결기준도 선택적 연결과 비교할 때 子의 이익의 보호라는 관점에서는 문제가 있었다.

이러한 문제점을 해결하고, 혼인중의 친자관계의 성립을 용이하게 하기 위하여(favor legitimitatis) 국제사법은 부부의 본국법10) 중 어느 하나에 의해서라도 혼인중의 친자관계가 성립하면 이를 인정하는 선택적 연결방법을 취하였다.11) 다만 이에 대하여는 친자관계는 신분관계의 가장 기본적인 요소이므로 그 기준은 일의적이고 명확하지 않으면 아니 된다는 관점으로부터는 비판의 여지가 있다.

연결시점은 신분관계의 안정을 위하여 신분관계가 성립되는 子의 출생 당시로 고정하였다(①).

나. 자의 상거소지법에의 연결의 거부

한편 친자관계의 성립을 보다 용이하게 하고 부양 등 친자관계의 선결문제를 본문제와 함께 해결할 수 있도록 하기 위해 자의 상거소지법에 선택적으로 연결하는 방안이 검토되었다.12) 그러나 혼인중의 친자관계는 혼인관계와

"혼인중의 친자관계의 성립은 자(子)의 출생 당시 부부 중 일방의 본국법 또는 현재 자(子)의 상거소지법에 의한다. 다만 자(子)는 그의 상거소지법에 의하여 혼인중의 친자관계를 부인할 수 있다."

9) 섭외사법 §19와 동일한 규정을 두었던 일본 구 법례(§17)가 양성평등에 위반되는지에 관하여 일본에서는 견해가 나뉘었다. 양성평등에 반하지 않는다는 견해는 친생부인이 일반적으로 부(父)에게만 인정되는 것과 같이 친자관계의 성립은 부자관계가 중심이 된다는 점을 지적하였다.

10) 국제사법이 '부 또는 모'가 아니라 '부부 중 일방'이라고 한 것은 혼인중의 친자관계가 성립되기 전에는 법률상 '부'(父)라고 할 수 없고, 혼인중의 친자관계가 법률상 혼인의 결과임을 나타내기 위한 것이다.

11) 이는 연구반초안의 제1안이 선택된 것이다.

12) 위에 언급한 연구반초안 제2안은 이를 반영한 것이다.

밀접한 관련이 있으므로 부부와 관계없는 자를 연결주체로 허용하는 것은 타당하지 않고, 자의 상거소지법은 신분관계의 안정성과 명확성을 해칠 수 있다는 점에서 채택되지 않았다.13)

다. 혼인의 일반적 효력의 준거법에의 연결의 거부

1998년 7월 개정 전 독일 민법시행법(§19)의 예14)에서 보는 바와 같이 단일한 연결기준을 따를 경우, 혼인중의 친자관계의 성립을 혼인의 일반적 효력의 준거법에 의하는 방안을 고려할 수 있다. 이는 혼인중의 친자관계의 규율은 혼인 및 혼인에 의해 성립된 부부공동체의 구성원이 되는가의 문제라는 점에서 혼인과 불가분의 관계에 있음을 고려한 것이나15) 국제사법은 이러한 입장을 따르지 않았다.

그 이유는, 첫째 친자관계는 부부관계인 혼인관계와 구별되는 점, 둘째 적출과 비적출은 표리관계에 있으므로 양자의 준거법은 가능한 한 유사하게 하는 것이 좋은데 적출관계의 준거법을 혼인의 효력의 준거법으로 하면 비적출관계에는 전혀 다른 준거법이 지정될 수밖에 없는 점과, 셋째 혼인의 효력의 준거법을 결정함에 있어서 사용되는 동일한 상거소 또는 가장 밀접한 관련이 있는 곳과 같은 다소 불확정한 개념을 친자관계의 준거법에까지 적용하는 것은 신분관계의 안정을 위하여 적절하지 않다는 점이 고려되었기 때문이다.16)

라. 자의 본국법에의 연결의 거부

이탈리아 국제사법(§33 ①)처럼 자의 본국법에의 연결도 검토되었다. 이는 양성평등의 원칙에 부합하는 장점이 있으나, 그렇게 할 경우 흔히 자의 출생 당시를 기준으로 하게 되는데, 자의 국적은 적출·비적출관계에 따라 결정되므로 순환론에 빠지게 되어 자의 국적을 정할 수 없는 경우가 발생하며 또한 복수국적의 문제도 발생할 가능성이 크다는 이유로 이는 채택되지 않았다.17)

---

13) 법무부, 해설, 145. 그러나 개정시안에 대해 최흥섭(2000), 13은 "… 그러나 적출문제는 주로 친자관계의 효력이나 부양문제의 선결문제로 제기되는 것이기 때문에 이를 위하여 자의 상거소지법에 의한 적출인정의 필요도 있다는 이유로 현재의 자의 상거소지법도 선택대상으로 추가되었다"고 설명하였다. 개정시안에 대해 조수정(2000), 9~10은 자의 상거소지에 연결하는 데 대해 반대하였고, 결국 이러한 반대의견이 수용되었다.

14) 개정 후의 §19 ① 3문도 참조.

15) 조수정(2000), 9은 이러한 견해를 지지한다.

16) 최흥섭(2000), 12; 橫山 潤, 國際親族法, 162면 이하, 특히 171은 셋째의 점을 지적한다.

17) 최흥섭(2000), 13. 개정연구반이나 위원회에서 자의 본국법에의 연결이 논의되지는 않았다.

2. 자의 출생 전에 부가 사망한 경우 (§40 ②)

①의 경우 자의 출생 전에 부가 사망하는 경우를 대비하여 그 사망 당시의 본국법을 부의 본국법으로 간주하는 규정을 명시하였다(②). 자의 출생 전에 모가 사망한 경우는 상정하기 어렵기 때문에 그에 관한 규정은 불필요한 것으로 보았다. 한편 국제사법은 자의 출생 전에 모가 부와 이혼하여 혼인이 해소된 경우에 관하여는 명문의 규정을 두지 않는다. 오스트리아 국제사법 §21는 "혼인이 자의 출생 전에 해소된 때에는 부부가 해소 당시에 가지고 있던 속인법에 따라 판단한다"고 규정하므로 그러한 경우 이혼 당시 본국법을 모의 부의 본국법으로 볼 것이나, 우리는 규정을 두지 않았으므로 향후 학설·판례에 의해 해결해야 할 것이다.

Ⅲ. 준거법이 규율하는 사항

1. 친생부인의 문제

섭외사법 §19는 혼인중의 친자관계의 부인을 명시하였지만 국제사법은 단순히 혼인중의 친자관계의 '성립'이라고만 하고 있어 혼인중의 친자관계의 부인의 준거법이 문제될 수 있다. 그러나 친자관계의 성립은 친자관계가 부인되지 않을 것을 전제로 하므로 이는 당연히 친자관계의 부인을 포함한다고 한다.18) 여기에서 한 가지 의문이 제기된다. 즉 이러한 법무부 해설의 취지는 친생부인에 관하여도 부부 중 일방의 본국법이 선택적으로 연결된다는 것인데, 문제는 부부의 어느 일방의 본국법이 친생을 부인한다면 친자관계는 부정된다는 의미인가이다. 그 경우 친자관계를 부정할 것이라는 견해도 가능하나, 친자관계의 성립에 관하여 선택적 연결을 인정한 취지는 가능한 한 친자관계의 성립을 용이하게 하기 위한 것이므로, 부부 중 일방의 본국법이 친생을 부인하더라도 다른 일방의 본국법이 친자관계의 성립을 인정하는 때에는 친자관계의 성립을 인정해야 한다는 반론이 가능하다.

참고로 일본의 법적용통칙법(§28 ①)19)은 "부부의 일방의 본국법으로 자(子)의 출생 당시에 있어서의 것에 의하여 자(子)가 적출로 되어야 하는 때는 그

---

18) 법무부, 해설, 145.
19) 이는 일본 법례(§17 ①)도 같다.

자(子)는 적출자로 한다"고 규정하여 국제사법의 문언과 다소 다른데, 문언만 보면 법적용통칙법의 해석상으로는 후자가 더 설득력이 있어 보이나, 국제사법의 해석상으로는 논란의 여지가 상대적으로 커 보인다. 사견으로는 국제사법의 해석상 후자가 설득력이 있으나 이 점을 명확히 했더라면 하는 아쉬움이 있다.

당초 개정시안은 독일 민법시행법 §19 ① 4문과 개정 후의 §20 2문을 참고하여, ①에 "다만 자(子)는 그의 상거소지법에 의하여 혼인중의 친자관계를 부인할 수 있다"는 단서를 두었는데, 개정시안해설[20]은 그 취지를, 친자관계의 인정이 언제나 子의 이익이 되는 것은 아니며, 자(子)의 보호를 위해 혼인중 친자관계를 부인해야 할 때도 있는데, 개정안에서 혼인중 친자관계의 성립을 용이하게 하기 위하여 선택적 연결방법을 취한 결과 원칙적으로 혼인중 친자관계의 부인은 선택 대상인 모든 법에 의하여 인정되지 않으면 허용할 수 없게 되므로 子가 의도하지 않은 친자관계의 성립을 쉽게 모면할 수 있도록 子의 경우 자신이 상거소지를 가지는 법만에 의하여 혼인중 친자관계를 부인할 수 있도록 한 것(① 단서)이라고 설명하였다.

그러나 개정시안의 전제가 된 논리, 즉 "선택적 연결방법을 취한 결과 원칙적으로 혼인중 친자관계의 부인은 선택 대상인 모든 법에 의하여 인정되지 않으면 허용할 수 없게 된다"는 설명은 설득력이 약하고, 위에서 본 바와 같이 친자관계의 성립과 부인에 관하여 동일한 준거법을 적용할 것이라고 본 결과 위 단서는 삭제되었다. 따라서 친자관계존부확인의 소에서는 법원으로서는 우선 제40조에 따라 혼인중의 친자관계가 존재하는지를 판단하고, 그것이 부정되는 때에는 아래 §41에 따라 혼인외의 친자관계가 존재하는지를 판단해야 할 것이다.[21] 독일처럼 부부 중 일방의 본국법 이외의 법률에 의하여 친생부인을 할 수는 없다.

2. 오상혼인

우리나라에서는 인정되지 않지만, 국가에 따라서는 혼인의 무효 또는 취소 등의 이유로 유효한 혼인이 존재하지 않더라도 당사자의 쌍방 또는 일방이 혼인의 존재에 관하여 선의인 경우(이것이 '오상혼(인)'(Putativehe)이다) 또는 선의, 악의를 묻지 아니하고 그 출생자를 친생자로 인정하기도 한다.[22] 나아가 약혼

---

20) 개정시안해설, 50~51; 최흥섭(2000), 13.
21) 櫻田嘉章, 314. 일본 최고재판소 2000. 1. 27. 판결은 그렇게 단계적으로 판단하였다고 한다.
22) 전자는 프랑스 민법(§201), 후자는 스위스 민법의 태도라고 한다. 김연 외, 384~385; 윤종진,

자 간에 태어난 아이의 경우에도 부가 될 사람의 사망 기타 혼인을 불가능하게 한 사유로 임신 후 혼인이 성립하지 않더라도 친생자로 취급하기도 한다. 이 경우 §40를 유추적용하는 견해23)와 §41를 유추적용하는 견해24)가 있다. 후자는 §40는 혼인중의 친자관계를 전제로 하므로 오상혼인 또는 무효혼인의 경우에까지 유추적용할 수 없다고 주장한다. 즉 이는 일정한 경우 혼인외의 자에게 혼인중의 자와 동일한 법적 지위를 인정하는 것이기 때문이다. 반면에 전자는 국제사법상의 친생자를 넓게 해석하여 제40조의 '부부'라는 관념 속에 '가(假)부부'라는 관념이 포함되는 것으로 해석하거나 동조를 유추적용할 수 있다고 주장한다.25)

3. 대리모 출생자의 모의 결정

▌**참고문헌**: Katarina Trimmings and Paul Beaumont(eds.)(2013), International Surrogacy Arrangements: Legal Regulation at the International Level; 윤진수(2008), "補助生殖技術의 家族法的 爭點에 대한 근래의 動向," 서울대 법학 49-2.

근자에는 임신할 수 없는 여성이 대리모를 이용하여 출산하는 대리모의 문제가 사회의 이목을 끌고 있고 이는 외국에서도 마찬가지이다. 대리모라 함은 "출생한 자를 타인에게 인도할 것을 내용으로 하는 당사자 간의 합의에 의하여 夫 이외의 자의 정자로 수정한 후 임신 및 출산한 여성"을 말하는데,26) 실질법적으로는 그 경우 실제로 임신하고 출산한 대리모와 난자제공자 중 누구를 아이의 모로 인정할 것인가가 문제된다.27) 대리모계약은 우리 民 §103의 선량한 풍속 기타 사회질서에 반하는 법률행위로서 무효라고 보는 것이 종래의 통설이나 근자에는 유효하다는 견해도 늘고 있다.28) 나아가 근자에는 외국인인 대리모를 이용하기도 하는데 그 경우 국제사법적 논점이 발생하게 된다.

가. 실질법상의 쟁점

민법의 해석상 다수설은 출산한 여성(대리모)을 모라고 보는데, 그 근거로

---

460. 후자는 스위스 민법 §133를 인용하나 이는 정확하지 않은 것 같다.
23) 그러나 이 견해도 엄밀하게는 경우를 나누어 본다. 김연 외, 384 참조.
24) 신창선, 352.
25) 윤종진, 461. 이는 약혼자(子)(Brautkind)의 경우에까지 이를 인정하지는 않고 그 경우 §41에 의할 것이라고 한다.
26) 윤진수(2008), 80~81.
27) 김주수·김상용, 319. 이는 출산대리모의 문제이다. 우리 법상 대리모의 실질법적 측면에 관한 논의는 이 책 제4장 父母와 子 중 [後註] '보조생식 자녀의 친자관계 결정기준' 참조.
28) 윤진수(2008), 81~82.

는 모자관계는 출산이라는 사실에 기인하는 점, 자궁에서 시작하는 사회적 관계가 유전적 요소보다 존중되어야 한다는 점, 유전적 모를 법률상 모로 보면 출산모는 아이를 출산하는 도구로 사용하게 되어 출산모의 인간의 존엄성에 반하는 점, 10개월의 포태기간 중에 태교의 내용에 따라 성격형성과 지적 유전자의 결정이 가능하다는 점 등을 든다.[29) 대리모가 혼인중인 경우 그 아이는 대리모와 그 남편 간의 혼인중 출생자로 추정되고 남편은 친생부인권을 가진다.

나. 국제사법상의 쟁점

대리모에 의한 출산에서 외국적 요소가 있는 경우 부모의 결정의 준거법이 문제된다.[30) 이 경우 친자관계의 존부를 판단함에 있어서는 우선 §40에 의하여 혼인중의 친자관계의 성립 여부를 판단하고 그것이 성립하지 않는 경우에는 §41에 의하여 혼인외의 친자관계의 성립 여부를 판단해야 할 것이다. 문제는 §40를 적용함에 있어서 자(子)의 출생 당시 '부부'는 과연 누구인가라는 점이다. 일본에는 분만자 부부, 난자제공자 부부의 어느 일방인지 아니면 양자 모두인지가 논란이 있는데, 유력설에 따르면 양자를 모두 부부로 보고 §40에 의하여 결정된 혼인중의 친자관계의 준거법에 따라 판단할 것이라고 한다.[31) 이에 따르면, 예컨대 일본인 부부 A·B가 甲국인 부부 C·D와 대리회태계약을 체결하고 A·B 부부의 수정란을 D에게 이식하여 D가 자인 E를 출산한 경우, A·B와 E 간에 혼인중의 친자관계의 성립은 일본법, C·D와 E 간에 혼인중의 친자관계의 성립은 甲국법에 의하는 것이 된다. 이와 달리 국제사법상 준거법별정의 기준이 되는 모를 분만자(D)로 보아 저촉규정을 적용하는 견해도 있는데— 이는 "자를 회태·분만한 자가 모이다"라는 일본법의 입장을 이른바 일반적인 공서법으로서 적용한 것이라고 한다 —, 이에 따르면 C·D와 E 간에 혼인중의

---

29) 윤진수(2008), 84. 대리모에 관한 실질법 및 국제사법 쟁점을 둘러싼 25개국법의 소개는 Trimmings/Beaumont(eds.), 5 이하 참조. 보고서의 다양한 분석은 Trimmings/Beaumont(eds.), Trimmings/Beaumont(eds.), 439 이하의 General Report on Surrogacy 참조. 우리 법상 대리모의 실질법적 측면에 관한 논의는 이 책 제4장 父母와 子 중 [後註] '보조생식 자녀의 친자관계 결정 기준' 註釋 참조.

30) 이는 나아가 '생식보조의료'에 의하여 출산한 아이의 경우에도 제기되는 문제이다.

31) 注國私(2), 81(佐野寬); 竹下啓介, 國際私法判例百選(제2판, 2012), 140. 이하 일본 학설은 전자를 따른 것이다. 독일에서는 이는 대리모(Leihmutterschaft)의 문제로 논의되는데 그 경우 친자관계는 출생자의 준거법을 정한 민법시행법 §19에 의하여 결정된다. Andrae, §5, Rn. 49ff.에 따르면, 자를 분만한 자가 모라고 명시하는 독일 민법 §1591는 독일 출생법의 기본원칙이므로, 준거법인 외국법이 난자를 제공한 여성을 아이의 모라고 인정하더라도 이를 적용하는 것은 독일의 공서에 반하지만, 정자를 제공한 남성을 아이의 부로 인정하는 것은 공서에 반하지 않는다고 한다. 다만 그런 결과는 독일 기본법상 양성평등의 원칙에 반하므로 결국 공서위반을 부정해야 한다는 견해가 주장되고 있는 것으로 보인다.

친자관계의 성립을 판단하게 된다.32)

한편 일본법상으로는 일본법이 상정하지 않은 분만자 이외의 부부와 자간에 친자관계를 인정하거나, 분만자 부부와의 친자관계를 부정하는 외국법의 적용은 공서에 반한다고 본다. 실제로 모의 결정에 관한 일본 최고재판소 2007. 3. 23. 판결도 이런 태도를 따른 것으로 평가되고 있다. 위 판결은 미국의 대리모에 의하여 아이들이 태어난 미국 네바다주법원의 친자관계를 인정하는 판결의 승인을 거부하였다.33) 최고재판소는 친자관계는 신분관계의 가장 기본적인 요소이므로 그 기준은 일의적(一義的)이고 명확하지 않으면 아니 된다는 것을

---

32) 전자에 따를 경우 일본법과 甲국법의 내용 여하에 따라 E의 모가 중복되거나 존재하지 않을 수 있게 되는 문제가 있다. 한편 후자에 따를 경우 甲국법에 의하여 C·D와 E 간에 혼인중의 친자관계가 부정되면 A·B와 E 간에 친자관계가 인정될 텐데 이처럼 C·D의 본국법에 의하여 A·B와 E 간의 친자관계의 성립을 결정하는 것은 법적용칙법의 기본원칙에 반한다는 비판이 있다. 注國私(2), 82(佐野寬).

33) 일본인 부부는 자신들의 난자와 정자로 수정된 수정란을 미국인 여성에게 이식하였고 대리모는 미국 네바다주에서 쌍둥이를 출산하였다. 위 부부는 네바다주법원으로부터 친자관계를 인정받은 뒤(네바다주법원은 출생증명서의 발행을 명하였다고 한다) 일본의 행정당국에 출생신고를 하였으나 행정당국은 이를 수리하지 않았다. 위 부부는 동경가정재판소에 불수리처분의 취소를 구하는 심판을 제기하였으나 각하되자 동경고등법원에 즉시항고하였다. 동경고등법원은 2006. 9. 위 부부와 아이들 간의 친자관계를 인정하는 네바다주의 판결이 공서양속에 위반되는 것도 아니고 무엇보다 아이들의 복지를 우선해야 한다는 이유로 제1심결정을 취소하고 행정당국에 출생신고의 수리를 명하였고, 행정당국은 최고재판소에 항고하였다. 최고재판소는 출생신고불수리처분은 정당하다고 판단하였다. 평석은 竹下啓介(주 31), 140 이하 참조. 이는 윤진수(2008), 86에도 소개되어 있다. 프랑스에도 유사한 사건이 있었는데 이는 유럽인권재판소(ECtHR)에서 다루어졌다. 2쌍의 프랑스인 부부는 남편의 정자와 익명의 제3자의 난자로 만든 수정란을 대리모계약을 체결한 다른 여성으로 하여금 출산케 하였다. 프랑스인 부부는 각각 캘리포니아주 법원과 미네소타주 법원으로부터 생물학적 부모와 자녀 사이의 친자관계를 인정하는 판결을 받았다. 미국의 출생증명서에도 그렇게 기재되었다. 프랑스인 부부는 미국의 출생증명서와 판결에 기하여 프랑스의 신분등록부에 아이를 자신들의 자녀로 기재하고자 신청하였으나 프랑스 당국은 이를 거부하였다. 프랑스 파기원은 그들의 청구를 인용할 경우 프랑스법상 형사처벌의 대상이고, 프랑스 민법상 무효인 대리모계약을 인정하고 프랑스법상의 '신분의 불가처분성 원칙'(l'indisponibilité des l'état des personnes)에 반하게 되며 신분등록부 기재 거부가 유럽인권협약 제8조 위반이 아니라고 판단하였다. 위 부부는 프랑스 정부를 유럽인권재판소에 제소하였고, 유럽인권재판소는 2014. 6. 26. 선고한 두 개의 판결(Mennesson v. France와 Labassee v. France)에서, 자녀와 부(夫) 사이에 법적 부자관계를 인정하지 않는 것은 자녀의 사생활을 존중받을 권리(유럽인권협약 제8조)를 침해한다고 판시하였다. 소개는 "Family: foreign surrogacy arrangement−child conceived using father's sperm and donor egg," European Human Rights Law Review 2014, 5, 546−550; Rainer Frank, FamRZ 2014, S. 1527ff. 등 참조. 독일에서는 견해가 나뉘는데, 일부 유력설은 아이의 복리 그리고 아이와 유전적 부모의 기본권을 강조하면서 유전적 부모를 부모로 인정하는 외국재판의 승인은 독일의 공서에 반하지 않는다고 보는 것이 유럽인권협약 제8조에 부합한다고 한다. 상세는 Claudia Mayer, "Ordre public und Anerkennung der rechtlichen Elternschaft in internationalen Leihmutterschaftsfällen", RabelsZ 2014, 78, S. 572ff. 참조. 위 글이 소개하는 사건의 상고심에서 독일 연방대법원 2014. 12. 10. 결정(Case XII ZB 463/13)은 독일법이 비록 대리모를 금지하고 있지만, 독일법상 허용되는 생활동반자인 부부가 미혼인 미국인 대리모를 통하여 자를 출생한 경우 친자관계의 존재를 긍정한 캘리포니아주 판결의 승인은 독일의 공서에 위반되지 않는다는 취지로 판시하였다. 그의 소개와 학설은 국제사법에 관한 정보와 견해를 제공하는 사이트인 conflictoflaws.net에 소개된 2015. 3. 4. Dina Reis의 보고 참조.

전제로 하면서, 일본 민법의 해석상 출산한 여성(대리모)을 아이의 모라고 인정할 수밖에 없으므로 정자와 난자를 제공한 부부와 대리모가 출산한 아이간의 친자관계를 인정할 수 없다고 보고, 일본 민법이 실친자관계를 인정하지 않는 자 간에 그의 성립을 인정하는 내용의 '네바다주의 재판은 일본의 법질서의 기본원칙 내지 기본이념과 상용되지 않는 것으로서 공서양속에 반하므로 그 효력을 인정할 수 없다'는 취지로 판시하고[34] 결국 난자제공자 부부와 자 간의 혼인중의 친자관계를 부정하였다.[35]

국제대리모 문제를 규율하는 국제규범을 정립할 시급한 필요가 있다는 점은 널리 인정되고 있다.[36] 헤이그국제사법회의도 이에 대하여 관심을 가지고 작업을 하고 있다. 헤이그국제사법회의 차원에서도 대리모에 관한 논점을 검토하고 있고 국제대리모계약으로부터 발생하는 쟁점에 관한 예비보고서(A Preliminary Report on the Issues Arising form International Surrogacy Arrangements)[37] 등이 작성되어 있다. 국제적인 대리모의 문제는 단순히 국제사법의 문제에 그치는 것이 아니라 국제인권법의 문제를 제기한다는 점을 유념해야 한다.

---

34) 원심인 동경고등재판소는, 일본 민법의 해석상 법률상의 모자관계에 관하여는 자녀를 출산한 여성이 모라고 해석하여야 하고 위 부부를 법률상의 부모라고 할 수는 없다고 하면서도, 네바다주 법원 판결이 일본의 공서양속에 어긋난다고 할 수는 없으므로 출생신고는 수리되어야 한다고 판시하였다.

35) 다만 위 결정의 보족의견(보충의견)은, 위의 경우 대리모의 동의가 있으면 특별양자(우리 민법상 친양자)가 성립할 여지는 있다고 판시하였다. 프랑스 파기원 1991. 5. 31. 판결은 출산대리모 계약은 무효이고, 그러한 계약에 의하여 태어난 자녀를 의뢰한 부부의 양자로 하는 것도 양자제도를 왜곡하는 것이어서 허용되지 않는다고 판시하였다고 한다. 윤진수(2008), 86 주 81.

36) Trimmings/Beaumont(주 29), 531 이하 참조.

37) 헤이그국제사법회의 홈페이지 <http://www.hcch.net/upload/wop/gap2012pd10en.pdf> 참조. 근자의 자료는 HCCH, The Desirability and Feasibility of Further Work on the Parentage/ Surrogacy Project, 2014, 예비문서 No. 3B http://www.hcch.net/upload/wop/gap2014pd03b_ en.pdf 참조. 스위스와 영국 등의 상황은 헤이그국제사법회의 상설사무국, The Parentage/ Surrogacy Project: An Updating Note, Prel. Doc No 3A, 2015의 Annex I 참조.

第 41 條 (혼인외의 친자관계)

① 혼인외의 친자관계의 성립은 자(子)의 출생 당시 모의 본국법에 의한다. 다만, 부자간의 친자관계의 성립은 자(子)의 출생 당시 부(父)의 본국법 또는 현재 자(子)의 상거소지법에 의할 수 있다.

② 인지는 제1항이 정하는 법 외에 인지 당시 인지자의 본국법에 의할 수 있다.

③ 제1항의 경우 부(父)가 자(子)의 출생 전에 사망한 때에는 사망 당시 본국법을 그의 본국법으로 보고, 제2항의 경우 인지자가 인지 전에 사망한 때에는 사망 당시 본국법을 그의 본국법으로 본다.

섭외사법 제 20 조 (인지)

① 혼인외의 출생자의 인지요건은 그 父 또는 母에 관하여는 인지할 때의 父 또는 母의 本國法에 의하여 이를 정하고 그 子에 관하여는 인지할 때의 子의 本國法에 의하여 이를 정한다.

② 인지의 효력은 父 또는 母의 本國法에 의한다.

▋참고문헌: 조수정(2000), 한국국제사법학회 제8차 연차학술대회 <제6분과토론자료>; 최흥섭(2000), "섭외사법개정법률안의 검토 — 제2장(자연인), 제4장(친족), 제5장(상속)," 국제사법학회 8차 연차학술대회(2000. 11. 25.) 발표자료; 최흥섭(2001), "개정법률과 國際親族・相續法의 諸問題," 법조 536.

I. 서론

1. 의의 및 연혁

우리 민법상 인지라 함은 혼인외의 출생자의 생부나 생모가 출생자를 자기의 자(子)로 승인하고 법률상의 친자관계를 발생시키는 단독의 요식행위를 말한다.[1] 섭외사법(§20)은 인지만을 규정하였으나, 국제사법(§41)에서는 인지 외에 혼인외의 친자관계 성립 일반에 관한 규정을 신설하였고(①), 인지에 관하여도 그 성립을 용이하게 하기 위하여 특칙을 추가하였으며(②), 아래 §42에서 보는 바와 같이 준정에 관한 규정을 신설하였다.

2. 입법례

실질법상 혼인외 출생자의 친자관계의 성립에 관하여는 출생이라는 사실만으로 그것을 확정하는 혈통주의(또는 사실주의)와 부 또는 모의 인지를 필요로 하는 인지주의(또는 의사주의)가 있다.[2] 섭외사법은 인지주의를 전제로 인지에 의한 혼인외의 친자관계의 성립의 준거법만을 규정하였으나, 국제사법은 혈통주의도 고려하여 보다 일반적인 연결원칙을 규정한다.[3]

II. 준거법의 결정

1. 혼인외의 친자관계 성립 일반에 관한 규정 신설 (§41 ①)

섭외사법은 혼인외의 친자관계의 성립 전반에 관한 규정을 두지 않고 단지 인지만을 규정하고 있었다. 그러나 혼인외의 친자관계의 성립에는 인지주의(또는 의사주의)만이 아니라, 출생의 사실만으로 이를 확정하는 혈통주의(또는 사실주의)도 있기 때문에, 종래 혼인외의 친자관계의 성립에 어떠한 준거법 결정

---

1) 김주수·김상용, 291. 의사주의를 '주관주의', 혈통주의를 '혈연주의' 또는 '객관주의'라고도 부른다. 이에 관한 실질법적 논의는 이 책 民 §855 註釋 참조.
2) 신창선, 352; 신창섭, 296. 혈통주의를 게르만주의, 인지주의를 로마주의라고 한다. 注國私(2), 84(佐野寬); 김연 외, 386.
3) 혼인외의 친자관계의 성립에 관한 구체적 입법례는 아래와 같다. 독일 구 민법시행법 §20(혼인외의 출생자): 1998년 개정에 의하여 폐지. 따라서 혼인중·혼인외의 출생자는 구분 없이 모두 §19의 적용 받음. 스위스 국제사법 §72(인지의 준거법), 오스트리아 국제사법 §25(비적출과 그 효력), 이탈리아 국제사법 §35(혼인외의 자의 인지), 일본 법적용통칙법 §29(이는 구 법례 §18와 같다) 우리 국제사법과 다소 차이 있음. 즉 이는 부와 자의 친자관계의 성립에 관하여 부의 본국법에 의하고, 인지에 관하여는 자의 본국법에의 선택적 연결 인정.

기준이 타당한지에 관하여 다툼이 있었다. 국제사법에서는 법률관계의 명확성
을 기하고자 그에 관한 명시적인 규정을 두었다.

구체적으로 이 경우 자의 출생 당시 모의 본국법을 원칙적인 준거법으로
하였다(① 본문). 부자간 및 모자간의 법률관계가 서로 다른 법에 의해 규율됨으
로써 모순·충돌되는 문제가 발생되지 않도록 부모 모두의 관계에 통일적으로
적용될 수 있는 준거법을 지정하는 것이 타당한데, 혼인외의 출생자는 모의 국
적을 따르는 것이 일반적이므로 자의 이익을 고려하여 모의 본국법을 원칙으
로 한 것이다.4)

다만 흔히 문제가 되는 부자관계의 경우 친자관계의 성립을 용이하게 하
기 위하여(*favor paternitas*), 모의 본국법에 추가하여, 자의 출생 당시 부의 본국법
과 현재 자의 상거소지법의 선택적 연결을 허용하였다(① 단서). 결국 부자관계
의 경우, 자의 출생 당시 모 또는 부의 본국법과 현재 자의 상거소지법의 삼자
중 어느 하나에 의해 친자관계가 성립되면 족하다는 것이다. 혼인중의 친자관
계의 성립과 달리 혼인외의 친자관계의 성립에 현재 자의 상거소지법을 추가
하게 된 것은, 전자는 신분관계의 고정성에 중점이 있는 반면, 후자는 주로 부
양이나 상속 등의 선결문제에 적용된다고 보아 그 기능성에 중점을 두었기 때
문이다.5)

---

4) 그러나 이러한 연결정책에 대해서는 그러면 자의 본국법이라고 하는 것이 더 적절했을 것이
   라는 비판도 가능하다.
5) 법무부, 해설, 148. 연구반초안(§26)에서는 세 개의 안을 규정하였는데, 국제사법은 제3안을
   채택한 것이다. 연구반초안 §26 ①은 다음과 같다. 연구반초안해설, 58.
   "[제1안] 혼인외의 친자관계의 성립은 부(父)와의 사이에는 자(子)의 출생 당시 부(父)의 본국
   법에 의하고, 모와의 사이에는 그 당시 모의 본국법에 의한다. 그러나 부(父)와의 친자관계의
   성립은 자(子)의 일상거소지법에 의하여도 가능하다. 부(父)가 자(子)의 출생 전에 사망한 때에
   는 사망 당시 부(父)의 본국법을 그 본국법으로 본다.
   [제2안] 혼인외의 친자관계의 성립은 부(父)와의 사이에는 자(子)의 출생 당시 부(父)의 본국
   법에 의하고, 모와의 사이에는 그 당시 모의 본국법에 의한다. 부(父)가 자(子)의 출생 전에 사
   망한 때에는 사망 당시 부(父)의 본국법을 그 본국법으로 본다.
   [제3안] 혼인외의 친자관계의 성립은 자(子)의 출생 당시 모의 본국법에 의한다. 그러나 부자
   간의 친자관계의 성립은 자(子)의 출생 당시 부(父)의 본국법이나 현재 자(子)의 일상거소지법
   에 의하여도 가능하다."
   제1안과 제2안은 섭외사법과 마찬가지로 부와 모에 대한 관계에서는 각 당사자의 본국법에 의
   한다고 하고, 연결시점은 자의 출생 당시로 규정하였다. 다만 가능한 한 친자관계의 성립을 용
   이하게 하기 위해 자의 상거소지의 법을 선택적으로 허용하는 것을 제1안으로 하였고, 이를 삭
   제하는 안을 제2안으로 하였다. 그 외에도 모의 본국법을 원칙으로 삼고 있긴 하지만 가장 넓게
   선택적 연결을 허용하고 있는 독일 구민법시행법(§20 ①)을 따라 제3안을 제시하였다.
   조수정(2000), 11은 제2안을 지지하였다.

2. 인지의 선택적 연결의 인정 (§41 ②)

혼인외 출생자와의 친자관계의 성립에 관하여 우리 민법은 인지주의(또는 의사주의)를 따르므로 국제사법상으로도 인지의 준거법을 별도로 규정하였다 (②). 섭외사법은 인지의 요건에 관하여 부(또는 모)에 대해서는 부(또는 모)의 본국법, 자에 대해서는 자의 본국법에 의하는 배분적 연결방법을 취하였는데, 이는 인지의 요건이 당사자들의 신분에 중대한 영향을 미치고 각각 본국의 공익과도 밀접한 관련이 있기 때문임을 근거로 한 것이었으나, 그에 대해서는 인지에 의한 혼인외의 친자관계의 성립을 어렵게 한다는 비판이 있었다.[6] 국제사법에서는 가능한 한 쉽게 인지가 성립하도록 하기 위하여, ①이 정하는 법뿐만 아니라 인지 당시 인지자의 본국법에 의하여도 인지가 가능하도록 선택적 연결방법을 채택하였다. 이는 실질법의 차원에서, 인지를 제한하는 주관주의적 인지론으로부터 인지를 널리 인정하여 사생자의 구제를 도모하려는 객관주의적 인지론으로의 추이[7]와 부합하는 것이다.

그 결과 모가 인지하는 때에는 자의 출생 당시 모의 본국법과 인지 당시 모의 본국법이 선택적으로 준거법이 되고, 부가 인지하는 때에는 자의 출생 당시 모의 본국법 또는 부의 본국법, 인지 당시 자의 상거소지법[8]과 인지 당시 부의 본국법이 선택적으로 준거법이 될 수 있다.

섭외사법(§20)은 인지의 요건과 효력을 구분하여 각각 상이한 연결원칙을 적용하였으나, 이는 인지의 요건이 배분적으로 연결되므로 그 준거법을 인지의 효력에 적용할 수 없기 때문이기도 하였다. 여기에서 '인지의 효력'이라 함은 인지의 직접적 효과인 친자관계의 성립, 즉 인지된 자가 어떤 신분을 취득하는가의 문제를 의미하는 것이지, 인지의 간접적 효과라고 할 수 있는 부 또는 모와 인지된 자와의 사이의 권리의무관계는 포함하지 않는 것으로 해석되었다. 그러나 국제사법에서는 인지에 관하여 배분적 연결이 아니라 선택적 연결을 택하였으므로 이러한 문제가 발생하지 않으며, 또한 인지의 요건과 효력을 나누어 규율할 이유도 없으므로 양자를 통합하여 규정하였다. 그 결과 표현도 '인지'로 통합되었다.[9]

---

6) 비판은 南 敏文, 改正法例の解說(1992), 115 참조.
7) 김주수, 친족·상속법(1999), 253.
8) 인지의 경우에 國私 §41 ①에서 말하는 '현재 자의 상거소지법'은 해석상 인지 당시의 자의 상거소지법으로 볼 것이다.
9) 최흥섭(2001), 162; 법무부, 해설, 149.

§41는 인지의 방식에 관하여 규정을 두지 않으므로 이는 國私 §17에 의하여 인지의 준거법 또는 행위지법에 선택적으로 연결된다. 섭외사법하에서 대법원 1988. 2. 23. 선고 86다카737 판결도 인지의 방식은 법률행위 방식에 관한 같은 법 §10에 따라야 하므로 외국에서 하는 한국인의 인지는 한국법이 정한 방식에 따라 외국에 주재하는 한국의 재외공관의 장에게 인지신고를 할 수도 있고 행위지인 외국법이 정하는 방식에 따라 그 나라 호적공무원에게 인지신고를 할 수도 있다는 취지로 판시하였다.

3. 자의 출생 전에 부가 사망한 경우 (§41 ③)

자의 출생 전에 부가 사망한 경우 및 인지자가 인지 전에 사망한 경우를 대비하여 사망 당시 본국법을 그의 본국법으로 간주하는 규정을 두었다(③). 자의 출생 전에 모가 사망한 경우는 상정하기 어렵기 때문에 그에 관한 규정은 불필요한 것으로 보았다.

Ⅲ. 준거법이 규율하는 사항

1. 사실주의의 준거법이 규율하는 사항

사실주의에 따른 친자관계의 성립, 즉 출생의 사실에 의한 친자관계의 성립은 ①에 따른다.[10] 친자관계의 성립이 부양 또는 상속의 전제로서 문제되는 경우에는 선결문제의 준거법에 의한다.

2. 인지의 준거법이 규율하는 사항

가. 총설

인지의 허용 여부, 인지능력, 인지에 필요한 일정한 자의 동의 또는 승낙, 유언인지와 사후인지의 허용 여부, 사후인지의 제소기간 등은 인지의 준거법에 의한다.[11] 임의인지가 인정되는지, 강제인지(또는 재판상 인지)가 인정되는지도 인지의 준거법에 의할 사항이다.[12] 간통자, 태아 또는 사망한 자(子)의 인지의

---

10) 注國私(2), 90(佐野 寬).

11) 신창선, 353; 櫻田嘉章, 311.

12) 우리 민법상으로는 강제인지가 허용되나 미국의 일부 주에서는 강제인지는 허용되지 않는다고 한다. 신창선, 353; 櫻田嘉章, 311. 우리 민법상 강제인지의 경우와 유언인지(§859 ②)의 경우에는 사후인지가 가능하다. 유언인지의 경우 유언의 효력은 유언자가 사망한 때에 발생하고, 인지의 효력은 혼인외의 출생자의 출생시에 소급한다(§860).

가부, 인지의 무효, 취소의 가부 및 취소와 관련된 문제(취소권자, 취소의 방법과 취소의 소급효 등), 인지의 철회, 인지의 유효성을 다투는 방법과 그 신청권자도 이 준거법에 의한다.[13]

나. 인지의 효력

인지의 효력, 즉 인지의 직접적 효과인 친자관계의 성립은 인지의 준거법에 의한다. 인지된 자가 어떤 신분을 취득하는가, 예컨대 인지된 자가 적자인지 서자인지, 그러한 신분의 취득시기는 언제인지, 즉 출생시로 소급하는지 아니면 인지시인지 등이 인지의 직접적 효과에 속하는 문제이다. 반면에 인지의 간접적 효과라고 할 수 있는 부 또는 모와 인지된 자와의 사이의 권리의무관계는 §41가 아니라 §45에 의하여 규율된다. 國私 §41는 섭외사법(§20 ②)과 달리 인지의 효력을 언급하지 않지만 인지의 직접적 효과만이 인지의 준거법에 따른다는 점은 섭외사법의 해석론과 마찬가지이다.[14]

---

13) 신창선, 353; 櫻田嘉章, 311.
14) 섭외사법의 해석론으로 그와 같았다. 서희원, 302; 김용한 외, 337.

第42條 [혼인외 출생자에 대한 준정(準正)]

① 혼인외의 출생자가 혼인중의 출생자로 그 지위가 변동되는 경우에 관하여는 그 요건인 사실의 완성 당시 부(父) 또는 모의 본국법 또는 자(子)의 상거소지법에 의한다.

② 제1항의 경우 부(父) 또는 모가 그 요건인 사실이 완성되기 전에 사망한 때에는 사망 당시 본국법을 그의 본국법으로 본다.

섭외사법에는 조문 없음.

I. 서론

1. 의의 및 연혁

가. 의의

준정은 출생 당시에는 혼인외의 출생자였던 자가 후에 부모의 혼인 등에 의하여 혼인중의 출생자의 신분을 취득하는 제도를 말한다. 우리 민법은 '혼인에 의한 준정'만을 규정하고 있으나(民 §855 ②), 해석상 '혼인중의 준정' 및 '혼인해소 후의 준정'도 인정된다.[1] 혼인에 의한 준정의 경우 부모가 혼인한 때에 준정의 효과가 발생하며(民 §855 ②), 그 밖의 준정의 경우에도 명문의 규정은 없으나 부모가 혼인한 때로부터 혼인중의 출생자가 된다고 해석되고 있다. 국제사법은 준정에 관한 규정을 신설하였으나, 독일의 적출선고(선언)(Ehelicherklärung)에서와 같이 공적기관의 관여하에 자에게 혼인중의 출생자의 지위를 부여하는 제

---

[1] 우리 법상 준정의 형태는 다음과 같다. ⓐ 혼인에 의한 준정은 혼인 전에 출생하여 부에 의해 인지된 자(子)가 부모의 혼인에 의하여 준정되는 것이고, ⓑ 혼인중의 준정은 혼인외의 자가 혼인중에 비로소 부에 의해 인지됨으로써 준정되는 것이며, ⓒ 혼인해소 후의 준정은 혼인외의 자가 부모의 혼인중에 인지되지 않고 있다가 부모의 혼인이 취소되거나 해소된 후에 부에 의해 인지됨으로써 준정되는 것을 말한다. 김주수·김상용, 308 이하; 박동섭, 283 이하. 그 밖에 사망한 자녀도 그 직계비속이 인지되는 경우 준정이 가능하다. 준정에 관한 상세는 이 책 民 §855 註釋 참조.

도에 관하여는 별도로 준거법을 명시하지는 않는다. 그 이유는 혼인에 의한 준
정과 그 밖의 준정을 구분하는 것은 대체로 혼인에 의한 준정에 혼인의 효력의
준거법을 적용하고자 하는 것인데[2] 국제사법은 이런 입장을 취하지 않으므로
양자를 구별할 이유가 없다는 것과, 우리 민법은 적출선고(선언)제도를 알지 못
하므로 해석에 맡기는 것이 적절하기 때문이다.[3]

나. 연혁

섭외사법은 준정에 관하여 규정을 두지 않았다.[4] 준정은 주로 혼인에 의
해 혼인외의 출생자에게 혼인중의 출생자의 지위를 부여하는 제도인데, 혼인중
의 출생자와 혼인외의 출생자를 구별하는 이상 그 의미는 계속 존재하며, 우리
민법도 준정을 인정하므로 국제사법의 차원에서도 준정에 관한 규정이 필요하
다. 따라서 국제사법에서는 학설상의 논란을 종식시키고 법률관계를 명확히 하
기 위하여 준정에 대한 명시적 규정을 신설하였다.

2. 입법례

많은 국가의 국제사법이 준정에 관한 규정을 두고 있는데, 그에는 혼인의
효력의 준거법에 의하는 입법, 부 또는 모의 본국법에 의하는 입법, 자의 본국법에
의하는 입법 등이 있으나,[5] 근자에는 대체로 '준정에 유리하게'(favor legitimationis)
라는 원칙을 고려하여 가급적 준정이 용이하게 성립하도록 복수의 준거법을
선택적으로 규정하는 경향이 있다.[6]

II. 준거법의 결정

1. 선택적 연결의 인정 (§42 ①)

준정 역시 성립의 가능성을 넓혀 주기 위해 선택적 연결방법을 취하였다.
준정은 혼인중의 출생자로서의 신분, 즉 적출성에 관한 문제이자 인지의 문제

---

2) 1998년 개정 전의 독일 민법시행법 §21, 오스트리아 국제사법 §22 및 §23.

3) 최흥섭(2000), 15. 적출선고(선언)에 관하여는 이호정, 386 참조.

4) 학설은 준정(또는 원인된 사실 발생) 당시 부의 본국법에 의한다는 견해가 유력하였다. 신창
   선, 국제사법(1999), 392; 이호정, 389.

5) 신창선, 354; 신창섭, 300.

6) 구체적 입법례는 아래와 같다. 독일 구 민법시행법 §21(준정): 준정을 혼인의 일반적 효력의
   준거법에 따르게 하였으나 혼인중의 자와 혼인외의 자의 구별이 폐지됨에 따라 1998년 개정에
   의하여 폐지됨. 오스트리아 국제사법 §22, §23(준정), 이탈리아 국제사법 §34(준정), 일본 법적
   용통칙법 §30(법례 §19와 같음): 일차적으로 부의 본국법에 의하고 그가 없는 때에는 모 또는
   자의 본국법에 의함.

이기도 하므로[7] 이 두 경우에 모두 적용될 수 있는 준거법을 택하기로 하였다. 그 결과 부 또는 모의 본국법 또는 자의 상거소지법을 모두 선택적인 준거법으로 하였다. 부 또는 모의 본국법을 열거한 것은 혼인중의 친자관계와 균형을 맞춘 것이나, 자의 이익을 위해 준정을 보다 용이하게 인정하기 위하여 혼인중의 친자관계의 연결점에 자의 상거소지법을 추가한 것이다.[8]

다만 연결의 기준시점은 혼인준정 외에 인지준정 및 기타의 준정도 있음을 고려하여 혼인거행시가 아닌 요건사실 완성시로 규정하였다.

기술적인 사항으로서 "혼인외의 출생자가 혼인중의 출생자로 그 지위가 변동되는 경우에 관하여는"이라는 표현은 "준정에 관하여는" 또는 "준정은"이라고 하는 편이 바람직하였을 것이다.

일본의 법례(§19)는 일차적으로 부의 본국법에 의하고, 그가 없는 때에는 모 또는 자의 본국법에 의하며, 자의 상거소지법 대신 자의 본국법을 규정하는 점에서 국제사법과 차이가 있었다.[9] 그러나 법적용통칙법(§30)은 부, 모 또는 자(子)의 본국법에 선택적 연결을 함으로써 국제사법과 유사하게 되었다(다만 연결점으로서 국제사법은 자(子)의 상거소지에 착안하나 일본법은 자의 국적에 착안하는 점에서 차이가 있다). 일본의 유력설에 의하면 자(子)의 국적을 선택적 연결점으로 추가한 이유는, 첫째, 자(子)는 준정에 관하여 이해관계를 가지므로 그의 본국법을 무시할 수 없고, 둘째, 적출추정에 관한 여러 나라의 실질법과 비교하여 준정에 관한 각국의 실질법이 상이하므로 자(子)의 이익이라는 관점에서 선택의 폭을 확대할 실익이 있으며, 그리고 무엇보다도 셋째, 인지의 준거법하에서는 자(子)가 준정자로서의 지위를 취득할 수 있음에도 불구하고 부모의 본국법하에서는 준정이 성립하지 않는 사태를 회피할 수 있다는 데 있다고 한다.[10]

2. 요건사실 완성 전에 당사자가 사망한 경우 (§42 ②)

준정의 요건사실이 완성되기 전에 관련 당사자가 사망한 경우를 대비하여 사망 당시 본국법을 그의 본국법으로 간주하는 규정도 함께 두었다. 이 규정은 혼인해소 후의 준정의 경우 또는 국가기관에 의한 준정의 경우 등에서 적용될 수 있을 것이다.

---

7) 구 섭외사법하에서의 통설이었다. 김용한 외, 337. 준정은 후혼인지라고도 한다. 박동섭, 281.

8) 최흥섭(2005), 162; 법무부, 해설, 152.

9) 그에 대해 일본에는 혼인외의 출생자는 모의 국적을 따르는 것이 일반적이므로 자의 본국법에 선택적 연결을 인정하는 것이 얼마나 의미가 있는지는 의문이라는 비판이 있다.

10) 橫山 潤, 國際私法(2012), 276.

Ⅲ. 준거법이 규율하는 사항

아동이 준정의 대상이 될 수 있는가, 준정에 대한 장애 기타 준정이 성립하기 위한 요건은 준정의 준거법에 따른다.[11] 반면에 준정의 대상인 아동이 혼인외의 아동인가, 혼인에 의한 준정에서 혼인의 성립 여부는 선결문제이다. 자의 본국법에 따라 필요한 동의요건은 별도로 구비되어야 한다(§44).

준정에 의하여 혼인외의 자는 혼인중의 자가 된다. 일단 혼인중의 자가 되면 그의 지위, 권리와 의무는 §47에 의하여 규율된다.

---

11) 구 민법시행법의 상세는 MünchKomm/Klinkhardt, Band 7, 2. Aufl., 1990, Art. 21, Rn. 36f. 참조.

第 43 條 (입양 및 파양)

입양 및 파양은 입양 당시 양친(養親)의 본국법에 의한다.

섭외사법 제 21 조 (입양 및 파양)

① 입양의 요건은 각 당사자에 관하여 本國法에 의하여 이를 정한다.

② 입양의 효력 및 파양은 양친의 本國法에 의한다.

▌**참고문헌**: 김문숙(2004), "국제입양에 있어서 아동의 보호 및 협력에 관한 헤이그협약— 한국의 가입가능성의 관점에서—," 국제사법연구 10; 김문숙(2005), "친양자제도의 도입으로 인한 국제사법에의 영향," 국제사법연구 11; 석광현(2009), "1993년 헤이그국제입양협약(국제입양에 관한 아동보호 및 협력에 관한 헤이그협약)," 국제사법연구 15; 최흥섭(2000), "섭외사법개정법률안의 검토— 제2장(자연인), 제4장(친족), 제5장(상속)," 국제사법학회 8차 연차학술대회 발표자료(2000. 11. 25.); 현소혜(2013), "개정 「민법」상 입양과 「입양특례법」상 입양— 체계정합성의 관점에서—," 가족법연구 27–1; Dagmar Winkelsträter (2007), Anerkennung und Durchführung internationaler Adoptionen in Deutschland.

Ⅰ. 서론

1. 의의 및 연혁

가. 의의

양자제도라 함은 자연적 혈연관계 또는 친자관계가 없는 사람들 사이에 친자관계를 창설하는 제도를 말하고, 입양이라 함은 그러한 친자관계를 형성하는 것을 말한다.[1] 입양은 여러 가지 기준에 따라 분류할 수 있으나 아래의 논의와 관련하여 의미 있는 분류를 살펴본다.

첫째, 입양에는 그의 성립방법 내지 법원의 관여 여부에 따라 계약형입양 (Vertragssystem, Vertragsadoption)과 선고형입양(Dekretsystem, Dekretadoption)[2]이 있는데 이는 입양의 성립의 문제이다. 우리 민법상 일반입양(또는 보통입양. 이하 양자를 호환적으로 사용한다)은 계약형이나 친양자입양은 선고형이다.

둘째, 입양의 결과 양자와 친생부모(natural (또는 birth) parents, leibliche Eltern) (또는 생가부모) 및 그 혈족과의 법률적 관계의 단절 여부에 따라 그것이 단절되는 '완전입양'(full adoption, Volladoption)과, 단절되지 않는 '불완전입양' 또는 '단순입양'(simple adoption, schwache Adoption)이 있는데, 이는 입양의 효력 문제이다. 이처럼 아동과 그의 친생부모 간에 존재하는 기존의 법률관계를 종료시키는 효과(the effect of terminating a pre-existing legal parent-child relationship)를 "단절효"라 한다. 민법상 일반입양은 단순입양이나 친양자입양은 완전입양이다.

입양에 관한 실질법의 입법례는 입양의 성립에 관하여는 계약형양자법에서 선고형양자법으로, 입양의 효력에 관하여는 단순입양에서 완전입양으로 변화되고 있다.[3] 과거 민법은 계약형입양과 단순입양만을 인정하였는데, 섭외사법과 국제사법은 대륙법계의 입장에 서서 입양의 준거법을 규정한다. 그러나 2005년 3월 31일 법률 제7428호에 의하여 민법이 개정됨으로써 2008년 1월 1일부터 선고형입양이자 완전입양인 친양자제도가 도입되었다. 민법상 양자제도가 친양자와 일반양자로 이원화되었다. 그러나 2013년 7월 1일자로 민법이 개정됨으로써 계약형입양의 경우에도 가정법원의 허가를 받아야 한다(民 §867).[4]

---

1) 박동섭, 297.
2) 이를 '허가형', '재판형' 또는 '결정형 입양'이라고도 한다.
3) 그러나 선고형입양이 항상 완전입양인 것은 아니다. 프랑스에는 완전입양(adoption plénière) 과 단순입양(adoption simple)이 공존하는데 단순입양도 법원의 판결에 의한다. 프랑스 민법 (§361, §353).
4) 당사자의 입양계약에 대해 법원의 인가(또는 확인)를 요구하는 입양이 선고형입양인가, 이를

셋째, 입양은 외국적 요소의 유무에 따라 국내입양과 국제입양으로 구분할 수 있는데, 외국적 요소의 기준에 관하여는 논란이 있을 수 있다. "입양특례법"(§18~§19)은 "국내에서의 국외입양"과 "외국에서의 국외입양"으로 구분하므로, 양친이 외국인인 경우를 국외입양이라고 부르는 것 같다. 여기에서는 국제입양과 해외입양을 호환적으로 사용하되, 입양협약에 관한 설명 부분에서는 그의 정의에 따른다.

넷째, 입양은 공개 여부에 따라 공개입양(open adoption), 반공개입양(semi-open adoption)과 비공개입양(closed adoption)으로 구분된다. 국내에서 공개입양은 입양사실을 입양아동, 가족과 친지 및 주위에게 알리는 형태의 입양을 말한다.[5] 종래 우리나라에서는 입양신고 대신 신생아를 자기의 친생자로서 허위로 출생신고하는 경우가 흔한데 이를 '비밀입양'이라고 부른다. 과거 대법원은 그 경우 입양의 효력발생을 부정하였으나 대법원 1977. 7. 26. 선고 77다492 전원합의체 판결을 계기로 판례를 변경하여 입양의 효력발생을 인정하였다.

나. 연혁

섭외사법은 입양의 성립에 관하여 배분적 연결원칙을 채택하고(§21 ①) 입양의 효력 및 파양에 대하여는 양친의 본국법에 의하도록 규정하였으나(§21 ②), 국제사법은 입양의 성립을 용이하게 하기 위하여 이를 폐지하고, 입양의 성립 및 입양 자체의 효력을 한데 묶어서 양친의 본국법으로 단일화하였으며, 다만 입양의 성립과 관련한 자 등의 동의에 관하여는 별도의 조항을 두어(§44) 양자의 본국법을 누적적으로 적용하도록 하였다.

2. 입법례

입양의 실질적 성립요건에 관하여는 이는 신분관계, 특히 계약의 문제이므로 이를 당사자의 속인법에 의한다고 보는 속인법주의가 대륙법계에서 대체로 통용되고 있는데, 이 경우 양 당사자의 본국법에 의할지 아니면 일방 당사

어떻게 승인할 것인가에 관하여는 견해가 나뉜다. 예컨대 승인의 맥락에서 Dieter Henrich, Internationales Familienrecht(1989), 310은 입양요건에 대한 법원의 실질적 심사를 전제로 이를 선고형입양으로 보나, 김문숙(2005), 320은 선고형입양이라 함은 완전입양의 효력을 발생하는 입양을 의미한다고 하면서, 계약형에서는 비록 공적 기관이 관여하더라도 선고형입양과 그 취지를 달리한다며 반대한다. 위와 같은 유형을 혼합형이라고 부르기도 한다. Andrae, §7, Rn. 47. 2013년 7월 1일 개정된 민법에 따른 일반입양이 이러한 사례인데 법원의 허가가 창설적 효력을 가지는 것은 아니므로 이는 여전히 계약형입양이라고 생각된다.

5) 신일현, "국내입양가정의 입양태도 및 서비스 실태에 관한 연구 — 홀트아동복지회 중심으로," 홀트아동복지연구, 5(2004), 14.

자인 양친의 본국법에 의할지에 관하여는 입법례가 나뉘고 있다.[6] 한편 영미
법계에서는 입양을 법원 기타 공적 기관에 의한 선언에 의하여 성립하는 것으
로 이해하면서 그의 관할권을 결정한 뒤 그 국가의 법을 적용하는 태도를 취한
다.[7] 전자를 저촉법적 접근, 후자를 관할권적 접근이라고 부를 수 있다.[8]

Ⅱ. 준거법의 결정

1. 입양의 준거법의 단일화

섭외사법은 입양의 요건을 양친과 양자인 각 당사자의 본국법에 의하도록
하는 배분적 연결방법을 취하였는데, 이는 양친과 양자를 저촉법상 대등한 지
위에 두는 것이었다. 그러나 배분적 연결방법은 입양의 성립을 어렵게 할 뿐만
아니라, 입양의 성립과 효력을 분리하여 상이한 준거법에 의하게 한다는 문제
점이 있었다.

국제사법에서는 다음과 같은 이유로 입양의 요건, 성립 및 효력의 준거법
을 양친의 본국법으로 단일화하였는데 그 결과 입양의 성립이 용이하게 되었
다고 할 수 있다.[9]

첫째, 입양에 의해 양자는 양친의 가족 구성원이 된다. 둘째, 입양 후 양자
는 양친의 본국의 법적·사회적 환경하에서 생활하는 것이 보통이므로 그 국가
가 정하는 요건을 구비할 필요가 있다. 셋째, 복수의 양자가 있는 경우에 준거
법이 동일하게 된다. 넷째, 최근 양자에게 자동적으로 또는 용이하게 국적을 부
여하는 나라가 많으므로 양친의 본국법이 정하는 입양에 관한 법제도를 고려
할 필요가 있고, 양친의 본국법이 양자의 본국법이라고 할 수도 있다.

섭외사법은 연결시점에 대하여 침묵하고 있었으나 학설상 입양 당시로 해
석되어 왔으므로 국제사법은 이 점을 명시하였다.

입양의 성립은 계약형(Vertragsystem)인가 선고(허가, 재판, 결정)형(Dekretsystem)
인가의 문제를 포함한다. 한편 입양의 효력이란 섭외사법(§21 ②)의 경우와 마

---

6) 신창선, 355; 신창섭, 302; 윤종진, 467~468. 구체적 입법례는 아래와 같다. 독일 민법시행법
§22(입양), 스위스 국제사법 §77(입양의 준거법), 오스트리아 국제사법 §26(입양), 이탈리아 국
제사법 §38(입양), §39(피입양자와 입양가족 간의 관계), 일본 법례 §20: 국제사법과 내용은 별
차이가 없고, 규정방식에 다소 차이 있음. 일본에서는 입양을 '養子緣組'라 함, 헤이그입양협약
§§3~5.
7) 김연 외, 392.
8) 김연 외, 392.
9) 최흥섭(2000), 15~16; 법무부, 해설, 153~154.

찬가지로 입양의 성립에 따른 직접적인 법률효과로서의 양친자관계의 성립만을 의미하고, 양친자 간의 권리의무를 포함하지는 않는다.[10] 후자는 國私 §45에 의할 사항이다.

입양의 결과 양자와 친생부모 및 그 혈족과의 법률적 관계가 단절되는지 여부, 즉 입양이 '완전입양'(full adoption, Volladoption)인지, '불완전입양' 또는 '단순입양'(simple adoption, schwache Adoption)인지는, 논란이 있지만 입양의 효력 문제로서 양친의 본국법에 의할 것이라고 본다.[11]

참고로 입양에 관한 실질법의 입법례는 입양의 성립에 관하여는 계약형양자법에서 선고(허가, 재판, 결정)형양자법으로, 입양의 효력에 관하여는 불완전입양(또는 단순입양)에서 완전입양으로 변화되고 있다.[12] 영미법계 국가와 같이 입양의 성립에 관하여 선고(허가, 재판, 결정)형양자법을 취하는 국가는 국제입양에 대해 어느 국가가 국제재판관할을 가지는지를 우선 문제삼고 재판관할이 긍정되면 법정지법을 적용하는 데 반하여, 대륙법계 국가와 같이 계약형양자법을 취하는 국가는 입양을 하나의 법률관계로 파악하여 그의 준거법을 문제삼는다.[13] 종래 우리 민법은 계약형입양과 불완전입양만을 인정하였으나, 2005년 3월 31일 법률 제7428호에 의하여 민법이 개정됨으로써 2008년 1월 1일부터 선고형입양이자 완전입양제도인 친양자제도가 도입되었다. 따라서 입양을 원하는 자는 계약형입양이자 단순입양제도인 일반양자제도 또는 친양자제도를 선택할 수 있다. 친양자입양의 경우 재판의 확정에 의해 입양의 효력이 발생하고, 입양신고는 보고적 신고로 이해된다.[14]

그러나 입양의 성립에 관하여 양친의 본국법만을 적용하고 양자 측의 법이 전혀 고려되지 않는다면 자의 이익이 침해되거나 자의 보호가 소홀해질 우려가 있으므로 국제사법에서는 별도의 조항(§44)을 두어 자의 동의에 관하여 자

---

10) 이호정, 400.

11) Kropholler, 421. 그러나 이는 어떤 유형의 입양이 성립한 것인가와 관련된다는 이유로 성립의 문제로 보는 견해도 있다. 橫山 潤, 國際親族法, 220 참조. 어느 것으로 보든 양친의 본국법에 의하는 점에서는 차이가 없으나, 일본 법례(§20 ② 참조)는 양자와 실제혈족과의 친족관계의 종료는 양친의 본국법에 의한다는 규정을 두어 입법적으로 해결하였다. 이에 대해서는 친생부모와의 법률관계의 준거법을 무시하는 점에서 의문이 있지만, 친생부모가 완전입양에 동의하는 때에는 단절을 부정할 이유는 없다고 한다. 橫山 潤, 國際親族法, 220.

12) 김주수·김상용, 323~324; 橫山 潤, 國際親族法, 205.

13) 橫山 潤, 國際親族法, 204~205.

14) 김주수·김상용, 362. 그러나 아래에서 보듯이 입양의 효력은 입양의 준거법에 의할 사항인데, §16는 양친이 외국인일 것을 전제로 하므로 입양특례법 §7 ①이 정하는 바와 같이 가족관계등록법이 정하는 바에 의하여 신고함으로써 그 효력이 생길 수는 없다.

의 본국법을 누적적으로 적용하도록 한 것이다.

2. 입양과 파양의 준거법의 일치

입양의 준거법을 양친의 본국법으로 일원화함에 따라 파양도 그에 따르도록 하였다. 다만 섭외사법상 파양의 연결시점은 파양시[15] 또는 파양원인인 사실이 발생한 당시로[16] 해석되었으나, 입양은 성립부터 종료까지 동일한 법에 의해 규율하는 것이 타당하고, 파양은 입양의 성립을 부정하는 것이므로 파양의 준거법을 입양의 성립의 준거법과 일치시킬 필요가 있다는 점 등을 고려하여 파양의 연결시점을 입양과 동일하게 입양 당시로 고정시켰다.[17]

만일 입양 당시의 양친의 본국법이 파양제도를 인정하지 않는 경우 문제가 발생할 수 있으나, 이때에는 공서에 의해 한국법을 적용함으로써 문제를 해결할 수도 있을 것이다. 실제로, 파양을 불허하는 양친의 본국법(외국법)을 파양의 준거법으로 적용하여 형식적인 양친자관계의 존속을 강요하는 것은 양자의 복지를 최우선으로 하는 양자제도의 본질에 반하고 우리의 선량한 풍속 기타 사회질서에도 반한다는 이유로 외국법의 적용을 배제하고 법정지법인 한국 민법을 적용하여 파양을 허용한 하급심판결이 있다.[18]

그러나 만일 우리 민법이 완전입양을 도입하면서 파양을 전면적으로 불허하였다면 그에 대한 평가가 달라질 수 있을 것이지만, 완전입양을 도입하면서도 예외적인 사유가 있는 경우에 한하여 파양을 제한적으로 허용하고 있으므로(民 §908-5),[19] 만일 외국의 완전입양이 파양을 전혀 불허하는 경우에는 공서 위반의 가능성은 여전히 남아 있게 될 것이다.

3. 부부에 의한 입양의 문제

위원회의 논의 과정에서 부부 중 일방 또는 쌍방이 입양하는 경우에 관하여[20] 독일 민법시행법(§22)[21]과 같이 혼인의 일반적 효력의 준거법에 의하도록

---

15) 김용한 외, 342.
16) 이호정, 401.
17) 최흥섭(2000), 16; 법무부, 해설, 154~155.
18) 서울가정법원 1992. 4. 23. 선고 91드63419 판결; 서울가정법원 1990. 11. 28. 선고 89드73468 판결 등.
19) 파양사유는 양친이 친양자를 학대 또는 유기하거나 그 밖에 친양자의 복리를 현저히 해하는 때 또는 친양자의 양친에 대한 패륜행위로 인하여 친양자관계를 유지시킬 수 없게 된 때이다.
20) 우리 민법에 의하면 배우자 있는 자는 공동으로 양자를 해야 한다(§874). 이를 '부부공동입양'이라고 한다.
21) §22는 다음과 같다.

하는 별도의 규정을 둘지를 검토하였다. 그러나 국제사법은 친자관계에 있어 독일 민법시행법과는 달리 혼인의 일반적 효력의 준거법을 준용하지 않는 점, 부부입양의 경우도 입양의 원칙규정인 양친의 본국법에 따르더라도 부당한 것은 아니라는 점 등을 고려하여 그에 관한 규정을 두지 아니하였다.[22] 이는 일본의 법례(§20) 및 법적용통치법(§31)과 같은 입장이다.[23]

그러나 독일 민법시행법(§22)에 따르면 부부 쌍방에 의한 입양은 1개의 입양으로서 파악되는 데 반하여, 국제사법에 따르면 이는 2개의 입양으로 평가되어 부의 본국법과 모의 본국법이 각각 준거법이 될 텐데, 양국법이 서로 다른 요건 또는 효력을 부여하는 경우 복잡한 문제를 초래한다는 비판이 가능하다. 예컨대 일방의 본국법상 입양이 성립하지 않으면 부부공동입양은 성립하지 않고, 기껏해야 상대방의 본국법에 따른 단독입양이 성립할 수 있을 뿐이다. 나아가 그 경우 부부 일방의 본국법이 공동입양이 아니면 입양을 할 수 없다고 규정하는 때에는 결국 단독입양도 불가능하게 된다.[24]

4. 입양의 방식

섭외사법과 국제사법은 입양의 방식에 관해 별도의 규정을 두지 않는다. 따라서 입양의 방식은 법률행위의 방식에 관한 國私 §17에 의할 사항이고 그 결과 입양의 준거법 또는 행위지법에 선택적으로 연결된다.[25] 우리 학설은 대체로 위와 같이 설명한다. 그러나 사견으로는 이는 계약형입양의 경우에만 타당하다고 본다. 즉, 계약형입양에서 필요한 입양의 신고는 입양의 방식(즉 형식적 요건)의 문제이다.[26] 반면에 선고형입양에 의할지 아니면 계약형입양에 의할지는 입양의 방식의 문제가 아니라 입양성립의 태양 내지 방법의 문제로서 입양의 준거법에 따를 사항이다.[27] 민법(§878)에 따르면 계약형입양은 혼인과 마

"제22조(입양) 입양은 양친이 입양시에 속하고 있는 국가의 법에 따른다. 부부의 일방 또는 쌍방에 의한 입양은 제14조 제1항에 따라 혼인의 일반적 효력의 준거법에 따른다."

22) 최흥섭(2000), 16; 법무부, 해설, 155.

23) 이는 입법례로서는 이례적이라고 한다. 橫山 潤, 國際親族法, 219.

24) 신창선, 358; 櫻田嘉章, 319도 동지. 상세는 橫山 潤, 國際親族法, 219~220.

25) 김문숙(2005), 312; 신창선, 358; 신창섭, 304; 윤종진, 470; 현소혜(2013), 95.

26) 이 점은 우리 민법에서도 같다. 김주수·김상용, 331.

27) Andrae, §7, Rn. 44. 현소혜(2013), 95은 입양특례법에 따른 해외입양에서 가정법원의 허가를 입양의 방식의 문제로 보아 國私 §17에 따라 입양의 준거법 또는 행위지인 입양지법에 선택적으로 연결된다고 하나 필자는 이를 입양의 성립요건의 문제로 본다. 당사자의 합의만으로 입양이 성립하는 것이 아니라 가정법원의 허가에 의하여 창설적 효력이 발생하고 단순한 신고의 수리에 그치는 것이 아니라 법원의 결정을 수반하기 때문이다. 민법에 따른 계약형입양의 경우 법원의 허가도 입양의사의 외부적 표현의 문제는 아니므로 이를 방식으로 보기보다는 별도의 유

찬가지로 당사자 쌍방이 가족관계등록법에 따라 신고하여야 한다.

5. 선고형입양의 승인

외국법원 또는 관할 당국에 의한 선고형입양에 대하여는 외국판결의 승인 및 집행에 관한 民訴 §217(구 民訴 §203)가 유추적용되며, 계약형입양을 전제로 한 §43는 적용되지 아니한다. 외국의 입양판결은 성질상 비송사건에 속하는 것이기 때문이다.

6. 반정의 고려

준거법의 결정시 반정 기타 '숨은 반정'의 문제를 고려할 필요가 있는데, 이는 아래(Ⅳ.)에서 논의한다.

Ⅲ. 준거법이 규율하는 사항

국제사법에 따르면 우리 아동의 국외입양시 입양 및 파양은 입양 당시 양친의 본국법에 의하고, 다만 자(子)의 본국법인 우리 법이 자 또는 제3자의 승낙이나 동의 등을 요건으로 할 때에는 그 요건도 갖추어야 한다. 즉 입양의 성립, 유효성과 효력 및 파양은 모두 양친의 본국법인 외국법이 적용되고 아동이나 제3자의 동의를 요구하는 범위 내에서만 우리 법이 준거법으로 적용된다. 다만 입양특례법의 국제사법적 함의를 고려할 필요가 있으므로 논점별로 이를 검토한다.

1. 양친의 자격요건

양친의 자격요건은 입양의 준거법에 따를 사항이다. 그런데 입양특례법은 양친이 될 자격을 아동학대·가정폭력·마약 등의 범죄나 알코올 등 약물중독의 경력이 없는 자로 강화하고, 입양 성립 전에 입양기관 등으로부터 소정 교육을 이수하도록 한다(§10). 양부모가 외국인인 국외입양에 적용되는 입양특례법의 취지를 고려하면 §10는 준거법에도 불구하고 적용된다고 보아야 한다. 입법론으로는 이 점을 명확히 하는 것이 바람직하다.

효요건으로 본다.

2. 양자의 자격요건

양자의 자격요건은 입양의 준거법에 따를 사항이다. 그런데 입양특례법 §9
는 양자의 자격을 규정한다. 양부모가 외국인인 국외입양에 적용되는 입양특례
법의 취지를 고려하면 §9는 준거법에도 불구하고 적용된다고 보아야 한다. 특
히 입양특례법이 적용되는 아동은 요보호아동[28]이므로 그렇게 해석하는 것이
옳다. 입법론으로는 이를 명확히 하는 것이 바람직하다.

3. 입양의 방법과 효력

계약형입양이 가능한지 아니면 선고형입양을 해야 하는지, 입양의 효력이
입양신고에 의하여 또는 입양재판에 의하여 발생하는지, 입양에 의하여 양자와
친생부모와의 친자관계가 존속하는지(단순입양) 아니면 단절되는지(완전입양) 등
은 모두 입양의 준거법에 의할 사항이다.[29]

그런데 입양특례법에 따라 입양된 아동은 민법상 친양자와 동일한 지위를
가진다(§14). 또한 입양특례법에 따른 입양은 가정법원의 인용심판 확정으로 효
력이 발생하고, 양친 또는 양자는 가정법원의 허가서를 첨부하여 가족관계등록
법에서 정하는 바에 따라 신고하여야 한다(§15). 여기의 신고는 보고적 신고이
다. 문제는 입양특례법 §14와 §15가 국제사법이 적용되는 국제입양, 즉 국내에
서의 국외입양과 외국에서의 국외입양에도 적용되는가이다. §14와 §15의 전단,
즉 인용심판 확정으로 효력이 발생한다는 부분은 국외입양에도 적용됨은 명백
하고, §15의 후단, 즉 양친 또는 양자가 가족관계등록법에 따라 신고하여야 한
다는 부분도 아마도 적용되는 것으로 추측된다.

한편 국외입양의 경우 양자의 성과 본에 관하여는 우리 법이 적용되는 것
으로 보기는 어렵다. 왜냐하면, 입양특례법에 따라 입양된 아동은 민법상 친양
자와 동일한 지위를 가지고, 친양자는 원칙적으로 양부의 성과 본을 따르고 다
만 양친이 혼인신고시 양모의 성과 본을 따르기로 협의한 경우에만 양모의 성
과 본을 따르게 되는데(民 §781),[30] 외국인 양친에 대해서까지 민법의 적용을 고

---

28) 요보호아동이란 아동복지법(§3 iv)에 따른 보호대상아동이다. 입양특례법 §2 ii. 입양특례법의
　　실질법적 측면에 관한 논의는 이 책 제4장 父母와 子 중 입양특례법 註釋 참조.
29) 김문숙(2005), 309. 우리 국제사법은 부부공동입양의 준거법에 관한 특칙을 두지 않으나 독일
　　민법시행법은 혼인의 일반적 효력의 준거법에 연결한다.
30) 구 입양특례법 §8 ①은 "이 법에 의하여 양자로 되는 자는 양친이 원하는 때에는 양친의 성과
　　본을 따른다"고 규정하였다.

집할 이유가 없기 때문이다. 보다 근본적으로 국제사법의 해석상 입양시 양자의 성과 본이 ⓐ 입양의 준거법에 따를 사항인지, ⓑ 친자관계의 준거법에 따를 사항인지,31) 아니면 ⓒ 양자의 속인법에 따를 사항인지는 논란이 있다.32) 아직 유권적 견해는 없지만 입양에 의하여 양자가 수령국의 국적을 취득하게 되므로 어느 견해를 따르든 외국에서의 국외입양시 양자의 성과 본은 결국 수령국법에 따라 결정될 가능성이 크다. 그렇다면 입양특례법 §14는 국외입양된 양자의 성과 본에는 적용되지 않게 될 것이다. 입법론으로서는 이를 명확히 규정할 필요가 있다.

4. 입양의 취소

입양을 취소할 수 있는지 및 그 사유와 입양취소의 방법은 모두 양친의 본국법에 의하여 규율된다. 그런데 입양특례법(§16 ①)은 "입양아동의 친생의 부 또는 모는 자신에게 책임이 없는 사유로 인하여 §12 ① ii에 따라 입양의 동의를 할 수 없었던 경우에는 입양의 사실을 안 날부터 6개월 안에 가정법원에 입양의 취소를 청구할 수 있다"고 규정한다. §16가 국내입양에 적용됨은 명백하지만, 국내에서의 국외입양과 외국에서의 국외입양에도 적용되는지는 논란의 여지가 있으나, 이는 동의요건에 관련되므로 우리 아동의 국외입양에는 준거법의 일부로서 적용된다고 본다.

5. 파양

파양의 사유와 그 방법은 양친의 본국법에 의하여 규율되는 사항이다. 그런데 입양특례법(§17)은 양친, 양자, 검사는 양친이 양자를 학대 또는 유기하거나 그 밖에 양자의 복리를 현저히 해하는 경우, 양자의 양친에 대한 패륜행위로 인하여 양자관계를 유지시킬 수 없게 된 경우 가정법원에 파양을 청구할 수 있도록 파양사유를 구 법보다 확대하였다. §17가 국내입양에 적용됨은 명백하나 이는 외국에서의 국외입양에 적용된다고 보기는 어렵다. 왜냐하면 국제사법상 파양은 원칙적으로 양친의 본국법에 따를 사항이고, 양친과 양자가 모두 외국에 주소(또는 상거소)를 두고 외국 국적을 가진 경우 우리나라의 국제재판관할을 인정하는 것도 쉽지 않은데 §17는 우리 법원에 파양청구를 할 것, 즉 우리

---

31) 국제사법(§45)에 따르면, 친자 간의 법률관계는 부모와 자(子)의 본국법이 모두 동일한 경우에는 그 법에 의하고, 그 외의 경우에는 자(子)의 상거소지법에 의한다.

32) 김문숙(2004), 315~316.

법원에 국제재판관할이 있을 것을 전제로 하고 있기 때문이다.

다만 우리나라의 국제재판관할이 인정되어 우리 법원이 양친의 본국법에 따라 파양의 가부를 판단하는 경우에도, 준거법이 파양을 전혀 허용하지 않거나 파양사유를 매우 제한적으로 규정하는 때에는 국제사법(§10)의 공서조항을 근거로 외국법의 적용을 배제하고 우리 법을 적용하여 파양을 허용할 여지가 있다.33) 미국과의 관계에서는 이때에도 숨은 반정의 법리를 적용할 가능성을 고려해야 한다.

Ⅳ. 반정과 공서

1. 반정, 특히 숨은 반정

반정의 허용 여부에 관하여는 다양한 입법례가 있으나 국제사법(§9)은 직접반정을 허용하면서 예외적으로 반정이 허용되지 않는 경우를 열거한다. 그런데, 國私 §43에도 불구하고 양친의 본국법이 미국 기타 영미법계국가인 경우 '숨은 반정'(hidden renvoi)의 법리에 의하여 양친의 본국법 대신 입양재판을 하는 법정지법인 한국법이 준거법이 될 수 있음을 유념하여야 한다.34) 즉 우리나라를 포함한 대륙법계국가는 대체로 입양을 하나의 법률관계로 파악하여 그 준거법을 규정하지만, 입양의 성립에 관하여 선고형양자법을 취하는 영미법계국가는 국제입양에 대해 어느 국가가 국제재판관할을 가지는지를 문제삼고 국제재판관할이 긍정되면 법정지법을 적용하는 경향이 있는데, 그 경우 국제재판관할규칙에 저촉규칙이 숨어 있다고 보아 반정의 법리를 적용하여 법정지법을 적용할 여지가 있기 때문이다. 이것이 숨은 반정의 법리인데 문제는 우리 국제사법의 해석상 위 법리가 허용되는가이다.

국제입양에 관한 판결은 보지 못하였으나, 국제이혼에 관하여 대법원 2006. 5. 26. 선고 2005므884 판결은 반정의 법리를 정한 國私 §9를 유추적용하여 숨은 반정의 법리를 정면으로 인정한 바 있으므로35) 국제입양의 경우에도

---

33) 아래에서 소개하는 서울가정법원 1996. 10. 31. 선고 94드89245 판결은 섭외사법하에서 그렇게 판단하였다.

34) 김문숙(2005), 317 이하 참조.

35) 위 판결은 미합중국 국적을 보유하고 한국에 거주하는 부부 쌍방이 모두 선택에 의한 주소(domicile of choice)를 한국에 형성한 상태에서 남편(원고)이 처(피고)를 상대로 한국 법원에 이혼, 친권자 및 양육자지정 청구의 소를 제기한 경우, 원·피고의 현재 주소(domicile)가 소속된 법정지의 법률이 준거법이 되어야 할 것이므로, 준거법 지정시의 반정(反定)에 관한 국제사법 §9 ①을 유추적용한 '숨은 반정'의 법리에 따라 법정지법인 한국 민법을 적용해야 한다는 취지

우리 법원이 숨은 반정의 법리를 적용할 가능성이 크다.

국제사법상 숨은 반정이 허용되기 위한 요건은 이혼의 준거법을 정한 제 39조의 해설에서 논의하였다. 숨은 반정이 허용되기 위한 요건의 하나로 "당해 외국의 법상 우리나라에 국제재판관할이 있을 것"이 요구되는데 국제입양의 맥락에서 특별히 문제되는 것은 우리나라가 전속관할을 가져야 하는가이다.

필자는 비전속관할의 경우 외국법이 선택적 연결을 하는 경우와 유사하므로 숨은 반정을 인정할 수 있다는 견해를 피력하였으나 논란의 여지가 있다. 만일 필자와 달리 우리나라가 전속적 국제재판관할을 가질 것을 요구한다면 국제입양의 경우 숨은 반정의 법리가 적용되지 않는다. 위에서 본 것처럼 국제 입양의 경우 적어도 양친의 주소지국과 양자의 주소지국이 모두 국제재판관할을 가진다고 보므로 우리나라의 전속관할이 인정될 수는 없기 때문이다. 위 대법원판결로부터 이에 관한 대법원의 태도를 알 수는 없다.

또한 숨은 반정을 인정하기 위하여는 반정을 허용하는 것이 우리 국제사법의 지정 취지에 반하지 않아야 하는데, 입양에서 숨은 반정을 허용하는 것이 우리 국제사법의 지정 취지에 반하는 것으로 보이지는 않는다.

나아가, 만일 우리 법원이 숨은 반정을 받아들여 한국법만을 적용하여(양친의 자격요건에 관하여도) 입양재판을 할 경우 미국법상 그 재판의 승인에 문제가 없는지를 검토할 필요가 있다. 실무적으로는 그 경우 미국의 해당 주법이 정한 양친의 자격요건과 동의요건 등을 구비하지 못한다면 당해 주의 공서위반이 될 가능성이 있으므로 관련 주법의 요건을 구비하는 것이 안전하다.36) 양자의 자격요건에 관하여도 마찬가지이다.

2. 공서

섭외사법하에서 서울가정법원 1996. 10. 31. 선고 94드89245 판결은 "파양은 양친의 본국법에 의함이 원칙이므로 이 사건의 준거법은 양친의 본국법인 미합중국 알라바마주의 법률인데, 알라바마주의 법률이 파양에 관하여 아무런

로 판시하였다. 평석은 석광현, "2006년 국제사법 분야 대법원판례: 정리 및 해설," 국제사법연구 12, 594 이하 참조.

36) 실무상 서울가정법원은 해외입양재판시 준거법에 크게 신경쓰지 않는다고 한다. 법원은 양부모가 입양특례법이 정한 요건을 충족하는지를 심리하는데, 양부모들은 본국의 국가기관(미국의 경우 이민국)에서 발급받은 양부모 자격증명서를 필수 서류로 제출하므로 그에 기하여 양친의 본국법상 양부모 자격요건을 충족했다고 보기 때문이라고 한다. 결과적으로 양부모의 자격요건에 관하여는 입양특례법과 양부모의 본국법이 누적적용되는 셈이다. 실무를 알려주신 서울가정법원의 전연숙 판사님께 감사드린다.

규정을 두고 있지 아니함은 당원에 현저하고, 따라서 위 법에 따르는 한 어떠한 경우에도 원고와 피고는 파양할 수 없게 되나, 이를 관철하는 경우에는 피고가 원고를 악의로 유기한 채 장기간에 걸쳐 아무런 연락도 없고 행방조차 알 수 없는 데다가 양자인 원고가 그 관계의 청산을 간절히 바라고 있음에도 불구하고 원고로 하여금 형식적으로 양친자 관계를 유지하도록 강요하는 것은 양자의 복지를 주된 목적으로 하는 양자제도의 본질에 반하고 우리의 선량한 풍속 기타 사회질서에도 위반된다고 할 것이므로, 알라바마주의 법률의 적용을 배척하고 우리 민법을 적용한 바 있다. 그 밖에도 유사한 취지의 판결들37)이 있다.

V. 입양특례법에 따른 국제입양과 국제사법

구 입양특례법은 요보호아동의 입양에 관하여 민법상의 입양에 대한 특칙을 두었는데, 이는 국내에서의 국외입양과 외국에서의 국외입양에서 중요한 의미를 가졌다. 구 입양특례법은 입양아동의 해외이주를 적절히 통제하고 국외입양에 따른 한국 국적상실을 호적부(가족관계등록부)에 기재하기 위한 절차를 규정하였을 뿐이므로 우리 아동은 외국에서 입양재판을 받았고 따라서 우리 법원이 국제사법을 적용할 여지가 없었다. 문제는 우리 법원의 관여 없이 아동이 출국하였으므로 아동의 신분이 상당기간 불확정한 상태에 놓인다는 점이었다. 이를 개선하기 위하여 국회는 2011년 5월 구 입양특례법을 개정하여 그 명칭도 '입양특례법'으로 변경하였고 이는 2012년 8월 5일 발효되었다. 입양특례법은 구 입양특례법과 달리 국제입양의 경우는 물론이고 입양특례법에 따른 국내입양에 대하여도 법원의 허가를 요구한다.

여기에서는 입양특례법에 따른 국외입양의 경우 입양특례법의 적용범위의 문제와(1.), 입양특례법의 개정에 따른 우리 아동의 국외입양이 이루어지는 메커니즘의 변화와 그것이 가지는 국제사법적 의미를 살펴본다(2.).

1. 국제사법과 우리 법원의 입양재판시 입양특례법의 적용범위

입양특례법에 따른 아동의 국외입양을 위하여는 우리 법원의 입양허가를 받아야 하므로 법원은 國私 §43에 따라 양친의 본국법을 적용하고, 동의 요건

---

37) 서울가정법원 1992. 4. 23. 선고 91드63419 판결; 서울가정법원 1990. 11. 28. 선고 89드73468 판결.

에 관하여는 §44에 따라 자의 본국법인 우리 법을 적용한다. 주목할 것은, 입양특례법의 일부 조문은 입양의 준거법에 관계없이 국외입양에 적용된다는 점이다.38) 문제는 입법자의 의도가 명확하지 않은 조문들이 있다는 점인데 이 점에서 입양특례법은 국제사법적 사고의 빈곤을 드러내고 있다.39) 입양특례법의 조항이 국외입양에도 적용되는가는 §43의 주석에서 언급하였으나 여기에서 간단히 정리한다(이는 국제사법의 논점이다).

첫째, 양친과 양자의 자격요건과 입양의 효력. 입양특례법 §9는 양자의 자격을, §10는 양친의 자격을 각각 정하고 있다. 이들 조문이 입양의 준거법이 외국법이더라도 적용된다는 점은 위에서 언급하였다.40) 입양의 효력 또는 효과를 정한 입양특례법 §14에 관하여도 위에서 논의하였다.

둘째, 신생아 입양시 입양숙려제 도입. 입양특례법은 친생부모의 입양동의는 아동의 출생일부터 1주일이 지난 후 이루어지도록 규정한다(§13 ①). 이는 동의요건이므로 國私 §44에 따라 우리 아동의 국외입양시 입양의 준거법이 양친의 본국법인 외국법이더라도 여전히 적용된다.

셋째, 우리 법원의 입양허가제의 도입. 구 입양특례법하에서와 달리 입양특례법은 국내입양은 물론이고, 외국에서의 국외입양에 대하여도 입양허가제를 도입하여 입양을 하려는 자는 가정법원에 입양허가를 청구하도록 하고(§11, §19), 법원의 허가 없이 국내외입양을 행한 자에 대한 벌칙을 도입하고 있다(§44 i). 이는 양자의 복리를 보장하기 위하여 입양특례법에 따른 입양에 대해 선고형 입양제도를 전면 도입한 것이다.41)

국외입양의 경우 §19와 §14 및 §15와 묶어 보면 가정법원의 입양허가를 받음으로써 양자는 친양자의 지위를 가지고 그 효력은 가정법원의 인용심판

---

38) 그런 취지의 조문을 '국제적 강행법규'라고 부르는데 國私 §7는 이를 정면으로 도입하였다.
39) 석광현, "2012년 개정 입양특례법과 국제사법적 사고의 빈곤," 新聞 4037, 11에서 이 점을 지적하였다.
40) 서울가정법원 2013. 2. 22. 2012느합356 심판은, 국제사법에 따르면 사건본인의 입양은 입양 당시 양친이 되고자 하는 소외 부부의 본국법인 미국의 입양 관련법에 의하여야 하지만, 사건본인의 본국법인 한국의 입양 관련법에 따른 절차적 요건도 갖추어야 하므로, 사건본인의 본국법인 한국의 입양 관련법에서 요구하는 요건과 절차도 모두 준수하여야 하는바, 입양특례법에서는 양자가 될 수 있는 자의 자격을 규정하므로(§4 ii), 사건본인이 입양특례법에 따라 입양이 이루어지기 위해서는 그에 해당해야 한다는 취지로 판시하였다. 아동의 요건은 절차적 요건이 아니므로 그렇게 볼 것은 아니다. 입양특례법이 정한 양자와 양친의 자격은 국제적 강행규정으로 설명하는 것이 적절하다.
41) 이에 대하여 아동에 대한 국가의 책임을 강화하고 입양협약에 가입하기 위한 기반을 마련하였다는 의의가 있다는 평가도 가능하나 입양협약이 아동의 출신국에서 입양재판을 할 것을 요구하지는 않으므로 입양협약에 가입하더라도 수령국인 외국에서 입양재판을 하게 할 수도 있다.

확정으로 발생한다. 과거 민법상 계약형입양제도만 있었으므로 입양의 준거법
인 외국법이 법원의 입양허가 또는 입양재판을 요구하더라도 우리 법원이 입
양허가 또는 입양재판을 하는 것을 생각하기 어려웠고,[42] 우리나라가 2008년 1
월 1일 민법 개정을 통하여 친양자제도를 도입한 뒤에도 우리 아동의 외국에서
의 국외입양에서는 아동이 외국에서 입양재판을 받았다. 이처럼 종래 우리 아
동의 외국에서의 국외입양에서는 가정법원이 철저히 배제되었으나, 입양특례
법하에서는 가정법원이 중요한 역할을 담당하므로 가정법원의 전문성을 제고
하는 것이 중요하다. 입양허가시 가정법원의 판단기준을 입양특례법에서 명시
할 필요가 있고, 보건복지부장관의 해외이주허가와 가정법원의 입양허가의 기
능배분도 신중하게 결정할 필요가 있다.[43]

　　그러나 입양허가제도를 도입한 결과 입양특례법에 따른 국내입양과 외국
에서의 국외입양 건수가 대폭 줄었으며 미등록아동을 유기하는 사례가 늘고
있다는 점은 우려할 만한 일이다.[44] 이는 아마도 신설된 가정법원의 허가요건
이 번거롭고 더욱이 법원의 허가과정에서 양자가 될 아동에 대한 가족관계 등
록 창설(§23)에 대한 엄격한 확인이 이루어짐으로써 입양절차가 부담스럽다는
데 기인하는 것으로 보인다.

2. 입양특례법의 개정에 따른 우리 아동의 국제입양 메커니즘의 변화와 국제 사법적 의미

가. 과거 국제입양의 메커니즘: 외국법원이 한 입양재판의 승인

　　구 입양특례법하에서는 외국 법원의 입양재판만이 있을 뿐이었으므로[45]
우리 아동의 국외입양, 보다 정확히는 양친자관계의 성립과 친생부모와의 친자
관계의 소멸은 외국 입양재판의 승인이라는 메커니즘에 의하였다. 입양재판은
비송사건에 속하므로 국제입양은 비송사건인 외국 입양재판의 승인의 법리에
의한다. 그런데 민사소송법은 외국판결의 승인을 규정하고 있으나, 가사소송법

---

42) 법적으로 불가능한 것은 아니었다. 왜냐하면 입양의 준거법인 외국법이 선고형입양을 규정한
　　다면 이는 가능하였기 때문이다.
43) 입양협약에 가입함으로써 보건복지부가 중앙당국이 될 경우 그들 간의 역할배분도 신중히 설
　　계하여야 한다.
44) 예컨대 <http://www.asiatoday.co.kr/news/view.asp?seq=707489> 보도 참조.
45) 그러나 과거 고아입양특례법(1961년 법률 제731호) §4는 외국인이 고아를 양자로 하고자 할
　　때에는 우리 법원의 인가를 받도록 요구하였음은 주목할 만하다. 아마도 그 후 어느 시점에서
　　법원의 인가제도가 폐지된 것으로 보인다. 고아입양특례법은 김진, 신국제사법(1962), 348 이하
　　에도 수록되어 있다.

과 비송사건절차법은 외국 입양재판의 승인에 대하여 규정하지 않고 民訴 §217
를 준용하지도 않는다. 따라서 종래 우리 법상 외국 입양재판의 승인요건이 무
엇인가, 구체적으로 민사소송법의 요건이 적용 또는 유추적용될 수 있는가라는
쟁점이 정리되지 않은 상태이다. 학설로는 民訴 §217를 사실상 유추적용하여
그 요건의 일부를 요구하는 견해가 유력하다.⁴⁶⁾ 즉 외국법원의 입양재판이 우
리나라에서 승인되려면 民訴 §217에 준하는 요건을 구비해야 한다는 것이다.⁴⁷⁾
다만 승인요건에 관하여, 대심적 소송이 아닌 비송사건의 경우 송달요건은 문
제되지 않는다는 견해가 유력하고, 상호보증의 요건이 필요한가에 관하여는 견
해가 나뉜다. 부정설도 있지만⁴⁸⁾ 명문의 근거가 없으므로 필요하다는 긍정설
도 있는데 판례는 후자를 취할 가능성이 커 보인다. 대법원 1971. 10. 22. 선고
71다1393 판결은, 상호보증의 결여를 이유로 미국 네바다주 법원이 선고한
이혼판결의 승인을 거부하였으며, 근자에 대법원 2009. 6. 25. 선고 2009다
22952 판결도, 이혼 및 양육자지정, 면접교섭권, 재산분할 및 부양료·양육비
지급을 명한 캐나다 온타리오주 법원판결에 기한 집행판결을 청구한 사건에
서 상호보증이 필요함을 당연한 전제로 상호보증의 존재를 긍정한 바 있기
때문이다.

　　미국의 많은 주에서는 외국 입양재판의 승인요건으로서 상호보증을 요구
하지 않으나,⁴⁹⁾ 국가에 따라서는 조약이 없으면 외국판결을 전혀 승인하지 않
기도 하므로 그런 국가들과 우리나라 간에는 상호주의가 없다.⁵⁰⁾ 따라서 만일
우리가 입양재판의 승인에 대해서도 상호주의를 고집한다면 그런 외국의 입양
재판은 당해 국가에서는 효력이 있지만 우리나라에서는 효력이 없어 파행적
법률관계가 발생한다. 따라서 국제사법 또는 가사소송법에 규정을 두어 비송사

---

46) 김문숙(2005), 320; 김원태, "외국가사재판의 승인·집행에 관한 문제의 검토," 국제사법연구
6(2001), 66; 석광현, 국제민소, 428 이하 참조.
47) 가족관계등록부에의 기재를 광의의 집행으로 보면 집행에 관한 민사집행법도 유추적용되므
로 집행판결이 필요한지는 논란이 있다. 정주수, 국제호적절차(2004), 223은 불필요하다고 한다.
종래 입양특례법은 아동이 외국의 국적을 취득한 경우 국적, 즉 가족관계부의 기재를 말소하도
록 규정하므로 집행판결 없이 가족관계부의 기재 변경을 허용하는 것이다.
48) 김문숙(2005), 321.
49) 우선 Malinda L. Seymore, "International Adoption & International Comity: When Is Adoption
'Repugnant'?", 10 Tex. Wesleyan L. Rev. 381, 2004 참조.
50) 입양재판을 포함한 가족법사건의 경우는 조약이 없어도 외국재판을 승인하고 상호보증의 존
재를 요구하지 않는다. 스웨덴의 "입양에 관한 국제적 법률관계에 관한 법률"을 보면 승인의 요
건에 대해서는 동법은 공서의 요건(§6)만을 규정하고 있고 그 밖의 요건은 불필요한 것으로 보
인다. 석광현 외, 헤이그국제아동입양협약 가입 추진방안 연구, 2012년 보건복지부 연구용역 보
고서(2012. 12.), 130 참조(장준혁).

건 재판의 승인시 상호주의요건을 제외하는 것이 바람직하다. 우리나라와 중국 간에 상호보증의 유무가 논란이 되고 있으나 중국은 외국이혼판결을 승인함에 있어서는 상호주의를 요구하지 않는다.[51]

나. 현행 법제에 따른 국제입양의 메커니즘

(1) 우리 법원의 입양재판의 외국에서의 승인

입양특례법에 따라 우리 법원이 입양재판을 하는 경우 수령국에서 그 승인이 문제된다. 국가에 따라서는 외국입양재판을 승인하기 위한 전제로서 그 재판이 기판력을 가질 것을 요구하는데, 문제는 우리나라의 입양특례법에 따른 입양재판이 기판력이 있는가이다. 만일 우리 법원의 입양재판, 보다 정확히는 입양허가가 기판력이 없다면[52] 외국에서 승인될 수 없게 되는 문제가 발생한다. 우리나라로서는 우리 입양재판이 다른 체약국에서 승인될 수 있도록 보장하기 위해 입양협약에 가입할 필요성이 커졌다고 할 수 있다. 그렇지 않으면 우리 법원의 입양재판에 기판력을 인정해야 할 것이다.

(2) 우리 법원의 입양재판과 외국에서의 재입양

현재는 우리 법원이 입양재판을 하더라도 외국에서 다시 입양재판을 해야 하는가라는 의문이 제기된다. 종래 국제입양시 출신국에서 입양이 행해졌더라도 수령국이 국내법에 따른 입양절차를 되풀이하는 경우도 있었다.[53] 이는 아동의 출신국에서 한 입양의 효력이 수령국에서 인정될지 확신할 수 없는 데 따른 법적 불안정을 없애고, 또한 출신국의 단순입양을 완전입양으로 전환하기 위한 것이다.[54] 국가에 따라서는 완전입양이 된 경우에만 국적을 부여하기 때문이기도 하다.[55] 근자에는 재입양을 거치는 국가는 별로 없는 것으로 보이나, 우리 법원이 입양재판을 한다면 수령국에서 재입양을 하는지를 미리 확인할

---

51) 齋湘泉·劉暢, "韓國法院判決在中國獲得承認及執行的路徑－以互惠原則爲切入点"(中國에서 韓國法院判決의 承認과 執行을 얻는 방법－互惠原則의 관점에서), 국제민사소송관할권문제연구, 2012년 중한국제사법연토회논문집(2012. 11.), 192. 그 근거는 1991. 8. 13. 시행된 "最高人民法院關于中國公民申請承認外國法院離婚判決程序問題的規定"이다.

52) 가사소송법에는 가사비송심판의 기판력에 관한 규정이 없기 때문에 주류적 견해는 일반적인 비송사건의 경우와 마찬가지로 기판력을 부인한다. 제요[1], 196. 이 책 입양특례법 §11 註釋도 기판력을 부정한다.

53) 과거 독일의 Nachadoption(재입양) 또는 Zweitadoption(제2의 입양). Michael Busch, "Adoptions－wirkungsgesetz und Haager Adoptionsübereinkommen－von der Nachadoption zur Anerkennung und Wirkungsfeststellung," IPRax, 2003, 13.

54) Winkelsträter, 250.

55) 독일은 2002년 1월 1일 시행된 외국입양효력법(Adoptionswirkungsgesetz, AdWirkG)에서 임의적 중앙의 승인 및 전환절차를 도입함으로써 원칙적으로 후견법원의 재입양을 불필요한 것으로 만들었다. Winkelsträter, 251f. 참조.

필요가 있다. 물론 우리나라가 입양협약에 가입하면 우리 법원의 입양재판은 다른 체약국에서 당연히 승인되므로 재입양은 불필요하다.

[後註] 헤이그입양협약

■ **참고문헌**: 김문숙(2005), "친양자제도의 도입으로 인한 국제사법에의 영향," 국제사법연구 11; 김문숙(2004), "국제입양에 있어서 아동의 보호 및 협력에 관한 헤이그협약— 한국의 가입가능성의 관점에서 —," 국제사법연구 10; 김원태(2001), "외국가사재판의 승인·집행에 관한 문제의 검토," 국제사법연구 6; 석광현(2009), "1993년 헤이그국제입양협약(국제입양에 관한 아동보호 및 협력에 관한 헤이그협약)," 국제사법연구 15; 석광현(2012), "국제입양에서 제기되는 國際私法의 제문제: 입양특례법과 헤이그입양협약을 중심으로," 가족법연구 26-3; 석광현·이병화(2010), 헤이그국제아동입양협약에 관한 연구; 안소영(2015), "입양법제의 개선방안 — 헤이그국제입양협약의 비준에 즈음하여 —," 이화여자대학교 대학원 박사학위논문; 윤종섭(2012), "국제입양에 있어 아동의 보호 및 협력에 관한 1993년 헤이그협약(The Hague Convention of 29 May 1993 on Protection of Children and Co—operation in Respect of Intercountry Adoption)의 내용에 관한 검토," 국제규범의 현황과 전망— 2011년 국제규범연구반 연구보고 및 국제회의 참가보고 —; 이병화(2006), "가족법 분야의 헤이그국제사법회의 입양협약— 특히 아동보호와 관련하여 —," 국제사법연구 12; 장복희(2006), "국제입양에 관한 헤이그협약과 국내입양법의 개선," 저스티스 93; 정재훈·정은영·장지용(2012), "헤이그국제아동입양협약 가입검토보고서," 국제규범의 현황과 전망— 2011년 국제규범연구반 연구보고 및 국제회의 참가보고 —; 최흥섭(1998), "국제입양에 관한 헤이그협약," 국제사법연구 3; 현소혜(2014), "헤이그 입양협약 가입에 따른 국제입양절차 개편방안," 가족법연구 28-2 , 69 이하; Rainer Frank(1996), The Recognition of Intercountry Adoptions in the Light of the 1993 Hague Convention on Intercountry Adoptions in: Nigel Lowe and Gillian Douglas(eds.), Families Across Frontiers; G. Parra—Aranguren, "Explanatory Report on the Convention on Jurisdiction, Applicable Law and Recognition of Decrees Relating to Adoptions," 헤이그국제사법회의 홈페이지<http://www.hcch.net/ index_en.php?act=publications.details&pid =2279&dtid=3>.

I. 서론

국제입양에 관한 중요한 조약으로 헤이그국제사법회의의 1993년 "국제입양에서 아동보호 및 협력에 관한 협약"(Convention on Protection of Children and Co-operation in Respect of Intercountry Adoption)(이하 "입양협약"이라 한다)이 있는데[1] 이제 우리나라도 입양협약에 가입하여야 한다. 우리 아동들의 최대 수령국인 미국에서도 입양협약이 2008년 발효된 이상 입양협약 가입을 더 이상 미룰 수 없다. 입양협약은 우리나라에서도 발효한 국제연합의 1989년 "아동의 권리에 관한 협약"(Convention on the Rights of the Child)에 근거한 것으로 입양협약 가입은 위 아동권리협약에 따른 의무사항이고, 국가인권위원회도 2005년 4월 11일 결정에서 입양협약 가입을 권고하였다. 다행인 것은 우리나라가 마침내 2013년 5월 24일 입양협약에 서명하였다는 점이다.[2] 이는 입양협약의 당사국이 되겠다는 의지를 표현한 것으로서 환영할 만한 일이다. 이제는 조속한 시일 내에 입양협약의 이행법률을 제정하고 입양협약을 비준해야 한다. 아래에서는 입양협약의 주요내용(Ⅱ.), 장래 우리나라의 입양협약 가입시 필요한 조치(Ⅲ.)와 우리나라의 입양협약 가입에 의하여 초래될 국제입양절차의 변화(Ⅳ.)를 살펴본다.

Ⅱ. 입양협약의 주요내용

1. 입양협약의 구성과 목적

입양협약은 협약의 범위, 국제입양의 요건, 중앙당국과 인가된 단체(이하 "인가단체"라고 한다), 국제입양의 절차적 요건, 입양의 승인과 효과, 일반조항과 최종규정이라는 7개장 48개 조문으로 구성된다.

입양협약은 국제입양이 아동에게 최선의 이익이 되게 그리고 국제법에서 인정된 그의 기본적 권리가 존중되면서 이루어지도록 보호조치(즉 통일적 절차)를 확립하고, 그런 보호조치가 준수되고 그렇게 함으로써 아동의 탈취·매매 또는 거래를 방지하도록 체약국 간에 유연한 공조체제를 확립하며, 입양협약에 따라 이루어진 입양을 체약국에서 승인되도록 보장한다(§1). 입양협약은 국제

---

1) 그 밖에도 헤이그국제사법회의의 "입양에 관한 재판관할, 준거법 및 재판의 승인에 관한 1965년 협약"이 있다. 이는 발효되었으나 영국, 스위스와 오스트리아만이 가입하여 별로 실효성이 없다.

2) 헤이그국제사법회의 홈페이지 <http://www.hcch.net/index_en.php?act=conventions.status&cid=69> 참조.

재판관할과 준거법결정규범의 통일이나 입양에 관한 국내법(즉 실질법)의 통일
을 목적으로 하지 않는다.

2. 입양협약의 적용범위 (§§1~3)

입양협약의 적용대상인 '국제입양'이 되기 위하여는 입양의 대상인 아동
과, 입양을 하는 부부 또는 1인이 상이한 체약국에 상거소를 가져야 한다(§2
①). 양친될 자의 국적은 의미가 없다. 아동의 입양 전 상거소지 국가를 '출신
국'(State of origin), 양친(또는 양부모. adoptive parents)의 상거소지 국가를 '수령
국'(receiving State)이라 한다. 입양협약은 영구적 친자관계를 창설하는 입양만을
대상으로 한다(§2 ②). 입양이 계약형인지, 선고형인지와 단순입양인지 완전입
양인지는 불문한다. 입양협약은 18세 미만의 아동에만 적용된다(§3).

3. 국제입양의 요건 (§4~§5)

입양협약에 따른 국제입양을 하기 위하여는 출신국과 수령국의 권한 있는
당국(이하 "권한당국"이라 한다)이 일정한 조치를 취해야 한다.

가. 출신국 권한당국이 취할 조치

입양협약상 국제입양은 출신국 권한당국이 ⓐ 아동이 입양가능하다고 인
정하고, ⓑ 출신국 내의 아동의 위탁 가능성을 적절히 고려한 후 국제입양이
아동에게 최선의 이익이 된다고 결정한 경우에만 가능하다(§4). 한편 ⓑ는 전문
에 이미 포함되어 있는 국제입양의 보충성(subsidiarity principle)을 명시한 것인데,
국내입양이 가능하지 않다는 점은 출신국의 권한당국이 판단한다. 또한 권한당
국이 ⓒ 동의요건이 충족되었음을 확보하였어야 한다. 모의 동의는 아동의 출
생 후에 가능하다.

나. 수령국 권한당국이 취할 조치

입양협약에 따른 국제입양은, 수령국 권한당국이 양친될 자가 입양할 자
격이 있고 입양에 적합하며, 필요한 상담을 받았고, 아동이 수령국에 입국해서
영주할 자격이 있거나 있을 것이라고 결정한 경우에만 이루어질 수 있다(§5).
입양협약상 양친될 자의 입양할 자격에 관한 통일적인 개념은 존재하지 않고
이는 수령국이 결정할 사항이다.

다. 위 조치를 확보하기 위한 방안

§4와 §5 요건의 충족 여부에 관한 확인은 권한당국이 하면 되고 반드시 중

앙당국이 해야 하는 것은 아니다. 위 요건이 충족될 때까지는 양친될 자와 아동의 부모 기타 아동을 보호하는 자 사이에 접촉을 할 수 없는 것이 원칙이나, 그 접촉이 출신국의 권한당국이 정한 조건에 따르는 경우에는 그렇지 않다(§29).3) 이는 아동의 거래를 금지하고, 입양이 금전 또는 기타 보상의 지급에 의하여 유인될 가능성을 차단하기 위한 것이다.

4. 중앙당국과 인가단체 (§§6~13, 제Ⅳ장)

입양협약에 따른 국제입양에는 다양한 기관이 관여한다.

체약국은 중앙당국을 지정해야 하는데 중앙당국의 직무는 ⓐ 상호 협력, 정보교환 및 장애제거조치, ⓑ 부당한 이득 방지 조치와 ⓒ 제Ⅲ장 및 제Ⅳ장에 따른 직무 등이다.4)

인가단체는 중앙당국 또는 공적 기관에게 부과된 직무를 수행할 수 있도록 인가를 받은 단체인데 이는 대부분 사적단체이다. 인가단체는 거의 중앙당국에 준하는 직무를 수행하나, 입양협약(예컨대 §7 ②)이 중앙당국이 직접 해야 하는 것으로 명시한 직무는 제외된다. 입양협약은 인가단체의 최소한의 요건을 규정한다(§§10~11). 체약국은 중앙당국의 지정, 권한의 범위, 인가단체의 이름과 주소를 헤이그국제사법회의의 상설사무국에 통보해야 한다(§13).

체약국은 자국법이 허용하는 한도내에서 일정요건을 충족하는 비인가단체 또는 개인에게도 §15~§21에서 정한 절차적 사항에 관한 중앙당국의 기능을 자국에서 수행할 수 있다고 수탁자에게 선언할 수 있다(§22 ② 2).5) 실제로 고아원, 산부인과의사, 변호사, 복지활동가와 종교인 등 사적 중개자들이 활동하고 있고, 상업적인 입양알선기관들이 중요한 역할을 하는 미국은 §22 ②에 따른 선언을 하였다.6)

반면에 입양협약은 그러한 비인가단체 또는 개인의 입양알선에 반대하는 국가들은 자국에 상거소를 둔 아동의 입양은 중앙당국의 기능이 §22 ①에 따라 공적 기관 또는 인가단체에 의하여 행사된 경우에만 이루어질 수 있다고 선언

---

3) 또한 가족내 입양(intrafamily adoption)의 경우 예외가 인정된다. §29 Parra-Aranguren, para. 502 참조.

4) 중앙당국은 입양협약이 정한 바에 따라 그 직무를 공적 기관 및/또는 인가단체에게 위임할 수 있다. 상세는 §7 내지 §9 참조.

5) §22 ②의 선언을 하는 체약국은 헤이그국제사법회의 상설사무국에 이들 단체 및 개인의 이름과 주소를 통보하여야 한다(§22 ③).

6) 헤이그국제사법회의 홈페이지 <http://www.hcch.net/index_en.php?act=convenions.status&cid=69> 참조.

하는 것을 허용한다. 이는 수령국의 §22 ②에 따른 선언에 대한 출신국의 대응선언이다.

5. 국제입양의 절차적 요건 (§§14~22)

입양절차는 양친될 자가 그의 상거소 소재지국의 중앙당국에 입양을 신청함으로써 개시된다(§14). 입양협약은 수령국과 출신국의 중앙당국이 취할 조치 등 국제입양의 구체적 절차를 상세히 규정한다. 이는 다음과 같다.

---

① 양친될 자 자신의 상거소지국(수령국)의 중앙당국에 대한 입양신청(§14) → ② 수령국의 중앙당국의 양친될 자에 관한 보고서 작성 및 출신국의 중앙당국으로의 보고서 송부(§15) → ③ 출신국의 중앙당국의 아동에 관한 보고서 작성 및 수령국의 중앙당국으로의 보고서와 필요서류 송부(§16) → ④ 출신국의 아동 위탁결정(§17) → ⑤ 출신국으로부터 수령국으로의 아동의 이동 및 영주허가를 위한 양국 중앙당국의 협력(§18) → ⑥ 아동의 이동(§19) → ⑦ 입양완료까지의 경과 등에 관한 양국 중앙당국 상호간의 통지(§20)

가. 수령국 중앙당국의 보고서 작성과 송부(§15) 및 출신국 중앙당국의 보고서 작성과 송부(§16)

수령국의 중앙당국은 신청자가 입양할 자격이 있고 입양에 적합하다고 인정하면 그의 신원, 입양 자격과 그 적합성, 배경, 가족사 및 병력, 사회적 환경, 입양이유, 국제입양능력 그리고 그가 양육하기에 적합할 아동의 특징 등에 관한 보고서를 작성하여 출신국 중앙당국에게 송부한다. 한편 국제입양의 대상이 될 수 있는 아동의 등록부를 가지고 있는 출신국 중앙당국은 수령국의 보고서를 수령하면 그를 기초로 입양가능한 아동을 찾는데 이것이 'matching'(짝찾기)이다. 출신국 중앙당국은 아동이 입양 가능하다고 인정하면 그의 신원, 입양가능성, 아동의 병력 등에 관한 보고서를 작성하고, 아동의 성장과정과 배경을 고려하며, 필요한 동의를 받았음을 보장하고 위탁이 아동에게 최선의 이익이 되는지를 결정하고(§16 ①), 아동에 관한 보고서, 동의의 증거와 위탁결정 이유를 수령국 중앙당국에 송부한다.

나. 출신국의 아동위탁결정을 위한 요건

일단 아동이 위탁되면 아동과 장래 양친 간에 사실상 관계가 형성되므로 위탁결정 전에 중요한 입양요건들이 모두 구비되어야 한다.[7] "아동이 양친될

---

7) Parra-Aranguren, para. 463.

자에게 위탁되어야 한다"는 출신국의 위탁결정은 출신국 중앙당국이 양친될 자의 동의를 확보하고, 양국의 중앙당국이 입양의 진행에 합의하고, 양친될 자가 입양자격이 있고 입양에 적합하다는 것과, 아동이 수령국에 입국하여 영주할 자격이 있거나 있을 것이라고 결정한 경우에만 가능하다(§17).

다. 양국 중앙당국의 출입국 및 영주허가를 위한 협력(§18) 및 아동의 이동(§19)

양국의 중앙당국은 아동이 출신국에서 출국하고 수령국에 입국하여 영주할 수 있는 허가를 얻기 위해 필요한 모든 조치를 취한다.

한편 §17의 요건이 충족된 경우에만 아동은 수령국으로 이동할 수 있는데, 양국 중앙당국은 이동이 안전하고 적절한 상황하에서, 가능하면 양친 또는 양친 될 자와 동반하여 이루어질 것을 확보하여 한다(§19). 통상 양친될 자가 출신국으로 와서 아동의 위탁(entrustment)을 받은 뒤 아동을 호송하여(escort) 수령국으로 이동하므로 아동의 물리적 인도를 의미하는 위탁은 아동의 이동(transfer) 전에 행해진다. 통상 이때 양친될 자와 아동간의 최초 접촉이 이루어진다.

라. 입양 진행과정에 관한 통지(§20) 및 아동의 이동 후 입양의 경우 중앙당국의 조치(§21)

양국의 중앙당국은 입양과정, 그 완료를 위해 취해진 조치 등을 서로 알려 주어야 한다. 아동이 수령국으로 이동한 뒤 입양이 행해지는 경우, 수령국 중앙당국은 양친될 자에게 아동을 계속 위탁시키는 것이 아동에게 최선의 이익이 되지 않는다고 판단할 때에는 아동의 보호를 위해 필요한 조치를 취해야 한다.

6. 입양의 승인과 효과 (§§23~27)

입양협약 제Ⅴ장은 입양의 승인과 그에 따른 효과를 규정한다. 이는 입양협약상 국제민사절차법적 핵심을 이루는 부분이다.

가. 입양의 자동적 승인의 원칙과 예외

입양의 효력(또는 효과)은 국가에 따라 단순입양과 완전입양으로 구분된다. 출신국과 수령국의 법제가 상이한 경우 입양국에서 행해진 국제입양의 국제적 효력이 문제되므로 입양협약은 그 해결방안을 제시한다. 즉, 입양이 입양협약에 따라 행해지고 입양국의 권한당국이 증명서에 의하여 이를 증명하는 경우에, 그 입양은 자동적으로 다른 체약국에서 승인된다(§23 ① 1문). 위 증명서는 입양이 종결된(finalized) 뒤에 발행되어야 한다. 여기에서 '입양국'(state of adoption)은 출신국일 수도 있고 수령국일 수도 있다.[8] 이를 통하여 입양협약은 출신국에서 입양이 이루어진 경우에도 수령국에서 재입양을 하는 관행을 피하고, 외국 입양의 내용이 변경되는 것을 막고자 한다.[9]

다만 입양협약은 아동의 최선의 이익을 고려하여 입양이 그 나라의 공서에 명백히 반하는 경우에 한해 입양의 승인을 거절할 수 있도록 허용한다(§24). 아동이 탈취된 경우나 동의권자의 동의가 위조되거나 강요된 경우 등이 그에 해당할 수 있다. 동성혼 부부 또는 동성커플의 입양이 공서위반이 되는지는 논란이 있을 수 있다.[10]

나. 입양의 승인의 효과

입양의 승인은 ⓐ 아동과 양친 사이의 법적 친자관계와 ⓑ 아동에 대한 양친의 부모로서의 책임의 승인을 포함하고, 또한 만일 ⓒ 입양국에서 입양이 아동과 그의 친생부모 간에 존재하는 기존의 법률관계를 종료시키는 효력, 즉 단절효를 갖는 경우에는 그의 승인을 포함한다(§26 ①). 입양이 입양국에서 단절효를 가지는 경우, 수령국과 입양이 승인된 기타 체약국에서 아동은 후자의 국가에서 단절효를 가지는 입양에서 나오는 권리와 동등한 권리를 향유한다(§26 ②). 즉, 입양국에서 인정되는 효력이 수령국과 승인국에 확장되는 것이 아니라, 수령국과 승인국에서 각각 자국법상 단절효를 가지는 입양에 상응하는 효력을 가진다. 이는 독일식이 아니라 영미식 승인 개념인데 이를 '변형모델' (transformation model)이라 한다.[11] 그럼으로써 수령국에 사는 양자들의 출신국에 관계없이 입양의 효력이 동일하게 된다. '동등한 권리'에 국적과 같은 공법상의 권리도 포함되는지가 논란이 있다.[12] 다만 §26 ①과 ②은 승인국에서 효력이 있는 아동에게 보다 유리한 규정의 적용을 방해하지 않는다(§26 ③). 예컨대 출신국 또는 수령국에서 상속권이 없는 단순입양에 의하여 입양된 아동에게 승인국법이 양친의 재산에 대한 상속권을 인정하는 경우가 그에 해당한다.[13]

다. 단순입양으로부터 완전입양으로의 전환

출신국에서 부여된 입양이 단절효를 가지지 않더라도 ⓐ 수령국법이 이를 인정하고, 또한 ⓑ 입양협약 §4에 언급한 동의권자의 동의가 있는 경우 입양을

---

8) Parra—Aranguren, para. 403.

9) Parra—Aranguren, para. 402.

10) 안소영(2015), 162 이하.

11) Frank(1996), 593.

12) 최흥섭(1998), 829.

13) Parra—Aranguren, para. 471.

승인하는 수령국의 전환결정에 의하여 단절효를 가지는 입양으로 전환할 수 있다(§27 ①).

라. 별도협정에 따른 입양 승인의 거부선언

체약국은 별도협정에 의하여 입양협약 §14 내지 §21(다만 위탁결정에 관한 §17는 제외)의 적용을 배제할 수 있다(§39 ②). 체약국은 별도협정에 따라 이루어진 입양에 대해서는 승인의무를 지지 않겠다고 선언할 수 있다(§25).

7. 일반조항 (§§28~42)

입양협약은 자국 아동의 입양은 자국에서 행해져야 한다거나 입양에 앞서 수령국에 아동을 위탁 또는 이동하는 것을 금지하는 출신국법에 영향을 미치지 않는다(§28). 우리나라도 2012년 8월 입양특례법을 개정함으로써 아동의 출국에 앞서 우리 법원의 입양재판을 받을 것을 요구한다.

체약국의 권한당국은 아동의 출생에 관한 정보(특히 병력과 부모의 신원 관련 정보)를 보존해야 하고 그 국가의 법이 인정하는 경우에는 아동 또는 그 대리인의 정보접근을 허용해야 한다(§30).

한편 입양협약(§32)은 국제입양에 관한 활동으로부터 부당한 재정적 이득이나 기타 이득을 얻는 것을 금지하나, 입양 관여자의 직업상의 합리적 보수 기타 비용과 지출은 허용한다. 보수가 부당하게 높은지는 각 체약국이 결정한다.

8. 입양협약에 대한 평가

입양협약에 대하여는 다음과 같은 비판이 있다.[14]

첫째, 중앙당국 등의 당국이 개입하므로 입양절차가 복잡하게 된다. 둘째, 입양협약에는 최소한의 보호조치만을 규정하고 나머지는 체약국에 일임하므로 법률관계가 복잡하고 불분명하게 된다. 셋째, 그러한 이유로 입양의 성립을 어렵게 하며, 자동승인원칙과 단절효의 인정으로 출신국과 수령국 모두 입양 성립에 쉽게 응할 수 없다. 넷째, 입양협약에 친족 간의 입양과 동일 국적자 간의 입양을 포함시킴으로써 입양의 성립을 어렵게 할 이유는 없었다. 다섯째, 입양협약은 파양을 규율하지 않으므로 이는 파양의 준거법에 의할 수밖에 없다. 여섯째, 승인의 효과를 정한 §26 ②의 취지가 애매하고 불합리하다. 그 밖에도 각국의 기관들이 새로운 기준을 충족시키고 새로운 절차를 준수하기 위해 수반

---

14) 최흥섭(1998), 828~829 참조.

되는 비용을 흡수해야 하므로 국제입양의 비용이 증가할 것이라는 비판도 있다. 입양협약 가입 초기에 그럴 것이다.

　　이러한 문제점이 있더라도 우리 아동들의 수령국이 대부분 가입한 이상 이제 우리나라도 입양협약을 비준해야 한다. 또한 승인의 효과를 정한 §26 ②의 취지가 애매한 점이 있으나, 현재처럼 조약 외에서 입양재판의 외국에서의 승인 및 집행의 메커니즘을 통하는 것보다는 훨씬 낫다. 가사 입양협약에 미비점이 있더라도 우리나라의 입장에서 보자면 총체적으로 입양협약을 비준해야 한다는 결론을 뒤집을 수는 없다.

Ⅲ. 장래 우리나라의 입양협약 가입시 필요한 조치

1. 이행법률의 제정 및/또는 특례법의 개정

　　우리나라가 입양협약에 가입하기 위하여는 국회 동의를 받고 이행법률을 제정할 필요가 있다. 구체적으로 첫째, 입양특례법을 개정하여 필요한 최소한의 규정을 담는 방안(일원화 방안)과, 둘째, 입양특례법과 별도로 입양협약 가입을 위한 이행법률을 제정하는 방안(이원화 방안)이 있다.15) 어느 방안을 선택할지는 기술적인 문제인데, 수범자의 편의에 따라 결정해야 할 것이다. 어느 방안을 따르건 간에, 입법과는 별도로 국제입양의 실무담당자들과 국민들이 국외입양의 법제와 절차를 이해하기 쉽게 입양협약과 이행입법의 내용을 정리하여 실무지침서나 매뉴얼을 작성할 필요가 있다.

2. 대외적으로 선언하거나 통지할 사항

가. 중앙당국, 공적 기관과 인가단체의 지정

　　우리나라는 중앙당국을 지정하고 인가단체의 이름과 주소를 헤이그국제사법회의 상설사무국에 통보해야 한다(§13). 협약 가입시 중당당국, 공적 기관과 인가단체의 지정 및 그들 간 업무분장에 관한 원칙을 확립하고 중앙당국의 위임범위를 결정할 필요가 있다. 입양업무의 주무부처인 보건복지부가 중앙당국이 되고16) 중앙입양원이 공적 기관의 역할을 할 수 있을 것이다.

---

15) 입양특례법의 개정방향은 석광현(2012), 365 이하 참조. 상세는 석광현 외, 헤이그국제아동입양협약 가입 추진방안 연구, 2012년 보건복지부 연구용역 보고서(2012. 12.) 참조. 입양협약의 가입과 관련한 구체적 국내 입법방안은 현소혜(2014), 107 이하 참조.

16) 입양협약의 중앙당국을 보건복지부로 하면, 탈취협약의 중앙당국은 법무부이므로 우리나라가 헤이그국제사법회의 1996년 "부모책임 및 아동의 보호조치와 관련한 관할, 준거법, 승인,

나. 입양증명서를 발행할 권한 당국의 지정

우리나라는 §23 ①에 따른 입양증명서를 발행할 당국을 지정하여 그 이름과 기능을 수탁자에게 통지해야 한다(§23 ②). 업무의 집중과 전문화를 위해서는 중앙당국이 입양증명서를 발행하는 것이 바람직하다.

다. 우리나라의 비인가단체와 개인에 대한 위임 허용 선언과 외국의 비인가단체와 개인에 대한 위임 반대 선언

우리나라는 비인가단체와 개인도 중앙당국의 기능을 한국에서 수행할 수 있다고 선언할 수 있으나 위 선언을 굳이 할 필요는 없고 이는 입양특례법에도 반한다. 반면에 한국에 상거소를 둔 아동의 입양은 중앙당국의 기능이 공적 기관 또는 인가단체에 의하여 행사된 경우에만 가능하다는 선언(§22 ④)을 할지는 다소 논란이 있다. 우리 입양기관들은 과거 미국의 비인가단체와 업무를 처리하였으나 근자에는 보건복지부의 지침에 따라 이를 그만두었다고 하므로 위 선언을 하는 편이 바람직할 것으로 보인다.

라. §25의 선언

§25에 따른 선언, 즉 체약국 간의 별도협정에 따라 이루어진 입양에 대해서는 입양협약에 기한 승인의무를 지지 않겠다고 선언할 필요가 있다.

3. 국내적으로 취할 조치

입양협약상 권한당국은 다양한 기능을 하는데, 우리나라로서는 보건복지부를 중앙당국으로, 중앙입양원을 공적 기관으로 지정하고 §23의 입양증명서를 중앙당국이 발행하도록 한다면 중앙당국과 중앙입양원을 권한 당국으로 지정하는 것이 된다. 시험위탁(probationary placement) 기간을 두는 문제와 기타 특례법에 아동보호를 위한 조치를 도입할지를 검토할 필요가 있다.

Ⅳ. 우리나라의 입양협약 가입에 의하여 초래될 국제입양절차의 변화

우리나라가 입양협약에 가입할 경우 기존 입양절차를 변경해야 한다. 아울러 수령국의 관점에서 절차가 어떻게 달라지는가도 미국 등 주요 수령국별로 검토할 필요가 있다.

집행 및 협력에 관한 입양협약"에 가입할 경우 중앙당국의 결정이 문제된다. 아동보호에 비중을 둔다면 보건복지부가 되어야 할 것이나, 탈취협약의 중앙당국과 상이하게 되는 점은 다소 문제이다.

1. 국제입양절차의 주도적 진행자와 입양기관의 역할의 변화

입양특례법상으로는 입양기관이 입양절차를 사실상 주도한다. 즉 양친될 외국인은 우리나라의 입양기관에 입양알선을 의뢰하고 입양기관 장은 보건복지부장관의 해외이주허가와 법원의 허가를 신청한다(§19 ②). 반면에 입양협약은 국제입양의 적법절차를 보장하고자 출신국과 수령국의 중앙당국이 주도적 역할을 할 것을 요구하므로 입양기관의 역할이 약화될 수밖에 없다. 다만, 입양협약상으로도 중앙당국의 기능의 일부를 인가단체에게 위임할 수 있으므로 입양기관의 역할을 적절히 규정함으로써 종래 국제입양의 체제와 마찰을 최소화하면서도 입양협약에 따른 적법절차를 보장할 필요가 있다.

2. 국제입양에 관한 중앙당국 간의 합의

입양협약에 따른 국제입양의 과정에서 출신국과 수령국의 중앙당국이 입양의 진행에 합의하지 않으면 입양이 불가능하다. 이 과정에서 출신국 중앙당국은 수령국 국내법상의 문제점, 절차적 문제점, 아동보호의 사후적 조치 등을 내걸거나 요구할 수 있다.

3. 입양절차의 구체적 진행

외국에서의 국외입양의 경우, 외국인으로부터 의뢰받은 입양기관 장이 입양알선을 하려면 보건복지부장관이 발행한 해외이주허가서를 첨부하여 가정법원에 입양허가를 신청해야 한다(입양특례법 §19 ①). 입양협약상 우리 아동의 해외이주허가와 입양허가는 "④ 출신국 아동 위탁결정 → ⑤ 아동의 출신국으로부터 수령국으로의 이동 및 영주허가를 위한 양국 중앙당국의 협력"(§18)의 일환으로 이루어지게 될 것이다. 우리나라가 입양협약에 가입하면 양친이 될 외국인이 우리 중앙당국으로부터 위임을 받은 우리 입양기관에게 입양알선을 의뢰할 수 있을 것이다. 이 경우 보건복지부장관의 해외이주허가에 이어 법원의 입양재판이 있게 되므로 그때 위탁결정이 있는 것으로 볼 수 있다.17)

4. 입양협약 가입이 준거법 결정에 미치는 영향 : 우리 법원의 입양재판시의 문제

입양협약은 다양한 논점에 관하여 통일된 실질법규칙을 두지만, 아동의

---

17) 입양협약 가입 후의 구체적 입양절차에 관하여는 현소혜(2014), 103 이하 참조.

입양가능성, 동의권자와 그 범위 및 양친의 입양적합성 등의 입양요건을 규정하지 않으므로 이는 여전히 준거법에 의한다. 입양특례법은 우리 법원의 입양재판을 요구하므로, 비록 우리나라가 입양협약에 가입하더라도 법원은 국제사법이 지정하는 입양의 준거법을 적용하여 입양재판을 하게 된다.

5. 입양협약 가입이 입양재판의 승인에 미치는 영향

우리나라가 입양협약에 가입하면 외국 입양재판의 한국에서의 승인과 한국 입양재판의 외국에서의 승인은 큰 문제가 아니다. 왜냐하면, 입양이 입양협약에 따라 행해지고 입양국의 권한당국이 이를 증명하는 경우 그 입양은 다른 체약국에서 자동승인되기 때문이다(§23 ① 1문). 우리 법원이 입양특례법에 따라 입양재판을 하는 경우 이는 친양자 입양의 효력이 있는데(입양특례법 §14), 우리나라의 입양협약 가입 후 그 입양이 입양협약에 따른 것임을 지정된 당국이 증명하면 그 입양재판은 수령국 기타 다른 체약국에서 단절효를 가지는 입양으로서 승인된다.

第 44 條 (동의)

제41조 내지 제43조의 규정에 의한 친자관계의 성립에 관하여 자(子)의 본국법이 자(子) 또는 제3자의 승낙이나 동의 등을 요건으로 할 때에는 그 요건도 갖추어야 한다.

섭외사법에는 별도의 조문 없음.

▌참고문헌: Paul Lagarde(1998), Explanatory Report on the 1996 Hague Child Protection Convention; 기타 國私 §40의 [前註] 국제친자법의 참고문헌 참조.

I. 서론

1. 의의 및 연혁

국제사법은 인지, 준정, 입양 등 친자관계의 성립의 준거법을 규정함에 있어서 자(子)를 보호하기 위하여 동의요건에 관한 한 누적적 연결방법을 취하는데 다만 이를 각 관련조항에서 반복적으로 규정할지 아니면 동의조항을 별도로 둘지가 논의되었으나 후자의 방법을 취하여 일괄적인 동의규정을 마련하였다. 이러한 조항을 '세이프가드조항'이라고 부르기도 한다.

2. 입법례

§44처럼 동의조항을 별도로 묶는 것은 입법례로서는 흔하지 않으나 독일 민법시행법(§23)이 유사하다. 다만 이를 어떻게 규정할지는 실질에는 영향이 없는 기술적인 성질의 문제이다.[1]

---

1) 준정에 관한 §19의 경우에는 이런 조문이 없다. 구체적 입법례는 아래와 같다. 독일 민법시행법 §23(동의), 오스트리아 국제사법 §23 2문(준정), §26 ① 2문(입양), 일본 법례 §18 ①·②, §20 ①: 국제사법은 동의요건을 통합하여 규정하는 데 반하여, 일본 법례는 이를 개별적으로 규정하는 점에 차이가 있음.

Ⅱ. 규정내용

1. 동의요건에 관한 자(子)의 본국법의 누적적 적용

국제사법에서는 가능한 한 친자관계의 성립을 용이하게 하기 위해 선택적 연결방법을 택하였으나,[2] 그것이 반드시 자(子)를 위하는 것이라고 단정할 수는 없다. 자가 친자 간의 법률관계의 창설을 원하지 않는 경우도 있고, 인지 등으로 창설된 부자간의 친자관계가 모(母)에게 예기치 않은 불이익을 줄 수도 있다. 특히 자가 성년인 경우에는 부모가 부양을 받을 목적으로 자의 의사에 반하여 인지를 하는 경우도 있을 수 있다.

각국의 실질법은 이에 대비하여 입양을 비롯하여 인지나 준정시 자를 보호하기 위해 자나 모의 동의나 승낙, 공적 기관의 허락 등을 요구하는 경우가 많다. 만일 자의 본국법이 친자관계의 성립에 관하여 자 측의 동의 등을 요구한다면 그러한 동의 규정은 자의 보호라는 관점에서 국제사법적으로도 적용되어야 할 것이다. 왜냐하면 이를 통해 자의 보호가 이루어질 뿐만 아니라, 당해 친자관계의 성립을 자의 본국에서도 인정받게 될 것이기 때문이다.

섭외사법은 인지와 입양의 성립요건에서 배분적 연결을 취하였기 때문에 자의 보호를 위해 동의를 요구하는 실질법이 적용될 수 있었다. 그러나 국제사법은 친자관계의 성립에서 배분적 연결을 버리고 선택적 연결을 채택하였으며, 그 선택대상에 있어서도 자(子)의 본국법이 전적으로 배제되었으므로 국제사법상으로 동의 규정이 필요하게 되었다.

2. 동의요건의 규정방식

국제사법은 입양을 포함하여 친자관계의 성립에 적용될 일괄적인 동의규정을 별도로 신설하였다. 동의규정을 둘 경우 입법기술적으로 이를 독일 민법시행법(§23)처럼 별도의 조항으로 묶어서 규정하는 방법과, 일본 법례나 오스트리아 국제사법처럼 인지, 입양, 준정 등 해당 법률관계에 관한 조항에서 각각 규정하는 방법이 있으나 국제사법은 전자를 따른 것이다.

§44의 경우 자의 본국법은 누적적으로 적용되며, 연결의 기준시점은 각 친자관계의 성립 당시 즉 인지시, 준정시, 입양시가 될 것이다. 한편 동의 규정은 친자관계의 성립에만 적용되므로, 예컨대 입양의 효력이나 파양의 경우에는 자

---

2) 다만 입양의 경우는 아니다.

의 본국법이 적용되지 않는다.

3. 반정의 배제

§44는 자의 보호를 위해 자의 본국법을 누적적으로 적용하는 것이므로 그 취지에 비추어 반정은 허용되지 않는다고 본다.[3]

---

3) Kropholler, 423.

第 45 條 (친자간의 법률관계)

친자간의 법률관계는 부모와 자(子)의 본국법이 모두 동일한 경우에는 그 법에 의하고, 그 외의 경우에는 자(子)의 상거소지법에 의한다.

섭외사법 제 22 조 (친자간의 법률관계)

친자간의 법률관계는 부의 本國法에 의하고 부가 없는 때에는 모의 本國法에 의한다.

Ⅰ. 서론

1. 의의 및 연혁

가. 의의

국제사법은 친자 간의 법률관계의 성립과, 그에 따른 권리·의무관계를 구분하여 각각 연결원칙을 두고 있다. 즉 §45는 §40 내지 §43에 의하여 친자관계가 성립하였음을 전제로 친자간의 권리·의무관계를 규율하는 준거법을 정한 것이다.

나. 연혁

섭외사법은 친자 간의 법률관계의 성립과 그에 따른 권리·의무관계를 구분하여 전자는 §19 내지 §21에서 각각 규율하고, 후자는 §22에서 일차적으로 부의 본국법, 부가 없는 때에는 이차적으로 모의 본국법에 의하도록 하였다. 그러나 친자관계를 부의 본국법에 의하도록 하는 것은 헌법상의 양성평등의 원칙에 어긋나고, 또한 자(子)의 이익이라는 측면에서도 바람직하지 않다. 따라서 국제사법은 친자 간의 법률관계의 성립과, 그에 따른 권리·의무관계를 구분하는 섭외사법의 체제는 유지하면서, 원칙적으로 자의 상거소지법을, 예외적으로 자의 본국법을 후자의 준거법으로 정하였다.[1] 國私 §45는 섭외사법 §22와 마찬가지로 혼인중의 출생자인가의 여부, 또는 친생자인가 양친자인가에 관계없이 모든 친자관계에 통일적으로 적용된다.

2. 입법례

친자 간의 법률관계의 준거법에 관하여는 실친자관계(혼인중 친자관계와 혼인외 친자관계를 구분하지 않고)와 양친자관계로 이분하는 국가, 혼인중 친자관계, 혼인외 친자관계와 양친자관계로 삼분하는 국가와 전체를 일원적으로 준거법을 정하는 국가도 있다.[2][3] 실친자관계를 일원적으로 취급하는 국가는 친자관계의 성립과 마찬가지로 원칙적으로 자의 본국법주의를 취하는 경향이 있다.[4] 반면에 실친자관계를 이원적으로 규율하는 국가는 혼인중 친자인가 아닌가에 따라 준거법을 달리 규정하는 국가(예컨대 독일의 구 민법시행법 §19와 §20)와 동일하게 규정하는 국가(예컨대 과거 §19와 §20가 통합된 뒤의 독일의 구 민법시행법 §19)로 구분할 수 있다.[5] 한편 양친자관계에 관하여는 양친의 본국법에 따르도록 하는 것이 근자의 입법의 일반적 경향이다.[6] 위의 입법례는 자에 대한 부모의 감호, 교육 등 신분법적 측면과 자의 재산에 대한 관리 등 재산법적 측면을 통일적으로 연결한다.[7]

위에서 보았듯이 국제사법은 혼인중의 출생자, 혼인외의 출생자인 실친자관계와 양친자관계에 대해 일원적인 연결원칙을 적용하는 데 특색이 있다.[8]

---

1) 입법기술상으로서는 "제40조 내지 제43조에 의하여 성립한 친자간의 법률관계는 … 의한다" 고 규정하는 것이 바람직하였을 것으로 생각된다.

2) 독일은 과거 혼인중의 친자관계는 원칙적으로 혼인의 효력의 준거법에 따르고, 혼인외의 친자관계는 자의 상거소지법에 의하도록 규정하였으나 현재는 양자를 동일하게 자의 상거소지법에 의하도록 규정한다.

3) 신창선, 359.

4) 부모의 속인법주의를 따르는 입법례도 있다. 김연 외, 381.

5) 신창선, 359.

6) 신창선, 359. 부부공동입양의 경우 특칙을 두어 당해 부부의 혼인의 효력의 준거법에 연결하는 원칙을 도입한 국가(예컨대 오스트리아)와 그렇지 않은 국가(예컨대 우리나라)가 있다.

7) 그 밖에도 이론적으로는 부모의 속인법과 자의 속인법을 누적적용할 수도 있다. 注國私(2), 133(河野俊行) 133 이하는 Bergmann/Ferid, Internationales Ehe - und Kindschaftsrecht를 기초로 외국법을 소개한다.

8) 구체적 입법례는 아래와 같다. 독일 민법시행법 §21(친자관계의 효력), 스위스 국제사법 §82 (친자관계의 효력의 준거법), 오스트리아 국제사법 §24(적출성과 준정의 효력), §25(비적출과 그 효력), 이탈리아 국제사법 §36(부모와 자의 관계), 일본 법적용통칙법 §32: 국제사법은 일본 법

Ⅱ. 준거법의 결정

1. 자(子)의 상거소지법과 본국법

섭외사법은 연결의 중심에 부 또는 모를 두었으나, 국제사법에서는 자의 이익을 보호하기 위해 연결의 중심에 자를 두고, 자의 상거소지법을 원칙적인 준거법으로 하였다. 그 이유는 첫째, 법원과 행정기관으로 하여금 익숙한 법정지의 법을 적용하게 함으로써 실무상 편리하고, 둘째, 관련 당사자들의 환경을 이루는 법이 그들의 가족법적 관계를 규율하도록 함으로써 통상적으로 그들의 저촉법적 이익에도 부합하는 장점이 있기 때문이다.[9] 또한 국제사법에서는 친자관계의 성립에 자의 상거소지법을 허용하였고, 부양의무도 부양권리자인 자의 상거소지법에 의하므로 모든 친자관계에 자의 상거소지법을 인정하는 것이 일관되기 때문이나, 다만 부·모·자가 모두 동일한 본국법을 가지고 있는 경우에는 그들의 본국법에 의하는 것이 가정 내의 보호조치가 가능한 점 등을 고려하여 이를 자의 상거소지법에 우선하여 적용하도록 하였다.[10]

그러나 이는 미성년자 후견의 준거법이 피후견인인 자의 본국법으로 지정되어 있는 것과의 관계에서 다소 문제가 있다고 할 수 있다. 그러나 이에 대하여는 한국에 상거소를 둔 외국인에 대해 한국법원과 한국법이 개입할 가능성이 있었고 국제사법에서 그 범위가 다소 확대되었으므로 크게 부당한 사태는 생기지 않을 것이라는 반론도 있다.[11]

독일의 현행 민법시행법 §21는 혼인중의 자와 혼인외의 자를 구별하지 않고 "친자간의 법률관계는 자가 상거소를 가지고 있는 국가의 법에 의한다"고 규정하는 데 반하여, 일본 법례 §21는 "친자간의 법률관계는 자의 본국법이 부 또는 모의 본국법, 만약 부모의 일방이 없는 때에는 다른 일방의 본국법과 동일한 경우 자의 본국법에 의하고, 그 밖의 경우에는 자의 상거소지법에 의한다"고 규정한다. 국제사법은 일본 법례(§21)와 유사하나, 부 또는 모의 본국법이 아니라 부, 모 및 자의 본국법이 동일한 경우에만 자의 본국법을 적용하는 점

적용통칙법(§32)[이는 법례(§21)와 같다]과 유사하나, 일본 법적용통칙법은 '부모'가 아니라 '부 또는 모'의 본국법이 자의 본국법과 동일한 경우에 자의 본국법을 적용하는 점에 차이가 있으므로 무엇이 원칙인가에 관해 입장이 다르다고 할 수 있음.

9) von Hoffmann/Thorn, IPR, 9. Aufl., 2007, §8, Rn. 140 참조.

10) 최흥섭(2000), 17; 법무부, 해설, 159. 그러나 정확히 말하자면, 예컨대 혼인중의 친자관계와 입양의 성립의 경우는 그러하지 않다.

11) 최흥섭(2000), 18.

에 차이가 있다. 따라서 일본 법례에서는 자의 본국법이 원칙이고 상거소지법이 예외인 데 반하여,12) 국제사법에서는 자의 상거소지법이 원칙이고 본국법이 예외라고 할 수 있다. 국제사법은 독일 민법시행법과 일본 법례의 입장을 절충한 것이라고 볼 수도 있을 것이다.

2. 혼인중의 출생자와 혼인외의 출생자의 구별

한편 독일의 1998년 개정 전 구 민법시행법에 의하면, 양친과 혼인중의 출생자 간의 법률관계는 §14 ①에 따라 혼인의 일반적 효력의 준거법에 따르되, 혼인이 존재하지 않는 때에는 자의 상거소지법이 적용되고(§19 ②), 양친과 혼인외 출생자 간의 법률관계는 자의 상거소지법에 따랐다(§20 ②).13)

입법례로서는 이와 같이 양자를 구별하는 국가(오스트리아)와 구별하지 않는 국가(독일, 스위스, 일본, 중국 등)가 있는데, 이는 기본적으로 실질법이 친권자를 정함에 있어 양자를 구분하는가의 여부14) 및 혼인관계가 존재하는 경우 친자 간의 법률관계를 혼인공동체의 문제로 이해할 것인지의 문제와 관련된다.

우리 민법(§909)은 혼인중 출생자에 대하여는 친권공동행사의 원칙을 정하고 있는 데 반하여, 혼인외의 출생자에 대하여는 부가 인지한 경우 부모의 협의로 친권을 행사할 자를 정하도록 하는 점에서 양자를 구분하고 있지만, 국제사법은 섭외사법과 마찬가지로 저촉법의 차원에서는 양자를 구별하지 않았다. 그 이유는 다음과 같다. 즉 친자관계의 효력의 준거법을 적출과 비적출로 나눈다면 결국 적출친자관계에서는 혼인의 효력의 준거법에 의할 것인데, 그 결과는 국제사법의 친자관계의 효력의 준거법과 크게 다르지 않을 것이고, 입양의 경우(동일 국적 부부와 이국적 양자의 경우)에 차이가 발생할 수 있는데, 그때에도 혼인의 효력의 준거법보다는 그들이 같이 생활하고 있을 자의 상거소지법에 의하도록 하는 것이 타당하며 자의 보호에도 기여할 수 있다는 것이다.15)

---

12) 橫山 潤, 國際親族法, 238~239. 子의 본국법이 부 또는 모의 본국법과 일치하는 경우 동법은 그 가정의 조국이므로 그 법에 따르도록 하려는 것이 §21의 배후에 있는 연결정책이라고 한다. 또한 본국법이 일치하지 않는 경우는, 예컨대 비적출자의 모가 사망한 경우와 같이 자에 대한 보호조치가 문제되는 경우이므로 자의 복지를 위해 관할권을 가지는 국가가 그의 법을 적용하도록 하는 것이 바람직하다고 한다. 橫山 潤은 상거소의 가변성을 우려한다.
13) Gesetz zur Reform des Kindschaftsrechts vom 16. 12. 1997 (BGBl. 1997 I, 2942)에 의해 독일 민법시행법이 개정된 결과 저촉법상의 적출자와 비적출자의 구별이 폐지되었다.
14) 橫山 潤, 國際親族法, 233.
15) 최흥섭(2000), 18. 상세는 橫山 潤, 國際親族法, 231 이하 참조.

Ⅲ. 준거법이 규율하는 사항

1. 일반원칙

친자관계의 준거법의 범위는 친자관계 자체에 내재하는 직접적인 효력에 그치고, 친자관계에서 파생하는 간접적인 효력에까지 미치지는 않는다고 해석되므로 주로 친권과 부양의무가 문제가 될 것이나,[16] 국제사법에 따르면 미성년 자녀에 대한 부양의무(양육비 포함)에도 §46가 적용되므로 결국 §45는 친권에 관한 사항들을 규율한다. 보다 구체적으로 §45는 친권자의 결정(부모공동친권 또는 단독친권 등), 아동의 신상감호(자의 감호와 교육 즉, 거소지정권, 징계권, 직업허가권, 자의 인도청구권, 면접교섭권 등), 아동의 재산관리(자의 재산의 관리권과 수익권, 자의 재산행위에 대한 동의권과 법정대리권 등), 기타 친권(elterliche Sorge)[17]의 효력 및 소멸 등을 규율한다.[18] 자의 성명의 문제도 이에 따른다고 보는 견해도 있다.[19] 자의 인도청구권에 관한 사항으로 우리나라는 최근 탈취협약에 가입하였으므로 탈취협약이 적용되는 범위 내에서는 그것이 국제사법[20]에 대한 특별법으로서 우선하여 적용된다.

2. 친자관계의 준거법과 이혼의 준거법의 관계

부부의 이혼에 따른 자녀의 양육문제, 특히 양육권자의 지정과 면접교섭권은 이혼의 준거법에 따른다는 견해도 있으나 이도 이혼의 준거법이 아니라 §45가 정한 친자관계의 준거법에 의한다고 본다. 즉 國私 §39에 따른 이혼의 준거법은 주로 부부간의 이해조정의 범위에 한하고 친자 간의 그것에는 미치지 않는다는 것이다.[21] 실무상 많은 경우 하나의 소송에서 다루어지는 이혼청구와 친권자 및 양육자지정이[22] 각각 별개의 준거법에 의하는 것이 바람직한지는 논란의 여지가 있지만 현행법의 해석론으로서는 부득이하다. 아동보호협약과 달리 우리 국제사법은 §48의 맥락에서 보호조치의 준거법과 친권의 준거

---

16) 법무부, 해설, 159 주 103.
17) 과거에는 'elterliche Gewalt'라는 용어를 사용하였으나 1979년 개정된 독일 민법(§1626 이하)은 'elterliche Sorge'라는 용어를 사용한다.
18) 김연 외, 401; 최흥섭(2000), 17.
19) 아동보호협약은 이를 규율하지 않는다. §4 c.
20) 양육권에 기한 아동의 인도청구는 배우자에 대한 것이든 제3자에 대한 것이든 國私 §45에 따라 결정된 준거법에 의한다. Staudinger/Henrich, EGBGB/IPR, 2002, Art 21, Rn. 115. 우리 민법상의 유아인도청구에 관한 논의는 이 책 民 §837 註釋 참조.
21) 이호정, 407; Staudinger/Henrich, EGBGB/IPR, 2002, Art 21, Rn. 13.
22) 실무적으로는 그 밖에도 재산분할과 위자료청구도 병행한다.

법을 구별하지 않는다.23)

3. 친자관계의 준거법과 후견의 준거법의 관계

§48가 규율하는 미성년자에 대한 후견은 친권자에 의한 보호가 행해지지 않는 경우에 문제되므로 §48가 친자관계의 준거법을 정한 §45와 직접 충돌되는 것은 아니고 친권의 소멸은 후견개시의 선결문제이다.24) 그렇지만 친권의 준거법과 후견의 준거법이 상이한 경우 충돌이 발생할 수 있는데 이는 적응(또는 조정)의 법리에 의하여 해결할 문제이다. 상세는 아래 §48의 해설에서 논의한다.

4. 자(子)의 성

국제사법은 자의 성에 관하여 조문을 두고 있지 않다. 해석론으로는 부부의 성의 경우와 마찬가지로 성은 자의 인격권에 관한 문제라는 측면과 성에 대한 사법적(私法的) 측면과 공법적 측면을 일치시킬 수 있는 장점을 고려하여 자의 국적에 연결한다는 견해25)와, 친자관계의 준거법에 따르는 견해26)가 주장될 수 있다.27) 위 §37의 해설에서 본 바와 같이 배우자의 姓이 혼인의 효력의 준거법에 의한다는 호적선례와 논리적인 일관성이 있자면 자의 성도 친자관계의 준거법에 따라야 할 것이다. 그러한 태도에 따르면, 친자관계의 법률관계는 부모와 자의 본국법이 모두 동일한 경우에는 그 법에 의하고, 그 외의 경우에는 자의 상거소지법에 의하므로 가족이 모두 우리나라에 상거소를 가지는 경우 우리 법이 준거법이 될 것이다. 실무적으로는 그런 사안 중 대다수의 경우 본국법, 특히 國私 §3에 의하여 걸러진 본국법이 한국법인 경우가 많을 것이므로 자의 국적에 의하든 친자관계의 준거법에 의하든 한국법이 준거법이 되는 경우가 많을 것으로 생각된다. 반면에 국적에 연결하는 견해를 취한다면, 자가 복수국적을 가지는 경우 어느 국적이 연결점이 되는가가 문제되는데, 이때에도 國私 §3 ① 단서가 적용 또는 유추적용될 수 있을 것이다.28)

---

23) 논의는 Staudinger/Henrich, EGBGB/IPR, 2002, Art 21, Rn. 109f. 참조.

24) 신창선, 365; 이호정, 414.

25) 위에서 언급한 바와 같이 연구반초안(§17)은 사람에 관한 장에서 사람의 성명은 그의 본국법에 의한다는 조항을 두었으나 이는 삭제되었다.

26) 이호정, 408; 김연 외, 402.

27) 일본에는 그 밖에도 양자를 절충하여 본인의 의사에 기하여 성의 변경이 발생하는 경우에는 본인의 본국법에 의하고, 본인의 의사에 기하지 않고 신분관계의 변동에 수반하여 발생하는 경우에는 당해 신분관계의 효력의 준거법에 의한다는 견해도 있다. 山田鎬一, 559.

28) 엄밀하게는 국제사법이 규율하지 않는 쟁점인 성(姓)의 준거법이 문제되는 상황이므로 논란의 여지가 있다.

　　종래 실무는 준거법과 관련 없이 예규에 따라 이루어지고 있는 것으로 보인다. 즉 한국인 부와 외국인 모 사이의 혼인중의 자녀의 경우에는 한국인 간에 출생한 혼인중의 자녀와 동일하게 처리하고(예규 제312호 §13),[29] 한국인 모와 외국인 부 사이의 혼인중의 자녀의 경우에는 외국인 부의 성을 따르거나 한국인 모의 성과 본을 따라 신고할 수 있다(예규 제327호).[30] 그러나 이러한 예규가 어떤 근거에 기한 것인지는 불분명하다. 예규의 태도는 위에서 언급한 國私 §45에 따른 결론은 물론 자의 국적에 따른 결론도 아니기 때문이다. 단언할 수는 없으나 부의 성을 따른다는 원칙을 유지하면서 부가 외국인인 경우 民 §781 ②을 적용한 것이 아닌가 생각되기도 한다. 즉, §781는 ①에서 "자는 부의 성과 본을 따른다. 다만, 부모가 혼인신고 시 모의 성과 본을 따르기로 협의한 경우에는 모의 성과 본을 따른다"고 규정하고 ②에서는 부가 외국인인 경우에는 자는 모의 성과 본을 따를 수 있다고 규정하기 때문이다. 부가 외국인인 경우 자는 부의 성과 본을 따르거나 한국인인 모의 성과 본을 따를 수 있다는 것이다. 그러나 위 民 §781는 자의 姓의 준거법이 한국법인 경우에 비로소 적용된다고 보아야 하고, 만일 그 준거법이 한국법이 아니라면 §781 ②을 적용할 수는 없으므로 준거법을 고려함이 없이 §781를 적용하는 것은 근거가 없다고 본다.

　　실무상 문제되는 자의 성과 본의 변경허가 판단의 기준도 기본적으로는 자의 성의 준거법에 따라야 할 것이다.[31]

Ⅳ. 아동보호협약

　　아동보호에 관하여는, 헤이그국제사법회의가 채택한 "미성년자의 보호에 관한 당국의 관할 및 준거법에 관한 1961년 협약"[32](이하 "미성년자보호협약"이라

29) 등록실무[Ⅱ], 570; 법원행정처, 국제가족관계등록사례집(2009), 27.
30) 등록실무[Ⅱ], 571; 법원행정처, 국제가족관계등록사례집(2009), 27. 필자는 석광현, 해설 (2013), 220에서 이에 관한 호적선례는 잘 보이지 않는다고 썼으나 이와 같이 바로잡는다.
31) 이에 관하여는 서경환, "자의 성과 본의 변경허가 판단기준: 2009. 12. 11. 자 2009스23 결정, 공2010상, 41," 대법원판례해설 81(2009 하반기)(2010), 631 이하 참조.
32) 국문번역은 법무부, 국제사법에 관한 헤이그회의 제협약, 법무자료 213(1997), 61 이하 참조. 미성년자보호협약은 헤이그국제사법회의의 1902년 "미성년자의 후견을 규율하기 위한 협약 (Convention relating to the Settlement of Guardianship of Minors)"("후견협약")을 대체한 것이다. 위 협약에 관하여는 최홍섭(2001b), 23 이하; 석광현(2014), "국제친권·후견법의 동향과 우리의 입법과제," 서울대 법학 55-4, 494 이하 참조. 영문과 국문번역은 정하경, "아동보호조치 및 부모책임에 대한 관할권, 준거법, 승인, 집행 및 협력에 관한 헤이그협약(The Hague Convention on Jurisdiction, Applicable Law, Recognition, Enforcement and Co-operation in Respect of Parental Responsibility and Measures for the Protection of Children)의 내용에 관한

한다)과 이를 개선한 1996년 "부모책임과 아동(또는 자)의 보호조치와 관련한 관할권, 준거법, 승인, 집행 및 협력에 관한 협약"33)(이하 "아동보호협약"이라 한다)이 있다. 아동보호협약이 미성년자보호협약을 대체하였으므로 여기에서는 전자를 중심으로 논의한다. 우리나라도 후자의 가입을 검토할 필요가 있다.34) 아동보호협약에 대하여는 Paul Lagarde의 Explanatory Report가 있다(이하 이를 "보고서"라 한다).

아동보호협약이 규율하는 사항은 보호조치에 관한 관할권, 준거법, 외국보호조치의 승인 및 집행과 국가간 협력이다.35) 아동보호협약의 적용대상인 아동은 18세 미만의 아동이다(§2).36)

보호조치는 부모책임의 귀속, 행사, 종료, 제한과 그의 위임에 관한 것을 포함한다(§3 a). 주목할 것은 아동보호협약은 친권자가 없는 경우 개입하는 아동의 후견(guardianship, curatorship and analogous institutions)(§3 c)에 관한 조치도 포함하는 점이다. 그러나 아동보호협약은 친자관계의 성립 또는 다툼(contesting)에는 적용되지 않는다(§4 a).

1. 국제재판관할 (제Ⅱ장)

제Ⅱ장(§§5~14)은 다양한 국제재판관할규칙을 두는데, 여기의 관할은 당국이 아동의 신상 또는 재산에 대하여 보호조치를 취할 관할을 말한다.

가. 상거소지관할권 원칙(§5)

아동보호협약은 원칙적으로 아동의 상거소지국가에 관할을 인정한다. 그 이유는 당국의 신속한 개입을 가능하게 하고, 절차로 인한 아동의 부담을 줄이

검토", 국제규범의 현황과 전망 — 2012년 국제규범연구반 연구보고 및 국제회의 참가보고 (2013), 73 이하에도 있다.

33) 영문명칭은 "Convention on Jurisdiction, Applicable Law, Recognition, Enforcement and Co-operation in Respect of Parental Responsibility and Measures for the Protection of Children"이다.

34) 당사국 간에는 1996년 협약이 1961년 협약을 대체한다. 우리나라가 아동보호협약에 가입하면 한국에 상거소를 둔 미성년자에 대한 친권에 관한 한 아동보호협약이 우선적으로 적용되고 친자관계에 관한 國私 §45와 후견에 관한 §48은 상당부분 의미를 상실할 것이다.

35) 유럽연합에는 "혼인과 친권(부모책임)에서의 재판관할 및 재판의 승인과 집행에 관한 이사회규정," 즉 '브뤼셀Ⅱbis' 또는 '브뤼셀Ⅱa'가 있다. 이는 유럽연합 차원에서 탈취협약을 이행하고 보완하는 규범으로서 기능을 한다. 브뤼셀Ⅱbis는 Council Regulation (EC) No. 2201/2003 of 27 November 2003 concerning jurisdiction and the recognition and enforcement of judgments in matrimonial matters and the matters of parental responsibility, repealing Regulation (EC) No. 1347/2000)을 말한다. 브뤼셀Ⅱbis는 친권문제 전반을 규율한다. 소개는 곽민희, "헤이그아동탈취협약과 유럽연합의 입법적 대응," 가족법연구 25-2(2011), 392 이하 참조.

36) 탈취협약의 적용대상인 아동은 16세 미만의 아동이다.

며, 증거 근접성과 아동 및 청년원조제도(Kinder- und Jugendhilfe)와의 근접성을
확보할 수 있기 때문이다.37) 이는 국제적으로 널리 인정되고 있다. 미성년자보
호협약(§4)은 본국관할을 우선시하였으나 아동보호협약은 이를 인정하지 않는
다. 다만 난민인 아동에 대하여는 소재지 관할을 인정하고(§6), 위법한 탈취의
경우에는 탈취 직전의 상거소지국이 관할을 가진다(§9).

나. 예외적 관할

그러나 아동보호협약은 상거소지국관할에 대한 예외를 규정한다.

첫째, 상거소지국가의 관청이 특정한 사항에 대해 다른 체약국이 아동의
최대복리를 위하여 조치를 취하기에 더 적절하다고 판단하면, 다른 체약국의
당국에게 관할을 인수하도록 요청하거나, 사건의 심리를 중단하고 당사자에게
타국의 관청에 그런 요청을 하도록 권유함으로써 관할을 이전할 수 있다(§8).
둘째, 반대로 §8 ②에 열거된 체약국의 당국은 상거소지국의 당국보다 아동의
최대복리를 위하여 필요한 조치를 취하기에 더 적절하다고 판단하면 상거소지
국 당국에게 관할을 자신에게 이전할 것을 요청할 수 있다(§9). 셋째, 아동의 상
거소지국 이외의 체약국에서 부모의 이혼·별거 또는 혼인 무효의 신청이 계속
중인 경우, 양 부모가 그 체약국의 관할에 동의하고 절차 개시 당시 부모의 일
방이 그곳에 상거소를 가지고 부모책임을 가진 때에는 그 체약국이 관할을 가
질 수 있다(§10). 넷째, 긴급한 경우에는 아동 또는 그 재산소재지 체약국이 관
할을 가진다(§11). 다섯째, 아동 또는 그 재산소재지 체약국은 아동 또는 그 재
산의 보호를 위하여 당해 국가에서만 효력을 가지는 임시적 성격의 보호조치
를 취할 수 있다(§12).

다. 관할의 경합: 사건계속시의 처리

통상의 관할을 가지는 체약국의 당국은 절차 개시 당시에 사건이 다른 체
약국에서 심리의 대상인 때에는 관할권의 행사를 자제하여야 한다(§13).

2. 준거법 (제Ⅲ장)

아동보호협약 제Ⅲ장(§§15~22)은 준거법에 관한 규정들을 두는데, 첫째, 당
국의 개입이 있는 경우의 보호조치의 준거법, 둘째, 당국의 개입이 없는 경우,
즉 법률의 작용에 의한 부모책임의 귀속(또는 발생) 및 소멸과 행사의 준거법을

---

37) 브뤼셀 Ⅱbis에 관한 Thomas Rauscher (Hrsg.), Europäisches Zivilprozess-und Kollisionsrecht,
Brüssel IIa-VO, EG-UntVO, EG-ErbVO-E, HUntStProt, 2007, 2010, Art. 8, Rn. 6 참조.

구분하고, 셋째, 일반규정을 두고 있다.

가. 보호조치의 준거법: 법정지법원칙과 그 예외

체약국의 당국은 보호조치를 취하기 위하여 관할권을 행사함에 있어서 원칙적으로 법정지법을 적용한다(§15 ①). 그 근거는 첫째, 관할권을 가지는 당국으로 하여금 가장 잘 아는 자국법을 적용하게 함으로써 당국의 임무를 촉진하고, 둘째, 아동보호협약상 관할권은 아동에게 가장 밀접한 관련이 있는 국가의 당국에 부여되는데 그 보호조치의 이행도 그 국가에서 이루어질 것이기 때문이다. 다만 아동의 신상과 재산의 보호를 위하여 필요한 경우 체약국의 당국은 실질적 관련을 가지는 다른 국가의 법을 적용하거나 고려할 수 있다(§15 ②).

나. 친권(부모책임)의 준거법

(1) 부모책임의 귀속과 소멸(§16)

당국의 개입이 없는 경우, 즉 법률에 의한 부모책임의 귀속 또는 소멸은 아동의 상거소지법에 의한다. 반면에, 부모책임이 당사자의 합의 또는 일방적 행위에 의하여 발생 또는 소멸하는 경우(예컨대 이혼시 부모가 양육권의 귀속에 관하여 합의하거나, 부모가 유언으로 후견인을 지정하는 경우) 이는 그 합의 또는 행위의 발효시 아동의 상거소지법에 따른다. 아동보호협약은 부모책임의 존재에 대한 선결문제(예컨대 인지의 유효성)인 아동의 신분(personal status)의 준거법을 정하지는 않는다. 친자관계의 성립은 아동보호협약의 규율대상이 아니다(§4 a).[38] 상거소가 변경된 경우 기존의 준거법에 따른 부모책임은 존속한다.

(2) 부모책임의 행사(§17)

부모책임의 행사(의 방법)는 아동의 상거소지법에 의하고, 상거소가 변경된 경우 신 상거소지법에 의한다. 아동의 상거소지가 변경된 경우 부모는 구 상거소지법에 따라 여전히 부모책임을 보유하지만, 그 행사는 신 상거소지법이 정한 조건에 따라야 한다.

(3) 조치에 의한 부모책임의 종료와 변경(§18)

§16에 언급된 부모책임 또는 그 행사의 조건은 아동보호협약에 따른 권한당국의 보호조치에 의하여 종료되거나 변경될 수 있다. 따라서 권한당국들이 판단하기에 신·구상거소지법을 중첩적용함으로써 아동의 보호를 마비시키게 되는 때에는 새로운 보호조치를 취함으로써 문제를 해결할 수 있다.[39]

---

38) 보고서는, 이는 각국이 결정할 사항이라고 하면서도 상거소지국의 국제사법에 의하여 결정되는 준거법을 적용하는 것이 합리적이라고 한다.

39) 보고서, No. 110.

다. 일반규정

§19는 아동을 대리하여 행위할 수 있는 것으로 믿은 자와 거래를 한 선의의 제3자를 보호하고자 한다. 이런 위험은 특히 아동의 상거소지가 변경된 경우에 더욱 크다. 거래 상대방이 신 상거소지법에 따라 A가 아동을 대리할 권한이 있는 것으로 믿었으나 실제로는 구 상거소지법에 따라 B가 권한을 가진 경우 문제된다. 다만 이는 동일 국가에 소재하는 사람들 간에 체결된 거래에만 적용된다(§19 ②).

아동보호협약상 반정은 배제된다(§21). 아동보호협약에 의하여 지정된 준거법의 지정은 그의 적용이 아동의 최대복리(최선의 이익)를 고려하여 공서에 명백히 반하는 경우에는 거부될 수 있다(§22).

3. 외국보호조치의 승인 및 집행 (제Ⅳ장)

아동보호협약 제Ⅳ장은 외국보호조치의 승인, 집행가능선언 및 집행등록과 구체적인 집행을 구분하여 규정한다. 미성년자보호협약은 승인요건을 명확히 하지 않았고 다른 체약국의 보호조치를 집행할 의무에 관하여 규정하지 않고 집행국 국내법에 일임하였으나 아동보호협약은 이를 개선하였다.

가. 승인 (§§23~25)

체약국의 당국이 취한 보호조치는 다른 체약국에서 법률상 당연히 승인되고(§23 ①) 실질재심사는 금지된다(§27). 요청된 국가의 당국은 관할권의 기초가 된 사실인정에 구속된다(§25). §23 ②은 승인거부사유를 규정하는데 이는 ⓐ 관할의 결여, ⓑ 아동의 청문기회 미부여, ⓒ 부모책임이 침해되었다고 주장하는 자의 청문기회 미부여, ⓓ 공서위반, ⓔ 보호조치가 아동의 상거소지인 비체약국의 것으로서 요청된 국가의 승인요건을 구비하는 이후의 보호조치와 양립되지 않는 경우, ⓕ 아동의 위탁가정, 수탁기관 등에의 위탁시에 필요한 양국 당국 간의 협의절차의 미이행이다. 승인거부사유가 있더라도 체약국은 다른 체약국의 보호조치를 승인할 수 있다.

이해관계인은 사전에 체약국의 권한당국에 대하여 다른 체약국에서 취한 보호조치의 승인 또는 불승인에 관하여 결정하여 줄 것을 요청할 수 있다(§24). 이는 정당한 이해관계인에게 법적 불확실성을 제거할 수 있도록 하기 위한 '예방적 소송'(preventive action)이다.[40]

---

40) 보고서, No. 129.

나. 집행가능선언, 집행등록과 집행(§§26~28)

어느 체약국에서 취해진 보호조치를 다른 체약국에서 집행할 필요가 있는
경우 후자의 법률이 정한 절차에 따라 집행가능하다고 선언되거나 집행을 위
하여 등록되어야 한다. 각 체약국은 집행가능선언 등에 대해 단순하고 신속한
절차를 적용해야 하나, 구체적 방법은 각 체약국이 결정한다. 집행가능선언 또
는 등록은 위 승인거부사유만을 이유로 거부될 수 있다. 어느 체약국에서 취해
지고 다른 체약국에서 집행가능하다고 선언되거나 집행을 위한 등록이 된 보
호조치는 마치 그 체약국의 보호조치처럼 집행되어야 한다.

4. 국제공조 (제V장)

가. 중앙당국과 권한당국

체약국은 중앙당국을 지정해야 한다(§29). 중앙당국은 상호 협력하고 권한
당국들 간의 협력을 증진해야 하며 아동보호와 관련된 자국의 법과 이용가능
한 서비스에 관한 정보를 제공해야 한다(§30). 중앙당국은 교신을 촉진하고 지
원을 제공하기 위하여, 아동의 신상과 재산을 보호하기 위하여 합의된 해결을
촉진하기 위하여 보호를 요하는 아동이 자국에 있는 경우 다른 체약국의 요청
에 따라 아동의 소재를 발견함에 있어 지원하여야 한다(§31). 중앙당국을 통한
국제공조의 원활화는 탈취협약에 의하여 도입된 것이다.[41]

한편 권한당국(competent authorities)은 ⓐ 아동을 다른 체약국의 보호가정이
나 시설에 위탁하거나 또는 kafala[42]에 의한 보호를 제공하고자 하는 경우 다
른 체약국의 중앙당국 등과 미리 협의해야 하고(§33), ⓑ 아동의 보호에 필요한
정보를 주고 받을 수 있다. 또한 체약국의 권한당국은 다른 체약국의 당국에게
아동보호협약에 따라 취해진 보호조치의 이행에 있어서 지원, 특히 아동과의
정기적 직접적 접촉을 유지하고 면접교섭권(rights of access)을 실효적으로 행사
함에 있어서 지원을 요청할 수 있다.

---

41) 우리나라의 경우 탈취협약의 중앙당국은 법무부이고, 장래 입양협약의 중앙당국은 보건복지
　　부가 될 것이므로 누가 아동보호협약의 중앙당국이 될지는 문제이다.
42) Kafala라 함은 보호를 요하는 아동을 이슬람 가정에 위탁하여 그의 신상과 필요한 경우 재산
　　에 대하여 돌보도록 하는 제도를 말한다. 그러나 그로 인하여 아동이 그 가정의 구성원이 되는
　　것은 아니므로 이는 입양은 아니다. 보고서, No. 23.

나. 일반절차규칙

아동보호협약 제V장은 아동에 관한 정보에 관하여 규정한다. 체약국의
중앙당국과 공공기관은 공조과정에서 발생하는 비용을 원칙적으로 각자 부담
하나 달리 합의할 수 있다. 여기의 공공기관은 행정기관을 말하고 법원을 포함
하지 않는다.

[後註] 헤이그아동탈취협약

참고문헌: 곽민희(2011), "헤이그아동탈취협약과 유럽연합의 입법적 대응," 가족법연구 25−2; 곽민희(2014), "헤이그아동탈취협약의 국내이행입법에 관한 검토 — 일본의 헤이그아동탈취협약 실시법으로부터의 시사 —," 가족법연구 28−2; 권재문(2011), "협약 이행법률안 주요내용 및 제 정취지," 헤이그 국제아동탈취협약 가입안 및 협약 이행법률안에 관한 공청회 자료(2011. 10.); 김미경(2007a), "자녀의 국제 인도의 민사적 측면에 관한 연구 — 1980년 헤이그 협약을 중심으 로 —," 부산대학교대학원법학석사학위논문; 김미경(2007b), "자녀 국제인도에 관한 헤이그 협약 의 내용과 이행방안," 민사법의 이론과 실무학회 11−1; 김원태(1996), "섭외가사소송에서의 국 제재판관할에 관한 연구," 경성법학 5; 석광현(2013), "국제아동탈취의 민사적 측면에 관한 헤이 그협약과 한국의 가입," 서울대 법학 54−2; 윤종섭(2011), "국제아동탈취협약 주요 내용," 헤이 그 국제아동탈취협약 가입안 및 협약 이행법률안에 관한 공청회 자료; 윤종섭(2012), "국제아동 탈취협약에 관한 검토: 실무적 접근을 중심으로," 국제규범의 현황과 전망 — 2011년 국제규범연 구반 연구보고 및 국제회의 참가보고 —; 이병화(2009), 국제아동탈취의 민사적 측면에 관한 헤 이그협약 연구, 법무부; 임채웅(2008), "헤이그 국제사법회의 제3차 아·태지역회의에서 소개된 각종 협약에 대한 논의와 그 의미 — 1980년 헤이그아동탈취협약을 중심으로 —," 국제규범의 현 황과 전망; 현낙희(2012), "국제아동탈취의 민사적 측면에 관한 헤이그 협약(The Hague Convention on the Civil Aspects of International Child Abduction)의 내용에 관한 검토," 국제규범 의 현황과 전망 — 2011년 국제규범연구반 연구보고 및 국제회의 참가보고 —; Albert Bach/Birgit Gildenast(1999), Internationale Kindesentführung: Das Haager Kindesentführungsübereinkommen und das Europäische Sorgerechtsübereinkommen; Paul R. Beaumont/Peter E. McEleavy(1999), The Hague Convention on International Child Abduction; Nigel Lowe(2008), Mark Everall QC and Michael Nicholls, International Movement of Children: Law Practice and Procedure; Thomas Rauscher(Hrsg.)(2010), Europäisches Zivilprozess − und Kollisionsrecht: EuZPR/EuIPR Kommentar; Elisa Pérez−Vera, Explanatory Report on the 1980 Hague Child Abduction Convention[1]; MünchKomm/Siehr(2010), Band 10, 5. Aufl., EGBGB.

---

1) 헤이그국제사법회의 홈페이지 <http://www.hcch.net/index_en.php?act＝publications.details& pid＝2779&dtid＝3> 참조.

I. 서론

타인이 하는 아동의 유괴, 즉 '고전적 유괴'(classic kidnapping)와 대비하여 부모의 일방, 후견인, 기타 가까운 가족이 하는 아동의 일방적 이동(removal) 또는 유치(retention)를 '아동의 탈취'(child abduction)라고 부른다.[2] 아동반환의 문제는 자의 신상(person)에 관한 사항으로서 친권·양육권(right of custody)과 밀접하게 관련되므로 친자관계의 준거법에 따를 사항이다.[3] 헤이그국제사법회의는 불법탈취된 아동의 신속한 반환을 실현하기 위하여 1980년 "국제적 아동탈취의 민사적 측면에 관한 협약"(이하 "탈취협약"이라 한다)을 성안하였다.[4] 아동반환은 '시간과의 싸움'(Kampf gegen die Uhr)이므로 탈취협약은 약식의 사실확인에 기초한 신속절차를 통하여 불법 탈취된 아동의 신속한 반환과 면섭교섭권을 보장한다. 탈취협약은 1989년 UN "아동의 권리에 관한 협약"(Convention on the Rights of the Child. CRC)(이하 "아동권리협약"이라 한다)을 보완하는 기능을 한다. 탈취협약은 2013년 3월 1일 한국에서 발효되었다.[5] 국회는 2012년 12월 "헤이그 국제아동탈취협약 이행에 관한 법률"(이하 "이행법률"이라 한다)을 제정하였다.[6] 일본도 최근 협약에 가입하였다.[7]

---

2) Beaumont/McEleavy(1999), 1.

3) Andrae, §6, Rn. 266; 신창선, 360. right of custody는 '감호권'이라고도 번역한다. 우리 민법상 친권과 양육권의 관계에 관한 논의는 이 책 民 §837 註釋 참조.

4) 영문명칭은 "Convention on the Civil Aspects of International Child Abduction"인데 이는 1996년 "부모책임 및 아동의 보호조치와 관련한 관할, 준거법, 승인, 집행 및 협력에 관한 협약"(이하 "아동보호협약"이라고 한다)에 대한 특별법이다. 협약에 대하여는 Elisa Pérez-Vera의 보고서가 있다. 헤이그국제사법회의는 1999년 이래 탈취협약의 적용사례에 관한 정보를 제공하는 데이터베이스, "The International Child Abduction Database"(INCADAT)를 운영하고 있고 그 밖에도 상설사무국의 지침과 조정에 관한 지침도 있다. 참고로 유럽에는 "1980. 5. 20. 아동양육에 관한 재판의 승인 및 집행과 아동양육의 회복에 관한 유럽협약"(European Convention of 20 May 1980 on Recognition and Enforcement of Decisions concerning Custody of Children and on Restoration of Custody of Children)이라는 유럽평의회의 조약이 있다. 이를 '유럽양육협약'(European Custody Convention)이라고 부르는데 이는 독일, 프랑스, 영국 등 주요국가에서 발효되었다. 이에 관하여는 Lowe/Everall/Nicholls, para. 19.1 이하 참조. 유럽연합의 브뤼셀 Ⅱbis는 유럽양육협약에 우선한다. 브뤼셀 Ⅱbis §60 d.

5) 그러나 탈취협약은 가입국과 가입을 수락한 체약국간에서만 효력을 가진다(§38). 미국은 이를 수락하였다.

6) 법무부는 "헤이그 국제아동탈취협약 이행에 관한 법률 시행규칙"(법무부령 제784호)을 제정하였고, 대법원도 "헤이그 국제아동탈취협약 이행에 관한 대법원규칙"(대법원규칙 제2465호)을 제정하였다.

7) 일본은 국제적인 아동의 탈취의 민사상의 측면에 관한 협약의 실시에 관한 법률을 2013년 6월 19일 공표하였고 이는 2014년 4월 1일 시행되었다. 이는 153개 조문을 담은 방대한 법률로 자족적인 법률의 형식을 취하는 점에 특색이 있다. 상세는 곽민희(2014), 3 이하 참조.

Ⅱ. 탈취협약의 주요내용

1. 탈취협약의 구성과 목적

탈취협약은 적용범위, 중앙당국, 아동의 반환, 면접교섭권, 일반규정과 최종조항을 정한 6개장 45개 조문으로 구성된다. 탈취협약의 목적은 ⓐ 불법적으로(wrongfully) 어느 체약국으로 이동되거나 어느 체약국에 유치되어 있는 아동의 신속한 반환을 확보하고, ⓑ 어느 체약국의 법에 따른 양육권 및 면접교섭권이 다른 체약국에서 효과적으로 존중되도록 보장하는 것이다(§1). 탈취협약상 양육권(rights of custody)은 아동의 신상보호에 관한 권리와 특히 아동의 거소지정권을 포함하고 면접교섭권(rights of access)은 일정 기간 동안 아동의 상거소 이외의 곳으로 아동을 데려갈 권리를 포함한다(§5 a·b).

2. 적용범위

탈취협약은 아동, 보다 정확히는 16세 미만의 아동에 적용된다(§4 2문). 탈취협약이 적용되기 위하여는 양육권 또는 면접교섭권이 침해되기 직전에 아동이 체약국에 상거소를 가지고 있어야 하고, 아동의 현재 소재지가 다른 체약국에 있어야 한다(§4 1문). 탈취협약은 헤이그국제사법회의의 전통에 따라 상거소의 개념을 정의하지 않는다. 종래 우리나라에서는 상거소를 "사람이 그 생활의 중심(Lebensmittelpunkt)을 가지는 장소"로 보는데, 이러한 개념은 기본적으로 탈취협약상으로도 타당하다고 본다.

3. 중앙당국을 통한 국제공조

탈취협약은 중앙당국 간의 국제공조제도와, 법원 또는 행정당국에 의한 아동반환의 메커니즘이라는 '혼합체계'(mixed system)를 채택하고 있다. 중앙당국은 불법적으로 이동·유치된 아동의 소재파악, 아동의 자발적 반환 확보 또는 분쟁의 우호적 해결 도모, 탈취협약 적용과 관련된 자국법에 관한 일반적 정보제공과 기타 탈취협약의 운용에 관한 정보 교환 및 탈취협약 적용상 장애 제거 등을 위하여 모든 적절한 조치를 취하여야 한다(§7). 중앙당국은 행정당국이 될 수 있고 그의 업무도 공법적 성질을 가지는 것을 포함하므로 여기의 국제공조는 우리 법상의 국제민사사법공조의 범위를 넘는다. 이는 민사비송적 성질을 가지는 분야에서 체약국의 후견적 감독기능을 국제적으로 충실하게 하기 위하여 국가 간 협력을 강화하는 것이다.

4. 불법탈취된 아동의 반환청구

탈취협약의 핵심조항은 §3와 §12이다. 아동이 불법하게 이동되거나 유치되었다면, 아동이 소재하는 체약국의 사법당국 등은, 탈취협약이 정한 반환거부사유가 없는 한 원칙적으로 즉시 아동의 반환을 명해야 한다.

가. 요건

(1) 불법한 아동의 탈취 또는 유치로 인한 양육권의 침해

탈취협약에 따른 아동의 반환청구(또는 반환신청. 이하 양자를 호환적으로 사용한다)가 인용되기 위하여는 우선 아동의 반환청구가 있어야 하고, 아동의 이동 또는 유치가 불법한 것이어야 하는데, 그 '불법성'은 이동 또는 유치 직전 아동의 상거소 소재지국(이하 "상거소지국"이라 한다)의 법률에 따라 개인, 시설 등에 부여되고 그가 사실상 행사하던 양육권이 침해된 경우에 인정된다(§3 ①). 여기의 양육권은 법률상 당연히 발생하든, 사법적·행정적 결정에 의하든, 또는 그 국가의 법에 따라 법적 효력을 가지는 합의에 의하든 상관없다(§3 ③). 탈취협약의 목적은 준거법상 양육권자가 누구인지를 판단하는 것이 아니라 아동이 탈취되기 전 사실상의 양육을 보호하는 것이다.

(2) 불법성 판단의 준거법

양육권의 침해에 관하여 아동의 탈취 직전 상거소지국법이 탈취의 불법성 판단의 준거법이 된다. 이런 결론은 탈취협약 §3로부터 도출된다. 이는 상거소지국의 국제사법을 포함하는 총괄지정이다.[8] 다만 부(또는 모)가 단독양육권을 가지는데 양육권이 없는 모(또는 부)가 아동을 탈취하는 경우와, 부모가 공동양육권을 가지는데 일방이 아동을 무단으로 외국으로 데리고 간 경우 양육권의 침해가 되며, 또한 양육권을 가지는 부모의 일방이 아동을 탈취함으로써 상대방이 가지는 거소지정권을 침해하는 경우에도 양육권의 침해가 된다는 결론은 준거법에 관계없이 대체로 인정될 것이다.

한편 단독양육권을 가지는 부(또는 모)가 일방적으로 아동의 거소를 변경할 수 있는지는 국가에 따라 다른 것으로 보인다.[9] 탈취협약(§5 a)은 아동의 양육

---

8) MünchKomm/Siehr(2010), Anh. Ⅱ zu Art. 21, Rn. 29; 이병화(2009), 26.
9) Martina Erb－Klünemann, "Report on the 1980 Hague Convention and the German Experiences," 4. 이는 Hamm 지방법원 판사인 그가 2012. 4. 7. 大阪辯護士會/立命館大學이 마련한 자리에서 한 발표자료이다.

권에 거소지정권이 포함됨을 명시하므로 아동의 국외이동에 대해 동의권을 가
지는 자의 동의권이 침해된 때에는 양육권이 침해된다.10) 마찬가지로 부모의
일방이 법적으로는 단독양육권이 있지만 상대방 또는 법원의 동의 없이 아동
을 외국으로 데리고 가지 말라는 법원의 명령, 즉 '거주지제한'(*ne exeat*)명령이
있음에도 불구하고 이를 위반한 경우 양육권의 불법한 침해가 되는지는 논란
이 있는데, 과거 미국 연방항소법원의 판결이 나뉘었으나 미국 연방대법원의
2010. 5. 15. *Abbott v. Abbott* 사건 판결11)의 다수의견은 이를 긍정하였다.

(3) 불법성 판단을 돕기 위한 장치

아동의 반환 여부를 판단하는 법원은 스스로 불법성을 판단하거나(§14) 불
법성에 관한 증명을 요구할 수 있다(§15). 아동 탈취의 불법성을 확인함에 있어
서 수탁국(아동 소재지국)의 사법당국 또는 행정당국은 아동의 상거소지국의 법
률 및 사법상 또는 행정상 결정을, 그것이 당해 국가에서 정식으로 인정되는지
에 관계없이 고려할 수 있다. 이 경우 ⓐ 외국법의 증명 또는 ⓑ 그 밖에 적용
될 외국재판의 승인을 위한 특별절차를 거칠 필요가 없다(§14).

나. 국제재판관할

탈취와 관련된 재판관할에서는 ⓐ 탈취협약에 따른 아동반환신청사건과
ⓑ 본안인 양육권에 관한 사건을 구별해야 한다. 탈취협약은 ⓐ 즉 아동의 즉
각적 반환에 관하여는 아동 소재지국의 반환의무를 부과함으로써 간접적으로
국제재판관할을 규율하나(§12), ⓑ 본안인 양육권에 관하여는 관할규칙을 명시
하지 않지만12) 탈취 직전 상거소지국이 관할을 가진다는 견해가 유력하다.

다. 절차와 집행

(1) 반환신청(§8)

양육권이 침해되어 아동이 이동되거나 유치되었다고 주장하는 개인, 시설
등은 아동의 상거소지의 중앙당국 또는 기타 모든 체약국의 중앙당국에 대하
여 아동의 반환을 확보하기 위한 지원을 신청할 수 있다. 탈취협약은 신청에
기재할 사항과 첨부할 서류를 규정한다.

(2) 중앙당국을 통한 조치

신청인은 직접 아동 소재지국의 중앙당국이나 법원에 신청할 수 있고, 신

---

10) 이병화(2009), 33; Staudinger/Pirrung, EGBGB/IPR, Kindschaftsrechtliche Überein — kommen:
   13. Aufl., 1994, Art 19, Rn. 649.
11) 130 S. Ct. 1983 (2010).
12) MünchKomm/Siehr, Anh. Ⅱ zu Art. 21, Rn. 87; Andrae, §6, Rn. 260.

청인의 자국(즉 아동의 상거소지국)의 중앙당국에 신청할 수도 있다. 다만 중앙당
국을 통한 조치는 당사자에 대한 설득, 알선 등에 의해 탈취자가 임의반환을
요구하는 경우에 한정된다.

(3) 사법당국 또는 행정당국을 통한 조치

탈취자가 아동을 자발적으로 반환하지 않으면 신청인으로서는 결국 아동
소재지국의 사법당국 또는 행정당국에 반환청구를 해야 한다.

(4) 반환명령과 그의 집행

탈취협약에 따른 아동의 반환에 관한 결정은 양육권의 본안에 관한 결정
으로 간주되지 아니한다(§19). 아동은 원칙적으로 원천국(즉 구 소재지국)으로 반
환되어야 하나, 반환 신청인이 더 이상 그곳에 거주하지 않는 경우에는 반환
신청인에게 반환하여야 한다.13) 탈취협약 §2는 "체약국은 자국 영토 내에서 협
약의 목적 이행을 확보하기 위한 모든 적절한 조치를 취하여야 한다. 이 목적
을 위하여 체약국은 이용 가능한 한 가장 신속한 절차를 이용한다"고 규정하여
체약국의 의무를 일반적으로 규정하는데, 이 점에서 탈취협약은 다른 협약과
달리 현실적인 결과의 달성이 아니라 단지 그러한 결과에 이르도록 의도된 태
도를 채택할 것을 요구할 뿐이다.14) 아동의 반환명령을 실현할 집행방법과 강
제수단이 없음을 협약의 단점으로 지적하기도 하나,15) 법제의 상이로 인하여
통일규범을 두기 어려운 점을 고려하여 각국의 국내법에 맡긴 것으로 생각된
다. 현재 우리나라에서 법원의 반환명령을 실현하는 방법은 가사소송법상 마류
가사비송 사건의 규정을 준용하는 것인데 이행법률(§12 ②)은 이를 명시한다.

라. 아동의 반환거부사유16)

아동이 불법하게 이동되거나 유치되고, 아동이 소재하는 체약국의 사법당
국 또는 행정당국에서의 절차개시일에 그 불법한 이동 또는 유치일로부터 1년
이 경과하지 아니한 경우, 당해 기관은 즉시 아동의 반환을 명하는 것이 원칙
이다(§12 ①). 다만 탈취협약(§12, §20와 §13)은 5개 반환거부사유를 규정하는데 이
는 엄격하게 해석해야 한다. 체약국에 상거소를 가지고 있던 16세 미만 아동의
위법한 탈취가 있었음을 포함하여 아동의 반환청구를 위한 요건은 신청인이
입증해야 하나, 반환거부사유는 피신청인이 입증해야 하는 것과 법원이 직권으

---

13) MünchKomm/Siehr, Anh. Ⅱ zu Art. 21, Rn. 65.
14) Pérez-Vera, para. 62.
15) 김미경(2007b), 170.
16) 상세는 석광현(2013), 96 이하. 필자가 그 논문에서는 반영하지 못하였으나 Lowe/Everall/
Nicholls, para. 17.1 이하는 반환거부사유를 상세히 다루고 있어 도움이 된다.

로 조사해야 하는 것이 있다.

(1) 아동의 새로운 환경에의 적응(§12 ②)

아동의 불법한 이동 또는 유치일부터 1년의 기간이 경과한 후에 절차가 개시된 경우라도, 사법 또는 행정당국은 아동이 현재 새로운 환경에 적응하였다고 증명되는 경우에는 반환을 명할 수 없다(§12 ②). 이에 따라 법원이 아동의 반환을 거부할 수 있기 위해서는 ⓐ 아동의 불법한 이동 또는 유치일부터 1년이 지난 뒤에 반환신청이 제출되고, ⓑ 아동이 현재 새로운 환경에 적응하였다고(settled) 증명되어야 한다. 미국에서는 1년이 경과되었더라도 반환의무자가 아동의 소재를 숨긴 경우 '형평법상의 중단'(equitable tolling)의 법리의 적용 여부가 논의된다. §12 ②의 취지는 비록 아동이 불법하게 탈취되었더라도 상당한 기간이 경과되었다면 아동의 뿌리를 다시 뽑아서는 안 된다는 데 있으므로 형평법상의 중단을 인정하기는 어렵다. 미국 연방대법원도 2014. 3. 5. *Lozano v. Alvarez* 사건 판결[17])에서 같은 결론을 취하였다.

(2) 양육권의 불행사, 동의 또는 추인(§13 ① a)

아동의 신상보호를 하는 개인, 시설 등이 이동 또는 유치 당시에 실제로 양육권을 행사하지 않았거나, 이동 또는 유치에 동의하거나 추인한 경우 이는 반환거부사유가 된다. 이는 피신청인이 주장·입증하여야 한다.[18])

(3) 아동의 중대한 위험

§13 ① b는 "아동의 반환으로 인하여 아동이 육체적 또는 정신적 위해에 노출되거나 그밖에 견디기 힘든 상황에 처하게 될 중대한 위험이 있음"을 반환거부사유로 열거한다. 이 사유는 반환을 거부하는 피신청인이 주장·입증하여야 함은 문언상 명백하다. 이는 법원의 재량을 인정하는 것으로 보인다. 반환으로 인하여 아동이 구체적 및 현실적으로 육체적 또는 정신적 위해 기타 중대한 위험에 처하게 되는 경우에 한정해야지, 이를 아동의 반환에 수반되는 경제적 또는 교육적 불이익에까지 확대해서는 아니 된다.[19]) 이는 아동의 반환에 필연적으로 수반되는 어려움을 넘는 아동의 복리에 대하여 비상하게 중대한 침해가 있는 경우에만 관철될 수 있다.[20]) 전형적인 예는 아동을 전쟁지역, 기아지역 또는 전염병 지역으로 반환함으로써 임박한 위험에 빠뜨리는 경우이다.[21])

---

17) No. 12−820, 2014 BL 60802.

18) 동의와 추인에 관한 상세한 논의는 Lowe/Everall/Nicholls, para. 17.61 이하 참조.

19) MünchKomm/Siehr, Anh. Ⅱ zu Art. 21, Rn. 73, 75.

20) Kropholler, 402; Bach/Gildenast, Rn. 124.

21) MünchKomm/Siehr, Anh. Ⅱ zu Art. 21, Rn. 75. 중대한 위험에 관한 상세한 논의는 Lowe/

따라서 아동의 복리라는 명분하에 반환을 거부하는 것은 허용되지 않으나 개별사안에서 그 판단이 어려울 수 있다.22)

(4) 반환에 대한 아동의 이의

의견을 고려하는 것이 적절할 정도의 연령과 성숙도에 이른 아동이 반환에 이의를 제기하는 경우 이는 반환거부사유가 될 수 있다(§13 ②). 이는 법원의 재량을 인정한다. 여기의 반환거부사유가 법원의 직권조사사항인지 아니면 반환을 거부하는 자가 입증해야 하는 것인지는 논란이 있다.23)

(5) 인권 및 기본적 자유 위반

§20는 "인권 및 기본적 자유 보호에 관한 수탁국의 기본원칙에 의해 허용되지 않는 경우에는 §12의 규정에 의한 아동의 반환은 거부될 수 있다"고 규정한다. 아동이 반환될 경우 아동을 탈취한 부 또는 모가 탈취를 이유로 또는 다른 이유로 형사처벌을 받게 되어 아동과 함께 원천국(즉 구 소재지국)으로 갈 수 없는 경우 §20의 적용을 주장하는 사례들이 있으나 실제로 §20를 근거로 아동의 반환을 거부한 사례는 드물다.

마. 아동의 반환청구 재판의 진행과 본안 판단

아동의 불법한 이동 또는 유치의 통지를 받은 후에는 신청인이 아동 소재지국의 법원에서 양육권의 본안에 관하여 제소하더라도 그 법원은 본안에 관하여 결정할 수 없다. 다만 아동 소재지국 법원은 ⓐ 탈취협약에 따른 아동의 반환청구를 기각한 경우와 ⓑ 아동의 반환청구가 그 통지를 수령한 후 상당한 기간 내에 제출되지 않은 경우에는 예외적으로 본안에 관하여 판단할 수 있다(§16). 이는 탈취자가 반환청구에 대응하여 수탁국에서 양육권에 관하여 제소함으로써 탈취협약에 따른 반환청구를 무력화하려는 시도를 막으려는 것이다.24) 본안 판단을 차단하는 효력을 '차단효'라 한다.

5. 면접교섭권

탈취협약 §21는 부모 일방의 면접교섭권을 확보하기 위한 규정을 두나 면접교섭권의 확보는 매우 소홀히 취급되고 있다. 면접교섭권의 효과적 행사를 추진하거나(organizing) 확보하기 위한 조치를 구하는 신청은 아동의 반환신청과

Everall/Nicholls, para. 17.95 이하 참조.
22) 일본의 실시법(§28)은 위 사유에 해당하는지를 판단하기 위한 해석규정을 두고 있다. 곽민희 (2014), 18 참조.
23) Andrae, §6, Rn. 248; Bach/Gildenast(1999), Rn. 142 참조.
24) Staudinger/Pirrung, HKÜ, 2009, Rn. D 79.

동일한 방식으로 체약국의 중앙당국에 제출할 수 있다(§21 ①). 이는 이미 전에 결정된 면접교섭권의 행사를 보호하는 것과, 처음으로 면접교섭권을 확립하는 것(the organization of access rights, *i.e.*, their establishment, the erstmalige Begründung)을 포함한다.25) 중앙당국은 면접교섭권의 평화로운 향유와 그 권리행사를 위한 모든 조건의 충족을 촉진하기 위하여 §7에 규정된 협력의무를 부담하고, 가능한 한 그러한 권리 행사에 대한 모든 장애를 제거하기 위한 조치를 취하여야 한다(§21 ②). 또한 중앙당국은 면접교섭권을 체계화하거나 보호하고 그 권리를 위한 조건의 준수를 확보하기 위하여 절차의 수행을 개시하거나 지원할 수 있다(§21 ③).

탈취협약상 면접교섭권의 규율은 매우 불충분한 탓에 면접교섭권에 기하여 법원에 청구하는 것은 인정되지 않는다는 견해가 유력하다. 판결례는 나뉘나 부정설을 취한 판결들이 다수로 보인다. 그에 따르면 탈취협약은 중앙당국에 면접교섭권 확보를 촉진할 행정적 의무만을 부과하는 것이 된다. 반면에 면접교섭권의 실행도 가능하다는 판결도 있는데, 미국 제2순회구 연방항소법원은 2013. 2. 11. *Ozaltin v. Ozaltin* 사건 판결에서 면접교섭권을 실행하기 위한 제소도 가능하다고 해석하였다.26) 탈취협약이 이 점을 명확히 규정하지 못한 것은 유감이다.

Ⅲ. 이행법률의 주요내용

한국은 탈취협약 가입을 위하여 이행법률을 제정하였는데 이는 한국이 헤이그협약에 가입하면서 제정한 최초의 이행법률이다. 이행법률은 4개장 17개 조문으로 구성된다.

1. 중앙당국에 대한 신청

우리 중앙당국은 법무부장관이다(이행법률 §4). 중앙당국이 그 임무를 수행함에 있어서는 다른 기관들의 협력이 필수적이므로 이행법률 §9는 관계기관에 대한 협조요청과 요청을 받은 기관 장의 협조의무를 명시한다.

한국으로의 아동의 불법적 이동 또는 유치로 인하여 탈취협약에 따른 양

---

25) Pérez-Vera, para. 126.
26) http://www.conflictoflaws.net/ 참조.

육권이 침해된 자는 법무부장관에게 아동의 반환을 확보하기 위한 지원 등을 신청할 수 있다(이행법률 §5 ①). 반면에 우리 아동이 외국으로 불법적으로 이동된 경우에는, 법무부장관은 다른 체약국으로의 불법적인 이동 또는 유치로 인하여 양육권 또는 면접교섭권이 침해된 자가 아동반환 지원 신청 등을 하는 때에는 아동 소재국 중앙당국으로의 지원 신청서 전달 등 탈취협약에서 정한 범위에서 그에 필요한 지원을 할 수 있다(이행법률 §8). 상세는 법무부령으로 정할 사항이다.

2. 법원에 의한 아동반환

가. 관할

탈취협약에 따른 아동반환사건은 서울가정법원의 전속관할에 속한다(이행법률 §11). 이는 관할을 집중함으로써 탈취사건을 다루는 법관의 전문성을 제고하고 경험을 축적하도록 하려는 것이다. 이행법률은 명시하지 않지만, 아동반환사건의 국제재판관할은 아동소재지국가에 있는 반면에 본안, 즉 양육권에 관한 사건의 국제재판관할을 아동의 상거소지국이 가진다고 본다.

나. 청구권자

아동의 한국으로의 불법적인 이동 또는 유치로 인하여 탈취협약에 따른 양육권이 침해된 자는 관할법원에 아동의 반환을 청구할 수 있다(이행법률 §12 ①).

다. 가사소송법의 준용

아동의 반환청구에 관하여는 탈취협약, 이행법률 및 대법원규칙으로 정한 바에 따르고, 대법원규칙으로 정한 사항을 제외하고는 가사소송법에 따른 마류 가사비송사건에 관한 규정을 준용한다(이행법률 §12 ②).

라. 법원의 가처분

법원은 이행법률 §12 ①의 청구 사건에 관하여 아동의 권익 보호 또는 아동의 추가적인 탈취나 은닉을 예방하기 위하여 家訴 §62에 따른 사전처분[27] 또는 §63에 따른 가처분을 할 수 있다(이행법률 §12 ③). 탈취협약은 약식의 절차를 통하여 아동의 신속한 반환을 가능하게 하는 것이므로 이를 위한 사전처분 또는 가처분이 적절한가는 의문이 있으나 현실적 필요성을 고려하여 이를 규정하였다.

---

27) 법원은 사전처분으로서 예컨대 아동의 출국금지를 명하거나 여권을 중앙당국 등에 제출할 것을 명할 수 있을 것이다. 다만 이를 위한 법적 근거를 명시하고 그 경우 중앙당국의 처리방안에 관하여도 규정하는 편이 바람직할 것이다.

마. 아동의 반환거부사유

이행법률(§12 ④)이 명시하는 반환거부사유는 아래와 같다. 첫째, 아동의
불법적인 이동 또는 유치일부터 1년이 경과하였고, 아동이 이미 새로운 환경에
적응한 경우(i)(탈취협약 §12 ② 참조), 둘째, 아동을 보호하는 자가 아동의 이동 또
는 유치 당시 실제로 양육권을 행사하지 아니하였다거나 이동 또는 유치에 동
의하거나 추인한 경우(ii)(탈취협약 §13 ① a 참조), 셋째, 아동의 반환으로 인하여
아동이 육체적 또는 정신적 위해에 노출되거나 그 밖에 견디기 힘든 상황에 처
하게 될 중대한 위험이 있는 경우(iii)(탈취협약 §13 ① b 참조), 넷째, 아동이 반환
에 이의하고 그의 의견을 고려하는 것이 적절할 정도의 연령과 성숙도에 이른
경우(iv)(탈취협약 §13 ② 참조), 다섯째, 아동의 반환이 한국의 인권 및 기본적 자
유 보호에 관한 기본원칙에 의해 허용되지 않는 경우(v)(탈취협약 §20 참조).

바. 법원의 신속처리

법원은 아동반환에 관한 사건의 심판청구일 또는 조정신청일부터 6주 이
내에 결정하지 못하면 청구인 또는 법무부장관의 신청에 따라 지연이유를 서
면으로 알려야 한다(이행법률 §14). §3는 탈취협약 §11 ①을, §14는 탈취협약 §11
②을 주의적으로 규정한 것이다. 법원은 사건의 심급별 재판 결과를 지체 없이
법무부장관에게 서면으로 알려야 한다(§12 ⑤).

사. 조정

家訴(§50)에 따르면, 마류 가사비송사건에 대하여 가정법원에 소를 제기하
거나 심판을 청구하고자 하는 자는 먼저 조정을 신청하여야 한다. 이행법률의
성안과정에서 가사소송법을 준용하는 방안과, 조정절차를 배제함으로써 신속
하게 처리하는 방안을 검토하였는데 조정이 신속한 처리에 도움이 될 수 있음
을 고려하여 전자를 택하였다.28) 한국도 장래 탈취협약에 따른 사건을 취급하
는 과정에서 전문화된 '법정외 조정'(out of court mediation)의 도입을 검토해야 한
다.29) 이는 특히 아동의 자발적 반환을 위한 수단으로 유용할 수 있다.

아. 변론

법원은 사건 접수 후 즉시 변론기일을 정하고 상대방의 출석을 명하여야

---

28) 헤이그국제사법회의 상설사무국은 조정(mediation)의 중요성에 주목하고 2012년 "Guide to
Good Practice under the Child Abduction Convention—Mediation"을 간행하였다. 상세는 Sarah
Vigers, Mediating International Child Abduction Cases: The Hague Convention, 2011 참조.

29) 곽민희(2014), 43도 통상의 가사사건 일반에 관해 적용되는 조정이 아니라 아동의 복리를 최
우선으로 하고 신속한 심리를 요하는 아동반환사건의 특수성을 고려한 제도 고안의 필요성을
지적한다.

한다. 家訴 §7는 본인출석주의를 원칙으로 규정하고 §48는 마류 가사비송사건의 심판은 특별한 사정이 없는 한 사건관계인을 심문해야 한다고 규정하는데, 신청인의 출석을 명할지는 법원이 적의 판단하여야 한다. 반환사건의 핵심은 불법탈취된 아동을 신속하게 아동의 탈취 전 상거소로 반환하는 것이므로 변론의 초점도 그에 한정해야 한다. 이행법률 §7는 "법무부장관 또는 양육권 침해를 이유로 §5 ①의 신청을 한 자는 협약 §16에 따른 본안 재판 중지를 위하여 관할법원에 아동의 불법적인 이동 또는 유치 사실을 통지할 수 있다"고 규정함으로써 법원이 재판을 중지해야 함을 명시한다.

자. 아동의 반환장소, 반환명령의 주문과 상소

협약의 전문은 아동을 상거소지국으로 반환할 것을 전제로 하나 협약 §12는 아동의 반환장소를 명시하지 않는다. 법원은 원칙적으로 상거소지국으로 아동의 반환을 명할 것이다. 그러나 신청인이 더 이상 아동의 상거소지국에 살지 않을 수도 있으므로 반드시 그래야 하는 것은 아니고, 사안에 따라서는 거소에 관계없이 신청인에게 반환할 것을 명할 수 있다.[30] 주문에는 아동의 반환을 위하여 필요한 내용, 즉 누가 언제 어떤 조치를 취해야 하는지를 모두 담아야 하고, 반환에 소요되는 비용의 지급도 명시하여야 한다. 반환명령은 심판으로써 하는데 이는 확정되어야 집행할 수 있다. 상소에 대하여는 家訴 §43가 적용된다.

차. 법원의 아동반환명령의 집행 또는 실효성 확보수단

이행법률(§13)은 법원의 아동반환명령의 실효성을 확보하기 위한 수단을 단계적으로 규정한다. 이는 가사소송법을 준용함으로써 해결되고 별도로 명시해야 하는 것은 아니나 그 취지를 명확히 하기 위하여 이행법률에서 별도로 명시한다. 즉, 법원은 이행명령, 과태료 부과와 감치명령을 할 수 있다.

3. 면접교섭권

이행법률의 성안과정에서 초기에는 면접교섭권에 관하여도 아동반환에 준하여 아동반환과 면접교섭권을 병렬적으로 규정하였으나, 탈취협약은 면접교

---

30) 윤종섭(2012), 193; 현낙희(2012), 155도 동지. Pérez−Vera 보고서, no. 110은 신청인의 소재지에 관계없이 법원은 아동을 신청인에게 반환할 것을 명할 수 있다고 한다. 헤이그국제사법회의 홈페이지 <http://www.incadat.com/ index.cfm?act=analysis.show&sl=3&lng=1>는 협약의 유연한 문언을 고려하여 법원이 적절한 명령을 할 수 있음을 강조한다. 일본에서는 탈취협약상 법원이 아동을 상거소지국에 반환해야 함을 전제로 반환명령을 받은 자는 작위의무를 부담하므로 그 강제집행은 간접강제와 대체집행에 의할 것이라고 한다(실시법 §138). 일본법은 신청인이 가정폭력 행사자인 경우를 우려한 것인데[곽민희(2014), 20], 우리 이행법률과 대법원규칙이 이에 관해 침묵하는 것은 다소 아쉽다.

섭권에 관하여는 법원에 청구하는 것까지 허용하지는 않는다는 견해가 유력한 점을 고려하여 결국 면접교섭권에 관한 조문을 삭제하였다.

4. 비용의 부담

각 중앙당국은 탈취협약을 적용함에 있어 자신의 비용을 부담하고, 중앙당국과 공공 기관은 어떠한 수수료도 부과하지 않지만, 아동반환을 실시하기 위하여 발생한 경비의 지급을 요구할 수 있다(§26 ①, ②). 체약국은 유보를 통하여 변호사 참가비용 또는 재판절차 비용의 지급의무를 자국의 법률구조제도에 의한 책임한도 내로 제한할 수 있는데(§42), 우리나라는 §26 ③의 유보를 선언한 결과 법률구조법 기타 법령에 따른 법률구조의 적용대상이 되는 경우가 아니면 변호사비용 등 소송비용의 지급의무를 부담하지 아니한다.

5. 탈취협약에 대한 유보 (§24)

피수탁국의 중앙당국에 송부되는 모든 신청서 등은 자국 언어로 작성하고, 피수탁국의 공용어로 된 번역문을 첨부하거나, 번역이 곤란한 경우 프랑스어나 영어로 된 번역문을 첨부한다. 체약국은 유보함으로써 모든 신청서 등에 프랑스어 또는 영어 중 어느 하나를 사용하는 것을 거부할 수 있는데, 우리나라는 영어 번역문을 선택하고 프랑스어의 사용에 대해 유보선언을 하였다.

6. 이행법률의 미비점

이행법률은 비교적 간결한 내용을 담은 것으로 큰 문제는 없다고 본다. 특히 그동안 우리나라에서는 아동반환사건이 별로 없었기에 축적된 경험도 없었고 따라서 조약의 이행을 위한 최소의 규정만을 두었다. 특히 법원의 재판을 강제하는 방법은 가사소송법상 기존의 방법을 적용하는 것에 만족하였다. 그러나 몇 가지 점에서 보완할 필요가 있다. 첫째, 국제재판관할에 관한 규정을 둘 필요가 있다. 둘째, 면접교섭권에 관한 규정을 둘 필요가 있다. 셋째, 조정에 관한 규정도 보완할 필요가 있다. 넷째, 심급의 축소도 고려할 필요가 있다. 다섯째, 아동의 반환거부사유는 굳이 열거하지 않더라도 무방하나 열거한 것이 잘못은 아니다. 여섯째, 일본의 이행법률(§28 ②)은 탈취협약 §13 ① b가 정한 반환거부사유를 법률에 명시하고 그런 사유의 유무를 판단함에 있어서 법원이 고려할 사정을 열거한다. 이는 조약을 국내법화 함에 있어서 조약의 내용을 구체화할지 아니면 그 판단을 법원에 맡기는 것이 바람직한지의 문제이다. 이는 탈취협약만이 아니라 조약 가입시 어떤 접근방법을 취할 것인가라는 보다 일반적인 성질의 문제와 관련된다. 우리가 별도 규정을 두지 않은 것은 개별적인 사건에서 그 판단을 법원에 맡긴 것이다.

Ⅳ. 아동탈취와 관련된 형사문제

형사문제는 각국의 국내법에 따라 해결할 사항이다. 우리나라에서는 부모의 일방이 아동을 불법하게 탈취한 경우 형법상의 미성년자 약취·유인죄의 성부가 문제되는데, 실제로 아동의 국제적 탈취가 다투어진 형사사건이 있다.

1. 미성년자 약취·유인죄와 보호법익

刑 §287는 미성년자를 약취 또는 유인한 자는 10년 이하의 징역에 처한다고 규정하고, 刑 §289 ①에 따르면 국외에 이송할 목적으로 사람을 약취, 유인 또는 매매한 자는 3년 이상의 유기징역에 처한다. 미성년자 약취·유인죄의 보호법익에 관하여 견해가 나뉘나, 통설은 제1차적 보호법익은 인취된 자의 자유, 제2차적 보호법익은 보호감독자의 감호권이라는 절충설이다. 대법원 2003. 2. 11. 선고 2002도7115 판결도 같다. 즉 미성년자의 자유 또는 보호감독자의 감호권 중 어느 하나를 침해하면 범죄가 성립하므로 보호감독자도 인취죄의 주체가 될 수 있다.

2. 다른 보호감독자의 양육권(또는 감호권) 침해와 약취·유인죄의 성부

대전고등법원 2010. 10. 8. 선고 2010노363 판결은 주목할 만하다. 이 사건에서 피고인은 한국인 남편과 혼인하여 한국 내 거주 중 아들(1세)을 출산한 베트남인인데, 피해자를 베트남으로 이송하였다. 검사는 국외이송약취죄 및 피약취자국외이송죄로 기소하였으나 법원은 무죄를 선고하였다. 그 근거는 ⓐ 피해자 이송시 만 13개월 미만인 피해자로서는 어머니의 손길이 더 필요했던 점, ⓑ 당시 직장에 다니던 아버지가 혼자 피해자를 양육하는 것은 사실상 어려웠던 점, ⓒ 피고인이 피해자를 집에 혼자 두는 것이 오히려 친권자로서 보호·양육의무를 방기하는 행위로서 비난받을 수 있는 점, ⓓ 베트남은 피해자의 외갓집이므로 피해자가 한국에서 어머니 없이 양육되는 것보다 불리한 상황에 처한 것이라고 단정하기 어려운 점 등을 종합하여, 피고인이 남편과 사전 협의 없이 피해자를 베트남으로 데리고 간 행위는 비록 남편의 감호권을 침해한 것이나 피해자의 이익을 침해하였다고 단정하기 어렵다는 것이었다. 위 대법원판결과 통설에 따르면 다른 보호감독자의 감호권이 침해되면 범죄가 성립하나, 대전고등법원판결은 피해자 본인의 이익을 침해한 것이 아니라면 미성년자 약취·유인죄는 성립하지 않는다고 보았다. 그러나 후자는 범죄의 성립 여부를 아동의 이익 침해 여부라는 상당히 애매한 판단에 의존하게 하는 문제점이 있다.

이에 대해 대법원 2013. 6. 20. 선고 2010도14328 전원합의체 판결은 피고인에게 무죄를 선고하였는데, 다수의견 외에 보충의견과 반대취지의 소수의견이 있다. 만일 위 사건에 대해 탈취협약이 적용된다면 베트남인인 모는, 반환거부사유가 인정되지 않는 한 아동을 한국인인 부에게 반환해야 할 것이다.

[前註] 국제부양법의 구성

▌**참고문헌**: 김문숙(2013), "부양사건과 성년후견사건의 국제재판관할에 관한 입법론," 국제사법 연구 19−2; 이화숙(2000), 비교부부재산관계법; Philippe Lortie(2003), Parentage and Interna− tional Child Support: Responses to the 2002 Questionnaire and an Analysis of the Issues, Preliminary Document No 4 of April 2003 for the attention of the Special Commission of May 2003 on the International Recovery of Child Support and other Forms of Family Maintenance.

제6장, 즉 국제부양법은 국제혼인법(§§36~39), 국제친자법(§§40~45), 국제부양법(§46)과 국제후견법(§48)으로 구성된다. 여기에서 다루는 국제부양법은 준거법결정원칙을 내용으로 하는 좁은 의미의 국제부양법을 말한다. 즉, 여기에서는 우리 실정법인 국제사법 조문의 해설을 위주로 하므로 국제부양법을 좁게 이해하고, 국제재판관할과 외국판결의 승인 및 집행은 제한적으로만 논의한다.

第 46 條 (부양)

① 부양의 의무는 부양권리자의 상거소지법에 의한다. 다만, 그 법에
의하면 부양권리자가 부양의무자로부터 부양을 받을 수 없는 때에
는 당사자의 공통 본국법에 의한다.

② 대한민국에서 이혼이 이루어지거나 승인된 경우에 이혼한 당사자
간의 부양의무는 제1항의 규정에 불구하고 그 이혼에 관하여 적용
된 법에 의한다.

③ 방계혈족간 또는 인척간의 부양의무의 경우에 부양의무자는 부양권
리자의 청구에 대하여 당사자의 공통 본국법에 의하여 부양의무가
없다는 주장을 할 수 있으며, 그러한 법이 없는 때에는 부양의무자
의 상거소지법에 의하여 부양의무가 없다는 주장을 할 수 있다.

④ 부양권리자와 부양의무자가 모두 대한민국 국민이고, 부양의무자가
대한민국에 상거소가 있는 경우에는 대한민국 법에 의한다.

섭외사법 제23조(부양의무)
부양의 의무는 부양의무자의 本國法에 의한다.

I. 서론

1. 의의 및 연혁

가. 의의

자기의 노동 또는 재산에 의하여 독립적으로 삶을 영위할 수 없는 사람을 도와 생존권을 보장하는 것은 개인은 물론 사회의 이익을 위하여도 필요하다. 이것이 부양의 문제인데, 대부분의 법제는 이를 일차적으로 가족 또는 친족에게 맡기고 있으나 그것이 불가능한 경우 국가가 개입하여 사회보장의 일환으로 해결하게 된다.[1]

나. 연혁

섭외사법은 부양의무를 부양의무자의 본국법에 연결하였다. 문면상으로는 모든 부양의무의 준거법이 부양의무자의 본국법인 것처럼 읽히지만, 통설은 부양의무는 그의 발생원인인 법률관계와 밀접한 관련이 있다고 보아 각각의 원인된 법률관계에 의하도록 해석하였으므로 섭외사법 §23의 적용범위는 제한적이었다. 국제사법은 부양권리자의 보호를 위하여 헤이그국제사법회의의 1973년 "부양의무의 준거법에 관한 협약"(Hague Convention on the Law Applicable to Maintenance Obligations)(이하 "헤이그부양협약"이라 한다)[2]의 주요내용을 수용하여 부양의무를 하나의 독립적인 연결대상으로 고양하였다. 그 결과 국제사법은 헤이그부양협약을 비준하고 그 내용을 편입한 독일 구 민법시행법(§18 ①~⑤)과 유사하게 되었다.[3]

2. 입법례

부양의무는 신분관계의 존재에 기초하여 발생하는 것이라는 이해를 전제로 전통적으로 부양의무의 준거법은 당사자의 속인법에 의한다는 태도가 지배

---

1) 김주수·김상용, 459.
2) 이는 헤이그국제사법회의의 1956년 "子에 대한 부양의무의 준거법에 관한 협약"(Hague Convention on the Law Applicable to Maintenance Obligations in Respect of Children)을 대체한 것이다. 헤이그부양협약 §18. 헤이그부양협약의 국문번역은 법무부, 국제사법에 관한 헤이그회의 제협약, 법무자료 213(1997), 191 이하 참조.
3) 구 독일 민법시행법 §18는 독일이 헤이그부양협약을 비준하면서 그 내용을 편입한 것이었다. 그러나 이는 2011. 5. 23. EU부양규정의 시행 및 "국제부양절차법의 영역에서의 기존 시행규정과 실시규정의 신규율을 위한 법률"(Gesetz zur Durchführung der Verordnung (EG) Nr. 4/2009 und zur Neuordnung bestehender Aus− und Durchführungsbestimmungen auf dem Gebiet des internationalen Unterhaltsver− fahrensrechts, EGAUG)의 제정과 더불어 2011. 6. 18. 폐지되었다.

하였다. 그 경우 부양권리자와 부양의무자 중 누구의 속인법에 의할지에 관하여 양자의 공통 본국법주의를 취하는 국가, 부양권리자의 본국법주의를 취하는 국가와 부양의무자의 본국법주의를 취하는 국가가 있었다.4) 그러나 근자에는 공적 부조가 점차 확대되고 있는데 사적 부양이 부인되는 경우 그에 대한 공적 부조는 상거소지 국가의 부담이 된다는 점에서 친족간의 부양을 신분에 관한 문제라고 파악하는 본국법주의에 대한 비판이 고조되고 그 결과 사적 부양과 공적 부양을 동일한 법률에 의하여 규율하기 위하여 부양권리자의 상거소지법을 적용해야 한다는 견해가 점차 확산되고 있다.5) 헤이그부양협약은 바로 이러한 태도를 취하고 있다.6)

Ⅱ. 준거법의 결정

1. 섭외사법의 문제점

섭외사법에 따르면 부양의무의 준거법은 부양의무자의 본국법이었다. 문면상으로는 모든 부양의무의 준거법이 부양의무자의 본국법으로 보였지만, 종래의 통설은 부양의무는 그의 발생원인인 법률관계와 밀접한 관련이 있다고 보아 각각의 원인된 법률관계에 의하도록 해석하였다.7) 즉 부부간의 부양은 혼인의 효력의 준거법에 의하고, 미성년인 자에 대한 친자 간의 부양은 친자 간의 법률관계의 준거법에 의하며, 이혼 후의 당사자 간의 부양은 이혼의 준거법에 의하였다. 따라서 섭외사법 §23는 성년인 자에 대한 부모의 부양, 부모에 대한 성년자녀의 부양, 형제자매와 협의의 친족간의 부양 등 제한된 범위 내에서만 적용되는 것으로 해석되었다.

그러나 이러한 해석에 의하면 각각의 법률관계에 따라 부양의 준거법이 달라지므로 부양의무에 타당한 준거법이 결정되었다고 보기 어렵고 부양권리자의 보호에도 충실하다고 할 수 없었다. 또한 부양은 신분적 관계라기보다는 재산적 관계라는 측면이 강하므로 부부 간의 부양문제에 혼인의 일반적 효력

---

4) 신창선, 361.
5) 신창선, 362.
6) 구체적 입법례는 아래와 같다. 독일 구 민법시행법 §18(부양): 헤이그부양협약을 비준하면서 그 내용을 편입, 스위스 국제사법 §49(부부간의 부양의무), §83(친자간의 부양의무), 이탈리아 국제사법 §45(가족의 부양의무): 헤이그부양협약에 의하도록 함, 일본은 헤이그부양협약에 가입하면서 특별법으로 「부양의무의 준거법에 관한 법률」을 제정, 헤이그부양협약 §§4~11.
7) 이호정, 375; 신창선, 국제사법(1999), 399; 박상조·윤종진, 현대국제사법(1998), 422.

의 준거법이, 친자 간의 부양문제에 친자 간의 효력의 준거법이 적용되는 것은 타당하지 않다. 더구나 국제사법에 따르면 혼인의 일반적 효력의 준거법이나 친자 간의 효력의 준거법은 일차적으로 부부의 동일한 본국법이나 친자간의 동일한 본국법이 되는데, 부양문제를 재산적 관계로 보는 한 본국법보다는 부양권리자가 현실적으로 생활하고 있는 곳, 따라서 부양의 필요가 존재하고 그가 부양료를 소비하는 곳의 법을 적용하는 것이 타당하다.8)

또한 부양권리자의 부양청구권이 부인되는 경우 그에 대한 공적 부조는 상거소지 국가의 부담이 된다는 점에서도 부양권리자의 상거소지법에 의하는 것이 타당하다.9) 부양권리자의 상거소지법주의는 속지주의와 연결되고, 공적 부양제도가 확대되고 있는 오늘날 사적부양과 공적부양을 동일한 법률에 의해 함께 규율해야 한다는 견해가 유력하다고 하고 헤이그부양협약도 이러한 입장에 선 것이라고 설명하기도 한다.10) 아울러 연결주체 역시 우선 부양권리자를 중심으로 하는 것이 부양의 목적에 적합하다. 따라서 국제사법에서는 부양을 하나의 독립된 연결대상으로 취급하여 원칙적으로 모든 부양의무의 준거법을 통일하고, 헤이그부양협약의 원칙을 수용하여 부양권리자를 두텁게 보호하고 (*favor alimenti*), 부양의 재산적 특성을 고려하여 준거법 결정원칙을 정하였다.11) 다만 이혼당사자 간의 부양의무에 관하여는 이혼의 준거법에 의하도록 하였다.

이러한 국제사법의 입장은 부양권리자의 보호라고 하는 실질법적 가치를 국제사법적 차원에서 고려한 것이라고 할 수 있다. 이러한 연결의 법정책적인 정당성에 대해 독일에서는 이를 사회적 가치를 충분히 고려한 것이라고 높이 평가하는 견해가 있으나,12) 국제사법이 지나치게 실질법적 가치를 보호하려는 경향에 대해 비판적인 견해도 있다.

2. 부양의무의 원칙적 연결 (§46 ①) : 부양권리자의 상거소지법주의 채택

이러한 배경하에 국제사법에서는 부양의 준거법을 원칙적으로 부양권리자의 상거소지법으로 하고, 다만 그에 의하면 부양권리자에게 부양청구권이 없는 경우에는 예비적으로 부양권리자와 부양의무자의 '공통의 본국법'에 의하도록 하였다(§46 ①). 이는 가능한 한 부양권리자가 부양을 받을 수 있도록 함으로써

---

8) 법무부, 해설, 162.
9) Kropholler, 379.
10) 신창선, 361~362.
11) 독일에서는 유사한 변화가 1986년 개정에 의해 이루어졌다.
12) Kropholler, 377.

부양권리자를 보호하기 위한 것이다. 그렇게 함으로써 부양권리자에게 실효적인 보호를 부여할 수 있고 동일국 내에 있는 부양권리자들에게 동일한 기준을 적용하며, 부양의무자가 복수인 경우에도 부양의 기준이 하나가 될 수 있다.

여기에서 '공통 본국법'은 '동일한 본국법'13)과는 달리 '부부의 쌍방이 국적을 가지는 법'을 의미한다. 즉 당사자의 일방 또는 쌍방이 복수의 국적을 가진 경우 그 국적 중 공통되는 것이 있으면 그 국가의 법이 공통 본국법이 된다. 다만 國私 §38 ② i가 '부부 중 일방이 국적을 가지는 법'이라는 표현을 사용하는 것을 고려한다면 ①에서도 '공통 본국법'이라고 하는 대신 '부부의 쌍방이 국적을 가지는 법'이라고 표현하는 것이 적절하였을 것으로 생각된다.

헤이그부양협약(§6)과 독일 구 민법시행법(§18 ②)은 부양권리자의 상거소지법과 공통의 본국법이 모두 부양청구권을 인정하지 않는 경우 법정지법에 의하도록 규정한다. 이와 같이 원칙적인 준거법에 의한 실질법적 결과가 그와 다른 연결점에 의해 변경되는 것을 '보정적 연결'(korrigierende Anknüpfung, Korrektivanknüpfung)이라고 하는데,14) 국제사법은 이러한 조항을 두지 않았다. 그 이유는 우리의 실질법인 부양법이 부양권리자의 보호를 위하여 충분한 것인지에 관하여 의문이 있었기 때문이다.

국제사법은 헤이그부양협약(§4)과 달리 명시하지는 않지만 부양권리자의 상거소지는 그때그때의 상거소지를 말한다. 만일 부양권리자인 미성년인 자(子)가 부양료의 지급을 청구한다면 부양권리자인 자의 상거소가 연결점이 되나, 실무적으로는 자(子)의 양육을 담당하는 양육친이 비양육친에게 양육비를 청구하는 형태로 제소하므로 국제사법상 부양권리자가 양육친인가라는 의문이 제기될 수 있다. 그러나 양육친이 비양육친에 대하여 양육비의 지급을 청구하는 것은 양육친이 미성년자인 자의 법정대리인으로서 또는 양육자로서 자의 부양청구권을 대신 행사하는 것으로 보는 견해가 설득력이 있다.15) 즉 양육비 청구권의 본질은 양육친(양육을 담당하는 부 또는 모)이 비양육친에 대하여 가지는 권리가 아니라, 자의 부모에 대한 부양청구권이다.16) 국제사법적으로도 부양권리자는 미성년인 자(子)이므로 양육비 청구의 경우에도 자(子)의 상거소가 연결점이 된다고 본다.

13) '동일한 본국법'의 의미는 위 §37 i의 주석 참조.
14) Kropholler, 140; 신창선, 96; 이는 국제사법에 의해 처음 도입되었다.
15) 김주수·김상용, 209. 위 民 §833 註釋 Ⅱ. 참조.
16) 김주수·김상용, 210. 그러나 대법원 2006. 7. 4. 선고 2006므751 판결은 양육비 청구권을 양육친의 권리로 보았다.

　　당초 연구반초안도 헤이그부양협약을 수용한 것이었고 국제사법보다 간결한 내용을 담고 있었으나[17] 위원회의 논의과정에서 헤이그부양협약의 조항을 보다 충실히 담자는 견해가 채택되어 규정이 다소 확장되었다.

　　부양권리자를 보호하기 위하여는 부양권리자의 상거소지의 국제재판관할을 인정할 필요가 있는데, 이를 인정한다면 준거법과 국제재판관할의 병행(Gleichlauf)이 달성된다. §2에 관하여 논의한 바와 같이 우리 법상 이러한 국제재판관할규칙을 해석론상 도입할 수 있는지, 아니면 입법론적으로 도입할 것인지를 검토할 필요가 있다.

3. 이혼시의 부양 (§46 ②)

　　다만 이혼시의 부양은 이혼의 준거법에 따르도록 하였다(§46 ②). 이러한 특칙을 둔 이유는 이혼의 직접적 효과인 신분관계의 해소와 그 이후의 당사자 간의 부양의무가 밀접하게 관련되어 있기 때문이다. 따라서 이혼한 당사자 간의 부양의무에 관한 한 국제사법과 섭외사법의 해석론은 유사한 결과가 되나, 국제사법은 이를 명시하였다는 점에 차이가 있다. 독일에서는 그 근거로 이혼시의 부양의무는 배상으로서의 성격을 가지고, 이혼의 원인과 밀접하게 관련되어 있으므로 이혼과 이혼 당사자의 부양의무를 통일적으로 연결하는 것이 타당하기 때문이라는 견해가 있으나, 이를 비판하고 입법론으로서는 이혼의 경우도 부양권리자의 상거소지법에 의할 것이라는 견해도 있다.[18]

　　현행 우리 민법상으로는 배우자였던 자 간의 이혼 후 부양청구권이 인정되지 않으므로[19] 이혼시의 부양의무라는 개념이 생소하지만, 예컨대 독일 민

---

17) 연구반초안 §31는 다음과 같다. 연구반초안해설, 68(석광현, 해설(2003), 495에는 제2안이 누락되어 있다).
　"[제1안] 부부간 및 이혼한 당사자 간의 부양의무와 부모의 미성년의 子에 대한 부양의무는 각 그 법률관계의 준거법에 의하고, 그 외의 부양의무는 부양의무자의 본국법에 의한다.
　[제2안] ① 부양의 의무는 부양권리자의 일상거소지법에 의한다. 그러나 이혼한 당사자 간의 부양의무는 이혼의 준거법에 의한다.
　② 부양의무자는 그의 본국법에 의하면 방계혈족 또는 인척간에 부양의무가 없는 경우 이를 주장할 수 있다."
18) Kropholler, 381.
19) 김주수·김상용, 244은 이혼한 배우자 일방의 생활이 곤궁할 때 타방이 여력의 한도 내에서 그를 부양하는 것은 인도적 책무라고 한다. 이혼 후 부양료 청구를 재산분할청구권에서 분리 독립시켜 별도의 청구권으로 신설할 필요가 있다는 입법론도 있다. 이화숙(2000), 383; 이화숙, "이혼원인의 변천과 여성(처)의 사회경제적 지위의 상관관계," 젠더법학 2-1(2010), 36. 대법원 2009. 6. 25. 선고 2009다22952 판결은, 캐나다 온타리오주 법원판결에서 지급을 명한 배우자 부양료가 우리나라에서는 인정되지 않는다는 사정만으로는, 위 외국판결의 효력을 인정하는 것이 우리나라의 선량한 풍속이나 그 밖의 사회질서에 어긋난다고 할 수 없다고 판시하였다.

법(§1570 이하 참조)에 따르면 일정한 경우 이혼 후에도 전 배우자였던 상대방으로부터 부양을 받을 수 있다. 한편, 프랑스 민법상으로는 이혼 후 보상금을 지급받을 수 있는데, 이는 손해배상, 부양료나 생계비청구도 아니고 다만 전 배후자 간의 생활수준의 균등을 목적으로 하는 것이라고 한다.[20]

주의할 것은 "이혼에 관하여 적용된 법에 의한다"는 의미는, 우리 국제사법에 따라 결정되는 이혼의 준거법이 아니라 법원에 의해 실제로 이혼에 적용된 법률에 따름을 의미한다. 이는 외국에서 재판상 이혼이 있었던 경우 상이한 결론에 이를 수 있다. 예컨대 영국 법원에서 영국법을 적용하여 이혼재판을 한 경우, 만일 한국에서 재판했더라면 독일법이 이혼의 준거법이라고 하더라도, 독일법이 아니라 영국법원에 의해 실제로 적용된 영국법이 이혼당사자 간의 부양의무의 준거법이 된다. 국제사법은 헤이그부양협약을 따라 이 점을 명확히 규정하였다.[21]

②이 적용되기 위해서는 한국에서 이혼이 이루어지거나 승인되어야 한다. 만일 외국에서 행해진 재판상 이혼이 우리 법상의 승인요건을 구비하지 못하는 경우에는 외국 법원이 실제로 적용한 이혼의 준거법이 적용되지 않는다. 그 경우 당사자가 한국에서 다시 이혼재판을 청구한다면 부양의무는 우리 법원이 적용하는 이혼의 준거법에 따른다.

4. 방계혈족 간·인척 간 부양의무에 있어 부양의무자의 이의제기권 (§46 ③)

준거법 결정에서 부양의무자를 배제함으로써 나타날 수 있는 부당성을 제거하기 위하여 방계혈족 간 또는 인척 간의 부양의무의 경우 부양의무자의 이의제기권을 인정하였다(§46 ③). 방계혈족과 인척 간의 부양의무를 부정하는 국가도 있고, 또한 인정하더라도 그 범위는 국가에 따라 상이하다.[22] 만일 당사자 간의 공통 본국법, 그것이 없는 경우에는 부양의무자의 상거소지법이 부양의무를 부정함에도 불구하고 부양권리자의 상거소지법을 적용하여 부양의무를 인정하는 것은 부양권리자를 지나치게 보호하고 부양의무자의 이익을 소홀히 하는 결과가 될 수 있으므로 §46 ③을 둔 것이다.

---

20) 이화숙(2000), 169 이하 참조.
21) 독일법은 다소 애매하나 그렇게 해석할 것이라고 한다. Kropholler, 381f.
22) 우리 민법의 해석상으로도 부모와 자, 특히 미성년인 자(子) 및 부부간의 제1차적 부양의무와 그 밖에 생계를 같이하는 친족 간의 제2차적 부양의무를 구분한다. 김주수·김상용, 459.

5. 내국법이 적용되는 특례 (§46 ④)

부양권리자와 부양의무자가 모두 한국인이고 부양의무자가 한국에 상거소를 두는 경우 당사자의 신뢰와 예측가능성을 위해 한국법을 적용하도록 특별규정을 두었다(§46 ④).

위원회에서의 논의시 한국인들 간의 부양은 외국적 요소가 없으므로 이는 국제사법의 적용대상이 아니므로 이러한 조항을 둘 필요가 없다는 견해도 있었으나, 부양의무는 원칙적으로 부양권리자의 상거소지법에 의하여 연결되므로(§46 ①) 부양권리자의 상거소지가 외국이라면 외국적 요소의 존재를 부인할 수는 없다. 따라서 헤이그부양협약(§15)에 따라 이를 명시하였다.

6. 반정의 배제

헤이그부양협약(§4)은 동 협약에 따라 결정되는 부양의무의 준거법은 실질법임을 명시한다.[23] 따라서 국제사법에서도 부양의무의 준거법에 관하여는 반정을 인정하지 않기로 하였고, 국제사법(§9 ② ⅲ)에서 그 취지를 명시하였다.[24]

7. 헤이그부양협약에의 가입

국제사법은 1973년 헤이그부양협약을 수용한 것이나 그와는 별도로 우리나라도 헤이그부양협약에 가입해야 할 것이다.[25] 이상적으로는 우선 헤이그부양협약에 가입하고 또는 그와 동시에 §46를 두는 것이 바람직했을 것이나, 헤이그부양협약에의 가입이 언제 이루어질지 모르므로 §46를 먼저 규정한 것이다.[26] 헤이그부양협약과 국제사법(§46)의 관계는 다음과 같다.

---

23) 다만 헤이그부양협약은 실질법이라는 표현 대신 '내국법'(internal law)이라는 표현을 사용한다.

24) 이러한 취지를 분명히 하기 위해 당초 개정시안은 §29 ①에서 "부양의 의무는 부양을 받을 권리자가 상거소를 가지는 국가의 실질법에 의한다"고 규정했었다. 그러나 §9에 관한 논의에서 본 바와 같이 기술적인 이유로 이를 §9에 통합하였으므로 본조에서는 실질법이라는 표현을 사용하지 않았다.

25) 만일 우리나라가 협약에 가입한다면 체약국과의 관계에서는 협약이 국제사법에 우선하여 적용되고, 비체약국과의 관계에서는 국제사법이 적용될 것이다.

26) 최흥섭, "개정법률과 國際親族·相續法의 諸問題," 법조 536(2001. 5.) 166은 헤이그부양협약에의 가입이 더 좋은 방법이겠지만 우리 정부가 그런 계획을 가지고 있지 않으므로 차선책으로 그 협약의 내용을 국제사법에 담은 것이라고 설명한다.

[헤이그부양협약과 국제사법 §46의 관계]

부양협약	국제사법	부양협약	국제사법
제 4 조	제1항 본문	제 7 조	제3항
제 5 조	제1항 단서	제 8 조	제2항
제 6 조	없음	제15조	제4항

　　다만 아래에서 보듯이 헤이그국제사법회의의 신협약이 채택되었으므로 헤이그부양협약에의 가입과 함께 신협약에의 가입도 검토할 필요가 있다.

Ⅲ. 부양의 준거법이 규율하는 사항

　　헤이그부양협약(§1, §10)과 독일 구 민법시행법(§18 ⑥)과 달리 국제사법은 부양의 준거법이 규율하는 사항을 규정하지 않는다. 그러나 國私 §46는 헤이그부양협약을 모델로 한 것이므로 헤이그부양협약과 유사하게 해석해야 할 것이다.

　　§46는 성년과 미성년을 불문하고, 자에 대한 부모의 부양의무, 또는 자의 부모에 대한 부양의무, 부부간의 부양의무, 형제자매 간의 부양의무, 부모 이외의 직계혈족 간의 부양의무 등 모든 부양의무에 적용된다.[27] 다만 이혼한 부부간의 부양의무에는 적용되지 않음은 ②으로부터 명백하다.

　　부양의무의 준거법은 부양의무의 존부, 부양의무자 및 부양권리자의 범위, 부양의무자의 순위, 부양의무의 정도와 의무의 이행방법, 부양청구권의 행사기간, 부양청구권의 처분금지(民 §979 참조) 등을 규율한다.[28]

　　여기에서 문제되는 것은 부양의무의 선결문제로서[29] 친자관계가 다투어지는 경우 그의 준거법이다. 섭외사법의 해석상 이는 선결문제로서 섭외사법에 의하여 독립적으로 연결된다고 보았으나,[30] 헤이그부양협약 및 §46의 해석상으로는 이는 동 협약이 규율하는 사항으로서 부양의 준거법에 따른다는 견해와, 동 협약은 이에 영향을 미치지 아니하므로 이는 법정지의 국제사법에 따라 독립적으로 연결할 것이라는 견해가 있는데, 1995년과 1999년에 개최된 헤이그국제사법회의의 특별위원회는 전자의 견해를 지지한 바 있다.[31]

---

27) 신창선, 363.
28) 신창선, 363.
29) 친자관계가 본문제로 다루어지는 경우에는 헤이그부양협약이 적용되지 않고 달리 조약이 없으므로 이는 법정지의 국제사법에 따를 사항이다. Lortie, 13.
30) 이호정, 411.

Ⅳ. 헤이그국제사법회의의 신부양협약

헤이그국제사법회의는 부양과 관련된 네 개의 기존 헤이그협약들[32]과 "해외부양회수에 관한 1956년 6월 20일 국제연합협약"(이른바 뉴욕협약)[33]을 개선하고 행정공조 및 사법공조를 포함하는 새로운 전 세계적인 국제협약을 채택하기 위한 작업을 추진하여 신부양협약을 채택하였다. 이를 위한 최초의 특별위원회가 2003년 개최되었고, 그 후 2007년 "아동양육 및 기타 형태의 가족부양의 국제적 회수에 관한 협약"(Convention on the International Recovery of Child Support and Other Forms of Family Maintenance)(이하 "신부양협약"이라 한다)과, 2007년 11월 23일 "부양의무의 준거법에 관한 의정서"(Protocol on the Law Applicable to Maintenance Obligations)(이하 "부양의정서"라 한다)가 채택된 바 있으므로[34] 우리도 그에 관심을 가져야 할 것이다. 의정서를 별도로 채택한 것은, 부양의무의 준거법에 관하여 대체로 법정지법을 적용하는 영미법계국가들이 준거법에 관한 통일규칙을 신부양협약에 포함시키는 것을 원하지 않았기 때문이다.

신부양협약의 목적은 효율적인 아동양육비와 기타 형태의 가족부양의 국제적 회수를 보장하기 위한 것이다. 동 협약은 국제적 신청을 처리하는 과정에서 체약국 간의 실효적 공조체제를 확립하고, 체약국에게 부양재판의 취득과 변경 및 그의 승인과 집행을 위한 신청을 가능하게 하도록 하며, 초국경적 부

---

31) Lortie, 12.

32) 이는 위에 언급한 준거법에 관한 두 개의 헤이그협약과 1958년의 "자(子)에 대한 부양의무에 관한 재판의 승인 및 집행에 관한 협약"(Convention on the Recognition and Enforcement of Decisions Relating to Maintenance Obligations in Respect of Children) 및 1973년의 "부양의무에 관한 재판의 승인 및 집행에 관한 협약"(Convention on the Recognition and Enforcement of Decisions Relating to Maintenance Obligations)을 말한다.

33) 이는 "United Nations Convention of 20 June 1956 on the Recovery Abroad of Maintenance"이다. 이는 부양권리자의 다른 체약국의 부양의무자에 대한 부양회수를 촉진하고자 발송기관과 수령기관 간의 공조체제를 확립하기 위한 조약이다. 2013년 2월 현재 65개국이 가입하였으나 우리나라는 가입하지 않았다.

34) 신부양협약에 관하여는 Alegría Borrás & Jennifer Degeling의 보고서와 William Duncan, the Hague Convention of 23 November 2007 on the International Recovery of Child Support and Other Forms of Family Maintenance Comments on its Objectives and Some of its Special Features, Yearbook of Private International Law, Vol. X, 2008, 313 이하를, 의정서에 관하여는 Andrea Bonomi의 보고서와 Andrea Bonomi, The Hague Protocol of 23 November 2007 on the Law Applicable to Maintenance Obligations, Yearbook of Private International Law, Vol. X, 2008, 333 이하, Mirela Župan, "Innovations of the 2007 Hague Maintenance Protocol," in Paul Beaumont, Burkhard Hess, Lara Walker and Stefanie Spancken(Eds.), The Recovery of Maintenance in the EU and Worldwide 2014, 311 이하 참조. 우리 문헌은 김문숙, 147 이하 참조. 신부양협약은 2013. 1. 1. 발효되었고 부양의정서는 2013. 8. 1. 발효되었다(헤이그국제사법회의 홈페이지 <http://www.hcch.net/index_en.php?act=conventions. text&cid=133>). 부양의정서는 EU 부양규정(§15)을 통하여 덴마크와 영국을 제외한 유럽연합에서 그 전에 발효되었다.

양절차에의 실효적 접근을 보장하도록 하고, 체약국에서 행해진 부양재판의 승인과 집행을 위한 광범위한 체제를 확립하며, 신속하고도 단순화된 승인 및 집행절차와, 신속하고 실효적인 집행요건을 체약국에게 부과하는 등의 다양한 수단을 통하여 그 목적을 달성하고자 한다. 그러나 신부양협약은 직접적 국제재판관할에 관하여는 규정을 두지 않는다.35)

한편 준거법에 관한 부양의정서는 이전의 헤이그협약과 비교할 때 세 가지 주요 혁신을 도입하였다. 첫째, 부양의정서는 부양권리자의 상거소지법을 주된 연결점으로 유지하고(§3), 이를 배우자 및 전 배우자(ex-spouses) 간의 부양의무에까지 확대하면서, 일정한 우선권이 있는 부양채권자들의 조("privileged" classes of creditors)의 권리에 대하여 보정적 연결원칙을 도입하여 부양권리자의 지위를 강화하고 있다(§4).36) 둘째, 부양의정서는 배우자 및 전 배우자 간의 부양의무에 대하여 밀접한 관련에 기한 회피조항을 도입하였다(§5). 그 결과 그 중 일방이 부양권리자의 상거소지법에 대해 반대하고 그들의 최후의 공통 상거소지법이 더 밀접한 관련이 있는 경우 그 법을 적용한다. 셋째, 부양의정서는 두 가지 유형의 당사자자치를 도입하였는데, 하나는 특정한 소송절차를 위하여 당사자들이 법정지법을 선택할 수 있는 절차적 합의이고(§7), 다른 하나는 일정한 조건이 충족되는 경우 §8에 열거된 법37) 중에서 언제든지 준거법을 선택할 수 있는 권리이다(§8).

장기적으로는 베트남의 라이따이한이나 필리핀 등지의 한국인 자녀들이나 그의 모가 한국인 부를 상대로 친자확인의 소를 제기하고38) 나아가 양육비를 구하는 소를 제기할 경우 신부양협약이 문제될 수 있다. 물론 이는 관련 국가들이 신부양협약에 가입하는 것을 전제로 한다.

---

35) 국제재판관할규칙의 포함 여부는 논란이 있었으나 합의 도출에 소요되는 대가가 통일규칙을 통한 실제적 효용보다 크다는 이유로 포기되었다. 논의는 "Report on the First Meeting of the Special Commission on the International Recovery of Child Support and other Forms of Family Maintenance(5~16 May 2003)" 참조. 그러나 간접관할에 관한 규정은 포함되어 있다(§20 ①).

36) 상세는 Andrea Bonomi의 보고서, para. 59 이하 참조. 우리 문헌은 김문숙(2013), 32 이하 참조.

37) 이는 일방의 본국법, 상거소지국법, 부부재산제의 준거법과 이혼(또는 별거)의 준거법이다.

38) 근자에는 필리핀 아동인 이른바 코피노의 아빠찾기 노력이 진행되어 실제로 한국인 부를 상대로 친자확인의 소를 제기하여 승소판결을 받은 사례가 있다(서울가정법원 2014. 6. 22. 판결). 조선일보, 2014. 6. 22. 기사 참조 <http://news.chosun.com/site/data/html_dir/2014/06/22/2014062201042.html?news_Head2_01>.

V. 부양료 청구의 국제재판관할

주목할 것은 부양료청구 사건이다. 즉 브뤼셀 I 규정(§5 ii)에 따르면 부양권리자는 부양의무자의 주소지에 소를 제기할 필요가 없고 부양권리자의 주소지나 상거소 소재지 법원에 소를 제기할 수 있는데, 이는 부양권리자를 보호하기 위한 것이다.[39) 반면에 가사소송법(§2 ① ii 나., §46)에 따르면 부양에 관한 사건은 가사비송사건(마류사건)이고 이는 상대방의 보통재판적 소재지의 가정법원의 관할에 속하는데, 우리 법상 부양권리자의 보호를 위한 국제재판관할규칙을 해석론상 도입할 수 있는지, 아니면 입법론적으로 도입할 것인지를 검토할 필요가 있다.[40)

---

39) 이를 대체한 유럽연합의 부양규정은, 피고의 상거소지, 원고의 상거소지, 부양의무가 부수적 문제로 제기되는 경우 사람의 신분관련 소송에 대해 국내법상 재판관할을 가지는 회원국(단 원고의 국적만에 근거한 것인 때는 제외), 부양의무가 부수적 문제로 제기되는 경우 친권에 관한 사건에 대하여 국내법상 재판관할을 가지는 법원의 재판관할을 인정한다(부양규정 §3). 소개는 김문숙(2013), 162 이하. 상세는 Beaumont/Hess/Walker/Spancken(Eds.)(주 34), 331 이하에 수록된 논문들 참조.

40) 입법론으로 이를 도입하자는 견해가 있다. 김용진, "민사소송법개정안 중 국제소송에 관한 부분에 대한 검토의견서," 국제사법연구 4(1999), 44 이하; 김문숙(2013), 178 이하.

第 47 條 (그 밖의 친족관계)

친족관계의 성립 및 친족관계에서 발생하는 권리의무에 관하여 이 법에 특별한 규정이 없는 경우에는 각 당사자의 본국법에 의한다.

섭외사법 제 24 조 (친족관계)

친족관계 및 친족관계에서 발생한 권리의무에 관하여 본법에 특별한 규정이 없는 경우에는 각 당사자의 本國法에 의하여 이를 정한다.

I. 서론

1. 의의 및 연혁

가. 의의

국제사법은 다양한 친족관계를 연결대상으로 설정하고 각각 연결점을 규정하고 있으나 이것이 망라적인 것일 수는 없다. 따라서 국제사법이 규정하지 않은 연결대상에 대처하기 위한 장치로서 본국법을 준거법으로 지정한 §47를 둔 것이다. §47를 적용한 사례는 없는 것 같다.

나. 연혁

§47는 내용은 섭외사법 §24와 동일하나 표제를 명확히 하고, 본문 중 "친족관계"를 "친족관계의 성립"으로 그 취지를 명확히 하였을 뿐이다. 섭외사법 §24는 일본 법례 §23와 유사한 내용이다.

2. 입법례

일본 법례 §23는 법적용통칙법 §33가 되었는데 이는 섭외사법 §24 및 國私 §47와 유사하다. 다른 입법례에서는 이런 조문은 잘 보이지 않는다. 결국 國私 §47는 일본의 법례에서 유래한 것으로 보인다.

Ⅱ. 준거법의 결정

국제사법에 규정된 연결원칙이 적용되지 않는 친족관계의 성립 및 친족관계에서 발생하는 권리의무는 각 당사자의 본국법에 의한다. 결국 그러한 친족관계의 성립은 물론 그렇게 성립한 친족관계에서 발생한 권리의무는 준거법의 누적적용에 의하여 해결된다.

Ⅲ. 준거법이 규율하는 사항

국제사법에 규정이 있는 부부 또는 친자관계의 성립과 효력의 준거법은 각각 관련 조문에 의하여 결정되나, 국제사법에 특별한 규정이 없는 친족관계의 성립과 그러한 친족관계로부터 발생하는 권리의무는 §47에 의하여 각 당사자의 본국법에 의한다. 흥미로운 것은 일본에서 1988년 법례개정시 법례 §23의 존치 여부가 논의되었다는 점인데, 이를 간단히 소개한다.

§47의 적용대상이 되는 친족관계는 국제사법에 특별한 규정이 없는 친족관계인데, 그러한 친족관계의 성립의 예로는 형제관계의 성립과 친족의 범위 등을 생각할 수 있고, 그러한 관계로부터 발생하는 권리의무는 부양의무를 생각할 수 있으나 후자는 부양의무의 준거법에 관한 법률(우리나라에서는 §46)에 의하여[1] 해결할 수 있으므로 §47를 둘 이유는 별로 없는 셈이다.[2] 그 밖에 별거, 약혼과 내연 등에 대하여는 각각 이혼과 혼인에 관한 규정을 유추적용할 수 있으므로 굳이 §47를 적용할 필요도 없다.

반면에 사(私)법적 법률관계는 아니지만 기타 법령에 있어서 친족관계의 유무와 범위 등을 정할 필요가 있다는 견해[3]가 있는데, 이는 일본 형법(§244, §257) 친족상도례의 적용시 친족의 범위를 정할 필요가 있고, 나아가 일본 외국인등록법(§15 ② iv)상 외국인을 대신하여 등록신청, 등록증명서의 수령 또는 제출 등을 할 수 있는 친족의 범위를 정할 필요가 있음을 지적한다. 이러한 논의는 우리나라에서도 마찬가지이다. 즉 우리 형법(§328, §344)도 친족상도례를 규정하고 출입국관리법(§31)도 가족이라는 개념을 사용하고 있기 때문이다. 즉 친족상도례가 적용되는 친족의 범위를 결정함에 있어서 외국적 요소가 있는 경

---

1) 일본은 헤이그부양협약에 가입하면서 위 법률을 제정하였기 때문이다.
2) 注國私(2), 143(河野俊行).
3) 注國私(2), 143(河野俊行) 주 3에 소개된 견해.

우 국제사법을 통하여 이를 결정할지, 아니면 강행성이 매우 강한 법률인 형법이나 출입국관리법의 관점에서 결정해야 할지는 논란의 여지가 있으나, 만일 국제사법의 매개를 부정한다면 §47를 존치할 적극적 이유가 없으므로 이를 삭제할 것이라는 견해가 있다.[4]

---

[4] 注國私(2), 148(河野俊行).

[前註] 국제후견법의 구성

▌**참고문헌**: 김문숙(2009), "성년후견제도에 관한 국제사법상 쟁점에 관하여 — 한국민법개정후의 대응 —," 국제사법연구 15; 김문숙(2013), "부양사건과 성년후견사건의 국제재판관할에 관한 입법론," 국제사법연구 19−2; 이병화(2013), "민법상 성년후견제도 도입에 따른 국제사법상 한정치산·금치산선고 및 후견제도에 관한 개정방향," 국제사법연구 19−1; 최흥섭(2000), "섭외사법개정법률안의 검토 — 제2장(자연인), 제4장(친족), 제5장(상속)," 국제사법학회 8차 연차학술대회 발표자료; 최흥섭(2001a), "개정법률과 國際親族·相續法의 諸問題," 법조 536; 최흥섭(2001b), "성년자의 국제적 보호를 위한 2000년의 헤이그협약," 인하대 법학연구 4;[1] Paul Lagarde, Explanatory Report on the 2000 Hague Protection of Adults Convention;[2] MünchKomm/Klinkhardt(2010), Band 10, 5. Aufl., EGBGB.

제6장, 즉 국제친족법은 국제혼인법(§§36~39), 국제친자법(§§40~45), 국제부양법(§46)과 국제후견법(§48)으로 구성된다. 국제후견법에 관하여 국제사법은 §48 한 개의 조문만을 두고 있다. 여기에서 다루는 국제후견법은 준거법결정원칙을 내용으로 하는 좁은 의미의 국제후견법을 말한다. 즉, 여기에서는 우리 실정법인 국제사법 조문의 해설을 위주로 하므로 국제후견법을 좁게 이해하고, 국제재판관할과 외국판결의 승인 및 집행은 제한적으로만 논의한다.

입법례에 따라서는 성년자후견과 미성년자후견을 구분하여 다른 연결원칙을 두기도 하고 헤이그국제사법회의의 아동후견에 관한 협약도 그러한 태도를 취하고 있으나 國私 §48는 양자를 통합적으로 규율한다. 근자에 민법이 개정되어 성년후견제도가 도입됨으로써 성년후견제도에 대한 사회적 관심이 커졌는데 성년피후견인의 재산관리와 신상보호의 문제가 점차 국제화되면서 앞으로는 국제후견법의 중요성이 점차 커질 것으로 예상된다.

---

1) 이는 최흥섭, 현대적 흐름(2005), 395 이하에도 수록되어 있는데 후자를 인용한다.
2) 헤이그국제사법회의<http://www.hcch.net/index_en.php?act=publications.details&pid=2951&dtid=3> 참조.

第 48 條 (후견)

① 후견은 피후견인의 본국법에 의한다.

② 대한민국에 상거소 또는 거소가 있는 외국인에 대한 후견은 다음 각
호 중 어느 하나에 해당하는 경우에 한하여 대한민국 법에 의한다.

1. 그의 본국법에 의하면 후견개시의 원인이 있더라도 그 후견사무
를 행할 자가 없거나 후견사무를 행할 자가 있더라도 후견사무
를 행할 수 없는 경우

2. 대한민국에서 한정치산 또는 금치산을 선고한 경우[1]

3. 그 밖에 피후견인을 보호하여야 할 긴급한 필요가 있는 경우

섭외사법 제 25 조 (후견)

① 후견은 피후견인의 **本國法**에 의한다.

② 대한민국에 주소 또는 거소가 있는 외국인의 후견은 그 **本國法**에
의하면 후견개시의 원인이 있을지라도 그 후견사무를 행할 자가 없는
경우 및 대한민국에서 한정치산 또는 금치산을 선고한 때에 한하여
대한민국의 법률에 의한다.

---

1) 민법 부칙 §3(다른 법령과의 관계)는 "이 법 시행 당시 다른 법령에서 "금치산" 또는 "한정치
산"을 인용한 경우에는 성년후견 또는 한정후견을 받는 사람에 대하여 부칙 제2조 제2항에 따
른 5년의 기간에 한정하여 "성년후견" 또는 "한정후견"을 인용한 것으로 본다"고 규정한다.

Ⅰ. 서론

1. 의의 및 연혁

가. 의의

후견제도는 무능력자를 보호·감독함으로써 그의 재산을 관리하고 그의 법률행위를 대리하거나 필요한 동의를 하도록 하는 제도이다. 무능력자에는 성년자와 미성년자가 있으므로 후견은 성년자에 대한 후견과 미성년자에 대한 후견으로 나누어진다. 미성년자에 대한 후견은 친권의 연장선상에 있으나 성년자에 대한 후견은 친권과는 별개의 독립된 제도이다.[2] 국제사법은 양자를 통일적으로 규율한다. 전자는 한정치산자와 금치산자 또는 개정 민법의 용어에 따르면 피성년후견인의 보호수단이고 후자는 친권 이외의 보호수단이다.

나. 연혁

국제사법은 후견의 준거법에 관하여 피후견인의 본국법주의라는 섭외사법의 기본원칙을 유지하되(§48 ①), 한국에 상거소 또는 거소가 있는 외국인에 대해 예외적으로 한국 법원이 한국법에 따라 후견사무를 행할 수 있는 가능성을 확대하였다(§48 ②).

2. 입법례

후견의 입법례를 보면 대륙법계에서는 전통적으로 이는 사람의 신분 및 능력에 관한 문제이므로 속인법 중 본국법주의가 타당한 것으로 생각되었는데, 이 경우 후견제도는 피후견인의 보호를 위한 제도이므로 피후견인을 중심으로 피후견인의 본국법을 적용하는 것이 타당하다고 생각되었다.[3] 반면에 영미법계 국가들은 후견제도를 재산법적 성질을 갖는 제도로 보아 상속의 준거법결정에 있어서와 같이 부동산에 관해서는 목적물 소재지법에 의하고, 동산 및 피후견인의 신분에 관해서는 피후견인의 주소지법에 의하도록 한다.[4] 이처럼 후견제도는 신분법적인 색채를 띠기도 하지만 피후견인의 재산관리를 주된 내용

---

[2] 실질법상 성년후견법제는 요보호자의 상태에 따라 유형을 달리하는 다원론적 구성[예컨대 후견(tutelle), 保佐(curatelle)와 일시적·잠정적 보호제도인 司法的 保護(sauvegarde de justice)를 두는 프랑스)]과 일원론적 구성방법[(예컨대 법적 부조(rechtliche Betreuung)라는 단일한 유형을 두는 독일)]이 있다. 김형석, "민법 개정안에 따른 성년후견법제," 가족법연구 24-2(2010), 113.

[3] 신창선, 364.

[4] Restatement Second Conflict Laws §149 참조. 이병화(2013), 605과 주 37에 소개된 문헌 참조.

으로 하고 재산소재지의 일반적 공익과도 밀접한 관계를 가지므로 피후견인의
상거소지법 내지는 재산소재지법에 의해야 한다는 견해에도 충분한 근거가 있
다. 더욱이 오늘날에는 피후견인의 복지를 위하여 각국의 법제는 후견에 대한
공권적 감독을 절실히 필요로 하게 되었고, 법원 기타 국가기관을 통해 이러한
임무를 담당하도록 함으로써 후견제도는 현저히 공적인 성질을 띠게 되었다.5)
미성년자에 관하여도 미성년자의 복지를 위하여 행정기관의 관여가 점차 확대
되었고 행정기관은 소속국의 법률을 적용하여 권한을 행사하는 것이 일반화된
결과 1960년 채택된 헤이그국제사법회의의 미성년자보호협약은 상거소지법주
의를 원칙으로 채택하기에 이르렀다.6)

Ⅱ. 준거법의 결정: 피후견인의 본국법주의 유지 (§48 ①)

후견은 성년자 후견과 미성년자 후견으로 구분되는데, 통상 성년자 후견
은 과거의 금치산·한정치산 선고(민법 개정으로 이제는 후견개시의 심판으로 사실상
대체되었다)7)와 연결되고, 미성년자 후견은 친자관계의 효력, 즉 친권문제와 연
결되는 것으로서 친권의 연장선상에 있다. 그런데 국제사법(§45)에서는 친자관
계를 원칙적으로 자의 상거소지법에 의하고 예외적으로 자의 본국법에 의하도
록 하였으므로, 미성년자의 후견문제에 대하여 피후견인인 자의 상거소지법에
연결하는 방안이 설득력이 있다고 볼 수 있다. 특히 후견문제는 신분적 측면보
다 재산관리라는 재산적 색채가 강하고, 피후견인의 보호를 위한 조치가 실효

---

5) 예컨대 독일이나 오스트리아는 후견의 개시나 종료에 대해서만 피후견인의 본국법주의를 취
하고, 후견의 내용이나 집행 등에 관해서는 개시명령을 한 국가 또는 관청 소재지국의 법에 따
르도록 한다(독일 민법시행법 §24 ③). 비교법적 논의는 笠原俊宏, 國際家族法要說(2003), 108;
山田鏡一, 543 참조.

6) 신창선, 364. 구체적 입법례는 아래와 같다. 독일 민법시행법 §24(후견·부조와 보호), 스위스
국제사법 §85(후견과 기타의 보호조치), 오스트리아 국제사법 §27(후견 및 보호법), 이탈리아 국
제사법 §42(미성년자의 보호에 관한 준거법), §43(성년자의 보호)(독일, 스위스, 오스트리아 및
이탈리아는 미성년자보호협약을 비준하였다), 법적용통칙법 §35(후견 등), 중국 섭외민사관계법
률적용법 §30, 헤이그국제사법회의의 2000년 성년자보호협약.

7) 독일은 과거 행위능력박탈·제한의 선고(Entmündigung), 후견(Vormundschaft), 장애보호
(Gebrechlichkeitspflegschaft)라는 3가지 제도를 가지고 있었으나 1992년 1월부터 "성년자를 위
한 후견 및 감호법의 개정에 관한 법률"을 통하여 특별후견인제도를 도입하였고 1999년 1월 성
년후견법개정법(Betreuungsrechtsänderungsgesetz – BTAdG)을 통하여 이를 다시 개정하였다. 일
본은 2000년 민법을 일부개정하고, 후견을 사전에 확보할 수 있도록 "임의후견계약에 관한 법
률"을 제정하였으며, 임의성년후견과 법정성년후견의 공시수단으로 "후견등기등에 관한 법률"
을 제정하였다. 한국도 2011년 3월 민법을 개정하여 금치산·한정치산제도를 폐지하고 성년후견
제도를 도입하였다. 외국법의 소개는 송호열, "독일의 성년후견법제," 민사법이론과 실무
8-2(2004. 12.), 29 이하 참조.

적으로 행해질 수 있는 곳은 생활의 중심지라는 점에서 볼 때 이러한 방안은 설득력이 있다. 미성년자보호협약(§§1~2)과 아동보호협약(§§15~16)은 상거소지 법주의를 기본으로 하고 있다.[8]

그러나 한국법은 신분문제에 있어 본국법주의를 기본으로 하고 있고, 후견과 밀접하게 관련된 금치산·한정치산에서도 본국법주의를 취하고 있다. 또한 성년자와 미성년자의 후견을 나누어 규율하는 데 대한 타당성에 의문이 있다는 이유로 국제사법에서는 결국 성년자와 미성년자의 후견 모두에 관하여 통일적으로 본국법주의를 고수하였다(§48 ①).[9]

또한 우리 국제사법은 후견의 존속(즉, 개시·종료)과 후견의 내용의 준거법을 통일적으로 규율하는 데 반하여, 독일 민법시행법(§24)은 후견의 개시·종료와 법정후견의 (집행과) 내용에 대해서는 피후견인의 본국법에 의하고,[10] 잠정적 조치와 개시명령에 따른 후견의 내용에 대해서는 후견을 명하는 법정지법에 의하도록 이원화하여 규정하는 점에 특색이 있다.[11] 여기에서 '후견의 내용'이라 함은 '후견사무의 처리(또는 집행)'(Durchführung)를 말하는데 그 내용은 대체로 아래(Ⅲ.)에서 보는 바와 같다. 이러한 사항들은 우리 법상 후견의 준거법에 의할 사항이다.

Ⅲ. 준거법이 규율하는 사항

후견의 준거법이 규율하는 사항은 후견에 관한 제문제, 즉 후견의 종류, 후견의 개시와 그 원인, 피후견인과 후견인 간의 권리의무관계, 후견인의 지명, 선임과 직무, 후견 및 후견의 내용 등이다.[12] 후견의 내용은 ⓐ 후견인의 선임,

---

8) 미성년자보호협약은 1902년의 "미성년자의 후견을 규율하기 위한 헤이그협약"(이른바 "후견협약")을 대체한다. 동 협약 §18. 반면에 후견협약은 본국법주의를 취하고 있었다. 본국법주의와 상거소지법주의의 소개는 신창선, 364 이하 참조.

9) 법무부, 해설, 168. 이처럼 친자관계의 준거법에 대해 미성년자의 상거소지법에 의하면서도 미성년자의 후견에 관하여는 그의 본국법에 따르는 것은 1998년 개정되기 이전의 독일의 구 민법시행법과 동일하다. 다만 독일의 경우 미성년자에 관한 후견은 상당부분 미성년자보호협약에 의해 규율된다.

10) 다만 예외적으로 독일에 상거소(상거소가 없으면 거소)가 있는 외국인에 대하여는 독일법에 따라 부조자(Betreuer)가 선임될 수 있다. 독일 민법시행법 §24 ① 2문.

11) 즉 후견의 개시·변경·종료에 대하여는 피후견인의 본국법에 통일적으로 연결하나, 후견의 내용, 즉 집행에 대해서는 법정후견의 경우 피후견의 본국법, 법원이 개시하는 후견의 경우 법정지법에 의하도록 이원화한다(법정후견에 관한 한 실무적으로 독일 민법 §1791와 §1717가 §24에 우선하므로 법정후견에 관하여 ①은 별 의미가 없다고 한다). 아동보호협약은 독일에서 2011년 1월 1일 발효되어 동 협약이 민법시행법에 우선한다. Christoph Benicke, "Haager Kinderschutzübereinkommen," IPRax, 2013, 44.

감독·해임, ⓑ 피후견인과 후견인 간의 권리의무관계(피후견인의 신상에 대한 후견인의 보호·교양권과 피후견인인도청구권, 후견인의 피후견인의 재산관리권), ⓒ 후견인의 법정대리권과 그에 대한 제한, 즉 후견인의 후견사무집행에 대한 법원이나 친족회(우리나라에서는 2013년 폐지됨) 등에 의한 승인의 요부·내용·방법, ⓓ 후견인의 보수와 후견인의 재산에 대한 피후견인의 법정담보권을 포함한 피후견인과 후견인 간의 관계와 ⓔ 기타 후견인의 권리의무 등을 말한다.13)

우리 민법은 후견제도만을 인정하고 구 민법이나 일본 구 민법과 달리 한정치산자를 위한 보호기관으로서 보좌인제도를 두고 있지 않다. 그에 상응하여 섭외사법에서도 후견에 관한 규정을 보좌에도 준용한다는 취지의 법례 §24에 상응하는 규정을 두지 않고 있다. 그러나 만일 우리나라에 있는 외국인에 대해서 구 민법상의 보좌인 또는 독일의 과거 'Pfleger'에 상응하는 문제가 제기된다면, 보좌는 '부분적 또는 작은 후견'(Teil- oder kleine Vormundschaft)에 해당한다고 볼 수 있으므로 그에 대하여는 결국 후견에 관한 규정을 유추적용하는 것이 타당하다.14)

Ⅳ. 임의후견의 준거법

성년후견과 관련하여 우리 민법(§959-14~§959-20)처럼 다수 국가는 임의후견제도를 도입하고 있는데15)16) 民 §959 ①은, 후견계약은 질병, 장애, 노령, 그 밖의 사유로 인한 정신적 제약으로 사무를 처리할 능력이 부족한 상황에 있거나 부족하게 될 상황에 대비하여 자신의 재산관리 및 신상보호에 관한 사무의 전부 또는 일부를 다른 자에게 위탁하고 그 위탁사무에 관하여 대리권을 수여하는 것을 내용으로 한다"고 규정한다. 임의후견제도를 인정하지 않는 국가도 있으나 성년자보호협약(§15, §16)은 이를 인정하는 것을 전제로 임의후견의

---

12) 신창선, 365; 김연 외, 407; 신창섭, 316; 윤종진, 482.

13) 이호정, 414; MünchKomm/Klinkhardt, Art. 24, Rn. 20ff.

14) 이호정, 418.

15) 예컨대 영국의 1985년 지속적 대리권법(Enduring Powers of Attorney Act 1985), 일본의 "임의후견계약에 관한 법률"과 독일의 "성년자의 후견 및 감호에 관한 법의 개혁법률"(Gesetz zur Reform des Rechts der Vormundschaft und Pflegschaft für Volljährige. Betreuungsgesetz—BtG)과 민법(§1897 ④)도 이를 허용한다. 독일법의 소개는 송호열, "독일의 성년후견법제," 민사법이론과 실무 8-2(2004. 12.), 29 이하 참조. 프랑스 민법도 司法的 보호(la sauvegarde de justice)를 두는데, 과거에는 §491~§491-6에 있었으나 2009년 1월 이후 §433~§439가 이를 규율한다.

16) 민법(§959-15)상 임의후견은 임의후견감독인 선임이라는 법원의 관여를 요구하는 점에 특색이 있다.

준거법을 규정한다.17) 그에 따르면 당사자가 지정한 법,18) 그것이 없으면 피후견인의 상거소지법이 대리권의 존재, 범위, 변경과 소멸의 준거법이 되나, 대리권 행사의 준거법은 그 행사지 국가의 법이다. 국제사법은 임의후견의 준거법에 관하여 규정하지 않으므로 견해가 나뉠 수 있다.

후견계약의 성립 및 효력의 준거법에 관하여 일본에는 법례의 해석상 계약의 준거법에 관한 원칙에 의하는 견해19)와 임의후견의 신분법적 성격을 중시하여 후견의 준거법에 의하는 견해20)가 있었는데 이러한 대립은 법적용통칙법하에서도 유지되고 있는 것으로 보인다. 생각건대 임의후견과 법정후견은 상호보완관계에 있고, 임의후견계약은 순수한 재산계약이 아니라 일종의 신분법상의 계약이라고 할 것이므로 그 준거법도 후견의 준거법에 따른다는 후자가 설득력이 있다.21) 임의후견에 의하여 발생하는 대리에 관하여는 일반의 임의대리에 관한 법리가 타당하다는 것이 일본의 다수설로 보인다.22)

한편 후견계약의 방식에 관하여 民 §959-14 ②은 후견계약은 공정증서로 체결하여야 함을 명시하는데 그 준거법에 관하여는 견해가 나뉠 수 있다. 일본에는 이러한 후견계약 방식의 엄격한 요건을 고려하여 이는 임의후견의 실질의 준거법에 의해야 하고 행위지법에 의한 방식은 인정되지 않는다는 견해23)가 유력하나 그에 대해 의문을 제기하는 견해도 있다.24)

V. 친권의 준거법과 후견의 준거법의 관계

후견의 준거법을 정한 §48는 미성년자의 후견에도 적용되나, 미성년자에 대한 후견은 친권자에 의한 보호가 행해지지 않는 경우에 문제되므로 미성년

---

17) 아동의 경우 이는 부모책임의 문제로서 해결된다.
18) 다만 선택될 수 있는 준거법은 성년자의 본국법, 이전의 상거소지국법과 재산에 관한 소재지국법에 한정된다.
19) 다만 이에 따르더라도 본인의 보호를 위해 공적 기관의 감독에 따라야 하므로 성년자보호협약 §15처럼 선택할 수 있는 준거법의 범위를 제한하는 견해가 있다. 山田鏘一, 553 참조. 국제사법 §25에 상응하는 구 법례 §7를 적용한다.
20) 溜池良夫, 531; 山田鏘一, 554. 國私 §48에 상응하는 구 법례 §22를 적용한다.
21) 溜池良夫, 531. 예컨대 부부재산계약에 관하여도 國私 §25가 적용되지 않는 것과 유사하다. 이병화(2013), 635.
22) 山田鏘一, 554. 그러나 溜池良夫, 531은 의문을 표시한다.
23) 山田鏘一, 554.
24) 이는 일본의 후견등기 등에 관한 법률이 임의후견을 포함한 후견의 방식을 정하고 있고 성년피후견인이 외국국적인 경우를 예정한 규정을 두므로(동법 §4 ① ii), 일본에서 성년피후견인의 본국법에 따라 체결된 임의후견계약도 이 법률에 의해 등기할 수 있다는 점에 그 근거를 구하나(溜池良夫, 531), 그것이 근거가 될 수 있는지는 의문이다.

자에 대한 보호는 많은 경우 §45에 따라 정해지는 친자관계에 관한 법률관계의
준거법에 따를 사항이다. 따라서 §48의 주안점은 성년자에 있다. 다만 논리적
으로는 §48가 미성년자의 후견에도 적용되는 결과 미성년자에 대한 친권은 원
칙적으로 친자관계의 준거법에 의하고(§45), 미성년자의 후견은 후견의 준거법
(§48)에 의하므로 미성년자 후견의 준거법은 피후견인인 자(子)의 본국법이고,
친자관계의 준거법은 자의 상거소지법이 되므로 후견과 친권의 준거법이 상이
할 수 있게 되어[25] 양자 간에 충돌이 발생할 수 있다.[26] 반면에 아래에서 보듯
이 아동보호협약은 양자의 준거법을 통일적으로 규율한다.

　§48가 규율하는 미성년자에 대한 후견은 친권자에 의한 보호가 행해지지
않는 경우에 문제되므로 양 조문이 직접 충돌되는 것은 아니고,[27] 친권의 소멸
은 후견개시의 선결문제이다. 그렇지만 친권의 준거법과 후견의 준거법이 상이
한 경우 충돌이 발생할 수 있는데 이는 적응(또는 조정)의 법리에 의하여 해결할
문제이다. 예컨대 친권의 준거법에 따르면 친권이 상실되어 후견이 개시되어야
하지만 후견의 준거법에 따르면 친권이 상실되지 않아 후견개시사유가 존재하
지 않는 경우(소극적 저촉)와 반대의 경우, 즉 친권의 준거법에 따르면 부모가 친
권을 가지는 데 반하여 후견의 준거법에 후견개시사유가 존재하는 경우(적극적
저촉)가 있다. 소극적 저촉의 경우 아동의 보호를 위하여 후견개시사유가 존재
하는 것으로 취급하고, 적극적 저촉의 경우 보호의 중복을 피하기 위해 친권을
우선시켜 친권의 준거법에 따라 부모의 친권을 인정하는 견해가 유력하다.[28]
이는 미성년자의 후견을 친권의 연장으로 보면서 후견의 보충성과 친권법의
우위를 인정하는 셈이다. 이런 견해는 대체로 타당하나, 국제사법(§48 ② iii)을
고려해야 한다. 즉 동호는 피후견인을 보호하여야 할 긴급한 필요가 있는 경우
우리 법원이 한국법을 적용하여 후견사무를 처리할 수 있음을 명시하는데, 예
컨대 피후견인의 본국법에 의하면 후견개시의 원인이 없어, 한국에 있는 피후
견인이 보호받을 수 없는 경우 피후견인을 보호하기 위한 것이다. 즉 위에서 본

---

25) 최흥섭(2000), 18은 한국에 상거소를 둔 외국인에 대해 한국법원과 한국법이 개입할 가능성이
　　있었고 국제사법에서 그 범위가 다소 확대되었으므로 크게 부당한 사태는 생기지 않을 것이라
　　고 한다.
26) 이처럼 친자관계의 준거법에 대해 자(子)의 상거소지법에 의하면서도 후견에 관하여는 피후
　　견인의 본국법에 따르는 것은 독일 민법시행법과 동일하다. 다만 독일의 경우 미성년자에 관한
　　후견에 대하여는 아동보호협약이 우선적으로 적용된다. 반면에 대만의 경우 친자관계의 준거법
　　은 자의 본국법에 의하고(§55), 후견은 피후견인의 본국법에 의하므로 양자가 일치하게 된다.
27) 신창선, 365.
28) 김문숙, "涉外後見に關する硏究," 아세아 3(2000. 6.), 235; 신창선, 366; 注國私(2), 142(河野
　　俊行).

적극적 저촉의 경우 긴급한 필요가 있으면 친권자가 있더라도 후견을 개시할 수 있다는 것이다.

이와 달리 국제사법의 해석론으로서 미성년자의 친권과 후견을 통일적으로 연결하는 견해도 주장될 여지가 있다. 즉 친권을 보완하거나 지지하거나 대체하는 것은 친자관계의 부속물(Annex)로 간주되고 따라서 상이한 법이 적용됨으로써 규범의 저촉이 발생하는 것을 피하기 위해 미성년자에 대한 후견은 §48가 아니라 §45에 따라야 한다는 것이다.29) 이에 따르면 §48는 성년후견에 대해서만 적용된다고 본다. 이런 견해가 장점이 없지는 않으나 조문의 문언상 어렵다고 본다.

그러나 국제사법이 이처럼 후견의 준거법과 친권의 준거법을 달리 규정하는 것이 입법론적으로 바람직한지는 다소 의문이다.30) 즉, 국제사법은 후견에 대해, 그것이 성년후견인지 미성년(또는 아동) 후견인지를 구분하지 않고 통일적인 연결원칙을 두고 있다. 하지만 미성년후견에 관하여 보면 국제규범의 동향은 친권과 후견을 통일적으로 연결하는 것으로 보이는데, 양자의 기능적 유사성과 양자가 단절 없이 유기적으로 연결될 필요성을 고려하면 후자가 설득력이 있다. 입법론적으로도 성년과 미성년자(아동)를 구별하여 국제적인 동향을 따르는 것이 좋았을 것이라는 생각이 든다. 그러나 한국에 상거소를 둔 외국인에 대해 한국법원과 한국법이 개입할 가능성이 있었고 국제사법에서 그 범위가 다소 확대되었으므로 크게 부당한 사태는 생기지 않을 것이라는 견해도 있다.31)

VI. 후견의 관할권: 한국 법원의 예외적 관할 (§48 ②)

1. §48 ②의 개선점

섭외사법 §25 ②은 비송사건인 후견사무에 관하여 예외적으로 한국법원이 국제재판관할을 가지고 한국법에 따라 처리할 수 있음을 규정하였다. 國私 §48 ②은 이를 두 가지 점에서 개선하였다.

첫째, i의 '후견사무를 행할 자가 없는 경우'의 의미를 명확히 하였다. 즉 섭외사법의 '후견사무를 행할 자가 없는 경우'의 의미에 관하여 과거 논란이

---

29) Andrae, 2. Aufl. §6, Rn. 109f. 참조. 이는 독일 민법시행법의 해석론인데 독일 민법시행법 §24(후견)는 우리 國私 §48에 상응하고, §21(친자관계)는 우리 國私 §45에 상응한다.
30) 아래 §48 註釋 참조.
31) 최흥섭(2000), 18.

있었으나,32) 후견을 행할 자가 전혀 없는 경우뿐만 아니라, 그러한 자가 있더
라도 현실적으로 후견사무를 행할 수 없는 경우까지 확대하였다. 國私 §48 ②
의 취지는 한국에 상거소 또는 거소를 가지는 외국인인 피후견인을 보호하려
는 것인데, 후견사무를 행할 자가 있더라도 후견사무를 행할 수 없다면 피후견
인의 보호가 불가능하기 때문이다.

둘째, 제3의 사유를 추가하였다. 섭외사법상 인정되는 i와 ii의 사유 이외에
기타 피후견인을 보호할 긴급한 필요가 있는 경우에도 한국법을 적용할 수 있
음을 명시하였다(§48 ② iii). 이는 외국인인 피후견인을 한국에서 신속하고 적절
히 보호함과 동시에 그와 거래하는 내국의 제3자를 보호하기 위한 것이다. 예컨
대 외국인 미성년자에게 친권자가 있더라도 한국에서 친권을 실효적으로 행사할
수 없거나, 또는 피후견인의 본국법에 의하면 후견 개시의 원인이 없어, 한국에
있는 피후견인이 보호받을 수 없는 경우 피후견인을 보호하기 위한 것이다.

§48는 실종선고(國私 §12)와 한정치산 및 금치산선고(國私 §14)의 경우와 마
찬가지로, 외국인의 본국에 원칙적 관할이 있음을 전제로 하되 이를 명시하지
는 않고, 다만 한국 법원이 예외적으로 관할을 가지는 경우만을 규정한다고 보
는 것이 다수설이다.33) 이 점에서는 국제사법은 섭외사법과 동일하나, 한국 법
원의 예외적 관할의 범위를 다소 확대한 것이라고 할 수 있다.34)

2. §48 ②은 국제재판관할도 규정한 것인가

위의 논의는 종래의 다수설에 따라 §48 ②이 국제재판관할을 함께 규정한
것이라는 태도에 따른 것이다. 그러나 이와 달리 §48 ②은 준거법을 정한 것일
뿐이고 국제재판관할을 정한 것은 아니라는 유력한 견해가 있다.35) 이는 나아

---

32) 예컨대 신창선, 국제사법(1999), 405 참조.
33) 이호정, 417; 윤종진, 483; 김용한 외, 357. 그러나 반드시 그렇게 해석해야 하는 것은 아니다.
    법적용통칙법(§35)의 해석에 관하여 일본에서는 피후견인의 상거소지국에 관할을 인정하는 것
    을 원칙으로 하면서 일정한 경우 예외적으로 본국에도 관할을 인정하는 것이라는 견해가 유력하
    다. 注國私(2), 171(早川吉尚). 그러나 법적용통칙법 §5를 감안해야 할 것이라고 지적한다.
34) 이처럼 본국의 원칙적 관할과 한국의 예외적 관할을 인정한다면 각 관할에 근거한 법원의 조
    치의 관계는 분명하지 않다. 서울고등법원 2012. 11. 16. 선고 2010나21209, 51224 판결(본소: 대
    표자선정, 반소: 대납금반환청구)은 일본에 거주하는 한국인에 대하여 일본 법원에서 일본법에
    의하여 이루어진 성년후견에 관한 재판(심판)(이는 후견개시심판과 후견인선임재판을 포괄하는
    것으로 보인다)에 대하여 우리 民訴 §217의 요건이 모두 구비되었다고 판단하고 동 심판은 우
    리나라에서도 유효하다고 판단하면서, 다만 이와 같은 거소국법에 의한 후견은 본국법에 의한
    후견에 대해서 보충적으로 인정되는 것이므로 본국법에 의하여 후견이 설정되면 종료될 것이지
    만, 당해 사건에서는 우리 법원의 한정치산 선고에 앞서서 일본에서 성년후견인이 선임되었고
    그가 한국 소재 부동산에 관한 소송위임을 한 것이므로 소송위임은 여전히 효력이 있다고 판단
    하였다.

가 피후견인의 상거소지국이 원칙적으로 국제재판관할을 가진다는 견해를 피력하기도 한다.36) 만일 §48 ②이 단순히 준거법만을 정한 것이라고 본다면 후견의 국제재판관할에 관하여는 규정이 없는 셈이므로 國私 §2가 정한 실질적 관련에 근거하여 국제재판관할규칙을 정립해야 하는데 그 경우 피후견인의 상거소지국의 국제재판관할을 인정할 여지도 있다.

생각건대 國私 §48의 문언이 본국의 원칙적 관할을 규정하고 일정한 경우 한국 법원이 한국법을 적용하여 예외적으로 관할을 가지는 것으로 규정한 國私 §12(실종선고) 및 §14(한정치산 및 금치산선고)의 유사성에 비추어 후견의 경우 유사한 취지로 이해하는 다수설이 문언에 충실한 해석론으로 보인다. 그러나 그 타당성에 의문이 있으므로 본국관할을 가급적 제한하고 상거소에 근거한 예외적 관할을 넓게 인정하는 것이 바람직하다고 본다. 입법론으로서도 원칙적으로 피후견인의 상거소지국의 관할을 명시하는 것이 바람직하다.37) 당국의 신속한 개입을 가능하게 하고, 절차로 인한 성년자의 부담을 줄일 수 있기 때문이다. 아래에서 소개하는 성년자보호협약도 원칙적으로 성년자의 상거소지 국가의 국제재판관할을 인정한다(§5).

미성년자에 대한 후견의 경우 위에서 언급한 아동보호협약이 있는데, 우리도 동 협약에의 가입을 신중하게 검토할 필요가 있다.

후견에 관한 §48 ② ii는 한정치산 또는 금치산을 언급하고 있는데, 민법 부칙 §3의 결과 5년 동안 한정치산 또는 금치산은 한정후견 또는 성년후견으로 읽어야 할 것이나, 최소한 한정치산 또는 금치산선고를 '후견개시의 심판'으로 개정하거나, ii를 "대한민국에서 한정후견개시 또는 성년후견개시의 심판이 선고된 경우"로 개정할 필요가 있다.

Ⅶ. 외국법원의 후견인선임재판의 승인

외국법원의 후견인선임재판이 있는 경우 그의 승인 및 집행이 문제된다.

35) 서희원, 322~323. 國私 §48와 유사한 일본의 구 법례 §24 ①의 해석상 그러한 유력설이 있었고 일본 판례의 입장도 같았다. 김문숙, "涉外後見に關する硏究," 아세아 3(2000. 6.), 237. 이 견해 중에는 미성년자 후견에 관하여 필요한 경우 본국과 재산소재지국의 관할권을 예외적으로 인정하는 견해와, 미성년자의 거주지국과 함께 미성년자의 본국에도 관할을 인정하는 견해가 있다고 한다. 학설은 이병화(2013), 622 이하 참조.
36) 서희원, 322~323은 피후견인의 상거소지국에 관할을 인정한다.
37) 김문숙(2013), 206도 일차적으로 피후견인의 상거소지국의 관할을 인정하고 기타 관할근거를 명시할 것을 제안한다.

후견인선임은 비송사건인데,38) 학설로는 民訴 §217를 비송사건에도 사실상 유추적용하여 그 요건의 일부를 요구하는 견해가 유력하다.39) 다만 승인요건에 관하여, 대심적 소송이 아닌 비송사건의 경우 송달요건은 별로 문제되지 않는다는 견해가 유력하고, 문제는 상호보증의 요건이 필요한가인데 견해가 나뉜다. 부정설도 있지만40) 명문의 근거가 없으므로 필요하다는 긍정설도 있는데 판례도 후자로 보인다. 과거 서울고등법원 1985. 8. 20. 선고 84나3733 판결은 독일인과 혼인하여 독일 국적을 취득한 한국인 모에 대하여 독일인 부가 청구한 자의 인도청구사건에서 독일과 한국 간에는 상호보증이 있다고 판시하였고, 근자에 이혼 및 양육자지정, 면접교섭권, 재산분할 및 부양료·양육비지급을 명한 캐나다 온타리오주 법원판결에 기한 집행판결을 청구한 사건에서, 대법원 2009. 6. 25. 선고 2009다22952 판결도 상호보증이 필요함을 전제로 상호보증의 존재를 긍정한 바 있다.

흥미로운 것은 일본 법원의 후견인선임재판을 승인한 근자의 하급심 법원 판결이다. 서울고등법원 2012. 11. 16. 선고 2010나21209, 51224 판결은 일본에 거주하는 한국인에 대하여 일본 법원에서 일본법에 의하여 이루어진 후견에 관한 심판은 우리나라에서도 유효하다고 판단하면서 다만 거소국법에 의한 후견은 본국법에 의한 후견에 대해서 보충적으로 인정되는 것이므로 본국법에 의하여 후견이 설정되면 위와 같은 예외적인 거소국법에 의한 후견은 종료된다고 판시하였다.41) 위 판결은, 民訴 §217 ①의 승인요건이 모두 구비된 것으로 판단하고 나아가 한국법상 후견의 원인이 없음이 명백하다는 등의 특별한 사정이 없다면 일본에 거주하는 한국인에 대해서도 일본법에 의하여 이루어진 후견에 관한 재판(심판)은 한국에서도 유효하다고 판단한 것이다. 위 판결에서는 첫째, 일본 법원의 후견인선임재판이 승인대상인지(판결은 긍정), 둘째, 일본

---

38) 우리 법상 이는 라류 가사비송사건이다[家訴 §2 ① ii 가. 18)].
39) 김문숙(2013), 209; 김원태, "외국가사재판의 승인·집행에 관한 문제의 검토," 국제사법연구 6(2001), 67. 다만 김원태, 68은 民訴을 유추적용한 것은 아니라고 한다. 2014년 5월 20일 개정된 民訴 §217 ① 본문은 승인대상으로서 외국법원의 확정판결만을 규정하던 구 ①을 개정하여 "외국법원의 확정판결 또는 이와 동일한 효력이 인정되는 재판"으로 확장하였는데 그것이 가사사건과 비송사건에 미치는 영향을 고려해야 한다. i 가 확정재판이라고 하므로 이제는 비송사건에도 §217의 모든 요건이 적용된다는 견해도 주장될 수 있으나, 위 개정이 특히 가사사건과 비송사건을 염두에 둔 것은 아니므로 필자는 비송사건에 관한 종래의 학설대립은 여전히 가능하다고 본다. §217를 개정하는 과정에서 가사사건과 비송사건도 고려하여 그 취지를 명시했더라면 하는 아쉬움이 있다.
40) 김문숙(2013), 209.
41) 소개는 노태악, "2012년 국제사법 주요 판례 소개," 국제사법연구 18, 533 이하 참조.

후견인의 권한이 한국 내 재산 및 후견사무에도 미치는지(판결은 긍정), 셋째, 일본 법원의 후견인선임재판이 승인되더라도 우리 법원이 한정치산선고를 할 수 있는지(판결은 긍정), 넷째, 우리 법원의 한정치산선고가 있으면 일본의 후견이 자동 종료되는지 아니면 한국 소재 재산 및 후견사무에 관한 한 한국 법원의 조치가 우선하는지(판결은 전자로 봄) 등의 의문을 체계적으로 검토할 필요가 있다. 필자로서는 위 2010년의 판결에도 불구하고 비대심적 재판에 대하여도 §217를 유추적용할 수 있다고 보므로42) 위 서울고등법원 판결은 일응 설득력이 있으나 승인요건에 대한 충분한 설시가 없음은 아쉽고, 한국 법원의 후견개시로 인해 일본 법원의 후견이 자동으로 종료되는지는 의문이다.

근자에 문제되는 것은 외국법원의 비송재판이 승인되기 위하여는 기판력이 있어야 하는가이다. 즉 2014. 5. 20. 개정된 民訴 §217 ①은 승인대상을 "외국법원의 확정판결 또는 이와 동일한 효력이 인정되는 재판(이하 "확정재판등"이라 한다)"이라고 명시하는데, 유력설은 그 취지를 승인의 대상이 비송재판에 확장되는 것을 막기 위해 확정판결과 동일한 효력, 즉 기판력이 인정되는 재판으로 제한한 것이라고 설명한다.43) 그러나 이는 다소 의문이다. 가사소송법에는 가사비송심판의 기판력에 관한 규정이 없기 때문에 다수설은 일반적인 비송사건과 마찬가지로 기판력을 부인하는데,44) 만일 어느 외국이 한국법과 같은 태도를 취한다면 형성력은 있지만 기판력이 없는 외국법원의 가사비송재판은 한국에서 승인될 수 없다는 것이 되기 때문이다. 이 점을 고려한다면 외국법원의 재판, 특히 비송사건의 재판에 기판력이 없다는 이유만으로 승인대상으로서의 적격을 부정할 것은 아니라고 본다.45) 한편으로는 일정한 비송사건의 재판에 기판력을 부여하는 방안도 고려할 필요가 있다.

만일 가사사건의 외국판결에도 상호보증을 요구하면 파행적 법률관계가 발생할 가능성이 커진다는 문제가 있다. 일반적으로 상호보증을 요구함으로써 당사자이익이 침해되는데, 가사사건의 경우는 그 성격상 당사자이익뿐만 아니라 파행적인 신분관계의 창설에 의하여 거래이익과 국가이익46)도 침해되기 때

---

42) 김원태, "외국가사재판의 승인·집행에 관한 문제의 재검토," 국제사법연구 6, 82은 이의 유추적용을 긍정한다. 비송재판이 외국법원의 판결에 포함된다는 견해도 있다.
43) 이규호, "외국재판의 승인 등에 관한 개정 민소법·민사집행법에 대한 평가," 新聞 4252(2014. 9. 4.), 11.
44) 제요[1], 196; 이 책 입양특례법 §11 註釋도 입양재판의 기판력을 부정한다.
45) 석광현, 국제민소, 350 참조.
46) 당사자이익, 거래이익과 국가이익의 개념은 석광현, 재판관할, 52 이하 참조.

문에 상호보증을 요구하는 것은 문제가 있으므로 해석상 이를 완화할 필요가 있는데 다만 그 범위와 요건을 더 검토할 필요가 있다.

가사사건의 경우 그것이 소송사건이든 비송사건이든 원칙적으로 상호보증의 요건을 요구하지 않는 것이 적절하다.

VIII. 성년자보호에 관한 헤이그협약

성년자보호에 관하여는 헤이그국제사법회의가 2000년 채택한 "성년자의 국제적 보호에 관한 협약"47)(이하 "성년자보호협약"이라 한다)이 있다. 우리나라도 가입을 검토할 필요가 있다.48) 성년자보호협약이 규율하는 사항은, 아동보호협약처럼 보호조치에 관한 관할권, 준거법, 외국보호조치의 승인 및 집행과 국가간 협력이다. 여기에서 성년자라 함은 18세에 달한 자를 말한다.

1. 국제재판관할 (제II장)

제II장(§§5~12)은 다양한 국제재판관할규칙을 두는데 여기의 관할은 당국이 성년자의 신상 또는 재산에 대하여 보호조치를 취할 관할을 말한다.

원칙적으로 성년자의 상거소지국가가 관할을 가진다(§5). 그 이유는 당국의 신속한 개입을 가능하게 하고, 절차로 인한 성년자의 부담을 줄이며, 증거근접성을 확보할 수 있기 때문이다. 이는 국제적으로 널리 인정되고 있다. 다만 난민인 성년자에 대하여는 소재지 관할을 인정한다(§6).

그러나 성년자보호협약은 상거소지국관할에 대한 예외를 규정한다. 첫째, 일정한 요건이 구비되는 경우 성년자의 본국이 관할권을 가진다(§7). 둘째, 상거소지국가의 관청이 특정한 사항에 대해 다른 체약국이 성년자의 이익을 위하여 조치를 취하기에 더 적절하다고 판단하면, 스스로 또는 다른 체약국의 요청에 따라 다른 체약국의 당국에게 관할을 인수하도록 요청하거나, 사건의 심리를 중단하고 당사자에게 타국의 관청에 그런 요청을 하도록 권유함으로써 관할을 이전할 수 있다(§8). 셋째, 성년자는 일반적으로 재산을 소유하므로 성

---

47) 성년자보호협약은 헤이그국제사법회의의 1905년 "금치산 기타 유사한 보호조치에 관한 협약"(Convention du 17 Juillet 1905 Concernant l'interdiction et les Mesures de Protection Analogues)을 대체한 것이다. 위 협약에 관하여는 최흥섭(2001b), 4, 69 이하 참조. Kurt Siehr, "Das Haager Übereinkommen über den internationalen Schutz von Erwachsener," Rabels Zeitschrift, Band 64, 2000, 715f.도 참조.

48) 위 협약에 대하여는 Paul Lagarde의 Explanatory Report가 있다.

년자보호협약은 그 재산에 관한 보호조치에 대하여 재산소재지 관할을 인정한다(§9). 넷째, 긴급한 경우에는 성년자 또는 그 재산소재지 체약국이 관할을 가진다(§10). 다섯째, 성년자 또는 그 재산소재지 체약국은 성년자 또는 그 재산의 보호를 위하여 당해 국가에서만 효력을 가지는 임시적 성격의 보호조치를 취할 수 있다(§11).

2. 준거법 (제Ⅲ장)

성년자보호협약 제Ⅲ장(§§13~21)은 준거법에 관한 규정들을 두는데, 첫째, 당국의 개입이 있는 경우의 보호조치의 준거법, 둘째 임의대리의 준거법을 규정하고, 셋째, 일반규정을 두고 있다.

가. 보호조치의 준거법: 법정지법원칙과 그 예외

체약국의 당국은 보호조치를 취하기 위하여 관할권을 행사함에 있어서 원칙적으로 자국법을 적용한다(§13 ①).[49] 그 근거는 관할권을 가지는 당국으로 하여금 가장 잘 아는 자국법을 적용하게 함으로써 당국의 임무를 촉진하고, 둘째, 성년자보호협약상 관할권은 성년자에게 가장 밀접한 관련이 있는 국가의 당국에 부여되는데 그 보호조치의 이행도 그 국가에서 이루어질 것이기 때문이다. 다만 아동의 신상과 재산의 보호를 위하여 필요한 경우 체약국의 당국은 실질적 관련을 가지는 다른 국가의 법을 적용하거나 고려할 수 있다(§13 ②). 어느 체약국에서 행해진 보호조치가 다른 체약국에서 이행되는 경우 그 이행의 조건은 다른 체약국의 법에 의한다(§14).

나. 임의대리의 준거법(§15)

성년자가 장래 자신의 신상이나 재산에 관한 이익을 보호할 수 없는 상황이 발생할 것에 대비하여 미리 타인에게 대리권한을 부여하는 제도를 두는 국가들이 있다. 이 점을 고려하여 성년자보호협약은 그에 적용될 준거법결정원칙을 두고 있다. 즉 당사자는 서면에 의하여 명시적으로 준거법을 선택할 수 있으나, 선택될 수 있는 준거법은 성년자의 본국법, 이전의 상거소지국법과 재산에 관한 소재지국법에 한정된다. 한편 당사자가 준거법을 선택하지 않은 경우에는 그 합의나 일방적 행위시의 성년자의 상거소지법이 준거법이 된다. 준거법은 대리권한의 존재, 범위, 변경과 소멸을 규율하나 대리권한의 행사방법은

---

49) 그러나 이에 대하여는 예외가 인정된다. 보호조치의 주체는 법원만이 아니라 행정당국이 될 수도 있으므로 여기에서 법정지법이라고 한 것은 편의상의 표현이다.

그 권한이 행사되는 국가의 법에 따른다.

다. 일반규정

§17는 성년자를 대리하여 행위할 수 있는 것으로 믿은 자와 거래를 한 선의의 제3자를 보호한다. 이런 위험은 특히 성년자의 상거소지가 변경된 경우에 더욱 크다. 다만 이는 동일 국가에 소재하는 사람들 간에 체결된 거래에만 적용된다(§17 ②). 성년자보호협약상 반정은 배제된다(§19). 성년자가 보호되어야 하는 국가의 국제적 강행규정은 준거법에 관계없이 적용된다(§20). 이는 협약이 대리의 준거법을 선택할 수 있는 가능성을 인정하는 데 대한 평형추(counterweight)로서 특히 의료 분야를 염두에 둔 것이다.50) 성년자보호협약에 의하여 지정된 준거법의 지정은 그의 적용이 성년자의 이익을 고려하여 공서에 명백히 반하는 경우에는 거부될 수 있다(§21).

3. 외국보호조치의 승인 및 집행 (제Ⅳ장)

성년자보호협약 제Ⅳ장(§§22~27)은 아동보호협약과 같이 외국보호조치의 승인, 집행가능선언 및 집행등록과 구체적인 집행을 구분하여 규정한다.

가. 승인

체약국의 당국이 취한 보호조치는 다른 체약국에서 법률상 당연히 승인되고 실질재심사는 금지된다. 요청된 국가의 당국은 관할권의 기초가 된 사실인정에 구속된다. §22 ②은 승인거부사유를 규정하는데 이는 ⓐ 관할의 결여, ⓑ 성년자의 청문기회 미부여, ⓒ 공서위반, ⓓ 보호조치가 성년자의 상거소지인 비체약국의 것으로서 요청된 국가의 승인요건을 구비하는 이후의 보호조치와 양립되지 않는 경우와 ⓔ 성년자의 수탁기관 등에의 위탁시에 필요한 양국 당국 간의 협의절차의 미이행이다. 승인거부사유가 있더라도 체약국은 다른 체약국의 보호조치를 승인할 수 있다.

이해관계인은 사전에 체약국의 권한당국에 대하여 다른 체약국에서 취한 보호조치의 승인 또는 불승인에 관하여 결정하여 줄 것을 요청할 수 있다(§23). 이는 법적 불확실성을 제거할 수 있도록 하는 예방적 소송이다.51)

나. 집행가능선언, 집행등록과 집행

어느 체약국에서 취해진 보호조치를 다른 체약국에서 집행할 필요가 있는

---

50) Lagarde, No. 113.
51) Lagarde, No. 124.

경우 후자의 법률이 정한 절차에 따른 집행가능선언 또는 등록이 필요한데, 각 체약국은 이를 위해 단순하고 신속한 절차를 적용해야 하나, 구체적 방법은 각 체약국이 결정하고, 집행가능선언 또는 등록은 위 승인거부사유만을 이유로 거부될 수 있다. 어느 체약국에서 취해지고 다른 체약국에서 집행가능하다고 선언되거나 집행을 위한 등록이 된 보호조치는 마치 그 체약국의 보호조치처럼 집행되어야 한다.

4. 국제공조 (제V장)

가. 중앙당국과 권한당국

체약국은 중앙당국을 지정해야 한다(§28). 중앙당국은 상호 협력하고 권한당국들 간의 협력을 증진해야 하며 성년자보호와 관련된 자국의 법과 이용가능한 서비스에 관한 정보를 제공해야 한다(§29). 중앙당국은 교신을 촉진하고 지원을 제공하기 위하여, 성년자의 신상과 재산을 보호하기 위하여 보호를 요하는 성년자가 자국에 있는 경우 다른 체약국의 요청에 따라 성년자의 소재를 발견함에 있어 지원하여야 한다(§30).

나. 일반절차규칙

아동보호협약 제V장은 아동에 관한 정보에 관하여 규정한다. 체약국의 중앙당국과 공공기관은 공조과정에서 발생하는 비용을 원칙적으로 각자 부담하나 달리 합의할 수 있다(§36). 여기의 공공기관은 행정기관을 말하고 법원을 포함하지 않는다.

IX. 아동의 후견에 관한 헤이그협약 : 아동보호협약

아동보호협약에 관하여는 위 친자에 관한 부분에서 논의하였다.

X. 후견의 준거법에 관한 입법론

국제사법은 후견의 준거법에 관하여 피후견인의 본국법주의를 유지하면서, 한국에 상거소 또는 거소가 있는 외국인에 대해 예외적으로 한국 법원이 한국법에 따라 후견사무를 행할 수 있는 가능성을 확대하였다. 그러나 아동보호협약은 국제친권과 국제후견을 구분하지 않고 통일적으로 연결한다. 국제후견법

분야에서의 우리의 입법과제로는 다음을 고려할 필요가 있다.[52]

첫째, 국제후견의 준거법을 국제친권의 준거법과 통일적으로 규정하는 방안. 국제사법에 따르면 친권은 원칙적으로 친자관계의 준거법에 의하고(§45조), 미성년자의 후견은 후견의 준거법(§48)에 의하므로 양자가 다를 수 있다. 나아가 우리 국제사법은 후견이라는 법률관계에 착안하여 아동후견을 친권이 아니라 성년후견과 함께 통일적으로 연결하나,[53] 아동보호협약은 친권과 후견을 통일적으로 연결하고 성년자후견은 성년자보호협약에 의하여 별도로 규율한다. 미성숙한 아동의 보호라는 실질에 착안하면 아동보호협약의 태도가 설득력이 있다.[54] 유럽연합도 이런 태도를 취한다. 양쪽 모두 나름의 근거가 있다면 국제적 동향을 받아들이는 것이 바람직할 것이다.

둘째, 국제후견법에 대해 별도의 연결원칙을 둔다면, 아동보호협약처럼 보호조치와 부모책임의 준거법을 이원화할지, 아니면 현재와 같이 원칙적으로 피후견인의 본국법을 적용할지도 검토할 필요가 있다.

셋째, 거래안전을 보호하기 위한 규정은 국제사법에도 두는 것이 바람직할 것이다. 현재 國私 §15는 법률행위와 관련하여 유사한 취지의 규정을 두고 있다.

앞으로 더 면밀한 검토를 해야 함은 물론이지만, 아동보호협약의 성공적인 확산을 보면 이상의 논점에 관하여 우리나라도 대체로 동 협약의 태도를 따

---

52) 입법론으로서 이병화(2013), 628 이하는 제1안으로 일본 법적용통칙법과 유사하게 후견개시의 심판과 준거법을 별도로 규정하는 §14와 §48를 유지하는 방안과 제2안으로 §14를 삭제하고 양자를 통합하여 §48에 규정하는 안을 제안한다.

53) 보호를 필요로 하는 성년자와 미성년자의 상황은 여러 가지 차이가 있다. 櫻田嘉章, "2000年ハーグ「成年者の國際的保護に關する條約」について," ケース研究 264, 7[최흥섭(2001b), 397에서 재인용]. 첫째, 성년자는 미성년자와 달리 독자적 상거소를 가질 수 있고, 둘째, 성년자는 미성년자와 달리 능력이 있을 수도 있으며, 셋째, 성년자는 오래전부터 생활을 영위하고 있으므로 외국에 상거소가 있더라도 가족적 유대관계에서는 본국과의 밀접한 관련을 가지고, 넷째, 성년자는 재산을 소유하는 것이 보통이므로 미성년자의 경우와 달리 재산법적 측면도 중요한 의미를 가지고, 다섯째, 미성년자의 경우에는 그를 보호하려는 부모 간에 다툼이 발생하지만 성년자의 경우에는 그를 보호하려는 자의 선의가 존중되어야 한다. 셋째와 넷째는 Kurt Siehr, "Das Haager Übereinkommen über den internationalen Schutz von Erwachsener," Rabels Zeitschrift Band 64, 2000, 728~729도 국제재판관할의 맥락에서 지적하는데, 다섯째 점은 조금 달리 미성년자의 경우에는 그를 보호하려는 부모 간에 다툼이 발생하지만 성년자의 경우에는 가족집단(Familienverband) 안에 있는 외국에 거주하는 성년자의 운명을 둘러싼 타인들 간에 분쟁이 발생한다고 한다. 이 점을 고려하면 성년후견과 미성년후견의 통일적 연결이 바람직한지는 재고할 필요가 있다.

54) 상세는 석광현(2014), 513 참조. 일본에서는 실질법상 '친권후견통일론'이라는 견해가 주장되고 있음은 흥미롭다. 논자에 따라 차이가 있으나 그 핵심은 친권을 폐지하여 후견으로 통합하자는 취지로 보인다. 2012년 11월 24일 고려대학교에서 개최된 新・アジア家族法三國會議 第2回 會議 발표자료, 90 이하는 於保不二雄과 中川善之助의 견해를 소개하고 있다.

르는 것이 바람직하지 않을까 생각된다. 이와 함께 성년자보호협약의 태도도 수용하는 방안을 고려할 필요가 있다.

[後註] 그 밖의 논점들

국제사법은 섭외사법과 마찬가지로 약혼과 별거에 관한 규정을 두지 않았고, 따라서 이는 판례와 학설에 맡겨진 사항이다. 법무부 자료[1]는 그 이유를 그에 관한 외국 입법례가 많지 않고, 그 제도 자체가 일반적이지 않거나 각국마다 정형화된 모습이 보이지 않아 구체적인 결정기준을 제시하기도 쉽지 않으며, 규정을 둘 경우 준거법 고정으로 인해 부당한 결과가 생길 수 있기 때문이고, 또한, 약혼은 혼인과, 별거는 이혼과 유사성을 지니므로 별도의 규정이 없더라도 혼인과 이혼의 규정을 유추적용할 수도 있기 때문이라고 설명한다. 법률상의 혼인으로 인정되지 않는 사실상의 부부관계를 의미하는 사실혼의 경우도 마찬가지이다.

Ⅰ. 약혼

약혼이라 함은 장래에 혼인을 성립시키겠다고 하는 당사자 사이의 계약을 말한다.[2] 이처럼 약혼은 장래의 혼인을 예약하는 것이므로 약혼을 하더라도 당사자 사이에 실질적인 부부공동체가 형성되는 것은 아니고 따라서 그러한 실질적 부부공동체가 형성되어 있는 사실혼과는 다르다.[3] 우리 민법상으로는 약혼의 성립, 효과와 약혼의 해제 등이 문제되는데, 민법은 §800 이하에서 약혼에 관한 규정을 두고 있다. 그러나 국제사법은 약혼의 준거법에 관한 규정을

---

1) 법무부, 해설, 129, 주 80.
2) 김주수·김상용, 73.
3) 김주수·김상용, 73. 사실혼의 성립과 효력에 관하여는 혼인의 성립과 일반적 효력에 관한 §36와 §37를 유추적용하고, 사실혼의 해소에 대하여는 이혼의 준거법에 관한 §39를 유추적용할 수 있다. 신창선, 349; 최봉경, "국제이주여성의 법적 문제에 관한 소고," 서울대 법학 51-2(2010. 6.), 154도 동지.

두고 있지 않다.

1. 약혼의 성립

약혼의 실질적 성립요건에 관하여는 혼인의 실질적 성립요건에 관한 國私 §36 ① 본문을 유추적용하여 각 당사자에 관하여 그 본국법을 적용할 것이라는 견해가 유력하다.4) 이는 독일에서도 마찬가지이다.5) 따라서 약혼능력, 부모의 동의 요부, 약혼장애 등에 관하여는 혼인에 관한 법리를 유추적용해야 할 것이다.

2. 약혼의 방식

약혼의 방식에 관하여는 혼인의 방식에 관한 國私 §36 ② 단서를 유추적용하여 약혼거행지법을 적용할 것이라는 견해도 가능하나, 혼인과 달리 약혼지의 공익과 중대한 관계가 없으므로 당사자의 편의를 고려하여 법률행위의 방식에 관한 國私 §17를 유추적용하는 견해6)가 설득력이 있다.

3. 약혼의 효력

약혼의 효력에 관하여 섭외사법의 해석론으로는 혼인의 효력에 관한 §37를 적용할 것이 아니라 친족관계 일반의 준거법을 정한 §47를 유추적용할 것이라는 견해가 유력하였다.7) 이는 섭외사법(§16 ①)이 혼인의 효력에 관하여 부(夫)의 본국법을 준거법으로 지정하고 있었기 때문에 양성평등의 원칙에 반하는 그의 적용을 피하기 위한 고려도 근거한 것으로 섭외사법 하의 통설이었다.8) 국제사법(§37)은 혼인의 효력에 관하여 양성평등의 원칙에 부합하는 연결원칙을 도입하였으므로 과거의 통설은 일부근거를 상실하였고 그 결과 §37를 유추적용하는 견해가 유력하다.9)

---

4) 신창선, 322; 김연 외, 354; 신창섭, 288; 윤종진, 429; 서희원, 257; 김용한 외, 306. 우리 민법 상으로는 약혼은 당사자의 실질적인 의사합치를 요구하는 점에서 제3자에 의한 대리는 허용되지 않는다. 김주수·김상용, 73.

5) Kropholler, 341.

6) 신창선, 322; 김연 외, 355; 신창섭, 268; 윤종진, 429; 서희원, 257; 김용한 외, 306. 독일의 통설도 같다. Andrae, §9, Rn. 20.

7) 신창선, 323.

8) 김연 외, 355; 서희원, 258; 김용한 외, 307.

9) 신창섭, 268; 김연 외, 355. 이와 달리 그 밖의 친족관계의 준거법을 정한 國私 §47를 유추적용하면 각 당사자의 본국법이 적용되는데 이 경우에는 '보다 약한 법의 원칙'(Grundsatz des schwächeren Rechts)이 적용된다. 이호정, 326. 반면에 김용한 외, 307은 양 당사자의 본국법을

약혼의 부당파기로 인한 손해배상책임에 관하여는 불법행위의 준거법을 적용할 것이라는 견해10)와, 약혼의 효력의 문제이므로 약혼의 효력의 준거법에 의할 사항이라는 견해11)가 나뉘고 있다. 다만 불법행위의 준거법에 의하더라도 국제사법하에서는 종속적 연결원칙이 도입되었으므로 약혼의 효력의 준거법 소속국의 불법행위법에 의할 사항이라고 볼 여지가 있다. 그렇게 함으로써 동일한 사실관계가 통일적으로 하나의 법질서에 따르게 되는 장점이 있다.12) 그러나 독일 연방대법원의 1996. 2. 28. 판결13)은 약혼의 부당파기로 인한 불법행위청구에 대하여 약혼의 준거법에 종속적으로 연결하지 않았는데 그 근거는 첫째, 약혼은 외부적 지표에 의하여 특징지울 수 있는 안정된 법률관계가 아니고, 둘째, 불법행위는 고유한 무가치내용(Unwertgehalt)을 가지는 것으로서 약혼의 해소와는 내용이 상이하므로 약혼의 준거법에 종속적으로 연결할 것은 아니라는 것이다. 학설은 이를 지지하는 견해14)와 비판하는 견해15)가 나뉜다.

우리 민법상 약혼예물의 법적 성질은 혼인의 불성립을 해제조건으로 하는 증여라고 본다.16) 국제사법상 약혼이 해제됨으로써 발생하는 예물의 반환문제는 증여의 효력이 상실된 결과이므로 증여계약의 준거법에 따를 사항이다.17) 증여계약의 준거법은 國私 §25 이하에 따라 결정된다.

II. 별거

국제사법은 별거(Trennung von Tisch und Bett, separation from bed and board)에 관한 규정을 두지 않는데, 이는 우리 민법의 태도와 같다.18) 많은 국가들에서는 별거는 이혼의 대체물이고, 다른 국가들에서는 별거는 이혼에 도달하기 위

누적적용한다.
10) 섭외사법하에서 서울가정법원 1970. 12. 4., 69드1030 심판은 사실혼의 부당파기로 인한 위자료청구를 불법행위로 성질결정하였다(이호정, 327에서 재인용). 참고로 Andrae, §9, Rn. 31ff.는 불법행위도 성립하는지를 논의한다.
11) 신창선, 323; 김연 외, 355.
12) Andrae, §9, Rn. 33.
13) BGHZ 132, 105, 117 = BGH JZ, 1997, 88, 91.
14) 예컨대 MünchKomm/Coester, Art. 13, Rn. 5.
15) Kropholler, 342; Staudinger/Mankowski, Anh. zu Art. 13, Rn. 40f.
16) 김주수·김상용, 80. 대법원 1976. 12. 28. 선고 76므41, 42 등.
17) Andrae, §9, Rn. 26 참조.
18) 신창선, 349.

한 전 단계이다.[19] 학자에 따라서는 이혼을 절대이혼, 별거를 제한이혼이라고
하여 양자를 넓은 의미의 이혼에 포함시키기도 한다.[20]

별거의 준거법에 관하여는 이혼에 관한 규정을 유추적용하거나[21] 적용하
는 견해[22]가 유력하다. 다만 준거법인 외국법이 별거를 인정하는 경우 우리 법
원이 별거의 재판을 할 수 있는지는 논란이 있으나, 우리 법상의 이혼절차에
관한 규정을 별거절차에 적용하여 별거재판을 할 수 있다고 본다.[23] 이는 민법
상 계약형 입양만 허용되던 과거 우리 법원이 준거법인 외국법에 따라 입양재
판을 할 수 있는가라는 것과 유사한 문제이나 이를 긍정한다는 것이다. 독일에
서는 이처럼 준거법에 따른 외국의 법제도가 독일법이 알지 못하는 성질의 것
인(wesensfremde) 경우 당해 외국의 법원만이 그런 행위를 할 수 있고 독일 법원
은 이를 할 수 없다거나 관할이 없다는 견해가 있는데 이를 "wesenseigene
(Un−)Zuständigkeit"(제도고유의 (무)관할)이라고 부른다.[24] 과거 다양한 분야에서
위 이론이 주장되었으나 점차 그 범위가 축소되어 근자에는 외국의 법제도가
독일법이 전혀 알지 못하는 것이어서 독일 법체계를 파괴할 정도에 이르는 경
우 또는 법제의 상위가 매우 커서 외국법이 부여하는 임무를 수인할 수 없는
경우에 한하여 인정하고 그 정도에 이르지 않는 대부분의 경우에는 독일의 민
사절차법을 유추적용하거나 독일의 판결절차를 외국의 절차에 적응시키는 경
향이 있다.[25]

이혼에 관한 위 §39의 해설에서 본 바와 같이, 유럽연합은 이혼 및 법적
별거의 준거법 영역에서 제고된 협력을 시행하기 위하여 로마Ⅲ(규정)을 채택하
였고 이는 2012년 6월 12일 발효되었다. 로마Ⅲ은 별거의 준거법에 관하여 이
혼과 동일한 원칙에 따르도록 한다.

---

19) 이호정, 358.
20) 신창선, 349; 김연 외, 381.
21) 김연 외, 381; 신창선, 349; 김원태, "국제이혼의 법적 문제," 가족법연구 20−1(2006), 361. 필
    자도 이를 지지한다. 신창선, 349은 국제재판관할권과 외국법원의 별거판결의 승인에 관하여는
    이혼에 관한 설명이 타당하다고 본다.
22) 신창섭, 293; 이호정, 358.
23) 신창선, 350; 김연 외, 381도 동지. 반면에 신창섭, 293; 윤종진, 456은 부정설을 취한다. 일본
    의 다수설은 전자이다. 이병화, "국제이혼에 관한 국제사법적 고찰," 저스티스 통권 137(2013.
    8.), 399 주 62 참조.
24) Geimer, IZPR, Rn. 994ff. 참조.
25) 이에 관하여는 우선 Geimer, IZPR, Rn. 1189ff. 참조. 위 이론에 대한 비판은 Schack, IZVR, Rn.
    570ff. 참조.

판례색인

*명조체는 제1권의 색인, **고딕체는 제2권의 색인**입니다.

[대법원]

[지방법원]

사항색인

공저자 약력

편집대표　윤진수
서울대학교 법과대학 졸업(1977)
서울대학교 법학박사(1993)
사법연수원 수료(1979)
육군 법무관(1979~1982)
서울민사지방법원, 서울형사지방법원, 서울
　가정법원, 전주지방법원 정주지원, 광주
　고등법원, 서울고등법원 판사(1982~1993)
헌법재판소 헌법연구관(1990~1992)
대법원 재판연구관(1992~1995)
전주지방법원 부장판사(1993~1995)
수원지방법원 부장판사(1995~1997)
서울대학교 법과대학 조교수, 부교수, 교수,
　법학전문대학원 교수(1997~)

권재문
서울대학교 법과대학 졸업(1993)
서울대학교 법학박사(2010)
사법연수원 수료(2004)
숙명여자대학교 법학부 조교수, 부교수
　(2006~)

석광현
서울대학교 법과대학 졸업(1979)
서울대학교 법학박사(2000)
사법연수원 수료(1981)
해군 법무관(1981~1984)
김·장법률사무소 변호사(1984~1999)
한양대학교 법과대학 교수(1999~2007)
서울대학교 법과대학·법학전문대학원 교수
　(2007~)

이동진
서울대학교 법과대학 졸업(2000)
서울대학교 법학박사(2011)
사법연수원 수료(2003)
공군 법무관(2003~2006)
서울중앙지방법원, 서울북부지방법원 판사
　(2006~2009)
서울대학교 법과대학·법학전문대학원
　조교수, 부교수(2009~)

최준규
서울대학교 법과대학 졸업(2003)
서울대학교 대학원 법학박사(2012)
사법연수원 수료(2005)
해군 법무관(2005~2008)
서울중앙지방법원, 서울동부지방법원 판사
　(2008~2012)
한양대학교 법학전문대학원 조교수, 부교수
　(2012~)

현소혜
서울대학교 법과대학 졸업(1998)
서울대학교 법학박사(2009)
사법연수원 수료(2006)
헌법재판소 헌법연구관보(2006~2007)
홍익대학교 법과대학 조교수(2007~2012)
서강대학교 법학전문대학원 조교수, 부교수
　(2012~2014)
성균관대학교 법학전문대학원 부교수
　(2015~)

주해친족법 제 2 권

초판인쇄	2015년 4월 10일
초판발행	2015년 4월 20일
편집대표	윤진수
공저자	권재문·석광현·윤진수·이동진·최준규·현소혜
펴낸이	안종만
편 집	김선민·문선미
기획/마케팅	조성호
표지디자인	홍실비아
제 작	우인도·고철민
펴낸곳	(주)**박영사**
	서울특별시 종로구 새문안로3길 36, 1601
	등록 1959. 3. 11. 제300-1959-1호(倫)
전 화	02)733-6771
f a x	02)736-4818
e-mail	pys@pybook.co.kr
homepage	www.pybook.co.kr
ISBN	979-11-303-2628-3 94360
	979-11-303-2626-9 (세트)

정 가   55,000원